第五卷

经济开发

法律、资源与时空建构

1644—1945年的中国

Law, Resources and Time-space Constructing: China in 1644—1945

增订本

张世明 著

SPM 南方传媒

广东人民出版社

·广州·

图书在版编目（CIP）数据

法律、资源与时空建构：1644—1945年的中国/张世明著．—增订本．—广州：广东人民出版社，2022.3
ISBN 978-7-218-15402-2

Ⅰ．法…　Ⅱ．张…　Ⅲ．①中国历史—研究—1644-1945　Ⅳ．①K249.207 ②K250.7

中国版本图书馆CIP数据核字（2021）第235737号

FALÜ ZIYUAN YU SHIKONG JIANGOU：1644—1945 NIAN DE ZHONGGUO
法律、资源与时空建构：1644—1945年的中国
张世明　著

出 版 人：肖风华

责任编辑：陈其伟　赵　璐
原版责任编辑：卢家明　柏　峰　林　冕　张贤明　陈其伟　喻春兰
装帧设计：书窗设计
责任技编：周星奎

出版发行：广东人民出版社
地　　址：广东省广州市海珠区新港西路204号2号楼（邮政编码：510300）
电　　话：（020）85716809（总编室）
传　　真：（020）85716872
网　　址：http://www.gdpph.com
印　　刷：广州市豪威彩色印务有限公司
开　　本：787毫米×1092毫米　1/16
印　　张：207.5　**字　　数**：3100千
版　　次：2022年3月第1版
印　　次：2022年3月第1次印刷
定　　价：598.00元（全五卷）

目　录

第一章 “西部”空间意象的形成

第一节 “西部”空间观念与行政区划的建构谱系

在过去一个世纪里，社会科学的空间范围得到空前扩展。1923年，有“观念史研究之父”之称的美国学者罗孚若（Arthur O. Lovejoy，1873—1962）在约翰·霍普金斯大学创立“观念史研究俱乐部”。1940年，罗孚若及其同道又创办迄后颇具影响的《观念史研究学报》（*Journal of the History of Ideas*）。罗氏的代表作为《存在的大链锁：观念史研究》（*The Great Chain of Being: A Study of the History of Ideas*）。罗氏之所以采用“观念史”而不采用“思想史”（history of thought）一词，和余英时研究清代思想史时注重思想史发展上“内在的理路”（inner logic）的路径取向颇为相似，采取殆近于分析化学对化学元素的分析处理方式分析复杂而异质的观念集聚体中的“单位观念”（unit idea）或“观念丛”（ideas-complex）的演变，有意无意之中以观念演化本身具有自主性为预设前提，偏重于思想史演变的内在逻辑，以此与采取“外在研究法”偏重于观念或思想与人类行为关系的探讨的“思想史”（intellectual history）相疏离。罗氏的上述研究方法具有一个致命的弊端，即对思想史上观念的相承面特予注意而于其创发面不免相对忽略。[①] 在20世纪早期，重视思想与环境两者间交互关系的思想史外在研究取向的学者即对罗氏的立场不以为然。佩里·米勒（Perry Gilbert Miller，

---

① 杜维运、黄俊杰编：《史学方法论文选集》，台北华世出版社1987年版，第481页。

1905—1963）曾云："思想是时间与空间的产物……它们产生于权力关系之中……"①

降及20世纪下半叶，法国思想家米歇尔·福柯（Michel Foucault，1926—1984）在其《知识考古学》对那些被称为观念史（l'histoire des idées）、思想史的学科提出了猛烈的抨击，认为思想史（观念史）总是要在零乱之间找寻连续性和总体性，因此主张以考古学取而代之，指出："考古学的描述恰好是对观念史的摒弃，对其假设和程序的系统性拒绝，它试图实践一种与人们所言的截然不同的历史。"② 福柯所谓的考古学不是通常意义上的对古代文明发掘与研究，而是一种话语分析方法。按照福柯的阐释，考古学与观念史有以下四个重大区别：（1）考古学所要确定的不是思想、描述、形象和主题等明露暗藏在话语中的东西，而是话语本身。观念史则将话语作为隐藏了主题和秘密的资料和符号，它要破译这种不透明的符号而抵达话语背后的本质深度。换言之，考古学不是一门阐述性学科，因为它不寻找隐藏得更巧妙的"另一种话语"，它拒不承认自己是"寓意的"。（2）与观念史寻求过渡性和连续性不同，考古学致力于话语的特殊性和差异性。（3）观念史将作品的理由与一致性原则归之于作者个人，而考古学则断然拒斥了这一点，它反对将作品作为分割话语的单元，亦明确抛弃了创作主体决定论，考古学确定话语实践的类型和规则，话语实践是自主性的，创作主体这一层次对考古学而言并不相干。（4）观念史信奉还原性原则，试图寻求话语的起源，重建人们在说出话语瞬间的心理情境，而考古学明确反对这一点。它"不是向起源的秘密深处的回归"，而是对特定的话语对象做系统描述。从福柯的知识考古学方法中，可以得到这样的启示：我们对历史的研究，不应该在探求历史规律的旗帜下冠冕堂皇地放弃逼视历史丰富性的责任，因疏简而牺牲驳杂，因抽象而牺牲具体。可以说，福柯的知识考古学对于我们分析关于"中国西部"的话语知识具有方法论的意义。

---

① Perry Miller，Jonathan Edwards to Emerson，*The New England Quarterly*，XⅢ：4（Dec.，1940），p. 592.

② Michel Foucault，*L'archeologie du savoir*，Pairs：Gallimard，1969，p. 181.

就本质而言，我们目前进行的中国近代西部开发史研究属于区域史研究的范畴。什么是区域史研究？区域史研究的基本方法是什么？国内外学术界似乎均缺乏可资参考的著作和论文，基本上处于一种日用而不知的经验形态。华勒斯坦（Immanuel Wallerstein）等指出：“在19世纪后期，构成社会科学的学科系统有三条明确的分界线：首先，对现代文明世界的研究与对非现代世界的研究之间存在着一条分界线；其次，在对现代世界的研究方面，过去（历史学）与现在（注重研究普遍规律的社会科学）之间存在着一条分界线；再次，在以探寻普遍规律为宗旨的社会科学内部，对市场的研究（经济学）、对国家的研究（政治学）与对市民社会的研究（社会学）之间也存在着鲜明的分界线。这些分界线中的每一条在1945年以后都开始面临挑战。或许，1945年以后最引人注目的学术创新便是出现了一个被称为地区研究的领域，它是一个新的制度性范畴，用于把多方面的学术工作集合在一起。这个概念首先出现在二战期间的美国，在战后的十年里，它在美国被广泛地实施，随后又传布到世界其他地区的大学。”① 我们从区域研究的缘起可以明显看到福柯所揭露的知识背后的权力运作的隐约身影。因为，美国等在全球范围内享有广泛海外利益的国家出于称霸世界、主宰世界的政治诉求，亟须了解不同地区的情报资料，所以所谓“中国通”、中亚专家、中东问题权威等分区域的专门人才大量应运而生，从而使区域研究渐呈兴隆之势。从根本上说，区域是根据所研究问题的性质对连续的地表空间划分的结果，是一种主客观作用的结合。区域科学的创始人艾萨德（Walter Isard）即云：“一个有意义的区域概念，取决于我们要研究的社会问题，而这一问题，又取决于我们认为重要的社会和个人的面貌特征。”②

学术界对区域研究的方法在国外起初均以行政区这种政治权力的建构物为确定区域单位的依据和准绳。后来，人们认识到空间绝不是一种

① 华勒斯坦等：《开放社会科学：重建社会科学报告书》，刘锋译，生活·读书·新知三联书店1997年版，第39—40页。

② 艾萨德：《区域科学导论》，陈宗兴等译，高等教育出版社1991年版，第16页。

一无所有的“空无”，它的内部具有互相联系的网络神经彼此勾连而成为具有统一性和灵性的生命有机体，这种网络神经不仅包括河流水系等自然网络，也包括施坚雅所谓的小农经济的市场网络等人为现象，所以，在区域研究方法的第二个发展阶段中，“景观研究”成为核心术语和划分区域单位的依据和准绳。在区域研究方法发展的第三阶段，景象（imagination）或意象这一更富有主观色彩的词汇成为研究的核心目标，学者们更感兴趣的是对社会空间和区域的空间感觉、区域意识的阐幽发微。例如，目前，在现象学、心理学的激荡冲击下，法国表象史（l'histoire des représentations）在史学界大行其道，强调对人对现实社会空间感知的历史研究。这种学术方法的嬗变昭示我们：区域单位绝不是单纯的客观自在之物，而是一个知识的概念。对“中国西部”这一概念，如果仅从政策注解角度出发，我们只需以依据中央关于西部开发的决议文件搬字过纸地照单誊录为已足，但如果从纯粹学术研究的角度出发，我们就应该镜鉴比照美国地理政治学家琼斯（Stephen Barr Jones）“统一场域理论”（unified field theory）中所揭示的“政治观念（political idea）—决策（decision）—运动（movement）—场域（field）—政治区（political area）”这一思想—区域链（the idea-area chain）的分析框架，对区域与思想观念乃至区域政治制度的建构之间错综复杂的互动关系进行分析。①

正如近代以来西方人以东亚的中国和日本等为远东，而中国以欧洲为泰西相对称一样，任何空间方位所指都是具有话语主体的本位立场预设的。正如“西方中心观”长期以来在学术界受殖民霸权势力的影响仿佛幽灵般四处游荡，其实中国人长期以来受“正统观”的影响也存在着难以祛除的“中原中心观”的心理阴影。有学者指出，在中国的文化传统中，对其自身内部以某一地区为核心再向东、南、西、

① Stephen B. Jones, A Unified Field Theory of Political Geography, *Annals of the Association of American Geographers*, Volume 44, Issue 2, June, 1954, pp. 111 - 123. 笔者认为，这一理论的渊源可以追溯至柏格森（Henri-Louis Bergson，1859—1941）的哲学。柏氏即将以时间形式的意识流视为创造的泉源，创造出来的成果僵化成制度才是流于“空间化”。

北四周进行辐射式划分和描述，乃是一个自古以来从未间断的现象。中国现存最早的一部自然地理著作《山海经》便呈现出“一点四方”的文化空间结构的意识萌芽。早期“一点四方”结构的中心之点定位在黄河流域的中部地带，即今陕西、山西、河南之间。这种“一点四方”结构以中原汉文化为本位，把周围四方称为蛮夷，中原是主，是文明的典范，边疆地区是从，是仰承绥抚的边陲。例如，“西南”一词无论是狭义还是广义，都已隐含了一个视角前提，即以中原汉文化为中心，是中原汉文化的西南（西南方、西南部），因此，相对来说，“西南”是一种他称。事实上，“西南与中原的关系，从公正的立场上看，应当是一种双向导通的活动，即中原施加其影响于西南，同时西南也施加其影响于中原，双方的作用就全局而言应该对等”①。随着中国边疆史研究的深入，学术界越来越认识到过去动辄将中国传统文化等同于儒家文化是存在极大片面性的。因为在中华人民共和国九百六十多万平方公里的领土上，西北和西南边疆民族地区所占地域将近三分之二，在这广袤的地区，新疆和宁夏等地区的伊斯兰教文化和蒙藏等地区的藏传佛教文化是不容置之度外的。② 基于此，我们不能一如其旧地囿于从中原看边疆的视野框架，更应该致力于设身处地的中原与边疆地区的互视。

毛泽东和周恩来等人提出的“清朝奠定了中华人民共和国版图”的论断，包含着丰富理蕴。清朝是由满族统治者建立的少数民族政权，清代历史具有鲜明的“满族性”，满族统治者的疆域观无疑具有与汉人不同的内涵。譬如，一般学者往往受汉文史料的影响颇为关注康熙帝、乾隆帝的“南巡”，有关“南巡”的论著和文章为数不菲，当然清史学家在论述清代边疆民族政策时亦会提及“北狝”，以此作为阐述清朝统治者笼络和团结北方少数民族的证据，但是，学者们没有看到“南巡”与“北狝”之间的关系，“南巡”可以说是与“北狝”相对而称，这反映了满族最高统治者的疆域观和对自身角色的定位，即满族最高统治者

---

① 杨庭硕、罗康隆：《西南与中原》，云南教育出版社 1992 年版，第 189 页。

② 张世明：《中国经济法历史渊源原论》，中国民主法制出版社 2002 年版，第 527 页。

以广大的汉族地区（主要指清代的内地行省地区）和蒙藏等辽阔的少数民族地区为天平两端的肩荷者自居。正是这样，何伟亚的《怀柔远人：清代宾礼与1793年马嘎尔尼使团》（James L. Hevia，*Cherishing Men from Afar: Qing Guest Ritual and the Macartney Embassy of 1793*，Duke University Press，1995）认为清朝对其帝国的想象（imagining of empire）是一种"以清朝皇帝为最高君主的多主制"（multitude of lords）；而我国学者汪晖也分析了在清代政治话语中庄存与、刘逢禄等汉族知识分子今文经学中"大一统"观以承认清王朝合法性为前提，既对满汉不平等、世卿擅权等现象深怀不满，又力求为建立容纳文化和制度的多元性的礼仪中国的理论微言大义之所在。①

中国古代交通的落后造成空间距离相对而言比现在的心理距离遥远，"父母在不远游"的古训和"在家千日好，出门一日难"的警告，使中国人长期以来的结队旅行多系在名山胜境的流连，即顾颉刚所谓的"清游"，进行长途搜奇探险的考察"壮游"则难得一见。梁启超在《中国近三百年学术史》中将徐霞客、梁质人、陈伦炯三人誉为"探险的实测的地理学者"，其中陈伦炯著有《海国闻见录》，系航海探险家；徐霞客以《徐霞客游记》饮誉中外，主要是对中国西南地区进行探险；梁质人的《秦边纪略》多不为人所知晓，但他实属清初中国西北地区行游考察的重要人物。潘耒在《徐霞客游记》序中云："余求得其书，知出玉门关，上昆仑、穷星宿海诸事皆无之，足迹至鸡足山而止。其出入粤西、贵筑、滇南诸土司蛮部间，沿溯澜沧、金沙，穷南、北盘江之源，实中土人创辟之事。读其《记》而后知西南区域之广，山川多奇，远过中夏也。"② 对西北地区的考察，清初著名学者顾炎武自然功不可没。全祖望所撰《顾亭林神道表》记其事云：顾氏"遍游边塞之区，

---

① 汪晖：《礼仪中国的观念与帝国的合法性问题——今文经学的"内外"观与清朝的帝国视野及其演变》，《中国社会科学评论》2002年第1卷第1期。

② 潘耒：《遂初堂集》卷七，"徐霞客游记序"，《续修四库全书》编纂委员会编：《续修四库全书》1417，集部·别集类，上海古籍出版社2002年版，第487页。亦可参见徐弘祖：《徐霞客游记》，卫建强等校注，河北人民出版社1998年版，第1214页。

游历所至，二马二骡，载书自随，遇边塞亭障，必呼老兵退卒，问其曲折，与平日所闻不合，即于坊肆中，发书对勘。故于山川险要，皆经目击，因能言之了了，如指诸掌”①。不过，顾炎武在西北游历的范围和成果毕竟难与梁份相媲美。我们可以从《秦边纪略》看到这样的文字：“今之疆域率由明旧，可考而知也，其地南始于阶州而河州而西宁，折而北而庄浪，又西而凉州、甘州、肃州，东而靖虏、宁夏，极于榆林，皆边卫也。其塞则或山或河或长堑，其缘沿道里则六千九百里有奇。”②梁份的这段文字反映了当时清朝初年的疆域实际上仍保持着明朝统治势力的范围旧貌。这一点，在年羹尧的奏折中也言之甚明，其文为：“我朝边界，大抵皆从明旧，未有议及于此者，附近内地虽有边墙，蜿延（蜒）而抵甘州，但沿边隘口不可胜计。……且甘、凉之间，有曰黄城儿者，两山如阙，原为天设之险，乃舍此而不守，而守内地，则边地所有险隘，蒙古与我共之。”③ 在清朝初年，皑皑祁连山下的河西走廊许多地区均为游牧民族跃马扬鞭而被鞠为茂草的活动空间，与后来农耕社会的景观大相径庭。唐人韦应物有诗曰：“胡马，胡马，远放焉支山下，跑沙跑雪独嘶，东望西望路迷。迷路，迷路，边草无穷日暮。”④ 这种纵情驰骋与迷茫凄凉的交织意境恰是清初活动于此的牧人们内心情愫的写照。

是时，清人对新疆、西藏的地理认识十分匮乏。提督殷化行在《西征纪略》中有这样的记载，当时清廷调集诸路大军征讨噶尔丹，陕甘方

---

① 转引自谢国桢：《明末清初的学风》，人民出版社1982年版，第38页。类似记述亦见江藩：《国朝汉学师承记》卷八，钟哲整理，中华书局1983年版，第131页。

② 梁份：《秦边纪略》卷一，同治壬申年安徽藩署敬义斋刻本，页一。或可参见梁份：《秦边纪略》卷一，王德毅等编：《丛书集成续编》244，史地类：防务、西域地理、世界地理、亚洲地理，台北新文丰出版公司1989年版，第92页。

③ 《雍正二年（1724）五月十一日年羹尧奏陈平定罗卜藏丹津善后事宜十三条折》，《元以来西藏地方与中央政府关系档案史料汇编》（2），中国藏学出版社1994年版，第353页。

④ 韦应物：《韦苏州集》卷十，胡凤丹辑：《唐四家诗集》第2集，辽宁教育出版社2000年版，第318页。

面清军将领“初在庄浪时，诸公议从崑都伦进兵，本出上指，然其路在荒外，鲜有知者。余揣噶尔丹所居宜在京师西北、山西之直北而宁夏之东北也，若从昆都伦则偏于西，恐不得遇寇。众莫敢决。及还镇，闻有副都统阿南达者，适奉使祝，囊在宁夏边外，余知其习荒外情事，使人候之，质以遇见，阿公曰：是几大误。至是奉上谕改从宁夏，盖其还奏所定也”①。终康熙一朝，在绘制《皇舆全览图》的过程中，尽管清王朝多方努力，但由于新疆当时尚未被纳入统治管辖范围之内，虽然康熙《皇舆全览图》上西北地区绘制到西经 40°左右的伊犁河附近，但事实上从西经 26°至西经 40°之间多为空白，所标示地名寥寥无几，表明康熙朝清廷对天山南北地区的地理认知尚属浮皮潦草。另外，众所周知，“西藏”一词最早见于康熙二年（1663）的《平定西藏碑》和果亲王的《西藏记》，通行于乾隆时，所指为康、卫、藏、阿里四部。清初崇德、顺治两朝并未称卫藏地方为西藏，而称之为图白特（土伯特）、唐古忒，有时称之为“国”，有时称之为“部落”。顺治九年（1652）十二月二十四日，“厄鲁特部落顾实汗表贡方物，兼请达赖喇嘛还国”②。尽管清初满文中“国”和“部落”使用混乱、界限模糊，但清王朝当时并未将西藏纳入直接管辖的事实乃彰彰甚明。康熙年间绘制《皇舆全览图》时，清政府曾于康熙五十六年（1717）派喇嘛楚儿沁藏布兰木占巴等人“奉命西行，用绳丈路，仪器测量，沿河绕行，遍历河源并金沙江、雅芦江、浪沧江、怒江等源，直过西藏三千里抵恒河而回，皆亲临目睹”③。在此次测量中首次发现了世界最高峰——珠穆朗玛峰（ri bo jo mo glang ma），并第一次在地图上标示出来，比印度测量局的英国测量员乔治·埃佛勒斯（George Everest，1790—1866）于 1852 年测量此峰并定名埃佛勒斯峰早一百三十五年。然而，这次测量由于策妄阿拉布坦

---

① 殷化行：《西征纪略》，王德毅等编：《丛书集成续编》280，台北新文丰出版公司 1989 年版，第 830 页。

② 《清世祖章皇帝实录》卷七十，顺治九年十一月，台北华文书局股份有限公司 1960—1970 年版，第 833 页。

③ 通智：《河源记》，转引自王树人：《清代记述河源的一篇重要文献——通智的〈河源记〉》，《西北史地》1989 年第 1 期。

扰藏而仓促结束返回，因此翁文灏颇为中肯地指出：“康熙时代西藏地图，殊不及内地及满蒙之详密，而于藏地西部，尤未详勘，故多错误。”①

从17世纪以来，准噶尔崛起西北，割据称雄，对于清政府长期抗命、对峙，并且屡次兴兵进犯喀尔喀、青海、西藏，干戈扰攘数十年，成为国家实现统一、安定的主要障碍。清朝的康熙、雍正、乾隆三代皇帝都具有雄才大略，在清初八十余年时间里与准噶尔割据势力进行艰苦卓绝的斗争。正如魏源在论述清朝经营西北、西藏问题时所言：“圣祖垦之，世宗耨之，高宗获之。”② 由于康、雍、乾三朝赓续相继的努力，清朝版图空前扩大。所以，在乾隆二十七年（1762）十二月二十六日，乾隆帝专门颁布了一道颇有意思的谕旨，曰：“今准噶尔、回子诸地均已平定，巴里坤以西皆属内地，不可仍以凉州、庄浪为边徼。”③ 这与当年梁份《秦边纪略》的疆域空间图景适成对照。林则徐在《荷戈纪程》中描述其途经河西走廊的情形时说：“连日所过大路之旁多依山为墙，闻系明代所筑边墙，与蒙古划界，墙以外六十里仍为汉民游牧之所，六十里外乃蒙古牧地，今犹循此制，土人以为即万里长城，非也。”④ 事实上，清初在甘肃、青海等地为防止准噶尔势力侵扰尚有修筑边障之事，然而到道光年间，甘肃一带土著居民竟已将这里的边墙遗迹遗诸历史记忆的晦暝之处。正是这样，龚自珍以豪迈的情感和开阔的空间视野描述了清王朝“中外一家”的大一统气象，他说：“国朝边情边势，与前史异。拓地二万里，而不得以为凿空；台堡相望，而无九边之名。疆其土，子其民，以遂将千万年而无尺寸可议弃之地，所由中外

---

① 《地学杂志》第19卷第3期，转引自王庸：《中国地理学史》，上海商务印书馆1938年版，第119—120页。

② 魏源：《圣武记》卷三，“雍正两征厄鲁特记”，中华书局1984年版，第148页。何秋涛《朔方备乘》也有类似表述。参见何秋涛：《朔方备乘》卷四，《中国边疆丛书》第二辑，台北文海出版社1966年版，第167页。

③ 军机处满文议复档687－1。转引自吴元丰：《清代察哈尔蒙古西迁新疆》，《清史研究》1994年第1期。可另参见吴元丰：《清代伊犁满营综述》，王锺翰主编：《满族历史与文化》，中央民族大学出版社1996年版，第104页。

④ 中山大学历史系中国近代现代史研究室编：《林则徐集》，日记，中华书局1962年版，第419页。

一家，与前史迥异也。”①

河西走廊的边墙（张世明摄）

从语用学角度来看，清朝人在康、雍、乾时期有“旧疆”“新疆”“外疆”“近疆”“畿疆”“夷疆”“苗疆”“蒙疆”“藏疆”“回疆”“准疆”之类说法。在乾隆年间，至少有三个“新疆”出现于清朝官书文件之中，一是指现在天山南北地区的“新疆”，一是指改土归流后开辟的“苗疆”，一是指在川西藏区的“金川新疆”②。雍正年间，云贵广西总督鄂尔泰曾称当时已改土归流的“乌蒙系改土新疆”③；乾隆十年（1745），云贵总督张广泗奏折亦声言“古州系新辟苗疆”④；乾隆二十五年（1760），贵州巡抚周人骥的题本中更有“乾隆元年平定古州新疆”⑤之语，不一而足。揆诸历史，清代的“苗疆”有

① 龚自珍：《御试安边绥远疏》，《四部备要》，集部，《定盦全集》，《定盦文集补编》卷一，第130页。

② 这可以下列史料为证：乾隆四十四年十月，“吏部议复：四川总督文绶奏称：两金川荡平，新疆事件，悉由松茂道查办核转”。参详《清高宗纯皇帝实录》卷一千零九十三，乾隆四十四年十月，台北华文书局股份有限公司1960—1970年版，第16091页。乾隆四十六年三月，谕军机大臣等：“户部议驳特成额等奏：请将两金川新疆现存米石出借官兵……将来官员需米，可令自行买食。”《清高宗纯皇帝实录》卷一千一百二十六，乾隆四十六年三月，台北华文书局股份有限公司1960—1970年版，第16474页。

③ 《清世宗宪皇帝实录》卷九十六，雍正八年秋七月，台北华文书局股份有限公司1960—1970年版，第1474页。另外，吴三桂盘踞西南期间，以惩治反清土司为由，罢废水西等土司，曾设立所谓“新疆四府”（大定、黔西、平运、威宁）。

④ 赵尔巽等撰：《清史稿》卷二百九十九，列传八十六，宋爱传，中华书局1977年版，第10428页。

⑤ 参详李之勤：《西北史地研究》，中州古籍出版社1994年版，第445页。

广、狭义之分。广义的“苗疆”泛指西南三省、两湖、两广等省的各少数民族居住区。如《清世宗宪皇帝实录》卷一百四十七载：“云、贵、川、广等省苗疆地方，请照台湾例，令文武官弁互相稽察。”①狭义的“苗疆”仅指贵州东部以古州为中心的苗族聚居区。如鄂尔泰说：“苗疆四周几三千余里，千有三百余寨，古州踞其中，群砦环其外。左有清江可北达楚，右有都江可南通粤，皆为顽苗蟠据，梗隔三省，遂成化外。”② 西南轰轰烈烈的改土归流的推行和西北平准战争的胜利，在当时统治者看来都是开疆拓土的功勋，故而都称之为“新疆”，即“新辟疆圉”之意。在清代前期，“新疆”一词属于普通名词而非专有名词。是时，清人从地理上以天山为界将天山南路信仰伊斯兰教的维吾尔族聚居区称为“回疆”，将天山以北准噶尔部聚居区称为“准疆”；以清朝统治管辖时间的先后顺序为标准将哈密、巴里坤、奇台、吐鲁番等地称为“我朝旧疆”，将自此往西的原准噶尔辖地称为“准噶尔旧疆”。③ 在平准之后，《大清一统志》《皇朝文献通考》等称天山南北地区为“新辟皇舆之新疆”“西域新疆”“西域”，或“新疆伊犁”“伊犁”，“新疆”均非天山南北地区的专有名词。道光元年（1820），在由皇帝亲自作序并赐名的《钦定新疆识略》中，“新疆”首次被清朝统治者作为地名来代替“西域”一词。左宗棠率军驱逐阿古柏、收复伊犁后，清朝于光绪十年（1884）正式建立新疆省。有学者称，光绪十年新疆建省，所辖范围实为中国旧疆，为杜外人染指之心及唤起国人重视，除应积极建设以固边防外，其名实宜改为西疆较切。④ 然而，钱穆说过一句话十分正确，即“不该把我们的时代意见来

① 《清世宗宪皇帝实录》卷一百四十七，雍正十二年九月，台北华文书局股份有限公司 1960—1970 年版，第 2054 页。

② 赵尔巽等撰：《清史稿》卷五百一十二，列传二百九十九，中华书局 1977 年版，第 14205 页。

③ 傅恒、刘统勋、于敏中等：《钦定皇舆西域图志》卷九，疆域；卷二十二，山，纪昀、永瑢等编纂：《景印文渊阁四库全书》第五百册，史部，二五八，地理类，台北商务印书馆 2008 年版，第 267、482 页。

④ 罗运治：《清高宗统治新疆政策的探讨》，台北里仁书局 1983 年版，第 44 页。

抹杀当时的历史意见，这才是正办呀！”① 马克思的历史唯物主义理论要求将问题放在特定的历史时空条件下具体分析，西方后现代主义更对现代人的自我傲慢予以无情的解构，因此我们对当时清人的观念必须予以应有的尊重和情恕。在平定准部一段时间内，清人对天山南北地区的记载都有某种传奇志异的色彩，纪昀的《阅微草堂笔记》就是典型的例证。直到嘉庆朝以后，清人对这一地区的记载才渐趋于平实详慎。

在嘉、道、咸时期，西北史地研究蔚为壮观。这时期潜心于西北边疆史地研究的学人英彦群起，如群星璀璨交相辉映，极一时之盛，涌现了祁韵士、徐松、洪亮吉、龚自珍、魏源、张穆、何秋涛、姚莹、沈垚、俞正燮、杨亮、董佑诚、陈潮等一大批硕学之士，正如梁启超所言：“此数君者时代略衔接，相为师友，而流风所被，继声颇多，兹学遂成道光间显学。”② 诚然，当时广大知识分子对我国西北边疆的局势并无深刻体识，以经世致用为目的的西北史地研究学者在龚自珍所哀叹的万马齐喑的社会现实中毕竟是少之又少的先知先觉者，因此龚自珍向一些人宣传自己的见解时，史料中有这样记载：“先生口谈西北舆地形势，舌若翻澜，坐客茫然，则执营妓絮语。”③ 然而，张穆、徐松等这些研究西北边疆史地的趣缘集合体成员之间灵犀相通，互相切磋，抽思绎虑，深探博求，力图通过对边疆史地学的研究来寻求拨乱之道、匡时之策。过去，学术界一般认为这一时期西北史地学的兴起与诸学人因不能一秉于公的科举和官员铨选制度而处于政治边缘化地位的境遇有关。④ 不过，随着研究的深化，我们应该看到，西北边疆史地学的知识话语与清王朝版图空前广大所带来的政治权力运作实践之间的关系，是错综复杂的。尽管祁韵士将自己的代表作命名为《藩部要略》潜含着远绍梁份《西陲今略》的遗踪之意，

① 钱穆：《中国历代政治得失》，生活·读书·新知三联书店 2001 年版，第 22 页。

② 梁启超：《中国近三百年学术史》，中国书店 1985 年版，第 321 页。

③ 孙文光等编：《龚自珍研究资料集》，黄山书社 1984 年版，第 47 页。

④ 参见本书第二卷第七章。

然祁韵士著书缘起显然是奉伊犁将军松筠之命编纂《西陲总统事略》。龚自珍开始研究“天地东西南北之学”，“于西北两塞外部落、世系、风俗、山川形势、原流分合，尤役心力”①，也与其在任内阁中书期间协助程同文校理《会典》中“理藩院”一门和青海、西藏各图及其任礼部主客司主事期间掌管外藩朝贡的仕宦生涯有关。所以，西北史地学在这一时期的发达不唯是士大夫经世取向的结果，亦是清王朝帝国知识工程的重要有机部分，不仅开拓了人们的时空视界和思维空间，而且启迪中国近代爱国之士在探索民族复兴道路过程中提供了运动和制度的思想萌芽。

在有清一代，关于经营西北边疆问题的争论一直存在争议。收复新疆是乾隆帝决定出兵平准之前朝廷内部就有争议的问题，平准之后有人认为是劳民伤财之举，直到清末海防、塞防之争时，有人还指责乾隆帝收复新疆得不偿失，将新疆视为冰雪满山、戈壁匝地、龙沙万里的荒瘠不毛之地。② 道光年间，平定张格尔叛乱后，负责善后的武隆阿就认为：“留兵少则不敷战守，留兵多则难继度支……西四城各塞环逼外夷，处处受敌，地不足守，人不足臣……与其靡有用兵饷用于无用之地，不若归并东四城，不须西四城兵费之半，既巩若金瓯，似无需更守西四城漏卮。”③ 沈垚对这种“捐西守东”论进行了有力的驳斥，指出：“然则谓西域绝远，得之不为益，弃之不为损，真迂士之论。而不审于汉唐之已事者矣。”④ 他进而探讨了坚守西域的办法，主张屯田积谷，慎择边臣。魏源亦云：“或谓地广而无用，官糈兵饷，岁解赔数十万，耗中事边，有损无益。曾亦思西兵未罢时，勤三朝，西顾忧。且沿克鲁伦河长驱南牧，蹂躏至大同、归化城，甘陕大兵不解甲，费岂但倍蓰哉。”他认为内地人满为患，而新疆人寥地

---

① 《龚自珍全集》，上海人民出版社 1975 年版，第 604 页。

② 参见本书第三卷第八章。

③ 魏源：《圣武记》卷四，中华书局 1984 年版，第 188 页。

④ 沈垚：《新疆私议》，沈垚：《落颿楼文集》卷一，吴兴刘氏嘉业堂本，页四。亦可参见《续修四库全书》编纂委员会编：《续修四库全书》1525，集部·别集类，上海古籍出版社 2002 年版，第 362 页。

旷，“是天留未辟之鸿荒，以为盛世消息尾闾者也”①，必须“因焉乘焉”，抓住机遇开发西北。海防、塞防之争中的交锋已为世人所耳熟能详，但在中国近代面临列强瓜分豆剖的严峻危机中，一些救亡图存的人士也对西部开发和经营存在悠谬之见。在左宗棠厉兵秣马准备进军新疆时，英国政府企图挽救阿古柏政权以为英俄之间的缓冲带，郭嵩焘在给清政府的报告中就同意英国政府的主张，云：“与其穷兵靡费以事无用之地，而未必即能规复，何如捐以与之。在中国不失为宽大之名，在喀什噶尔弥怀建置生成之德。”② 在中日甲午之战后，时任两江总督的刘坤一上奏清廷，主张为敦使俄国迫日还辽，“不再索赔款，则我即割新疆数城予俄”，以剜肉补疮之法结俄人之欢。③ 两江总督张之洞也提出“分新疆之地予俄，分后藏之地予英”以换取俄英“以实力相助”的条陈。④ 夏孙桐《书孙文正公事》记述孙家鼐与康有为龃龉缘起，其中这样写道：“戊戌德宗锐意变法，而翁文恭罢，无任事之人，悉由康有为阴为主持。新进竞进，中外小臣，上书言事日数十，上视廷臣无可语，悉下公（指孙家鼐）议。公面折有为曰：‘如君策万端并举，无一不需经费，国家财力只有此数，何以应之？’有为曰：‘无虑，英吉利垂涎西藏，而不能遽得，朝廷果肯弃此荒远也，可得善价，供新政用不难也。’公见其言诞妄，知无能为。”⑤ 谭嗣同当时和康有为亦所见略同，为解决甲午战败赔款，他建议：“益当尽卖新疆于俄罗斯，尽卖西藏于

---

① 魏源：《答人问西北边域书》，贺长龄辑：《皇朝经世文编》卷八十，兵政十一，塞防上，沈云龙主编：《近代中国史料丛刊》第七十四辑，731，台北文海出版社 1972 年版，第 2849 页。

② 王彦威、王亮编：《清季外交史料》卷十一，沈云龙主编：《近代中国史料丛刊三编》第二辑，11，台北文海出版社 1985 年版，第 205 页。

③ 刘坤一：《请饬密商俄国促日还辽予以新疆数城为谢片》，王彦威、王亮编：《清季外交史料》卷一百一十五，沈云龙主编：《近代中国史料丛刊三编》第二辑，15，台北文海出版社 1985 年版，第 2010 页。

④ 王彦威、王亮编：《清季外交史料》卷一百零九，北平外交史料编纂处 1934 年版，第 25 页。

⑤ 闵尔昌：《碑传集补》卷一，沈云龙主编：《近代中国史料丛刊》第一百辑，991—1000，台北文海出版社 1973 年版，第 119 页。

英吉利，以偿还二万万之欠款。”“费如不足，则满洲、蒙古缘边之地亦皆可卖。”① 在这里，“爱国”与“卖国”根本无法剥离为对立的两橛，无怪乎时人有“新政胡闹，新学胡说”的异调。尤其需要指出的是，我们对维新派人士的这些思想观念绝不能视为过耳清风般不落痕迹，它们往往在政治实践中均不露声色地有所彰显。例如，八国联军入侵北京时，慈禧太后并没有像其丈夫咸丰帝那样在英法联军入侵北京时逃至承德避暑山庄，而是避难西安，这便是对维新派当年“公车上书”迁都西安的主张遥承暗袭。光绪三十一年（1905），刘鹗出于真诚的爱国主义感情，向清廷呈寄《上政务处书》，提出了为避免中国被瓜分厄运的开放政策。其所谓的开放政策包含两方面内容：一曰建邦国。刘鹗主张，立新疆全省为一国，联内外蒙古为一国，分东三省为一国，各以亲王王其地，仿丹麦、荷兰、瑞士之例，各为永远局外中立之国，万国共同保护。置各国顾问官，经理财政学务等事，为翼清四藩，以藩国所出，供藩国之用，不患不足。屏藩既立，而蚕食之患立杜，俾内地得缓图教养，以致富强。此策之上也。二曰质地借款。刘鹗主张，以新疆质诸美，蒙古质诸英，西藏质诸法，各借款一万万，其地之财政，即令出款之国暂理，十数年借款还清，地仍归我。有此十数年之闲暇，三万万之巨款，以兴学养兵，经营工商，而富强之基已立，收回故地，亦无虑强邻之侵扰矣。此策之中者也。在国际法上，刘鹗这种建议碍窒难行，故不为当轴诸臣郑重其事。然而，刘鹗这种思想并非孤鸣无朋。在宣统二年五月三十日《广益丛报》上发表的《筹边私议》一文中这样写道：“今试以全国之大势而论，满洲为祖宗发祥之重地，西藏为滇蜀两省之屏藩，固万无可以弃去之理。此外则蒙古、青海等处，即逊于满洲西藏之重要矣。又此外则新疆伊犁等处更逊蒙古青海之重要矣，是故为今之计，宜暂舍新疆而以全力注重于满洲西藏两地，即以各省协济新疆之帑项为经营满洲西藏之补助费。盖新疆之版宇虽广而距内地较远，有鞭长莫及之势，即令与他国接壤，然不过稍稍蚕食，万无举其全土而囊括席

① 谭嗣同：《上欧阳中鹄书》，《谭嗣同全集》，中华书局1981年版，第16—162页。

卷于一旦之事。况当左文襄奉命西征之时，在廷臣工固尝有以劳师靡饷贻累后人不如弃去为言者（文忠语），从可知新疆之难保守，有识者具有同情，固不可与他处重要之边地同时而语者也。然则曷为谓之暂舍新疆，曰：是有三说焉。以伊犁等处开作万国通商之地，无论何国，皆得投资经营路矿各业，不使一国据为独有，策之上者也。仿西班牙售其属土于美国之已事，举天山北路以北之地售诸他国而自守天山南路之要隘，策之中也。师汉弃珠崖、唐弃河湟之意，停其协饷，即以其地付诸官吏，任其建国独立，策之下者也。要之，以中国现在之财力而论，沿边诸地，实有不能兼顾之苦，而即其利害轻重以兼权熟计，固有不得不出于暂舍新疆之说者，当代之谋国者，或不訾吾说为罪言也。”① 不难看出，这篇文章所言几乎与刘鹗的观点如出一辙。

近代以来中国西部地区的行政区域的建构明显反映了琼斯的“思想一区域链”的各环节互动关系。由于中国西部地区在清代前期地广人稀、少数民族所占比例极大，因此郡县制的建构比较疏简，而在清朝对边疆民族地区标举的“修其教不易其俗，齐其政不易其宜”方针指导下，因俗以治，根据各少数民族地区不同情况设置不同的机构，给以不同程度的自治权利，降及清后期，边疆地区藩部色彩逐渐被削弱，边疆与内地的行政体制一体化过程加剧。在经济开发深入和思想认知深化的双重因素作用下，近代以来中国西部地区的行省建制数目总体呈上升趋势。早在康熙五年（1666），清廷划陕西以西地域置甘肃行省。像江南地区随着经济发达、行省数量增加，江南省被一分为二建立江苏省和安徽省时，江苏取江宁（今南京）和苏州、安徽取安庆和徽州两府各一字组成省名一样，“甘肃”二字取甘州（即张掖）和肃州（即酒泉）各一字组成。道光元年（1821），龚自珍撰《西域置省议》，力主开发西域，以求“人则损中益西，财则损西益中”②。虽然因龚自珍未亲历西域，不可知山川条例，故“所拟建置大略多舛错”③，但其设置行省的

① 《筹边私议》，《广益丛报》宣统二年五月三十日。

② 龚自珍：《定庵文集》卷中，国学基本丛书，商务印书馆 1937 年版，第 34 页。

③ 左宗棠：《答陶少云》，《左文襄公全集・书牍》卷二十四，沈云龙主编：《近代中国史料丛刊续编》第六十四辑，641—649，台北文海出版社 1979 年版，第 3507 页。

倡言创论如空谷跫音在历史时间隧道中具有强大的穿透力，成为后世开发西北资源、建设新疆的重要思想资源，他因此也成为对后世影响深远的新疆建省蓝图的设计师。1877 年，左宗棠督师收复新疆北路，踵续龚自珍的主张向清廷提出：“立国有疆，古今通义……为新疆画长治久安之策，纾朝廷西顾之忧，则设行省，改郡县，事有不容已者。”① 但清廷对左宗棠的奏折迟迟不作批复，直到 1878 年秋还举棋不定地询问左宗棠：“郡县之制以民为本……除旧有各县外，其余各城改设行省究竟合宜与否？倘置郡县，有无可治之民？不设行省，此外有无良策？”② 经过反复讨论，1884 年，新疆正式建省。嗣后，西藏、蒙古、康区等“边地筹省”的舆论呼声亦日益高涨。光绪三十一年（1905）二月十六日《时报》发表《论蒙古改设行省之不可缓》一文，指出：“处今日之中国而为固圉谋，则亡羊补牢，东北之事，几不可为。而西北之设备，其尤亟亟者矣。近日颇闻都中议论，有改革蒙古部落制度、建设行省而置巡抚于库伦之说，斯议之起，已在去年，惟据东报所言，则谓政府若谓蒙边贫瘠，设官置守，费无所出，故事虽可行，只宜暂缓云云。按蒙古设省之议，其事机有甚顺者，盖自辛丑之冬，特派贻大臣（指贻谷）督办垦务以来，开拓之效渐著。朝廷已知边利之可兴，而此时贻又在都，故置省之说为可信。使不以阻挠之术惎之，则其事之成，宜若可恃也。”③ 同年八月二十日《南方报》发表《筹藏论》一文又主张“宜将四川划为两省，分设川西巡抚，以董理之”④。当时有人还针对西藏不可建省论者的论据反驳说：“天道视人事为转移，台北生番渐归衔勒，玉门关外竟度春风，向所谓雪窑冰天、一望皆戈壁者，屯田置驿，非同凿空；张骞西行迹之曾至伊犁者，复有小杭州之比，则西藏改省而后安知不天运有变

① 左宗棠：《左宗棠全集》第 6 册，奏稿，罗文华校点，岳麓书社 1996 年版，第 703 页。亦可参见左宗棠：《统筹新疆全局疏》，《皇朝道咸同光奏议》卷三十九，户政类·建置。

② 左宗棠：《覆陈新疆情形疏》，光绪四年，盛康：《皇朝经世文编续编》卷三十三，户政五，建置，沈云龙主编：《近代中国史料丛刊》第八十五辑，831—849，台北文海出版社 1972 年版，第 3476 页。

③ 《论蒙古改行省之不可缓》，《时报》光绪三十一年二月十六日。

④ 《筹藏论》，《南方报》光绪三十一年八月二十日。

迁，地灵有感化，加以劳心者君子，劳力者小人，上下勤劬，硗瘠可期于饶沃，识时务者为俊杰，其毋河汉斯言也。”① 光绪三十一年（1905）十月，给事中左绍佐再次提出：欲经营蒙旗，莫先于事权之归一，欲事权归一，莫要于设行省，建议将热河、绥远城皆列为行省。② 左绍佐的建议得到热河都统曹廷杰等人的支持。光绪三十三年（1907），清朝最高统治者命令军机处将岑春煊的《统筹西北全局折》、左绍佐的《拟设西北行省折》下发各地督抚大臣复议。岑春煊在其奏折中建议：在北方设热河、开平、绥远三省；在西南，以原察木多地，东至打箭炉，南至乍丫，西至宁静，设川西省；拉萨及日喀则、阿里等地设西藏省。③ 但对于边疆地区设省之论仁者见仁，聚讼难决。例如，时任驻藏大臣的联豫即认为假如将驻藏大臣忽然改为总督巡抚，这样会造成西藏地区的人心混乱而于事无补，应不改以行省之名而以行省之实治之。这种意见被清廷认为比较稳妥，故将建立西藏行省之议搁浅悬置。不唯朝廷对建立行省顾虑甚多，社会舆论亦对此颇具异议。“自藏印交哄以来，当道诸公始有青海卫藏改设行省之议，然而左支右绌，历久无成，迩者复有合察哈尔及归化、绥远两城为一省，归直隶督臣兼辖之说。盖因时制宜，穷变通久之理则，然初非昨非而今是也。顾其事有数难焉，自军国多故，度支奇绌，各省率皆自保不暇，沿边协饷，大抵积欠频年，区区边地，岁入之额，供寻常岁出，犹虞不给，而欲有非常之举动，则一切官吏之俸饷、衙署之建造，事事需财，何所仰给……”④ 可见，建立行省需费浩繁一直是朝野上下所共同殷忧的关键所在。在1909—1911年期间，川滇边务大臣赵尔丰在改土归流过程中屡屡上奏要求建立行省，“移川督于巴塘，而于四川、

① 阙名：《西藏改省会记》，王锡祺辑：《小方壶斋舆地丛钞》第三帙，杭州古籍书店1985年版，页九十六。

② 参见《清德宗景皇帝实录》卷五百五十，光绪三十一年十月，台北华文书局股份有限公司1960—1970年版，第5053页。朱启钤编：《东三省蒙务公牍汇编》卷五，“前给事中左绍佐奏西北边备重要拟设立行省折”。

③ 朱寿朋编：《光绪朝东华录》第5册，中华书店1958年版，第5674—5676页。

④ 《沿边改建行省私议（上）》，《东方杂志》第一期，光绪三十四年正月二十五日。

边务大臣赵尔丰所建西康巡抚衙门

拉萨各设巡抚，仿东三省之例，设置西三省总督”，以“改造康地，广兴教化，开发实业”①，但清廷认为康地财政不足以维持行省，如需仰仗四川，四川亦难支撑，两省均将受累，“糜心腹以供指臂，正蹈古人所诫”，设立边务大臣仅“为通道固圉之计，非遂有斥地建省之谋”②。相比较而言，社会舆论对西部地区建省之议明显偏激一些。宣统二年《东方杂志》第二期的社论这样写道：“说者谓：若如此，是即编改西藏以为内省矣，其为达赖之不愿意。何不知今日何日，此时何

① 吴丰培：《赵尔丰川边奏牍》，四川民族出版社1984年版，第1—2页。

② 四川省民族研究所《清末川滇边务档案史料》编辑组编：《清末川滇边务档案史料》中，中华书局1989年版，第699页。川边藏区旧称“喀木”“康”“炉边”，傅嵩炑在赵尔丰赴成都任川督期间，代理川滇边务大臣之职，于1911年（宣统三年六月）《奏请建设西康省折》首次提出“西康省”一名，云：“查边地乃古康地，其地在西，拟名曰西康省。”傅氏建省奏议并未得到谕旨批复，清朝便灭亡了。辛亥革命后，从尹昌衡西征，康区改名为川边，先后设四个“川边镇守使”。1926年，刘成勋接管川边，正式钤用“西康”一词，改为“西康屯垦使”。次年刘文辉接管其地，任川康边防总指挥，直到1935年，始设“西康建设委员会”。1939年1月1日西康方正式建省。从西康建省的历程来看，傅嵩炑乃最早提出“西康”一词者。

时，我躬之不阅，更何人之是恤。彼达赖之不愿意固也，然今日只当问我之当为与不当为，不须问达赖之愿意与不愿意也。”① 由于清廷统治者瞻顾较多，且以西藏设省与外交压力、策略紧密相关，尤为关键者限于设省财力匮绌的瓶颈约束，所以开发程度较高的“东三省”得以于光绪三十三年（1907）付诸实施，而在地瘠民贫的西部地区则设省之举势必步履维艰，因此岑春煊、赵尔丰等封疆大吏的“北三省”“西三省”等条陈仍属空中楼阁。②

清帝逊位后，中国政治格局丕变。是时，外蒙古在沙俄策动下宣布独立，而英国又企图踵而效尤，提出所谓“内蒙”和“外藏”的谬论。受英国分裂肢解中国领土的觊觎和达赖集团重掌藏政后的心怀携贰情势所刺激，时人一改过去对康藏界线囫囵不分的态度，连篇累牍从文化、地理、历史沿革等方面阐述康区的特殊性，呈现出新的空间边界意识。民国初年，北洋政府对全国行政区划进行调整，新建了四个相当于省的特别区：1913年11月，以山西省长城以北原来的归北等十二直隶厅归地及内蒙古河套内外的伊克昭、乌兰察布二盟诸旗牧地，建绥远特别区；1914年1月，复以直隶的原承德、朝阳二府和赤峰直隶州旧地及内蒙古昭乌达、卓索图二盟牧地设热河特别区；同年4月，又以川边、滇边毗邻西藏等处，划为川边特别区；6月，又以直隶口北道的独石、张北、多伦诸地和绥远的丰镇、兴和、凉城、陶林四县，以及内蒙古锡林郭勒盟察哈尔八旗牧地，建察哈尔特别区。③ 显而易见，这主要是惩于外蒙古独立后而采取的亡羊补牢举措。北伐成功后，南京国民政府以万象更新、百政待举之势擘画规模全国的行政建制。1928年9月，撤销热河、察哈尔、绥远三个特别行政区，分别设置热河省、察哈尔省、绥远省；同时宣布撤销川边特别行政区，设置西康省，然当时暂未能实行，于1935年方设置西康建省委员会于雅安。1928年11月，以原甘肃省宁夏

① 《东方杂志》第二期，宣统二年二月二十五日。

② 茂木敏夫「中華世界の“近代”的変容－清末の辺境支配」『アジアから考える2：地域システム』溝口雄三編、東京大学出版会、1993年、269—299頁。

③ 参见王育民：《中国历史地理概论》下册，人民教育出版社1988年版，第405页。

道及归其节制的内蒙古西套二旗辖区设置宁夏省，并以原甘肃省西宁道及青海地方辖区设置青海省。正是这样，周昆田这样写道：“民国肇造，以清末的疆域为疆域，及十七年北伐完成，增建热河、绥远、察哈尔、宁夏、青海五省，改奉天为辽宁；二十七年西康建省亦告完成，抗战胜利后改划东北三省为九省（辽宁、辽北、安东、吉林、松江、合江、黑龙江、兴安、嫩江），蒙古、西藏未建省者称为地方，乃成全国三十五省两地方的现状。习惯相沿，以清初的十八省为内地（或本部），另外再找一个与内地相对的名称，遂把东北西三面后建省的及未建省的地区称为边疆。”①

事实上，民国初年甘肃、青海、宁夏、西康的建省背后可以说是近代中国民族国家建构过程中各种势力和利益动机的“合谋”。首先，这与西北诸马和西南四川刘文辉与刘湘叔侄的军阀内部矛盾及力求钻营请托国民政府中央要员支持其独立性的活动紧密相关。其次，这寓意着国民政府中央当局对中国西部地区军阀割据现实的默认与对中国西部地区强势军阀采取的分而治之的策略。许宪隆指出：“宁夏和青海脱离甘肃，分别建省，是民国时期西北社会的一件大事，在相当大的程度上也是对马家军阀划地为界、割省自雄既成事实的默认。建省对于西北地区早期现代化的作用姑且不论，建省的过程却无可置疑地表明诸马军阀已经崛起为能够主宰这片黄色土地命运的强有力的领导集团，这个集团的内部结构也在建省以后悄然发生了变化。”② 至于西康省的建立过程中反映出来的蒋介石对刘文辉叔侄分而治之的意图昭然若揭固毋庸赘言，这还可以从当时国民政府中央当局内部对新疆问题策略的讨论得到佐证。在1928年金树仁控制新疆政局之后，南京国民政府直接使用武力控制新疆既形禁势格，而听任金氏割据西陲亦情非所愿，故当时的中央政治会便密函国民政府云：经委员薛笃弼等人研究，新疆土地辽阔，民族杂处，应依地势以天山为自然界线划分为两省治理为宜，天山迤北划设北

① 周昆田：《边疆历史概述》，边疆论文集编纂委员会编纂：《边疆论文集》第1册，台北“国防研究院”1964年版，第3页。

② 许宪隆：《诸马军阀集团与西北穆斯林社会》，宁夏人民出版社2001年版，第75页。

新省治于迪化，天山迤南划设南新省治于和阗或阿克苏。[①] 尽管这一新疆分省议案被国民政府中央当局重新暂搁悬置而事未果行，但该议案企图以分省削弱金树仁的实力派地位的意图却是彰彰甚明的。且此议案与上述青海、宁夏等建省议案均系由薛笃弼等人同时同步一揽子提出，南京国民政府分而治之的心态由此可见一斑。埃德加·斯诺在《重访内蒙古——包头回顾》亦云："一九三〇年，国民党政府'积极地'把南或'内'蒙古吸收在中国的版图上，把它分成宁夏、绥远、热河及察哈尔等省份。人民共和国形式上取消了国民党企图在人文地理上取消蒙古的政策。在中国共产党的领导下，上述几个边疆省份，加上'西满'一大片地区，组成了今天的内蒙古自治区。它的面积相当于蒙古人民共和国，至于人口（约一千万）则是后者的十倍多。"[②] 从历史上看，西部地区近代以来的建省不能说没有经济基础，是有清以来边疆开发人烟繁盛后的结果，同时亦具有将西部的开发建设引向深入的考量，但也不可否认存在对边疆民族自治与团结诉求声音压抑的成分。

---

① 新疆分省之议的话语颇为生动地展示了政治权力意志的运作实践。辛亥革命期间，革命党人据伊犁而与新疆巡抚袁大化开战。在后来的新伊谈判中，伊犁革命党人主张"分治"，即新伊双方以天山为界，伊方管辖山北，省方管辖山南，实质上要将新疆分为两省。杨增新政权的代表则主张：省议会即将成立，双方"均有当选执政之份"，不论何方当选，"统一治理"均有裨益。这在表面上是"分治"与"合治"之争，实质上意在由杨增新统一新疆。民国初年，谢彬在《开发新疆计划书》中主张开发新疆，其中一条建议为将新疆分为山北、山南二省，以"西二省"与"东三省"并称。他立意的出发点在于新疆面积过大、交通不便。盛世才上台伊始，省主席刘文在与盛氏宅心各异，在对待马仲英问题上不主张再动干戈，有些附和刘氏者便主张将新疆划分为两个省或三个省，以解决群雄割据的冲突。在"东土耳其斯坦伊斯兰共和国"任总统的和加尼牙孜遭到马仲英部攻击，为保存实力而与盛世才接洽合作，也企图将新疆划分为两个省，由他任南疆省或天山南省的主席。盛世才下台后，尧乐博斯返回哈密任专员，于 1947 年上书陈果夫等人，建议将新疆划分为东疆、南疆、北疆三省，并于次年组织"东疆献旗致敬团"赴南京活动，但终未如愿。

② 转引自刘力群等编：《斯诺在内蒙古》，内蒙古人民出版社 1988 年版，第 287 页。

和龚自珍《西域置行省议》一样，孙中山的《实业计划》是中国近现代史上彪炳史册的又一篇关于西部开发的历史文献。孙中山的实业计划包括港口建设、铁路交通开发、在中国北部及中部建造森林、举办蒙古和新疆地区的灌溉事业、移民于东三省及蒙古新疆青海西藏，等等。孙中山指出：“能开发其生产力则富，不能开发其生产力则贫。”① 可见，孙中山的民生主义是以发展生产力为基础。在《实业计划》中，孙中山这样写道：“中国今尚用手工为生产，未入工业革命之第一步，比之欧美已临第二革命者有殊。故于中国两种革命，必须同时并举，既废手工采机器，又统一而国有之。”② 这是孙中山追求富强和经济现代化的根本主张。此外，孙中山认为，“吾国民族生聚于东南而凋零于西北，致生聚之地，人口有过剩之虞；凋零之区，物产丰阜之望。过与不及，两失其宜，甚非所以致富强之道”③。基于此，他进而倡言以东部港口为“策源地”，先沿海，后内地，加大政府投资力度开发西部丰富的经济资源，从而人尽其才、地尽其利、物尽其用、货畅其流，“驰骤于今日世界经济之场”④。值得注意的是，孙中山所划分的西部范围比今天所常言的西部还要广阔，包括西藏、四川、云南、贵州、广西、青海、甘肃和蒙古等省区的全部或大部，甚至还包括广东和湖南两省的一小部分。从词源学角度来说，“‘西北’，作为我国地域概念，始见于《元史·地理志》；考其所指范围，则畸零而宽泛，无明确界限，致后来明清人言西北，漫及整个中国的西部和北部。至于以陕、甘、宁、青、新五省区为西北之概念，才是本世纪40年代后逐渐约定俗成，显然属于以现代行政区划分”⑤。的确，在清代许多文献中，“西北”并

---

① 《孙中山全集》第2卷，广东省社会科学院历史研究所、中国社会科学院近代史研究所中华民国史研究室、中山大学历史系孙中山研究室编，中华书局1986年版，第322页。以下引用此书不再注编者。

② 孙中山：《建国方略》，牧之等选注，辽宁人民出版社1994年版，第110—111页。

③ 赵靖、易梦虹主编：《中国近代经济思想史》下册，中华书局1982年版，第392页。

④ 孙中山：《建国方略》，黄彦编注，广东人民出版社2007年版，第112页。

⑤ 张波：《西北农牧史》，陕西科学技术出版社1989年版，第1页。

非偏正结构的复合词，而是并列结构的连接词。所以曾养甫在 1931 年《建设》西北专号上撰文曰："西北区域，从广义言之，则西北二部悉在其内。从狭义言之，则仅指西北一隅。兹有所言西北者，以陕西甘肃绥远宁夏青海新疆等省区为范围，乃指西北一隅而言也。"① 至于西南的地域范围划分历史上亦众论各殊，如，抗日战争时期存在"大西南"和"小西南"两种划法，还存在"西南七省"（川、康、滇、黔、桂、湘、粤）、"西南六省"（川、康、滇、黔、桂、湘）、"西南五省"（川、康、滇、黔、桂）以及"西南四省"（川、康、滇、黔）等诸种说法。随着时代的变迁，人们对西部的空间观念不断被重构或主动予以重构。例如，翁文灏这样讲道："现在内地人之看西北，远不如古人，非今人之眼光不如古人，特西北古今对外关系之不同，有以致之。我国古代对外关系，完全在西北，如到巴比伦、波斯、希腊、罗马，西北为必经之道，嗣海禁大开，外人之来中国者，咸由海路而入，致西北对外交通之关系，逐渐减低，故古人之称外人为'胡人'，今人之称外人为'洋人'。今当抗战时期，情形又略有不同，新疆西北之苏联，西南之印度，再远之波斯，皆与我国密切之关系，且自汽车、飞机之交通开辟后，缩短西北领域与中土之迢远距离，使西北之对内关系，更日见其重要。"② 所谓大后方，在国民党文献中一般指的是西南三省（即四川、云南、贵州）与西北五省（即陕西、甘肃、宁夏、青海、新疆）。如果广义地理解，随战事的变化，湖南、广西、广东、福建、浙江、江西、湖北、河南等，有时也被包括在内，共计十六省。不过，从战争发展现状来看，在陆地上一直未受到日军侵扰的，只有西南地区和西北地区。据地理位置、交通运输、物质资源等各种条件比较，西南地区尤为重要。而其重中之重，则在川、滇、黔三省。

---

① 曾养甫：《建设西北为今后重要问题》，《建设》1931 年西北专号。

② 翁文灏：《开发西北经济问题》，重庆市档案馆编：《抗战时期大后方经济开发文献资料选编》，2005 年内部发行，第 262 页。亦可参见蒋经国：《伟大的西北》，附一：翁文灏《开发西北经济》，宁夏人民出版社 2001 年版，第 36—37 页。

第二节　近代“西部”空间意境映像的变化

在地理学领域，空间意境映像（geographic mental images）的研究在20世纪下半叶可谓兴盛一时。阙维民《历史地理的观念：叙述、复原、构想》通过对国际上著名的《历史地理》（*Journal of Historical Geography*）杂志数十年刊载文章的分析便充分说明了这一点。① 对于人文地理学而言，“地方”（place）不仅仅是一个客体（an object），而且更被视为“一个意义（meanings）、意向（intentions）或感觉价值（value）的中心；一个动人的，有感情所附著的焦点；一个令人感觉到充满意义的地方”②。研究空间映像（阙维民译为“构想”）在目前地理学界风起云涌，对我们当下分析民国时期西部观念演变的复杂过程殊堪镜鉴。

据约翰·劳维（John Lowe）和艾尔德·彼得逊（Eldor Pederson）研究表明，空间中的距离意境映像一般都是复合的产物，由里程、旅时、费用等因素综合形成。③ 中国古语所谓“父母在不远游”除文化的涵化外，实受当时交通运输条件的限制所致。中国疆域东西之间的物理空间距离遥远乃不争的事实，而空间映像的内容和清晰度通常都随距观察者距离的增加而减少，此即所谓空间映像的“距离衰减”（distance decay），故中国东部地区的人们对西部的认知模糊不足为怪。但我们也应看到另一层面的问题，即距离亦因人们对区域空间的不熟悉而延长，在心理上变得十分遥远。由此可见，空间距离的映像在很大程度上是人类社会行为活动的产物，不同人的社会行为活动产生不同的空间距离映

① 该书于2000年由浙江人民出版社出版。

② 艾伦·普瑞德：《结构化历程和地方——地方感和结构的形成过程》，许坤荣译，夏铸九、王惠宏编：《空间的文化形式社会理论读本》，台北明文书局1994年版，第119页。

③ 参见约翰·劳维、艾尔德·彼得逊：《社会行为地理：综合人文地理学》，赫维人译，四川科学技术出版社1989年版，第20页。

像，清代发配为奴充军新疆的遣犯与从东北远戍伊犁的锡伯人的长途迁徙形成的距离映像固不可一视无殊。西北甘肃一带地区曾有这样广泛流传的民谣云："一出嘉峪关，两眼泪不干，往前看，戈壁滩，往后看，把门关（往昔每日只开关一次，故云），要回家乡难上难。"① 这正是有清一代流配出关者触景伤情的真实写照。民国时期，尽管交通工具和信息传媒较诸以往有所改善，但中国东部地区对西部的了解认知都甚为有限。例如，迄今无论学界还是普通民众都称西藏为"佛国""雪域高原"之类，视为神奇的土地，使西藏不仅成为一个地理概念，更成为一种境界、意味、精神。民国时期西藏与内地交往梗阻的情况下，其时内地人对西藏情形的隔膜殆可想见。

嘉峪关关口堡垒自西南望

在东部许多人的心目中，西部地区的空间意境映像除了荒凉落后、风光奇异之外，西部亦往往被想象为蕴藏着无尽宝藏的福地。有学者批评20世纪30年代在国民党倡导开发西北期间作为"第一夫人"的宋美龄曾用"青海的金子遍地都是"煽动美国人。② 宋美龄氏夸大其词以致贻笑大方，为后人所讥议，但笔者认为，不能对宋美龄氏的话语就事论

① 类似说法可参阅薛桂轮：《西北视察日记》，蒋经国：《伟大的西北》，宁夏人民出版社2001年版，第211页。

② 许宪隆：《诸马军阀集团与西北穆斯林社会》，宁夏人民出版社2001年版，第171页。

嘉峪关西南南山外部山岭脚下的大韩庄烽燧和驿站

事，尤当审视其符号象征意义，这反映了时人对西部资源状况的家底并不像当今经过中华人民共和国若干次大规模科学勘察后一清二楚。法国著名学者希尔努瓦（Lucette Boulnois，1931—2009）《西藏的黄金和银币——历史、传说与演变》（*Poudre d'or et Monnaies D'argent au Tibet, Principalement au XVⅢe siècle*，Centre National de la Recherche Scientifique，Paris，1983）就阐述了从16世纪以来在西方文献中根深蒂固的有关西藏黄金遍地的传说甚嚣尘上的情形。① 这种传说甚至是导致俄国沙皇不遗余力地向东方扩张的动力，与当年哥伦布等垂涎东方贵金属最后发现美洲相映成趣。在清末，张荫棠关于开发西藏的奏折中亦云“藏矿丰富，西人以为冠绝全球”，并以此为倡言的立论依据。而孙中山的《实业计划》中西藏更是以“西方宝藏”的空间意境映像呈现，所以“青海的金子遍地都是”固可视为谙知美国西部开发中加利福尼亚黄金热的故事的宋美龄氏利用空间意境映像对美国人招商引资的广告语而已，同时亦是由来已久的这种关于西部资源富饶真真假假的话语链之一环。质言之，这种关于西部资源富饶的话语中体现着话语者对西部认知的思想资源的贫乏。

① 该书中译本已由中国藏学出版社1991年出版。

如果说东部地区的人士对西藏等边远地区了解肤浅尚情有可原，那么在20世纪二三十年代连四川这样的省份亦被视为国中的“异乡”便颇令人惊诧。1930年，旅沪川籍青年学生王宜昌著文曰：“有一个异乡，在现在底中国秘密地存在着。这个‘异乡’，就是僻处西南底四川。”① 美国学者罗伯特·柯白（Robert A. Kapp）在《四川军阀与民国政府》（*Szechwan and the Chinese Republic: Provincial Militarism and Central Power, 1911－1938*，New Haven：Yale University Press，1974）一书写道：“华东、华南和华北各省的大多数人，不管从总的方面看是多么有见识，但对四川是无动于衷的。在汉口以下，对四川的内部情况实际上没有任何新闻报道。在上海、天津和北京的主要报刊上偶尔也出现一些报道四川的文章，但他们一般都把四川当做异乡外域来描写。比如说，旅行见闻所谈的无非是令人胆战心惊的三峡航程，峨眉旅游或者对成都和重庆的访问。只有当四川出现极为严重的事态时，长江下游的报刊才会有连续的报道。1932—1933年冬天刘湘和刘文辉之间爆发战争，共产党部队也进入四川，这时四川才引起了人们的注意。但是在此之前，中国的其他部分对四川的事态发展则茫然不知。当二刘之战停止，共产党入川的最初震动一旦消逝，全国的注意力又再次远远离开了四川。”② 据柯白的研究表明，在国民党政府的各种统计报告、年鉴和概览中，在20年代后期和30年代初期按无数主题项目编写的各省统计数据中，四川的资料总是付诸阙如。这表明，在中国当时名义上统一但实际上内部四分五裂的情况下，东部地区对四川的情形惘然无知便是当时空间意象

刘湘像

① 王宜昌：《关于国立成都大学》，《成都大学旅沪同学会会刊》1930年第1期。

② 罗伯特·柯白：《四川军阀与国民政府》，殷钟崃、李惟健译，四川人民出版社1985年版，第84页。

蜀道难（20 世纪 30 年代）

碎片化的表征。正如时人所言，由于四川“军阀林立……兵匪如毛，蜀道艰难，外省人闻而生畏，不得履其地知其详，有加以秘密国之称者。省外人视四川，几如外国人之视中国，且或更有甚焉。盖外国人虽不知中国，然常派人来华调查……省外人不知四川情形，鲜有闻入四川作切实调查者，省外人之知四川，全凭报纸所载之一二简短通讯而已”①。正是由于省外人对四川的情形不了解，“常常是把四川当做野蛮的社会看待，而且是传说得来非常之神秘，于是乎惹来一般想到四川来的人，都不敢到四川来了”②，所以致力于四川桑梓之地建设的卢作孚在中国科学社来四川开年会后欢欣鼓舞，誉之为“算是整个中华民国当中的学术团体到四川来的第一次”③。中央大学校长罗家伦在 1934 年 1 月 25 日所作《中国大学教育之危机》的演讲中谈到他参加大学生出国留学考试口试时的一件事：考官问考生“赤峰在何处?”考生拊掌大笑：

① 转引自王东杰：《国中的“异乡”：二十世纪二三十年代旅外川人认知中的全国与四川》，《历史研究》2002 年第 11 期。

② 卢作孚：《中国科学社来四川开年会以后》，《嘉陵江报》1933 年 10 月 10 日。

③ 卢作孚：《卢作孚文集》，凌耀伦、熊甫编，北京大学出版社 1999 年版，第 242 页。

“这么简单的问题也拿来作考题！现在中日关系紧张，我经常看报纸，当然知道。赤峰不是日本的一个海岛吗？好像是在日本海的中间吧。”后来，罗氏对此感慨曰：“热河之亡，不只是亡于汤玉麟，大学毕业生不知是中国的领土，中国还不该亡吗？”① 这则令人啼笑皆非的故事，说明国人对西部地区的认知恍同绝域殊方一般，以致连中国知识分子的“精英”都如此孤陋寡闻。

20 世纪 80 年代以来，中国边疆问题研究领域即有一种主流的学术观点，从鸦片战争之后，中国边疆问题研究曾经出现过三次高潮，第一次高潮是嘉、道、咸时期边疆史地学的繁荣，以祁韵士、张穆、何秋涛等人为代表；第二次高潮是 20 世纪 20—40 年代，以顾颉刚等人创办的“禹贡学会”为代表；第三次高潮为 20 世纪 70 年代末改革开放以后。这种历史时期的概括和划分大体上展现了中国边疆问题研究的发展脉络。笔者过去在论著中亦多次附和、坚持这种说法，然仔细推敲，如今发现尚未臻周浃完善。其不足之处表现为：（1）中国边疆问题的研究并不仅仅是中国人一己的学术功业，上述说法囿于中国国内的边疆学术线性发展，尽管中国边疆历史研究者关注、回溯外国人的中国边疆探险考察史，但未能将这一方面的因素有机地纳入中国边疆问题的学术史分期的考量，使之呈现为孤立的两橛；（2）上述说法主要以中国边疆历史地理的研究发展为基础进行历史分期，民族学、语言学等其他学科领域的情形颇有遗珠之憾。笔者通过对自己过去观点的校正与扬弃，认为民国时期实存在一场“重新发现西部”的历史运动，对中国西部认识的现代化是与对西部经济开发的现代化过程形影相伴的。萨义德（Edward Wadie Said，1935—2003）在《东方学》中这样写道：“在作为一个学科的历史发展中，东方学最显著的特征是范围的日益扩大，而不是选择性的日益增强。文艺复兴时期的东方学家，比如厄彭尼乌斯（Thomas Erpenius，1584—1624）和波斯德尔（Guillanme Postel，1510—1581），其主要研究对象是圣经所述国土的语言，尽管波斯德尔自诩不需要翻译就可以横越亚洲直到中国。一般而言，迄至 18 世纪中叶，东

① 《中央周报》1934 年 1 月 22 日。

方学研究者主要是圣经学者、闪语研究者、伊斯兰专家或汉学家（因为耶稣会传教士已经开始了对中国的研究）。在18世纪晚期安格迪尔－杜贝隆（Abraham-Hyacinthe Anquetil Du Perron，1731—1805）和威廉·琼斯爵士（Sir William Jones，1746—1794）能够清晰地揭示阿维斯陀经和梵文的丰富性之前，亚洲中部广袤的地域一直未曾被东方学研究征服。到19世纪中叶，东方学已成为一个几乎无所不包的学术宝库。”①

依笔者所见，中国学者常津津乐道于“乾嘉考据学”，视为中国独一无二的“国粹”“绝学”，殊不知西方亦有考据学。考据学在英文中为“Criticism”，源于希腊文“κριτής（krités）”和“Krinen”②，原意为“判定”，专指对古典文本的鉴定和判别。到文艺复兴时代，这个词汇已获得了“确定文本的真伪”（indicium）和“纠正前说”（emendation）的意思。而有讽刺意味的是，西方学者又常无知地批评中国学术没有“criticism”，实乃中西方学术暌隔、会通难期所致。③ 中、西方考据学发展有两个共同的特征：一是注重语言文字的工具，一是考证的材料与范围逐渐扩展。如同中国考据学以“小学”为门径，最初的西方考据学和中国考据学肇端于对儒家经典文献的注释校勘一样，渊源于对基督教经典和古代希腊、罗马文献的评注、校勘与整理，故本尼狄克僧团的圣摩尔修道院（Abbaye de Saint-Maur）的修士们在教义争论中逐步创立了古文书学、年代学等文献考证方法，而在11世纪注释法学派亦鼎盛一时。和中国明代考据学存在炫博好奇的流弊一样，西方历史上亦有所谓“博学时代”（the age of erudition）④。中国乾嘉学派擅胜的内证法和外证法在德国历史学家恩斯特·伯恩海姆《历史方法和历史哲学教

① Edward W. Said, *Orientalism: Western Conceptions of the Orient*, New York: Vintage Books, 1978, pp. 51－52.

② Randall Price, *Searching for the Original Bible*, Eugene, OR: Harvest House Publishers, 2007, p. 221.

③ 在中国和西方，考据学都推进了史学的现代化。乾嘉考据学使中国传统史学的准科学性大大加强，而兰克、蒙森等的考证偏好与其开创西方近代史学先河密不可分。

④ James Westfall Thompson, Bernard J. Holm, *A History of Historical Writing: The Eighteenth and Nineteenth Centuries*, Gloucester, Massachusetts: P. Smith, 1967, p. 8.

程》（Ernst Bernheim，*Lehrbuch der historischen Methode und der Geschichtsphilosophie: Mit Nachweis der wichtigsten Quellen und Hülfsmittel zum Studium der Geschichte*，Leipzig：Duncker & Humbolt，1889）和法国历史学家朗格卢瓦、塞诺博斯合著《历史研究导论》（Charles-Victor Langlois et Charles Seignobos，*Introduction aux études historiques*，Paris：Les Éditions Kimé，1898）均有精辟的阐述，而且兰克乃将“内证”与“外证”方法结合使用的斫轮老手。另外，中国考据从经史子集文献到宋代赵明诚等为代表的注重金石铭刻材料，再到清末民初甲骨汉简之类一路逦迤下来不断扩充取材范围与考证对象。

欧洲的东方学起源于对《圣经》等基督教文献的考证，在近代以来受西方殖民扩张势力的影响逐步发展，所以大致上欧洲的东方学最初以小亚细亚、包括埃及等地在内的西方人所谓“近东”“中东”地区（此即萨义德《东方学》论述的材料主要来源范围），后来英法东印度公司在印度次大陆植基立础以后，东方学范围与内容随之扩展，形成印度学（Indology）。尽管由于中国是举世闻名的大国，所以汉学（La sinologie）兴起较早，西方的东方学空间扩展自西适用于徂东的路径呈现一定的变异，但细节的偏差并不影响“西力东渐”与“西学东渐”联袂而进的通体格局。在 19 世纪以后，随着西方殖民势力扩张，包括我国西藏、新疆、蒙古等西部地区在内的中亚内陆便成为西方东方学关注的焦点。当商博良（Jean François Champollion，1790—1832）解读埃及罗塞达石的象形文字、罗林逊（Henry Creswicke Rawlinson，1810—1895）破译两河流域楔形文字、威廉·琼斯潜心研究印度古梵文之后，埃及学（Egyptology）、亚述学（Assyriology）、印度学、汉学等都基本上灿然而备，所以在清末民初，许多探险家和学者遂将目光锁定在中亚内腹地，通过对当地语言文字的掌握和实地考察游历，藏学（Tibetology）、蒙古学（Mongology）、突厥学（Turcology）等在西方的东方学家族中开始顶门立户。[①] 是时，俄国的普尔热瓦尔斯基（Никола й Миха

---

① 在 1932 年伪满洲国成立后，以内藤湖南（ないとうこなん，1866—1934）为代表的“满洲学”和以那珂通世（なかみちよ，1851—1908）为代表　（续下注）

йлович Пржева льский，Nikolaï Mikhaïlovitch Prjevalski，1839—1888）、瑞典的斯文·赫定（Sven Anders Hedin，1865—1952）、法国的伯希和（Paul Pelliot）、德国的勒柯克（Albert von Le Coq，1860—1930）等人纷至沓来，相望于道。当这些西方人凝视中国西部并冒险犯难走向中国西部的同时，中国的西部也开始被重新发现并融入世界的视境。中国学术界迄今对这些人的所谓“学术探险”企图予以盖棺定论的功过是非评价却往往左右为难，既称誉他们在“中国研究”（Études chinoises）方面冠绝一时的学术地位，又深恶痛绝地斥责他们在中国的盗宝劫掠行径。其实，道德评判尺度在学术研究中消极的负面效应有时为我们始料不及，关键还是要将问题置于具体的时空维度中进行分析。这些“超级东方学家”的学术事功不仅主掌了此后几代欧洲汉学家的研究方向和领域，而且对中国学术的演变与发展影响至深，适正生动地印证了萨义德在《东方学》中以手术刀般锋利的笔触所揭露的东方学中西方话语霸权的建构历程。

清末民初以后，国人对我国西部地区的地理空间意境映像受西方殖民国家的权力—学术话语的影响成分极大。唐代诗人王昌龄《从军行》“青海长云暗雪山，孤城遥望玉门关。黄沙百战穿金甲，不破楼兰终不还”①，殆为妙手偶得之的千古绝唱。然而这个曾经在丝绸之路声名赫奕的楼兰古国遗址沉睡于沙海长达千年后却被斯文·赫定1900年偶然发现，从此茫茫大漠深处风蚀如刀刻斧削般的雅丹地貌深深地烙印在国人的中国西部意境映像之中。敦煌莫高窟的文书发现过程恰如罗振玉所言，“鸣沙之藏，则石宝甫开，缥缃已散。我国人士初且未知”②。只是

（续上注）的“蒙古学”，从日本近代中国学中派生出来，成为显学，试图对“满洲”“蒙疆”进行与“中国”相提并论的国别研究，为军国主义对华侵略和殖民统治提供智力支持。这一抛却“中国学”概念而别立新名的“方策”，使日本军国主义恶势力妄图将这块中国领土从中国分裂出去的侵略野心昭然若揭，也同样可以佐证我们在这里所讨论的学科化背后的微妙政治关系。参见严绍璗：《日本中国学史稿》，学苑出版社2009年版，第423页。

① 王昌龄：《从军行七首》之四，程千帆、周汝昌等撰写：《唐诗鉴赏辞典》，上海辞书出版社1983年版，第116页。

② 罗振玉：《〈鸣沙石室佚书〉序》，罗振玉：《雪堂自述》，黄爱梅编选，江苏人民出版社1999年版，第127页。

玉门关古道

斯坦因、伯希和等人巧取豪夺、满载而归之后，国内学者方如梦初醒，以致后来博大精深的敦煌学在国际上遐迩驰名，国内外游人蜂拥而至一睹莫高窟神采为快，敦煌莫高窟成为国人对甘肃想象的象征符号。源自希尔顿（James Hilton，1900—1954）1933 年出版的小说《消失的地平线》（*Lost Horizon*，New York：Grosset & Dunlap，1933）的“香格里拉”，后来作为世外桃源的代名词令世人对藏区无限心驰神往，然揆诸原文，这种美幻仙境的出路在于接受西方统治和教化的寓意却彰彰甚明，亦足证西方话语权势在近代对中国西部空间意境映像形构方面的巨大力量。鲁道夫 · G. 瓦格纳在《进入全球想象景图：上海的〈点石斋画报〉》（Rudolf G. Wagner，Joining the Global Imaginaire：The Shanghai Illustrated Newspaper Dianshizhai huabao）一文中论述《申报》老板美查（Ernest Major）在《点石斋画报》第一卷附带长城大型图画之事时云：“虽然这个时期长城在西方已经颇有名气，并在游记中得到了广泛的描述，但在中国人眼中它还只是代表着孟姜女哭长城的故事。长城绝不在中国过去之荣耀的象征物之列。甚至到了 1901 年，当《图画日报》以长城的图片开篇时，仍然表现出受到了西方冲击，以至于急着要向读者们解释这座巨大的建筑是什么，并且把晚明长城说成是秦始皇建造的，充分表现了他们自己对长城的无知。只是到了 1919 年，由于孙中山，长城才变成了中华民族的荣耀和坚韧的象征、华夏族免遭游牧民族攻击的保护伞，以及中国最伟大的工程成就。一句话，是中国所保存下来的东西中最出色的。林蔚（Arthur Waldron）① 曾经讨论过，认为这实际上是西方关于长城的形象逐渐渗透到中国，最终使长城从浪费财力人力的象征转变为中国民族荣耀的现代象征。《寰瀛画报》上的长城图画是出自一个西方人之手，反映了西方人对这座巨大建筑的赞叹。通过把长城独立出来，大尺寸地加以复制，并且建议把它挂在墙上，美查看起来起了积极的作用，他把外国人对长城的赞扬传达给了愿意花钱买这份画报，并对外面世界有足够的兴趣，从而也关注中国在世界中的位置的那批中国家庭。”② 长城逶迤绵延于中国西部许多省份、甚至往往构成当今许多西部省区的政区界线，其符号象征意义自古迄今是不断变化的：从秦始皇虐民暴政的罪证到华夷森严的分界线以及有人视之为中国封闭心理的表现，③ 但长城作为中华民族值得自豪骄傲的象征、坚贞不屈的象征则是现代化的产物，在积贫积弱的近代中国，西方洋人对长城这项伟大工

---

① 参见 Arthur Waldron, *The Great Wall of China: From History to Myth*, Cambridge: Cambridge University Press, 1990, pp. 194 – 215。

② Rudolf G. Wagner ed., *Joining the Global Public: Word, Image, and City in Early Chinese Newspapers, 1870 – 1910*, Albany: State University of New York Press, 2007, pp. 111 – 112.

③ 西方现代派文学大师弗兰茨·卡夫卡（Franz Kafka, 1883—1924）1917 年所写的小说《万里长城建造时》（*Beim Bau der chinesischen Mauer*, hg. v. Max Brod und Hans Joachim Schoeps, Berlin: Gustav Kiepenheuer Verlag, 1931）可以说构建一种对于长城的另类空间想象。卡夫卡从未到过中国，更从未见过长城，但他在小说中把自己想象为一个有修城经历的中国百姓，一再通过不同意象强调长城帝国在空间上的广阔与时间中静止的永恒性。根据小说中“我”的思考，之所以修筑长城，一是由于国家“疏忽了就帝国的机制建立起一个明确的体系，从而能使帝国最遥远的边疆处于其直接和不间断的控制之下”，另一方面是因为“人民在想象力和信仰力方面的弱点，他们未能把帝国从北京的梦幻中活生生地、真实地拉到了自己胸前，虽然臣民们梦寐以求的就是哪怕只感觉一次这种接触，沉醉于这一幸福之中”。（高中甫编选：《卡夫卡精选集》，北京燕山出版社 2005 年版，第 222—223 页。）帝国虽然庞大实际却极其虚弱，虚弱的原因是帝国中心与所统辖地方百姓处于疏离关系之中，而借助长城工程则可以把民众的力量汇集到一起。在卡夫卡的 （续下注）

程的叹为观止令中国人尤觉振奋鼓舞。长城在国人集体表象中的面目由此焕然一新，这不能不说与近代西方对长城镜像的反射之光有莫大关系。在民国时期，我们发现将四川省称为“中国西部的马萨诸塞州”、将甘肃省称为“中国西部的加利福尼亚”等比框在在皆是，亦反映了国内外人士对中国西部的空间意境映像以美国西部开发为参照物的认知图式（schema）。

在民国时期“重新认识西部”的运动中，中国知识分子固然往往不免借助于西方人的目光，但绝非被动的步趋和效颦。与嘉道咸时期边疆史地学不同，民国时期的学术体制发生转型，大学教育、学会团体与专业论文期刊三位一体的框架构成中国边疆学研究展开的主要活动平台。马大正、刘逖对中国边疆研究第一次和第二次高潮之间的分际予以剖析时指出：“20 世纪以前，在中国边疆研究中学者个人的作用占据了绝对的主导地位；而在以后，学术群体逐渐形成并发展，因此在学科发展中也占有了重要的地位。……正是因为有了像中国地学会和禹贡学会这样的学术群体才会有如此贡献的张相文和顾颉刚，这也是前一时期所不具有的特点。20 世纪以前，师徒传授是学术得以传播延续发展的主路，而以后学术传播延续的主要场所是现代教育机构。”①是时，除马大正所详尽介绍的饮誉士林的最为著名的张相文等创办中国地学会和《地学杂志》、顾颉刚等创办禹贡学会和《禹贡》杂志外，还有北平私立中国大学商学院设立的边疆经济系，南京私立金陵大学设立的“边疆问题讲座”，成都国立四川大学设立的西南社会研究所。尤其私立华西大学的边疆研究学会成立于 1922 年，后经过积极扩充，“会员日见增加，杂

（续上注）想象中，修筑长城的真正意义不是防御边患，而在于通过组织建设使庞大的帝国有机地运作起来。这部小说由长城而帝国，修筑长城被视为一个帝国体制的象征。正如人们可以从修建金字塔了解古埃及帝国，从修建泰姬陵了解莫卧儿帝国，从修建万里长城了解中华帝国，卡夫卡这篇小说真正表现的其实是权威中心的、高度组织化的社会中人的存在状况，专制制度下个人与集体、领导与民众的关系以及权力效率规模与组织一体化等问题。参见周宁：《“万里长城建造时”：卡夫卡的中国神话》，《厦门大学学报（哲学社会科学版）》2002 年第 6 期。

① 马大正、刘逖：《二十世纪的中国边疆研究——一门发展中的边缘学科的演进历程》，黑龙江教育出版社 1997 年版，第 93 页。

志内容亦日见精彩，国际间亦渐有其相当的地位矣”①。在边疆问题专业刊物方面，《新亚细亚》（南京新亚细亚月刊社 1930 年创刊）、《边政》（川康边防总指挥部 1931 年创刊）、《边事研究》（南京边事研究会 1934 年创刊）、《边疆研究季刊》（中国边疆文化促进会 1937 年创刊）等等相继问世，纷然并陈，其中中国边政学会于 1941 年创刊的《边政公论》出类拔萃，在当时和后来的影响卓著。

其次，中国知识分子精英阶层的生存方式在近代已发生根本性变革。在传统社会中，士人以耕读世家相标榜，大多数人幼而耕读于乡间，壮而登第仕进于朝，老而落叶归根告归故里，成为农村与城乡之间循环联系的纽带。传统礼仪规定的为父母丁忧亦使宦游在外的官员与其农村家乡的纽带维系不坠。但在近代中国废除科举以后，随着现代化过程中新式教育体制的确立和城乡差别的扩大，所谓“智识阶级”多在接受高层教育后义无反顾地在城市安家落户以至于不复告老还乡。光阴荏苒，与农村血脉相连的“原乡人”消失殆尽，学堂毕业万一在“外面”混不下去而非回家不可，乡党之间则称之为“回乡宝”，与“季才落寞，下乡教学”的传统生存方式不可同日而语。即便他们从农村中走出来，但他们以城市为“异托邦”的生命路径（life path）择向性，② 随着时光流逝，必然将农村的生命体验模糊化，所以他们必须改弦易辙以所谓

① 徐益棠：《十年来中国边疆民族研究之回顾与前瞻》，《边政公论》1942 年第 1 卷第 5 期。亦可参见林恩显编：《中国边疆研究理论与方法》，台北渤海堂文化事业公司 1992 年版，第 91 页。

② “异托邦”一词源自福柯 1967 年 3 月发表的讲演《别样的空间》（Des espaces autres），他在讲演中区分了两种空间概念，一种是“乌托邦”（Utopia，不存在的理想空间），另一种是“异托邦”（Hétérotopies），又称“别样的空间”。福柯认为，异托邦对于一切社会的运转都极其重要。而所谓“生命路径”是时间地理学（time geography）中的一个基本概念。1969 年瑞典地理学家哈格斯特朗（Torsten Hägerstrand，1916—2004）在哥本哈根召开的国际区域科学学会第九次欧洲大会上的讲演中提出时间地理学的概念，以研究人类个体或群体在时间和空间同维度上的行为特征。他当时在研究人口移动的过程中，将人口统计学中的生命线（life line）移植到时间地理学中，使之复合到空间轴上，即得到生命路径，此为个人活动在时空轴上的连续表示。这一概念多应用于人口移动的传记性研究。闻一多在年逾知命参加“长沙临时大学湘黔滇旅行团”时对学生说：“困难期间，走（续下注）

“科学考察”为主获致对农村民间社会实相的流连盼顾。这种体察认知范式的转变可以从傅斯年的一封信中得到充分说明。傅斯年成立历史语言研究所以“科学史学”相号召，主张“利用自然科学供给我们的一切工具，整理一切可逢着的史料”，“上穷碧落下黄泉，动手动脚找东西”，以求达到“科学的东方学之正统在中国”的目的。[①]因此当历史语言研究所“云南人类学知识初步调查”“川边人类学调查”等项目启动时，学术研究活动范式新旧交替之际不免意志粘连滞濡，历史语言研究所派往川西作川边人类学调查的黎光明便似乎未完全脱离《小方壶斋舆地丛钞》中的记游式工作方式，故傅斯年于 1929 年 2 月 16 日写给黎氏的一封信中就提醒他旧方式是不对的，要“多照相”，“不乱走，所得知识是系统的”[②]云云。

从时间上看，抗战前对西部地区的考察研究寥寥可数，可谓筚路蓝缕以启山林。1927 年 4 月，斯文・赫定与中国学术团体协会经过磋商签订协议十九条，组建“西北科学考察团”，全团有二十七人，其中中方十人，欧洲十七人，中方团长为徐旭生（炳昶），外方团长为斯文・赫定。这次综合性科考活动包括地质、地磁、气象、天文、考古、人类、民俗等项目，历时两年，成果可观。1928 年夏，中山大学语言历史研究所助理员杨成志受蔡元培派遣并陪同史禄国（Сергей Михайлович Широкогóров，Sergei Mikhailovich Shirokogorov）赴云南少数民族地区调查。是年 10 月，史禄国因各种原因到达昆明后折返不前，杨成志独自深入川、滇交界的大凉山彝族地区进行调查研究。此次调查

（续上注）几千里路算不了受罪。再者，我在十五岁以前，受着古老家庭的束缚，以后在清华读书，回国后一直在大城市教大学，过的是‘假洋鬼’的生活。和广大的山区农村隔绝了，特别是祖国的大西南是什么样子，更无从知道。虽然是一个中国人，而对中国社会及人民生活知道得很少……国难当头，应该认识祖国了。”赵慧编：《回忆纪念闻一多》，武汉出版社 1999 年版，第 180 页。

① 傅斯年：《历史语言研究所工作的旨趣》，《历史语言研究所集刊》1928 年第 1 期。

② 此信在《史语所公文档案》中。转引自王汎森：《民国的新史学及其批评者》，《20 世纪的中国：学术与社会》（史学卷），山东人民出版社 2001 年版，第 77 页。

为文化人类学学科发展史上的重要事件，为这一学科在中国的落地生根迈出了艰难的第一步。正如有学者指出，“日军的入侵使大批教学研究机构被迫迁到西部地区，客观上使得民族学在中国的分布地域上大大延伸了。以往的民族学研究的最好田野工作基地所在没有专门的民族学机构的缺陷得到了弥补，为中国民族学的一个新高潮的到来提供了有利的条件”①。抗战军兴以后，对中国西部地区的科考活动明显激增，许多大专院校甚至在西迁后多以调研活动作为常规的教学手段，教育部、中华基督教全国总会等单位和各院校组织的大学生暑期边疆服务团不胜枚举。

从空间分布上看，对西北地区的考察活动少于对西南地区的考察活动。从考察的类型来看，大约包括三种情形：一是直接为经济开发等服务的对策性、实用性考察，如 20 年代后期开始，国人对西北重要地位和作用的认识逐渐提高，开发西北的呼声日高，国防设计委员会组织调查团前往陕西、甘肃、青海、宁夏等省，就西北水利测量、地质矿产、垦牧与民族、农作物及移垦、人文地理五大方面，进行了为期两年的实地考察，搜集了大量资料，拟定了开发西北地区的计划和许多具体措施。此外，长江通讯社西北考察团的《西北实业计划调查报告》中所

西北考察团驼队穿越荒漠

① 王建民：《中国民族学史》上卷，云南教育出版社 1997 年版，第 221 页。

西北考察团营地

西北考察团进行气象考察

提建议后来为国民政府“开发西北”决策的制定提供了蓝本，值得在历史上大书一笔。二是纯粹的学术性考察，如黄文弼分别于1928—1930年、1933年、1943年三次赴新疆考察，出版了《高昌砖集》《罗布淖尔考古记》《塔里木盆地考古记》等专著。当然，这种类型的区分并不存在绝对的界线。在科考活动中，一些知识分子历尽艰险，坚贞弘毅，甚至为此献出了宝贵的生命。30年代，毕业于日本早稻田大学的陈碧笙曾只身深入当时被称为“蛮烟瘴雨”的滇南边陲考察，发表了《滇地边地之经济危机及其对策》《孟定一瞥》等论文，著有《滇边经营论》一书。他从国家利益出发，以开发利用澜沧江—湄公河、怒江—萨尔温江的交通运输为己任，先后在孟定和景洪只身漂流南汀河和澜沧江。1935年暑假，费孝通与新婚妻子王同惠赴广西大瑶山进行调查。

徐炳昶（右）、斯文·赫定（中）、袁复礼（左）在研究工作

王同惠负责社会组织方面的调查研究，不幸跌入山谷遇难，她是中国深入少数民族地区进行实地考察研究的第一位女性，却又不幸成为中国民族学界在田野调查中死难的第一人。王同惠调查的遗稿后由费孝通整理加工出版，此即《花蓝瑶社会组织》一书。又如，1940 年中国地理研究所在重庆成立伊始，首任所长黄国璋倡导调查研究，组织了嘉陵江与涪江流域、汉中盆地、大巴山区、川东地区、成都平原学综合地理考察。为开辟中缅、中印公路及对两路沿线进行开发，地理学家严德一等率队完成横跨云南西北境并沿伊洛瓦底江谷地到塞地亚（Sadiya）的路线调查勘测工作，被誉为中国现代探险的伟大成就。① 民族学家江应樑主持负责云南省民政厅所辖的边疆行政设计委员会的工作，以亲身的田野所得，提出“大小凉山开发方案”，参与草拟《腾龙边区开发方案》《思茅沿边开发方案》等计划，主张“边疆内域化”。②

再次，与嘉道咸时期的边疆史地学不同，学术界通常所说的“第二次边疆研究高潮”不仅仅局限于历史和地理，而是涉及对西部地区的边民、边界、边政、边防、边事、边情等各种问题的分科研究。由于民国

① 华林甫编：《中国地理学五十年》，学苑出版社 2001 年版，第 97 页。

② 王建民：《中国民族学史》上卷，云南教育出版社 1997 年版，第 271 页。

时期的学术现代化转型，学科专业分化日趋细密，各学科学者均从自身专业角度参与对西部地区的认知与研究。在语言学方面，历史语言研究所成立后对四川、云南等省的汉语方言和广西贵州等地的僮侗语、苗瑶语、藏缅语等进行调查，主持这些调查的学者赵元任、李方桂以及参加者丁声树、张琨等人，都在学界卓然成家。在经济学界，中央研究院社会科学研究所经济学组的助理研究员张之毅于 1942 年 9 月至次年初赴新疆就贸易、丝织业和绿洲农业经济等方面进行考察，著有《新疆之经济》《亚洲的枢纽》等。在社会学、人类文化学、民族学等方面，成果更是蔚为大观。1938 年，李安宅、于式玉夫妇赴拉卜楞寺（bla brang）进行民族学田野调查，研究藏传佛教，是为中国民族学田野调查中时间最长的一次，其著作《藏族宗教之实地考察》在学术史上占据重要的一席之地。此外，林耀华的《凉山夷家》、田汝康的《芒市边民的摆》、江应樑的《云南两个摆夷民族的经济社会》、陶云逵的《云南摆夷族在历史上及现代与政府之关系》等撼人心扉的学术魅力迄今犹存。清华大学张怡荪在成都创办专门从事藏学和汉藏语言研究的西陲文化书院，撰写出版了《藏汉集论词汇》《藏汉语对勘》等著作，望重学林。此外，在自然科学方面的研究成果亦不可胜数。1934 年，刘慎鄂等发表《中国西部及北部植物地理概论》，首次对青海植物地理和植被区划进行了科学分析。1944 年，宋家泰出版的《柴达木盆地》，为第一部系统研究柴达木的专著。植物分类学家方文培在抗战期间深入峨眉山考察、采集植物标本凡四年，确定当地植物至少千种以上。他从中选中最具代表性的二百多种，编写出二百多万字、有插图二百多幅的科学巨著《峨眉植物图志》，引起国外学者的瞩目，获英国皇家园艺学会授予的银质奖章一枚。

特别需要指出的是，在民国年间对西部地区的重新认识的过程中，当时的知识分子不仅为当今了解西部、开发西部留下了弥足珍贵的文献资料，而且对研究西部开发与中国现代化的问题直接导夫先路。1941 年，费孝通在云南大学社会学系接替吴文藻主持事务后，由中国农民银行资助，与燕京大学合作建立了社会学研究室，附设于云南大学，故亦称云南大学社会学研究室。该研究室为避日机轰炸迁至昆明东郊贡县古城村的魁星阁，后来“魁阁”便成为其代称。在费孝通的主持下，参加“魁阁”研究工作的张之毅、史国衡、谷苞、田汝康、李有义等人，秉承吴文藻所倡行的实地社区研究的训示，采用功能主义人类学的方法，对西部开发与中国现代化问题进行了富有成效的积极探索。其中代表作有：

（1）费孝通的《禄村农田》。费孝通 1938 年回国后在云南大学社会学系工作，乃选择离昆明市一百公里的禄丰县大白厂村进行实地考察，1943 年由商务印书馆出版的《禄村农田》即这一考察的最终成果。“《禄村农田》是《江村经济》的姊妹篇，同样采用了以村落为单位的社区研究法。但《禄村农田》研究范围较《江村经济》狭窄，以土地制度为核心。这样，反而抓住了农村社会变迁的主要方面，且有利于深入探讨。”① 和江村相比，禄村尚处于开始受工商业影响的初期，以农业为主要生产事业，其土地制度为在地地主制度，地主多为小土地所有者，由于劳动力供过于求，雇工价廉，故其以自营的小地主为主的农村社会结构与江村以佃户为主的农村社会结构形成鲜明的对比。费孝通认为，造成这种差异的原因在于：禄村离城市较远，交通不便利，且土地的生产力太低，不足以吸收资本家的投资，且无地农民亦无余力租地，而江村附近都市发达，交通便利，农村原有手工业不能维持，农家收入减少，无力吸收都市资金，因此在都市资本流入农村的同时，地权亦向城市集中。费孝通当时预测，随着工商业的发展，像禄村这样的内地农村土地所有权亦将发生新的变化。

（2）张之毅的《易村手工业》。该书是张之毅在老师费孝通指导下对云南易门县的一个村庄手工业进行调查后的研究报告，旨在探索农村手工业的发达对土地制度的影响，并寻求农村手工业向现代工业转变的道路问题。费孝通在该书序言中将乡村手工业划分为两种类型：一种是在农闲基础上用来解决生计困难的家庭手工业，发生于人多地少的乡村中，能利用过剩劳力，但不能吸收资本；另一种是张之毅《易村手工

---

① 郑杭生、李迎生：《二十世纪中国的社会学》，党建读物出版社 1999 年版，第 158 页。

业》中所论述的作坊工业。根据张之毅的研究，易村手工业是在土地分配制度不平均的基础上产生的，由于占有土地多的人家能够不断积累资金，这些资金迫切需要寻找出路，因此产生了作坊工业。在易村，土纸坊的投资收益高于农业五倍，获得高利的为投资者即土地所有者，而非生产者，已显露出传统经济中的资本主义萌芽。但由于交通运输的困难和市场狭小，这一萌芽状态的经济受到了遏制，作坊工业在乡村中发达起来后，资金不断累积起来，但因上述条件限制难以用于扩大再生产，最终依旧得向土地里钻，成为一只攫取农村土地权的魔手，促成了乡村中的贫富对立。根据张之毅对内地农村手工业的考察，结合江村的家庭手工业的状况，并与都市工业进行了对比研究，费孝通在《易村手工业》序言中论述了从乡村工业发展到现代工业过程中的问题，指出：乡村工业是可以有前途的，具有与都市工业并存发展的可能性，但必须在技术上和组织上有一个根本的质变才能迎来“柳暗花明又一村”的新境界。

（3）史国衡的《昆厂劳工：内地新工业中人的因素》。因为中国工业化的过程意味着成千上万农民将脱离农村进入工业都市谋生，抗战爆发后，西南地区的新工业大多是平地起高楼，带着一身乡下人气息的农民从农村进入工厂后，由于时间仓促，自然会引发工厂组织管理与效率等方面的问题。史国衡在实地调查昆明的一家国营工厂劳工生活后，于 1946 年由商务印书馆出版了《昆厂劳工》一书，认为：新式工业和旧有的农业是两套不同的生产系统，在这两套系统里面养成的工作人员的出身、训练、生活态度、工作动机等均大不相同，但在旧的环境里骤创新业，总得从旧的机构里去发掘人手，于是新的需要和旧的传统碰了头，免不了要在种种活动上发生种种矛盾抵触现象，应从社会文化背景上对此做一分析和展望。

近代以来，中国政府当局对西部开发的认知一直存在偏差。清末政府组织的一些调查所写的报告即多把土地用于牧养视为“荒废地利”，把蒙民从事牧畜视为“不开化”，因此放垦蒙地时虽亦计算了日后需留的牧地，但往往以现有牲畜为准，而当时正是内蒙古各旗频遭战乱之后牲畜锐减之际，故所留牧地当然不免湫隘，且水源条件好的牧场一概被视为可放“荒地”，而报告建议安排放牧的地段则大多系山坳、水泡。民国时期，时任行政院院长的汪精卫明确说：“内蒙古同胞还多是游牧为生，游牧是需要极阔的土地的，今日世界上最紧要的经济原则，要以较小的土地，养最多的人口，而游牧民族适得其反，故蒙古之生产方式有变更之必要。”① 正是在这种思想支配下，终于出现了抗战时期陈长捷的军队甚至连王公台吉的祖坟地和成吉思汗陵的禁地都肆意动土垦殖之事，以至于引发震惊全国的“三二六”事变。

民国时期，政府对西部开发的宣传动员大张旗鼓。在政府声势浩大的舆论导向下，开发西北的刊物在书店随处可见，“到西北去！”之类醒目的标语贴满了大街小巷。例如1942年底，盛世才开始投靠国民党，国民党便在重庆大力宣传“开发大西北”“立国之基在西北”等，号召知识青年效法张骞、班超，“到新疆去”便成为当时诱人的口号。行政院公布《赴新工作人员登记办法》和《待遇办法》，前往登记者达五千余人。国民党中央组织部部长朱家骅对行将起程赴新派遣人员宣称：你们到新疆去，中央不仅替你们准备了安家费，而且替你们准备了抚恤金，你们在新疆无论遭到何种艰危困苦，亦应在所不辞。② 可见当时国民政府舆论宣传动员力度之大。“九一八”事变后，新（疆）绥（远）长途汽车总公司在天津招考测路队练习生的作文题目即是：“论开发大西北”，使后来成为范长江密友的邱岗应聘时满腔热血沸腾，亦说明当时社会风尚对普通青年的影响力极其深远。但当时社会上对官方倡导的开发西部的口号亦有持论不同的声音。

1936年1月在《西北杂志》第1卷第4期上刊载《误解的开发与开发的误解》一文即颇耐人寻味。此事源起于1935年12月27日，《中国日报》发表一篇评论文章云：“看到报载：有三位江苏太仓县杨姓的小学生——修爵、宝煊、汝阳等，大的只有十六岁，小的才十四岁，他们抛弃了课本生涯，在天寒岁暮的现在，从本乡经镇江、南京，而到达蚌埠。他们的目的，据说是要到西北去开发边疆。虽然三个人合拢来的

① 转引自范长江：《塞上行》，宁夏人民出版社2000年版，第118页。

② 参见新疆社会科学院历史研究所编著：《新疆简史》第3册，新疆人民出版社1997年版，第317—318页。

旅费，只有八十元。”三位小学生终因语言不通，行至蚌埠即被公安局阻拦下来。该评论文章对三位小学生的冲动颇多指责，又批评“滥事宣传，把经济物质落后到如墟墓一样的西北，宣传得和世外桃源一样”的负面影响。《误解的开发与开发的误解》一文并不如评论文章那样将小学生的冲动视为病狂，更指出：“西北者，中国民族和文化之发源地，中国民族之老家，自伏羲划卦以至周秦建都，亘二三千年之文化政治，无不以西北为枢纽，迄后海禁大开，东南以濒临海道，吸收文化较易，西北文化之落后，诚为不容掩饰之事实，故欲补救老家之沦于落伍，谓之复兴可，谓之经营可，谓之建设亦无不可，而偏名之曰开发，则使居处西北之西北人，几疑本身落伍，将不齿于文明先进之民族而必待人之开发，始能有济焉。但事实上现在之开发西北，上自政府，下至走卒，唱之者不察，受之者无愧，不当之当，暂以为当；尤在精诚团结一致对外之目标下，西北人士固不敢自外，亦际此生死存亡之关头，无暇计此‘开发’名词之当不当也。”①

民国年间，许多有志之士都积极献身于西部边疆开发事业。逝水川流，但他们的业绩永不泯灭。其中，段绳武（原名段承泽，1896—1940）的事迹尤令人景仰不已，值得在历史上大书特书以令后世铭志不忘。段绳武早年行伍出身，勇敢善战，从普通士兵逐阶升迁为师长。在军阀混战的年代里，段绳武驻军山东泰安，听到武训行乞兴学的故事，遂亲自去堂邑县参观访问，看到当地穷苦孩子亦可免费上学，心灵上受到极大冲击，认为自己身为一个将领却不能如一个乞丐真正为民办点好事，便将自己的原名“承泽”改为“绳武”，立志继承和弘扬武训的精神。他目睹军阀混战所造成的生灵涂炭、祸国殃民，迫切希望化戈为犁，造福一方。经过到绥西河套实地勘察，他请求率全师官兵解甲归田，开发边疆，为国防造一“活的长城”，但不为上级所准，乃愤而辞职。怀着忧国忧民之心，段绳武奔走呼号，在社会各界人士的赞助下，自 1933 年至 1935 年，先后四次从河北灾区移民一千余人，在包头、五原建起了著名的“河北新村”。段绳武变卖了自己在北平的房产，把汽

① 《误解的开发与开发的误解》，《西北杂志》1936 年第 1 卷第 4 期。

车出让给别人，个人的财产丝毫不存，并把家眷搬到新村，全家蔬食布衣，与村民同甘共苦。在段绳武的苦心经营下，“河北新村”的建设蒸蒸日上，欣欣向荣。他在新村办有“武训小学”，自任校长，邀请定县平教会及其他机关的进步知识分子长期驻乡，专门设计推行教育工作。新村合农耕、武卫和教育为一体，别开生面，当时在全国引起广泛关注。1936 年，傅作义将军在百灵庙抗战大捷，陈诚到绥远劳军，力邀段绳武出任军长，但段绳武不为所动，婉言谢绝道：“我当村长，不当军长。”① 段绳武弃官为民，绝都市豪华生活而甘愿到塞外荒原开发建设边疆，在中国历史上可以说绝无仅有，不愧为鲁迅所谓“中华民族的脊梁”。

① 萧青：《“武训迷”段绳武》，内蒙古文史研究馆编：《穹庐谭故》，上海书店 1992 年版，第 76—78 页。

第二章 经济重心的转移与经济空间的扩展：近代中国的西部开发与民族国家的形成

第一节 中国历史上经济重心的转移与经济空间的扩展

德国学者勒施（August Lösch，1906—1945）是空间经济研究的先驱人物之一。他这样写道："如果每件事共同发生，就不会有发展。若每件事存在于同一地方，就不会有特殊性。只有空间才使特殊有可能，然后在时间中展开……在这种限制中，空间创造了我们，也保护了我们。"① 空间不仅是事物存在的形式，也是事物的属性之一；任何经济活动都是依托于具体空间的，经济的发展必然表现出空间特征。所以勒施认为经济学的两大课题是时间的发展和空间的分布，并试图将经济理论从空间角度来加以重新阐述。在20世纪80年代中期以后，区域经济史研究在中国史学界大行其道，但许多热衷于区域经济史研究的学者对这一概念及其方法实际上并不甚了了。一些学者把区域史研究等同于"空间史学"。这种混为一谈苟若粗枝大叶地泛泛而论未尝不可，然而两者之间毕竟存在分疏与歧异。与"空间"一词的英文为"space"相对应，"区域"一词在英文中作"region"，系地区的泛指或抽象，指有一定的地理位置和可度量的实体，其组成要素有内在本质的联系，有外部特征上的相同。20世纪60年代，美国专门成立了一个特别委员会探

① 奥古斯特·勒施：《经济空间秩序——经济财货与地理间的关系》，王守礼译，商务印书馆1995年版，第567—568页。

讨区域研究的历史和哲学基础，指出："区域是研究并选取地球上存在的复杂现象的地区分类的一种方法，地球表面的任何分段和部分，如果它在这种地区分类中是均质的话，它就是一个区域，它的均质是由指标来决定的，而指标则是从全部地球现象中选取，足以表示或阐明一个地区的特殊组合所必需的要素，并以此为目的而制定出来的。"① 由此可见，区域也是个空间，但不是单纯的空间，空间不等于区域，范围比区域更广，内涵比区域更为抽象。区域是根据所要研究问题的性质对连续的地表空间加以划分的主客观结合的认知概念。正如埃德加·M. 胡佛（Edgar Malone Hoover）所说，区域就是研究者为了研究而界定的空间。②

长期以来，许多区域经济研究者虽然把空间因素纳入经济分析的范围之内，但同时又把空间从社会中分离出来，是一种纯粹空间分析而非区域分析，呈现出英国经济学家戈尔（Charles Gore）所谓的"空间分离主义现象"和"区域排斥现象"，可以称之为"空间经济学"。例如，虽然勒施在《区域经济学》中深入地探讨研究"空间"，但他的研究侧重于抽象的理论研究。美国学者艾萨德在1956年指出："各种各样的文化、政治、社会和经济原因导致了区域差别或者区域财富的不均衡，人类对自然环境的适应和交流促使经济理论包含时间和空间两变量，不幸的是目前社会科学侧重于时间变量。"③ 基于此，他试图将"空间"因素引入一般经济理论进而建立空间一般均衡模型。不过，其空间理论研究侧重于区位理论。严格地说，正如英国经济学家戈尔所批评的那样，艾萨德所研究的是空间而非区域。随着美国主流经济学界对经济活动空间演化规律越来越饶有兴趣，空间经济学（spatial economics）大有凌驾

---

① 应龙根等编著：《区域发展与环境对策》，科学技术文献出版社1989年版，第2页。

② Edgar Malone Hoover, *An Introduction to Regional Economics*, New York, NY: Alfred A. Knopf, 1975, p. 151.

③ 参见 Walter Isard, *Location and Space Economy: A General Theory Relating to Industrial Location, Market Areas, Land Use, Trade, and Urban Structure*, Boston, MA: The MIT Press, 1956。

于区域经济学（regional economics）之势，如保罗·罗森斯坦－罗丹（Paul Narcyz Rosenstein-Rodan，1902—1985）的大推动理论（the "Big Push Model" theory）①、弗朗索瓦·佩鲁（François Perroux，1903—1987）的增长极理论（la théorie des pôles de croissance）②、缪尔达尔（Gunnar Myrdal，1898—1987）的循环积累因果原理（the principle of circular and cumulative causation，the CCC principle）③、卡尔多（Nicholas Kaldor，1908—1986）的规模的动态经济（dynamic economies of scale），④ 等等，层出不穷，令人目不暇接。一般而言，第二次世界大战以后，美国学术界侧重于空间经济学，以区位分析为主，注重空间一般性的研究，而欧洲学术界侧重于区域经济学，以政策研究为主，注重空间特殊性的研究。⑤

在区域经济研究领域，空间经济结构无疑是一个极其重要的概念，但学术界对经济空间结构目前尚无统一的认识。我国学者陆大道综括诸家之说，将经济空间结构大致视为人类经济活动作用于一定地域范围所形成的各系统、各要素之间的组成形式，认为经济空间结构应主要包括以下三方面的内容：其一，以资源开发和人类经济活动场所为载体的经济产业区位（带）为中心问题的空间分异与组织关系；其二，空间实体构成的某种等级规模体系；其三，各种空间实体之间存在的某种要素流的形式。⑥ 可以说，经济空间结构是区域经济诸要

---

① Paul Narcyz Rosenstein-Rodan, Notes on the Theory of the Big Push, in *Economic Development for Latin America*, edited by Howard S. Ellis and Henry C. Wallich. New York: St. Martin's, 1961.

② François Perroux, Note sur la Notion de pôle de croissance, *Économie Appliquée*, n°1, 1955.

③ Peter Wallace Preston, *Development Theory: An Introduction*, Cambridge, Massachusetts: Wiley-Blackwell, 1996, p. 201.

④ 参详 Ferdinando Targetti, *Nicholas Kaldor: The Economics and Politics of Capitalism as a Dynamic System*, New York: Oxford University Press, 1992, p. 187。

⑤ Charles Gores, *Regions in Question: Space, Development Theory and Regional Policy*, London: Methuen, 1984, p. 302.

⑥ 陆大道：《区位论及区域研究方法》，科学出版社 1988 年版，第 95 页。

素在地理空间中的相互位置、相互关联、相互作用及其集聚规模与集聚程度的综合表现。

正如日本学者斯波义信（しばよしのぶ）所言："中国社会的规模容量巨大，也许与其说是时代的差异性大，还不如说是空间的差异性更大。"① 中国在历史上版图辽阔，地形复杂，气候多样，有"千里不同风，百里不同俗"之说。特别在传统农业社会，对自然地理条件的依赖性尤其明显，因此经济不平衡性亘古迄今其来有自。对于经济空间差异性，在中国第一部纪传体史书《史记》中，曾经"西至崆峒，北过涿鹿，东渐于海，南浮江淮"② 的司马迁就利用汉帝国大一统所带来的广阔空间视野之便，全面审视当时的社会经济空间分布而划为山西、山东、江南、龙门碣石以北四大经济区。他在《货殖列传》对关中地区这样叙述说："自汧、雍以东至河、华，膏腴沃野千里，自虞夏之贡为上田。……故关中之地，于天下三分之一，而人众不过什三；然量其富，什居其六。"③ 与此相反，按照司马迁的描写："楚越之地，地广人稀，饭稻羹鱼，或火耕而水耨，果隋蠃蛤，不待贾而足，地势饶食，无饥馑之患……是故江淮以南，无冻饿之人，亦无千金之家。"④ 司马迁的上述言说即便不是前无仅有，也是属于比较早先而罕见的，尤其是成为后来中国史学界经济重心话语空间的渊薮所在。此后，关于中国经济空间差异性的话语不绝如缕，而且在唐宋以后，关于中国经济重心南移的问题在时人的论著中亦开始屡见不鲜。如南宋章如愚编《山堂先生群书考索·续集》卷四十六"东南县邑民财"条云：

自晋（元）［之］南渡，东南文物渐盛；至于李唐，益加繁

---

① 斯波义信：《宋代江南经济史研究》，方健等译，江苏人民出版社 2001 年版，第 2 页。

② 司马迁：《史记》卷一，五帝本纪第一，中华书局 1959 年版，第 46 页。

③ 司马迁：《史记》卷一百二十九，货殖列传第六十九，中华书局 1959 年版，第 3261 页。

④ 司马迁：《史记》卷一百二十九，货殖列传第六十九，中华书局 1959 年版，第 3270 页。

昌。安史之乱，江淮独全；历五季纷争，中原之地五易其姓，杀戮几尽，而东南之邦，民有定主。七八［十］年间，咸获安业。逮宋龙兴，伐罪吊民，五国咸归，未尝妄杀一人；自后数十、百年间，西北时有少警而东南晏然，斯民弥得休息。以至元丰中，比往古极盛之时，县邑之增，几至三倍；民户之增，几至十倍；财货之增，几至数十、百倍。至于庠序之兴，人才之盛，地气天灵，巍巍赫赫，往古中原极盛之时，有所不逮。天下之势，正犹持衡，此首要而彼尾轻。故自东南渐重，则西北渐轻；以至宋，东南愈重而西北愈轻。①

该书同卷“东南财赋”条又云：

天下地利，古盛于北者今皆盛于南。国家抚有南夏，大江剑阁以南，泰然（按）［安］堵，而又兼巴蜀、江北以为外屏。以元丰二十三路较之，户口登耗，垦田多寡当天下三分之二；其道里广狭，财赋丰俭，当四分之三。彼西北一隅之地，古当天下四分之三，方今仅当四分之一。儒家之盛，古称邹鲁，今称闽越；机巧之利，古称青齐，今称巴蜀。……漕运之利，今称江淮，关河无闻；盐池之利，今称海盐，天下仰给，而解盐荒凉；陆海之利，今称江浙，甲于天下，关陕无闻；灌溉之利，今称浙江、太湖，甲于天下，河渭无闻。②

应该说，《山堂先生群书考索》的上述二则记述，基本上勾勒了当今史学界关于中国经济重心南移的话语空间的轮廓。司马迁《史记·货

① 章如愚：《山堂先生群书考索·续集》卷四十六，“东南县邑民财”，纪昀、永瑢等编：《景印文渊阁四库全书》第九百三十八册，子部，二四四，类书类，台北商务印书馆 2008 年版，第 575 页。

② 章如愚：《山堂先生群书考索·续集》卷四十六，“东南财赋”，纪昀、永瑢等编：《景印文渊阁四库全书》第九百三十八册，子部，二四四，类书类，台北商务印书馆 2008 年版，第 574 页。

殖列传》的记述与章如愚《山堂先生群书考索》的上述记述堪称中国经济重心由西北趋于东南的历史时空沧桑变化的两帧相映成趣的“老照片”，但若我们稍微进行话语分析可以发现，司马迁《史记·货殖列传》中呈现出的话语者形象是包举六合般胸襟开放宽广，而章如愚《山堂先生群书考索》的上述记述在以西北式微反衬东南繁盛的比较分析中则流露南宋知识分子偏处一隅的狭促气象。

中国古代文明在世界上震古烁今，曾几何时，万邦来朝，如百川归宗，引无数英雄竞折腰，但近代以来，中国国势凌替，饱尝蹂躏，在学术文化方面亦处于边缘化地位。西方学术话语一手遮天的霸权优势将中国经济空间结构问题纳入欧洲现代性的普遍主义宏大叙事。卡尔·魏特夫（Karl August Wittfogel，1896—1988）提出了“中国的经济—政治核心区”（das ökonomisch-politische Kernland China）的概念，指出：“所谓‘文化中心’，或者更确切地说，中国的经济—政治核心区，绝不是固定不动的。在中国处于农业国时，它就曾有过几次变动；而当中国工业化之后，由于原料中心和工业生产中心多半不与农业生产中心相一致，因而又会在新的地区建立新的政权中心。”① 魏特夫对“中国的经济—政治核心区”的变化进行分析，以阐明这种区域变化与中国文化发展阶段的关系。作为魏特夫的及门弟子，冀朝鼎在留美期间的博士学位论文提出了“基本经济区”的概念，以期将其光辉投射到中国历史的一些基本问题之上。他认为，从公元前 3 世纪到 19 世纪中叶西方列强入侵以前，中国历史“有两个显著的动向值得研究，一个是统一与分裂的交替出现，这种交替现象，是在一种社会结构几乎全无变动、社会经济发展的水准大致如旧的情况下产生的，也就是在人们通常所认为的停滞现象的情况下产生的。另一个就是中国的文化由黄河中游向长江流域南进了，这种南进，显然是一种发达的现象。在由黄河中游向长江流域进展的过程中，不同地区的相对实力与政治上的重要性逐渐起了变化，而作为地方统治的中心问题的基本经济区，也相应地发生变化。如果撇

① Karl August Wittfogel，*Wirtschaft und Gesellschaft Chinas*，Leipzig：Verlag C. L. Hirschfeld，1931，S. 273.

开外部入侵、农民起义、商业及其他因素不谈，那么，关于领土扩张连同经济与政治重心的改变（但注意，社会或经济的结构不变）问题，就成了一个关于基本经济区转移的问题了，而这一问题的解决，就为了解中国历史提供了一条重要的线索”①。冀朝鼎的著作是一篇典型的、规范的美国立一论式的博士学位论文，提出了一个核心概念“基本经济区”和一个核心命题，即：中国历代王朝的兴衰关键在于基本经济区的兴衰，而基本经济区兴衰之关键又在于水利事业的兴衰。冀朝鼎的贡献在于将经济基本区和王朝国家的分裂与统一问题联系起来考察，其目的在于探究中国历史发展的内在理路，但正如冀朝鼎自己所言，其核心概念和思想都源自魏特夫“治水社会”理论，且其关于中国社会结构凝固论一望而知显然受到黑格尔等西方学者主导话语的濡染，所以冀朝鼎著作的中心命题充斥着内在的张力与扞格。

陈寅恪通晓多种语言文字，学识淹博，知识结构完备，研究视野开阔，由于早年留学德国，日耳曼人等蛮族对罗马帝国文明的冲突以及德国学者对这一问题不可胜数的研究，自然对他关于中国历史的解释将重心置于中国边境上的异族具有重大影响。唯因陈寅恪一向以“西学为用、中学为体”为原则，对西学采取“避名居实、取珠还椟”之策，故其国学研究中多未曾落食洋不化的痕迹。他的《隋唐制度渊源略论稿》写就于抗战前期，是在民族主义和文化认同成为时代主要课题的贞元之际从事其研究的。在这一著作中，陈寅恪沿用了“中古”概念，把隋唐两朝视为“中古极盛之世”，显然是在古代、中古、近代的历史视野中考察中国历史内容发生的制度性转变。不过，他并不强调“中古”概念在线性的历史之中（如古代、中世、近世）的位置，而是突出了空间、地域的互动关系，将中原与周边地区的关系看作是唐代社会制度变迁的重要动力和来源。在该书“财政”一章中，陈寅恪就论及当时经济重心转移的问题，他引《资治通鉴》唐纪景龙三年条载：“是岁，关中饥，米斗百钱。运山东、江、淮谷输京师，牛死什八九。群臣

---

① 冀朝鼎：《中国历史上的基本经济区与水利事业的发展》，朱诗鳌译，中国社会科学出版社1981年版，第9页。

多请车驾复幸东都，韦后家本杜陵，不乐东迁，乃使巫觋彭君卿等说上云：‘今岁不利东行。’后复有言者，上怒曰：‘岂有逐粮天子耶？’乃止。”① 陈寅恪指出，唐朝天子往来行幸于长安、洛阳，如李林甫所谓“东西两宫”者，主要的原因在于“经济供给”，关中米谷不能供应帝王宫卫百官俸食之需，故须就食东都，成为“逐粮天子”。这种情况至玄宗时，由于积极推行西北开拓政策以及官员的增加，更形严重，以此罢江淮运粟而改为纳布。陈寅恪正是从经济重心的转移曲径通幽地阐明了其所言唐代制度的“江南地方化”的肇因。

在陈寅恪《隋唐制度渊源略论稿》完成后，作为陈寅恪弟子辈的全汉昇在1943年历史语言研究所西迁四川李庄之后又推出中国现代史学上值得标举的力作《唐宋帝国与运河》，将陈寅恪提纲挈领点出的经济重心转移问题细针密缕地进行了精深研究。或许受到当时雷海宗等人的历史形态学的思想影响，全汉昇把秦汉视为中国历史上第一次大一统帝国，将隋唐视为第二次大一统帝国，认为第二次大一统帝国较诸第一次大一统帝国最大不同之处即在于虽然军事政治重心仍在北方，但经济重心已经迁转到南方。当时江淮一带，由于各种资源的大量开发，成为全国财赋之区，简直是全国的谷仓和衣料的取给地。在全汉昇看来，隋炀帝开凿大运河正是满足了这个新时代的客观形势的需要，将军事政治重心的北方与经济重心的南北联为一体，使这大一统帝国随着构成分子凝结的坚固而势力雄厚，国运兴隆。② 我们从全汉昇的这部著作中可以感受到的讯息是：由于经济重心南移，大运河不仅是唐宋时期南北运输的“运河”，而且是关乎唐宋帝国王气国运的“运河”。

在对于中国经济重心转移学术认知谱系的审视过程中，我们还不能忽略日本汉学家宫崎市定的研究成果。宫崎市定大胆地使用了许多西方学术界的范畴。他对唐宋之际、特别是对宋代的考察是在“资本主义”

---

① 司马光：《资治通鉴》卷二百零九，唐纪二十五，中华书局1956年版，第6693页。参见陈寅恪：《隋唐制度渊源略论稿》（与《唐代政治史述论稿》合刊），生活·读书·新知三联书店2001年版，第162页。

② 全汉昇：《唐宋帝国与运河》，中央研究院历史语言研究所1943年版，第279—293页。

与民族国家的概念框架下进行分析运作的，断言“宋代社会可以看到显著的资本主义倾向，呈现了中世纪社会的明显差异”①，把宋朝描述为具有准民族国家特点的郡县制帝国，这种做派似乎具有知识上的浓厚的欧洲中心主义色彩，但宫崎市定在本质上以摆脱以西律中的目的论束缚为其学术取向，力言对于宋代以后近世史的发展已经到了以东洋近世史的发展去探讨西洋近世史的时候了。他指出：在世界任何地方，经济的中心均有先起于内陆，然后向平地移动，最后到达海岸安顿下来的倾向。欧洲的例子虽然与此相反，但这应理解为是由于海岸线显著屈曲的地形使然。他认为，中国古代的政治经济中心在关中渭水盆地，故秦汉时代均奠都长安，这可称内陆地区中心的时代；但到了唐代，关中地区的经济利用价值已接近极限，黄河、长江的中下游冲积平原的开发一有进展，关中农业相对的价值便开始显著下降，受到经济、交通中心的牵引，政治中心在唐以后不能不置于运河沿线，因此宋以后便进入运河中心的经济时代，“由隋炀帝开凿的大运河，一出现便带有振兴中国内陆交通机能的使命。不过，后来世界的交通渐渐由内陆时代进展到海洋时代。天津、上海、广州等海港因外国贸易变得繁荣，中国的人口和财力亦集中于沿海地区”②。据此，宫崎市定将晚清以后称之为海岸中心时代，并认为这个海岸中心现象是欧洲影响下发生的新事态，应视为最近世史发展的开始。和陈寅恪、全汉昇一样，宫崎市定也重视“交通”对经济、文化和政治制度的绾结功能，但他对中国经济空间结构变迁的最富睿智的贡献，在于试图开创一种从交通史的角度看待欧洲资本主义发生的恢宏历史空间视野，呈现了多重历史世界相互联系、渗透与塑造的过程，在突破和超越历史研究中的普遍主义与特殊主义二元对立的统摄方面可谓另辟蹊径、别开生面，同时也大大拓展了中国经济重心转移的话语空间。

新中国成立以后，以中国经济重心转移为主题的话语空间在大陆学术界聚拢的人气更旺。关于所谓中国经济重心南移的时限问题，言人人

---

① 宫崎市定：《东洋的近世》，刘俊文主编：《日本学者研究中国史论著选译》第1卷，通论，黄约瑟译，中华书局1992年版，第168页。

② 宫崎市定：《东洋的近世》，刘俊文主编：《日本学者研究中国史论著选译》第1卷，通论，黄约瑟译，中华书局1992年版，第170页。

殊，有六朝南移说、隋朝南移说、隋唐南移完成说、隋唐五代南移说、宋代南移说……林林总总，各陈己见。① 例如，罗宗真认为，“六朝时期的（江南）经济，无论在农业、工业和商业等方面，均已超过北方，其中特别重要的农业，更呈现欣欣向荣的景象”，而“东汉末年由于各军事集团争夺地盘，使关洛地区遭到破坏，关中黄淮已不复成为全国的经济中心，因此六朝时期由于东南沿海地区经济的发展，逐渐形成全国经济重心的南移。这一划时代的转变，是我国历史上的一件大事”②。而持唐代南移说的学者，则认为“中国社会经济空间的南移，基本上是在唐代近三个世纪里开始并完成”。此说的主要理据为：“历史上的江淮地域，原来是指淮南江北之地为多，而唐代的江淮地域概念，已扩大到江南地区。这种发展趋势，反映了中国社会经济空间逐渐南移的发展规律。”③ 唐朝建立后，由于南方经济的发展，自古以来的北方经济水平高于南方经济水平的局面，已经开始打破。安史之乱的爆发，使南北经济势力的消长加快了。唐政府对南方，特别是对江淮地区更加重视，江淮成为国家的财政重心，而财政重心必须以经济空间为本，否则，它就成了无源之水，杜牧所谓“今天下以江淮为国命”是有深刻的历史背景的。④ 郑学檬不同意上述观点，认为财赋倚重地区的转移与经济空间的转移虽有联系，但二者不能等量齐观。他将中国古代经济空间南移的时间下限定在宋代，以六朝时期为经济空间南移的准备阶段，以唐五代时期为经济空间南移的起点，从而在时间上正好与北方两次巨大的经济波动相吻合，提出“经济空间南移至北宋后期已接近完成，至南宋则全面实现了”⑤。为了使意见分歧能去异存同，达成共识，郑学檬又倡立

---

① 参见卢昱、倪根金：《中国古代经济重心南移问题研究综述》，《争鸣》1990 年第 6 期。

② 罗宗真：《六朝时期全国经济重心的南移》，《江海学刊》1984 年第 3 期。

③ 林志华：《唐代江淮地区经济地位刍议》，《安徽大学学报（哲学社会科学版）》1986 年第 3 期。

④ 参见卢昱、倪根金：《中国古代经济重心南移问题研究综述》，《争鸣》1990 年第 6 期。

⑤ 郑学檬：《中国古代经济空间南移和唐宋江南经济研究》，岳麓书社 2003 年版，第 19 页。

了确定经济空间转移过程完成的三项标准，即“第一，经济重心所在地区生产发展的广度和深度超过其他地区，具体表现为：人口众多，劳力充足；主要生产部门的产量与质量名列前茅；商品经济发达。第二，经济重心所在地区生产发展具有持久和稳定性，不只是在一个较短的时期内居优势地位，而是有持续占优势的趋势，就是说其优势为后世所继承。第三，新的经济中心取代了旧的经济中心后，封建政府在经济上倚重新的经济中心，并在政治上有所反映”①。然而，这三项标准如果仔细推敲起来仍有商榷的余地：其一，所谓“人口众多，劳力充足”等等具体表现的标准比较模糊；其二，按照历史唯物主义与辩证唯物主义的基本原理，上层建筑与经济基础的变化往往存在着一个“时差”，将经济空间与政治中心捆绑起来作为标准，势必影响对经济空间转移完成时间的确定。

中国学者在讨论经济空间转移问题时应该说都具有类似布罗代尔所谓“长时段”的思想倾向，但当时大多对布罗代尔的思想因信息封闭而一无所知或知之不深。我们认为，只要不简单地生搬硬套，布罗代尔的思想对我们从相互抵牾与矛盾的杂乱史料解释清楚中国历史上经济空间转移问题和丰富过去简笔画式的思维认识不无裨益。布罗代尔（Fernand Braudel，1902—1985）在其成名之作《菲利普二世时代的地中海和地中海世界》（*La Méditerranée et le monde méditerranéen à l'époque de Philippe II*）中即体现了三种不同的历史时间，即地理时间、社会时间、事件（个体）时间。1959 年，布罗代尔在《历史和社会科学：长时段》（Fernand Braudel，Histoire et Sciences Sociales：La longue durée，*Annales. Économies, Sociétés, Civilisations*，1959，Vol. 14，Numéro 4，pp. 710 – 718）一文中明确提出了著名的三个“时段”论，认为人类社会存在着三种不同的时间量度，即长时段、中时段和短时段。这三种时段处在历史运动的不同层次，有着各自不同的特征和作用。所谓短时段又被布罗代尔称为“事件历史”（l'histoire evenementielle）② 或“个体时间”

---

① 郑学檬：《中国古代经济空间南移和唐宋江南经济研究》，岳麓书社 2003 年版，第 15 页。

② 此系布罗代尔借自于保罗·拉孔布（Paul Lacombe，1834—1919）和弗朗索瓦·西蒙德（François Simiand，1873—1935）20 世纪初发明的术语。

（temps individuel），是转瞬即逝的时间，指的是令人眼花缭乱的政治、军事与人物的活动事件，这些事件仅仅是茫茫黑夜中萤火虫的闪光，或者夜幕笼罩下燃放的烟花，虽然光彩夺目，却倏然而过，杳然无踪。所谓中时段又被布罗代尔称为“情势历史”（l'histoire conjoncturelle）或“社会时间”（temps social），以节奏较慢、周期变化为特征。布罗代尔在这里借用经济学界的“情势”（conjoncturelle，在经济学中为“商情”“行情”之意），指影响人类生活的经济或人口变动的周期性变化。所谓长时段又被布罗代尔称为“结构历史”（l'histoire structurelle）或“地理时间”（temps géographique），是一种缓慢流逝、有时接近于静止的时间。在布罗代尔看来，结构是一种网络构造、一种长期延续的实在、一种能干扰时间的实在，它同时起着支承或阻碍的作用。他指出：“对历史学家来说，接受长时段意味着改变作风、立场和思想方法，用新的观点去认识社会。他们要熟悉的时间是一种缓慢流逝、有时接近于静止的时间。在这个层次（不是别的）上，脱离严格的历史时间，以新的眼光和带着新的问题从历史时间的大门出入便成为合理合法的了。总之，有了历史层次，历史学家才能相应地重新思考历史总体。从这个一半处于静止状态的深层次出发，由于历史间裂化产生的成千上万个层次也就容易被理解了：一切都以半静止的深层次为转移。”① 布罗代尔力图从不同的时间角度考察历史的活动，而不像19世纪的历史学家那样将所有有关的历史

---

① 布罗代尔的长时段理论与拉布鲁斯（Camille-Ernest Labrousse，1895—1988）和列维-斯特劳斯（Claude Lévi-Strauss，1908—2009）的影响有关。拉布鲁斯在经济史研究中对历史时间不同节奏共存现象予以揭示，引入“结构”和“情势”两个概念加以解释，从而直接启发了布罗代尔的思维。而列维-斯特劳斯是结构主义代表人物，在第二次世界大战前曾与布罗代尔在巴西圣保罗大学共事，交情甚笃，像一对欢喜冤家总是将对方当作唇枪舌剑的论战对手，后来又均成为法国高等实验研究院经济和社会科学分院的成员。布罗代尔的长时段理论与列维-斯特劳斯的历史时间学说密不可分。列维-斯特劳斯认为，人类社会结构的演变不是连续的线性发展过程，所有变化都根据结构自身的转换规则产生。据此，他提出了自己独特的“历史时间制”理论，即：历史时间可以依据不同的时间单位（如时、日、月、年……千年，等等）加以分割，这些由不同时段划分的历史过程各属不同的时间序列，故而“历史是由诸历史领域组成的非连续性的集合，其中每一 （续下注）

事件都串在一起，放在同一个时间框架上来叙述其先后、承继或者因果的关系，这样，他便已经抛弃了启蒙史学那种“线性的”“方向性的”历史观与时间观，使建立在同一线性时间观念之上的、以理性普遍主义为基础的“大写历史”（History）营垒受到挑战，①所以后来被一些学者视为后现代主义代表的福柯关于历史非连续性的思想即受到布罗代尔三种时段理论所揭示出的不同断层的启发，声称不连续性曾是历史学家负责从历史中删掉的零落时间的印迹，立志摈弃和拆除总体历史叙述不厌其烦地编织起来的线性演化链条，使伪历史之笔精心勾勒的平滑、单一的发展、演化线条还原为多元、分裂的考古断层，从而展现一个离散的空间。

应该承认，中国学术界关于经济空间转移问题的历史叙述存在线性

（续上注）领域都是由一特殊频率和由一在前与在后的特殊的编码来确定的”，其变化仅仅是不同结构的转换。在列维 - 斯特劳斯看来，人类社会的状况不必根据历史性来研究和认识，历史研究将为现在的共时性分析所取代。正是这样，有学者指出，以布罗代尔为代表的年鉴学派实际上是一种典型的结构主义研究模型，只是它没有被风行一时的结构主义分析方法所融化，仍然基本上坚持了历史研究自身自主性。其《菲利普二世时代的地中海和地中海世界》已注意并阐述了这一现象，所以第三代年鉴学派代表人物雅克·勒高夫（Jacques Le Goff）就运用这一观点发表了著名的《中古时代教会的时间及商人的时间》（Au Moyen Äge：temps de l'Église et temps du marchand）一文。参见 Jacques Le Goff，Au Moyen Âge：temps de l'Église et temps du marchand，*Annales. Économies, Sociétés, Civilisations*，1960，Volume15，Numéro 3，pp. 417 – 433。

① 王晴佳、古伟瀛：《后现代与历史学——中西比较》，山东大学出版社 2003 年版，第 98 页。另外，丹尼斯·史密斯所著《历史社会学的兴起》对年鉴学派时空观亦有论述，参见 Dennis Smith，*The Rise of Historical Sociology*，philadelphia：Temple University Press，1992，p. 107。美国历史学家斯托扬诺维奇（Traian Stoianovitch）就指出，西方史学经历了三种模式：第一个模式为修昔底德开创的政治史模式，至文艺复兴时代的圭昔亚狄尼大盛，此模式的中心概念是范例；第二个模式为德国兰克史学模式，此模式崇信历史不断进步的线性发展史观；第三个模式即由法国年鉴学派建立的，系对历史的时空观念和对历史的结构与层次的新认识、新突破，系与前二者迥然相异的“结构—功能”模式。参见 Traian Stoianovitch，*French Historical Method: the Annales Paradigm*，Ithaca：Cornell University Press，1976。不过，利科尔（Paul Ricoeur）认为，尽管年鉴学派这种试图打破线性时间观念，在当代史学中堪称最为激进的反叙述主义者，亦无法避免情节编织的叙述模式。（Paul Ricoeur，*Time and Narrative*，Vol. 1.，Chicago：The University of Chicago Press，1984，pp. 208 – 225.）

进化论的色彩。许多学者认为古代中国的经济有一个从西北向东南倾斜性发展的倾向，把这一演变过程划分为准备阶段、开始阶段、完成阶段、巩固阶段等。然而，这种划分如胡适所说规整截齐得令人怀疑。后现代主义者汉斯·克尔纳（Hans Kellner）就指出，虽然历史学家希望能够“如实直书”（Wie es eigentlich gewesen ist），充分表现历史长河的川流不息，但由于叙述的需要，实际上又不得不经常划分历史时期，将历史分割开来，这种历史时段的划分表现了历史学家对历史的一种理解和解释，在本质上却是与“如实直书”原则相悖反的。① 布罗代尔认为，在同一文明中，各种机构、社会团体甚至个人都有自己的时间观。其言信然。在中国传统农业社会中，气候对经济影响非同小可。北方气候寒冷，农作物生长周期较长，即便有品种、技术的改进，仍只能维持一年一熟或两年三熟，不像南方那样可以一年两熟甚至三熟；再者，北方一年中持续长久的寒冷气候，不仅使农作物生产周期延长，从而使农业的生产周期的时间随之延长，但劳动时间却实际上是受限制而缩短，因为在漫长的冬季，人们难以从事野外农作，所以年复一年，日复一日，南北方农民对一年的时间观念是不同的。诚然，我们并不完全赞同地理环境决定论。事实上，南北方农民对一年的时间观念的不同既有地理环境因素的影响，亦是人为作用的结果。随着南方农业经济发展，人口密度越来越大，以致人满为患，生存竞争压力增大，由此使生存空间狭小的南方农民时间观念产生变易，而北方农民在漫长历史时期为漫长冬季所限无所事事，不仅给外界以懒散的印象，而且使自身的精神趋于萎靡和消沉。这种南北方一年农作物生长周期不同的地理时间结构经过如同布罗代尔所谓“长时段”与日俱增的积累，必然会导致南北经济差距的拉大。

据我国著名气候学家竺可桢《中国五千年来气候变迁的初步研究》一文，我国近五千年来的气候变迁大致分为四个温暖期和四个寒冷期交替出现。其中四个温暖期是：公元前3000—前1000年左右（即仰韶文

---

① Hans Kellner, Language and Historical Representation, in Keith Jenkins, ed., *The Postmodern History Reader*, London: Routledge, 1997, pp. 127－137.

化时代至殷商时代）、公元前 770 年到公元初年（即春秋至秦汉时代）、公元 600—1000 年（即隋唐到北宋初期）、公元 1100—1300 年（即南宋至元朝初期）；四个寒冷期是：公元前 1000 年左右到公元前 850 年（即西周时期）、公元 1 世纪到公元 600 年（即东汉南北朝时期）、公元 1000—1200 年（即两宋时期）、公元 1400—1900 年（即明清时期）。① 目前学术界大量研究表明，中国历史上几次大规模的北方游牧民族南下与竺可桢所说的历史上中国气候的寒冷期呈现出相同的运动节律，认为由于历史上中国气候进入寒冷期以后，北方气候变冷引起植物生长季节的缩短和水分的缺失，野无青草，牛羊繁畜不良，从而导致游牧民族大规模向南迁移。游牧民族大规模南下，北方地区首当其冲遭罹兵燹，经济破坏严重，锋镝余生的中原士庶扶携南渡，犹如过江之鲫。戴逸对中国古代历史上人口自北向南大规模迁移的情况概括指出：

> 公元四世纪初，西晋发生“永嘉之乱”，北方游牧民族匈奴、鲜卑、羯、氐、羌大举进入中原，西晋灭亡，政权南迁。黄河流域的人民为逃避战乱，纷纷渡过长江，估计南迁人口九十万。移民到达的地方设置侨州郡县，到公元五世纪，长江流域的侨州郡县将近一百个。公元八世纪，唐王朝统治下发生“安史之乱”。战祸遍及黄河中下游，这里的人口又大规模南移，其数量比四世纪的移民更多，集中于长江中下游，湖北荆州是当时移民的集中地。长江流域得以补充了大量劳动力，并获得先进的生产技术。经济、文化迅速发展，逐渐超过中原地区。公元十二世纪的“靖康之乱”，女真族进入中原，北宋灭亡，中原人民又一次大规模南迁，江苏、浙江、江西、湖北、四川、福建是吸收移民的主要地区。②

除了上述三次大规模北方人口南迁之外，东汉末年由于军阀混战导致人口南迁所释放出来的能量亦不容忽视。人口的南迁不仅为南方经济

---

① 竺可桢：《中国五千年来气候变迁的初步研究》，《考古学报》1972 年第 1 期。

② 戴逸：《近代中国人口的增长和迁徙》，《清史研究》1996 年第 1 期。

开发提供了大批劳动力，而且形成中原地区的生产技术等亦一并向南方传播和辐射，促进南方经济的发展。可见，这种大规模人口南迁在某种意义上是天人相应，由此对经济空间转移的促进呈波次的冲击，并不以均速的线性时间波澜不惊地平稳演进，这颇似布罗代尔所谓的“情势历史”或“社会时间”。这种具有韵律性的比较开阔的时间度量使我们可以看到经济重心转移一波三折的起伏变化。例如东汉末年，中原地区如曹操《蒿里行》所言“白骨露于野，千里无鸡鸣”①，百姓流离失散，经济凋敝残破，但后来曹魏政权积极恢复生产，又出现了“百姓勤农，家家丰实”② 的小康局面。又如，金兵南下，戎事方殷，致使北方地区在历经百战之役后“田野三时之务，所至一空，祖宗七世之遗，厥存无几”③，社会经济遭受空前浩劫。但是，北方兵戈稍息、时局稍安后，百姓往往又襁负而归，相属于路，如同凤凰涅槃一般的北方社会经济又开始蓬勃昂扬，一片兴旺，且出现颇值得注意的现象，即北方社会经济的重心在金代已由北宋时的河南北移到河北、山西，这既是金人重北轻南的产物，也是由于军事劫掠人口、政治移民实边以及饥民自谋生路等多种原因所造成的在历史上一直绵延不绝的人口北移导致的经济增长区域的聚集结果。由此可见，在人口流动等所造成的社会时间具有韵律性的周期波动中，所谓经济空间南移的步伐时快时慢，南北经济差距时大时小。布罗代尔的这种“情势历史”或“社会时间”的概念可以弱化和消解我们对经济重心南移方向的一维性深信不疑的思维偏颇。

在对中国经济重心南移的考察中，尽管布罗代尔将事件称为“闪光的尘埃”，但我们也可以发现许多“事件时间”的闪光例证。例如程民生谈及战争和灾荒年间西北地区的物资吞吐情况颇能说明问题，对这种

---

① 曹操：《蒿里行》，余冠英选注：《三曹诗选》，作家出版社 1957 年版，第 4 页。

② 陈寿：《三国志》卷十六，魏书十六，杜畿传，中华书局 1959 年版，第 496 页。

③ 徐梦莘：《三朝北盟会编》卷一百零三，建炎元年五月六日，上海古籍出版社 1987 年版，第 756—757 页。此语亦载宋朝汪藻《浮溪集》卷十，王德毅等编：《丛书集成续编》63，文学类，台北新文丰出版公司 1985 年版，第 32 页。

特殊的时间并不能不屑一顾，[1] 可以使我们更加深刻地认知经济空间的转移复杂性。自 20 世纪 80 年代以后，国外汉学界就已经意识到中国经济史传统观点的不足，提出一种“空间和时间的趋向与周期”（spatial and temporal trends and cycles）的研究路径，认为中国经济发展的趋向（trend）是线性的，而发展过程是周期性的，地区差异是结构的不同，并会有相反的运动，如某区域处于其周期的上升期，而另一区域适处于其周期的下降期。1984 年，在意大利贝拉丘（Bellagio）还专门召开了以“中国经济的时、空动态及周期：980—1980 年”为主题的国际学术会议。这些学术动态表明我们对过去关于中国经济重心问题讨论的时间概念装置的校验已经大有必要了。从根本上说，过去的经济重心南移的讨论不仅明显带有线性论、目的论、进化论色彩，而且各行其是地将经济重心南移完成的时间确定于某一历史时期并视之为不易之论，给这种南移画上一个看似完美的句号，隐喻着一种历史终结论的意蕴。经济重心的转移迄今仍有不断向东南倾斜的趋势，只要经济运动不停顿，经济重心的转移动态即永无止期。

经济重心不等同于经济中心，这是两个迥然不同的概念。从词源学角度说，“重心”本是物理学或数学上的概念，它被应用到经济学中，是将一个地区的经济活动水准与这些活动的空间布局加总起来，合成一“点”作为一个“面”或地区的经济活动指标，以便可以直接观看“点”的移动方向与速度，检视、了解该区域内部的发展方向、平衡程度的误差或合理性。[2] 由于统计资料的匮乏和计量史学工具的掌握难度系数极大，目前国内外学术界对中国历史上经济重心的转移的讨论实属勉为其难。我们在这里无意否定中国历史上经济重心南移的传统学说，但我们应该对自身分析操作的时空概念装置具有灵敏的自觉意识。在语用学中，说话时间又称编码时间（coding time，简称“说时”）与收听时间（receiving time，简称“听时”）和所谈论的时间（也就是说话者要指示的时间，简称“指时”）之间不可混为一谈。我们说的“历史上

---

① 参见程民生：《宋代地域经济》，河南大学出版社 1992 年版，第 254 页。

② 黄金树：《中国大陆经济空间与空间发展状况之估测》，台北中华经济研究院 1986 年版，第 1—2 页。

的中国”当然是以当代中国的政治空间为出发点对历史加以格式化，这种“笔墨当随时代”（石涛语）是在所难免的，但历史上的各王朝国家时期所谓的“中国”自与我们当代的空间概念存在差距，所以对中国经济重心转移中的南北空间概念因时而变。

据学者研究，历史上关于中国“南方”与“北方”有四种划法：（1）东段以长江为界，西段以秦岭为界，三国时期魏与吴、蜀的对峙，基本是这种划法；（2）东段以淮河为界，西段以秦岭为界，前秦与东晋的对峙即是这种划法；（3）东段以淮河为界，西段以长江为界，北魏与南朝的对峙即是这种划法；（4）东段、西段均以长江为界，北齐、北周与陈朝对峙即是这种划法。① 沃伦斯坦（Immanuel Maurice Wallerstein）在分析布罗代尔的三种时段理论时认为时间和空间并不是互相分离的而是一体的，他将之称为“时空”（timespace）。② 中国学术界关于经济空间南移完成时限之所以争论不休，其原因之一即在对南、北的空间范围本身莫衷一是。长期以来，中国人习惯于历史转喻为大江东去的江水意象，将空间时间化，或者说以一种以时间瓦解空间布列的方法来叙说历史，使三国、五代等“这些在空间上分庭抗礼、布列棋分的局面，在时间中被推倒，然后历史之流再朝前滚滚流去。‘话说天下大势，分久必合，合久必分’（《三国演义》第一回），分立的空间，被束成一条时间线，如顺着线往下看，我们会看到这条线在某些地方丝缕松开了、分散了，但散开的丝缕不久后又合拢起来，线仍是一线”③，以致空间上的分散被历史学家组织成一种时间化的状况。

在唐以后，所谓“国家根本，仰给东南”的记载即史不绝书。《全唐文》卷六百三十《故太子少保赠尚书左仆射京兆韦府君神道碑》即云：“天宝之后，中原释耒，辇越而衣，漕吴而食。”④ 江南在唐诗中吟

---

① 宁志新：《中国古代经济重心南移问题浅论》，《河北师范学院学报（社会科学版）》1994 年第 3 期。

② Wallerstein, *Unthinking Social Science: The Limits of Nineteenth-Century Paradigms*, Cambridge: Polity Press, 1991, p. 139.

③ 龚鹏程：《讲史的门庭》，《读书》2002 年第 12 期。

④ 吕温：《故太子少保赠尚书左仆射京兆韦府君神道碑》，董诰等编：《全唐文》卷六百三十，上海古籍出版社 1990 年版，第 2816 页。

咏出的秀丽与富饶空间意象令人心旷神怡，“望江南”“忆江南”“江南好”等词牌记录着当年人们缱绻情愫，白居易那脍炙人口的诗词迄今意味隽永：“江南好，风景旧曾谙。日出江花红胜火，春来江水绿如蓝，能不忆江南？”① 但是，中国历史上的正统论按照饶宗颐的梳理可以分为时间、空间两范畴，早期的正统观为正闰观，依邹衍五德互转说以定正闰，而在唐宋以后，由欧阳修等人将正统由时间范畴转换为空间范畴，即如苏东坡所谓“正统云者，犹曰有天下云尔”②，以版图统一的空间范围大小为正统的衡量标准。尽管江南美景令人流连忘返，但长期以来，北方的中原地区不仅是曩昔一代枭雄们擐甲逐鹿的“用武之国”，也往往被人们赋予“正朔”的空间喻义，这大概是陆游在《示儿》中念念不忘“王师北定中原日，家祭无忘告乃翁”的原因。中国南方作为中原衣冠世族的一块避难胜地，百事繁庶的纷华盛丽始终难掩动荡偏安的悲怆。虽然中国经济重心南移，政治重心却始终滞北，且东移北转，形成政治中心远离经济空间之区的“政经分离”，③ 出现唐宋元明清各朝“东南财赋”与“西北甲兵”各擅胜场的格局。这种政治中心与经济重心的结构变化似乎如同福柯一向偏好强调的那样具有不同的时间节奏，我们不能不承认其间的合理性，因为从经济学角度看，区位优势塑型的经济空间聚集是具有进步性的，但我们另一方面又不苟同于和谐的线性进化论，因为这种经济重心与政治中心的分离具有巨大的“空间成本”，运河漕运对明清维系国家机器正常运转不能不说是这种政经分离后的代价，这种代价的支付固然对中国统一多民族国家的熔铸曾经产生了利被后世的“空间收益”，但对整个国家经济发展在时速上造成了滞缓。

---

① 白居易：《白居易选集》，周勋初、严杰选注，忆江南词三首，人民文学出版社2002年版，第338页。

② 徐一夔：《正统问》，唐顺之编：《荆川稗编》2，《四库类书丛刊》，上海古籍出版社1991年据文渊阁《四库全书》影印版，第590页。

③ 甘霖：《变局——前11世纪以来至21世纪中国区域发展与社会变迁》，上海人民出版社1999年版，第133—148页。

第二节　东西钧：民国时期工业内迁的变局

按照区域经济学的观点，在相同社会经济发展阶段，区域经济空间结构具有不同的特征，即区域内的社会空间组织具有不同的发展阶段、形式和最佳模式。各种经济空间结构的表现模式是这些演变阶段的指示器。区域经济学界普遍认为，在从农业社会向工业社会转型的现代化过程中，区域经济空间结构的演变阶段如下图所示：

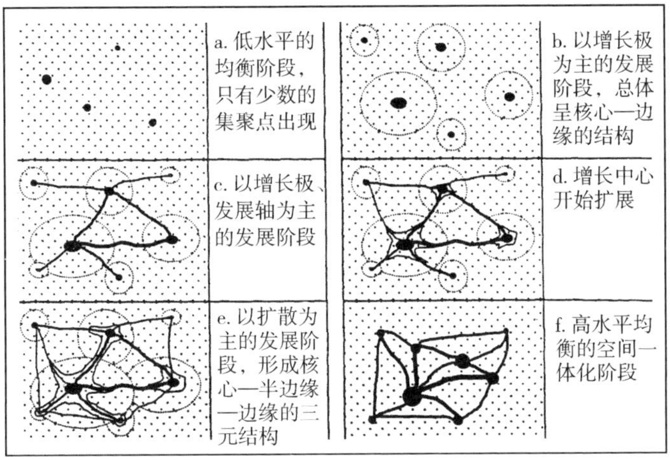

来源：根据陆大道（1995 年）和李小建等（1999 年）整理绘制。

区域经济空间结构的演进阶段图

在图 a 所示的低层次稳定阶段，在一定地域范围内，相隔一定距离出现集聚点，主要为从事耕作的农民居住地，在交通便利或地质条件良好的地区，出现各种类型小城镇作为商品交换或地域管理的中心，不同城市之间的联系并不紧密，以运输通道为主的基础设施尚未构成网络。在图 b 所示的以聚集为主的二元结构阶段，一些条件较好的城市或经济中心成为带动所在区域经济发展的“增长极”。由于生产要素分布的不均衡性，经济空间集聚也是非均衡的，不同的增长极发展规模和集聚扩散作用的大小各异，形成一定的等级规模体系，远离城市及区域边缘地带的发展依然十分落后，整体区域呈现一种核心—边缘式的发展格局，低水平的不均衡是该阶段区域社会经济空间结构的总体特征。在图 c 所示的点—轴发展阶段，随着社会生产力的发展，日益稠密的交通运输网逐步形成，一些线状基础设施在不同的经济发展中心之间铺设，经济活动沿着这些线状基础设施延伸而形成区域空间结构的“点—轴”模式。在图 e 所示的以扩散为主的三元结构阶段，由于科学技术的发展，运输成本在区域成本中的地位下降，生产成本的作用上升，造成集聚与扩散共存的区域经济发展态势。集聚表现为基础地区（basic area）的要素向经济集聚中心（center）汇集，扩散表现为某些过度发展（most developed area）经济中心的活动由于地价、劳动力成本等因素而向中心边缘区域（peripheral area）扩散，区域空间结构呈现核心—半边缘—边缘的三元结构。在图 f 所示的高度均衡的空间一体化阶段，随着现代运输、通信技术和信息技术的迅猛发展，社会进入后工业化时代（或称信息时代），不同区域之间的联系和交通变得非常便利，区域间的经济发展不平衡将逐渐消失，各种经济核心之间的联系形成一个综合网络，整个经济空间系统呈现高水平均衡的空间一体化状态。①

上述演变阶段模式显然是纯粹的理想模型的建构，如戈尔（Charles Gore）所批评的“空间分离主义”研究方法是将空间从社会分离出来，不可能与现实情景零距离相吻合。按照城市地理学奠基人、德国著名学者克里斯塔勒（Walter Christaller，1893—1969）的观点，不管人类经济活动的地理单元小到何种程度，它总是处于不均衡状态，在空间分布上永远存在中心地和外围区的差异，有效地安排经济活动的途径并不是消灭这种地域差异，而是应当正视差异的存在并造成合理的差异，以促进总体上经济的发展。② 中国作为一个大国，版图广袤，自西徂东，经济

① 参见马丽：《经济全球化趋势下中国区域经济空间结构演进研究》，中国科学院博士学位论文，2002 年，第 11—12 页。

② 沃尔特·克里斯塔勒：《德国南部中心地原理》，常政等译，商务印书馆 1998 年版，第Ⅶ页。

发展的动态不平衡是一种“常态”而非“变态”。

有学者指出，从时间轨迹来看，中国现代化经历了多次风云变幻，呈现出大起大落而又未间断的坎坷曲折的发展曲线；而在空间地域上，则是由点（上海等少数通商口岸）经线（东南沿江沿海地区）到面（由东部到中部、西部）的分层梯度推进的过程。① 尽管费正清和柯文的学术观点曾经存在严重分歧，但在这一点上却持论相同。可以说，这种历史概括实为20世纪80年代中国区域经济学领域经济开发卷地毯式的东部梯度推移论异曲同工的学术话语。东部梯度推移论认为，无论在世界范围还是一国范围，经济技术的发展是不平衡的，客观上已形成一种经济技术梯度，生产力的空间移动应从梯度的实际出发，首先让有条件的东部一级高梯度地区引进并掌握先进技术，然后逐步依次向中部的二级梯度区、西部的三级梯度区推移。如果说历史学界的概括总结尚属“实然”范畴的事实分析，那么经济学界的梯度推移理论则可谓属于“应然”范畴的规范分析，其遭到反梯度理论针锋相对的批驳不难理解。如果我们深入挖掘，就会发现近代以来关于中国东西经济发展的政治—学术话语谱系是极其复杂的。仅就近代前夕而言，在18世纪，清代史学家赵翼即曾论述中国古代政治、经济和文化中心经历了一个由西渐东的历史过程，并试图用“地气”盛衰予以诠释。他这样写道：

> 地气之盛衰，久则必变。唐开元、天宝间，地气自西北转东北之大变局也。秦中自古为帝王州，周、秦、西汉递都之。……隋……混一天下，成大一统。唐因之，至开元、天宝而长安之盛极矣。盛极必衰，理固然也。是时地气将自西趋东北，故突生安史以兆其端。自后河朔三镇，名虽属唐，仅同化外羁縻，不复能臂指相使。盖东北之气将兴，西方之气已不能包举而收摄之也。东北之气始兴而未盛，故虽不为西所制，尚不能制西；西之气渐衰而未竭，故虽不能制东北，尚不为东北所制。……当长安夷为郡县之时，契

① 张琢：《九死一生：中国现代化的坎坷历程和中长期预测》，中国社会科学出版社1992年版，第126页。

> 丹安巴坚已起于辽，此正地气自西趋东北之真消息；特以气虽东北趋，而尚未尽结，故仅有幽蓟，而不能统一中原。而气之东北趋者，则有洛阳、汴梁为之迤逦潜引，如堪舆家所谓过峡者。至一二百年，而东北之气积而益固，于是金源遂有天下之半，元、明遂有天下之全。至我朝不惟有天下之全，且又扩西北塞外数万里，皆控制于东北，此王气全结于东北之明证也。①

近代以来，关于西部经济开发的政治—学术话语有两个重要的话语命题：

一、“东盛西衰说”

这一话语的构建由来已久，但在近代，由于与赵翼所处时代的语境迥然相异，这一话语主要与西力东渐后中国的贫弱落后全球大格局相关联，强调海洋霸权时代的历史重心从面向内陆转向面向海洋之后，东部受欧风美雨浸淫而现代化时间较早、速率较快，而西部地区僻处内陆，受影响力空间距离递减规律制约，相形见绌。例如，林鹏侠这样写道：“陕省为我国文化发祥之地，自海通以来，西洋文化输入而后，我国固有文明，遂亦顺河流而趋于滨海之区域。今日西安文化已渐落伍，政治经济，亦在东南之后，而尤以妇女生活为苦……”② 在20世纪30年代，张恨水在《西游小记》中叙写自己出西安城后感时伤怀的览物之情云：过丰桥，“是渭水东岸了，周的灵囿，秦的阿房宫，咸阳古城，都在这前后，现在可没什么，不过一片平原，种着麦粟而已。四十多里，到了渭水河边，唐渭城，也在这附近。我们念唐诗，渭城朝雨浥轻尘……西出阳关无故人，那典故也就由这里产生。唐朝送人东出都，到灞桥，送人西出都，到渭城。……在咸阳城外，渭河西岸，立有一幢木牌坊，上写着‘咸阳古渡’四个字。这‘咸阳古渡’四个字，是含着

---

① 赵翼：《廿二史札记》卷二十，“长安地气”，世界书局1936年版，第276页。

② 林鹏侠：《西北行》，王福成点校，甘肃人民出版社2000年版，第19页。

多么浓厚的苍凉诗意呵！”① 正如中国俗语所言，“三十年河东，三十年河西”。川水悠悠，繁华如梦，残阳如血，张恨水不由得喟叹“逝者如斯”。杜重远曾这样写道：“离开了光华灿烂的东南，来到了寂寞荒凉的西北，仿佛是把一个过惯了20世纪生活的人，又送回到18世纪中去的样子。这里住的房屋，这里走的道路，这里用的饮食器物，多少都带着几分古气。像上海那样洋气十足的大光明影戏院，百乐门跳舞场，这里是做梦也想不到的。车行至豫陕交界的时候，路旁住宅是窑洞式的。居民出入其间，远视如蚁。我们虽然没有见过古人的茹毛饮血，然而穴居野处的情形，至今还依然摆在目前。这与上海四行储蓄会所建筑的二十四层大楼比一比，相差何止天堂地狱。”② 近代以来，国人有“唐代之甘肃，今日之江南也”③ 的说法，这绝非过誉之词。1937年，秦诚至奉命整建甘新公路时看到酒泉以西至嘉峪关方向沿途“五里一墩、十里一台的遗迹犹存，令人追想古代丝绸之路的繁盛情况”，感叹“自从海上交通发达以后，中国的大门，显然改换了方向，这条阳关大道就变得荒凉而寂寞了”④。

二、“民族复兴基地说”

在近代以前，中国传统的西部边疆地区经济开发，是与“以夏变夷”的政治—学术话语相交织的宣敷王命教化。但近代以后，东亚地区政治体系格局形势丕然改变。随着西方民族主义思潮的传播，“中华民族”的观念日益深入人心，开发西部成为强暴逼境之际救亡图存时代主旋律高唱入云的话语组成部分，既不完全同于往昔作为“王命教化”别称的“开发”，又不完全同于当今西部开发与中华民族复兴伟大使命

---

① 张恨水、李孤帆：《西游小记·西行杂记》，邓明点校，甘肃人民出版社2003年版，第59页。

② 杜重远：《狱中杂感》，上海生活书店1937年版，第118页。

③ 毅人：《西北的范畴与亟应纠正对西北的几个观点》，《西北论衡》1939年第7卷第21期。

④ 秦诚至：《甘新公路首次整建纪实》，中国人民政治协商会议甘肃省委员会文史资料研究委员会编：《甘肃省文史资料选辑》第14辑，第111—114页。

相联系的政治—学术话语。与后者主动追求发展为核心任务的主旨不同，近代西部开发的时代精神更在于追求避免沦于亡国灭种灾厄的生存空间。长期以来，由于中国的政治、经济、文化中心从西北向东南转移是有目共睹的事实，许多人都认为兰州在中国当代地理位置是偏隅西北的边城，但实际上它的确是中国陆地领土的几何中心所在，早在清末即被地理学家誉为“陆都”。孙中山曾无数次凝视着中国地图，多次谈及兰州作为中国版图重心所在的地理位置，设想在此奠都以冀成为控驭四方、复兴民族的政治和经济的大本营。“九一八”事变之后，国民党在1932年举行的四届二中全会上通过了“以洛阳为首都，以长安为西京”的决议，[①] 旨在以西北为最后的长期的抵抗根据地。1934年，全国经济委员会常务委员宋子文视察陕、甘、宁、青四省达两个月之久，提出“西北建设，不是一个地方问题，是整个国家的问题”，“西北建设是我中华民族的生命线”。[②] 致力于西北开发问题的马鹤天也断言：“以已往而言，西北为中华民族发源之地，以将来言，西北为中华民族最后奋斗之场，惟有开发西北，是中国前途一线生机，是中华民族唯一出路。”[③] 郭维屏在文章中疾呼：“目前要打算收复东北，非开发西北不可，要保卫东南，也非开发西北不可，要巩固西北和西南，更非赶快开发西北不可。”[④] 抗战全面爆发后，中华民族到了生

1933年宋子文到西北地区受到欢迎

① 秦孝仪主编：《革命文献》第89辑，台北“中央文物供应社”1997年版，第1页。

② 《宋子文在兰畅论西北建设》，《申报》1934年5月9日。

③ 马鹤天：《开发西北与中国之前途》，《西北问题季刊》1934年第1卷第3期。

④ 郭维屏：《开发西北谈》，《西北问题季刊》1934年第1卷第3期。

死存亡的关头，必须冒着敌人的炮火用血肉筑成新的长城，开发作为被国人视为中华民族发源地的西北正如有学者所言，“从文化意义上说，就是‘复兴西北’，复兴发源于此的民族精神和优良传统”①。蒋介石本人即提出利用抗战的时机开发西北“建立千年万世永固不拔的基础”②。

戴季陶当时接二连三发表演讲和文章，对我们解读“东盛西衰说”和“民族复兴基地说”提供了绝佳的典型文本。戴氏在论及西北开发时认为，中国文化的落后穷苦的境地的一种是生活的穷，从前开发的地方已经荒芜，从前的文物器具已逐渐湮没，所以现在中国人的经济生活穷到极致。他这样写道：在黄河中游的中国古代文化发源地，“大家挖了土洞在‘土窑’中过‘土器时代’的生活，‘穴居野处’是教科书上叙述上古时代的名词，是五千年前的蛮状，经过我们先民不断的努力创造，而现在黄河上流的居民又回复到四千年的原状了！这是何等令人伤心，何等令人悲痛”③。戴氏笔下的西北图景不啻是一种时间倒退的意象，所以戴氏反复申说开发西北与弘扬民族精神、发扬中国文化的意义。但戴氏所说的民族精神和文化的复兴却别有幽怀，他声言：“根据物理学上‘同一空间同一时间不容许两样东西存在’的原则看来，革命的政治军事是不能和反革命的政治军事同时并存的；所以要进行革命的建设必须把反革命消灭，这是天地宇宙间真理的原则。”④ 西部开发被纳入经济民族主义的旗帜之下时，不同的政治“主张”和“主义”分歧判然。戴氏政治主张的是非经过历史时间的考验证明，其结果当然是人所共喻的。

---

① 参详沈社荣：《九一八事变后“开发西北”思潮的兴起》，《宁夏大学学报（社会科学版）》1995 年第 4 期。

② 蒋介石：《开发西北的方针》，《中央周刊》1943 年第 27 期。亦见重庆市档案馆编：《抗战时期大后方经济开发文献资料选编》，重庆市档案馆馆藏档案资料丛书，2005 年内部发行，第 239 页。

③ 中国人民大学中共党史系、中国近现代政治思想史教研室编：《戴季陶主义资料选编》，中国人民大学中共党史系中国近现代政治思想史教研室 1983 年内部印行，第 290 页。

④ 戴季陶：《向西北猛进的两大意义》，张振之辑：《西北之实况与其开发》，上海新亚细亚学会 1931 年版，第 2 页。

中国近代经济发展的东、西之间的不平衡乃彰明昭著的客观事实，现代化工业发展的空间布局不合理是其明显的特点。1861—1894 年，清朝在洋务运动期间相继创办经营的四十八家军用和民用近代工业企业中，分布在东南沿海地区的达二十六家，占总数的 54%，北方与西部地区共二十二家，占 46%。埃德加·斯诺（Edgar Snow，1905—1972）在《西行漫记》（*Red Star over China*，London：Left Book Club，Victor Gollancz，1937）中判断说："在整个西北，在陕西、甘肃、青海、宁夏、绥远，这些面积总和几乎与俄国除外的整个欧洲相当的省份里，机器工业总投资额肯定大大低于——打个比方来说——福特汽车公司某一大装配线上的一个工厂。"抗战前夕，据国民政府统计，全国符合工厂法规定标准的工厂（即有机械动力和三十名工人以上的工厂）共有三千九百三十五家，而上海和沿海各省集中了三千二百九十八家，占全国的 81%。① 而广大的西部地区则相形见绌，霄壤悬绝。抗战全面爆发前，川、康、云、贵、湘、黔、桂西南七省的现代工业企业总共不到三百家，仅占全国总数的 6.03%，而西康、青海、宁夏几乎没有现代工业。即便以四川而言，1877 年由川督丁宝桢创办四川机器局于成都，是为了"川省近代工业之嚆矢"，时间不可谓不早，然直到 1937 年，川省工业仍极为落后，全省符合工厂法规定标准的工厂只有一百一十五家，占全国 2.93%，工业资本与工人人数仅占全国 0.58% 和 2.58%，② 尚不到上海的一个零头。

国民党政府对西部开发战略地位的确立受政治、经济、军事等方面形势和社会舆论的影响，呈现出曲折起伏的特征。"九一八"事变前后，一方面由于西北地区发生特大旱灾，哀鸿遍野，饿殍载道，拯救灾黎于水火之中刻不容缓，开发西北的呼声风起云涌，另一方面由于东北沦于日本铁蹄的蹂躏之下后，朝野均以失之东隅收之桑榆为共

① 《抗日战争时期国民政府财政经济战略措施研究》课题组编著：《抗日战争时期国民政府财政经济战略措施研究》，西南财经大学出版社 1988 年版，第 194 页。

② 陈真、姚洛合编：《中国近代工业史资料》第 4 辑，生活·读书·新知三联书店 1961 年版，第 92—93 页。

识。正如梁启超所言：“若夫四川每天下（指中国）乱，则常独立；而其灭亡最后。”① 在当时，西南地区尤其是在西南居重要地位的四川自民初以来一直处于军阀割据与混乱之中，“中央政令，犹不通行，故暂作别论，至于西北数省，则中央政令完全贯彻，其官其民，莫不仰望中央以为之主持”②。因此，从1932年3月国民党四届二中全会到1935年11月第五次全国代表大会仅三年多的时间内，通过有关西北开发问题的提案就达十六件，包括《提议以洛阳为行都以长安为西京案》《开发西北案》《限期完成西疆铁路案（即孙中山铁路计划中东方大港塔城线之西段）》《促进西北教育案》《西北国防经济之建设案》《限期完成陇海铁路案》《请奖励西北垦殖以实边区而裕民生案》《拟请组织健全机关集中人力财力积极开发西北以裕民生而固国本案》等。是时，蒋介石亲自为《开发西北》杂志创刊题词曰：“开发西北。”如宋子文所言，最近，“中央的人，纷纷到西北，社会的领袖，也纷纷到西北，‘到西北’去已成一种‘国是’了”③。按照当时国民党高层的设想，乃是计划以西安为政府中心，成都为仓库中心，把“西安与成都联合起来”。然而，尽管随着陇海铁路的展筑等建设开发推进，“开发西北”激潮澎湃之际，国民党高层的思想已开始发生变化。范长江有这样的报道：

蒋介石在西北视察

① 《梁启超全集》第4卷，北京出版社1999年版，第937页。

② 《应尽先注意西北建设》，《大公报》1933年8月1日。

③ 宋子文：《建设西北》，中国国民党中央执行委员会宣传委员会编：《中央周刊》1934年第309期。

长安繁荣，系以陇海路通车为主要的原因，而“剿匪”军事中心，由成都移至长安，亦为重要的助力。铁路直达长安以后，外来货物，不必再由潼关用汽车转运，这里省去了一笔汽车运费，和在潼关转车时的起卸费，减轻了长安市上货物的成本，因而市价一般的低落，增加了市民的购买力。铁路伸入关中，对于关中农产品的收集，既在交通方面增进了便利的程度，同时运费的减少，使渭河流域的农产品在潼关以东的市场有更大的竞争力量。

交通经济发达的结果，则目前成为交通上起卸点的长安，自然相因而至的有多量货栈、旅馆、饮食店等建筑的需要。建筑需要扩张，地价亦因以增大。加以西北“剿匪”总部之成立，整批西来的军事政治人员，与乎大量的前方部队的供给，在衣食住的消费方面，皆给予重大的兴奋，形成了长安的非常景气。

从市政上看，一年来长安的进步，直可谓一日千里。主要街道，已一律筑成碎石路，小街僻巷，从前大坑小坑镶成的路面，现在亦通成了通车无阻的坦途。

但是长安繁荣的里面，却包含着严重的事实，这个严重事实，决定了长安繁荣是暂时性的发展，预示着若干时间后的衰落。因为目前的长安，是以单纯消费景气和暂时“剿匪”景气为实质。①

20 世纪 30 年代潼关古桥

① 范长江：《中国西北角》，新华出版社 1980 年版，第 58 页。

由于西北地区毕竟地瘠民贫，而在范长江报道后不久即爆发的“西安事变”令以“攘外安内”为定见的蒋介石一度沦为阶下之囚，并造成其此后内心之痛，加之中国共产党将革命的大本营放在陕北之后更令历经“西安事变”的蒋氏等国民党要人显宦隐有芒刺在背、惴惴不安的空间狭迫感。而四川如蒋氏所云是天府之国，人口众多，“在天时地利人文上也实不愧为中国的首省，天然是复兴民族的最好根据地”①。借假于“追剿”中国工农红军的时机，蒋介石嫡系势力于 1935 年开始渗入四川等西南地区，而在全民抗战的同仇敌忾情势下，蒋介石顺利完成了将西南地方军队调出参战、使中央势力大举进入掌控四川等西南地区的对流战略意图。为压服桀骜不驯的众多四川将领，蒋氏甚至破天荒地以军委会委员长之尊兼任四川省省长。抗战全面爆发后，蒋介石曾袒露自己将西南地区作为抗战大后方的战略计划的底定心路变化，云：“这个根本计划到什么时候才定下来呢？我今天明白告诉各位，就是决定于二十四年入川剿‘匪’之时。到川以后，我才觉得我们抗日之战，一定有办法。因为对外作战，首先要有后方根据地。如果没有像四川那样地大物博、人力众庶的区域作基础，那我们对抗暴日，只能如‘一·二八’时候将中枢迁至洛阳为止。”② 正是这样，在此后大后方的开发和建设战略布局上，国民党政府实际上是以西南为中心，采取先西南后西北的顺序，开发西南呼声遂骎骎乎凌驾超越于开发西北的口号，以致有人批评说：“国人始终把西南后方看得格外重要，对于西北后方，多少有些漠视，因此一切经营计划、建设纲领，都以西南为重心。”③ 但是，在太平洋战争爆发后，日军占据缅甸，窥伺印度，进犯云南，西南国际交通线被迫中断，于是，国人又一次将关注的目光投畀于西北。蒋介石此时的政治话语表述变成为“西南为抗战根据地，西北为建国根据地”④。

---

① 台北近代中国编委会编：《近代中国》第 59 期，1987 年 6 月出版，第 108 页。

② 台北近代中国编委会编：《近代中国》第 59 期，1987 年 6 月出版，第 108 页。

③ 唐培基：《重建大西北之光荣》，《西北论衡》1943 年 3 月，总第 33 期。

④ 转引自王文汉、张长生：《中国之命运与边疆建设》，《边疆通讯》第 1 卷第 1 期。

1937 年卢沟桥事变后，国民党政府成立国家总动员计划委员会，筹划对粮食、资源、交通、金融、财政等实施统制，其中指定资源统制由资源委员会、实业部、财政部、全国经济委员会、交通部、铁道部会同筹办，由资源委员会召集。资源委员会等七部会会议决定，成立财务、矿冶、资料、机器化学、棉业、建筑材料、牲畜毛革和专门人才八个小组，分别从速讨论，建议动员办法。7 月 28 日，资源委员会专门委员林继庸提议迅速迁移上海的机器及化学工厂，“以应兵工急需”。尽管有人认为上海各家机器工厂设备凑合起亦抵不过一家国营兵工厂，不值得搬迁，但 8 月 10 日，行政院第三百二十四次会议对资源委员会提出的《补助上海各工厂迁移内地工作专供充实军备以增厚长期抵抗外侮之力量案》决定“奖金暂从缓议，余通过”①，并以资源委员会为主办机关，严密监督，克日迁移。据此，资源委员会副秘书长钱昌照立即召集财政部、实业部、军政部代表组成监督委员会（简称监委会），以林继庸为主任委员，前往上海主持一切内迁事宜。8 月 12 日，林继庸邀约颜耀秋、胡厥文等十一人组成“上海工厂联合迁移委员会”，官产结合，共襄内迁事宜，由此开始了中国近代史上空前的工业内迁运动。是时，上海民营资本家对内迁的反应不一，如曾有“煤炭大王”和“火柴大王”之称的刘鸿生即认为上海工业内迁“犹如鱼入枯井，无以为生”，主张选择位于长江下游的芜湖地区周围辟为“自由商港”。也有一些人视内迁为畏途，临难苟安，希冀托庇于租界或外商的保护。然而，随着淞沪地区“山雨欲来风满楼，黑云压城城欲摧”之势日趋严峻，许多民营工厂纷纷要求加入内迁行列。在战火方殷、兵马倥偬之际，大量运载内迁工厂物资的木船连续不断地在长江上向西行驶，情景颇为壮观。林凡野写道：“当我们在各处的江河上，看到无数张帆挂橹木船，顺着风力，朝着水流，蚂蚁样的继续不断渡过了千数百里的时候，该意料不到那些行笨拙得可怕的木船里，尽是满载着无数吨的轮盘、动力之类的机械。”② 美国驻华军事工作人员埃文斯·福代斯·卡

① 中国第二历史档案馆编：《中华民国史档案资料汇编》第 5 辑，第 2 编，财政经济，6，江苏古籍出版社 1997 年版，第 388 页。

② 林凡野：《在倭寇轰炸中工厂内迁的经过》，《中央周刊》第 1 卷第 6 期。

尔逊（Evans Fordyce Carlson，1896—1947）在《中国的双星》（*Twin Stars of China：A behind the Scenes story of China's Valiant Struggle for Existence*，New York：Dodd，Mead，1941）一书中描述说，担负内迁运输任务在江上航行的各种船只的“每一英寸空间都被占据了”①。11 月 12 日，上海沦陷。在此期间，上海除去公营和国营工厂外，共迁出民营工厂一百四十六家，机器材料抵汉口者为一万四千六百余吨，技术工人二千五百名。② 11 月 14 日，以工矿调整委员会为首的厂矿迁移监督委员会宣告成立，开始全面负责战区厂矿的西迁工作。15 日，工矿调整委员会派林继庸、顾毓瑔往苏州、无锡、常州，金开英、朱谦、陈良辅往浙江，陈世桢、欧阳仑往山东，督导迁厂。16 日，军事委员会核准颁布了工矿调整委员会修订的《工厂迁移协助办法》。从此，全国规模的厂矿西迁运动开始。

内迁工厂历经颠沛流离抵达武汉后发现，南京政府在武汉什么也没有，只有办事处，③ 且出现“电力不敷，电压不符，厂房无有余地，与原主张利用该处甚多窒碍”④ 等困难，颇感此间居大不易。而在南京沦陷后，日军马不停蹄溯江西进，武汉亦不复是安全之地。工矿调整委员会奉蒋介石电令：“筹划战时工业，以川黔湘西为主”，“将各厂继续内迁，以策后方生产之安全”。⑤ 1938 年 6 月 29 日，国民政府下令武汉各业工厂不论大小，凡对后方军工、民生有用者一律尽速内迁。这一时期的内迁与前期上海工厂内迁相比有了明显变化，表现为已从单纯为国防

---

① 转引自李占才、张劲：《超载——抗战与交通》，广西师范大学出版社 1996 年版，第 215 页。

② 林继庸：《民营工厂内迁纪略》，中国工业经济研究所 1945 年版，第 14 页。

③ 参见宋云彬：《开明旧事——我所知道的开明书店》，中国人民政治协商会议全国委员会文史资料研究委员会编：《文史资料选辑》第 31 辑，中国文史出版社 1986 年版，第 10 页。

④ 孙果达：《民族工业大迁徙：抗日战争时期民营工厂的内迁》，中国文史出版社 1991 年版，第 106 页。

⑤ 《经济部工矿调整处分期工作计划目录》，经济部所属单位档案三七五②/29，中国第二历史档案馆藏。转引自陆仰渊、方庆秋主编：《民国社会经济史》，中国经济出版社 1991 年版，第 577 页。

军工目的转为战时后方经济建设目的，从单项、个别工厂的内迁转为全面、大规模的工业内迁，从劝导鼓励内迁转为强行统制性内迁。

值此之际，一些工业落后的地区纷纷派人到武汉进行游说，动员工厂迁往以振兴当地工业。如湖南省建设厅的胡安恺前往武汉，答应迁往湖南的工厂可免税，云南省亦派周惺甫来欢迎。其中尤以四川省最为积极。时率军出川抗战养疴汉口的四川省政府主席刘湘大力表示欢迎各界共同开发四川，剀切陈词云："四川有原料有人力，但是缺乏资本缺乏技术人才。四川不仅宜于各种工业的发展，尤其适于国防工业动力工业的建设，我可以代表四川同胞欢迎全国企业家、民族产业家、华侨资本家及一切技术专家在四川投资建设。"① 刘湘特电邀川省的工业专家胡光庶到武汉，与内迁厂家商洽，介绍川省的资源及环境，以动员厂家迁川。同时，刘湘又电召川省的建设厅厅长何北衡飞抵武汉，极力动员上海、武汉厂家们入川，并与愿意迁川的各家工厂代表具体讨论关于运输、厂地、电力、劳工、金融、捐税、原料、市场等实际操作问题，允诺当地政府的优惠条件。此外，刘湘还电令其省府秘书长务必协助迁川工厂购地，万勿任地主刁难。大批较为先进的工厂入川必将带来许多先进的技术和设备，从而在较短时期内迅速提升四川的经济发展水平，并且可以加强四川的地方实力，因此刘湘在这一点上堪称颇具识见，尤现积极建设桑梓的热诚，并且赢得了这场机会竞争的最终胜利。

除刘湘的特别重视外，四川赢得这场机会竞争的胜利原因还有：(1) 对于四川省的实业情况，中国工程师学会四川实业考察团曾在 1934 年写了一本详细的调查报告，而考察团团长胡庶华当时还担任重庆大学校长，设立了土木、机械、电机、矿冶、地质等系。这对内迁工业区的设立当然极有补益，由刘湘令胡庶华向内迁企业介绍川省情况固具亲和力、权威性。(2) 在刘湘表率下，四川的社会舆论宣传颇为到位。四川《国民公报》连续发表《欢迎国货厂商入川》等文章，认为四川比较安全，不易受敌机的威胁，与上海交通较为便利，有长江可直接通航，在资源、人力与动力等方面比其他各省优越，最符合工业化的

① 刘湘：《长期抗战中的四川》，《大公报》1937 年 12 月 31 日。

条件，实为全国最适宜之工业复兴基地。①（3）四川省政府制定了一系列优惠办法，包括：调拨木船一百五十艘，代为运输器材；委托中央信托局代办保险，保险费为器材价格的20%，除由厂方负担4%外，其余由省财政厅付给，由重庆市市长、公安局局长、商会会长、江北县县长、巴县县长、建筑专家关顺声、工业专家胡江庶及林继庸等人组成地价评议委员会，规定凡迁川工厂厂地印契准免收附加税三成；以北碚为工厂区，扩大北碚电力厂，等等。（4）四川当地居民对工厂内迁表示支持。如重庆复旦中学校长将祖传的江边两百余亩土地，以公允价格出让给上海迁川的龙章造纸厂、天原化工厂与天利化工厂等。（5）当时川省在内迁工厂运输方面具有绝对优势，主要表现为四川本地实业家卢作孚的民生轮船公司可以穿梭不断地为内迁工厂服务。例如，上海大鑫钢铁厂抗战前主要生产火车、铁路所需钢铁材料，资本雄厚，效益极佳，成为日本整军备战觊觎的重要目标。该厂总经理余名钰出于爱国至诚，率厂内迁。该厂是上海民营内迁厂中资本名列首位、随迁工人最多、国民政府极力动员协助的重点企业，然而到达武汉以后，“大鑫厂经过数月搬运，资银短缺，已无力负担，同时运输需要船只，亦难以寻找。正当进退两难之际，四川民生公司总经理卢作孚表示愿意协助大鑫厂内迁，条件是由民生公司参加投资。于是余名钰就于1937年11月间与民生公司签订了合同，由民生公司加入一半资本，并提供运输船只，大鑫厂的名字改为渝鑫钢铁股份有限公司。这样，大鑫厂在添置了一些设备和原料后，从12月起，先后分五批从武汉向重庆迁移”②。

卢作孚像

① 四川《国民公报》1937年10月17日。

② 孙果达：《上海大鑫钢铁厂迁川记》，政协西南地区文史资料协作会议编：《抗战时期内迁西南的工商企业》，云南人民出版社1989年版，第114页。

抢运物资返回重庆的民康轮

20世纪50年代中期，毛泽东在谈到中国民族工业发展过程时说，四个实业界人士不能忘记，他们是："搞重工业的张之洞，搞化学工业的范旭东，搞交通运输的卢作孚和搞纺织工业的张謇。"① 是时，民生公司总经理卢作孚受命于危难之际，担任国民党政府交通部次长，负责指挥安排武汉会战期间水陆运输任务。武汉会战时期，宜昌这座不大的城市顿时拥塞着三万多名从各地撤退的人员和难民，等待着撤到四川去，遍地是人群，遍地是行李。由于担心敌机空袭和敌军进攻，人心恐慌，都在争先恐后地抢购船票，争取尽快离开；而内迁工业的设备、器材运输问题更为严重。在宜昌沿江两岸的码头上，乱七八糟地堆满了从长江中下游撤退到这里的物资，其中军用器材在十二万吨以上，油料一万多吨，各政府机关的物资六万多吨，再加上不少官僚显贵的私有家产，总共达二十余万吨，而且内迁物资还源源不断地运到。② 这些物质

① 转引自《青年一代》1982年第1期《状元改行》一文。

② 孙果达：《民族工业大迁徙——抗日战争时期民营工厂的内迁》，中国文史出版社1991年版，第197页。

绝大多数没有装箱，敞露在地上，听任风吹雨淋。当时全中国的兵工业、航空业、重工业、轻工业的生命几乎胥集于此，情形异常紊乱。民生轮船公司全部可用的船只投入抢运。卢作孚在回忆录中这样写道：

> 扬子江上游的滩险太多，只能白昼航行，于是尽量利用夜晚装卸。又因为宜昌、重庆间上水至少需要四日，下水至少需要两日，为了缩短航程，就将最不容易装卸的，运到重庆，其次缩短一半运到万县，再其次缩短一半运到奉节、巫山，甚至于巴东。一部分力量较大的轮船，除本身装运外，还得拖带一只驳船。尽量利用所有的力量和所有的时间，没有停顿一个日子，或枉费一个钟点，每晨宜昌总得开出五艘、六艘、七艘轮船，下午总得有几艘轮船回来。当轮船刚要抵达码头的时候，舱口盖子早已揭开，窗门早已打开，起重机的长臂早已举起，两岸的器材，早已装在驳船上，拖头已靠近驳船。轮船刚抛锚，驳船即已被拖到轮船边，开始紧张地装货了。两岸灯火辉映，号子声、起重机的轰鸣声以及汽笛声响成一片，汇合成一支悲壮的团结抗战的交响曲。①

经过民生公司的紧张抢运，原来宜昌南北两岸各码头遍地堆满的器材在两个月后基本运完，两岸萧条，仅有若干零碎废铁抛在地面了。这次撤退抢运量，竟相当于1936年全年的运量，可见抢运工作是如何的繁重和紧张。因此晏阳初喻之为："中国实业上的敦刻尔克。"② 徐盈在他所著的《当代中国实业人物志》一书中也写道："中国的敦刻尔克的撤退的紧张程度与英国在敦刻尔克的撤退并没有什么两样，或者我们比

---

① 卢作孚：《一桩惨淡经营的事业——记民生实业公司》，《文史资料选辑》第36辑，中国文史出版社1999年版，第13页。

② 伍志安：《历史航程的连结——卢国纪谈民生公司》，中国人民政治协商会议重庆市中区委员会文史资料委员会：《重庆渝中区文史资料》第8辑，1996年内部发行，第45页。

他们还要艰苦些。”① 在第二次世界大战的敦刻尔克战役中，英法联军以三万余人的代价救出了被围困的四十万部队，从而保存了有生力量以利再战，“敦刻尔克”便成为成功撤退的代名词。如果仅从内迁工厂的数量而言，从上海迁出的一百余家民营企业仅占当时上海一千多家在国民党政府实业部注册登记企业的11%左右，与上海民族工业在战火中的损失相比更是九牛一毛，但如果从这些内迁工厂的质量及后来在内地工作中发挥的骨干作用来看，这次内迁无疑是巨大的成功。

卢作孚及其民生轮船公司在中国实业界惊心动魄可歌可泣的所谓“敦刻尔克行动”中智勇卓绝的表现并不是危急关头一瞬间挺身而出的“事件时间”现象，必须将之置于中国西部开发与现代化进程的“社会情势时间”考虑方能明了个中意蕴和原委。卢作孚以实业救国为己任，希望通过“明白现代意义的贤者”的不懈努力“推动中华民国使一脚踏进现代的门”②。1925年，他鉴于“交通是一切事业之母”③，创办民生公司。依凭经济民族主义的认同资源，在刘湘支持下，卢作孚于1930年开始以民生公司为中心的“化零为整”统一川江航运的行动计划，以数量不大的现金使实力和规模迅速扩张。按照凌耀伦的观点，卢作孚是近代中国实业界中第一个明确提出“现代化”的口号、内容和目标的人物。④ 民生公司是卢作孚追求现代化事业的载体，堪称卢作孚现代化思想的最好诠释。用卢作孚的话说，是现代化的“实验”。卢作孚认为，“中国的前途非常明了，不管是社会组织抑或是物质建设，只有迈步前进，追逐现代化或更超现代，不然便会受到现代的淘汰”⑤。

① 转引自卢国纪：《我的父亲卢作孚》，四川人民出版社2003年版，第242页。

② 卢作孚：《一桩事业的几个要求》（1936年10月），《卢作孚集》，凌耀伦、熊甫编，华中师范大学出版社1991年版，第351页。

③ 王绍荃主编：《四川内河航运史（古近代部分）》，四川人民出版社1989年版，第190页。

④ 凌耀伦：《论卢作孚的中国现代化经济思想》，杨光彦、刘重来主编：《卢作孚与中国现代化研究》，西南师范大学出版社1995年版，第17页。

⑤ 卢作孚：《建设中国的困难及其必循的道路》（1934年8月2日），《卢作孚集》，凌耀伦、熊甫编，华中师范大学出版社1991年版，第242页。

又云："现代是由现代的物质建设和社会组织形成的，而现代的物质建设和社会组织又都是由人们协力经营起来的，人都是训练起来的。"①在苦心经营民生公司的同时，卢作孚极力将嘉陵江三峡的乡村"布置经营成一现代乡镇的模型"②，形成作为中国现代进程中颇具典型意义的内陆模式，即当今学者所谓的"北碚模式"③。1927年，卢作孚接长峡防局，殚精擘画积极开发三峡峡区丰富的矿产和林业资源，相继投资和参与兴办北川铁路公司、天府煤矿公司，建成了四川有史以来第一条八公里半的窄轨运煤铁路；创办四川第一家使用电力的机器织布厂——三峡染织厂，生产的"三峡布"驰名省内外，为当时四川最大的一家棉染织企业。

民生公司附属企业三峡染织工厂大门

民生公司附属企业合川电水厂

① 卢作孚：《四川嘉陵江三峡的乡村运动》（1935年3月），《卢作孚集》，凌耀伦、熊甫编，华中师范大学出版社1991年版，第283页。

② 卢作孚：《一桩惨淡经营的事业——民生实业公司》（1943年10月），《卢作孚集》，凌耀伦、熊甫编，华中师范大学出版社1991年版，第421页。

③ 西南师范大学刘重来教授主持的国家社科规划项目"民国时期卢作孚乡村建设"从学术上对北碚进行系统研究，认为北碚的道路是"乡村现代化"的道路。张瑾在《权力、冲突与变革——1926—1937年重庆城市现代化研究》一书中受民生实业有限公司研究室兼职研究员赵晓铃的启发又对"北碚模式"进行了深入阐发。

民生公司附属企业民生机器厂

所谓嘉陵江三峡，是嘉陵江流域重庆至合川间的三个峡谷——沥鼻峡、温塘峡、观音峡——周围一带地区的总称。这个地区跨江北、巴县、璧山、合川四县，共辖三十九个乡镇，为盗匪出没之所，遂于1923 年有峡防团务局之设，局址设于紧靠嘉陵江滨的北碚乡。卢作孚指出："中国根本的要求是要赶快将这一个国家现代化起来。所以我们的要求是要赶快将这个乡村现代化起来，以供中国里小至乡村，大至国家的经营参与。"① 在卢作孚领导和策划下，地方医院、图书馆、公共运动场、平民公园、嘉陵江日报馆、兼善中学及其附属小学校、职业介绍所等次第平地涌现。1930 年，卢作孚在北碚创办中国西部科学院，这是继中央研究院（1928 年）、北平研究院（1929 年）之后，我国首创的一所民办科学院。西部科学院设有生物、理化、农业和地质四个研究所，以为全面开发四川服务为宗旨，着重于应用科学的研究。此外，卢作孚通过动员民众有计划地进行交通通信方面的现代化建设，安装了三峡地区电话线网，在北碚设置了当时重庆也还未设置的市内公共电话。卢作孚极力要"想将嘉陵江三峡布置成功一个生产的区域，文化的

① 卢作孚：《四川嘉陵江三峡的乡村运动》，转引自卢国纪：《我的父亲卢作孚》，重庆出版社 1984 年版，第 71 页。

区域，游览的区域”①，因此北碚开发建设尤注重生态环境的绿化工作，郁郁葱葱的洋槐、伞状的法国梧桐及随风摇曳的杨柳成为北碚城的重要标志。峡区的建设与民生公司的发展交相辉映，逐渐成为全国传媒的焦点。当时许多到四川考察、访问和游览的人士都纷纷慕名前往北碚观光，从而使民生公司和卢作孚的名字不胫而走，民生公司成为战前四川知名度最高的实业公司。黄炎培说：“北碚两字，名满天下，几乎说到四川，别的地名很少知道，就知道有北碚。与其说因地灵而人杰，还不如说因人杰而地灵吧!”② 1935 年参谋团入川参观北碚后感叹云：“今则北碚不仅有大自然的美，且已用人力去改造过一番，因峡区各事业，都是现代化、组织化、艺术化，在最近将来不仅望北碚事业这样，还望四川建设都这样。”③ 对于外界而言，北碚几乎是川省“现代化”的代名词。

原西部科学院大门

正如刘航深所言，“卢作孚使用了与刘湘军事团联系密切的四川各银行的财力，继之以四川督办公署的力量，然后再加上上海各银行的支持，民生公司逐渐的在壮大”④。刘湘支持卢作孚统一川江航运，客观上扩大了四川与长江中下游的经济联系，实际上也为 1935 年南京国民政府中央和四川地方之间的整合奠定了经济方面的基石。按照美国学者罗兹·墨菲的说法，中国的现代化“首先在上海出现，现代中国就在这

① 卢作孚：《建设中国的困难及其必循的道路》（1934 年 8 月 2 日），《卢作孚集》，凌耀伦、熊甫编，华中师范大学出版社 1991 年版，第 253 页。

② 黄炎培：《蜀道》，上海开明书店 1935 年版，第 114 页。

③ 《中央行营参谋团第一批来北碚参观》，《嘉陵江日报》1935 年 2 月 21 日。

④ 刘航深：《戎幕半生》，台北文海出版有限公司 1973 年版，第 174—178 页。

里诞生”[1]。20 世纪 30 年代初以后，“上海模式”为重庆所广泛认同，从上海采购现代化的机器、“驰赴沪汉各市实地考察”学习取经、追慕模仿上海时髦的大众娱乐消费，都是上海的“现代化”魅力辐射下重庆地区的社会景观。1932 年 6 月 20 日《新蜀报》副刊第 35 期所载金满成《重庆的前途，上海的后影》即论及上海对重庆乃至全国城市所具有的示范榜样功能。而自 1932 年民生公司开辟重庆至上海这一长江上最长的直达航线，卢作孚及民生公司轮船客运旅游业的开发运作，亦为“上海模式”西上巴渝架起了桥梁。卢作孚素来认为，“为了四川未来的开发，须仰赖于中原的人力和财力的帮助”[2]。1933 年，卢作孚在《中国科学社来四川开年会以后》中力主用力运动外省人都来四川投资开发。他说：

> 只要把四川一经变为“租界”之后，世界上的钱和世界上的人，都可以吸收到四川来。上海租界里面有一个见方不过十里的地方，曾经集中过三百万以上的人，和十万万以上的现金，所以只要四川一经安定之后，就会马上有办法的。要知道现在世界上有许多的钱都找不到安稳的地方存放，世界上有许多人尤其是中国人都找不到一块乐土来住家。假使四川永远安定后，各方面都集中精力来创造、来建设，把四川的各个地方布满铁路之网，布满电线之网，一切大规模的工业都次第举办起来，集中生产大批出口，使原来贫穷的人都会变为有钱的富家翁了。这样一来，不单是可以把“魔窟”转变为“桃源”，而且是也要把“天府”造成“天国”。[3]

卢作孚以其独特的“开发与发展”的商业运作方式从事现代化建设而形成的“北碚模式”并非“上海模式”的再版，其特色在于以

① 罗兹·墨菲：《上海——现代中国的钥匙》，上海社会科学院历史研究所编译，上海人民出版社 1986 年版，第 5 页。

② 卢作孚：《整个四川的五个要求》，《新世界》1934 年第 40 期。

③ 卢作孚：《中国科学社来四川开年会以后》，《卢作孚文集》，凌耀伦、熊甫编，北京大学出版社 1999 年版，第 249 页。

“精神”和人的现代化为追求目标，这个被称为“川中之洞天福地”、“世外桃源”的北碚社区建设，最大的特点并不在于物质层面的建设而是人的建设，实践着一种不同于“上海模式”的内陆现代化新理念。然而，在引进“外资”开发四川资源方面，卢作孚一直奉行不渝。在北碚建设遐迩闻名之后，刘湘任命卢作孚为四川省建设厅厅长，意欲将北碚经验在重庆乃至整个四川推而广之。卢作孚作为四川省建设厅厅长，不仅频繁往来于重庆与“下江”之间，接洽沪上银行组织银团入川投资事宜，而且在政治上作为刘湘的代表，穿梭于重庆与南京之间，积极促进中央整合四川的工作，最终实现“川军国家化”。刘湘统一川政后在接见上海记者考察团的谈话中也表示引进外省资金开发川省富藏，这与卢作孚的影响具有直接关系。在刘湘激情高涨提出“以经济建设为中心”的若干宏大规划并付诸实施之际，上海等地内迁企业的“敦刻尔克大撤退”无疑适逢其时，天赐良机。

钱穆认为：

> 历史乃人事之记载，故史学亦为一种人事之研究。惟历史所载人事，虽若限于过去，而按实殊不然。惟其有必然之持续，故未来者等于已来。惟其有可能之演变，故已往者实尚未往。换辞言之，过去者尚未去，未来者亦已来。就人事言之，必有其时间上之宽度。人事之现在性，绝非如普通所想过去者已过去，未来者尚未来，而现在则在刹那之间刻刻转换，刻刻消失。此等观念，惟排除一切人事，冥坐观心，或排除一切人事，凝神注视时钟针摆之移转乃有之，此可谓之心理上之时间感，或物理上之时间感。若就事理言之，则绝不然。事理上之现在必有宽度，其事愈大，持续性愈久，变动性愈多，其现在之宽度亦愈广。①

抗战时期的工厂内迁的确是中国工业史上的一次突变。从 1937 年

---

① 钱穆：《中国今日所需要之新史学与新史学家——本文敬悼故友张荫麟先生》，《思想与时代月刊》1943 年第 18 期。

下半年至1940年6月历时三年，中国有史以来第一次工业大迁移结束。总计迁出厂矿四百四十八家，物资十二万吨，技工一万二千人，其中上海与长江三角洲的工厂占60%以上。这些工厂大部分迁入了四川，达二百五十四家，次之，经政府工矿调整处协助内迁的计有：湖南一百二十一家（其中绝大部分集中在湘西），陕西二十七家，广西二十五家，其他各省十六家。此外，加上一些自动拆迁的工厂，整个抗战时期迁入后方的工厂，共计六百余家。① 其中四川省不仅迁入的工厂数量最多，迁入的机器设备亦较先进。云南和贵州两省迁入的多是重工业和军事工业，迁往陕西的工厂以纱厂和面粉厂居多。这次异常的工业地域分布结构从现代化发达地区向不发达地区的反向空间位移，促进了西部大后方地区社会经济能够有一短暂的跳跃式的超常发展，在一定程度上改变了中国经济现代化的地域空间结构。可以说，这次举国民族工业大迁徙是民国时期西部经济发展的最重要的契机。以四川为例，当时舆论即认为，“这些内迁工厂的生产，刺激了四川经济的发展，旧有生产方式的改进，开发了四川的地利和物力，我们在抗战五年中，看到四川失业人口减少，农民收入的增加，各种建设的推进，市场的繁荣，虽然没有把整个四川经济变化过来，但至少把四川经济的发达提早了几十年”②。

抗战前，西南地区近代工业寥寥无几。有人甚至指出：“欲于此广大区域，为工业建设，即不啻要无中生有。”③ 在规模和技术上遥遥领先的内迁企业，当之无愧地成为西部地区民族工业发展的排头兵、主力军。例如，大鑫厂是大后方最大的民营炼钢厂，不仅以产品种类之多著称，而且产量也较大。1942年元旦，由内迁工厂联合会在重庆举办的“迁川工厂出品展览会”上，大鑫厂展出的冶金产品和机器模型备受各

---

① 国民政府经济部档案。档案号28/1244。“经济部统计处编：《后方工业概况统计》”，中国第二历史档案馆藏。

② 孙果达：《民族工业大迁移：抗日战争时期民营工厂的内迁》，中国文史出版社1991年版，第73页。

③ 经济部：《西南西北工业建设计划》，1938年，中国第二历史档案馆藏。转引自张学君，张莉红：《四川近代工业史》，四川人民出版社1990年版，第410页。

内迁工厂立即投入战时生产

界好评，后来周恩来等人参观大鑫厂并题词赞誉说："没有重工业，便没有民族工业的基础，更谈不上国防工业，渝鑫厂的生产已为我民族工业打下了初步的基础。"① 使用机器生产是近代工业的一个重要标志，机器生产在工业化过程中具有突出的重要地位，内迁工厂为现代工业区十分落后的西南地区带来一定数量的工作母机。当时从上海内迁的顺昌、新中、新民、上海、中华等机器厂被称为"抗战后方机器工厂之中坚分子，对机器制造厥功至大"②。在化工业方面，天原化工厂是屈指可数的大厂之一，不仅生产了大量的烧碱、盐酸、漂白粉，而且其所属天盛陶器厂还是后方唯一生产化学盛器的工厂。此外，在内迁厂中，龙章造纸厂是"上海新式造纸之鼻祖之一，也是开全国机械制纸工业之先河"，康元制罐厂"设备与资本素列全国制罐业第一"。益丰搪瓷亦为

① 重庆市历史学会编辑：《周恩来同志在重庆期间发表的重要文章和讲话汇辑》，重庆市历史学会1980年版，第179页。

② 欧阳仑：《十年来之机器工业》，谭熙鸿编：《十年来之中国经济》上，中华书局1948年版，第F5页。

当行出色的佼佼者，时人评论说：全国搪瓷业“上海最集中，较大者五家，以益丰为最大”①。大批工厂的内迁给大后方的工业发展注入强劲的新鲜力量。如著名化工企业家范旭东、侯德榜率领永利、久大两厂的两百多名高级技术和管理人员来到四川，著名企业家胡厥文、李烛尘、刘鸿生等入川办厂。据统计，到 1940 年，仅由政府协助内迁的技工即达一万二千六百六十四人。这些当时中国工业界的精英本身即是大后方工业建设中最可宝贵的资源，对大后方经济开发建设发挥了重要作用。

1938 年 1 月，工矿调整委员会派林继庸、颜耀秋等赴川勘定建厂工业区，当时选中两处地点：一为北碚，一为自流井。工矿调整委员会计划将北碚建成棉纺织工业中心，并附以各种机械工厂，将天原、天利等化工厂迁往自流井以方便原料供应，建成以化学工业为主的工业区。但当时在武汉的上海民营内迁工厂拒绝迁往北碚等地，对政府当局能在短期内筹划出两个基础设施配套的工业区心存疑虑，担心贸然迁入崇山峻岭陷入叫天不应、呼地不灵的窘境，只肯迁往已经具备设厂条件的地方。恰逢复旦大学拟迁往北碚，工矿调整委员会北碚工业区的建设计划遂告中辍，转而在重庆城区附近选择如江北猫儿石、沙坪坝小龙坎、巴县李家沱等十余处荒地作为工业区。由于地皮紧张，厂房设计只能螺蛳壳里做道场，工矿调整委员会乃宣传声称，地皮虽有限，天空却是无限的，待战事结束后，各厂尽可大事发展，改建成高楼大厦。按照工矿调整委员会当时的规划，将来俟重庆附近的工业地区容纳不下时，沿嘉陵江分开数段，每段分设工厂，架立电线，将重庆及北碚两地沿嘉陵江联成一气，江边两岸开辟马路，使电灯照耀江水，由重庆直到北碚。其中，林继庸等规划的李家沱工业区建设最快，沙市纱厂、中国毛纺织厂、庆华颜料厂、恒顺机器厂、上川实业公司、中国化学工业社重庆分厂等十余家著名企业均设厂于此。林在建立李家沱工业区的过程中，特别重视厂家的参与，成立了李家沱工业区公共事业委员会，意图结合厂家的力量，共同开发这块工业的处女地，不到一年，工业区内已有员工

---

① 李平生：《烽火映方舟：抗战时期大后方经济》，广西师范大学出版社 1995 年版，第 83 页。

两三千人，除工厂外，还有学校、戏院、餐馆、茶室、澡堂等设备，举凡衣食住行娱乐各项设施无不应有尽有，形成一个自力更生的生产单位，成为大后方著名的工业区。据统计，到1940年，西部地区工厂合计达一千三百五十四家，并形成了若干工业核心区，如重庆区、川中区、广元区、川东区、桂林区、昆明区、贵阳区、西安区、奉宝区，等等。

抗战期间的工厂内迁具有避难性质是毋庸置疑的事实，因此它在抗战胜利后出现人走茶凉的状况是不可避免的。但这一彪炳史册的工业经济空间位移的"时间影子"却是十分修长的，对新中国成立后"三线"建设具有深远的影响。1935年，国民党五届一中全会通过的《确定国民经济建设实施计划大纲案》中即提出："凡基本工业之创办，重大工程之建筑，均须择国防后方之安全地带而设置之。"① 抗战全面爆发后，大批企业内迁，国民政府当局认为在近代立体战争的条件下，后方经济建设应当考虑工厂的安全和分散问题，仅仅考虑防止敌机轰炸而在工业生产力布局上采取大分散和"遍地开花"的做法有违工业发展的规律，"宜选定若干中心地点，充实其动力与运输设备，使各种工业依其性质，得有适当萃聚之所，是曰散者聚之"②。但事实上，为追求"安全隐蔽"，内迁工厂在重建选址上，主要选择西南各省的民族地区：七十余家工厂迁入湖西土家、苗族聚居区；十七家迁入广西壮族自治区、瑶等民族地区；还有一部分迁入云南、贵州、四川等省的少数民族地区。③荣家申新系统的申新四厂迁到宝鸡以后，从1940年开始修筑窑洞工厂，共开出窑洞二十四孔，其中九孔长度在四十英尺左右，中间有六排横洞穿过，以此将这些长窑联在一起，洞内四通八达，形成巨大的地下车间，安装两万锭前纺部的全套设施及一万二千锭细纱机，占该厂全部设备70%，成为中外纺织厂厂房建设和窑洞建设史上从未有过的奇观。

---

① 蒋纬国：《抗日御侮》第1卷，台北黎明文化事业公司1979年版，第104页。

② 国民政府经济部：《西南西北工业建设计划》，转引自黄立人：《抗战时期大后方经济史研究》，中国档案出版社1998年版，第39页。

③ 张英：《武汉抗战时期工厂内迁对西南民族地区经济的影响》，《中南民族大学学报（人文社会科学版）》1999年第3期。

在抗战期间，战时西部工业的重要特征之一即是优先发展重工业。1937年，重工业资本在工业中仅占9.2%，工厂数占18.5%，到了1942年，重工业资本在国统区工业中则占78.86%，工人占48.68%，动力设备占81.85%。①

第三节　近代西部开发与民族国家建设论衡

一、走入近代的历程：中国民族国家形成的难局

中国古代素以成败衡论帝王将相的合法性和正统性，俗有“成者为王，败者为寇”之说。不宁唯是，统治时间的长短亦为合法性和正统性的检验标准之一。殷海光就曾说：“在中国历史上，统治了一年叫做‘寇’，统治了一百年便成‘天子’。逻辑是没有时间性的；但是权力却有时间性。中国社会文化向来不注重逻辑。”② 其实，杜赞奇征引鲁迅在《阿Q正传》的“导言”③ 中所言朝代长短对历史评价的影响那段精彩议论与殷海光的观点可谓交相辉映、互为补充，表明即便统治版图这一空间方面的指标权重首屈一指，但时间因素的考量绝非无关紧要。需要指出的是，合法性并非与生俱来，它需要自身不断地证明，并且往往是一个逐渐习得的过程。正如外国学者所说：“学习合法性的一个方法是通过举动。有武力威胁为后盾的法律引起行为，行为经多次重复，变得很熟悉了就变成了习惯，建立起一种行为的珊瑚礁。”④ 一般情况

---

① 刘国良：《中国工业史·近代卷》，江苏科学技术出版社1992年版，第399页。

② 张斌峰、何卓恩编：《殷海光文集》第3卷，湖北人民出版社2001年版，第112页。

③ Prasenjit Duara, *Rescuing History from the Nation: Questioning Narratives of Modern China*, Chicago: The University of Chicago Press, 1995, p. 29.

④ 劳伦斯·弗里德曼：《法律制度：从社会科学角度观察》，李琼英、林欣译，中国政法大学出版社1994年版，第144—145页。

下只有当“人民对某政权‘具有相当时期的经验’之后，受了它的训练，从它得到‘象征性奖赏’之后，该政权才取得合法性”①。国家本身是阶级统治的暴力机器，法律是以国家强制力为后盾的规范，是国家权力（“力”）与统治者正义观（“理”）的结合，是国家暴力的缘饰性产物。法律与暴力之间暗通窾曲，当阶级冲突、民族冲突成为殊死搏斗时，所谓“大炮一响法律无声”，“无法之法”便展露峥嵘。清初的“嘉定三屠”“扬州十日”的血雨腥风昭示着法律的限度。清朝在统治局面平静之后，恰如旧史家常言的那样实行轻徭役、薄赋税、“滋生人丁永不加赋”和“摊丁入亩”等政策恢复和发展经济。我们迄今仍可从史料中看到康熙帝在深冬之际“以豹尾枪立表于冰上，亲用仪器测验”② 站在黄河冰面的身影、雍正帝像苦行僧般朝乾夕惕勤政的劬劳不懈。乾隆帝虽说比较喜欢写诗游景，然亦能凛遵祖训亲裁庶政，孜孜求治，夙兴夜寐，黾勉从事。③ 这其中一个很重要的因素即在满族统治者以少数民族入主中原后具有强烈的危机意识，力图以自身的政治业绩证明政权的合法性。清朝历史上屡屡大兴文字狱，美国学者孔飞力揭示了乾隆帝全力开动国家暴力机器对“割辫案”穷追不舍的捕风捉影，④ 都

---

① 劳伦斯·弗里德曼：《法律制度：从社会科学角度观察》，李琼英、林欣译，中国政法大学出版社 1994 年版，第 144 页。

② 《东华录》，康熙四六至一一〇卷，王先谦：《清东华录全编》第四册，学苑出版社 2000 年版，第 123 页。《清圣祖仁皇帝实录》卷一百九十五，康熙三十八年九月，台北华文书局股份有限公司 1960—1970 年版，第 2619 页。

③ 参见戴逸：《乾隆帝及其时代》，中国人民大学出版社 1992 年版，第 5—7 页。

④ 孔飞力指出：“尤其令人惊奇的是，剃发令本身并未作为单独的条款或子目出现在《大清律例》或《大清会典》的任何一个版本中。也许，对于新政权的统治者来说，不管他们推行这一法令的态度多么坚定，却仍希望把它留在正式成文的法律文本之外。”（Philip A. Kuhn，*Soulstealers: The Chinese Sorcery Scare of 1768*，Cambridge，Mass.：Harvard University Press，1990，p. 55.）但剃发令的贯彻在有清一代可以说具有超乎寻常法条的“特殊法”的效力，是关乎政治原则性的头等大事，所以虞山襟霞阁主编的《刀笔菁华》中有这样一个案例，即：“讼师冯执中，以事陷狱中，犹代人作禀，混淆黑白。邑令嫉之，将诬以他罪，置之死地。旋为冯闻，设策自卫，思中伤令，遂命同狱之囚剃发，一时不获剃刀，冯异想 （续下注）

提示着清朝打击、压抑反满意识以维系其统治合法性的良苦用心。在吕留良、曾静案中，雍正帝出奇料理，更是以帝王九五之尊亲自赤膊上阵进行辩论，以维护清朝统治的合法化。他极力驳斥传统的华夷之辨，认为这种区别是由于古代疆域不广所致，三代以上之有苗、荆楚、严狁，即今湖南、湖北、山西，在今日而目为夷狄可乎？并引征亚圣孟子“舜，东夷之人；文王，西夷之人也”之言为证，声称“本朝之为满洲，犹中国之有籍贯”，主张不分地域，以德为王。①

学术界有一种观点认为，中国的17世纪和18世纪是很难相提并论的两个时代，17世纪明清鼎革之际知识精英奔走流寓于天崩地裂之时，时怀黍离之感，依靠“华夷之辨”的语词提出来的民族主义一方面尖锐地质疑清代政治的合法性与合理性，另一方面也为拒绝与权力合作的知识阶层留下一个独立的存在空间，而18世纪以后炙热一时的抗清斗争趋于沉寂，遗民阶层开始趋于对清朝统治合法性认可，人们的空间认同与种族认同已由汉族文明为中心的“大明帝国”扩展到了满、蒙、汉共同体的“大清帝国”。这种大而化之的观点多系半是半非、不是不非之论，不具有波普尔（Karl Raimund Popper）所谓的“可证伪性”。清代满汉关系极为复杂，非三言两语可以赅括无遗，且不同阶层、不同时期、不同个体的感情都难以一概而论，但可以肯定的是，满汉畛域的存在与有清一代是相始相终的。汪晖就通过对乾嘉时代刘逢禄、庄存与

（续上注）天开，碎一碗，磨竟日，锋利如刀，乃奏之，鬑鬑者立成牛山之濯濯矣。冯喜甚，即草一呈，托亲信者持控于府云：控为违背国法玩视纪律事。窃某某邑令某某，本纨绔小儿，以纳粟起职。居心卑秽，贿赂通行。以讼狱为渔利之门，以金钱为生死之断。政绩恶劣，名誉卑污，俱在人口。乃复藐视国法，重违律例，于某月某日，处得贿之囚徒，准其削发，此真可谓骇人听闻之事。民等伏思县令掌百里之政，竟尔自犯纪律。等国法于弁髦，视朝廷若儿戏。身不正，何以治民？为此据实上控，请即派员查验，切实查究，以整吏风而伸国纪。特此上控。”（虞山襟霞阁主编、衡阳秋痕楼主评：《刀笔菁华》，王有林、史鸿雯校注，中华工商联合出版社2001年版，第24—25页。）这种含血喷人的反戈一击，利用的正是剃发令的至高无上性实行法律上的阻却。

① 《大义觉迷录》卷一，中国社会科学院历史研究所清史研究室编：《清史资料》第4辑，中华书局1983年版，第4页。

今文经学的条分缕述，认为其“大一统”理论是身为汉人而高居庙堂的儒者对王朝合法性的论证，用今文经学中隐晦的词语暗示“奉天”的“新王”（清朝）在中国王朝更迭谱系中从升平世向太平世的过渡，但汪晖亦从美国汉学家艾尔曼（Benjamin A. Elman）的研究中剖析了刘、庄等“一乎周”“讥世卿”所折射的对满人优先权、和珅擅权枉法等政治现象的批评。① 这表明知识分子的视野在清朝“中外一家”格局下已远迈“夷夏之防”的观念，但满汉一体之间的认同依然存在幽妙细微的差异。在中国民间底层，清中叶虽号称熙洽盛世，四海晏然，天下乂安，但满汉之间畛域的暗流可以说依然根深蒂固地潜存于风平浪静的宁谧之下。周作人在《阳九略述》中云：“民国初年我在绍兴，看见大家拜朱天君，据说这所拜的就是崇祯皇帝。朱天君像红脸，被发赤足，手执一圈，云即象征缢索，此外是否尚有一手握蛇，此像虽曾见过，因为系三十年前事，也记不清楚了。民间还流行一种太阳经，只记得头一句云：‘太阳明明朱光佛。’这显然是说明朝皇帝，其中间又有一句云：‘太阳三月十九生。’3 月 19 日正是崇祯皇帝的忌辰，则意义自益明了了。年代相隔久远，东南海边的人民尚在那么怀念不忘，可见这一年的印象是多么深刻。”② 从周作人这段文字可以看出江浙一带的普通民众底层中对明朝的怀旧情愫一直未曾泯灭，也说明清后期陶成章、章太炎等知识分子在上海组织光复会其实具有在草根社会中深深植根的群众基础。章太炎的后人在注释《章太炎遗嘱》时，就章太炎始终牢记其父章濬《家训》所嘱“吾先辈皆以深衣殓”一事记注章濬告太炎言谓：“吾家入清已七八世，殁皆用衣殓。吾虽得职事官，未尝诣吏部，吾即死，不敢违家教，无为清时章服。”③ 傅斯年、孙家振等也

① 汪晖：《礼仪中国的观念与帝国的合法性问题——今文经学的“内外”观与清朝的帝国视野及其演变》，《中国社会科学评论》（香港）2002 年第 1 卷第 1 期。

② 周作人：《阳九略述》，止庵编注：《大家小集 · 周作人集》下，花城出版社 2004 年版，第 910 页。

③ 章太炎：《先曾祖训导君先祖国子君先考知县事略》，《章太炎遗嘱》，《学术集林》卷一，上海远东出版社 1994 年版，第 4、12 页。

都记述过民间“男投女不投，活投死不投”之说所形成着明朝衣冠入殓的风俗习惯，由此可见所谓许多“大清顺民”的内心世界深处对满族统治并非完全帖然臣服，深衣制度即是民间底层对清朝的一种“杯葛”（boycott）的倔强徵证。

在清代历史上“禁海令”长期实行，屡申“片帆不许下海”之禁，雍正帝在开放闽粤洋禁之际订立了各种严格的申报、取结、检验规则，他对出国的商人和华侨极为歧视，说：“此辈多系不安本分之人，若听其去来任意，伊等益无顾忌，轻去其乡而飘流外国者益众矣。嗣后应定限期，若逾限不回，是其人甘心流移外方，无可悯惜，朕亦不许令其复回。如此则贸易欲归之人，不敢稽迟在外矣。”① 1740年，荷兰殖民者对巴达维亚的华侨制造了骇人听闻的“红溪惨案”，清廷不但对华侨毫不悯恤保护，而且视之为罪有应得。② 匪夷所思的是，清朝前期皇帝往往标榜“长驾远驭、陶六合为一家”③，“广乾坤覆载之恩，定遐迩一体之量”④ 等，乾隆帝在“天下共主”的意象下可以大方地颁谕将领土拱手相让于属国，⑤ 为何号称具有如天之度的天子们独悭于这些漂洋过海孤单无援的赤子臣民呢？许多学者往往归咎于清朝最高统治者缺乏世界眼光和近代国际法常识所致，但这种天下一家的思想恰恰本是世界普遍主义的表现，而对华侨如此苛谿冷血的深层原因之一，即在于满汉矛盾。朱之瑜东赴扶桑、郑成功孤悬台岛，已是人所稔知共喻的历史常

---

① 《清朝文献通考》卷三十三，市籴考二，市舶互市，雍正五年谕，《万有文库》第二集，十通第十种，上海商务印书馆1936年版，第考5159页。

② 清朝认为“人已出洋，已非我民，我亦不管”。乾隆帝在答荷兰官书中更说：“天朝弃民，不惜背祖宗庐墓，出洋谋利，朝廷概不闻问。”（李长傅：《中国殖民史》，上海商务印书馆1932年版，第17页。）

③ 王之春：《国朝柔远记》，俞叙，四库未收书辑刊编纂委员会编：《四库未收书辑刊》第3辑，第15册，北京出版社2000年版，第285页。

④ 王之春：《国朝柔远记》，彭叙，四库未收书辑刊编纂委员会编：《四库未收书辑刊》第3辑，第15册，北京出版社2000年版，第280页。

⑤ 乾隆帝在处理中缅边界领土时曾云：“此田十里之地，在云南为朕之内地，在安南仍为朕之外藩，一毫无所分别，著将此地仍赏赐该国王世守之。”王之春：《清朝柔远记》，赵春晨点校，中华书局1989年版，第69页。

识，但学者们多未对明清易代之际造成了一大批不愿与新朝发生政治关系的东南亚难民潮这一现象察察其明。[①] 正是由于许多不承认清朝合法性的移民效箕子不食周粟的故事乘桴浮于海，故而清廷视东南亚一带为逃逋的渊薮，心存芥蒂，耿耿于怀。所以，我们认为研究清代历史必须将满族入主中原这一事实作为核心问题高度重视，才能使重重疑团涣然冰释。

正是满汉问题在清朝自始至终都若隐若现地客观存在，所以清朝满族最高统治者时时有一种如履薄冰的危机感，这对其政策的制定不可避免地构成掣肘与制约。康雍乾诸帝如前所述孜孜求治的勤政不能说没有满汉关系的政治压力因素在内。唯其如此，这些历史上被史家盛誉为极有作为的皇帝一方面表现为日理万机，有猷有为，另一方面也表现出无为而治的倾向。在20世纪80年代末、90年代初，针对当时学术界对清代边疆民族政策誉之过甚的现状，笔者提出：在中国传统政治文化中，“天下太平，长治久安”是社会目标价值观念体系中最重要的尺度取向，孔子就曾经直接表达了“安”与“和”作为社会目标超乎其他一切的至上性。道家、法家等尽管关于治道的学说互有歧异，但在希望天下太平这一点上，却基本上所见略同。稳定和谐的社会是中国历代政治家们所追求的目标，中国历代君主帝王的贤愚功过均以社会的治乱为准绳来加以评判。清朝统治者为实现国家长治久安殚精竭虑，励精图治，其“民族统治政策最大的成功就在于其在政治上的政策积极而稳妥，最明显的缺憾就在于其在经济开发上的政策稳妥有余而积极不足”[②]。基于此，笔者认为清代边疆民族统治政策重点在于以安定为社会控制目标，往往以牺牲边疆地区的社会发展为代价，不肯积极地兴启利端。光阴荏苒，笔者仍基本上冥顽不化地秉持原先的观点。金启孮2002年出版的《清代蒙古史札记》就与笔者的观点不谋而合，他说：“清廷自康

① 本书对这一移民现象的认识是受安德森《想象共同体》寥寥一语的启发而加以引申阐发，安德森长期在东南亚的田野考察使其“地方性知识”中具有这方面的洞察力。

② 张世明：《清代西藏开发研究》，中国人民大学清史研究所1990年版，第2页。

熙时有一治国妙法，即‘多一事不如少一事’。且满人生活习惯，实介于蒙、汉之间，康、乾诸帝对双方利弊，知之甚悉，故欲维持现状以免滋生事端。近治北方史者，至有称清所施行者为隔离政策。盖以后人论前人易，以当代人治当代事难，深感历史之不易学也。”①

乾隆帝自己就说过：“西藏乃极边之地，非内地可比，其生计风俗，自当听其相沿旧习，毋庸代为经理。”② 在乾隆年间清军反击廓尔喀侵藏的战争结束后，周蔼联随当时负责入藏清军粮饷供给的孙士毅班师撤回内地，他在《西藏纪游》中这样写道：“自打箭炉出口，提茹阿娘坝一带，山低如尾，路平如掌，溪流瀌瀌，芳草茸茸，惜皆弃为旷土。盖口外地寒，番俗又不知种植故也。予谓秦蜀栈道今皆垦成畲田，设徙流民实塞外，仿屯田之法，试令垦种，可使数百里成沃壤。孙文靖云：边泯之气宜静不宜动，此等番民羁縻之足矣，召募垦田，患有不可胜言者，子知其一不知其二也。”③ 这段记述将清朝统治阶层求稳怕乱的心理暴露无遗。清后期大量的著述、报刊对统治者以牺牲发展追求稳定政策的负面消极效果讥评比比皆是。姚莹在《康輶纪行》中云：“国家抚驭外藩，封止其王，若其部属如何制度，皆听自为之，各因旧俗，不为区处而变易之也。”④《筹边刍议》云：“国朝皇舆广辟，迈宋明而蹑汉唐，顾其辟地也，为以之增殖国民之生产，而徒以夸张共主之声灵，故其盛也竭中国之力以资绝域，如获石田无所用之，及其衰也，则强邻环伺，力不能援，恒业业焉不可以终日。”⑤ 《中国经营西藏谈》亦云：“西藏之隶属于中国已二百有余年，中国政府等闲视之，不能代为计图开发，虽康熙、雍正、乾隆之朝稍稍用力，然仅克保持其统属上之关

---

① 金启孮：《清代蒙古史札记》卷六，内蒙古人民出版社2000年版，第107页。

② 《清高宗纯皇帝实录》卷二百六十一，乾隆十一年三月，台北华文书局股份有限公司1960—1970年版，第3784页。

③ 周蔼联：《西藏纪游》，张江华点校，中国藏学出版社2006年版，第63页。

④ 姚莹：《康輶纪行》，黄山书社1990年版，第207页。

⑤ 《筹边刍议》，《东方杂志》第四卷第三期（1907年5月7日）。

系，非真能开化其国土及人民。”① 姚锡光则云：“我朝抚有藏卫垂三百年矣，自国初以来，统驭之意多而充实之力少，官无所劝，民罔知趋，故以乾隆全盛之威，兵戎数起，縻白金数千万两，仅抚定之，延至今日，只巴里两塘、拉萨都会尚略具规模，余则千数百孱弱塘兵窝铺分栖以外，皆悍蕃狡夷之秽区，商上营官之痼习梗焉。”②《筹边刍言》的作者徐鼐霖将清前期统治者治理蒙藏地区的政策归纳为四个要点，即“一、尊崇喇嘛教以坚其信仰，家有五子者一人相续，余为喇嘛，僧不准娶妻，此人口之所以日少也。二、不奖励教育，人智闭塞，文物制度，日就陵夷，至不能语其先祖创霸欧亚之历史，用尽习于偷惰，此竞争力所以全无也。三、不提倡开垦奖励殖民，人无贮蓄之观念，且互市有禁，因之工商事业无大表现，此经济所以不能独立也。……此四大政策之结果，遂使唪经诵咒，啖膻寝毳，蠢然蠕然，游息于黑幕世界，无复向日之喜事，中国坐是无边警者百余年，其收效不可谓不巨也。”③ 清末诸如此类对清前期边疆民族统治者一味以保持边疆地区宁谧为要务而牺牲社会发展的政策失误提出批评的文字在所多有，不胜缕述。不过应该承认，《清代西藏开发研究》当年的论述还不够成熟，表现为：其一，仅仅力图以一种平滑的线性因果链条将清朝最高统治者的求稳怕乱政策倾向与儒家传统政治文化中的“致太平”思想等相联系而视为一脉承传，没有充分考量清朝最高统治者的“满族本位”；其二，仅仅力图以一种线性的历史观将清朝最高统治者的求稳怕乱政策倾向进行本质主义的归纳，没有如杜赞奇所谓的“复线历史”的方式充分揭示过去与现在之间复杂的交易谈判的图景，因为清代出现了人口爆炸、通货膨胀等一系列多如牛毛、亘古未见的新问题，“蒿目怵心呼天佑”④ 的乾

① 《中国经营西藏谈》，《东方杂志》第五卷第八期（1908 年 9 月 20 日）。

② 姚锡光：《筹藏刍言》，沈云龙主编：《近代中国史料丛刊》第三十九辑，390，台北文海出版社 1969 年版，第 6 页。

③ 徐鼐霖：《筹边刍言》，夏润生编注：《徐鼐霖集》，李澎田主编：《长白丛书》第 2 集，吉林文史出版社 1989 年版，第 47 页。

④ 《清高宗御制诗》第十四册，御制诗四集，卷九十三，故宫珍本丛刊，第 563 册，海南出版社 2001 年版，第 190 页。

隆等皇帝不得不抽思绎虑，探讨各种纾难解疑的方案。乾隆初年，矿禁之争时两广总督弥达具折云："海疆固宜安靖，然所谓安靖者，必地方整理，人民乐业，始可云安靖，非图便偷安，阘茸废弛，侥幸无事，竟置朝廷重务于膜外而谓之安靖也。"此折反对把社会安定和经济发展对立起来，即被乾隆帝首肯为"所奏甚是"。①

美国学者丹尼尔·勒纳（Daniel Lerner）从现代化的理论入手探讨民族主义的发生原因，从而提出其"痛苦门槛理论"，认为每个民族在进入现代化的"门槛"时，原先的社会支撑物和社会结构突然崩圯，不可避免地使人们充满压力与痛苦，于是纷纷转向于民族主义，因此民族主义是进入现代化"痛苦门槛"时的一种表达，这种民族主义在现代化进程中具有两种功用，一是授予人们尊严与保持社会稳定，二是为现代化提供动力并最终在现实的实践中解决这种痛苦。② 杜赞奇认为中国早在西方民族主义传入之前就有类似于现代民族身份认同的存在，对中国而言新颖性仅在于西方民族国家体系。杜氏此说可谓允得其谛。明末清初，藏传佛教格鲁派（黄教）在卫拉特蒙古和硕特部首领顾实汗率兵入藏后推翻藏巴汗统治建立甘丹颇章政权，但五世达赖圆寂后，一些西藏僧俗上层人物便感到蒙古人驻兵西藏，事事受到干涉牵制，乃产生了驱逐和硕特势力出藏的意识，由此引发第巴桑结嘉措与拉藏汗之间的矛盾渐趋激烈，最终导致双方的武装冲突，足以印证杜氏之说不为诬妄。清代中国的确存在许多形形色色的共同体，当时西南地区少数民族部落之间的"打冤家"就是共同体范围有限的表现，大小金川之役肇因即与这种"打冤家"的共同体冲突有关。③ 藏传佛教文化圈内朝圣之旅形成的宗教共同体在清代中国的重要地位迄今多不为学术界重视，然清代以来的文献对此多有记述，而清前期政府利用"鄂博"划定国界其实便意味着对宗教共同体传统习俗的整饬与规训。安德森在《想象的共同体》中使用的"朝圣之旅"（pilgrimage）概念似乎是他接受学术训

---

① 郭成康等：《康乾盛世历史报告》，中国言实出版社 2002 年版，第 5 页。

② 参见彭树智：《东方民族主义思潮》，西北大学出版社 1992 年版，第 13 页。

③ 参见本书第三卷第九章。

练的文化人类学圈内不少学者惯用的术语，① 清代宗藩体制下的朝贡网络其实在某种意义上倒与“朝圣之旅”颇相近似，但安德森用“朝圣之旅”的概念阐释殖民地民族主义的兴起至少不能涵括近代中国的情形。因为孙中山尽管极言所谓中国是“半殖民”实乃比殖民地地位更为低下的“次殖民地”“亚殖民地”，但这毕竟文字修辞和感情发抒色彩不可掩蔽，清代中国的主权毕竟尚未完全沦丧，在国际法上充其量是限制行为的法律主体。近代中国民族主义的兴起主要是由于昔日泱泱大国地位凌势、边缘化以后，民族主义便于中国人在国门洞开后与异域文明接触的边缘油然萌生。浪迹天涯的海外华侨和留学生走出国门后多处于异国他乡主流社会边缘，受新思想的刺激和民族歧视的压抑，对故乡祖国行愈远而情愈近，原因即在于此。

民族主义虽然大多依托于文化传统，但作为一种现代性的产物与民族国家的建构如影随形。民族国家的建构是现代化的重要标志，并构成世界各地现代化的政治框架，而民族主义赋予“民族”以现代的定义，承担现代化过程中各种社会资源有效动员与整合的文化意识形态工具。在如勒纳所谓步入现代化的门槛时，民族主义不仅可以是政治统一体与经济统一体的最重要资源，而且可以成为精神信仰的源泉，现代思想亦通过民族主义得以迅速扩散。民族主义可以说是现代化过程中民族国家建设的能源变压调节器。一方面，它被民族国家作为资源整合工具，强调民族繁荣强盛的整体目标，以此将民族国家内部的矛盾和冲突置于民族主义的话语框架中予以稀释淡化或将关注这些矛盾和冲突的目光视线向外诱导转移，从而使这种社会资源被源源不断地吸摄到民族国家建设的向心旋转涡流之中；另一方面，由于民族主义本身具有可以挖掘开发的资源，所以民族国家不断向传统要资源，以文化求认同，鼓舞激励民族主义情感的蓬勃昂扬，通过对民族主义的不断充电以保持现代化进展的强劲动力。杜赞奇在《从民族国家拯救历史》中以后现代主义的理论姿态从时间体验进行切入，用“复线历史”替代“线性历史”，为我

① 一些文化人类学者关注“象征共同体”的联系方式，诸如进香仪式这种集体的朝圣之旅，等等。

们走出线性进化的启蒙历史迷宫确实投注了一丝曙光，但不可奉之为不二法门。德勒兹（Gilles Deleuze）的“拓扑分析法”也许对我们反思中国近代以来民族国家建构的历史颇具指点迷津的功用。“这种方法反对西方传统中的一个主导观念——芝诺的时空概念。在‘芝诺悖论’中，芝诺把空间理解成一系列的点状分布和集合，也即有序的点结构，以此来否定运动和变化，这一时空概念无疑是与现代性声势相通的。现代性所倡导的理性和进步概念都可以被理解成一个可计算的‘点结构’，历史的终极目的也是可以预期的。而拓扑分析法则提供了对时空的另一种理解方式，即把空间看成是由不同事件构成的。在任一事件中，相关的点状事物都参与其中，相互交织和耦合，形成事件的‘折叠’空间（pli）。各个事件之间又形成更复杂的‘折叠’空间，也即‘拓扑空间’。因而，时空不再是一个有序的点结构，而是一个正在生成变化的事件折叠，用海德格尔和梅罗·庞蒂①的话来说，时空正处在‘膨胀’之中。”② 事实上，在社会生活中，政治资本、经济资本、文化资本和军事资本都可以彼此转换。中国近代以来的民族国家建构由于各种因素合力的作用明显表现出“资源空间配置畸异失调症”。

“民族国家”的理念如前所述是舶来品，中国近代民族主义受西方殖民国家的影响而被殖民化亦是无可深讳的事实。鸦片战争以后，西藏地方势力对中央政府的离心倾向日渐抬头，驻藏大臣往往徒有办事之名，几同守府，故英国殖民者多次声称：“藏事与中国交涉十余年，订有约章，中国遇事诿藏，未能尽主国义务，徒托空言，我英自应实行政策与藏直接。”③ 张荫棠在光绪三十二年（1906）奉命入藏查办事件，推行新政改良，第一次在西藏历史上提出了就当时来说最全面、最深刻、最先进的开发方案。他对西藏进行政治改革的方案很大程度上受到其外交职业的见闻经历影响，欲图仿法英国经营印度殖民地的痕迹昭然可见，其上外务部《收回政权经营西藏条陈》第一条即是“拟达赖、

① 指 Maurice Merleau-Ponty，1908—1961年。

② 佘碧平：《现代性的意义与局限》，上海三联书店2000年版，第54页。

③ 《张荫棠驻藏奏稿》，吴丰培编辑：《清代藏事奏牍》下，中国藏学出版社1994年版，第1303页。

班禅优崇封号，厚给廉俸，如印度各藩王之制。照旧复立藏王体制，视达赖专营商上事宜而以汉官监之”。该条陈第二条又云：“拟请特简亲贵为西藏行部大臣，或就国，或遥领，恭候圣裁。体制事权一如印督之王礼，则主国名义已不言而自定矣。另设会办大臣一员，统制全藏。下设参赞、副参赞、参议、左右副参议五缺，分理内治、外交、督练、财政、学务、裁判、巡警、农、工、商、矿等局事务。”① 日本法政大学毕业生陈赞鹏在上驻藏大臣《治藏条陈》中自言其“往游日本，于拓殖理财事务，颇有研求，今来南洋办理学务，周历各地，如法属，如英属，如荷属，足迹所履，不下数十巨埠，而于其殖民之规制，亦尝守有所考察”，该条陈的许多建言都带有被西方殖民化的色彩。②

张荫棠（前排右一）与唐绍仪（前排右二）

① 《查办事件大臣张荫棠收回政权经营西藏条陈》，四川省民族研究所《清末川滇边务档案史料》编辑组编：《清末川滇边务档案史料》上，中华书局1989年版，第167—168页。

② 陈赞鹏：《治藏条陈》，《东方杂志》第七卷第二期（1910年4月1日）。

辛亥革命后孙中山率参议会议员晋谒明孝陵

20世纪前期，日本学者矢野仁一、美国学者拉铁摩尔等人都声称：清朝灭亡以后蒙古、西藏人认为与中国的“同君联合”的关系随之断绝而以此为主张独立的理据。[①] 这种论调及其改头换面的版本至今在国外汉学界广有市场，本不堪一驳，不过辛亥革命时期排满建国委实不无可訾议之处。同盟会“驱逐鞑虏，恢复中华，创立民国，平均地权”的口号所反映民族主义如有学者所言“实已丧失原先形成‘中华世界帝国’时所具‘华夷可变理论’的种族包容性”[②]。钱穆对革命党人排满建国方案深层结构的内部紧张关系有深刻的洞见。在“驱逐鞑虏”的逐客令下，不仅满族民众疑惧恐慌，忐忑不安，而且与满族同属“鞑虏”一员的蒙古亦容易产生离畔分携之心。武昌起义的旗帜是十八星（省）旗，其中不无“民族分裂”之嫌。法国学者巴斯蒂指出，1911年12月4日在上海举行的中华民国联合会会议上，“经过反复研究，取五族共和的意义，决以五色为国旗”，除黄兴外，“程德全及其朋友施加

① 参见矢野仁一『現代支那概論－動かざる支那』目黒書店、1938年、1—14頁。

② 张启雄：《中华思想下的历史观》，《东大华讯》（台湾）1985年第18期。

了决定性影响，他们毕竟是在多民族的清帝国活生生现实下培育起来的。‘五旗共和’的提法正是宫廷宣传的‘五族大同’的翻版”①。1912年1月1日，孙中山在悬挂着五色旗的总统府宣誓就职，其大总统宣言书重申了五族共和，然据档案材料表明，1912年1月12日孙中山复函参议会对议决以五色旗为国旗一事表示反对，尽管该函反对五色旗的理由与五族共和无关，然联系到孙中山让位于袁世凯之际还特意赶往明孝陵向朱元璋祭告自己的“光复”之功、② 在《建国方略》对武昌起义“天心助汉而亡胡”③ 的津津乐道、1921年公开指责五族共和是“根本的错误”④ 等话语及实践，说明孙中山的主张基本上并没有偏离按照美国“大熔炉”模式厉行种族同化以结成国族大团体的主轴。1912年3月8日，由黄兴、蔡元培、胡汉民等革命派要员和南京临时政府部分非同盟会官员共九十六人发起成立拓殖协会，在向孙中山呈请拨款批准的报告中指出：世界列强，近皆注意于保护产业，各以扶植己国权利为唯一无上之政策。自西葡航海移殖以来，德于南美阿根第那、于亚细亚土耳其及巴尔干半岛，英于南亚非利加、尼勒河流域、扬子江流域与印度、波斯之间，俄于满洲、蒙古、伊犁及波斯、土耳其，法于亚非利加及南亚细亚，皆扶植殖民之势力，而蓄谋甚明。我国领有东西北满蒙回藏数万里，扼要之地，谩藏诲盗，以资外人。为国防计，何以固吾国？为外交计，何以殖吾力？为经济计，何以阜吾财？为财政计，何以足吾用？藩篱既撤，堂奥岂能宴然，每一筹思，辄为心悸。现在共和成立，百废俱举，而拓殖一端，尤为当务之急。孙中山在《大总统令财政部将黄兴等呈请拨助拓殖协会经费三十万元编入预算文》中又这样写道：吾国民族生聚于东南，而凋零于西北，致生聚之地人口有过剩之

---

① 巴斯蒂：《辛亥革命与20世纪中国的民族国家》，中国史学会编：《辛亥革命与二十世纪的中国》第2卷，中央文献出版社2002年版，第957页。

② 《南京临时政府公报》第6号，1912年2月3日，《近代史资料》总第25号，《辛亥革命资料》，中华书局1961年版，第43页。亦可参见《孙中山全集》第2卷，中华书局1982年版，第95页。

③ 孙中山：《建国方略》，黄彦编注，广东人民出版社2007年版，第106页。

④ 孙中山：《三民主义之具体办法》，邓文仪主编：《中山先生全集》，新中国出版社1947年版，第823—824页。

虞，凋零之区物产无丰阜之望，两失其宜，甚非所以致富图强之道。拓殖协会之组织，实为谋国要图，国家自应协助。除批示外，为此合行令仰财政部将该协会所请维持经费三十万元，即行编入每年预算案，即交参议院核议。① 是年4月，为避免蒙藏民众的误解，改名为垦殖协会，活动内容包括“调查农林矿产、筹办银行、设立公司、开办学校、编辑书报、附设关于垦殖事业各机关”等。拓殖协会的成立显然是在此前五天（即1912年3月3日）取得合法身份而公开后的同盟会九条政纲中第二条“实行种同化”和最后一条“注重移民垦殖事业”的具体实践，与此前2月9日南京临时政府决定“添设拓殖部专管藩属及侨民问题”都绝非事出偶然。本来，民族主义是极其难以把握拿捏的，具有双刃性，往往过犹不及。顾颉刚曾有一句话颇为切要，触及倡导民族主义引发少数民族自我意识强化及离心力萌芽的替代性话语实践的问题层面，指出：“当辛亥革命成功以后，政府中就提出‘五族共和’的口号，又定出红、黄、蓝、白、黑的五色旗来。而且把‘红黄蓝白黑’和‘汉满蒙回藏’相配，就使得每一个国民都知道自己是属于那（哪）一种颜色的。”② 孙中山等倡导“国族主义”固然无可厚非，且多具平等大同的积极意义，但这种在追求以西北为实质内容的现代化目的时所表现出的受殖心态，亦犹如“太阳黑子”现象般形成某些灾异。

中国是历史悠久的文明古国，有着像蒙古族这样曾在世界历史舞台上纵横驰骋的伟大民族，所以其步入现代化门槛时民族国家建构的痛苦与复杂情形远甚于一般国家。具有“后见之明”优势的当代历史学固然可以讥议近代中国边政的措置乖方，但知人论世殊非易事，何况当代即便中国历史学界先锋前卫的精英纵论后现代主义、后殖民主义之类滔滔不绝的时候，亦和前人一样漠视边疆民族在中国民族国家建构过程中被压抑和过滤的声音，遑论前人形禁势格情非得已。事实上，如汪晖所说，“在‘中国后现代主义’的文化批评中，后殖民主义理论却经常被

① 转引自邱远猷等：《中华民国开国法制史——辛亥革命法律制度研究》，首都师范大学出版社1997年版，第582—583页。

② 顾颉刚：《中华民族是一个》，甘肃省图书馆书目参考部编：《西北民族宗教史料文摘》（甘肃分册），甘肃省图书馆1987年版，第6页。

等同于一种民族主义的话语，并加强了中国现代性话语中的那种特有的‘中国/西方’的二元对立的话语模式。例如没有一位中国的后殖民主义批评家采取边缘立场对中国的汉族中心主义进行分析，而按照后殖民主义的理论逻辑这倒是题中应有之义。”① 札奇斯钦虽然不像杜赞奇那样具有后现代主义的理论框架，但学无新旧，唯贵在识见卓越，为我们例示了不同于杜赞奇从时间体验角度以复线历史替代线性历史的考察维度，即从空间角度采用区域研究的方法展现在民族国家建构的现代化过程中边疆地区上层精英的复杂民族观和民族主义表达策略。姚锡光《筹蒙刍议》以往被公认为充满爱国激情的开发蒙古的著名历史文献，但从札奇斯钦的文章中可以看出，尽管姚氏和贡王均集矢于追求蒙古地区现代化，然两人的计划几乎针锋相对。贡王的计划包括：（1）蒙古军队之征集与训练，应依现代军事办法；（2）蒙古土地由汉人耕种者，应有单一土地税则；（3）现由热河都统原所征收之鸦片税，应提高一成，并将所得转入蒙古各旗衙门，作为发展教育之用；（4）对于蒙古盐产应建立统一税制，其收益亦由中央政府与各旗均分；（5）东部内蒙古，应设立一官办银行，以加速经贸发展；（6）蒙古各旗所有土地，应被承认，其由土地所得之收益亦由蒙古各旗与有关各县平分。姚氏则指出：（1）蒙古军队之训练以及各旗之其他改革，应由朝廷而非各旗节制；（2）土地税收所得应入国库而不应作为蒙古地区开发之用；（3）鸦片税增加一成，对农民而言负担极大，且其收益亦宜由北京练兵处支用；（4）蒙古盐产

贡桑诺尔布像

① 汪晖：《当代中国的思想状况与现代性问题》，汪晖：《死火重温》，人民文学出版社2000年版，第68页。

收益亦应归朝廷而不归各旗，但亦可用以在蒙古设立一国家银行；（5）为采取行动以阻止日俄影响力，将尽可能及早设立一家蒙古银行；（6）盐产收益部分可作为发展蒙古经济之用，但土地发展之收益不得作此项用途；（7）蒙古土地开垦应继续开放而不加管制，蒙古人与汉人皆可作自由公平之竞争。鉴于贡王意图及其对蒙古利益的长期保护，姚锡光又向练兵处提出了另一报告建议着力推进人口移殖、土地开发及行政机关的设置三方面开发事宜。[①] 光绪二十八年（1902），贡王设立了第一所全蒙现代化的学校——崇正学堂。贡王多次希望赴美国寻求新知以推动蒙古现代化，然未获允准。光绪二十九年（1903）他由日本驻华公使内田康哉（うちだこうさい，1865—1936）介绍轻装简从东渡日本，眼界大开，回国后又延聘日本教官创立毓正女子学堂、守正武备学堂，且派遣蒙古子弟赴日留学，创办国内第一份蒙文报纸《婴报》启发民智，用英文字母创造出一种简易的蒙文字母和拼音方法，开展旗民识字运动，设立工厂和“三义洋行”，尝试种桑养蚕，架设内地通往喀喇沁王府的电报线路，庶政维新，为蒙古地区变法图强开风气之先。然而，贡王对民族共同体的认同却是在清朝、中华民国、外蒙古独立、崇日亲日诸目标取向之间充满矛盾的多元结构。贡王对清王朝的认同与疏离并存于心，首先他和肃亲王女儿善坤的满蒙联姻就比较微妙、复杂，他世受清朝恩遇，却又极力以重振成吉思汗的伟业为职志。按照中国传统政治伦理，王臣无外交；按照大清法律规定，“该王旗为中国藩属，自应尊得国家主权，恪守藩臣职分，不得私自与外国交涉，及与外国人私缔契约、抵押、借款等事”[②]。所以他赴日考察、选派留日学生、向日本金正银行借款购买武器弹药外标“东蒙古开垦用新式农具”字样掩人耳目等等具有图谋蒙古民族独立的意向。但武昌起义爆发后，他极力反对共和，阻挠清帝退位，组织旅京蒙古联合会，联名致电南方革命派声称满

① 参见札奇斯钦：《喀喇沁王贡桑诺尔布与内蒙古现代化》，中华文化复兴运动推行委员会主编：《中国近代现代史论集》第二十八编，区域研究，下，台北商务印书馆1986年版，第1013—1014页。

② 徐世昌：《东三省政略》，蒙务上，蒙旗篇，《中国边疆丛书》第一辑，4，台北文海出版社1965年版，第1692页。

蒙回藏“只知有君主，不知何所谓共和，更深惧诸君子少数专制之共和。治国必因其俗，不能强异以为同”①。贡王早在光绪二十七年（1901）即与时任直隶总督的袁世凯交往密切。1912年，攫取民国大总统职位后的袁世凯以高官厚禄实行调虎离山之计电促贡王就任蒙藏事务局总裁。然而，进京后，贡王却景仰服膺孙中山的三民主义思想与个人魅力，甚至加入国民党。

过去学术界受革命神话的曲蔽多云孙中山提出了“中华民族”的概念，亦有偶尔谓最早出自梁启超者，但早期的“中华民族”一词主要指汉族，梁启超1909年时云“今之中华民族，即普通俗称所谓汉族者”，他以“中华民族”取代“汉族”一词无疑表现出兼容并包的开放性，但仅仅是解放三寸金莲裹脚布的开始，杨度在1907年即谓蒙、回、藏三族尚未完全融入“中华民族”。据黄兴涛考证，外蒙古独立后西蒙古王公会议在1913年初的通电使用“中华民族”一词当属现代“中华民族”概念最早被使用的例证之一。② 笔者认为，西蒙古王公会议使用“中华民族”一词从语用角度来说蕴含多重象征性意义，不仅表现了对“中华民族”符号的认同，而且表达了自身对“中华民族”的独立诠释、对外蒙独立的口诛笔伐和对辛亥革命党人民族主义狭隘性的抗论异议。归根结底，“中华民族”话语符号如德勒兹所谓是话语事件的皱折中绽现的，这一符号出现伊始时话语权力争夺的短兵相接殆不能被线性进化的历史大熨斗所敉平无迹。辛亥革命以后，中华民国的蒙文译名被误译为“中华汉国”（dumdadu irgen ulus），而不是“dumdadu arad ulus”。③ 边疆少数民族地区对“中国”的概念基本上都是地理方位的、族群意义上的范畴，指汉族聚居区。蒙语长期沿用的“中国”一语为

---

① 渤海寿臣辑：《辛亥革命始末记》，“要件”，沈云龙主编：《近代中国史料丛刊》第四十二辑，420，台北文海出版社1969年版，第903页。

② 黄兴涛：《民族自觉与符号认同：“中华民族”观念萌生与确立的历史考察》，《中国社会科学评论》2002年第1卷第1期。

③ 张启雄：《“独立外蒙”的国家认同与主权归属交涉》，“中央研究院”近代史研究所集刊编辑委员会编：《近代史研究所集刊》第20期，台北“中央研究院”近代史研究所1991年版。

“kitad”，原意为“契丹”，指汉人，引申为汉族聚居区而不与包括蒙、藏和新疆地区在内的清国概念（蒙语中被称之为“cin ulus”）相等同。① 在广大藏区，除居住在康定、西宁和甘南、滇西北等接近汉区及藏汉杂居地区的部分藏胞知道“krung go”（中国）、“krung hta”（中华）、“dpal dkyil mi ser rgyal khab”（中华民国，甘南、青海一带多以此相称）、“dkyil mdzes mi ser rgyal khab”（中华民国，西康一带多以此相称）外，大多数藏胞都以“rgya nag”代称“中国”。拉萨等地少数西藏上层人士从国民政府蒙藏委员会驻藏办事机构处知悉“中华民国”的藏译称谓，却不习惯称呼“中华”为“dpal dkyil”或“dkyil mdzes”，西藏地方政府即用“rgya nag mi ser rgyal khab”一词称之，有时还简单使用从汉字“民国”音译过来的“ming govi”。② 在新疆，少数民族将汉族称为“基太依”（هان）。盛世才在1935年第二次新疆全省民众代表大会期间又曾把“中国”亦译为“基太依”，当时有人便提出这样的译名甚为不妥，后来乃将“中国”两个字改用音译，但个别人也意译之为“当中的国”，直到1938年才一律用音译，而对“汉族”仍译为“基太依”迄于新中国成立。③ 据范长江的报道，抗日战争前夕，南京中央政治学校在包头设有分校，招收蒙古族子弟以求通过发展教育铲除民族的鸿沟，然该校有许多人在日记上却写着：我们将来的目的，要解放蒙古族，而解放蒙古族之方法，在推翻汉人对蒙古族之统治。④ 南京国民政府成立后所建的六个新省（热河、察哈尔、绥远、宁夏、青海、西康）中，除西康外，其他五省的设县署省都压缩了蒙古族聚居区的自治空间，1931年10月《蒙古各盟部旗组织法》经过蒙古代表的全力争取后的颁布实施，难称亡羊补牢之举，从根本上说是对蒙古既成事实的政治自治空间被压缩的悼亡辞而已。然而，当同化施动者的综合实

---

① 中国史学会编：《辛亥革命与二十世纪的中国》第2卷，中央文献出版社2002年版，第961页。

② 王贵、喜饶尼玛等：《西藏历史地位辨》，民族出版社2003年版，第33页。

③ 包尔汉：《新疆五十年：包尔汉回忆录》，中国文史出版社1994年版，第244页。

④ 范长江：《塞上行》，新华出版社1989年版，第139页。

力不能如汤沃雪、威望不能如风偃草时，往往出现同而不化甚至激生嫌隙，对经济开发形成严重内耗。这种情形在近代中国历史上屡见不鲜。

西方现代国家被特勒尔奇（Ernst Troeltsch，1865—1923）描述为“国家的世俗化”（die Säkularisation des Staates），即现代国家抛弃了中世纪普遍式的、超感性的理念空间，以理性的、此岸的天命取代了非理性的、神意天命。换言之，现代国家形而上的——伦理的正当性是以“此岸原则”（Prinzip der Dieseseitigkeit）为根据。因为王朝国家是以神权政治为基础，民族国家则以民权政治为基础。国家正当性的神意依据被取消后而代之以民意或公意，这一过程被哈贝马斯概括为国家正当性论证水平的位移。在中国传统社会，“口含天宪”的“天子”“皇帝”的合法性乃渊源“奉天承运”而君临万民，以“天命观”“正统观”为核心的合法性论证为王权披上不容置疑的神圣外衣，而君为臣纲、父为子纲、夫为妻纲的金科玉律又对维系皇权政治的合法性提供着意识形态的思想资源。与西方不同，中国自西周以后即明显将不可知的“天命”的统治空间在政治文化中予以范围制限，但世俗化色彩突出的儒家在董仲舒的“罢黜百家、独尊儒术”之后以颠扑不破之势逐渐统摄人心，而且通过法律化、制度化如水银泻地般渗透于草根社会底层，而科举制度为皇权政治造就了具有合模于儒家思想的官僚队伍，使王朝国家的合法性在从思想到制度的全方位、一体化儒家文化整合下比较经济地奠磐石之固。正是这样，被誉为“莫扎特式的历史学家”的列文森（Joseph Richmond Levenson，1920—1969）提出了一个著名观点，即中国现代化是由“文化国家”向“民族国家”转变。事实上，正如儒家文化并非宗教而因为被意识形态化以后有学者称之为“儒教”，民族主义在本质上也可以说是一种现代宗教，所以有学者言：“民族主义的理想和象征，像‘祖国’‘国旗’‘国歌’一样，是典型不许侵犯的禁忌。如今侵犯这些禁忌，在高度文明国家里，较之触犯食人野番的禁忌更加危险。”[①] 然而，中国近代历史上的儒家文化与民族国家建构关系的复杂性可以说

① Emery Reves, *A Democratic Manifesto*, New York: Random House, 1942, pp. 41 -42.

超乎我们的想象，但毋庸置疑的是：在民族主义成为“价值导向运动”（value-oriented movement）的脱胎换骨转型过程中，这种步入现代化门槛所引起的阵痛对中国政治而言通常不啻直如一种撕心裂肺的煎熬。如果说中国传统的王朝国家是“礼治社会”，那么近代中国被称作“势治社会”并不为过，政治文明青黄不接的失范现象触目尽是，俶扰不安以至于根本无“游戏规则”（game rule）可言，直到新中国成立后国家政治架框方由乱趋治步入“政治社会”、改革开放后又纳入“法治社会”的建设轨道。

在中国历史上，游牧民族政权往往“其兴也勃，其亡也忽”，而汉族农耕地区的王朝国家则国祚持续相对较长。究其原因，游牧经济的波动性大固然至关重要，但游牧民族政权政治架框的粗疏不完善性实为其症结所在，这犹如中国现代法律生活中家族企业等存在发展的门槛难以突破而现代企业制度则由于《公司法》所架构的权力制衡体系可以提供长期稳定发展保障一样，中国古代中原王朝国家制度由于历史时间的长期打磨已经相当成熟细密，因此不像游牧民族政权那样骊歌匆匆地倏起倏灭比较普遍。如果说中国古代王朝国家如许多学者所言是家—国同构，那么我们可以说现代西方民族国家的一般特征是公司—国家同构，国家的立法、司法和行政的三权分立与公司的股东大会、董事会、监事会的权力制衡原理如出一辙。在近代中国民族国家的建构过程中，除有机体说之外，公司说是另一种重要的从理论上论证民族国家合法性的表述策略。我们且不说革命党人诸如以“华兴公司”名义从事反清活动、以发行股票方式许诺预期利益向海外华侨募集活动资金等行为的象征意义，“国者，乃一大公司”的话语形诸大量报刊书籍，这已成为近代中国民族国家建构想象空间展开时具体而微的摹本原型。欧榘甲在《新广东》著文曰：“公司者，合无数股东而成，国者合无数人民而成”，根据公司的原理，人民如同公司的股东，政府只不过是公司的掌柜，既然公司“非掌握一家一人之私业”，那么国家也属于人民所共有了。[①] 杨笃生在其所著的《新湖南》中亦云：“主权者，

① 张枬、王忍之主编：《辛亥革命前十年间时论选集》第 1 卷，上册，生活·读书·新知三联书店 1960 年版，第 279 页。

国民所独掌也；政府者，承国民之意欲而奉行之委员也；国民者，股东也；政府者，股东之司事也。”① 杨笃生的好友陈天华在《狮子吼》中则写道：“照卢梭的《民约论》讲起来，原是先有了人民，渐渐合并起来，遂成了国家。比如一个公司，有股东，有总办，有司事。总办、司事都要尽心为股东出力。司事有不是处，总办应当治他的罪。总办有亏负公司的事情，做司事的应告知股东，另换一个，若与总办通同作弊，各股东有纠正总办、司事的权力。如股东也听他们胡为，是放弃了股东的责任，即失了做股东的资格。君与臣民的原由，即是如此。”② 孙中山反复阐扬其民权思想，曾于1913年把民国政府比作公司生意，说：“譬各商人中有两种：一种是东家之生意，一种是公司之生意。我等从前是东家生意，所获利益，全归东家独享，现在民国是公司生意，我们等人人皆是股东，司事人就是现今之大总统，各部总长、国委员等，就是一切办事人员，都是我股东的公仆。”③ 不仅如此，他还在《实业计划》中热情贯注于国利民富、抑制私人资本的民生主义主张，提出“拟将一概工业组成一极大公司，归诸中国人民公有”④。在1924年对驻广州湘军的演说中，他又进一步发展了这种思想，声称：“现在的俄国，什么阶级都没有。他们把全国变成了大公司，在那个大公司之内，人人都可以分红利，像这样好的国家，就是我要造成的新世界。”⑤

孙中山对民族国家的宪政建立殚精竭虑，以期永矢咸遵而垂之无极。他提出的“五权宪法”和“权能区分”的思想都堪称运思精微、良法美意。然而，从1908年的《钦定宪法大纲》到1949年的《共同纲领》短短四十年间，中国历史上共出台了十六部宪法或宪法性法律文

① 转引自中国孙中山研究学会编：《孙中山和他的时代：孙中山研究院国际学术讨论会论文集》，中华书局1989年版，第1009页。

② 陈天华：《狮子吼》，《陈天华集》，刘晴波、彭国兴编校，湖南人民出版社1982年版，第127页。

③ 《孙中山全集》第3卷，中华书局1984年版，第48页。

④ 《孙中山选集》，人民出版社1981年版，第368页。

⑤ 《孙中山选集》，人民出版社1981年版，第807页。

件。在这些宪法中，近现代西方宪法中出现过的、并且正在运行的政治制度几乎都在中国大地上被输入引进：在国家层面上，“君主立宪制”（见 1911 年 11 月 3 日《十九信条》）、“民主共和制”（见 1912 年《中华民国临时约法》）、“总统制”和“三权分立制”（见 1914 年《中华民国约法》，即臭名昭著的“袁记约法”）、“责任内阁制”和“两院制”（见 1923 年《中华民国宪法》，即“贿选宪法”）、“两院制”和“违宪审查制”（见 1946 年《中华民国宪法》）；在社会层面上，西方现行宪法中的国民各项基本权利和自由，如人身自由、言论出版自由、集会结社自由；选举和被选举权以及罢免、创制、复决等政治权利，私有财产权，平等权等，甚至西方国家早期曾实行过的有限选举权，都在近代中国被冠冕堂皇地入宪垂法。[1] 所以，有学者把近代中国称为一个世界性的“宪法博览会”和“行宪试验场”。但是，宪法与宪政，于中国而言，是“一字之差，百年之别”[2]。立宪法易，行宪政难，百年中国宪政史失败多而成功少、教训多而经验少，一路逦迤而行，将无限唏嘘嗟叹留在历史身影的后面。在中国王朝国家体制下，蓄谋“彼可取而代之”的窥伺神器大位者毕竟是犯上作乱的非法举动，“君权神授”的卡里斯玛化令皇位万世一袭传承的归与身份（ascribed status）看上去天经地义，但君主制在近代进入历史博物馆之后，不仅世袭制在天赋人权声殷天地的年代为世人所唾弃，而且即便作为及身而终获致身份（a-chieved status）的终身制亦大受质疑难以容身，届期任满的职位制成为势不可遏的民心所向。然而，旧辙既破，新轨难立，国事蜩螗，生灵涂炭。从西方国家的宪法上照账誊录过来的民主权利只不过一纸空文，窃国大盗笏袍登场，军阀肇乱殆无宁日，猪仔议员行秽如妓，正如清初大儒王夫之所言，“王不成王，霸不成霸，而可不愤乱者也”[3]。陈志让虽不是法学家，但他却入木三分地剀切指出：“传统的标准——有道无道；现

① 戚渊：《也论法治》，浙江大学公法与比较法研究所编：《公法研究》第 1 辑，商务印书馆 2002 年版，第 281—282 页。

② 张学仁、陈宁生主编：《二十世纪之中国宪政》，武汉大学出版社 2002 年版，第 1 页。

③ 王夫之：《读通鉴论》卷二十一，高宗，中华书局 1975 年版，第 1656 页。

代的标准——合法违法。这两个标准不一定完全相同，这是中国有了宪法以后的第一个大问题。所有的法都要用道德来保护，孤立的法是极其危殆的法。加之以中国的宪法并非完整的宪法，其中没有详细规定的事，仍然而且不可避免地用'有道''无道'来判断。那是中国有了宪法以后的第二个大问题。民国成立以后有一九一二年的临时约法，一九一四年的袁世凯约法，一九一七年流产了的安福宪法，一九二三年的曹锟宪法。这些宪法中不同的地方，矛盾的地方，产生新的政治上的问题，那是第三个大问题。最后，第四个大问题是政治行动的程序手续问题——这当中包括宪法的制订程序和遵守宪法的手续。"① 清朝宗社为墟之后，"瓦砾狼藉，器物播散"②，中国政治处于梁启超所谓"如驾一扁舟，初离海岸线，而放于中流"③ 的两头不到岸的过渡时代，在"城头变幻大王旗"的分崩云扰之际，宪法既乏道德伦理的辅翼，又无社会力量纵深壕堑工事作为依托，往往在军阀混战的枪炮声中"总把新桃换旧符"，成为以暴易暴的统治者"现代化"的黄袍加身后昭告天下的宣言书。所谓民选，实为兵选；所谓中华民国，实为中华军警共和国。被誉为"经典现代化理论的终结者"④ 和政治现代化理论集大成者的美国学者亨廷顿在其 1968 年出版的扛鼎之作《变化社会中的政治秩序》（Samuel P. Huntington, *Political Order in Changing Societies*, New Haven and London: Yale University Press, 1968）中有一句反复出现的名言："现代性带来稳定，现代化带来不稳定。"（Modernity produces stability and modernization instability.）⑤ 他认为不稳定是内在于现代化过程本身的，现代化对政治稳定的

---

① 陈志让：《军绅政权——近代中国的军阀时期》，生活·读书·新知三联书店 1980 年版，第 107 页。

② 《梁启超选集》，李华兴、吴嘉勋编，上海人民出版社 1984 年版，第 170 页。

③ 《梁启超选集》，李华兴、吴嘉勋编，上海人民出版社 1984 年版，第 168 页。

④ Hamza Alavi and Teodor Shanin eds., *Introduction to the Sociology of "Developing Societies"*, London: Macmillan Publishers LTD., 1985, pp. 337 – 347.

⑤ Samuel P. Huntington, *Political Order in Changing Societies*, New Haven: Yale University Press, 1968, p. 47.

影响是通过社会动员和经济发展之间的相互作用、社会挫折和非政治流动机会之间的相互作用，以及参政和政治制度化的相互作用作为媒介而实现的，由于外源性现代化的特点所决定，发展中国家往往“社会动员和政治参与扩张速度偏高，政治组织化和制度化的速度偏低，其结果只能是政治不稳定和无秩序”①。亨廷顿使用下列三个等式表述其观点，即：

1. $\dfrac{\text{社会动员（social mobilization）}}{\text{经济发展（economic development）}}$ = 社会挫折（social frustration）

2. $\dfrac{\text{社会挫折（social frustration）}}{\text{社会流动机会（mobility opportunities）}}$ = 政治参与（political participation）

3. $\dfrac{\text{政治参与（political participation）}}{\text{政治制度化（political institutionalization）}}$ = 政治不稳定（political instability）

亨廷顿的这部著作提出的理论在学术界毁誉不一，许多学者对其理论的含糊、重复、烦烦论证和混乱之处均有一针见血的指陈，但其理论对我们体识近代中国混乱不堪的“政治衰败”（political decay）不无助益。

鸦片战争以后，外患洊至，救亡御侮、自强图存历史重任形成的压力转化为社会动员的空前高速运行的强劲内驱力，然而在追求现代化风尘仆仆的征程中，任何制度谋新废旧的变革按照科斯定理都是必须付出成本的。过去学术界多谓康有为等人在戊戌变法期间为头脑冬烘的保守势力所反对，但平心而论，政治斗争归根结底是以利益为确然不移的正鹄，思想认识的不统一在政治斗争中并不是至关重要的因素，关键在于利益的得失平衡，单以其主张废科举八股取士而论，不仅为老成持重的显官大员所难以苟同，而且如李剑农所言要打破许多假道求食的人得到

① Samuel P. Huntington, *Political Order in Changing Societies*, New Haven: Yale University Press, 1968, p. 35.

饭碗的机会，故而群情哗然。[1] 我们在史料中发现，当时清廷中央各部下层官吏和各省疆臣幕僚有许多人没有功名（相当于当今的“学位”）而不断在工作暇余补习备考，以期大比求售，这种带有秘书班子性质且政治能量非同小可的“基层干部”便断不甘心前功尽弃，所以当时康梁变法的失败应属情理之中。清末新政期间，1905 年废科举之后的一个直接后果即是为安置因此而苦无出路的“举贡生员”和“各部裁撤及新分司员”的法政学堂纷纷涌现，进行速成教育，[2] “法政热”在国内蔚然成风，留学日本者亦多趋赴法政专业一途，而法政热正是掀起推翻帝制建立民国的政治飓风发轫之端。吉尔伯特·罗兹曼荟萃美国学界精英共同撰写的《中国的现代化》（Gilbert Rozman ed. , *The Modernization of China*, The Free Press, 1982）将 1905 年科举考试的废除对中国政治结构的重要意义与 1949 年中国共产党人的胜利相提并论。[3] 这种比较并非拟于不伦，因为科举制度长期以来是以儒家思想涵化、选拔官僚队伍的铸塑机器，对沟通朝廷与社会底层、维系国家统一和政治机器的正常运转至为攸关，尽管孙中山五权宪法思想力图中西合璧解决民族国家建设中政府官员的进用问题，但科举考试废除后知识分子职业自由化，与世沉浮，民国时期官员的背景殊异和流品淆杂与科举时代不可同日而语，所以罗兹曼等人将 1905 年废科举视为新旧中国的分水岭，认为这是比辛亥革命更为重要的转折点。

罗志田的持论与罗兹曼《中国的现代化》一书之观点完全相同，也认为，“如果说近代中国的确存在所谓‘数千年未有的大变局’的话，科举制的废除可以说是最重要的体制变动之一”[4]，并指出：科举制废除所造成道治二统两分的直接后果就是其载体士与大夫的分离，而

---

① 李剑农：《中国近百年政治史》，复旦大学出版社 2002 年版，第 169 页。

② 方流芳：《中国法学教育观察》，《20 世纪的中国：学术与社会》（法学卷），山东人民出版社 2001 年版，第 327—329 页。

③ Gilbert Rozman ed. , *The Modernization of China*, New York: The Free Press, 1982, p. 261.

④ 罗志田：《乱世潜流：民族主义与民国政治》，上海古籍出版社 2001 年版，第 1 页。

"大夫既然不从士来，传统的官吏生成方式即只剩'出将入相'一途。军人在近代中国的兴起，似乎已成必然之势。费行简所说的'民国成立，军焰熏天'，便是时代的写照。那时有人曾与报人王新命谈选女婿的标准，要'三十岁以下，又成名又成业者，且非军人'。王回答说：'在科举已废的今天，三十岁以下能够成名成业的非军人，实不可多得。'这是典型的时代认知"①。在中国传统社会士为四民之首，"万般皆下品，惟有读书高"乃金玉良言，而视从军行伍为"豪猪健狗"的"役夫之道"②，故有"好铁不打钉，好男不当兵"之说。雷海宗称中国自东汉以后便为"无兵的文化"③。然而，中国俗语有言曰："末世书生贱。"亨廷顿则云：在一些后发展中国家，军事现代化的领先地位，使军队成为君主集权官僚体制中"最现代和最有内聚力的典型"④。近代中国历史上现代化最初即肇端于洋务运动引进西方先进军事装备技术，并且，"在晚清社会结构中，近代化步伐最快、近代化程度最高的子系统，非军事莫属"⑤。在国际学术界，美国学者拉尔夫·洛林·鲍威尔（Ralph Lorin Powell）的《中国军事力量的兴起（1895—1912）》（*The Rise of Chinese Military Power, 1895 – 1912*, Princeton, NJ: Princeton University Press, 1955）和澳大利亚学者冯兆基（Edmund S. K. Fung）的《军事近代化与中国革命》（*The Military Dimension of the Chinese Revolution: The New Army and Its Role in the Revolution of 1911*, Vancouver: University of British Columbia Press, 1980）被誉为西方研究近代中国军事史的"两大力作"，这两本书都阐述了晚清中国近代军事化与民族主义的关系。的确，在晚清爱国志士仁人看来，尚武精神为立国第

---

① 罗志田：《乱世潜流：民族主义与民国政治》，上海古籍出版社 2001 年版，第 9 页。

② 黄宗羲：《明夷待访录》，黄宗羲：《黄宗羲全集》第 1 册，浙江古籍出版社 1985 年版，第 35 页。

③ 雷海宗：《中国文化与中国的兵》，商务印书馆 2001 年版，第 102 页。

④ 塞缪尔·P. 亨廷顿：《变化社会中的政治秩序》，王冠华等译，生活·读书·新知三联书店 1989 年版，第 185 页。

⑤ 熊志勇：《从边缘走向中心：晚清社会变迁中的军人集团》，天津人民出版社 1998 年版，第 52 页。

一基础，取鉴于日本的军国民主义在当时中国盛行一时，招国魂与铸兵魂在 20 世纪初年形成一股社会思潮。在追求富国强兵的现代化过程中，军人这一边缘社会集团的地位异军突起，尤其随着军事现代化的发展和科举制度的废除，投笔弃砚而当兵从戎成为立身致显的终南捷径，社会流动明显向近代军人职业倾斜。如果套用亨廷顿的政治现代化理论，固然可以解释在传统社会权威基础削弱后军人集团思出其位导致政局动荡的风潮迭起。但在学术界均纷纷聚焦晚清中国军事现代化的一面之词形成的主流话语之外，我们应该透过皮相的考察清晰地看到晚清以后新式军队自身现代化背后的黑暗层面。由于军队等级森严、军法綦严的特殊性，军队内部近代意义的民主在军棍之下往往无立锥之地，原始暴戾的专制却可以在现代化的外衣下堂而皇之地大行其道，并且不仅充盈于现代化军队内部每个毛孔，使士兵成为官长驯服的奴隶，而且随着军事权威主宰政治秩序之后使“直线”加“方块”式的军队原则和军事化手段泛化于社会每个角落。这种专制的黑暗性是晚清中国军事现代化机体内部寄生的恶性毒瘤，而养痈遗患的后果就是“有枪便是草头王”，拥军成阀，割地为王，以枪问政，以战场代替议会会场，以炮火代替言论主张，不唯民主政治盘桓不进，弃宪法如弁髦，而且动辄兵戎相见混战不休，视民命如草芥，将人民推向灾难的深渊。可以说，中国在民元以后最兴旺发达的公司生意就是军阀经营军队的行当。

军阀的资本就是其掌控的私人性质的军队，有军则有权，有枪则有势，这是军事社会的定则铁律。陈志让这样写道：“军官的主要考虑是筹饷来养兵；士兵和低级军官的主要考虑是当兵来找一条生路。能干的军官好像能干的企业家，能多找钱使军队的粮饷充足装备精良。钱多半来自农业，所以土地和农民变成了私人军队必须控制必须争夺的对象。私人的军队也必须控制一个区域中的民政系统，才能从那个区域中取得养兵所需的资料。”① 由于近代中国人口压力巨大且军阀混战中士兵死伤的风险系数较小，“当兵吃粮”便成为穷苦百姓的谋生就业之路。按

① 陈志让：《军绅政权——近代中国的军阀时期》，生活·读书·新知三联书店 1980 年版，第 2 页。

照陈志让的说法，军阀就像大工厂的厂长，下级军官就像工头，有办法的军阀等于能干的企业家，能筹款养兵，没办法的军阀则只好欠饷，在士兵的“劳工市场”上，募兵的办法有如募华工出洋做工或募工人到上海做“包身工”一样。中国近代兵匪身份转化易如反掌，遣之则兵散为匪，招之则匪聚为兵。据陈志让云，民国军阀时期的军队、团防和土匪为脱离生产的武装农民，人数应该在五百万以上，而同期中国的新式工业人口不过两百万，这种资源的配置错位令人可骇可悲。由于军多费浩，于是围绕着养兵—增税—战争—增兵这一连串互相关联、无限循环的问题，形成难以摆脱的内耗怪圈。军阀营生的瓜分市场行为即是对割据地盘的争夺攘取。军阀势大力强者占地跨省兼圻，次焉者盘州踞郡，形成国中有国、国将不国的政治空间格局。在 20 世纪 20 年代与 30 年代四川军阀就形成了比较完备的“防区制”，刘文辉的第二十四军、刘湘的第二十一军、邓锡侯的第二十八军、杨森的第二十军、田颂尧的第二十九军等都在各自防区就地筹饷，每个防区就是一个独立王国，其“分界线在任何时候都不是‘自然形成的’。决定防区准确界线的是相对的军事实力，而不是自然地理的经济地理”①。四川军阀在防区内的横征暴敛较诸柳宗元《捕蛇者说》记载的“苛政猛于虎”的情形有过之而无不及，竭泽而渔，诛求无度，将素称“天府之国”的四川推向民穷财尽的“地狱底层”。国民政府官员徐庭瑶在由川返京的谈话中说：“川省民间疾苦，不堪言状，钱粮已征至民国七十余年，有一年征

---

① 罗伯特·A. 柯白：《四川军阀与民国政府》，殷钟崃等译，四川人民出版社 1985 年版，第 66 页。杜重远《狱中杂感》中所收录的与邹韬奋的通信亦描述了当时军阀声势炙手可热的社会怪异现象，云：“我们到了重庆，第一感觉奇特的，就是军人之多。敝衣赤足，到处都是。每一军界要人出游时，则随行差弁四五人，或七八人不等，即军官之女眷出购服物时，亦有三五兵士为之携男抱女。此等现象，十年前常见之于东北各省，不料今日复见之于重庆。重庆最高机关要算是二十一军军部了，所有行政教育统归该部直辖。中国国民党口号曰：‘党权高于一切’，在重庆恐将改为‘军权高于一切’吧！据说不但重庆如是，川中各地无不如是。最奇怪者，许多报馆主笔或学校校长，卡片上都冠以军部的谘议或顾问等等头衔，甚或有几校的校长整天坐在军部而不到校服务的，这或者也感到国难当前，军事较教育为重吧！”（杜重远：《狱中杂感》，上海生活书店 1937 年版，第 182—183 页。）

十二年粮者，人民不堪负担，多将田单契据贴于门上，说明无力偿欠，请官厅将其田契没收，不再捕捉索偿。”① 黄炎培在《蜀道》中亦云：四川田赋“最多要算广元县，某军驻扎该地，征到民国一百年”②。曾任日本驻汉口总领事馆武官田尻爱义（たじりあきよし，1896—1975）也有“征至2031年，以武力强制预征九十九年的税金”③ 之说，是则可以创吉尼斯世界纪录的举世罕见的景观，恐怕连在19世纪提出近代民族国家财政开支规模呈扩大趋势的所谓“瓦格纳定律”（又称 the law of increasing public expenditure）的瓦格纳（Adolph Wagner，1835—1917）也会为之目瞪口呆而跌破眼镜。

西北的马氏军阀比四川军阀尤具回族经商生财有术的头脑，除了“叫嚣乎东西、隳突乎南北”地催科比征外，克扣军饷喝兵血固毋庸议，而军队士兵更成为其赚钱牟利的无偿劳动力。修建兰新、宁兰、平包、康青公路时都动用成千上万的军队投入筑路，不支工钱，而将中央政府的拨款中饱私囊。不仅如此，军阀营生间接衍生产品还包括军阀利用枪杆子保驾护航的垄断性纳财投资活动。1929 年，马步芳将原本与人合股经营的义源祥商行移至西宁改为独资经营。1932 年，马麟在继任青海省主席后又开设协和商栈。1938 年，国民政府颁布抗战期间防止重要物资资敌的法令，马步芳乃趁机以省政府名义对羊毛和各种皮张、药材等物资实行统购统销，将协和商栈收归省政府秘书处，由秘书长兼任总经理，并制定《青海协和商栈组织规程及统营皮毛药材暂行办法》，实行垄断性经营，令其他商号不得不由此退避三舍。1939 年，马步芳又将义源祥改为德兴海商品，总经理由省财政厅厅长兼任，主要经营百货、布匹、粮食、食盐、沙金、木材等。1946

① 《新闻报》1935 年 4 月 12 日。

② 转引自胡汉生：《四川近代史事三考》，重庆出版社 1988 年版，第 87 页。这也可以冯玉祥的日记为佐证，冯氏日记中有这样的记述：“因为牙疼请乐大夫看牙。见王先生，是一位机器匠。又见乐先生之弟，谈四川事，言钱粮已征到民国一百年，现在改为一月为一年的办法。”中国第二历史档案馆编：《冯玉祥日记》第 4 册，江苏古籍出版社 1992 年版，第 408 页。

③ 田尻：《四川动乱概观》，杨凡译，存萃学社编集：《民国以来四川动乱史料汇辑》，香港大东图书公司 1977 年版，第 128 页。

年，两大商号与原分散经营的诸工厂、矿山、盐场等官僚资本合并，成为湟中实业有限公司，并在包头、宁夏增设办事处，在康定、邓柯增设支号，在上海设立商栈，在印度加尔各答设立经理处，如同硕大的蜘蛛布网般四处扩张，以独占鳌头巨无霸形象在青海一手遮天。范长江在20世纪30年代中期这样写道："马步芳乃利用其政治力量，从事羊毛贸易之独占，他把蒙藏民族对他应交的租税，折为羊毛，这批羊毛收入就有可观的数量，其次他在几处产羊毛的地方独占式地收买，一般私人当然不能和他竞争，运输时他有军用的车辆及骆驼，可以不出运费，出口时可以免去青海境内一切的税捐。因此，他的羊毛到了天津之后，无论市价如何低落，普通商人亏本不堪者，他仍然有钱可赚。"① 黑洞洞的枪口不仅为军阀的政治统治提供支撑的后盾，而且为军阀带来金黄的财富之花。这种"军阀开发模式"体现了中国近代西部开发过程中民族国家建设的畸形性。

二、近代西部开发与民族国家建构的区域类型学分析

学术界往往将类型学与分类学混为一谈。例如，法国比较法学家勒内·达维德在《当代世界主要法律体系》（René David, *Les grands systèmes de droit contemporains*, Paris: Dalloz, 1964）这一具有世界影响的学术名著中将世界各国的法律制度划分为大陆法系、普通法系、社会主义法系和其他法律制度（包括伊斯兰法、印度法、远东法和非洲法），这种法系划分理论目前为西方学者所普遍接受，但中国学术界对此却颇有訾议，认为这种划分方法的最大不足即在于划分标准不统一。其实，勒内·达维德的划分法本无可厚非，批责达维德法系划分混淆了法律传统的技术标准与社会政治制度标准的学者实际上混淆了类型学（typology）与分类学（classification）的划分方法。类型学方法和分类学方法各有所长，亦各有所短。类型学主张分类的多样性和可选性，排斥单一的分类形式。"类型学的总体分类一般是多层次逐级完成的。它每次只摘取对象一两个特征因素，考察这些因素在不同对象中的分量，

① 范长江：《中国的西北角》，新华出版社1980年版，第150页。

而不管它们与其他因素的整体联系。最后形成的是一个由这些分类组成的多维分类系统。相比之下，分类法是一种尽可能照顾对象各种自然特征整体联系的直观分类框架。”[①] 从本质上而言，类型学与分类学的区别在于前者为归类，后者为分类。分类法是一种静态方式，而类型学是一种动态方式，适合研究大量过渡形态和中间形态。在西方，“类型学”带有浓厚的德国学风，马克斯·韦伯（Max Weber，1864—1920）便以“理想类型”（Idealtypus，ideal types）作为研究社会和解释现实的一种概念工具。马克斯·韦伯是比较善于创造概念的社会科学家，以至于被一些西方学者称为唯名论者（nominalist）。他建立理想类型的思想动机之一，在于避免当时流行的历史学派个别化和特殊化的研究方法的缺陷，体现着当时德国历史法学向概念法学转变的时代风尚。马克斯·韦伯认为，科学本身在一定意义上说即是一种抽象，任何科学系统都不可能将现实中的所有个别现象囊括无遗，通常使用的概念工具或因过于宽泛而使其丧失某些现象的某些具体特征，或者由于过于狭窄而无法包容相关的现象，因此他致力于理想类型的建立以摆脱上述困境，克服关于社会的一般理论模型的短处（缺少特殊性）而又不丢弃其优势(共性的发现)，为历史性研究和比较性研究提供一个灵活的方法。马克斯·韦伯所说的理想类型极其近似于自然科学研究中所使用的理想模型，作为现实的某种变异形式与现实本身保持有一定的距离。正如殷海光所说，“‘理想范型’是同位于‘理论结构’（theoretical construct）的元项。这样的元项是一个逻辑建构。这样的逻辑建构虽然在实际世界里是没有的，可是一个真诚的历史事件的研究者必须以它为范型而趋进”[②]。马克斯·韦伯对法律类型的分析与权威类型的分析融为一体，其所谓传统型权威（die traditionelle Autorität）、法理型权威（die rationale oder legale Autorität）、卡理斯玛型（或称个人魅力型）权威（die persönliche oder charismatische Autorität）的理想类型划分，实际上是对

① 吴惕安、剑可严：《当代西方国家理论评析》，陕西人民出版社 1994 年版，第 134 页。

② 殷海光：《五四的隐设和再现》，《殷海光全集》卷十五，台北桂冠出版公司 1990 年版，第 1480 页。

现代化转型过程中社会文化形态类型学分析。

事实上，不论是“理想类型”的概念，还是“理想类型”的方法，都并非是韦伯的“发明创造”。西方类型学的谱系可以追溯至亚里士多德时代。在近代以来，德国学术界堪称“类型学”藏风聚气的学术渊薮。尽管西方有学者认为在方法上如果说韦伯是“典型化”的，那么马克思则是“辩证法”的，[①] 但实际上马克思的社会形态的理论构架亦受此学风的浸染。在德国经济学中，瓦尔特·欧肯（Walter Eucken）的“形态学”（Morphologie）和“经济秩序”（Wirtschaftsordnung）为核心的方法论更为弗赖堡学派奠定了完整的思想基础，其“指令经济”和“自由经济”的核心概念便是类型学的建构分析。这种类型学方法在20世纪西方各国学术界都逐渐被广泛应用，涂尔干（Emile Durkheim，1858—1917）、卢卡契（Georg Lukács，1885—1971）、荣格（Carl Gustav Jung，1875—1961）、卡尔·曼海姆（Karl Mannheim，1893—1947）等都以擅胜类型学分析方法而见长。尤在文化人类学界，涂尔干提出“社会类型”概念，将确定和分析社会类型的社会学称为社会形态学。自幼在德国学术氛围中成长的德籍犹太裔学者博厄斯（Franz Boas，1858—1942）后来移师美国发展，是美国现代人类学奠基者，被誉为“现代人类学之父”。[②] 以博厄斯为宗主的美国历史学派（又称博厄斯学派）即惯长于运用“类型”的概念来描述区域化社会现象。例如，博厄斯的门徒、《菊花与刀》的作者本尼迪克特在其《文化模型》（Ruth Benedict，*Patterns of Culture*，New York：Houghton Mifflin，1934）中对“阿波罗型”“狄俄尼索斯型”（即酒神型）和“夸大狂型”等文化类型模式的考察分析，博厄斯的第二位女弟子玛格丽特·米德（Margaret Mead，1901—1978）对文化持有的一种柏拉图式的理想型概念，都是这一学派类型学方法特征的表现。

何传启在《第二次现代化》一书中指出：“类型学方法是一种聚类

---

① 罗纳德·H. 奇尔科特：《比较政治学理论：新范式的探索》，高铦、潘世强译，社会科学文献出版社1998年版，第123—125页。

② Sydel Silverman ed.，*Totems and Teachers，Perspectives on the History of Anthropology*，New York：Columbia University Press，1981，p. 3.

研究方法。研究者将某些特性归为一类，而将另一些特性归为一类，通过两类特性的比较来说明自己的命题。有些现代化研究者就采用这种方法，将许多社会特性分别归纳为现代性和传统性，并相应将现实社会分为现代社会和传统社会。这种二分法之所以被广泛采用，主要是它具有简便、易懂、实用和可操作等特点。但这种方法也有明显的自身缺陷：（1）分类的不确切性和不对称性，（2）分类的人为性和不客观性，（3）分类的倾向性和超现实性（或理想主义），（4）分类的唯现象主义和机械性。"① 事实上，韦伯早就对理想类型的缺陷了然于心。那就是：一方面，理想类型作为理智上构造的概念工具，具有高度的概括性、抽象性，并不同于经验事实；另一方面，理想类型作为考察现实的概念工具，是在对繁多的经验进行整理后突出经验事实中具有的共性或规律性而使之成为典型形式。质言之，理想类型方法的局限性在于，被设定的理想模型容易脱离现实，并且对它的典型化抽象也容易导致理论上的过分强调。正如韦伯所说："在所有情况下……它（指理想类型）都具有使自己离开现实而又以此起到认识现实的作用。"② 马克斯·韦伯的理想类型的方法对西方经典现代化理论具有深刻的影响。由韦伯的"理想类型"和帕森斯的"模式变项"演变而来的西方经典现代化理论将现代与传统视为截然对立的两极。亨廷顿批评说："有关现代化的著作在描述传统社会和现代社会的特征时比描述从一种形态向另一种形态过渡中所发生的运动过程更为成功。他们比较集中于描述由此及彼的变化方向，而对变化的范围、时间、方法和速度则注意不够。正是因为这个缘故，这些理论可谓'静态比较'的理论，而非变化的理论。两分法的发展理论对于其假定的那些阶段是历史演变中的实际阶段还是韦伯所说的理想类型，讲得也是含糊不清的。如果是理想类型，那么它们就是抽象的模式，可以用来分析任何时候的社会。但是，如果它们是历史概念，那么传统的类型可能失去其恰当性，而现代的类型则会得到它。这

① 何传启：《第二次现代化：人类文明进程的启示》，高等教育出版社 1999 年版，第 246 页。

② 马克斯·韦伯：《经济与社会》，林荣远译，商务印书馆 1997 年版，第 10 页。

些概念的双重性于是不可避免地破坏了概念的两分法。任何实际社会显然融合了传统理想类型和现代理想类型中的一些成分。”① 赖因哈特·本迪克斯（Reinhard Bendix，1916—1991）也指出，经典现代化理论中的传统性与现代性的概念如果简单地被看作理想类型，“假如我们要想正确描述理想类型并且避免犯错误，就必须谨慎地把各种属性作为假设的而不是作为实际上互相联系的”②。

（一）西北诸马军阀集团型：开发话语实践背后的权力网络

19世纪60年代，“西北千群白帽来”③ 的回民大起义爆发，金积堡的马化龙、肃州的马文禄、循化的马文义与河州的马占鳌联成一气，纵横陇右，严重地威胁清政府在西北的统治。清政府为镇压这次回民起义劳师伤财，“用东南之财赋，赡西北之兵甲”④，历时十二年之久，方得以弭兵止戈。这次反清起义导致的一个不期而然的结果便是“甘马”“宁马”“青马”的奠基人马占鳌、马千龄、马海曼由逆归顺，打开了通向权力的大门，开始在近代西北军政舞台上笏袍登场。他们所率领的三旗马队作为马家军的胚胎逐步壮大。而1895年的河湟事变和1900年的庚子事变又为回族军阀积蓄军事实力和获取政治资本提供了千载难逢的发展机遇。西北回族军阀初则服务于湘军，继又隶属于董福祥甘军。随着甘军的瓦解，诸马军阀尤其出人头地，异军突起于西北地区。辛亥革命之后，所谓“陇上八镇”之中回汉各半，属于回族军事集团的有：宁夏镇守使马福祥、凉州镇守使马廷勷、甘州镇守使马璘、西宁镇守使马麒；属于汉族军事集团的有：陇南镇守使孔繁锦、陇龙镇守使陆洪

---

① Samuel P. Huntington, The Change to Change: Modernization, Development and Politics, *Comparative Politics*, Vol. 3, No. 3 (Apr., 1971), pp. 283 - 322.

② Reinhard Bendix, Tradition and Modernity Reconsidered, *Comparative Studies in Society and History*, 1967, Volume 9, Issue 3, p. 314.

③ 王文濡：《太平天国野史》，江苏广陵古籍刻印社1993年版，第302页。笔者认为此为民国年间托名“黄檗禅师”的预言诗。亦可参见秦翰才：《左文襄公在西北》，岳麓书社1984年版，第25页。

④ 转引自吴忠礼：《西北五马》，河南人民出版社1993年版，第30页。

涛、肃州镇守使吴桐仁、河州镇守使裴建准。冯玉祥的“国民军以军事上的优势进入甘肃，将原来的一直与西北回族军阀明争暗斗，争夺地方统治权的外籍和甘籍的汉族小军阀，一一翦除。这在表面上是国民军对旧军阀的胜利，但在这一现象的深层，却是国民军为西北回族军阀的发展扫清了道路；国民军在北伐后无意长期经营西北，而热衷于逐鹿中原，因此，他们在西北地区所取得的一切军事成果，都被西北回族军阀所饱食。由于同样的原因，国民军在经营西北时所取得的政治成果——宁青建省，也为西北回族军阀所吞食。宁青建省是马鸿逵、马麒梦寐以求的东西，他们几经努力争取不到的这一政治成果，由国民军替他们争取到了。历史的发展往往充满着戏剧性，无论门致中、吉鸿昌的宁夏省政府主席还是孙连仲的青海省政府主席，都是连椅子还没坐热就匆匆离去。而马鸿逵、马麒、马步芳却坐在这把椅子上长达十多年，一直把这椅子坐破”①。由于经济欠发达的甘宁青地区养不起真正庞大的军事集团，因此西北诸马军阀缺乏与中原大军阀抗衡的实力，只能利用强龙难压地头蛇的土著地望优势在风云变幻莫测的动荡中明哲保身。例如马福祥以其圆滑善变的政治手段成为三朝不倒的老牌军阀和政客，其子马鸿逵在新旧军阀混战的大风大浪中，在数十年的宦海生涯中，总是化险为夷，履危而安，而有“滑马”之称。中原大战的结局，终于使马家军解除了多年来承受的政治压抑，另投新主于蒋介石集团令西北诸马军阀得以继飨国民军的遗产，从此追随南京政府成为西北诸马军阀的一项基本政策。这种弱势雌伏、寄人篱下的格局是西北诸马军阀不同于广西桂系军阀的重要特征之一。

马麒在青海崛起之初有这样一个耐人寻味的故事，即：马麒受命为西宁镇总兵后，组建“宁海军”，取西宁道和青海地区的总称为其军名，自张一军，独树一帜。马麒苦于无后继发展良策，思贤若渴，李迺棻向其举荐甘肃督府科长黎丹才堪大用。黎丹，字雨民，湖南湘潭人，是晚清云贵总督黎培敬②之孙、北洋时期湖南都督谭延闿的表弟，在长

---

① 吴忠礼：《西北五马》，河南人民出版社 1993 年版，第 106 页。

② 参见本书第四卷第二章有关黎培敬奏设待质公所的论述。

庚督甘时任政务厅内政科科长，文采斐然，风流博雅，能谋善断，胸怀“治国齐家平天下”的大志而不为后任的赵维熙所重用，卜居于当年左宗棠主持修建的引黄饮水工程“饮和池”茶园里，“辟院种竹，饮酒赋诗”，萧然世外。马麒、马麟、李迺棻前往拜见，效法程门立雪，细听黎丹独自弹奏“凤求凰”，令黎丹深受感动，黎丹遂倾智竭诚为马麒主谋定计，提出“睦邻敦交，定青拓边”之策。马麒后来循计而行，奉为圭臬。① 这个故事几乎就是《三国演义》中三顾茅庐的民国青海版。有学者称之为一个充满中国传统社会“明君贤臣”腐朽气息的故事，这是有一定道理的。马麒作为老一辈的马家军阀首脑，不能说完全顽固守旧、落后，而且被马麒延揽入幕的黎丹、周希武、朱绣等都颇具经世致用、维新变革思想。清末民初鼎革之际，十三世达赖驱汉亲英，1913—1914 年西姆拉会议上英国代表提出“内藏”与“外藏”的划分。作为湘军遗属的黎丹等人深膺左宗棠抵御外侮思想，周希武曾奉命赴玉树勘界并上书陈述开发青海之事，这都对马麒“定青拓边”的政治抉择具有至关重要的影响。民国初年，马麒在青海内部推行所谓“殖边”政策。其“殖边”政策的主要内容是“兴办教育”和“振兴实业”。在教育方面，1917 年，马麒创办宁海蒙番学校，两年后改为宁海蒙番师范学校，此为青海地区蒙藏族社会有史以来现代新式教育之始。此外，黎丹等组织藏文研究社，捐款创办宁海职业学校、私立医学训练科学校、宁海筹边学校等。在经济建设方面，马麒试办玛沁雪山（rma chen gangs ri）② 金矿，架设宁兰电线以传寄消息电报，废止地方币票，改用通行银票，作为大规模开发青海的准备。但是，马麒早期政治的核心乃在于借“筹办地方自治”的口号追求青海脱离甘肃以自立，具有强烈的地方主义色彩，呈现出割据称雄与国家认同之间的混合性。《英俄经营蒙藏现又垂涎青海思患预防策将安出论》即将其内心复杂的情愫昭然

① 参见许宪隆：《诸马军阀集团与西北穆斯林社会》，宁夏人民出版社 2001 年版，第 115 页。承蒙许宪隆来电相告，知此材料源自《青海省回族撒拉族哈萨克族社会历史调查》（青海人民出版社 1985 年版）。

② 又名阿尼玛卿山（a myes rma chen）、积石山，相传为格萨尔（ge ser）的寄魂山。

而揭，云："英俄现又重涎青海，急思染指。故为国民者，当思患而预防之。然预防之策，直以兴办教育为基础，次以振兴实业为后盾。夫教育以开通智识，使獉獉狉狉之民各有自治之能力，发爱国之思想，而成良好之国民。教育普及，民智日开，绝不至受他人之煽诱而叛祖国。青海地利丰富，若实业振兴，则开财之源，然后或建行省，或划特别区域，经济充足，庶政易举而无掣肘之虞。"① 由此可见，马麒的所谓"开发"和"殖边"举措具有明显的传统色彩，犹同缠足放天伊始般仍在现代化起步阶段颤颤巍巍。马麒在"筹边"和"开发"的名目下既有维护国家统一的动机和行动，亦有苦心诣诸建立"独立王国"的强烈地盘意识。而且，这种"拓边"和"开发"的话语背后还存在着对弱势民族的压迫与掠夺。例如，果洛位于青海东南部，东临甘肃，西接四川，是通往玉树的要道，亦为青海主要畜牧业区之一。当地藏族被称为"果洛克"（mgo log khag）。一方面因马麒等在果洛境内玛沁雪山开采金矿，当地藏民出于信仰认为开矿会触怒山神，招灾致殃，与开矿人员颇多龃龉，另一方面由于西宁与玉树间的官方运输队在当地摊派差役，民不堪命，终于在1920年发生马麒的运粮队被果洛贡嘛仓（gong ma tshang）部众截夺事件。次年，马麒派军大举进剿，大批藏民被杀，财物牲畜被焚掠一空。果洛地区从此成为甘边宁海镇守使署统辖领域。这固然对青海地区的开发及后来同英帝国主义分裂西藏的阴谋作斗争产生了积极意义，但果洛藏民的血泪哀声亦是不容或忘的历史。

马步芳像

大约在20世纪30年代，西北诸马军阀中的第三代逐步开始在政治舞台上进入核心圈。由马占鳌一系经马安良而至马廷勷、马廷贤，由马千龄一系经马福祥而至马鸿逵、马鸿宾，由马海晏一系经马麟而至马步芳、马步青，诸马军阀的这些"新生代"绍继前辈经营的家业

① 杨效平编写：《马步芳家族的兴衰》，青海人民出版社2002年版，第68页。

与权位，较诸其前辈更为开放摩登。1935 年，范长江到青海采访时发现，“青海之两大巨头，一为省主席马麟，一为新编第二军军长兼第一〇〇师师长马步芳。马麟仅在社会与宗教上有相当地位，而马步芳则握军事政府的实权，马麟为老派人物之代表，而马步芳则为汉回青年的领袖”①。范长江在《中国西北角》中还这样写道：

> 马步芳给予记者之第一印象，为他的聪明的外表与热烈的情绪，并非如记者平日所想象的青面獠牙，如三国时许褚、典韦式的人物。他和记者寒暄之后，即以真挚的口吻，谈其事事落后之情形，并大谈其军事情况，适有官佐送电报至，马看毕即转以示记者，视之，乃玉树方面来电，报告西康军情者。记者一方面对马氏之态度深感诧异，同时又栗于过去所闻关于马氏之传言，故屡起身告辞，而马氏则强留共话，使记者内心起“见”“闻”上之重大冲突，不禁其惊愕之思。第二个印象为马氏之头脑相当精密，其谈青海南部之军事布置，井井有条，了如指掌，俨然接受新式军事教育者。第三，马氏生活趋向近代，其会客室中仅布置简单之沙发及新式小桌，并不沿用西北官场中习用之虎皮或豹皮交椅，特别是他的会客室没有西北家家必有的土炕。……马麟的活动是侧重消极的、个人的、保守的、家庭的。马步芳的活动则比较趋向积极的、团体的、进取的、社会的。所以研究马步芳的政治作业，对于西北的将来，有其不可忽视的影响……马步芳在轻视私人财利这一点上，是超人一等。他喜欢积极的扩张，一切都往大的地方干。②

马步芳自己曾经说过：“本人因为时代关系，从小没受过学校教育，失去了学的机会，至今犹觉后悔。后来在社会环境里驱使着本人不得不‘学’，所以本人得到环境的教育很多，换句话说，本人是受

① 范长江：《范长江新闻文集》上，新华出版社 2001 年版，第 171 页。
② 范长江：《范长江新闻文集》上，新华出版社 2001 年版，第 172—175 页。

了环境教育的。"① 马步芳毕竟所处时代与其前辈不同，他较诸其前辈更加"前卫"、更趋于接受现代的新鲜事物。1932年，他赴南京受训，又于1934年游历了南方各地，所见所闻，耳目为之一新，返青后便很快效仿近代中国东部都市的榜样亦步亦趋，雄心勃勃，不甘人后，力图在政治上、事业上向大处干，在西宁主持修建了图书馆、新式澡堂、饭店、百货商店、电影院等设施。马步芳颇富于实干精神，行知果敢。他有一句名言是"一切事业非学不会，一切事业非干不成"②。他升任军长后在拉布藏修建的别墅一律是西式平房，另建有游泳池、养鱼池，仿西式花园设计。他喜好野游、打猎、音乐，热衷于跳舞、看电影，有时还自己作词谱曲而闲娱，对一切现代化的享乐方式都来者不拒，尽情受用。抗战胜利后，他甚至连服装也洋化，不再是长袍马褂而代之以西装革履。马步芳在权力交接过程中与其叔马麟发生冲突，他利用马麒政治上保守、处处囿于个人和家庭观念的特点展开进攻，拉拢一批少壮势力，逼走其先父马麒时代老班底中的骨干人物黎丹、李迺棻等为马麒所依倚的辅翼匡弼肱股元勋，整军练武，致力于军队正规化和现代化的改造，大力推行其以"六大中心工作"（即编组保甲、训练壮丁、修筑公路、植树造林、禁绝烟患、推广识字）为主的"新政"，用以标志不同于父辈的马步芳时代的到来，有所谓"革新庶政，不遗余力，省垣气象，为之一新"③ 的溢美谀辞。

与马步芳趋新求变的政治倾向相仿，马鸿逵年轻时被父亲送到北京，任袁世凯总统府侍卫武官，接触过不少政界名流和新式思想，可谓见多识广，后来在冯玉祥的国民军中又系统接受"三民主义"教育的洗礼，特别不满意五四运动后"惟有伊斯兰教徒，尚未受新文化的洗

① 马步芳：《马代主席演说集》，青海省政府1937年编印。转引自许宪隆：《诸马军阀集团与西北穆斯林社会》，宁夏人民出版社2001年版，第90页。

② 杨效平编写：《马步芳家族的兴衰》，青海人民出版社1986年版，第127页。

③ 程虎：《"青海王"马步芳上台记》，《名人传记》编辑部选编：《乱世之中的一代枭雄》，河南人民出版社1993年版，第293页。

礼，丝毫无一点反映，仍然墨守陈规"① 的局面，所以他的行事方式与其父马福祥相比尤显“新派”作风。1933 年，马鸿逵率部返旆宁夏就任宁夏省主席后，便开始其对宁夏政治的大规模除旧布新“改造”，将前任省主席马鸿宾的一班“旧臣”全部予以撤换，安插以他自认为较有“朝气”又便于控制的亲信，清丈土地，改革币制，整顿税务，组建宁夏地质调查所，聘请留法地质专家李世林为所长，第一次对宁夏地质矿产资矿进行普查，以官办或私办的形式，先后创办兰鑫炼铁厂、光华瓷厂、机器厂、宁夏玻璃厂、毛织厂、棉铁工厂、制糖厂等。新式工矿企业，一度给“塞上江南”带来许多新的社会气象。

马鸿逵（左一）与白崇禧（左二）、胡宗南（左三）

按照奥斯汀的“语用力量”（illocutionary forces）理论，说话就是做事（To say something is to do something），任何一个现实的言语行为都可以包含三个不同层次的目的，或者说完成三种不同的“做事”行为，即以言表意行为（locutionary acts）、以言行事行为（illocutionary acts）和以言取效行为（perlocutionary acts）。“开发”的话语背后蕴含着复杂

① 马鸿逵：《西北回汉问题之剖析》，转引自王劲、苏培新：《试论西北诸马军阀的几个特点》，《兰州大学学报（社会科学版）》1995 年第 4 期。

的权力关系网络，倡言“开发”的话语者实际上不仅以言表意，更在于以言行事，立场不同的话语者交口众说形成了“开发”话语空间内部冲突张力。在北洋军阀时期，马麒处于甘肃督军陆洪涛压制之下，乃听从黎丹等人计策派朱绣等前往洛阳，奔走于吴佩孚门下，提出《经营青海意见书》，旨在使西宁脱离甘肃而独立。曹锟和吴佩孚倒台，冯玉祥进入北京之后，颜惠庆组阁而秉承冯氏之意宣布吴佩孚为青海垦务督办，此举不过是冯对吴的奚落，但令马麒忧惧不安，幸而吴失败后避居天津，方惊魂甫定，又积极改换门庭拥戴段祺瑞，在 1925 年召开的“善后会议”上向段提出《开发青海意见书》，仍以建省独立为追求目标。由于段祺瑞执政府当时内外交困，无暇顾及，建省计划遂再度被束之高阁。为了向青海渗透势力，南京国民政府以开发西北为名，于 1931 年由复兴社操纵青海籍的中央政治学校附设蒙藏学校、中央大学、中央军校在京学员，创办《新青海》月刊，收集青海军政经济情况，主要由谈明义、邹国标、朱庆等人发起，以“到青海去”“建设新青海”为号召，发表文章抨击马氏集团的黑暗层面，此后又组织“新青海建设团”作为反马的核心组织。

蒋介石在与冯玉祥等进行中原大战后，得陇望蜀，授意亲信胡宗南以军事控制西北，驱马而代之。1932 年初，胡宗南派副师长彭进之赴青，在共商西北大计的旗号下，提出其建设青海的计划，特别是军事上的重新布置，令马步芳颇感自己割据地位受到威胁。是时，马步芳的实力称霸青海有余，与中央军抗衡则尚显不足，恰值康藏纠纷升级，遂将计就计纠合部属掀起青藏战争，以转移蒋胡考虑问题的焦点。[①] 1933 年 6 月，冯玉祥等在张家口组织“抗日救国同盟军”兵败失利后下野通电中提出善后办法，其中一条即是建议由孙殿英出任青海屯垦督办。蒋介石一则为了削弱冯玉祥号召抗日的势力，防止冯、孙结合，一则为了借刀杀人以坐收渔利，遂任命孙为“青海西区屯垦督办”，让他扯着“开发西北”的大旗去和诸马抢夺地盘。是年 9 月 19 日，国民政府行政院

① 陈秉渊：《马步芳家族统治青海四十年》，青海人民出版社 1981 年版，第 84 页。

第126次会议通过《青海西区屯垦案》，该决议案称："国民政府为开发西北，巩固边防，特设青海西区屯垦督办公署，实行兵屯，办理青海西区垦殖事务"，屯垦区域"暂以都兰以西柴达木河两岸，祁连山脉以南，巴颜喀喇山脉以北一带荒地为范围"。[①] 西北诸马军阀在大敌压境之际联合行动，不惜厉兵秣马誓死相争。蒋介石面对西北诸马的强烈反对不予正面回应，一方面令孙殿英尽速西进，一方面令西北四马阻截防堵孙部勿稍瞻顾，同时把胡宗南部杨德亮的一个旅布置于宁夏中卫，名为增援四马，实则坐山观虎斗，待双方两败俱伤后火中取栗。蒋介石的两面三刀导致孙马大战的爆发。当年孙马大战中的"宁马"大将马全良在事后心有余悸地回忆说："这完全是蒋介石借'开发西北'的响亮口号，而挑起的消灭杂牌军队的毒辣手段"，"孙殿英失败后，被跟在后面的阎锡山部缴械了；如果四马失败，收枪的那还不是驻在中卫的杨德亮部么?"[②] 在这种"开发"话语背后的权力争夺纠葛中罹祸遭殃的即是绥、甘、宁、青无辜普通民众，庐舍田园，半为废墟，形成严重的兵灾区。无独有偶，1941年国民政府任命马步青为"柴达木屯垦督办"，率骑五军开赴青海，也是故伎重演，企图一箭双雕，既能使中央军进驻河西走廊控制新疆，又可制造马步青兄弟之间的对立，以此削弱二马势力。

在孙马大战如火如荼的同时，蒋介石又授意朱绍良发起组织西北建设促进会，以朱绍良、马鸿逵、马麒、胡宗南、邓宝珊等三十余人为委员，并呈请中央备案。在"开发西北"的口号下，同年4月，考试院院长戴季陶在蒋的指使下赴青视察交通、水利、农业和教育，随行人员包括水利专家王应瑜、德国专家巴尔格[③]等，名义上是为开发西北做准备，实际上是蒋介石对在孙马大战中暗藏杀机行径心虚难掩，特派戴氏

① 《行政院决议案》，《农村复兴委员会报》1933年第5号。

② 马全良：《甘宁青三省合拒孙殿英战事的回忆》，中国人民政治协商会议甘肃省委员会文史资料研究委员会编：《甘肃省文史资料选辑》第3辑，1963年内部发行，第127页。

③ 此人的外文名字与生卒年份不详，今姑阙疑，待考。

来青对二马进行宣慰安抚。[①] 戴氏离开青海不足一月，经济委员会常务委员宋子文又飞抵西宁，除朱绍良由兰州陪同外，还有立法委员、《中央日报》社社长等人，名义仍为视察，实质上是送给马家一笔“开发资源”的经费，此乃蒋介石为笼络收买马氏军阀和渗透青海别出心裁的一着。宋子文在青海短短五天，所谓视察全属冠冕堂皇的饰词，马麒将早已拟好的《青海建设计划》面呈于宋，乘机开价迫使南京政府表态。

许宪隆这样写道：“回族军阀集团与蒋介石国民政府之间‘向心’和‘离心’的关系走向，对推动西北社会转型的现代化进程产生了积极或消极的影响。当向心运动占主导地位时，蒋、马之间你来我往、馈赠答谢，关系密切，国民政府在财政和西北地方建设上会有更多的投入，社会演进有了相对稳定的外部环境和经过补充的资金条件，社会各层面的改造和重建速度明显加快；当离心倾向导致矛盾冲突加剧时，蒋、马之间钩心斗角、争权夺利，关系微妙，国民政府会以‘财政困难’为借口，减少乃至停止下拨甘宁青的项目经费，部队换防，盘查严密，社会政治空气骤然紧张，地方建设规划或被搁置，或放慢脚步，早期现代化的进程因之受到消极影响。”[②] 国民政府对西北建设的大量投资和补助款项，由于军阀体系的存在，多数被西北军阀集团的首脑人物马鸿逵、马步芳等据为己有，成为扩充马姓家族官僚资本的发展资助基金。马鸿逵的“富宁公司”和马步芳的“湟中实业公司”及其下属实业之所以在20世纪三四十年代以后迅猛发展，原因之一即在于国民政府“开发西北”资金注入的惠泽所致。诸马军阀对国民政府中央的开发措施以自身的利益得失为依违标准。例如，1935年，国民政府资源委员会派技术人员勘察门源、化德、贵德、玉树等地金矿。1937年，资源委员会与青海省政府达成《开采青海金矿合作办法》，商定由中央与地方对半投资、盈余均分，并成立“青海金矿勘察队”，后改称“青海金矿办事处”，但后来在实施过程中，由于不遂马步芳之欲，遭到多方阻挠，探采工作时断时续，步履维艰。抗战胜利后，国民政府在青海

---

① 杨效平：《马步芳家族的兴衰》，青海人民出版社2002年版，第114页。

② 许宪隆：《诸马军阀集团与西北穆斯林社会》，宁夏人民出版社2001年版，第230页。

的采金机构不得不废然先后撤离。又如，抗战胜利后，国民政府倡言在西北各省垦荒。1945年9月，国民政府农林部曾函令青海省政府查报宜垦荒地。马步芳当时为独占开荒的利益，对此事表示冷淡，仅由青海省政府将公函照录转发各县。各县县政府一直拖至次年五六月份才陆续上报，其中牧业区各县多以“属县僻处边陲，地高气凉，除可畜牧外，不宜垦务，奉表无法查填”① 为由进行敷衍，唯乐都县送上一份宜垦荒地调查表，计开列荒地七十四亩，却又注明“多属沙石碱滩，土壤不良，故因荒芜”②，暗示无法开垦。此事最终不了了之，荒唐滑天下之大稽，实为对国民政府中央垦荒开发政令的莫大讽刺。

民族主义的兴起是现代性的重要表征之一。近代以来中国的西部边疆开发与历代实行羁縻、教化或移民屯垦实边的传统开发模式大相径庭者，不仅主要表现为依靠近代科技手段实现工业化等经济层面的社会变革，而且表现为这种开发是建立在现代民族国家观念基础上。民国时期，“开发西北”的口号与复兴中华民族的民族国家观念密不可分。马鸿逵即曾代表回族公开表示“我们只知道我们是中华民族，是四万万人里的一部分”③。纵观诸马军阀的历史，他们基本上没有另立政权、分裂祖国的图谋，而且在抗战期间，响彻长城内外的爱国主义主旋律在甘宁青引起强烈共鸣，向来注重保存实力的诸马军阀主动请缨，例如有“马胡子军”之誉的青海马家军骑兵部队纵横驰骋疆场，转战万里，威震敌胆，将高亢激昂的《穆斯林抗敌曲》传响到内地，堪称阳关三叠般的绝唱元气浑然淋漓，令人击节赏叹不已。但另一方面，就是在这支部队出征检阅欢送仪式上，马步芳对高级部属们强调：“虽然派出了这一师人马，我们的主力并未变动。”④ 负责率部出征的师长马彪更慨然

① 称多县政府1947年6月5日呈省建设厅“员称总字第47号”文。转引自青海省编纂委员会编：《青海历史纪要》，青海人民出版社1980年版，第136页。

② 乐都县政府1947年6月21日呈省建设厅“乐建字第387号”文。转引自青海省编纂委员会编：《青海历史纪要》，青海人民出版社1980年版，第136页。

③ 马鸿逵：《西北两大问题》，《西北问题研究会刊》1934年第1卷第1期。

④ 陈秉渊：《马步芳家族统治青海四十年》，青海人民出版社1986年版，第150页。

表示唯马首瞻："我们今天离开青海了，但是，团体始终还是一个，锤打不烂，火烧不透，一条心，一口气，骨肉相连。中央是中央，我们是我们，不管将来怎样变化，我们对军长的命令是永远服从，不会有一点改变。"① 在20世纪30年代，马步芳便提所谓"团体主义"。从字面上看，"团体主义"并没有明显的家族、民族、宗教、地域的因素，内容的弹性极大。但这种模糊性恰足以被广泛运用诸多领域，既可抵制蒋介石的"国家化"整合运动，又可以淡化外界对其"非回莫用，非马莫及"② 的负面评价影响，还可以巩固马氏政治军事集团内部的团结，以此消弭内耗，鼓舞意志，推行社会改革措施。马步芳不遗余力宣扬："党政军，一口气，一条命"③ 的口号，组织编写《西北精神三部曲》的歌曲在部队、机关、学校传唱，向人们灌输"服从军长"思想，以维系野蛮的个人独裁专制统治。对于复兴社鼓动在南京的青海籍学生的抨击，马步芳并不缄默以对，而是积极争夺话语权，他说："近来省内外一般言论，多为西北封建色彩甚为浓厚。……本主席自代主席职务以来，对于政治军事无不力求趋向现代化，以资改进。……近以监察使署设本省，本主席对此极表赞成，因中央在省设立机关愈多，民意愈能上达。本省自先主席秉政，延至今日，惟知服从中央命令，绝不能对于地方势位，有所恋栈，致贻封建之讥……"④ 由此可见，所谓"开发""现代化"的弦外之音极其复杂，其背后实包裹挟携着激烈的控制与反控制的权力斗争，不同的利益集团和个人往往拉大旗作虎皮，在堂堂正正的"经济开发"旗号下贩卖私货。

（二）广西：自行其是的基层建设模范省

在中国历史上，以"广西"作为行政区域，始于宋代。至道三年

---

① 陈秉渊：《马步芳家族统治青海四十年》，青海人民出版社1986年版，第150—151页。

② 杨效平编写：《马步芳家族的兴衰》，青海人民出版社1986年版，第186页。

③ 王玉贵编著：《西北马家军》，江苏古籍出版社1999年版，第60页。

④ 马步芳：《民国二十六年四月六日省府纪念周上的报告》。转引自杨效平编写：《马步芳家族的兴衰》（第三版），青海人民出版社2007年版，第141页。

（997）将全国划分为十五路，并将岭南东、西路定名为广南东、西路，“广”字来自苍梧的古称“广信”，今之广东、广西，即当年广南东路和广南西路的简称。尽管在清季广西壮族虽在人数远比蒙、满、藏、回、苗和瑶等其他各少数民族为多，但由于汉化程度甚高，“獞族”在当时几乎已不为人所关注，以至于清末民初，清廷、立宪派以及革命派人士高唱“五族”共和时，身为第二大族的僮（壮）族，竟然没有被列为五族之一。不过，直到 19 世纪，广西移民社会的特征仍极其明显。移民社会中“来人”与“土人”为争夺社会资源的矛盾十分尖锐、集众操戈的械斗案件层出叠见等现象和征候在当时的广西并不鲜见，秘密宗教、会党等伏莽潜滋使广西社会充满巨大张力和诸多变数，洪秀全创立的拜上帝教呼啸而起，太平天国运动释放出的能量惊天动地，以至于如梁启超所言“凌厉蹴踏，奄有半天下者，垂十余年”①。这就是其纠党拜会登峰造极的表现。此外，正如清末时人曰：“两粤以东西判行省，然东省以饶富称，而西省则以瘠贫著。良由山势回环，石积竹箐之间，田赋恒苦不足，故与东省迥别也。”② 正是这样，“无东不成市”成为广西圩镇经济发展过程中具有普遍意义的规律性现象，使广西圩镇经济网络出现“无市不趋东”的独特结构，呈现出对广东的强烈倾斜和趋附。这种经济上的欠发达与广西号称山国的复杂地形交相作用，形成广西“无处无山，无山无洞，无洞无匪”的社会景观。再者，随着法国殖民势力的陈兵耀武，桂地慎固边防成为清政府当时政务必须应对处置的问题，更使武人的昂扬在广西由人事制度而得以强化。这些特殊的因素都对旧桂系军阀的产生具有至关重要的影响。

旧桂系军阀武装力量的基础是清朝的广西边防军，其主要成员陆荣廷、谭浩明、陈炳焜、沈鸿英等早年多半闯荡江湖，出身绿林，后来投身清军防营，竟因缘时会，兵符在握，崛起成为西南地方实力派。新桂

---

① 梁启超：《中国地理大势论》，转引自朱浤源：《从变乱到军省：广西的初期现代化，1860—1937》，台北“中央研究院”近代史研究所 1995 年版，第 178 页。

② 文德馨、牟懋圻纂：光绪《郁林州志》卷首，“知州冯德材序”，光绪二十年（1894）刊本。

系集团从1925年到1949年统治广西省达二十五年，该集团前期（1925—1930）的主要领导人包括李宗仁、黄绍竑、白崇禧，中后期（1931—1949）的主要领导人包括李宗仁、白崇禧、黄旭初。新桂系不是旧桂系指定的传人，但两者之间具有深切的历史渊源。李宗仁、黄绍竑、白崇禧、黄旭初都曾在陆荣廷集团部队中任过中下级军官。新桂系首脑之一的黄绍竑即曾公开承认他们“继承陆荣廷、谭浩明、陈炳焜、莫荣新等旧桂系的传统成为新桂系”①。从总体上看，新桂系集团的骨本领导层基本上都受过现代教育的训练。李宗仁、白崇禧、黄旭初等都在辛亥革命前后毕业于新式军校，廖磊、李品仙、夏威等也都是辛亥革命后从各军校出来的毕业生，其他诸如雷沛鸿、李任宗、王公度、程思远等文人中许多都有留学国外的经历。

李宗仁（右）和白崇禧（左）

与西北诸马军阀“附庸者”角色类型不同，新桂系与蒋介石之间的关系主要是存在尖锐矛盾的“权力竞争者”。新桂系统一广西后便归附孙中山为首的广东革命政府，实现两广统一，为北伐战争创造了前提条件。尽管李宗仁后来在回忆录中对其在推动北伐的作用言过其实，但李宗仁为北伐战争的启动确实功不可没，而且新桂系军队无论在两湖战场还是江西战场都攻坚陷阵，屡建奇功。新桂系从北伐出师以后“短短两年时间，驰骋两湖，转战京津，控制了广西—武汉—唐山一线的三个

① 黄绍竑：《新桂系的崛起与两广统一及大革命北伐》，中国人民政治协商会议广西壮族自治区委员会文史资料研究委员会编：《广西文史资料选辑》第6辑，1964年内部发行，第1页。

据点：黄绍竑留守广西，李宗仁权倾武汉，白崇禧屯兵唐山，可谓声威显赫，非同小可”①。在1929年于南京召开的军队编遣会议上，蒋介石利用国内战争结束后裁军的名义排斥异己。白崇禧不提“裁兵”而别开“实边”之议，强调自古以来“裁兵不难裁将难”，与其讲“裁兵”，不如说“实边”，让军队去开发边疆，既可解决军费开支的困难，又安置了北伐有功的将领。白崇禧“实边”之议固然有其个人志向成分的影响。因为白系回族，早年在保定陆军军官学校读书时即常和同学谈论边疆问题，流露出有一种要到边疆创业的志愿，其毕业论文亦以这个题目为中心，② 直到20世纪40年代，白氏还亲自前往西北巡视，对出任西北军政长官一职情有独钟，只是由于马鸿逵等人处处防逾甚严等原因未能遂愿。白崇禧1929年向北平善后会议提出“实边”建议的动机，实源于对阎锡山和蒋介石编遣方案的不满，利用“实边”的名目以保持新桂系兵力而与蒋介石分庭抗礼。③ 正如福柯所言，权力中包含着权术和利益。白、蒋之间话语权力的博弈一方面反映了族群身份的歧异，另一方面表明了对民族国家建设方案的不同选择，同时也交织着集团利益的冲突。《大公报》记者发表评论说：“编遣会议在筹备期间，已多扞隔，开会之后，益觉仳离。不特蒋桂之战，与有关联，即蒋冯之争，亦种因于此。”④ 中国近代是一大过渡时期，政治文明的建设是现代化的重要内容，由于没有共信共奉的政治伦理纲纪和游戏规则，东方传统的权谋技术在政治失范、法律失效的大过渡时期因此而大放异彩。蒋桂之间的纷争固然可以看出李宗仁“第二把交椅情结”的纠葛，但不能简单视为军阀混战，国民党政府内部高层不能实行民主政治，蒋介石的

① 莫济杰、陈福霖主编：《新桂系史》第1卷，广西人民出版社1991年版，第213页。

② 张义纯：《我所知道的白崇禧其人》，中国人民政治协商会议广西壮族自治区委员会文史资料研究委员会编：《广西文史资料》第11辑，1981年内部发行，第102页。

③ 李任仁：《白崇禧在北平、唐山活动的片断回忆》，中国人民政治协商会议广西壮族自治区委员会文史资料研究委员会编：《广西文史资料》第21辑，1984年内部发行，第84—87页。

④ 刘治平编：《反蒋运动史》，中国青年军人社1934年版，第42页。

独裁乱纪与李宗仁等屡屡或文或武的倒蒋逼宫行动不无关系。所以蒋介石在评价龙云时说："龙云好比南越王赵陀，自帝其国，非敢有害于天下。龙云只想独霸云南，称臣纳贡，既无问鼎中原之心，也乏窥窃神器之力，不同于阎、冯、李、白，对龙云要容忍，只要服从中央，即使在云南另搞一套，最后为我所用，无伤大局。"① 对蒋介石而言，共产党是其根本上誓不两立的对手，阎、冯、李、白则其近乎平起平坐的元老级矛盾甚深的权力竞争者，至于龙云等则并不能对其构成致命威胁，可以以居高临下的态势俯予容忍。白崇禧曾云："黄河流域的人老大了，长江流域的人腐化了，以后只寄希望于珠江流域的人了。"② 对于"不过是那么拳头大的一块地方"的广西，新桂系素以池小鱼大为忧，积极扩充其政治活动空间。尽管新桂系集团颇具有容乃大的开放性，罗致吸纳"外江佬"殷殷情切，但毕竟一方水土养一方人，新桂系集团的地缘性色彩始终未能洒然超拔，最终无法摆脱蒋介石国民党政府内部搭伙帮工的命运。新桂系在几次与蒋氏中央之间的派系斗争中以惨败告终后，元气大伤，痛定思痛，不得不暂戢雄心，效仿步武越王勾践"十年生聚，十年教训"的典范，"从根本上整理广西省政"③，整军经武，励

---

① 转引自赵振銮：《龙云与蒋介石的分合之我见》，《云南历史研究所集刊》1983 年第 2 期。

② 张义纯：《我所知道的白崇禧其人》，中国人民政治协商会议广西壮族自治区委员会文史资料研究委员会编：《广西文史资料》第 11 辑，1981 年内部发行，第 106 页。白崇禧的这种观点并非偶然。1932 年，在中山大学任教的朱谦之发起"南方文化运动"，和白崇禧的观点非常接近。他运用斯宾格勒的观点，认为北方文化已经衰老，南方文化"实为未来中国兴亡存续之一大关键，如南方无望则中国亦无望，我们生存的努力，都等于无意义了"，"要使中华民族不亡，唯一的希望，无疑乎只有南方，只在南方，即珠江流域"。（朱谦之：《朱谦之文集》第 6 卷，福建教育出版社 2002 年版，第 391—392 页。）早在 1902 年，身为广东人的梁启超在《中国地理大势论》中指出，中国历史发展的重心是由北而南，黄河流域是古代中国之重心，自宋以后重心则移至长江流域，"江浙固今世文明之中心点也"，"自今以往，而西江流域之发达……此又以进化自然之运推测之，而可以知其概者也"。（梁启超：《中国地理大势论》，《饮冰室合集》第 2 卷，《饮冰室文集》之十，中华书局 1989 年版，第 90—101 页。）

③ 《白副总司令演讲集》，国民革命军第四集团军总司令部政训处 1935 年版，第 211 页。

精图治，进行政治、经济、文化、军事“四大建设”。

尽管在20世纪30年代以前新桂系在广西也曾推行一些开发建设措施，“然有计划的现代化的建设，则实自九一八以后开始”①。在黄绍竑离桂后，新桂系由前期俗称的李、黄（绍竑）、白时期进入李、白、黄（黄旭初）时期。时人评述说：“广西是李（宗仁）、白（崇禧）、黄（旭初）三人合作。李以宽仁胜，涵量最大；白以精干胜，办事力最强；黄则绵密而果毅，处分政务事务极有条理。要拿军事地位来比，李当然是位总司令，白可称前敌总指挥，黄则坐镇后方，保持着能进能退的坚实地位，这是广西最大的特色。”② 在推动广西“有计划的现代化的建设”过程，新桂系集团核心领导人物和衷共济，具有凝聚力、策划力和行动力。这种政治权威对广西当时颇有声色的建设运动无疑至关重要。

1930年冬，广西局势险象丛生，新桂系武装仅十六个团，与蒋介石的力量相较无疑寡不敌众，因此新桂系丞谋改造旧民团，颁布《广西民团组织暂行条例》，实行“全省皆兵”和“武力民众化，民众武力化”③，逐步组建广西新民团的组织体系。正如白崇禧夫子自道云：“民团本来是广西原有的东西，不过从前的民团，没有组织，没有训练，没有目标。现在我们把它改良，充实内容，在军事上求自卫，在政治上求自治，在经济上求自给。所以广西的民团，绝不是单纯的军事组织。”④ 新桂系在广西大办民团，声称是根据春秋时代管仲相齐时的轨里连乡制度而来的，并极力宣扬管仲正是依靠这个制度，国富兵强，北伐山戎，南服荆楚，尊周攘夷，九合诸侯，一匡天下。1932年，新桂系以第四

① 中国人民政治协商会议广西壮族自治区委员会文史资料研究委员会编辑：《李宗仁回忆录》，中国人民政治协商会议广西壮族自治区委员会文史资料研究委员会1980年版，第641—644页。

② 胡政之：《粤桂写影》，《大公报》1935年2月20日。

③ 亢真化编：《黄旭初先生之广西建设论》，南宁建设书店1938年版，第21页。

④ 白崇禧：《三寓政策》，白崇禧：《三自政策的理论与实践》，全面战周刊社1938年版，第58页。亦见李宗仁等：《广西之建设》，广西建设研究会1939年版，第68页。

集团军总司令部名义正式提出“三自”（自卫、自治、自给）、“三寓”（寓兵于团、寓将于学、寓征于募）政策，又以广西省政府名义提出“行新政，用新人”和“建设广西，复兴中国”的口号。白崇禧在桂林区民团指挥部讲话时，关于“三自”政策的做法这样解释说：“自卫政策就是现在推行的民团制度，实行全省皆兵。这不仅是保卫地方治安，使人民安居乐业，而且是巩固国防，抵御帝国主义的侵略。自治政策就是现在推行的区（镇）、村（街）的保甲制度。在训练民团的同时，灌输民权主义教育，使人民懂得行使四权（创制权、选举权、复决权、罢免权），为将来选举各级议会的议员和行政官做好准备。现在我们正在做训政时期的工作，如调查户口、丈量田亩、建筑公路、推行国民基础教育等。自给政策也就是孙中山民生主义。现在正在鼓励全省人民从事生产，如大量植桐、造林，投资开采各种矿产。同时建立省营的一些工厂，如贵县糖厂、柳州酒精厂、南宁印刷厂、皮革厂、梧州硫酸厂、炼油厂（提炼桐油）等，并在梧州设立出入口贸易处（统制全省的桐油、钨、锡、锰等出口），增加省的财政收入。这是自给政策的具体做法。”①

1934年初，第四集团军总司令部致广西省政府的电报（江会电）又提出了广西基层行政组织的乡（镇）村（街）“三位一体”的制度构想。同年6月，广西党政军联席会议通过的《各县办理村（街）乡（镇）民团后备队村（街）国民基础学校乡（镇）中心学校及乡（镇）村（街）公所之准则》，正式将乡（镇）村（街）公所三位一体的制度确立下来。② 所谓“三位一体制”，即：“乡（镇）、村（街）两级必须设置三个主要机关，在乡（镇）是乡（镇）公所，乡（镇）中心国民基础学校，乡（镇）民团后备大队部；在村（街）是村（街）公所，

① 虞世熙：《新桂系的民团组织》，中国人民政治协商会议广西壮族自治区委员会文史资料研究委员会编：《广西文史资料选辑》第13辑，1982年内部发行，第171页。

② 虞世熙：《新桂系的民团组织》，中国人民政治协商会议广西壮族自治区委员会文史资料研究委员会编：《广西文史资料选辑》第13辑，1982年内部发行，第164页。

村（街）国民基础学校，村（街）民团后备队。”“从人事方面说，就是一人三长制度，即乡（镇）长兼任中心国民学校校长、民团后备队队长。”“从事务方面说，就是乡（镇）公所、中心国民基础学校、民团大队部三机关合并办公。”“从工作的性能方面说，则是以乡（镇）村（街）公所为中心领导机关，运用民团的组织力量推动建设，以基础学校实施教育，以教育的力量，辅助建设工作的进行，而统一于乡（镇）、村（街）长的掌握之下。”① 1934年广西省党政军联席会议通过《广西建设大纲》，分政治、经济、军事、文化建设四大部分，时人称四大建设纲领，全文共十六条。次年8月《广西建设纲领》又经过修正，全文分为“基本认识”和“建设纲领”两大部分，共二十七条。两个文本的内容大同小异，但后者强调广西建设遵循孙中山创立的“三民主义”原则，谋求一条“三民主义广西化”的道路，增加了“积极开发矿业和交通事业”和“厉行寓将于学政策”。这个建设纲领被新桂系称为广西的“根本大法”，是广西近代以来第一个全面规划广西建设的比较完整的方案。新桂系的《广西建设纲领》既是对过去政治实践经验的全面总结，又是新桂系治理广西的蓝图规划。

1930年至1932年4月，新桂系设立广西民团总指挥部，初以黄绍竑、白崇禧为正副总指挥，后因黄绍竑离桂，正副总指挥分别由白崇禧、梁瀚嵩担任。1932年7月，省民团总指挥部撤销广西省民团拨归省政府管辖，在省政府内设团务处主其事。在民团总指挥部成立时，广西全省划分为十二个民团区，设民团区指挥部（1932年6月，全省区指挥部合并为六个，1934年9月又划分为八个，1936年又确定为十二个），以行政专员兼任区指挥官，在县级则设置民团司令部，由县长兼任司令。在设置民团司令部期间，一、二等县设置常备队二至三队，三、四、五等县设常备队一至二队。团兵则征集年在十八岁以上、三十岁以下的壮丁，并以九十名壮丁为一队，规定训练六个月，期满退伍，轮番训练。1933年，为节省经费、精简机构，县民团司令部撤销，归

① 转引自钟文典主编：《二十世纪三十年代的广西》，广西师范大学出版社1992年版，第76—77页。

并县政府，但仍设置民团副司令兼副县长一人，协助办理民团事务，并撤销县常备队，将必需的常备队集中区民团指挥部负责训练，每区设常备大队二至三个。县以下的区、乡（镇）、村（街）民团组织，计分两种，一为后备队，一为预备队。凡在广西居住已满两年，十八岁以上、三十岁以下的壮丁编为甲级队，三十岁以上、四十四岁以下的编为乙级队。村（街）级编为中队，以村（街）长兼任中队长；乡（镇）级编为大队，以乡（镇）长兼任大队长；区级为联队，以区长兼任联队长。预备队由常备队团兵的退伍者和曾受初中或同等学校的军训者组成，其编制与后备队同。按照《广西民团条例》规定，“后备队甲级队、乙级队的训练期间为两个月，或三个月，以扣足一百人十小时为限。已受训练的后备队，于每年农隙时，轮流训练一个星期，由县民团司令部召集之”①。

新桂系在全省范围内整顿基层政治组织，推行保甲制度，建立乡村新政权。村甲之编组，以户为单位，设户长；十户为甲，设甲长；十甲为村（街），设村长；十村为乡，设乡长。新桂系所任用的乡（镇）、村（街）长，多是受过中等或初等教育的青年学生，并经过各种短期干部训练班培训结业。新桂系极其重视对省、县以至基层党政干部的训练。1931 年 2 月，由国民党广西省部举办党政研究所，培训学员一部分分到各县国民党县党部担任党务工作，一部分分到桂林、全州、灌阳、贺县等试点训政区，担任地方自治协助员。1933 年新桂系又开办广西行政研究院，前后举办四期，第一、第二期主要调训原任县长、副县长，第三期调训教育行政人员，第四期调训各县区长。1934 年 3 月，广西行政研究院改为县政公务员政治训练班，“学员分两种，一为调训人员，由省政府分期抽调现任人员入班受训，一为附训人员，乃志愿从事县政工作、考试及格者”②。历届共十九期，每期多为一个月，计县长班结业者三百一十四人，县政公务员班结业者一千五百零六人。1935 年 6 月，新桂系为训练基层干部，将各区民团干部学校合并，在南宁西乡塘设立广西民团干部学校。民团干校除调训现任乡村长外，大量招考

① 《广西民团条例》，《广西民团条例章则汇编》，国民革命军第四集团军总司令部、广西省政府 1934 年版，第 5—7 页。

② 邱昌渭：《广西县政》，桂林文化供应社 1941 年版，第 90 页。

具有中等文化程度以上的社会青年，是一所比较完备的政治军事学校。训练期限按学员的学历分三种：高中毕业者六个月，初中毕业者十个月，初中肄业者十八个月。由于该校声言“毕业生不仅可以充任乡（镇）长，其成绩优异者可以充当区长、县长。那时一般失业青年都趋之若鹜”①。在抗战期间，为了适应战时政治需要、训练基层干部人才、充实基层政治机构，推行地方自治、促进社会事业，新桂系于 1939 年创办“广西地方建设干部学校”。到 1940 年底结束时，该校为广西培养了一千四百多名乡镇干部，调训了四千多名在职的村街干部。② 由于该校聘请著名学者、中共地下党员杨东莼为教育长实际负责学校筹建和日常工作，该校在新桂系体制内部空间的保护下成为受共产党八路军驻桂办事处直接领导下的进步学校，被时人誉为“南方抗大”，有“北有抗大，南有干校”之说。③

新桂系在发展教育事业方面颇有建树。广西省财政素来入不敷出，但从 1928 年起对教育的投入相当可观。在 1928 年，教育经费除增加田赋三成、补助各县立中学及各县教育局的七十万元不计外，由教育厅直接支出者总计二百四十万元，占全省收入 10%。而据报载，当时日本（1927—1928 年）的教育经费占财政收入的比例为 8.22%，英国（1926—1927 年）为 7.00%，意大利（1926—1927 年）为 6.66%，法国（1927 年）为 5.49%，中国（1927—1928 年）为 1.70%。到 1935 年，广西教育经费总数更达到三百二十八万一千二百四十五元，在全国各省中仅次于江苏（四百三十五万元）、河北（三百八十四万八千四百五十元）、广东（三百七十万二千三百四十六元），位居第四名。④ 新桂系在广西文化教育事业方面别开生面最突出的成就是国民基础教育和国

① 虞世熙：《新桂系的民团组织》，中国人民政治协商会议广西壮族自治区委员会文史资料研究委员会编：《广西文史资料》第 13 辑，1982 年内部发行，第 168 页。

② 《两年来的干校》，广西地方建设干校编刊社 1941 年版，“黄旭初序”。

③ 可以参阅蓝常周：《试论广西地方建设干部学校》，《广西师范大学学报（哲学社会科学版）》1992 年第 2 期。

④ 转引自朱浤源：《从变乱到军省：广西的初期现代化，1860—1937》，台北“中央研究院”近代史研究所 1995 年版，第 481 页。

民中学制度的实施。广西国民基础教育的设计师和实际主持人是当时与黄炎培、晏阳初、陶行知、梁漱溟、俞庆棠等一样声名卓著的教育家雷沛鸿。1933 年，在欧美留学长达八年的雷沛鸿回国后被新桂系礼聘出任广西省教育厅厅长。雷沛鸿这样表述自己的教育理念说："我们对于教育的基本概念是：教育是人民的权利，而非人民的义务，强迫而又免费的实施是政府的义务，而非政府的权利。唯其如是，我们的教育应具有三个特性：其一，是生长性（everlasting）；其二，是普遍性（universality）；其三，是现代性（modernity）。"① "国民基础教育"的概念早见于 1933 年广西第一次行政会议通过的《广西教育改进方案》。雷沛鸿之所以称之为国民基础教育而不名曰小学或其他，这是因为以往的小学一般仅视为学童初级教育，即所谓正式初等教育，而国民基础教育的宗旨在于"以扫除文盲，扫除政治盲，以至经济盲，助成各项建设为职志"，甚至如有人所言"不重在扫除文盲，而重在扫除政盲"②，其对象"不仅包括学龄儿童之义务教育，且兼及年长失学者之补习教育，与训练壮丁之军事教育，实合学校教育与社会教育为一体"③。1933 年，广西省政府先后颁布《广西普及国民基础教育五年计划大纲》（次年根据实际需要复修订为六年计划大纲）等四宗法案，标志着广西国民基础教育运动正式展开。大纲规定每村（街）设立一所国民基础学校，每乡（镇）设立一所中心国民基础学校，由乡（镇）、村（街）长兼任校长，所有适龄男女儿童和失学成人强迫入学，学制分初级前期班和后期班、高级班、成人班，成人班六个月，其余各班为两年。1933 年，全省有村（街）国民基础学校一万三千余所，乡（镇）中心国民基础学校一千余所，入学儿童六十五万八千余人，成人四万七千余人，到 1938 年度基础学校发展到一万九千余所，中心基础学校两千余所，入学儿童一

---

① 雷沛鸿：《广西国民基础教育运动的时代使命》，雷沛鸿：《雷沛鸿文选》，韦善美、潘启富选编，广西师范大学出版社 1998 年版，第 292 页。

② 朱浤源：《广西教育的初期现代化（1902—1937）》，台北"中央研究院"近代史研究所集刊编辑委员会编辑：《"中央研究院"近代史研究所集刊》第 21 期，1992 年第 6 期。

③ 赖彦于主编：《广西一览》，教育，南宁广西印刷厂 1936 年版，第 29 页。

百六十三万八千余人，成人一百三十三万七千余人。① 由于国民基础教育的普及，而“受过国民基础教育者，莫不渴望得有一较大的教育机会”②，1936年广西省政府接受雷沛鸿的主张颁布《广西国民中学办法大纲》和《广西国民中学组织规程》，在普通中学之外在全省开始创办国民中学，以培养乡村建设干部为主要目的，并兼顾升学需要。再次，在高等教育方面，1928年创办的广西大学卓有影响，曾任孙中山临时政府秘书长、在引入欧洲现代高等教育理念方面享有“北蔡（指蔡元培。——作者注）南马”美誉的著名教育家马君武三次出任广西大学校长，推行现代大学洪堡原则，倡导“锄头运动”，使西大虽然遭逢许多困厄艰辛，但一直生机盎然，由稚弱而健壮，由分散而集中，由省立而国立，成为当时国内蜚声遐迩的高校之一。新桂系在广西教育建设方面的第四个特点是实行寓将于学政策。这与新桂系寓兵于团政策密切相关，因为广西民团数量庞大，必须有培养大量军事干部的配套措施，所以在学校中推行军训之举乃其必然结果。其中，高小实施童军训练，初中实施青年军训练，已经举行毕业会考的初中生，不论会考及格与否，都集中在一处，施行六个月严格军事训练，军训及格方能发给毕业文凭。高中则于第一学期实施军训。白崇禧说：“高中受过军事训练半年，连同初中有一年的程度，毕业后可以担任排长任务，大学生要受两年军训，所学更深……总理手创的黄埔军官学校，第一、二、三期的学生肄业期间，也不过是六个月或一年，我们广西受了军训的学生，就可以同那时的黄埔学生比拟了。所以在无形中，广西是有了若干黄埔军官学校。”③

新桂系在经济建设方面亦有一定的作为。为开发柳州沙塘一带荒地，并作为全省垦殖示范区，1932年在柳州与柳城之间设立广西垦殖

① 雷沛鸿：《六年来之广西国民基础教育》，民团周刊社1939年版，第18—19页。

② 雷沛鸿：《雷沛鸿文集》（续编），韦善美主编，广西教育出版社1993年版，第438页。

③ 白崇禧：《广西的“三自政策”与“三寓政策”》，莫乃群主编：《新桂系纪实》上，《广西文史资料》第29辑，中国人民政治协商会议广西壮族自治区委员会文史资料委员会1990年版，第423页。

水利试办区，1934 年改为广西农村建设试办区，在建设厅厅长伍展空领导下，立志建设新农村、改造旧农村，为广西农业建设发展道路做出了有益的探索。当时一位外省人参观该试办区之后赞扬说："把站在死亡线上之三千无地可耕、无家可归之人民，搬移于政府所垦区域里，拨给耕地，供给农具，拨给房屋，负担经费而救济之。这种认真的救济农民之事实，恐怕在中国为新纪录吧。"① 桐油、茶油是广西重要的出口产品，左右江的八角油、容县和桂平县的桂油都是国内外市场的紧俏商品。新桂系曾通令全省每人每年植桐木十株，并以植桐多少，作为县长考绩内容之一。桐油产量因此逐年增长，1935 年全省出口桐油二十三万担，1937 年增长到二十九万担，凌驾于矿产、牲畜、稻米而跃居广西对外贸易出口的首位，② 以至于白崇禧在讲话中云："广州是以木棉为市花，桂林是以桂花为市花，假如广西有省花名词，我想向党政军建议，并拟请以桐花为省花，并定每年四月一日为'桐花节'。"③ 正如张仲在《老桂系时期广西的工商业》中这样写道："广西在老桂系统治时期，不但没有重工业，也没有轻工业，从未见过高耸云端的烟囱，所以工厂二字，很少有人提及。当时，南宁中府街（即今之明德街）旧中府营原址（即工人医院靠近明德街处）虽设有广西造币厂一间，但非工业生产机构，只是老桂系依靠这个厂，用小型机器专造硬币以资充实本省银行基金，人们不甚注意。"④ 新桂系统治广西期间，官营工矿企业的建设渐有起色，其中主要有两广硫酸厂、南宁制革厂、广西火柴厂、广西酒精厂、广西印刷厂、南宁染织厂、南宁机械厂、广西玻璃厂、广西制药厂、广西陶瓷厂等。

广西矿藏资源丰富，开采历史悠久。早在宋代，南丹一带就有土民

① 毅庵：《全国瞩目的新广西》，许璧编：《广西建设集评》，西南印书局 1935 年版，第 131 页。

② 广西省政府建设厅统计室：《广西经济建设手册》，桂林崇大印刷厂 1947 年版，第 105 页。

③ 白崇禧在广西各界举行清党十周年纪念会暨扩大总理纪念周中的讲话见于《正路》1937 年 7 月新 1 卷第 10 期。

④ 中国人民政治协商会议广西壮族自治区委员会文史资料委员会编：《老桂系纪实》，广西人民出版社 2002 年版，第 127 页。

从事银矿与铅矿的开采冶炼。到20世纪30年代，新桂系制定一系列发展矿业的政策，有力地推动了广西矿业的发展。特别是新桂系逐步完善的收砂制度为广西矿业走向国际市场提供了良好的市场竞争平台。按照这一制度规定，各地矿商可以自由开采或收购矿砂，但锡、钨、锰、锑矿砂最后必须统一交给官矿局或广西驻港矿产推销处（1935年底后是广西出入口贸易处），由官矿局或广西驻港矿产推销处根据矿商交来的矿砂的质量和数量付给本金和工钱。如果矿商缺乏生产资金，可先向官矿局贷款，再以开采出的矿砂抵还。通过实施这一制度，新桂系对没有统一管理机构和管理制度的民营矿山企业在生产和销售方面都提出了统一的要求，这实际上标志着，新桂系通过提供贷款和控制销售两个途径，得以实现了对民营矿业的宏观管理。当时广西矿业正处于从手工生产向现代机器生产过渡阶段，公私企业普遍存在资金匮乏、技术落后、管理粗放等弱点，而面对的却是竞争异常惨烈、风云变幻叵测、国际化程度极高的香港市场，势单力薄，往往被实力雄厚的外商所操纵。在新桂系设立广西驻港矿产推销处统一负责推销后，各自为战的矿商汇聚成为庞大的合力，可以避免无序的削价竞销，具备一定对外商讨价还价的能力，通过严格检查亦有利于提高出口矿产质量、提升在国际市场上的声誉，且由于集约化的集团营销可以减少出口费用、时间和节约人力。据载，1937年广西的锡产量占全国总产量的1/2，占世界总产量的1/36；中国的钨产量占世界总产量的1/2以上，而广西在全国仅次于江西，居第二位；锰产量占全国总产量的70%多。①

杜赞奇集矢于与现代化和民族形成（nation building）交织在一起的20世纪初以来中国模式的国家权力扩展的所谓“国家政权建设”（state-making），借用吉尔兹（Clifford Geertz）“内卷化”（involution）的术语提出了“国家政权的内卷化”这一核心概念，认为：“尽管欧洲与中国在国家政权的扩张方面有相似之处，但中国国家权力的扩张有其自身的特点，即国家财政收入的增加与地方上无政府状态是同时发生

① 胡学林等：《广西经济建设诸问题·矿业问题》，广西省训练团1948年编印。转引自钟文典主编：《广西近代圩镇研究》，广西师范大学出版社1998年版，第283页。

的，换句话说，即国家对乡村社会的控制能力低于其对乡村社会的榨取能力，国家政权的现代化在中国只是部分地得到实现。”① 杜赞奇将官府借以统治乡村社会的中介人分为两种理想类型，一为代表社区利益的“保护型经纪”，一为假公谋私的“赢利型经纪”，分析了民国以后随着国家政权内卷化，乡村精英抽身隐退而土豪趁机进入乡村政权的政治舞台中心、传统经济体制从“保护型经纪”向“赢利型经纪”转化的社会演化趋势。黄仁宇在《放宽历史的视界》中受布罗代尔年鉴学派“长时段”理论影响，提出一种“大历史”（macro-history）观，认为中国传统的官僚政治是如同“金字塔倒砌”（pyramid built up-side down）般的间架性的设计（schematic design），先造成理想上完美的数学公式，然后向犬牙相错的疆域及熙熙攘攘的千百万众生头上笼罩下去，上面冠冕堂皇，下面却有名无实，在技术能力还未完全展开时，只好先对大数目的军事政治难题囫囵应付，不能实现在数目字上管理（not mathematically manageable）。尽管黄仁宇大历史观的总体史学与杜赞奇《文化、权力与国家：1900—1942 年的华北农村》使用的区域社会史研究方法大相径庭，但黄仁宇对 20 世纪中国政权建设的分析和杜赞奇的论述具有异曲同工之妙。黄仁宇指出：国民党和蒋介石组织了一个新中国现代型高层机构（superstructure），但实际上低层机构并没有脱胎换骨，仍与明末清初大同小异，而只有共产党和毛泽东通过群众路线、土改替中国创造了一个水平而清爽的下层组织（infrastructure），才使中国能够在数目字上管理。

杜赞奇的《文化、权力与国家：1900—1942 年的华北农村》如前所述是一种区域社会史研究。这种研究既是美国汉学数十年来研究细密化的表现，亦是美国学者受语言阻碍限制不得不普遍采取的理性选择。这种区域研究的结晶体“国家政权内卷化”的核心概念与其研究客体材料具有血肉相连的关系网络。中国学术界目前在追新骛奇心理裹挟下往往将“国家政权内卷化”的概念和理论普适化、扩大化，这其实正

---

① 杜赞奇：《文化、权力与国家：1900—1942 年的华北农村》，王福明译，江苏人民出版社 2003 年版，第 50 页。

是杜赞奇服膺的后殖民主义理论所蔑弃的学术殖民心态，更何况杜赞奇认为历史是反理论的。众口腾播不仅令中国学人自身的研究汩灭灵明而呈现内卷化，而且本身亦令“国家政权内卷化”理论内卷化、枯萎化。杜赞奇描述的华北地区在民国时期是各军阀统治的“公共游牧地”，没有明晰的“产权”归属，兵过如梳，匪过如篦，乡村基层政村建设自然糟不可言。但中国是一个大国，新桂系在广西的施政可以说即与杜赞奇描述的华北地区“国家政权内卷化”的模式迥不相侔。

新桂系当时认为，“二十几年来，中华民国之所以仍旧是块假招牌，就是因为大家不肯从下层做起”①，所以他们惩于广西县以下乡村组织“萍若而合，絮若而散，犹如一盘散沙”② 的状况，主张欲行远必自迩、欲登高必自卑。正如新桂系自身所标举的那样：“广西的民团，绝不是过去中国各省的民团，它是一种下层的军事、政治、经济的组织，各乡村里面不但有后备队、村公所、学校，而且有乡村的公有林、公有塘，以及实行公耕，而以所获置于农仓，留作公益之需，所以我们不是化民为兵，而是兵民合一，不是变生产为消费，而是要增加生产。这是广西民团真实的内容。”③ 新桂系大办民团的效果彰彰甚明，匪患日消，新桂系实力日增而令蒋介石不敢轻举妄动，抗战期间广西虽曾两度沦陷，但均能以最短的时间将日军逼出省境。广西之所以在抗战期间能为全国提供仅次于四川的兵源，④ 且八桂子弟在台儿庄诸役中表现令世人刮目相看，这都与广西民团的组建密不可分。更为重要的是，自从科举制度废除以后，中国乡村精英的产生便受到严重的影响，在青黄不接的新旧社会、文化、世道变迁过程中，华北地区俗氛满面的土豪劣绅沐猴而

---

① 白崇禧：《三自政策》，广西壮族自治区地方志编纂委员会编：《广西通志》，附录，广西人民出版社2006年版，第40页。

② 邱昌渭：《广西县政》，桂林文化供应社1941年版，第81页。

③ 白崇禧：《广西的“三自政策”与“三寓政策”》，莫乃群主编：《新桂系纪实》上，《广西文史资料》第29辑，中国人民政治协商会议广西壮族自治区委员会文史资料委员会1990年版，第413、431页。

④ 1937年“七七”事变后，广西在短短一个月左右的时间便动员编成四个军，共四十个团，后改编为三个集团军，成为当时最迅速调动部队开赴前线作战的省份。

冠、乘机窃取乡村政权的控制而为非作歹可以说因缘时会，这似乎不能完全归咎于杜赞奇所谓的国家权力向乡村社会的扩张。新桂系广西模式的意义在于为探寻造就乡村社会新式精英方面进行了别具一格的制度创新。雷沛鸿设计实施的国民教育体系、马君武垂范力倡的锄头运动，其实无不昭示着开辟某种新路径的努力和尝试。胡政之在《粤桂写影》中这样写道：广西“初办民团时，即侧重训练中学生充当干部。其后查户口，编村甲，亦注意于教育程度之高低。村长街长必以本村本街众望素孚而年在二十五以上四十五以下之人应选。如本人年龄过高，即推选其子侄，或者拔选受过中学教育者出任。若再无适当人选，即选邻村邻街之人。要之严禁旧日土劣混入，抑因训练甚苦，事务甚繁，旧日土劣，实亦无此能力”①。我们同意，必须对近代中国民族国家建构过程中不遗余力向基层社会输送原本属于上层官僚体系政治轨道的权力的现代化变革保持清醒的反省能力，但事实上，中国历史上的官僚化国家机器自秦以来对于社会的统摄力度与深度堪称举世罕俦，传统乡村社会并不存在范围边界确定明晰的自治空间，国家对乡村的干预古今同概，几无不同，故而近代西方输入的地方自治话语与中国民族国家建构过程中国家权力向乡村社会渗透扩张的情势往往淆然难分，问题的关键不在于这种国家权力的扩张渗透是否应该，而在于如何重构乡村社会的基层组织。新桂系造就乡村建设新式精英的广西模式并非一无可取，起码说明乡村自治建立和乡村新式精英的产生是必须经过既习又学的教育过程。正是由于新桂系能够以务实的态度从基层做起，像李宗仁抗战时期所谓五路军和共产党的八路军一样重视动员群众，所以史迪威（Joseph Warren Stilwell，1883—1946）等国内外各界人士纷纷称誉广西为中国的模范省（the model province of China）。② 李宗仁亦盛赞“黄绍竑治下的广西，行政效率已为全国各省之冠”③，并非漫说。

① 冷观：《粤桂写影》，《大公报》1935年2月19日。

② Joseph W. Stilwell, General Conditions in Kwangsi Province, *U. S. Military Intelligence Report*, No. 9348, May 5, 1936, p. 6.

③ 李宗仁口述，唐德刚撰写：《李宗仁回忆录》下，广西师范大学出版社2005年版，第482页。

杜重远在给邹韬奋的信中对桂省当局当时殷殷图治的政情赞不绝口，云："桂当局定南宁为政治区，桂林为文化区，梧州为商业区，柳州为工业区"，"桂省岁收为二千三百万元，最近经省政府会议，军政各用其半，而政费之中以四百万元兴建设，以三百万元办教育，故桂省虽贫，而教育建设两费尚不为少。据云粤省岁收超过桂省三倍，而建设费不过五十万元，尚须打折扣，以此例彼，其相差为何如?""知吾国于此污浊扰攘的环境中，尚有努力谋建设者。"① 新桂系在广西的施政的确在当时中国各省地方实力派中佼佼出众，技高一筹，这也是其能够在蒋记中央占有举足轻重地位的政治才干和资本的表现。不过，新桂系自己也承认："桂省就建设成就而言，则军事建设的成就最大，政治建设次之，经济文化建设又次之。"② 现代化建设固然必须以社会动员为前提，但新桂系的"广西模式"这种包括对乡村基层社会的深入动员和改造并没有启动现代化经济的起飞，其症结仍然在于社会上层和下层结构转型的时代难题解构与重建迄莫辨津梁、任重道远。

如果从社会法学的角度进行类型学的概括，我们可以大致上说传统社会的帝制中国是家国同构，而现代社会的民族国家则与公司法人制度是同构体。在传统社会的帝制中国时代，"国"之概念所指涉的皇帝官僚政治体制的间架性的设计的确气势雄伟，但实际上其经国体野的控驭能力往往仅止于县一级行政组织而已，而"家"之概念所指涉的基层社会的宗族、乡族等组织系列则在行政、经济活动、社会教化等方面成为国家末端政权的补充，起到所谓"结构—功能替代物"的作用。③ 因此学术界有人认为中国传统社会是"国"与"家"的双重统治，即所谓的"家国网络"。日本法学家滋贺秀三在《中国家族法原理》（『中国家族法の原理』創文社、1981年）中对"宗"和"家"进行区分研判，认为"家"是一经济单位，从法律权利上来看，按份占有的关系并不存在。尽管现代法学上的法人制度源自西方，而西方现代法学中的

① 杜重远：《狱中杂感》，上海生活书店1937年版，第245—250页。

② 李一夫：《广西建设之史的发展》，《建设研究》1941年第6卷第5期。

③ 张研、牛贯杰：《19世纪中国双重统治格局的演变》，中国人民大学出版社2002年版，第7页。

法人制度出现于法律法规之中亦仅最早见于1892年的《德国民法典》（*Bürgerliches Gesetzbuch*，BGB），但事实上的法人制度无论西方和中国都有比较悠久的历史。中国宗族即是典型的法人组织，它完全符合现代法人组织的构成要件，有自己独立的财产和经费（族田等），有自己的名称、组织机构和场所（各种主事人员、祠堂等），有自己的章程（族规家法等），能够独立承担法律责任，而且在清朝“立族正”甚至已被正式写入了有关组织保甲的法律条文。笔者借用现代法学的概念将中国乡村社会的宗族称为“维生型社团法人”，而将现代社会大量存在的公司称为“营利型社会法人”。和传统帝制中国的“家国同构”体系一样，现代民族国家的社会基层法律的同构体乃是以公司为代表的现代企业法人制度。黄仁宇追溯西方资本主义产生时即这样写道：“有一位现代作家称历史上的威尼斯是‘一个没有领域的城市’和‘一个商人共和国’。‘它的政府即是一个股份公司。他的统领就是它的总经理。它的参议院，就是它的董事会。它的人口，就是它的股票所有人’。虽然比喻得过分，却可以让读者立即窥见这组织后面的真性格。这种性格也可以代表初期资本主义的精神。”① 当威尼斯社会底层普遍以股份的方式投资贸易、政府亦成为以公司为蓝本放大的机构时，借用马克思的术语，上层建筑与下层经济形态成为同构关系。恰如布罗代尔所说，“资本主义之成功，在于其与国家互相印证，它（本身）即变成了国家”（Capitalism triumphs only when it becomes identified with the state when it is the state）②。黄仁宇对蒋介石国民党政府在民族国家上层组织结构的建设方面的历史功绩予以肯定是正确的，不过，即便这一上层组织结构亦是相当脆弱和窳陋的，而这恰恰影响到下层组织的建设。尽管新桂系对社会基层的动员和建设相当出色，但如黄仁宇所说，由于技术能力尚未展开之际先其所急而对付庞大的军事政治问题，群力以赴所建成的当时

---

① 黄仁宇：《放宽历史的视界》，生活·读书·新知三联书店2001年版，第105—106页。

② Fernand Braudel, *Afterthought on Material Civilization and Capitalism*, translated by Patricia M. Ranum, Baltimore and London: Johns Hopkins University Press, 1977, p.69.

“中国的模范省”，实际上是一个“军省”，时有“斯巴达化的广西”之称，以“营利性社团法人”为同晶型（isomorphic）社会结构渺不可期，不可能实现上下一体的“数目字上的管理”。

（三）路失迷津：盛世才新疆开发是非曲直

在武人干政、军民合治的政治结构中，以暴易暴的武装政变通常以周期性的爆发成为政治权力分配格局变化运作司空见惯的现象。1933年新疆“四一二”政变的枪声，宣告了金树仁统治时期的结束，开始了长达十一年零五个月之久的盛世才军阀统治时期。盛世才自日本陆军大学毕业后于 1927 年回国，供职于国民革命军参谋总部，郁郁不得志，逢新疆省主席金树仁驻南京代表鲁效祖奉命广罗军事人才，乃另投门庭携妻远赴新疆以求腾达。盛世才晚年在台湾所写回忆录《牧边琐记》（1967 年）中云：“我于民国十八年六月间离开全国政治中心的首都南京，远去荒凉的塞外新疆的动机有两个，第一个动机是为了开发边疆，建设边疆和巩固边疆。第二个动机是为了新疆接近苏俄，有机会看看第一个社会主义国家的实际情形……以决定我一生的信仰。”[①] 但这不过是盛氏冠冕堂皇的自我贴金之述。据盛氏青少年时期的密友赵铁鸣所言，盛氏入新前曾对他说：“此行乃是破釜沉舟之举，有进无退，吾必远到边区另创造一局面，将来或作一东亚红军总司令亦未可知。不然，我就找一老朽长官，假意殷勤，待其死后继承权位；或深入该地蒙古部落，伪装蒙古血统，求拜蒙古王纳为义子，俟蒙古王死后，即以义子地位代统其众，天下事大有可

盛世才像

① 盛世才：《牧边琐记》，彭昭贤、盛世才、张大军编：《五十年政海风云：天山南北》，台北春秋出版社 1967 年版，第 53 页。

为。”① 赵铁鸣所言见《盛世才祸新记之一》。由于盛世才统治新疆期间残民以逞，冤狱似海，盛世才离开新疆后，当时曾受到盛世才迫害的同胞无不大快人心，集资刊印《盛世才祸新记》两册历数其恶。赵铁鸣被盛邀至新疆任塔城行政长，后亦被盛以参加“阴谋暴动案”的莫须有罪名沦为阶下囚，故我们使用该材料亦应保持文本分析不可须臾或缺的警醒与审慎。《盛世才祸新记》还云：“十年负隅割据之盛世才，虽然花样翻新，诡谲善变，然可以三言盖棺论定焉：宅心以私，待人以伪，处世以疑而已。”② 中共中央原驻新疆党代表邓发于1939年离新疆前向后任党代表陈潭秋介绍情况和交代工作时亦云：“盛世才就其出身来说是个野心军阀，就其思想来说是个土皇帝，就其行为来说是个狼种猪（即又狠又蠢）。”③ 从根本上说，历史研究不可能彻底祛除价值判断，但是价值判断必须耐心地后置于历史文本的细致分析终结之后。现代历史学家有自身的话语方式，不能拘囿于道德价值的善善恶恶。从盛氏早期人格倾向即可以看出他具有极强的见风使舵的投机心理和对权力的渴望欲。在盛氏弃文学武之前，他先后在上海中国公学和东京明治大学学习政治经济学，所以他后来不仅单纯表现为军阀专制独裁的特性，更表现对“经济政治学”方面擅长政治投机的才能，洵为朝三暮四的政治变色龙：一时是共产主义、社会主义，一时是民族主义、爱国主义、民生主义；一时是红得发紫的联共党员，一时又豹变蝉蜕为“肝胆照汗青”的国民党员。

盛世才在亲苏亲共期间与国民党中央政府在政治话语的宣扬上大相异调。1935年春，俞秀松等联共党员到新疆，帮助盛世才制定出“六大政策”中的五项：反帝、和平、清廉、建设、亲苏。次年，盛世才写《六大政策教程》将民族平等表述为民平，“六大政策”由此作为盛世

① 《盛世才祸新记之一》，新疆民众集资出版，1944年油印稿，第5页。转引自张大军：《新疆风暴七十年》，台北兰溪出版社1980年版，第3166页。

② 转引自张大军：《新疆风暴七十年》，台北兰溪出版社1980年版，第6127—6128页。

③ 杨南佳：《新疆狱中斗争记》，中国青年出版社编：《红旗飘飘》第10集，中国青年出版社1959年版，第131页。

才政权的政治方针以纲领路线的形式正式形成。当时盛世才被其掌控的新疆当局舆论机器吹捧为“新疆人民的伟大领袖”，各机关、学校、部队都要悬挂盛的肖像。① 当时新疆挂六大伟人像：斯大林、罗斯福、丘吉尔、蒋介石、毛泽东、盛世才。开会时必喊“伟大领袖盛督办万岁!”盛世才自诩在中国内地有国民党政治集团及共产党政治集团，而在新疆则有六大政策集团，一再声称：三民主义、共产主义、六大政策是当代中国三大政治体系；国民党军队、八路军、新疆反帝军是三大独立的军事集团。

盛世才主新期间在经济建设方面的成就，与过去杨增新、金树仁时代相比，确实取得了明显进步。1934 年盛氏统一全疆后，由于连年战争，土地荒芜，粮食匮乏，政府财源枯竭，经济陷于再衰三蹶的窘境。1933 年 8 月，省政府虽推举吴蔼宸起草《整顿新疆财政计划意见书》，提出开源节流的办法，但时禁势格，徒流于纸上。1934 年秋，苏联专家米哈尔曼②应聘出任省政府财政顾问，成立财政委员会和财政监察委员会，建立并统一了预决算制度，采用新式簿记，取消包税制度，使财政状况由危转安。1934 年末，新疆省政府成立了“新疆省设计委员会”，1935 年在苏联顾问、专家（据说由斯大林妻舅斯瓦尼兹③主其事）的指导下制定了第一期三年计划，从 1936 年 7 月便开始作准备实施工作。实施时期为 1937—1939 年。以后，1940—1942 年为第二个三年建设计划，新疆第三个三年建设计划，由于 1944 年盛世才调职离新，情况

① Lars-Erik Nyman, Sinkiang 1934 - 1943: Dark Decade for a Pivotal Puppet, *Cahiers du Monde russe et soviétique*, Vol. 32, No. 1, En asie centrale soviétique: Ethnies, nations, états (Jan. -Mar., 1991), pp. 97 - 105.

② 此人的俄文名字与生卒年份不详，待考。

③ 斯大林第一任妻子为卡德琳娜·斯瓦尼兹（Сванидзе Екатерина Семеновна, Ekaterina “Kato” Svanidze, 1885—1907），其兄弟人数不详，其中有一个见诸文献的兄弟名叫亚历山大·斯瓦尼兹（Александр Семенович Сванидзе, Aleksandr Semyonovich Svanidze, 1886—1941），曾在德国学习，代表苏联与德国进行经济贸易谈判颇有成效，于 1935 年担任苏维埃国家银行（Госбанк, Государственный банк СССР, Gosudarstvenny bank SSSR）主席，后在大清洗中被杀害。中方文献中所谓的“斯大林妻舅斯瓦尼兹”应该就是此人。

变化，中止实施。从资料来看，当时省政府的确想把落后的新疆改造为现代化的新新疆。盛世才认为，农业和牧业是新疆经济的基础。发展农业的必要条件，首先要开发水利。因为新疆土地广大，可耕之土地遍地皆是，但尚未能普遍耕种的原因，是由于人口稀少和水量不足。其次要使用农业拖拉机，即逐渐走向农业机械化的道路。因为新疆的面积广大，位居中国各省的第一位，但人口只有四百余万人，欲用少数的人力耕种面积广大的土地，是一个困难的问题，欲发展农业更属困难问题；因此必须尽量使用各种农业机器。第三，要改良种子和使用肥料。因为种子不良和不知使用肥料的缘故，致使虽消耗大量资本，反得不着相当的收获。而休耕的方法，减少了耕地的面积。第四，要改善耕种方法和预防不利于田禾之各种害虫。第五，要开辟荒田提倡造林。第六，禁止高利贷。①

在苏联的帮助下，新疆农业在1933年至1944年间，耕地面积从四百六十三万四千五百零七亩增加到一千六百八十万零九百一十二亩，粮食产量从四百六十万石增加到一千一百七十三万五千三百八十石，棉花产量从二百一十一万八千四百斤增加到二亿八千三百三十八万斤，创造新疆历史上耕地面积和粮食产量的前所未有的新高。不宁唯是，新疆农业机械化的发展水平在当时全中国堪称首屈一指、独步一时。从1936年起，盛世才政府开始从苏联大规模购买农业机器，各种新式农具于1942年已达十万五千架左右，② 主要包括拖拉机、选种机、播种机、收割机、单体犁、双体犁、喷药器等。当时，伊犁、塔城两区的大部分地区在农业上已使用选种机清选种子，使用福尔玛林药品对种子进行科学拌种和消毒，使用农药灭蝗。据国民政府年鉴记载，新疆省牧畜1933年至1942年间从不足四百万头增加到一千五百零一万二千一百七十六头，其中马八十七万零九百八十二匹，牛一百五十八万七千二百二十六头，羊一千一百七十二万六千六百七十五只，超过十年前的四倍半多。西北近代引进国外畜种以新疆最早，规模最大。盛世才时期，新疆从苏联引进大批种马，在各县建立家畜配种站，使马种改良成当时声势颇大

---

① 张大军：《新疆风暴七十年》，台北兰溪出版社1980年版，第3848页。

② 张波：《西北农牧史》，陕西科学技术出版社1989年版，第426页。

的普及性运动。1942 年著名的昭苏马场成立，用现代科学方法进行改良和繁育示范，经过多年不懈努力，终于 1949 年以前基本培育成了迄今我国现代最优秀的马种之一“伊犁马”。新疆细毛羊畜种则始于 1936 年。起初，新疆土产公司从苏联引进六十头高加索细毛公羊和少量伯列考斯公羊，在苏联畜牧专家指导下，在乌鲁木齐南山牧场等地与哈萨克母羊、蒙古母羊杂交。1939 年新疆巩乃斯种羊场成立，为当时中国最大的良种羊场，南山牧场随之全部迁入，合并组成有二千六百只母羊基础的羊群，继续用高加索、伯列考斯两支父系杂交，开展大规模有计划的细毛羊畜种实验并取得重大突破。新中国成立后经农业部组织专家全面考察，正式命名为“新疆主肉兼用细毛羊”，简称“新疆细毛羊”，与驰名中外的伊犁马一起被誉为我国近代西北采用杂交畜种最成功的典范。盛世才统治之前，新疆近代工矿企业寥寥无几，且由于兵戎纷纭，大多苟延残喘。针对这种情况，新疆省政府提出“建立现代化的轻重工业”，并倡导“人民投资工业”，意使公私并举建设工业。第一个三年计划中新工业的建设，有迪化电灯厂等八家电灯厂，印刷厂及印刷所共有七家。机械工业，有迪化修理汽车机件总工厂、伊犁修理汽车机件厂、塔城修理五金器件厂。食品工业有迪化面粉厂等五家面粉厂，迪化制油厂等三家制油厂，迪化制酪厂等两家制酪厂，还有迪化制糖厂、伊犁制酒厂、昌吉制纸厂和田洛浦毡织工厂。制材工厂有迪化第一锯木厂等四家锯木厂。制革工业，有伊犁皮革厂和迪化皮革厂。化学工业有伊犁制胰厂。纺织工业，全省各地均有纺织厂，全省约有纱锭六千六百锭，毛织机一万锭。在矿业方面，厘定各种矿业章程，实施矿业注册，颁发矿业执照，鼓励私人开采。1935 年成立阿山金矿局，购买机器采矿，由省政府经营。1935 年苏联经盛世才口头同意开采乌苏独山子油矿，可处理原油一百五十吨。独山子油矿发展到鼎盛时期（1942 年底至 1943 年初），拥有职工近一千人，钻进油井三十三口，还自办了煤矿、农场、抽水站、学校、医院、电站等，俨然一座新兴工矿区。进入第二个三年建设计划以后，无论是重工业还是轻工业，在原有基础上均有较大发展。从 1935 年春开始，盛世才政府开始修筑迪伊（迪化—伊犁）和迪哈（迪化—哈密）公路。1937 年 7 月完工通车，全长一千八百五十九公里。1937年“七七”事变后，此路又展至星星峡与西北公路衔接，西延至中苏交界的霍尔果斯，对抗战物资运输具有重要意义。至1942年底，全疆有公、私汽车一千一百余辆。

在社会科学中，经济学龙骧虎步，大规模向其他学科领域扩张版图，出现诸如法律经济学、公共经济学等分支，有“经济学帝国主义”之称。然而，经济学本身存在局限性是无可讳言的，纯粹用经济学的眼光审视盛世才统治新疆期间的开发活动无疑会自我拘囚锢蔽于表面而失之于肤浅的现象陈述。盛世才之经济开发建设是建立在对苏联的依赖性之上，而其中直接向苏联借款尤具不容忽视的作用。苏联自1933年新疆“四一二”政变后就已经开始向盛世才提供物质支援。据包尔汉说：“原来自1933年夏，苏联便开始对盛政府提供物资支援了，截至南疆军事结束，这项支援如果用货币来计算，已经是一笔巨款。盛政府从国际关系上讲，对这笔款项是必须偿还的。其次，新疆恢复和平后必须巩固财政金融，恢复并发展生产，就当时新疆省政府的财政状况讲，这几项工作的实现，也得依靠外援。……盛世才本人在一次有《天山日报》记者参加的省府会议上曾公开地说，举借外债不是一个省政府所能擅自决定的，但是政府目前的窘境如果不设法打开，不用说对人民的诺言无法兑现，就是军政开支也难以维持了。苏联援助我们粉碎了帝国主义走狗在新疆制造的战乱，还将援助我们从事建设，我们深信苏联的对外政策。在中央政府不能给我们任何接济的情况下，我们只有坚定地接受友邦向我们伸出的友谊之手。我们既没有因此出卖祖国的尺土寸地和主权，而友邦也绝不会提出任何附带条件。这件事省政府已经两次向中央电陈原委，如果因此引起中央的任何责难，都由督办和主席两人承担。盛世才的话当时是没有人敢反驳的，而且当时的省府委员，除了少数几个人，也都乐于走亲苏路线。借款一事后来便由省府会议通过了。”①

1932年12月，中苏两国政府经本国代表反复谈判后以换文形式正式恢复大使级关系，标志着中苏关系进入正常化新阶段。② 从国际法角

① 包尔汉：《新疆五十年》，文史资料出版社1984年版，第256—257页。

② 罗志刚：《中苏外交关系研究（1931—1945）》，武汉大学出版社1999年版，第48页。

1935年包尔汉任新疆裕新土产公司总经理时察看收购来的狐皮

度而言，这意味着苏联政府对南京国民政府确凿无疑的法律上的承认（de jure recognition）。中国古代素有“王臣无外交”的说法，而按照当时国民政府宪法和其他有关国权与地方自治权划分的法律，省政府并无签订条约等重要国际事项之权。尽管盛世才统治时期新疆省政府具有事实上的军阀割据性质，但毕竟不是与中央政府相对立的交战团体和叛乱团体（belligerent and insurgent communities）之类“被承认具有一定的但却是有限的国际法律人格形式的半国家（Para-State）实体”①，显然不具有国际法上的缔约能力。就在盛世才政府决定向苏联签订借款合同时，南京国民政府正在对盛氏前任金树仁进行审判。金树仁在任期间于1931年10月与苏联秘密签订《新苏临时通商协定》。② 金氏倒台后被南京国民政府下令逮捕入狱，江苏高等法院以金氏私订《新苏临时通商协定》指控其为“巩固个人地位，损害民国”，按照刑法“外患

① 伊恩·布朗利：《国际公法原理》，曾令良等译，法律出版社2003年版，第73页。

② 《新苏临时通商协定》及《新苏临时通商协定附件》，现藏新疆维吾尔自治区档案馆，编号为：外1－1－756。

罪”规定判处有期徒刑三年零六个月。金树仁案其实不无对盛世才敲山震虎、杀鸡儆猴之意，盛世才对此心知肚明，其决意向苏联借款时惩于前车之鉴，一则以省府委员集体决定而达到法不责众的目的，一则将此决定公开化。包尔汉称第一笔借款合同是他以全权代表身份同莫斯科派来的一位商务代表签订的，并称他手边存有一件全权代表证，上面写道：

> 派新疆裕新土产公司总经理包尔汉与苏新贸易公司签订五百万金卢布垫款，定期以土产偿还合同全权委员。此证。
>
> 新疆省政府委员兼主席：李溶
>
> 委员兼民政厅长：马绍武（赴苏联医病）
>
> 委员兼财政厅长：陈德立
>
> 委员兼教育厅长：张馨
>
> 委员兼建设厅长：高惜冰（因公出省）
>
> 秘书长：郭天鸣
>
> 委员：盛世才（兼督办）
>
> 和加尼牙孜（兼副主席）、郁文彬、师世昌、鲁效祖、满楚克扎布、沙里福汗（职守在外）
>
> 中华民国二十四年五月十二日①

包尔汉说：“上述那份全权代表证的落款是抄录南京政府任命的省政府成员名单，上面没有由盛世才设置的‘农矿厅长’等职衔，连因人而设的‘副主席’和不在省城的省府委员都加括号注明，其道理就是：既说明借款是由南京政府任命的省府委员通过的，又作为此后向南京政府集体负责的证据。盛世才对此说过，明人不做暗事，这是省府会议通过的，不像金树仁，暗地里同苏联签订通商协定，结果个人坐了班房。”② 然而，盛世才在 1940 年 3 月 21 日向国民政府外交部查询人员

① 中国人民政治协商会议全国委员会文史资料研究委员会编：《文史资料选辑》合订本，第 27 册，总 78—80，中国文史出版社 1986 年版，第 101 页。

② 包尔汉：《新疆五十年》，文史资料出版社 1984 年版，第 256—257 页。

说明情况时的说法与包尔汉所述不尽一致，称：“新省连年战祸，元气大伤，马仲英之乱虽平，而闾里萧条，百废待举，遂由苏联驻迪化领事洽谈贷款事，以谋恢复元气并徐图建设。此事由余授权陈德立与苏领谈判，并由陈面询苏俄对贷款事有无条件，苏领答‘无’，但谓彼奉苏外交部秘密训令，只需余对苏始终维持友好及反抗日帝即可允成立贷款。苏方旋派其财政部代表司瓦尼孜来新，我方派省财政厅长胡寿康与之继续商谈，结果缔结五百万金卢布贷款合同，苏方即由司瓦尼孜代表签字，胡寿康代表我方签字。该合同规定我以羊、羊毛等物，按期偿还其本利，并未附有秘密条款。惟可惜者，苏方所贷给者纯为白银，无法行使。余乃存入省库，后来并将此项白银，连同五万两黄金，作为新疆省货币发行之担保。”① 不过，包尔汉亦称：“参加这笔借款洽谈的省政府代表是财政厅长陈德立，我没有直接参与，但是从侧面略知一二。”② 另外，据包尔汉说：“这笔借款从1935年初就开始洽谈了。中间因为避免苏联对华外交上的麻烦和其他原因，一直拖延到8月间才正式签订。签订仪式是在督署东大楼公开举行的，参加的有盛世才、李溶、和加尼牙孜等，苏联外交、商务人员和应聘在新疆服务的苏联人士，新疆省政府所属的在省各机关首长，都出席了签字后的庆祝宴会。《天山日报》报道了宴会情况和中外首要的席间讲话，还发表了社论。”③ 但我们从1935年5月25日新疆省主席李溶、边防督办盛世才致电行政院及实业部、外交部的报告称该合同签订于1935年5月16日。电报原文称：新疆“兵燹之后，疮痍满目，民生凋敝，已达极点，若不亟谋规复，则边局前途，何堪设想。兹为振兴实业，救济民生起见，特由本省土产公司向驻新苏联贸易公司订借卢布伍百万，定以全数用于土产事业，不准移作别项，年息四分，核合月息三厘三毫有多，订明限期5年，以本省土产核价抵还，在限期内，清偿一部，即止一部之利息，此系商业合同，不附其他条件，业于本月十六日由双方签字。除合同原文邮呈外，特先

---

① “中华民国外交部”编：《苏联对新疆之经济侵略》，台北阳明庄1959年版，第38页。

② 包尔汉：《新疆五十年》，文史资料出版社1984年版，第256页。

③ 包尔汉：《新疆五十年》，文史资料出版社1984年版，第256页。

电陈”①。这一时间记载的歧异估计可能是包尔汉回忆的错误，《天山日报》发布消息推迟亦未可知，从史料学的角度而言，盛世才的电文系遗留性史料，其可信度显然大于包尔汉回忆录的记叙性史料。但包尔汉称最后由其签字的说法应该是成立的，因为盛氏1940年的说明系补述，难免有误，而包尔汉有授权委托书为证。从情理推论，当时盛世才政府为了应付国民政府的调查，从法律上极力欲规避审批，所以由省政府在后台交涉谈判而在前台由时任裕新土产公司总经理的包尔汉签字，以便使政府行为乔装打扮为民间商事行为，从而使借款的法律行为适用于国际私法而不适用于国际公法。因为盛世才政府深知省政府财政厅签字则意味着从条约法角度而言主体资格的不适格，且超越中央授权权限以外的行为（altra vires）即便签约后亦不具备国际法效力，而一旦变为民间商事行为后，则国家法律承认当事人意思自治（autonomie de la volonté），国民政府中央则不便过分干预。但如果事实上确实为民间商事行为，则包尔汉的全权代表证书则不必由省政府如此郑重其事授予，这恰说明盛世才政府当时有掩人耳目的用心，“揭开公司的面纱”（借用民商法中的概念）后则昭然可见裕新土产公司背后实际主体的真面貌。

1933年底，南京政府获悉盛世才拟向苏联借款的传闻，即令有关部门交涉阻止。1934年6月12日，国民党外交部照会苏联驻华大使鲍格莫洛夫（Дмитрий Васильевич Богомолов，Dmitry Vasilevich Bogomolov，1890—1937）称：“嗣后各机关无论以何项名义所缔结之借款契约，凡未经国民政府核准者，一概无效。”② 7月16日新疆代理主席李溶、边防督办盛世才电呈行政院及军事委员会说：新疆当兵燹之余，地方凋敝，农村破产，若不速予救济，恐致束手待毙，此种情形，早在洞鉴。兹为权济眉急起见，与苏联在新贸易公司接洽妥切，拟将新省土产酌售于该公司，以换金卢布四百万，该公司先行付款，归款期限，约定

① “中华民国外交部”编：《苏联对新疆之经济侵略》，台北阳明庄1959年版，第37页。

② 厉声：《新疆对苏（俄）贸易史：1600—1990》，新疆人民出版社1993年版，第425页。

五年，即以新省土产陆续交付作价偿还，利息亦轻微，此纯系商业性质，并无任何政治条件。敬请俯赐核准，俾便订立合同，及早收款，劫后边局，利赖无穷。行政院 7 月 27 日复电称：“中央对于各省与外国订立合同，向须经过审查，始能核准，盼即将合同草案全文电来，始凭审核，事关整理财政，中央必于可能范围内，促其成立。”① 但盛世才并未将合同草案呈报南京。7 月 28 日，国民政府外交部将此情况电告驻苏大使馆，令其向苏联政府提出三点：（1）苏方拟与新省交换何种土产，请其尽量列举；（2）该项商议已至若何程度，请将草约内容全部抄送；（3）此事未经中央向苏联政府明白表示以前，苏联贸易公司不得与新疆当局签订合同。7 月 31 日中国驻苏大使馆将上列三点告知苏联外交人民委员会东方司司长后，该司长答复说：“合同内容，本人亦不甚详悉，容再查询。”② 同年 8 月 2 日苏联外交委员会东方司司长面告中国驻苏大使：“新苏贷款事，曾加查询，确系新疆省政府提议，苏联外交委员会曾于 7 月 18 日电令驻华鲍格莫洛夫大使通知中国外交部。此事在苏联政府方面，认为足以巩固新疆省政府之地位，有益于两国邦交。”③ 中方回答说：“此事有益与否，中国政府尚未审核完竣。惟中国政府目前所注重者为手续问题，在中央未经核准明白通知苏联政府以前，此项合同，不应签字，因按照中国法律，省政府非经中央核准，不得向外国自由借款，否即为违法，借款合同，不能生效。为苏联方面利益计，亦有唤起苏联政府注意之必要，为免除将来纠纷计，苏联政府尤应查询对方法律权能若何？”④ 关于草约内容，苏方司长诿称：“纯系商务性质，不属外委会主管，故未见全文。”⑤ 8 月 4 日，盛世才、李溶电呈行政院及军事委员会，请求俯赐核准新疆向苏新贸易公司贷款事，以便进行，至合同俟成立后再呈送核鉴。

8 月 15 日，国民党外交部再电驻苏大使馆：“苏联外交部所称，曾

① 张大军：《新疆风暴七十年》，台北兰溪出版社 1980 年版，第 3534 页。

② 梁仁：《塞外霸主——盛世才》，兰州大学出版社 1998 年版，第 174 页。

③ 张大军：《新疆风暴七十年》，台北兰溪出版社 1980 年版，第 3535 页。

④ 梁仁：《塞外霸主——盛世才》，兰州大学出版社 1998 年版，第 174 页。

⑤ 梁仁：《塞外霸主——盛世才》，兰州大学出版社 1998 年版，第 174 页。

经电令鲍使通知本部一节，并未据通知，鲍使现在避暑中，业嘱该大使馆转询。现行政院又接新省四日电请中央对于借款事在原则上先予核准，以利进行，俟合同成立，再行呈报等语。综合苏联外交部对于合同草约诿称不知，以及新省四日电所请各节，该合同内容，实有先行审核之必要”，并嘱该馆“仍希根前电向苏联外部切实交涉，设法取草约全文”。8 月 21 日驻苏大使馆复电称：“20 日晤俄外部东方司长，询以鲍使何以并未通知外交部，彼称据鲍使电告于上月晤蒋委员长时，曾口头提及，蒋委员长并已表示同意，显系诿词。乃于 8 月 23 日电蒋委员长查询究竟，嗣接 8 月 24 日复电称：‘关于新省府向新苏贸易公司借款事，前次俄使来晤谈时，曾口头提及，当答以新疆借款，必须由中央审查批准，并须由中央派员监督其用途，方可进行，此外并无他语。’”① 8 月 29 日，中国外交部政务次长徐谟会晤苏联驻华全权代表鲍格莫洛夫时说：“近闻苏新贸易公司拟与新疆省当局缔结一种契约，一方新疆将以其出产品供给该公司，一方该公司将以大批款项供给新疆省当局。本部曾电令驻莫斯科大使馆向苏联外交部重提该馆前发之照会，曾声明‘凡与中国地方当局签订任何协定或契约，非经中央政府同意，不能认为有效’，对于本问题，请苏联政府尤加注意，苟未经本部明白承认，请勿令苏新贸易公司与新疆任何当局签订协定。并请抄送合同内容。”② 鲍格莫洛夫说，合同尚未签订，且尚无合同稿。此事发起者，并非贸易公司，而是新疆省政府。并说，此并非借款，实系一种普通商业上之买卖行为，为双方利益计，似可进行。又说，蒋介石已原则上表示同意，“惟谓款项之用途，须由中央监督”③。但徐谟说，蒋介石曾明白表示，此事须经中央政府核准后，始可进行。鲍格莫洛夫则说，蒋介石并无此

① 梁仁：《塞外霸主——盛世才》，兰州大学出版社 1998 年版，第 174—175 页。

② 李嘉谷：《中苏国家关系史资料汇编：1933—1945》，“外交部政务次长徐谟与苏联驻华大使鲍格莫洛夫谈话记录”（1934 年 6 月 29 日上午 11 时 30 分），社会科学文献出版社 1997 年版，第 400 页。

③ 李嘉谷：《中苏国家关系史资料汇编：1933—1945》，“外交部政务次长徐谟与苏联驻华大使鲍格莫洛夫谈话记录”（1934 年 6 月 29 日上午 11 时 30 分），社会科学文献出版社 1997 年版，第 401 页。

语。徐谟强调："我方之意，不问何种合同，其性质较为重要，尤涉及经济范围者，概须经中央核准后，始可签订。"① 鲍格莫洛夫说："在苏联极愿中央政府在新疆有巩固之权力，但新疆现有当局，既系中国中央政府承认之官吏，苏联方面，自可与其发生必要之往还。"② 苏联驻华全权代表的上述谈话，表明了苏联政府在对新疆关系问题上的态度。为防止苏联政府与新疆省政府直接签订借款条约，1934年8月31日中国外交部又致电中国驻苏大使馆，要求"备具节略，面递俄外部，节略内容先提该馆前请俄外部勿与中国地方当局缔结协定之照会，下述近闻苏新贸易公司拟与新疆省当局缔结一种关于经济的契约，请在中国国民政府未予核准前，勿令签订，否则国民政府认为无效"③。

盛世才在向苏联借款问题的策略是既形式公开又实质上讳莫如深。他吸取金树仁秘密订约而受审的教训，有意惺惺作态将借款一事公开化，因为盛氏与国民政府在可否借款上并无分歧，问题的关键在于国民政府当局不希望盛世才绕过中央与苏联心怀携贰的行为，但盛氏始终弁髦法令，对国民政府中央当局藏头露尾，不肯将个中云波诡谲的黑箱内幕和盘托出。所以包尔汉认为盛世才实际上早为自己留下后手。1935年1月15日盛氏对内地各省的通电云："至于新苏关系，仅限于商务。世才审时度势，认为与苏联通商，恢复残破，发展经济，两有裨益。且尤当声明者，最近新省与苏联拟定之纯粹商业性质之垫借款项合同，用于各种生产事业，如农工商及交通等项，将来用新省土产陆续归还。查上项事业，中央亦极力兴办，并利用外资，以作张本。如最近之棉麦借款，名目虽殊，用途则一，既与主权无损，更为舆论所归。何以外部多

① 李嘉谷：《中苏国家关系史资料汇编：1933—1945》，"外交部政务次长徐谟与苏联驻华大使鲍格莫洛夫谈话记录"（1934年6月29日上午11时30分），社会科学文献出版社1997年版，第401页。

② 李嘉谷：《中苏国家关系史资料汇编：1933—1945》，"外交部政务次长徐谟与苏联驻华大使鲍格莫洛夫谈话记录"（1934年6月29日上午11时30分），社会科学文献出版社1997年版，第401页。

③ "中华民国外交部"编：《苏联对新疆之经济侵略》，台北阳明庄1959年版，第36页。

方疑虑，不予同情，以致延搁，不无遗憾……”① 盛氏此举在于引起国内各省社会舆论的同情。包尔汉又在《新疆五十年》中比较公允地指出：“盛世才原恐在聘请苏联顾问和借款等事引起与南京政府的纠纷，在 1934 年底就电陈南京，并把原委托由高惜冰向南京说明。但是内地的反苏反共报纸和国外帝国主义报纸均借题发挥，说新疆已倒向苏联，苏联人员遍布于新疆各机关、部队，新疆已接受了大批苏联借款。当时深惧西征红军打开国际交通线的南京政府，更对新疆不放心，但又鞭长莫及，因而对新疆省政府的呈报一直不予置理。它接到盛世才的这个通电后，才以婉词电复说：‘……至于借用外款，亦必须经过行政院及中央政治会议之议决，立法院之审议，方为有效。前年棉麦借款，均经过此种程序，才得成立。中央政府尚复如此，地方政府更无前例可援。此皆为法规所限，决非对于新省故为束缚。……如借款一事，前经尊处电知外交部，外交部即据询借款合同内容，俾资审议。嗣后尊处既无只字道及，询之此间苏俄使馆，则又含糊其辞。是借款之事尚不可知，遑论准否……’据当时《天山日报》编辑长周春晖谈，1935 年 4 月盛世才就此事对他说过，南京政府一直是反对新疆当局反帝亲苏的，但是它没有能力加以阻挠，新政府将按既定政策进行，借款势在必行，但对帝国主义和反动派的破坏，必须加强警惕，展开斗争（当时“斗争”两字在新疆普遍使用于新闻报道和讲演之中）。”②

按照包尔汉的说法，此借款合同文本内，的确没有什么附带条件，只规定了借款的用途，即修筑公路，建立发电厂、电灯厂、清花厂、榨油厂等，五年期内，由裕新土产公司以土产归还，年息五厘。新疆省政府利用这笔借款除归还苏联的垫款外，还购入了不少物资，其中有军火（包括军用单引擎飞机若干架）、机器、农机、日用品等。1935 年省府组织了一个委员会，由姚雄负责，在塔城接收这些物资，并在塔城以南托里地方建筑仓库。但张大军在《新疆风暴七十年》中声称：“此一借款合同也如军事密约一样，始终无法取得文字上的根据。不过据后来参

① 包尔汉：《新疆五十年》，文史资料出版社 1984 年版，第 258 页。此系包尔汉根据原《天山日报》编辑长周春晖的抄件摘录的。

② 包尔汉：《新疆五十年》，文史资料出版社 1984 年版，第 259 页。

与订立此密约的陈德立透露，谓盛苏密约，始终无法向中央报告者，因关系新疆前途殊大，不仅建议俄人在新疆实行共产主义，而且所聘请之顾问专家有干预新疆基本政策权。”① 这一借款条约《苏联对新疆之经济侵略》（白皮书）一书也没有收录。张大军说，后来他在新疆调查，据说该密约共十五条，其中最重要者包括：（1）苏联政府为使新疆内部安定，从事建设，由苏联政府接济新疆省政府军队武器、弹药以及其他装备，并成立空军大队。如新疆遭受外来攻击，苏联派红军协助，其所需军火价款，由新疆省政府贷款中扣还，其他粮秣费用由新疆省政府供应；平乱红军撤退或留驻当视新省局势而定。（2）为使新疆逐渐达到政治改革，得向苏联聘请政治顾问，并履行诺言，新疆省政府实行政治改革，推行共产主义制度。（3）为使新疆军队担当反帝任务，得向苏联聘请军事顾问及教官，担任训练及指挥各部队。（4）为使新疆从事各种建设，得向苏联聘请财政顾问及各种专家，或技术人员担任指导，其中包括农、牧、金融、财政、医药、卫生、交通、水利等建设之低级技术人员。（5）新疆对外（包括对国民政府在内）及其他重大事件，须告知迪化苏联总领事兼全权代表，或取得其同意。（6）新疆重要官员之进退，须征求苏联驻迪化总领事兼全权代表意见，或经其考察。（7）新疆省政府一切重要政策性之设施，必须先与苏联各部门之顾问商洽，并征其同意，然后再报苏联驻迪化全权代表备查。（8）在新疆受聘之各苏联顾问专家、技术人员待遇得另订优待办法实施兼签订合同，期限当视工作之需要而定。（9）新疆之各种矿产开发，得由新疆与苏联双方合办方式行之，详细合约另订之。（10）由苏联政府贷给新疆省政府五百万卢布，年息四厘，五年为限，以土产作价分期偿还，土产包括牲畜、皮毛、肠衣、油脂、棉花、粮食等为范围。②

张大军调查出的盛苏密约在可信性上十分令人质疑：其一，此系事后调查，与历史事实存在时间上的距离，时过境迁后难免出现历史记忆的偏差；其二，张大军未见凿凿有据文字证明材料，他自己也无法确

① 张大军：《新疆风暴七十年》，台北兰溪出版社 1980 年版，第 3540 页。

② 张大军：《新疆风暴七十年》，台北兰溪出版社 1980 年版，第 3540—3541 页。

认，只是根据当时有关人士对新苏关系的实际情形的推测；其三，张大军和许多国民党政府中央当局人士一样对盛世才亲苏抱存根深蒂固的猜疑，受当时夸大其词的社会舆论的感染，这种主观倾向不能不贬损史料的客观性。尽管烛影斧声，渺昧难考，但张大军所述的确不是捕风捉影的信口雌黄。尽管一任盛世才鬼斧神工般的匿行晦迹，但毕竟无法丝毫形迹不露。法律上的合同既可以为书面要求合同，亦包括口头形式的要约与承诺。“书面”和“口头”仅关乎形式，关键在于“诚心”与否。盛世才当时在借款问题上考虑极为周密，不可能将有损国家主权的条款明目张胆形诸笔墨而授人以柄，所以借款合同本身如包尔汉所言并未规定任何附加条件，但即便一般的国际间商业巨额借贷协议中贷款人亦通常要求借贷方具备“良好治理”（good governance）的政治条件，何况苏联贷款的直接目的即在于扶持亲苏政府，所以盛世才不能不在谈判中曾有多项口头允诺，其中显然有苏联侵犯中国主权之处，而后来的苏联顾问充斥新疆各部门等现象即充分证明了张大军所谓盛苏密约绝非空穴来风。实际上苏联开采阿山金矿、伊犁钨矿、独山子油矿等并无任何协定或合同，仅由苏方与盛世才口头商议实行开采。盛世才也说，苏联顾问、技术人员来新没有订立协议与合约。而包尔汉的说法也证实盛世才所向国民政府信誓旦旦声称此借款“定以全数用于土产事业，不准移作别项”，也并非实情。

五百万金卢布借款合同签订后一年，1936 年 10 月 12 日，包尔汉又接到 10 月 9 日省督两署财字第 7985 号训令，该训令如是云：“为令行事，案据委员胡寿康提案称：为提案事，查裕新土产公司前由苏新贸易公司借金卢布五百万元，专为发展新省工业，将合同签字，并已呈报在案。惟现在新省财政困难异常，如军用服装布料全系购自苏联，其他各机关用品，亦有自苏方订购者。为应付困难环境，协助整理财政起见，拟请由苏方续借金卢布二百万元，以五年为期，用土产偿还。特此提请大会公决。如蒙俯准，即请饬令土产公司，即日签订合同。所有将来支取偿还各手续，统由该公司负责办理，以昭整齐。可否之处，敬请公决……”① 同年 10 月，蒋介石获悉盛世才复向苏续借二百万金卢布贷

---

① 包尔汉：《新疆五十年》，文史资料出版社 1984 年版，第 259 页。

款一事，指令当时驻苏大使蒋廷黻向苏联表示，希望苏联今后在新疆的举动要与中国中央政府直接交涉。① 然苏联方面对此置若罔闻。包尔汉接到训令后于1937于1月27日与苏新贸易公司签订了借款合同，只是借款数已由二百万金卢布改成二百五十万金卢布。包尔汉说："盛政府自成立以来，财政金融一直是处在风雨飘摇之中。虽然经过一番整顿改革，仍然入不敷出，因而一再举借外债。截至我离开裕新土产公司时，经省政府会议通过自苏新贸易公司借入的金额已接近美金八百余万元。这里面包括有各行政区、省医院、《新疆日报》社等单位向苏新贸易公司购入的交通工具、印刷和医疗器材、药品的价款。"② 盛世才政府向苏联绕过国民党中央政府签订借款合同后，新苏经济日益密切，新疆经济开发建设在卢布的支持下一度呈现面貌焕然一新的局面，但这种资金的引进却是以荏弱不振的国家主权为代价。

1940年11月26日，苏联政府代表巴库林（Иван Николаевич Бакулин，1906—1963）与盛世才签订《新苏租借条约》（*Xinjiang Tin Mine Secret Loan Agreement*），俗称《锡矿协定》（*The 1940 Tin Mines Agreement*），共十七条，主要内容包括：（1）新疆政府予苏联政府以在新疆境内探寻、考察与开采锡矿及其副产有用矿物之特殊权利。（2）苏联政府在新疆境内享有十一项广泛的特殊权利：探测与考察锡矿及其副产有用矿物之产地，并得进行地质方面、地理测量方面，及其他有关的工作；开采矿藏，建厂提炼，并在矿区进行各项建设；得利用一切自然资源，以取得各种动力，建设电站，包括水电站，装设电路网；得利用新疆现有各式之运输工具，并得兴修道路，包括铁路在内；得利用各式通信工具；并得装设电话线、电报线，及建筑无线电台；办理工程所需之装备及材料，得无阻碍的运入新疆境内，并作了免税规定；应租借地之需要，得采制当地建筑材料（砖、石、木材、石灰等）、石炭及木柴，并得自由购买与储备租借地所需之一切材料；得在新疆自由雇用劳动力，并由苏联聘请工程师、技术人才及工人得自由进入新疆，并在新疆各地自由居

① 中国第二历史档案馆：《驻苏大使蒋廷黻与苏联外交官员会谈纪录》（1936年11月—1937年10月），《民国档案》1989年第4期。

② 包尔汉：《新疆五十年》，文史资料出版社1984年版，第260页。

住，须无阻碍的发给许可证；为供租借地工人职员之需要，得将食品及普通日用品运入新疆境内，并经由自己贸易网分配之。(3) 苏联政府有权将其由开采锡矿及其副产有用矿物之产地而得之制成品或半成品，由新疆无阻碍的运出，并免征关税及他项捐税。(4) 为实际施行本租借条约起见，苏联政府设置托拉斯，简称“新锡”，享有独立法人之各项权利。“新锡”之活动，将以按照苏联立法程序所批准之章程为基础。“新锡”在新疆全境内，享有无阻碍地开设分所、事务所及代办所之权。(5)“新锡”所需土地，新疆政府应不迟延地划拨，并须与所提申请完全相符。同时新疆政府应将该土地区域内之人民，一律迁出。(6)“新锡”在新疆有权将房舍、建筑物及库房购为私产或租用之，并得在满足“新锡”各企业之需要及各该企业中工人职员给养方面之需要范围内，租用经营农业及牧畜业所需之土地，“新锡”及其工人职员，并享有在新疆河流湖沼中捕鱼之权，以供自己之需要。(7) 自本条约签字日起，第一个五年中，“新锡”应由其在新疆来得之锡矿及其副产有用矿物中提出5%现品，缴纳予新疆政府，其余年份，则缴纳6%。并规定这些产品，新疆政府须出售给苏联，并免纳关税及他项捐税。“新锡”向新疆政府缴付运出产品价值2%的代税金，此外，概不纳任何捐税。(8) 新疆政府不得干涉“新锡”之业务，对“新锡”之生产、财政以及商务各项业务，均不得加以考察、监督、检查及稽核。“新锡”之行政技术人员，在新疆境内享有无阻碍的因公往来移动之权。(9)“新锡”在保卫房舍、建筑物、工厂、作坊、仓库等，以及保证转运安全所必需之范围内，有权设立武装守卫。①

《新苏租借条约》是十足损害中国主权和利益的明显不平等条约，事先未经国民政府同意，事后亦瞒着国民政府。1942年以后，蒋介石知悉新苏交易内幕深感吃惊，称《新苏租借条约》之“狠毒”，“比之袁世凯签订二十一条者尤有过之”②。美国历史学家艾伦·惠廷（Allen Suess Whiting）说：“协定给予莫斯科在新疆享有非常广泛的特权，以

---

① 该条约文本见胡良珍：《中俄疆界问题之研究》，台北“中央文物供应社”1988年版，第131—136页。

② 古屋奎二：《蒋总统秘录：中日关系八十年之证言》第13册，台北“中央日报社”译，台北“中央日报社”出版部1976年版，第61页。

致使新锡成为一个既不受乌鲁木齐控制也不受中央政府控制的国中之国。”① 从法律解释学的角度来看，该条约虽然文字表面以开采锡矿为名，但通观整个文本，实际上已包括所有新疆地下全部资源，可以以“新锡”托拉斯的名义“探测与考察锡矿及其副产有用矿物之产地”，范围广泛无际，这样未签约以前数年即已着手开采的阿尔泰铀矿、博乐钨矿等既成事实均名正言顺被合法化，而且所谓“有权设立武装守卫”的条款更意味着苏联在新疆享有驻军权。在两次世界大战期间，苏联国际法理论十分强调在平等权的名义下肯定实质上的平等，否认不平等条约，但《新苏租借条约》中的“平等”却是实为难得一见的稀有元素。盛世才喋喋不休陈说其签约系属苏联当局胁迫，然从法律程序上来说，该条约本身具有原始的瑕疵对国民政府而言完全不可能产生任何合法性。

盛世才反苏后在上蒋介石书中，为签订该约辩解说：“嗣职于一九三八年九月间赴苏，面见斯大林，请求入党，他们赞成先入联共，后再入中共，彼时我很希望和确信能转入中共，因为职系中国人，愿为中国革命而努力。后来总没有人来给职办转党手续。彼时我有些怀疑，不料想到一九四〇年十一月间，苏联派员秘密到新疆来，给我一个绝对秘密文件，系租借新疆锡矿条约。内容异常荒谬与不合理，完全带有侵略性质。彼时职要求修改内容，以及缩短租借年限，苏方来员答复谓：你一个字都不能修改，你系联共党员，应该服从党的命令，更应该为苏联的利益作斗争。彼时阿山正在事变，职又身体有病，虽勉强在条约内盖章，迨盖章时，又让职加盖省督两署关防，当时经职予以拒绝。同时该项条约，原系苏联政府派人持条约向职来租借矿产，惟其在条约上，则写新疆政府同意，苏联是项举动，职认为与事实不符，应予修改。苏方来人谓：就这样作，以后你见史大林就知道了。时职又要求开采是项锡矿，需要苏联与新疆合办，苏联来人谓：你一方面是联共党员，一方面马仲英、马虎山变乱时期，苏联在新疆流过很多的血，我们没有得着什

① Allen S. Whiting & Sheng Shih-ts'ai, *Sinkiang: Pawn or Pivot?* East Lasing: Michigan State University Press, 1958, pp. 66 - 67.

么代价。”①

1950 年 3 月 4 日，盛世才又发表谈话说：“一九四〇年之密约签订，事实上苏联有其政治上之阴谋，苏方欲余在新独立，余为在艰苦环境中，保持我国家在西北之大块土地，设法与苏周旋。苏方以其计划未得实现，乃不断在新疆发动阴谋暴动，借以在政治上加强对余之控制，或将余打倒。密约未签之前，红八团经常由哈密向迪化侦察地形，修整道路，作将从事军事行动之模样。一面在边境上以飞机经常从事侦察，而在新之苏联顾问，更展开拉拢我方军官之活动，以图造成叛变，似有必须置余于死地方始干休之势。此当时余所处之恶劣环境。旋斯大林派密使来迪，迫余在苏方拟好之约本上签字，余要求交省务会议作文字上之修改，不允；余要求交外特派员公署，亦不允。并告余：‘此密约不能修改，不能使旁人知之。’苏联之真意，似不在密约之实行，而在因签订密约可以防止余与中央之接近，此余被迫签约之经过。但余系以个人名义签字，苏代表要求加盖督署及省政府关防，余则坚拒不允。”②盛氏所云并非无懈可击，诸如既云“不能使旁人知之”又云“要求加盖督署及省政府关防”，二者之间匪夷所思。艾伦·惠廷根据对 1942 年 1 月新疆出版的盛世才的言论集《学习指南》加以分析后认为：“考虑到盛世才过去对莫斯科的固定不变的、不加批判的一贯支持态度，那么他现在为自己于一九四〇年签订‘锡矿’协定所作的辩护，便很难令人信服。”③ 这种推论亦有失武断。签署如此事关重大且显著不平等的条约，盛世才不可能不再三犹豫。从盛世才性格倾向和处境而言，签署此条约将利益拱手相让与其千方百计、不择手段维持“新疆王”地位

① 《盛世才致蒋介石书》，1942 年 7 月 7 日。“中华民国外交部”编：《苏联对新疆之经济侵略》，台北阳明庄 1959 年版，第 54—59 页。亦可参见 Andrew D. W. Forbes, *Warlords and Muslims in Chinese Central Asia: A Political History of Republican Sinkiang 1911 - 1949*, Cambridge: Cambridge University Press, 1986, p. 149。

② 李嘉谷编：《中苏国家关系史资料汇编（1933—1945）》，社会科学文献出版社 1997 年版，第 407—408 页。

③ Allen S. Whiting, Sheng Shih-ts'ai, *Sinkiang: Pawn or Pivot?* East Lansing: Michigan State University Press, 1958, p. 74.

是相悖逆的，盛在亲苏期间排挤苏联势力在各要害机关的渗透便说明其并不愿意俯首称臣于苏联指挥棒。正是由于该条约签订具有被迫就范的色彩，这对盛世才后来与苏联彻底桥崩路断埋下了危机的种子。正是由于盛世才具有两面三刀的人格倾向，毫无政治贞操，置身于“大车无輗”“小车无軏”的年代，如孔子所云“人而无信，不知其可”，所以他后来的解释不能见信于人，以至于假作真时真亦假。

上述盛世才于1950年对《新苏租借条约》秘密签订过程的剖白固然文过饰非的辞气跃然纸上，但我们亦不能因人废言，可以从这一文本中窥见当时新疆复杂而险恶的政治事态格局。借用国际私法中“场所支配行为”（locus regit actum）的法律冲突适用规则，新疆地区可谓各种政治势力绵延不绝的争夺逐鹿的场所，各种政治势力行动涉入这一场域，根据其在这一场域所占据的位置、拥有的权力资本而采取不同的应对策略进行激烈较量，而这种较量亦不断形塑着这一场域的分布态势，改变着这一场域的权力版图的划分。继马汉（Alfred Thayer Mahan）提出海权论之后，英国地理学家哈尔福德·麦金德（Halford John Mackinder）向皇家地理学会提交的论文《历史的地理枢纽》（The Geographical Pivot of History, *The Geographical Journal*, 1904, 23, pp. 421 – 437）引起巨大反响，此后他又陆续发展其枢纽地区（或称之为“心脏地带”）理论。麦金德以陆权与海权两分论为前提，认为始于15世纪欧洲扩张和征服世界的海权国家处于优势地位的哥伦布时代行将结束，而陆权即将回归，声称“谁统治了东欧，谁就主宰了心脏地带；谁统治了心脏地带，谁就主宰了世界岛；谁统治了世界岛，谁就主宰了全世界”（Who rules East Europe commands the Heartland; Who rules the Heartland commands the World Island; Who rules the World Island commands the World）。在麦金德的理论中，“心脏地带被认为包括了从日德兰半岛到爱琴一线以东的整个欧洲部分。曾经抵制了欧洲帝国主义统治的唯一重要的国家——中国的大部分亦位于心脏地带内，尽管只有新疆和蒙古西部地区位于枢纽地区之内。从它所具有的重要性来看，心脏地带是一个比枢纽地区更宽泛的概念。心脏地带除了战略上无懈可击外，同时还拥有巨大的经济潜力，能提供能源、黑色金属、有色金属、原材料及食物"①。在世界近代史上，代表海权强国的英国与代表陆权强国的俄国在中亚腹地的争斗被学术界称之为"大国游戏"（Big Game）。正如吉登斯在《现代性的后果》（Anthony Giddens, *The Consequences of Modernity*, Cambridge：Polity Press，1990）中所言，现代性是在人们反思性地运用知识的过程中被建构起来的，所有的社会科学都参与了现代性的反思性过程。麦金德的枢纽地带理论提出后，本身推动了它所解释和阐明的对象，英俄在亚洲腹地的争斗更是受到这种反思性理论的融入行动而形成默顿（Robert King Merton）所谓的"自证预言"（self-fulfilling prophecy）② 现象。新疆自古为中西交通孔道，在近代以来，交通条件的改善和信息传播速度的加快，地球日益变得更小。在全球一体化的现代格局下，吉登斯所谓缺场与在场互动将发生在此地和异地的社会形式和事件之间的关系都相应地延伸开来，盛世才对时局"由国际局势之发展而中国局势之发展而新疆局势之发展"的三段连环逻辑观察惯习正在情理之中。

其次，新疆绾毂亚欧，民族众多，族群关系极其复杂，有"人种博物馆""民族展览会"之称。如前所述，现代性是民族主义和民族国家的基本特征，直到18世纪，"民族"一词的现代意义才告浮现。近代新疆地区兴风作浪的"东突厥斯坦"地方分裂民族主义也是相当晚近的新现象。许多学者在论述"东突厥斯坦"地方分离民族主义的来源时往往追溯到6世纪我国历史上出现的突厥汗国。但正如霍布斯鲍姆所说："在民族主义原型与近代民族主义之间，并不存在一脉相承的关联，即便有的话，也一定是人为虚构出来的。"③ 福柯的系谱学（genealogie）方法亦告诫我们拒绝有关起源（Ursprung）的研究而关注于来源（Herkunft），因系谱时间是可以人为地操纵，可以断裂，可以再续，可

① Geoffrey Parker, *Geopolitics: Past, Present and Future*, London：Pinter, 1998, p. 138.

② Robert K. Merton, *Social Theory and Social Structure*, New York：Free Press, 1968, p. 477.

③ Eric J. Hobsbawm, *Nations and Nationalism since 1780: Programme, Myth, Reality*, Cambridge：Cambridge University Press, 1990, p. 76.

以重排，需要人去确定（confirm）、再确定（reconfirm），只有人的维持、衔接与安排，才使之具有权威和意义。[①] 近代新疆“东突”分子只不过企图利用远远超出人民集体记忆之外的既有象征符号和情感建立泛突厥主义的认同感而已，学术研究其实不应该被这种蛊惑人心的舆论所同化，相反必须揭示其间的断裂性。东西突厥汗国灭亡后，突厥部落联盟瓦解，其中塞尔柱和奥斯曼两部举族从中亚西迁到小亚细亚，在欧洲历史被称为“Turan”（图兰）游牧民。9—11世纪，阿拉伯地理学著作将中亚锡尔河以北及毗连的东部地区称为“突厥斯坦”，意为突厥人的地域。13世纪，奥斯曼突厥建立奥斯曼帝国，后来领土横跨欧、亚、非三洲，称雄一时。然而突厥本身并没有发展成为近代民族，16世纪以后中亚近代各民族相继确立，“突厥斯坦”的地理概念基本不再使用。“突厥斯坦”地理名词的重新提出，乃缘于19世纪初西方列强在中亚地区的殖民扩张。当时西方一些学者称中亚河中地区为“俄属突厥斯坦”（Rassian Turkestan）或“西突厥斯坦”，将中国新疆南部塔里木盆地称为“中国突厥斯坦”（Chinese Turkestan）或“东突厥斯坦”，但这种称谓并没有成为约定俗成的规范统一用法。[②] “东突厥斯坦”一词传入新疆并被一些知识分子所熟悉，大约是在20世纪二三十年代。[③] “东突厥斯坦”地方分离民族主义的确受到泛伊斯兰主义和泛突厥主义的影响，它们之间的确具有千丝万缕的渊源关系，但目前学术界将它们捆绑在一起而混为一谈似乎难称谛当。用霍布斯鲍姆的话来说，泛伊斯兰主义和泛突厥主义等诉诸文化或地缘的社会运动都称不上民族主义，而是超民族主义，实在找不到一个清楚的民族或国家可作为诉求焦点。而“东突厥斯坦”地方分离民族主义并不是旨在并归于既存的国家，而是企图单独立国封疆。1933年11月，正当上台立足未稳的盛世才与马仲英、张培元为争夺全疆统治权而鏖战方酣之际，“东突厥斯坦伊斯兰共和国”的分裂政权即在喀什噶尔宣告成立。在没有实现“万方奏

① 黄应贵主编：《时间、历史与记忆》，台北“中央研究院”民族学研究所1999年版，第95页。

② 参见厉声主编：《中国新疆历史与现状》，新疆人民出版社2003年版，第166页。

③ 纪大椿：《新疆近世史论稿》，黑龙江教育出版社2002年版，第177页。

乐有于阗”的“五亿人民不团圆”的年代，“东突厥斯坦”地方分离民族主义幽灵徘徊盘桓是盛世才政治经济决策必须慎重考量的问题。

作为政治地理学家的拉铁摩尔接受了麦金德的枢纽—心脏地带理论，对位于苏联和中国之间的“亚洲内陆的十字路口”在新的世界时代的作用深具信心。他在其著名的《亚洲的枢纽：新疆与中俄在内陆亚洲的边疆》（Owen Lattimore，*Pivot of Asia：Sinkiang and the Inner Asian Frontiers of China and Russia*，Boston：Little，Brown and Company，1950）一书中认为内陆亚洲的人民并非政治强权的硕大棋盘上的惰性棋卒。后来，美国历史学家艾伦·惠廷与盛世才合作的著作即赫然以《新疆：棋卒还枢纽》（*Siakiang：Pawn or Pivot?*）为标题。盛世才标榜自己在新疆的政策是“以夷制夷政策”，其实处于当时的情境之下，他的活动回旋空间是相当有限的。包尔汉在《盛世才上台后的新疆政局》一文中这样写道：“盛世才上台之初，并非不想投靠南京政府，借以号令全疆。但是南京方面有意排斥他，使他感到此路行不通。如果表示亲日，他作为留日学生是不愁找不到门路的，但目前还听他指挥的东北军必然会调转枪口，他的处境也许更糟。盛世才审时度势，权衡利害，认为只有打起‘亲苏联、反帝’的旗帜，取得苏联的支援，才是他当前唯一可行的途径。”① 盛世才涉入新疆权力角逐场域之初的资本金捉襟见肘，少之又少，所以不得不引苏联为奥援，甚至绕过南京政府向苏联举借外债。但正如西方经济学经常引用的一句谚语所说，世界上没有免费的午餐。盛世才举借外债等行为必然存在交易费用成本，他的政治经济“资产负债表”的结构决定了其对苏联的依附性。由于英国长期以来企图渗透南疆，借以与苏俄南渐势力抗衡，而日本在占领满洲、进入热河后，亦有时图染指新疆的觊觎迹象，所以苏联决定积极扶持盛世才亲苏联政权，将新疆纳入其势力范围之内。特别在当时日本独占中国东北后，苏联在对新疆经营政策上和中国当时倡导开发西北的口号思路呈现一种不约而同的竞合，即希冀失之东隅而收之桑榆。

---

① 包尔汉：《盛世才上台后的新疆政局》，《新疆文史资料精选》第 2 辑，新疆人民出版社 1998 年版，第 102 页。

是时，苏联大小顾问充斥新疆各种机关、企事业单位，新疆全省每年的预算决算、赋税增减、特别费用的审核、财政议案等，必须经过财政顾问米哈尔曼签字才能生效。① 罗文干到新疆后，即曾感叹“新疆商业及经济权已完全操在苏俄之手”②。在新苏借款合同签订后，有人甚至将苏新贸易公司比之为英国在印度的东印度公司、日本在中国东北的南满铁道株式会社。我们不认为当时国内外盛传的所谓新疆“赤化”舆论完全属实，因为这与国民党收容的麦斯武德等人攻讦盛世才出卖祖国、“赤化”边疆的喧聒有很大关系，加之当时抗战时期国家整合而新疆却省自为政格外引人注目所致，林继庸在盛世才投靠国民党后赴新疆便发现外界传言新疆“赤化”显然存在夸大其词。可是，我们应该承认苏联对新疆援助的陀螺仪（gyroscope）中心点完全出于自身利益，对盛世才的支持具有控制和援助双重性。正是由于苏联在新疆权利的攫取超过了嗜权如命的盛世才心理承受阈值，所以盛世才转而投靠国民党政府。在索绪尔的结构主义理论中，“棋子”无关紧要，因为它离开在棋盘上的位置和其他下棋条件便对下棋者而言毫无意义和价值，所以索绪尔提示我们将注意力集中于“棋法”。然而，依照福柯对权力的非本质主义理解，权力并非任何个人或群体基于与其利益有关的意愿或计划所刻意设计和构造出来的。在发生学的意义上，“它们是零零碎碎地出现的，并没有一种系统的策略把它们融合成一种庞大而严密的整体”③。在福柯将权力置于即时发生的事件层次和关系维度后，实体意义上的“大写的权力”便不复存在，权力作为弥散在社会诸方面的力量关系不存在一以贯之的中央控制，权力巨网的各个节点同时也是其缝隙所在，权力自身达成的控制策略与管道，同时也就为人们循此反抗预留了可能的空间。④ 因此，我们不能将盛世才视为在权力争逐场域中被支配的傀儡，

---

① 参见Li Chang，The Soviet Grip on Sinkiang，*Foreign Affairs*，Vol. 32，No. 3（Apr.，1954），pp. 491－503。

② 曾问吾：《中国经营西域史》，上海商务印书馆1936年版，第699页。

③ 米歇尔·福柯：《权力的眼睛：福柯访谈录》，严锋译，上海人民出版社1997年版，第162页。

④ 陈嘉明等：《现代性与后现代性》，人民出版社2001年版，第322页。

而应看到其与苏联之间合作与龃龉、依赖与自主、控制与抵抗的博弈关系。

福柯将克劳塞维茨（Carl von Clausewitz）的名言“战争是政治的继续”（Der Krieg ist eine bloβe Fortsetzung der Politik unter Einbeziehung anderer Mittel）颠倒为“政治是战争的继续”（politics is the continuation of war by other means），将权力视为在和平时期延伸的斗争关系。① 如果我们依照克劳塞维茨的语式，那么也可以说在盛世才统治时期的新疆开发过程中，“经济是政治的继续”，经济建设只是服从于政治需要的衍生活动。盛世才上台初向苏联求助时，他渴求的本是要一万军队的装备作为统治新疆的资本，而苏联建议他不仅要整编军队而且还应恢复和发展新疆经济、推广文化教育事业，由此新疆才开始真正有些经济开发建设的大举措。但盛世才进行经济开发建设根本目的只不过在于维系自己的军阀割据统治。为了抵制南京政府势力的渗透，盛世才严格控制新疆与内地的交通联系，于 1933 年 12 月拒绝欧亚航空公司飞机飞经新疆，撤销迪化站，没收其财产，航线只有迪化至兰州一线，对“口内来人”严密监控，根本不考虑经济合理性，一唯割据自雄的政治理性为墨绳。1938 年初，盛世才要求苏军“红八团”驻防哈密，目的之一也是为了防遏国民党借口开发西北、建立抗日后方基地而将其势力打入新疆。

尽管盛世才制造冤案屠杀共产党以作为投靠国民政府的见面礼血债累累，但国民政府在世乱时棼之际收服盛世才的确对国家领土主权的完整具有非同寻常的意义。1942 年 12 月 31 日，蒋介石在当年的总反省中说：“新疆省主席兼督办盛世才于 7 月间公开反正，归服中央，河西走廊马步青军队亦完全撤回青海。于是，兰州以西直达伊犁直径三千公里之领土（古代亚欧主要交通路线所经过之地区）全部收复，此为国民政府自成立以来最大之成功，其面积实倍于东三省也。……此非上帝赐

① 亦可参见 Michel Foucault, *Society Must Be Defended: Lectures at the Collège de France, 1975 - 1976*, trans. David Macey, ed. Mauro Bertani and Alessandro Fontana, New York: Picador, 2003。

予中华民族之恩泽绝不至此也。”[①] 唐纵对蒋介石在收服盛世才过程中的运计施策大加称颂，谓“不但时下无人可及，即历代贤君良臣亦少有如此英明者”云云，[②] 显系溢美之间，但蒋氏在此问题上的应对方略应该说是颇合机宜的，使当时中国在新疆地区危机丛生的领土主权化险为夷。盛世才主新时期乞援于外的经济开发模式毋庸讳言具有越权违规性质。

（四）延安道路：未来中国前途的灯塔

中国大陆史学界在 1949 年以后由于受到一些“左”的思想的影响长期以来过于强调抗战时期正面战场与敌后战场的异质性问题，而台湾史学亦由于受到意识形态的干扰以国民党正面战争为“正统”而贬低中国共产党领导的敌后抗日战场的历史功绩。其实，毛泽东在《抗日游击战争的战略问题》和《论持久战》中对当时战争空间形态的复杂格局早有过深刻阐述，他说：从整个战争来看，由于敌之战略进攻和外线作战，我处战略防御和内线作战的地位，无疑是我在敌之战略包围中。这是敌对于我之第一种包围。由于我以数量上优势的兵力，对于从战略上的外线分数路向我前进之敌，采取战役和战斗上的外线作战的方针，就可以把各路分进之敌的一路或几路放在我之包围中。这是我对于敌之第一种反包围。再从敌后游击战争的根据地看来，每一孤立的根据地都处于敌之四面或三面包围中。这是敌对于我之第二种包围。但若将各个游击根据地联系起来看，并将各个游击根据地和正规军的阵地也联系起来看，我又把许多敌人都包围起来。这是我对于敌之第二种反包围。这样，敌我各有加于对方的两种包围，大体上好像下围棋一样，敌对于我我对于敌之战役和战斗的作战，好似吃子，敌之据点和我之游击根据地，好似做眼。这就形成了犬牙交错的战争形态。毛泽东在这里说的敌我之间的包围和反包围，是把解放区战场和国民党战场合起来，作为一

---

① 古屋奎二：《蒋总统秘录：中日关系八十年之证言》第 13 册，台北“中央日报社”出版部 1986 年版，第 64 页。

② 公安部档案馆编注：《在蒋介石身边八年——侍从室高级幕僚唐纵日记》，群众出版社 1991 年版，第 294—295 页。

陕甘宁边区政府旧址

个统一的战场来考虑的。毛泽东又谈到游击战争和正规战争相配合的问题。这种配合有战略的、战役的和战斗的三种。关于第一种，他说："整个游击战争，在敌人后方所起的削弱敌人、牵制敌人、妨碍敌人运输的作用和给予全国正规军和全国人民精神上的鼓励等等，都是战略上配合了正规战争。"① 此外还有战役的和战斗的配合。

改革开放以后，中国大陆学者解放思想，实事求是，对抗日战争历史研究取得了长足进展，王桧林在论著中将中国抗日战争时期的中国国情空间格局现实概括为"一个战争、两个战场、三种政权"即较诸以往历史研究的观点表述更为全面、准确。他认为，首先，抗日战争是全国一致进行的民族解放战争，它表达了一个历史时期全体中国人民政治生活的基本事实，它表明了中国格局的整体性。它以我为主包括了战争双方，整体制约局部。在抗日战争期间，各种政治纷争都受它的制约，例如尽管国共之间的斗争很尖锐，但都没有超出这个整体所制约的范围。它既是抗日民族统一战线的基础，又是抗日民族统一战线的主要表现形态。这个"一个战争"最大限度地动员了、集中了全中国的抗战

① 毛泽东：《抗日游击战争的战略问题》，毛泽东：《毛泽东选集》第 2 卷，人民出版社 1991 年版，第 416 页。

抗日战争时期的延安城

力量，这个事实是中国胜利、日本失败的根本原因。其次，由于两个战场的存在所形成的敌我之间多重包围与反包围的战争形态，是战争史上的奇观。这种形态的战争是战胜日本帝国主义的重要法宝。存在两个战场的消极作用是两者的对立和斗争消耗了一部分战斗力，但前一方面是主要的。再次，抗日战争时期中国存在着鼎足而立的三种政权。在近代中国历史上，在中国内地以完全的形态存在着解放区、国统区和沦陷区的格局，只有抗日战争时期才有。三种政权的不同性质，决定了它们的不同命运和前途，其中，沦陷区政权是日本帝国主义的傀儡，被全国同仇敌忾抗战所沦葬乃势所必然，国民党政府在本质上是虚弱的，而解放区的新民主主义政权则代表着未来新中国的雏形。①

台湾学者侯家国所著《中共陕甘宁边区政府：成立及其运作》洋洋洒洒，不惜笔墨用繁密累牍的考据极力证明：尽管中共和国民党政府

① 王桧林：《中国现代史：事与势》，《当代著名学者自选集·王桧林卷》，兰州大学出版社 2003 年版，第 227—244 页。

就陕甘宁边区合法化进行多次商谈，但终至抗战胜利，“陕甘宁边区政府”一直不是中央政府下面合法的地方政府。笔者对陕甘宁边区范围并无精深的考究，但对侯氏这种先入为主的考证不敢苟同。因为侯氏论述陕甘宁边区合法性其实并不懂法律，他将两个简单的法律问题淆然相混而不觉己谬。其一，陕甘宁边区是否具有合法性不等同于陕甘宁边区范围是否明确，换言之，法律地位的问题不等同于管辖范围明确的问题。从国际法而言，国家成立时以及其后任何时候，都不必然具有精确或无争议的边界，但这并不能否定其在国际法上的法律人格。从国内法而言，一个国家内部的行政区划之间在界线上可能存在长期悬而未决的争议，但并不能由此推论这些政区不具有合法性。其二，陕甘宁边区是否具有合法性不等同于中共和国民党中央之间就组成人员任命等问题上交涉是否达成共识。因为行政行为不等同于民事合同的要约与反要约，行政行为乃行政机关依照自己单方意志作出决定，不需要行政相对人的同意或认可，且按照行政效力先定原则，行政行为一经作出，即发生约束效力。夷考史实，1937 年 9 月 23 日，蒋介石发表庐山谈话即公开承认了陕甘宁边区的合法地位。同年 10 月 12 日召开的国民政府行政院第 333 次会议更以任命的形式对陕甘宁边区予以承认。该项任命原文为：

> 军事委员会函：请委派丁惟汾为陕甘宁边区行政长官，林祖涵（即林伯渠）为副行政长官，丁惟汾未到任前，由林祖涵代理案。
>
> 秘书、政务处签注：查此案尚无章制以资依据，亦乏成例可援，应否简派拟为特派，或长官为特派，副长官为简派。请核定。
>
> 决议：通过。简派。俟章制规定再发表。章制函请军委会主稿。①

此外，国民党中央政府同意每月供给十万元用于边区教育和重建，另外五十万元用于维持八路军。② 如果陕甘宁边区不具有合法性，那么

① 《行政院会议议事录》，中国第二历史档案馆藏。

② Mark Selden, *China in Revolution: The Yenan Way Revisited*, New York: M. E. Sharpe, Inc., 1995, p. 111.

堂堂国民政府的行政经费拨发岂不构成“资匪通敌”行为？

边区的行政区划，抗日战争时期以 1937 年底时最大。1937 年 10 月 12 日，国民政府行政院第三百三十三次会议确定陕甘宁边区管辖十八个县，即陕西的肤施（延安）、甘泉、富县、延长、延川、安塞、安定、保安、定边、靖边、淳化、栒邑、神府，甘肃的正宁、宁县、庆阳、合水，宁夏的盐池。12 月，中共又与国民政府谈判商定，边区区域增加清涧、米脂、绥德、吴堡、佳县五个县。不久，由蒋介石指定，国民政府再划宁夏的豫旺和甘肃的镇原、环县三个县为八路军募补区。后因国民政府军的侵占，区域略有缩小。1944 年底，边区政府秘书处就边区的幅员作出说明并对外公布：边区辖延属、绥德、关中、陇东、三边五个分区，共三十一个县（市）、二百一十四个区、一千二百五十四个乡，面积为九万八千九百六十平方公里。① 陕甘宁边区有两类不同的地区：一类是经过土地革命的老区，即原苏维埃根据地区域；一类是未经过土地革命的新区，即西安事变后逐步形成的统一战线区，包括 1939 年划入边区行政的绥德警备区的四个县。经过土地革命的老区是：延属分区的延安、子长、延川、延长、固临、临镇、甘泉、安塞、志丹等县及鄜县的大升号区；绥德分区的清涧、吴堡两县及绥德的雀、枣、延、义四个区和吉区的两个乡、石区一个乡，子洲的裴、老两区和驼区一个乡，葭县车区四、五乡，通区五乡一个村；三边分区的靖边、吴旗、定边、盐池四县，陇东分区的华池、曲子、环县，关中分区赤水的一、二、三、四、五区，新宁的一、二、三区和四区的两个乡、新正的一、二、三区，淳耀的六区和五区的一个乡、中心区一部等。这些地区有土地九百余万亩，人口八十六万余。未经过土地革命的新区是：绥德分区的米脂全县，绥德、子洲、葭县的大部；陇东分区的庆阳、合水、镇原；关中分区的淳耀一、二、三、四区和五区的大部，赤水的六、七、八、九区，新宁的五区和四区三个乡，新正的四、五、六区和中心区一部；延属分区的延安市及鄜县的八个区。这些地区有土地五十余万

① 李顺民等：《陕甘宁边区行政区划变迁》，陕西人民出版社 1994 年版，第 64—68 页。转引自李智勇：《陕甘宁边区政权形态与社会发展（1937—1945）》，中国社会科学出版社 2001 年版，第 6 页。

在延安演出的秧歌剧《兄妹开荒》

亩，人口五十七万余。① 起初，边区部分县由于国共双方争夺控制权，如1940年2月19日八路军后方留守处主任萧劲光致西安行营主任程潜电文所言，“国共合作已历三年之久，边区行政尚未确定，一县而有两县长，古今中外无此怪事!”② 后来，边区政府对边区境内所有由国民党派驻的县长，采取“护送”出境，对个别一贯制造“摩擦”的分子实行逮捕法办，对于主张抗日又愿意留在边区的予以友好接待，与此同时，边区政府委派任命了一批新县长，结束了双重政权的局面，在统一战线区积极实行“边区化”。1940年3月，中共中央发出关于抗日根据地政权问题的党内指示中第一次提出建立“三三制”政权问题，充分调动社会各界建设边区的积极性。在陕甘宁边区，“三三制”的影响在绥德专署和陇东专署等新区最为深刻，成效最为明显，陕甘宁边区新、老区之间政治经济空间形态非均质性亦于此可见一斑。

① 宋金寿主编：《抗日战争时期的陕甘宁边区》，北京出版社1995年版，第541页。

② 《新中华报》1940年2月24日。

垦荒大军进入“阵地”

陕甘宁边区的农业开发建设进行得有声有色。陕甘宁边区地处西北黄土高原，是当时中国最贫瘠、长期落后而且人口稀少的地区之一。据研究资料表明，直到20世纪40年代初，全边区人口密度仅为每平方公里十四点五人，是当时除青海、内蒙古、新疆、西藏等民族区域外人口密度最低的地区。① 正如徐特立在长征到达陕北后对斯诺所说的那样：“从文化上看，这里地球上最暗淡无光的地方之一……这里的民众与江西民众相比的确非常落后……工作节奏慢得多。我们不得不一切从头开始。我们的物质资源非常有限。”② 在国民党经济封锁和解决军粮民食的巨大压力下，陕甘宁边区政府从实际出发，把农业生产放在经济建设的首位，进行了一系列的农业开发活动。特别是1940年1月17日皖南事变以后，八路军的军饷和边区政府的经费完全被停发断绝，而面对国民党重兵压境，中共被迫从前线陆续调回军队保卫边区，更造成边区脱产人员（主要是军队）直线上升，加之1940年旱、病、水、雹、风五大灾害辐辏祲至，边区军民吃饭穿衣均成严重问题。正是在这种特殊的情景下，中共中央提出“精兵简政”和“自己动手，丰衣足食”，掀起了轰轰烈烈的大生产运动。从山峁到山沟，从河滩到原野，到处是开荒

① 参见赵文林、谢淑君：《中国人口史》，人民出版社1988年版，第513页。

② Edgar Snow, *Red Star Over China*, revised and enlarged edition, New York: Bantam Books, 1968, pp. 253－254.

种地的人群，到处荡漾着《开荒歌》《生产大合唱》的歌声。是时，毛泽东在自己的窑洞前种了蔬菜，朱德的三亩菜园种得之好远近闻名，周恩来的纺车更被后来传为美谈。

劳动英雄吴满有（左）和王震（右）在一起

在大生产运动中，三五九旅在南泥湾垦荒成绩骄人，不仅将荒草丛生、沼泽遍布的“烂泥湾”建设成到处是庄稼、遍地是牛羊的“陕北好江南”，而且所创造的“南泥湾精神”迄今仍是西部开发弥足珍贵的精神财富。南泥湾位于延安东南黄龙山地区，处于延安、延长、延川三县交界地带。吴伯箫在著名的《丰饶的战斗的南泥湾》一文中这样写道：“据说一两百年前，南泥湾曾经繁盛过一个时期，山庙里残碑记载，说这里曾有过街市，后来满清专制，造成的民族牢狱，逼得陕甘回民群起暴动，这一带的居民才纷纷逃难，奔走他乡；在这里新开窑洞的时候，曾开到过旧窑，里边古老的碗钵家具还历历可辨，想是那时居民一听乱信，连收拾都来不及，就慌忙逃跑了，情景该是很惨的。自那以后，这里田园就交给了荒野，窑洞房屋经风雨侵蚀倒塌。日久年远，就遍地是蓬蒿，遍地是梢林乱树，成了豺狼野猫的巢穴，成了土匪强盗出没的场所。”① 当时，朱德从前线回延安后，倡导依照历史上的“屯田制”实行军队屯垦政策，并于 1941 年春亲自到烂泥湾（即南泥湾）踏勘，决定由三五九旅在此屯田备战。据王恩茂回忆，“三五九旅开到这里的时候，眼前只是一座座荒凉的山坡，几十里内渺无人烟；坡上长满了齐人高的蒿子，荆棘横生；深山是遮天蔽日的树林，野猪野鸡成群；沟底是黑暗阴森的溪流，浸泡着腐烂的枯

① 吴伯箫：《丰饶的战斗的南泥湾》，《中国新文学大系：1937—1949》，报告文学卷，上海文艺出版社 1997 年版，第 447 页。

1943年4月12日，朱德、贺龙等领导同志视察南泥湾

木和野兽的尸体。到这样一个荒凉的地方来开荒种地，真是困难重重。”① 1941年3月，三五九旅在旅长兼政委王震的领导下来到南泥湾，以“一把镢头，一支枪，生产自救保卫党中央”的精神，自力更生，艰苦奋斗，从旅长到排长都战斗在开荒第一线，涌现出劳动英雄李位、特等劳动模范郝树才等先进人物。吴伯箫用饱蘸着激情的笔调这样描绘说：“我们革命军队经过春天竞赛开荒和播种，南泥湾荒野变成了良田；经过夏天突击锄草和战斗中辛苦的经营，南泥湾长遍了蓊郁的稼禾；现在是秋天，成熟和收获的季节，南泥湾正满山遍野弥漫着一片丰饶的果实。”② 三五九旅第一年开荒一万一千多亩，第二年开荒二万六千多亩，第三年又开荒十万亩，不仅做到完全自给，而且交公粮一万石，此外还发展多种经营，如创办大光纺织厂、大光肥皂厂，产品自用有余且远销

① 王恩茂：《南泥湾精神永远激励我们奋勇前进》，西北五省区编纂领导小组、中央档案馆编著：《陕甘宁边区抗日民主根据地》，回忆录卷，中共党史资料出版社1990年版，第205页。

② 吴伯箫：《丰饶的战斗的南泥湾》，《中国新文学大系：1937—1949》，报告文学卷，上海文艺出版社1997年版，第447页。

佳县、清涧、吴堡等市场。在1942年的中共中央西北局高干会议上，王震受到大会表扬。毛泽东在发给王震的奖状上题词“有创造性”。其实，南泥湾只是边区大生产运动的一个缩影。在陕甘宁边区，槐树庄、金盆湾、大凤川、小凤川、豹子川、清泉镇、郭家湾等部队屯垦区亦颇负盛名。诸如由王维舟、甘渭汉、耿飙领导的三五八旅在驻防陇东期间在大凤川、小凤川一带的屯垦开发建设便足以和三五九旅在南泥湾的成就相媲美。

直到中央红军到达陕北以前，这一带贫瘠的地区毫无任何现代机器工业可言，现代意义的工业在这里无异于在一穷二白的基础上“无中生有”。据埃德加·斯诺报道，中央红军经过许多世界上最困难的路线，从江西苏区随身带运了一些车床、镟床、冲压机、模具石印版和轻型油印机以及数十台胜家缝纫机到陕北，并当时在陕北建立了服装工厂、纸厂、纺织厂等。① 1936年中央红军与陕北红军会合后，在吴起镇建立了红军唯一的一个兵工厂——延安兵工厂，后迁至延安东门外柳树店，但仅有几十名工人，技术力量不强，主要是修理军械。1938年2月，在上海工厂内迁的浪潮中，靠自学成才的企业家和工程师沈鸿并没有像其他企业家那样迁至国统区重庆等地，而是毅然从上海带着自己的十部机器和七名技工来到延安。沈鸿带到延安的车床、铣床、刨床、钻床等十部机器都是制造机器的“母机”，使陕甘宁边区军工生产的装备和技术水平大大提升。沈鸿曾任军工局一厂（又称陕甘宁边区工艺实习厂、陕甘宁边区机器厂）厂长、机械总工程师，“为陕甘宁机器厂设计了上百台机器，占了该厂所生产的机器总数的一半”②，是陕甘宁边区机械工业的奠基人。据原延安兵工厂钳工股股长孙元龙后来回忆说：“1938年，沈鸿同志带了一部分人从上海到了延安，兵工厂扩大了，柳树店地方搁不下了。总后决定我们搬家来到茶坊。……那时候，兵工厂分为两个部分：一部分是修造部，就是原来老延安兵工厂那部分人，又叫东厂；一部分叫机器制造部，是沈鸿同志他们，又叫西厂。这个时期，兵

① Edgar Snow, *Red Star Over China*, revised and enlarged edition, New York: Bantam Books, 1968, pp. 267 - 268.

② 沈鸿：《容汇百川的大海》，《文汇报》1981年6月26日。

延安修械厂工人在抢修机枪

工厂有很大发展，人数迅速增加到五百多。工厂的任务，除了修配枪炮外，还做迫击炮弹。”[①] 沈鸿到延安之初，陕甘宁边区的工业方面的专业人才尚屈指可数，但几年后，已经有一大批科技专家、学者、工程师和大学毕业生，从国内外汇聚延安，对推动边区工业开发建设提供了宝贵的人力资源。正是在1938年，在边区政府的领导下，延安先后建立了难民纺织厂、造纸厂、被服厂、农具厂、制革厂、制鞋厂、石油厂以及八路军制药厂。这些工厂后来大都起到了倡导和骨干作用。例如，1938年，边区政府将国际友人兰道尔（Eric Landauer，1905—1980）[②] 医生的捐款和国民政府中央赈济委员会的赈济款作资金，创办了难民棉织厂和难民纺织厂，又将两厂合并改称“难民纺织厂”，设在延安高桥镇。该厂发展极为迅速。1938年底，全厂有四台织布机、两台纺毛机、五台织袜机、两台织毛巾机和一台弹花

① 孙元龙：《延安兵工厂的始末》，中国人民政治协商会议全国委员会文史资料研究委员会编：《革命史资料》第3期，第166页。

② 陕甘宁革命根据地工商税收史编写组、陕西省档案馆：《陕甘宁革命根据地工商税收史料选编》第1册，1935—1940年，陕西人民出版社1985年版，第197页。中共延安地委统战部、中共中央统战部研究所编：《抗日战争时期陕甘宁边区统一战线和三三制》，陕西人民出版社1989年版，第284、286页。中共中央党史研究室编：《中共党史资料》第46辑，中共党史出版社1993年版，第222页。此人亦被称作“兰度雅”“蓝道尔”。1938年1月，国联派遣防疫队三组共五百一十九人携带药品和医疗器具到华，帮助处理紧急状况，防止各种流行病蔓延。国联各防疫队第1防疫队（西北区）由叶墨（Heinrich Manfred Jettmar，1889—1971）、兰道尔等人组成。1938年冬，兰道尔到延安从事卫生防疫工作，对于中国共产党领导的革命功不可没。可以参考洪伟成、相林：《魂牵梦萦念中华——记艾瑞克·兰度雅》，《新观察》1983年第15期。

1943年11月，陕甘宁边区召开劳动英雄、模范生产工作者大会

机，职工四十五人，而到1942年底，职工总数扩大到三百七十多人，机器设备包括铁机三十八台、木机十八台、合股机七台、整经机四台、络纱机一百多台，还有车床、钻床、镟床和发动机等。边区的布匹由完全依赖从外界输入，达到自产70%以上。

陕甘宁边区经济开发建设可圈可点者不胜缕述，但这绝不意味着其中毫无缺陷和不足。我们不能对这些存在的问题在历史书写中予以回避和删削。如毛泽东所说，边区“1941年到1942年两年中的经营商业，是要从迅速解决困难的目的出发的，因此，就不能不以各机关学校资金的大部分去做能迅速图利的生意”①。是时，党政军机关纷纷组建各自的商业组织，“公营商店相继竞立延城”②，发生许多违反政府法令和财政纪律的现象，不少地区和部门存在有“财”无“政”的现象，“如绥德分区缉私委员会主任系绥德警备司令员兼任，而他们的司令部所属的

① 《毛泽东选集》，东北书店1948年版，第855页。

② 《边区贸易局1942年工作报告》，转引自方流芳：《公司：国家权力与民事权利的分合》，中国人民大学博士学位论文，1991年，第109页。

商业部门即无私不走”①。此外，边区垦荒过程中不择地位用刀耕火种方法不断扩大垦殖范围，更换耕种空间，以致造成森林破坏和水土流失。如延安南三十里堡九源山、崂山一带，三年期间森林外围南北一线缩短了十里。在洛河、葫芦河、清涧河、大理河等流域，也因为人口的增加，对森林进行了扫荡性地砍伐。“这种无计划、不平衡砍伐的结果，一是造成森林边沿向里收缩，使森林面积缩小；二是造成林区内部的孔状破坏。靠近林区的市镇，向林区进行着包围式的砍伐，使森林外沿日渐收缩。”② 然而，恰如美国远东问题专家、哥伦比亚大学教授劳伦斯·罗辛格（Lawrence Kaelter Rosinger）参观延安后所说：“延安是中国千百个城市中的一个城市，因而它不可能完全脱离掉中国的现状，因之我不能毫无根据地把它誉之为人间的天堂；然而我必须肯定地说：延安是中国进步的象征，是中国光明的指针。”③ 我们尽管不能将历史神化，但诚如著名记者舒湮所说：在当时，延安的确“是全国最前进的地区，是全国青年们心上的圣城麦迦”④。陕甘宁边区经济开发建设过程存在这样或那样的问题并不足为怪，问题的关键在

全国各地爱国青年纷纷奔赴延安

① 陕甘宁边区财政经济史编写组、陕西省档案馆编：《抗日战争时期陕甘宁边区财政经济史料摘编》第4编，陕西人民出版社1981年版，第561—563页。

② 乐天宇等：《陕甘宁边区森林考察团报告》，武衡主编：《抗日战争时期解放区科学技术发展史》第2辑，中国学术出版社1984年版，第93页。

③ 中国社会科学院新闻研究所中国报刊史研究室编：《延安文萃》，北京出版社1984年版，第809页。

④ 申沛昌等：《延安精神的原生形态》，陕西人民教育出版社1993年版，第2页。

于我们必须将陕甘宁边区的经济开发建设置于民族国家的建构和现代化进程的宏阔历史语境下解析这种“延安道路”模式的内涵所在。

我国当代已故著名历史学家刘大年在抗战爆发后即奔赴延安，是从抗日战争的烽火硝烟中走过的当事人，并且后来倡导和致力于抗日战争史研究。他指出：

> 中国近代历史上有两个基本问题：第一，民族不独立；第二，社会未能工业化、近代化。它们一起把中国拖进了濒临灭亡的境地。抗日战争是中国近代历史的一个根本转折。这个根本转折，一是近百年间，中国抵抗外国侵略的战争无不遭受失败，抗日战争第一次取得了反侵略战争的全面胜利；二是八年抗战决定性地改变了中国内部政治力量的对比。抗日战争中，军事上与国内政治关系上同时并存着两个过程、两种演变。一个过程、一种演变是日本的力量由强变弱，由军事胜利推进到最后彻底失败；又一个过程、一种演变，是国内两大政治势力共产党与国民党的力量朝相反方向行走，人民力量迅速壮大起来。这两个过程、两种演变紧密相连。前一个演变关系中国亡不亡国、民族能否独立的问题；后一个演变关系今后将是新中国还是旧中国、中国能否打开走向近代化前途的问题。谁在抗日战争中最出力，谁就在抗战以后更有力量，更有发言权，或者左右战后中国。抗战胜利准备了新中国与旧中国的决战。抗日战争结束以后，人民解放战争很快取得胜利，中华人民共和国随之诞生，不久，中国并踏上了社会主义发展前提的道路。归根到底就是由抗日战争这个历史的转折，这个力量准备所造成的。新中国代替旧中国，第一，中华民族巍然独立了；第二，国家近代化的前途畅通了。中国于是开始了自己的复兴。用一句话来说：中国复兴枢纽——这就是抗日战争的八年，这就是抗日战争胜利的伟大历史意义。①

① 刘大年：《我亲历的抗日战争与研究》，中央文献出版社2000年版，第298页。

刘大年的这段话高屋建瓴地揭示了抗战八年对民族独立和现代化的伟大而深邃的历史意义，诚为剀切的论。罗荣渠的观点和刘大年的上述分析有相似之处，他将近代中国自1840年以来的150余年历史概括为衰败化、半边缘化、革命化和现代化四大趋向，认为：一个国家经济越落后，首先解决的问题是国权问题（民族解放）而不是民权（个人解决）问题，是民族的生存权而不是个人的人权，清王朝垮台后“中国现代化面临的首要问题不是经济发展，而是共和体制下的国家重建”①。在上述两位著名学者宏论卓识的基础上，我们认为两点需要特别注意：其一，长期以来，中国学者往往认为抗日战争中日本侵略者的暴行激发了中国民族主义的全面高涨。这种观点并没有错误，但属于一种泛泛而论的宏大叙事和推阐。事实上，古今中外，侵略、战争和恐怖并不一定激发民族主义激情，对侵略战争的反应还有恐惧、逃亡、逆来顺受等等，在抗战期间，汉奸的存在无可讳言，甚至连辛亥革命期间民族主义激情澎湃的汪精卫亦投敌叛国。所以，我们不能想当然地坐而论道，不能仅从外部刺激解读当时民族主义的全面高涨，应该对中华民族的历史文化、当时包括共产党在内的各种爱国政治力量的社会动员等进行细致分析。其二，民族国家的建构不能与经济的现代化建设分离开来考虑，两者之间存在有机联系。

有的学者批评安德森《想象的共同体》（Benedict Anderson，*Imagined Communities: Reflections on the Origin and Spread of Nationalism*，London and New York：Verso，1983）强调民族国家建构过程的主体能动存在偏颇，是带有后现代主义取向的说法。我们认为这种批评显然是矢不中的的“跑靶”，因为后现代的取向是“解构”民族国家而非致力研究民族国家的建构，安德森《想象的共同体》出版时后现代主义尚根本阒然无闻，安德森后来亦鲜具后现代的思想色彩。从安德森《想象的共同体》研究主题而论，他采取心态史学的路径无可厚非。不过，安德森《想象的共同体》的确忽视了许多问题的深入探讨。诸如安德森并没有

① 周东华、董正华：《中国近现代史研究的“现代化范式”——对两种批评意见的反批评》，牛大勇主编：《中外学者纵论20世纪的中国——新观点与新材料》，江西人民出版社2003年版，第177—192页。

像吉登斯那样涉及军事战争对“民族国家”建设的重要影响，①也没有像杜赞奇那样深刻体悟不同的自我意识群体对民族的构想和表达存在歧异性，②没有认识到各种不同的身份角色的叠加于形形色色社会个体之上后角色认同之间的冲突与绥靖。安德森指出，民族被想象为一个共同体，因为尽管在每个民族内部可能存在普遍的不平等与剥削，民族总是被设想为一种水平的、感情深厚的同志关系。归根到底，正是这种兄弟情谊使得人们为那种狭隘的想象去献身与厮杀。③但马克·赛尔登（Mark Selden）的研究试图证明“中国的抗战在想象的共同体方面提供了不同于安德森所描述的模式。抗战在两层意义上创造了民族共同体的思想基础与制度基础：首先，这一共同体正是在抵抗外来侵略的过程中团结起来的；其次，这一共同体的形成，部分地取决于那些针对中国社会‘实际存在的不平等与剥削’而实施的改革。这不可分割的两个方面构成了‘延安道路’的核心”④。

笔者非常赞同马克·塞尔登的上述观点。抗战全面爆发前，“中国大地上日日夜夜，总有地方是在枪炮轰鸣中度过的。这些都是中国的国家分裂，民族不统一的表现”⑤。抗战全面爆发后，全国各界拂去政治偏见，携手抵御外侮，“打国仗”三字成了家喻户晓的名词。中华民族的觉醒前所未有，前所未闻。抗战的烽火使中华民族的民族意识得到了淬沥，中华儿女的鲜血使我们的民族受到了一次空前的洗礼。抗战全面爆发两周年之际，朱自清写道：“这一天是我们新中国诞生的日子。”“我们惊奇我们也能和东亚的强敌抗战，我们也能迅速的现代化，迎头

① 参见安东尼·吉登斯：《民族—国家与暴力》，胡宗泽等译，生活·读书·新知三联书店1998年版，第278—283页。

② Prasenjit Duara, *Rescuing History from the Nation: Questioning Narratives of Modern China*, Chicago: Chicago University Press, 1995, p. 10.

③ Benedict Anderson, *Imagined Communities: Reflection on the Origin and Spread of Nationalism*, London: Verso, 1983, p. 16.

④ Mark Selden, *China in Revolution: The Yenan Way Revisited*, New York: M. E. Sharpe, Inc., 1995, p. 234.

⑤ 刘大年：《我亲历的抗日战争与研究》，中央文献出版社2000年版，第251页。

赶上去。世界也刮目相看，东亚病夫居然奋起了，睡狮果然醒了。从前只是一块沃土，一大盘散沙的死中国，现在是有血有肉的活中国了。从前中国在若有若无之间，现在确乎是有了。”“我们不但有光荣的古代，而且有光荣的现代；不但有光荣的现代，而且有光荣的将来无穷的世代。新中国在血火中成长了。”① 从本质上说，中国的抗日战争如拉铁摩尔所说是“争取民族独立和国内民主革命相结合的战争”②。在抗日战争中，中国共产党之所以能够游刃有余在敌后抗日战场纵横驰骋于广阔天地，成为抗日战争的中流砥柱，关键在于其代表最广大下层民众的利益，在农村抗日根据地有效地进行社会政治经济改革，改善了下层民众的生活，赢得了广大民众的广泛支持。陈永发指出：“中共能够发动农民投身抗战，首先‘应归功于再分配政策’。”③ 陕甘宁边区的三三制、减租减息、农村合作社，都表现了中国共产党人富有创造性的制度革新。由于中共经济政策纲领深得民心，正如边区百姓所讴歌的那样，“高楼万丈平地起，盘龙卧虎高山顶，边区的太阳红又红，咱们的领袖毛泽东”。陕甘宁边区成为中华人民共和国的雏形，在当时中国的政治空间形态中独放异彩，代表了中国未来的社会走向。

---

① 朱自清：《这一天》，《朱自清散文全编》，吴为公、李树平编，浙江文艺出版社1996年版，第551页。

② Owen Lattimore, After Four Years, *Pacific Affairs* 14 (June 1941) 151.

③ Yung-fa Chen, *Making Revolution: The Communist Movement in Eastern and Central China, 1937－1945*, Berkeley: University of California Press, 1986, p. 99.

第三章　时空之旅：中国西部开发与现代化

第一节　时空问题是现代化与现代性理论的关键

《18世纪的中国与世界·导言卷》一书云：

> 什么是近代化社会？关于这个问题有着种种意见，甚至规定了许多具体的指标。蓬勃发展的工业，持续增长的经济，不断进步的科学技术，日益扩展的机械化、电气化，逐步完善的生产、经营组织和技能，普及的大众教育，以及购买力、储蓄率、生殖率、人均住房面积、人均拥有的汽车量、电话量等等，用这些具体指标去衡量近代化太过于纷繁，但近代化确实不是单一的标准，应该从多方面加以考虑。除了生产水平和生活水平以外，还须要从政治、文化、社会等方面来估量，大众政治参与程度，民主化法制化、舆论开放与监督，政府的效率与廉洁程度，人民的文化素质。总之，近代化是人类历史上最深远、最伟大的变革，它是个系统工程，包括经济、政治、军事、外交、文化、科技等许多方面，相互联结，相互推进，同步前进。用单一的标准不可能对社会进步程度作出正确的评价。
>
> 近代化运动不是一元单线的简单运动，而是多元多线的复杂运动，是众多系统、众多因素长期积累，相互作用的结果。单个因素也许可以促进社会某些方面的暂时变化，但不足以引发社会持续的、全面的前进运动，只有各个系统、各种因素的相互带动和全面推进，才能激发出一种克服社会惰性的伟大力量。近代化犹如大海

> 中的潮汐，往复推滚，永不停息，它席卷一切，带动一切，冲击一切，匆匆地向前奔进，所有的人物、事件、典章制度都要服从它的走向，遵循它的轨道，使传统社会跨进近代社会。①

从语义学角度而言，所谓“近代化”即“现代化”。对此，民国年间学者在论著即已言之历历。罗荣渠在其《现代化新论——世界与中国的现代化进程》中指出，在英文里（法文、西班牙文、德文、俄文等也同样），“现代”（modern）一词至少有两层含义：一层是作为时间尺度，它泛指从中世纪结束以来一直延续到今天的一个“长时段”（une longue durée），借用“年鉴学派”术语，一层是作为价值尺度，它指区别于中世纪的新时代精神与特征。他认为，在现代化理论中的“现代”一词的含义，即兼具上述两层意思。在罗荣渠看来，“现代化”一词在英文中为“modernization”，在日文中为“近代化”，中国学术界所谓“近代化”一词即来源日文，但“不能因为日本史学界使用‘近代化’的提法”，我们也采用‘近代化’的提法。不但不能照搬，相反，日本史上的‘近代化’译成汉语一般应改为‘现代化’，才符合术语统一的要求”②。因为日文中“近代”一词的含义宽泛，接近英文“modern”的词义，日文中“近代”“现代”两词的互用屡见不鲜，日文“近代化”的词义按日本学者的理解与“现代化”并无二致，所以罗荣渠主张为避免概念上的混乱而“正名”起见，在中国学术界不宜使用“近代化”的概念。罗荣渠还指出，现代化有广义和狭义之分，从广义上说，现代化作为一个世界性的历史过程，主要是指人类社会从工业革命以来所经历的一场急剧变革，这一变革是以工业化为推动力，导致传统的农业社会向现代工业社会的全球性大转变的过程，它使工业主义渗透到经济、政治、文化、思想各个领域，引起深刻的相应变化；从狭义上说，现代化主要是指经济欠发达的国家采取适合本国的道路和方式，通过经济技术改造和学习世界先进经验，带动广泛的社会改革，转变为先

---

① 戴逸：《18世纪的中国与世界·导言卷》，辽海出版社1999年版，第6—7页。

② 罗荣渠：《现代化新论——世界与中国的现代化进程》，北京大学出版社1993年版，第7页。

进工业国的发展过程。[①] 不过，我国学术界亦有人不同意罗荣渠的主张，认为不能将“近代化”与“现代化”两个概念等同起来。例如，王业兴 1996 年提交中山大学“孙中山与华侨学术研讨会”的论文《孙中山对中国经济近代化发展模式的建构》就对“近代化”与“现代化”的差异进行厘清梳辨，认为两者的主要不同在于：其一，近代化与现代化都是生产力革命，但近代化是超越古代手工劳动、农业自然经济；现代化则是超越近代机械化、工业化的生产力，是宏观调控下的市场经济；其二，近代化的特征是社会生产的机械化、工业化，主要变化表现在看得到摸得着的“硬件”方面；现代化则是社会生产的社会化、信息化、电子化、社会道德的全球化等，主要变化不仅表现在看得见的“硬件”方面，更表现在看不见的“软件”方面。其三，近代化的带头产业首先是交通运输、能源动力工业、轻纺钢铁原材料、机械制造等，产业结构上突出基础工业；现代化的带头产业首先是科技产业、电子工业、信息产业、生物工程等，产业结构上突出的是高科技带头的第三产业。其四，工业近代化以粗放型为主，而工业现代化的主要标志是生产的集约化程度极高，经济增长因素中科技含量比重极大。[②]

《春秋繁露·深察名号》云：“鸣而施命谓之名；名之为言，鸣与命也。”[③] 伯恩哈德·卡普兰（Bernard Kaplan，1925—2008）说：“科学概念的功能是指称较诸其他范畴体系更能说明我们的研究对象的那些范畴。”（The function of scientific concepts is to mark the categories which will tell us more about our subject matter than any other categorical sets.）[④]

---

① 罗荣渠：《现代化新论——世界与中国的现代化进程》，北京大学出版社 1993 年版，第 17 页。

② 参见何科根主编：《孙中山研究论文集》二，《学术研究》杂志社 1996 年版，第 41—46 页。

③ 董仲舒：《董子春秋繁露译注》，阎丽译注，黑龙江人民出版社 2003 年版，第 172 页。

④ Cyril E. Black edited, *Comparative Modernization*, New York: The Free Press, 1976, p. 63. 此亦见 Dean C. Tipps, Modernization Theory and the Comparative Study of Societies: A Critical Perspective, *Comparative Studies in Society and History*, Vol. 15, No. 2 (Mar., 1973), pp. 199 - 226。

在社会科学中，概念如果能够起到集合的作用或由于它有助于把一些看起来无差异的事物分离为两种乃至更多种的形式，那么它便是有用的，否则其存在的理由便令人疑窦丛生。衡量“近代化”概念是否具有必要性的标准即取决于其对于学术研究和认知深化方面的效用性。正如有学者所言，语言学的时间和历史到处充满着空白、巨大的断裂、假想的时期，语言事件是在非线性、本质上不连续的时间层面中发生的。基于此，我们在使用语源学方法时不能不格外重视福柯谱系学中对起源（Ursprung）与来源（Herkunft）的区分，对“现代”一词众说纷纭的语源学追溯的底定于一尊也许徒劳无益。有学者谓：“从词源学上看，‘现代’（modern）一词可能来自于拉丁文中的‘modo’，意指‘刚才’。”① 刘小枫认为：“在西语思想织体中，‘现代’（modern）的用法，可追溯到中世纪的经院神学，其语义的社会文化背景是 temporal Christiana（基督教时代）的出现。文学史家耀斯②考证出：‘modermus’（现代）一词于五世纪末首次出现，其时为古罗马帝国向基督教世界过渡的时期，基督教时代引出了‘antique’（古代）与‘moderni’（现代）这对语词及其用法。”③ 布莱克（Cyril Edwin Black）在《现代化的动力》（*The Dynamics of Modernization, A Study in Comparative History*, New York：Harper & Row，1966）一书中这样写道：“现代”作为表述当下社会性质的概念可以追溯到公元 6 世纪的晚期拉丁语，首先是拉丁语，继而是英语和其他语言用这个词来区别当代与“古代”的作家和作品。④ 哈贝马斯认为，“现代”一词的拉丁文形式产生于 10 世纪末的欧洲，最初只是一个宗教性的术语，以后逐步扩展到文化和知识领域之中。⑤ 罗荣渠却申论说：“modern 一词是文艺复兴时期人文主义者的著

① 佘碧平：《现代性的意义与局限》，上海三联书店 2000 年版，第 1 页。

② 指 Hans Robert Jau，1921—1997 年。

③ 刘小枫：《现代性社会理论绪论》，上海三联书店 1998 年版，第 62 页。

④ C. E. 布莱克：《现代化的动力》，段小光译，浙江人民出版社 1989 年版，第 9 页。

⑤ 包亚明主编：《现代性与空间的生产》，上海教育出版社 2003 年版，第 1 页。

作中最先使用的。当时用这个词表达一个新的观念体系，即把文艺复兴看成是一个与中世纪对立的新时代。由于文艺复兴否定中世纪的神学权威，尊崇古典文化。故而文艺复兴以后的时代被视为欧洲历史的一个新时代。现代一词的内涵——‘现代性’（modernity），即渊源于此。”①语源在本质上犹如河流源头一般，在大多数情况下都是由众多的涓涓细流汇聚而成，很难确指其最为悠远的历史源头，但经过一定历史时期的发展之后，其演变的主流形态便逐渐昭然显露。16世纪，“现代”（modern）一词开始流行，但它在早些时候往往被赋予一种陈腐平庸的贬义，经常指建筑、服饰和语言的时尚，基本上是一个贬义词。例如莎士比亚一直在这种意义上使用这个词，当英国作家把法国革命的领导人称作“现代派”时，他们无疑也是在贬义上使用这个词。

正如布莱克所说：“到了17、18世纪，欧洲的历史学家们逐渐放弃了已为普遍接受的以基督纪元为基础的历史分期，开始采用古代、中世纪和现代的分期。人们当初认为现代历史随着君士坦丁堡的衰落或美洲的发现而突然开始，如果人们想说得确定一点，也可以说现代史开始于1453年5月29日红日东升之时或1492年10月12日凌晨2时，但是，现在更流行的说法是：现代史开始于‘1500年前后’。”② 众所周知，在西方中世纪，由于教会垄断了全部社会的精神文化生活，以《圣经》为代表的基督教教义成了制约人们一切思想和行为的普遍价值尺度，历史学完全沦为“神学的一个卑贱的女侍”③，因此以基督纪元为基础的历史分期天经地义地被视为金科玉律。被誉为“英国历史之父”（the father of English history）的比德（Bede，亦作Saint Bede或the Venerable Bede，约672—735）是诺曼底征服之前英国最伟大的历史学家，他最早以基督降生之年为基准，用“吾主纪年”（Anno Domini，即简写为

① 罗荣渠：《现代化新论——世界与中国的现代化进程》，北京大学出版社1993年版，第5页。

② C. E. 布莱克：《现代化的动力》，段小光译，浙江人民出版社1989年版，第9页。

③ 巴托利：《意大利文学史·绪论》，转引自贝奈戴托·克罗齐：《历史学的理论和实践》，傅任敢译，商务印书馆1982年版，第159页。

A. D）来计算时代。[①] 奥古斯丁是基督教早期神学、哲学和政治思想的集大成者，他发展并确定了中世纪的历史时间观念。在《忏悔录》（St. Augustine of Hippo，*Confessions*）中，奥古斯丁认为上帝“在一切时间之前，是一切时间的永恒创造者”[②]。时间作为世界万物的组成同时被上帝创造出来了。创世之前是无时间的永恒，末日审判之后也是无时间的永恒。人类的过去、现在、将来是在上帝创造的时间之中，上帝已经安排好一切，人类的意识只有在这种从永恒到有时间、再到永恒的背景下把握这种有限的时间，人们编纂历史、回忆过去只是要说明过去，以证实上帝的安排。这样，历史与时间的联系使它只能从创世纪开始，而结束于末日审判。[③] 中世纪基督徒头脑中没有作为一条无穷无尽的因果链条的历史或将过去与现在断然二分的观念。马克·布洛赫（Marc Bloch）发现，时人认为他们或许已经接近时间的尽头，诚如保罗（Paul of Tarsus，亦称为 Paul the Apostle，the Apostle Paul，Saint Paul，约5—67）所言，“主降临之日将如黑夜的窃贼般悄然而至”（the day of the Lord cometh like a thief in the night），在这种意义上，基督的第二次降临随时都可能会出现。12世纪弗雷辛主教鄂图（Bishop Otto of Freising，约1114—1158）在其《编年史》（*Chronica sive Historia de duabus civitatibus*）中以一种世界历史的眼光将一切已知的历史事件相互联系地安排在上帝描绘的图表中，自信能为每一事件在上帝给定的时间表中找到一个合适的位置，反复陈说“被置于时间尽头之我等”（we who have been placed at the end of time），认为世界正在走向末日，尘世的历史即将结束。因此，布洛赫得出结论，中世纪的人“自从献身冥思之后，他们的思绪更远离了年轻而富有活力的人类种族所拥有的久远未来的前景”（as soon as mediaeval man gave themselves up to

① 但亦有学者云，贝塔维乌斯（Dionysius Petavius，亦作 Denis Pétau，1583—1652）是第一个成功地根据基督诞生的前后来注明事件发生日期的，这种纪年体系在17世纪变得十分普遍。参见托波尔斯基：《历史学方法论》，张家哲等译，华夏出版社1990年版，第82页。

② 奥古斯丁：《忏悔录》，周士良译，商务印书馆1963年版，第257页。

③ 张广智主著：《西方史学史》，复旦大学出版社2010年版，第74页。

meditation, nothing was farther from their thoughts than the prospect of a long future for a young and vigorous human race)①。本尼迪克特·安德森认为，每一个根本的现代概念都是以“其时”（meanwhile）这个概念为基础的，但在本雅明（Walter Benjamin，1892—1940）所说的中世纪那种过去未来汇聚于瞬息即逝的现在的同时性（a simultaneity of past and future in an instaneous present）的弥赛亚时间（Messianic time）概念中，“其时”（meanwhile）一词是不可能具有真正的意义的。② 我们认为，在中世纪的欧洲由于宗教力量强大，教会控制着时间，时间有着强烈的宗教道德情感，基督教史学诚然是一种目的论史学，但另一方面，目的优于起源便自然而然地将进步史呈现在人们眼里“文艺复兴”（Renaissance，Rinascita 或者 Rinascimento）这个词最早是由意大利艺术家、评论家乔尔乔内·瓦萨里（Giorgio Vasari，1511—1574）在其 1550 年出版的名著《最著名的画家、雕刻家和建筑家传记》（又译《艺术家传记》或《艺苑名人传》，*Le Vite delle più eccellenti pittori, scultori, ed architettori, The Lives of the Most Excellent Italian Painters, Sculptors, and Architects, from Cimabue to Our Times*）中所自创的。这个词在 19 世纪二三十年代被法国学者所广泛接受，最早由法国历史学家朱尔·米舍莱（Jules Michelet，1798—1874）于 1855 年出版的《16 世纪法国史：文艺复兴》（*Histoire de France au XVIe siècle. La Renaissance*）加以界定，但这不过是对西方人文主义张扬、现代资本主义文明曙光初现的时代所进行的追授。到了 14 世纪的文艺复兴时代，“与当时意大利画家开始从空间的角度表现人物的同时，在历史学家身上也诞生了一种从时间的角度对待过去的意识”③。“中世纪”一词最早于 1469 年出现在拉丁文，作“media tempestas”（middle

---

① Benedict Anderson, *Imagined Communities: Reflections on the Origin and Spread of Nationalism*, London: Verso, 1991, p. 23.

② Benedict Anderson, *Imagined Communities: Reflections on the Origin and Spread of Nationalism*, London: Verso, 1991, p. 24.

③ Hajo Holborn, Greek and Modern Concept of History, *Journal of the History of Ideas*, Vol 10, 1949. p. 8.

time）。而“medium aevum”（Middle Ages）最早见于1604年。[1] 在15世纪，人文主义历史学家比昂多（Flavio Biondo，1392—1463）在《罗马帝国衰落以后的历史，472—1440年》（*Historiarum ab Inclinatione Romanorum Imperii*，Venice，1483）中使用了“中世纪”（medieval）的概念，认为西罗马帝国的灭亡标志着古代史的结束，从此开启了另一个新的时期、即中世纪，中世纪乃整个历史过程中不可缺少的一个环节，否则历史便不是连续的历史。比昂多这一概念的提出对后来西欧历史学家将人类文明史划分为古代、中世纪、现代三个阶段的三段论式基本分期法的形成所谓厥功甚伟，而这一概念所寄寓的线性的进化论观念亦隐然可见。随着社会生产力的日渐健步发展，西欧历史学家对人类自身的强壮与力量的自信与日俱增，体现新兴资产阶级精神面貌的历史乐观主义和历史进化论思潮不断充沛地弥散洋溢于四野。例如，让·布丹（Jean Bodin）当时就猛烈抨击了自古以来广泛流行的关于人类历史黄金时代（l'âge d'or）、白银时代（l'âge d' argent）、青铜时代（l'âge de bronze）和黑铁时代（l'âge de fer）依次堕落的历史倒退观，明确提出了各时代依次递进的世界历史进步观。布丹的思想具有扭转乾坤、砥柱中流的历史作用，其冲击波随着历史的长河一直越过维柯、黑格尔和马克思，直到遭遇尼采、斯宾格勒及当代西方后现代主义思潮的阻击，才开始受挫减杀。不难看出，西方史学中古代、中世纪、现代的三段论式的分期法是历史进步观的产物，可以说，“现代”概念是在与中世纪、古代的区分中呈现自己的意义的，它体现了未来已经开始的信念。这是一个为未来而生存的时代，一个向未来的“新”敞开的时代。这种进化的、进步的、不可逆转的时间观不仅为我们提供了一个看待历史与现实的方式，而且也把我们自己的生存与奋斗的意义统统纳入这个时间的轨道、时代的位置和未来的目标之中。[2]

罗荣渠认为，“在汉语里，‘现代’一词的用法大不相同。汉语中找不到一个与modern一词相当的词。中国历史传统的分期架构也是三

① Martin Albrow, *The Global Age: State and Society beyond Modernity*, Stanford: Stanford University Press, 1997, p. 205.

② 参见汪晖：《死灭重温》，人民文学出版社1998年版，第4页。

分法，但它是‘古’‘近’‘现’的三分法。中国传统史学中没有、也不可能有中世纪的概念。至于‘近世（代）’与‘现世（代）’这两个词，在书刊中虽常使用，但无确切界说。在清末民初翻译西方著作时，‘modern history’一般译为‘近世史’。马克思主义史学传入中国以后，我国史学界普遍接受了苏联史学的分期法，把十月社会主义革命作为一个划时代的历史标志。十月革命以前的时期称为‘近代’，十月革命以后称为‘现代’。这已成为我国史学界通行的历史分期法。这样，近代与现代就成为具有不同含义的两个时间尺度。由于历史观点的不同，对这两个阶段的划分可以有各种不同的划法，但有一点是肯定的，即近、现代是两个前后衔接的历史时期，其中近代作为一个历史概念是已经结束了的历史时期；而英文‘modern times’一词所表达的则是一个一直延续至今的时间概念，兼有近代与现代之意。”① 罗荣渠把“现代”一词的含义在英文、西班牙文、德文、俄文等语言的用法视为与中文相对立的同一类型，并指出：“日本的传统史学受中国史学影响很深，日本的传统历史分期观念也是‘古’‘近’‘现’格式。在近代以来的日本史学中，把‘近代’与‘现代’两词作为时间尺度，与中国相似。”②“日本学术界把现代化称之为‘近代化’，是因为日本史有自己的独特的历史分期法。现在日本史学界比较一致的看法，是把从明治维新一直到1945年日本战败投降，划为日本的近代；而把战后的时期划为日本的现代。西方的现代化理论探讨的各种问题，具体地运用于日本历史，都属于日本近代史的范围（日本史学界关于日本近代化问题的讨论，主要是围绕明治维新问题展开的，属于近代的上限范围）。可见，日本人使用‘近代化’概念而不使用‘现代化’概念是可以理解的。”③ 罗荣渠研究现代化理论在20世纪末中国大陆学术界望重士林，不过我们发

---

① 罗荣渠：《现代化新论——世界与中国的现代化进程》，北京大学出版社1993年版，第4—5页。

② 罗荣渠：《现代化新论——世界与中国的现代化进程》，北京大学出版社1993年版，第6页。

③ 罗荣渠：《现代化新论——世界与中国的现代化进程》，北京大学出版社1993年版，第7页。

现西方语言中“现代”一词并非具有铁板一块的同质性，英文和德文即歧异显著。德文中既有“Moderne”“Gegenwart”“Jetztzeit”表示“现代（世）”，又有“Neuzeit”表示“近代（世）”，尽管日本的传统史学受中国史学影响很深，但中国“近代（世）”一词却作为历史分期概念却是来自日本，而日文“近代”（きんだぃ）亦非日本学者的发明创造，乃系对德文“Neuzeit”的意译，因为当时日本在政治、经济、文化等方面效仿德国极尽其能事，而德语文献中“Altertum”“Mittelalter”“Neuzeit”对于汉字文化语境者而言翻译成“古代”“中古”“近代”乃为不言而喻的人之常情。据德语文献记载，最早采取古代（die Alte）、中古（die Mittlere）和近代（die Neuere）三分法的历史著作是 17 世纪末德国历史学家克里斯托夫·策拉留斯（Christophorus Cellarius，即 Christoph Keller，1638—1707）。① 古代、中世纪和近代的历史时期三分法在德国历史学家克里斯托夫·策拉留斯的《普遍历史：划分为远古、中世和近世》（*Historia universalis breviter ac perspicue exposita, in antiquam, et medii aevi ac novam divisa, cum notis perpetuis*, Jena：Joh. Bielcke，1702，简称 *Historia tripartita*）之后已渐成为老式教科书中的分类范式。西方现代化理论往往将学术理论传统渊源追溯至滕尼斯（Ferdinand Tönnies，1855—1936）、马克斯·韦伯（Max weben，1864—1920）等人，但对于这几位古典社会学大师交往密切的特勒尔奇长期被忽视、遗忘，特勒尔奇在其《基督教会及社团的社会学说》（*Die Soziallehren der christlichen Kirchen und Gruppen*, Tübingen：JCB Mohr，1912）等著作中把近代作为一个独立的分析题域来加以审视，视近代为古代世界与现代世界之间连续性的体现，通过揭示近代与中古的关联和近代与现代的关联，以此为切入点探究现代性起源问题，认为：尽管新教对现代结构的形式有决定性的促进作用，但现代式的国家—社会组织形式以及与此相关的法律理念、政治哲学、伦理—形而上学的基础、资本主义市民的伦理和职业精神等，无一系由新教所缔造，新教只是提供了可供

① W. F. Semjonow, *Geschichte des Mittelalters*, Berlin：Verlag Volk und Wissen，1952，S. 5.

现代资本主义形成的自由空间。

爱德华·赛义德在20世纪80年代提出了著名的“理论旅行”（traveling theory）的命题，他将理论和思想的旅行方式描述为四个主要阶段：（1）在发源地，思想得以降生或者进入话语之内；（2）存在着一个被穿越的距离，思想从较早一个点进入另一种时间和空间，从而获得了一种新的重要性；（3）存在一组接受或抵抗的条件，使得对这种理论与思想的引进和默认成为可能；（4）最终在某种程度上被其新的用法及其在新的时间与空间中的新位置所改变。① 詹姆斯·克里福德（James Clifford）则从语源学角度指出：“希腊文术语Theorein，指的是一种旅行和观察活动，由城邦派出去的某人去另一个城市观看宗教典礼。因此，‘理论’是一种置换和比较的产物，是某种距离。”② 克里福德对赛义德的“旅行理论”提出修正和扩展，认为赛义德所描述旅行四阶段看上去好像是移民和同化的似曾相识的老故，其旅行表是线性的，未能反映非线性的复杂组合形式。克里福德指出，在探险者、游客、旅行者三类人中，“如果说探险者朝着无形的和未知的危险而前行，游客朝向纯粹熟知事物的安全而前去，那么旅行者的目标恰好在这两极之中间，既保留着探索不可预料的事物的那种兴奋感，又兼有游客的那种心安理得的快乐自如”③。克里福德的关注角度和理论贡献在于透视在一种由历史原因而联系在一起的不同的后殖民空间所构成的杂交状态下，在被称作“西方”的空间整合的自信感觉已荡然而去的全球交流的后殖民世界语境中，理论家旅行的“空间”的特殊性以及由此产生的在中心与边缘之间位置移动的反应机理。而刘禾则提出“跨语际实践”（translingual practice）的观点，力图从翻译及其相关的实践这一角度考察不同语言的概念在从客方语言（guest language）走向主方语言

---

① 参见爱德华·赛义德：《理论旅行》，爱德华·W. 赛义德：《赛义德自选集》，谢少波、韩刚等译，中国社会科学出版社1999年版，第138—139页。

② 詹姆斯·克里福德：《关于旅行与理论的札记》，叶舒宪译，《视界》第8辑，第23页。

③ 詹姆斯·克里福德：《关于旅行与理论的札记》，叶舒宪译，《视界》第8辑，第24页。

（host language）时如何无中生有地建立并保持假设的等值关系（hypothetical equivalences），把语言、话语视为真正的历史事件，审视主客语言遭遇后在权力结构支配下传播、改写、驯化的图景。

《日本国语大辞典》云："近代"在广义上与"近世"同义使用，但通常指古代、中世以后与狭义的近世相继的时期，指封建社会后的资本主义社会。而该书"近世"（きんせぃ）条亦云：近世在日本史中，指继古代、中世之后的近代以前的时期，即安土桃山时代和江户时代，与相当于中世纪的镰仓、室町时代称为封建社会前期相对应，亦称为后期封建社会。按照德富苏峰（とくとみそほう，1863—1957）《近世日本国民史》（德富蘇峰『近世日本国民史』明治書院、昭和 10 年）的观点，近世在广义上亦包含近代，但与狭义上的近代区别甚多。[①] 日本学者宫崎市定（みやざきいちさだ，1901—1995）在《东洋的近世》中指出："历史年代的三分法，即把整个历史时代分为古代史、中世史、近世史三个时期去理解的方法，首先确立于西洋史，现在大体上为大家所接受，没有异议。不过，这种思维方式是否同样适用于西洋以外的世界，却有很多不同见解。"和特勒尔奇聚焦于"Neuzeit"时段的取景框架相似，宫崎市定亦以"近世"概念为理解东亚历史内部发展开启了一扇重要的窗口。他说："假如将公元 1300 年定为文艺复兴的开始，其后经二百余年，发生宗教改革运动，欧洲变得更加富有近世色彩。制纸、印刷业大盛，火药开始输入，航海术发达，国民主义勃兴，以法国为首的强大的中央集权国家成立。这期间的欧洲肯定不是中世纪而是近世。把这个时期的社会状态和宋、元、明、清比较，共同称为近世，我不以为是失诸比例。""欧洲以公元 1750 年为中心，发生了工业革命，继而出现以 1800 年为中心的法国革命。从此，欧洲进入一个崭新的时代，一个到目前为止所有地域的历史上均未见过的新时代。欧洲的近世清楚地跳跃至更高的一个层次。这个讯息的意义与其由欧洲的立场看，反不如由东洋的立场去观察更为清楚。东洋也有文艺复兴和宗教改革，但没有这两个革命。"基于此，宫崎市定主张将工业革命以后的欧洲作

① 『日本國語大辭典』第 6 卷、小学馆、昭和 51 年、350、344 頁。

为最近世史，而将文艺复兴阶段作为近世史，以资区别。宫崎市定认为，由于文艺复兴至工业革命仅有四五百年的时间，所以西方史学家往往忽视这一阶段历史的独立性，但欧洲以外的东亚诸国很早便进入了这一阶段，唯其后一千余年滞濡延续而未能实现质的突破。[①] 从历史上看，现代东亚历史的叙述话语本质上都可以说基本上属于欧洲历史镜像的反射，拒绝使用欧洲历史概念固然是一种重新回到自己历史之中的努力，但亦可导向对亚洲中心主义确认的另一极端的历史本质主义。宫崎市定以"近世"概念的重新诠释为进入历史场景的通道，将不同区域互动的多重历史世界联系组织起来，在一定意义上具有超越历史研究中的普遍主义和特殊主义的理论启示。我们认为日本学者的"近世"观念对于理解亚洲社会现代结构的缘起具有十分重要的工具效用，但日本学术界所谓的"近代化"（きんだいか）确如罗荣渠所言即是"现代化"之义，[②] 以至于日本出版的书刊将我国当代提出的"四个现代化"被译为"四个近代化"。因为日本"近代化"的理论话语并不具有独立于西方欧美国家所谓"现代化"的理论话语的特质，名异实同。至于我国史学界在马克思主义史学传入后受苏联史学的分期法影响而以十月革命为"近代"和"现代"的标志，这主要是由于当时苏联史学界为了凸现十月革命的世界历史意义。[③] 这可以说是一种对世界历史的重新建构和审思，使近代与现代由此成为具有不同含义的两个时间尺度，并

---

① 参见宮崎市定「東洋的近世」『宮崎市定全集』第 2 卷、岩波書店、1992 年、139—148 頁。

② 参见神島二郎『近代日本の精神構造』岩波書店、1974 年、9 頁。

③ Herausgehen von A. W. Jefimow, *Methodische Anleitung zur Geschichte der Neuzeit* 1640 - 1870, Berlin: Verlag Volk und Wissen, 1954. S. 11. 中国古代史籍中即有"近代""近世"的词语，如《晋书》载，何劭"陈说近代事，若指诸掌"（房玄龄等撰：《晋书》卷三十三，列传第三，中华书局 1974 年版，第 999 页）。但作为历史分期的"近代（世）"概念可以说仍是经过日本出口转内销的产物，较早使用这一概念且影响最广者应首推梁启超《新史学》。梁氏《新史学》大段抄自浮田和民《史学原论》已被学术界铁板钉钉地考证确凿，他将中国史划分为"上世史""中世史"和"近世史"的历史分期法系继受于日本学术界。在梁启超的中国历史分期中，上世史"自黄帝以迄于秦的一统"，中世史"自秦一统后至清代乾隆之末年"，近世史"自乾隆末年以至于今日"。可见，其所谓"近世"即是当（续下注）

对我国目前学术界许多学者坚持将“近代化”与“现代化”区别开来产生思维坐标图系的指示作用。然而，西方主流的“现代化”理论的锋芒所向正在于解构俄国十月社会主义革命的历史普遍意义，视之为世界现代化进程中特殊的、扭曲的现象。章开沅、罗福惠在其主编的《比较中的审视：中国早期现代化研究》中，为区别新中国建立前后的现代化，把1949年新中国建立以前的现代化“叫做早期现代化，把后者称为现代化”[①]。“早期现代化”（Early Modernization）即是一些学者所倾向使用的“近代化”，但名词的殊异并未构成与现代理论话语体系的分庭抗礼，所以“近代化”和“现代化”在中国学界混用其来有由，两个名词的争论并不具有实质的学术产出意义。

培根（Francis Bacon，1561—1626）在17世纪就指出了阻碍人们获得真理性认识的种族幻象（idols of the tribe）、洞穴幻象（idols of the cave）、市场幻象（idols of the marketplace）、剧场幻象（idols of the theatre）四种蔽障。傲慢与偏见是知识结晶体内部无法揭离解析的杂质。迪恩·C. 蒂普斯（Dean C. Tipps）指出：“现代化理论的起源大致可以追溯到美国政治统治阶层和知识分子对第二次世界大战以后国际环境的反应，特别是冷战的影响，以及在欧洲殖民帝国解体下第三世界社会的同时出现，并在世界政治舞台上成为杰出的角色。所有这些现象在同一个时期聚合在一起——而且确实是有史以来第一次——使知识界的兴趣和精力越过了美国甚至欧洲的界限，转向对亚洲、非洲和

（续上注）今“现代”的不同表述而已。梁启超还将这种线性进化的时间序列与空间变化联系起来加以思考，指出：上古史时期的中国为“中国之中国”是“中国民族自发达、自竞争、自团结之时代”，而中世史时期的中国是“亚洲之中国”，是“中国民族与亚洲各民族，交涉繁赜，竞争最烈之时代”，近世史时期的中国是“世界之中国”，是“中国民族合同全亚洲民族，与西人交涉竞争之时代”。梁启超的《新史学》标志着将中国历史从一种“地方时间”纳入“世界时间”的进程中予以线性进化论式解释的初始趋势。可以参考杨念群：《美国中国学研究的范式转变与中国史研究的现实处境》，黄宗智主编：《中国研究的范式问题讨论》，社会科学文献出版社2003年版，第293页。

① 章开沅、罗福惠主编：《比较中的审视：中国早期现代化研究》，浙江人民出版社1993年版，第29页。

拉丁美洲的社会进行大量的研究。战后的20年间，美国的社会科学家及其研究生在美国政府和私人团体的慷慨资助下，将越来越多的关注转向这些社会的经济发展、政治稳定和社会文化变革等问题。”① 第二次世界大战后，随着世界殖民体系的瓦解、冷战格局的形成，冷战的竞争性使美国投诸援助巨资极力使这些新近独立的不发达国家投向自己的怀抱，以服务于扼制共产主义威胁的全球战略计划。不言而喻，检验假设并加以提炼和概念化，是这种美国实用主义的外交政策的实际和紧迫的需要。这样，发展理论（Development Theory）和现代化理论（Modernization Theory）在美国学术界迅速兴起。正如阿瑟·M. 威尔逊（Arthur McCandless Wilson）所说：“‘发展理论’这个词现在已被‘现代化理论’一词所取代。对于许多经济学家而言，‘发展理论’似乎仍然是适用的，但对于社会科学的大多数其他学者而言，‘现代化理论’则显得更加适当些。”② 是时，美国著名经济学家西蒙·库兹涅茨（Simon Smith Kuznets，1901—1985）领导的美国社会科学研究会经济增长委员会创办了《经济发展与文化变迁》（*Economic Development and Cultural Change*）杂志。1951年，该杂志编辑部在芝加哥大学举行学术会议，着重讨论当时有关贫困和经济发展不平衡的问题、美国对外政策及相关各种理论。与会者倾向于用“现代化”一词表述从农业社会向工业社会的转变。美国现代化理论此后逐渐蔚然兴盛。1958年，丹尼尔·勒纳（Daniel Lerner，1917—1980）发表《传统社会的消逝：中东现代化》（*The Passing of Traditional Society: Modernizing the Middle East*, New York：The Free Press，1958）。1959年，阿尔蒙德（Gabriel Abraham Almond，1911—2002）主持了由美国科学研究会召开的政治现代化讨论会，并在翌年出版《发展中地区的政治学》（*The Politics of the De-*

① Dean C. Tripps, Modernization Theory and the Comparative Study of Societies: A Critical Perspective, *Comparative Studies in Society and History* (CSSH), 1973, March, XV, pp. 199 - 200.

② Arthur M. Wilson, The Philosophies in the Light of Present-Day Theories of Modernization, in Cyril. E. Black, *Comparative Modernization*, New York: The Free Press, 1976, p. 117.

veloping Areas, princeton University Press, 1960, edited with James S. Coleman)。可以说，对当时美国刚从大学毕业的研究“不发达地区”而又不熟悉当地历史、文化和社会组织的学者而言，现代化理论提供了一种认知图式，成为帮助他们解决认识过程中的危机的有力武器。由此可见，西方文献中所谓20世纪五六十年代的“经典现代化理论”(classic modernization theory)是特定时空条件下的产物，这一话语空间背后的权力体系表明了其地地道道是美国全球战略的组成部分。正是这样，亨廷顿(Samuel. P. Huntington)一针见血地指出：“现代化概念主要是一个美国式概念。”① 由于当时美国现代化理论主要系从韦伯的“理想类型”(ideal type)和帕森斯(Talcott Parsons)的“模式变项”(pattern variables)演变而来，所以正如亨廷顿所言，梅因(Henry Maine)将身份(status)和契约(contract)视为两极、滕尼斯将共同体(Gemeinschaft)和社会(Gesellschaft)列为两端，都为传统性(tradition)和现代性(modernity)的二分法提供了最有影响的原始形式，被许多西方学者推为现代化理论的渊薮所在。

如今中国学术处于国际学术话语权势的边缘地位，往往偏听失察而被西方学术的宰制势力牵着鼻子亦步亦趋，对中国人自身对现代化理论独着先鞭的上下求索历程径予不顾，数典忘祖，无知地仰承鼻息于西方学者傲慢的自以为是的学术史建构而一味以西方人为现代化思想辟展的先贤宗师，似乎唯有外来和尚会念经。王尔敏以当事人身份直切地指出：美国学界1950年以后对中国问题的学术主流是研究中共在大陆的崛起，人人以研究游击战历史为尚，后来发现不符实用才另觅出路，于是形成20世纪60年代搭车跻身现代化理论的热潮，而“1955年2月郭廷以先生受命开办近代史研究所，我们一开始的研治方向，因郭廷以先生教导启示，实一致用心于中国近代化史实之发掘探究。我们的著作都在60年代刊布，可以覆按。这当早过美国学界之开辟近代化理论有十年之多”②。王尔敏还如数家珍地缕述1938年蒋廷黻著作《中国近代

---

① 亨廷顿：《社会变迁理论的演变：现代化、发展与政治》，转引自布莱克：《比较现代化》，杨豫、陈祖洲译，上海译文出版社1996年版，第71页。

② 王尔敏：《当代学者追求史学理论之荒滥》，《清史研究》2003年第4期。

史》和1950年郭廷以论文《中国近代化的延误》作为史学界近代化问题研究先驱徽帜的筚路蓝缕之功。我们认为，对现代化理论发明权的归属争议尚待详考，但中西方现代化理论在殖民与反殖民斗争中的相互作用是更具意味、更值得深入研究的问题。

罗荣渠说："'现代化'一词何时开始出现于西方学术著作，尚不清楚。但这个词最初大概是用来取代西方学者早已使用过的'西化'（Westernization）和'欧化'（Europeanization）一词，看来是不会错的。'西'与'欧'都是地理概念，也是相对的文化概念。这两个词的使用，大致与西洋史上使用过的'希腊化'（Hellenization）、'罗马化'（Romanization）、'拜占庭化'（Byzantinization）等一类词的用法相似，主要是说明一种主流文化的对外传播、影响与支配作用，而'化'的范围主要在文化与政治方面。'现代化'一词中的'现代'则是具有时代性的概念，'化'的范围要广泛得多，远远超出文化、政治范围，不仅涉及经济方面，而且涉及社会生活的各个方面。"① 为了证成己说，罗荣渠特意以1914年库珀（Clayton Sedgwick Cooper，1869—1936）《东方正在现代化》（*The Modernizing of the Orient*，McBride，Nast & Company，1914）为例，发现作者在书中不再使用"西化"一词，而使用了"现代化""现代性"等词语。按照罗荣渠的观点，在近代以来，儒学一统天下的天朝传统被打破后，最初是中学、西学的使用之争；到五四运动后，新思潮大量涌入，西化派异军突起，彻底批判中国传统的旧文化，于是引起"孔化"与"西化"的大辩论，而西化派随后歧为"西化"与"俄化"两派，孔化派中亦分化出现代化的新儒学；降及20世纪30年代，又从"中体西用"引申出"中国本位"，从"西化"发展成为"全盘西化"，新的论战再度趋于激烈；在这些对立面的斗争中，中国现代化思想和概念逐渐次第彰显出来。冯友兰当时就曾清晰地揭示了国人这种从空间维度向时间维度转变的冥行擿埴的心路历程，他说："从前人常说我们要西洋化，现在人常说我们要近代化或现代化。这并不是专是名词上改变，这表示近来人的一种见解上改变，这表示，一般

① 罗荣渠：《现代化新论续篇——东亚与中国的现代化进程》，北京大学出版社1997年版，第18页。

人已渐觉得以前所谓西洋文化之所以是优越的，并不是因为它是西洋底，而是因为它是近代底或现代底。我们近百年之所以到处吃亏，并不是因为我们的文化是中国底，而是因为我们的文化是中古底。这一觉悟是很大底。即专就名词说，近代化或现代化之名，比西洋化之名，实亦较不含混。”① 当时，周宪文也说：“我们如由‘地理的观点’转到‘历史的观点’，亦即由‘地’的看法转到‘时’的看法，那就可知，这根本不是什么中国与西洋或中国人与西洋人的问题，这是农业社会与工业社会的问题，因为社会的进化，是由农业社会到工业社会的，亦即是由农业生产到工业生产的，所以这一问题，实在可说是古代与现代的问题。”②

据有关学者考证“现代化”一词在五四运动以后关于东西文化观的争论中便已偶尔出现，使用该词最早的一批人有严既澄、孙中山、陶行知等人。严既澄在1922年《民铎》杂志第3卷第3号的《评东西文化及其哲学》中，称梁漱溟的思想为“近代化的孔家思想”。同年10月4日出版的中国共产党机关刊物《向导》周刊第4期所载蔡和森《中德俄三国联盟与国际帝国主义及陈炯明之反动》，曾转述孙中山“熟虑过的意见”谓“在目下中国‘近代化’当中，中国是很需要能对他平等待遇和承认他有完全统治权的强国的帮助”云云。1924年，陶行知为出席在纽约召开的世界教育会议而用英文撰写的《民国十三年中国教育状况》（W. Tehishin Tao，Education in China 1924，*Educational Yearbook of the International Institute of Teachers College*，New York：Columbia University，1924）的文章中亦称：“近二十年来，中国正处在使其教育现代化的过程中，但只是在最近五六年内，这项工作才取得较大进展。”③ 1933年7月，《申报月刊》为创刊周年纪念而发行特大号，刊

---

① 冯友兰：《新事论》，冯友兰：《三松堂全集》第4卷，河南人民出版社2001年版，第225页。

② 周宪文：《“中国传统思想”与“现代化”》，《新中华》1945年复刊第6卷第9期。

③ 陶行知的这篇文章原载1924年美国哥伦比亚大学师范学院国际研究所出版的《世界教育年鉴》，中文译文见《陶行知全集》第6卷，华中师范学院教育科学研究室主编，四川教育出版社2005年版，第191页。

出“中国现代化问题号”特辑，重点讨论中国现代化困难和障碍、应当采取的方式等等。而 1935 年关于中国文化建设的争论中，相当大一部分文章都是以现代化问题为中心，或将有关讨论归结到现代化范围，涉及现代化中“工化”与“农化”的关系等一系列问题。有学者说：20 世纪“30—40 年代中国学者对‘现代化’概念的认知，对现代化过程复杂性的理解，以及对中国现代化道路的思考，在某些方面所达到的深度，跟 50—60 年代西方现代化理论家的研究相比，显得毫不逊色”①，是弥足珍贵的思想遗产。但许多后来的中国学者都人云亦云奉 60 年代美国兴起的现代化理论为不二法门、正宗真传，除了西方现代化理论外，目无余子，这确是令人嗟叹的殖民学术心态的表征。中国三四十年代的现代化理论不能说与西方文化的影响无关，但它乃自出机杼的国产货，中国学者对之拥有绝对的知识产权，只是在世界学术话语的权力机制的作用下成为被压抑和遮蔽的声音。西方“现代化”一词的出现最初在于取代“西化”“欧化”的概念，中国三四十年代现代化的思潮亦被罗荣渠概括为从“西化”到现代化的不谋而合的路径，这一方面是立场的趋同而形成一定程度的共谋，另一方面仍然存在殖民与反殖民的抗争。此外，如有学者所说，这是一种“以时间取代空间”“以时间判断取代价值判断”的进化论的表现。我们认为，这种线性进化论在本质上受本雅明所谓的“同质的、空洞的时间”（homogeneous empty time）观念的支配，是将人类社会文化在空间上事实存在的多样“差异”置换为时间直线上的先后“差距”的时间性思维，从而使现代化理论具有放诸四海而皆准的空间普遍意义。但另一方面，这一较诸“西化”更具中性色彩的“现代化”概念本身亦寓含着认可文化发展特殊性的成分，具有二律背反的内在张力。例如，库珀《东方正在现代化》就认为，东方各国的现代化将是东方的，而不是西方的。

西方现代化理论讨论中时间和空间的坐标是极其重要框架结构。在西方，现代化研究呈现为跨学科态势，在政治学、经济学、社会学等各

---

① 胡福明主编：《中国现代化的历史进程》，安徽人民出版社 1994 年版，第 16 页。

学科领域具有超乎寻常的学术动员力量而形成弥散范围广泛的话语空间。唯其如此，现代化概念的意义亦呈飘移模糊状态，但以两种说法最具代表意义。一种说法乃“侧重人类与空间环境的协和，如耶鲁大学历史教授豪奥（John Whitney Hall，1916—1997）说：‘现代化是有系统的、持续不断的、有目标的运用人类的各种能力，合理的控制人类的自然和社会环境，以达到人类的各种目的。’一种说法侧重人类与时间环境的协和，如普林斯顿大学比较历史教授布莱克（Cyril Edwin Black）说：‘现代化是指科学革命以来，由于人类控制环境的知识空前增进，在历史中演进的制度不断改变其功能（functions）以求适应的一种过程。’这两种说法所描述的历史趋势——传统制度对时间和空间作不断的适应——都出现在现代的历史中，为现代化史发展的主要动向”①。按照福柯的观点，在一个事物进入话语之前，它谈不上是一个问题，也不具有可疑的地位。西方现代化理论的话语于20世纪50年代逐渐产生，于60年代以强劲的势头趋于高潮。进入80年代以后，西方现代化理论家建构理论体系的总体框架工程基本完成，运用此种概念化的理论进入地区个案研究的校验工作的拓展、延伸，转向明显呈现。可以说，在区域研究（area studies）的兴起过程中对现代化理论的讨论无疑具有助推器的历史贡献。一方面由于现代化研究本身发生研究转向，一方面由于现代化理论遭到学术界多方面激烈的批评与挑战，众口喧腾的学术辉煌时期已属明日黄花，因此许多学者纷纷断言现代化理论已经破产、过时。

不可否认，西方经典现代化理论存在严重缺陷。首先，“现代”不是一个绝对的概念，也不一定是一种固定的状态，也不固定在某一时间，因此这种颇滋歧义的观念引发讨论的混乱实属理所当然。按照迪恩·C. 蒂普斯（Dean C. Tipps）的划分，对现代化的界定方法有两种范式，一种是“关键因素”（critical variable）法，例如本杰明·史华兹（Benjamin Schwartz）将现代化等同于合理化（rationalization）的过程，

---

① 罗荣渠、牛大勇编：《中国现代史历程的探索》，北京大学出版社1992年版，第3页。布莱克在所引书中译作“布拉克”。

而列维（Marion Joseph Levy，1918—2002）则用工业化的两个技术指标对现代化予以界定；另一种方法可以称之为“两极对立”（dichotomous）法，这种方法使现代化成为一系列的转变，诸如从初级的维生经济向技术密集的工业化经济转变（from primitive，subsistence economies to technology-intensive，industrialized economies），从依附型的政治文化向参与型的政治文化转变（from subject to participant political cultures），从封闭的、先赋地位向开放的成就取向转变（from closed ascriptive status systems to open，achievement-oriented systems），从扩展型的亲缘单位向核心型的亲缘单位转变（from extended to nuclear kinship units），从宗教意识形态向世俗意识形态转变（from religious to secular ideologies），如此等等。① 香港中文大学副校长金耀基从人类学、社会学角度在《从传统到现代》一书中将现代化用若干化约的双元的观念（dualistic concept）予以表征，即从身份到契约（status-contract），从神圣到世俗（sacred-secular），从社区到社会（community-society），从农业社会到工业社会（agraria-industria），从原级团体到次级团体（primary-secondary group），从特殊主义到普遍主义（particularism-univiersalism），从关系到成就（ascription-achievement），从普化到专化（diffuseness-specificity）。② 这种“两分法”不仅被许多经典现代化理论家在时间维度上将传统社会和现代社会明确予以区分，而且在空间维度上移置于西方和非西方的身份识别标签，把以美国为主的西方国家称为“现代社会”，把非西方国家看作“传统社会”，而将转变中的社会名曰“二元社会”。正如有学者指出：“本来，用两分法中的两个极端有关的二三个范畴来研究‘社会’的普遍进化过程的具体化形象是最有用的，但实际上也只不过为理解几个世纪的社会转变中人类经验的多样性提供

① Dean C. Tips，Modernization Theory and the Comparative Study of Societies：A Critical Perspective，*Comparative Studies in Society and History* 15：2（1973）.

② 金耀基：《从传统到现代》，中国人民大学出版社 1999 年版，第 64—65 页。

了一种不适当的工具。”① 这种研究的理论基础是进化论和结构主义，具有明显的历史目的论（teleological view of history）色彩，表现为一种线性时间发展观念，以至于“现代化的概念被剥去了科学的伪装，就变成了仅仅能够区分‘进步’的社会变化过程和‘不进步’的社会变化过程的分类方法而已”②。在这种将“正面”概念与残留概念结合起来的两分法解读范式，传统社会与现代社会成为对立两极，现代化被简单地等同于传统的毁灭，两者此消彼长，传统被视为一种“剩余之变数”（residual variable），成为诠释现代化叙事的被动型要素，用以解释许多无法解释的“开发阻力”的因素。正是这样，如亨廷顿等现代化理论家自己所言，现代性和传统性在本质上是两个不对称的概念，现代性“可以明确地下定义”，而“传统性却基本上仍是个残留的概念”（tradition remain largely a residual concept），现代的理想一经提出，凡不属于现代的一切东西都被贴上了传统的标签。③ 一方面，这两分法的现代化概念在本质上拒绝了传统性在时间和空间上的多样性，并且尽管似乎力图说明近现代历史发展与进化，但将前现代化社会过程几乎理解为凝固状态，忽视前现代化社会也存在变迁、进化的过程，④ “类型最不相同的社会结构亦被统统纳入了同一个范畴，它们所共有的不过是‘传统’的标签和一个事实，即它们不是现代的工业社会”⑤。另一方面，经典现代化理论极少讨论甚至不讨论现代社会的未来，它们认为西方的先进社会已经具有“到此为止”的历史终结意义，以当代西方发达国家所呈现的特征为现代化的完成态，由此构成现代化的逻辑和历史的下

① Dean C. Tips, Modernization Theory and the Comparative Study of Societies: A Critical Perspective, *Comparative Studies in Society and History* 15: 2 (1973).

② Dean C. Tips, Modernization Theory and the Comparative Study of Societies: A Critical Perspective, *Comparative Studies in Society and History* 15: 2 (1973).

③ Samuel P. Huntington, The Change to Change: Modernization, Development and Politics, *Comparative Politics*, Vol. 3, No. 3 (Apr., 1971), pp. 283 – 322.

④ 邵腾：《现代化：理论与动力——一种历史哲学境界上的探索》，复旦大学博士学位论文，1998 年。

⑤ Dean C. Tips, Modernization Theory and the Comparative Study of Societies: A Critical Perspective, *Comparative Studies in Society and History* 15: 2 (1973).

限，“给现代性的未来留下了一片空白，特别相信现代性的过去充分有效，对现代性未来的潜在可能性不进行任何想象”①。

在20世纪30年代中国学术界关于现代化问题的热烈讨论中，孟森曾云：“即以现代化字面而论，必有一形成之现代，而后从而化之。”②这也就是说必须首先对“形成之现代”有比较明确的认知，才能谈现代化。由于经典现代化理论如前所述具有严重缺陷，由于后现代主义（post-modernism）的兴起，现代性（modernity）与后现代性（post modernity）的论辩在20世纪80年代以后成为众口交论的主题。根据西方学者从语源学角度的研究，英国画家约翰·沃特金斯·查普曼（John Watkins Chapman，1832—1903）于1870年举办的个人画展中，就倡导后现代风格油画（a postmodern style of painting）。他用“后现代”一词来表示对当时法国的印象派——“前卫”画派进行超越的批判与创新精神。1917年，德国作家鲁道夫·潘维茨（Rudolf Pannwitz，1881—1969）在其著作《欧洲文化的危机》（*Die Krisis der europaeischen Kultur*，Nürnberg，1917）中也曾使用这一概念表示一种哲学文化取向。西班牙诗人菲德里柯·德·奥尼斯（Federico De Onis，1885—1966）在1934年出版的《西班牙和拉丁美洲抒情诗歌选集，1882—1933年》（*Antología de la Poesía Española e Hispanoamericana, 1882 - 1933*，Madrid，1934）中使用“后现代”（postmodernismo）一语，用以描述现代主义内部发生的逆动。③他认为后现代主义是1896—1905年的现代主义文化发展的结果。约瑟夫·赫德纳特（Joesph F. Hudnut）在1945年的《后现代房屋》（The Post-modern House，*Architectural Record*，vol. 97，May，1945）的文章中也使用了“后现代”一词④，开启了建

① Samuel P. Huntington，The Change to Change：Modernization，Development and Politics，*Comparative Politics*，Vol. 3，No. 3（Apr.，1971），pp. 283 - 322.

② 孟森：《现代化与先务急》，《独立评论》1933年第77号，第8页。

③ Lawrence E. Cahoone，*From Modernism to Postmodernism: An Anthology*，Oxford：Wiley-Blackwell，2003，p. 1954.

④ Margaret A. Rose，*The Post-Modern and the Post-Industrial: A Critical Analysis*，Cambridge：Cambridge University Press，1991，p. 6.

筑领域“后现代”的新时代。著名历史学家汤因比在其名著《历史研究》中再次使用了这一概念。他使用这一概念的目的之一，是用以表示西方世界之外的知识分子将会在掌握现代性后成为对抗西方世界的力量。[①] 这一概念直到20世纪60年代后期才被比较广泛地使用，首先在建筑学领域被用以描述一种新的建筑风格，后又被艺术界用以表示对传统人文主义艺术本质与功能概念的反叛。

后现代是一个语义不稳定的、边界比较模糊的概念。有些后现代主义者将社会发展分成传统社会、现代社会、后现代社会三个阶段，但对“后现代”的时间含义迄无定论。有些研究者倾向于将“后现代”与发端于20世纪四五十年代的美国、1958年之后的法国的后工业社会、消费社会、媒体社会、晚期资本主义或跨国资本主义联系在一起，认为60年代是“后现代”一个重要的过渡期，并认为后现代主义强化、再现或再生产了消费资本主义的内在逻辑。[②] 不过也有学者指出，后现代是一种文化思潮，不是一个时间概念，认为“如果‘后现代’具有时间涵义，那么，‘后现代’是什么时候？当前的时代是不是‘后现代’？如果当前的时代是‘后现代’，那么，‘现代’和‘后现代’在时间上就是交叉的。如果是这样，那么，在时间上，‘后现代’是一个自相矛盾的概念”[③]。如果按照利奥塔在1979年出版的《后现代状况：关于知识的报告》（Jean-François Lyotard，*La condition postmoderne-rapport sur le savoir*，Paris：Les Éditions de Minuit，1979）中的经典性定义，后现代是“对元叙事的怀疑”[④]，那么，后现代主义正是对一切元叙事形塑的标准所消弭的“差异”的激活，是对元叙事的极权主义的解构，因此各种后现代主义的理论众声喧哗是可以理解的。在这个意义上可以说，

---

① 陈嘉明等：《现代性与后现代性》，人民出版社2001年版，第11页。

② 包亚明主编：《后现代性与地理学的政治》，上海教育出版社2001年版，第1页。

③ 何传启：《第二次现代化理论——兼谈世界现代化研究的三个新热点》，《现代化研究》第1辑，商务印书馆2002年版，第154页。

④ Jean-François Lyotard, *The Postmodern Condition: A Report on Knowledge*, Minneapolis: University of Minnesota Press, 1984, p. XXⅣ.

百家争鸣、百花齐放的各种话语独立性正是后现代的真正本质所在，是后现代主义者所极力呵护和追求的目标所在。因为按照利奥塔的观点，在西方“现代性”的发展过程中，科学逐渐压制叙事，并最终消灭叙事而一统天下，“元叙事”是“现代性”的基本偏向，始终是与对“现代”这样一种对时间性的焦虑感联系在一起的。一旦正如利奥塔等后现代主义者所言“现代主义”（le modernisme）过去拥抱的一整套“共识法则”被扬弃之后，理论的话语自然呈现“为了创新而不断地创新”（au fond de l'inconnu pour trouser du nouveau）的景观而不复以追求终极真理为极致。在后现代化主义解构的利刃霍霍相斫之下，元叙事不能不土崩瓦解，支离破碎，以至于遍地一片鸡毛，谁解构得痛快淋漓和别有韵致，则他即便孑然寡和，“真理”亦与其同行。由此可见，对后现代确然不刊的界定是枉然无功的徒劳。

帕森斯针对埃乔尼（Amitai Etzioni）所谓美国等西方国家从1945年起即开始进入了“后现代社会”的观点予以反驳说，美国的现代化的分化与整合并不是已经结束了，而是在继续进行中，尤其是在文化系统的“理性化过程”的发展以及更大范围的多元社会结构的发展方面还存在许多问题，提出“后现代化”的口号是早熟的行为，下一个世纪或更长的时间，美国发展的趋向仍然是完善我们称之为“现代”的社会类型。① 帕森斯对埃乔尼将“后现代”视为时间概念的反驳应该说是有合理性的，不过批判具有驯化异质性言论的预设意义，在维护其现代化元叙事的合法性的同时并没有对现代性的矛盾与反悖予以深刻的反思。在这一点上，利奥塔的眼光可以说是比较犀利的，他对“后现代”术语颇为腹诽，极力矫正人们以“后现代”为“现代”以后的一个时代的误解，认为“后现代总是隐含在现代里，因为现代性，现代的暂时性，自身包含着一种超越自身、进入一种不同于自身状态的冲动”②。

① 尹保云：《什么是现代化——概念与范式的探讨》，人民出版社2001年版，第108页。

② 利奥塔：《后现代性与公正游戏：利奥塔访谈、书信录》，谈瀛洲译，上海人民出版社1997年版，第154页。或可参阅刘放桐：《新编现代西方哲学》，人民出版社2000年版，第624页。

而后现代作为现代的辩证否定则每时每刻存在于现代之中，是对现代性前提和现代性资格的审理，并非是在现代性之后的一个历史实体。在被学术界列入后现代化主义营垒的福柯、利奥塔与法兰克福学派第二代传人哈贝马斯关于“现代性”的争论的学术意义，对中国学术界目前的状况而言依笔者之见即在于对现代化理论的“否思”，中国学者反思现代性其实就是要反思中国现代化的历史，尤其是一些在现代化过程中自我生成的嵌入当今现实中活生生存在和发挥作用的“现代的传统”。因为中国学者过去的现代化研究往往将现代化进程的许多问题都归咎于中国古代的传统，缺乏对中国现代性问题本身的反思。这种薄古厚今的分析重心的偏差其实就是以“薄古”（批判传统）达到“厚今”的目的，以维系现代化叙事结构的合法性，这样使现代化理论成为一种信念式主张。金耀基在《从传统到现代》中即将现代化奉为一种“理性宗教”而怀腔虔诚，可以说成了这种理论的俘虏而失去了反思的能力。正如有学者所指出：“现代化意识是一种通过权力加以训练的结果，对这种霸权机制在中国形成的复杂结构视而不见，而仅仅以一种先入为主的简单姿态去赞美性地表达对其发展的认同，恐怕不是历史反思的唯一使命。”① 事实上，近代以来中国许多重要的思想家，诸如康有为、严复、章太炎、孙中山、鲁迅等人，都是在极力寻求现代性的过程中同时对现代性予以严肃的解剖和质疑，他们蒿目时艰，孜孜不倦以推动中国现代化的进程为己任，但同时又盱衡全局，探索避免西方资本主义现代性诸种弊端的策略，所以汪晖认为“反现代性的现代性理论”是晚清以降中国思想的主要特征之一。②

不宁中国唯是，西方学术界亦然。韦伯被奉为西方现代化理论的鼻祖，但正如福柯所言，作者并不是话语分析的单位，而达伦多夫（Ralf Gustav Dahrendorf，1929—2009）更将韦伯的著作形容为一个采石场。③

---

① 黄宗智主编：《中国研究的范式问题讨论》，社会科学文献出版社2003年版，第311页。

② 汪晖：《死火重温》，人民文学出版社2000年版，第14、50页。

③ Ralf Dahrendorf, Max Weber and Modern Social Science, in *Max Weber and His Contemporaries*, edited by Wolfgang J. Mommsen and Jürgen Osterhammel, London: Allen & Unwin, 1987, pp. 574 – 580.

韦伯当时即对工具理性（Zweckrationalität，instrumental rationality）膨胀引起所谓“斗篷将变成一只铁的牢笼”（aus dem Mantel lieβ das Verhängnis ein stahlhartes Gehäuse werden）① 的吊诡现象引为殷忧。而被誉为“启蒙之子”的马克思亦是对资本主义现代性的严厉批判者，故马歇尔·鲍曼（Marshall Berman）称马克思既是一个现代主义者，又是一个“反现代主义者”。② 我们承认现代化理论的帕森斯形态在很大限度上是对“现代性”而不是“现代化”的描述，但这种图式化的描述将现代化视为现代性驱除传统性的线性发展过程，现代性在帕森斯理论中实际上是归化的价值诉求所在，而不是反思的客体，所以对经典现代化理论予以修正的依附理论、世界体系理论等在很大限度上亦属对现代性反思能力的提升。按照福柯的观点，所谓历史，原是以时间为外延划就的一片包含各种不同内涵事物的多元异质空间，“是一个由众多不同元素构成的、不受任何综合权力主宰的复杂系统”③。事实上，不同流派的学者从不同角度对经典现代化理论的物议纷纭，使经典现代化理论在20世纪60年代以后陷于四面楚歌的包围之中，趋于日薄西山的穷途末路。赖因哈特·本迪克斯（Reinhard Bendix）、艾森斯塔德（Shmuel Noah Eisenstadt）、布莱克、亨廷顿等人对经典现代化理论的修订，后现代化主义理论的重炮猛攻，以及哈贝马斯现代性哲学话语等等的理论超越，在对经典现代化理论的线性进化观的攻击战线上不约而同地构成遥相呼应的合谋。哈贝马斯认为，“现代化理论”是对现代性的肢解，“它取消了现代性与其欧洲源头的联系，而将之泛化为一般社会发展的中性时空模式；同时，它也切断了现代性与西方理性主义的历史语境的内在联系。因而现代性过程不再构思为合理化的、作为合理性结构在历史中的对象化，而是被进化论地一般化，所以它比韦伯的‘现代’概念更加抽象。‘现代’概念抽象化的结果，是使‘后现代’的概念流传

---

① Max Weber, Dirk Käsler, *Die protestantische Ethik und der Geist des Kapitalismus*, München: C. H. Beck, 2006, S. 201.

② Marshall Berman, *All That is Solid Melts into Air: The Experience of Modernity*, New York: Penguin Books, 1982, p. 98.

③ 杜小真编选：《福柯集》，上海远东出版社1998年版，第163页。

开来。因为抛开现代性在其中得以崛起、并获得自我理解的西方理性主义的概念境域（conceptual horize），现代化理论就很容易摆脱作为现代性源泉的西方理性主义，把现代性普遍化为社会发展的一个必然阶段。后现代论者也就可以从抽象立场出发，对似乎是独自发展的现代化过程加以限制”①。

从本质上说，经典现代化理论既暴露出非历史主义的总体叙事倾向，亦匮乏未来意识，而“现代性”在福柯和哈贝马斯的理论话语中都是具有内在张力的反思性概念装置，从而使经典现代化理论图式化框架所遮蔽的现代性的矛盾成为引人注目的焦聚对象。福柯在《什么是启蒙》（Michel Foucault，*Qu'est-ce que les Lumières?* ）中指出，人们通常将现代性视为启蒙开拓出的一个时代的总体特征，“从它在日历上的位置看，在它之前，是多少有些幼稚或古旧的前现代性，在它之后，是莫测高深的和引起麻烦的‘后现代’”，而福柯则将现代性视为“一种态度而不是一个历史的时期”②，是一种对包括线性进步的时间观在内的启蒙运动以来所涌现的理性主义时代精神信仰的态度。在这一点上，福柯和利奥塔是异口同声的嘤鸣相和，均将现代性主要是作为一种倾向，一种“思想、说话与感受模式”③，利奥塔申论指出，现代性是一种思想方式，而且，这种思想方式为某种观念所支配，“这种观念就是解放的观念”④。尽管哈贝马斯与福柯、利奥塔等人英雄所见不同，他在《现代性：一个未完成的方案》（Jürgen Habermas，Die Moderne - ein unvollendetes Projekt，*Philosophisch-politische Aufsätze*，Leipzig，1990）一文中

① 单世联：《哈贝马斯现代性理论述论》，包亚明主编：《现代性与空间的生产》，上海教育出版社2003年版，第171页。

② 米歇尔·福柯：《什么是启蒙》，汪晖、陈燕谷主编：《文化与公共性》，生活·新知·读书三联书店1998年版，第430页。

③ Jean-François Lyotard，Universal History and Cultural Differences，in *The Lyotard Reader*，edited by Andrew Benjamin，Cambridge，Mass.：Basil Blackwell，1989，p. 314.

④ Jean-François Lyotard，Universal History and Cultural Differences，in *The Lyotard Reader*，edited by Andrew Benjamin，Cambridge，Mass.：Basil Blackwell，1989，p. 315.

把现代性视作一项未竟的事业、一种有待充实的取向、一个有着解放潜能却存在局限性的历史性设想。他认为，现代性是不应该抛弃的，也是不能抛弃的。启蒙思想家建构的现代性蓝图尽管在现代历史过程被歪曲和异化，呈现出诸多负面效应，但他坚信启蒙运动没有达到它的预定目的这一事实，并不是反对启蒙运动的充分理由，为了推进现代性，启蒙的缺陷应由进一步的启蒙来克服。对待现代性不能“将婴儿与洗澡水一起倒掉，然后再翱翔于非理性的天空”①，只能调校好方向后反思地进行这一仍具解放潜能的方案。所以有学者亦将哈贝马斯所谓的现代性解读为与其说是一个时代毋宁说是一种态度（心态），这种现代性代表着现在的自信，实际上是在社会心理意义上的启蒙思想家的乌托邦主义情结。② 福柯固然深悉理性火炬其实并非无影灯，对理性在烛照黑暗的同时所制造的新的阴影洞若观火，认为任何理性批判都是在某一特定的历史空间中所形成并在运作方式和内在结构中带有压抑性的权力关系，但他对启蒙观念的批判实际上是预留有一定空间的。他说：“如果说‘理性是应该被消灭的敌人’这种论断是极端危险的话，那么，说‘任何批判的质疑将会把我们导向非理性’的论断也同样是危险的。”③ 由此可见，福柯和哈贝马斯一样都是启蒙运动的思想继承人，并不是反启蒙主义者，他们在实现“启蒙未竟之业”方面其实并无原则分歧，在批判依然扩张的工具理性方面都是声气相通的。哈贝马斯固然可以因其对理性的坚守与扩展享有“理性园丁”的美誉，但福柯亦正如自己所言乃致力于“为一个更丰富的理性恢复名誉”④，并非如哈贝马斯所责难的那样“堕入非理性主义”而成为理性的“他者”。笔者同意罗蒂（Richard McKay Rorty，1931—

---

① 哈贝马斯：《现代性的地平线：哈贝马斯访谈录》，李安东、段怀清译，上海人民出版社 1997 年版，第 37 页。

② 张文喜：《批判理性及其与现代性的关系——评现代性问题上哈贝马斯与福柯的对立》，《学术季刊》2002 年第 2 期。

③ 转引自佘碧平：《现代性的意义与局限》，上海三联书店 2000 年版，第 85 页。

④ 杜小真编选：《福柯集》，上海远东出版社 1998 年版，第 495 页。

2007）的观点，即哈氏与后现代理论家福柯、利奥塔等人的主要分歧在于对“共识”“同一化或整合”的不同态度。因为哈贝马斯为了继续推进现代性事业的建设而以“主体间性”（die Intersubjektivität）代替主体性、以“交往理性”重建启蒙理性和防止理性的扭曲，而福柯等对一切大叙事与元叙事的不信任使之寻求新的一揽子解决方案的社会蓝图狐疑重重，十分顾忌宏观总体性理论话语可能诱发的内在独大与专制倾向，声称“企图逃避现时的体系以制定出另一种社会、另一种思维方式、另一种文化、另一种世界观的总纲领，这只能导致最危险的传统卷土重来”①，他硁守自己自下而上的微观权力分析理路，拒斥继续从宏观层面寻求总体性解决方案，以微观具体层面上日常持久的斗争为用力的重心所在。哈贝马斯与福柯、利奥塔等人的交锋的意义在于相互碰撞且清理了各自的差异，但哈贝马斯本身即没有按照其交往理性与后现代化主义展开有效的对话，并没有对福柯等人的立场进行充分考量。这表明哈氏交往理性的可行性本身令人质疑。哈氏的交往理性虽然具有整体性和建设性，但其乌托邦性质也十分明显。可以说，这一交锋本身即具体而微地表现了现代性中产生的去中心的多元差异的话语言说的后现代性。

早在20世纪80年代现代化理论风靡一时之际，现代化理论的一员主将戴维·阿普特（David Ernest Apter，1924—2010）便反戈一击，发表了一篇富有挑战意义的论文《我的回顾：发展研究的过时》（The Passing of Development Studies：Over the Shoulder with a Backward Glance，*Government and Opposition*，Vol. 15，Summer/Autumn，1980），宣称现代化理论已经过时了。迪恩·C. 蒂普斯认为即使不断地对现代化理论加以修正，也不可使现代化的幻觉有什么实质，因此现代化理论必然要被抛弃。随着后现代化主义的兴起，现代化理论似乎已经如明日黄花，被许多学者视现代化理论为学术上“落后”的代名词，成为掩鼻而走、避之唯恐不及的“秽物”。然而，我们应该看到，被许多中国学者趋之若鹜的“后现代主义”作为一种思潮已呈现退却趋

① 杜小真编选：《福柯集》，上海远东出版社1998年版，第539—540页。

势，有人甚至开始讨论所谓“后后现代”。① 尽管有些热衷于后现代主义的学者对国内传言“后现代”已经死去的说法从前往美国访问的印象中证实：后现代的思想帝国版图正在不断开辟和开发，② 但对后现代化主义的裂罅与瑕疵的批评早已有目共睹的。“宣告死亡”这一法律行动往往可以用来表达人们的某种情感拒斥，但在上帝已死、众神喧哗的多元化时代，能够充任学术法院的主审已是缺席的幻影。利奥塔即认为“批判”隐含了权力，批判不能解放人类，反而更深地修饰、掩盖了权力压迫，要真正地获得真理，必须摆脱这种批判的关系而进入一种新型的关系，诸如巴塔耶所谓的“异质性”（the heterogeneous）关系。

学术界目前对现代化理论的批判实际上有两个误区：其一，批判的进行必须以一定的理想和标准为基础，而从后现代化主义立场对现代化理论的批判是出此入彼的范式转换，而范式之间的断裂性表明范式之间是法性平等的，没有理由居高临下地蔑视现代化理论范式的“窳陋”并造成后现代化主义的话语霸权；其二，批判并不等于拒绝，如果以对非我族类的大扫荡的态度将现代化理论攻击一番后弃置一旁，那么这就如同幼儿对玩具喜新厌旧的心态一般是需要启蒙的。现代学术的时尚风潮鼓荡吹拂，这正是流动的现代性轻灵的表征。③ 如果说现代理性的普

---

① 王晴佳、古伟瀛：《后现代与历史学——中西比较》，山东大学出版社2003年版，第1页。

② 金惠敏：《后现代性与辩证解释学》，中国社会科学出版社2002年版，第173—184页。

③ 齐格蒙特·鲍曼（Zygmunt Bauman）在《作为时间历史的现代性》（*Modernity as History of Time*）一文中区分了重现代性和轻现代性两种现代性。所谓重现代性，指领土征服时代（拓展疆域）包括征服太空的时代中，财富与权力牢固地根植于土地之中，进步意味着面积的增大和空间的扩展，征服空间是其最高目标，时间是为了使空间最大化的价值得以回报而需要被节俭地使用和谨慎地管理的手段，呈现出“越大越好”的特质，是一种“大就是力量，多即是成功”的现代性；所谓轻现代性是指软件资本主义时代中，时间作为获得价值的手段，其绩效接近于无穷大，空间不再对行动和行动的绩效产生约束而贬值。易言之，时间在这一时代不再是“获得某些东西的迂回曲折”，并因而不再赋予空间以往何价值，这样“瞬时”成为唯一目标，呈现出“流动性”的特质。参见 Zygmunt Bauman，*Liquid modernity*，Cambridge，Massachusetts：Wiley-Blackwell，2000，pp. 110 – 118。

遍是建立在同质性的线性时间观念之上，被广泛认可的标准记时制度使得人们得以在时间维度上共同享有一个整体化的过去，因此现代主义的基本经验是时间，那么后现代主义的基本历史经验就是空间，正如大卫·哈维（David Harvey）所说，“空间范畴和空间化逻辑主导着后现代社会，就像时间主导着现代主义世界一样”①。福柯也把20世纪作为一个同时性（simultanéité）和并置性（juxtaposition）为特征的空间时代，以与一直被时间相关的主题所纠缠的19世纪相对应。因此，我们要彻底地贯彻后现代主义的原则，就不应该从时间轴线出发宣告现代化理论的死亡，给这种理论划上可以休矣的休止符。

进一步说，如果我们不将后现代主义作为一种时间轴线上的研究新阶段，而是作为一种态度，那么就应将其应用于现代化研究，作为对现代化理论反思的再反思。有外国学者早已指出：“现代主义者和后现代化主义者之间的争论主要不是关于对社会真实的对抗性描述，而是涉及相互对立的理论领域和相互冲突的规范观念。”② 现代化对于中国人而言是带来“现代性”的过程和追求“现代性”的目标。现代性的反思和后现代主义的冲击，对于全力以赴以实现现代化目标的中国人并非不足为论的出位之思，与中国现在的举措与未来的福祸均休戚相关。由于全球一体化在我们的视觉中逐渐轮廓鲜明，中国已纳入全球一体化的体系，成为一个有着多种空间性和时间性的国家，造成空间感和世界观的革命性变化，这样使得后现代主义的概念与对中国国情的理解亦至关重要。德里克在《后现代化主义与中国历史》（Arif Dirlik，Postmodernism and Chinese History，*Boundary* 2，Volume 28，Number 3，Fall 2001，pp. 19－60）一文中这样写道：“欧美形式的现代性曾表现出了传统的力量，中国历史语境中的现代性则既表现为对过去遗产的否定，同时不无矛盾地表现为一个可被自由处理的时间段，它可以使得对那些遗产的所有权不受损害。中国历史研究的后现代化问题不是对现代化的替代

① 迈克·迪尔：《后现代血统：从利斐伏尔到詹姆逊》，包亚明主编：《现代性与空间的生产》，上海教育出版社2003年版，第99页。

② Nigel Dodd，*Social Theory and Modernity*，Cambridge：Polity Press Limited，1999，p. 1.

——后者在中国仍是一个尚未实现的愿望，而是诸多时间段的共存，在现代性的进程方案中，历史学家已不能够掌握这些时间段并为之排序，而这从另一个方面，提出了历史学家的文化角色的问题。"① 因为任何理论都是具有特定时空背景的，现代中国知识分子无可避免地以"现在"（the present）的语境为出发点，而此"现在"的语境并非置身于全球一体化之外，亦不是将未来置之度外的鼠目寸光的理论形构。对于现代中国知识分子而言，既不能对后现代主义理论视同膜外，又不能将现代化理论弃如敝屣。其文化角色是对立统一的：现代化被视为应然的价值诉求对其而言具有历史可理解性，后现代主义则对其保持深刻反省性与高度批判性而言具有现实的必要性。笔者认为，摆脱现代化研究危机的出路不是对是利用后现代主义的思想资源为武器对现代化理论进行抽象的谴责，而也许正在于利用扎扎实实的区域研究从微观上克服现代化的宏大叙事。

许多学者都将风雨如晦的近代中国屈辱的历史视为一段灰暗的历史，痛惜鸦片战争以后中国现代化步伐的缓慢沉重。事实上，这种刻板的认知印象有一定片面性，这一段历史也是中国前所未有变革最激烈的历史。早在民国年间中国现代化问题讨论初期有学者即已指出："和欧美资本主义先进国家相比较，中国固然是'落后'了，但这里所说的落后，是前进的落后，而不是固定的落后。……实际上，在近逝的时间之波流中，中国也是不断地在转变，只是转变得较为迂缓些罢了。"②之所以产生上述片面的认知印象，原因即在于近代中国历史上血泪辛酸如此令现代中国人刻骨铭心，以致时间感上相对漫长难耐，而对于欧美现代化的"他者"时间体验由于距离遥远且无切肤亲身的历阅，所以错误地认为是轻而易举地一蹴而就。亨廷顿申论说："现代化所涉及的整个变化需要时间才能解决。因此，从传统社会中发生的变化来看，现代化确实是革命的过程，但从这些变化所需要的时间来看，现代化又是

---

① 德里克：《后现代化主义与中国历史》，《中国学术》2001 年第 1 期，总第 5 辑，商务印书馆 2001 年版，第 11—12 页。

② 罗荣渠主编：《从"西化"到现代化：五四以来有关中国的文化趋向和发展道路论争文选》，北京大学出版社 1997 年版，第 251 页。

进化的过程。西方社会的现代化需要好几个世纪。当代正在现代化的社会就不需要如此漫长的时间。在这个意义上而言，现代化的速度是加快了。然而，从传统性向现代性过渡所需要的时间仍然要用世纪来计算。"① 亨氏的文章虽然由于研究日新月异的发展而略显观点陈旧，但他对西方现代化所经历的数世纪漫长时段的论断确实极为允当。黄仁宇也指出，就那些现代化成功的西方国家来看，它们"一般都极困难，改革的时候也都旷日持久，我们轻率地以为它容易"，是一个误解。② 从时空维度而言，近代中国的现代化转型之所以不甚成功，可以从以下几方面分析：首先，和上述亨廷顿的观点相似，西方早期经典现代化理论都通常对所谓后发型现代化持乐观态度，认为这种类型的现代化可以借鉴源生型现代化的历史经验而迅速后来居上。但后来研究不发达国家现代化的学者逐渐抛弃了这种想当然的说法，发现欠发达国家即使可以得到高度现代化的发达国家的各种帮助，"但由于特殊的历史上的'内在环境'，不能以足够快的速度增加资源，以满足加速增长的需要。按照这些学者的看法，这些国家在现代化的同时，又被环境的骚乱所缠绕着。在这种环境中，它们与发达社会现代化竞赛时正在遭到失败"③。易言之，不发达国家的现代化外部空间环境形成了巨大的时间压力，尽管不发达国家现代化进展迅速，但在与发达国家的不对称竞赛中相对差距不一定缩小，甚至可能呈现马太效应。

其次，不可否认，有时落后可能反而成为一件好事，由于有先进者的历史经验可资镜鉴、模仿，存在后发优势（亦可称为相对落后的优势）。在世界历史上，一些后发型现代化国家利用发达国家被早期源生型现代化成果所累，在更高的档次上选择恰当的时点除旧布新从而轻松胜出。这种例证屡见不鲜，正如毛泽东所言在一无所有的白纸

---

① Samuel P. Huntington, The Change to Change: Modernization, Development and Politics, *Comparative Politics*, Vol. 3, No. 3 (Apr., 1971), pp. 283 - 322.

② 黄仁宇：《放宽历史的视界》，台北允晨文化实业股份有限公司 1989 年版，第 246 页。

③ A. R. Desai, Need for Revaluation of the Concept, in *Essays on Modernization of Underdeveloped Societies*, Vol. 1, Bombay: Thacker, 1971, p. 467.

上可以描绘出最美丽的图画来。然而，近代中国的现代化并不是在白纸上绘画，几千年历史长河沉淀的厚重的传统既展现着鲜艳夺目的峨煌璀璨，也呈露出岁月沧桑的斑驳剥落，传统之旧与现代之新错综交织，往往使现代化转型蹉跎岁月而寸功不展。更何况，发达国家在现代化进程独着先鞭之后即使不利用强势地位制定现代世界体系的行为规则，其制度的示范作用本身就缩小了后发达国家在制度选择方面的空间。

再次，正如林岗所说："超大规模国家的社会转型有它自己的独特历程，史学界讨论近代史时对这一点并未给予足够的注意。国家的超大规模会带来一连串问题，例如我们今天可以绝对肯定的一点是这个过程特别漫长。如果日本近代化的时间表是用年（year）的单位的话，中国近代化的时间表则是用年代（decade）做单位的。"① 在现代化转型过程中，船小自然好掉头，近代中国现代化过程由于家大业大的包袱造成了转型的步履蹒跚和旷时费日。美国普林斯顿大学社会学教授罗兹曼（Gilbert Rozman）联络伯恩斯坦（Thomas Paul Bernstein）、布莱克等顶尖学者勠力合作编纂的《中国的现代化》（*The Modernization of China*，Free Press，1982）一书认为，中国人民对本民族文化的自豪感和中国文明之具有站在世界发展前沿的能力，辽阔的疆域和众多的人口、统一的和相对集中化的行政的传统等，都将有利于中国的现代化。然而，我们也应该看到空间超大化使中国现代化转型所需时间甚多的另一层面。过去学者多谓18世纪康雍乾诸帝不能明了西方现代化浪潮澎湃国际风云变幻格局，以至于鸦片战争前夕道光帝连英国的具体方位等都惘然不谙，进而指责清朝统治者颟顸瞽聩不能洞察现代化之先机。其实，这里面存在一个互视空间问题，譬如在社会场域中默无声望的芸芸众生知晓社会上大名鼎鼎的知名人士而名人大腕往往不会屈尊对草民百姓主动搭讪结交一样，中国当时在国际上是个疆域广袤的大国。在伏尔泰等在西方掀起"中国热"的同时，中国对山海相隔的西方小国自然认知模糊

① 林岗：《超大规模国家的近代化》，《读书》2000年第6期。

不清。殷海光在《中国文化的展望》中探究康有为等推动变法维新运动之所以失败的原因时云："康有为图功太急，缺乏历史感，把事情看得太容易。他对光绪皇帝说：'变法的章程条理，皆已备具。若皇上决意变法，可备采择，但待推行耳。泰西讲求三百年而治，日本施行三十年而强，吾中国国土之大，人民之众，变法三年，可以自立；此后则蒸蒸日上，富强可驾万国。'我不知道康有为行的什么推理（reasoning）。较小的日本变法，'施行三十年而强'，较大的中国变法，反而只要三年。慢说光绪皇帝只是一个有名无实的君主。即令他是康熙，他是威廉大帝，他是彼德大帝，以这样一个'老大帝国'，在短短三年的时间以内要变法也变不了的。火车越长越难开动。"① 长于逻辑经验分析哲学的殷海光对康有为的变法时间观念表示匪夷所思。而且正是由于中国领域空间庞大，19世纪40年代以后，中国成为欧美各国远东政策众目睽睽、虎视鹰瞵的主要对象，各现代化先行国家视中国为见者有份的肥肉，这样领域空间狭小的日本所承受的侵略压力便相对减弱；所以许多外交史学者研究结论认为，日本是在印度和中国作出了牺牲的前提下实现了独立和近代化的。日本学者依田熹家（よだよしいえ）认为，日本的领土远远小于中国，而且四周被大海包围，因此，在处于江户时代中期的交通工具的阶段就比较容易地形成了统一市场。而中国由于是一个拥有广大国土的内陆国家，在当时的交通工具阶段就难以形成统一市场，因而也就缺乏实现近代化的重要前提。清王朝中央权力的软弱和地方割据倾向日趋强化，导致辛亥革命后出现了军阀割据混战的局面。经过第一次世界大战，中国沿岸和内河的轮船航运以及铁路达到了相当发达的程度，方才正式形成了以中国本土为范围的统一市场，完成了近代化的重要前提。② 由此不难看出，领域空间辽阔的大国实现现代化转型的时间与蕞尔小国相比不可同日而语。

---

① 殷海光：《中国文化的展望》，上海三联书店2002年版，第422页。

② 依田熹家：《近代日本与中国：日本的近代化——与中国的比较》，卞立强等译，上海远东出版社2003年版，第342、343、412页。

第二节　中国西部近代农业开发

中国自古以农立国，农业是中国传统社会的基础产业。许多学者把工业化作为现代化的核心内容和根本实质，认为现代化过程中的专业化、城市化、科层化、法制化等现象都是工业化过程的伴随现象，一些极端的学者甚至把现代化等同于工业化。20世纪50年代西方主流的发展经济学以“农业消极论”为大宗，将工业视为经济增长的发动机，农业仅是工业化被动的工具，从而使发展被理解为现代工业不断吸收传统农业的资源而得到扩张的过程。其实，西方现代化运动肇始之前就存在重农学派和重商学派的分歧。中国早期现代化问题讨论中“农化”与“工化”的争论也是焦点所在。面对惯常的“工化”或“农化”二者必居其一的片面性，翁文灏当时提出“以农立国，以工建国”的中国现代化道路。我国著名经济学家张培刚1945年在美国哈佛大学完成的曾获威尔士奖的论文，于1949年被列入《哈佛经济丛书》第85卷出版的英文版《农业与工业化》（Pei-kang Chang, *Agriculture and Industrialization: The Adjustments That Take Place as an Agricultural Country Is Industrialized*, Cambridge: Harvard University Press, 1949）① 一书，属于早期发展经济学的重要文献，即根据我国早期现代化问题讨论的学术积累强调农业在工业化过程中的作用和贡献，认为工业化应包含工业和农业两方面的机械化和现代化。张培刚晚年分析指出：“从时间过程来说，‘现代化’远比‘工业化’久远。一般来说，工业化是人类社会（不论是一个国家或一个地区）已经经历了或即将要经历的一个特定历史发展过程；也就是说，在这一特定过程中，一个国家或地区将从以手工

① 可以参阅 William W. Lockwood, Reviewed Work (s): Agriculture and Industrialization: The Adjustments that Take Place as an Agricultural Country is Industrialized. by Chang Pei-kang, *The Far Eastern Quarterly*, Vol. 10, No. 1 (Nov., 1950), pp. 97-99。

劳动为主的小农经济的社会，进化到以机器（及其以后的电脑等等）操作为主的社会化大生产的经济社会，或者说，从落后的农业国或欠发达国家进化到先进的工业国或工农并重的国家。一个国家或地区，只要达到这一境地，就可以说它的工业化任务已基本完成。而‘现代化’一词的含义，除了包含整个工业化过程的任务外，还包含无止境的不断变革的‘现代化’的任务。具体而言，即使是先进的工业国或已经‘工业化了的’国家或地区，仍然面临着继续不断地进行‘现代化’的任务。简而言之，‘工业化’是人类社会历史上的一个特定的发展阶段，而‘现代化’则是人类社会不断向前发展的历史长河。"① 将“现代化”与“工业化”混为一谈明显带有后现代主义所不遗余力抨击的本质主义、基础主义的烙印，张培刚似乎将现代化视为哈贝马斯所谓的未完成的现代性方案，在时空上具有德里达所谓的“延异”的特性。按照张培刚的观点，农业的工业化生产技术变革，不仅包括引用机器耕作、兴修水利等基础设施，而且包括改进作物种子、改进饲养牲畜、改良土壤性能、使用先进农药等，它不是一般的变化，而是要像历史上的“产业革命”那样，对一个国家或一个经济社会来说，是一种打破旧框架、开辟新道路的变化。②

中国传统农业社会的生活节奏是比较缓慢的，人们“日出而作，日入而息”，即便存在如著名小说《半夜鸡叫》所叙周扒皮之流地主为延长长工工作时间、加大剥削强度的阶级冲突现象，但这些都是与同质而空洞的机械时间相区别的、与日出或鸡叫等特定参照事物相联系的“事件时间方式”。正如吉登斯所说：“较大的前现代文化发展了正式的计时和定位的方法，如日历以及用现代标准看来十分粗略的地图。事实上，它们是‘分离’时间和空间的先决条件，用以充当更为宽广的社会体系形式出现的前提。尽管如此，在前现代时代，对多数人以及日常生活的大多数平常活动而言，时间和空间基本上通过地点联结在一起。

① 张培刚：《农业与工业化（中下合卷）：农业国工业化问题再论》，华中科技大学出版社2002年版，第18页。

② 张培刚：《农业与工业化（中下合卷）：农业国工业化问题再论》，华中科技大学出版社2002年版，第5页。

时间的标尺不仅与社会行动的地点相联，而且与这种行为自身的特性相联。”① 一些西方学者把前现代化的这种事件时间的生活称之为“无计时状态”（chronometric anarchy），意谓这种生活状态的变化速率极其低。与这种时间模式相适应，中国传统农业社会的空间观念也是封闭的，“鸡犬之声相闻，老死不相往来”即这种熟人社会的生活写照。然而，近代以来，中国西部农业开发出现了一些新的引人注目的现象。19世纪末，中国西部不少有识之士积极鼓吹农业改良，传播新的农业知识和技术，其中农业大省四川在这方面尤其领先一步。当时，董含章的《西法农学浅说》四卷、施焕的《农器图说》二卷等农书以通俗易懂的方式结合中国实际情况介绍西方欧美国家先进农学知识。在清末新政期间，川省上下汲汲振兴农政以握本富之纲、以苏黎民之困。1905年四川总督锡良令设农政总局，下设农田、蚕桑、树艺、畜牧四个部门，对全省农业改良进行统筹规划和督导，各县设农务局，“以稽考本属农事”，各乡遍设公社，致力于构建“总局倡之，各属率之，公社董之，民间则效而实行之”的农务系统。② 1901年合州张森楷倡导创设四川蚕桑公社，卓然有成。到辛亥革命前，川省各地“蚕社如笋，桑株如莽，丝厂如林，岁进千余万”③。1906年，四川中等农业学堂正式成立，学科分预科、本科，《土壤学》《肥料学》《作物学》《园艺学》《农业气象学》《家畜饲养论》《害虫论》《蚕体生理》《造林学》等近代农学书籍均被列为教学参考书。不仅四川当局当时多次派遣学生出洋学习农业技术，而且川滇边务大臣赵尔丰在川边举办屯垦过程中因缺乏农业技师亦从日本延聘池田、小岛两人前来予以指导。④ 上述现象都标志着中国近代西部农业开发较诸过去有了新的内涵，发生了明显的变化。

---

① Anthony Giddens, *Modernity and Self-Identity: Self and Society in the Late Modern Age*, Stanford, CA: Stanford University Press, 1991, p. 18.

② 《四川农政总局章程》、《农政通行章程》，《四川官报》乙巳（1905年）第28册，“专件”。

③ 晦可编：《史学家合川张森楷年谱》，《世界农村月刊》第1年第5期（1941年）。

④ 参见《四川官报》戊申（1908年）第29册，“新闻”。此二人的全名与生卒年份不详，今姑阙疑，待考。

现代农业技术通常在学术界是指自19世纪40年代以来在西方资本主义国家出现的以实验农业科学为基础并以内燃拖拉机为动力、配套农业机械为工具、使用合成氮肥和农药的生产技术体系。然而，近代中国工业基础薄弱，工业化程度极其低下，工业化目标的达致尚前途邈远，因此不可能向西部农业开发提供现代动力机械或肥料农药。此外，清中叶以来中国人口爆炸造成劳动力价值区区几稀，称之为“人的畜力化”绝非夸大其词。据民国时期学者对陕西的调查，由于受了高利贷残酷剥削，无论是贫穷的佃农还是十亩以上乃至五十亩以下的自耕农，都不能有积累的资本用来改良生产工具，即便富农地主亦不愿拿他们剩余的资本，来经营那效力迂缓的耕地。“许多灾后孑遗，家中变卖一空，无力购置耕牛，耕田时只得以人代牛。其法以两人扛一长椽，有绳系椽之中，下拖一犁，前者挽，后者推，行颇迟，数步一歇，汗如雨下。间有小孩帮耕挽犁；其苦痛可知。”① 在抗战期间，西南大后方由于战争造成劳动力减少，由于农民缺少资金周转，却又必须按时完纳苛重的捐税和田赋，只得将生产的主要工具耕牛忍痛抵押、出卖乃至屠宰，以致不得不采取“人耕”的办法犁田。当代中国人常以“二牛抬杠”作为中国长期以来落后的标志，殊不知在近代以来的中国农业尚有“人耕”这种不进而退的返祖现象。近代《农学报》载文即直白地说：“中国人工甚贱，视西国工值迥不相侔，火机暂不可用”；“欧洲人力贵，易牛耕而用机轮，耘锄收割之具，多用汽机；肥田之物，或用硫强水。此则成本太巨，获不偿费，不可行于中国者也。”② 拖拉机作为中国现代农

① 陕西《中山日报》1920年10月23日。

② 转引自张波：《西北农牧史》，陕西科学技术出版社1989年版，第397页。1935年署名为农英的作者在《广西农村中的劳动妇女》就详细描述了广西由于人口压力使许多妇女成为变相奴隶的惨苦现实，这样写道：“畜婢纳妾本是中国地主们的普遍现象，但在苍梧附近各县农村中间，因为妇女参加生产工作，这种风气似乎格外流行。他们畜婢纳妾，除掉供家庭使唤和发泄肉欲之外，还有更重要的目的。在这里，蓄婢是‘养猪’，纳妾是‘养牛’。在荒歉年成，许多地主往往大发慈悲花费十余元至三十元买个七八岁或十多岁的女孩领回使唤，养到十七八岁，就以一百多元甚至二三百元的高价卖给人家，或是留供自用。在这一转移间，他们可以获得像养猪一样的肥利。玉林有位有名的刻薄地主，家（续下注）

业的标志在西部引进极晚，数量极少。据史载，1923—1926 年在察哈尔陶林地方建立的大有丰、大陆、大北、永大等大规模农垦企业的垦殖面积达一千八百公顷。是时，大有丰垦牧公司从哈尔滨美国万国农具公司购买十五至三十马力的拖拉机五台，开启中国西部地区引进拖拉机之先河。新疆也是最先引进拖拉机的西部省区之一，原因一则由于新疆地旷人稀有利于大型农业机械的作业，一则由于当时盛世才主持新疆政务采取亲苏外交，先后多次引进拖拉机和苏式播种机、收割机、新式步犁等现代化农业机械，至 1935 年秋，全疆已有各类农机二千五百台左右。陕西是在 20 世纪 30 年代中期才引进了第一台拖拉机，后来转于西北农学院，远近群众争相赶来观看“铁牛”，惊动一时。

正是由于近代中国西部农业机械的“硬件”变革存在严峻制约，所以中国西部农业现代化的突破重点长期以来主要在于采用优良品种和先进农艺方法。如果说清末的农业试验场和传习所等机构尚主要属开启民智和陈列展示功能型，那么民国年间的农业科研教学机构和实验场所则明显属于研究推广型。随着现代农业教育事业在西部地区的逐步发展，冲破了“学者不农，农者不学”传统旧俗羁绊的广大农业科学家和技术人员孜孜不倦的刻苦钻研，使一大批优良品种被培育和引进推广，一系列先进农艺方法被发明和普及应用。良种改进和良法推广在中国古代农事活动中素来有自，但近代中国西部农业开发过程中的良种改进和良法推广与传统的经验式自发摸索范式具有本质差别，它是在现代

（续上注）中所蓄婢女常在十人以上；这样奇怪的生财大道，在那里是不会使人惊异的。”按照该作者调查，纳妾比蓄婢在广西更为普遍，“非但地主如此，富农大多也是爱玩这套把戏。因为妇女终年做着田间，所以纳妾等于添雇一个长工”。“她们除到田间劳动以外，还可兼做家庭工作，从清早到深夜都是她们的工作时间，这在普遍的雇佣工人是做不到的。”这些妇女从七八岁的牧歌时代起到挽歌的日子上，从未听到过在土地上用机器代替了人力和锄头镰刀耕耘的神话。（参见陈翰笙等编：《解放前的中国农村》，中国展望出版社 1989 年版，第 630 页。）法国驻云南领事方苏雅（Auguste François）在《晚清纪事：一个法国外交官的手记》中也描写那些船夫们“赤裸着上身，大汗淋漓，身上冒出氤氲的汗气，变成了脚力‘蒸汽机’”。（方苏雅：《晚清纪事：一个法国外交官的手记》，罗顺江、胡宗荣译，云南美术出版社 2001 年版，第 93 页。）

生物遗传理论和农业科学理论指导下的产物，大多系由农事试验机关和农业院校的科技工作者主持进行，非传统的引种了事，亦与中国传统社会中历代王朝刻印农书教民稼穑的“劝农”式农业推广模式不同。良种改进和良法推广作为现代农业发展方法由于最能与农民沿袭已久的传统相耦合，而且较诸现代农业机械引进而言更为经济、更具合理性，具有立竿见影的结果示范作用，故而成为近代中国西部农业开发的亮点所在，成效显著。凡属适于我国西部地区种植的品种，基本上都有引进，特别是麦、棉、玉米等主要作物育种材料引进的品种数以千计。是时，引种来源既不限于一区一国，而引进后的推广一般亦是分散传播，遍地落户生根，不像古代那样循序渐进并清晰地形成连续性的传播路线。特别是 20 世纪 30 年代以后，洛夫（Harry Houser Love，1880—1966）[①]等国内外学者输入、引进现代生物统计和田间试验等理论及方法，使实验分析手段大为改进，奠定了我国现代育种的基础。在陕西，西安西关农场王伯材等人用混合法纯系选种育成“兰花麦”，后又于 1931 年以兰花麦中选育出“陕农 7 号”在关中推广。1933 年位于泾阳县的金陵大学西北农事分场开始小麦育种实验，后由霍席卿等选育出 30 年代影响极大的“兰芒麦”，并逐渐形成“金大 60 号”等系列品种。筹建于 1932 年的西北农林专科学校根据在旧文化发源地上建立新文化的指导思想，择址于陕西武功，以效后稷教民稼穑的故事遗迹。1938 年，该校在北平大学农学院、河南大学农学院西迁并入后改建称国立西北农学院，成为当时西北农业科研力量强盛的重镇之一。西北农学院在陕、甘、宁、青等省采集小麦三万余穗，经纯系选育出“武功 27 号”，因其穗形酷似蚂蚱，又称“蚂蚱麦”，为 1940 年以后普遍推广而誉声鹊起的优良品种。20 世纪 40 年代以后，西北农学院的小麦育种进入新阶段，开始试行杂交育种，其中由赵洪璋等人育成的“碧蚂一号”，新中国成立前两年已在陕西农村选点示范种植，新中国成立后推广于西北地区和山西、

① Archie R. Crouch, *Christianity in China: A Scholars's Guide to Resources in the Libraries and Archives of the United States*, Armonk, New York: M. E. Sharpe, 1989, p. 244. 或可参阅 Randall E. Stross, *The Stubborn Earth: American Agriculturalists on Chinese Soil, 1898 - 1937*, Berkeley: University of California Press, 1986。

河南、山东等，是直到20世纪60年代中期以前我国推广面积最大、增产量最多的小麦品种。此外，抗战期间，国民政府中央实验研究所迁渝，大大加强了西南地区的农业科研力量，该所技正沈骊英在世界小麦1700余种内选育出适合西南地区种植的“中农28号”，1939年起在四川等省大规模推广，平均亩产比本地小麦增加四十一斤，成绩斐然。

在空间分布上，清代棉花种植受人口增长带动的需求扩大影响而全域性地扩展，另一方面，由于棉花种植受一定气候和土壤条件限制，不可能遍地开花，且自始即带有商品生产的性质，故棉作向优势产区集中的趋向日益明显。在19世纪，中国的棉花主要有两种。一是非洲棉，又称“草棉”或“小棉”，系从中东循丝绸之路传入新疆，后又传播到甘肃河西走廊一带，以后便似乎没有向东扩展，至新中国成立前夕在河西走廊尚有此种棉花栽培。① 一是宋元以后从东南沿海国家传入的亚洲棉，又称“中棉”，在长江和黄河中下游地产棉区广泛种植。这两种棉花不仅产量低，而且纤维品质差，不能作为纺二十支以上细纱的原料。光绪十八年（1892），张之洞在湖北武昌创办机器织布局，不惮烦费，电请清政府出使美国大臣崔国因选购美国高原棉种（American upland cotton，即陆地棉，又称美棉或洋棉）。此为美棉在我国南北棉区大规模传播之始。然而，“从19世纪末到20世纪前期的20多年间，无论是官厅还是商民团体，引种陆地棉收效甚微，几乎全部归于失败。其失败的主要原因是引种之前未经试验驯化，散发给农民之后，又没有采取有效措施，防止混杂退化，以致引种数年后，原有的优良特性完全消失”②，成为所谓“退化洋棉”，其产量和品质往往还不及农民原先种植的亚洲棉。1914年，持“棉铁主义”的实业家张謇出任北洋政府农商部总长，开办棉业试验场，以试验引种陆地棉为要务。1922年，美国棉作专家顾克（Orator Fuller Cook，1867—1949）来华帮助提纯驯化美棉“脱字棉”（Trice）和“爱字棉”（Acala）。从1933年起，美国作物育种专家洛夫受聘任中央农业实验所总技师，征集中美棉种三十余种，在包括重

① 俞启葆：《河西植棉考察记》，《农业推广通讯》1940年2卷第10期。

② 郭文韬、曹隆恭主编：《中国近代农业科技史》，中国农业科技出版社1989年版，第126页。

庆、柳州、西安等地在内的全国十七个试验点同时开展评比试验。经过几年努力，证明“斯字棉”宜于黄河流域、“德字棉”宜于长江流域种植，为 1936—1950 年“斯字棉”（Stoneville No. 4）和“德字棉”（Delfose No. 531）大规模引进和取代“脱字棉”栽培提供了可靠依据。抗战期间，四川、陕西等地大力推广“斯字棉”和“德字棉”。据统计，关中地区三百多万亩棉田至 1943 年全部普及“斯字棉”，在 1938 年至 1942 年间，“德字棉”在四川广泛种植，总计增加皮棉十三万担，值一万五千二百余万元，利国裕民，贡献良多。

烟草种植是典型的商业性农业。有清一代，烟草种植的利润空间远远大于种粮，如时人所云“居民业此利三倍，耕烟绝胜耕田夫”①，故发展十分迅速。以陕西城固县为例，该县“沃土腴田，尽植烟苗，盛夏晴霁，弥望野绿，皆此物也”②。每于夏秋之时，田中烟茎，高及人腹。兰州水烟历史悠久，以“丝、色、味”三绝著称于世，有“兰州水烟甲天下”之美誉。梁章钜服官甘肃时担心兰州地区“本计益绌”而“屡欲申兰州水烟之禁”，但均欲禁不能。③ 光绪五年（1879），德国人福克（Alfrad Focke）旅经兰州，在《西行琐录》中写道：“将到兰州约离一百里许，地势稍低，民间出产亦丰。四围尽栽烟叶……青条水烟，各种名烟，流通各省，为数甚巨。”④ 在 20 世纪 20 年代前后，兰州水烟达到历史上产销两旺的“黄金时代”。⑤ 民国初年，烤烟由美籍传教

---

① 舒位：《兰州水烟》，杨国安选编：《烟事闲趣》，北京燕山出版社 1999 年版，第 64 页。

② 岳震川：《府志食货论》，贺长龄：《皇朝经世文编》卷三十六，户政十一，农政上，沈云龙主编：《近代中国史料丛刊》第七十四辑，731，台北文海出版社 1972 年版，第 1306 页。

③ 梁章钜：《退庵随笔》卷八，道光十七年刻本，页九。

④ 福克：《西行琐录》，中国西北文献丛书编辑委员会编：《西北稀见丛书文献》第 4 卷，兰州古籍书店 1990 年版，第 425 页。亦见章有义编：《中国近代农业史资料》第 1 辑，生活·读书·新知三联书店 1957 年版，第 443 页。

⑤ 姜志杰、聂丰年：《兰州水烟业概况》，中国人民政治协商会议甘肃省委员会文史资料研究委员会编：《甘肃文史资料选辑》第 2 辑，1987 年内部发行，第 188 页。

士最早传入山东烟台。抗战开始以后，我国东部烤烟种植区相继沦陷，华北地区的烟草改良转移到西南大后方的四川等省进行。1938 年，四川农业改进所成立，将山东烟草改良场迁川的部分接收办理，于什邡成立川农烟草试验场，经试验观察，发现“美特四百号”品种比较适于四川省栽培。时值大后方纸烟原料匮乏，国民政府财政部于1939 年在郫县设四川烟叶示范场，从事烟草改良及推广工作，取得了一定成绩。

徐天骝像

在云南，地方政府为了纾解纸卷烟原料供应紧缺的困难、增加地方财政收入，遂于1941 年成立烟草改进所，负责烤烟试种的技术研究与推广工作。早年留学法国的农学专家徐天骝与其胞兄、著名云南籍学者徐嘉瑞被时人誉为“徐氏双杰”，前者在留学期间即已特别留意欧美烟草技术，此时被从开蒙垦殖局副局长任上调入烟草改进所任副所长兼第二推广区主任，专门负责引进、改良和推广烤烟技术工作。徐天骝认为“种子为作物之本源，无种子则无作物”，“种子的良莠，是关系一切作物质地的关键。良种报酬常丰，劣种的产品量低而质坏”①。在云南烟草改进所成立之初，徐天骝等通过试验性栽培，将美国弗吉尼亚“金元”（Gold-dollar）确定为推广的当家品种，并于1942 年拟定《云南烟草管理简则》（即著名的十三条）由省主席龙云以训令发布各种烟县乡执行，使烤烟管理工作规范化、条理化，以晒烟老产区江川、玉溪为龙头生产出驰名中外的“云烟”，取得丰厚的经济回报。经过五年试种推广后，该品种出现种子退化和劣变，徐天骝请求龙云出面以设宴饯行之

---

①　徐天骝：《云烟奠基人徐天骝文选》，何忠禄主编，云南民族出版社 2001 年版，第 388 页。

际用三十两黄金托即将离昆返国的飞虎队队长陈纳德（Claire Lee Chennault，1893—1958）帮忙购买烟种。1946 年，云南烟草改进所收到陈纳德从美国寄来的烟种，计有“大金元”（Mammoth-gold）、“特 400 号”（Special No 400）、“特 401 号”（Special No 401）三个品种，经试种观察以“大金元”表现最佳，乃将其作为主要推广品种，为当代中华大地上独占鳌头的云南烟草产业奠定了坚实的基础。1989 年，徐天骝辞世，被云南人民题匾褒誉为“云烟始祖”。

第三节　农田水利事业的新气象

按照魏特夫（Karl August Wittfogel，1896—1988）的观点，正如现代资本主义的工业社会是建立在煤与铁的基础上，传统中国的集约农业是以灌溉为必不可少的条件。[①] 中国被魏特夫称之为“治水社会”（die hydraulische Gesellschaft，the hydraulic world），在农田水利方面创造了许多令世人叹为观止的奇迹。有清一代，中国西部地区各族人民守前出新，使传统的农田水利技术得到进一步发展。诸如甘肃和宁夏一带的“涝池”、四川等地的“堰塘”在清代文献屡见不鲜，陕西的“雷公田”、兰州的砂田都是清代劳动人民在实践中智慧的发明，有旱涝保收的功效。新疆地区的坎儿井的创始，中外学者言人人殊，久悬不决。一说来自汉代关中井渠；一说传自中亚，间接源于波斯；一说系清代林则徐谪戍新疆开发水利时所创；一说系新疆本地维吾尔族自创。据黄文弼研究，新疆坎儿井系维吾尔名“Karez”音兼意译，维语名“Karez”与波斯语“Karez”音读与拼写形式全同，“Karez”在波斯语中意为地下水道，来自古波斯语“Kohrez”，最早由“Kathe”（意为掘、挖）与“rez”（意为水流）合成。世界最早的坎儿井出现于公元前 8 世纪的西

① Karl August Wittfogel, *Wirtschaft und Gesellschaft Chinas: Versuch der wissenschaftlichen Analyse einer grossen asiatischen Agrargesellschaft*, Leipzig: Verlag von C. L. Hirschfeld, 1931, S. 229.

亚之亚述帝国，而后盛行于波斯及其后的阿拉伯干旱地区，随着波斯与阿拉伯的政治文化势力扩展，又分别向东西传播，我国新疆地区的坎儿井因受此影响而产生。① 1990 年新疆水利学会组织撰写的《新疆坎儿井研究》载：截至目前统计，全自治区有坎儿井一千一百多条，灌溉面积二万六千六百六十七公顷左右，暗渠道长度约三千公里，曾被誉为和万里长城、京杭大运河并列的一大工程。新疆的坎儿井主要集中在吐鲁番、哈密两地区，共有一千零三十四条。然而，吐鲁番和哈密地区的坎儿井开凿之起始年代定然为时不甚遥远。因为乾隆二十五年完成的《乾隆内府舆图》（又称《乾隆十三排图》）系利用西方近代科学技术经过两次大规模实测绘制的当时世界上最先进的地图，吐鲁番全用明渠出于实测地图而无坎儿井存在。乾隆四十七年利用《乾隆内府舆图》等实测资料完成的《大清一统志》所记吐鲁番六城（辟展、鲁克察克、吐鲁番、哈喇和屯、色尔启布、托克三）全系地面河水明渠灌溉。清代经吐鲁番的行记并非独一无二，但第一次记坎儿井者乃林则徐《己巳日记》。道光二十五年正月十九日，他自根忒克台（俗名坑坑）赴吐鲁番，这样记述说："闻吐鲁番六十里较短，遂复前进，廿里许，见沿途多土坑，询其名，曰卡井，能引水横流者，由南向北，渐行渐高，水从土中穿穴而行，诚不可思议之事！此处田土膏腴，岁产木棉无算，皆卡井水利为之也。"② 然而，在嘉庆十年（1805），清代西北史地学奠基者之一的祁韵士遣戍伊犁，对沿途所见所闻所历一一笔之于书。他亦曾取道吐密、吐鲁番，但其所著《万里行程记》对坎儿井默无所述。这说明坎儿井在吐鲁番出现距道光二十五年不可能太远，故祁氏对此一字不涉，而林则徐则初见而怪，目为神奇。

左宗棠尚未显达之前即受林则徐影响，莅任封疆大吏后又多踵武前贤而如林则徐一样究心于民生经济。他自号"湘上农人"，在督师西征期间对西北农田水利事业情有独钟，认为"治西北者，宜先兴水利，兴

① 黄盛璋主编：《绿洲研究》，科学出版社 2003 年版，第 99—107 页。

② 《己巳日记》为林则徐后人保存。台湾出版《林则徐传》偶有摘引，然难窥全貌，20 世纪 80 年代已由林氏后人提供，全文发表于《中山大学学报（社科版）》1984 年第 1 期。

水利者，宜先沟洫"[1]，积极在甘肃兴办水利，开渠凿井，惠泽百姓。光绪三年（1877），左宗棠所部张曜之军进驻新疆以后，修治水渠屯田，以木槽毛毡解决沙碛之地渠水渗漏问题，左宗棠从西宁、兰州等地购买大量毡条鼎力支持。此事在近代中国历史上广为人知，陶葆廉对此曾提出批评，云："张勤果令军士开哈密东北石城子渠，引库申图水，用毡单贴地数十里以承流，谓之毡工。所费殊巨，小民未易仿行。左文襄陈诸奏牍，夸为功绩，未几毡败渠涸。军士耕田，偶尔为之，每月仍领三两六钱之饷银，岁得四十余金。不责租税，犹卤莽灭裂，军罢即废。招民垦荒，断不能岁给四十余金。游民本不屑耕弃田，远行觊意外名利。强之学稼，孑然一身，银粮耕具，旋领旋逃，愈招垦愈滋盗贼。非通铁轨火车，安得良民携室而来乎？然良民辟地，亦当因其所利，毋以好名者扰民。"[2] 陶葆廉批评毡工之法不考虑成本收益比较是有道理的，左氏尽管大言失实，然利民强国的良愿美意却是丹心照汗青，足为后世所式。值得指出的是，左宗棠在西北期间的水利开发具有承前启后的重要历史意义。同治十二年（1873），他接受部将王德榜建议，准其率部在河州凿引抹邦河灌田。渠长70里，沿途多山石。王德榜计用火硫黄2600石，劈除山阜或开凿隧道，时称"地雷"，历时近一年竣工通水，开现代炸石筑渠工程之先河，后来王氏亦成为著名的开渠专家。光绪六年（1880），左宗棠筹开泾河上源水利，派所谓"中国近代商父"的胡光墉从德国购置开河机械并雇请德国技师操治，成为中国具有现代意义的水利建设的先声。

不过，直到清朝末年，中国传统的农田水利技术仍写就了辉煌的历史篇章。中国西部地区当时有许多精于沟洫之道的土专家，他们以在实践中长期积累的经验而身怀绝技，在历史上具有不容轻忽的一席之地。同光年间的王同春即这类传统型水利专家的典型代表。王同春大字不识，"但他识得水脉，有开渠的天才，一件大工程，别人退避不遑的，

---

[1] 左宗棠：《答刘毅斋太常》，陈绍闻主编：《中国近代经济文选》，上海人民出版社1984年版，第190页。

[2] 陶葆廉：《辛卯侍行记》，刘满点校，甘肃人民出版社2002年版，第383—384页。

开发河套地区声名卓著的王同春的遗像

他却从容布置，或高或下，或向或背，都有很适当的计划。他时常登高远望，或骑马巡行，打算工程该怎么做，比受过严格训练的工程师还要有把握”①。当时开挖渠道并无任何现代科学仪器，王同春乃在黑夜之中，点灯数盏，疏落散放，以测定地势高低。逢到下雨天，他便冒雨出去，看雨水的流向，做他测量的标准。遇有疑难之处“俯而察，仰而思，面壁终夜，临流痴立”②，直到豁然贯通。在确定好开渠线路后，就用柳编水斗涂成白色，斗沿上各钉一丈长的竹标，自渠口起，距十几丈远立一个白水斗，测定开渠坡度和应取土的深度。对建筑渠口、桥梁、涵闸等三项技术性强的重要工程，王同春尤为重视。他常乘骑沿黄河岸勘察，充分利用进水的冲击作用而决定开“迎水”或“倒迎水”渠口的地点，故经他测定的渠口，一般少有“吊口”或发生溃决之虞。由于他精审于事先，神定于临时，我国近代地理学创始人张相文和顾颉刚一样誉之曰：“凡山原高下，工程多寡，斗角钩心，了了然不差累黍，虽精于测算者不如也。”③ 事实上，顾颉刚和张相文的撰述从现在的眼光来看都是属于“口述史”的范畴，他们都是调查访

① 顾颉刚：《王同春开发河套记》，《禹贡半月刊》第2卷第12期。

② 王文墀：《五原王绅同春行状》，中国人民政治协商会议内蒙古自治区委员会文史资料研究委员会编：《王同春与河套水利》（《内蒙古文史资料》第36辑），1989年内部发行，第197页。

③ 张相文：《王同春小传》，《南园丛稿》卷七，第52—53页。亦见顾颉刚：《王同春开发河套记》，附录三，平绥铁路旅行读物，平绥铁路管理局1935年版，第25—28页；中国人民政治协商会议内蒙古自治区委员会文史资料研究委员会编：《王同春与河套水利》（《内蒙古文史资料》第36辑），1989年内部发行，第189—190页。

问后进行写作的，所以他们屡言王同春的传统水利技术较诸洋工程师犹胜出一筹，可以说是当地老百姓的普遍认知，并且事有所指。

1927 年至 1928 年河套地区连年大旱，粮食颗粒无收，农民死亡相继。埃德加·斯诺在 1929 年那次成为其一生中的一个“觉醒点”的赴绥远采访之旅中，就目睹饿殍遍野以致“尸首还来不及掩埋就不翼而飞”① 的人相食惨剧。当时，华洋义赈会利用筹措到的善款以工代赈修建民生渠。民生渠于 1929 年动工，渠口位于包头县磴口镇东南二点五公里，干渠长六十公里，向东注入黑河，设计灌溉面积二百五十万亩，至 1931 年 6 月完成并举行放水典礼。当时曾有人兴奋地评价这一灌溉工程“不独为吾国重要之灌溉工程，亦晚近赈灾事业中之最堪称述者也”②。当时负责此项工程的是美国工程师陶德（Oliver Julian Todd，1880—1974）③，他对斯诺说：“当我的这条小渠竣工时，这个地区就再也用不着担心闹饥荒了”，并说：“这个水渠的特点之一是，工程的欠款需用工程的收益来偿还，在未偿清以前，它仍将归华洋义赈会所有。我们和政府签订的合同规定，在我们还清水渠工程费用之前，仍将负责征收水渠的使用费，这个协议正是我们所需要的。这样，我们就可以只收取低廉的水费，让百姓

民生渠及民生闸因设计不当徒成摆设

① 埃德加·斯诺：《复始之旅》，宋久等译，新华出版社 1984 年版，第 9 页。

② 陈泽荣：《我国最近之灌溉事业》，《水利》1931 年第 1 卷第 4 期。

③ 陶德曾任中国国际灾荒救济署首席工程师、联合国战后救济署治黄计划顾问等，在斯坦福大学保存的档案中有其 1919 年至 1949 年间的日记、通信、备忘录、报告等，但美国有关档案史料注明其生卒年为 1899—1973 年，笔者此处标注系依据其家谱和墓碑资料加以确定。

们有机会在经济上恢复自主，然后再缴纳较多的水费。协议还确保水渠的保养和维修。如果水渠由中国人来管理，他们绝不会关心保养和维修之事。我们估计，由于水费低廉，将需要8年的时间才能还清欠款，这样，在水渠最后移交给地方当局时，老百姓已经过上好日子，而且还有力量对付生活向他们提出的新的要求。”① 应该说，华洋义赈会的这种以工代赈开渠方法从法律角度而言由于受国外影响是理念比较新颖的，有些类似乎当代国际投资法的BOT形式。② 但我们仔细考察不难发现，民国16、20年华洋义赈会在中国当地人倡议所举行的这次以工代赈的修渠实乃在某种程度上和光绪十七、十八年（1891—1892）归绥一带大旱奇灾中王同春放粮施赈和利用灾民挖渠如出一辙。然而，由于民生渠在陶德主持下因修掘未能按地势进行，水位与地面高低相差悬殊，故渠虽掘成，却不能引水灌溉，成为最为轰动的失败工程，当地人称“民怨渠”。范长江即云：“萨县境内一个近代化的大工程——民生渠，可算完全失败了。不明中国水利原理和水利传统的外国工程师，反不如中国无名的有经验的技士。迷信外国人的阶段，应该快过去了。”③ 范长江的这段话可以说是对顾颉刚、张相文等人对传统水利专家王同春超过科班出身的洋技师褒扬有加的最明白的注解。正是这样，河套地区老百姓把王同春神化，视之为“龙的化身”，尽管其子王英在抗战期间是大汉奸，但直到新中国成立前当地民众仍多在干旱缺水之际到河口“放河灯”，将其作为河神供奉起来，而中国传统知识分子亦降尊纡贵替这个大老粗从《尚书·尧典》中取“濬川”为其表字以彰其功。从民生渠开掘失败与王同春土法致用中，我们可

① Edgar Snow, Saving 250000 Lives, *The China Weekly Review* (August 3, 1929).

② 在当代国际投资法中，BOT（即建设—经营—转让方式）是政府与项目公司合作经营基础设施项目的一种特殊的项目投资运作方式。它是指国家或地方政府部门通过特许权协议，授予签约方承担公共性基础设施或基础产业项目的融资、建造、经营和维护。在协议规定的特许期限内，项目公司拥有投资建造设施的所有权，允许向设施使用者收取适当的费用，以此收回项目投资、经营和维护成本并获取合理的回报；在特许期满后，该设施应无偿地移交给签约方的政府部门。

③ 范长江：《塞上行》，新华出版社1980年版，第26页。

以看出现代西方水利技术传播初期因马失前蹄而在中国民众与精英分子中间所呈现出于事无补的尴尬形象。按照社会空间的理论，社会是多维空间，两极对立的范畴只存在于人们的观念之中，而不存在于真实的社会空间之中。所谓现代化的社会变迁从来都并不喻示着“现代”对“传统”的单向削减，新的现代因素并不能将原有的文化传统覆盖殆尽，而真正的有生命力的传统总是具有其生存空间，具有其独立的发展演进自性，传统与现代的新旧杂然并陈乃永恒的历史常态。

西南地区是我国水能资源最为丰富的地区。近代以来，尽管这一地区地理位置比较偏僻、地理环境比较封闭，但在水电站建设方面独步一时，成就突出。在世界上第一座水电站美国威斯康星水电站 1882 年建成后历时三十年，我国第一座水电站——云南石龙坝水电站于宣统二年（1910）开工建设。是时，滇省主管实业的官员刘孝祚与云南商会会长王筱斋等发起集股立案注册“耀龙电灯公司”，获得本地区电灯照明业经营专利权二十五年，聘请德国工程师为技术顾问，于滇池出水孔道螳螂川上筑建石龙水坝设厂发电。石龙坝水电站为引水径流式电站，历时两年零十一个月建成投产，安装德国西门子公司制造的两台单机容量为五百六十马力的卧轴水轮发电机组，用二十三千伏电压输送至昆明市区，标志着中国近代水电事业的起点。继云南石龙坝水电站建后，一向被人们视为中国经济最落后地区的西藏亦竟然出人意料地在中国水电事业方面处于领先地位。1913 年，十三世达赖喇嘛从中小贵族子弟中选派四名青少年留学英国，其中十三岁的强俄巴（又称仁岗巴）·仁增多吉（chang ngo pa rig vdzin rdo rje）在英国专攻水电工程。黎吉生（Hugh Edward Richardson，1905—2001）对仁增多吉筹建西藏第一座水电站的原委这样记述说：“1920 年，他完成学业于 6 月离英时购买了拟在拉萨修建小型水力发电站的电机配件（125 马力发电机组），6 月 20 日他在江孜给英国导师写过一封信。返藏后，他积极准备发展西藏的水电事业；达赖喇嘛也要求他尽快完成。1922 年 1 月，他完成了为西藏地方政府购买水电设施的任务。当时不但计划在拉萨，而且也要在亚东以上 9 英里处春丕谷地的诺布措结建水电站，已完成奠基工作，后者用于为春丕谷造币厂的供电，电机由阿姆斯特朗·惠特沃思[①]提供，已发至噶伦堡，擦绒（tsha rong）噶伦对此不仅十分热心，而且作了首肯，当时这两项水力发电计划是西藏现代化的重要一部分。”[②] 强俄巴经过认真勘测，选择在拉萨北郊夺底沟（dog bde sde）引水建站，于1924年2月8日（应为藏历）正式破土动工，经过五年多时间的努力，夺底水电站终于于1928年竣工发电，首先向罗布林卡和布达拉宫供电，点燃了西藏高原第一盏电灯。[③] 夺底水电站为当时世界上海拔最高的水电站，这表明社会空间与自然空间相比较具有很大区别，由于人的生存、活动和动机强弱等不同，特定社会空间的转换、运行状态就大相径庭，自然地理空间的偏僻与封闭并不能完全限定西藏这样的落后地区在特定时期某些方面的先进性。

“青山遮不住，毕竟东流去。”无论现代化理论还是现代性问题的探讨都不能不追溯到马克斯·韦伯，韦伯将传统社会向现代社会的过渡视作是一个理性化的过程，而且科学技术的发展在韦伯看来是理性化的主要内容。随着近代科学技术的勃兴及在社会生活中垄断地位的获得，“专家体系”逐步成为在空间上包罗万象、在时间上不可须臾或缺的现代社会赖以维系和运转的基本形式。在近代中国西部农田水利事业开发过程中，著名水利专家李仪祉的杰出贡献应该永载史册。李仪祉（1882—1938），陕西蒲城人，早年留学德国，在德国但泽工业大学（die Technische Universität Danzig）专修水利。1915年回国后，任教于南京河海工程学校，主讲河工学、水文学、大坝设计等。1922年，他出任陕西省水利局局长兼水利工程局总工程师，后兼任陕西教育

---

① 指 Sir W G Armstrong Whitworth & Co. Ltd。

② Hugh E. Richardson, *Tibet and its History*, Boulder and London: Shambala, 2nd Edition, 1984, p. 124.

③ 强维巴·多吉欧珠：《先父点燃了西藏第一盏电灯》，西藏自治区政协文史资料研究委员会编：《西藏文史资料选辑》第8辑，1986年内部发行，第58—62页。然唐麦·顿珠次仁《西藏拉萨初建水电站的尝试》（西藏自治区政协文史资料研究委员会编：《西藏文史资料选辑》第5辑，1985年内部发行，第35页）一文称于1927年开始运转发电，详情待考。另外，房建昌《历史上西藏水利状况概述》（《中国边疆史地研究》1996年第3期）对夺底水电站的详细考证值得参考。

厅厅长、西北大学校长，还曾任职华北水利委员及导淮委员会委员等职。1931 年，他在天津创办水工试验室，并于次年倡议组建中国水利工程学会，当选为会长。他在服务乡梓期间，亲自勘测，足迹踏遍三秦大地，撰成《引泾论》《测勘黄、渭航道报告》等，在学术理论上对中国水利学的建设具有至关重要的推动作用。民国 17 年（1928）起，陕西旱魃为灾，数年未收，民多转死沟壑。李仪祉蒿目时局，于 1930 年多方筹措资金兴复陕西水利，动工修建引泾灌溉工程，以郑国渠遗址为道引泾水东流灌溉醴泉、泾阳、三原、高陵、临潼五县地，于 1932 年第一期工程竣工放水，命名泾惠渠，次年又继续修治，于 1935 年完成。在十年间，李仪祉又陆续负责兴建关中洛惠渠、渭惠渠、梅惠渠、沣惠渠、黑惠渠及陕南褒惠渠、湑惠渠等灌溉工程。渠道及建筑物等等的勘测、规划、设计、施工均采用西方技术手段，并使用混凝土等新材料，是我国首屈一指的较早的一批现代化灌溉工程。[①] 其工程质量系当时农田水利工程的最高水平。此外，李仪祉 1933 年至 1935 年兼任黄河水利委员会委员长兼总工程师期间，勘察黄河，撰写论文四十余篇，提出许多具有远见卓识的治黄方案。例如，当年宁夏灌溉事业虽然比较发达，但技术方面缺陷较多，各大渠都有自己的引水渠口，维修困难，且渠口控制设施一般不甚完善，成为影响农田水利事业进一步发展的制约因素，李仪祉乃撰文讨论宁夏水利问题，提出应在青铜峡建设拦河坝，使宁夏平原灌区现有各渠道统一从青铜峡水库引水，一则既可以减少渠口工程的维修，减轻泥沙对渠道的淤积，提高供

李仪祉像（左）

① 参见宋希尚编著：《李仪祉的生平》，台北中华丛书编审委员会 1964 年版。

水保证率，一则可以改善本区黄河东西两岸间的交通，同时在大坝上建设电站，还可促进本区工业的发展。① 新中国成立后，青铜峡水利枢纽的建设正是李仪祉这位中国近代水利学奠基人所描绘的蓝图的实现。

“更立西江石壁，截断巫山云雨，高峡出平湖。”这是毛泽东挥笔写就的豪情万丈的诗词。开发利用长江水利资源，建设三峡水利枢纽，可以说是中华民族百年梦寐以求的夙愿。早在1918年孙中山在《建国方略之二——实业计划（物质建设）》中即首倡三峡建坝发电之主张。1932年，在国民政府国防设计委员会主持下，水电专家恽震、曹瑞芝等组队前往三峡进行首次水力查勘，提交了《扬子江上游水力发电勘测报告》，② 提出了长江干流兴建大型水电站的两处坝址：葛洲坝、黄陵庙，其中葛洲坝坝高十二点八米，装机容量三十二万千瓦，黄陵庙方案坝高十二点八米，装机容量五十万千瓦。在抗日战争期间，在大后方建立新的工业中心是对日持久战的必要条件，而作为现代工业发动机的能源动力工厂的设立乃建立工业中心的先务前提，所以资源委员会负责人翁文灏提出“国营事业特为注重者”首先是“迅设电厂，以树立工业生产中心”③。资委会成立电业处，将汉口、长沙等地发电设备尽量拆迁运往四川、云南，先后建立了岷江、自流井、宜宾、昆明、湘西等六家电厂，又与四川、贵州、甘肃地方政府分别合办了万县、贵阳、兰州三个电厂。到1934年底，资委会已拥有电厂十一个（除上述电厂外还有建设中的龙溪河水电厂和从建设委员会接收西京电厂），其中有8家已投入使用。这些电厂除建于省会城市的多用于照明用电外，绝大部分以供应非资委会所属工厂的工业用电。据1944年的统计，在规划和逐渐形成的大后方三十九个工矿中心中，有十七处中心

① 李仪祉：《甘肃宁夏灌溉与航运之改进》，《开发西北》1934年第2卷第5期。

② 恽震等：《扬子江上游水力发电勘测报告》，《工程》1933年第8卷第3号。

③ 《翁文灏自订年谱初稿》，翁心鹤、翁心钧整理，中国社会科学院近代史研究所近代史资料编辑部编：《近代史资料》总88号，中国社会科学出版社1996年版，第86页。

主要或大部分依赖于资委会所属电厂供应动力。1944年，翁文灏和钱昌照特邀世界著名水电工程专家、美国垦务局总设计师萨凡奇（John Lucian Savage，1879—1967）来华协助查勘长江水力资源，寻求大规模发展后方水电的途径。萨凡奇曾在世界各国主持设计过六十多座水坝、电站，其中包括举世闻名的胡佛、大古力、萨斯塔等大坝。经过实地查勘，在二十余位中国工程技术人员协助下，他完成了《扬子江三峡计划初步报告》，就开发三峡水电工程方案、工程造价、综合效益、中美技术合作等提出了初步计划。萨凡奇的长江水电开发计划引起空前的“三峡热”，受到中、美两国政府的重视。1945年，以钱昌照为主任委员的“三峡水力发电计划研究委员会”成立，下设“扬子江三峡勘测处”，并与美国垦务局签订合作开发协议，进入初步设计和三峡坝区水文地质钻探阶段。后因国共内战爆发，工程因经费困难被迫下马。①

第四节　林业的开发成就

中国古代对森林资源保护和开发的思想源远流长，《管子·权修》中即有“一年之计莫如树谷，十年之计莫如树木，终身之计莫如树人”② 的说法。原立于四川通江壁山龙兴寺的《森报国》碑文出自宋化壁州刺史马翔之手，其中这样写道：“人有志者，官植护。官众同植，皆君子德也，行世以森报国也哉！君子有植护而绿君，国无绿不称君也。报国之道四：一曰植，二曰修，三曰保，四曰利。贤者国之干，优者国之规，功者国之将，利者国之绿，是皆治国之道，惟其能而行之。

---

① 参见潘家铮：《崛起在新世纪——中国三峡工程》，浙江科学技术出版社1999年版，第72—78页。亦可参阅 Richard G. Weingardt, Engineering Legends: John Lucian Savage, *Leadership and Management in Engineering*, Vol. 8, No. 3, July 2008, pp. 162－166。

② 参考赵守正译注：《白话管子》，岳麓书社1993年版，第399页。

诗云‘无德不报，无森不富’，况为人者之于国乎？”① 立于现陕西省镇巴县渔溪区关公梁的明末《森绿经》碑文更指出：“森者国之贵，在今难得，森兴国乐人，丛生之树木也。森林无私，古树无私，四时引繁无私，万物生，生物私变金，森也者为人类之需矣。森卫之国，更为之人，森能固山河，安社稷，撼天地，发珍物，而况于人乎？夫森兴上下，上有厚土，不少洪灾，上下一德，其行安焉。利于其国，森之终也，富于其人，森之始也。诗云：‘百神森其备丛矣，靖共尔位兮，好是正直兮，森卫众身兮，众兴万民兮。’”② 18世纪以后，随着科学技术日新月异的进步和社会生产力突飞猛进的发展，西方发达国家对森林与社会经济、自然环境的认识通过不断的试验探索和实证研究得以大大深化。近代以来，面对开发活动造成的生态环境破坏的日益加剧和西方近代科学知识的浸润洗礼，中国人的林业思想亦迅速地与时俱进而步入新的境界。众所周知，法律不仅通过允许或禁止的规范调整人们的行为模式，而且具有教育引导人们思想观念的功用。在光绪年间，陕甘总督陶模制定颁布的《劝谕陕甘通省栽种树木示》虽然是一个法律规范性文件，但其对发展林业的意义进行了精详的阐述，指出：“盖树木繁滋，有六利焉：山冈斜倚，坡陀回环，古时层层有树，根枝盘亘，连络百草，天然成篱，凝留沙土，不随雨水而下。后世山林伐尽，泥沙塞川，不独黄流横溢，虽小川如灞浐诸水，亦多淤塞溃决。故种树于山坡，可以免沙压而减水害，一利也。平原旱地，大地荒废，生气毫无，泉源日窒。若有密树，则根深柢固，能收取山气，互相灌输，由近及远，土脉渐通，故种树于瘠土可以化碱为沃，引导泉流，二利也。炎日重蒸，易成旱暵，惟树叶披拂空中，能呼吸上下之气，故塞外沙漠，无树不雨，终年树密之区，恒多时雨。衡以格致之理，种树于旷野，可以接洽霄壤，调和雨泽，三利也。赤地童山，阴阳隔阂，其民多病而弱，唯树木之性，收秽气，吐清气，扶疏匝地，润泽长滋。种树遍于僻壤荒村，可

① 张浩良编著：《绿色史料札记——巴山林木碑碣文集》，云南大学出版社1990年版，第18页。

② 张浩良编著：《绿色史料札记——巴山林木碑碣文集》，云南大学出版社1990年版，第20页。

以上迓天和，驱疫疠而养民病，四利也。凡田连阡陌者，每隔数亩，商同种树，成一长排，可以阻风势而御冰雹。机炮日奇，飞空悬炸，各国深知，城郭无用，皆撤毁垣墙，掘沟种树，环绕数重，以代坚壁，丛林高矗，混目迷形，测准易乖，飞丸多阻，可以设险而御弹，五利也。安邑种枣，富比列侯，襄阳收橘，岁易多缣，试观货殖一篇，大率羡称千树，与其博锱铢于异地，何若话桑麻于故乡，六利也。”① 从这一法律文件中可以看出，陶模当时的思想是相当开明的。对西方林学思想的吸收、对中国古代历史的谙悉、对民间底层现实情况的了解，均在这一法律文件中浑然一体地充分展现，透露出时代的新气息。光绪二十二年（1896），陕西靖边知县丁锡奎自己捐钱买树苗带头种树，并且自编《种树谣》四境张贴布告，对民众植树育林进行剀切教谕和动员引导，其词为：

> 靖边人，听我说，莫招贼，莫赌博。少犯法，安本业，多养牲，勤耕作。把庄前、庄后、山涧、沟坡，多栽些杨柳榆杏各种树科。这栽树，有秘诀，入土七八分，土外少留些；头年插根深，次年容易活；牛羊不能害，儿童不能折。立罚章，严禁约，年年多种，年年多活，将来绿成林，遍山阿，能吸云雨，能补地缺，能培风水，能兴村落，又况那柴儿、杠儿、柱儿、檩儿、板儿，子子孙孙利益多。你看那肥美地土发旺时节，万树阴浓处处接，一片绿云世界。行人荫息，百鸟鸣和，山光掩映，日影婆娑。真可爱！真可乐！②

这一寓教于乐的《种树谣》反映了中国近代以来西部地区身为百

① 任瀛翰等纂：《崇信县志》全一册，《中国方志丛书》，第336号，台北成文出版社1970年版，第318—320页。亦见宣统《新修固原直隶州志》卷九，艺文志，示，《中国地方志集成》，宁夏府县志辑，9，凤凰出版社2008年版，第390—394页。

② 丁锡奎修，白翰章、辛居乾纂：光绪《靖边志稿》卷四，艺文，光绪二十五年刻本，页四十九。

姓父母官的有识之士重视造林利民的殷殷衷心。和丁锡奎一样，光绪三十二年（1906），宁夏固原知州王学伊为了普行劝民种树以兴地利，也出示晓谕《劝种树株示》，对植树成绩突出者制定了奖励条例，并鉴于西北地区“种树易，保树难”的现实情况制定了林木管护规章制度。他说：“窃维孔子云：‘人道敏政，地道敏树。’孟子云：‘斧斤以时入山林，林木不可胜用。’而且先儒有入国赡乔之训，西人有种树致雨之说，林政之利，洵非浅鲜已。”① 尽管这位知州长期徜徉涵泳于孔孟儒家传统文化的濡泽之中，但已受欧风美雨的侵袭，所以其林政思想的中西合璧自然而然。

植树造林由于见效缓慢的性质所决定，政府的倡导尤显至关重要。古代许多官员率民植树，被传为佳话。在近代，左宗棠出任陕甘总督，后又以钦差大臣身份督办陕甘和新疆军务，他大力提倡植树绿化事业，在陕甘大道上督率军民因地制宜地种植柳树、榆树或杨树。仅从陕西长武到甘肃会宁六百里间，历年种活的树就二十六万四千多株，而兰州以西至玉门关驿道两旁，杨柳荫翳，连绵数千里，夏日青茂，夹道以伴行人，蔚为壮观，被后人称为“左公柳”。除道旁植种外，西北地区军民当时掀起了一场蓬蓬勃勃的植树运动，例如会宁境属种树二万一千株，安定境属种植十万六千株，皋兰属境种树四千株，环县境属种树一万八千株……给西北许多地区披上了绿装。光绪五年（1879），帮办新疆军务的左宗棠老部下杨昌濬奉命西行，从长武入甘后，看到驿道两旁杨柳成行，绿树成荫，即景生情，吟诗赞曰：“上相筹边未肯还，湖湘子弟满天山，新栽杨柳三千里，引得春风渡玉关。”② 这首诗传诵到肃州大营，一时成为美谈，左宗棠听后掀髯大乐。1880 年，左宗棠平定阿古柏政权之后，从关外进京，一路所见道旁榆柳“业已成林，自嘉峪

① 宣统《新修固原直隶州志》卷九，艺文志，示，《中国地方志集成》，宁夏府县志辑，9，凤凰出版社 2008 年版，第 395 页。

② 杨昌濬：《五好山房诗稿》卷四，嘉峪关七绝二首之二，光绪乙巳年刻本，页十二。该诗的异文另详邓明：《“左公柳”诗的来龙去脉》，《档案》2003 年第 2 期。

关至省，除碱地沙碛外，拱把之树，接连不断”①，绿如帷幄。后人在沿途墩房有立榜示者曰：“昆仑之阴，积雪皑皑，杯酒阳关，马嘶人泣，谁引春风，千里一碧？勿翦勿伐，左侯所植。”② 光绪三十二年（1906），裴景福在其所著《河海昆仑录》中记述他所见到的情景说，平凉“府东十里外，大路宽三十余丈，植柳四五层，三路并行，参天合抱，想见左文襄经营西陲，同于召伯甘棠，而远略尤过之”③。民国年间，谢彬《新疆游记》亦有和裴景福相似的记述，云：入甘肃境后以西“驿路两旁，白杨成行，大可拱围，高枝参天，夏日行人，多荷凉阴”④。

进入民国以后，随着对植树造林重要意义的认识取得科学理论方面的强力支持，政府倡导植树造林具有空前雄厚的思想舆论资源，从一种间歇性行为发展为一种持续的常态性行为，从“人存政举，人去政息”的官员个体性“人政”行为发展为一种制度化的政府常规活动。1915年，北洋政府采纳金陵大学美籍教师裴义理（Joseph Bailie，1860—1935）和中国留学归来的凌道扬、韩安等林学家的建议，规定每年清明为植树节。1916年清明节是中国第一个植树节，在北京颐和园北的薛家山举行盛大植树典礼的同时，全国各省、县也纷纷举行植树仪式。从我们目前看到的材料而言，中国西部地区各地政府、机关、学校每年植树节都四方风动，如期举行，有的地方甚至举办植树宣传周以大张旗鼓。1928年以后，南京国民政府又将植树节日期改定在3月12日孙中山逝世纪念日，垂为令典。⑤ 然而，制度的执行必须依赖于人的因素，

---

① 《左宗棠全集·书牍》第57卷，上海书店1986年版，第8991页。

② 裴景福：《河海昆仑录》，杨晓霭点校，甘肃人民出版社2002年版，第120页。

③ 裴景福：《河海昆仑录》，杨晓霭点校，甘肃人民出版社2002年版，第95页。

④ 谢彬：《谢晓钟先生遗著·新疆游记》，此为其子谢宗徽馈赠中国人民大学图书馆藏本，应系著者家属1995年影印中华书局1923年版，第34页。

⑤ 台湾学者王世祯：《中国节会习俗·自序》（台北星光出版社1981年版）云：“农业社会，其生活方式在于某一范围内，为了调节生活，因而在耕耘与收藏之间，订了许多的节日来纪念、庆祝。这久而久之，许多节日成了传统的标准。”王世祯这段文字仅仅从民间的岁时节律角度而言，我们还应看到，时间在中国传统社会是政治权力的掌控对象。唯其如此，每个王朝的建立都立都要改历 （续下注）

“人治”本来就具有不容抹杀的合理性，这正是中国几千年来“人治”绵延不绝的根本原因。在近代中国政府干预经济的行政活动法制现代化进程中，“法治”的昌明与“人治”的隆盛并驱不悖。可以说，左宗棠大西北植树所树立的不仅是有目共睹的“左公柳”，而且在后来者心目中树立了一种景行仰止的标尺。在民国年间，许多“西北王”们都企图效仿左宗棠而千古留名，杨增新、胡宗南、马步芳、马鸿逵等概莫能外。从目前史料来看，西北地区的“宁马”马鸿逵和“青马”马步芳在倡导绿化西北山川方面实事求是地说是功不可没的。据载，1946 年春天植树时，在一次准尉以上军官都参加的纪念孙中山的周会上，马鸿逵在训话中说：“大家驻在西北，要学会植树造林，要爱护树木，马路

（续上注）颁正朔，民间称之为“皇历”。黄仁宇在《万历十五年》中这样生动地写道：“每年阴历的十一月，皇帝要接受下一年的日历，并正式颁行于全国。它的颁行，使所有臣民得到了天文和节令的根据，知道何时可以播种谷物，何日宜于探访亲友。”（黄仁宇：《万历十五年》，中华书局 2007 年版，第 4 页。）正是由于历法是王朝正统性、合法性的象征，清代前期杨光先和西方传教士在历法上的争论不单纯是科学技术的问题，其意义更在于科学技术背后的政治权力的幽灵的徘徊。近代以后，中国人的时间观念与空间观念的变化是互生互引的。作为第一批睁眼看世界的先驱人物魏源在《海国图志》中列表三份，其中就包括《中国西洋历法同异表》和《中国西洋纪年通表》，尽管魏源仅根据外国的日历简单排定道光十八年至二十年（1838—1840）的中西日历表，对中西两种历法之间的换算尚未真正了解，但他第一次在史书中将公元元年（汉平帝元始元年）开始至 1841 年（道光二十一年）期间的中西纪年进行了对比排列。从笔者所接触到的材料来看，清末时期由于西方科技的传入，皇历亦发生微妙的变化。《云南掌故》记载：“时宪书，亦等于古代授时历，俗则名之为黄历，实则有异于近代日历也。名为时宪书者，是钦天监遵《御制数理精蕴》及《协纪辨方》等书，而造成一颁行天下之流年历本，故无异于古代之授时历也。曰黄历者，以时宪书采用黄色纸卷护外，故名为黄历。黄历分官历、草历两种，草历则一切简单，官历则内容丰富。”据《云南掌故・时宪书之内容》所述，在清后期，官历中有“各省节气时刻表，此则是将吾国东三省、内地十八省与三藩属及雅克萨城、三姓、伯都纳、两金川（四川省境内），并两金川所属之各土司地，于交某一节某一气之时刻列于表上。此亦是依据各个地处所居之经纬度，而推算出其交节交气之真正时刻，以明诸方之气候交换，在时刻的数字上实各有不同。如光绪十六年（1890），岁在庚寅，正月十五日立春，盛京是寅正初刻九分，云南是丑正三刻一分，余悉类此。清代之取重阴历，即因其能有此一些的推算，故一般人认定清代的时宪书在交节、交气上较日历为详尽”。（续下注）

边种活这些树不易。甘肃有‘左公柳’，我们宁夏也要有‘马公杨’，今后有谁敢违背我的命令，随便损坏树木，必须军法从事。”[①]马鸿逵将宁夏划为五个造林区，造林督导（专员）均由马鸿逵军队一把手担任，而马鸿逵下达造林命令总是将自己的职务全挂上，即“宁夏省主席、省党部主任、第十七集团军司令、西北行辕副主任兼宁夏省农林处处长马鸿逵”。有一则口述史料云：马鸿逵每每于春天种植树时都要到现场指导，一次种永宁大观桥两侧柳树时，马鸿逵亲自示范挖坑、埋土，当时副官处的人对马言：“司令，你缓着去吧！”马鸿逵答：“缓个屌，我是农林处长，我不干，你给我干呀！”[②] 这种近似喜剧性的故事活脱脱道出了在孜孜追求现代化进程中军阀对植树造林的高度重视，但左宗棠光风霁月的儒雅气象似乎却杳然飘逝而难绍其裘。在青海，马步芳以省政府的名义命令各地方保甲长每年必须完成一定数量的树苗栽培并负责浇水，否则来年将会加倍重罚。有关资料显示，1938—1941 年，青海共

（续上注）（罗养儒：《云南掌故》，王樵等点校，云南民族出版社 1996 年版，第 164 页。）辛亥革命以后，南京临时政府通电改历改元，但鉴于民间岁时伏腊仍只知中历而不知西历，故规定“新旧二历并存”，“新历下附星期，旧历下附节气”，故出现夏历与公历并行参用的局面，通俗以阳历为“官历”，夏历为“民历”，新历元旦为“政治之新年”，旧历过年为“社会的新年”。岁时令节，既按夏历进行农事活动和过传统节日，又按公历进行政治活动和新节日的纪念活动。在西方，法国大革命时期亦曾由于大众历书原被视为“乡下的课本和图书馆”的缘故，所以雅各宾派以《热拉尔老爹历书》（l'Almanach du Père Gérard）这一政治历书取而代之以教化民众，并设立全国性节日，以使公民增进团结，忠诚于国家和法律。基于此，梁启超等很早即提倡学习西方国庆日之类的“大祝典”对国民进行爱国主义教育，因此民国初年增加了不少纪念节日，如 10 月 10 日为国庆日等。清明日为植树节正是这一时期的产物，反映了对中国传统节日移风易俗的利用与改造。在一定意义上，植树节的确立旨在改善生存环境空间，但同时亦是对人们时间观念的更新。民国 22 年《铁岭县志·风土志》中叙述该志纂成刊印前的情形云：“清明家家扫墓，俗曰‘鬼节’。今为植树节，学校放假一日，守土官率僚属及各学校往邑东龙首山植树、摄影，列为盛典焉。”由此可见，时间本来也是一种政治权力的建构。

① 黄多荣：《马鸿逵从事银川园林绿化》，中国人民政治协商会议银川市委员会文史资料委员会：《银川文史资料》第 9 辑，1998 年内部发行，第 35 页。

② 黄多荣：《马鸿逵从事银川园林绿化》，中国人民政治协商会议银川市委员会文史资料委员会：《银川文史资料》第 9 辑，1998 年内部发行，第 38 页。

植杨树六十五万零五十五株；1946 年总计达到三千七百万株；到 1949 年前夕，十年间累计植树六千一百万株。青海因植树工作出色当时被国民政府农林部予以明令嘉奖，到青海考察的国立重庆大学校长张宏远曾赞誉说："如果整个西北地区都像青海那样，不出 10 年，西北就会是一片绿色。"① 然而我们应该清醒地看到，地方军阀的这种现代化林业开发并非田园牧歌式的浪漫变奏曲，往往是以普通百姓的沉重负担为代价的苛政。例如，由于春播和植树同凑一时，青海农民当时有的要到几十里路以外的指定地点去种树，有伤农时，而所有树苗均强行摊派，农民有地无树，只得变卖家产高价求购或以劳力向富户换取树苗，苦不堪言。至于被征栽树的城市工商业者和居民，在栽树时由警察手持棍棒监工，稍不如意，即行打骂、罚跪和顶石头。现代化的开发目标在军阀政治之下以原始野蛮的方式实行不能不说具有反讽的吊诡意味。

在经典现代理论中，帕森斯把"分化"（differentiation）作为社会系统变化的开端，认为"分裂"（segmentation）只是同一事物的简单复制，而没有社会结构变化的含义，所谓"分化"则指功能的变化，新分化出的因素具有更大的容纳能力，而非以前的原始功能的重复。在帕森斯看来，传统社会的结构以"高度功能普化"为特征，积累的分化是十分有限的，而现代社会则结构日渐分化，这种观点有一点道理。因为中国古代保护森林资源的法律规定起源时间极早，但在王朝国家制定法诸法合体的立法模式下，森林法规比较零散，并无全面规整的部门法自成一体。不过，我们应该看到中国传统社会的法律是多元性复合体，经典现代化理论家们对所谓中国等"历史官僚帝国"时期的各种社会分化的认识由于不尽深入，所以知识领域的认知模糊往往导致整体论的片面性。关于保护森林资源的中国民间习惯法与王朝国家制国家法在空间上呈现出接畛连域的错综复杂的图景。在清代以来，中国西部地区留下了大量的护林碑刻，其中许多属于乡规民约，对毁林者规定了包括经济、人身的惩处罚则。例如，光绪二十三年（1897）所立云南剑川新仁里"乡规碑"载："山林：斧斤时入，王道之本。近有非时入山，肆

---

① 《青海民国日报》1944 年 11 月 28 日。

行砍伐，害田苗而不顾，甚至盗砍面山，徒为己便，忍伐童松，实属昧良！此后如有故犯者，定从重公罚。禁日后，犹不准砍竹下山。”① 乾隆年间四川通江浴溪禁碑载：“禁止砍伐蚕林和松、柏成材树木；禁止树木萌芽之季放牧牛羊。尚有不遵，打、罚重究，议祭山林。”② 这些护林碑刻另一部分系由官府所立，如四川通江诺江镇道光十八年知县颁禁碑云：“自示之后，倘敢仍蹈前辙，一经巡役□被斋长告发，定行拿案严惩，枷号示众，决不稍宽。”③ 从现代法学的角度来看，这类护林碑刻应属于地方性法律规章制度。按照自然法则，绿色森林构成人类生存保障的防护线。但反过来，民间习惯法和政府制定法又共同构筑起护林的防线。从这些护林碑刻内容来看，正如清末农工商部所拟振兴林业办法中所说，森林之“为用则不过供用林、保安林二者而已。不禁采伐者谓之供用。所以供国家与人民之用，而为森林直接之利益也。禁采伐者，谓之保安”。保安林可以防风灾飞沙等，“皆所以保国家与人民之安，而为森林之间接利益也”④，但由于林政思想的落后，传统的民间和官府的护林法规一般都没有林业开发与林业保护有机结合，多系被动为保护而保护。且由于缺乏近代西方精细的法律权利观念，所以美国人爱德华·阿尔斯沃思·罗斯（Edward Alsworth Ross，1866—1951）在游历黄土高原等地后这样写道：“在中国，一般人还没有形成一种维护那些不应分配的公共利益的观念。国家一直是贡品的征收者，而不是大众福利的保护者。所以团体利益为个人利益而牺牲，公共利益为地方一小部人的利益而牺牲，子孙后代的利益为今天活着的人的利益而牺牲。渭河沿岸庄稼地里分散着大量枝叶繁茂的树木，严重影响了庄稼的生长，

① 《新仁里乡规碑》，李荣高等编：《云南林业文化碑刻》，德宏民族出版社2005年版，第444页。

② 张浩良编著：《绿色史料札记——巴山林木碑碣文集》，云南大学出版社1990年版，第65页。

③ 张浩良编著：《绿色史料札记——巴山林木碑碣文集》，云南大学出版社1990年版，第26页。

④ 《政治官报》宣统元年四月九日。亦见沈兆禔：《吉林纪事诗》，李兴盛编：《会勘中俄水陆边界图说》（外十一种）上，黑龙江人民出版社2006年版，第683页。

而两三英里以外的山上却是光秃秃的。人们宁肯在自家的庄稼地里种树，也不愿在不宜种庄稼的山上种植草木。这是因为在没有公共管理的条件下，山地不属于任何人，上面的任何东西都会遭到毁坏和抢劫。”① 罗斯是美国著名的早期犯罪学专家，他的这段话说明了产权不明晰的法律架构下林业发展所面临的严重约束。伴随早期现代化的推进，新现象、新问题层出迭见，森林资源遭到破坏的风险系数不断增加。陶保廉（1862—1938）在清朝末年与陈三立、谭嗣同、吴彦复号称“四公子”，他在1891年随侍父亲陶模任职新疆时途经甘肃张掖，在《辛卯侍行记》中这样写道：“甘州少雨，恃祁连积雪以润田畴。盖山木荫森，雪不骤化，夏日渐融，流入弱水，引为五十二渠，利至溥也。去年，设立电线，某大员代办杆木，遣兵刊伐。摧残太甚，无以荫雪，稍暖遽消，即虞泛滥。入夏乏雨，又虑旱暵，怨咨之声，彻于四境。窃意木所需无多，酌量刊用，或购诸木商，略费公款，无损于民。乃以节钺重臣，任驵贾之职（地方土木之工向由某大员包办）。并大逾合抱者，多遭斩刈。山径崎岖，不能扛运，须乘水发时冲出，大半折坏，或被番民截以为炭。百年菁华，万民生计，漫不顾惜，能勿伤哉！”② 我们从陶保廉的这段话可以获得这样的信息，即法制的不完善导致盗伐、滥伐林木犯罪现象无法得以有效扼制。时人曾云：“森林法律未布，森林警察未设，虽种树如郭橐驼，而成材者被人盗伐，发萌者被人蹂躏，加以牛羊践踏，保护无人，欲其成林，戛乎难矣。”③ 左宗棠栽植横贯大西北官道行道树时即曾张谕“有毁树者即军法从事”④，民国年间马鸿逵等因久历戎行而更变本加厉地自专嗜杀，动辄以军法从事。马鸿逵保安二团团长索永寿私自带领其部属在贺兰山小口子砍了些松木椽子盖房。马鸿逵得知此事，雷霆震怒，不仅将索永寿枪毙，并将布告贴在银川城的鼓楼

① E. A. 罗斯：《变化中的中国人》，公茂虹、张皓译，时事出版社1989年版，第18页。

② 陶保廉：《辛卯侍行记》，刘满点校，甘肃人民出版社2002年版，第290页。关于张掖、高台的水案问题参见本书第五卷第六章第四节。

③ 慕寿祺辑著：《甘宁青史略》八，广文书局1972年版，卷十七，页六。

④ 陈嵘：《中国森林史料》，中国林业出版社1983年版，第53页。

墙上示众。尽管中国长期以来就有治世用轻刑、平世用中法、乱世用重典的因时而异的刑法思想，在中国法律早期现代化转型中沈家本亦提出小国因教养易行固可废止死刑，诸如中国等“疆域稍广之国，教养之事安能尽美尽善。犯死罪而概宽贷之，适长厥奸心，而日习于为恶，其所患滋大”①，但护林法规中军法泛化本身存在严重的偏颇。在中国近代以来，最早提出“以法治林”思想的是民国年间的姚传法。姚传法（1893—1959），早年留学美国耶鲁大学林学院，回国后曾任中华林学会理事长、国民政府立法委员等职，曾参与1932年《森林法》的起草制订。他认为，中国古代文化中心自西北移向东南，西北最终衰落，其原因即在于西北森林的破坏严重导致水土流失，由于“西北地居上游，前代人烟稠密，因各种林木需要，滥伐森林，以致积久荒山童濯，草木不生，泥土冲天，河流阻塞，驯至雨水失调，而气候为之变劣，不久影响民生，抑且毁灭文化”②。他主张：“《森林法》是国家大法之一，在目前森林破坏国本之时，其重要性应与《民法》《刑法》《土地法》相比拟。”“造林之宣传，应为《森林法》实施之宣传；植树之运动，应为《森林法》实施之运动。”③ 由此可见，中国近代以来的林业现代化与法律现代化相辅而行，但《森林法》的制定与实施并未取消乡规民约中林业习惯法的运作空间。

第五节　稚弱的工业开发蹒跚迈步

诺贝尔经济学奖获得者、制度经济学的代表人物道格拉斯·C. 诺思在《经济史中的结构与变迁》（Douglass. C. North，*Structure and*

---

① 沈家本：《历代刑法考》，“死刑之数”，邓经元、骈宇骞点校，中华书局1985年版，第1249—1250页。

② 姚传法：《民生主义与森林政策》，《林学》1941年第1期。

③ 转引自樊宝敏：《中国清代以来林政史研究》，中国林业大学博士学位论文，2002年，第100页。

Change in Economic History，Norton，1981）中将工业革命视为人类历史的分水岭，指出："如果一个古希腊人能神奇般地跨越时间来到 1750 年的英格兰，他或她就会发现许多东西似曾相识。然而，如果希腊人在此后两个世纪再降临英格兰，就会发现他们似乎来到一个'不真实'的世界，在那能够识别、甚至理解的东西已非常少，因为在这样一个相对短暂的历史跨度内，人类状况发生了如此巨大的变化。"① "工业革命"一词的起源难以稽考，但学术界公认其流行与汤因比（Arnold Toynbee，1889—1975）以此为自己讲稿合订本标题有关，② 而法国学者保尔·芒图（Paul Mantoux，1877—1956）复以此为自己多年苦心孤诣结撰的著作《十八世纪产业革命——英国近代大工业初期的概况》（*La Revolution Industrielle au XVⅢe Siecle; Essai sur les Commencements de la Grande Industrie Moderne en Angleterre*，Paris：Société de librairie et d'édition，1906）的标题，更使这一名词深入人心。正如菲利斯·迪安（Phyllis Deane，1930—2009）所言："工业革命一词，一般用来指复杂的经济变革。这些变革蕴含在由生产力低下、经济增长速度停滞不前的传统的工业化前经济向人均产量和生活水平相对提高、经济保持持续增长的现代工业化经济发展的转变过程中。"③ 作为近代工业化标志的"工业革命"始于英国，英国模式对于其他国家或地区近代工业化的研究来说具有普遍意义与特殊意义双重性质，仅能抽象地予以借鉴。1972 年富兰克林·孟德尔斯（Franklin Mendels）提出"原始工业化"（Proto-Industrialization）理论④之后，学术界越来越认识到原始工业化（或称为早期工业化）与近代工业化是工业化的两个阶段，前者尽管为资本主义近代工业化提供了某些条件，但这些条件并不足以引起近代工业化，两者之间并不存在必

---

① 道格拉斯·C. 诺思：《经济史中的结构与变迁》，陈郁、罗华平等译，上海三联书店、上海人民出版社 1994 年版，第 179 页。

② Pat Hudson，*The Industrial Revolution*，London：Edward Arnold，1992，p. 11.

③ 卡洛·奇波拉主编：《欧洲经济史》第 4 卷上册，工业社会的兴起，王铁生等译，商务印书馆 1989 年版，第 131 页。

④ F. F. Mendels，Proto-industrialization：The First Phase of the Industrialization Process，*Journal of Economic History* 32（1972）：241 – 261.

然的因果关系，前者所体现的是所谓斯密型成长（the Smithian Growth），而后者所体现的则是所谓库兹涅茨成长（the Kuznetzian Growth）。[①] 尽管我们必须摒弃“欧洲中心论”的影响，但以英国为首的西方国家工业革命的确从世界史宏观角度而言具有划时代意义，工业化由此成为世界各国竞相追求的时代理想目标。“就19世纪大部分时间来说，进步与工业主义可以说是同义语。”[②] 在20世纪30年代，中国学术界在现代化理论讨论中就明确提出现代化本质上是工业化，这反映了当时中国人梦寐以求的现代化内涵的时代风采。中国近代西部地区开发与历史上传统的西部开发重要的区别即在于现代工业的安家落户。潘向明在《评清代云南的“官治铜政”》中的研究表明，[③] 云南地区的采铜业在乾嘉时期如日中天，形成了“滇铜几遍天下”的震古烁今壮观局面，然而到近代以后却光灿全无，出现了“硐老山空”的景象，其中一个重要原因即在于云南采矿业到近代后进入深层开采，而生产技术停滞不前，造成开发难以为继而不得不消沉歇绝。我们从云南铜业的兴衰可以看出传统技术手段开发的局限性以及现代工业化在西部开发中所具有的引擎功能。

中国西部地区最早的近代新式企业应首推同治八年（1869）陕甘总督左宗棠在西安设立的机器局。[④] 同治十一年（1872）七月，左军大营进驻兰州，乃将机器局迁至兰州开办。左氏当时托著名的“红顶商

---

① 参见李伯重：《江南的早期工业化（1550—1850）》，社会科学文献出版社2000年版，第9—17页。

② 罗荣渠：《现代化新论：世界与中国的现代化进程》，北京大学出版社1993年版，第27页。

③ 潘向明：《评清代云南的“官治铜政”》，《清史研究通讯》1988年第3期。

④ 但在许多近代的文献典籍中，“工业”一词其实就是指手工业。例如，编纂于20世纪30年代的民国《同正县志》称：“本县工业，大率系农而兼，或商而兼，罕有专业，故出品无精良者。”（曾瓶山、杨北岑纂修：民国《同正县志》卷八，实业·工业，民国22年铅印本，第56页。）民国《宜北县志》中称：“邑人工业，远让他邑，且狃于古制，不知改良器具，出口陋劣……”（李志修，覃玉成纂：民国《宜北县志》，第四编，经济·产业，民国26年铅印本，第81页。）另外一些文献中，“工业”一词是指制造业，既包括传统手工业，也包括现代工业。还有一些文献则把传统手工业称为“旧工业”，把现代意义上的“工业”称为“新工业”。

人”胡光墉向英国汇丰银行借款白银四百万两购机建厂，从德国泰来洋行（Telge，Nolting & Co.）① 购置了一批六英尺车床和手摇钻等机器，先运至上海，后从浙江雇佣数百民工运抵兰州。兰州机器局于同治十一年（1872）在兰州畅家巷正式开工投产，技工来源于从浙江、宁波、福建、广东等地招募的一百余名手工业工人，亦调配部分士兵学习修造技术。该局生产的军器主要系仿造外国，供给收复新疆失地的“西征军”。在近代对外战争中使用中国自己制造的新式枪炮，这在当时是破天荒的第一次。此外，左宗棠自度陇以后看到“陇中空苦荒俭，地方数千里，不及东南一富郡”②，甘省军需浩繁，库空如洗，流已无可再节，而源尚可开发，遂立意创办织呢厂利用西北出产的羊毛为原料为边陲开一利源。兰州织呢局经过千难万阻最终于光绪六年（1880）得以建成，为中国第一家毛纺工业企业，与兰州机器局并称兰州“二局”，堪称西北工业开发体系建构的奠基石。③ 从时间上而言，西部地区的近代新式工业企业略晚于东部地区，但都属于洋务运动时期的产物；从空间上而言，有些论者谓中国西部地区近代新式企业最早出现与军事战争密切相关，其实这并不是中国西部地区近代工业化的特殊性，西方亦然。军事战争与民族国家兴起和现代化的启动之间的复杂关系目前在国际学术界已有相当数量的研究。中国西部地区近代工业化的肇端应该说是一种外嵌引介式的移植，由于原先没有基础，所以政府当局最先尝试实属理所当然。

正如陈征平所说，中国东部沿海地区由于“近代条约口岸经济形式

---

① 泰来洋行的中文名称虽然一直不变，但由于人事结构的变化，西名屡有更改，1867 年前为“Telge，Nolting & Co.”，1882 年更西名为“Telge & Co.，R.”，1899 年开始启用新西名“Telge& Schröter Co.”。参见黄光域：《近世百大洋行志》，收入中国社会科学院近代史研究所《近代史资料》编辑组：《近代史资料》总 81 号，中国社会科学出版社 1992 年版，第 38 页。

② 左宗棠：《答王夔石少宗伯》，《左宗棠全集·书信（三）》，罗文华点校，岳麓书社 1996 年版，第 464 页。

③ 有关兰州织呢局的情况可以参考孙毓棠编：《中国近代工业史资料》，沈云龙主编：《近代中国史料丛刊续编》第六十二辑，611，台北文海出版社 1978 年版，第 893—905 页。

的存在，无疑对其在加工业的发展上也产生着强烈的引导作用。所以沿海地区于近代便形成了以商业贸易、银行金融、加工业、外资企业为主的工业化产业结构，并由此而带动了农业、交通、建筑等部门的进一步发展”①。与此相对照，中国西部地区近代工业化发展并不以加工业为主要内容，而是以地藏矿产资源的开发为优势产业，这是中国西部地区近代工业化的一大鲜明特征。唯其如是，探测中国西部地区矿藏在当时的开发活动中至关重要。在近代以前，中国矿藏资源的探找主要是依靠缓慢经验积累，如清代云南的“矿师”即是其典型，而近代西方地质学传入中国后，矿藏资源的勘探便在科学理论指导下组织进行。

以白云鄂博铁矿的发现为例，白云鄂博铁矿位于包头市北一百五十公里处，以“世界稀土之乡”驰名于世，不仅中国人引以为豪，而且为世界各国产业界人士所格外关注。据相关资料表明，白云鄂博是一座举世罕见的大型铁、稀土、铌等多种金属的共生性矿床，已探明的铁矿工业储量在十亿吨以上，稀土储量居世界首位，铌资源仅次于巴西、加拿大，居世界第三位，此外尚有相当规模的萤石、钾、锰、钍等多种资源。而白云鄂博铁矿的发现不能不归功于我国地质学家丁道衡。丁道衡，字仲良，贵州省织金县人，1926 年毕业于北京大学地质学系后留校任教。1927 年，中国学术团体协会与瑞典学者斯文·赫定共同组建“西北科学考察团”，丁道衡应邀参加该团，负责地质及古生物研究，并调查沿途矿产。考察团乘平绥线（今京包线）火车抵达包头后，经过准备组成骆驼队行进至百灵庙附近的艾不盖河驻营，在这一带分头开始科学考察工作。是年 7 月初，丁道衡参加北分队到达白音布拉格。白云鄂博是这一地区的主要高山，但丁道衡在地图上却找不到它的标名，最后在一张参谋部的地图上于此位置附近看到注有“哈喇托落海”五个字。“哈喇”，蒙语意为黑，“托落海”意为山头。当地蒙人怀着骄傲和敬畏的心情告知他说，这山乃当地的神山，名叫白云鄂博，又称白云鄂博格都，意为富神之山。丁道衡判定哈喇托落海即为白云鄂博，遂于

---

① 陈征平：《云南早期工业化进程研究（1840—1949）》，民族出版社 2002 年版，第 376 页。

次日黎明独自徒走，“负袋趋往，甫至山麓，即见有铁矿矿砂沿沟处散布甚多，愈近矿砂愈富，仰视山颠（巅），巍然崎立，露出处，黑斑烂然，知为矿床所在。至山腰则矿石层累迭出，愈上矿质愈纯。登高俯瞰，则南半壁皆为矿区”①。他发现白云鄂博的“脑包”（又译为“敖包”“鄂博”）之所以发出青黑色闪光的原因正在于其所用的不是普通的石头，而是一块块巨大、沉重、铁分含量极高的赤铁矿和褐铁矿。据西北科学考察团团长徐旭生日记载，七月五日，大队部接到丁道衡派专人送来的报捷信函：“据说，矿质虽未分析，就其外形而论，成分必高。且矿量甚大，全山皆为铁矿所成……然则此地将来要成为中国一个很大的富源。”② 回到北京后，丁道衡于 1933 年 12 月发表了著名的《绥远白云鄂博铁矿报告》，对白云鄂博开发提出了科学建议，指出：“若能由该地修一铁道联结包头等处，即可与平绥路衔接，则煤、铁可积于一地，非特铁矿可开，大青山之煤田亦可利用，实一举而两得其利”③，“若能于包头附近建设一座钢铁企业，则对于西北交通应有深切之关系，其重要又不仅在经济方面而已”④。1934 年，丁道衡将部分采集到的矿石标本转交同窗好友何作霖，何作霖经过研究首次完成了我国稀土矿物的选矿和提取实验，于次年发表《绥远白云鄂博稀土类矿物之初步研究》一文。昔日名不见经传的白云鄂博如今成为举世闻名的工业基地，人们抚今追昔，怎能不缅怀这些开拓“白云大道”的先驱者呢？黄仁宇所谓“我们今日做事的始点，即是前人昨夜息肩之地”⑤，殆非虚言。

---

① 丁道衡：《绥远白云鄂博铁矿报告》，绪言，包头市地方志史编修办公室、包头市档案馆编辑：《包头史料荟要》第 2 辑，1980 年内部发行，第 44 页。

② 马棣、黄声光：《丁道衡与白云鄂博铁矿的发现》，包头市地方志史编修办公室、包头市档案馆编辑：《包头史料荟要》第 2 辑，1980 年内部发行，第 36 页。

③ 杜松竹：《白云鄂博大铁矿发现者丁道衡》，贵阳市政协文史资料委员会：《贵阳文史资料选辑》第 46 辑，1995 年内部发行，第 20 页。

④ 丁道衡：《绥远白云鄂博铁矿报告》，实业部地质研究所、国立北平研究院地质学研究所合办《地质汇报》第 32 号（1933 年 12 月），亦见包头市地方志史编修办公室、包头市档案馆编辑：《包头史料荟要》第 2 辑，1980 年内部发行，第 50 页。

⑤ 黄仁宇：《放宽历史的视界》，中国社会科学出版社 1998 年版，第 181 页。

我国经济学家张培刚1949年在哈佛大学出版社出版的《农业与工业化》中将工业化（industrialization）定义为“一系列基要的‘生产函数’（production function）连续发生变化的过程。这种变化可能最先发生于某一个生产单位的生产函数，然后再以一种支配的形态形成一种社会的生产函数而遍及于整个社会”①。工业化的重要特征之一就是由于其本身的发展所引发的对社会其他领域的扩散化影响，工业化的成功与否是与其扩散能力的大小成正比的。在人类社会迄今为止的历史上，自然资源供给状况始终是影响一国或地区经济发展的重要变量。中国西部地区矿藏资源优势不言而喻，但这种以矿业开发为重头戏的工业化模式具有一定的局限性。首先，矿产资源分布具有区限性（localized），亦不可开掘无穷无止。其次，正如美国学者埃德加·M. 胡佛（Edgar Malone Hoover）所说：“为要得到一个生产过程的各自连续阶段的利益，促使任何生产阶段的区位，或者就定于原料的来源地，或者就定于消费点（市场）而不会定于任何中间的地点。”② 矿业开发的地区附着性极为明显。再次，矿业属于基础性工业，也即第一产业，但在其原料的提供不是为了满足本国或本地区生产所需的情况下，便使生产加工的各环节之间缺乏一种联动效应，其对经济发展的扩散弹性系数较小，往往形成孤立的、嵌入式的工业化飞地，经济二元化现象比较突出。

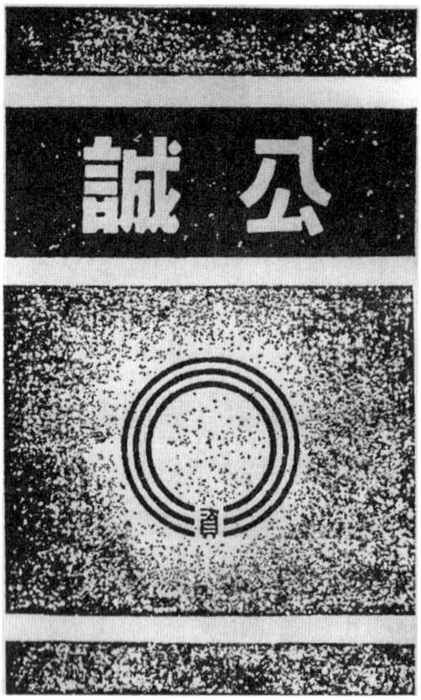

资源委员会会训和会徽

我们可以从新中国成立前玉门油田开发的成功经典案例透视到这种经济二元

① 张培刚：《农业与工业化（上卷）——农业国工业化问题初探》，曾启贤、万典武译，华中科技大学出版社2002年版，第65页。

② Edgar M. Hoover, *Location Theory and the Shoe and Leather Industries*, Cambridge: Harvard University Press, 1937, p. 57.

翁文灏像（1963 年）

孙越崎像（1986 年）

化现象。甘肃玉门蕴藏石油的文字记载最早见于晋人张华《博物志》。清末左宗棠坐镇酒泉，曾派人去玉门取油样送往德国化验，证明油质十分理想，但由于当时一无设备，二无运输条件，无法开采。抗战全面爆发后，中国沿海港口全部失守，石油来源断绝，大后方严重缺油，甚至有“一滴汽油一滴血”之说。1938 年，翁文灏在汉口任国民政府经济部部长兼资源委员会主任委员和工矿调整处处长时，决定开发甘肃玉门油矿，随即成立了甘肃油矿筹备处，派曾任陕北油矿探勘处第一队队长严爽为筹备处主任，张心田为代理主任。由于缺少钻机，翁文灏与周恩来相商，请求八路军驻汉口办事处协助将延长油田的两台顿钻及配件调运至玉门。与此同时，严爽和地质师孙健初、技术员靳锡庚等人一行骑着骆驼于是年 12 月抵达风雪中的戈壁荒漠玉门老君庙。1939 年 3 月，勘测队不等钻机运到，即确定井位，用人工挖掘了第一号井，至二十多米见油。待陕北钻机运到后，即用顿钻钻进，很快打到 K 油层，日产原油十吨，从此中国的石油工业开始在万里长城西端约嘉峪关外祁连山脚下萌芽了。1941 年 3 月 16 日，资委会撤销油矿筹备处，在重庆正式成立甘肃油矿局，任命孙越崎为总经理。在翁文灏的积极支持和协助下，孙越崎挑选调集了各方面的技术专家和专门人才参加油矿开发：原筹备处主任严爽出任矿长，炼油厂厂长是重庆动力油料厂厂长、前地质调查所燃料研究室主任金开英，负责设备器材的组织和油品销售业务的业务处长是从工矿调整处调来的法国留学生郭可诠，负责全局运输的运输处处长由张心田担任。1941 年，翁文波也带着自制的物理探测仪和得意门生童宪章，正式加入了开发玉门的行列。翁文波在英国获得博士学位回国后，先在中央大学任教，1939 年用自制的仪器电测石油成功，后被称为“中国测井之父”。他们的加入，更壮大了玉门开发的队伍。① 正如中共玉门石油管理局党委在《玉门油矿史》的前言中所说的那样，玉门油矿“是中国现代石油矿场开发创建的里程碑，也是中国石油工业发展的历史缩影”②，“它是中国石油工业蓬勃发展的策源地，也是我国石油工业崛起的摇篮”③。老君庙石油河是中国石油工业的母亲河。“人们不会忘记油矿的开拓者严爽、孙健初、靳锡庚；不会忘记当时的上层有识之士翁文灏、钱昌照、孙越崎、邹明；不会忘记石油产业工人代表郭孟和、王进喜……”④ 1942 年中国工程师学会因为孙越崎在开发中国石油工业中的卓越贡献，特授予他金质奖章一枚，使他成为继凌鸿勋（主持修筑粤汉铁路）、侯德榜（发明侯氏制碱法）、茅以升（设计修建钱塘江大桥）之后第四位接受这一中国工程界最高荣誉的工程师。据统计资料表明，从 1939 年至 1945 年，玉门共实现钻井六十一口，原油产量总共七千八百六十六万加仑，炼产汽油一千三百零三万加仑，煤油五百一十一万七千加仑，柴油七十一万七千加仑，此外还有石蜡等副产品，有力地供给了后方的军需民用，功勋殊不可泯。孙越崎这样写道：“油矿职工和家属总数约达万人，所需粮食一小部分从酒泉购运，大部分要到离矿区约三五百公里的山丹、张掖、武威等地买来。矿区自设粮

① 李学通：《书生从政——翁文灏》，兰州大学出版社 1996 年版，第 195 页。

② 玉门石油管理局史志编纂委员会编：《玉门油矿史（1939—1949）》，西北大学出版社 1988 年版，《前言》第 1 页。

③ 玉门石油管理局史志编纂委员会编：《玉门油矿史（1939—1949）》，西北大学出版社 1988 年版，《前言》第 1 页。

④ 玉门石油管理局史志编纂委员会编：《玉门油矿史（1939—1949）》，西北大学出版社 1988 年版，《前言》第 2 页。

玉门油矿

仓和面粉厂，磨面粉卖给职工。面粉厂是新式钢磨，厂房三四层楼，规模不小。同时在玉门县附近赤金堡和嘉峪关两地自办农场，生产蔬菜运到矿区，在戈壁滩峭壁里凿洞储藏，随时取用，还有一个规模很大的供销社，等于一个百货公司和副食品商场，有布匹、衣服、鞋帽、文具和干鲜水果等，并自制醋、酱油等调料，自办各种修理服务业，如理发、浴池、修鞋、补衣等生活设施，以及职工自己组织的京剧、秦腔、曲艺和球类、滑冰、桥牌等文体活动，在荒无人烟的戈壁滩上，建成一座生机勃勃的油矿城市。夜间电灯一开，满山辉煌，人称'小上海'。外来的人，如不经油矿的允许和照料，食宿都成问题，根据没有容身之地。"① 事实上，由于玉门油矿乃孤悬于戈壁荒漠不毛之地，创业条件极为艰苦，所以医院、学校、剧场、茶社、浴室等构成一个自成体系的小社会，而与整个河西走廊的经济拉动关联甚少。②

---

① 孙越崎：《记甘肃玉门油矿的创建和发展》，《中华文史资料文库·经济工商编》第 12 卷，中国文史出版社 1996 年版，第 68 页。

② 据笔者访问当地民众得知，目前由于玉门油矿资源开发接近枯竭，产量每况愈下，玉门市于 2009 年被国务院列入第二批资源枯竭城市名单，油城的行政机关和居民大多已经迁至嘉峪关市和酒泉市，许多当年由于石油行业有钱而建筑得非常漂亮的高楼大厦已经开始变得人去楼空。玉门老城区由一个县级市降格为镇，目前相对热闹的中心地带一套两室两厅的住宅楼甚至标价几千元出售也无人问津，堪称中国房价最低的城市，周边区域更是成为无人居住地空洞遗址。这种矿业城市随资源开发而兴起和衰落的迁城命运也有力地证明了二元现象的存在。

第六节　交通体系的更化

从政治地理学角度来看，国家领土最重要的空间形态是领土面积的大小和形状。一些地理学家以领土的大小为标准将国家分成大尺度国家、中尺度国家和小尺度国家。[①] 无论历史上还是现代，中国都是一个超大型国家的典范。尽管大国较诸小国有更广阔的空间去开发和利用，但绝不意味着“大即是好”（The large is the good），其为国家统一而在交通联络方面投注的管理成本是相当巨大的。另外，法国人文地理学家卡米耶·瓦洛（Camille Vallaux，1870—1945）提出的一个观点极其发人深省，他认为：“‘空间’（espace）应区别于‘位置’（position）。位置对于了解人类的活动是很重要的，但是这个词汇并不具有自然属性。空间作为地表上的可加以量测的部分，对我们来说，所感兴趣的是在于它可使人产生构想（例如鹿特丹的进口商和法国山区的农民的空间概念就不会一样）及其随时间进程的不同表现形式。古代马车时代的空间概念与火车时代的空间概念也不会相同（今天还可将此推理延伸）。表现空间的最好的地理方法是一种‘等时地图’（carte d’isochrones）。”[②] 瓦洛的“等时地图”理论表明，在交通通信工具不发达的情况下，由于空间征服难度的强大，传统时代在心理上的相对空间距离无疑比现代人所感知到的要远而又远。所以，无论古波斯帝国、古罗马帝国还是古代中国历朝历代，交通通信都是统治者不遗余力加以改良的重点，其目的即在于加速信息传递、提高统治效率与控制能力。在清代前期，康雍乾诸帝勤政不息，务实为尚，使中央专制集权达到前所未有的巅峰，实现了稳定的国家大一统局面。清朝之所以能够高效率地

① 德伯里：《人文地理：文化、社会与空间》，王民等译，北京师范大学出版社1988年版，第295页。

② 安德烈·梅尼埃：《法国地理学思想史》，蔡宗夏译，商务印书馆1999年版，第45页。

晚清时期的云南邮差

统治版图如此广袤的多民族国家，与其完善迅捷的交通通信体系密不可分。康熙帝就曾自豪地说：“我朝驿递之设最善，自西边五千余里，九日可到。荆州、西安五日可到，浙江四日可到。三藩叛逆吴三桂，轻朕谓乳臭未退，及闻驿报神速，机谋远略，乃仰天叹服曰，休矣，未可与争也。”① 雍正年间军机处建立后，在用兵西北边陲之际，羽檄交驰，军情孔亟，事机杂出，廷寄制度在实践摸索中以其机密速捷成为清朝最高统治者得心应手的工具，重要机密文件根据轻重缓急分为日行三、四、五、六百里，或八百里加急发驿驰递。清代驿传体系除驿站外还包括台、站、塘、铺等信息传递组织，以北京为中心，向全国各地延伸，“皇华天使往来其间，朝贡述职，奔趋其道，络绎不绝”②。清代驿传体系伴随着清朝中央专制集权体制辉煌兴盛而逐步完善，同时又是清朝中央专制集权体制高效运作的基本条件，使朝廷之于地方，如身之使臂，臂之使指，令行禁止，声息相通，大大加强了对广大边疆地区的控驭能力。

---

① 《清代起居注册》，康熙朝，北京所藏第三十二册，康熙五十六年十一月二十四日，中华书局 2009 年版，第 B016171 页。清代的驿站实际上包括驿与台、站。驿系对行省区驿传设置的称呼，台、站则指边疆地区的驿传设置。因为在清代以前，汉族地区多用驿，少数民族政权多用站字，如元代之站赤。《清会典》中仍保留着驿与站的区分，但在实际生活中，无论皇帝的谕旨抑或地方大吏的奏折，一般都将驿、站连称无别。（参见刘文鹏：《清代驿传体系研究》，中国人民大学博士学位论文，2002 年，第 1 页。）

② （康熙）《隆昌县志》卷二，引自仇润喜、刘广生主编：《中国邮驿史料》，北京航空航天大学出版社 1999 年版，第 398 页。据《中国地方志联合目录》载，该县志为康熙二十五年钱振龙纂修，原刻本存日本上野图书馆，北京图书馆藏胶卷本，但国内有关学者专家经过调查，迄今仍未发现该县志。

论者多谓清代后期驿传体系渐趋沓泄废弛，然而这多系论者信笔闲言，具体的史料并不容易钩稽。但即便清代后期驿传体系仍然运作正常，但在当时的时空背景下亦瞠然落伍于后了，它在硬件技术和管理组织方面都无法与西方近代交通通信体系相望背项。列宁曾经说过："铁路是资本主义工业的最主要的部门即煤炭和钢铁工业的总结，是世界贸易发展与资本主义民主文明的总结和最显著的指标。"① 1825年，由斯蒂芬森（George Stephenson，1781—1848）制造的"运动号"蒸汽机车，在斯托克顿至达林顿之间的世界上第一条供公众使用的铁道上行驶，从而掀起了一场划时代的交通革命。当时，"开动蒸汽"和"铁路速度"在英国成为一种社会语言，英国人开始以小时和分钟来计算路程。② 正是这样，英国经济学家约翰·哈罗德·克拉彭（John Harold Clapham，1873—1946）将1820—1850年的英国经济史称之为"铁路时代"。③ 铁路是近代工业文明的产物，而铁路的修筑又反转来加速了工业文明一日千里的发展，大大缩短了人类生存空间的"距离"。近代资本主义工业文明在本质上具有空间无限扩展的内在特质，而铁路等近代交通通信手段的出现又密切了资本主义"中心"地域与"边陲"地域的关系，使资本主义的殖民活动如虎添翼。近代国际法具有空间范围上的自闭性，这是法学界所公认的，但西方列强在一方面将近代国际法居为奇货加以垄断的同时，另一方面又以国际法作为其殖民主义合法性的证明工具，在殖民地国家亦积极"以子之矛攻子之盾"的过程中，国际法的普遍性被建构起来。但是，强权即公理，即便遵循所谓公平正谊的"国际公法"，西方列强的科技与经济优势地位亦足以使近代老大落后的中国往往被动吃亏殊甚。

1885年中法战争结束后，法国率先在《中法新约》表露了觊觎

① 《列宁选集》第2卷，中共中央马克思恩格斯列宁斯大林著作编译局译，人民出版社1960年版，第733页。

② 尹铁：《晚清铁路与晚清社会变迁研究》，经济科学出版社2005年版，第12页。

③ 参见John Clapham，*An Economic History of Modern Britain: The Early Railway Age, 1820–1850*，Cambridge：Cambridge University Press，1926。

1910 年通车的滇越铁路一等站昆明站

中国路权的野心，甲午战争后，法国追随俄国，迫使日本归还辽东半岛，进行而与俄国一起，向清政府贷以巨款用于支付对日赔款。这便成为法国对华索要权益的筹码，迫使清政府同意云南、广西、广东三省为法国势力范围。通过 1895 年订立的《中法续议界务商务专条》，法国取得了在云南修筑铁路的权利。1901 年，法国越南殖民当局与法国东方汇理银行等对外投资企业联合成立滇越铁路公司，开始承修、经营滇越铁路。至 1910 年，滇越铁路全线贯通，从昆明经宜良、开运、河口和越南的老街、河内，抵海防港。该铁路中国段不仅是云南省境内的第一条铁路，也是中国整个西部地区的第一条铁路，同时亦为清末铁路中路工最为艰巨者，平均造价亦最高。由于中国官方和民间并不情愿修筑此路，而法国则从其殖民利益出发不计血本孤意而行，最后导致铁路线未能按法国人的初衷如愿以偿，偏离法国最初设计路线五十至一百公里，使滇越铁路成为一条远离人口密集的城镇、火车在荒山野岭中鸣叫着空跑的奇怪铁路。① 此外，加上云南号称

① 李开义、殷晓俊：《彼岸的目光——晚清法国外交官方苏雅在云南》，云南教育出版社 2002 年版，第 249—263 页。

滇越铁路位于滇省白塞附近的塔形桥

“山国”，高原本身地形复杂，所以整条铁路坡陡洞多，弯道难以计数，最小曲线半径仅一百米，最后一节车厢内的人和车头的司机都能相互看见。至倮姑箐附近，在两山壁立之间，架有一座悬空横跨的“人字桥”，是为中国载入《世界名桥史》的仅有两座桥之一（另一座为隋朝工匠李春设计的赵州桥）①，而火车在山间绕来绕去，蜿蜒而上，当地苗民下山赶完集市回家，火车却尚未开出山门，故有民谚曰：“云南十八怪，火车没有马车快。”② 滇越公司历年从云南、四川、河北、天津等地招募工人累计达六万零七百人，当时有人记述工地情况说：“工棚伙食，概由苦力自备。初至春寒，北人皆棉袴长袍，而瘴热已同三伏。或数人十数人为一起，即于路侧搭一窝棚，斜立三叉木条，上覆以草，席地而卧。潮湿尤重，且不讲清洁，即于棚外便溺，秽臭熏蒸。加以不耐烟瘴，到无几日，病亡相继，甚至每棚能行动者十无一二。外人见而恶之，不问已死未死，大焚其棚，随覆以土。或病坐路旁，奄奄一息，外人过者以足踢之深涧。”善绅捐给棺板，先后共埋二千具之谱。“其

① 项海帆、沈祖炎、范立础主编：《土木工程概论》，人民交通出版社2007年版，第122页。

② 张铮：《云南奇趣录》，生活·读书·新知三联书店（香港）有限公司1979年版，第237页。

未病者皆舍命逃亡，不数日而尽。工价未得，路费全无，沿途乞食。转由蒙自入内地……”① 由于筑路劳工死亡相枕，当时有民谚称该路“一根枕木一条命，一颗道钉一滴血”②。当时英、法、德、俄、日等殖民主义者在中国纷纷划分势力范围，利用各种手段攫取在华铁路修筑权，并借口维护投资的本息不受损失，纷纷将铁路的管理权也一并据为己有。按照1903年中法政府订立的《滇越铁路章程》规定，铁路所需用地段系官地由云南地方政府拨交铁路公司，若系民地由云南地方政府购买后拨交铁路公司，客货运价由铁路公司自行核定。这些条款意味着中国地方政府需无偿提供铁路需用土地而铁路经营管理权属于法国，在双方权益设定上本来即显失公平，而且该章程还规定，铁路开筑期间，法国公司可会商驻蒙大员，自行出资招募本地土民，充当巡丁，从而取得了铁路沿线的警察权。此外，据该章程第十四条，法国公司“所用外国人执事，有违礼法者，或犯章程者，应按条约办理”③，这样不但使外国领事裁判权适用的空间法律效力范围扩大到了该国强求修筑的铁路沿线，而且使对人的效力范围得以扩展，包括了法国铁路公司所任用的包括中国人在内的各种执事或代理人，进一步破坏了中国的司法主权，形成“国中之国”。

滇越铁路上著名的“人字桥”横跨天堑

① 转引自龚自知：《法帝国主义利用滇越铁路侵略云南三十年》，中国人民政治协商会议云南省委员会文史资料研究委员会编：《云南文史资料选辑》第16辑，1982年内部发行，第6页。

② 云南省档案馆编：《清末民初的云南社会》，云南人民出版社2005年版，第20页。

③ 王彦威、王亮编：《清季外交史料》卷一百七十七，沈云龙主编：《近代中国史料丛刊三编》第二辑，11—19，台北文海出版社1985年版，第2896页。

铁路作为舶来品最初在中国出现时被视为西洋的奇技淫巧，抱残守阙者群起反对。但随着历史车轮滚滚向前，过去诋毁铁路病国病民者纷纷改弦易辙，风气丕变，中国人对铁路的观念自上而下发生了一百八十度的转变，认为铁路的修筑为自强要策，并多主张修路应权自我操。在新旧交锋、变迭激剧的时代，第一位出使英国的大清国公使郭嵩焘的确处于边缘化的尴尬地位，曾被王闿运这样痛斥道："出乎其类，拔乎其萃，不容于尧舜之世；未能事人，焉能事鬼，何必去父母之邦。"① 他在出使英国期间多次致函李鸿章，提出：赶办铁路、电报"可以立国千年而不敝"②。1879年，郭嵩焘回国后又写下了《铁路议》《铁路后议》两文，力主修筑铁路应"国家与其人民交相比倚，合而同之，民有利则归之国家，国家有利则任之人民"③。这种从社会整体公共利益出发的思想与当代经济法理不谋而合。1898年，清政府设立统辖矿务铁路总局，管理实业等事。该局颁发了《矿务铁路公共章程》规定："矿路分三种办法，官办、商办、官商合办，而总不如商办……此后总以多得商办为主，官为设法招徕，尽力保护，仍不准干预该公司事权。"④"集款以多得华股者为主，无论如何兴办，统占全工用款若干，必须先有已资及集资本股十分之三以为基础，方准招集洋款。"⑤ 该章程在一定程度上刺激了民族资本的发展，但同时也为外国资本控制中国铁路企业提供了法律上的依据。

1903年9月，清廷设立商部，所有铁路矿务皆归其所管，商部颁

---

① 王闿运：《湘绮楼日记》一，光绪二年三月初三日，吴容甫点校，岳麓书社1997年版，第460页。此联的异文可以参见小横香室主人编：《清朝野史大观》卷10，清朝艺苑，中华书局1917年版，第86页。

② 郭嵩焘：《伦敦致李伯相》，《养知书屋文集》卷十一，《续修四库全书》编纂委员会编：《续修四库全书》1547，集部·别集类，上海古籍出版社2002年版，第255页。

③ 《郭嵩焘诗文集》，杨坚点校，岳麓书社1984年版，第555页。

④ 《矿务铁路公共章程》，曾鲲化：《中国铁路史》，沈云龙主编：《近代中国史料丛刊》第一辑，973，台北文海出版社1973年版，第55页。

⑤ 《矿务铁路公共章程》，曾鲲化：《中国铁路史》，沈云龙主编：《近代中国史料丛刊 》第一辑，973，台北文海出版社1973年版，第56页。

发的重订《铁路简明章程》共二十四条，其宗旨如锡良所言在于“重国家之魁柄，全华民之利益”①，对中国民营商办铁路实行政策倾斜，对外国投资铁路建筑从法律上有严格规定，在投资申请审批程序方面，“华商请办铁路如系搭洋股者，除具禀臣部批示外，应禀由外务部查核。其洋商出名请办，除递禀外务部听候批示外，仍应禀由臣部察夺。至洋商情愿承办或情愿附搭股本者，此项订定章程，仍应一律遵守勿越”②。在出资比例方面，为防止外国资本对本国路权喧宾夺主的控制，该章程还规定：“集股总以华股获占多数为主。不得已而附搭洋股，则以不逾华股之数为限”③，“凡中国各省铁路即使洋商禀准开办而中国商民自应得有公共利益，方为平允。嗣后洋商请办，无论集股若干，总须留出股额十分之一，任华人随时照原价附股”④。该章程颁布的后果在此后的时间里逐步彰显出来，一方面为处于劣势的国内商办铁路在当时开放的中国铁路建设市场上与外国资本的激烈竞争提供了比较宽松的法律环境，在清廷力行新政的过程中国内各省以集股形式组织的铁路公司纷纷出现；另一方面，《辛丑条约》以后，西方列强除少数如滇越铁路那样直接经营之外，更多的是采取间接投资的方式，即通过获取向清政府贷款的方式“借债筑路”。由于清政府引进外资修路始终坚持只借外债，不招洋股，以免洋人成为股东控制铁路，但实际上，由于中国取得贷款则需以日后建成之路的行车收入、铁路本身及一切路产作为抵押物（国际通常惯例仅以行车收入作抵），贷款公司在铁路建成后至贷款清偿完结之前拥有铁路管理权，以分取余利，这样便使债权人得以享有股东之权（管理、利润分配权）而又不承担风险，只赚不赔。故而西方列强为攫取对华筑路借款权益往往攘臂坐索，计求强取。在清政府宣布铁路

① 锡良：《锡清弼制军奏稿》卷五，“开办川汉铁路公司折”，沈云龙主编：《近代中国史料丛刊续辑》第十一辑，101，台北文海出版社1974年版，第390页。

② 刘锦藻：《皇朝续文献通考》卷三百四十六，《续修四库全书》编纂委员会编：《续修四库全书》820，史部·政书类，上海古籍出版社1996年版，第501页。

③ 刘锦藻：《皇朝续文献通考》卷三百四十六，《续修四库全书》编纂委员会编：《续修四库全书》820，史部·政书类，上海古籍出版社1996年版，第501页。

④ 刘锦藻：《皇朝续文献通考》卷三百四十六，《续修四库全书》编纂委员会编：《续修四库全书》820，史部·政书类，上海古籍出版社1996年版，第501页。

国有政策后西方列强为争夺粤汉、川汉铁路借款权时，美国总统塔夫脱（William Howard Taft，1857—1930）就曾致电摄政王载沣，表示“我个人对于运用美国资本开发中国，深感兴趣”，而诺克斯（Philander Chase Knox，1853—1921）便训令费莱齐（Henry Prather Fletcher，1873—1959）“严肃警告中国政府”，“若美国政府的合理要求被摒弃，则中国政府应负完全责任”。①

本来，由于当时中国所已修筑的铁路作为新事物一般而言利润空间比较大，四川总督锡良经过仔细研究新颁布的《重订铁路简明章程》二十四条，根据该章程“或官商集股请办，或华洋附搭股份，皆须地方官查明是否公正殷实，尤须督抚查明此路确于中国商运有所裨益，且于现定章程无所违背者，即咨会该部酌核办理”② 一款规定的地方官对筑路申请审批先期预裁权，便于 1904 年成立了官办川汉铁路总公司。按照该《章程》规定，申请开办铁路被商部批准后，“应悉照本部奏定之公司条律，不得有所违背”③，因此官办川汉铁路总公司乃依清政府 1904 年 1 月所颁行的《公司律》而创设，入股形式有“认购”“官本”“公利”“抽租”等形式，即“官绅商民自愿入股，冀获铁路利益者即作为认购之股……凡以官款拨入公司作为股本者即作为官本之股。凡因公司现时筹款开及别项利源收取余利作为本公司股本者即作为公利之股”④。所谓“抽租之股”，是指“凡业田之家，无论祖遗、自买、当受、大写、自耕、招佃者，收租在十石以上者，即抽谷三斗；一百石者，即抽谷三石，以次递加照算。无论公田、庙田，一律照收”⑤，所抽租谷照市价银，填给股票。1906 年，川籍留日学生蒲殿俊等上书

① 宓汝成编：《中国近代铁路史资料：1863—1911》第 3 册，中华书局 1984 年版，第 1187 页。

② 宓汝成编：《中国近代铁路史资料：1863—1911》第 2 册，中华书局 1984 年版，第 1059 页。

③ 宓汝成编：《中国近代铁路史资料：1863—1911》第 2 册，中华书局 1984 年版，第 926 页。

④ 《奏设川汉铁路总公司集股章程》，《四川官报》第二册《专件》。亦见《商务报》第四十六期，光绪三十一年四月十一日（1905 年 5 月 16 日），公牍。

⑤ 戴执礼编：《四川保路运动史料》，科学出版社 1959 年版，第 35 页。

《改良川汉铁路公司议》，指出川路公司“始也为纯全之官局，继则于官之下而附丽以绅”，实际是“强公司以就人，则公司已失其完全法人之资格”①，“公司开办，已及两年，止有奏派之司道大员以充总办，而于‘公司律’所定董事之推选，查账人之设立，股东之权利各条，一无设施，乃至公司之章程而无之”②。正是由于川路公司设立数年而“寸线未经勘定，一事未有端倪”③，造成股本大量被挪用中饱，并从法律角度而言，正如在日本学习政法的留学生们在《改良川汉铁路公司议》中所理直气壮地指出那样：“今川汉铁路以租股为大宗，租出于民而不出于官，则路不属官而属于民，虽欲谓之官办，不可得也。”④ 所以锡良也不得不承认因义定名改为商办的法理正确，于 1907 年改订章程，向商部奏咨定案，将川汉铁路总公司遵商律改为商办川汉铁路有限公司。自川汉铁路公司先后颁布集股章程和补充章程后，川省各州纷纷成立租股局负责按租抽股，在四川近代史上成为影响范围空前广泛而深刻的大事。租股股票和官股、商股等其他股票性质相同、价值相同，均属于有价证券可以自由转让或买卖，凡持有租股股票者，即为公司股东，按《集股章程》的规定，“凡附本公司股本者，无论有无官职，一律对待”，享受同股同权的法律地位，但另一方面，“租股者，附于国税，按田加征”⑤，属于依赖国家公共权利的强行派征收，“若敢违抗不完，即由经理之绅董团保禀请州县官提案究追，以为吝惜私财，阻挠公益者戒”⑥。史载，当时“下户无力先交纳租股，只能完纳正粮，所在

---

① 戴执礼编：《四川保路运动史料》，“四川留日学生改良川汉铁路公司议”（光绪三十二年），科学出版社 1959 年版，第 49 页。

② 戴执礼编：《四川保路运动史料》，“四川留日学生改良川汉铁路公司议”（光绪三十二年），科学出版社 1959 年版，第 46 页。

③ 《都察院代奏度支部主事杜德舆川汉铁路呈折》，转引自李新主编：《中华民国史》第 1 编，全 1 卷，中华民国的创立，下，中华书局 1982 年版，第 194 页。

④ 戴执礼编：《四川保路运动史料》，“四川留日学生改良川汉铁路公司议”（光绪三十二年），科学出版社 1959 年版，第 45 页。

⑤ 邓镕：《废租股论》，《广益丛报》光绪三十三年第十号。亦见《川汉铁路改进会报告书》第二期，光绪三十二年日本东京川汉路改进会印。

⑥ 戴执礼编：《四川保路运动史料》，科学出版社 1959 年版，第 37 页。

州县乃以所纳正粮硬扣作租股，而严科以抗粮不交之罪”①。由此可见，行政干预使私法性质《公司律》的入股自愿的原则荡然无存，故百姓将租股称之为“铁路捐”“上二道粮”，视同加赋。新政期间的经济法律法规为川汉铁路的修筑设定了法律行为轨道，尽管川汉铁路至清末仍系象征性动工，从开工到辛亥革命爆发，修筑了三十公里，但按租抽股将川省分散的农村民众形成统一的利益共同体，形成广大民众胥涉入其间的一个广阔空间场域。郭沫若这样回忆说：“在当年……还有一件最普遍最彻底的资本主义化的表现，便是川汉铁路公司的建立。以武汉为中心的京汉、粤汉、川汉的三大铁路干线的建筑，可以说是中国自受资本主义化以来的新兴阶级的一个理想。……四川就在癸卯甲辰之交要起来经营川汉铁路了。完全采取的是有限公司的制度，但是股本的收集却带有政治势力的强制性质。……由各州县的知事按着地租的多少摊派到各地方的乡绅。在这儿可以说是地主阶级的资本主义化，四川的大小地主都成为铁路公司的股东了。”② 川汉铁路的筹建使现代股份制在巴山蜀水的乡野城镇弥漫荡漾开来。

清朝上层统治者当时亦深谙铁路建设对近代民族国家空间结构形成具有深远意义。清廷在 1911 年铁路干线国有的谕旨中就明白地表达了这层意思：“朝廷每念边防，辄劳宵旰，欲资控御，惟有速造铁路之一策，况宪政之咨谋，军务之征调，土产之运输，胥赖交通便利，大局始有转机。熟筹再三，国家必得有纵横四境诸大干路，方足以资行政

1911 年 6 月 18 日成立的“四川保路同志会”章程

① 戴执礼编：《四川保路运动史料》，科学出版社 1959 年版，第 61 页。

② 郭沫若：《少年时代：反正前后》，人民文学出版社 1979 年版，第 214—215 页。

而握中央之枢纽。”① 清廷实行“干路国有”是对《铁路简明章程》的重大修改，是在当时历史条件下具有合理性的明智选择。在《铁路简明章程》颁布后，商办铁路公司资金匮乏，技术力量薄弱，内部管理混乱，举步维艰，寸功难展。有人估计，按川汉铁路公司的集资与修路速度，川汉铁路须九十至一百年时间才能完成。时人曾言：“川汉铁路之内容，棼于乱麻，贫若窭人，暗如魔窟。……就之三年来公司之牌额已成枯木，事员之薪资浸为巨壑，租股之良法一变为催科指定之，资金任意为挥霍，使吾蜀人欲闻汽笛之鸣，而死有余悦者，将不见一尺铁轨而病以贫矣。”② 由于清廷宣布铁路干线国有政策后由盛宣怀与英、法、美、德的银行财团签订借款合同以举债修路，时人诋之曰：“官办铁路乎！官办铁路乎！自吾观之，与其谓官办铁路，毋宁为官卖铁路之为当也。”③ 长期以来，学术界亦认为清政府将“商路收回，完成国有政策，不啻为列强广辟投资之途，确定其经济、政治侵略范围耳”④。但从目前史料发掘情况来看，盛宣怀在张之洞与四国银行团签订的借款草约基础上几经磋磨正式签字的借款合同，不是一个卖国合同，实事求是地说，在当时的条件下已最大限度地保护了民族利益。我们不能因为清政府铁路国有政策引发保路运动而成为辛亥革命的导火索，使将之定性为卖国举措，其中关键在于国家的政府经

盛宣怀像

① 《宣统政记》卷五十二，宣统三年夏四月，台北华文书局股份有限公司1960—1970年版，第914—915页。

② 东门大卫：《殆哉苏杭甬铁路，危哉川汉铁路》，《四川》第二号，时评。

③ 曾鲲化：《论官办铁路之恶果——忠告邮传部、警醒国民》，《东方杂志》第五卷第八期（1908年9月20日）。

④ 谢晓钟：《中国铁道史》，著者家属在台北于1995年据中华书局1929年版影印，第24页。

济行为与公众社会利益的冲突。台湾学者高阳就点破了“铁路国有化”政策出台的内幕：“‘铁路国有化’的花样，本来是郑孝胥想出来的；但对汉冶萍的关系之重要，却只有李维格最了解。原来各路由于合作者的对象不同，英国有英国的规格，法国有法国的规格；同时铁轨需加上各路特殊的标记，以防被窃，所以汉冶萍无法事先大量生产，必须接到定单才能按图施工。如无订单，只得停工，机器的维护费、工厂的开销，以及熟练工人的工资，为数可观，都成赔累，此为汉冶萍财务状况不能改善的最大症结。但是‘铁路国有化’以后，这些制造技术上的困扰，即可一扫而空，邮传部可以制定路轨的规格，由汉阳铁工厂大量制造；成本减低，产量提高，而且独门生意，定价不受限制。这种情况的改变，李维格有两句话形容得很深刻：‘以前是以厂就路，将来是以路就厂。’以路就厂，自然可以予取予求。大利所在，盛宣怀决定不顾一切，强力推行这个计划。”① 从立法定章的动机上看，盛氏力行铁路国有化宅心不公，在以国家利益为名义背后从局部利益本位出发。从立法程序上看，当时已宣布实行预备立宪并建立了“责任内阁制”，则按宪政常规，资政院有权制定法规，议定公债，故“铁路国有化”的实施应先交“资政院”议决完成立法手续，方能由内阁执行，但这样的国家头等大事竟连交付内阁这一道手续都付诸阙如，仅由邮传部具奏而明降谕旨，因此上谕颁布以后，商民就表示“当立宪之时代，无论此次借款收路，其利害当否如何”，应“分别饬交资政院、咨议局详议”，方能“服众心，而维宪政”。② 另外，按《公司律》规定，公司的最高权力机关为股东大会，公司要改归国有，必须先经过股东大会同意，原来的股份是否转为国家股，应由股东自己做主，但清廷无视股东大会在公司中的权力地位，未就国有问题与公司股东大会代表进行协商，单方提出购股方案，不仅对川省商股不发还任何现银，且扣住川路公司上百余万两存款强行转为国家保利股票，分期摊还，并只许商民就范而不得

① 高阳：《清末四公子》，台北皇冠出版社1983年版，第52—53页。

② 宓汝成编：《中国近代铁路史资料：1863—1911》第3册，中华书局1984年版，第1284页。

争执，否则将“严拿首要，尽法惩办，毋稍宽徇，以保治安”①。正是这样，川省民众斥之为“劫路夺款”的剪径行为，修筑铁路的现代化事业由于官民矛盾的激化将国祚近三百年的大清王朝推向了绝路。这不仅证实了“水能载舟亦能覆舟”的传统古训，更昭显了现代化过程中在宪政法律框架下以公法手段乃至以权代法的血淋淋的军事暴力强硬介入经济生活空间引发尖锐冲突所导致的严峻后果。

道路不仅是经济空间（包括产业—区域空间）的一部分，而且是经济要素流动的空间通道。自近代以来，“要想富，先修路”作为普遍认可的经济开发口号已深入人心，迄今仍然视为至理名言。孙中山即是这种理论话语的重要建构者。早在1894年，他在《上李鸿章书》中指出，人尽其才、地尽其利、物尽其用、货畅其流四者为“富强之大经，治国之大本”②，“凡有铁路之邦，则全国四通八达，流行无滞；无铁路之国，动辄掣肘，比之瘫痪不仁”③。1912年，孙中山在正式辞去中华民国临时大总统后就任全国铁路督办，更提出了“交通为实业之母，铁道又为交通之母”④ 的著名思想。孙中山在他的民生主义第三讲内叙述了这样一个很有意思的故事：

> 像前几年我遇着了一位云南土司，他是有很多土地的，每年收入很多租谷。他告诉我说，每年总要烧去几千担谷。我说谷是很重要的粮食，为什么把它烧去呢？他说每年收入的谷太多，自己吃不完，在附近的人民都是足食，又无商贩来买，转运的方法，只能够挑几十里路远，又不能远到远方去卖。……因为没有用处，所以每年到收新谷的时候，只好烧去旧谷，腾出空仓来储新谷。这种烧谷的理由，就是由于生产过剩，运输不灵的原故。⑤

---

① 戴执礼编：《四川保路运动史料》，科学出版社1959年版，第182页。

② 《孙中山全集》第1卷，中华书局1981年版，第9页。

③ 《孙中山全集》第1卷，中华书局1981年版，第14页。

④ 孙中山：《在上海与〈民立报〉记者的谈话》，《孙中山全集》第2卷，中华书局1982年版，第383页。

⑤ 孙中山：《在上海与〈民立报〉记者的谈话》，《孙中山全集》第2卷，中华书局1982年版，第383页。

基于“铁道事业发达，则国家之活动自由”这一认识，孙中山在《实业计划》中提出于今后十年之内敷设二十万之铁路的宏伟目标，但孙中山当时在房间里用尺子在地图上画出的路线，由于没有实际勘察，而地图是一个平面，实际地貌、地形异常复杂，有些自然障碍在一定的生产力水平下具有不可征服性，所以孙中山的大铁路计划只是一个空中楼阁，有海市蜃楼般魅力，却又根本不可能实现。继孙中山之后，“要想富、先修路”的理论话语在民国时期许多论著中屡见不鲜，即便当今一些唯名词是新的艰深晦涩经济学论著说白了亦不过仅此认识深度而已。蒋璜当年就曾指出：“欲求某地之开发，须先使某地交通便利，换言之，交通为开发某地之先锋，交通便利，然后商业与文化可随交通之路线深入于各地。如血球般，随血脉之运行而深入人身各筋肉组织中也，故西北铁路系统之建筑成功，西北之珍贵物品如狼狐鹿熊豹等皮，以及鹿茸、麝香、鹿筋、熊掌、山羊血等可转运入东南，而东南之米麦及五谷运入西北，以资调剂。”①

应该说，“要想富、先修路”作为一个泛泛而论的抽象命题固然并无不妥，然而这样的思维不免过于简单。交通开发与中国现代化的关系呈现的复杂性，恰恰被民国年间现代化问题话语空间中的一些异质性话语所揭示陈述出来，对我们今天不假思索地认同于“要想富，先修路”的口号这种线性进化模式具有解药的功效。在近代中国历史上，交通的现代化不单纯是技术工程问题，因为对西方列强而言如 1898 年 6 月 1 日《泰晤士报》（*The Times*）登载的《中

1933 年起，国民政府开展铁路路务整顿工作。图为陇海铁路头等车内景

① 蒋璜：《总理〈实业计划〉与发展西北》，董兆祥、满达人等编：《西北开发史料选辑（1930—1947）》，经济科学出版社 1998 年版，第 15 页。

陇海线的开通为人们提供了极大便利

陇海铁路修至西安后，外地来陕游历考察者日多。当时这种“钢皮车”甚为常见

国的铁路》一文所言既“是一个通商的工具，也是一个征服的工具”①，对中国人而言则将发展现代化铁路视为追求国富民强的工具，所以铁路当时是此争彼夺的各种矛盾聚焦的事象符号。董时进在 1930 年《考察四川农业及乡村经济情形报告》中就这样指出：“论者多将四川产业不发达之原因，归罪于交通之不便，以为交通一开发，各种实业即可勃然而兴，此实过于乐观之梦想。盖交通不便，仅为阻止产业发展原因之一，而中国今日产业之所以不能发达者，固尚有其他重要之原因甚多，否则何以在轮船火车畅达之各省，华人自办实业之有成绩者，仍寥寥无几耶？中国自与外国通商以来，只见洋货汹涌入口，旧工艺渐被压倒，而新工业仍未成立，即就川省言，吾人只需一查近年机制货物进口增加状况，及本地工业，如绸缎糖业等岌岌不可终日之情状，亦不难知新式交通所赐予吾人者之为何物也。”② 尽管我们不能因噎废食地否定交通开发对经济发展的拉动作用，但这种拉动作用所涉及的复杂层面更应该

① 宓汝成编：《中国近代铁路史资料：1863—1911》第 2 册，中华书局 1984 年版，第 424 页。

② 冯和法编：《中国农村经济资料》，《中国经济史资料丛书》第 1 辑第 2 种，台北华世出版社 1978 年版，第 824 页。

使我们驻足深思。范长江在《塞上行》中谈及宁夏地区的交通时虽然仅涉及汽车，但反映的问题却具有普遍性。他说："路上最普通的交通工具是大轮牛车，轮子差不多有五六尺的直径，而拉车的塞上黄牛，高度不及车轮的半径，短短的腿，粗粗的腰，一步一步地向前慢慢行进。比起我们的汽车，这些东西实在太落伍。然而真正民间的交通工具，还是这些落后的牛车。在宁夏农民的经济生活水准看来，汽车这样东西，成为他们的奢侈品，他们的农产品的贸易，用不起汽车，而他们人事上的来往，如果搭一次汽车，好几个月的生活，都会成问题。"① 范长江的这段话使我们不禁联想到美国西部开发过程中农民与铁路公司联合垄断运输价格的斗争，因此我们认为，"要想富，先修路"从道理上来说并不错，但路修好后，并不一定咄嗟之间就可以踏上康庄大道而实现经济平步青云的起飞，不能将"要想富，先修路"视为轻而易举地打开财富宝库的"芝麻芝麻开门吧"般灵验的咒语。

在中国近代历史上，陇海铁路（系陇、秦、豫、海线的简称）作为我国中部东西向的唯一大干线、在中国西北地区最早出现的第一条线路，连接京汉、津浦两线，由海口直通腹地而伸入西北，其修筑自光绪三十一年（1905）动工至1952年通车兰州，时断时续，历时约半个世纪，为中国筑路史上修筑时间之最，堪称西部开发和中国交通现代化跨越时空的历史见证标志。在清末举办芦汉、粤汉这种"中权干路"之际，盛宣怀等为了"对于借款营造之国，不与其占夺保护地相连"，实行牵掣政策以救列强连缀之弊，故粤汉路的借款筑路选择铁路

劈山开路（20世纪30年代）

① 范长江：《塞上行》，新华出版社1989年版，第144页。

孙科像

技术最新、所谓“尚无利我土地之意”的美国以在英国势力范围内打入钉楔，芦汉路则因比利时“国小而无大志，借用比款利多害少”而入选清政府借款依就的对象。陇海铁路最初展布的始基路段汴洛铁路即是当时作为充分发挥芦汉铁路这一南北大干线功能的支线、同样如例以行向比利时借款而修筑的，于1905年开工，1910年竣工。1912年，比利时根据《汴洛借款合同》第二十三款所规定的东西段展筑优先权，与北洋政府签订《陇秦豫海铁路借款合同》。北洋政府在北京成立陇海铁路督办总公所，委施肇曾任督办，开始勘筑，嗣以1914年第一次世界大战爆发，比利时被德国占领，工程一度因款绌而停顿。北洋政府交通部乃不得不通过发行国内短期公债使工程赓续不辍。东段汴（开封）徐（徐州）段1913年5月开工，1915年5月完成；西段洛（洛阳）观（观音堂）段1915年9月通车。第一次世界大战后，欧洲财力枯竭，比利时政府对资本输出有所限制，于是北洋政府又要约荷兰公司加盟合作以求融资，西路工程仍由比利时公司投资，东路徐海（海州）工程由荷兰公司投资，徐海段（至海州的大浦止）1925年完工。西段观音堂至陕州1924年完工通车。陕州至灵宝段1927年建成。南京国民政府成立后，孙科出任第一任铁道部部长，“深憬于铁路关系国命之重”①，积极筹谋陇海路西段延展工程，灵宝至潼关段于1931年迤逦铺就。继之，潼西路于1932年11月开工，于1935年1月通车营业。与此同时，陇海铁路东端海州临洪口大浦码头，因泥沙淤积严重不堪使用，遂在老窑另建连云港通海码头并筑新浦至老窑的铁路，全部工程于1935年底结束。1937年，陇海铁路向西延伸至宝鸡。

① 孙科：《庚关两款筑路计划提案》，铁道部铁道年鉴编纂委员会编辑：《铁道年鉴》第1卷，铁道部铁道年鉴编纂委员会1933年版，第419页。

抗战爆发以后，宝鸡至兰州段铁路于 1939 年上马，由于投资和技术力量不足，地质条件复杂，至 1945 年 12 月仅勉强通车至天水，且此段铁路一遇雨雪经常有塌方之虞，时称陇海之盲肠。

近代交通的变化在中国现代过程中扮演着极其重要的角色。铁路交通等事宜在清末最初隶属于商部，包括在通商贸易货畅其流的范畴之内，后来出现单独的邮传部，至北洋政府时期交通部成为诸部门中最为权重与富贵的机构，出现梁士诒、曹汝霖为首的新旧交通系叱咤风云于政坛的局面。随着时代变迁，交通部职权被铁道部、邮电部等机构所分割，渐趋委顿，但这恰系中国现代化进程向前发展引起社会分化的表征。1932 年国民政府颁布《铁道法》以后，各种体制的铁路渐受铁道部依法监督管理，建立了全国统一的铁路行政管理体系。抗日战争期间，战争是民族国家这一现代性产物的形成助推力，而民国政府为整合资源、强化战争动员力而将铁道部合并入交通部。如果说清朝末年交通技术力量不足，所以当时能主持如川汉、粤汉之类重大工程的中国自己的技术人员尚属凤毛麟角，詹天佑等少数著名中国工程师虽先后受聘于川路、粤路却人寡力薄不足以众擎而举，那么时隔几十年之后，中国到抗战期间已有规模可观的交通工程技术人员队伍，济济多士汇集于交通部旗下，奋战于当时大后方的各路段工地之上。其中，杜镇远是我国近代继詹天佑之后的杰出铁路建设者。①他根据中国当时财政极端困窘的情况，提出“先求其通后

詹天佑像

① 秦尔文：《我国铁路的杰出建设者》，政协湖北省秭归县委员会文史资料委员会编：《忆念杜镇远》，中国文史出版社 1993 年版，第 58 页。

滇缅铁路通车典礼（1938年）

求其备”[1] 的原则，知人善用，当时铁道建设者多出其门下，东起浙江的杭州，西至云南的畹町，所有南方各铁路（诸如杭江铁路、浙赣铁路、湘桂铁路、滇缅铁路），都有他的贡献。尤其滇缅铁路修筑期间，杜镇远不惮劳辞，鞠躬尽瘁，堪称中国铁路工程技术人员的典范。[2] 现代化的战争使时间问题尤其突出。马克思、恩格斯有两句名言：“如果说在贸易上时间是金钱，那么在战争中时间就是胜利。”[3] “正如在商业上说‘时间是金钱’一样，在战争中也可以说‘时间就是军队’。”[4] 抗战期间，中国西部地区的交通开发呈现出与以往相比明显不同的特征，即“毁筑并行”。与当时国民政府“以空间换时间”的焦土抗战战

① 胡兴德：《杜镇远先生事略》，政协湖北省秭归县委员会文史资料委员会编：《忆念杜镇远》，中国文史出版社1993年版，第5页。

② 彭荆风：《“滇缅铁路”祭》（云南人民出版社2002年版）对杜镇远在滇缅铁路中的活动有较详细的记述。

③ 《马克思恩格斯全集》第11卷，中共中央马克思恩格斯列宁斯大林著作编译局译，人民出版社1962年版，第406页。

④ 《马克思恩格斯全集》第9卷，中共中央马克思恩格斯列宁斯大林著作编译局译，人民出版社1961年版，第534页。

黔桂路上火车拥挤不堪，大批难民聚集在火车内外等候开车

略意图密切相关，战区和临战区每遇吃紧时便实行近乎绝望的毁路，甚至制定出“准备破坏，预行破坏，彻底破坏，加强破坏”① 之类破坏交通以在战术上迟滞现代化程度较高的日军的大举进攻。“抢运”和“破坏”成为当时撤退工作的主要内容，而且由于战时铁路建筑材料不易从国外输入，西南后方的多数铁路都需利用旧路拆卸下来的轨料修筑，故在铁路撤退中，广大员工力争“多抢一尺轨道，就能多造一尺铁路”②。在这种大破路、大撤退过程中，越是重要干线，原来的修筑质量往往越高，而破坏就越要求彻底，忍痛割爱，以免资敌。

“公路之命名，就我国而言，考诸史乘，周时已有‘道路’之称，秦以后各朝，或曰‘驰道’，或曰‘驿道’，元时则称‘大道’，是项道路，实为公路之滥觞，清时由京都至各省会间之道路名为‘官路’，并称各省省会通达各地重要都市之联络支线为‘大路’，市区内之街道曰‘马路’，迨清末叶以迄民国肇造，由于新式筑路法与汽车之输入，现代道路遂代旧有驿道而兴，此种新兴之道路，初称‘汽车路’，嗣易名曰‘公路’。”③ 有人认为中国近代交通的发展与美国西部开发时期的情

① 湖南省交通厅：《湖南公路史》第1册，近代公路，人民交通出版社1988年版，第130页。

② 李占才、张劲：《超载——抗战与交通》，广西师范大学出版社1996年版，第73页。

③ 周一士：《中国公路史》，沈云龙主编：《近代中国史料丛刊续编》第九十三辑，926，台北文海出版社1982年版，第2页。

形迥然不同，不是先有公路时代后有铁路时代，而是先修铁路，后修公路，等于先难后易，铁路线延伸以后带动沿途经济发展，为铁路集散物资的公路随之依托铁路线蔓延。我们认为，这种现象不足为怪，因为中国是后发型现代化国家，在社会变迁时间序列上并不严格遵循源生型现代化的进化步骤，躐等而进甚至前后倒置的现代化现象是可以理解的。在抗日战争时期，由于修筑铁路无疑心有余而力不足，难望其成，且战争形势急于星火，所以当时国民政府交通部专家考察了后方交通之后提出的报告书指出，中国战时后方应当要求做到“以公路汽车为交通运输工具之中心”①。当时，在西南、西北大后方，中国政府修筑了一批公路，尤其以国际公路为重点，辅以省际公路相连接，使原来西南、西北陆路交通极为落后的状况得到改变，大后方有了较为完整的公路干线网络和国际联系通道。②

其中，最为著名的应首推中国云南通往缅甸的滇缅公路。1937 年 7 月抗战全面爆发后，东南沿海危殆若垒卵，即使不沦陷亦迟早会被日军全面封锁，为长期抗战计，国民政府决定以开辟大西南滇缅公路为要图，与缅甸政府达成兴修滇缅公路的协议。国民政府拨款云南，由云南省政府主持修筑下关经保山到中缅边境畹町的一段公路，全长九百五十九公里，缅甸方面负责腊戍至畹町段一百八十七公里道路的修建。经云南省公路总局和交通部公路处工程技术人员慎重讨论，决定分两期施工，第一期先抢通全部，第二期重点整修，加铺路面。1937 年 11 月，滇缅公路破土动工。整个工程中最为艰巨部分是下关至畹町段，需跨越漾濞江、澜沧江、

等待运往国外出口的中国桐油

① 张公权等：《抗战与交通》，重庆独立出版社 1940 年版，第 48 页。

② 李占才、张劲：《超载——抗战与交通》，广西师范大学出版社 1996 年版，第 156 页。

怒江等大河，需翻越横断山脉，加之当地雨季漫长，气候潮湿，疟疾流行。广大工程技术人员和筑路民工以空前的爱国热情冒险犯难，胼手胝足，夜以继日，忘我工作，共完成土方一千九百九十八万立方米，石方一百八十七万立方米，桥梁五百四十四座，使滇缅公路于1938年12月2日胜利竣工，创造了中国乃至世界公路史上的奇迹。时任云南省公路总局技监（总工程师）的段纬早年留学美国普渡大学（Purdue University），后又赴法国里昂大学（L'Université de Lyon）进修，回国后服务于云南交通界，是云南第一条公路的技术负责人，一生与云南公路事业相伴。他在滇缅公路修筑期间受命于危难之际，出任总工程处处长，以年近五旬的老病之躯栉风沐雨，殚精竭虑，功绩懋著，被国民政府交通部特授予金质奖章。陈丕士曾这样写道：“滇缅公路是建筑工程上的伟大成就，是从悬崖峭壁上开辟出来的。筑路的农民们在没有任何现代机械的帮助下，把一己之身悬挂在岩石面上，或扒在那里，用錾子和锤子凿出了这条30英尺宽的路来。”① 1940年8月4日《云南日报》发表著名文章《伟大的滇缅公路》，誉之为中华民族继长城、运河之后的又一巨大工程。美国驻华大使詹森（Nelson Trusler Johnson，1887—1954）奉总统罗斯福之命取道本路视察回国报告：“滇缅公路工程浩大”，“可同巴拿马运河工程媲美”，“中国政府能在短期内完成此艰巨工程……全赖沿途人民的艰苦耐劳精神，这种精神

滇缅公路上钱昌淦主持设计的功果新桥。后因钱牺牲，该桥更名为“昌淦桥”

① 陈丕士：《中国召唤我》，商务印书馆1938年版，第286页。

是全世界任何民族所不及”①。滇缅公路第二期整修改造工程由交通部滇缅公路运输管理局负责。1939 年 2 月，中美签订《桐油借款合约》，中方用二千五百万美元的借款在美国采购了大量交通器材，主要包括适合于我国公路的两吨半载重汽车。通过两次招标，购买通用、道奇、福特三家公司汽车共二千五百辆，运至中国后大都投放到滇缅公路运输线上。此外还为整修滇缅公路采购了铲土机、挖土机、轧石机、平路机、压路机等机械设备。从 1940 年起，滇缅公路开始分段试铺柏油路面，此为中国公路采用工业材料和使用筑路机械修铺高级路面的开始。从 1938 年底到 1942 年 5 月，举世闻名的滇缅公路共运营三年零五个月，对转入战略防御阶段的神圣抗战起了巨大的输血作用，是从国外输入军需品等重要物资和输出国内农、矿产品以换取外汇的当时历时最长、运量最大交通孔道，不愧为中华民族抗战的交通大动脉。为了保证这条交通大动脉的畅通，许多中华民族优秀儿女流汗流血，气贯长虹。交通部技正钱昌淦为抢修被炸毁的澜沧江大桥遭敌机扫射以身殉职即是其中一例。

滇缅公路汽车顶上都坐着许多人

20 世纪 40 年代广西新线诞生

与滇缅公路具有几乎同样重要意义的交通线是西北国际交通线的开辟。徐万民在《战争生命线：国际交通与八年抗战》中这样写道：“八年抗战期

① 谢自佳：《抗日战争时期的滇缅公路》，中国人民政治协商会议云南省委员会文史资料委员会编：《云南文史资料选辑》第 37 辑，云南人民出版社 1989 年版，第 13 页。

间，古丝绸之路成了在中国境内延伸距离最长、运行时间最长、也最安全的国际交通线，成了关系到中华民族生死存亡的生命线。曲折艰险的古驿道变成了拥有公路、航空、铁路的立体交通体系。”① 毋庸置疑，西北国际公路的开辟是中国政府从苏联运输大量购进军用物资的关键所在。这一国际公路线包括西安至兰州段（简称兰西公路）、兰州至星星峡段（简称甘新公路）、星星峡至霍尔果斯段、霍尔果斯至苏联的萨雷奥捷克段。1937年，蒋介石任命马步青为甘新公路督办，拨款一百八十万元，从1938年开始分期分段整修路基、桥梁、涵洞，至1940年路面修整完工。西兰公路全长八百二十五公里，曾被一位记者讽刺为“稀烂公路”，时称“无风三尺土，有雨满车泥”②，抗战前即已开始整修，抗战全面爆发后更加紧工程进度，至1939年大体完成修治任务。当时人们可以经常见到以苏制汽车为主的车队，少则数十、多则数百辆汽车组成的浩荡长龙，风尘仆仆，穿梭于漫漫西北戈壁滩上。苏制嘎斯AA老型当时被人们称之为“羊毛车”，殆因经常运输羊毛以出口苏联易货之故，另外也出于保密起见，1937年国民政府经济委员会决定用“羊毛车”作为运输向苏联订购的军用物资汽车车队的代号。

在抗战期间，汽油供应极为紧张，堪称“一滴汽油一滴血”。当时，全世界许多国家在研究寻找汽油代用品，尤以法国在这方面研究时间最长，但均未臻完善。1927年，从法国留学归来的上海公用局汽车管理处处长张登义曾从法国引进一台以木炭为燃料的煤气发生炉装配成中国第一辆煤气车，经向国人介绍，未能推广开来。1932年，在陇海铁路上工作的留法回国人员汤仲明，利用业余时间研制出以木炭为燃料的煤气发生炉，装配到汽车上后最高时速达四十公里，木炭消耗量仅为一公里一市斤，代价仅为汽油的十分之一。时《西安日报》发表评论云：“此种发明，不但开西北科学界新纪元，实亦为全国科学界新开之

---

① 徐万民：《战争生命线——国际交通与八年抗战》，广西师范大学出版社1995年版，第90页。

② 王化机：《西北公路局概略》，中国人民政治协商会议甘肃省委员会文史资料研究委员会编：《甘肃文史资料选辑》第14辑，甘肃人民出版社1983年版，第121页。

鲜花。”① 汤仲明的发明报国民政府实业部立案，获五年专利，并获财委奖金一千元，在社会上得到广泛认可，迅速推广，成为商品，首次在中国、也是世界上使木炭汽车达到实用价值，从而使木炭汽车在中国风行了近二十年。抗战期间，除军车外，民用汽车几乎全部改烧木炭。木炭汽车可以说为抗战的最后胜利立下了汗马功劳。

在近代开发中，交通现代化犹如一幅斑驳陆离的浮世绘，呈现出大过渡时期的社会转型特征。1925 年，成都城内出现公交汽车以后，一些推“鸡公车”者害怕失业而群起反对，许多人力车商为排挤汽车在城区营运往往散布流言蜚语，说汽车会冲倒房屋，压坏街道，冲撞神龛，甚至无中生有不断制造骇人听闻的“市虎”伤人的消息加以中伤。1926 年，成都上层耆绅遗老亦出面阻止，在给督署的联名上书中云：“平治道路，本以便利交通。如城内行驶汽车，则不便利，而最损害。盖城内面积不过十里，有何急务，如斯奔忙！且乘此汽车者，强半喜其新奇，姑一驰骋，唯因此闲游之举，而撞毙触伤之事，层见叠出，使行人于举步之惧，栗栗若坠渊谷。一入舆车，更为所制，运转稍不灵捷，立地便成路毙。”② 最后，四川历史上最早的成灌、华达两公司的汽车被迫停止在城区行车营运。1932 年，铁道部部长顾孟余公开承认：“国内有许多铁路，因为这几年的内战，真是破坏得不堪思议，像平绥路那条铁路，枕木、铁轨、车身，无不是破坏到极点。现在平津到包头的交通是复古了，那条路上旅客及运货用骡车者日益增多，因为骡车不但价廉，速率亦比那个腐败的平绥路快得多。”③ 由于现代化交通技术手段本身存在不足，所以现代化交通技术手段往往并不将传统的交通运输方式取而代之，而是两者共存不悖，甚至现代化交通技术手段的引入成为传统交通运输方式在特定时空条件下一度繁盛的触媒。俄国人顾彼得

① 转引自何敏：《木炭汽车发明人汤仲明》，西北工业大学 2003 年版，第 112 页。

② 转引自黄登明、王立显主编：《四川公路交通史》，四川人民出版社 1989 年版，第 227 页。

③ 金士宣、徐文述编著：《中国铁路发展史：1876—1949》，中国铁道出版社 1986 年版，第 353 页。

火车与马帮对接

（Питер Гулларт，Peter Goullart，1901—1975）在《被遗忘的王国》（*Forgotten Kingdom: Eight Years in Likiang*，London：John Murray，1955）中把抗战时期的丽江马帮称之为可以和原子弹抗衡的"人类武器"，他这样写道："印度与中国之间这场迅猛发展的马帮运输是多么广阔和史无前例，但是认识它的重要性的人极少。那是独一无二非常壮观的景象。对它还缺乏完整的描述，但是将作为人类的一个伟大冒险而永远铭记在我的心中。此外它非常令人信服地向世界表明，即使所有现代交通运输手段被某种原子灾难毁坏，这可怜的马，人类的老朋友，随时准备在分散的人民和国家间形成新的纽带。"①

在民国年间交通现代化过程中，汽车司机的地位曾几何时简直类似于20世纪80年代中国的外企白领，"方向盘"和"听诊器"一样在当时都属于收入颇丰、技术含量甚高的职业。所以，在抗战全面爆发前，"广西开汽车的差不多都受过初级中学教育，待遇方面每月从五六十元

① 木祥：《丽江马帮》，云南人民出版社2001年版，第8页。

到百元左右，在广西已经算很好的了。一方面受人力车夫恶名词影响，同时又有相当智识，所以召开全行业大会决议，任何乘客绝对不许用‘汽车夫’名词，一律改叫司机。因为司机含有技术性的，根本不是人家的奴才。他们的制裁和平一点的立刻停止服务，随便什么时候或汽车开驶到任何地方，坐汽车的叫声汽车夫，便请他下车，意思就是我不情愿做你的汽车夫，请你另找别位，激烈一点的便挥拳相向，你侮辱我，我就来一下子武力抵抗。他们的议决案既未正式公布，就秘密地执行起来。广西坐汽车的只是各机关的官吏和最少数的上级社会中人，无形中碰了司机的不少钉子，不知道发生了多少的争执和纠纷”①。当西南联大的学生们尚且鲜有戴手表者的时候，汽车司机便可以得意扬扬地向记者显示其腕上锃亮的手表。时谚曾云：“车轱辘一转，给个县长也不换”，“坐进驾驶楼，吃穿都不愁”。② 抗战时期，大后方的人们将坐汽车称为坐“气车”，受气、生气，苦不堪言，怨声载道，“黄鱼”（即非法搭乘者）司空见惯，有“一去二三里，抛锚四五回，停车六七次，八九十人推”③ 的顺口溜。正因为有大批“黄鱼”的存在，不少车辆愿意从事非法又危险的私载业务，有的甚至专门从事这种高收入的载人运输，“往返浙赣湘黔数次，俨然成为富翁”。司机“在这种情况下，自然是非常吃香的职业，敲诈勒索，吃喝嫖赌，无所不为，不仅为中外人士批评公路交通提供了材料，而且使司机本身素质下降，甚至精力不济，容易发生事故。这更增加了客运的困难，又使更多的人去做‘黄鱼’。同样还是恶性循环”④。

---

① 李继锋主编：《1934：沉寂之年》，山东画报出版社 2003 年版，第 213 页。

② 姜宝恕：《四十年代绥西汽车运输业片断》，中国人民政治协商会议巴彦淖尔盟委员会文史资料研究委员会编：《巴彦淖尔文史资料选辑》第 10 辑，1989 年内部发行，第 172 页。

③ 曹聚仁：《万里行记》，福建人民出版社 1983 年版，第 48 页。亦可参见全国政协文史资料委员会编：《文史资料选辑》第 152 辑，中国文史出版社 2005 年版，第 168 页。

④ 转引自李占才、张劲：《超载——抗战与交通》，广西师范大学出版社 1996 年版，第 181 页。

第七节　教育科技事业的发展

在中国近代史上，“中学为体，西学为用”之说流传广泛，影响深远。中国自古即有本末之辨、体用之别。《大学》中云：“物有本末，事有始终，知所先后，则近道矣。”① 当中国现代化转型的社会运动肇启之后，反对逐末忘本、遗体求用而迫切渴望洞见本源、直切精义，便不期而然成为时代的普遍心理。郑观应在《西学》中就这样写道：“学校者，人才所由出。人才者，国所由强。故泰西之强，强于学，非强于人也。然则，欲与争强，非徒在枪炮战舰也。强在学中国之学，而又学其所学也。……合而言之，则中学其本也，西学其末也。主以中学，辅以西学，知其缓急，审其变通。操纵刚柔，洞达政体。教学之效，其在兹乎？”② 由此可见，后来张之洞所谓的“中学为体，西学为用”之说已跃然欲出。其实，中文之“学”字含义博大精微，“比之西文的‘learning’，‘school’乃至‘ism’，遥为广而深致”③，不仅只限于学术方面的思想理论，而且也包含活动行为，甚至隐含宗教信仰。类似于我们目前通常所说的“文化”。殷海光在《中国文化的展望》中分析张之洞“中学为体，西学为用”说的出笼与弥缝日渐滋长的汉满之见的关系，从文化人类学的角度申论此乃文化综摄现象的表现，并将埃及穆罕默德·阿布杜（عبده محمد，Muhammad Abduh，1849—1905）思想与张之洞“中体西用说”相类比，其说甚是。不过，笔者拟予补充的是，西方学界其实亦有欧洲版本的“中体西用说”。中国学者在论述“文化”概念时多熟知西方学术界有将“文明”与“文化”相区分的界说。这种分际在英美国家迄今仍并不多见，其渊源乃自德国。德国学者之所

---

① 王文锦译注：《大学中庸译注》，中华书局 2008 年版，第 1 页。

② 夏东元编：《郑观应集》上册，上海人民出版社 1982 年版，第 276 页。

③ 姜义华等编：《港台及海外学者论传统文化与现代化》，上海人民出版社 1988 年版，第 143 页。

以斤斤于将“文明”（Zivilization）与“文化”（Kultur）加以分疏，是因为他们将“Kultur”视为内在的文化、民族精神，相当于中国人所谓的“体”，而“Zivilization”则被用于特指外在的文明。韦伯的弟弟阿尔夫特·韦伯（Alfred Weber，1868—1958）指出，文化包含了规范原则与理念的诸价值型构，是历史的独特存在；而文明则是理智与实用的知识以及控制自然的各种技术手段的总和。[①] 故而这种分疏的微言大义乃在于以德国的“文化”来综摄当时英国等欧洲发达国家的“物质文化”（Zivilization），当时的一些德国思想家在面对社会现代化转型时亦以“西方”为文明的本家、德国为文化的本家而自矜，与张之洞的“中体西用说”一样均是后发型现代化国家在接受外来文化过程以我为主体、以是否有为标准的自体他用的选择行为模式。

然而，严复的见解却比张之洞等更为通透深刻，他指出：“体用者，即一物而言之也。有牛之体则有负重之用；有马之体则有致远之用。未闻以牛为体以马为用者也。……中学有中学之体用，西学有西学之体用。分之则两立，合之则两亡。议者必欲合之而以为一物，且一体而一用之，斯其文义违舛，固已名之不可言矣。乌望言之而可行乎？”[②] 这种观点强调有其用必有其体，体用一源，即体即用，认为“无体何以立，无用何以行？”[③] 极容易推阐出全盘西化的现代化理论。西方经典现代化理论认为现代化是系统的过程，具有整体主义（holism）的色彩，致力于论证经济增长、社会公平、政治民主这些“好东西”只能“一起到来”，即所谓“相容性”（compatibility）假说。丹尼尔·勒纳（Daniel Lerner）的名言是，现代化的各种因素之所以极为密切地联系在一起，“是因为从历史意义上而言他们必须联系在一起”[④]。帕森斯的

---

① Alfred Weber, Prinzipielles zur Kultursoziologie, *Archiv für Sozialwissenschaft und Sozialpolitik* 47, 1920/1921, S. 1 – 49.

② 转引自周振甫：《严复思想述评》，中华书局1940年版，第82—83页。

③ 郑观应：《〈盛世危言〉初刊自序》，石峻等编：《中国近代思想史参考资料简编》，生活·读书·新知三联书店1957年版，第229页。

④ Daniel Lerner, *The Passing of Traditional Society: Modernizing the Middle East*, London: Free Press of Glencoe, 1958, p. 438.

结构功能模型亦是这种现代化理论整体主义的明显表征。从根本上考察，这种整体主义倾向源自早期文化人类学中的“文化有机体”理论。在中国历史上，明末清初思想家王夫之云：“一代之治，各因其时，建一代之规模以相扶而成治，故三王相袭，小有损益，而大略皆同。未有慕古人一事之当，独举一事，杂古于今之中，足以成章者也。”① 按照王夫之的观点，社会制度变革应避免杂糅式的弥补敷衍而更加樊然淆乱，而必须陶镕范畴，构成“以一成纯而互相制裁”的完整系统，最终臻于“相扶而成治”的妥适境界与维新气象。这其实也是一种文化整体主义的观点。在文化整体主义思想中，传统的统绪不仅是一个时间的概念，即时间前后的传承关系，而且又是一个空间概念，即空间上的一体化。文化整体主义为全盘西化论所凭借依托的理据所在。

殷海光既认为“中体西用”只是一个玄学的构想（a metaphysical fiction），无济于事，又认为中国文化的“适应平面（adaptation level）这么高悬，要它放弃自己而全盘接受西方文化，那简直跟一位‘学富五车’的人尽弃所学而一切从头学起那样不容易”②。作为后五四时期人物的代表，殷海光的思想在笔者看来是“要义式全盘西化论”。他把中国向西方学习的要义目标明确地指向五四时期标举的“民主”和“科学”。与殷海光的思维理路相仿，张岱年在 20 世纪 80 年代“文化热”的讨论中提出“综合创新”，“也想突破‘体’的问题、四个向度的问题，把它压缩成‘面’的问题，甚至压缩成‘线’的问题”③。但张岱年给我们呈现的是文化保守主义的形象，他将自强不息、厚德载物作为中华民族的精神所在，以此构成其“文化综合创新”理论的主线，而殷海光的思想则比较激进，他企图以科学、民主、自由、道德等西方的精神改造中国传统文化，直捣黄龙，提纲挈领，从而达到本立而用效之目的。因此，他反复申论自己的意旨趋向说，这种文化发展“既非复古，又非趋新，更非三条大路走中间式的浮面折中，而是调整（accommodation and adjustment）。我们谈‘调整’，不可茫茫然的调整，而必须

① 王夫之：《读通鉴论》卷二十一，中华书局 1975 年版，第 1651 页。

② 殷海光：《中国文化的展望》，上海三联书店 2002 年版，第 364 页。

③ 李维武编：《徐复观与中国文化》，湖北人民出版社 1997 年版，第 20 页。

明文地订立调整的目标”①。又说：“真正要吸收‘西学’，除了从语言文字的训练入手以外，必须在理论构造（theory construction）上痛下工夫。‘理论构造’是‘西学’之‘体’的核心。掌握了这个核心，‘西学’之‘用’就不难了。”② 深受逻辑经验论影响的殷海光不仅将科学态度和科学精神视为“西学”的核心之一，而且将科学成就作为评判文化高低的标准或参考点。这在我们今天看来固然不免西方中心主义、现代主义的偏颇，因为在长期的唯科学语境中，“科学”已成为一个大词，学术界通常仅以西方现代科学（Science）为不二法门，对其他文化中“小写的复数的科学”（sciences）所表现出的独立知识形态视而不见。不过，殷海光对中国文化发展路径的观点洵属慧眼深识。美国社会学家亚历克斯·英克尔斯（Alex Inkeles）研究小组经过大量实证研究得出一个重要结论：“现代化”包括各个方面，比如民族、政治体系、经济、城市、学术、服装、行为举止等，都有现代化问题，而在各方面的现代化中，人的现代化是至关重要的。③“科教兴国”乃人所共喻的至理确论。开发人力资源，用晏阳初的话来说，开发“脑矿”，是一切资源开发的关键之关键。在近代，普鲁士之所以汲汲于以“Kultur”（文化）和“Bildung”（教育）推进现代化进程，原因即在于此。

王夫之曾经说过：“郡县之与封建殊，犹裘与葛之不相沿矣。……封建也，学校也，乡举里选也，三者相扶以行，孤行则踬矣。”④ 在中国文明早期，学校与西周、春秋时期的封建关系密切，不仅是教育机构的场所，而且亦是如当学术界所谓的发表自由言论的“公共空间”(Public Space)，所以《左传》襄公三十一年“子产不毁乡校”的典故千古传为美谈。进入王夫之所谓的郡县时代以后，中国的科举考试制度

---

① 殷海光：《中国文化的展望》，上海三联书店 2002 年版，第 531 页。

② 殷海光：《中国文化的展望》，上海三联书店 2002 年版，第 391 页。

③ Alex Inkeles and David H. Smith, *Becoming Modern: Individual Change in Six Developing Countries*, Cambridge, Massachusetts: Harvard University Press, 1974, pp. 3 - 4.

④ 王夫之：《读通鉴论》卷三，中华书局 1975 年版，第 125—128 页。

从无到有逐渐产生、完善，被公认为一项人类历史上重要的制度发明，后来英国的文官制度即取法焉，但这种具有现代性的“成就取向”的社会流动体系成为西方科层制度的镜鉴、现代化进程的引擎之一的科举制度在中国现代化转型过程中却被视为锢智慧坏心术的罪恶渊薮而唾弃废除，这是颇具吊诡色彩的制度文化传衍变迁。从隋唐至明清，科举考试作为“量才尺”被视为“至公”的象征。元明清诸代各省贡院均有“至公堂”，时人即有“科举，天下之公；……科举而私，何事为公”①之论。长期以来，科场成为中国社会政治生活和教育活动的一个关键场域，其影响辐射力届达社会各个角落。职是之故，历史上科场案往往风波迭起，参加科举考试被举子视为“文战”，科场犹如万人丛中取上将首级的战场。吴刚在《知识演化与社会控制》中这样写道：科举考试的内容和形式“影响着每个人的知识活动的方向和时间。考试的内容一方面制约了士子的知识结构和思维方式，另一方面也制约着士子青年时代的生活时间，它使每个愿意参与考试的人花费几乎所有的业余时间于儒家经文的阅读和背诵上，从而通过时间安排影响其知识活动的选择。于是，在无形中，察举制及后继的选官制度构造了一个‘场域’，它既诱惑或牵引知识分子进入场域进行交换，又要求君主维持‘场域’的基本能量”②。在中国前近代社会，大规模的、普及性的学校体系并不存在，县学、府学、国子监等在社会结构中所占比例微乎其微，但严格的考试体系成为教育几乎第一性的职能构成，政府基本上只管教育考核的出口而不问教育的过程，教育的过程主要以分散性的私塾等家庭作坊的形式完成。正如殷海光所言，科举考试制度是一把很华丽的梯子，令许多才智之士像爬墙的蜗牛付出体液似的付出无穷的脑汁，以求“学成文武艺，货与帝王家”。中国前近代社会的教育从整体而言主要是一种考试教育。近代西方学制传入中国后，对中国其实是一场历史性的革

---

① 张萱：《西园闻见录》卷四十四，礼部三，选举・科场，王有立主编：《中华文史丛书》第四十二，台北华文书局 1968 年版，第 3668 页。

② 吴刚：《知识演化与社会控制：中国教育知识史的比较社会学分析》，教育科学出版社 2002 年版，第 185 页。

命，故而废科举曾引起轩然大波。① 近代西方学校教育以工业革命后资本主义生产范式为基础，大批量同规格的人才产品犹如流水线作业般铸模制造，学术的独立生存空间较诸专制集权体制下明显拓展。中国现代化过程中的教育范式是学校教育，教育的过程被普遍纳入考量的范围，不过考试教育的遗绪随处可见，所以和所有现代化转型社会一样具有“学历社会”的特点。20 世纪的中国教育在信息技术等影响下必然出现新的转型，这种转型的目标乃在于自由教育。

教育与现代化的关系素来为学术界所关注。科林·兰克希尔（Colin Lankshear）曾云：识字率到了 40%，才会敲响现代人的晨钟。② 清末有识之士曾这样写道：民众“大半不识字，书不足以记名姓，数不足以计米盐，目不识图册版串为何物，耳不辨权利义务为何等名词，见官

① 摩登时代的大门一旦开启，现代的“撒旦”也被释放出来。唯新是趋、咸与维新在转型时期似乎具有不言自明的天然的、绝对的合法性，一方面保守的旧习惯和势力固然对新事物的引进构成重重障碍，激进的现代主义思潮往往亦并不温良谦恭，绝无移位思考的回旋余地，所以这个转型期的某些现象是如此的“modern”以致亢进过度，而又在某些方面显得如此固陋落后。在欧洲的大地上，笔者时常看到各种大学的历史长达几百年之久，其厚重的历史让中国人每每感到压抑。德国的现代大学制度应该说是自洪堡改革以后，但许多大学的历史却都追溯及数百年之前，其实当时那些所谓的西方大学甚至比不上中国古代的府学，更不用说中国古代全国性的太学——国子监。每当此时此刻，笔者就多少有些怨诽戊戌维新所谓硕果仅存的京师大学堂的建立造成的历史的割裂。新旧水火不相容，于是无所傍倚地另立堂构，企图布新以除旧而已。但循循旧儒充斥的国子监自此被一笔勾销，旧势力焉能不负隅相抗？京师大学堂的仅存硕果在今日仍使我等苦果备尝。我们的大学没有历史！国外人到中国以后往往称誉中国非常“现代”，中国的新闻媒体不知道这种称誉的真实含义，拿来作为中国经济建设发展迅速的证据而沾沾自喜。其实，外国人所说的中国人“非常现代”含有中国人比较不成熟的意味，与现代西方社会已经成熟理性相对称，有时甚至是对中国有新无旧的批评。现在中国人在引进西方的制度绝无后虑，毫不顾及中国的传统文化，殊令低回往事者为之踌躇而四顾也。

② Colin Lankshear with Maria Lawler, *Literacy, Schooling and Revolution*, New York: The Falmer Press, 1987, p. 12.

府示谕，茫然不知赤文录字竟作何语。若是者，何为耶！”① 正如列宁所说，在一个文盲充斥的国度，工业化绝不可能实现。在国外，罗友枝（Evelyn Sakakida Rawski）认为高识字率和国家现代化有密切关系。据该书研究，19世纪80年代（光绪初年）中国的识字率：男性为30%—45%，女性为2%—10%。这一比率不下于英国和日本现代化发生前的比例。罗友枝认为，高识字率并不是现代化国家唯一的因素，中国不能及时实现现代化与教育没有关系。其原因应从社会结构、政治制度等方面去探寻。② 台湾学者张朋园认为罗友枝所谓“功能识字能力”（functional Literacy）并不能促进现代化进程，认为罗友枝估计的高限偏高。张朋园专门研究云南和贵州等地的教育发展，其所撰写的《发动现代化的主要条件——以云贵地区识字率的增进（1902—1949）为例》和《人才培植：现代化的先决条件——以云贵地位为例》两篇论文相互补充，指出：“传统时期云贵的识字率仅得5%—6%左右，远逊于全国，贵州又逊于云南”③，堪称研究西部开发中教育与现代化关系的典范之作。

事实上，运用现代化理论研究中国近代教育体制变迁也存在一定缺陷。研究者多利用西方价值观将中国教育历史划分为“传统—现代”的二元对立范畴，容易形成传统是落后、现代是进步的现代主义傲慢的错觉。我们固然承认现代化不以人们意志为转移的雷霆万钧之势呼啸前进，但它对中国文化生态的冲击与负面效应亦无可讳言。例如，有学者在研究中国教育现代化时认为传统私塾教育具有“非现代性”，教育现代化的指标包括世俗化、普及化、专业化三项，而私塾教育乃基于财富基础，不具有普遍性，其教学内容不符合现代国家需要，教师专业性亦无法建立，新式教育正是要摆脱这些“非现代性”以朝着现代化目标

---

① 孟昭常：《广设公民学堂议》，《东方杂志》第四卷第二期（1907年4月7日）。

② Evelyn Sakakida Rawski, *Education and Popular Literacy in Ch'ing China*, Ann Arbor, Michigan: The University of Michigan Press, 1979, pp. 23, 140－152.

③ 张朋园：《知识分子与近代中国的现代化》，百花洲文艺出版社2002年版，第221页。

进展。在这种观点观照下，现代人的教育体系标准乃金科玉律不容置疑，将传统的私塾教育视为一无可取的破烂、废物。事实上，对传统私塾教育的许多诟责之辞都应该仔细地深入反省，将小孩与洗澡的脏水一齐倾盆而倒的方针并不可取。中国传统训蒙学课全在记诵，不求了解，决无讲析，近代以来学者多认为这种教育方式不科学，违背儿童心理。但近代史学家柳诒徵的观点可谓卓然有识。他说："数百年间，塾师之教，虽不尽同，大都先背诵而后理解。世多病其戕贼儿童，不知人生数十寒暑，惟童时记忆力最强，前人深知此意，利用天机，不使浪费，而多读有用之书。如农种谷，非朝莳而暮获，必俟秋至而后丰收。如贾储金，非旦入而夕支，必俟年久而得厚利。且其法抑人浮躁，勉使沉潜，养其恒心，归于笃实。故对所读之书能切实从事者，长而执业服务，求所未知未能之学，即亦不惮繁难，而必求其精当。养成良好之心习，实基于读书焉。"① 柳诒徵的上述文字警示我们对中国传统私塾教育的若干值得称道的殊胜之处尽管不能故步自封，但也应该敝帚自珍。

又如，在中国西部地区，西藏长期以来被我国内地许多学者和普通民众视为文化落后的典型。民国年间，著名佛学家法尊所著《现代西藏》一书中云："西藏全境内，离开佛法之外，他们并没有其他的教育或文化。"② 法尊所言虽不免绝对化，但亦在很高程度上反映了西藏在晚清的教育状况，即我们通常所说的"学在寺庙"。从现代化角度而言，教育世俗化乃是现代化的重要组成部分和标志。基于此，西藏寺院教育似乎无疑属于与现代化潮流格格不入的障碍物。然而，西藏寺院教育制度有许多传统实际上相当弥足珍贵，其所具有的"现代性"迄今仍堪资当代教育改革镜鉴师法。有清一代，拉萨三大寺和日喀则的札什伦布寺是广大蒙藏地区以至俄罗斯境内的布里雅特古等视为最高的宗教学府，前往朝圣和学经的僧人络绎于途，如同万汇归宗，而且这些寺院对各地前来负笈托钵留学的人均广为接纳，待之与西藏本土僧人毫无二致。许多未曾履迹西藏的人往往以为藏族寺院和内地的佛教寺院差不

---

① 柳诒徵：《国史要义》，台北中华书局1971年版，第236—237页。

② 转引自尕宝英、多杰：《藏区寺院办小学问题的思考》，《青海民族研究》1990年第4期。

土地庙里的私塾

多，其实并非如此。藏族地区的大寺，从远处望去是一片楼阁重叠的建筑群，进入寺内，就会觉得与其说它是个寺院，毋宁说它是个城镇更合适一些。在寺院的范围内除了殿堂、僧舍、佛塔、经幡外，还有私人住宅等，有一个个小院落。拉萨三大寺合称为“色哲甘松”（se vbras dge gsum）或“丹萨松”（gdan sa gsum）。按照清政府规定的编制，三大寺的住寺僧人分别为：甘丹寺三千三百人，色拉寺五千五百人，哲蚌寺七千七百人，而实际上各寺僧人人数往往都远远超过这个编制，其规模与当今中国的一些著名高等学府毫不逊色。尤其值得注意的是，西藏大寺基本上都因历史的缘故而秉承了印度那兰陀寺（Nālandā）的遗风，颇类当今英国的牛津大学、剑桥大学等那些规模宏大、与城镇水乳相契的大学城。较诸 20 世纪 90 年代中国人惊呼除北大等少数高校可称为“大学”（university）而百分之九十以上的高校仅能视为“学院”（college）的情形，西藏寺院教育的这种形制实足发人深省。事实上，西方学者在翻译色拉寺的名称有时就是译为 the Sera monastic university。① 笔者认为

① 资料来源：http://en.wikipedia.org/wiki/Ippolito_Desideri，访问时间：2010 年 6 月 3 日。

哲蚌寺喇嘛在法院中上课

这是恰切至当的。在拉萨三大寺，康村（khang tshan）是僧人学经的地方，系寺院最基层的组织。康村之上为札仓（grwa tshang，藏语意为“僧院”），本身是一个完整独立的组织，相当于现代西方著名大学中庞大且独立的学院，如牛津大学的三一学院（Trinity College）等。在西藏，一些小的寺院仅有一个札仓，那么寺院的名称就和札仓的名称不分彼此，但拉萨三大寺这种大寺院都是由几个札仓联合组成的。札仓有大有小，有专学显宗的札仓，也有专学密宗的札仓，有的寺院还有专学藏医的曼巴札仓（sman pa grwa tshang，汉译“医明学院”）、专学时轮金刚和历算的丁科札仓（dus vkhor grwa tshang，汉译“时轮学院”）。在札仓之上管理全寺院的磋钦（tshogs chen，大经堂）一级事务的组织叫喇吉（bla spyi），为全寺院的最高管理委员会。各札仓的堪布（mkhan po，主持人）系这一委员会的当然委员，从他们中选出年资最高者任首席委员，即赤巴堪布（khri pa mkhan po，也叫法台）。由此可见，西藏寺院教育的管理相当符合学术与民主的规范，较诸当代中国大学体系中教授委员会的运作亦颉颃媲美而不分轩轾。与当代中国大学教育中填鸭式的灌输教育完全不同，甚至比西方现代大学教育中“习明纳尔”（Seminar，研究班）方式更富有成效，“问难”是藏传佛教寺院教育的一种学习的基本制度和教学的基本方法，包括回答、辩论、答辩等各种方式。藏传佛教正是在僧人整个学经过程中采取这互相问难，彼此辩论的方式，使僧人们既熟读经文，强记博闻，又能随时滔滔不绝地进行辩论，引经据典，口若悬河，问难辩论的语句都必须用因明格式，破立分明，明确无误，不能信口开河、言不及义或离题太远。① 在西藏，黄教僧人获得学位亦如当今大学教育体制中必须经过答辩。我们固然需对藏传佛教寺院教育的诸多弊端察察明辨，但在现代主义看来藏传佛教"落后""蒙昧"的文化生态系统中的确存在出人意料、光彩夺目的奇珍瑰宝。正如吉登斯所说，时空分离的现代性不应被看作是一种没有倒退或是尽善尽美的单线式发展。② 以西方教育体制为蓝本的现代化浪潮冲击在许多情况表现为强势文化的"胜者通吃"和"一枝独秀"，将弱势的近代中国本土文化中的优秀遗产往往亦一举而沦葬之，可谓"流水落花春去也"，"问君能有几多愁，恰似一江春水向东流"。③

中国近代教育现代化进程一波三折，表现为过去与现在之间复杂的交易过程（transactions）。在近代中国历史上，取消科举取士以及兴办新式学堂都被学术界称为值得大书特书的"关键时刻"。尽管近代以来中国教育的改革被冠之以"远法三代，近取泰西"④ 堂皇辞令，但作为

---

① 黄教寺院的辩论主要有两种方式，一种叫立宗辩，一种叫对辩。其中，立宗辩是最常见的辩论，由立宗人树立一宗，并且为此而进行辩论。它的特点是立宗人只能就对方提出的问题加以解答，不能反问及发挥。往往问难的人拍掌高呼，挥舞念珠、帽子，手拉立宗人衣角或拍打他的身体，或做各种奚落揶揄姿态，有时还转过身来请观众定评，有时两三个人你拉我扯争相问难。对辩则是由两个人进行，先由甲提问乙回答，告一段落后，再由乙提问甲方回答，问答的方式和立宗辩差不多，只是不像立宗辩那样经常举行。在这两种辩论中，答辩人必须保持高度的镇静，集中精力回答问题，不能因为问难的人态度不好而发火，特别是立宗辩时，问难的人有时做得过头，近乎人身攻击，但立宗人却要忍耐，绝不能因辩论而发生纠葛。

② 安东尼·吉登斯：《现代性的后果》，田禾译，译林出版社2000年版，第17页。

③ 《李煜集》，虞美人（春花秋月何时了），王晓枫解评，三晋出版社2008年版，第57页。

④ 康有为：《请饬各省改书院淫祠为学堂折》，汤志钧编：《康有为政论集》，中华书局1981年版，第313页。

舶来品的西方新式教育制度的移植给时人和后人以分明的“断裂”（discontinuities）感。“古以宦学连称，亦以仕学并举。”[1] 而近代新式“教育以成国民而非教育以成官吏”[2]。英国教育史学家格林（Andy Green）认为，现代国家教育制度的诞生并非源于文化因素，而是政治因素，现代民族国家的形成过程和现代教育制度的形成过程是统一的。[3] 光绪三十三年（1907），清政府学部制定《以实行强迫教育劝导办法》，规定了十岁以上儿童未按规定入学者，依荒学律惩其父兄。1928 年，国民政府颁布《厉行义务教育办法》，然限于经费徒托空文。1940 年，退守西南的国民政府有见于内地国民教育程度低下，推行义务教育，云南等省成为中国最早实验义务教育的省区。政府办倡兴学，但民众反应冷淡的记载在所多有。如《新疆图志》云，民众“闻招入学，则皆避匿不往。富者或佣人以代，谓之当差代官念牌子”[4]。光绪二十八年（1902），清政府颁布了《钦定学堂章程》，此为近代中国的第一个学制，将学校分为七级：蒙学堂、小学堂、高等小学堂、中学堂、高等学堂、大学堂、大学院，并规定给高等小学堂以上的毕业生以附生、贡生、举人、进士的称号，史称“壬寅学制”。次年（1903），又颁布了经张之洞等人修订的《奏定学堂章程》，将学校分为三段七级，其中第三段为高等教育，分为高等学堂、分科大学堂和通儒院，并确定了高等师范学堂和高等实业学堂的设立，史称“癸卯学制”。这个学制一直通行至 1922 年“壬戌学制”颁布为止。在壬寅学制中，中学科目以外国语为首位，每周九学时，读经为二至四学时。但在癸卯学制中，读经为九学时，占第一位，而外语前三年为八学时，后两年为六学时。这种变化反映了张之洞主持学部后对教育指导思想的影响。癸卯学

---

① 吕思勉：《吕思勉遗文集》下，《蒿庐札记》，华东师范大学出版社 1997 年版，第 647 页。

② 《论设学部办法》，《东方杂志》第二卷第十二期（1906 年 1 月 9 日）。

③ Andy Green, *Education and State Formation: The Rise of Education Systems in England, France and the USA*, London: Macmillan Press LDT., 1990, p. 77.

④ 袁大化修，王树枏、王学曾纂：《新疆图志》卷三十八，《续修四库全书》编纂委员会编：《续修四库全书》649，史部・地理类，上海古籍出版社 2002 年版，第 582 页。

制体现了张之洞一向坚持的“中体西用”主张。有论者谓：“‘中体西用’思想虽然翼护了中学的本体，并开启了学堂讲授西学的空间，但是对于中西学术内容的有机整合其实反倒是一种限制。换句话说，也只有体用对立的思考形态渐为学科‘类分’标准所消解时，西学之‘体’才会逐渐受到重视，而中学也才能重新找回它失去的致用意义，并与西学站在平等的接触点上。这期间学堂分科教育所带来的分类体系转化，在近代学堂体制建立的过程中扮演了相当重要的角色；原本各居体用的中西学科目，终因学科类分形态的渗透，而改变了中学永远为体、西学永远为用的画面，使得学堂设科俱已消融在平等的学科体制之下。”① 张之洞屡申其保存国粹之苦心，倡立存古学堂以“延正学而固邦基”②，俨然以面对沧海横流力挽狂澜自任。但庄俞在《论各省可不设存古学堂》中持论相异，云：“古者，今之对待词也。已往曰古，现在曰今。存者，亡之对待词也；已往曰亡，现在曰存。时也、人也，属于已往，虽欲存之而不可得；属于现在，则其存也无待他求。”他认为：“学术之存亡，又与时与人有反切之关系。其适用于时与人也，虽至今存可也；其不适用于时与人也，虽现在不能存也。嗟乎！古之学术，非不博硕精微；无如后之能者，日新而月异之，使古之所谓博硕精微者，天然处于淘汰之列。”③ 在中国传统的长老型社会中，“扑作教刑”的私塾教育用戒尺将儿童的自由精神摧折殆尽，而科举制度又使士子尽入统治者彀中，故中国文化分子像殷海光所言多取权威性格。中国近代以来，如梁启超所谓的“大过渡时期”不新不旧、不中不西的混合与混沌，在教育现代化新陈代谢的演变中在在可见。

有学者指出，在科举时代，学额的规定维系着各地区间士绅数的大致平衡，而废科举后，学额的取消使全国各地因经济文化基础、地方官

① 罗志田主编：《20 世纪的中国：学术与社会（史学卷）》下，山东人民出版社 2001 年版，第 479 页。

② 潘懋元、刘海峰编：《中国近代教育史资料汇编：高等教育》，上海教育出版社 1993 年版，第 235 页。

③ 庄俞：《论各省可不设存学堂》，《教育杂志》第三年第五期，第 2829—2830 页。

云南陆军讲武堂

绅的态度等各种因素而在学堂发展上呈现出巨大的差异，沿海与内地、内地与边疆的差异尤为明显，从而实际上为某些地区对另一些地区的支配提供了可能，并促成了地方主义在日后的兴盛。[①] 按照商衍鎏《清代科举考试述录》的研究，清代科举学额的分配因各省文风高下、钱粮丁口之多寡以为差，分为大、中、小学。[②] 在科举时代，中国文风较盛和钱粮丁口较多的省份主要集中于江南及中原各省，科举出身的士绅亦因此以这些省份为多。从空间上而言，这种知识分子的地域分布本身即对中国现代化的横面发展产生深刻的影响；从时间上而言，即使科举制度于1905年废除后，由于制度运行的惯行作用力使这种比例地域分布不平衡的余绪具有时滞效应，新式教育兴起后，东部省份仍然基本上遥遥领先。但是，西部地区在近代以来的教育现代化过程中并非乏善可陈。例如，云南讲武堂在清末民初与北洋武备学堂、东北讲武堂同为著名的三大军事学校。最先提出“云南人的真精神”的李根源早年曾留学日本，宣统元年（1909）回国后致力于云南讲武堂的创办，使讲武堂成为“当时中国最进步、最新式”的军事学校，中国人民解放军十大元帅中的朱德、叶剑英均出自该校，因而云南讲武堂有“西南黄埔”之誉，在中国近代军事教育史上占有重要地位。

① 应星：《社会支配关系与科场场域的变迁——1895—1913年的湖南社会》，《中国社会科学季刊》1997年总第18—19期。

② 参见商衍鎏：《清代科举考试述录》，生活·读书·新知三联书店1958年版，第13页。

又如，过去学术界多注重内地留学生教育史的研究，一般人都不甚了解甚至根本不知晓近代西藏的留学生教育。张凯峰硕士学位论文钩沉索隐，通过对大量零散史料的排比梳理为人们揭示这一鲜为人知的历史，指出：“从整体上看，西藏近代留学运动的发展，基本上可以分为两个阶段。1912—1924 年是第一个阶段。在这个阶段，留学运动作为十三世达赖喇嘛新政改革的一个组成部分，得到西藏地方政府的推动和支持。留学的科目集中在新政改革急需的项目上，即技术、军事以及外语。经费也由地方政府筹措。留学地点包括日、英、俄、印。留学生多由政府选派，缺乏自发性。在擦绒事件之后，十三世达赖喇嘛的新政受挫。公派留学也基本消失。此后一直到 1959 年西藏民主改革，西藏留学运动进入第二阶段。在这个时期，虽然留学已经失去了政府的支持，但并没有因此失去动力。西化的风气渐渐沁入西藏社会。有钱人开始把年幼的子女送往国外读书，接受普通教育，自筹经费，自发而起。留学地点集中在印度。”①

龙虾太太像

不过，西部地区教育的发展总体上落后于东部地区乃系不争的事实。在近代西部地区，“留学生”一词并不单纯指留居国外学习或研究的学生，亦包括前往东部诸如京、津、沪、汉、宁等地高等学校肄业者，均统称之为“留学生”。这就是西部地区交通不便、经济落后、民生艰困等造成教育落后所致的奇特现象。据统计，民国元年，新疆全省学校仅有六十所，学生一千八百零二人，教师一百零七人，教育经费五万一千八百一十一元。到 1919 年，全省有公立高等小学校、国民学校、半日学校一百三十所，私立学校十一所，共计一百四十一所，学生四千

① 张凯峰：《风雪载途——论近代西藏留学生与西藏近代化》，中国人民大学硕士学位论文，2002 年。

二百四十七人，教师二百零二人，教育经费九万二千零五十一元。[①] 这种状况按照谢彬的说法与东南各省相比尚“不敌一大县”，“与吾湘一省立中等学校相埒，或时有不及焉”。[②] 当然，这种东西部之间的区域空间差异分布并不能绝对化。台湾学者邱秀香所著《清末新式教育的理想与现实——以新式小学堂兴办为中心的探讨》对光绪三十四年（1908）全国各省新式小学堂设置数目的统计分析表明，当时学堂设置数最高的省份是四川、直隶、奉天、江西、湖北等省，这些省份共有的特色为岁入数较高，或是晚清开风气之先的省份，但经济与学校兴办并不呈完全对应的关系，存在着许多沿海省份的学堂设置数竟低于一些偏远的省份的情形，如安徽省较广西、云南、山西等省份要低。邱秀香对这些异常现象进行了条分缕析，[③] 有学者亦提出吏治问题是影响各省学堂兴办数量的重要因素之一，如四川总督锡良早年曾跟随张之洞在四川办学即不遗余力，使四川成为全国新式小学堂数最高的省份。《抗日战争时期中国高校内迁史略》中云，抗战之前，“地域广袤而近代化步履迟缓的整个西部地区”，高校的数量少得可怜，“四川总共才 4 所高校，即成都的国立四川大学和私立华西协和大学，以及重庆的省立重庆大学和私立西南美术专科学校。其余各省，多半只有 1 所高校，如昆明的省立云南大学，兰州的省立甘肃学院，迪化（今乌鲁木齐）的新疆学院和陕西武功的国立西北农林专科学校等。一些省份如贵州和青海，当时

任鸿隽与妻子陈衡哲

① 新疆社会科学院历史研究所编著：《新疆简史》第 3 册，新疆人民出版社 1997 年版，第 54 页。

② 谢彬：《新疆游记》，上海中华书局 1936 年版，第 372 页。

③ 邱秀香：《清末新式教育的理想与现实——以新式小学堂兴办为中心的探讨》，台北政治大学历史系 1990 年版，第 178—185 页。

居然尚无设立高校的记载”①。该书认为：“1936年前中国高校东众西寡的畸形空间布局，其实正是当时中国东部和西部地区经济发展水准极不平衡的客观反映。这种不平衡实际上早在清末民初即已现端倪，不过那时四川的高等教育还算发达……1909年四川还以10所高等学堂在全国各省中位列第二。但至30年代中期已是大不如前了。这固然在于国民政府对于它鞭长莫及的西部地区的高等教育无所作为，也在于当时西部军阀的割据与混战大大阻滞了本地经济与文化事业的发展。”② 1935年任鸿隽就任四川大学校长，他将其建设和改造川大的计划概括为实现川大的“现代化”和“国立化”，以求成为西南文化中心，在黄河、扬子江两水的上游的广大地方建设一个能成为文化策源地的综合大学，但此计划最终遭到保守势力的反对亦未能如愿以偿。此外，中国近代教育现代化的另一个鲜明空间分布特征是城乡差别进一步扩大化，教育机构和知识分子麇集于城市，城市居民受惠较多，农村边远地区则无形中成为时代的弃儿，弦颂之声难闻，以致连农村私塾的教书先生亦在时代的转换中赋予“冬烘”的格式化刻板印象。

同济大学装运校产的汽车在西迁途中，押运员工与船主在设法撑船离岸

抗战爆发后，中国高校内迁的浪潮使西部教育现代化面貌丕然改变。高校内迁初则多系自发行为，国民政府是时亦缺乏通盘考虑，但自1937年8月19日国民政府教育部检发《战区内学校处置办法》的密令后，则开始比较积极地促令和指导战区高校的内迁工作。从时间上而言，抗战时期的高校内迁主要有两个高峰期：

第一个高峰期为1937—1939年，其间全部或部分内迁的高校共五

① 侯德础：《抗日战争时期中国高校内迁史略》，四川教育出版社2001年版，第34—35页。

② 侯德础：《抗日战争时期中国高校内迁史略》，四川教育出版社2001年版，第35页。

十余所。[1] 抗战全面爆发后，平津地区的高校首当其冲。清华、北大、南开三校迁至长沙组成长沙临时大学，继因战事扩大，三校再迁昆明，于1938年4月2日奉命改称“国立西南联合大学”。与此同时，北平师范大学、北平大学和北洋工学院相继西陕西，在西安组成西北临时大学，次年再迁陕西城固，改称西北联合大学。[2] 此外，北平还有朝阳学院、北师大劳作专修科、北平艺专、北平铁道管理学院分别内迁黔。北方诸省较早内迁的还有青岛的山东大学、济南的齐鲁大学、唐山的土木工程学院、青岛的山东省立医专、山西太谷的铭贤学校和“九一八”事变后迁至北平的东北大学等校，多移往川黔湘桂，而终以川境为归宿。

随着日寇侵华战火的蔓延，高校内迁西南的浪潮也迅速波及华东的宁、沪等市和华中、华南地区。设于南京的国立中央大学、中央政治学校于1937年8、9月间率先迁渝。金陵大学亦于1937年秋内迁成都华西坝。此外，南京还有国立剧专、国立药专、国立牙专、中央工业职业学校、中央国术体育专科学校、蒙藏学校、金陵女子文理学院先后内迁，几经坎坷，最后基本上汇集于成、渝等地。上海作为中国最大的工商业城市和经济文化中心，高校云集。“八一三”事变以后，同济大学、大夏大学、复旦大学、光华大学、上海法学院、东吴大学、吴淞商船专科学校、私立两江女子体育专科学校八所院校相继内迁。除大夏迁贵阳和赤水外，余均辗转奔向四川。

“战时高校内迁的第二个高峰期发生在1940年下半年至1943年春。因日寇加紧准备太平洋战争，从1940年夏季起，上海租界的形势日益恶化。1942年12月战争终于爆发，租界旋被日军强占，原迁上海租界及东南各省的院校又不得已相继内迁。上海租界内迁的上海沪江大学、交通大学和立信会计专科，分别迁往重庆和万县。‘七七’事变后辗转于安徽屯溪和上海的杭州之江文理学院，再迁贵阳，后与沪江、东吴两校合并。当时北平也有两校内迁：中法大学迁往昆明；燕京大学因系美

---

① 参见惠世如主编：《抗战时期内迁西南的高等院校》，贵州人民出版社1988年版，第352—356页。

② 国民政府教育部编：《第二次中国教育年鉴》，商务印书馆1948年版，第588—791页。

国教会所办，珍珠港事件后被日军强行解散，师生千里流离，1942 年在成教复校。另外，香港华侨工商学院曾迁往梧州、柳州和四川江津，1945 年秋再迁重庆。”①

据统计，抗战时期各地内迁西南的院校，内迁的军、警院校和院校本地移动者，共六十一所。其中，大学二十二所，独立学院十七所，专科学校二十二所。② 从空间格局而言，内迁院校的分布相对集中。内迁西南的六十一所院校，就有四十八所即 78.6% 集中在四川，又多在渝、蓉两地。盖因重庆为国民政府陪都，是战时国统区的政治、经济、文化中心，所以不独与政府关系密切者如中央大学、中央政治学校、蒙藏学校等要移往渝市，一般院校亦多集中重庆，遂使该市内迁院校先后达三十二所之多。包括大学九所，即中央、交通、复旦、山东、沪江、东吴、之江等大学，武昌中华大学和陆军大学；大学研究院一所，即南开大学经济研究所；独立学院十所，即上海医学院、朝阳学院、江苏医政学院、东吴大学法学院、南通学院医科、国立音乐学院、江苏教育学院、湘雅医学院、香港华侨工商学院和乡村建设学院；专科学校十二所，即中央政治学校、蒙藏学校、国立药专、中央工业职业学校、国立艺专、吴淞商船学校、中央国术体育专科学校，武昌文华图书馆专科学校、两江女子体育专科学校、上海立信会计专科学校、北师大劳作专修和国立剧专。加上原有的重庆大学和新办的若干院校，该市高校一度多达三十九所，居全国之冠，从而奠定了重庆作为抗战时期中国高等教育中心的基本格局。

西南地区的一些城镇也是内迁院校汇聚之地。如成都及其附近迁入院校九所、大学研究院一所，即齐鲁、光华、金陵、燕京四大学，金陵女子文理学院、朝阳学院、中大医学院及农学院畜牧兽医系、铭贤学院、国立牙专和清华大学航空研究所。昆明先后迁入的高校亦有十所，即北大、清华、南开三校合组之西南联大，同济大学、上海医学院、中

---

① 侯德础、张勒：《高校内迁与战时西南科技文化事业》，《抗日战争研究》1998 年第 2 期。

② 根据国民政府教育部编：《第二次中国教育年鉴》，商务印书馆 1948 年版，第 588—791 页，第二至第四章公立大学、独立学院、专科学校概况统计。

清晨集合队伍

法大学、北平艺专和杭州艺专合组之国立艺专、中央国术体育专科学校和江西中正医学院。贵阳曾迁入高校五所，即大夏、复旦、之江三大学，湘雅医学院和江苏医学院。桂林亦迁入高校五所，即江苏教育学院、武昌华中大学、国术体育专科学校、广西医学院和无锡国学专科学校。再如湘西沅陵，先后曾迁入北平艺专、杭州艺专、江苏医政学院、南通学院等。此外湘西芷江，四川璧山、江津，贵州平越、湄潭，云南大理、呈贡等处，也都曾经有内迁院校栖身。当时巴蜀内迁院校麇集处还形成了一些学府毗连、学子如云的学苑区，像重庆沙坪坝、成都华西坝、北碚夏坝、江津白沙坝，即为名噪一时的大后方“文化四坝”。①

在当时西迁院校中，出现了两所非常著名的大学，即西南联合大学和西北联合大学。一则由于西北联大“联而不合”，一则由于国民党政府认为西北联大的校址离共产党控制的延安距离太近，所以不久西北联大又被分成几所独立的农学院和工程技术学院，在陕西南部另选了校址，另一部分（主要由北京师范大学组成）则于1939年迁至兰州，后来便发展成西北师范大学，致使西北联合大学后来多不为人知。西南联大莘莘学子徒步从长沙迁移到昆明，其同仇敌忾荡气回肠壮举可谓中国

① 侯德础：《抗日战争时期中国高校内迁史略》，四川教育出版社2001年版，第73页。

教育史上的一次“文化长征”，但这种在炮火与离乱中千里辗转的文化长征并非西南联大一校所独有，西北联大亦有如是可歌可泣的情形。正如冯友兰作词的调寄《满江红》的联大校歌中所云：“万里长征，辞却了五朝宫阙。暂驻足衡山湘水，又成离别。绝徼移栽桢干质，九州遍洒黎元血。尽笳吹，弦诵在山城，情弥切。千秋耻，终当雪。中兴业，需人杰，便一成三户，壮怀难折。多难殷忧新国运，动心忍性希前哲。待驱除仇寇，复神京，还燕碣。”① 有位外国学者在论述西南联大学生这次徒步文化长征意义时这样写道：“这些青年再也不会把祖国和它的人民看成是象牙塔式的抽象的概念了。在穿越中国二十八省中的三个省的部分地区所花的68天中，他们敏锐地意识到国家领土无比辽阔，意识到在时间、空间及思想方面的可怕的距离分隔了东部沿海的城市地区和处于原始状态的内地。因为对他们大多数人来说，这是他们生平第一次与中国的普通群众接触。”② 在智慧如“云”之清华、宽容如“海”之北大、稳定如“山”之南开三校精诚团结下，西南联大发扬并触汇了北大、清华和南开三校的优良学风，集北大“民主自由”之风、清华“严谨求实”之风和南开“活泼创新”之风于一体，在遍地烽火的贞元之际，弦歌不辍，八音合奏，终和且平，五色交辉，相得益彰，为国育才，保留不少元气，并且“转移社会一时之风气”③。战前三校拥有的一大批学者名流汇集到西南联大，人才济济，群星璀璨，构成20世纪40年代中国高等学府中最为庞大和令人仰慕的教师阵营。就文科方面看，文学院的中文系，知名教授有闻一多、朱自清、王力、罗常培、唐兰、杨振声、刘文典、李广田、沈从文。外文系有吴宓、吴达元、陈福

---

① 此词一般在关于西南联大校史的著作中多载为“罗庸词”，但冯友兰在自传中专门有一个详尽的考证，此词实乃冯友兰所填。见晋阳学刊编辑部编：《中国现代社会科学家传略》第一辑，山西人民出版社1982年版，第45页。

② 易社强：《从长沙到昆明：西南联大的长征是历史也是神话》，何田译，张寄谦编：《中国教育史上的一次创举：西南联合大学湘黔滇旅行团纪实》，北京大学出版社1999年版，第538—539页。

③ 《国立西南联合大学纪念碑》碑文，冯友兰撰文。此碑现立于云南师范大学校园内。亦可参考北京大学等编：《国立西南联合大学史料》1，总览卷，云南教育出版社1998年版，第284页。

梅贻琦向旅行团全体成员致欢迎辞

田、陈铨、叶公超、莫泮芹、闻家驷、卞之琳、钱锺书、冯至、柳无忌。历史系有雷海宗、陈寅恪、钱穆、郑天挺、吴晗、蔡维藩。哲学心理学系有冯友兰、金岳霖、汤用彤、贺麟、冯文潜、樊际昌。法商学院有张奚若、钱端升、潘光旦、陈达、吴泽霖、李景汉、陈岱孙、陈序经、燕树棠、王赣愚等。就理工科方面而言，算学系教授有江泽涵、许家禄、杨武之、华罗庚、姜立夫、赵访熊、陈省身、张希禄。物理系教授有饶毓泰、郑华炽、吴有训、周培源、赵忠尧、吴大猷、张文裕、王竹溪。化学系教授有杨石先、张子高、曾昭抡、邱宗岳、高崇熙、苏国桢、黄子卿、孙承锷。生物系教授有李继侗、陈桢、吴蕴珍、张景钺、赵以炳等。地质地理气象学系教授有冯景兰、袁复礼、张席湊、孙云铸、赵九章等。工学院也是人才济济，名流荟萃，有一大批著名教授学者如施嘉炀、蔡云荫、陶保楷、李谟炽、王裕光、庄前鼎、刘仙洲、李辑祥、孟广喆、赵友民、马大猷、任之恭、章明涛、王德莱等。

由于物价飞涨，教师的生活每况愈下，1938 年、1939 年教授的月薪尚能维持三个星期的生活，后来仅敷半月之用。许多知名学者“始以积蓄贴补，继以典质救济”，以至于“既典征裘又典书”，“饭甑凝尘腹半虚”①，“而最后的资本只有健康和生命了”②，到了不得不谋兼差、摆地摊的地步。著名的教授闻一多即到中学兼了一个专任教员，深夜尚须为人治印方能维持生计。他与华罗庚两家匿居昆明北郊陈家营陋室，中间用布帘子相隔，华罗庚故有诗“布东考古布西算”③ 之句。闻一多在 1944 年的一封家信中心酸地说：“两年前时在断炊之威胁中度日，乃开始在中学兼课，犹复不敷，经友人怂恿，乃挂牌刻图章以资弥补。最近三分之二收入，端赖此道。”④ 当时，连西南联大校长梅贻琦和潘光旦、袁复礼等教授的夫人，为补贴家用亦不得不长期合制“定胜糕”（即抗战一定胜利之意），由梅夫人韩咏华提篮送至冠生园寄售。⑤ 1944 年 1 月，西南联大社会学系教授、留德归国的人类学博士陶云逵积劳成疾，溘然长逝，家庭顿时陷入困境，其遗孀林玉亭在四处呼告求助无门、难觅生路的情况下跳进昆明滇池自杀，幸被附近渔民发现救起，得以幸免一死，在社会各界引起极大震动。

在唐继尧铜像前，李继侗代表旅行团致辞。左一为闻一多

当时西南联大的教学环境亦极为简陋。时就读于西南联大的杨振

① 西南联大教授黄子卿诗句。卢嘉锡主编：《中国现代科学家传记》第 3 集，《科学家传记大辞典》编辑组编辑，科学出版社 1992 年版，第 163 页。

② 杨西孟：《九年来昆明教授的薪津及薪津实值》，《观察》1946 年第 1 卷第 3 期。

③ 中国民主同盟中央委员会宣传部编：《华罗庚诗文选》，中国文史出版社 1986 年版，第 1 页。

④ 《闻一多诗文名篇》，梁鸿编选，时代文艺出版社 2000 年版，第 389 页。

⑤ 萧超然等编：《北京大学校史》，北京大学出版社 1988 年版，第 360 页。

宁回忆说："教室是铁皮顶的房子，下雨的时候，叮当之声不停。地面是泥土压成的，几年以后，满是泥坑。窗户没有玻璃，刮风时必须要用东西把纸张压住，否则就会被吹掉。"① 外文系学生许芥昱当时所写的一首打油诗更是形象地描述了西南联大宿舍的简陋：外面下大雨，里面下小雨；外面雨已息，里面犹在滴。② 由于图书馆座位拥挤，宿舍没有桌凳，学校附近文林街、龙翔街的茶馆便成为学生们读书自习、写论文的好地方，因此著名小说家汪曾祺说："茶馆出人才"，"研究联大校史，搞'人才学'不能不了解联大附近的茶馆"，"我这个小说家是在昆明的茶馆里泡出来的"。③ 尽管连掺杂着砂子、稗子、老鼠屎的"八宝饭"也难吃饱，许多学生甚至英年早逝，但大多数学生均读书不忘救国，救国不忘读书，昂然好学，乐天努进。正如时任教西南联大中文系的著名诗人冯至借用里尔克（Rainer Maria Rilke，1875—1926）的诗句所言："他们要开花，开花是灿烂的，可是我们要成熟，这就叫甘居幽暗而努力不懈。"④

为利用内迁院校的教育科技资源优势支持抗战，1939 年 5 月 23 日，国民政府军政、经济、交通、教育四部各派代表一人，依国防最高委员会 5 月 2 日国核字第 132 号令和行政院 5 月 12 日吕字第 4861 号训令，商定关于大学理工学院与经济、交通及军备工厂合作办法草案，并征得航空委员会已蓉字 1419 号公函同意，以军政部部长何应钦、经济部部长翁文灏、交通部部长张嘉璈、教育部部长陈立夫四人联衔呈报行政院。同年 8 月 9 日，行政院正式颁行《大学理工学院与经济交通及军备工厂合作办法》，内容主要包括：学校聘请工厂技术人员担任教师、顾问或演讲；学校分发高年级学生到工厂实习，厂方指导学生参加实际工作；学校遇必要时，可变通正常课业，集中时间，协助工厂实际工作，以应国防的急切需要，等等。据国民政府教育部统计，1936 年，全国

① 杨振宁：《读书教学四年》，《光明日报》1983 年 12 月 1 日。

② 易社经：《西南联大：以保持为至上价值》，薛光前编：《八年对日抗战中之国民政府（1937—1945）》，台北商务印书馆 1978 年版，第 175 页。

③ 汪曾祺：《泡茶馆》，《滇池》1984 年第 9 期。

④ 冯至：《冯至全集》第 12 卷，书信、自传、年谱，韩耀成等编，河北教育出版社 1999 年版，第 147 页。

大专院校各类系科分别为：文科一百九十二个，法科八十二个，商科五十五个，教育五十八个，师范无，理科一百六十个，工科九十九个，医科二十三个，农科五十四个；1944 年，各类系科分别为：文科一百五十八个，法科一百二十七个，商科九十四个，师范一百三十七个，理科一百四十个，工科一百六十四个，医科四十一个，农科一百零六个。[①]“若以系科的增减来作一观察，则工科增加 65 个，高居首位。其余依次为农、法、医、商四类，均呈正增长；文、理、教育三科呈负增长。除师范为大后方亟须属净增长外，增长最多的是与解决抗战军民衣食问题相关的农科，其下依次为医、商、工、法各科。这说明在抗战时期，以内迁院校为主体的高等教育十分重视与社会的实际需要相结合。”[②] 抗战时期，大后方高校培养的大专以上毕业生共计七万七千六百余人，其中多数出自内迁院校。在抗战期间，大批大学生被征调参军参战，有所谓“十万青年十万军”的气吞河岳的壮举，仅 1946 年西南联大校志委员会纂列、中文系教授唐兰篆额、数学系教授刘晋年书丹的《国立西南联合大学抗战以来从军学生题名》碑上所载从军学生姓名即达 834 人，故有“八百壮士”之誉。

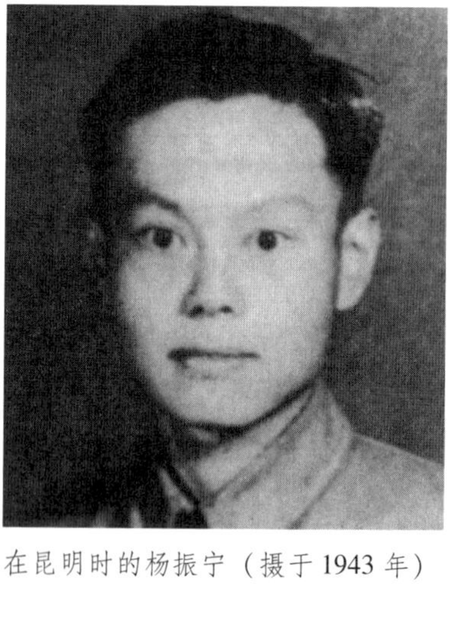
在昆明时的杨振宁（摄于 1943 年）

有学者指出，西南联大培养的杰出人才与国外任何著名大学的毕业生相比都毫不逊色。这确非过誉之辞。例如，毕业于西南联大的杨振宁和李政道因宇称不守恒定律于 1957 年荣获诺贝尔物理学奖，而杨振宁实际上最杰出的贡献却是 1954 年与罗伯特 · L. 密尔斯（Robert Laurence Mills，1927—1999）共同提出的杨—密尔斯规范场理

① 国民政府教育部编：《第二次中国教育年鉴》，商务印书馆 1948 年版，第 1409 页。

② 侯德础、张勒：《高校内迁与战时西南科技文化事业》，《抗日战争研究》1998 年第 2 期。

1957 年杨振宁在斯德哥尔摩诺贝尔领奖台上

论（Yang-Mills quantum field theory），实验物理大师丁肇中称之为“一个划时代的创作”，美国氢弹之父爱德华·泰勒（Edward Teller，1908—2003）等则建议杨振宁应因此第二次获得诺贝尔奖。又如，吴仲华创立的享誉中外的吴氏叶片机械三元流动通用理论为国际学术界公认，并被工业先进国家广泛采用，世界上因此出现了一批发动机具有某些新性能的飞机。再如，中国两弹元勋邓稼先，被杨振宁推重为与美国“原子弹之父”奥本海默（J. Robert Oppenheimer，1904—1967）和“氢弹之父”泰勒并驾齐驱。此外，著名物理学家朱光亚、著名实验核物理和反应堆工程与安全专家戴传曾、著名化学家唐敖庆、著名气象学家叶笃正等都是西南联大的骄傲。据统计，中国科学院自然科学部委员自 1955 年建立至 1979 年恢复重建，共有学部委员四百七十三名，其中联大师生一百一十八人，占总人数 24. 94%；中国科学院哲学社会科学学部 1955 年建立时共有学部委员六十二人，其中联大师生九人，占七分之一多。所以美国学者易社强这样写道：“正当国家大量借鉴于外国的时候，中国人却能以他们的现代化的教育制度引以为自豪，而且在不到半个世纪以前，就能够产生一所具有世界水平的大学，这所大学的遗产是属于全人类的!"① 尤其需要指出的是，内迁院校为当时西部地区经济开发建设提供了紧缺的急需人才。以交通建设为例，在修筑、筹建湘桂（衡阳至桂林）、叙昆（宜宾至昆明）、天宝（天水至宝鸡）等铁路，抢修滇缅、成渝、成兰、汉渝（汉中至重庆）等公路及号称"特种工程"的大后方各军用机场的过程中，中央大学、交通大学、西南联大等工科院校学生均被大量征调充当工程技术人员，参与各种工程的勘测、设计和施工。抗战期间，由南京分迁昆明、湘潭、桂林和重庆等地的中央电工器材厂，到抗战胜利为止，从各院校选用的大学生就在三百人以上。1940年资源委员会在筹建云南钢铁厂时，当年暑假即从各院校接受应届冶金、机械、土木、电力等急需大学毕业生二十人。一些内迁的民营企业当时亦有大学毕业生活跃的身影。例如，武昌裕华纱厂迁渝后，拨出五千纱锭和一百台织机在成都设立分厂，其管理层均为年富力强、具有技术专长的高校毕业生，这些高校毕业生的加盟使裕华蓉厂的经营尽管在烽火连天的岁月却也业绩不凡。② 在内迁院校中，金陵大学农学院在培养农科研究人才及农事推广方面成绩尤为突出。1942年1月，国民政府农林部和教育部呈请行政院对该院进行嘉奖。农林部的呈文中即这样写道："该院培养人才鉴于时代之需要，自农科研究所、大学本科、农业专修科、各级干部短期训练班，以至农民补习学校，无不具备……综计该院历届毕业生已达一千七八百人，其中先后留学欧美者一百三十余人，占全国留学欧美专攻农学者百分之四十四。且遍观国内，无论都市、省、县以及乡镇间之从事农业工作者，随处可见。该院之毕业生多系埋头苦干之一贯作风，分布地域之广、任事精神之佳，良非偶然。"③ "该院农事推广及示范工作，早在二十年前即于乌江试办

---

① 易社强：《西南联大五十周年纪念》，《云南师大学报》1988年校庆50周年增刊。

② 范敬存等：《裕华纱厂迁蓉及其发展》，政协西南地区文史资料协作会议编：《抗战时期内迁西南的工商企业》，云南人民出版社1989年版，第268—269页。

③ 国民政府行政院档案：《农林部等关于嘉奖金陵大学农学院三十年来办学成绩呈》，中国第二历史档案馆编：《中华民国史档案资料汇编》第五辑，江苏古籍出版社1997年版，第834页。

……抗战后该院迁移四川，又在温江、仁寿、新都、彭县等县辅导，推广举办，示范力行，仍不稍怠，故农村妇女无不知金大农学院者。”①

值得注意的是，高校内迁之初，其在校学生固然以沦陷区和战区的内迁学子为主，但随着战事的绵延，内迁院校招收的新生来源便主要以大后方学生为主。愈到抗战后期，内迁院校为西部诸省区培养的本地大学毕业生愈多，后来成为当地各条战线的骨干。曾在抗战前为保有中国教育命脉未雨绸缪积极迁校而被外界报道为“逃得慢”［德国驻华大使陶德曼（Oskar Paul Trautmann，1877—1950）］的弟弟“逃得快”的中央大学校长罗家伦，在后来赴新疆经兰州时看到西北师范大学在边陲扎根后桃李芬芳的情景，不由得说：“我在西北看到了孔雀！谁说西北不好，孔雀也不东南飞了！”②

抗战时期，由于日军严密封锁，许多过去中国国内不能制造依赖进口的产品必须力图自给。国民政府于1940年2月15日订定《奖励工业技术补充办法》，9月30日又公布《奖励技术暂行条例》。据统计，中国自1912年创行专利权到1936年的二十四年间，经正式注册，有案可稽的专利仅二百七十五件，但1938—1944年的六年间，大后方注册的专利即达四百三十一件，为前二十四年的157%，并且这些专利中以机器、电器、交通工具、化学药品的发明更新为最多。正如《中国现代经济史》一书所言：“战时工业技术进步，最确实的证据是工厂生产成品的质量，如钨砂、精锡、纯锑等出口矿产品的成色，皆能符合世界最高标准而超过之。”③ 例如，化工巨子范旭东率两百余名技工入川，在自流井推广德国的晒盐卤技术，大大增加盐卤的浓度，降低了成本，对四川盐业改进影响极大。另一名化工专家侯德榜潜心研究制碱技术，巧妙地把合成氨技术与制碱工业结合在一起，用同一套工艺流程生产出纯碱

---

① 国民政府行政院档案：《农林部等关于嘉奖金陵大学农学院三十年来办学成绩呈》，中国第二历史档案馆编：《中华民国史档案资料汇编》第五辑，江苏古籍出版社1997年版，第834页。

② 刘基、丁虎生主编：《西北师大逸事》，辽海出版社2001年版，第111页。

③ 董长芝等：《中国现代经济史》，东北师范大学出版社1988年版，第155页。

和化肥，大大提高原料利用率，实现了生产的完全连续化，开辟了世界制碱业的新途径，使西方炫耀了半个多世纪的“苏尔维法”（the Solvay process）和“察安法”（the Zahn process）相形见绌，成为世界上最杰出的化学家。[①] 又如，女工程师丰云鹤先后留学美国、德国，获博士学位，抗战全面爆发后毅然回国，在重庆办厂，从肥皂废液中提炼甘油以制造炸药，又以麻纤制成丝棉一样的物料，以补棉布之不足。国民政府主席林森参观后赞不绝口，命名为“雪里春”。据资源委员会 1941 年调查编制的《中国工程人名录》统计，从 1937 年起奔赴后方的工程技术人员达两万多人。据不完全统计，截至 1938 年，仅迁到重庆的各类科研机关即达近百家，著名的有国立中央研究院、中央地质研究所、中央农研究所、中央工业实验所、中央卫生试验室、经济部矿冶研究所、兵工署弹道研究所、中国工程师协会、中国地质学会、中国化学学会、中国科学社、中国生物学会、中国物理学会、中国动物学会、中国植物学会、中国数学学会、中华自然科学学会、中华学艺社会等国家、地方与民间各类科研机关。

在服务抗战军需和大后方经济开发建设方面，内迁高等院校的科技队伍堪称一支重要的生力军。在农业开发方面，内迁院校的科研及推广活动为解决抗战军民的衣食问题立下了汗马功劳。迁蓉的金陵大学农科所育成小麦新种“金大 2905”，在川推广万亩以上，增产约 20%。金陵女子文理学院特设鸡种改良组，在蓉郊和仁寿等地推广“来航”等优良鸡种。由山西迁蓉的铭贤学院师生与财政部四川烟叶示范场合办了金堂烟圃，与农林部合作进行植棉推广、稻虫防治、玉米和小麦良种的推广示范，并代办兽医讲习班，对金堂柳叶烟的改良、雪茄烟的出口、玉米金皇后等良种的推广等做了大量卓有成效的工作，撰写了《四川金堂县烟草生产制造及运销调查》《小麦腥黑病菌之研究》等一批有实用价值的建言献策的研究论文。浙江大学驻遵义期间，农学院卢守耕的水稻育种和胡麻杂交、孙逢吉的芥菜变种研究，吴耕民的甘薯、西瓜、洋葱

---

① 参见郭如新：《〈纯碱制造〉的出版、作用及其深远影响》，《纯碱工业》2003 年第 6 期；叶青：《联合制碱工程在中国》，《工程研究》2009 年第 4 期。

及蔬果新种在湄潭的种植和推广，陈鸿逵的白木耳栽培、祝汝佐对中国桑虫的研究，都是通过对本地生产实际问题进行研究来促进学科建设的。贵州过去极少种小麦，而有害人民健康的罂粟却遍地开花。浙大等校在当地的小麦、水稻良种的选育和推广，对解决该省的吃饭问题作用甚大。浙大当时改良的蚕桑、白木耳和食用菇的人工栽培，迄今对贵州农业生产空间分布格局都具有影响。浙大农化系主任罗登义对贵州野果刺梨的营养成分进行研究，使刺梨成为“新山珍”“蔬果之王”，被英国著名科学家李约瑟称为“罗登义果”。① 在西南地区水电资源开发方面，内迁院校师生积极参与并大显身手，使当时四川的大渡河、马边河、龙溪河、大洪河、桃花溪、小安溪、威远河等都得到了初步的勘测，勠力协助花溪、清渊洞，贵州修文河、云南富民等地若干水电站的建设工程。尤其是西南联大土木系与资源委员会合作组成“云南省水力发电勘测队”，由施嘉炀主持，经过两年的努力完成两期滇省勘测任务，提出了滇省初步的水利资源开发计划，设计出一批小型水电站。1940年，该校水利工程组教师与云南省经济委员会合作，设计出发电量为三千千瓦的腾冲水电站，因战争中日军进犯，工程被迫停止。此外，该系教师还设计并参与建成了发电量为三千千瓦的富民县水电站，并与经济部中央水工实验所合办了昆明水工实验室，出版《昆明水工研究室研究丛刊》。在工矿资源勘探方面，内迁院校成绩斐然，发现了大量的煤、铁、有色金属和磷、石油、天然气等矿藏，为战时西部地区工业的发展提供了资源保障。当时参与抗战大后方矿产资源调查活动的科研单位，除经济部中央地质调查所、中央研究院地质研究所以外，主要还有西南联大地质地理气象学系、中央大学地质系、中山大学地质系、浙江大学史地系地理组、重庆大学地质系和西北大学地质系等。1939 年暑期，西南联大师生组成“西康考察团”，由曾昭抡率领，徒步考察云南、四川和西康的地质矿产，写出《西康麻哈金矿》《西康荥经铜矿》等报告。1942年，西南联大地质组与云南省建设厅合设“云南地质调查所”，研究个旧

① 遵义地区地方编委会：《浙江大学在遵义》，浙江大学出版社 1990 年版，第 45 页。

锡矿、滇东北铜矿和盐矿、易门铁矿、滇西水银等矿，发现了昆明高品磷矿。浙江大学史地系师生发现贵州团溪锰矿，经该校工学院化验标本后认为品位甚高，后由该校土木系测定矿区地形图，向资源委员会提交了调查报告。在其他方面资源开发利用方面，内迁高校亦贡献颇多。迁渝的中央大学考察川北和陇南一带获得大量科学资料，并在此基础上对开发该地区的工农业和交通建设提出了极有意义的规划。该校梁希的《川西大渡河流域木材松脂采集》、李学清《陕南矿产考察》、耿以礼《青海牧草考察》、张可治《川西公路考察》等，都是学术研究与经济建设密切结合的产物。① 1942年，广西大学教授彭光钦等在广西良丰附近发现一种藤本植物汁液含天然橡胶成分甚多，乃将测试报告及橡胶样品呈报经济部，拟筹划设厂制造。该植物不仅在广西大量出产，而且在福建、广东等亦极常见，为战时国产橡胶生产找到了难得的原料。彭光钦于1944年荣获国防科学促进会奖金五万元。在抗战爆发后，集中于上海、杭州、苏州、天津等地的中国主要造纸厂沦于敌手，为满足大后方纸品的需要，清华、南开、中央研究院和后方各大纸厂投入大量精力，终于用甘蔗渣、破布、废纸等原料生产出两面光新闻纸和其他纸品，使战时大后方纸产量超过了1930年以前中国造纸业的“黄金时代”产量。

“内圣外王”是中国儒家的传统文化理想，儒学自始即是一种有体有用之学，这一点决定经世思想在中国历史上一直不绝如缕，即使在强调内圣之学的派别占据优势的时候，经世意识为个体修养及宇宙本体的研究所淹没，但经邦治国的目标从未公开放弃过。经世致用的价值取向并没有歧异之见，问题的关键在于如何经世致用。长期以来，中国知识分子的悲剧在于以经世致用为襟抱，却结果往往不是“致用”而是被“利用”。知识分子固然要“忧以天下，乐以天下”，国计民生萦怀系念是知识分子的责任，但知识分子实有其自身独特的生活方式与话语方式，必须以出世为本，以入世为旨，其学术研究绝非功利性的策论。尽管不能萧然世外，但必要的理论距离是学院式研究所不可或缺的前提。

① 南京大学史编写组：《南京大学史》，南京大学出版社1992年版，第183页。

正如殷海光所说，在中国传统文化中，方范的思想（prescriptive thinking）比较发达，而认知的思想（cognitive thinking）不为主流。就近代而言，社会大地震的动荡令知识分子的书桌无处安顿，时代的裹胁令知识分子潜心学术的主体性难以把握，所以抗战特定时空环境下的实用性研究实属形禁势格的产物，在外敌压境之际不可能安常蹈故。事实上，中国学术界长期以来争论不休的“内圣”与“外王”的两极性歧异关系本身存在培根所谓“认知洞穴”的曲蔽，学术研究应该以独特的“求是”方式而“致用”，借用古语即是“极高明而道中庸”，从形而上的“道”的探求解决形而下的日常器用。学术的有用与无用是一种价值判断，而价值是在事物以外的观念。抗战时期的许多学术研究表面上与抗战军需和西部开发建设直接关系，但都是中国现代化过程中“退而结网”的长程工作。正如唐文治所说：“谓学者当任天下之重，研究天下之务，非谓干涉天下之事。人人能各安其分，各勤其职业，斯天下治。”① 在抗战期间，许多学者安贫乐道，攻苦食淡，淬砺奋发，在学术上硕果累累。赫景盛在《抗战七年来之科学》中云：“这七年间的科学进步与贡献，比起过去三十年来，在质在量皆有增无减。”② 例如，西南联大教师科研成果在1941年获教育部奖励的有冯友兰《新理学》、华罗庚《堆垒素数论》、金岳霖《论道》等；1942年获奖的有周培源《湍流论》、吴大猷《多元分子振动光谱与结构》、李谟炽《公路研究》、王力《中国语法理论》等；1943年获奖的有陈寅恪《唐代政治史述论稿》、汤用彤《汉魏两晋南北朝佛教史》、闻一多《楚辞校补》、王竹溪《热学问题之研究》、赵九章《大气天气之涡旋运动》等，1945年获奖的有马大猷《建设中声音之涨落现象》等。有学者这样写道：“在沉沉黑夜里，萤火虫是带光体，它飞到那里，那里就有光亮。具有文化素养的知识分子，也是带光体，文化随着他们踪迹而散布。联大迁到昆明，使这古老沉寂的边城，一霎间活跃起来。”③

---

① 王桐荪、胡邦彦、冯俊森等选注：《唐文治文选》，上海交通大学出版社2005年版，第184页。

② 赫景盛：《抗战七年来之科学》，孙本文：《中国战时学术》，上海正中书局1946年版，第181页。

③ 陈明章编：《国立西南联合大学》，南京出版社1981年版，第303页。

第八节 中国西部开发在西力作用下的空间互动影响

詹姆斯·莫里斯·布劳特（James Morris Blaut，1927—2000）在《殖民者的世界模式：地理传播主义和欧洲中心主义史观》（*The Colonizer's Model of the World: Geographical Diffusionism and Eurocentric History*，New York：The Guilford Press，1993）中这样写道："欧洲人所教授的、著作的、想象的历史和历史地理，到第二次世界大战时，而且在许多方面直到今天（我们将会看到），仍然处于一个时间隧道（a tunnel of time）之中。这个时间隧道的墙壁形象地说就是大欧洲的空间边界。所谓历史就是顺着欧洲时间隧道的时间向后看或向下看，并试图决定什么事件在哪里发生、什么时候发生、为什么发生。为了说明'为什么'，当然需要把历史事件联系起来，但只是把发生在欧洲时间隧道的事件联系起来。墙外的事件看来像岩石一样僵硬、没有时限、没有变化的传统。我把这种思想称为'历史隧道眼光（historical tunnel vision）'，或者简单地称为'隧道历史（tunnel history）'。"① 在"欧洲路灯"（European street light）的照射下进行的观察，使东方的历史笼罩于沉沉黑暗之中，同时又使现代早期发生在欧洲的变革事件光芒四射而被"卡理斯玛化"并具有普遍意义。按照黑格尔的体系大蜘蛛所编织的世界历史，"时间"上的发展阶段被自然地赋予以"空间"的形式，"这种'历史'就像东方快车，行进在仅有向西铺设的轨道上，穿越时间隧道，从古代埃及和美索不达米亚，开到古典的希腊和罗马，再经过中世纪欧洲，开到现代"②。正如西方传教士来到中国后自信其使命在于

---

① J. M. Blaut, *The Colonizer's Model of the World: Geographical Diffusionism and Eurocentric History*, New York: The Guilford Press, 1993, p. 5.

② Mildred Cable and Francesca：《西北边荒布道记》，季理斐意译，沈云龙主编：《近代中国史料丛刊三编》第四十五辑，448—449，台北文海出版社1988年版，第29页。

“是来与黑暗交战”① 一样，西方的冲击在费正清的“冲击—反应”模式中呈现的形象正是使中国从黑暗中走出的光明使者。保罗·柯文《在中国发现历史——中国中心观在美国的兴起》主张把中国历史的中心放在中国，对将西方冲击视为搅动中国巨大水库的活水源头的“冲击—反应”模式形成强烈冲击，在学界一度掀起轩然大波，导致了从“地方史”的角度开掘中国社会内部的现代因素及其发展可能性的大规模尝试。

然而，西方中心论固不足为训，中国中心论亦不足于取，摆脱这两种偏而不周的思维范式确应如贡德·弗兰克《白银资本》（Andre Gunder Frank, *Reorient: Global Economy in the Asian Age*, Berkeley: University of California Press, 1998）那样开发我们的世界整体眼光。尽管弗兰克所谓的欧洲霸权之前的“世界体系”的存在尚有商榷的余地。有论者指出：“弗兰克的世界体系具有几个特征：时间上的泛化，世界体系在5000年前就已产生，在1400—1800年间已经十分成熟，不存在16世纪的‘历史的断裂’；空间上的扩大化，世界体系始终是一个包括全球各地在内的整体，不存在以欧洲为中心的扩张过程；结构上的模糊化，世界体系没有明确的中心—边缘结构，更无霸权，只有一个大致以亚洲，主要是中国为中心的模糊结构。”② 事实上，早在20世纪50年代，翦伯赞就曾指出：“中国的历史家，过去以至现在，都把中国史当作一种遗世而独立的历史。换言之，即把中国史从其与世界史之关联中，截然地划分出来，使之成为一个与世绝缘的孤立的历史单位。但是我以为当作一个独立的历史单位，中国史固然有其自己之独特的运动和发展；当作世界史中的有机之一环，则中国史与世界史之间，又绝不能划出一条绝对的界线。在现实的历史发展中，地理的疆域，绝不能范围历史的冲决，因而中国史的变动，往往影响世界史的发展。反之，世界史发展之总的倾向，也必然制约着中国史的发展。”③ 德国著名地理学

---

① Andre Gunder Frank, *Reorient: Global Economy in the Asian Age*, Berkeley: University of California Press, 1998, p. 3.

② 安然：《对现代性的否定与自我否定——读贡德·弗兰克的〈白银资本〉》，《史学理论研究》2003年第1期。

③ 翦伯赞：《略论中国史研究》，《学习与生活》1943年第4卷第5期。

家李希霍芬（Ferdinand von Richthofen，1833—1905）于1877年在其五卷本的《中国》（*China, Ergebnisse eigener Reisen und darauf begründeter Studien*，5 Bände mit Atlas，Berlin：Reimer，1877－1912）中首次提出“丝绸之路”（SeidenstraBen）的术语后，德国汉学家艾伯特·赫尔曼（Albert Herrmann，1886—1945）于1910年出版的《中国和叙利亚之间的古代丝绸之路》（*Die alten Seidenstraßen zwischen China und Syrien: Beiträge zur alten Geographie Asien*，Berlin：Weidmannsche Buchhandlung，1910）更将这一术语作为书名标举阐扬，自此，作为东西交流“文化运河”的“Silk Road”这个英文名称亦在世界上广为流传。目前，世人的研究论著里开始出现了诸多不同的“丝绸之路”的名称，如“西南丝绸之路”（蓝勇：《南方丝绸之路》，重庆大学出版社1992年版）、“海上丝绸之路”（刘迎胜：《丝路文化·海上卷》，浙江人民出版社1995年版）、“草原丝绸之路”（有学者称之为“皮毛之路”①）、“吐蕃丝绸之路”（早在1983年浙江人民出版社即出版常霞青所著《麝香之路上的西藏宗教文化》），等等。这些狭义和广义上的“丝绸之路”的研究表明揭示了东西方历史互动鲜为人知的重要贡献。傅斯年、陈寅恪等人在20世纪30年代即强调中国历史是整体的、世界的，而不是分离的、个别的。艾维四（William S. Atwell）早在1977年发表的论文中就凿凿有据地指出：17、18世纪之交，涌入世界贸易市场的白银有一大部分被中国所吸收，“日本和西属美洲的白银很可能就是中国出现的生机勃勃的经济增长的最重要因素”②。由此可见，艾维四的研究堪称贡德·弗兰克《白银资本》的张本，但《白银资本》所阐述的“世界体系”古已有之的核心命题能否成立尚难遽然断言。因为“世界联系”不等于结构严密的“世界体系”，早期的“贸易体系”亦不能充而极之谓为并吞八荒、笼盖四野的全方位的“现代世界体系”。不过问题的关键在于，贡德·弗兰克的全球整体主义的方法论对开启我们关于西部历

---

① 或称之为“茶叶之路”（the Tea Road）。

② William S. Atwell, Notes on Silver, Foreign Trade, and the Late Ming Economy, *Ch'ing-shih wen-t'i* 8, no. 3：1－33；亦可参见Rozman, *The Modernization of China*, New York：The Free Press, 1982, p. 26。

史思维空间具有路标的指示作用。全球一体化在当今已形成空间感天翻地覆的革命，自觉地以全球整体空间意识审视前现代的历史无疑会令耳目为之一新。

如前所述，现代性问题的核心在于时空关系。罗莎·卢森堡（Rosa Luxemburg，1871—1919）曾这样指出："世界"资本主义经济必须依赖于资本主义体系之外的"外部的非资本主义的"空间和市场，并在其中扩张。这段话被弗兰克在《白银资本》中引以为据证明其世界体系的核心命题。一方面，在资本主义的生产过程中，"生产、流通和消费的时间关系必须经过殖民、海外市场等空间活动才能抵达；另一方面，这种空间关系不是外在于资本活动的关系，而是内在于资本活动的历史关系，地域上的空间关系可以被转化为市场活动中的时间关系，即商品的生产、流通和消费的螺旋上升过程"①，因此资本主义市场经济具有前所未有的空间扩张属性，以至产生沃伦斯坦所谓的第一个真正全球意义上的"世界体系"，吉登斯在《现代性与自我认同》（Giddens，*Modernity and Self-identity: Self and Society in the Late Modern Age*，Stanford，CA：Stanford University Press，1991）中将这种全球化现象称之为"时空分延"（time-space distanciation）②。唯其如此，近代以来"国际法"（international law）应运而生且经历风雨洗礼而不断恢宏式廓，以至于国际法律趋同化倾向日形彰显。在20世纪初年，罗斯科·庞德（Roscoe Pound，1870—1964）即为"新的万民法"降临人世欣然展臂迎迓，"法律全球化"的梦想无限引人入胜。而对于资本主义的现代性本质，布罗代尔的识见卓尔不凡。他认为："形形色色的资本主义与市场经济之间存在着毋庸置疑的区别。"按照布罗代尔的解释，市场经济包含许多层次的形式，绝非仅仅包含买与卖这两类行为。在市场经济的底层才是纯粹的、公开面对面竞争的集市贸易，这种一手交钱一手交货的交易随处可见，属于市场经济

---

① 汪晖：《是经济史，还是政治经济学?》，许宝强、梁敬东选编：《反市场的资本主义》，中央编译出版社2001年版，第20页。

② Anthony Giddens，*Modernity and Self-Identity: Self and Society in the Late Modern Age*，Stanford，CA：Stanford University Press，1991，p. 21.

的基本内容；而在市场经济的上层，部分商人直接走向生产者，预先约定进行远期和约交易，具有排他性和垄断性。布罗代尔将前者称为“公开市场”（le marché ouvert），将后者称为“私有市场”（le marché privé）或“反向市场”（le contre-marché）。在布罗代尔看来，市场经济的上层的交易、上层组织正是从私有市场的发展开始的，而且随着市场规模的扩大，私有市场扮演的角色越来越重要，市场经济的上层的这种排他性和垄断性构造的确立和巩固，是资本主义最终产生的基础。从布罗代尔的理论解释中可以看出，市场经济不一定是资本主义性质的，资本主义恰恰是反市场经济的，垄断性是资本主义生产方式与生俱来的本质特征。尽管布罗代尔与贡德·弗兰克的学术路径与思想存在巨大的差异，但值得我们注意的是，和其他不发达理论家一样，贡德·弗兰克亦曾把资本主义描绘为一个世界范围的交换体系，认为这一体系以垄断和剥削为特征。如果我们把布罗代尔关于资本主义生产方式的垄断性理论与早年被誉为“依附论之父”的贡德·弗兰克“大都市—卫星城”（metropolis-satellite）分析框架联系起来，就可以发现：无论在国家体系内部还是国际社会之间，垄断性是资本主义现代性的根本特征；现代世界体系中国际垄断资本的宰制地位实际上是资本主义垄断性的全球空间范围的扩大化表现的极致，这种垄断性宰制地位可以产生巨大的垄断利润。循此而引申推衍，过去学术界将经济法与国际经济法割裂研究的做法难称通观达识。因为经济法以反垄断法为其拱心石，而国际经济法其实亦围绕资本主义国际垄断与反垄断这一主轴延展生发，两者之间一以贯之。①

① 日本等国学术界关于经济法是否以垄断禁止法为中心的争论可参见张世明《经济法学理论演变研究》（中国民主法制出版社2002年版）。这可以从经济法学界追溯现代经济法起源的重要立法《谢尔曼法》（Sherman Act，又称《谢尔曼反托拉斯法》，即Sherman Anti-Trust Act）窥见其中微妙的关系。《谢尔曼法》全称为《保护贸易和商务不受非法限制与垄断危害法》，它不仅仅针对国内的垄断资本，而且旁涉其他国家关税壁垒等行政限制，后一层文本蕴意多为经济法学界所未曾了悟。唯其如此，《论国际经济法学科的边缘性、综合性和独立性》中云：以《谢尔曼法》为代表，“一百多年来，美国的多种涉外经济立法中往往规定：任（续下注）

近代中国西部开发与传统开发相比较而言所具有的一个前所未有的特征即是已被卷入资本主义垄断性的现代全球体系。中国在18世纪处于国力隆盛时期，但统治者“没有意识到外部世界的广阔性和先进性。自我封闭，虚骄自大，故步自封，陶醉于天朝上国的迷梦中，拒绝和外国建立正常的外交和贸易关系，堵塞了交流的渠道，失去了借鉴和学习外部世界的机会”[①]，以致中国现代化转型过程中为此付出了沉重的“机会成本”代价，在荆天棘地中狼狈不堪地踉跄而行，运遭阳九。当西方列强以坚船利炮叩关而来之际，中国在西方武力强迫下国门訇然洞开。但另一方面，由于当轴处要的统治者对于国际法懵懂无知，亦往往颟顸误国、开门揖盗。滥予外人治外法权即是明显的例证。[②] 近代以后，

（续上注）何行为被认为对美国的商务和贸易产生实质性的不良效果，不论此种行为是何人所为或发生在何处，均应受美国法律的管辖，并依美国法律追究责任，实行制裁。纵使行为人并无美国国籍，行为地并非在美国国境以内，也概不例”。（《国际经济法论丛》第1卷，法律出版社1998年版，第33页。）美国凭借鼎盛国力扩大“域外管辖”范围固然散发着强烈的霸权主义气味，但经济法学应该具有从中洞悉国内经济法与国际经济法之间在反垄断话语上的复杂关系的敏锐嗅觉。李双元在《走向21世纪的国际私法：国际私法与法律趋同化》中强调民法是调整社会主义市场经济的基本法，认为尽管国家干预经济职能强化，但公法与私法的界限并不能因此随之消失，故不能过分夸大或人为地不适当地提升经济法的地位（该书第24—29页）。笔者认为，李双元的不少见解相当精辟。例如，他指出：“公权力以维护私权利为归宿，公法以维护私法为归宿，这一点，在任何时候，即使是在社会发生暴力革命的时候，亦复如此。”又云：“不管国家怎样干预与介入，都不能认为随着经济与社会的进步，公民的私权利会越来越少，或越来越受限制。”（该书第23—24页）不过，李双元对经济法的性质似乎存在误解。笔者在《经济法学理论演变研究》中已经纠正了国内学术界普遍存在的如李双元一样的这种“经济法国家干预论”，国外经济法其实并非以凯恩斯主义为基础，而是以弗赖堡学派的新自由主义为基础，国家介入的反垄断法正在于维护经济民主与自由。李双元极力强调国际私法的趋同性，但没有看到国际经济法内部对国际垄断资本的抵制乃其精髓所在。正是在垄断与反垄断的反复较量中，国际经济法趋于公平和正义。在强调与国际惯例接轨的同时，我们并不能无条件地向国际资本主义垄断势力投降。中国加入WTO的意义并不仅仅在于与世界接轨，更在于“入其室而操其戈”反对国际垄断资本的宰制地位，引导国际经济朝着正义的目标迈进。

① 戴逸：《失去了的机会——为朱雍著〈不愿打开的中国大门〉一书所写序言》，《戴逸自选集》，学习出版社2007年版，第231页。

② 参见本书第四卷第三章。

西方垄断资本势力大举进入中国，攻城略地，使中国成为其广阔的销售市场和原料供应基地。有这样一个颇具象征意义的故事：在20世纪20年代前后，英美烟公司向中国大量倾销产品，分公司和经销店遍及我国各地，其“在上海总公司设计推销处里，有一张一公尺见方、用照相纸印就的中国各省市地图，是他们特制的。凡属有英美烟公司分公司或经销处的地方，都画上一个黑点，又写上一个地名；没有分公司和经销处的地方，即使是大城市，也算作空白点。照一般人的想法，我们中国土地之广，城市之多，他们仅仅销售烟的所在，地图上应该是疏疏落落几个黑点，留出的空白点一定是很多的。谁知道，除掉广西、贵州二省黑点较少外，其他各省都是密密麻麻的黑点。尤其是江苏、浙江两省，黑点多到连写地名上去的空隙都没有了”①。这种空间意境地图形象地反映了国际垄断资本在中国的经济版图的扩张。于1928年在武汉成立的义瑞行是依附于美商施美洋行而发展起来的买办资本企业，其业务主要是替施美洋行深入川、湘、鄂等主要集散地点收购桐油出口。由于四川是义瑞在内地收油的基本地区，所以后来亦有人往往将义瑞列入“川帮”。义瑞行十余年如一日地效忠于施美洋行（Werner G. Smith Company），获利丰厚，在国内逐渐取得垄断地位，享有“桐油大王”的称号。该行负责人李景文在《桐油买办商义瑞行的经营始末》中叙述义瑞行在激烈竞争中击垮劲敌“其来洋行”的商业运作时这样写道：

> 施美洋行设立在美国的克利佛兰城，武汉的早晨是美国克利佛兰头一天的夜晚，武汉的夜晚是克利佛兰当天的早晨。这个时间上的差别，我们也充分加以利用：把中国每日晚上最后的市场情况，连夜报告美国施美洋行。那时，一般洋行发往美国的电报，都是在下午下班之前发出，而下班之后的市场变化情况，则在次日发出，因而消息到达美国也就迟了一天。义瑞却不是这样。它采用延长办公时间的办法，每天要等到下午七、八点钟，各地收场后的电报到

---

① 陈子谦、平襟亚：《英美烟草公司史话》，中国人民政治协商会议全国委员会文史资料研究委员会编：《文史资料选辑》第17辑，中华书局1961年版，第210—211页。

齐然后把买油数量、同业动态、市场变化等业务情报汇报施美，有时还主动提出“续收”“止卖”等意见，供施美参考。电报到美，正是施美办公时间开始之时，施美即可根据电告动态，进行交易。有时分行夜晚买了油，或者市场上发生了重大变化，电报迟在深夜十一二点钟到汉，我们也立即转电施美供他下午交易时的参考。另一面美国行家下午下班前发来中国的电报，是次日清晨到达，电报一到，我们立刻根据施美要求转电各分行按价、按量收购。等到别家上班看到美国电报时，义瑞通知买油电报已早转达内地，时间上也抢先了数小时。当万县未设立无线电台以前，有线电报时生故障，我们即请陶维持出面与外国兵舰联系，由兵舰上的电台代发义瑞业务电报到万，以便在市场掌握先声。总而言之，无论是买进卖出，都赶在别人的前面。我们消息灵通，特别引人注意。因此，有些商行也曾派人前来窥探到底是什么秘诀；但他们来时却只看到我父亲在学习希伯来文，总不得要领。①

义瑞行与施美洋行之间虽远隔重洋却声息相通如是迅捷，表明中国西部的经济运行的起伏波动已与国际垄断资本的全球体系密不可分。正是由于买办企业与外国垄断资本沆瀣一气，俯首帖耳为之奔走宣力，施美的经理施密斯在一次收到义瑞行节余费用的汇款电报后，把电报摔向阿旗（施美洋行股票的全部持有者）② 面前，得意地自诩说：“这就是我的中国关系。”③

值此垄断性的资本主义现代世界体系包天盖地之际，不仅中国的买办资本必须仰承国际垄断资本的鼻息，而且民族资本亦不能自外于这种

① 李景义：《桐油买办商义瑞行的经营始末》，中国人民政治协商会议全国委员会文史资料研究委员会编：《文史资料选辑》第 25 辑，中华书局 1962 年版，第 94 页。

② 此人的外文名字与生卒年份不详，待考。

③ 曾兆祥主编：《湖北近代经济贸易史料选辑》第 2 辑，湖北省志贸易志编辑室 1985 年版，第 246 页。亦可参见龙明桥：《李锐与义瑞行》，寿充一等编：《近代中国工商人物志》第 1 册，中国文史出版社 1996 年版，第 458 页。

锡都个旧市

垄断性体制的支配，只能在这种网罟之中苦苦挣扎争取安身立命的生存空间。云南个旧是我国的主要产锡区，锡矿开采历史悠久，但长期以来，从开采、选矿到冶炼一直沿袭落后的土办法，所产的锡含铜、铅、铋等杂质较多，达不到当时国际市场最低的指标，被港商称为“土条”，只能运到香港，卖给广帮商人通过在滇锡中掺入洋条提高成色后销往欧美。据缪云台追述：“那时云南人有一种绝对不与外国人合作的倔强精神。例如法国商人及政府早欲染指个旧锡矿，但云南人多不肯为洋人服务，以致洋人在云南活动十几年也找不到一个土著的买办。”①个旧锡矿多由私人矿商经营，工艺落后，规模狭小，其中最大的企业首推个旧锡务公司，是清末维新运动期间由候补道王夔生等发起倡立的官商合办公司，曾通过德商礼和洋行（Carlowitz & Co.）引进几乎全套的现代技术设备和工艺，然由于保守势力惧怕新法冲击自身利益，而“土法炼制虽成色不好，而成本较低，故公司亦闲置其机械，而仿效土法生产”，苟安一时。但在第一次世界大战结束后，国际市场锡价猛跌，锡务公司生意顿时陷入困境，债台高筑，濒临瘫痪破产。是时，从美国明

① 缪云台：《缪云台回忆录》，中国文史出版社1991年版，第17页。

尼苏达大学学习矿冶的缪云台毕业回国，主动请缨出任个旧锡务公司总经理，持危扶倾，化险为夷，表现出精明干练的现代企业家风范。1932 年，云南炼锡公司成立，缪云台任总经理，他不惜重金聘请英国技师亚迟迪克（S. B. Archdeacon）①来滇工作，最终找到了滇锡质量不过关的症结所在，积极使用新技术，改造熔炼设备，终于冶炼出纯净度达 99.97% 的上等锡，大规模投产后为遵循国际市场惯例将锡条制成一百零二磅一条、二十五吨一堆，并在锡条上打上云南炼锡公司 YTC 的标记，以过硬的品质直接出口在伦敦五金交易所上市交易，个旧由此赢得“锡都”的美称名扬天下。

缪云台晚年像

缪云台在回顾总结滇锡打入国际市场的三个难关时，除产品质量信誉外，其余两者均与现代世界体系的“时空分延”现象有关。他这样写道：

> ……
>
> 其次要解决云南与国际市场间的电讯交通问题。30 年代，国际市场的定货交易全凭电报。按照当时市场的习惯，买卖双方开价

---

① 黄锐《曹汇川先生事略》（中国人民政治协商会议云南省昭通市委员会文史资料委员会编：《昭通文史资料选辑》第 6 辑，1991 年内部发行，第 169 页）提及亚迟迪克的名字为“Archdeacon”。杨毓才《云南各民族经济发展史》标注亚迟迪克的名字为“S B Arch Teacon”。参详杨毓才：《云南各民族经济发展史》，云南民族出版社 1989 年版，第 386 页。事实上，亚迟迪克应为 S. B. Archdeacon，此人的活动情况偶尔见诸当时新加坡的英文报纸。其在新加坡从事锡矿冶炼业最为直接的材料可以索证于 Walter Makepeace，Gilbert Edward Brooke，Roland St. John Braddell，*One Hundred Years of Singapore: Being Some Account of the Capital of the Straits Settlements from its Foundation by Sir Stamford Raffles on the 6th February 1819 to the 6th February 1919*，London：John Murray，1921，p. 224。此人的全名和生卒年份待考。

之后，对方必须在 24 小时之内回话，才能成交。但那时个旧地处偏僻，电讯设备交通欠佳，因此办直接外销存在着电讯交通问题。个旧与伦敦之间通电，须先发有线电报至昆明，再由昆明以有线电报转至香港，由香港用海底电报转伦敦。这样一来，无法于 24 小时内完成来回的消息。误了时间，便耽误了生意，不解决这个问题，我们的生意是做不好的。这时恰好香港成立了官方无线电台，我们便请求与之合作，得到同意。于是我们立刻购办器材，并自香港聘请技术人员，在个旧建立了一个专用的无线电台。这个计划最初为昆明电政管理局所反对，因为邮电业务属于国家，但因实际需要，而昆明电台又解决不了，所以还是同意实施了。此后每天定时与香港通报，由香港负责转伦敦与个旧之间的电报，打破了电讯交通的难关。虽然个旧与伦敦有时差，重要的电报议价工作往往要等到深夜两三点才能办理，但是由于直接贸易的目标已经达到，同仁并不以此为苦。

第三是滇币与外币的汇兑问题。滇锡在伦敦市场出售后，必须将收到的英镑兑成港币，然后再将港币兑成滇币，汇回个旧，才能成为支付生产成本的钱币。那时正值西欧、北美经济不景气，国际汇兑市场的汇价极不稳定，一日数变，而且起落的幅度较大。如不能准确地掌握汇率的话，很容易因为汇率的波动而损失全部利润。那时我们有了无线电报，不仅可以随时了解伦敦市场的锡价，也可以随时掌握市场的汇率，所以我们在与伦敦议价之时，同时也要知道当时的汇率，否则无法计算生产成本与销售价值间的利润。为打通这道难关，我们与香港的渣打、汇丰、中国三家银行商定，每天早、午、晚三家银行各发三个电报与我们联系，告以港币与英镑的兑换率，港币与滇币间的兑换率我们自己掌握。其中以早晚两个电报为准，中间的电报只是报告行市。那时我们每晚都要等到最后一次电报来，这样就可以知道成交后的外汇可以兑成多少滇币，避免了因汇率波动而受的损失。汇丰与渣打银行本是香港执汇兑业牛耳的英商银行，中国银行在港分行的业务与他们无法相比，但我觉得中国人的生意不能完全让给外国银行去做，因此坚持邀请中国银行参加，在同等条件下公平竞争。[①]

从缪云台这段文字可以看出，国际市场价格波动和汇率涨落都深刻地影响着中国国内经济的荣枯，“国家的”经济发展与“国际的”经济发展息息相关。正如有学者所言，社会不平衡发展中的所谓先发（发达）和后发（发展中）国家或地区的社会具有特征相反的时空结构，现代社会发展中的先发国家或地区的时空结构具有延伸性（时空延伸），而后发国家或地区的时空结构具有压缩性（时空压缩）。[②] 正如李鸿章所说：“合地球东西南朔九万里之遥，胥聚于中国，此三千余年一大变局也。”[③] 在现代国际垄断资本主义体系法力无边的支配下，中国西部地区的经济发展不得不按照西方列强编写的国际经济法律游戏规则或遵守被国际法学者称为“与狮子合伙的协约”[④] 的不平等条约制度法律框架与世沉浮，与狼共舞。

正如刘禾在论述丁韪良翻译《万国公法》发明的新语词“权利”（对应于英语 right and privilege）时所说：“中文名词‘权’的用法包含着许多与‘权力’‘特权’‘优势’相联系的意义，正如‘利’让人们想到的是‘利益’‘利润’‘唯利是图’一样。这些被驱除的意义始终潜伏在‘权利’和‘人权’的译文背后，随时有可能溜回来骚扰英文原文，不知不觉地用被遏制的‘其他’意义玷污了‘权利’和‘人权’等词。这样包含着‘过剩’意义的亚文本使英语‘right’自明的意义带有它表面上说的更多的意思。这并不是说翻译者们不能理解‘right’的真正意义。恰恰相反，这些‘过剩’意义恰如其分地传达出‘权利’话语在国际法实践中所传达的历史信息。归根结底，它表明了这样一个

---

① 缪云台：《缪云台回忆录》，中国文史出版社 1991 年版，第 42—43 页。

② 唐·巴特尔：《简论时空转换与人的活动特征》，《内蒙古社会科学（汉文版）》2002 年第 6 期。

③ 李鸿章：《筹议制造轮船未可裁撤折》，同治十一年五月十一日，李鸿章：《李文忠公全集·奏稿》卷十九，沈云龙主编：《近代中国史料丛刊续编》第七十辑，691，台北文海出版社 1980 年版，第 677 页。

④ Arsanjani Reisman, W. Michael Reisman, *International Law in Contemporary Perspective*, New York: Foundation Press, p. 1177.

基本事实，国际法是由 19 世纪欧洲国际法的代表带到中国来的，他们向中国人宣告他们拥有‘贸易权’以及侵犯、掠夺和攻击中国的‘权利’。他们的‘权利’语言只能向谈判桌前的清政府和中国人民响亮地传达威胁、暴力和军事侵略的信息。”① 1842 年，清廷在鸦片战争失败后与英国签订《南京条约》。当时中国官吏并不甚了解协定关税有害国权，反而认为有协定后关税争衅即可永杜，故贸然同意英方要求，在该约第十款规定：“开关俾英国商民居住通商之广州等五处，应纳进口、出口货税、饷费，均宜秉公议定则例”②，从而确立了协定关税的基本原则。《望厦条约》复规定改变税则须经美国“议允”，此条款更可谓真正将中国关税主权举而畀诸洋人之手的开始，使中国无法实行国定关税制度。随着西方侵略势力的加深，中国国内的经济立法与西方强加于中国的国际经济法律制度亦复因之联为一体。例如，1853 年，清政府为镇压太平天国而开征厘金，这便为西方列强所难以容忍，卒致在提出“修约”为清廷拒绝伺机寻衅发动第二次鸦片战争，从而产生协定内地关税制度（即子口税和沿岸贸易制度）以及陆地减税制度。按照 1862 年中俄《中俄陆路通商章程 · 续增税则》，两国边界贸易在百里以内，以及俄商在蒙古贸易均不纳税；俄商经指定商路运俄货至天津按各国海关税则减税三分之一，在天津、通州贩卖土货经指定商路回国按海关税则完纳正税，在张家口一处贩卖土货则按海关出口税一半交纳。1881 年中俄《改订陆路通商章程》又将免、减税的区域扩大，免税地域由边境百里及蒙古扩至新疆的“伊犁、塔尔巴合台、喀什噶尔、乌鲁木齐及关外之天山南北两路各城”，减税特权则由天津扩展到肃州（嘉峪关），规定俄商到肃州贸易的减税办法照天津办理。③ 1886 年中法《越南边界通商章程》第六款亦规定：凡各项洋货由越南进入云南、广西边

① 刘禾：《普遍性的历史建构：〈万国公法〉与 19 世纪国际法的流通》，《视界》第 1 辑，第 80 页。

② 褚德新、梁德主编：《中外约章汇要：1689—1949》，黑龙江人民出版社 1991 年版，第 71 页。

③ 王铁崖：《中外旧约章汇编》第 1 册，生活 · 读书 · 新知三联书店 1957 年版，第 387 页。

关，按照海关税则减税五分之一征收正税，如海关税则未载之货物，则按估价值百抽五征收正税。西方列强凭借雄厚的经济资本和文化资本在华攫取了大量法律特权，而这些法律特权又为之巩固垄断地位和谋求垄断利润提供了便利的优越条件。准确地说，费正清所谓的近代中国"条约体制"存在严重的阙失，并没有将"不平等"的限定词前而置焉。在这种"不平等条约体制"下，大量的国际条约将越来越多的具有垄断性的近代国际经济法律制度深刻地楔入于中国国内经济法律体系的肌理之中。近代中国经济法律体系之所以难以提供现代化进程必需的制度资源的供给保障，深具垄断性的现代世界资本主义全球体系的法律制度的羁厄应该说负有不可推卸的罪责。费正清在《伟大的中国革命》（John King Fairbank, *The Great Chinese Revolution: 1800 - 1985*, Harper and Row, 1986）中论述中国人抗拒现代化变革的心理和官僚体制对现代化进程的阻碍时旁逸斜出地信手一笔写道："波士顿罗塞尔公司的约翰·莫雷·佛布斯在19世纪40年代后期拿他在中国口岸做茶叶和鸦片生意赚的钱，投资到更赚钱的美国中西部，先创建了密执安中央铁路，接着又投资到芝加哥、勃灵顿和昆西。"① 欧美商人精明固然不可否认，然而中国近代经济的落后亦不能全然归咎于中国人的愚昧落后。对于美国而言，中国是其境外遥远的西部，而中国的资金被鸦片贸易等非法的罪恶活动所摄取注挹于美国本土西部开发，中国包括西部在内的经济开发的失血、停滞不能不追根溯源于欧美列强依靠不平等条约制度的榨取无度。

自19世纪以来，在各国实践中逐渐形成的关于外国人的民商事法律地位的制度主要有：（1）国民待遇（national treatment），又称为平等待遇，指内国给予外国人的待遇和给予本国人的待遇相同，在同样的条件下外国人和内国人所享有的权利和承担的义务相同；（2）最惠国待遇（most-favored-nation treatment, MFN），指授予国给予某外国的待遇不低于或不少于授予国已给予或将给予任何第三国的待遇；（3）优惠待遇（preferential treatment），指一国为了某种目的给予外国及其自然人

① 费正清：《伟大的中国革命》，刘尊棋译，国际文化出版公司1989年版，第4页。

和法人以特定的优惠的一种待遇。本来，实行最惠国待遇的目的在于防止本国人在外国民商事交往中的地位低于第三国人在该外国的地位，且最惠国待遇一般都是互惠的。然而，对现代国际法缺乏起码常识的清朝统治者自矜于“怀柔远人”的虚骄将“最惠国待遇”轻而易举地拱手相让，且以“以夷制夷”的故技为得计将“最惠国待遇”加以普适化，最终自己入其彀中作茧自缚。近代中国与外国签订条约中关于“最惠国待遇”的制度化安排（institutional arrangement）多为泛指性、概括性条款，且特定条款亦往往十分空泛，以至于如同某一方面的概括性条款。① 此外，近代中国赋予外国的最惠国待遇一般均为单方面的特权，即便少数条约字面条款“名为互惠，实则片惠已甚”②，以至于国人云：“我所有之最优待遇，实为最不优待遇。”③ 由于外国垄断资本在华享有诸多特权，所以国际经济法律制度打破中国国内经济法律制度自成一体的界域的同时，又造成中国国内经济法律体系的二元分裂现象，享有最惠国待遇的外国垄断资本与国内受到政府生杀予夺统治的民族资本在法律上的不平等地位公然无隐。在新疆，由于清季俄人入境通商享有免税特权，起初中国商人为躲避商税，间有冒俄籍请领通商票照者。俄领事乃乘机引诱中国人入俄籍，委派俄乡约管束，致使通商票无形中成为国籍证明书的另一种形式。19 世纪末 20 世纪初，新疆各地的商约、乡约，又相继私自发放手书小条，代替通商票。凡贸易运货人不论身份、国籍，只要持有俄商约、乡约手书小条，即拒绝缴纳地方贸易税收。中国政府虽就此与驻京俄公使和驻新疆各俄领严峻交涉，但俄商约、乡约手条仍屡禁不止，且愈演愈烈。④ 不仅如此，“英属印度和阿富汗的商约也起而效尤，给他们的华籍亲友送这种通商纸条。后逐渐形成贿买，英、俄商约因而坐收额外利益”⑤。

---

① 李育民：《近代中国的条约制度》，湖南师范大学出版社 1995 年版，第 229 页。

② 童蒙正：《关税论》，商务印书馆 1934 年版，第 347 页。

③ 李育民：《近代中国的条约制度》，湖南师范大学出版社 1995 年版，第 225 页。

④ 厉声：《新疆对苏（俄）贸易史（1600—1990）》，新疆人民出版社 1993 年版，第 181—183 页。

⑤ 佳木：《阿克苏之商业》，中国人民政治协商会议新疆阿克苏市委员会文史资料委员会编：《阿克苏文史资料》第 2 辑，1988 年内部发行，第 82 页。

按照1890年《烟台条约续增专条》（即《重庆开埠通商条约》）规定，英商可以自己制造木船或雇佣中国木船，挂外国旗由川江上驶重庆，享有与轮船在其他口岸和水域同等的权益。于是米字旗、三色旗、星条旗、太阳旗开始在川江上下飘扬，依赖外资的中国“挂旗船”纷纷出现，较诸中国普通厘金船（即“非挂旗船”）在竞争中处于优势地位，而太古、怡和、公泰、立德等洋行只要中国民船“给银五两”，即准挂旗，甚至外国军船亦为之保驾护航，故1893年郑观应考察川江航业时对于“挂旗船”和洋货一样享有免厘待遇以致“商务利权悉入西人掌握”的现状痛心不已。① 重庆巨商黄锡滋经营的“法商聚福洋行”成立于1929年，其前身为“福记航业部”，主要经营川江航运，每年致送法国人“挂旗费”纹银三万两以寻求保护，其轮船俨然成了“法国商船”，在川江畅行无阻，既可对付地方军阀，又不完纳所谓营业税、直接税、二五税等等各种名目繁多的苛捐杂税，而且船上大书“法国商船不装士兵”②，理直气壮地拒绝“打兵差”。根据国民政府与法国签订的“中法商约”，法商必须占有三分之一的合资公司方属法国企业。黄锡滋改组聚福洋行与法国吉利洋行磋商订立公司章程，表面上法国人以在重庆和汉口的不动产地皮、房屋作为投资三分之一的股本以符合中法合资公司的形式要件，得以正式向法国外交部立案注册，然而实际上，黄氏等人与法方另行签订内部“密约”却规定：双方承认法方以地皮、房屋为投资的三分之一股额为虚股，中方既不得享有法方地皮、房屋所有权的变卖、抵押以及其他处分权，法方亦不得享受股份的赢利分配权，且不负业务上亏折的责任，中方每年支付吉利洋行挂旗费九七平银三万两。正是依靠这种拉大旗作虎皮的挂靠策略，“法商聚福洋行”几十年假凤虚凰，假虎之威，在川江航运的“黄金水道”上一帆风顺，履险如夷，买码头，添设备，大发其财，走入了“黄金时代”。

---

① 盛档：《长江日记》（光绪十九年三月初七日），转引自夏东元：《郑观应传》，华东师范大学出版社1985年版，第113页。

② 黄瑾莹：《从法商聚福洋行到强华公司的回忆》，中国人民政治协商会议全国委员会文史资料研究委员会编：《文史资料选辑》第33辑，中华书局1963年内部发行，第211页。

如果说完全竞争（complete competition）是一种浪漫主义的理想，那么彻底消除垄断也从来不过是一种意识形态的赝品。这种主张彻底消除垄断的“意理”（Ideologies）在学术上正是反独断主义所不能容忍的。因为市场并不一定就是能保证自由的完美机制，其在不同程度上是可以被控制的。在经济规律中，厂商公平竞争固然是其发自内心的愿望，但追求垄断的倾向亦是其出乎天性的本能；在经济法中，反垄断法决非对垄断一律涤荡无余，仅视乎垄断的合法与否，合法垄断并不在反垄断法禁阻之例。竞争与垄断的二律背反正是市场经济法律空间扩展的内在动力。① 美国康奈尔大学的高家龙（Sherman Cochran）在研究中国

① 这方面的研究应该以笔者的老师费肯杰教授的论述最为权威。《联合国卡特尔行为规范》（UN-Kartell- Kodex）乃至目前欧盟的竞争法都贯彻了费肯杰教授的思想。费肯杰教授认为，市场和财产是一事两相的问题。一切关于自由经济秩序的法律都可以采取“获得”（Erwerben）和“拥有”（Haben）的二分法。“获得”与“拥有”二者彼此互相制约：人们必须拥有一些东西方能涉入于市场，原子主义式的竞争并非真正的竞争，毫无任何“垄断”就无法使竞争秩序得以重组。无害的竞争限制的情形并不鲜见，即企业在某一点上达成了共识，该点不属于竞争的对手性，因而不是竞争紧张的要义所在。例如：三家机械工具生产商为他们的职工建造一个共同的游泳池。一个城市的三家百货商店建造一个共同山区小屋，以供按照时间表为企业度假使用。某城市的钢铁厂对工作时间的阶段计划达成协议，以消除在8 时之前和在 17 时以后交通压力。诸多鞋店自己建造一段走廊，以便顾客在下雨天也能“观光橱窗”。一个企业集群在波恩设立共同利益的代表。芝加哥证券交易所规定新的证券交易时间。插花批发商达成协议将花的拍卖日期提前。这些情形的共同之处在于，尽管存在企业自由的限制，但这不属于竞争的对手性。顾客“感觉”不到制约，至少不是他的选择的制约，而这就是测试标准。这里固然缺乏竞争因素，但谈不上可感觉的竞争限制的发生。换句话说，限制与竞争因素（Wettmoment）无关，而是仅涉及竞争关系（Bewerbsbeziehungen）。无害的竞争限制是存在的。如果对手性的因素（das Moment der Rivalität）受到影响，并且市场的反面感觉到这是对其选择的制约，那么这就牵涉到了竞争限制（Borchardt/Fikentscher：实质的竞争限制）。它这样仅仅在卡特尔法上是值得怀疑的。无害的竞争限制是卡特尔法所不关心的，只要它没有涉及别的情况，例如对竞争限制的义务（GWB 第十五条、第十八条）。人们也可以将这样的无害的竞争限制称为外部市场的相互依赖（auβermarktlichen Interdependenzen）：当且仅当缺乏竞争（Wettbewerb）时，竞争的制约（eine Beschränkung des Wettbewerbs）并不发生。潜在的竞争亦是竞争（Potentieller Wettbewerb ist Wettbewerb）。参见沃尔夫冈 · 费肯杰：《经济法》第 2 卷，张世明译，中国民主法制出版社 2010 年版，第 234—235 页。

烟草工业史的著作①中所提出的“中外商业竞争”（Sino-foreign commercial rivalry）的概念被张瑾所援引，② 这一概念的可取之处在于祛除中国学术界传统的对近代外国垄断资本涌入中国后狂潮怒进、所向披靡的图式化、情绪化、简单化摹写方面具有一定价值和意义。在近代，中国厂商融入世界经济一体化的潮流中绝非乏善可陈，卑卑无足论道。我们透过如烟往事仍可以回眸中国厂商在与外国资本的商战中叱咤风云的身影。旅蒙商人在晚清与俄商追亡逐北的搏杀中气势雄浑磅礴，业绩可圈可点。从日本的东京到英国的伦敦，他们一度把自己的商号店铺遍设海宇内外，与现代西方大托拉斯企业相比也毫不逊色。以太谷曹家为例，“它以设在太谷金德账庄、三晋川商号为大本营，以彩霞蔚绸缎庄的名义出资，在张家口、赤峰、天津、济南、徐州等地开设商号、分号。又在俄、英、日、朝等国开设字号，专营茶、烟、绸缎、纱、绢等贸易。设在张家口的大型商号——‘锦泰亨’，在库伦、恰克图、莫斯科设立‘锦泰亨’小号；在伦敦设立‘锦泰亨’驻庄；在朝鲜、日本设立‘三晋川’驻庄，分别向欧、亚等地开展贸易”③。从同治、光绪年间开始，曹氏商业集团便聘雇外国商人大办外采生意，如“三通当”账庄特聘日本商人大野任该号办华老板，出入日本采购商品或进行汇兑达十年之久，而曹氏家族则为这些外国买办商人的老板。在近代云南，回族商号马帮所谓“走夷方”到缅甸、泰国等国家贸易的风气甚炽，有“盘田一生，不如做生意一时”④ 之说，在曼德勒、仰光等地设立的分支机构不可胜数。《大理县志稿》载，这些走夷方者往往“迨及岁暮，联翩归

---

① 参见 Sherman Cochran, *Big Business in China: Sino-Foreign Rivalry in the Cigarette Industry, 1890 - 1930*, Harvard Studies in Business History 33, Cambridge, Massachusetts: Harvard University Press, 1980。

② 张瑾：《权力、冲突与变革——1926—1937 年重庆城市现代化研究》，重庆出版社 2003 年版，第 62 页。

③ 周伟主编：《寻找晋商》，光明日报出版社 2003 年版，第 39 页。

④ 《永建回族自治县社会调查》，云南省编写组：《云南回族社会历史调查》一，《国家民委民族问题五种丛书· 中国少数民族社会历史调查资料丛刊》，云南人民出版社 1985 年版，第 25 页。

常氏宗祠，这里走出的山西商人曾是与外商竞争的主力军

来，春酒烹羹，宴乐亲旧。正月既交，联翩复出，若是者岁以为常”①。尽管外国垄断资本在中国力雄势强，但中国厂商绝非一触即溃，形同虚设。

猪鬃大王古耕虞的经营活动可谓中外企业竞争与垄断错综复杂关系最佳的解剖标本。古耕虞在回忆录中这样写道：“从前清末年起，我的叔祖开始经营猪鬃生意，后来父死子继，衣钵相传，到我这一代，已经有三代的历史。我家这份传家的事业，最初只是一个封建性的独资经营的川帮行业，经过我们祖孙三代数十年的惨淡经营，逐步发展成为现代化的资本主义大企业，再一跃而成为资本雄厚、世界驰名的托拉斯组织。数十年来，我们这个商号的招牌屡经变更，但是它所出的虎牌鬃却一直在世界市场上占有重要的地位，享有很高的声誉。我国的猪鬃产量向居世界首位，最高时曾达全世界总产量的80%；如果单就我们的虎牌产品来说，最高时曾达世界总产量70%。”② 新中国成立前，古耕虞

① 转引自马维良：《云南回族历史与文化研究》，云南大学出版社1999年版，第233页。

② 古耕虞：《我经营猪鬃20余年的回顾》，《中华文史资料文库》第14卷，中国文史出版社1996年版，第941页。

的四川畜产公司虽然论财富、企业规模和社会声望等不能列入全国最大、最高的前若干名，但就一个行业的垄断程度而言，则在全国首屈一指。古耕虞从上海圣约翰大学（Saint John's University）毕业后进入其父独资经营商号古青记，初出茅庐，雄心勃勃，企图在重庆山货业中“指点江山”。时值美国商人 H. B. 纳尔斯①代表美国一家最大的制革商孤身前往重庆收购羊皮，力欲跻身重庆山货行业，却对重庆市场情况毫无调查研究，买进货物后无法运出，被债主催讨货款所闹得焦头烂额。古耕虞乃表示为之解围，愿意先由古青记垫付八成货款给卖主，由重庆山货同业公会成立债权团，由纳尔斯在合同上签字：（1）承认委托古青记代办一切；（2）承认中国银行为第一债权人，由中国银行将纳尔斯所购货物，交古青记加工出口，出口后将信用证的收益人改为古青记。纳尔斯由此得纾其困，亦由此铩羽而归，而古耕虞则实现了使洋商不得插足重庆山货行业之目的，声名鹊起。当时，古青记尚不能摆脱上海洋行在对外出口贸易过程中的垄断和居间媒介。1927—1928 年，美国最大的猪鬃进口商孔公司②的商务代表赴渝与古耕虞建立联系，双方议定：孔公司不再从伦敦市场购进猪鬃，古青记亦不再将自己的猪鬃交由上海洋行转手贸易，以便双方直接贸易避免上海洋行和伦敦中间商的双重分润。“当时，大英帝国还是雄视两洋的‘海上霸王’，连美国人都不敢过分冒犯它的利益。因此，这个猪鬃的‘婚礼’只好秘密进行，双方都害怕上海—伦敦的英商从中破坏。开始时，古青记直接装运到美国的虎牌猪鬃不用自己的唛头（装箱标志），装船人也不用古青记的名义，以避开上海的英国洋行的耳目，它只以一部分猪鬃直接输美，把另一部分来应付上海的英国洋行，然后才逐渐扩大直接输美的数量，以至于最后全部丢开上海、伦敦的中间商。”③ 如果说逼走纳尔斯是拒敌于国门之外，而与孔公司的联姻则是古耕虞走出国门的关键性的一步，使古青记的虎牌猪鬃在国际市场上如虎添翼，真正实现了“生意兴隆通四海，财源茂盛达三江”，呈现出海阔天空的市场前景。古青记与孔公司

① 此人的外文名字与生卒年份不详，今姑阙疑，待考。

② 此公司的外文名字与具体情况不详，待考。

③ 王慧章：《猪鬃大王——古耕虞》，中国文史出版社 1991 年版，第 25 页。

的联姻①无疑是双赢的合作，使双方都成了大王：一个中国的猪鬃大王——管出口，一个美国的猪鬃大王——管进口。由于以美国的孔公司为生意伙伴，古青记在重庆专营猪鬃的商号中当行出色，独占鳌头。20世纪20年代末期重庆约有几十家鬃商，但到了1934年，由于大鱼吃小鱼的市场竞争法则的作用，除古青记外，仅剩下鼎瑞、祥记、和祥三家。而且这三家也奄奄不振，摇摇欲坠，于是古耕虞与这三家鬃商达成协议，由古青记经营重庆出口猪鬃的70%，其余30%由这三家商号各占10%。由于和祥系由古耕虞出资维持，且兼任经理，故实际留下的只有两家。一方面，古青记利用孔公司的同盟关系在四川鬃商业界形成一统天下的垄断；另一方面，又如古耕虞后来自己所言，“这个集中经营的局面，在对付帝国主义，同帝国主义掠夺原料、压价收购作斗争方面，是起了一定程度的积极作用的”②。可见，古青记在国内的垄断格局反过来又成为对抗外国垄断资本的消解力量。

在抗战期间，国民政府实行猪鬃统购统销，直接隶属于财政部的复兴公司负责猪鬃外贸出口，常常与签约鬃商在收购牌价调整问题上争执相持不下，古耕虞乃利用和英、美驻渝交涉猪鬃供应的代表熟识的关系，抓住英、美代表向复兴公司催货甚急的弱点，以此与官僚垄断资本讨价还价。利用外国势力挤压本国同业和与官僚资本周旋是古耕虞与外国垄断资本关系的又一层面。古耕虞在新中国成立后对西方列强在华特权所形成的对本国民资本的歧视性法律待遇和障碍尤为耿耿不满，他这样指出：“在华的帝国主义特别是英帝国主义对我的歧视和排斥，首先表现在海关方面。在以前，中国本商不能直接报关，必须由报关行代办，这样，就比洋商直接报关，要多花一笔报关费和水脚回报。……其次是外商银行的歧视。1925—1934年间，上海外国银行商行林立，它们各自扶持他们本国的商人，给以种种便利和支持，而对于我则不但不

① 此即费肯杰教授在《经济法》中所说的“大象婚礼”（Elefanten-hochzeiten）的典型形式。参见沃尔夫冈·费肯杰：《经济法》第2卷，张世明译，中国民主法制出版社2010年版，第228页。

② 古耕虞：《我经营猪鬃20余年的回顾》，《中华文史资料文库》第14卷，中国文史出版社1996年版，第944页。

给予打包放款，并且非要拿到提单，所有手续一切具备之后，方准给予结汇。如果手续差一点儿，甚至如果打错了一个字，它们就借端挑剔，不给结汇。1935 年以后，中国银行和上海银行加入国际汇兑银行界业务后，洋商洋行因为要同它们竞争，对我们的态度才比较好一些。再次是税收上的不平等。外商除了按照协定缴纳关税以外，其他税目均一律不缴。而本国商人则除了关税之外，还要缴所得税、营业税、印花税等等，至于苛捐杂税，更是名目繁多，数不胜数。这样，本国商人因成本增大，也就无法和洋商竞争。”① 所以在古耕虞从商生涯中仅有的一场为自己商业利益所打的官司实际上矛头所指都是针对外国列强不平等条约所形成的法律特权。是时，由于古青记不能在重庆关直接报关，古耕虞便提出控告，要求与洋商一律待遇，一直上诉到总税务司和南京国民政府财政部，官司打了一年多，结果以交纳三千两关平银的保证金方被批准而告终。

抗战结束后，古耕虞约请潘昌猷、刘航琛等同业诸公司举行“最高级首脑会谈”，公开声明“川畜”在川、云、贵诸省业务保持现状，不再竞争和扩展，某些地区甚至可以撤退，让予诸家公司经营，而自己将“川畜”的生产经营重心转移至天津、汉口、上海等地，以邀约同业一致反对官方的统购统销。官办复兴公司被撤销后，算路深远的古耕虞即如杜甫的名句所言“即从巴峡穿巫峡，便下襄阳向洛阳”，以雷霆之势迅速在汉口、天津、沈阳设立了分公司，在上海成立了总经理办事处，驰骋于更加广阔的市场空间。天津是鬃业商家必争之地。古耕虞这样回忆说，天津的万记洋行“是美国的进口鬃商，同时也是美国的分配商，在美国的地位仅次于孔公司，拥有资本五百万美元以上，它一方面是我们最强有力的竞争者，但是另一方面，由于它的纽约总号又是美国的仅仅次于孔公司的猪鬃大买主，因此同时也是我们的顾主。我们应该把它当成竞争者对待，还是当成一个顾主对待，就成为我们天津分公司亟待解决的一个问题，也是内部争论最激烈的一个问题。最后我们得了这样

① 古耕虞：《我经营猪鬃 20 余年的回顾》，《中华文史资料文库》第 14 卷，中国文史出版社 1996 年版，第 943 页。

一个结论：假定我们的价格能够和它自己在天津加工的成本一样，而我们的质量又高于它自己的货色，它必然会逐渐趋向于购买我们的货而不再愿自己加工”①。按照这一方针和策略，“川畜”天津分公司不仅稳步发展，而且被美国费城万记总公司所认可，逐渐关系趋于融洽。关于在抗战以后与孔公司的关系，古耕虞这样写道：“川畜和孔公司的这种合作，实际上成了一个非常之大的世界性的垄断‘组合’。在这种合作之下，双方都获得了超额利润，就这一点来说，双方都是满意的。但是川畜和孔公司究属两个组织，两方面都不可能满足于现状，都想进一步形成由自己这一方面完全垄断的局面。因此，孔公司要它的驻中国代表向我的竞争者购买比较便宜的货，而我公司也要我们的驻美代表向孔公司的竞争者出售价格较高的货。可是两方面也都心里明白，谁离开谁都不可能寻得出更好的代替人。”② 由此可见，从文本分析的角度而言，古耕虞的回忆文章可谓研究民族资本与外国资本关系的绝佳选择。联手合作、利用、反制、竞争、冲突、若即若离等关系在此曲尽其妙，栩栩如生，历历如绘。尽管古耕虞的川畜公司在国内执鬃商界之牛耳，在国际上亦纵横捭阖，但这种垄断地位是现代资本主义边缘地区的吉光片羽、凤毛麟角的特殊现象，并不能改写现代资本主义中心与外围的经济空间格局，可以称之为“依附性特殊垄断地位”。

西方在华势力对中国近代西部开发过程中的影响既不能被视为浮光掠影，亦不能被不分青红皂白地全盘否定得一无是处。先入为主的价值预设判断往往成为画地为牢的自囚意结。因此我们必须小心谨慎地避免

① 古耕虞：《我经营猪鬃20余年的回顾》，《中华文史资料文库》第14卷，中国文史出版社1996年版，第950页。万记洋行的具体情况不详，待考。但根据古耕虞自述，此家商行似乎应该与成立于1921年的A. Hirsh Inc. 有关。资料来源：http：//articles. philly. com/2010-12-02/news/25293724 _ 1 _ china-merchant-marine-trade，访问时间：2011年5月2日。黄光域所编《近代中国专名翻译词典》收录的万记洋行的外文名称为Apar & Co，Ltd. ，Arratoon V. ，但据笔者考证，该公司已于1925年解散，且所从事的行业与猪鬃无关，两者不可混同。参见黄光域：《近代中国专名翻译词典》，四川人民出版社2001年版，第12页。

② 古耕虞：《我经营猪鬃20余年的回顾》，《中华文史资料文库》第14卷，中国文史出版社1996年版，第948页。

形成对西方在中国西方开发作用的刻板定型（stereotype）的映像，实事求是地“是山还他一山，是水还他一水”。在近代贵州历史上，有一个国内外都颇著声名的地方叫“石门坎”（Stone-Gateway），是基督教循道公会传教士柏格理（Samuel Pollard，1864—1915）传教布道的大本营。胡锦涛总书记当年到贵州担任省委书记的第二天在与各机关处以上干部的见面会中就娓娓谈起了石门坎和柏格理。可以说，石门坎极具复杂的文化符号象征意义。它曾被视为苗民“救星”的标志，亦曾成为传教“神迹”的象征，又曾当作被西方列强“侵略”的典型。1914 年由中华基督教宣道使者李国钧撰拟、石门坎联区全体学生所竖立的《石门坎溯源碑》将这种“石门坎现象”的来龙去脉叙写勒石，是一件值得深入分析的文本，其文曰：

天荒未破，畴咨冒棘披荆，古径云封，遑恤残山剩水。访桃源于世外，四千年莫与问津。探芝圃于莽中，五百劫始为说法。则亦无有乎尔，然而岂谓是哉？原夫野地花丛，难邀赏鉴，尔乃葛天苗裔，谁肯是携？回徒本墨守宗风，孔教且素持外攘，禅宗既穷超生之路，道派更绝换骨之丹。惟之莠三秀骄骄，慨草田之无佃，恒花溪勃勃，惕茅塞其谁开？幸耶和华示撒母耳还来旧雨，沾从秦汉衣冠，俾彼明星映到羲皇人物。花既凋而复起，苗则槁而勃兴。始亚当克惠黔黎，初开草昧；更百木能支大厦，独辟石门。愿它野橄榄枝，接我真葡萄树。十年灌溉偕良友，创字释经；两度梯航与细君，分班授课。故叫万花齐放，遂使良苗一新。叱石成羊，亚伯拉罕之子孙；攀门附骥，衍马丁路德之薪传。天父恩何等昭彰，圣神力不可思议。四起栋宇，非斗靡而夸多；别具炉锤，愿超凡以入化。时闻山鸣谷应，牧樵赓赞美之歌，伫见户诵家泣，子妇解颂扬之谱。文章机杼特操实业经纶，道德森林饶有民生主义。①

① 《石门坎溯源碑》，张坦《“窄门”前的石门坎——基督教文化与川滇黔边苗族社会》，云南教育出版社 1992 年版，第 293 页。其文字略有不同的另一版本见杨明光：《基督教循道公会传入威宁地区史略》，收入东旻、朱群慧主编：《贵州石门坎：开创中国近现代民族教育之先河》，中国文史出版社 2006 年版，第 41 页。

按，石门坎位于滇黔交界处，西北距昭通三十五公里，东北距彝良六十余公里，东南距威宁一百四十二公里，是一个所谓“屙屎不生明”的“化外蛮荒”之地。千百年来，历史悠久的“葛天苗裔”便栖息在这种“生存的极限边缘环境”的“残山剩水”。正如俗语所云：“山中方七日，世上已千年。”当西方社会日新万异之际，这里的苗民社会仍长期停滞不前，地瘠民贫。张坦《“窄门”前的石门坎》这样写道：近代中国“‘地大物博’引起了殖民者的垂涎，‘人口众多’，则导致了传教士的兴奋：将世界最密集、最众多的‘异教徒’皈依于基督，是‘为基督征服世界’的最诱人的工作”①。中英《烟台条约》被传教士认为是“打开了进入中国最边远地区门户的可纪念协定”，此后中国内地会（China Inland Mission，CIM）传教士开始逐渐进入西南地区。内地会经过在对初期布教不顺利的原因分析后认为症结在于汉族受儒家文化熏染较深，乃将传教重心调整到非汉族的少数民族地区，即所谓“苗疆开荒”。1904年冬，柏格理进入苗区决定在“石门坎”开办教会和创建教堂，诱发了苗族社会长期积淀形成的“盼望救世主”集体无意识的信念，信教苗民日增无已，石门坎数十年中即被建设成为苗民信徒的“锡安圣地”。柏格理筹办储蓄社贷款给信徒购买田产，或教会购地出佃于教徒，改善教徒生活水平，于1906年在乌蒙地区破天荒建立第一所苗民学校，于1911年创办乌蒙山区第一家西医西院“福滇医院”，设立织布厂、良种推广站；开辟“公益场”，结束了苗区无商业的历史。此外，麻风病院、护士学校、足球场、游泳池、公路等次第而兴，使“一片寒地，极端经营，竟至崇墉栉比，差别有天地”②。苗族原无文字，被旧史志称为“晦盲否塞”“蠢发鹿豕”的“结绳刻木”记事的民族，柏格理成功地创制并推广了“柏格理苗文”（Pollard Script），即俗称的“老苗文”。1912年，石门坎光华小学办成有高小部的完小；分男

① 张坦：《“窄门”前的石门坎——基督教文化与川滇黔边苗族社会》，云南教育出版社1992年版，第22页。

② 孟铸群、陈红涛等主编：《中国民族教育论丛》1，贵州民族教育研究专集，《民族教育》编辑部1987年编印，第241页。

女二部，成为西南地区最早的男女合校之一。是时，教会还用法律手段强制苗族青少年读书，规定至低初小毕业方准结婚。过去苗族是一个“病不延医”“唯祷于鬼”的民族，但短短几十年中，教会于 1926 年培养造就了苗族历史上第一个医学博士、第一个西医医生吴性纯，另一位苗族医学博士张超伦后来则成为贵州省人民政府卫生厅首任厅长。1906—1949 年，循理会在乌蒙山区创办教育的成就在世界教育史上也是一个奇迹。当时英、汉文报刊竞相将石门坎称为“西南苗族最高文化区”“苗族文化复兴圣地”“香港第二”“海外天国”等，苗民甚至将柏格理称为“苗族之父”。故而石门坎苗文《苗族信教史碑》中云：

> 苗族赞曰：黑暗时代谁可怕我们，困难环境谁同情我们。感谢上帝遣使柏格理牧师宣传基督福音。我们有书读，当赞美解囊资助老人家。战胜黑暗，重见光明。特立此碑以示纪念。①

这通石碑与《石门坎溯源碑》同属一种类型的文本，都对柏格理的业绩赞誉有加。但国民党贵州省政府在 1936 年送呈巴县行营委员长的关于石门坎问题的专题报告却与当地苗民的看法大相异趣，该报告称：

> 查该县石门坎苗寨，前经本府派民政厅视察员田东屏前往宣布政府德意，旋据该员复称，该地毗连滇界，居民多系大花苗，计共十余万人，向有英人在该地设循道公会，宣传教义，笼络愚民，复遍设学校，实行同化政策。又因威地土目土豪，势力甚大，社会机构，仍停滞于部落时代，英人偶为苗民援助，以减少土目土豪之压迫，一般苗民，遂为所惑，每日唱诗歌、读圣经，不知有县政府，更不知有国家。加之英人自白格礼（即柏格理）深入苗寨，改英文为苗文，该花苗亦自认为苗文，老幼男女，皆能通习，三十年

① 张坦：《“窄门”前的石门坎——基督教文化与川滇黔边苗族社会》，云南教育出版社 1992 年版，第 296 页。

来，英人将该地形势矿产及其他一切，均已详查无遗，纤悉毕至。认为香港第二。该地苗民，受英人教育者，不下数千人，彼等对于政府人员，反加疑虑。及经宣扬政府德意，并宣示今后政府对于苗民，将予以特别重视，该苗民等始改变其疑虑态度……①

蒋介石在 1935 年在贵阳时便听取过英人对石门坎的侵略汇报，1936 年贵州省政府的这一份报告更加引起蒋氏的重视。他立即训令边政设计委员会研究石门坎地方情形并设计开发经营办法，以控制外国教会的扩张。同年，贵州省政府在接到训令，并指示由财政厅、教育厅、教义厅、民政厅诸机构联合会商，提出了在石门坎成立设治局、补助农业合作事业、各县政府所属小学优待土民学生、严行取缔石门坎附近外国人所办理之学校等初步方案。其后，内政部转批了贵州省政府所谓“开发石门坎”的正式方案，唯因第二次世界大战爆发，“侵略者”英国已转化为中国的“盟友”，国民政府开发石门坎的计划随之束诸高阁，不了了之。

第九节　从时空角度解读中国西部地区现代化

恩斯特 · 卡西尔（Ernst Cassirer，1874—1945）说：“空间和时间是一切实在与之相关联的构架。我们只能在空间和时间的条件下才能设想任何真实的事物。”② 我国著名法律史学家杨鸿烈也认为，历史有不可或缺的三大要素，即人、时间和空间，能够纠正人们的时间错觉和空间的狭隘观念。他说：人类有文化的历史实在很短，所谓“历史民族”实在不应以既得者自限，须知人类进步已是一天加快一天，昔日史家的

① 张坦：《“窄门”前的石门坎——基督教文化与川滇黔边苗族社会》，云南教育出版社 1992 年版，第 262 页。

② 恩斯特 · 卡西尔：《人论》，甘阳译，上海译文出版社 1985 年版，第 54 页。

时间观念到现在已不能不加以根本订正。自古以来史籍记载总是局促于狭隘的一乡一国之内，“自近世历史范围扩大后，研究历史的已明白自己的世界不过只是全世界的一部分，自己的民族也只是林林总总的许多民族的一个支派，我们又从正确的历史记载里得知任何国家和民族都有其特别的长处和应该改进的缺点，这样夜郎自大的陋心就可避免而历史的效用也就可发挥”①。长期以来，人们将历史学与地理学的区别简单归结为分别以时间和空间为对象的研究，但事实上正如英国历史地理学家伊斯特（William Gordon East，1902—1998）所说，缺少历史的地理学就像不会动的骸骨；没有地理学的历史学，则犹如无家可归的流浪者，随处漂泊。由于法国自维达尔—布拉什（Paul Vidal de la Blache，1845—1918）之后人文地理学研究云蒸霞蔚，俊彩星驰，对法国年鉴学派的领袖人物吕西安·费弗尔、马克·布洛赫（Marc Bloch，1886—1944）和费尔南·布罗代尔等产生了深刻而长期的影响，所以空间问题被年鉴学派广泛引入历史研究。吕西安·费弗尔《地球和人类演进——历史学引进地理学》（Lucien Febvre，*La Terre et l'évolution humaine: Introduction géographique à l'histoire*，Paris：Albin Michel，L'évolution de l'Humanité，1922）一书开创了年鉴学派对空间、时间进行同时研究的先例，布罗代尔等“长时段”的概念源自地理学“大尺度”的概念，而且其代表作《菲利普二世时代的地中海和地中海世界》本身即堪称历史地理学研究的典范。福柯对马克·布洛赫和费尔南·布罗代尔关于农村空间和海上空间历史的研究赞誉有加，但福柯也指出，在社会科学中，“空间总是看作属于‘自然’——也就是说，是既定的、基本的条件，是一种‘自然地理’，属于‘前历史’的层面，因而不被重视”②。有学者声称吉登斯是将时间—空间作为社会科学研究中心概念的倡导者。这固然有吉登斯1979年《社会研究的中心问题》（Anthony Giddens，*Central Problems in Social Theory: Action, Structure and Contradiction in Social Analysis*，

① 转引自李洪岩：《杨鸿烈的史学思想》，《史学理论研究》1994年第3期。

② 米歇尔·福柯：《权力的眼睛：福柯访谈录》，严锋译，上海人民出版社1997年版，第152页。

London：Macmillan，1979）一书为证，而且吉登斯屡屡强调指出，社会科学家一直未能围绕社会系统在时空延伸方面的构成方式来建构他们的社会思想，“绝大多数的社会学家都不把时空关联视为社会生活生产和再生产的根基，而是将其视为塑造出社会活动‘边界’的东西，可以放心大胆地留给地理学家和历史学家之类的‘专家’去研究”①，但吉登斯的观点也是当时学术话语的时空结构下受福柯等影响在社会学领域内进行理论结构化的产物，传统的社会科学忽视时空问题亦现代性的症候之一。

传统的现代化理论弥散着现代主义沾沾自喜的骄矜气息，将现代化视为可以笼罩一个社会全面的发展动向。亨廷顿就这样说过：“现代化是一个革命进程，唯一能与之相比的是从原始社会向文明社会的转变，即文明本身的出现——它发端于大约公元前5000年的底格里斯河和幼发拉底河流域、尼罗河流域和印度河流域。”②传统的现代化理论把现代描述成一种一般意义上的发展模式，就时空而言，这种模式是中性化的。③这种理论实际上建立在一种同质、空虚的时间观的基础之上的线性进化论，将不连续性、异质性等零落时间的印迹从历史中予以删除而建构起以西化为模板的宏化叙事结构。在这一时间框架下，世界各民族被判定为先进或落后，传统被现代化叙事诠释为被动的因素、赋予一种与现代性不共戴天的否定性价值判断。正如沃伦斯坦等人在《开放社会科学：重建社会科学报告书》中所言：“对进步以及社会变革的各种组织策略的刻意强调，使社会存在的时间维度变得异常重要，而空间维度则被弃置一旁，任其含糊不明。如果认为过程是普遍的、命定的，那么从理论上说空间便是无关紧要的；另一方面，如果认为过程差不多是唯一的、不可重复的，那么空间同样

① Anthony Giddens, *The Constitution of Society: Outline of the Theory of Structuration*, Cambridge: Polity Press, 1984, p. 36.

② Samuel P. Huntington, *The Clash of Civilization and the Remaking of World Order*, New York: Simon and Schuster, 1996, p. 68.

③ 参详哈贝马斯：《现代的时代意识及其自我确证的要求》，曹卫东译，贺照田主编：《学术思想评论》三，辽宁大学出版社1998年版。

也只能成为特殊性的一个要素（而且还是一个微不足道的要素）。按照前一种观点，空间只是为事件的开展或过程的运行提供了一个场地，它本质上是惰性的，是一个摆在那儿的死东西。按照后一种观点，空间则成了一个影响事件的环境。不过，这些环境效应多半只能被看成是单纯的影响——若欲取得更好的经验成果，那就必须要考虑这类残余要素，可是它们对分析本身而言却是无关紧要的。"① 空间作为与时间及其所代表的丰裕性、辩证性、生命活力等相对立的观念的情形，在20世纪后半叶出现转捩，现代主义对时间的迷恋已被后现代理论对空间的重视所取代。后现代主义者认为如果说现代主义的基本历史经验是时间，那么后现代主义的基本历史经验就是空间，空间范畴和空间化逻辑主导着后现代社会，就像时间主导着现代主义世界一样，在后现代社会的建构过程中具有至关重要的调节作用。此外，尽管鲍曼（Zygmunt Bauman）、大卫·哈维（David Harvey）和安东尼·吉登斯等一般不被归入后现代主义者之列，但他们都认为空间、时间与现代性均是围绕现代及其变化的关键词，将空间和时间作为思考现代性组织与意义的媒介。

安东尼·吉登斯的观点较诸同侪尤其引人注目。他认为：现代性的动力源自时空分延（time-space distanciation）以及由此而产生的社会系统的脱域（disembeding）。吉登斯指出，直到用机械钟测定时间的一致性与时间在社会组织中的一致性相适应以前，时间都一直是与空间（和地点）相联系的。在前现代社会，时间的标尺不仅与社会行动的地点相联系，而且与这种行为自身的特性相联系。人们之间的互动主要是一种面对面（face to face）的互动，面对面互动的具体场景不仅受到物质环境的约束和限制，而且还局限于行动者身体的直接呈现。在大多数情况下，社会生活的空间维度都是受高度的"在场可得性"（presence availability）的支配，即为地域性活动所主宰，空间上的低度伸延支撑着时间上的高度凝固。而"机械钟（最早出现在18

① 华勒斯坦等：《开放社会科学：重建社会科学报告书》，刘锋译，生活·读书·新知三联书店1997年版，第28页。

世纪后半期的计时方式）的发明和在所有社会成员中的实际运用推广，对时间从空间中分离出来具有决定性意义”①。在吉登斯看来，时钟所呈现的是一种“虚化”时间（empty time）的唯一维度，“时间的虚化”在很高程度上为“空间的虚化”创造了前提条件，导致从地点（place）中分离出的“虚化的空间”。吉登斯认为，全球化本质上是指世界范围内社会关系的增强，是一种时空分延的过程，从而使远距离的社会事件和社会关系与地方性场景交织在一起。不宁唯是，吉登斯还以一个社会学家深邃的目光进一步独到地分析“当下介入”（local involvement）和“远距离互动”（interaction across distance）间的复杂关系，指出：由于现代传媒技术的作用和沟通方式的改变，不在场的东西日益决定在场的东西，大量的社会活动越来越可以借助于“在场可得性”降低（即行动者缺席）的“系统性整合”（system integration）完成，社会关系从地方性的场景中“挖出来”（lifting out）并在无限的时空地带中“再联结”。吉登斯将这种现代性景象称之为“脱域”。正是以时间和空间为切入点，吉登斯逐步展开了其对现代性问题分析的概念阶梯。

吉登斯所谓的时空分延并非全然崭新的独见。福柯就有类似的表述，他认为从伽利略及 17 世纪起，中世纪的“定位空间”（space of emplacement）被打破，地点被瓦解，“延伸”（extension）取代了“地方化”（localization），与一直为有关时间的主题所纠葛的 19 世纪恰成对比，20 世纪预示着一个空间时代的到来，同时性和并置性是这个时代的特色。吉登斯在旗帜鲜明拒斥福柯的同时不着痕迹地袭取了福柯大量的研究成果，吉登斯的过人之处正在集众家之长以为自己富有创意、丝丝入扣的理论建构的材料。“世界正在变小”（the shrinking of the

① Anthony Giddens, *The Consequences of Modernity*, Stanford, California: Stanford University Press, 1991, p. 17. 吉登斯在这一点上持论与路易斯·马穆福德颇为相似。马穆福德云：“时钟不仅是一种计时手段，也是协调人类活动的最好方法。工业社会最关键的机械就是时钟，而不是蒸汽机。决定能量，确定标准，实行自动化，研究更为精确的计时方法，每种都与钟表有密切关系，都表明钟表是现代技术最了不起的机械产品。工业社会的每一个发展阶段都是钟表领导潮流。它所达到的完美境界为其他机械产品所钦羡。”罗伯特·列文：《时间地图：不同时代与民族对时间的不同解释》，范东生等译，安徽文艺出版社 2000 年版，第 90 页。

world）乃是尽人皆知的事实。人文地理学家大卫·哈维认为关于时间和空间的新心灵概念的建构和物质实践在资本主义的社会经济体系里具有根本性的地位，他使用“时空压缩”（time space compression）的概念描述与吉登斯“时空分延”相同的社会现象，指出：产生技术、消费与政治经济实践在资本主义世界里不断加快、加速地周转，在某种意义上缩短了人们对时间的感受，而空间的障碍也因为劳动分工和货币流通的国际化而崩解，只要身处世界上繁华都市的购物中心或纵横交错的公共交通系统之中，人的感受在世界上的任何地方都是相似的，呈现出一种“无地方性”（placelessness）的存在方式。[①] 在本质上，大卫·哈维所言的“时空压缩”与吉登斯所言的“时空分延”之间并无歧见存在，言异而实同。我国学者在解读吉登斯的理论时诘责吉登斯有一种“西方中心论”的色彩，认为吉登斯作为一位英国社会学家对其所处的时空结构的感受自然是延伸性的，自然乐意于把全球化理解为时空延伸的过程。这些学者从中国人的立场出发强调后发现代化国家所处的时空结构的主要特征应表述为时空压缩。质言之，“现代社会发展中的先发国家或地区的时空结构具有延伸性（时空延伸），而后发国家或地区的时空结构具有压缩性（时空压缩）”[②]。的确，吉登斯本人即强调自己的社会理论系基于欧洲社会的历史和现状而提出，对自己的理论本无意于将之普遍化，但我国学者以“时空挤压”来消解吉登斯“时空分延”话语权力似乎具有后殖民主义的理论取向，但实质上并没有切中吉登斯论述问题的要义、焦虑所在，把“时空分延”加以概念置换后各说各话，无法像吉登斯那样产生新的洞见把现代性的分析引向深层，甚至产生布迪厄（Pierre Bourdieu，1930—2002）所说的“短路谬误”（short-circuit fallacy）。如果说吉登斯具有西方中心论的色彩，那么我国学者则难逃“中国中心论”的讥议，并且将吉登斯“时空分延”从其理论语境中“脱域”抽离出来而触发产生的“时空挤压”话语现象本身即印

---

① Mike Savage and Alan Warde, *Urban Sociology, Capitalism and Modernity*, London: Macmillan, 1993, p. 138.

② 唐·巴特尔：《简论时空转换与人的活动特性》，《内蒙古社会科学（汉文版）》2002 年第 6 期。

证了吉登斯所谓不在场的缺席对在场隐性支配的现代性现象，本身印证了吉登斯的理论有效性。

吉登斯理论容易招致訾议的一个薄弱点乃在于给人以“整体主义”的印象，似乎难免构筑“宏大叙事”理论的窠臼。在这方面，布迪厄倡导的“场域”（field）[①] 理论成为我国许多学者青睐有加的对象所在，对吉登斯的理论构成抗衡的力量。历史学界尤形如是。一般而言，“空间”（space）比较抽象，而“区域”（region）、“场域”（area，field）等概念则相对具体一些。我国有些学者往往将“空间经济学”与“区域经济学”之所以不加以分际区别，就是因为两者的确存在极大的相似性，但事实上，西方的“空间经济学”多侧重于一般性的抽象理论分析，关注于空间同质性，而“区域经济学”则以不同经济区域的差异性的总体实证研究为主旨。长期以来，社会科学围绕空间和时间维度就宏观与微观、共性与殊相的二元对立偏彼袒此，纷争不定。按照沃伦斯坦的观点，19世纪的社会科学基于两种时空，即地缘政治时空和永恒时空。[②] 由于历史事件发生具有不可重复的独特性，历史学作为以历时性、特殊性为研究对象的学科较诸其他诸如经济学等以共时性、普遍规律性为研究对象的学科自然大相径庭。为了反对兰克史学偏重于政治事件史，法国年鉴学派倡导跨学科研究，布罗代尔之所以提出“短时段”（事件时间）、“中时段”（周期时间）、“长时段”（结构时间）三种层次，就是为了企图缓释微观的、特殊的事件研究与宏观的、普遍规律性的概括之间的内部张力。从表面上看，吉登斯的“时空分延”似乎不关注空间异质性研究，属于宏大叙事，与已使差异成为一种如同一性或普遍意义一样具有绝对性的后现代思想格格不入，而布迪厄的“场域理论”（la théorie des champs）则可以深入到差异性的海洋中成为破解社会空间之谜得心应手的概念工具。事实上，吉登斯和布迪厄的理论之间在很高程度上是不谋而合的。

和吉登斯一样，布迪厄早在20世纪五六十年代即关注于时间问题，

---

① 法文为“champ”，其实与“field”还有所不同。

② 华勒斯坦等：《开放社会科学：重建社会科学报告书》，刘锋译，生活·读书·新知三联书店1997年版，第6页。

专门研究过阿尔及利亚农民的时间观（Pierre Bourdieu et Abdelmalek Sayad，*Le déracinement la crise de l'agriculture traditionnelle en Algérie*，Paris：Les Editions de Minuit，1964），曾探讨经济结构与时间结构的辩证关系。在《区隔》（Bourdieu Pierre，*La distinction, critique sociale du jugement*，Paris：Les Editions de Minuit，1979）一书中，布迪厄提出了一个具有三维的社会空间结构模式：一是社会行动者所拥有的资本的数量，一是资本的结构，此外，还考虑到了这两种性质在时间上的演化。正是由于布迪厄在对社会空间进行概念建构时融入了时间的观念，正是借助于通过恢复实践的时间性向度，布迪厄才得以超越结构主义的范式而采取一种“生成结构主义”（structuralisme génétique，genetic structuralism）的分析路径，将“场域”视为一个关系性而非实体性的概念、视为一种社会建构，既非自然的事实，亦非固定的社会事实，以至于国外有学者将布迪厄的理论等同于吉登斯所倡导的“结构化理论”。更为重要的是，布迪厄既抛弃方法论上的个体主义，又拒斥方法论上的整体主义以及“方法论上的情境主义”（法文为 situationnisme méthodologique，英文为 methodological situationalism）形式出现的对二者的虚假超越，[①] 消解微观/宏观的两难命题，不愿提出类似默顿（Robert King Merton，1910—2003）“中层理论”（theories of the middle range）所诉求的任何“中层法则”（laws of the middle range），而吉登斯在这一点上与布迪厄可谓同出一辙。他在《社会的构成》中指出：“我们最好是重新理解‘宏观’与‘微观’之间的对立，通过关注共同在场情境下的互动如何在结构上融入具有广泛时空伸延的系统，亦即关注共同在场情境下的互动系统如何在大规模的时空范围中伸展开来，以考察所谓‘微观’与‘宏观’之间的关系问题。”[②] 吉登斯的时空理论旨在向人们展示社会生活的所谓微观与宏观领域原本是相通的，揭示现代社会中个体与社会变迁之间存在着的相生相克的复杂关系。

---

① Pierre Bourdieu，Loïc J. D. Wacquant，*An invitation to Reflexive Sociology*，Chicago：The University of Chicago Press，1992，p. 16.

② Anthony Giddens，*The Constitution of Society：Outline of the Theory of Structuration*，Cambridge：Polity Press，1984，p. xxvi.

布迪厄的场域理论与吉登斯的“时空分延”理论的不同在于，由于布迪厄注重具体的经验问题分析，其理论发展背后的动力始终是力图把握新的经验对象，反对热衷于“概念持续不断的分裂繁殖和组织这些概念的无休止的文字游戏”①，对于提炼一套概念图式鲜有志趣，所以有学者往往认为布迪厄所提供的社会理论框架有过于简单化之嫌，甚至抱怨概念“模糊不清”，而吉登斯在国际社会学界的声誉显赫主要不是以经验研究见长为基础。他宣称理论的实践即是“概括化”（generalization）的实践，并非解释学者眼中的“理解”，所以他的理论著作往往充满他所谓的“敏感化概念”。在其内在于结构化理论的时—空论中，吉登斯借鉴托斯藤·赫格斯特兰德（Torsten Hägerstrand）的时间地理学和戈夫曼（Erving Goffman，1922—1982）等其他人的时间理论学说，使用了“场所”（locale）、“区域化”（regionalizaiton）、“前场”（front regions）、“后场”（back regions）等一系列概念分析全球化与地方化的互动关系，所以有学者批评吉登斯的理论“过分图景化”。

吉登斯认为：“较大的前现代文化发展了更为正式的计时和定位的方法，如日历和以现代标准看来十分粗略的地图，事实上，它们是‘分离’时间和空间的先决条件，用以充当更为宽广的社会体系形式出现的前提。尽管如此，在前现代时代，对多数人以及对日常生活的大多数平常活动而言，时间和空间基本上通过地点联结在一起。时间的标尺不仅与社会行动的地点相联，而且与这种行为自身的特性相联。”② 吉登斯的上述论断应该说能够成立的，但问题是吉登斯强调现代社会体制与传统秩序迥然有别的断裂与非连续性时对前现代性的分析显得过于粗疏简陋，而对中国传统社会的历史分析则可以突破这种贫乏的理论概括并展示个中复杂结构化图景。

时空观念是社会活动的产物。尤其是在社会生产力不发达的条件下，自然环境对人们的时空观念的影响格外显著。按照《淮南子·览冥

① Mills，C. Wright，*The Sociological Imagination*，New York：Oxford University Press，1959，p. 23.

② Anthony Giddens，*Modernity and Self-Identity: Self and Society in the Late Modern Age*，Stanford，CA：Stanford University Press，1991，p. 16.

训》《管子·五行》《尚书·尧典》等书的记载，我国从所谓伏羲、女娲、神农以至黄帝、唐尧之时，即已有了四时的划分。然而，《历史研究》1961年第4期刊载的于省吾《岁时起源初考》将这一沿袭已久的说法彻底推翻。于省吾通过研究甲骨文发现，现有甲骨文关于时节的记述，只有春秋，却没有冬夏，且春秋往往对称，夏季的“夏”字在甲骨文中迄无所见，“冬”字虽有却只作“终”字用，《今文尚书》二十八篇中，西周的作品也无冬夏之名，殷和西周一年只有春秋二时，所以古人也称年为春秋，四时的划分乃萌芽于西周末叶。孔子所整理编次的“《春秋》一书的名称虽然出现在既有四时制以后，但为期很近，它是保持着旧日称一周年为春秋的习惯传统作风，而不是像古人所说的由四时中错举二时”①。于省吾的这篇考证文字在20世纪中国史学上堪称不朽的光辉篇章，为我们勾画出了中国早期四时产生的认识进化过程。不过，于省吾所描述的这种认识上的进化亦令人不免联想到自然生态环境的退化。我们不妨悬揣，时代愈古气候愈温和、湿润，只有干湿季之分，随着经济开发的加剧，自然生态环境呈现退化，四季逐渐分明，形成所谓“春生之，夏长之，秋成而杀之，冬受而藏之”②

---

① 于省吾：《岁时起源初考》，《历史研究》1961年第4期。杜预在《春秋经传集解序》解释《春秋》一书名称来源时云：“记事者以事系日，以日系月，必表年以首事，年有四时，故错举以为所记之名也。”这种说法不确。这种现代的四季划分在许多民族并不适合。我国西南地区的苗族、傣族至今还是把一年分为热季、冷季两时。蒙古族现在虽然有明确的四时划分，但民间的习惯还是把一年分为湿季、干季或绿季、黄季两时。凉山彝族的习俗则是一年三季，春季被一分为二，一半属冬，一半属夏。在希腊神话中，时序女神（Horae）原本仅有两位，后来增加到三位、四位，估计希腊先民最初也是将一年为两季，而后过渡到三季、四季。《欧洲法律发达史》中亦云：“在古日耳曼人中只有代表春、夏、冬三季之文字。考其所以仅分一年为三季，而代表秋季之字者，盖当时果树及葡萄酒藤之栽植，尚未臻发达，除春季而外，亦无何播种之可言。日耳曼人系以冬计年，以夜计星期［在近代英文中，仍可见有‘Sennight’（一星期）及‘Fortnight’（二星期）等字］。”孟罗·斯密：《欧陆法律发达史》，姚梅镇译，中国政法大学出版社1999年版，第15页。

② 马骕：《绎史》，刘晓东等点校：《二十五别史》2—5，齐鲁书社2000年版，第2250页。

的时序格局，此殆四时产生的主要原因所在。许国新在《时间运用论》中这样写道："年意识的表达形式：古代中国主要使用'岁'，如《魏书》中就有'草木记岁'（草木记年）的记载；其次是使用'草'，古代蒙古族人就是以牧草一青为一年，称几年为'几草'。"① 这都表明自然时序对人文时序具有深刻影响。但另一方面，正如英国人类学家埃德蒙·利奇（Edmund Ronald Leach，1910—1989）所说："时间的规则性并不是大自然的一个内在部分，它是一个人为的概念。人为了某些目的而把它投射到自己的环境之中。"② 在中国古代的时间观念中，人们不仅将时间归于不同的方位，使时间空间化，四时与四方十分自然地配合起来，而且这种时间往往属于心时范围，时间有"宜"与"忌"、"吉"与"凶"、"柔"与"刚"、"良时"与"恶时"等不同的品质。

中国前现代社会的王朝国家主要以农业为依托基石。法国著名的农村社会学家孟德拉斯（Henri Mendras，1927—2003）曾指出：在农村的时间观念中，"家庭或个人传记作为时间的测量手段是很重要的，这也是农民经验的典型特征。农民倾向于在推定一个外部事件的时间与他个人的生活事件或家庭的记忆相对比。这种倾向显然促进了时间的人格化，并促使人们通过实践经验来感知时间，而不是把时间想象成一种抽象的度量"③。我们把孟德拉斯的这一分析加以延伸扩充，不难发现中国历史上一直聚讼纷纭的正统观的原型即在于此。中国历史上绵延不断的易代修史、推排统纪谱系以标举奉天承运的政治合法性等现象都可以说是与农业社会宗法理念息息相关的时间观念的衍化物。在前现代社会中，另一个特别引人注目的现象即是"地方性知识"的充斥和"地方感"的昭然彰著。这种现象在愈久远的古代愈突出，在传统文化积淀愈厚重的地区愈明显。俗语云："千里不同风，百里不同俗。"孔子入国问礼、出国问禁，即反映了当时小国寡民时代的"地方感"的强烈感

---

① 许国新：《时间运用论》，中国统计出版社1993年版，第32页。

② 史宗主编：《20世纪西方宗教人类学文选》，上海三联书店1995年版，第498页。

③ 孟德拉斯：《农民的终结》，李培林译，中国社会科学出版社1991年版，第88页。

官刺激。① 自秦朝建立中央集权专制统治之后，中国作为历史上的超大型国家对付这种“地方感”可以说发明、创制了一系列的制度、文化和策略。长期以来，和历史上许多著名帝国一样，中国古代的王朝国家多以包举天下、并吞八荒的“大一统”相尚，这种“大一统”固然不可能实现当今全球一体化的局面，但汤因比等人就详细论述过这种“大一统”可以视为世界一体化的先声的观点，我们认为“大一统”的许多现象在基础原理上具有与全球化相同的“现代性”因素。其实，古今中外，对时间的掌控操弄都是一种权力。② 有外国学者云：在中国，“天文学家起了法典的作用，天文学家是天意的解释者”③。在远古时代，中国最早“掌历”的天学家乃是巫觋（女巫曰巫，男巫曰觋）。长期以来，“通天者王”是中国古代政治中重要的思想观念，“颁告朔于邦国”是具有重大政治意义的象征性行为，天学对谋求王权者为急务，对于已获王权者为禁脔，官营天学堪称中国历代王朝一以贯之的传统。清朝初年，杨先光与汤若望（Johann Adam Schall von Bell，1592—1666）之间的历法之争

---

① 20世纪40年代，白修德在《中国的惊雷》中叙述中国的节令时间架构之后，接着说：“除了这些全国性的特点以外，每个地方都有自傲于乡土的特点——关于神圣的人、古怪的洞及河流湖泊等等的特别的迷信。编织在民族传统之中的地方风俗使各省都有特点，而使任何外地人，不论中国人或西洋人，走在乡村的路上时，都成为外国人。”（Theodore. H. White，*Donner aus China*，Stuttgart：Rowohlt Verlag，1949，S. 33.）

② 法国著名历史学家阿兰·科尔班（Alain Corbin）在《大地的钟声——19世纪法国乡村的音响状况和感官文化》（*Les Cloches de la terre. Paysage sonore et culture sensible dans les campagnes au XIXe siècle*，Paris：Flammarion，1994）就细腻地描述了围绕敲钟这种掌控时间的行为所表现的文化权力网络关系。台湾学者黄应贵在《时间、历史与记忆》中谈及阳历在中国普遍化这种时间系统的建构背后所具有的权力关系意义，但目前中国学术界尚无像亨利·鲁茨（Henry J. Rutz）等人那样讨论新的时间观念或系统如何经由“占有”（appropriation）、“制度化”（institutionalization）、“合法化”（legitimation）的过程而产生的政治权力的分析。Henry J. Rutz ed.，*The Politics of Time*，Washington，D. C.：American Anthropological Association，1992. 我们从史料中发现，日军在占领香港后即将东京时间作为当地的标准时间，其中的权力意味即耐人寻味。

③ W. Eberhard，The Political Function of Astronomy and Astronomers in Han China，in John King Fairbank ed.，*Chinese Thought and Institutions*，Chicago：University of Chicago Press，1957，pp. 37 – 70.

（又被称为“康熙历狱”）多被学术界描述为西方先进科学与中国保守势力的冲突，但如果从代天建言、观象授时或者说对时间掌控的权力场域的角度解析，也许更能接近于满族统治者与不同的历法流派支持者之间对角线式的文化权力网络互动关系，从而避免中/西、先进/落后这种简单的二元对立模式。

清朝定鼎北京之后采用汤若望所献新历书，颁谕曰：“治历明时，帝王首重，今用新法正历，以敬迓天休，诚为大典，宜名‘时宪历’，用称朝廷宪天乂民至意，自明岁顺治二年为始，即用新历，颁行天下。”① 由于“奉正朔”和“勤职贡”在清朝宗藩体系中乃象征臣服的基本义务，清朝理藩院每年都要往蒙、藏地区颁历宣命。俞正燮《癸巳类稿》中就有这样的记载：“是年（指康熙三十三年。——引者注），赐西藏第巴金印，颁三十四年时宪历，列蒙古各游牧节气。”② 目前国家图书馆、辽宁省图书馆等地都藏有不少满蒙文时宪书。黄明信早先毕业于清华大学历史系，于20世纪40年代赴拉卜楞寺学经历时八年并考取藏传佛教学位，致力于西藏天文历算研究。他在20世纪80年代初发表的《藏传时宪历源流述略》一文中考证了时宪书（dus kyi skar yig）

---

① 《永宪录》卷二指出，清朝沿袭明制，每年十月朔颁发来年时宪书于文武官吏天下军民。书本名历。乾隆元年以避御名改。《永宪录》详细记述了世宗宪皇帝御极之雍正元年颁发史宪书的礼仪，是年，因书已颁，故合天下军民仍用康熙六十二年。参见萧奭：《永宪录》卷二上，朱南铣点校，中华书局1997年版，第73—74页。嘉庆帝即位后，当时颁行本历书用嘉庆年号，但宫中本则仍用乾隆年号印行若干部，除宫内应用外，并颁给一些朝内大臣。据李景屏《清初十大冤案》云，清朝钦天监负责编定的历书分“行星历”、黄历（又称民历，因其封面为黄色得名）两种。“行星历”（亦叫七政历）专供朝廷、六部及院、寺、监等衙门使用，上面要标有水星、火星、金星、木星、土星、太阳、月亮的运行及其彼此位置、距离以及在各个时日的差度等。黄历主要颁行民间，上面不仅注有每天昼夜之长短、太阳出没之时刻、月亮之圆缺以及各省之差度等，还要把所谓20位吉神与凶神的值日日期排好，标明“宜”“忌”等字样。江晓原在《天学真原》一书中亦云，今日称之为“日历”之物，只能称之为“历谱”，其内容远远少于过去的“历书”，而“历书”并不等同于“历法”，所谓“历法”实乃编制历书之法。参详江晓原：《天学真原》，辽宁教育出版社1991年版，第133—214页。

② 俞正燮：《癸巳类稿》，涂小马等校点，辽宁教育出版社2001年版，第266页。

在藏区传播来龙去脉，揭橥了其中两个至关重要的环节：一为1715年出现的题为《康熙御制汉历大全藏译本》（简称《汉历大全》，rgya rtsis chen mo），一为1744年出现的《汉历中以北京地区为主之日月食推算法》（通称为《汉历心要》，rgya rtsis snying bsdus）。[①] 我们从黄明信精深的研究中可以看出：颁皇历、奉正朔的时空延伸并未消除卫藏地区具有“地方感”的时间建构，藏区仍主要以时轮历为主。[②] 私自刊刻历书属于严重的违法行为。[③] 嘉庆年间抄本《招解说》谆谆告诫官员在审理案件时，如果发现“伪造时宪书，须问谁人起意刊刻，刻天若干，同伙几人，谁人贩卖，共刷若干本数，卖给何人，曾否造有假印，卖过若干

---

① 黄明信、陈久金：《藏传时宪历源流述略》，《西藏研究》1984年第2期。

② 吕思勉《蒿庐札记》专有一则考证题为“朝鲜终不用清年号”，亦说明“奉正朔”的实施在有清一代是极其复杂的现象。

③ 对于私历的法律规定，从明到清具有逐渐放宽的趋势。明朝大统历封面上就赫然印着：钦天监奏准印造大统历日，颁行天下，伪造者按律处斩、有能告捕者，官给赏银五十两。如无本监历日印信，即同私历。（谢国桢：《增订晚明史籍考》，“监国鲁五年庚寅大统历一册”，上海古籍出版社1981年版，第596页。）较之明代的这种苛法，清代对私历的惩治力度总体上要小得多，而且日趋松弛。科臣黑硕色于雍正元年（1723）条奏曰：江南、浙、闽等省民间所用历日，多系无印私历及通书等，今薄海内外莫不遵奉正朔，岂宜令私历公行，请将各省私历遍行严禁，令各布政司将用印官历交与贸易人发卖，则民间俱有官历观看，通书、私历自废。（中国第一历史档案馆编：《雍正朝汉文谕旨汇编》第8册，上谕内阁，广西师范大学出版社1999年版，第73页。）其议获准，亦即私历及通书当时均遭严禁。这也可以从雍正初年苏松地方查获雍正五年溪口私历案件可以得到佐证。该案所查获的其实是由私人当时犯禁刊刻的通书，于清廷尚未颁历之先就于州县佐贰营升杂职衙门及乡绅家沿门送书求赏，与钦天监所颁时宪历、七政历并无不同，其中增添图说甚多，以便于算命选日，封面刻“大清雍正五年岁次丁未溪口全书”字样。（庄吉发：《故宫档案述要》，台北“故宫博物院”故宫丛刊编辑委员会编辑：《故宫丛刊》甲种之二十九，台北“故宫博物院”1983年版，第105页。）该案中所起获的私历样本及地方官奏请严拿刊刻之人重惩折见诸《雍正朝汉文朱批奏折汇编》。（中国第一历史档案馆编：《雍正朝汉文朱批奏折汇编》第33册，江苏古籍出版社1991年版，第1021—1041页。）是时，由于地方官吏层层加价，官历售卖成为民间怨府所在，被诟病为敛钱之举，以至于雍正七年皇帝谕曰：“朕以私历伪书，律应严禁，而庶民之家凡婚嫁、兴造、迁移、开市之事，得观览官历，以为选日择吉之用，又于民情甚便，是以允从部议。乃闻地方官吏不善奉行， （续下注）

本，有无存剩，共获利若干，底本何处买来"[①]。

事实上，无论中国王朝国家"大一统"观念下的时空延伸，还是吉登斯所谓"时空分延"的现代性现象，时空结构一体化与地方化都应该是动态的、流动的，甚至可以说，时空结构一体化并不单纯是消除地方化的杀手，在一个动态过程中往往反而是地方化的直接肇因所在。清朝统一多民族国家版图的形成固然可以解读为时空结构的一体化表现，但这随着时间的推移恰又成为产生地方感的经验材料。在20世纪30年代，范长江在《塞上行》中记叙了蒙古地区许多有趣的现象，其中这样写道："蒙古人称外国人叫'俄罗斯'，如说日本人，则说'日本俄罗斯'。因为与蒙古民族接触最繁的，或者是最先接触的外国民族，

（续上注）自布政司胥役高其价值，由府以至州县，辗转增贵，民间买官历一本，价至五、六分不等，遂致无知乡愚有三分缴官之说。"（中国第一历史档案馆编：《雍正朝汉文谕旨汇编》第8册，上谕内阁，广西师范大学出版社1999年版，第73页。）经过讨论，清廷筹议的解决之策是，各省颁行官历，从雍正八年起，刊刻刷印所需费用准许纳入正项开销，但仍令民间价买官历，不过，民间可以使用官版自行刷印便卖。乾隆初，太常寺少卿唐绥祖条奏曰："乡僻愚民每因官刻时宪书不能遍及，遂有图利小贩照官版翻刻发卖，每本不过小钱十数文。恐无印信难以哄骗，遂杂用黄丹涂饰印信于上，并无篆文。既非雕刻，亦非描摹，正与'伪造诸衙门印信，止图诓骗财物，为数无多，银不及十两，钱不及十千者'相等，今概以私造拟斩，似觉过当，宜酌议。"律例馆因此于乾隆五年奏准：图利小贩照官版式样翻刻时宪书发卖，用黄丹涂饰印信之状，并无雕刻描模篆文者，依"伪造诸衙门印信，止图诓骗财物，为数无多者，为首杖流、为从减等"例，分别治罪。乾隆十六年，律例馆又针对此一条文进行讨论，对雍正七年大学士会同礼部议准的结果加以从宽解释，认为"宪书例得翻刻，不须本监原印"，并将乾隆五年所订定的"图利小贩照官版式样翻刻时宪书发卖……"条例删除。（吴坛原著，马建石、杨育棠校注：《大清律例通考校注》，中国政法大学出版社1992年版，第931页。）在这条新的律例之下，编纂通书不再有违法之虞，许多以己名或堂号为标志的年度通书杂然纷呈，积极争夺弛禁后所展现出的广阔市场空间。（黄一农：《社会天文学史十讲》，复旦大学出版社2004年版，第286页。）不过，如有伪造时宪书与本文绝不相同者，仍依律科断。乾隆十八年（1753），"丁文彬逆词案"就涉及伪造时宪书问题。

① 佚名：《招解说》，田涛、郭成伟点校：《明清公牍秘本五种》，中国政法大学出版社1999年版，第578页。

是以‘俄罗斯’名国的斯拉夫民族，他们第一观念经验是‘俄罗斯是外国人’。如果俄罗斯民族是蒙古民族所最初接触的外国人这话不错，他们当时的‘外国人’就是‘俄罗斯’。传统观念遗留下来，‘俄罗斯’一词，成为‘外国人’一词的代替语，因而有‘英国俄罗斯’‘瑞典俄罗斯’‘日本俄罗斯’这些有艺术味的名词出现。”① 有一次，范长江在戈壁中遇到一位在井边汲水饮驼的蒙民，蒙民见范长江手中有书，索去一看说：“这是皇历！”范长江感慨地说：“其实我手中是一本宋史。因为他没有看过多的汉字书，不认得汉字，而从他的经验上说，在蒙古地流行的直行方块字的书，只有‘皇历’。他的下意识是：皇历是直行方块的汉字书，现在我手中书是直行方块的汉字，因此，这本书是‘皇历’！这是一套有趣味的形式逻辑。他完全是以他的第一印象为准则，拿初见的代表了其余的，拿一部的代表了全体的。把自己所仅初见的作为认识事物的标准，是通常人容易犯的错误。……对于事物的观察，必须是‘全的’和‘活的’，即是空间上必须观察其全体，在时间必须了解事物本身是不断地变化。所谓‘变的’或者‘活的’之意义，又包括空间和时间之关联。每一个事物本身是不断的变动，同时它的周遭也无一时停止，因而它们相互间的关系也随时而不同。”② 范长江不愧中国第一流的新闻记者，目光犀利地洞见了时间的推移和改变对时空关联结构变化的影响，这和利奥塔之将其理论的核心概念“差异”主要建立在时间概念之上颇为类似。

中国著名旅美华裔学者杨联陞在其《中华帝国的作息时间表》中对中国历代王朝国家的官员办公时间和休假制度（如汉代的“休沐”、唐到元代的“旬假”或“旬休”、宋代的“休务”）等变化进行了生动而细致的研究。按照杨联陞的研究，明清时期最主要的变化是节庆假日大幅度减少，有了长达约一个月的冬假，“对于整个帝国的官吏而言，要由钦天监为他们选择十二月二十号前后的一天来‘封印’。约一个月后，要宣布另外一天来‘开印’。在此期间，官吏们偶尔还会来到他们

---

① 范长江：《塞上行》，新华出版社1989年版，第60页。
② 范长江：《塞上行》，新华出版社1989年版，第85页。

的官衙，但是司法案件的处理则完全搁置起来。冬假可以看作是对丧失常规性假日和节庆假日的一个补偿”①。杨联陞指出，有清一代，早朝的时间早得令人可怕，在早晨五点或六点即开始举行，“皇帝偶尔会在北京城外著名的圆明园主持朝觐，城内的许多官员不得不午夜起来以便及时到达那儿。总的说来，满族的统治者们极为严格地遵守着这些很早的办公时间，这一事实无疑地有助于使清朝虽属异族入主，却成了一个稳定而持久的朝代”②。杨联陞《中华帝国的作息时间表》在国际学术界堪称该领域问题开创拓荒之作。我们从现在掌握的史料来看，在 1840 年鸦片战争之前，机械时间在中国传统社会中已经开始在一定范围内使用。当英国伦敦、法国巴黎、瑞士日内瓦在 18 世纪成为全世界钟表制造业中心时，中国已成为其出口产品的主要消费地之一，而且凡输入中国的表，大多要采取特别设计的“中国”装（Chinese Piece），表面文字用中文子、丑、寅、卯……亥十二时辰，每一时辰八刻（即两小时）。据史载，伦敦著名钟师詹姆斯·考克斯（James Cox，约 1723—1800）③ 父子甚至在 1783—1792 年间在广州开设了钟表分店。除外国传教士等大量向皇室贡献自鸣钟以博取恩庇外，在 1840 年以前自康熙

① 杨联陞：《中国制度史研究》，彭刚等译，江苏人民出版社 1998 年版，第 21 页。这可以和《清末民初广西县政概况》所叙县级地方官员的作息时间相对照而共同拼凑清朝全国时间架构的图画。其文为：“阴历十二月十八日举行封印仪式，停止办公；次年正月十八日，举行开印仪式，恢复办公。在封印一个月内，百事不理，衙门内随处可以看到各种赌博。但封印期内，发生命盗重案，不能不办，而印已封存，不可启用，乃在公文钤印处写‘预印空白’四字（印文的四角每角一字）。如大意漏写此四字，上级发现，于批复中附带申斥。”又云：“县衙门重视更鼓，黄昏放头炮，起初更，号令（即号兵）二人在大堂檐阶吹起大号，把门差役击动大鼓与号音成节奏，号鼓完毕，放大炮一响。晚九点钟如式二炮即转二更，三、四、五更如式放醒炮一响，另有差役衙内打更，各街自动组合集资雇人打更。”中国人民政治协商会议广西壮族自治区委员会文史资料委员会编：《老桂系纪实》，广西人民出版社 2003 年版，第 171 页。

② 杨联陞：《中国制度史研究》，彭刚等译，江苏人民出版社 1998 年版，第 23 页。

③ Roger Smith，James Cox（c. 1723 – 1800）：A Revised Biography，*The Burlington Magazine*，Vol. 142，No. 1167（Jun.，2000），pp. 353 – 361.

朝起，宫廷造办处专设有做钟处，中外表匠逾百，所以我们迄今在故宫博物院的藏品中尚能目睹昔日的鼎盛。是时，广州、南京和苏州等地都有大量制造钟表的作坊，嘉庆十四年（1809）松江徐朝复所著《自鸣钟图法》即为这种繁荣景况钟毓所在的结晶。昭梿《啸亭续录》云："近日泰西氏所造自鸣钟，制造奇邪，来自粤东，士大夫争购，家置一座，以为玩具。"①《红楼梦》中对这种当时科技含量颇高的钟表的描述尤多，连伺候琏二奶奶王熙凤左右的奴仆差役随身俱有钟表，不论大小事都有一定的时刻。② 乾隆年间，乾隆帝颇具时间观念，其轿舆、乘骑上都置有钟表以随时掌握时间，入值内廷的大臣亦多佩带洋表以验时刻。沈初《西清笔记》记载，大学士于敏中因在乾隆帝晚膳前需交奏片，故每日"必置表砚侧，视以起草，虑迟漫也"③。同书还云，乾隆时清宫交泰殿有一大钟，"启钥上弦"需"蹑梯而上"，每月"启钥"一次，积数十年无少差，钟声直达乾清门外，宫里人均以此为标准，每闻正午钟，值日大臣都一起给自己的钟表上弦。此钟虽在京城不如当时钟、鼓楼的击鼓撞钟对百姓掌握时刻那样影响广泛，但已有近代上海外滩江海关钟座那种气势的雏形了。这种抽象的机械时间在 1840 年鸦片战争以前已在中国社会被人们所使用，表明中国学界长期诟诋的"闭关

① 昭梿：《啸亭杂录·续录》卷三，"自鸣钟"，何英芳点校，中华书局 1980 年版，第 468 页。

② 《红楼梦》第 14 回叙王熙凤因办理秦可卿丧事分派众人工作，下云："素日跟我的人，随身自有钟表，不论大小事，我是皆有一定的时辰。横竖你们上房里也有时辰钟。卯正二刻我来点卯，巳正吃早饭，凡有领牌回事的，只在午初刻。戌初烧过黄昏纸，我亲到各处查一遍，回来上夜的交明钥匙。第二日仍是卯正二刻过来。说不得咱们大家辛苦这几日罢……"（曹雪芹：《红楼梦》上，周汝昌精校本，海燕出版社 2004 年版，第 174 页。）赵慎畛《榆巢杂识》载："时辰表，来自西洋，每日上弦一次，昼夜周行，随大小针所指，以定时刻、分数，寒暑无异。按《周礼·挈壶氏》，及冬，则以火爨鼎水而沸之，而沃之。盖因冬水冻，漏不下，故需火炊水沸以沃之也。今洋表冬寒不冻，无借爨沃，其法为更精耳。"（赵慎畛：《榆巢杂识》下卷，"时辰表"，徐怀宝点校，中华书局 2001 年版，第 229 页。）

③ 沈初：《西清笔记》卷二，纪职志，上海商务印书馆 1936 年据功顺堂丛书本排印版，第 14 页。亦可参见江畬经选编：《历代小说笔记选》，清，第 2 册，广东人民出版社 1984 年版，第 413 页。

锁国”政策事实上不可能禁阻吉登斯所谓“时空分延”的现代性现象于国门之外，中国学界长期执持的 1840 年为中国古代与近代历史分界线的区划实际上亦不应成为割裂传统与现代的蔽障。

杨联陞在《中华帝国的作息时间表》中强调了这样一种现象，即：清朝满族最高统治者在京师严格精细的时间掌控，并不能令全国各地的大小官衙奉行如式，即使察察甚明的雍正帝一朝，各省地方长官就已经有了懒散怠惰的现象。杨联陞的论断应该说是为我们展示了清帝国时空延伸过程中地方化差异的裂罅。如果说《周礼》所描述甸服、侯服、宾服、要服、荒服的五服构成费正清所谓“中国世界体系”（the Chinese world order）的诸同心圆圈，那么，清朝大一统的时间架构整饬性则是可以说随着距离增加而递减。清代边疆地区的官署衙门由于天高皇帝远而普遍不如京师首善之区地切禁要，制度森严，所以清末驻藏大臣有泰等人唯求届满瓜代而回，只不过护守印信而已，徒有办事之名，终日在衙署内饮酒作乐。清朝灭亡后，杨增新自 1912 年起督新达十七年之久，自矜“塞上风云一肩挑”①，奉行闭关自守和愚民政策。他在督署大堂挂了这样一副对联：“共和实草昧初开，羞称五霸七雄，纷争莫问中原事；边庭有桃园胜境，狃率南回北准，浑噩长为太古民。”② 杨氏在其《补过斋日记》和《补过斋文牍》中极力推崇小国寡民、无为而治的老庄哲学，甚至将自己的《补过斋读老子日记》印发各僚属学习体会，云“国大难治，国小易治；民多难治，民寡易治”，“国虽小，民虽寡，犹足以闭关而治”③，所以他主张“大国皆化为小国”④，宣称“邻国相望，鸡犬之声相闻，民至老死不相往来者，国与国相安无事也。有往来，即有竞争，无外交，

① 通宝：《杨增新时代杂记》，余骏升主编：《新疆文史资料精选》第 1 辑，1911—1928，新疆人民出版社 1998 年版，第 186 页。

② 黄绍竑：《五十回忆》，岳麓书社 1999 年版，第 286 页。

③ 杨增新：《补过斋读老子日记》二，《民国时期哲学思想丛书》第一编，31，台北文听阁图书有限公司 2010 年版，第 888 页。

④ 杨增新：《补过斋读老子日记》二，《民国时期哲学思想丛书》第一编，31，台北文听阁图书有限公司 2010 年版，第 889 页。

即无外患”①。另外，杨氏宣扬老子“愚之为贵”和“绝圣弃智”的理论力图将新疆各族人民变为“蠢蠢而居，嬉嬉而游”的“混沌之民”，亦反对大机器生产，认为：“小国寡民，使有什佰之器而不用，一器之用，足以代十人之力，代百人之力。故曰：什佰之器，若今之机器是也。器愈巧，人愈拙，器愈劳，则人愈逸。器有用，人无用矣。器无用，人有用矣。”② 在反对现代化的保守主义思想支配下，杨增新甚至建立了一整套匪夷所思的理论。例如，他对不发展学校教育的理由振振有词地声称：“中国不论何项学堂，都含有流氓性质，一言以蔽之曰：要升官发财。”③“士生今日，不士不农，不工不商，皆欲于政界中求生活，学堂毕业之人，日多一日，仕途竞争之风亦日甚一日，天下大乱，必由于此。”④ 由于这种思想认识本质上不求建树、苟且求安，因此杨增新主新期间的开发建设仅为屈指可数的“异数”，包括开渠垦荒、创办阜民纺织公司、在省城设立无线电台等等，整个新疆地区的开发建设滞蠕不前，一切敷政施治举措窳陋阘茸不堪，百废不能举，“无一非满清遗制”⑤。用杨增新自己的话来说，就是他在新疆唱了十七年的“空城计”。史载：新疆在“杨增新时代的公教人员根本没有什么作息制度，想来就来，想走就走。例如规定每日早九时上班，晚三时下班，实际上一般人员早上十点左右才去，下午两点左右便回来了。遇到节日或其他什么特殊盛会，点点卯便溜之乎也。至于中级官员如科长秘书之类，大部分是卸任县长，多数都乘小轿车，都是十一点左右上班，下午一点左右下班。高级官员们，有事则去，无事则在家中或外出交际。一个小小的公教人员，也必须有一定的人情才能充任，中级官员自然各有各的门路。更可笑的是，县长‘挂牌’后，一定先到上

① 杨增新：《补过斋读老子日记》二，《民国时期哲学思想丛书》第一编，31，台北文听阁图书有限公司2010年版，第889页。

② 杨增新：《补过斋读老子日记》二，《民国时期哲学思想丛书》第一编，31，台北文听阁图书有限公司2010年版，第892页。

③ 杨增新：《补过斋日记》卷十七，辛酉六月上浣开雕本，页三十三。

④ 杨增新：《补过斋日记》卷十六，辛酉六月上浣开雕本，页十七。

⑤ 陈中：《新疆政变之因果》，《大公报》1923年6月11日。

帝庙烧香宣誓，杨增新还派监誓委员一同前往。这时，八大家商号便通过一定关系前去联系，甚至垫钱给新‘挂牌’的县长置办轿车，筹备行装，无形中商号就成了县长的办事处。商号可代领经费为自己活动，县长应需要的东西，商号可以代办，还可以和县长合伙做生意”①。宫碧澄在《杨增新之死》中这样写道：“杨增新死后，这个清朝末代‘封疆大吏’遗留下的封建浓厚意识仍然在新疆的官场中起重要作用。我在一九三二年回到新疆，当时的省府委员，厅长和县长科长们，坐着骡子驾的轿车前后顶马护卫着，拿着大红片子来见我，我也受到了他们开中门的迎接。请客的时间是下午六时，到晚九、十点钟人才到齐吃饭。在等客时间，先来的人是抽鸦片烟，不会吸的躺在鸦片烟盘子旁边喝茶闲谈。吃饭定座时一个揖，让座时一个揖，让酒时又一个揖。上菜时不住地在让，让时甚至把彼此交叉的筷子丢落，热菜变冷。在新疆的官场中彼此见面时，‘大人’‘老爷’的称呼不绝于耳。有一天邮局的局长丹麦人客气地笑着对我说，将来你们新疆人都要同孔子平起平坐了，如果杨增新再多活几年。他的意思，好像新疆人将来都变成中国古代人一样。”②

辛亥革命后，中华民国临时政府革故鼎新，通电全国宣布建元改历，“以黄帝纪元四千六百零九年十一月十三日为中华民国元年元旦，

---

① 刘德贺：《杨增新政府拾零》，中国人民政治协商会议新疆维吾尔自治区委员会文史资料研究委员会编：《新疆文史资料选辑》第3辑，新疆人民出版社1979年版，第66页。

② 宫碧澄：《杨增新之死》，中国人民政治协商会议新疆维吾尔自治区委员会文史资料研究委员会编：《新疆文史资料选辑》第3辑，新疆人民出版社1979年版，第36页。这种情况不独新疆如此。薛绍铭在《黔滇川旅行记》中云：贵州“在前省政府时代，鸦片在各级政府都是公开的东西，省政府的各厅各科办公室内常有鸦片灯在床上陈列着，师爷们办公前固然得吞云吐雾一番，办公后还得过一番瘾，来使精神兴奋一下。至于真正办公时间，每日都不到两小时，表册一向没有人造过，统计工作更谈不上，就是全省的县长，省政府连一个名册也没有，县长的姓名是写在一个油漆的木牌上，假使有人把木牌上的字擦去，县长的姓名就无从稽考”。（薛绍铭：《黔滇川旅行记》，中华书局1938年版，第15页。）

经由各省代表团决议，由本总统（指孙中山。——引者注）颁行”①。自此，“以太阴之朔望与太阳之节气相调和，而又以六十甲子周期作不变之尺度”而通行中国数千年的旧历法系统不再享有国历的正统地位。过去汉代的“太初历”、唐代的“大衍历”、明代的“大统历”和清代的“时宪历”等历法所具有的正统地位被国际上流行的阳历“格里高利历法”（Gregorian Calendar）所取代。旧历虽然依旧以“农历”“民历”或“通书”的名称流通于民间，但基本上已经不再具有国历的地位，亦不复为各级政府行事的计日参照，遂形成民国初期历法问题上所谓“官派与民俗之分”的“二元社会”格局。② 著名史学家吕思勉在1939年出版的《青年半月刊》第1卷第6期上发表《年节与岁首》一文，其中这样写道：

> 现在所过的是新历的年，新历虽已颁行了已经二十八年，人民现在所过的是新历的年，总还不如过旧历年来得起劲而有兴味。这是无怪其然的。因为中国是个农业国，在农业上，把旧的事情做一个结束，新的事情做一个预备，其时节，在新历的岁尾年头，确不如旧历的岁尾年头为适宜。且如商人，做了一年买卖，总要把账目结束一下，然后可算告一段落。内地大多数的商店，虽然开设在城市，其众多的主顾，实在农村。各小城镇商店的结账，要在农村收获，把谷粜出了以后。各大都会商店的结账，又在各小城镇的商店结账以后。如此，也非到旧历的岁尾年头不可了。所以四民之中，真正不受季节的支配的，只有士和工两种人，在全国中是少数（旧式的工人，都兼营农业）。人是社会动物，看了大多数人，都在什么时候结束旧事情，预备新工作，从中休息若干天，把这个时节算做办事情的一个段落，自会受其影响而不自知的。这也有益而无

---

① 《临时大总统改历改元通电》，《孙中山全集》第2卷，中华书局1982年版，第5页。

② 参见黄金麟：《历史、身体、国家：近代中国的身体形成，1895—1937》，新星出版社2006年版，第153—154页；左玉河：《评民初历法上的“二元社会”》，《近代史研究》2002年第3期。

损。在未行新历之前，学校每于旧历的岁尾年头，放若干天年假。新历颁行以后，觉得名实不符了；在国民政府统一以后，且为法令所干涉；于是改其名曰寒假。有些地方，还有寒假其名，年假其实的；有些地方，则真正把寒假和年假分开，旧历的岁尾年头再开学；然而仍为人情所不乐；即教育家，也有说："旧时的年假，使乡村人家在城市中读书的孩子，在这时候，回去看看他们的父母亲，练习社交的礼节，知道些社会上的风俗，是有极大的意义的。"历法的改革在于去掉三年一闰的不整齐；在于和世界各国可以从同，便于记忆，省得计算；我也赞成。但是政令上所定的岁首，根本上用不到强迫人民视为办事的一个段落。相传中国古代，建正之法，本有三种：一种是建子，据说是周朝所行。一种是建丑，据说是商朝所行。一种是建寅，据说是夏朝所行。然而《周书》的周月解，有这么几句话："亦越我周王，至伐于商。改正异械，以垂三统，至于敬授民时，巡狩祭享，犹自夏焉。"通三统，不过是后来的学说（儒家认为夏商周各有其治法，应循环选用的，即夏尚忠，继之以殷尚质，再继之以周尚文，而仍返于夏尚忠。所以依儒家之说：一代的王者，当封前两朝的王者之后以大国，使之保存其治法，以备更迭取用，二王之后，仍得行前代的正朔的）。事实上，大约在古代，夏商周三个部族，是各有其历法的。后来三族渐次相同化。因为建子，建丑，不如建寅的适宜。于是在国家的典礼上，虽然多带守旧的性质，不能骤变，而在民间的习惯上，则这一点，渐次和夏族同化了。于此，可见国家所定的岁首，能和社会做事的段落相合固好，即使不然，也不要紧。正不必强迫人民，定要把这个时候，作为新旧交替的界限。况且古代，国家的地方小，全国的气候，比较一律。民间做事的段落，其时间，自然也可以画一了。后世疆域广大，各地方的气候不同，就根本不能一致，当此情形之下，自没有强行整齐的必要。所以我的意思：国家所建的正，和人民所过的年节，在古代可合而为一，在后世必须分而为二。这是世事由简单而趋复杂，不得不然的。十年以前，强迫学校每当旧历的年关不许放假；商店在旧历的年关不许停业；人民在旧历的年关不许放爆竹、行祝贺等；根本是不必要的干涉。我在当时曾经说：把年节公然和岁首分开，定在新历的二月一日，就容易推行了。曾把此意问过二十多个大学生，没有一个以为然的，而他们也并说不出什么理由来。廖季平先生的见解自然是近于守旧的，不能解决现代问题，然而他有一个议论，说："全地球的历法，应当依气候带而分为好几种，不当用一种。"这种思想，却甚合理。这一议论，说他做什么呢？难道在今日，还有工夫来争年节该定在什么时候么？不是的，我说这二番话，是表示一个人的见解要宏通。一件事，关涉的方面多着呢！内容复杂得很呢！一个人哪里能尽知？所以在乎时，要尽力研求；在临事之时，要虚心访问，容纳他人的意见。如此，才可以博闻而寡过。在政令干涉人民用旧历之时，有一个手持历本，在火车站上叫卖的小贩，叹息说："现在老法的历本被禁，连贩卖历本的生意也难做了。"旁边一个人问他："你看还是老法历本好？还是新法历本好？"贩卖历本的人说："自然是老法历本好。"旁边一个少年，怒目而视道："为什么老法历本好？你怎会知道？"眼光盯牢这贩卖的人久久。这个少年的意思，是真诚的；然其愚可悯了。他竟认为禁绝旧历，推行新历，对于国家社会，真有很大的关系。一个人怀挟着这种意见，固然不要紧。然而社会上这种浅虑的人多了，就要生出许多无谓的纷扰来。无谓的纷扰多，该集中精力办的事，反因之而松懈了。①

吕思勉的这篇文章主要论述了民国初年在中国历史的"地方性时间"已被程度较深地纳入"世界时间"之后的现代化过程中新历与旧历的冲突，针砭了视传统为敝屣的社会时尚所造成的诸多不适，将历法的时间观念与社会生活实践的关联温文蕴藉、丝丝入扣地披陈道出，令后学景仰不已。不过，由于吕思勉做学问按年轻时既定计划有条不紊、心无旁骛地进行，且终身潜心书斋以文献为研究的资料，所以不像费孝

① 吕思勉：《吕思勉遗文集》上，华东师范大学出版社 1997 年版，第 420—422 页。

通等惯于社会调查和观察分析的社会学家那样对民间草根社会的时空观念能够深切体认细致入微。

费孝通在其名著《江村经济》中利用乃师马林诺夫斯基（Bronisław Kasper Malinowski，1884—1942）的结构—功能学派理论对农村的计日系统进行了描述，指出新历、旧历和节气均被村里的人们所采用，但各有各的作用，并行不悖。在20世纪30年代末，费孝通留学回国在云南大学任教期间到离昆明西一百公里的禄丰县一村子进行实地调查，后来出版《禄村农田》一书，指出："时间架格是规律及配合一社区活动的基本体系之一。它是适应着当地人民生活需要而产生的。脱离了人的生活形态就无法了解时间架格，因为在自然界中时间是一个不能分的继续体，把时间分成年月，分成日夜，分成一刻一秒，那是人为的，是文化界的现象。文化界的现象，依我们看来，并不是没有理由的偶然创造，而是用来达到人们生活目的的手段。因之，我们认为以另一文化中的时间架格来表明不同文化中人民生活的节奏，在理论上是没有根据的。"① 《禄村农田》最富于启迪性的地方在于：一般来说，学术界和普通民众都认为"农历"② 或者说"阴历""旧历"对于农业生产比公历更具实用价值，而费孝通在《禄村农田》中认为阴历的时间架格并不合于安排农作活动之用，中国农民是根据传统的节气的时间架格来记忆、预计和安排其农作活动。这是因为，阴历是以月球和地球的相对位置为基础的时间架格，每年十二个月实际只有三百五十四点三六日，与地球公转所需三百六十五点一四日相比较短不少时间，每隔若干年需置闰月。"农作活动必须追随农作物的生长过程，而农作物的生长过程是一定要和适宜的气候相配合的。"③ 由于节气系根据地球和太阳的相对位置来决定的时间架格，从立春到大寒一共有二十四个节气，每个节气大约是十五天多一些，合起来恰等于地球的公转一周，故为气候变迁的最好标记。费孝通在《禄村农田》中这样写道："我们在城市里住惯的人，对

① 费孝通：《费孝通文集》第2卷，群言出版社1999年版，第225页。

② "农历"是1911年辛亥革命以后改用公历才逐渐流行的名词。

③ 费孝通：《禄村农田》，费孝通：《江村经济》，上海人民出版社2006年版，第285页。

于这二十四个节气关系极浅，甚至背都背不上来，可是一到乡下，农民就很少不时常把这些节气的名字挂在嘴上的。关于农作活动的歌诀也常是依节气的次序。”① 不过，费孝通也指出，节气是一个较长的时间段落，不能单独使用，凡是要说明哪一天做哪一件事，则还得有一个记日子的体系，这个体系在农村中主要是阴历，但节气本身作为一种独立的时间架格，并不一定必须与阴历连在一起，亦可与公历等记日体系连用。费孝通根据调查编制了禄村的农作日历。从该农作日历可以看出，农作物差不多连续不断地在农田上长着，很少空隙的时间，可是和它相配的农作活动却挤一时，空一时，且各时各节的工作性质又不同。费孝通据此分析了禄村包括农业里的忙闲等劳力利用情况，指出闲忙之别的界线实在于有无田地，进而阐释了禄村的社会分层与农业面临工业化的社会变迁如何转型等纵深问题。

费孝通的社会学思想在20世纪30年代主要受结构—功能学派的影响。正如他在分析中国农村的时间架格时引述马林诺夫斯基的话所说：“计时法不论如何简单，它是每一种文化的实际的需要，也是感情上的需要。人类每一群体的成员都需要对各种活动进行协调，例如为未来的活动选定日期，对过去的事进行追忆，对过去和未来时期的长短进行测量。”② 由于学术日新月异的发展，结构主义在后现代解构主义的冲涤下已经壮气蒿莱，吉登斯的结构化理论亦显然较诸结构主义更具先进性，所以用功能—结构学派的理论分析和解释中国农村的计日系统显然不能与时俱进。但事实上，无论吕思勉还是费孝通，这两位大师均对社会实践在时间架格中的作用深具超卓慧识。在费孝通对禄村进行调查后十年，美国史学家施坚雅（George William Skinner，1925—2008）于1949年在成都东南二十五公里的集市高店子作了三个月的实地调查，他发现当地一个小农：“到50岁时，在基层市集赶集已达3000次。他与该共同体的每一户男子平均至少在同一街道上碰面1000次。他在集市上向来自各方面的小贩购物。更重要的一点是，他在茶馆内与

① 费孝通：《费孝通文集》第2卷，群言出版社1999年版，第236页。

② 费孝通：《费孝通文集》第2卷，群言出版社1999年版，第103页。

远处村庄的小农朋友社交往来……上集市的人很少不在一两个茶馆内消磨至少一个钟头。在好客和联谊的礼俗下，任何进门的村民，均可以立即成为座上客。在茶馆里消磨的一个钟头，不可避免地扩大了个人的交际圈子，亦加深了他对这共同体社会其他部分的认识。”① 施坚雅企图纠正当时人类学主流学术只注重小社团而忽略村庄与外界联系的实体主义倾向，认为基层市场共同体是媒婆、秘密社会、方言等的基层空间范围，是小农的社会生活圈子，是中国社会的最基本单位。施坚雅后来把这一早期分析市场的模式延伸扩展，并在空间之外兼顾到时间，将市场结构和区域系统上溯到所经历的数世纪“周期节奏”，提出其在美国汉学界颇具影响的经济区系空间理论。评价施坚雅学术的文献连篇累牍，但令我们感到饶有兴趣的是施坚雅的研究触及基层市场空间中集市日期排定之问题。在近代中国西部许多地区，上古时代“日中为市”的交易方式仍一脉相传，老百姓称之为“赶集”“赶场”等，每月或三六九，或二四八，一般以阴历计算，一个区域附近的逢场赶集日期交互错开排定，形成几无虚日的闭合交易市场链条。钟文典主编《广西近代圩镇研究》对此有较为具体剀切的分析，指出：“一般而言，随着经济的发展和人口的增加，必须通过这么几个途径来满足人们交易商品的需要：一是增加圩镇数量，二是扩大圩镇规模，三是缩短赶圩间隔日期。当时，东部（指广西东部。——引者注）地区以扩大圩镇规模为主，而西部地区虽然在民国时期已经有了公路，但只是沟通了部分中心市镇的联系，普通圩镇之间以及圩镇与乡村之间的道路仍然是乡间小路甚至是山间小路。在这样的地理环境下，扩大规模和缩短圩期显然不合实际，只好增加圩镇数量以缩短人们的赶圩路程。”② 据该书云，广西的东部沿江地区的圩镇的圩期一般较短，为三日一圩或十日三圩，相邻圩镇的圩期相互错开，互不冲突，以便小商小贩到邻近各圩辗转轮流摆卖商品。如甲圩定子午卯酉日开圩，乙圩则定辰戌丑未日开圩，丙圩则定寅申巳亥日开圩，或

---

① G. William Skinner, Marketing and Social Structure in Rural China, *The Journal of Asian Studies*, Vol. 24, No. 1 (Nov., 1964), pp. 3－43.

② 钟文典主编：《广西近代圩镇研究》，广西师范大学出版社1998年版，第50页。

者以一四七、二五八、三六九分开。而其西部地区的圩镇则圩期较长，大都为六日一圩，甚至有十二日一圩者。这种集市墟圩的日期排定恰说明了时间框架是社会实践的结构化产物。农村基层社会的经济—文化交往活动主宰着这种时间部署，又受制于这种时间部署，经济空间的形成与时间部署密不可分。除了这种集市墟圩外，有研究表明，中国作为休闲生活方式和经济贸易平台的庙会节律，亦明显体现出传统农业社会的特征，农民靠天吃饭，各种农事周期的“节奏点”系根据节气而安排，因此庙会便被纳入这种节奏之中，其中神诞日期是人为确定的，是人在指挥神，会日的分布技巧可以增加一定区域范围内的实际会期，而会期前的殷殷期待和会期后的袅袅余韵与会期心情相连缀，大大减少了乡村社区人们的孤立和隔膜感受。①　上述时间现象如果单纯从结构或功能方面加以分析固然可以有一定解释力，但若用结构化理论加以观照，则似乎更为谛当，更能凸现人的能动性和时间结构制度化的动态性。

施坚雅由于到中国的实地调查难免走马观花，不可能像我们本土学者生于斯长于斯对中国社会底层市场隐秘的时空框架洞察秋毫。商业背后的金融运作与底层市场时空框架的关系便是外国汉学家难窥其堂奥的盲区。以位于重庆与施坚雅调查地成都之间的内江为例，在清代前期，《内江县志要》就有“沿江左右，自西徂东，以艺蔗为务。平日聚夫力作，家辄数十百人”②。1916 年，冯玉祥在所部经过内江时对当地甘蔗种植和制糖业的盛况记述云：“内江尤有一个特点：周围几十里路尽是红土，漫山遍野都种着甘蔗。内江城里东西街达数里之长，几乎家家铺子都列着冰糖，一座座堆成糖山，晶莹剔透，使人目眩，大块冰糖果有重五六十斤者，走了多少地方也没有见过这光景，制糖也是家庭手工

① 小田：《休闲生活节律与乡土社会本色——以近世江南庙会为案例的跨学科考察》，《史学月刊》2002 年第 10 期。

② 道光《内江县志要》卷一，物产，光绪十三年补刻本，页二十九。亦可参见彭泽益编：《中国近代手工业史资料：1840—1949》第 1 卷，中华书局 1962 年版，第 267 页。

业，几乎家家都制。”[①] 民国初年，由于外国洋货已深入内江，商人销售洋货后因内江与上海当时不通汇兑，兑号折水甚高，故多买内江糖作为回头货，刺激了内江制糖业相关产业的发展。抗战爆发后，内江糖供不应求，加之内江制糖副产品“漏水”（工业上称“最终糖蜜”）可以提炼交通和国防急需作为汽油代用品的酒精，大专院校迁川为内江甘蔗种植和制糖提供了不少技术人才，使内江甘蔗种植和制糖业臻于空前繁盛。在极盛时期，内江糖房曾达四千多个，漏棚遍布城乡，形成全国闻名的制糖业中心，以至于抗战时有“成、渝、内”之称，“甜城”作为内江的别称载入《辞海》。在当时，内江各糖房买甘蔗都有自己习惯上的一定范围，大约以接近糖房周围三四里以内，一则由于过远导致成本增加，一则由于各糖房彼此竞争的势力范围均有心照不宣的默契。糖房生产有季节性，每年以甘蔗成熟期的冬初开始，到年底止，亦有少数延至次年正月的，谓“骑年搞”。这种季节性生产的甘蔗原料供应主要通过糖房老板向蔗农提供周转资金的借款、蔗农以当年甘蔗作抵而形成契约法锁，当地称为“卖青山”或“预卖青山”。“糖房怕蔗农到期不能交清估产的甘蔗，所以，将蔗款分三次付：第一次在买青山当年十二月或次年的元月，交全部蔗款的二分之一，这主要是为了让蔗农有钱交付干租和年关向他们送礼；第二次是在三、四月间付全部蔗款的四分之一，因此时甘蔗需要追肥，有的糖房甚至将此款买成肥料交付蔗农；第三次是在五六月间，付最后的四分之一，供抡大行之用。最后两次付款，全是为了甘蔗多出糖分。”[②] 如果说这种甘蔗种植与收购背后分期贷款的资金运作方式尚不足为怪，那么蔗糖运销商背后的金融运作时空结构便十分耐人寻味。内江的蔗糖运销商屯集蚁聚始于清末。当时最有名的商帮以地域分为上河帮和下河帮，上河帮包括资中、资阳、简阳等地，下河帮包括江津、重庆、涪陵、忠州、合江、万县等，下河帮资本雄厚胜于上河帮，内江本地人充作运销商者并不多见，仅全兴号、天锡生等家。

---

① 冯玉祥：《我的生活》上册，黑龙江人民出版社1981年版，第212页。

② 王东伟、黄江陵：《解放前内江甘蔗种植业概况》，中国人民政治协商会议四川省委员会文史资料研究委员会编：《四川文史资料选辑》第35辑，四川人民出版社1985年版，第182页。

1916年以后，官僚资本、军阀买办的资本亦大量渗入到内江来趁行市，群雄各显其能共同在这一场域进行角逐，对将川糖的蛋糕做大亦确有功焉。据有关资料记载，糖市的争夺战，最突出的表现是“赶比期”。

过去内江南街是糖号和运销商聚屯地，也是银行钱庄的集中点。商人交款拨款，是以半月作为比期，即是每月月半和月底为比期关口，你能否过关，就看你的头寸如何来决定。到比期这天，早饭一过，下南街一带的空气便显得特别紧张了，满街上来往如梭，茶馆里万头攒动，大家都估计、调动当日所必需的筹码，尽力争过这个难关。甫交午后，只见每个人手里都拿着一把白纸条子，满头是汗，心惊肉跳地从上街跑到下街，或从下街跑到上街，这就叫做“赶片”。也就是说，一笔款子由这一家支到那一家，那一家同样出一张条子支到另一家，这样赶来赶去，有的最后仍然赶回首先出划条的一家去，司空见惯，并不为奇。如果某庄某店划不走了，老板就会把头一缩，伙计们把纸笔墨砚一收，宣布自己倒闭。这是数见不鲜的事情。这样一来，就有一些人受到池鱼之殃；例如有些家庭无人手，不能作生意，把款子存到商号，贪图子金来维持生活，及商号一倒，存款便化为乌有，只好藏在室隅暗泣。还有些头寸不足的商号，东扯西拉，幸而弥缝过去，也得紧张到半夜才能换过气来。无论哪家商号，当赶比期的这天，厨房里鸡鸭鱼肉和酒饭都是准备好了的，只待这天侥幸脱险出来，伙计们就把头上的汗水一抹，大大地叹一口气，相视苦笑一阵，就坐下来高谈阔论，一面绘影绘声地摆述今天的经过，一面大吃大喝地享受起来。过此，要想找人都找不到的，因为大家又复坐上牌桌，一切都懒得去管它了。①

① 余农治：《反动统治时期的内江糖业》，中国人民政治协商会议四川省委员会、四川省省志编辑委员会编：《四川文史资料选辑》第9辑，1963年内部发行，第83—84页。

四川内江的糖市辐射力及于全国，成为全国糖业涨落的晴雨表，而国内制糖及相关市场的风吹草动的“不在场”变易亦深刻影响着内江农村经济的荣枯。但是，由于商品经济发达与落后本身合二为一地共存交织，且缺乏完备的资本市场有关主体资格、债权担保以及破产补偿的法律规范，熟人社会的信用体系占据主导地位，所以出现“赶比期”这种惊心动魄、起伏跌宕的时空制度。这种金融资本市场的结算现象不仅内江的“赶比期”如是，近代以来西北地区“镖期”亦是同样性质的信用制度。是时，由于京绥路尚未筑成，交通不便，道路不靖，各镖局起初自己组织武装力量押送标银，但这种起标、发标难以形成庞大的网络，且成本较高，故各镖行遂联合“调标”形成四通八达的汇兑体系。商界相互交割货款的日期被称为“过镖”“过局”，每遇镖期届至，各商家均积极筹集现银应付，如现银不足，“过镖”愆期，则会发生信用危机，难免亏损倒闭之虞。通常一年分为春、夏、秋、冬四个镖期，但各地镖期的时间随镖路在空间上的距离的伸延而呈现依次衔接而错落排开。学术界过去多认为全国市场的形成是资本主义产生的条件，这种观点本身是以欧洲经验为基础的理论的翻版，殊不知全国市场的形成本身是与资本主义的产生是同一过程，两者完全是同步的。与四川内江的“赶比期”一样，西北地区的“镖期”亦充分证明了中国近代全国市场的形成动态性，反映了在农业占主导的中国近代社会现代化转型过程中的时空框架结构化的人文因素。在这种现代化转型过程中，新与旧的划分其实不过是强作解人的师心自用。

在论述中国农村向工业化社会转型中的论著中，费孝通在对史国衡《昆厂劳工：内地新工业中人的因素》进行理论分析评论的文章别具一格，表现出非凡的学术洞察力。抗战期间，史国衡在《昆厂劳工》中描述了其实地考察昆明附近一工厂的情形云：“我睡觉的那间房子里，时常听到为了门窗的开关问题而起口角。有时到了熄灯时候，还有人抽烟筒下棋或高声谈笑，闹得全室不安，有人起而干涉，反转来引起更大的骚扰，还有工人半夜起来开了灯忘记关闭，以致天犹未明，已有人受了灯光刺激而早醒，彼此交谈，结果亦影响全室。还有那个 18 号的帮工，每两周有一周夜班，日间也睡在同一寝室内，其他工人进进出出，自然使他不能入眠，若是遇到有特别的事故，他也靠着一股亢进的精神，和做日班的工人一同行乐。他还告诉我他很爱做夜班，就是因为夜来做工心思很集中，白天没事又可很痛快地玩耍，可是他并未想睡眠不足，会妨碍心身的健康。”① 本来，史国衡敢为人先进行如此深入的调查，并且具有如此敏锐过人的现象观察捕捉能力，已足以在学术史上垂诸不朽。史国衡对上述现象的解释是，工人在农村的家乡本来生活上是有秩序的，可是一旦进入新环境，没有了传统的维持秩序的权威，大家就毫无顾忌地谈笑下棋，时间上没有了白昼黑夜之分的观念。费孝通认为这种现象并不是工人们没有秩序生活的习惯，而是因为没有秩序的环境使他们无所适从而已。费孝通依据雷德里克·勒·普雷（Frédéric Le Play，1806—1882）的理论指出，现代都市的秩序和乡村中传统的秩序是性质不同的，后者为自动的，发生在人和人的契洽中，前者为被动的，发生在权力的控制中。“在家庭里，出息有序，各人起卧的规则绝不需明文规定，也用不着有具体的权力来维持这种节奏。可是一到了昆厂的宿舍里，明明有一定的规则：什么时候上床熄灯可说全规定了。可是因为不是自发的秩序，所以一旦这些法则没有有效的权力去维持也就等于废纸。同时，我们也可以设想，即使有权力，能否使每个人就范，这是问题，除非这个权力很强，否则不易发生效力。而很强的权力是否可以发生在工人的宿舍里？厂方所以不施行压制的原因也许就在怕得罪了这辈工人，以致引起退厂等事。”②

费孝通在上述论文中为我们阐明了一个值得注意的问题，即农业社会时间秩序与工业社会时间秩序的不同。农民的劳动和闲暇之间的差别不同于在现代化流水线上具有固定劳动时间的工人那样可以界线分明。例如，农民在农闲季节边整理农具边与人聊天是不可能斩钉截铁地断言属于劳动还是属于休闲的。农民的时间分布状况类似于现代社会中的以弹性工作时间为特征的自由职业者或脑力劳动者。而在现代大工业的雇佣劳动体制下，劳动具有严格的时间计划性。新中国成立前上海纱厂上

---

① 费孝通：《昆厂劳工书后》，费孝通：《费孝通文集》第 3 卷，群言出版社 1999 年版，第 189 页。

② 费孝通：《费孝通文集》第 3 卷，群言出版社 1999 年版，第 190 页。

下班时间放汽笛即生动昭示了这种劳动时间的整齐分割。抗战期间，申新四厂及福新五厂内迁川陕地区以后，员工进厂均需打“钟片”，每天工作9小时，迟到的时间都要打在钟片上，月终由考工人员汇兑计算。① 即使在新疆，对新疆近代开发建设擘画甚多的阎毓善在新成立的阜民纺织公司引进现代化机器大生产方式后，亦实行新的时间管理方式，“对于工人节假日休息与工资发放问题，阎毓善以建设厅训令行文规定，国家固定的纪念日、星期日及工厂停工日，应照发工资，工人请假期间的节日也照给，如节日与星期日重合，国家无具体规定，不必重发工资或补行休假”②。然而，中国毕竟是以农业为主的大国，农业社会的时间节奏必然对成长中的现代工业生产的时间秩序产生诸多影响。尤其在生产技术和设备比较落后的工矿企业，这种情况更显突出。以民国年间甘肃阿干镇煤矿业为例，③ 此地约在明朝洪武年间即有零星采煤的活动，迄今仍为甘肃重要煤炭基地。民国年间，阿干煤矿的工人都是来自农村的农民，“流动性很大，农闲季节由农村来矿区当工人，农忙就回家从事农业劳动。当时这些煤炭工人多数来之于西和、礼县等地，来之于阿干附近各县的人较少。他们大体于每年春节后来到阿干为工人，至农历四五月即回家收麦。到秋季的八九月又从农村来阿干，于腊月年终则全部回家去过年”④。阿干煤矿当时洞方与工人采取分炭制，即洞方以矿井为资本，工人以劳动为代价，每天对采运出来的煤进行实物分配，不以货币付款。下井背煤的“租班”和井下采煤的“挖

① 厉无咎：《申新四厂及福新五厂内迁川陕概况》，政协西南地区文史资料协作会议编：《抗战时期内迁西南的工商企业》，云南人民出版社1989年版，第298页。

② 转引自《新疆兴办近代纺织企业的一次有意义尝试》，吴福环、魏长洪主编：《新疆近现代经济研究文集》，新疆大学出版社2002年版，第66页。

③ “阿干”一词出自少数民族语言，《晋书·吐谷浑传》鲜卑族呼兄为阿干。参见房玄龄等撰：《晋书》卷九十七，列传第六十七，中华书局1974年版，第2537页。

④ 杨进惠：《解放前阿干镇私营煤矿的情况》，中国人民政治协商会议甘肃省委员会文史资料研究委员会编：《甘肃省文史资料选辑》第13辑，1982年内部发行，第136页。

手”，每月向洞方交纳一元硬币，即可下井采煤和背煤。租班每天给自己背一天煤，须义务为洞方背一次煤，称为“行议”；挖手不向洞方交“行议”煤，每天由各租班为之义务背煤一次，作为挖煤的报酬，挖手下工时亦可背煤一次为自己所有。这种分炭制其实也是以劳动时间的划分为基础。阿干镇煤矿这种没有脱离农业社会的体制约束的现象在当时其他地区亦极为普遍。在抗战爆发前，旧天府和其他煤矿也多采取“租客制”，即公司将煤窑出租，承租人招募四乡农民采煤。在一般情况下，每年“九月九”（农闲开始时间），农民大批涌进，翌年“三月三”（农忙开始时间），又陆续返回，煤矿生产产量随农业节奏而上下波动。随着国民政府内迁，卢作孚将旧天府煤矿与资源委员会合作开发后，新天府煤矿公司的负责人孙越崎为了改变这种局面，不得不派人远赴河南焦作、湖南湘潭两个机械采煤老基地，招雇大批技术工人来渝，加上沦陷区自行来矿就业的矿工，形成一支有四千人的专业化技工队伍，以保证生产的稳定发展。①

我国著名的社会学家、民族学家于式玉（1904—1969）在抗战爆发后不顾日伪威逼利诱，随丈夫李安宅赴西部从事藏族文化促进工作和社会人类学实地调查研究。她只身赴甘南夏河县拉卜楞寺，习藏语，取藏名，与藏族同胞同甘共苦，在极其艰难条件下义务创办拉卜楞寺女子小学，为当地民族教育作出了重要贡献，深受当地民众欢迎。在20世纪40年代初，她在李安宅创办的华西边疆研究所任研究员，并深入四

① 这种情况事实上在清代前期即已十分明显。吴其濬在《滇南矿厂图略·滇矿图》中云：“打厂之人，名曰矿丁。凡厂衰旺，视丁众寡，来如潮涌，去如星散，机之将旺，麾之不去，势之将衰，招之不来，矿厂不虑矿乏，但恐丁散。……凡硐管事管硐头，镶头管领班，领班管众丁，递相约束，人虽众不乱。算找雇价曰分，预支雇价曰支，皆以三节，端午为小，中秋年终为大。走厂之人，率以此时来厂，大旺则闻风随时而集，平厂经过期，便难招募也。”（转引自中国人民大学清史研究所、中国人民大学档案系中国政治制度教研室编：《清代的矿业》，中华书局1983年版，第83页。）一般而言，一个矿成为旺矿，需要由最初的“门”到“正闩”，再到成“刷”成“堂”的过程，如果没有足够的资金在三节时招集到矿丁进行开采，即便再好的丰矿亦难期开物成务，而矿丁的不稳定性和招收的季节性，乃当时矿商们“烦心”所在。

川阿坝黑水藏区进行实地考察研究，以为将来的经济开发建设之张本。在《边政公论》第3卷第6期上，于式玉发表这次黑水藏区调查报告之一《麻窝衙门》，其中这样写道："黑水人处处模仿藏民，但就他们的生活习惯看去，不同之处实在太多。黑水纯是农业社会的风味，而与游牧社会不同。游牧民族，因为牛羊天未亮就要去吃草，因而必在天亮之前把奶子挤完，所以他们起得非常早。日暮，牛羊入圈，他们无事可做，饭后不必点灯即休息了。黑水人的情形便与此不同，一般睡得晚，起得也迟，原因就是黑水乃农耕社会，随着农耕而有的副产品，如饲养鸡犬豕之类与从事纺织等工作，都要待晚饭之后去操作，因此晚间便难得早睡。头人虽不受劳作的限制，但受社会习惯的熏染，也就睡得晚，起得迟了。"① 于式玉在这里将游牧社会与农耕社会的黑夜时间行为方式进行了类型学对比，涉及当时人类文化学家正集矢聚焦的涵化（acculturation）问题，但功能—结构学派的影子彰彰甚明。于式玉的研究提醒我们不能以现代大都市霓虹灯闪烁迷离、火树银花不夜天的夜晚时间概念想当然地将近代中国普通民众的时间架构"现代化"。阿兰·科尔班在《大地的钟声》（Alain Corbin，*Les Cloches de la terre. Paysage sonore et culture sensible dans les campagnes au XIXe siècle*，Paris：Flammarion，1994）中云："过夜生活因为是精英的生活方式而受到赞扬，因为照明的进步而更加便利，它具有了与现代性相联系的魅力。"② 其实，唐诗所谓"春城无处不飞花，寒食东风御柳斜。日暮汉宫传蜡烛，轻烟散入五侯家"③ 以及明清时期秦淮河灯影中荡漾的达旦笙歌，对普通农民而言均是镜花水月、海市蜃楼。杨联陞在《中华帝国的作息时间表》中虽然亦曾云，如果农妇买得起灯油的话，她的劳作会持续到午夜，纺纱和织布的妇女们分享灯光是一个可以追溯至远古的风俗，但我们发现，在近代中国，许多贫苦农民"晚上都不点灯，只等到五六点钟夜饭

---

① 于式玉：《于式玉藏区考察文集》，中国藏学出版社1990年版，第166页。

② 阿兰·科尔班：《大地的钟声——19世纪法国乡村的音响状况和感官文化》，王斌译，广西师范大学出版社2003年版，第139页。

③ 韩翃：《寒食》，程千帆、周汝昌等撰写：《唐诗鉴赏辞典》，上海辞书出版社1983年版，第646页。

吃完，大家就关大门去寻他们的好梦去"①。当代中国文化人类学学者在描述近代新疆巴里坤的历史文化时这样写道："在整个镇西时代，对于一般百姓家庭而言，夜里点灯，只有两个用途，一是做细致的针线活儿，二是供学生读书。其他时候是一律不点灯的，比如枯坐，聊天也就是镇西方言里的喧慌，甚至做一些粗的农活，如搓草绳、打毛线。女人捻麻绳时，一律不点灯，在黑暗中或者借用炉火余光进行。因而，也使得人们练就了一些在黑暗中操作的特殊本领，比如有的女人可以在黑暗中纳鞋底，有的女人在黑暗中穿针引线。但是更多的细致针活计是需要点灯去完成的。"② 即便在城市中，情况似乎并不见得略见起色。在抗战爆发前，重庆尽管有"小上海"的美誉，但美国著名记者白修德（Theodore Harold White，1915—1986）笔下的重庆却是"一个农村性的都市，它的声音和气息，犹如一个巨大的封建时代的乡村"③。白修德声称："大城市的文化对中国是陌生的；城市里的居民来自乡下。其思想依然受着摩天楼和工厂阴影下的乡村的支配"④，"战前重庆的一切，差不多都在城墙以内。20 万人挤塞在这个窄小的区域内。……城墙弥漫着浑浑噩噩、不知时间的空气。20 世纪之侵入，只不过抗战以前十年来的事情。"⑤ 因为重庆日夜供电制直到 1935 年才实现，所以此前重庆的夜里依然是"各家点燃着洋灯或蜡烛"⑥。1948 年，美国著名学者鲍大可（Arthur Doak Barnett）到宁夏调研时，看到当时的银川"由于缺少电，人们的生活都是白昼型的，夜晚唯一的光线是从昏暗的煤油灯里发出的，不可能有什么夜间活动。夜幕刚一降临，几乎所有的人都上床睡觉"⑦。

在成都，从光绪二十八年（1902）起，城区交通要道东、西、南、

---

① 《大公报》1912 年 6 月 1 日。

② 王建基、许学诚：《爬梳镇西：掀起新疆汉文化神秘盖头》，光明日报出版社 2003 年版，第 150 页。

③ Theodore. H. White，*Donner aus China*，Stuttgart：Rowohlt Verlag，1949，S. 16.

④ Theodore. H. White，*Donner aus China*，Stuttgart：Rowohlt Verlag，1949，S. 34.

⑤ Theodore. H. White，*Donner aus China*，Stuttgart：Rowohlt Verlag，1949，S. 16.

⑥ Theodore. H. White，*Donner aus China*，Stuttgart：Rowohlt Verlag，1949，S. 17.

⑦ 鲍大可：《中国西部四十年》，东方出版社 1998 年版，第 91 页。

北四门大街上开始栽立两米高的木柱，上挂四方形玻璃灯笼，内置菜油壶灯，此外各街头转角处的屋檐下方横梁上亦悬挂同样的四方玻璃菜油壶灯，作为黑夜晚明之用。每盏油灯每月耗油五斤，油灯费和管理费用由市民均摊。所以，每当夜幕降临之际，就可以看到这样的情景：更夫一手提着盛装油壶的篮子，一手提着一条一米多高的木凳，到各街口将油壶放入四方形玻璃灯笼内点燃，直到黎明时又去取回。这是新政伊始时成立的成都市警察当局督办的市政改革的产物。直到20世纪30年代末，公共路灯才逐渐取代了菜油灯街灯。① 萧赛在《满城争看电灯燃》中记叙了成都当年最初安装电灯时轰动一时、激动人心的难忘“事件”，充满浓郁的现代化社会变迁的时空感，极其有趣而生动。他这样写道：

> 这以前，家家户户读书点的清油灯、洋油灯，夜市的店铺开业，悦来茶园唱戏，芙蓉亭德娃子打扬琴……都点的是“满堂红”——一个瓦壶三个嘴，安上芯子吊起燃。蜡烛只在朝山拜庙、红白喜事才用。鱼烛是外来货，价钱很贵，只在豪门巨富宅、平安

① 任一民：《变革与发展——中国内陆城市成都现代化研究》，四川大学出版社2002年版，第527—529页。王力在《棕榈轩詹言》中这样写道：“生年才四十余，已经用过了足以代表三个时代的灯了。菜油灯代表闭关时代，煤油灯代表海通时代，电灯代表最新物质文明时代。我每一次张开眼睛，看见的是菜油灯；其后，我看见家里煤油灯和菜油灯同时并用，书房里用的是煤油灯，厨房里用的是菜油灯，至于卧房里的灯用菜油或用煤油，就看每月的经济情形而定了。家住在偏僻的县份，我直到廿三岁才有福气看见电灯。从此以后，直到抗战以前，我一直受着爱迪生的恩惠。……我万万料想不到此生还会归真反朴；这几年竟退到了海通时代，用煤油灯；甚至于退到了闭关时代，用菜油灯……乡下住了一年多，忽然听见村里有装电灯的机会，我又欣喜欲狂。我住的房子距离电线木杆五十公尺，该用电线二百余码，计算装电灯的费用，是房租的百倍。我居然有勇气预支了几个月的薪水以求取得这一种既不能吃又不能穿的东西。于是瓮牖绳枢，加上了现代的设备。每一到了黄昏，华灯初上，我简直快乐得像一个瞎了十年的人重见天日。那个一年来的良伴菜油灯，被我抛弃在屋角上，连睬也不去睬它了。”然而，由于经常停电，菜油灯仍旧变了天之骄子，常常点菜油灯来陪伴着电灯，以防“不宣而战”。此文原载于1944年5月14日昆明《中央日报》增刊三，也见王了一：《龙虫并雕斋琐语》，中国社会科学出版社1982年版，第103—105页。

桥礼拜堂才看得到。后来汽灯发明了，烧洋油，要打气，发白光，除大店铺、戏园子派用外，一般是办大事时才使用。若不愿买，则有租赁店出租汽灯。“川剧圣人”康芷林演《情天侠》时，汽灯装在木盒内，既可开可关，还可以布置夜景哩。

大约在1929年，我刚九岁时，听大人说北平、天津、上海、汉口等地从洋人那里学来了用电灯，小学堂的老师也讲爱迪生发明了电灯，不用清油、洋油（煤油），不用洋火（火柴），只消用手一按电灯机关（开关），它自己就燃了，大放光明，连汽灯也赶不上。成都市电力公司又比外面的大城市成立得晚，各县更比成都晚，成都是比上不足，比下有余。我开始看见大街小巷在挖坑坑、埋木杆、木杆上牵铁丝。据说那是电线（杆子），可以通电，电一通灯就燃了。但万一电线杆子被暴风骤雨刮倒了，行人就得小心，谨防触电身亡。这一切真是不可思议。

当时的成都市政府迅速张贴出告示，通知市民分区试灯时间，地点即春熙路、劝业场（商业场）一带。市民们提前吃了晚饭，许多人都自带椅子板凳，像赶花会一样，争先恐后地前去占位子，满街夹道，阶沿上下，人山人海，霎时间阻塞了交通。警察局不得不派出警察维持秩序，黄包车、私包车、少数的汽车全绕道而行。当官的行政首长全集中在孙中山铜像的下面，漱泉茶楼上加价卖茶，急得堂倌高呼：“不要上来了！楼要挤垮了！”卖剪刀的廖广东，卖钟表的亨得利，卖首饰的凤祥银楼，卖绸缎的宝元蓉……楼上全用来招待亲朋好友，他们都眼鼓鼓地看着新安装的街灯、店铺用灯，心想：“看你不用火点，咋个会一齐燃？”

临近燃灯时间，大家屏着呼吸，有手表的忙抬腕看着手表。准八点正，但见四下里电灯不声不响地一下子全亮了。众人顿时不约而同地震耳欲聋地欢呼道：“亮了！”

从此，电灯便照亮了锦官城，大户人家先安，小户人家后安，陆陆续续都安上了电灯，享受着现代的文明。不久，电影院随之也有了，从无声的黑白默片，到有声的五彩片，成都人才知道美国有个好莱坞，中国有个明星电影公司……看到了

《青山凄兮翠谷寒》《一江春水向东流》……①

正如汤因比所说，外来的“文化光”穿透一个社会时，其“技术的光线”的穿透力常常是最强的。从史料记载中可知，1909年5月底，成都的启明电灯公司在中新街的发电厂开始正式发电，其后又在椒子街建成新厂。随着一支支烛火与一盏盏油灯的熄灭，一个幽暗宁静犹如老照片的旧时代悄然隐退，电灯的强光渐次照亮了日新月异的新世界，而照明技术的改进从根本上改变着人们对夜晚的时间观念。② 不过这个现代化过程内部充满了各种阻力、矛盾、权力斗争与社会畸变症候。据张绍诚云，四川省立成都中学是一所著名的学校，低年级新毛头儿早晚自习颇惜时苦学，“当时的启明电灯公司不堪重荷，已成‘岂明’公司。即使不停电，灯丝也像细红头绳儿样，照不亮三尺远。于是电灯下还得加自备的菜油灯：锡浇铸的、铁皮敲的、陶釉烧的、墨盘改装的，形象各异。一根棉芯子比三根灯草还亮。反正油瓶子一周不空，教室里繁星点点。最令人羡慕的是轻磅灯泡（飞翔来一百伏的灯泡用在二百二十伏线路上），灯光皎洁，从不短路。不过瞌睡威力大，新毛头儿几乎人人都尝过清油灯烧焦头发，烫起泡儿的苦头”③。翻开尘封的岁月，我们发现重庆“烟灯比路灯多”的记载，亦看到马步青在凉州的势力范围

---

① 萧赛：《满城争看电灯燃》，冯至诚编：《市民记忆中的老成都》，四川文艺出版社1999年版，第108—109页。

② 吉登斯在《社会的构成》中认为：“夜晚是社会活动的‘边疆（frontier）’，而且和所有空间边疆一样，具有明显的标志。可以说，夜晚一直只是个‘人烟稀疏’的边疆。不过，随着大功率的人工照明成为一种常规方式，互动情景发生在夜晚的可能性大大扩展了。”（Anthony Giddens, *The Constitution of Society: Outline of the Theory of Structuration*, Cambridge: Polity Press, 1984, p. 119.）

③ 张绍诚：《五世同堂记事》，冯至诚编：《市民记忆中的老成都》，四川文艺出版社1999年版，第246—247页。谢天沙在1951年出版的《康藏行》中也有类似的记叙：“康定是有电灯的，但我在晚上照例总不看书写字，因为装上五十支光的灯泡，还抵不上烛光的一半。这原因是电厂二部电机的发电量总和不过六十二瓦，而用电量总在二百瓦以上，所以原规定220伏电压，常常跌到100伏以下，电灯怎样也亮不起来。”（谢天沙：《康藏行》，上海工艺出版社1951年版，第24页。）

办电灯厂后“家家都必须用，每个灯头每月三块银元。只亮到午夜为止，下半夜停电要自备油灯”① 的强权霸道，正如时人讥讽马家军阀统治下的兰州电灯不明、电话不灵、马路不平的“三不”现象所喻示的那样，中国现代的光明恰似昏黄的路灯般幽暗惨淡，现代化的前程恰似泥泞的道路般漫长坎坷。

归绥的城门顶上竖起一座钟以方便往来行人

和新疆在盛世才时期德元公司开发电照明先河之前乌鲁木齐过着“报时听炮声，照明靠油灯”的城市生活一样，这种情况在20世纪初的昆明亦大略相仿。史载，辛亥革命后，昆明就不时兴打更了，每天放四炮来报时。早上六点，放“醒炮”，中午十二点放“午炮”，下午七点放“头炮”，晚上九点放“二炮”。② 放“醒炮”起床，放“午炮”吃饭，放“头炮”天黑，放“二炮”睡觉，大多数昆明人都这样生活。一到时辰，放炮老人便在护国桥旁的空地上点燃铁火炮，一声巨响，完成报时。“二炮”一响，全城已是一片漆黑，铺着条石的街道，铺着碎石泥土的小巷仿佛一刹那就安静了下来。有人这样写道：“旧日昆明的时间是多种多样的，还没有统一到格林尼治的12个数字上来。鸡鸣是一种时间，鸣炮是一种时间，早晨街道上铺面下门板的声音是一种时间，黄昏卖纸烟的铺子掌灯是一种时间，小巷里樱花落下是一种时间，太阳照着刘家的房头草是一种时间，火车的汽笛声从南方的天

① 秦至诚：《甘新公路首次整理纪实》，中国人民政治协商会议甘肃省委员会文史资料研究委员会编：《甘肃文史资料选辑》第14辑，甘肃人民出版社1983年版，第113页。

② 在清代康定城，也有所谓“报时三炮”（dus brda gtong bavi rgyogs sgra thengs gsum）制度，又称为炉城三炮。

空下传来是一种时间，倒垃圾的大爹摇响铃铛是一种时间，云南大学的钟楼敲钟是一种时间，有人挑着山茶花来卖是一种时间，燕鸿居开始卖阳春米线是一种时间，有闲阶级看看手腕上的表，是一种只有一个枯燥罗马数字、没有气味色彩光线变化的时间。”① 在这种多样纷纭的时间架构中，现代化的推进过程却给人悲喜莫名的混合感觉：陈一得不仅在气象科学理论上造诣精湛，而且是云南气象测候事业的奠基人。他深感气候变化对生产建设与人民生活关系密切，乃凭私人力量建立测候所，并逐年编印《昆明气象年报》。在他多方奔走之下，云南当局采纳了建立省气象测候所的建议。陈一得将气象台建成步入正轨后，却又“被派去做管理‘放午炮’的工作。原来在国民党统治时期，云南根本没有什么标准时，陈一得根据他在天文学方面的研究成果，第一次提出了计算云南各地的标准时的原理和方法。原云南省政府就利用陈一得去计算时间放午炮”②。如果说现代化的社会变迁是一种大化运行，那么以陈一得为代表的科技知识分子的命运却如此造化弄人，留下无限唏嘘和悼惜。据时在昆明的西南联大读书后来成为历史学家的何兆武回忆说，在抗战爆发后，学生大多很穷困，很少人有手表，到乡下躲警报期间，许多人便在地上画一个日晷大致推测时间。③ 不过，随着时间的流逝，中国城市的空间景观呈现前所未有的诸多新现象，表现为：

一、城市空间的膨胀与压缩

正如刘凤云在《明清城市空间的文化探析》中所说，中国的传统城市在其发展的过程中逐渐形成了自己的空间模式。城墙是中国传统城市的重要标志，《管子》曰“内为之城，城外为之郭”④，城郭以内为

---

① 于坚等：《老昆明：金马碧鸡》，江苏美术出版社2000年版，第77页。

② 昆明市政协文史资料和学习委员会编：《风雨忆当年：昆明市政协文史资料集粹》中，文教篇，云南美术出版社1997年版，第199页。

③ 吕文浩：《日军空袭威胁下的西南联大日常生活》，《抗日战争研究》2002年第4期。

④ 语出《管子》，度地第五十七，引自赵守正译注：《白话管子》，岳麓书社1993年版，第570页。

城市，城郭以外为关厢，为乡里。明清统治者对“城之役”历来极其重视，所以刘凤云将中国传统城市称为“城墙城市”①。但我们看到近代中国城市发展一个普遍性现象即是对城郭界域的“空间溢出”。

以昆明为例，据有关方志记载，清代昆明南教场早年范围较广。南教场逐渐内缩的时间，开始于宣统二年（1910）滇越铁路全线通车之后。在此之前，新军建立，日常“演武”的主要基地，已迁往莲花池畔的北教场。光绪后期，地方政府财政支绌，曾拍卖南教场场边空地。因为场内不时处决人犯，无人敢买，价值低廉。当时有商民张椿萱，以低价购下了场西一片空地。滇越铁路通车后，省城人口逐渐增加，商业进一步活跃。昔日低贱的地价，寸土千金。张椿萱很有远见，便利用他买下的地皮，建成东西两廊铺面三十五间，取名为福兴街，铺面租给别人开设店铺或住家。与此同时，场南场北也不断有人买地造房。原来的教场日渐缩小，在军事上已毫无用处，只能专用来作为刑场。民国成立后，福兴街被指定为娼妓集中居住之地，有“下等集园”之名。1920年，云南省省长公署更决定在南教场开辟市场，分街划巷，原南教场的刑场后遂迁往北教场。到40年代，南教场更趋繁荣，电影院拔地而起于此，民间艺人和江湖医生四方云集于此，② 人声鼎沸，热闹非凡。

旧重庆城“三面临江，一面当陆”③，城市空间十分狭小。1926年，潘文华被刘湘委任为重庆商埠督办，又于次年督办公署改为市政厅后任重庆市市长，掌理重庆市政达九年之久，悉心规划，在推动重庆市政建设现代化方面政绩卓著。在潘文华主政期间，重庆当局为解决旧城人满为患的严峻问题，决意将主城区外沿嘉陵江和长江边城墙外荒丘墓地开辟为新市区，从而出现了重庆城市史上空前规模的“迁坟”工程。1926年，重庆新市场管理局成立，全权负责迁坟测绘丈量及收售地皮各项工作，凡属区内坟有主者，限期自迁，无主者次第掘取棺木，择完好者为其迁移，朽坏者则盛以竹篓，由市绅合组同仁义冢会在南岸及长

① 刘凤云：《明清城市空间的文化探析》，中央民族大学出版社2001年版，第5—14页。

② 李道生：《云南社会大观》，上海书店2000年版，第10—11页。

③ 《开辟重庆市新市区说明书》，重庆《商务日报》1929年1月20日。

重庆朝天门码头

江下游购定新址以供改葬。据悉，此次“迁坟”工程“因部署周至，群情翕然”①，“昔日殡宫，皆成沃壤”②，并以三条主干道将新开辟的南、北、中三大片新市区与旧城相连，旧城区的不少商家亦迁至新城区落户。陆思红有这样的一段话：“曾家岩一带，尤多军政大员富绅巨贾之别墅。汽车扬尘，顾盼其间，谁复念数年以前，此处尤为荒冢累累哉。”③ 1929 年，重庆市正式建制后，市区界域包括巴县城区及其长江南岸弹子石、海棠溪等地和江北县江北镇、溉澜溪、刘家台等地，形成旧城、南岸、江北这种跨两江、三足鼎立的格局，现代重庆城区的初步规模由此奠定。到 1934 年，重庆炼钢厂在磁器口的兴建、重庆大学的迁入沙坪坝，又使磁器口、沙坪坝为中心的工业、文化区呈现雏形。④正如白修德所说，随着国民政府西迁重庆后：

新的建筑物像菌子一样散布开来。四川没有钢，因此把竹头当

① 重庆市政府秘书处编：《九年来之重庆市政》第二编，工程建设事项，重庆，1936 年版，第 30 页。

② 杨世才：《重庆指南》，重庆书店 1936 年版，第 6 页。

③ 陆思红：《新重庆》，上海中华书局 1939 年版，第 23 页。

④ 参见张瑾：《权力、冲突与变革——1926—1937 年重庆城市现代化研究》，重庆出版社 2003 年版，第 127 页。

成梁柱；钉子很少，竹条就用来绑住梁柱；木头很少，就把竹头劈开，编成墙壁。这之后，这东倒西歪的匣子似的东西，四壁涂上泥，上面把茅草或瓦片一盖，就是房子了。在这些草屋里，住着“自由中国”的信仰者。……

重庆市的河边竹建民房

重庆沸腾了，涨大了。它溢出城墙，到达市郊以外，吞没了稻田和荒野。政府给街道定下新的名字——民国路，民生路，中一中二中三路等等——所有这些好听的名字，出现在官方文件和请客帖子上。但黄包车夫不知道这些名字，你接到一个请客帖子时，立刻就得译成旧的四川话，使黄包车夫能够明白你是要到观音岩、七星岗呢，还是陕西街、白象街口。①

① Theodore. H. White, *Donner aus China*, Stuttgart: Rowohlt Verlag, 1949, S. 18 – 20. 这样的情形在张恨水《重庆旅感录》也有栩栩如绘的记述，他这样写道：“此间地价不昂，而地势崎岖，无可展拓。故建屋者，由高临下，则削山为坡。居卑面高，则支崖作阁。平面不得开展，乃从事于屋上下之堆叠。屋向上叠，为楼为阁，人尽知之。向下亦云堆叠者，此则为蜀中之独特建筑。其法或沿坡支屋，逐渐斜下。或坡下作悬阁，其上架楼二三层，以超出地面。故他处出门必须下楼，而此地上楼乃得出门，亦为常事。骤睹此项建筑者，无不引以为怪。犹忆一次访友，门前朱户兽环，俨然世家，门启乃空洞无物，白云在望。俯视，则降阶二三十级处为庭院。立于门首，视其瓦纹如指掌也，不亦趣乎？建楼为蜀中常事，而需费则奇廉。盖钢骨水泥，建筑固所罕用。即四面砖墙，基础坚固者，亦不易得。大都以木作架，以竹编壁，一客登楼，全屋俱动，平民世居，习不为怪。又如通衢商肆，楼高十丈，窗饰辉煌，百货罗列，观其外表，俨然沪汉模样也。顾叩其墙壁，则蓬蓬然如击鼓皮。盖系砌砖作柱，于两柱之间钉木条双层作夹壁者，夹壁上糊泥灰，若墙厚尺许，其实中空无物，不堪拳击。近商民虽觉其不当，有意改善。然全市翻造，非易言也。”（张恨水：《张恨水说重庆》，曾智中、尤德彦编，四川文艺出版社 2001 年版，第 42 页。）

重庆凯旋路

在成都，大城自福康安、李世杰大兴城工重修以后，虽历经风云变幻和岁月沧桑，“但就它的基址说，到底还是一百六十六年前的老地方，这城圈子并未丝毫变更”①。随着成都人口膨胀加剧，向城外拓展市区空间已成为必然之势。早在成都市政府成立之初就曾提出拆东南月城，将砖变价，并修环城马路。成都市政府在给省政府的呈文称：“本市东南两门月城妨碍交通，早应拆废，除去挖运泥土等一切工费外，约可获价洋二三万元之谱，查作此两项工程修环城马路、增辟城门工程经费即可，经努力兴工旋卖旋修，不足之数悉由职府（市政府）另行设法筹备。”② 但由于当时四川正处于军阀混战状态，拆除城墙的建议得不到军人集团的支持，此议只好作罢。抗战爆发后，成都城市空间的拓展更

① 李劼人：《二千余年成都大城史的衍变》。亦见李劼人：《李劼人说成都》，曾智中、尤德彦编，四川文艺出版社2001年版，第39页。

② 《呈省政府请拨东南两城月城砖石地基变价作环城马路增辟城门开办专款一事文》，《成都市政府公报》第14期（1929年11月）。

成为刻不容缓的急务。李劼人在《天魔舞》中这样写道："成都市在抗战中扩大了，人口从战前的四十几万增加八十多万。近郊许多地方，从前是纯农村世界，但自民国二十七八年起疏散的人出去的多了，而许多新兴的有关军事机构也尽量建立在郊外，这样一来城外一些地方电灯有了，马路有了，桥梁有了，粮食店、猪肉架子、小菜摊、杂货铺也有了，连带而及的茶铺酒店饭馆旅社栈房都有了，业已把城郊四周十来里地变成了半城半乡的模样；但是一种旧习还依然存留着，便是没有夜生活。半城半乡之处，交通到底不大方便，只有一些越来越不像样的实心胶轮的人力车；而且一到夜里，还不大找得到。得了抗战之赐，使劳作收入较优的车夫们，辛苦了半天，足以一饱了，他们第一需要休息，第二对于比较寂静的黑魆魆的乡野道路，总不免存有几分戒心，虽然近几年来已不大有什么路劫事件发生。新兴的木箱式的马车，和长途车式的公共汽车，路线既只限于四门汽车站以内的旧市区，而且一到黄昏也都要收车的。因为没有夜的交通。在近郊，遂也无夜的生活，大家仍然保存着农村的早作早歇的良好习惯，那是无怪的。"① 城市的空间拓展作为自发的行为已经客观存在，成都市政府当局自然亦不能熟视无睹，敛手无为。此外，抗战军兴，内战的阴霾一时间烟消云散，从"城头变幻大王旗"时代走过来的军阀亦心胸略为开朗起来，而且日机的轮番空袭亦使城垣成为防空、疏散城内人口的重要障碍，故时任成都市市长的杨全宇向当轴枢要力倡拆除成都城垣之论。他说："现有城墙，不但早已失去防护之功用，反为交通的障碍，在现代文化提高，科学发达的时候，还要说靠城墙来保护

清末民初成都的街道

① 李劼人：《天魔舞》，四川文艺出版社1985年版，第132—133页。

治安，足见政府之无能。”“如果把城墙完全拆除了，卖去城砖可抵拆除费，改修环城马路，两旁地价增益的税收，作修而且有余。我们看欧美各国，哪里还有城墙的存在？……在维也纳时，看见那沿多脑（瑙）河畔那条最盛的大街，就是拆去城堡来改修成功的。”① 正如齐格蒙特·鲍曼（Zygmunt Bauman）所说，在轻快的现代性呈现之前，“沉重的现代性——即大量占有的现代性，一种‘越大越好’（the larger the better）的现代性，一种‘大就是力量，多即是成功’（the size is power, the volume is success）的现代性”②，使征服空间成为时代的最高目标。在这种现代性的沉重性的表现中，城市进步即意味着规模的增大和空间的扩张，而且在漫长时间中积累下的文化遗产亦被进步的理性之光所毁于一旦。

当然，并不是所有的城市都呈现出“空间溢出”现象。贾平凹这样写道：

> 这是用不着解说的，也用不着多说中国有十三个封建王朝在此建都，尤其汉唐，是国家的政治、经济、军事、文化中心，其城市的恢宏与繁华辉煌于全世界。可宋元之后，国都东迁北移，如人走茶凉，西安遂渐渐衰败。到了二十世纪二三十年代，已经荒废沦落到规模如现今陕西的一个普通县城的大小，在仅有唐城十分之一的那一圈明朝的城墙里，街是土道，铺为平屋，没了城门的空门洞外就是庄稼地，胡基壕，蒿丘和涝地，夜里有猫头鹰飞到钟楼上叫啸，肯定有人家死了老的少的，要在门首用白布草席搭了灵棚哭丧，而黎明出城去报丧的就常见到狼拖着扫帚长尾在田埂上游走。北京、上海已经有洋人的租界了，蹬着高跟鞋拎着小坤包的摩登女郎和穿了西服挂了怀表的先生们生活里大量充斥了洋货，言语里也时不时夹杂了“密司特”之类的英文，而西安街头的墙上，一大片卖大力丸、治花柳病、售虎头万金油的广告偶尔有一张两张胡蝶

---

① 杨全宇：《成都市政之发展规划与现在工程概况》，《成都市政府周报》第3卷第3期（1940年5月18日）。

② Zygmunt Bauman, *Liquid Modernity*, Cambridge: Polity Press, 2000, p. 113.

的、阮玲玉的烫发影照，普遍地把火柴称作洋火，把肥皂叫成洋碱，充其量有了名为“大芳”的一间照相馆。去馆子里照相，这是多么时髦的事！民间里广泛有着照相会摄去人的魂魄的，照相一定要照全身，照半身有杀身之祸的流言。①

贾平凹笔下20世纪初的西安城全然是一派“废都”景象，这个城市不仅空间上是萎缩的，而且精神风貌上似乎也是萎靡的。然而，祸福相倚相伏，或许正是由于西安在近代不像成都等大城市那样大规模的空间拓展，故而其城垣迄今完整无缺地保存下来，这便是现代化过程中遭钝跋踬的窘境。

民国西安城出南门外即是地道的乡下

二、城市公共空间的重建

美国著名的城市史专家刘易斯·芒福德（Lewis Mumford，1895—1990）认为，城市通过在时间和空间上扩大人类联系的范围，在有限的地区内叠加多种社会功能，为社会协作、交往、交流、控制提供了良好的基础，从而具有凝聚、加工、整合文化的功能。② 美国学者佩里·杜

① 贾平凹：《老西安·废都斜阳》，江苏美术出版社1999年版，第2—3页。

② 刘易斯·芒福德：《城市发展史——起源、演变和前景》，倪文彦、宋俊岭译，中国建筑工业出版社1982年版，第82页。

伊斯（Perry R. Duis）把城市空间划分为三种类型：一是真正“公开”的地方，诸如街道、公园、国家所有的公共设施等；二是私人所有领域，诸如私人住房等；三是介于“公”与“私”之间的“半公共”（semi-public）领域，这些地方为私人所有但为公众服务，诸如商店、剧场、理发店等。① 另一位美国学者奥斯卡·纽曼（Oscar Newman）对城市空间的分类亦颇为类似，将城市空间划分为私密性空间、半私密性空间、半公共性空间、公共性空间四种。② 由于城市“公共空间”（public space）与市民社会、哈贝马斯所谓的“公共领域”（public sphere）等问题密切相关，所以国内外学术界对中国近代城市公共空间的研究目前正趋于日益兴盛。

欧美学者对西方城市公共空间的关注由来已久。哈贝马斯的研究表明，在18世纪的英格兰，咖啡屋对于中产阶级公共领域的发展起到了至关重要的作用。在中国，明清以来经营茶饮业的茶肆、茶坊、茶楼和茶馆等地被许多学者视为与西方哈贝马斯笔下咖啡馆相类似的公共空间。扬州人李斗云：“吾乡茶肆，甲于天下，多有以此为业者，出金建造花园，或鬻故家大宅废园为之，楼台亭舍，花木竹石，杯盘匙箸无不精美。”③ 北京的茶馆在老舍先生笔下活灵活现，而成都的茶馆遍布大街小巷，茶客盈门，座无虚席，吃闲茶、吃讲茶、吃书茶，花样繁多，在李劼人的《大波》、沙汀的《在其香居茶馆里》等脍炙人口传世名著中亦被刻画得惟妙惟肖。诚然，成都的茶馆是一种社会性空间。如有学者所言：“茶馆的生活样态在表面上看是自由的、闲适的、悠然的，但实际上它是各种社会关系和势力摩擦、胶着的无所隐遁的公共空间。这是一个张弛有度、大家心照不宣的公共着力场，也是一个带有炫耀、窥

① Perry R. Duis, *Challenging Chicago: Coping with Everyday Life, 1837 - 1920*, Urbana: University of Illinois Press, 1998, pp. 2 - 63.

② 参见 Oscar Newman, *Defensible Space: Crime Prevention Through Urban Design*, New York: The Macmillan Company, 1972。

③ 李斗：《扬州画舫录》卷一，汪北平、涂雨公点校，中华书局1960年版，第26—27页。

探、展示功能的命运展览地。”① 与当代茶楼依赖装饰所构成的人化空间“仿真性”和茶客关系的“陌生化”不同，近代成都的传统茶馆自然时空被牢牢地铆定在社会关系的空间维度和社会历史的时间轴上，有着明晰的社会关系背景，用吉登斯的话来说，“脱域”的现代性的现象并不明显，来喝茶的人一走进茶馆的场域即已被彼此预先的“熟知”所定位。他们在这种空间的消费中各就各位，各得其所。“喊茶钱”是传统茶馆的一景。当某人走进茶馆时，先到的熟人或朋友必定会大喊一声“茶钱我这里会了！”若是交游广、有面子的人进去，往往满场的人都在争相抢着“喊茶钱”，激烈得仿佛快要动武的场景每天不时都会上演于斯。② 三教九流的人物通过茶馆这一场域结成市井民间社会的公共空间。不过，尽管近代诸如茶馆之类公共空间在许多情况下也许会成为政治辩论的场所，但由于像成都近代茶馆中人员如此五方杂处，哈贝马斯所指称的西方具有政治性的意义的“公共领域”的建构殆非茶馆所能济事。事实上，在新中国成立前成都还是一座仅有两根半烟囱（机械厂、水电厂和半歇业的染布厂）的消费城市，这种传统茶馆恰反映了前工业文明时代城市生活的舒缓时间节奏如同成都人踱进茶馆的步履般笃定，农业社会的气息在城市百年茶馆闲适慵懒的闾巷风情中如同盖碗茶般浓酽。

中国西部地区城市公共空间景观的改变最早多滥觞于清末新政浪潮的洗礼。受西方文化的冲击，在清廷中央政府的支持鼓励下，各省封疆大吏动用官府政治、经济资源，依靠地方精英分子的勠力襄举，纷纷创办诸如展览所、图书馆、体育馆、公园等新的公共空间。以成都为例，罗斯在《变化中的中国人》（Edward Alsworth Ross, *The Changing Chinese: The Conflict of Oriental and Western Cultures in China*, New York: Century, 1911）中专门有一章题目为“中国的西部”，其中这样叙述其在清末新政期间游历成都的观感：

---

① 吴兴明：《漂浮的空间：90 年代之后的成都茶楼》，余虹等主编：《问题》，中国人民大学出版社 2003 年版，第 76 页。

② 王泽华、王鹤：《民国时期的老成都》，四川文艺出版社 1999 年版，第 109—110 页。

清末成都的商业闹市上有巡警维护秩序

四川省会成都，是满清帝国一座富裕、建造最好的城市之一，能看出西方影响在这里达到了顶峰。赵尔巽总督带我们参观一所位于山顶之上的军事学校，并带我们参观许多学校和公共建筑，脸上明显表露出对纯朴中国城市进步的骄傲。在人行道、卫生清洁和城市安全方面，没有其他城市能比得上成都。供水和电力马上就要进入这座远离海岸二千英里、乌鸦从这里飞行二百英里到西藏的城市。这里的中国人要比同西方已交往两代人的港口城市居民做得更好，其原因或许在于四川人的性格，因为在十七世纪大破坏之后，大量来自他省的移民定居在四川；另一原因在于四川未受到太平天国破坏的影响，或许是在这块遥远土地上的四川人未受到强迫的鸦片贸易、通商口岸的歧视、炮舰外交等等西方铁拳的影响，这样就使得他们以更好的精神状态吸引西方人高层次的一面——西方理想和观念。①

① E. A. 罗斯：《变化中的中国人》，公茂虹、张皓译，时事出版社1989年版，第278页。

清末，成都青年羊花会的物资集市被冠以“劝业会”之名。在插着清龙旗的台上，一位官员在劝业会授奖台上颁奖

近代中国新兴的公共空间与以往的会馆、公所、戏院等相比，最明显的区别在于更加开放化和平民化，在充满等级礼序色彩的传统社会文化生态空间中拓展出空前包容性的城市公共活动场域。例如，在世界文化遗产中，中国的园林文化文艺别具一格，叠山理水，凿池垒石，多具有田园诗一般的乡土韵味，追求一种幽邃静逸、翛然尘外、浑然天成的空间意境。但长期以来，中国传统社会的园林除皇家御苑之外，多属达官显贵或名士富商孜孜营构的私家园林，而与之地位判若霄壤的穷黎黔首只能徒叹观止，无缘观赏。有学者云，与古代官家或皇家的园林有着本质的区别，古代的园林是与封建等级和特权紧密联系在一起的，是权势、地位和财富的象征，而近代城市公园却面向大众开放，其最本质的特点是公众性、平民性，城市公园作为城市公共空间和绿地系统的重要组成部分，是一个城市或地区从保守到开明的重要标志之一。① 1908 年，

① 李德英：《城市公共空间与市民社会生活——以近代成都都市公园为例》，严昌洪主编：《经济发展与社会变迁国际学术研讨会论文集》，华中师范（续下注）

1908 年，四川成都的街道上已装有路灯，路面铺整一新，一位警员站在群众之中，象征着新式的城市管理秩序空间的形成

成都将军有见于“市民娱乐之所，阙为茶社酒肆，或终年不出户庭，如郊外之名胜，私家之园林，非因令节，决难往顾，是以相聚烦嚣，病疫时出，卫生之道既乖，人民之体质日弱”①，加之当时清廷预备立宪，废除旗米供给制度，旗人生计困难，乃就旗仓空地创建亭园，种植花

（续上注）大学出版社 2002 年版，第 379 页。不过，我们必须指出，草坪绿地艺术是西欧中世纪文化的结晶，中国的园林艺术完全可以和西方的草坪绿地艺术相媲美，前者为平面艺术，后者为立体艺术。前者强调规模宏大的几何图案，而后者强调高低不平，错落有致，即便形小而体微，如果竹木扶疏，也别有情趣。中国城市公共空间在仿效西方的过程中照搬西方草坪艺术实不免邯郸学步之嫌。这也是中国作为后发型现代国家的悲剧所在。本来，草坪艺术不仅在历史上、在文化传统上不服中国的“水土”，而且仅从自然条件上而言也不符合中国的地理和气候环境，因为草坪艺术是西欧海洋性气候滋润的产物，而中国是大陆季风性气候，普遍干旱缺水。

① 杨吉甫、晏碧如、刘燕谋、聂开阳编：《成都市市政年鉴》第 1 期，1928 年版，第 534 页。

成都的满城俗称“少城”。图为满城将军衙门一带的街区一角（1911 年秋）

木，出售门票“任人游览，以旷怡心神”[①]，从而开辟了成都最早的公园——少城公园。同时，成都城内开放私家花园作为公园的，还有丁公祠、贵州馆等。成都公园的出现，说明转型期间布罗代尔所谓的“事件时间”“情势时间”与“结构时间”同时聚焦交汇在一起。如果说清末新政期间引进西方文明生活范式是当时的社会大环境、大趋势，那么旗人生计的纾解则是成都少城公园出现的即时性事件原因，而私家园林向公园的过渡则昭示着传统连续性与变革断裂性的相生相克。

贺卫方在文章和演讲中几次讲述从杨昌济日记中发现的德国皇帝威廉一世与小磨坊主的故事。[②] 在一般人心目中，中国传统社会是人治社会而非法治社会。但事实上，传统中国也有与这位德国小磨坊主人相似的法律故事，表明“王法”与“朝纲”对政府行为的约束和对私人空间的保护。史载，清代京师正阳门外有“富贵街者，夹吏、户两部之间，而成一街，街设肆，鬻五香酱羊肉，味特美”。有纪事诗曰：“巢

① 杨吉甫、晏碧如、刘燕谋、聂开阳编：《成都市市政年鉴》第 1 期，1928 年版，第 534 页。

② 贺卫方：《运送正义的方式》，上海三联书店 2002 年版，第 250—251 页。

痕回首已迷茫，富贵真成梦一场。更触老饕无限感，五香列肆有蒸羊。”① 而以酱羊肉闻名的月盛斋恰恰“铺在户部街，左右皆官署”，清人评论云：“此斋独立于中者数十年，竟不以公用征收之。当时官厅犹重民权也。”② 但是，随着现代化进程的推进，帝制灭亡后的民国时期似乎更加无法无天。有些在“现代化”的旗号下标榜公共利益和福祉的对城市公共空间改造的“进步”措施，实际上成为对民众私人权利的肆意侵犯，甚至引起市民与地方政府的尖锐冲突。质言之，公共空间的现代化重建本身是一个充满着权力斗争的空间场域。军阀杨森任四川军务督理后，新官上任三把火，提出“建设新四川”的口号，在成都大力推行“新政”。他首先看不惯成都的老街，于是亲自主持一项改进成都街道的庞大计划，强令春熙路、东大街等沿街店铺向后退缩，加宽路面，并且拆掉棚子，路面去掉石板石条，改为三合土。杨森派军队捣毁席棚、民居和商店，强迫拆迁，致使许多商民关门失业、无家可归。当时的“五老七贤”要为青石板老街请命，杨森毫不客气地斥责说：“我拆一点房边屋角，你们就大惊小怪，说老百姓不愿意。如果我进成都时，把四城门关上，放一把火烧个精光，倒还省了不少麻烦。”③ 有人凑首歪诗：“市镇人缘何太忙，因修马路拆民房。既开通俗教育馆，又辟公共体育场。五老七贤来求情，蛮横督理不买账。无端报馆遭封闭，‘威古龙丸’兴味长。”（威古龙丸是补肾药，这里讽刺杨森妻妾成群）④ 这一城市公共空间的改造事件浮现出杜赞奇所说的历史复线性。中国现代化的道路并不是高奏凯歌的进行曲，普通民众的向隅而泣的呻吟悲恸并不能在现代历史学者的书写中被删节而“失语”（voiceless）。

---

① 何刚德：《话梦集》卷上，（与《春明梦录》《东华琐录》合刊），北京古籍出版社 1995 年版，第 14 页。

② 夏仁虎：《旧京琐记》卷九，市肆，辽宁教育出版社 1998 年版（与《枝巢四述》合订本），第 127 页。

③ 肖波、马宣伟：《四川军阀混战：1917—1926 年》，四川省社会科学院出版社 1986 年版，第 270 页。

④ 肖波、马宣伟：《四川军阀混战：1917—1926 年》，四川省社会科学院出版社 1986 年版，第 271 页。

三、城市空间控制技术的改进

福柯在1976年与一群法国地理学家的面谈中，承认他长久以来一直专注着空间。他说："人们时常以空间着魔（spatial obsessions）责备我，这些着魔的确曾令我分心。但我认为，通过它们，我确实达到了我追寻的根本目标：权力与知识间可能存在的各种关系。"① 对福柯而言，空间乃权力、知识等话语转化成实际权力关系的关键。福柯从权力入手，创造性地将现代社会描述为规训社会，将监狱视作规训社会的一个隐喻，通过对以边沁全景敞视监狱设计为范本渗透于学校、医院、军队和工厂等整个社会领域的细腻而多样的空间控制技术的分析，对现代社会形态的构型进行解剖和诊断。福柯《古典时期的疯癫史》（*Histoire de la folie à l'âge classique*，Paris：Gallimard，1972）、《规训与惩罚》（*Surveiller et punir：Naissance de la prison*，Paris：Gallimard，1975）等书在目前国际学术界被誉为经典之作，成为中国学术界的重要理论资源。尽管目前援引福柯的观点和效仿福柯的方法而对中国城市公共空间、医疗空间等研究不乏新论迭出，但似乎仍然存在橘逾淮而为枳的偏颇之弊。我们承认由于福柯的观点与方法的引介使研究的思维避免了过去的浅陋与简单，但在口口声声超越现代化宏观叙事的激昂呐喊中，雷声大而雨点小，福柯的理论和方法仍用于论证从传统到现代的现代化宏观叙事，在令人目眩的华尔兹舞蹈旋转中依然落脚于原地不动。

中国与西方的国家形态的发展历史差异性极大，所以我们不能仅仅将福柯对现代规训社会的分析普适化用之于中国，更应该将福柯不遗余力向普遍性的挑战和对差异性的关注的精神加以理论继受。中国历史悠久，文明峨煌斑斓，长期以来本身在社会再生产中依赖实践理性已经形成了大量繁密精致的空间权力控制技术。也许较诸现代西方输入的制度、技术相形见绌，也许菁芜杂然并存，但我们切不可以现代主义的傲慢眼光目无余子地存心轻蔑为一文不值。以清代成都为例，清朝统治者

① Jeremy W. Crampton，Stuart Elden，*Space，Knowledge and Power：Foucault and Geography*，Kent：Ashgate Publishing Ltd.，2007，p. 177.

出于避免满洲八旗驻防各地的兵丁沾染汉习而削弱战斗力、避免满汉兵民杂厕导致纷扰、矛盾和冲突等因素的考虑，在八旗驻防地普遍修筑“满城”，而成都“满城”是其中修建最早的。① 据《驻防成都满营则例》载，“满城”在成都府西，康熙五十七年建筑，城垣周围四里五分，满汉界城高一丈二尺八寸，城门五座，每旗官街一条，兵丁胡同三条。成都的“满城”系康熙年间在大城西垣内新筑，故又称“少城”“内城”。成都“满城”依照北京内城规矩，正黄、镶黄在北，正白、镶白在东，正红、镶红在西，正蓝、镶蓝在南。成都“满城”的设施主要包括三类：一是演武厅、火药局、教场等军事设施，时称“公所”；二是将军衙门、副都统衙门等各级官署，此为军事/行政中心；三是兵丁居住区和各种生活、文化场所，诸如祠庙等。少城街道很像蜈蚣形，由南到北，将军衙门是头，长顺街是身，各街巷是脚。分左右两翼，长顺街东面是左翼，西面是右翼，皆称“胡同”。② “在宣统以前，汉人很少进少城游览，旗下人也少到大城活动，彼此界限森严。”③ 成都满城的空间布局反映了清朝统治者权力控制独具匠心的策略与技术，但迄今学术界尚未对其进行深细的研究。福柯虽然对结构主义保持一定的距离，但他实际上是将结构主义历史化，在这一点上与其素有密切关系的年鉴学派的“长时段”理论主张具有相似性。所以我们不能将目光局促于清末民初的现代化转型，更应放宽历史的视界对1840年以前中国传统的权力空间控制技术予以应有的观照而期达到“本未求变”的目的。学术研究固然依然于波普尔所谓的“零碎工程”的点滴积累方能聚沙成塔，但正如钱穆所言，游览一座城市时，最具典型意义的风景名胜“总该看一下，却不要私家小巷到处尽去钻”④，否则猎奇骛异

① 参见本书第三卷第二章、第九章。

② 刘显之：《解放前生活在四川的满蒙族》，中国人民政治协商会议四川省委员会文史资料研究委员会编：《四川文史资料选辑》第39辑，四川人民出版社1991年版，第138页。

③ 徐孝恢：《关于成都“满城”的回忆点滴》，中国人民政治协商会议四川省委员会、四川省省志编辑委员会编：《四川文史资料选辑》第10辑，1963年内部发行，第39页。

④ 钱穆：《中国史学名著》，生活·读书·新知三联书店2000年版，第160页。

难免钻入死胡同，而学术的“围城”却由于一叶障目始终走不出来。

周善培像

在关于近代成都城市空间控制技术改进的研究方面，美国哈佛大学博士司昆仑（Kristin Stapleton）关于清末成都警察的学位论文及其2000年出版的专著《文明化成都》（*Civilizing Chengdu: Chinese Urban Reform, 1895 - 1937*, Cambridge: Harvard University Asia Center, 2000）堪称目前最具学术价值的力作。司昆仑和国内成都城市史研究者都对诸周善培之类等精英改良者的行动和思想颇为重视。周善培（1875—1958），号孝怀，于1899年东渡日本，注意考察学校、警政、实业等，并与日本元老和朝野名流来往。1901年，四川总督奎俊派周善培考选学生二十名带赴日本留学，并聘一日本教习回川，于成都开设私立东文学堂一所。1902年，岑春煊督川，任命周为警察传习所总办，训练了川省首批警官，肇川省警政之始。锡良任四川总督后竭力推行各项新政，又委托周为警察局总办。此后，周善培又相继担任过商务局、劝工局总办（1907年）、通省劝业道（1908—1911年）、署理提法使（1911年）等职，在社会和实业诸方面的改良甚多。① 周善培最著名的业绩是令成都人津津乐道的“娼”“厂”“唱”“场”和“察”。“察”指警察固毋庸赘言，而“娼”，指治理娼家，对妓女实行分类管理；“厂”，指倡办乞丐厂、纱厂、造纸厂等实业；“唱”，指改良戏曲和兴建戏园；“场”，指兴建成都近代第一个商业中心商业场。② 周善培任警察局总办期间，设立巡警教练所，招选身家清白、体格强壮并能识字之一千人，编为巡警两营，以储警才；将所辖区域分成东、西、南、北、中以及外东六个区，每区设一分署，全城设派出所三十余处，巡警

① 参见王笛：《周善培》，任一民主编：《四川近现代人物传》第4辑，四川大学出版社1987年版，第122—123页。

② 王泽华、王鹤：《民国时期的老成都》，四川文艺出版社1999年版，第48页。

穿梭来往，最多时达一千二百余名。清末成都曾流行一首竹枝词，记载了当时成都警察的情况：“警察巡丁日站岗，清晨独自到斜阳。夜深休往槐安去，致使鸡鸣狗盗藏。”① 这首民间流传的竹枝词从一个侧面反映了清末成都警政的成效。近代以来，随着城市人口和经济的聚集效应日益强化，城市消防隐患的危险系数亦相应增大。成都当时救火器材落后，消防灭火无专门的机构和人员。周善培在任职期间成立专业消防队，约一千人，采用新式水龙、爬梯等器具，规定将全城一千一百个太平缸装满水数日一换，俾使“防患卫生，无不周至”②，防火于未然，对城内水利水井进行详细调查，凡有井之处，皆挂牌标明。为加强城市环境卫生及公共事业管理，成都警察局专门设有卫生队，各警区成立卫生队，配备清道夫每天早晨七点开始清扫街道。据傅崇矩《成都通览》记载，周善培主持警政期间的规定有“街道无渣滓无死鼠死猫，街边尿缸一律填平，各街茅房改良尽善，病猪肉不准入城，旅栈添窗通空气，认真大修理阴沟，井边不准淘米衣，染房臭水不准乱倾，街上不准喂猪”，等等。③ 巡警道之所为颇像一个市政府，在成都建立了一些新秩序，这对于大乡场似的老成都来说，规矩未免过多，但正如罗芙芸（Ruth Rogaski）所说，卫生管理的主要推动力是从空气、阳光和秩序的需要考虑如何利用城市空间。最初对秩序的迫切需求是由于要划定界限，诸如：下水道把清除污物的功能与道路的运输功能分离开来；将死亡限制在屠宰场和坟墓的功能使这些地方远离城市精英们的视野和嗅觉；由政府划定的市政管界把可能会传播疾病的躯体与健康的躯体分开，设定民族聚居区和种族隔离的“城市避孕套”。④

不仅公共环境卫生作为整个城市空间治理的组织部分被纳入警察监

---

① 潘超、丘良任、孙忠铨等编：《中华竹枝词全编》6，北京出版社2007年版，第735页。

② 傅崇矩：《成都通览》，巴蜀书社1987年版，第58页。

③ 傅崇矩：《成都通览》，巴蜀书社1987年版，第563页。

④ 罗芙芸：《卫生与城市现代性：1900—1928年的天津》，作舟译，天津社会科学院历史研究所、天津市城市科学研究会编：《城市史研究》第15—16辑，天津社会科学院出版社1998年版，第151页。

控的职责范围，妓女卖淫更被视为污染市容的社会病毒，与当时咸与维新的改良风气格格不入。周善培出任四川通省警察局总办后，首先命令各警局对所属辖区的各类妓女的情况进行调查，一旦确认为从妓者，即将其家定为监视户，并在娼家门口钉上书有“监视户”字样的小木牌；其次将下等妓女集中的柿子园改为新化街，把武担山附近的妓女及东门一带妓女分别集中到新化街和天涯石街列室群居，不想当妓女的，则送到大田坎的官办纱厂做工。周善培还规定妓女不得异地接客，不准门外拉客，违章者送入济良所开除妓籍，对妓女收费也加以规定，并向妓女征收花捐。为了稽查之便，周善培派人在天涯石街口修建岗楼，书匾“觉我良民”四字钉在楼口，派警察站岗，以防妓女外出拉客或地痞入内肇事，此后时人誉为“文明之美名”的“监视户”的称呼在成都不胫而走。刘师亮由于在民国初年所住街道监视户甚多，乃干脆在门上大书联云：“这条街君子君多，那件事老夫耄矣。”① 通过对监视户、新化街的空间区隔而形成福柯所说的偏离差异地点（hétérotopies de déviation），警察权力在经常性的调查、监控、记录过程中对俗称温柔富贵乡、花柳繁盛地的锦城实现和施展强有力的管制规训。

周善培创办的幼孩教工厂、乞丐工厂、川迁善工艺所和成都县罪犯学堂等，按照福柯的观点也是“监狱群岛”，这些机构“是用于减轻痛苦，治疗创伤和给予慰藉的，因此表面上与监狱迥然有异，但它们同监狱一样，却往往行使着一种致力于规范化的权力”②。周善培政绩中“唱”从表面上看修新式戏园、设戏曲改良会，组织蜀中大手笔将各戏班剧本调去改编加工，以至于郭沫若称这一时期川戏为“改良川戏”，一切似乎是舞台风花雪月的文化开发而已，但从悦来茶园这一新式剧场堂座、楼座、普通座、弹压座的空间安排布局以及审查修改剧本以消解淫戏、凶戏而感化愚顽的目的，我们依然可以瞥见权力那独特而悄然的踪变，嗅到权力的细微喘息。和周善培“唱”方面的事功一样，“场”方面的市场培育亦是政府为经济唱戏而搭建舞台的尝试。周善培任劝业

① 王泽华、王鹤：《民国时期的老成都》，四川文艺出版社1999年版，第164页。

② 福柯：《规训与惩罚》，刘北成、杨远婴译，生活·读书·新知三联书店1999年版，第353页。

道后开办劝业场时即明确宣称旨在为川省挽回绝大利权，与外人进行商战，后来劝业场开场后并没有达到周善培预期效果，本地产品的销售额仅占 20%—30%，洋货广货的比重反倒很大，以致为求名实相副，乃于 1910 年经商会同人请求将劝业场正式更名为商业场。然而，“喧阗之声，盈夜不息”① 的商业场毕竟为此后成都商业现代化开启了集纳外部琳琅满目花花世界西洋景的窗户。这本身即显示了政府权力积极渗透社会经济活动并主导经济发展的权力意向。

吉登斯在阐述大跨度时空范围的区域化时将“中心”与“边缘”的分化与时间中的根植性联系起来，认为“中心”与“边缘”的区别经常与时间上的持久性联系在一起。我们从晚清成都城市空间权力控制技术的改进可以看出，由于西方以及日本在现代化过程中捷足先登，这种时间上的领先因素便对空间上的优越性产生着决定性的影响，占尽先机的发达国家成为中国效法学取的典范，构成既催生又阻碍中国现代化的压力。成都劝业场的出现和更名即是明证。有些学者把吉登斯所谓的区域化等同于社会分化，但事实上，吉登斯之所以提出时空分延的概念就是旨在否定帕森斯等人将“社会分化”视为现代化转型的关键，以此反对帕森斯的进化论模式。中国近代警察制度引进初期的确职责囊括似乎漫无边际，公共卫生等都尚未从警政中独立门户，而中国警察制度的引进本身也可以说是一种区域化（regionalization）现象，然而，正是这种警事行政与医疗行政等随时间推移而分合属于吉登斯所谓反思性实践形成的社会制度再生产的产物，所以磨合性质的区域化不能被简单地视为一种不可逆转的进化或分化。中国警察制度的谱系近承日本，而日本又受自于德法。“警察”在英文中为“Police”，德文为“Polizei”，这个词直到 17 世纪才专指“内务行政”，但与后来的警察仍有一定的区别。② 福柯亦曾论述过 17—19 世纪“警察”概念及模态的变化。中国

① 陈祖湘、姜梦弼：《成都劝业场的变迁》，中国人民政治协商会议四川省成都市委员会文史资料研究委员会编：《成都文史资料选辑》第 3 辑，1982 年内部发行，第 153 页。

② 韩延龙主编：《中国近代警察制度》，中国人民公安大学 1993 年版，第 3 页。

引进警察制度时西方警察制度亦处于摸索未定型的状态，所以用冲击—反应模式难以解释其间递相跟踪磨合的动态关系。在中国上对“乐户”的分籍管理史册有载，成都“满城”象征的中国超大型国家“分而治之”的空间权力运行策略更系切身经眼，这种历史的可翻新性作为知识库存在周善培规制成都的空间权力技术区域化形塑中均不期而然地构成输入外国新式制度的具体行动情景。[①] 现代性的全球化使得空间与时间呈现出前所未有的胶着状态，由此可见一斑。

从福柯的著作中，我们可以轻而易举地推衍引申出这样的结论：古今中外的边疆开发就是一种空间权力控制技术的运作。尤其在近代列国竞争时代，争取民族生存空间权利始终是国人致力边疆开发过程中挥之不去的萦怀情结。正如吉登斯所说，支撑经济发展不平衡的空间区域化的本质上是各种不同类型的时间序列现象。近代中国的西部开发不是在荒徼处女地创辟草莱，而是在具有悠久历史文化积淀的基础上拓展新的经济发展空间，时间越长久，空间区域化情形越复杂。另一方面，由于时间和空间的相互不断转换，“时间是人类发展的空间”[②]，近代中国经济发展的空间区域差异又表现为时间序列的差异性。据美国人罗斯调查，清末上海缫丝厂女工每天工作十一小时，工资为八至十一美分，而四川的苦力（挑夫）半天仅拿四美分，西安的苦力一天才挣三美分。[③] 单位时间劳动力价格的不同，清晰地反映了东西部之间地区经济空间发展的不平衡。白修德这样描述抗战初期国民政府迁都重庆时东西部之间时空差异感觉：“外国人、流亡者和四川人有一样东西是共有的，那就是陌生之感。海边来的流亡者对时间和空间都感陌生。他们在中国的土地上撤退，每后退一步，他们就和不久以前刚脱离的民族古老传统接近

---

① 司昆仑在《文明化成都》中细致地分析探讨了周善培办理警政乃以日本东京市政管理为范本并杂糅了中国传统的“保甲”制度，并指出周氏实际上企图用儒家教化百姓的方式将警察作为普通民众的人格榜样。（参见 Kristin Stapleton，*Civilizing Chengdu: Chinese Urban Reform, 1895 - 1937*，Cambridge Massachusetts and London：Harvard University Press，2000，p. 80。）

② 《马克思恩格斯选集》第 2 卷，人民出版社 1972 年版，第 195 页。

③ E. A. 罗斯：《变化中的中国人》，公茂虹、张皓译，时事出版社 1989 年版，第 118—119 页。

一步，他们到达重庆时，就进入了封建时代。重庆本地人对于时代是有陌生之感的，新的世界走到他们身上，他们不能了解。”① 特别是西部边疆少数民族地区，由于经济发展较诸东部地区瞠乎其后，人们俨然生活在另外一个完全不同的时空场景之中。早在抗战爆发前夕，范长江在定远营（即今额济纳旗）调查时发现，当地蒙古学生“所用教本为中央所制定之蒙汉合璧教科书，内容很少适合于蒙古社会之材料，其中所附山水人物图画，十九为江南都市汉人风格，怎么也不会有一点蒙古气”②，因此他批评边疆教育开发事业闭门造车的现象严重。但我们转换视角，就可以发现当时中国东西部之间巨大的时空差异性。谢天沙在康区也遇见了相同的情形，他写道：“我到达汉藏杂处的道孚时，去参观一所省立小学，学生中藏胞自多于汉人，用的是当时上海出版机构编的什么‘国定教科书’。他们闻说我是上海（在他们认为）附近的人，于是康藏籍的小朋友们，拿着那硬读不进去的书上问题，纷纷请我解答；真是数不清的疑难。略举几个例，如橘子、香蕉，究竟是怎样的东西？书上的小学生是常常提到这些的，而他们却是连他们的老父亲都一生没有见过；而他们天天在吃的青稞，则翻遍了所读的书，找不到有关的一字半句。又如书上说到出门旅行，总是坐火车乘轮船，这又是什么东西呢？他们是骑马驱牛惯了，简直与现实的情况一点都联系不过来。提出的问题如此，我的解释真是无从说起。”③ 如果我们翻检地方志，就会发现各地所谓“乡民有不识县，县民有不识郡者”“有终其身，未尝入城市，无人相往来者”④ 之类记载比比皆是，即便在经济比较发达的四川能够跨出夔门去“走广”在清末民初亦是三生有幸的稀罕事⑤。

---

① Theodore H. White und Annalee Jacoby, *Donner aus China*, Stuttgart: Rowohlt Verlag, 1949, S. 22.

② 范长江：《塞上行》，新华出版社1989年版，第56页。

③ 谢天沙：《康藏行》，上海工艺出版社1951年版，第49—50页。

④ 胡朴安编：《中华风俗志》，《中华民俗方言文献选编》3，台北文海出版社1985年版，第20页。按，此书书眉标示书名与封面、扉页标示书名在文字上存在歧异。

⑤ 李劼人：《李劼人说成都》，曾智中、尤德彦编，四川文艺出版社2001年版，第437页。

锁闭的空间观念在古代导致夜郎自大的典故，而近代以来狭隘的空间活动范围仍构成西部地区民众思想落后“时滞”的主要原因。在长沙临时大学师生徒步迁往昆明途中，贵州人问这些大学生“现在皇帝是谁?”另一次又有人问道“光绪皇帝还健在么?”而此时距光绪去世已三十年，听起来宛如一个现代版桃花源人“不知有汉，无论魏晋”的故事。

报纸对现代性的产生至为攸关。一方面，它使在场与不在场先置于同一时空结构，既是社会对个体世界的介入，同时也是一种个体向社会的介入，由此所产生的稳定的、坚实的共时性（simultaneity）是安德森称之为“想象共同体”的民族国家的基石；另一方面，作为“单日的畅销书”的报纸所具有的时效性，亦喻示着现代社会转瞬即逝的时尚流行湍流场的特性和取向。近代中国西部开发过程中，地方精英分子多以办报开启民智相号召，而西部地区近代报纸的发展亦如繁星点点闪烁在黎明前的苍穹，但我们注意到这种本来作为社会共时性架构媒介的报纸却往往在当时存在地域空间上的时差现象。陈光垚在《西京之现状》这样写道：西安各家报纸“除本省新闻尚多自行探采外，所有外埠消息，率皆剪裁沪汉平津各大报之‘旧闻’而登之。此种旧闻距事实之发生，常在数日至半月之后，殊无价值一言。且各报社会新闻版之编者思想每多荒唐，彼等常常凭空自造‘窃玉偷香’之新闻，以取悦读者。若遇文稿不足时，则又专登杜撰之‘某处妇人生蛇’，‘某处驴发人言’一类欺人欺己之诳语”①。何庆云在《陕西实业考察记》中亦云：“余自离西安以来，已有十日未阅报纸，政局如何，外交奚若，均未晓知一二，心中殊以为闷。廿六日餐后游览市中，借购报纸数份，以广见闻，孰知安康交通不便，文化闭塞，全镇仅有《大公报》分销处一处，及《安绥周报》一所。《大公报》所到者甚迟，当地所到之新报，已乃十日以前之报纸矣。《安绥周报》为该区绥靖司令部宣传处所办，由接收之无线电供给消息。安康方圆数百里，人口数十万（全县人口四十万），商业殷盛，市场兴隆，而文化机关，则寥若晨星，人民欲求普通

---

① 陈光垚：《西京之现况》，启明学社1933年版，第11页。

之知识，亦不可得。"① 谢彬在《新疆游记》中说："余来新后以无报看为最感痛苦，此间有一《天山日报》，日出一张，亦有专电，但不载月日，察其事实，皆两三月以前事，盖成历史，而非新闻矣。偶在邮务长处借到英文报，断续不全，且亦是明日黄花，一到此地，便成荒岛里人。"②

然而，中国西部地区随着时间的推移在逐步发生社会的转型。需要指出的是，尽管人类个体的生命越迈和跨历如吉登斯所说为一种"不可逆时间"（irreversible time），但现代化转型的制度性时间却是可逆的，体现着日复一日的日常生活的惯例；社会的现代化转型恰在于变与不变之中，在社会结构的解构与重构的同时并举共存之中。1928年，斯文·赫定第二次前往新疆考察罗布泊时在万籁无声的沉寂大漠中聆听着夜的低语，久久不能入睡。他这样写道："我无法成眠难道奇怪吗？曾经贯通东西的最古、最漫长的驿道即将复活。然而，即使我们的梦想成真，又如何能与当年丝绸之路的繁华相比呢？再不会有驼队，再也无法闻听商队清脆的响铃，再也没有邮差坐骑的蹄声！不，现代的技术机器窒息了诗意和灵感。先是汽车，火车会接踵而来。有生之年，我们还可能亲眼目睹第二条干线，像西伯利亚铁路一样，连接太平洋和大西洋。此次新罗布泊之行，不过是1933年夏提交中国政府的计划中的环节之一。"③ 由于斯文·赫定此行乃受德国汉莎航空公司（die Deutsche Lufthansa AG）委托为开辟欧亚航线而进行横跨中国内陆的考察，所以他在大漠寂夜中遥想古代丝绸之路的繁华，深切感受到现代化交通工具时代即将降临这片古老土地而产生的时代变迁，在迎迓新世界的同时怀古伤逝之情不免油然而生。姚荷生在《水摆夷风土记》中也这样写道，云南"摆夷对于新年的庆祝，虽然很热烈，但是热闹的程度，从古老的口述和书上的记载看来，似乎大不如前了。我们曾说这里像古代欢乐的

---

① 何庆云：《陕西实业考察记》，沈云龙主编：《近代中国史料丛刊》第七十二辑，718，台北文海出版社1966年版，第21页。

② 谢彬：《新疆游记》，上海中华书局1936年版，第26页。

③ 斯文·赫定：《游移的湖》，江红译，新疆人民出版社2000年版，第14页。

英格兰。但是英国乡村的恬静愉快的生活，欧文（Washington Irving）① 曾叹息过，已经给工业革命毁掉了，许多有趣的节令和美好的风俗都一齐消灭了。更可叹息的是工业革命的余波，竟影响到这亚洲内陆最僻远的一角。夷人也渐渐受到物质享受的诱惑和生活的压迫，没有许多闲情和闲钱来庆祝这些佳节了”②。斗转星移犹隔世，世事变幻如流水。抗战时期，在滇缅公路上，当地沿线老乡往公路边一站，伸出大拇指往上翘，冲着来往频繁的美国军车叫一声“海去”（hitchhike 即英语搭便车），就可搭上一段盟军的车，每个搭车的老乡都会说一些英文数字，美国黑人司机也都能听懂搭车者要到达的公里数。尽管近代中国西部开发过程中社会转型艰难曲折，但变化的速率较诸过去明显飙升殆非臆说。

---

① 华盛顿·欧文（Washington Irving，1783—1859 年）是第一个得到欧洲承认的美国作家，被称为“美国文学之父”。

② 姚荷生：《水摆夷风土记》，云南人民出版社 2003 年版，第 172 页。

第四章　经济空间拓展的核心机制：企业法律形态

人们通常说瓦特（James Watt，1736—1819）发明的蒸汽机揭开了工业革命的序幕，斯蒂芬森（George Stephenson，约1781—1848）发明的火车标志着近代交通革命的到来，但是，马克思精辟地指出："假如必须等待积累来使某些单个资本增长到能够修建铁路的程度，那么恐怕直到今天世界上还没有铁路。但是，集中通过股份公司转瞬之间就把这件事完成了。"① 正是这样，美国哥伦比亚大学前校长巴特勒（Nicholas Murray Butler，1862—1947）在1911年曾指出："有限责任公司是当代最伟大的发明；……如果没有它，连蒸汽机、电力技术发明的重要性也得大打折扣。"② 中国的商业文化历史悠久，著名的晋商、徽商等商帮在历史上纵横驰骋，在背后必然以一定与经营活动适足以匹配耦合的产权结构相维相制为支撑，否则不可能如此笑傲江湖，壮气浩然。学术界往往对于中国经济史上商人的经营活动进行穷形尽相的描述，但对于其背后的法律结构不甚措意，以至于知其然而不知其所以然。中国历史上的法人制度问题是法律史应该大力加强研究的薄弱环节。在20世纪90年代初，当我们实行股份制改造时，对于包括公司法在内的西方法律制度目为神奇，而殊不知中国古人在这方面的制度设计早就表现出令人敬钦的睿智。早在20世纪40年代，日本著名的中国经济史专家根岸佶（ねぎしただし，1874—1971）出版了《合股的研究》一书③，该书主要

---

① 马克思：《资本论》第1卷，人民出版社1975年版，第688页。

② Tony Orhnial, *Limited liability and the Corporation*, London: Croom Helm, 1982, p.42. 亦见伯纳德·施瓦茨：《美国法律史》，王军等译，中国政法大学出版社1989年版，第67页。

③ 参见根岸佶《有关商事惯行调查报告书：合股研究》（『商事に関する慣行調査報告書：合股の研究』東亜研究所、昭和18年）龙溪书舍2002年版。

研究的是清末民国时期的合股，但也涉及清代前期的合伙制。彭久松于1994年出版的《中国契约股份制》一书通过对自贡盐业档案中的合伙契约系统考释，认为自贡井盐中体现出来的股份制是一种中国人自己创造的、富有民族特点的股份经济制度。曾小萍（Madeleine Zelin）曾任哥伦比亚大学东亚研究所主任，其论文《中国早期公司》其实就涉及我们下面力图探讨的问题。[1] 笔者认为，对于这些中国本土自创自生的法律制度设计应该认真反思，不要以西方在近代形成的一些固定的常识为标准自我贬损、作茧自缚，而应该对于这种作为地方性知识的法律充分揭示其文化背景的脉络关系，并进而在接续传统的基础上为当代的制度创新赋予足够的创新空间。

第一节　旅蒙商的股份制

大盛魁的兴起与农耕文明和游牧文明交错地带的边疆社会情景密切相关。具有不同产品优势的地区之间的懋迁有无无疑存在广阔的发展空间。早在17世纪末，康熙帝御驾亲征噶尔丹的时候，保证军需物资的供应成为棘手的问题。以边市贸易起家的内务府皇商范氏带领一些商人为满足军需的供应力任挽输，同时顺带开展随军贸易。这种随军贸易虽然随着战事结束而告终，可是，一些山西、直隶等地来的汉族商人却随着清军兵锋所诣开辟的商机，继续从事边疆地区的蒙古贸易。[2] 当时，清朝在外蒙古乌里雅苏台、科布多驻有重兵，时人一般把乌里雅苏台的驻军称为“前营”，科布多的驻军称为“后营”。这种为军队服务的长途贩卖遂被称为“赶大营”。蒙古人称这些随军贸易的肩挑小贩为“丹门庆”，即“货郎”的意思。旅蒙商（被蒙古人称为“买卖人”）就是

---

① 张世明、步德茂、娜鹤雅主编：《世界学者论中国传统法律文化（1644—1911）》，法律出版社2009年版，第263—298页。

② 参见佐伯富「山西商人の起原と沿革」『東方学会報』第35号、昭和53年12月。

肇端于战争、繁荣于大一统的帝国建构过程的随附现象。正如拉铁摩尔所言，恰恰是这些处于不同民族文化结合部的冒险者利用“居间者身份”能够建立震古烁今的伟业。清代著名的三大旅蒙商是：大盛魁、元盛德、天义德，其中又以大盛魁为冠，人称“半个归化城”，实力之雄厚堪称独占鳌头。迄今许多山西人都公认，若论派头之大、业务之广、分号之多、钱财之巨，目前电视上纷纷宣传的富甲一方的乔家大院东家的买卖是根本比不上归化城大盛魁的！

大盛魁旧址

按照通常的说法，大盛魁的创始人是康熙年间的太谷县武家堡王相卿和祁县祁城村张杰、史大学三人。康熙年间，当费扬古部队在杀虎口（今山西右玉县）驻防时，王相卿、张杰和史大学等在费扬古的军队中当厨夫或服杂役。他们由于经常出入于边关集市，特别是为费扬古部队采买食用牛羊，与蒙古人进行交易，因而逐渐学会了简单的蒙语，懂得了一些蒙古人的礼仪和生活习惯以及相互交易的一些方法。费扬古的部队挺进乌里雅苏台和科布多的时候，王相卿、张杰和史大学等人也冒险犯难，肩挑货物一并前往，做随营贸易生意，后来逐渐形成了合伙的集体小商伙，在山西右玉杀虎口开了一家叫作“吉盛堂”的小商号。康熙末年改名为大盛魁，这可以从呼市舍力图召（延寿寺）佛殿前檐下悬挂的“阴山古刹”横匾上书“大清雍正甲辰上春吉日”“大盛魁敬献”等字样得到证明。雍正甲辰即是雍正二年（1724），说明大盛魁至少在雍正二年以前便已经设立并颇具规模。最初，大盛魁经商范围主要是乌里雅苏台和科布多草原。王相卿率领的商号伙计也和最初走西口种地佣工的汉族移民一样是“雁行客”，春来秋去，寒暑易往，做的是驼背上的生意。清廷最初对于蒙古地区实行比较严厉的封禁政策，著为常经，在法律上明文规定各衙门对汉人在蒙古地区行商佣工者务必于一年内勒限催回，免其在外逗留生事。在茫茫的草原深处，若只是为求生存偷偷摸摸地移民自然完全可逃避官府的检查，即便被查获也损失无几，违法成本较低，但经商的利润和风险远远大于务农佣工，要将生意做大必须寻求合法的途径，需要合法的票照，以求正大光明而不至于悖入悖出。由于大皇商范氏家族不仅在明清鼎革的历史上有功于清朝，而且如前所说在平准之役中馈粮千里，转谷百万，故而清廷对其报之以桃，允许其在乌里雅苏台开设店铺。王相卿亲自拜访范氏商号在乌里雅苏台分店掌柜，提出借用范氏商号下属小商号的名义在乌里雅苏台城建立一个店铺，条件是每年支付范氏商号一笔费用。这实际等于挂靠范氏商号，借壳上市，利用制度上的缝隙自辟乾坤。因为范氏商号不做蒙古人的生意，仅做清朝驻军的生意，在业务定位上没有利益冲突，又可以凭空得到一笔额外收入，所以经过交涉后，大盛魁最终如愿以偿，在乌里雅苏台修建一处宅院，建立起固定铺面，实现了从行商到坐商的转变，为自己打开了活动的空间。大盛魁总号自此设于“前营”乌里雅苏台，缘附于这里的军事大营建立大盛魁的商业大本营，并在科布多、归化城设立了分庄。大约在咸丰年间，大盛魁才将总柜迁至归化城，而将乌里雅苏台改为分庄。

旅蒙商多数实行股份制，一般分银股、身股，但大盛魁的股份制很特殊，除银股、身股之外，还设有财神股和狗股。大盛魁人在财神座前陈列着扁担一条、木箱子两个、石头一块、宝盒子一个。据大盛魁的从业人员传说，在创业初期，大盛魁经营惨淡。有一年除夕，别人家都在吃饺子守岁迎新春，大盛魁的三位创始人却因为赊欠的面钱给不了，连准备吃饺子的面也被讨债人搬走。除夕之夜，伙计三人只好栖栖惶惶地熬一锅小米粥过年。是时，一位拉着骆驼穿着蒙古袍的人不速而至，声称前往五台山朝圣，要求投宿。因为在蒙古游牧社会中，荒野行旅望门投止时主人接纳不仅是一种世代相传的习俗，而且在许多蒙古成文法典中被规定为一种义务，所以内化于蒙古人意识深处成为一种习惯法。王、张、史或许入乡随俗，受到蒙古人这种风尚的熏染，或许出于穷而仗义的本能，盛情款待，让来人喝热乎乎的小米粥，亦属积善行德、赞助佛缘之举。朝圣人喝完粥，放下行囊，说是出去一下，不料自此杳无音信。他们查访无果，打开驮子，惊讶地发现里面全是白银。三人决议，暂借此白银作为周转资金使用，按本计息，另账待还。王相卿、张杰和史大学直到临终时，仍然找不到那人，认为此乃财神化壮汉送来巨款，遂将此股红利记入“万金账”，专项存储，作为护本，俗称“财神股”，并建财神庙，将创业时用过的一条扁担、两只水箱供奉庙中，每年除夕大摆宴席，最后一道是每人一碗小米粥，以示追终慎远之意。“财神股”一直相沿至民国年间仍参加分红。

大盛魁的骆驼队

大盛魁主要靠骆驼队在草原上流动贸易，蒙古人称这些骆驼商队为“货房子”。大盛魁人也用“房子”作为整支商队的统计单位和清算货物的方法。一个“大房子”一般有十四个骆驼“把子”，每一个“把子”有十四峰骆驼，几匹找水的马，还有十来条狗。每顶货房子到达一个大地方后，又以骆驼“把子”分为若干小组，每组由一个店员再雇一个蒙民，骑两只骆驼，再用两只骆驼驮货，带上一条狗，走串于穹庐毡房之间，从事送货上门的“旗下贸易”，俗称“出拨子”。所以，大盛魁养着许多看护犬，最多时有八九百只，都是被称为“巨獒”的外蒙古种大狗。大盛魁对所养的狗极为优待，吃食极好，狗死不剥皮，一律挖坑埋葬，并设有狗股份。所以，有这样一个关于大盛魁股份的民谣：“大营路上骆驼队，十有八九属大盛魁。养狗赛过娘疼子，人情能抵几分利。”① 关于“狗股子”的来历，有多种传说的版本。版本一：某年库伦遭灾，粮价飞涨，分号掌柜异想天开，将催货的信缝在狗的护项圈内，让狗赶回归化城总号送信，总号获此商情，囤货北运，获利巨丰。该狗劳苦功高，因此大盛魁人也在万金账上为狗写了一个整股。版本二：主人途中病倒草地，是狗报了信，主人获救生还。版本三：草原无路，商队常常迷路，每次都是狗将人领回住地。版本四：某次战争中，大盛魁得到一个重要情报，无法传递到清军中，便派狗前去送信，帮助清军在这次作战中大获全胜，大盛魁也从中得到了很大好处。为此，特设狗股分红，每条狗可顶一厘或二厘。不过，据曾是大盛魁的柜伙说，在大盛魁的万金账上确有“财神股”的记载，但其实并无所谓“狗股子”。二说对立，人将谁从？不过，“狗股子”说姑且存疑俟考，从文化人类学角度来看应该说反映了在边疆地区进行贸易的特殊性，实际上是一种暗喻对于商号忠诚不渝的象征符号。

大盛魁属于股份合作制企业。草原上的生意本钱固然重要，但大多“以物易物，事成两便，向不通行银钱”②，而且旅蒙商号还有自制印有“天官赐福”的“钱帖”作为信用交易凭证。在以物易物的环境中资金的短缺并不是最为严峻的短缺资源。相反，在恶劣的草原上长途贸易中，行旅维艰，非常人所难以忍受，而且做生意的智商、灵活性、经验阅历等要求较高，买卖的成败往往全凭一张嘴的功夫，不像自贡井盐的凿掘只要资金充足可以凭借毅力往下打一样，只能尽人力而听天命。如

① 曹凯风：《大盛魁：零到亿万的奇迹》，西南财经大学出版社2002年版，第98页。

② 参见卢明辉、刘衍坤：《旅蒙商：17世纪至20世纪中原与蒙古地区的贸易关系》，中国商业出版社1995年版，第47页。

前所述，大盛魁起家的原始资本本是一笔意外之财，财神股其实就是其财股，但无受益人。从这个角度而言，王相卿、张杰和史大学并不是财东，所以最初大盛魁实际上就没有原始财东，靠的是合伙人共同经营打拼。这不是王相卿坚持大盛魁永不设财东的问题，而是即使想立自己为大盛魁财东，也没有充分的理由。日本学者小川久男（おがわひさお）的研究建立在满铁调查资料的基础上，所著《包头的皮毛店和皮庄——关于内蒙古商业资本特性的研究之一》（『包頭に於ける皮毛店・皮莊：内蒙古に於ける商業資本の特質に関する一研究』滿鉄調査研究資料第46 编、滿鉄調查部、1942 年）通过统计分析得出的结论是，在民国时期，包头的皮毛店和皮庄的股份大致上可以分为四类情形：（1）财股、身股有明确规定的；（2）只有身股没有财股的；（3）只有财股，身股尚未确定的；（4）财股尚未规定的。其中，一、二类店、庄在调查中记载十分明确；三类店、庄计有广丰裕、双义厚、文祥泰、义生恒等十一家，他们有的是开业时间短，对身股没有作出明确规定，有的是在经营上陷入困境，将身股结算清楚，或改为以薪水来支付；四类店、庄有广生裕、大恒永、恒兴栈、义生明、恒记等九家。虽然开业较早，但都只有较小的资金，所以也没有制定出这方面的制度。由此可见，股权结构设置与商号经营的规模、状态等因素相关，实有体用相资相倚之义。小川久男在文章中对德生西、厚记两家的描述尤其可以为我们理解大盛魁起初的情形提供启示。德生西和厚记在统计中虽有实际资金的记载，但其实并无财股，是一种只有身股的商店。德生西经理亢茂说：“我与副经理武宪章在民国二十五年开了这个店，只有资金五百一十元，由于投资较少，我们没有把它当做资金，红利分配时，都是按身股分配的。”厚记经理贾世威则说：“我同跑街的武世荣开店，投资五百元，而这五百元还是以借贷的方式借给柜上的。所以没有财股，红利都是按身股来分配，我为七厘，武世荣为六厘五毫。”① 大盛魁在发展初期的情形估计与德生西、厚记两家经理所说的缘由大体类似，此后的股权结构也一

① 小川久男：《包头的皮毛店和皮庄——关于内蒙古商业资本特性的研究之一》，包头市地方志史编修办公室、包头市档案馆编辑：《包头史料荟要》第 7 辑，1982 年内部发行，第 120—121 页。

直非常独特，即：商号只从盈利中获取投资的资本，而不借助外部或所有者的资金。无论经营好坏，均不吸收外姓资本，以免受别人支配。这一点成为大盛魁日后铁定的规矩。应该说，王相卿的这种想法和比尔·盖茨（William Henry Bill Gates）当初不愿意让微软在纳斯达克上市的心思非常接近。大盛魁商号成立伊始，资金拮据，本小利微。为了迅速扩大资金积累，王相卿与同伙商议，一致同意只拿劳金，暂不分红。这样一来，纯利扣除员工的劳金，剩余部分都被转存为下次做生意的本金，可以充实商号公有资本。大盛魁以三年为一账期，每三年清算一次，结算利润，进行分红。由于三年分红一次，三年之内应分的红利无疑都可暂充公积金转到生意上去，有利于商号本金扩大，加速资本原始积累。

在大盛魁创业之初，王相卿发给入伙员工的劳金也是比较低的。随着经营状况的不断改善，利润分红问题成为许多人关注的事情。因为出门经商就是奔着搭伙求财而来，面对川流不息的货物流和资金流，任何人都难免会心中泛起波澜，单靠工资难以笼络住入伙人员的。入伙员工人各为己，每每考虑眼前能到手多少银两，并不关心商号的将来，一旦经营不善，许多人可以幡然抽身而退，转入其他商号，没有任何约束力和凝聚力。再者，规则的产生具有传染性。人力股的设置在当时的旅蒙商中已经有先行者。为了加强商号凝聚力、提高从业人员的积极性，王相卿借鉴其他商号红利分配的办法，决定在大盛魁内部设立人力股份。人力股不同于一般商号财东的股份（财股）。财东投入的是金钱，旨在通过经营活动让这些股金增值；而人力股并不代表投资数额，只是商号对内部从业人员的一种奖励性措施，所以有学者称之为“股俸制”。商号把公积金划分为数目不等的若干股份，根据从业人员的入伙年限和工作业绩加以评定，每个人可以分得数目不一的股份，是为参股，亦称身力股、人股、身股、顶生意。大盛魁初顶生意的人，最少的从五毫开始，而一般商号则往往从一厘五毫或二厘开始，从一厘开始的也很少。初设人力股时，王相卿顶一份生意，其余的人按职位大小和资历深浅各有不同。因而，在大盛魁历史上的第一次股份制改造中，财股并不存在，只有人力股。商号内部的正式成员，既是资产的所有者，同时又是经营者，他们之间的区别主要在于有无人力股份和股份的多少。此外，一般商号是按实际盈利分配红利，即：每个账期分得红利后，不论财股或人股，延到当年十月全部提清。而大盛魁却没有照搬这种模式。对于到期应分的红利，王相卿又加以进一步的限制。大盛魁初设人力股六个，王相卿决定按每股三千两分红，不论纯利多少，嗣后均按此数分红，其他红利归入公积金。为了保证对入股人员的控制和公积金的扩大，复规定：到期分红的三千两只能提取四成，即一千两银子只能提取四百两，其余部分顺延三账（九年），不计利息。这样，每股实际上三年只能分手红利一千二百两，其余一千八百两要等九年以后提取。有顶生意的人开始还非常地高兴，但后来发现，用这种延期限量提取的方法分到手的红利实出意外，不免心有怨艾。大盛魁之鼎盛在某种程度上不能不说应该归功于这种超强度的资金强制积累。正是以总量规模硕大和顶生意分红稳定的优势，即使在分红比例、兑现上限制颇多，也使大盛魁在网罗人才方面具有相对有利的地位。

旧时的商铺字号股份制存在一种叫作“永远身股”的股份，但由于史料缺略，其始于何时已经茫昧难稽。商号为了褒奖一些生前曾贡献卓异的人员，专门给他（们）设立一份名誉股份，称之为“身股”，使其后人可以按此“身股”分取红利。只要商号不倒闭，“身股”永远保留，故又名“永远身股”，俗称“死人股”。这种股份既不同于财东出资取得的财股，又不同于从业人员顶生意的力股，纯粹是一种追念性质的慰劳金。这相当于中国传统政治制度设计中的“铁券”制度，清朝世袭罔替的“铁帽子王”就是在打江山过程中最初满族贵族股份制联合统治在向君主集权体制转变时的利益妥协产物。大盛魁号伙们为了纪念王相卿、张杰和史大学缔造基业之功，在这三位创始人死后，经过公议，仿照其他商号的惯例，相继为三位开立了“永远身股”各一份，红利由其后人领受。这种俗称“死人股”虽说是给死人，但其制度设计的真实意图乃是让这些人的后代承袭祖先余荫，一则告慰死者，一则树标立仪，鞭策活人，鼓励号内员工更加卖力工作。

在经过多年积累之后，大盛魁随着清朝国运昌盛而逐渐风生水起，家底殷实。秦钺，右玉杀虎口人，他当大掌柜是在乾隆末年，堪称类似乾隆帝那样的盛世皇帝一般对于大盛魁兴盛一时至关重要的领导人。据说清政府发给大盛魁龙票就是从他开始的，这标志着大盛魁从商业资本向金融资本的过渡，从草根商号变成官商性的垄断企业。事实上，秦钺本人不仅捐了四品顶戴，也为大盛魁在科布多、北京的几个掌柜捐了顶戴，跻身“红顶商人”之列。在具有官方背景之后，大盛魁更是如虎添翼，财源广进。嘉庆十八年（1813），大盛魁在年终结账、评议成员业绩优劣的时候，鉴于秦钺为商号贡献良多，功劳不亚于三位创始人之下，许多人提议为他立一个“永远身股”，以资慰劳。是时，有身股的人亡故之后，家人享有若干年的分红权利，做掌柜一般有八年分红之权，无法传诸后代继承，只有“永远身股”是一种例外，所以，能得到一个“永远身股”，对其子孙后代的好处不言而喻。秦钺对这一套规则自然心知肚明，但他远嫌自慎，从对大盛魁负责的立场出发，谢绝了给自己设立“永远身股”的提议，深知一旦带头为自己设立“永远身股”，以后商号里不少人都会如法炮制，步武后尘。参与永久分红的人越来越多，对大盛魁来说那将是相当可观的一笔开支，并且历世绵延，不堪重负。这次为他设立“永远身股”的倡议反而激发了他筹划除而绝之的办法。大盛魁三位创始掌柜的“永远身份”，因为属前人定下的规矩，秦钺不好也不能说就此取消，但他采取一个变通的办法，遂提议把王、张、史三家的“永远身股”改为“财股”，从而在根本上断绝“永远身股”。秦钺的建议得到了号内成员的同意，经公议做出两项决定：其一，嗣后大盛魁再也不得给任何人设立“永远身股”，即使作出重大贡献的大掌柜（包括秦钺自己）身故后，家属最多再领取三个账期的分红，即予以取消；其二，从号内的纯利款项下划出三百两银子作为股金，辟为三个财股（王、张、史三家每家一股），记入万金账中，同时保留王相卿的半个“世袭身股”。这可以说是大盛魁历史上的第二次重大的股份制改革。自是厥后，大盛魁就未给任何人顶过“永远身股”，不过却出现了没有垫过资本的“财股”，有了三家分红利的“财东”。

生意不是人人都能做的，这需要特殊的天赋。经营权与所有权的分离必须是资本聚集具有一定规模才产生的需求，亦即有资金者与有能力者不能兼于一身的情况下，才有必要进行资源的优化组合。在企业经营初期，资金也许通常是最为稀缺的资源。解决这种制约瓶颈的制度设计包括向别人立字据借钱来做生意的贷金制等。贷金制是法律上的借贷关系，不是我们这里所关注的问题。在中国历史上，“合本连财”经营其来有自。从法律人类学角度来看，这在世界上是普遍的现象，也不足为奇。我们这里主要关注的是清代以来“东伙合作”制。在一些史料中，也有将东家的“出本”称之为伙计的“领本”，财东在出资的同时，就已经决定不是由自己来经营而是由作为合伙人的伙计来经营，故而这种“东伙合作”的经营也可以称之为“领本经营”。“东”是财东的意思，即商号的股东；“伙”是指经营合伙人，又称伙计。在四川，这种制度被称为“东西制”，即东家出资，西方经营。这是清代以来陕商惯用的经营方式。掌柜从股东手中领取资本组织经营，被称为“领东掌柜”，负全部经营责任；有的掌柜仅从店内领取工资或薪水，可以自由跳槽或被东家辞退，此为“水牌掌柜”；有的掌柜因经营有方，或与东家关系密切而计名开股，或以人身为股份投资占有相应股份，是为“开股掌柜”或川语中所谓“带肚子掌柜”者。例如，协兴隆盐号是光绪年间陕商刘绍棠、田荆荣与李四友堂总办李德山各出二百两银子联合兴办的经营仁怀边岸最大的盐号之一，其总号设在仁怀县城内，子号共有七十多家，分设于从仁怀到贵阳的沿途州县。协兴隆内部管理所采取的当是陕商普遍实行的“东西制”①。尽管名称在各地不同，但这种制度的实质是相同的。其最主要的特点是“东家出资，伙计经营”，企业所有（Unternehmensbesitz）与企业经营（Unternehmensleitung）相分离。

许多学者由于对材料的掌握力度不够，而济之以过度的感情渲染，抵掌雄谈，议论风发泉涌，然而却不免流于齐东野语之谈。有的学者在论著中这样写道：在这种“东伙合作”制度模式下，东家作为商号的出资，其职责只有两项，一是掏银子，二是选大掌柜，然后由大掌柜来

① 黄植青等：《自流井李四友堂由发轫到衰亡》，中国人民政治协商会议四川省自贡市委员会文史资料研究委员会编、自贡文史资料选辑：《四川文史资料选辑》第7辑（第6—10辑合刊本），1982年内部发行，第157页。

统领伙计开展具体经营活动。大掌柜作为商号经营管理的最高领导，是维系整个商号生存发展和赢利的最为关键所在，既有决策权，又有执行权，包括内部制度的制定与执行、人员的选用、分号的设立与管理、资金的调度与运作以及大大小小的各种商务决策，概由其全权处理事务。而对此东家则一律不准插手，不得过问，甚至连学徒都不能推荐。只有大掌柜才能对外代表商号，财东不得以商号的名义在外活动。不仅如此，为了不影响掌柜的经营，东家绝不能在自家的商号中借钱。大掌柜每年年终汇集营业报告表，造具清册，向财东汇报一次，财东此时对大掌柜的经营策略仅有建议权，而无决策权。东家在选择了大掌柜后所能做的就只有一点：回家等待年终算账，届时如果赚了就可以分红，亏了则只能认赔。因而，在这种制度模式下，东家作为大笔银子的投出者，最重要的事情就是练好自己的眼力，选择到正确的掌柜。正是这样，东家在大掌柜一职的选任上通常都慎之又慎，一旦选定，商号就会举行极其隆重的“聘任仪式”，其规模几乎同古代的帝王拜将仪式差不多，往往大摆酒席，请中人，盖红印，画字押，以此来郑重其事表示东家对大掌柜的全权委托。大掌柜一上任就具有独立经营权，其职权之大，会让令人瞠目结舌。这也为大掌柜今后施展自己的才能提供了一个足够宽广的舞台。按照这些学者的上述描述，东家似此语气只能在结账时行使权力，其余时间基本上是没有监督权力。

这种情况在前述协兴隆盐号的口述史料中似乎也可以得到佐证。按照《自流井李四友堂由发轫到衰亡》的描述，“协兴隆每三年帖请股东到仁怀总号算账一次，算账时股东住号内，款以盛情……算账完毕提出银子六万两，每股均分，每股二万两，由股东自由支配。三年一账，分红的制度由总号的掌柜严格执行。平时股东不得在总号或任何子号支配分文，也不得在总号或子号查账。平时股东不得在号上住宿，即使是暂时的，也不得在号上吃饭”①。当时有这样的俗语：“一

① 黄植青等：《自流井李四友堂由发轫到衰亡》，中国人民政治协商会议四川省自贡市委员会文史资料研究委员会编、自贡文史资料选辑：《四川文史资料选辑》第7辑（第6—10辑合刊本），1982年内部发行，第159页。

千两银子的东家，八百两银子的掌柜”①，“只有满天飞的掌柜，没有满天飞的东家”②。足见掌柜的经营者地位之尊崇。不过，我们不应被一些表面的现象所迷惑将这种“东伙合作”视为掌柜权力无边的财东“虚君制”。设若果真如上述学者描述的那样，这种跛足的制度是存在严重缺陷的，足以覆车偾辕，不可能经久不衰。日本学者小川久男所著《包头的皮毛店和皮庄——关于内蒙古商业资本特性的研究之一》对广义丰皮毛店的企业内部结构言之甚详，有助于校正我们在认知上存在的某些偏差。下面为广义丰皮毛店财东春林堂（原名程永寿）所藏的该店股份重组的一份合同：

立合同文约人，务本堂、宝善堂、和善堂、德育堂、忠信堂、怀德堂，缘广义丰绒毛店，于民国二十二年五月，由焦瑶琴、阎玮等，合力创设，开办三年，共长洋九百四十四元八角三分，另升加洋五百五十五元一角七分，二宗共合洋一千五百元，与众伙按薪俸，将此前者余利分讫，所有铺底号牌额，仍沿其旧，今因我等六堂名，情义相洽，合力加投资本，与其共同订定，共财股叁股，每股作洋二千元，将财股花名列于后，至立约起，以三年为合账时期，今公推经副理事焦瑶琴、阎玮、任汝贵为执事，所有号内一切生意，并入伙进退，各种全权，统由执事等随时磋商处理，倘有改善等与，由执事等随时磋商处理，至立约后，我等协力共济，有利同享，此是情出心愿，决不食言，恐后无凭，择此吉日，公请中人，立合同文约七纸，号内存放一纸，我等六堂各执一纸，以为证凭。

各股东数计列于左

阎宅宝善堂　　　　入洋一千元

作财股五厘

① 李刚：《陕西商帮史》，西北大学出版社1997年版，第278页。

② 李刚：《明清陕西商人的股份制及其运作经验》，陕西省人民政府办公厅编：《深化流通体制改革　加快流通产业发展——陕西省流通体制改革文集》，陕西人民出版社1998年版，第391页。

刘宅务本堂　　　　入洋一千元
作财股五厘
焦宅和善堂　　　　入洋一千元
作财股五厘
阎宅忠信堂　　　　入洋一千元
作财股五厘
段宅德育堂　　　　入洋一千元
作财股五厘
任宅怀德堂　　　　入洋一千元
作财股五厘
程宅春林堂　　　　入洋二千元
作财股一股

孟兴齐
玉成人　李子明
范志诚

代笔人　刘定基
民国二十五年二月二十四日①

正如许多学者描述的那样，投资入股绝非儿戏，需要在“中见人”的见证下订立合同。从广义丰皮毛店的设立合同中可看出，该店是在民国 25 年 3 月由务本堂、宝善堂、和善堂、德育堂、忠信堂、怀德堂等六个堂的财东合股组成，财股数是三股。同年四月，春林堂入股两千元，就变成为七堂四股，资金八千元。春林堂入股较晚，已不能随意改变原文，所以就将春林堂记入该合同末尾，合同中的“玉成人”即中见人。合同规定，每三年为一决算期，推选三名财东焦瑶琴、阎玮、任汝贵分别担任经理、副经理、执事，并且明确了主要管理者在商号内的

① 包头市地方志史编修办公室、包头市档案馆编辑：《包头史料荟要》第 7 辑，1982 年内部发行，第 115—116 页。

权限。广义丰的合同中指出：“所有号内一切生意，并入伙人进退，各种全权，统由执事担负办理，倘有改革等事，由执事等随时磋商办理。”也就是说，将号内经营活动都全权委托给了三名主要负责人。然而，财东和商号之间毕竟还存在着一定的关系。广义丰的号规章程确切名称为“广义丰东伙恪守规条”，包含了财东和商号之间十条需双方共同遵守的规定，共有八份，七家财东各保存一份，商号保存一份。其中第一条便明确规定：“一切全权与改善事宜，委任副经理理事，随时处理。”① 同时又规定：“本号副经理理事，遇事互相研究，不得独断独行。经理有统领全权，而副经理有监辅经理襄助号务之权。”② 该号规对于财东、管理人员在商号中的权限划分是这样表述的：“本号财东，平时不得干涉号中细务，经理副经理理事等，亦不得因系平时遇重大事，任意径行，不与在地之财东报告及商酌。”③ 据阎玮说：“普通财东除在第三年总决算时，一般不得干涉店内的事务。如果经理、副经理等在企业上遇有重大问题，例如给其他商号提供周转金，同其他行业有某种重要关系，给予客商巨额信用贷款，在交易上除中间介绍外，直接投资进行巨额买卖，处理有身股者的退店或其他对店有影响的问题等，必须报告财东并进行协商。”④ 如果主要管理者不遵循东伙之间应该恪守的规条时，财东有权在协商的基础上进行处理。但是规定中又明确指出：“本号经副理理事，如无过错，及不正行为，财东不得随意取缔。如果对号事不尽力，或有不法等事，财东应当严加干涉，但必查明有切实证据，方生效力。”⑤ 广义丰号规还严格限定了商号经营的范围，“本号生意作至何

① 包头市地方志史编修办公室、包头市档案馆编辑：《包头史料荟要》第7辑，1982年内部发行，第122页。

② 包头市地方志史编修办公室、包头市档案馆编辑：《包头史料荟要》第7辑，1982年内部发行，第122页。

③ 包头市地方志史编修办公室、包头市档案馆编辑：《包头史料荟要》第7辑，1982年内部发行，第122页。

④ 包头市地方志史编修办公室、包头市档案馆编辑：《包头史料荟要》第7辑，1982年内部发行，第122—123页。

⑤ 包头市地方志史编修办公室、包头市档案馆编辑：《包头史料荟要》第7辑，1982年内部发行，第123页。

等地位，不准支发别号作投资别业"[①]，"本号禁止作细粮期盘等空虚危险生意，暨例外之不正当各营业，违者按情节之轻重处分"[②]。据仁和店坐柜高风山的讲述，"本店严加禁止对其他商店投资或经营其他营业，如果违犯给予退店处分，财东可将投资收回；投资别的商店或其他行业，必须与财东商议"[③]。由此可见，财东对于商号的经营并非完全无缘置喙，而大掌柜的权力也并非漫无限制。

2005 年 10 月 27 日第十届全国人民代表大会常务委员会第十八次会议修订后的《中华人民共和国公司法》第三十八条规定，有限责任公司股东会行使下列职权：（1）决定公司的经营方针和投资计划；（2）选举和更换非由职工代表担任的董事、监事，决定有关董事、监事的报酬事项；（3）审议批准董事会的报告；（4）审议批准监事会或者监事的报告；（5）审议批准公司的年度财务预算方案、决算方案；（6）审议批准公司的利润分配方案和弥补亏损方案；（7）对公司增加或者减少注册资本作出决议；（8）对发行公司债券作出决议；（9）对公司合并、分立、解散、清算或者变更公司形式作出决议；（10）修改公司章程；（11）公司章程规定的其他职权。第四十七条规定，有限责任公司董事会对股东会负责，行使下列职权：（1）召集股东会会议，并向股东会报告工作；（2）执行股东会的决议；（3）决定公司的经营计划和投资方案；（4）制订公司的年度财务预算方案、决算方案；（5）制订公司的利润分配方案和弥补亏损方案；（6）制订公司增加或者减少注册资本以及发行公司债券的方案；（7）制订公司合并、分立、解散或者变更公司形式的方案；（8）决定公司内部管理机构的设置；（9）决定聘任或者解聘公司经理及其报酬事项，并根据经理的提名决定聘任或者解聘公司副经理、财务负责人及其报酬事项；（10）制定公司的基本

---

① 包头市地方志史编修办公室、包头市档案馆编辑：《包头史料荟要》第 7 辑，1982 年内部发行，第 124 页。

② 包头市地方志史编修办公室、包头市档案馆编辑：《包头史料荟要》第 7 辑，1982 年内部发行，第 124 页。

③ 包头市地方志史编修办公室、包头市档案馆编辑：《包头史料荟要》第 7 辑，1982 年内部发行，第 124 页。

管理制度；（11）公司章程规定的其他职权。① 第五十条规定，有限责任公司可以设经理，由董事会决定聘任或者解聘。经理对董事会负责，行使下列职权：（1）主持公司的生产经营管理工作，组织实施董事会决议；（2）组织实施公司年度经营计划和投资方案；（3）拟订公司内部管理机构设置方案；（4）拟订公司的基本管理制度；（5）制定公司的具体规章；（6）提请聘任或者解聘公司副经理、财务负责人；（7）决定聘任或者解聘除应由董事会决定聘任或者解聘以外的负责管理人员；（8）董事会授予的其他职权。②

从上述规定可以看出，除独资公司外，股东会或股东大会是所有公司必须设立的法定机关，也是公司的表意机关，依法就其职权范围内的事项作出决议，形成公司的意志。股东大会作为公司的权力机关，董事会作为执行公司意志的执行机关，监事会作为公司的监督机关，三者形成各行其权、相互衔接、相互制约的现代公司治理结构。从西方现代股份有限公司的发展看，随着股份公司规模的不断扩大，股权日益分散，股份公司为适应瞬息万变的经济情况，出现了股东大会职权弱化和董事会权限扩张的趋势。而且，从运行效率考虑，国外公司法也存在从“股东会中心主义”向“董事会中心主义”的演变。但鉴于我国公司治理结构中存在内部制约缺乏与市场监督不足的缺陷，为保护中小股东的权益，所以新《公司法》以及《证券法》都强化了股东会或股东大会的权力。按照《公司法》规定，公司运行中常见的重大问题均应由股东会或股东大会讨论决定，包括：决定公司的经营方针和投资计划，选举和更换非由职工代表担任的董事、监事，审议批准董事会的报告，审议批准公司的利润分配方案和弥补亏损方案，对公司增加或者减少注册资本作出决议，修改公司章程等。公司运行中可能遇到一些特殊事项，

---

① 《中华人民共和国公司法》（2005年10月27日），《最高人民法院、最高人民检察院司法解释与请示答复》（商事卷），中国法制出版社2006年版，第341页。

② 《中华人民共和国公司法》（2005年10月27日），《最高人民法院、最高人民检察院司法解释与请示答复》（商事卷），中国法制出版社2006年版，第343页。

诸如公司向其他企业投资、以公司财产为他人提供担保、公司转让和受让重大资产、将公司资金借贷给他人等等，依据《公司法》《证券法》规定，必须经股东会或者股东大会决议，未经其同意不得作为。尽管过去的“东伙合作”制度没有现今公司法规定那样完善细致，但何尝又不是在制度设计上寻求财东与大掌柜之间的平衡？《公司法》的许多规定在广义丰的《号规章程》中都可以找得到。

有一种观点认为，把“东伙合作”制度中的财股与身股说成是股份制是一个天大的误解。股份制是现代企业制度，在这种企业中起关键作用的是制度而不是人，所以财股与身股并不是现代意义的股份制，而是协调内部关系、激励员工的一种手段。另一种观点也是否认身股作为股份的性质，但论据与前者不同，主要强调的是资本与劳动之间的合伙，即：参加合伙的既有资本，同时经营者的劳动及能力亦入伙，作为资本的一个组成部分，参与利润的分配和亏赔责任的分担。旅蒙商的股份合伙中的经理和一些伙计虽然都顶有一定的股份，参与企业的分红，但由于财东对企业亏赔负全部无限责任，掌柜等经营人员顶多负担不超过其劳动、经营能力以上的责任，其身股并不是真正的人力资本股，只不过是财东奖励的花红，属于经营人员和一般职工的报酬。真正的资本不可能只分红而不承担亏损。实际上，财东和掌柜等经营人员之间是雇佣与被雇佣的关系，而不是合伙关系。小川久男在《包头的皮毛店和皮庄——关于内蒙古商业资本特性的研究之一》中也这样写道：身股“可以看作是与财股一样构成资本的重要因素，但这绝不是已将身股的性质分析得透彻无遗。因为它又是各商店给予主要管理者或其他经营必要人员的一种变相薪水。但身股总归是身股，它既不能列入资本的范畴，也不能列入雇佣者薪水的范畴，而不过是发展缓慢的中国商业或小手工业经营的一种特殊存在而已。”① 小川久男的依据在于：财东可以在算账时对经理、副经理身股根据其表现加以增减，身股并不像财股那样是固定的，可见开红利是对身股所有者支付薪水的一种变相形式，将

① 包头市地方志史编修办公室、包头市档案馆编辑：《包头史料荟要》第7辑，1982年内部发行，第175页。

资本与店员的对立关系巧妙地掩饰了起来。张忠民《略论明清时期“合伙”经济中的两种不同实现形式》的观点比较合理一些。他认为，中国在明清时期股份合伙的最大特点在于合伙资本与收益的股份化，而股份化中最明显的特色又在于在以前的研究中均为人们所忽略的资本意义上的“股份”与收益分配意义上的“股份”的双重区分。张忠民把这两种不同含义的股份分别称之为“资本股份”和“收益股份”。所谓资本意义上的股份，即“资本股份”，指的主要是对资本化的货币或实物，即对合伙人所出合伙资本（主要是货币资本和实物资本）的等份，是股份合伙中“股份”的原始意义，在史料中通常被称之为“银股”。所谓收益分配意义上的股份，即“收益股份”，指的是对股份合伙中收益分配权益的等份。①

笔者认为，股份制作为一种法律制度安排因时、因地而宜，不同时空条件下的人们在实践中创造和建构的法律制度终究都是一种地方性知识。首先，我们不应该以现代西方某一阶段的股份制的模板来衡量中国传统社会的制度安排，并进而合者视为进步、不合者斥为落后。这种现代主义的、西方中心主义的衡量标准并不是金科玉律。清人徐珂将它归之为“出资者为银股，出力者为身股”②，是颇为准确的。我们应该尊重当时人的概念，而不是让当时人服从后人的见解。研究问题的一个基本要求就是以事物的实况为准，人我不混，物我两清。既然当时人都使用这样的概念，我们有什么理由强人从我？其次，我们说股份制是现代企业制度的核心组成部分，但并不意味着股份制不能存在于前现代企业制度中，即便马克思所说的社会形态中除占主导地位的生产关系之外也是有其他社会形态的生产关系的遗绪或者萌芽存在的。我们不能说在“东伙合作”中起决定性作用的不是制度而是人，不能拿在“东伙合作”中对于违反制度的“反例”作为“范例”，并进而引申得出制度因素微弱的“凡例”。在现实生活中，违约现象比比皆是，

① 张忠民：《略论明清时期“合伙”经济中的两种不同实现形式》，《上海社会科学院学术季刊》2001年第4期。

② 徐珂：《清稗类钞》，农商类·山西票号，中华书局1984年版，第2292页。

但不能由此证明契约制度不存在。法律的有效性与法律的实效原本是两个概念。

再次，以身股只分红而不承担亏损为理由否认其股份性质的理由也是不充分的。现代公司法强调资本的充足性和对于交易安全的担保性，并从法律责任上设定无限责任和有限责任两种形式。明清时期中国传统的商号设立是一种契约设立的产物，所以有学者将这种股份制称为“契约股份制”。为了保障交易安全，当时的商号基本上是无限责任，而辅之以铺保等连带责任。因为“民有私约如律令”，所谓“契约股份制”对于顶身股者不承担亏损的责任加以约定作为制度安排存在合理性，我们应该顺着其文化脉络予以同情的理解，而不是否定其股份制的性质。传统商号中的身股实际上就与当下中国只受益不承担风险的“干股”一脉相承。现在社会上常用的“干股”一词，并非法律概念上的股东股份的规定，是对只受益不承担风险的股东的俗称，这种股东在公司里占有股份，实际不出钱或投资资产，而按所占股份比例享有分红权。处于法律稳定性等考虑，纸面法可能落后于现实生活，不可能朝令夕改。“干股”现象虽然在现行公司法中没有加以表述，但我们不能说干股未被规范就视而不见，否认其作为股份的性质。干股的取得和存在以一个有效的赠股协议为前提。干股协议在现今中也是允许的，一般包括：股份的出资额、有无表决权，责任的承担，分红的比例、时间、交付方式违约责任。如果干股股东通过公司股东变更登记备案程序，则会成为正式股东，完全享有股东的权利和应尽的义务。

事实上，中国的法学界由于长期受到教科书的影响，而这些教科书又往往是国外法律常识的转译、规整，所以各种高头讲章层层沿袭的建构便使某些常识成为金科玉律。学者通常所谓法人设立有特许主义、准则主义和核准主义三种方式。人们在推崇国外法人制度的时候，就以此作为中国古代法律制度落后的反衬。但是，费肯杰在其《经济法》中就从法律史和比较法的角度指出，根据自由创立（freie Körperschaftsbildung）的理论，如果（自然或法）人为共同实践的所有活动而联合起来时，法人作为权利和义务载体已经成立。德国法没有采取这项原则，因为它本身隐藏着许多不确定性，并且如果这种悄无声息的合伙过多存在的话，它在经济和社会生活中是难容的。与自由创立原则相对立的法律政策是准许制度（Konzessionsystem）。按照这种制度法人可否创立由国家掌握权柄。在 16—18 世纪，国家随意通过颁布特许状、许可或通过某种授权以创立法人（特许公司、特权组织等）。随着法治国家原则的逐渐引入，第三种原则、即准据制度（Normativsystem）遂获得普遍优势。在这种制度下，国家通过立法确立一定的条件，满足这些条件者便自动导致法人的形成。这给法人的建立以主动性。从费肯杰的论述可以看出，尽管目前德国法上没有所谓“自由组织制度”（System der freien Korperschaftsbildung），也没有可以由国家自由决定是否以及何时承认某组织的法人资格的所谓“许可制度”（Konzessionssystem），现行德国采用的是“法定条件制度”（System der Normativbedingungen），但是，迄今法人的自由设立（即自由主义、放任主义）在世界上仍然作为一种制度安排存在并非主观臆想，法律可以对于公司的设立不予调整，而当事人设立公司可以无须履行任何法律上的手续。我们不能因为中国古代政府没有干预的自由设立制度而否认当时法人制度的存在，在这两者之间不能简单化等同视之。再者，企业法律形态不等于企业经济形态，我们所熟悉的企业法律形态实际上是德国特有的制度安排，只有德国法学界和实务界颇为注重企业法律形态问题，并建立极为完善的理论。费肯杰指出，由于在法国大革命中批评“死手财产”的结果，法国民法典（der Französische Code Civil）没有关于法人构成形态（die Bildung juristischer Personen），法人在 19 世纪法国民法中依据自由创立的原则得以发展，所以目前在法国的法人类型远多于德国。笔者在翻译费肯杰教授《经济法》对此的论述时，由于国内法学界不了解其中原委，便专门加了一个译者注，指出：在法国民法典制定时，天赋人权观念普遍盛行，时人害怕封建势力借助团体的主体资格进行复辟活动，“法人”（即拟制人，persona ficta）这一概念使人联想起刚刚被打倒的教会势力、“死手财产”（biens de la main morte），所以没有规定法人制度。在中世纪法国，为了防止财产流向农奴主以外的人，依据“农奴死亡，但他的主人需要生活”（Le serf mort，saisit le vif son seigneur）的原则，农奴死后将其财产归还给他的主人。故而私有财产神圣不可侵犯（Property is a sacred and inviolable right）实为对中世纪财产法权的深恶痛绝的矫正和反动。[①] 从上述德国和法国关于法人制度的不同设计可以看出，我们不能因为主要继受德国法，就只知有秦汉而无论魏晋，所谓公司法律形式未尝不是一种“地方性知识”，拿这些制度来否认旅蒙商中的股份制犹如现代人夸耀说：“古人没有因特网。”相反，如果我们随着视野的拓展，对中国土生土长的股份制进行深入研究，我们就不会依然采取进化论的思维模式提出一些伪问题。在这一点上，费肯杰所说的推参阐述的法律研究方法显然更为可取一些。

1979 年诺贝尔经济学奖获得者西奥多 · W. 舒尔茨（Theodore William Schultz，1902—1998）是举世公认的人力资本理论（Human Capital Theory）的构建者。他在 1960 年美国经济协会的年会上发表的《人力资本投资》（Investment in Human Capital）演说中提出，在影响经济发展诸因素中，人的因素是最关键的，经济发展主要取决于人的质量的提高，而不是自然资源的丰瘠或资本的多寡。[②] 人力资本理论校正了“唯资本论”在认知上的偏颇，为西方国家此后兴起的职工持股、虚拟股票、股票期权计划等体现人力资本产权价值的激励机制奠定了基础。在经济法学界，费肯杰对于前民主德国的经济法律制度这样写道：“劳动者”在全民所有制企业总是可以说他至少是这个企业“所有者”的一员，即使他对于一些经济和社会条件不甚满意。即使仅仅很小部分是为自己工作，但他可能有这样的感觉，在某种程度上，他是自己的主人。必须为别人、为工厂主或者一个匿名社会“资本家”工作以获取面包的感觉，对其而言已经烟消云散。对于某些雇员（也包括在联邦德国的雇员）而言，通过也由工会所带领的劳资谈判（Tarifverhandlungen）使应得报酬再被拿回来，这种构想过于牵强附会和不足为信。完全借助于

---

① 参见费肯杰：《经济法》第 2 卷，张世明译，中国民主法制出版社 2010 年版，第 105—137 页。

② 1996 年联合国人力资源开发报告指出：据对一百多个国家的调查表明，财富资源（指资金、有形资本）占这些国家总资源的 12%，自然资源（指土地、矿山、水资源等）占 24%，人力资源与社会资源占 64%。人才、技术、管理、无形资产与各种软件组成的智力资本在目前各国总资源中的权重之高由此可见一斑。

工会，或许有时也干扰他所为之工作的企业主拿出适当的薪酬。①

众所周知，在联邦德国，雇员参加企业管理的共同决定（Mitbestimmung）制度源于社会法治国原则，在世界上被奉为比较成功的制度安排。但是，费肯杰仍然认为，就在一种经济体制、所有权的适用而言，参与利用至少在心理上与是共有者感觉不可同日而语。联邦德国的企业法和公司形式的制度对雇员在企业中当家做主这种心理需求的满足则表现为空白。“除其他的目前被使用的公司形式之外，应该有考虑到这种心理需求的公司形式和合作社形式可供使用。特别是西德合作社法在这种关系中显得仍有很大发展潜力。这样的企业形式的设立也涉及破产法问题。可能某些产业部门除适宜于‘市场经济的全民所有制企业’（VEB der Marktwirtschaft）之外无更好的形式。因而人们可以想象，在大的贸易行动中，一个自由加入和撤出的全民所有制企业比一个在技术上高度专业化的生产企业，有更多经济成功机会。然而，按照联邦德国的经济宪法不可能被引进的是：强制归属于一家全民所有制企业。它也可以仅仅有关在更多公司形式之下的可供选择，并且加入和撤出必须是可能的。在这些前提条件下，填补西德公司法这个空白的尝试的确应该考虑。”② 在费肯杰看来，“市场经济的全民所有制企业”的引入，至少在有限的范围内，意味着对所有权的权力和控制的回归。合作社的意义也存在于共同劳动、共同经营、共同决定和共同负责（Mitarbeit，Mitträgerschaft，Mitbestimmung und Mitverantwortung）的浑然一体。费肯杰是德国新自由主义第二代代表人物之一，他本人对于市场自由情有独钟，但作为法学大师却实事求是地肯定民主德国的劳动者在全民所有制企业中的主人翁认同意识，提出改革、创新联邦德国公司法律制度，以便从根本上解决雇员的当家做主心理需求。在德国法学界，像费肯杰这样大胆倡言的法学权威可以说是并不多见的。从目前经济法学界来看，协调企业劳资关系的法律制度仍然处于尝试和摸索之中，

---

① 参见费肯杰：《经济法》第2卷，张世明译，中国民主法制出版社2009年版，第101页。

② 参见费肯杰：《经济法》第2卷，张世明译，中国民主法制出版社2009年版，第101页。

是一个非常复杂的难题。

但早在几百年前的旅蒙商中就开始采取了顶身股制，使得商号的人力资本和物质资本达到了充分合理的配置。诸如大盛魁这样的商号实行的身股是中国人注重“人和”的文化产物，在协调企业劳资关系方面可以说很早就形成了一套独具特色的法律制度。在传统的人情社会中，中国人讲究和气生财，“兄弟同心，其利断金”，即此之谓也。包括旅蒙商在内的晋商遵循用乡不用亲的原则。由于这些经商者原籍多集中于祁县、平遥、太谷、灵石，各个商号在这样相对狭小的熟人网络领域里，对于所任用人员的考察具有信息优势。掌柜拥有用人自主权，但基本上“三爷”（少爷、姑爷、舅爷）不用，以避免家族企业的很多弊病。解决商号内部人员的主要手段就是为人称道的顶身股制度。身股不论对已顶上身股的员工或没有顶上身股的员工都具有引诱力、鞭策力和凝聚力。在许多商号中都流行这样一句话：“薪金百两是外人，身股一厘自己人。”① 顶身股的方式有二：东家开设商号时，对其聘请的经理和重要职工，事先言定顶股若干，以合约的形式规定下来，或者将银股与身股记入万金账；另一种方式是，在企业在经营过程中，伙友在号内工作达若干账期，工作勤勉出色，由经理在遇账期分红时向股东推荐，经各股东认可，然后将姓名及其所顶身股数额载入商号“万金账”，才算正式履行顶身股的手续。顶身股虽然并无真正的出资，但身股的来源其实是经营者劳力和智力投资形成利润而沉淀的资本收益，所以它们在利润的分配上却同银股享有完全一样的权利。每届账期分配之时，不论银股、身股，持有者均按持股份额多少，每股平均分配红利，银股、身股一视同仁。身股基本单位为“分”“厘”。一分即为一股，或称一俸，“厘”为1/10分。企业员工初顶身股时，一般多从一二厘开始，以后每遇账期可增一二厘，增至一股为止，称全份。一个字号内，银股和身股各占有多大比重，并无一定之规。在通常情况下，商号创立初期的银股数量大多多于身股，但是随着时间推移以及员工中顶身股者增加，身股

① 陈啸等：《晋商企业制度与经营管理》，经济管理出版社2008年版，第114页。

的数量往往会超过银股。例如，大盛魁作为长达二百五十多年的老商号，其后期的人身股份额大大超过了资本股份额，以至于全部利润的一半以上都由顶股职工分去。大盛魁商号顶一二厘生意者，可管点杂事、接待客商等；顶三四厘生意者，可在柜上应酬买卖，但大事尚不能做主；顶五厘生意者，已有一定的做买卖经验，货色一看就懂，行情一看就明，生意能否成交，也敢一语定夺。顶七八厘者，已是商号的里外一把手，或来往于总号、分庄之间，盘点货物、核算亏盈，或奔波于天南海北，拍板大宗交易；顶九厘生意者，日常营业不管，专决断重大疑难。大盛魁比较特殊之处在于，没有顶整股的，最高九厘。

顶身股制对掌柜及伙计而言，既是一种物质上的激励，也是一种精神上的激励。在身股制度下，将银股和身股加在一起，按股份对所赚利润进行平均分配，银股身股同酬，这等于承认了身股持有者的知识、技能和经验已经成为与银股一样具有增值力的资本，实现“管理层持股”，调动了身股持有者的积极性、主动性和创造性，激发员工的成就感和归属意识，树立了身股持有者为自己工作的主人翁意识，并成为身股持有者的身份和地位发生重大转变的标志，从而使股东与股东之间、股东与大掌柜之间、股东与掌柜之间、掌柜与伙计之间的关系职权化，将单纯的雇佣关系改造成了职责分明的分工关系，一荣俱荣、一损俱损，从而使得票号、财东、掌柜和伙计成为一个利益共同体，在利益同质化的基础上形成上下一心、同舟共济的格局。一个结账期往往是三到五年的时间不等，这一机制具有延期支付的特点，是一种长期的激励机制，可避免掌柜及伙计的短期化行为。一方面，“东伙合作制”在把企业的全部经营决策权和部分的企业所有权让渡给了有真才实干的职业经理人后，提供了一种制度保证，使得企业的资金始终是由有能力、有经验的职业经理人（掌柜）所运作，通过物质利益推动或激励着极其优秀的人才为自己掌管的商号贡献出一种稀缺资源，即企业家才能。另一方面，不仅东家和掌柜拥有企业的股份，表现好的伙计也可以得到一定的股份，而且可以根据工作年限逐年增加。这是一种非常先进、非常人性化的有效激励机制，使每个员工都有发展空间，从而为人尽其才注入了巨大的内在动力。“人人都可当东家”的灿烂前景和强烈诱惑，使每一位商号中人以饱满的热情打理号事，从掌柜到伙计“莫不殚精竭虑，视营业盛衰，为切己之利害”①。晋商伙计见面时，相互间常问的一句话就是：顶几厘生意啦？流水不腐，户枢不蠹。由于为员工向上升迁敞开大门，人员的流动性形成了企业源源不断的活力和财富，使企业由此获以可持续发展。尽管财东从利润中分割出一部分让渡给员工，但他们获得的利润绝对量还是比过去增加了，从而实现了劳资双方的双赢。这一点，即使是现代的企业也不一定能够做得到。正如大卫·弗里德曼（David Friedman）所说，人们应当通过其所建立起来的激励机制和他们在回应此种激励时改变其行为所产生的结果来判断法律规则。② 按股分红的人身股经营制度承认并适应个人具有的利己动机，这与英国古典经济学的代表亚当·斯密曾提出的“经济人”的假设不谋而合。把人的价值、安全及激励机制等一系列的人性的问题都通过人力股巧妙地解决了。通过制度来构成个人的选择权，使得个人可以根据安排给他的权利来权衡效果、行为方式和资源配置效率。

庞德在《法律史解释》（Roscoe Pound，*Interpretations of Legal History*，New York：Macmillan，1923）一书中表现出了他在法律、历史、科学、哲学和文学等方面的博大精深的学识。他凭借敏捷的思维和娴熟的处理资料技巧，把其他论者可能会写得索然无味的论题写得充满活力、富有生气。虽然他论古道今，但是他却将社会需要与人类正义的精神注入进历史之中，使我们读起来历历在目、栩栩如生，似乎一切都是鲜活的，似乎一切都发生在眼前。③ 庞德的这部著作不仅是一部关于法律发展进程和法律目的的思想史，而且同时也阐释了作者自己关于法律与法律史方面的原创性思想，兼具有叙述性、批判性和建构性于一体，为我们研究法律史提供了有益的指南。庞德认为，19 世纪的各种法律解释把人从我们的法学思想中切割了出去，把人这个因素都给遗忘了，至少

① 陆国香：《山西票号之今昔》，《民族杂志》1936 年第 4 卷 3 号。

② 大卫·弗里德曼：《经济学语境下的法律规则》，杨欣欣译，法律出版社 2004 年版，第 5 页。

③ 罗斯科·庞德：《法律史解释》，邓正来译，中国法制出版社 2002 年版，第 4 页。

是忽略了人的特性，把法律视作是任何法学力量所无力形成的某种东西，只是一种具有不可抗拒之力量的无意识的工具。[①] 历史法学派把法律发展这种复杂现象视作是一种纯粹的事件，仿佛人在这些事件的发生过程中根本就是无所作为的。在历史法学派的图景中，行为人是没有意义的，因为人只是在作为具有民族精神的某个民族中的一个特殊范例时才具有意义。历史法学派根本就不考虑行为人，他们至多只考虑整个种族，至多只是把人作为具有民族精神的某类民族的一个特殊范例加以考虑。[②] 雷蒙德·萨雷斯（Raymond Saleilles，1855—1912）指出："在把历史应用于社会科学的过程中，历史应当成为一种创造性的力量。但是，历史法学派却半途而废了。"[③] 庞德之所以引用雷蒙德·萨雷斯这段话，是企图说明以下的观点，即历史法学派在否认人的主体性上和法律的经济学解释极为契合，实际上是一种消极且压抑性的思维模式，完全背离了哲学时代那种积极且富有创造性的法理思想，排除了人类的创造性能力，并且把法律视作是人们只能够进行观察的某种东西，而观察法律的目的则是为了证明有关法律发展原则的那些假设。经济学解释预设了一种历史中的上帝：这个预设的上帝控制着引线，操纵着木偶朝着各种不同的方向运动，并由此而制造出了我们称之为历史的各种表象。此前的思想家们只是误解了这个上帝而已；这个上帝实际上并不是"观念"，也不是"绝对的"或"无意识的"，而是经济的。但是，经济学解释历史的观念却与历史法学派的历史观是相同的，历史都意味着某种按照一项预先制定的计划并在一条固定的轨道上朝着一种至善至美的终极状况前进的过程。[④] 地球轨迹是各种物理力量所导致的一种必然产物，而法律则是各种经济力量所造成的一种必然产物。这种思维模式对

---

① 罗斯科·庞德：《法律史解释》，邓正来译，中国法制出版社2002年版，第20页。

② 罗斯科·庞德：《法律史解释》，邓正来译，中国法制出版社2002年版，第174页。

③ 罗斯科·庞德：《法律史解释》，邓正来译，中国法制出版社2002年版，第97页。

④ 罗斯科·庞德：《法律史解释》，邓正来译，中国法制出版社2002年版，第97页。

于人们并不陌生。这种思维模式所具有的唯一的新东西就是它所主张的那种永久的终极原因的新名称和新外衣。庞德本人主张法律社会学，将法律视为一种社会工程、一种人的积极作为的建筑物。他强调在法律史解释中需要考虑下述三个因素：行为人、行为人据以行事的材料或依据、他们行事所处的环境。这种法律史解释既不以形式的和逻辑的决定论为前提条件，也不以实证主义的决定论为前提条件，可以为我们提供一种以活动为根据的法律史解释，引导我们不仅把法律制度视作是固有之物，而且也把它们视作是被创造的事物。易言之，庞德所认可的法律史解释是注重人的主体性和法律的建构性的，有些类似于吉登斯的结构化理论的意味。

旅蒙商中财股和身股的组合说明在商号中劳动要素和资本要素缺一不可的双边垄断性质。这种组合是与商号的规模和经营状况相辅相成的。在企业达到一定规模时，人才对商号的生意兴隆往往至关重要，人力资本在企业中的谈判力量增强，不同生产要素持有者讨价还价能力的变化导致了重新缔约的努力，促使博弈各方为得到更多的赢利而互相妥协，调整原有的相关制度安排。不过，“东伙合作”当时由于政府不加干预，没有通过政府制定普遍性规则降低交易成本，在自发性的秩序中不确定、不完善的瑕疵在所难免。当商号发展到新的阶段时，出资者和出力者共分利润、共担风险的合伙关系，决定了双方都是企业的“主人”，这意味着二者在决定企业诸项安排，尤其是在企业剩余控制权和索取权的分配方案上都拥有平等的发言权，随着时间的推移，财东对于企业债权承担无限责任，而顶生意者掌管了企业的经营管理大权，具有“自然控制权”。不仅如此，身股的权重一般都随着经营的发展而增加。出资者在与出力者之间的天平最终会在一种动态发展中由于人的建构力、时间的销蚀力而失衡。“权利乃是在时间和空间中获得发展的。由于它是人们在实践中加以实现的，所以它有一部历史。其本质乃是逐渐展现的，而此本质就是其在变化中保有自己的特性。”① 尽管当初秦钺

① W. Hastie ed., *Outlines of the Science of Jurisprudence: An Introduction to the Systematic Study of Law*, Edinburgh: T. &T. Clark, 1887, p. 152.

在任大盛魁大掌柜期间将永远身股改为财股，是出于努力使商号持续发展的好心，但是无意中却为大盛魁埋下了隐患，成为日后导致商号破产停业的一个重要因素。

在“永远身股”的名称没有改变之前，王、张、史三家只能在每次分红时，领取一份红利，无权过问号内的事。恰恰在永远身股改为财股之后，大盛魁才有了所谓的“财东”。起初，“财东”们也清楚自己是因享受祖先的余荫而白领一份红利，尚能安分守己，对号内的事不加干涉。即便后来财股股金虽然被提高到每股二千两，但在号内全部财产中也只占很微小的一部分。在号内人的心目中，大盛魁就是一个大家庭，大掌柜是一家之主，这些“财东”形同虚设。不过，时间的流逝使情况慢慢发生了变化，财东和掌柜之间的矛盾日渐形同水火。这些“财东”忘掉了自己的真实身份，开始争取行使“财东”的权力，对号内人事安排、生意经营、赏罚奖惩之事加以干涉。号内掌柜的大盛魁内的从业伙计有一半是来自山西祁县和太谷县，顶五厘以上生意的掌柜，十有六七为祁县人氏，这层关系使他们对“财东”抱有好感。三家“财东”的后人也有不少人在号内从业，而且顶有不同份额的生意，势力颇大，企图再现祖先的风光，觊觎商号大掌柜的位子。从李顺廷在任时开始，三家“财东”为了红利分配和商号人员进退等问题，时起龃龉，甚至对簿公堂。大盛魁三位创始人的子孙繁衍得越来越多，随着财东户数的增加，分红的份数呈现细碎化趋势。三份财股逐渐被劈为若干厘、毫，甚至小到毫以下。每届结账之时，“财东”们都纷纷前来参加分红会议，人多嘴杂，呶呶吵闹不休，热闹得如同一台大戏。为此，大盛魁要求三姓“财东”各推举代表一人参加结账会议，实行“财东代表制”，即由财东全会改为财东代表大会，以降低会议决策程序本身的成本，在财东与商号之间建立阻隔正面冲突的防火墙。许多财东竭力反对这种制度，认为这样完全是敷衍财东，剥夺了他们的话语权，向商号提出严正交涉。李顺廷不肯退让，“财东”们就将这一商号内部治理问题向官府控告，结果官方也对这种反对主张不予支持。“财东”们对这种有名无实的地位深致不满，遂把这种不满和愤恨的情绪集中到掌柜身上，不断地挑唆号内员工与掌柜之间的关系。段履庄上任伊始，“财东”们普遍反映分红时间太长，乏钱度日，要求提前支取分红。段履庄和号上的核心成员商议，将三年分红一次的惯例改为不论生意上盈利多寡，每一“财股”每年预支三千两，到结账时再找补尾数。不过，冰冻三尺非一日之寒。矛盾日积月累，不是段履庄简单的一两个举措就妙手纾解的。更何况，商号许多员工认为，这些“财东”们纯粹是伸手白拿，意甚不平。段履庄亦断不能心甘情愿地听“财东”们的颐指气使。大盛魁停业关闭后，“财东”们的活命财路断了，他们怒火中烧，指责段履庄为大盛魁的败类，断送了他们先祖创下的产业，对段履庄必欲杀之而后快。1920 年，大盛魁创始人王相卿的后人——“财东”王玉愤恨难消，密谋暗杀段履庄而未遂，积愤身亡。大盛魁的案例说明，其产权在所谓“财东”的后人和商号员工之间在认识上是存在模糊边界的。在经济学中，广义上的交易成本指的是协商谈判和履行协议所需的各种资源的使用，包括制定谈判策略所需信息的成本、谈判所花的时间以及防止谈判各方欺骗行为的成本。大盛魁的这种制度并非尽善尽美，在人的互动中被撼动得东摇西晃。由于政府没有普遍性规则，这种自发的秩序成本也并不会低，在博弈中甚至无法有效地配置资源。

第二节　自贡井盐股份制

费肯杰在《经济法》中译本的序言中以交换价值和使用价值的区分为基础，将各种经济形式在类型学上建构为两种类型，即以使用价值评价的经济和以交换价值评价的经济。他这样写道：“交换价值经济至少由三方组成：经济公民和至少两个（但通常更多）对抗性的供应者或需求者。为了正确加以确定，国家无需颁行‘自上而下’的规范。毋宁是这三方就此达成一致：应该创立支持和反对他们三个（或更多）的法律。这样就出现了一些特性（当这三方愿意时）：从三个变为四个，三个成员的集合体，这一集合体制定法律。整体大于部分之和，并添加到三个之后，这一增加的是主观权利和义务的第四个载体，因此和前三个一样在法律上是独立的。因此，形成了集合体、公司、企业单位、添附机构、合作社、合作单位，或者人们根据各自文化经验随心所欲名之的称谓。成员在此，原本服从于诚信、博爱和人道，那么，这三个（或者更多）现在就具有了强制执行彼此间‘横向’和相对于集合体‘纵向’的权利和义务。存在一个合法的顶部和合法的底部。白马是马。设若用马比喻各种肤色的人，它们之间就会存在着诚信和保护外来暴力的联系纽带。”① 费肯杰这段论述和科斯定理（the Coase theorem）是相一致的。

科斯的主要论点在他1960年发表的《社会成本问题》[The Problem of Social Cost, 3 *Journal of Law and Economics* 1 (1960) 21] 一文中得到阐述。乔治·斯蒂格勒（George Joseph Stigler, 1911—1991）在1966年经济学教科书中用“私人成本”和“社会成本”的术语总结在不存在交易成本的情况下的外部性问题的解决，并首次使用了“科斯定理”（Coase Theorem）这一术语。科斯定理由三组定理构成。科斯第一定理的内容是：如果交易费用为零，不管产权初始如何安排，当事人之间的谈判都会导致那些财富最大化的安排，即市场机制会自动达到帕雷托最优。科斯第二定理通常被称为科斯定理的反定理，其基本含义是：在交易费用大于零的世界里，不同的权利界定，会带来不同效率的资源配置。也就是说，交易是有成本的，在不同的产权制度下，交易的成本可能是不同的，因而，资源配置的效率可能也不同，所以，为了优化资源配置，产权制度的选择是必要的。科斯第三定理描述了高效率产权制度的选择方法。按照科斯定理，在一个零交易费用的世界里，不论如何选择法规、配置资源，只要交易自由，总会产生高效率的结果，使资源得到最充分的利用，法定权利的最初分配从效率角度看是无关紧要的。因为法定权利分配不当，会在市场上通过自由交换得到校正，权利最终会配置到最能导致效率的人的手中，可以通过自由交易而实现效率最大化的。而在现实交易费用存在的情况下，能使交易费用最小化的法律是

① 参见费肯杰：《经济法》第1卷，张世明译，中国民主法制出版社2009年版，中译本序言第2页。

最适当的法律。[①] 对于科斯定理的批评意见则认为，正如物理学中的无摩擦平面，无成本交易只是一种逻辑推理的结果，在现实生活中是不存在的。在罗伯特·库特（Robert Cooter）看来，“霍布斯定理”（the Hobbes Theorem）过于悲观地假设：分配利益的问题只能通过威胁，而不能通过合作来解决。科斯定理与“霍布斯定理”背道而驰，但同样也犯了方向性错误，其过于乐观地假设：只要谈判无成本，合作就会诞生。[②] 而现实是介于过于乐观和过于悲观之间，因为策略行为在有的情况下导致谈判失败，但不是所有的情况下都是如此。不管科斯理论功过如何，但科斯的研究对于经济学的发展产生了重大影响。在他的论文问世以前，很少有人注意到外部性通过私人协议加以解决的可能性。正是基于此，罗伯特·埃利克森（Robert C. Ellickson）指出，科斯在自己的整个学术生涯都强调个人有能力创造出相互有利的安排，而无须一个中央协调者的帮助。[③]

我国经济学者盛洪由于翻译科斯的著作而应邀去美国访学。盛洪介绍了这样一则趣闻：

> 有一次，科斯给我拿来一本《科学美国人》，其中一篇文章题目叫做“伟大的中国井”，讲的是18世纪或更早的时候，中国四川省的盐井在钻井技术上的惊人成就。由于四川地处内陆，海盐运到四川非常昂贵，而四川的地下又蕴藏着大量的浆盐，因此钻井取浆盐的事业有利可图。钻井技术随之发展了起来。据《伟大的中国井》作者介绍，早在一千多年前，四川人就能够钻一百多米深的井了。他们最为辉煌的成就，是159年前（1835年）钻的“燊海”井，深度达1001米。而在当时，欧洲人的纪录是535米，是由一

① 参见罗纳德·科斯：《企业、市场与法律》，盛洪、陈郁译，上海三联书店2009年版，第1—33、76—152页。

② Robert Cooter, The Cost of Coase, *The Journal of Legal Studies*, Vol. 11, No. 1 (Jan., 1982), pp. 1 - 33.

③ Robert C. Ellickson, *Order without Law: How Neighbors Settle Disputes*, Cambridge, Massachusetts: Harvard University Press, 1991, p. 138.

个德国工程师在1842年创造的。科斯对这段历史非常感兴趣，他问道，中国过去有那么好的钻井技术，为什么没有用来开采石油和天然气？不仅是中国的技术，他对整个中国文明抱有崇敬之心。……他说："我近年来对中国的问题感兴趣。对我来说，这是一个很大的谜，即中国有着很高的教育水平和知识水平，中国曾达到过很高的成就，但为什么近代经济革命没有首先在中国发生？阿拉伯国家也是如此。现在英文中的很多科学术语是从阿拉伯中借用过来的。阿拉伯人在科学、艺术等方面都曾有过非常高的成就。在欧洲，最先发展起来的是西班牙，但工业革命主要是在英国开始的。人们觉得好像工业革命更应该在法国开始。因为法国有更好的知识阶层。区别是，法国一直是一个集中管理的国家，到现在也是如此。什么都由巴黎来决定。法国的总统一定是一个巴黎大学的教授。相对来说，英国更分散化一些。"①

自贡天车

科斯对于中国的历史兴衰称之为"谜"，不理解四川井盐钻井技术如此领先世界的原因。科斯六十多年前在酝酿"企业的性质"时，也是在探究一个"谜"的底：既然市场是最有效的，为什么还要有企业？现在科斯所欲图探究这一中国之谜的确是非常复杂的问题。现代中国经

① 盛洪：《盛洪集》，黑龙江教育出版社1996年版，第158—159页。

清末四川井盐场上的人力挑夫

济学界、法学界都往往急功近利地关注现实的一些策论性研究，然而一些深层问题却无人问津。科斯的关注焦点很令人反思。当我们把问题缩小到四川井盐开凿历史时，在前人基础上进一步反思自贡井盐的资本聚合机制，也许可以解释一些中国传统社会的重大关节问题。

传统的观点都认为中国是小农经济，一家一户是犹同马铃薯一般分散孤立的经济单位。这种观点大体上是可以成立的，但不能据此否认中国的传统经济生活中没有结社的偏好。这方面的现象应该引起足够的重视。在晚清，一些志士仁人为了倡导商战，为现代公司制度鸣锣开道，将中国与西方加以戏剧化、类型化极而言之，声称中国人长期存在“宁可一人养一鸡，不愿数人牵一牛”的潜在意识，同业相倾，同道相忮，同利相贼，同力相陵，极大地抑制了社会资本的流动与集中。所谓“一个中国人是条龙，三个中国人变成虫”、中国人缺少一种平等协商合作的精神与经验等论点，充盈于耳。《论商务以公司为最善》这样写道：西方所设公司日增一日，商务一日大一日，中国虽亦有仿而行之，但仍然如晨星之可数，风气终未大开，所以商务终未能起色。欲振兴商务，须广设公司，尽管公司不能保证有盈而无绌，但合而计之，所失固巨，以数十人、数百人之力分而任之，则所失亦轻。苟能广设公司，俾一国之人不商而亦商，则商情自熟，商力自厚，自然堪与西人争胜焉。中国之为贸易者动曰，合偷一牛不如独偷一狗。泰西则不然，各股东莫不协力同心，是以恢恢乎多钱善贾。[①] 晚清这种对中国传统的批判并不足为信，具有明显的意旨偏向性。司马迁在《史记·货殖列传》中早就说过，天下熙熙，皆为利来；天下攘攘，皆为利往。与人们在晚清倡导公司制度所描述的视公司为畏途的说法相反，即便当时也出现过对于公司发行股票的追捧如饮狂泉的情景，更遑论长期以来中国形成的商业资本集合的各种名目"打会"的历史之悠久。的确，人们进行交易的动机是总合作剩余的存在。人们是否进行交易，不是取决于交易成本的大小，而是取决于合作剩余减去交易成本（机会成本）后的总合作纯剩余以及对总合作纯剩余的分配能否达成一致意见。在博弈条件下，按照个体在约束条件下追求自身利益最大化原则，无法推导出在有合作剩余时一定会发生交易。由于每个人都想独占合作剩余，所以交易不一定能够实现。但是，"资本家害怕没有利润或利润太少，就像自然界害怕真空一样"[②]。所以，罗伯特·库特的前述分析是比较切合允当的，关于中国人在经济生活中缺乏结社偏好之论的缺失恰恰在于过于浮泛。实际上，罗伯特·埃利克森《无需法律的秩序：邻人如何解决纠纷》的贡献就在于比前人更为有力地借鉴了当代的博弈论理论，颠覆了国家的制定法是社会秩序之唯一或主要渊源、民间法或民间规范只是制定法律之补充或从属这一命题，强调"真正的"法律其实是人们在行动中产生的自发秩序安排，在本质上是对这种社会群体长期反复博弈中产生的规范的承认和演化。至少在交织紧密的群体中，没有正式法律仍然可能有秩序，甚至存在"无需法律的秩序"。简言之，"是规范，而不是法律规则，才是权利的根本来源"[③]。"食肴之将"的盐自古以来就是人民生

---

① 参详佚名：《论商务以公司为最善》，何良栋：《皇朝经世文四编》卷二十五，户政，公司，沈云龙主编：《近代中国史料丛刊续编》第七十七辑，761，台北文海出版社1972年版，第457—458页。

② 《马克思恩格斯全集》第23卷，中共中央马克思恩格斯列宁斯大林著作编译局译，人民出版社1972年版，第829页。

③ Robert C. Ellickson, *Order without Law: How Neighbors Settle Disputes*, Cambridge, Massachusetts: Harvard University Press, 1991, p. 52.

活之必需品，“不得不买，不得不食”，因而中国传统的王朝国家每每实行盐铁专卖制度，以谋求政府利益。这在笔者《中国经济法历史渊源原论》关于盐法一章有所涉猎，[①] 但我们在此所关注的焦点在于盐业生产的企业组织法律形态问题。“四川货殖最巨者为盐”，而自贡则以“盐之都、龙之乡、灯之城”闻名于世。在那一片盐卤浸透的土地上，为开凿井盐形成的独具特色的股份制起源无从稽考，实际上可逆的制度时间是解析这种产权结构的关键所在。在中国传统社会中，虽然政府对于民间资本的集合并没有相关法律加以规范，但在长期的日常生活中通过相互博弈过程中形塑的行为的边界、模式与程序，对于当事人具有制约性。这是通过经验的复制和传染而形成的法律秩序。如自贡地区四大家族之一的“四友堂规模发展那么大……不是偶然的，它有一套值得注意的严密制度”[②]。

四川地区用于提卤的花车，捆有石块说明提卤暂停

四川是我国主要井盐产区。其矿源深藏地中，自震旦系至白垩系地层均有储存，以三叠系为最丰。一般来说，最上的白垩系地层，容易开采，但储量少、品位低；大约在距地表六百米上下的三叠系石灰岩中产黑卤或盐岩，含盐量分别为 16% 左右或 25% 左右。凿井愈深，盐卤和天然气的产量愈丰，品位愈高，但技术要求和工程难度也随之激增。井深与卤源、卤咸、价值成正比，井愈深，卤愈丰，咸愈重，利愈大，要想获得丰旺咸重的卤源就必须钻凿深井。北宋庆历年间，四川井盐生产

① 参见张世明：《中国经济法历史渊源原论》，中国民主法制出版社 2002 年版，第 130—178 页。

② 中国人民政治协商会议四川省自贡市委员会文史资料研究委员会编、自贡文史资料选辑：《四川文史资料选辑》第 7 辑（第 6—10 辑合刊本），1982 年内部发行，第 94 页。

技术取得重大突破，发明了“冲击式（顿钻）凿井法”。这是我国古代劳动人民继“四大发明”之后对世界科学技术进步和人类文明做出的又一卓越贡献。采用这种方法凿出的盐井，被称为“卓筒井”，具备了现代油、气井的雏形。英国的著名科技史专家李约瑟（Joseph Needham，1900—1995）在《中国科学技术史》（*Science and Civilisation in China*）中指出，中国深钻技术早在 12 世纪前就传入欧洲，被誉为“中国钻法”。乾隆中叶以后，自贡盐业发展蒸蒸日上，“井灶大兴”，以生产技术、产量、质量等优势迅速成为与犍（为）乐（山）并驾齐驱的四川两大盐业生产中心之一。在此期间，富荣场已出现开采深度达一二百丈深的盐井。据有关资料记载，是时，老双盛井凿至五百一十三米，桂咸井达七百九十九米，“每水一斤，煎盐一两四五钱至二两一二钱”①。此时有了“鱼尾锉”“银锭锉”“财神锉”等新型钻具，可打深井至三四百丈，这样就能把蕴藏在三叠系嘉陵石灰岩的丰富盐卤及天然气开采出来。此外，处理井下事故的器械也大为增加，对于井腔内发生的“走岩”“崩腔”“流沙”“冒白”等弊病，均有一套完整的处置方法。道光时期，富荣盐场的盐井已“自百数十丈至三四百丈”②，较诸上一时期提高了三倍以上。科斯前述所惊叹不已的自贡燊海井即开凿于道光十五年（1835），井深一千零一点四二米，堪称古代井盐钻井技术成熟的标志，系世界上第一口人工超千米深井。该井为一口以产天然气为主兼产黑卤的生产井，至今仍日产天然气一千余立方米，盐二千公斤。③

---

① 严如熤：《三省边防备览》卷九，山货，《续修四库全书》编纂委员会编：《续修四库全书》732，史部·地理类，上海古籍出版社 2002 年版，第 270 页。

② 严如熤：《三省边防备览》卷九，山货，《续修四库全书》编纂委员会编：《续修四库全书》732，史部·地理类，上海古籍出版社 2002 年版，第 269 页。相关研究或可参见王方中：《清代前期的盐法、盐商和盐业生产》，中国社会科学院历史研究所清史研究室编：《清史论丛》第 4 辑，中华书局 1982 年版，第 1—48 页。傅衣凌：《清代中叶川陕湖三省边区手工业形态及其历史意义》，傅衣凌：《明清社会经济史论文集》，中华书局 2008 年版，第 160—177 页。

③ 参见钟长永：《世界第一口超千米的深井——燊海井》，《四川文物》1987 年第 4 期。

富顺县的盐井

经济开发一般的规律都是先易后难。四川井盐最开始在浅地层的凿治，随着表层资源开发的枯竭，必然向深层掘进，所以，自贡盐场凿办盐井耗资特巨，投资门槛越来越高。“井上工费或数万金，少亦万余金。”① 有清一代，自贡井盐投资者之所以前踬后继，乃是由于存在一个强大的投资诱因。“购卤股者，胜于买田，以责息速且厚也。”② 某些高产井，尤其是特旺井，尽管开凿曲折坎坷，陷入山穷水尽，但一朝见功，气喷泉涌，立地转向柳暗花明，骤成巨富。有仅持一天高产井日份三两年间即购置千余石田产者，有仅凭一二口高产井起家而成为富甲一方的家族财团者。然而，重利每多与巨险相伴相生，深井开凿不愧为一种风险投资。在当时科技条件下，深盐井的钻凿向系委之天命，成功与

① 丁宝桢：《四川盐法志》卷二，井厂二·井盐图说，《续修四库全书》编纂委员会编：《续修四库全书》842，史部·政书类，上海古籍出版社2002年版，第68页。

② 朱世镛、黄葆初修，刘贞安等纂：《民国云阳县志》卷十，盐法，《中国地方志集成》，四川府县志辑，53，巴蜀书社1992年版，第95页。

否本身存在诸多不确定性因素，使其前景变幻莫测。首先是凿井时间长短无定，凿井费用多少无定。“常程可四五年，或十余年，有数十年更数姓而见功者。”① 其次是最终成败结局无定。任何一口井的开凿都会有见功或不见功、见大功或见小功的可能，常程常费见功自是万幸，等而下之为耗时费资见功，最坏情形是历尽千辛万苦而无成，徒抱终天之恨，此种最坏情形使盐场投资者谈虎色变，但又无法从根本上加以避免。再次是见功投产之后效益高下无定。某些井虽然勉强见功，投入生产，但效益甚低，或仅够缴用，或略有盈余，实际等于背上一个沉重的包袱，与不见功而报废之井相较，亦所胜无几。最后是幸而始成后井推事故发生无定。某些井因开凿过程中的质量原因形成井病，难以根除，致使后来井推不畅，更有突然事故，使旺井轰然报废于顷刻之间，或虽未报废，但由此转入低产，永无复兴之望。②

面对以上种种无定因素，如何尽快解决资金筹集，如何建立新机制以满足因深井建造提出的资金需求并分散投资风险，便成为进一步发展盐业生产的关键所在。显而易见，解决问题的途径应该是也只能是依赖于聚沙成塔、集腋成裘之法。盐场投资者在反复的博弈过程中通过合约建立起具有地方特色的股份制投资形式，尤其是乐于接受其中的资本接力原则以及股份转让原则，以便进退自如，解决在长期凿井过程中股伙垫支资本不足的困难，并及时扩大资金来源，以收众擎易举之功，保证凿井工程的顺利进行。这样的股份制度设计与当时普遍流行的民间习惯法有相同之处，但风险投资的特殊性、资金密集性等特殊因素使自贡井盐的股份制与前述旅蒙商一般的股份制模式存在较为明显的差异。彭久松、陈然在《中国契约股份制概论》中这样指出：自贡盐场契约股份制在两百多年的存在期内，始终保持着独立运转状态。经营者代复一代退出了历史舞台，运作条件也已经从手工工场部分地转入机器主产，而合资体制率由旧章，修订和补充都是出于对基本体制的完善，出于实践

① 李榕：《自流井记》，中国人民政治协商会议四川省委员会文史资料研究委员会编：《四川文史资料选辑》第 20 辑，四川人民出版社 1980 年版，第 109 页。

② 彭久松、陈然：《中国契约股份制概论》，《中国经济史研究》1994 年第 1 期。

提出的需要。至20世纪40年代，自贡盐场契约股份制作为企业形式制度依然显示出活力，略无衰颓迹象。“其股份意识之强烈，集资方法之巧妙，债务原则之别致，股权转让之便易，管理制度之严密，凡此种种，皆给人留下深刻的印象。”①

自贡井盐独特的资本接力——做节制度在许多文献中都有记述。所谓做节，是指“井久不见功，抑或仅见微功，尚须往下捣锉，有力不能逗钱者，即将所占日份、锅份出顶与人，即名为上节，承顶人即名为下节，以后做井工本归下节派出”②。由于钻井耗资费时，有人凿办多年，资金告罄，处于进退两难之中，乃亟筹出顶于有资金者继续锉办。此时，第一投资者可以邀约第二投资者参加合资行列，提留若干股份归己，成为不出工本日份，称为上节，丢出若干股份与新投资者顶井锉办，由其承担全部凿费，待成功后，按让渡以后的股份分占甚至独占收益。与原井伙称为“上节”相对，此曰“下节”。有的上节系“绝顶”，即收回全部工本，他日钻井成功，则不得分息。如果上节在转让中将井顶绝，便实际上等于扫卖。投资下节者，多认为该井所处地势优越，卤源丰富，前途乐观。虽然一次支付现金数多，实乃获取钻井成功捷径。如顺龙井深已达二百五十余丈，只因“天年欠丰，无力承办”③，为福全灶所接办，竟然取得水、火净日分十五天。设若下节资金耗尽，而迄未成功，又得转顶他人。因为如果不立即寻找后继而造成停工住锉，则原来的上节可将井收回，且不偿付工本。在这种情况下，前之下节作为中节，新顶之人又称下节了。故史料中有这样的记载：“如井久不成功，下节力又不支，转顶与人接办，则前此之下节作为中节，现在出钱锉井人为下节；井成时，中节亦有归本若干者，或共分鸿息者。”④ 当下节

① 彭久松、陈然：《中国契约股份制概论》，《中国经济史研究》1994年第1期。

② 自贡市档案馆等编：《自贡盐业契约档案选辑：1732—1949》，中国社会科学出版社1985年版，第70页。

③ 张学君、冉光荣：《清代富荣盐场经营契约资料辑录》第44号，张学君、冉光荣：《明清四川井盐史稿》，四川人民出版社1984年版，第285页。

④ 自贡市档案馆等编：《自贡盐业契约档案选辑：1732—1949》，中国社会科学出版社1985年版，第71页。

如又感到财力不济，再次出现经营危机，则又可如法炮制，招徕了愿意同他们合作的承顶者，形成第三、第四投资者，出现全井上中下节，乃至下下节的格局。万福—春龙井由于凿办多年，久不见功，凿费难筹，多次丢节，形成上节王崇德堂占日份五点六天、上中节易启承堂占日份二点四天、下节同春灶伙占六天、下节谦吉宝灶占日份十六天的股权组合。①

四川自贡市盐业历史博物馆和四川省社会科学研究院收藏了清代富荣盐场有关盐业经营方面的契约共四十三件。这些盐业契约起自清乾隆四十四年，迄于宣统三年。张学君、冉光荣将这些契约原件刊发于《中国历史文物》1982年和1983年，对于其中的方言、行话在注释中予以简要说明。这批契约中涉及“做下节”者共六件。

例1. 十一号契约

立顶井字约人赵振九、弟用章、济隆，今将自置黄桷坪地基捣锉兴海井一眼，情愿出顶与王□□名下推煎下锉。现有水火，同中议明，租银壹仟肆佰伍拾两整。当即银、井两交明白，从中并无货物准折等情。其做井如停工住锉，许主接回。蒙神天赐福，出水火之日，足有四口，主人地脉九天分班煎烧，照依厂规，拾贰年为率，许主人原井接回，临时再无他说。至见功应修灶房、柜房、亦以厂例，不得推托。恐后无凭，立约为据。本井所有牛只、家俱，同中照物作以时价，银物两家照数收清，此批。

炶泉上涌。

赵振九　赵用章　赵济隆　同立

中证　郭永吉　何敬亭

王连三　李福之

陈永和　任鲁一代笔

嘉庆十三年七月十九日

① 《民国二十二年十二月三十日万福—春龙井文约》，转引自陈然：《从档案看自贡盐业契约股份经营特色》，《历史档案》1998年第2期。

一样两纸，各执一纸。①

例2. 十七号契约

立退还井约人蔡先年五房人等，情因乾隆四十四年，先祖蔡灿若在仙骡档珍珠冲王静奄业内捣凿同盛井壹眼，蔡姓名下占每月客日分二十二天半，地主名下占地脉日分七天半，以见大功为始，十二年为满。因无力承办，转顶与万丹亭，万又顶与寇□丰，寇姓又顶与喻义和。喻姓等竟将井停废多年。地主王晓亭凭众、照厂规将井接回。喻姓甘愿将井交还蔡姓，蔡姓亦愿出退字，将原佃井合约壹纸交还地主。比日凭众言明：地主王晓亭愿与蔡姓提留工本，每月昼夜净日分叁天半，以井见大水、火起班之日为始，年限拾贰年为满。年满以后，将日分全归地主。其余转顶后客万、寇、喻等姓，所有工本字约，一力有蔡姓承认。蔡姓应还后客工本银钱，在提留日分内偿还，均不得问及地主。至于井见大功，修造廊厂，仍照叁拾班认修，年满概归地主，亦不得言及顶打。恐口无凭，立退字存据。

水火既济。

凭中　蔡占春　王建中

咸丰四年甲寅四月二十一日立退还井约人

蔡先年　蔡庭三　蔡喜亭

蔡新亭　蔡友源②

俗谚曰："民有私约，约行二主"，"官有政法，人从私约"。现存"做下节"契约都是在原直接投资契约基础上产生的。这类契约须先由原井伙（上节）与新承办者（下节）协商，双方同意合作，即将所议条件立为契约。首先说明原井伙何人，所办何井，盐、气井现在深度，

---

① 张学君、冉光荣：《清代富荣盐场经营契约辑录》，《中国历史文物》1982年，第77页。

② 张学君、冉光荣：《清代富荣盐场经营契约辑录》，《中国历史文物》1982年，第79页。

见功与否，因何原因招徕下节。例1第十一号契约为嘉庆十三年赵振九弟兄三人所立出顶兴海井的契约，其中写道："立顶井字约人赵振九、弟用章、济隆，今将自置黄桷坪地基捣锉兴海井一眼，情愿出顶与王□□名下推煎下锉。现有水火，同中议明，租银壹仟肆佰伍拾两整。"随后议明新承办者得到原井伙让渡的日分、锅口若干，出押山银钱几何，提供凿井工本情况，施工下锉条件，井成时，上、下节各自享有的权利和义务。例1第十一号契约云："现有水火，同中议明，租银壹仟肆佰伍拾两整。……其做井如停工住锉，许主接回。蒙神天赐福，出水火之日，足有四口，主人地脉九天分班煎烧，照依厂规，拾贰年为率，许主人原井接回，临时再无他说。至见功应修灶房、柜房、亦以厂例，不得推托。"该契约所反映的上、下节间的让渡情况是，让渡除地脉日分九天外的全部开锅日分。契尾有中证人签字，立约人画押，署名生效。契约分承、出二式，由上、下节分别写就，代笔人将两约约尾相并，于骑缝处大书"合同为据""承出二约各执为据"之类文字，交由各自收存管业。

从这类契约可以看出，上、中、下节间的股份收益分配，是一个极为复杂的问题。上、下节在签立契约、权衡利害得失时，起决定作用的是盐、气井的潜在价值和上节已取得的进展。若盐、气井所占地势被认定为卤源丰富，且上节在凿办中已获显著成效，则契约在划分权益方面有利于上节；反之，则有利于下节。例2第十七号契约说明，乾隆间蔡姓佃得王姓地基，开凿同盛井，后因无力承办，顶与万姓，万姓又顶与寇姓，寇姓顶与喻姓，迄止咸丰间，实际已达四节，前后锉办历经七十五年之久。同盛盐井最后由地主王姓接回另行锉办，所有前四节客伙，均未得到收益，仅有蔡姓得到工本日分三天半。该约载明："地主王晓亭愿与蔡姓提留工本，每月昼夜净日分叁天半，以井见大水、火起班之日为始，年限拾贰年为满。年满以后，将日分全归地主。其余转顶后客万、寇、喻等姓所有工本字约，一力有蔡姓承认。蔡姓还后客工本银钱，在提留日分内偿还，均不得问及地主。"可见，蔡姓虽然保留工本日分三天半，但对于此前各节的债务也负有偿还责任，必须在提留日分内偿还。

类似的股份转让制度在其他地区也可以见到①。例如，在清代京城药铺行业中，“同仁堂之丸散膏丹，西鹤年堂之汤剂饮片”驰名遐迩。尤其同仁堂堪称京师药铺之翘楚，清人著作中也不时提到同仁堂及其名药，如同治十二年（1873）杨静亭所著《都门案纂》、光绪十二年（1886）李虹若所著《朝市丛载》等均有所记述。是时，“外省人之入都者，无不购其硇砂膏、万应锭以为归里之赠品”②。同仁堂坐落于正阳门外的大栅栏，为乐家所创。乐家原籍浙江宁波府，于明永乐年间移居北京，以串铃走方行医为业。清初，乐家四世祖乐尊育（1630—1688）敕授登仕郎，为太医院吏目，掌管出纳文书，于康熙八年（1669）创办同仁堂药室。这可以北京同仁堂乐家老铺过去所挂老匾落款的时间为证。五世祖乐凤鸣（1661—1742）因乡试落第，于康熙四十一年（1702）创办同仁堂药铺。雍正元年（1723），同仁堂开始供奉御药房，由是财势两旺，声誉与日俱增。乾隆十八年（1753），乐家遭受火灾，第六代掌柜乐礼病故，同仁堂药铺难以为继，乐礼之妻申请主管衙门资助。由于皇家需要同仁堂药房，便出示招商接办，允许接办人使用乐家老铺招牌，乐家则以铺东名义坐收两分红利。同仁堂嗣后由乐家姻亲张家出面接办，形成乐家铺东、张家药商的局面。由于经营出现危机，同仁堂乐家又于嘉庆二十三年（1818）与二十一名股东签订典契，开始实行股份制，共四十七股，筹得资金四万三千八百两，但乐家只有半股（五百两）。③ 直到乐家第十代传人乐平泉时，乐家才终于还清债务，规复祖业，家声丕振。乐家老铺同仁堂的股份顶转生动说明政府也在个别情况下干预企业的股份改组问题，乾隆帝当年对于同仁堂的重组干预和美国总统巴拉克·奥巴马（Barack Obama）履任后在金融危机严峻时刻对于通用、福特和克莱斯勒三大汽车巨头的出手拯救计划可谓如出一辙。据杨国桢的介绍，在清代，合伙人之一以原有股份退出，推召于新的合伙人，由此形成的契约称为推、召契约。情愿入召为业者

① 类似制度在京西煤炭开采中可能始于明代后期。

② 徐珂：《清稗类钞》第5册，中华书局1984年版，第2297页。

③ 沈鸿娴：《同仁堂乐家老药铺》，中国民主建国会北京市委员会、北京市工商业联合会：《北京工商史话》第1辑，中国商业出版社1987年版，第29页。

须立约，将推股银凭中如数付讫。股份的出卖、出让采用卖契、出让契形式；合伙人退出并将股份顶与其他合伙人，使用退契形式，称为“退股字”“退股据”；合伙终止，即散胬，使用分伙契约；合伙商店如属全盘推于他人承受，所订契约则为“推盘据”。

例 3.

同立约字人泉城登贤铺黄诗记，泉城登贤铺黄书记，同安厦门火烧街联美号，同安厦门内柴市街黄潜记，同安厦门双连池吴安记。盖闻裘重千金，谋成须集夫狐腋，利市三倍，置本先务于鸠资。期全始而全终，经营罔懈，愿协心而协力，正直无私。义以相孚，此心乃堪共信，言必可复，立约尤重久要。兹者诗记等，丽泽夙占，本属相声之应，财源共浚，因为同道之谋。任事归于一人，权有专属，得利分为叁拾叁股，情亦至公。即就于厦岛火烧街建立联昌号丰记生理，前往广东香港等处置办洋货，来厦销售。诗记出陆股，本银贰千肆百元，折库砣壹千陆百贰拾两，书记出四股，本银壹千陆百元，折库砣壹千零捌拾两，联美出拾股，本银肆千元，折库砣贰千柒百两，潜记出柒股，本银贰千捌百元，折库砣壹仟捌百玖拾两；安记出叁股，本银壹仟贰百元，折库砣捌百壹拾两。计共叁拾股，合共本银壹万贰千元，折库砣捌千壹百两。交与黄青龙官专手管掌贸易各事宜，明约每年得息银两，除开用行费外，按股均分。就中加荫叁股，内黄青龙官得壹股贰格，黄鉴舍得玖格，王长官得玖格，以为诸伙任事酬劳。所有各股应分息银，均听支用。倘年景不齐，或有亏本，亦财运使然，毋得别生异议。黄青龙等责任经理，自当竭力尽心，调度一切，当不至稍存私意，有碍规约。若将来有欲抽起本银者，亦应先期会议，不得私相授受。诗记等气谊交孚，望营财之大进，休戚与共，本立念之无私，惟愿本大道以生财，广收江河之利，垂百年而永好，不渝金石之盟。爰立纸五张，约言一律，并加花押，各执为凭。此约。

公亲　王道箴老

吴有全老

代书 王敷澄

同治叁年叁月 日 同立约字人 黄诗记（下略）①

例4.

同立合约在本银字人凤邑林新发、马长发，郡城汪耀记、石谟记、王在记，窃谓理财立法，陶公之遗规堪师，贸易，晏子之芳声可慕。欲效子贡之风，当敦管鲍之义。然货殖虽云末务，济美端赖同心。兹我等欲兴建生理，独力难支，爰邀股伙联财，聚议妥适，二比俱各许诺，择店在内官后街，合为布匹生理五股，名曰锦荣发。议约在本：林新发在本银五百大圓，马长发在本银一股三百元，汪耀记一股在本银五百元，石谟记一股在本银七百五十大圓，王在记一股在本银四百元，计共在本银二千四百五十大元。采货择吉开张，得利王在记、石谟记合抽加一，除抽加一外，按股就本均分，不得参差错综。当内事王在记调停设法，当外事石谟记，二人每月薪水均得八元多；出郊采货，无分大小，共相调停。店内当事之人，不得私作同途生理，与其恐稍背后伤了一团和气，孰若议约眼前立规，百年凛遵。自约开张以后，店内货物、银圓，不得私自明借暗取。倘若生理鸿兴得利，务须股伙齐集，妥议要抽多少，方可得支。伙伴悉由当事黜陟，不得靠赖股伙，妄作荐举。大小务宜至公，免争长而较短，是非悉当秉正，勿假公以行私。庶几生意丰亨，俾绵长于万世，商业振发，冀久远乎千秋。此系二比当堂酌议，合立在本约字一样五纸，每股各执一纸存据。

光绪八年壬午二月 日

立合股字人 马长发

林新发

石谟记

① 杨国桢：《明清以来商人的“合本”经营的契约形式》，《中国社会经济史研究》1987年第3期。

王在记

汪耀记①

例5.

立抽卖股份字人叶合成，有原在顺裕典铺本银四千五百元，计四股五分，经于同治元年算账结明，得利计每股本银一千元，现得利银六百二十一元八角六尖，额银在架，尚未销号出当。今因抽银别创，托中将合成四股半之股份内抽出一股，卖与黄绍记承坐，计收母银一千元，现得在架利银六百二十一元八角六尖，又收贴销号出当加头银一百七十八元一角四尖，合共母利加头银一千八百元。即日收银完讫，将此一股典铺股份交付银主接掌，将来加头与合成无干，不敢再有异言滋事。并将原约字内批明出卖字样，又于账簿内登记抽股顶股银，除承坐加头银额当物未销不能登载外，合立抽卖股份一纸，送执为炤。

同治元年正月　日

知见人　龚承源

为中人　载（戴）茂卿

立抽卖股份字人　叶合成②

目前存在一个问题：自贡井盐这种企业法律形态是合伙制还是股份制？其法律地位应该做何研判？任先行在《现代企业制度与股份制》一文中对股份制加以的界说：股份制是利用股份公司的形式，通过发行股票筹集资本、调节社会资源分配的一种企业组织形式和经营管理制度。它是由多个投资主体形成的资本联合。股份制就其内容来说，主要包括股份公司、股票和证券市场三大系统。其中股份公司是股份制的组织形态，也是股份制的核心；股票是股份公司资本证券化的体现也是股

① 杨国桢：《明清以来商人的“合本”经营的契约形式》，《中国社会经济史研究》1987年第3期。

② 杨国桢：《明清以来商人的“合本”经营的契约形式》，《中国社会经济史研究》1987年第3期。

份公司存在的物质基础；证券市场是股票运行的外部环境和依托。这三个方面构成股份制的完整内容。股份制有广义、中义和狭义的区分。广义的股份制包括无限公司、两合公司、有限责任公司、股份有限公司和股份两合公司。中义的股份制是指有限责任公司和股份有限公司。狭义的股份制仅指股份有限公司。① 事实上，股份制本是中国学者为改革中国经济体制而借鉴的西方企业组织形式的一种术语，但西方不存在这一概念。股份制的提法源于“股份”这一概念，而“股份”是股份有限公司特有的概念，其原始含义是指以股票为表现形式的、按相等金额划分的，构成公司资本并表现股东权利义务的金额单位。中文的“股份公司”一词源于日文的“株式会社”（かぶしきがいしゃ），系后者的直译。株式会社是日本的一种法定公司形式，同西欧的股份有限公司的含义一样，只是日本人借鉴这种公司形式时有意省略了“有限”二字。股份有限公司的资本均分为若干股份，并以股票的形式把握在股东手中，其中每一股的份额都是相同的，不允许有任何差异，而无限公司并无此限制。为区分有限责任公司股东的出资份额与股份有限公司的股份，“股份”是股份有限公司专用的一个概念。有限责任公司股东的出资大都不均分为等额的份额，即使实行复数出资制的国家，尽管有限责任公司股东的出资份额与股份在形式上相同，但在实质上却有很大差别。为了区分有限责任公司股东的出资份额与股份有限公司股东的出资额，各国往往采用不同的称呼。日本《有限责任公司法》（『有限会社法』；昭和 13 年法律第 74 号）中将股东的出资额称为“持份”（もちぶん），而日本《商法》（『商法』；明治 32 年 3 月 9 日法律第 48 号）中则将股份有限公司的股份称为“株式”。旧中国及现在的我国台湾地区亦从未等同使用。我国台湾地区将有限责任公司资本的构成单位称为“出资额”，股份有限公司的资本构成单位称为“股份”。与股份相对，有限责任公司与无限公司中股东所认购出资的法律表现形式被称为“股单”。股单为设权证券，而股票则是有价证券。股票是由股份有限公司公开发行，用以确认投资者的出资份额和股东地位的法律凭证；而股单

① 任先行：《现代企业制度与股份制》，《兰州商学院学报》1994 年第 2 期。

则是有限责任公司发给股东的出资凭证和确立股东地位的凭证。股票属于证券，除了可以用以证明股东地位和股东权以外，法律允许其自由流通，并有其自身的市场价格。股票持有者不仅可以获得股息、红利等收益，而且可以通过在股票市场上转让其持有的股票而获得交易差价收益。而股单则仅仅是一种证据证券，在性质上仅仅是股东出资份额的权利证书，具有较强的人身依附性。股单本身并没有价格，不属于有价证券，不能在市场上自由流通，而只能依法定条件和手续转让出资。与此相应，股单持有者仅能根据其出资从有限责任公司获取股息、红利，通常不能获取交易差价。所以，从语源学角度而言，股份制的概念与集资合股并不是相等的概念，而是特指商品经济高度发达的资本主义条件下的产物，是适应社会化大生产的现代企业形式。再者，我国股份制尚未试行之时，理论界对其讨论首先注意到马克思对于股份公司在资本主义条件下积极作用的评价，并将其有关论述直接作为我国实施股份制的理论根据。“股份”制这一概念正是在这种背景之下进入我国经济改革的领域。经济学界有人从马克思在《资本论》中关于股份制的论述出发，也得出了这样的结论：马克思论及的股份制是指具体的股份公司形式。马克思认为，股份公司是与私人企业相对立，是作为私人财产的资本在资本主义生产方式本身范围内的扬弃。紧接着，马克思在同一章内将“股份制度”解释为“在资本主义体系本身基础上对资本主义私人产业的扬弃”①。所以，从《资本论》的有关论述来看，股份制是已被当作股份公司的同一概念来使用的，股份制在这里与股份公司的含义是完全一致的。

语源学的探究固然非常重要，但能指与所指的关系并不是一成不变的，所以语用学的考察尤为关键。所谓“合伙”“公司”“股份”等概念在不同的法律体系中各不相同，并不存在统一的界定。尽管“股份制”是经济学的概念，但中国的立法反映着改革实践，经济学的思想也不免渗透于其间。从我国目前《公司法》的规定来看，“股份”这一概

① 《马克思恩格斯全集》第 25 卷，中共中央马克思恩格斯列宁斯大林著作编译局编译，人民出版社 1974 年版，第 496 页。

念的使用仅限于股份有限公司，至于有限责任公司股东的出资则被通称为“出资”或“出资额”。但是，在不甚严格的场合下，人们如果将有限公司资本的等分称为股份，并将股东的出资称为“持股”，也并无不妥。因为在英美法上，公司的资本即通常都分为“股份”（shares）。特别需要关注的是，我国现行法律中还存在股份合作制。这种股份制是劳动合作和资本合作有机结合，实行按劳分配制度，职工股东大会是企业的权力机构。由此可见，采取股份制的概念进行分析的时候就已经偏离了传统的法学理论，而且即便按照经济学界所谓包括有限责任公司和股份有限公司在内的“中义的股份制”也是与中国现行法律制度规定不相符的。股份公司是大型企业的典型组织形式，但所有企业不可能以此为范式，经济生活中大量存在的恰恰是中小企业，呈现出一种多元化的企业组织形式状态。有限责任公司固然在制度上体现出严密性，但有限责任并不见得优越于无限责任。许多国家的有限责任公司之所以占很大比例，就是因为投资者青睐于有限责任这一点。费肯杰和史际春都指出，有限公司往往被人们用作投机和规避法律责任的手段。有限责任公司设立容易，股东又可承担有限责任，这固然鼓励投资、促进经济发展的功能，但法律上对其监管不易、不严，往往被用来设立“空壳”公司或皮包公司。自然人和大企业都可以利用有限公司合法地规避法律或投机，乃至违法行骗，遇有大量负债、亏损或其他不利情形，则以有限责任规避之，从而损害交易对方的利益和整个社会的经济秩序。① 其次，有限责任公司的内在机制与资本大众化的世界潮流相反。这一自身的缺点在现代经济生活中已经显露出，中国台湾地区的著名立法委员陆京士就曾极力主张在台湾取消有限责任公司这种公司形式且和者甚众。

中国学术界之所以将合伙制与股份制视为差若天渊，似乎存在高低贵贱之分，原因有以下几方面：其一，受到进化论影响，将股份制视为现代企业制度，将合伙制视为“落后”的代名词；其二，我国现行法律中合伙和公司受不同的法律规范。过去的《合伙企业法》和《公司法》不可避免地带有一些粗疏，在2006年8月27日第十届全国人大常

① 史际春主编：《公司法教程》，中国政法大学出版社1995年版，第17页。

委会修订通过并从2007年6月1日起施行的《中华人民共和国合伙企业法》尽管学术界也有人存在异议，但对于非公司形态的企业制度在法律供给上提供了更多的自主空间、选择菜单。1997年《合伙企业法》仅规定了“普通合伙企业”，即合伙人对合伙企业债务承担无限连带责任的合伙企业，修订后的《合伙企业法》第三章则专章规定了“有限合伙企业”，并在普通合伙企业一章中以第六节规定了“特殊的普通合伙企业”。从目前的情况看，在司法实践中把合伙当作区别于法人与自然人的第三类民事主体已经取得了共识。在中国大陆刚刚兴起股份制改造时，从政府到学术界都存在“一股就灵”的盲目乐观情绪，把股份制看得非常神圣。历史学界在这一时期也开始关注自贡井盐和大盛魁的股份制现象。正如克罗齐所说的那样，一切历史都是当代史。从研究者自身所处的情景出发探寻历史本来是合乎情理的，但这种历史观察法的“倒着放电影”的缺陷目前也被人们所憬然自觉。随着中国当代法律制度创新实践的发展和法学研究的深入，自贡井盐和大盛魁究竟属于合伙制还是股份制的概念争论就逐渐没有特别重大的意义，学术界开始以一种平常心态审视中国历史上资本聚合的各种制度设计，这本是一个量体裁衣的问题，合伙制和股份制之间、中西之间并不存在孰优孰劣的问题。

学术界这种争论其实反映了在近代以来中西文化地位易势之后不甚平和的心绪。在近代，当国人倡导公司制度时，将这种制度与中国传统合伙经营方式的区别，并对此进行了粗略的比较，“公司者何？合股所开之店也。合股所开之店，中国亦常常有之，易异乎公司？曰：我中华合股开店，惟二三股、五六股，多至十余股而已。西人之公司，则集腋成裘，愈多愈妙。见有可获之利，而必须□□□□之资本者，则必集数千万之股份，庶几众擎易举，不致束手无策，让利于人。盖合众人之公而成事者，故谓之公司”①。该文作者认为合伙或者说合股的经营方式虽然具有一定的集资功能，有助于扩大企业经营规模，但与公司制的筹

① 《论中国各公司宜速加整顿》，《申报》光绪十二年二月初一日（1886年3月6日）。

资效应相比，则相形见绌。事实上，直到今天，德国公司的法律形式仍然一般分为人合公司和资合公司。其中人合公司（Personengesellschaften）主要包括无限合伙公司（Offene Handelsgesellschaft，OHG）和两合公司（Kommanditgesellschaft，KG），资合公司（Kapitalgesellschaften）主要包括有限责任公司（Gesellschaft mit beschränkter Haftung，GmbH）、股份有限公司（Aktiengesellschaft，AG）和股份两合公司（Kommanditgesellschaft auf Aktien，KGaA）。无限公司的内部和外部关系上与合伙基本无异，不少国家又将无限公司称为合伙而纳入统一的合伙法调整。德国和日本法即规定，法律和公司章程未规定的事项，可以适用有关合伙的法律规定。法国于20世纪70年代修改民法典，已明确规定除隐名合伙外，合伙为法人。这样，在法国，合伙与无限公司已没有什么区别，主要区别只在于适用法律的不同。民事合伙适用民法；商事合伙则适用公司法，采取无限公司或两合公司的形式。在市场经济发达的国家和地区，一般合伙、有限合伙、隐名合伙、合作社等各种企业，乃至自然人的独资企业和非企业团体，均可以称为"公司"，无论在大陆法系或英美法系地区，全然如此。香港甚至在法律上允许自然人的独资企业（sole proprietorship）和合伙商号的名称中可以含有"公司"或"company"的字样，唯不允许其含有"有限"的字样。① 由此可见，从合伙制到公司制并非一种进化论意义上不可逾越的天堑，制度安排与历史传统、经济团体的规模、交易秩序的安全等相适应而各得其宜。

从历史上看，1807年，《法国商法典》（*Le Code de commerce français*）首次从法律上规定了股份有限公司，并明确股东对公司债务只承担有限责任；该法典也对18世纪末出现的股份两合公司作了规定。1855年英国议会通过了《有限责任法》（*The Limited Liability Act*），认可了公司的有限责任制，标志着现代股份公司制度的确立。有限责任公司是较晚出现的现代企业形式。1892年，德国才制定《有限责任公司法》，使中小企业的投资者和股份公司的股东一样，可以享受有限责任的便利，以求

① 史际春主编：《公司法教程》，中国政法大学出版社1995年版，第11、20页。

促进社会投资和经济发展。有限责任或者无限责任、所有权与经营权的分离与否，都是组成企业组织形态变化的不同要素。中国传统社会中也存在有限责任，对于所有权与经营权的分离也并不陌生。西方的公司立法其实也远远落后于经济活动的发展，不过由于近代以来西方受到重商主义的影响，商事主体的自发性制度创新无疑独步一时，但中国从清代中叶开始就接触西方公司制度；无论从时间角度而言还是从行为样态而言，中国对于西方公司制或者说股份制的学习和模仿，都不是一种被动的单向继受，而是中西方互动的过程，是在自身活动实践基础上对于舶来品的综合和杂糅。股份制由中国经济学界最早使用时也是从其萌芽进行追溯，但人们津津乐道所谓西方股份制的同时却往往夷然不屑于对于中国传统的股份制投界一瞥。笔者认为，从集资合股的特征上加以理解，股份制既可以存在合伙之中，也可以表现为有限公司、股份公司。正是这样，张忠民将明清时期经济组织中的合伙进一步区分为“一般合伙”与“股份合伙”两种。① 有些学者这样写道，尽管清代商业合伙中有时将资本称为“股”，但仍不属于股份制。笔者对此不敢苟同。既然时人都视之为“股份”，我们有什么权力硬不予以认可，起码可以用当时的概念称之为“股伙”。一个时代有一个时代的法律制度和观念，我们应该从当时当地的文化网络关系中仔细加以梳理，按照当时的观念和情境予以体味理解，这和国际法中时际法原则是一个道理。

笔者不同意自贡井盐合伙契约在西方文化侵袭下仍独善其身的说法。尽管自贡井盐的股份制度表现出鲜明的特色，一脉相传，但这种制度清末以后的衍续其实也蕴含着受到西方法律文化大环境的影响。例如，谢吉祥、胡子纯等于1912年所立合伙集资煎烧炭巴灶约如是云：“立合伙集资煎烧炭巴灶人谢吉祥、胡子纯伙等，情因意气相投，合资建设炭巴锅份七口，地址大文堡周家冲袜子塘，牌名同荣灶。当经伙等共分一十二股：谢吉祥占三股，胡子纯占六股，杨伯谦占一股，杨仲卿占一股，谢九如占一股，股本照股派逗。对灶营业，概由经手人全权处

① 张忠民：《略论明清时期“合伙”经济中的两种不同实现形式》，《上海社会科学院学术季刊》2001年第4期。

理。阅账期间，定一年一次，如有赢余，照股派分。伙内中途意欲发展出顶者，先尽其内，后尽其外。此系合伙贸易，有福同享，有祸同当，如有赚折，照股权分派，并推谢吉祥担任经手。”① 在这份合约中，“建设”“发展”等新名词不一而足，尤其所谓“照股权分派”更是清楚地显示了西方观念的渗透。我们在发掘自贡井盐股份制的本土法律资源的同时，对“中国中心观”的足够警觉也是极为重要的。清末以来自贡井盐股份制并非自立于世界变化潮流之外。这种中西方法律文化非常自然的结合是应该值得认真梳理的问题，也说明了中西方在股份制发展演变历史上具有非常相似的成分，不能把西方历史上的股份制演变讲得天花乱坠，而对中国本土的股份制就说得百不如人。

在中国传统社会股份合伙的合股契约中，合股契约对股份划分的中心问题，往往不是对合股资本的等分，而是对收益分配的等分。合股契约对股份的确定往往并不表现为将全部合伙资本等分成多少“股”以及每个合伙人各自在其中占有多少“股份”，而往往将未来的经营收益划分成多少“股”以及不同类型的合伙者各自在全部的经营收益中占有多少“股份”。例如，道光四年，四川巴县陈敏中等人“开挖煤炭生理”合伙约载：“此生意派作十股，胡姓得四股，陈姓得四股，王氏昆仲共得一股，黄姓名下得一股，共成十股生意。见（煤）炭之日，获息均照成股分摊，不得争议多寡。”② 这里可以明显看出，合约中所称股份指向的不是资本，而是收益。自贡盐井不论大小、收益不论多少，其收益股份（日份）通常均以三十“天”的“日份”或者二十四“口”的“锅份”相计。由于当时“分班”以“天”为单位，有三十份和二十四份两类，所以各合约中三十天、三十班、三十日份、三十水份或二十四锅份、二十四锅口的单位比比皆是。在此，“天”或“锅”都不是资本股份的计算单位，而是收益股份的计算单位，即一口盐井的全部收益权或者分为三十份，或者分为二十四份。合股者拥有一天的

---

① 自贡市档案馆藏，5－4－55－109 号卷，中华民国 2 年 2 月立合伙集资煎烧炭巴灶约。

② 四川省档案馆、四川大学历史系主编：《清代乾嘉道巴县档案选编》上册，四川大学出版社 1989 年版，第 268 页。

“日份”也就意味着拥有盐井全部收益权的三十分之一，拥有一口“锅份”也就意味着拥有二十四分之一的收益权。股份大小固然往往与投资多少相关，但在通常情况下均本身为享有盐、气、油井收益的股份计算单位。自贡盐业投资合约当事人，一方是拥有盐井土地所有权的地主，另一方是本无办井之基址而运用其货币、实物进行出资以参与经营井灶者，亦称客人、客伙、股伙。其中，承首人，又称团首、首承办人、承首办井人或承首主人。对地主而言，承首人是承租井基的客人，即投资者集团的带头人物；对客人而言，他又是群龙之首，是集资负责人、凿井指挥者和见功生产的经营主持者。一般而言，盐业投资经营股份制的股东便被分为地脉日份（地脉锅口）持有者、承首日份（乾日份、浮锅）持有者和工本日份（开锅）持有者。地脉股份是靠“出地”得的，工本股份是靠“出本”、即出钱得的，承首股份是靠“出力”得的。

所谓地脉日份（锅口）是地主由于提供了井基用地和凿井成功后的厂房及生产用地从而取得的合资井若干股份。地脉日份（锅口）持有者除了承担提供盐井开凿用地外，在见功前的整个开凿期中，均不交付股金，无论开凿期如何耗日持久、累积投资如何巨额，甚至因终不见功而全部垫支资本化为乌有，均与其无涉。地主只需要在其井见功正式生产时进班分红，按照所占股份领取经济收益，坐享其成，但如果基址不够，一力由地主承认。地主与投资者合办开井，属于合伙关系，但是，又非一开始即为合伙。地主在进班分润之前，只能算作是准合伙关系；在进班分润之后，则与投资者为合伙关系。地主享有的分班权即井见成功，则分享井产收益。此即所谓起班进班，亦称分班，系指盐井锉办成功，地主得以分享井产收益，同时也须承担维修、保养、继续深淘及各项费用，与货币投资者处于一致的地位。而具体的分班办法则因井因约而异。如蔡灿若与王静庵经营的同盛井，“倘井出腰脉水壹、贰口，以帮捣井人用费；如出壹、贰口外，地主愿分班，同出工本，以捣下脉”，“井出之日，地主每月煎烧柒天半昼夜”。①张玉宁、师起用与王

① 自贡市盐业历史博物馆藏：乾隆四十四年同盛井约，《井盐史通讯》1979年第1期，第35页。亦见于张学君、冉光荣：《明清四川井盐史稿》，附录：清代富荣盐场经营契约资料辑录，四川人民出版社1984年版，第245页。

云开经营的万丰井，“住凿起煎之日，井主每月分拾夜水火份五天”①。罗利元与黄平安经营的亨通井，“井出水、火一、二、三口，以作锉井使费，除锉井有余钱，三十天照日份分派”，“三十天日份，主人每月推地脉昼夜水火（份）陆天”②。王泽洲等经营的镇隆井，“全井日份以叁拾天计算：主人出基址，占水火油盐岩日份拾天，不出锉费”③。地脉日份一般在五天左右，约占全井总股份数三十天即三十股的六分之一。与直接提供现金投资的日份相对举，地脉日份亦被称作不出工本日份，是盐场契约股份制合资井中的一种“特别股”。承首日份（锅口）是为了酬报承首人的组织、经营、指挥劳动而设置的一种特别股，作为其费心之资。承首日份（锅口）持有人亦无须出纳工本日份（锅口），只要在合资井一旦凿至目的层正式开工生产，随即进班分红。承首日分的数领，一般在二至三天，对全井三十天股份来说，亦颇可观，并非区区薄酬。工本日份（锅口）为合资井中数量最大的一类股份，通常占全井股份数80%左右。此类日份（锅口）的持有者，共同在地主提供的土地上投资牟利，习惯上被视为地主的客人，其所占日份（锅口）被称为客日份。凿井见功前，客日份持有者以现金形式提供全部凿办费用，保证凿井顺利进行。一旦凿井见功正式生产，工本日份（锅口）持有者便能按他所领股额在三十天日份（或二十四锅口）中摊占的比例分享收益。自贡盐场厂规是在长期经营实践中形成的一整套原则和规则的总和，有厂规对股份的划分言之甚明：“凡锉井，有以二十四口计者，有以三十天计者。今以二十四口论，中分开锅、地脉、浮锅三种。浮锅为一井开始初锉时并伙酬劳承首人之品。如未成功，因无力锉办，出顶与他人：有将开锅全顶将来只归工本者，则地脉、浮锅似与开锅并存，并照开始原约规模行事；有出顶开锅并浮锅与地脉，经双方协议或

① 自贡市档案馆等编：《自贡盐业契约档案选辑：1732—1949》，第4号约，中国社会科学出版社1985年版，第312页。

② 自贡市档案馆等编：《自贡盐业契约档案选辑：1732—1949》，第6号约，中国社会科学出版社1985年版，第314页。

③ 自贡市档案馆等编：《自贡盐业契约档案选辑：1732—1949》，第14号约，中国社会科学出版社1985年版，第325页。

留数口者，一经出顶，即成上下节，则浮锅、地脉名目消失，通谓之为开锅。此为一井已成功，各照锅份已分过红息后，复逗本锉办者而言。以后权利，视出顶时双方所立之约为标准，总以二十四口计，不能于二十四口外多有分毫锅份，此本厂历来习惯也。且凡一井有变更，即视其变更锅份时所立之约为习惯。”① 承首人所获报酬最初被称为“家伙滚子水份”或“家伙滚子全水”，即凿井过程中使用的专门的凿井、治井的工具而获得之股份，嘉、道以后，由“家伙滚子全水”向“浮锅份”转变，合约中“家伙滚子水份”的字样基本上消失无踪，此时承首人所获的股份本质上是地脉日份或客日份中分拨出来的“浮锅”。在承首人以投资者的身份参与盐井业后，承首人除了所占浮锅份外，也可以凭借工本锉办享有一定的“开锅水份”，如光绪元年三生井约：“立出合约人颜衡三、颜璜溪，情因同治七年戊辰岁，璜溪出名承佃地名五家坡王五房业内复淘子孙业盐井一眼……璜溪出力承办，每月占浮锅份二口，颜庆生占浮锅份半口，不出工本；下余锅份十八口，派逗工本锉办，璜溪占锅份九口。”②

自贡井盐股份制的特点在于为股份流转设计了一系列配套的制度安排。投资者之间的关系颇为复杂。承首人与各股伙投资者以货币、实物等出资办井，属于投资者内部合伙关系。当投资者锉井不成功而将井转顶出去后，新的承顶人继续锉办，在未照约进班及照全井三十天分红之前，原投资者与新的承顶人属于尚非完全合伙关系；在照约进班及照全井三十天分红之后，原投资者与新的承顶人属于合伙关系。当投资者锉井不成功而将井绝顶后，原投资者只能言及工本而不称说红息，表明原投资者与绝顶人已经不存在合伙关系。此外，中国古代涉及财产流转方面长期以来存在“族内优先权”制度。《唐律》中即有亲邻先买权，且定其次序。明朝虽然废除了先问亲邻制度，但“产不出户”“先尽房族”的习惯在民间仍相沿不替。民国初年进行的民商事习惯调查发现，直隶、陕西、吉林等地田宅买卖存在“族邻有优先留买权”，私人财产

① 自贡市档案馆藏，17-1-483-23号卷，民国15年1月20日，自贡市商会会长范容光签署的《厂规》。

② 自贡市档案馆藏，3-5-4019-2号卷，光绪元年三生井约。

的处分往往需经过族亲的同意。在自贡井盐井、灶、笕、房、车炉等的让与情形下，也存在“伙内优先权”“亲族优先权”和“乡邻优先权”的习惯法规定。股伙承佃凿井，因其股伙出资不力或退伙、资金拮据等诸种因素而不能继续开凿，需中途顶让转佃者，应依合约而行，先向伙内声明，由股伙同伙优先承接转佃。此即所谓先买权限制。若伙内均不受，始得外让，但邀伙外人承受，需经伙内同意，且需经井主同意，批明合伙簿，始能生效，否则视为侵权，转佃无效。所以，自贡盐业合股契约中常规定了先内后外原则。在何寿萱邀伙集资锉办李怡经堂名下业内荧通井，“倘股伙等内在中途不愿伙办，或欲仰将己下所占日份股权出顶承佃，必须依照厂规，先尽伙内三十班，照时市价值公议承顶；如股伙内无人承手顶佃，乃许向外觅主接首；顶佃亦须经凭伙内在证，以便共井同业，办理一致”①，“如有不能逗工本者，或出顶，或分上、中、下节锉办，先尽伙内；只有无人承顶，方准顶与外人”。又如，李静修与王五桂经办的三江井就因片面将井转佃他人而引起纠纷。按照习惯法，“凡井主将井出佃与人承办下脉，原期下节客人出资锉办，而下节客人之义务职责亦唯一在此；倘或锉办不能成功，实无财力及其他事故不能再锉，又须觅人承顶锉办时，必须与上节井主商得同意，会同签订契约”②。易言之，井主享有转节同意权。王五桂对于天德灶经手李静修违约私自将井转佃与曾子唯承办提起申诉，认为“该静修转佃此井，并未取得敝堂同意；且对此井于兹十六年当中丝毫未动，则无义务可言，何有取押头提日份之权利?”“该静修向敝堂佃井，并非实行锉办此井之人，实借佃井之名，而行侵占敝堂井业之事。”③ 在该案中，自贡市商会作出仲裁：“兹天德灶（指李静修。——引者注）片面将井转佃他人，姑无论契约如何，然既未取得井主同意，按诸现行民法及厂

① 自贡市档案馆等编：《自贡盐业契约档案选辑：1732—1949》，第 32 号约，中国社会科学出版社 1985 年版，第 345 页。

② 转引自吴斌：《盐业契约论——以自贡盐业井开凿契约为例》，曾凡英主编：《盐文化研究论丛》第 1 辑，巴蜀书社 2006 年版，第 230 页。

③ 自贡市档案馆等编：《自贡盐业契约档案选辑：1732—1949》，第 10 号约，中国社会科学出版社 1985 年版，第 320 页。

规习惯，实有未合。”[①] 该仲裁决定支持了王五桂堂对于井主同意转佃权的主张。

从开凿至见功是资本主要投放期，但究竟需要垫支多少资本方可迎来收益难以预料。客份合伙人在入伙时便明白存在着完全不能收回投资的风险，无法在订约立井之初加以预定，因而不存在首先筹足注册总资本方能开办的概念，也不存在认作股份时即定出每股金额的概念。在盐井开凿投资合伙关系中，客份合伙人的份额首先便意味着出资义务，立约者只能采取逐步追加出资的方式进行风险投资。一般来说，只要全井工本股份持有者按股交出少量的启动资金（又称“底钱”），即可开始凿井工程。正因为实行这种“资本无定原则”，各有关方在签约时每每强调必须遵守的一条收井规则，即凿井工程开始之后，不得中途停工住锉，否则地主（或上节股东）有权将井接回，没收已凝固在凿井过程中的物化资本，承首以及开户人等不以先前资本作为抗辩理由。这实际上是一项相互制约的制度安排，“倘见功水、火不足定数，客人仍然依脉锉办，不得停工，主人不得异说。如水、火毫无，客人不锉，主人将井接回，两无异言”[②]。这种无条件收井制度后来亦受到了严重挑战，在地主因停工住凿收井时，对于投资者予以一定的补偿的现象并不鲜见，或者在合约中对于停工住凿的时限加以严格限定，说明在双方博弈中权利义务的安排更加趋于合理和公平。

如前所述，合资井有关方签约时就须确定工本股东按股按期提供资金的原则，并先交纳一定的底钱，以作合资井的启动资金。凿井开始后，合资井必须保持一定的维持资金。该资金由工本股东按份提供。所谓维持，乃指以保证近期的凿井用费为度，敷缴即可，不必多筹，以免造成资金闲置。嘉庆元年凿办天元井时，工本股东罗天碧认作一口股份，认定“当每一口出底钱一十二千文整，后吊锉之日，每一口每一月

---

① 自贡市档案馆等编：《自贡盐业契约档案选辑：1732—1949》，第12号约，中国社会科学出版社1985年版，第323页。

② 自贡市档案馆等编：《自贡盐业契约档案选辑：1732—1949》，第9号约，中国社会科学出版社1985年版，第319页。

出使费钱一千六百文”①。而每一份股份交纳的股金视当月的收支情况而定，并不是一开始就保持同一标准的股金，有时高于契约确定的标准，有时也低于这一标准。这种资本敷缴原则以维持凿井工程顺利进行所需费用为度，有利于加速资金的周转，充分发挥股金的效益，是与当地实际情况相符合的巧妙制度设计。

由于维持资金必须定期补充，自贡盐场习惯以一月为一期筹集交纳，保持资金如流水般供给，俾使凿井工程得以顺利推进。例如，道光十八年合海井约规定：“每月凿井使费，照拾捌口均派；如有使费不楚，即将合约退还，不得言及工本，承首人另邀开户承做。”② 作为一项罚则，承首人有权将过期不清月费股伙所占锅份觅人承顶出资锉办，俟井见大功，始对其照工本补还，且不存在月利红息。与月费不济时停费收份的规定相反，承首人如果邀齐本金而未开工下锉，则必须向股伙返还双倍之月费。这种得一还二的制度构成对于承首人自身违约的经济制裁。在某些合约中，对于承首人停工住凿的惩罚甚至更为严厉，竟将承首人所得的锅份彻底剥夺，交由众开户承办。月费一般以银钱缴纳，在个别情况下亦可用工具设备折价缴纳。例如，嘉庆二十年咸泉井约云：“其有月费，礼梁愿出煊凿大小铁火，以作办井月费——井上用铁每斤照肆拾文算，每年不得问及礼梁取月费。”③ 每一期到时由承首人出具“月结票”，通知各股东，书明上月凿井进度、经费收支，该股东累交、欠交及下月应交凿井费数等项。各股东收在到月结票通知后按通知要求循例交付下期凿费。这样一来，整个合资井的维持资金就能够如流水行渠般源源不断地得以补充。《民国七年大龙井月结票》这样写道：

自全月初一日至三十日止，缴□□□□□，又外缴银三百零七

① 《嘉庆元年十二月二十七日天元井文约》。转引自陈然：《从档案看自贡盐业契约股份经营特色》，《历史档案》1998 年第 2 期。

② 自贡市档案馆等编：《自贡盐业契约档案选辑：1732—1949》，第 715 号约，中国社会科学出版社 1985 年版，第 1063 页。

③ 自贡市档案馆等编：《自贡盐业契约档案选辑：1732—1949》，第 34 号约，中国社会科学出版社 1985 年版，第 348 页。

两五钱二分三厘，前缴银一万四千零六十七两八钱四分四厘一毫五丝，二共实缴银一万四千三百七十五两三钱六分七厘一毫五丝。计锅口十八口，此月每口派银一十七两零八分四厘六毫。万丰堂名下锅份二口，该派银三十四两一钱六分九厘二毫；前派银一千五百六十三两零九分三厘七毫五丝六末，二共派银一千五百九十七两二钱六分二厘九毫五丝六末。来银一百零二两二钱，前来银九百六十九两一钱一分，拨利去银一十二两三钱，来去品迭共来银一千零七十一两三钱一分，欠凿费银五百二十五两九钱五分二厘九毫五丝六末。前月底井深一百五十九丈五尺二寸，此月行井□□□□□，余井□□□□□，三共测明井深□□□□□。①

由于实行有力的预防性措施（主要指在大量用资阶段、即凿井阶段的做节制度）以及个别股东不能提供凿费而全体股东代其出资从而取代其相应股权的“抬做”制度，② 因此，自贡盐场合资井出现负债倒闭概率较小，在较长时间里，债务问题都未曾作为一个需要用特别原则处理的问题提出来。然而，随着凿井地层加深，井下事故增多，加之经营管理不善等其他诸多原因，一些见功生产井面临严重债务问题，出现举步维艰、债台高筑的现象。为了使合资井债务不致牵连股东个人其他财产，盐场逐步遂形成了所谓“井债井还”制度。也就是说，债务由“井”而生，就由“井”来还。合资井的债务一律由井上负责偿还，与股东个人无关；债权人不得向股东个人求偿，股东个人有权拒绝这种求偿；如出现资不抵债，一般实行减额清偿，了结债务关系。有学者以这样的事例证明自贡盐场的有限责任制：在杨德安、张玉成承佃凿办的洪海井，对于所费支出，张玉成缴清应交份额，“至于井内德安经手一切

① 自贡市档案馆藏：45－1－96号卷，民国7年大龙井月结票。

② 所谓“抬做”，就是指对不能按月如数逗足凿费的股伙，由其余股伙分担其凿费，见功进班后，多垫支凿费的股伙首先收回其垫支，然后再按股分红，即“派逗工本不按月如数逗足者，任凭众伙抬做”，不致以一人而废全井。见《光绪元年四月二十八日三生井文约》，自贡市档案馆等编：《自贡盐业契约档案选辑：1732—1949》，第35号约，中国社会科学出版社1985年版，第347页。

外欠账目，以后不得问及玉成”①。笔者对此不以为然，这其实是一个债权债务的责任划分问题，还证明不了井债井还。所谓“井债井还”实际上是一种债务有限责任原则，这固然在自贡盐场是存在的，但是笔者认为对于这一问题的关键在于不要张冠李戴，这一制度是在清末以后才实行，不能遽言没有受到西方文化的影响。业不敷偿的破产债务偿还方式主要有：一是通过做上下节所获款项进行偿还，如黔川井“众伙无力再办，约伙筹商，甘愿丢下节”，收取一定银两，“以付外债”②。这是因为存在“停凿收井”规则的制约，股伙或转让部分股份出丢下节，或部分股伙杜卖股份以此脱身，否则，一旦停工住凿，地主有权将井收回。但是在出丢下节时，下节股伙对上节股伙的债务是可以完全不负责任的，“若有井事不明、外债不清，一力由上节股伙等自行理楚，不与下节相涉”③。所以这种方法其实就是我们今天通常所说的债转股。二是以佃偿债，如天龙井因修费不够，产生债务，决定通过转佃所获资本进行偿还，用出佃火圈偿补债务。④ 又如春龙井经手曾泽民“约集各伙，将井出佃抵还债款”，经众伙同意，将该井出佃十六年以抵偿万余金债务。⑤ 罗筱元《张筱坡对自贡盐场的影响》一文就言及了“井债井还”的产生渊源，并且指出了这种有限责任的负面效应，即“自贡井灶商之信用扫地，以致井灶企业不能作抵押品。即有信贷，而子金高于货邦，高于成渝各地”⑥。所以，我们不能片面地将有限责任视为惊天

① 自贡市档案馆等编：《自贡盐业契约档案选辑：1732—1949》，第126号约，中国社会科学出版社1985年版，第444页。

② 自贡市档案馆等编：《自贡盐业契约档案选辑：1732—1949》，第54号约，中国社会科学出版社1985年版，第373页。

③ 自贡市档案馆等编：《自贡盐业契约档案选辑：1732—1949》，第54号约，中国社会科学出版社1985年版，第373页。

④ 自贡市档案馆等编：《自贡盐业契约档案选辑：1732—1949》，第58号约，中国社会科学出版社1985年版，第379页。

⑤ 自贡市档案馆等编：《自贡盐业契约档案选辑：1732—1949》，第41号约，中国社会科学出版社1985年版，第357页。

⑥ 罗筱元：《张筱坡对自贡盐场的影响》，资料来源：http://hi.baidu.com/%B7%F2%D7%D3/blog，访问时间：2009年12月31日。

动地的时代变革，这种制度的产生在自贡盐场只是清末至民国年间处理债务危机时所采取的不得已的对策。

所有权与经营开始相互分离在中国古代采煤、盐业等投资股份制中并非仅有绝无。自贡井盐合资井的设立和中止程序设立分两步进行。第一步，开凿设立；第二步，见功设立。投资者与土地所有者彼此有合作意愿，根据协商条件签订“出山约”或“祖约”，形同一井之“宪法”，宣布合资井成立并展开凿井工程。盐井经过开凿具有实际开采价值，见功后赓即修建厂房，购置设备，申请注册呈课，然后持不出工本的股东进班，书立“起班约”，举行开业庆典，至此合资井才算正式设立。例如，泗海井见功后，于同治八年八月二十六日邀集股东签约，“今托赖鸿庥，井已见功，三基修造已成，应照派日份承领，各管各业，编连字号，以为久远之计。所有井厂一切章程，俱照原出佃约办理。其各占日份，俱在各名下注定，以免日后争竞。原出佃约众交运发收存，以便查考，毋得措匿。恐口无凭，特立钤连合约共十一张，各执一张，永远存照”①。合资井立约开凿之后即成为经济实体与股东个人财产相分离，独立运转。股东个人不能干预合资井的凿办业务，更不能以合资井名义与第三者发生经济行为。股东只能作为一个整体通过定期股东会议来对合资井进行控制。至于对仅具股东之名而实为土地出租者的井基地主的限制尤形严厉，不仅不许他们插手井务，更不许他们主持管理，以免扰乱井事。而日常凿井事务则由股东会议委派承首人或有组织管理能力的股东来执行，被称为“经手”。这种经营管理体制可以称为股东会决策下的经手负责制。后来，自贡盐场少数合资井因业务繁巨，管理体制趋向严密，实行股东大会决策下的董、监事会和经理制，进一步强化了委托经营制度。例如，金志贤、余伯钦、余泽江、杨澍皋、黄象权、刁德孚、金用思、冷海泉、周文安、何明远、闵子华、尤大光等于1943年所立之投资合伙文约中载明：“本厂内外权责，经股东会决议，推举余伯钦为经理，杨澍皋为副经理，负责本厂一切责任，任期三年，连选得

① 自贡市档案馆等编：《自贡盐业契约档案选辑：1732—1949》，第89号约，中国社会科学出版社1985年版，第414—415页。

连任；如该经理人等对厂务有妨害及不利情事，全体股东得约集开会另选之。”① 这样的合约显然已经受到西方有限公司中股东会、董事会和监事会三权分立思想的影响。中国本土的地方性知识与外来影响在某些地域是水乳相融的，这就如同自贡盐井产卤水和天然气一样，并不见必须势同水火。需要指出的是，在盐井月费制度中，不仅仅单纯是合约纸面上规定的缴费和维持凿井持续的问题，承首人所组织的凿井活动受到的监督不难想象必定是非常严密的。内部人控制在这种制度设计中基本上无立足之地，自贡井盐股份制度之精妙亦正在于此。

第三节 公司与现代国家的同构性

在汉语中，人人皆知的“国家”一词本身就表明了国与家是一个统一体。中国的“国”与“家”连称的原理与西方的“国家”（State）一词渊源于庄园（Estate）是类似的，均具有同构性质。传统中国是“家国同构”的。家国同构是指家庭、家族和国家在组织结构方面的共同性，国家的秩序乃以“家”为模板复制而成。中国的传统社会同现代社会一样，基本的组成单位也是家庭。但是，当时的家庭是以严格的家族形式出现的，在家族制度下同社会发生关系。所以，中国传统意义上的“家”非纯粹的“私人空间”，其除了担负繁衍、抚养后代的功能之外，在经济生产和技术传承上是一种组合形式，同时兼具某种社会公共空间功能，是家族内部成员信仰和精神的寄托所在，亦是一个政治、法律和福利单位。家族制度从其本质上说是一种血缘性的集体私有制度，是中国传统社会的基础。其在某种程度上也可以说代表了中国传统的社会制度，社会、政治关系均系家族关系之拟制形式。无论家与国，其组织系统和权力配置均是严格的父家长制。“中国封建制的等级是按品级、身份、地位、门第来划分的……一般说来，在中国封建的等级制

---

① 自贡市档案馆藏，8-1-722-188号卷，民国33年2月10日立投资合伙文约。

度下，品级、家族、尊卑、贵贱、长幼、男女、亲疏等等，都从法律上规定了章服和爵位的不同名称，这是一种‘婚姻关系’，用中国的史实讲来即所谓‘宗绪之情’”，因此，中国古代社会就是一种对“直接生产者统治的品级联合”[①]。从结构相似性方面看，家是小国，国是大家。父为“家君”，君为“国父”。在一家之内，父家长地位至尊，权力至大；在一国之内，君王地位至尊，权力至大。中国古代的王朝国家在本质上都是“家天下”的，是一家一姓之私产，所以历史上有诸如“刘汉”“曹魏”“李唐”“赵宋”之说。古代文献中诸如“溥天之下，莫非王土；率土之滨，莫非王臣”[②] 之类关于天下是天子之天下的论述比比皆是。即便位至宰辅，也不过是为皇帝打工者，不得觊觎神器。而且，父家长在家庭君临一切，“家人有严君焉，父母之谓也”[③]。而君王的身份也被建构为全国子民严父的形象。夫君王者，遂为民众之父母也，或曰，“天子者，天下之父母也”[④]。不仅皇帝通常被尊为全国的君父，而且皇帝的每一个官吏在其辖区内也被看作是这种父权的代表，被称为“父母官”。[⑤] 易言之，家为缩小的国，国为放大的家。家和国相辅相成，密切关联，“家”构成“国”的基础和支撑，国则利用“家”固有的伦理实现其对乡村的统治。德国哲学家克里斯蒂安·沃尔夫（Christian Wolff，1679—1754）指出，中国人从家庭或家族原则中推导出国家概念，一家之主就变成一国之君，家庭就变成国家，道理相通。修身、齐家、治国、平天下，既是个人修养的原则，也是政

---

① 侯外庐等：《中国思想通史》第 4 卷，人民出版社 1980 年版，第 37、43 页。

② 《诗经·小雅·北山》，余冠英注译：《诗经选》，人民文学出版社 1982 年版，第 239 页。

③ 徐子宏译注：《周易全译》，贵州人民出版社 1991 年版，第 198 页。

④ 北京钢铁学院冶金系工农兵学员注释：《〈盐铁论〉译注》，备胡第三十八，冶金工业出版社 1975 年版，第 325 页。苏洵《上韩枢密书》亦有此语。曾国藩：《广注经史百家杂钞》卷十五，国学整理社 1936 年版，第 1116 页。

⑤ 详见《马克思恩格斯全集》第 1 卷，中共中央马克思恩格斯列宁斯大林著作编译局编译，人民出版社 1972 年版，第 2 页。明清的州县长官均可被称为“父母官”，当地绅士对州县长官的称呼即是“老父母”“父母”“老父台”等。日本学者滋贺秀三就认为中国民事审判的原型是“父母官型诉讼”。

治统治的原则。[①] 马克斯·韦伯（Max Weber）认为秦汉以后，大一统的中华帝国虽然幅员广大，但是仍然不脱家产制的色彩，是一种典型的“家产制国家”（patrimonialer Staat）。“父权”和“皇权”是这一结构的核心所在，具有至高无上的权威。皇权主义最深厚的根基正在于这种家长制。而专制皇权亦正是洞鉴于此，往往借助于社会内生的伦理教化来实现其统治，而不是单纯借助于赤裸裸的权力。每个“家”内的家长对成员的专制统治的“合法性”为“家天下”专制皇帝统治的“合法性”提供了依据，使统治者具有广泛的社会基础，使中国古代的政治具有明显的伦理化倾向。家族观念从而也使官僚体系中的家长制作风根深蒂固，形成了中国独特的管理行为，即家长式管理行为。[②]

“家国同构”政治模式的长期客观存在，最终导致了“家国同构”思维模式的产生。这种思维模式按以己推人、由近及远的思维逻辑，将处理血缘关系的原则推展到社会关系之中。儒家所设计的“君君、臣臣、父父、子子”的伦理结构和所宣扬的修身齐家治国平天下的理论，实际上是都是基于家族本位。在儒家学说中，政治秩序、社会伦理、家庭伦理均是一理贯通的。在制度与日用的层面，儒家伦理假定家庭（家族）生活与国家生活是同质的，将国家生活视为扩大的家族生活，而家族生活则为缩小的国家生活，并以此为基础渐次扩展而塑造出以家族为基本社会单元的“家”“国”同构社会形态。这样，“国”是“家”的

---

① Christian Wolff, *Real Happiness of a People under a Philosophical King*, New York: Kessinger Publishing, 2003, pp. 22 – 24.

② 在本书第四卷中，谈及清代州县衙门一般都是前衙后邸的建筑空间格局，即大堂、二堂为官员办公之所，二堂之后是县令及家人居住的场所。这体现了前朝后寝的礼制思想，与北京紫禁城的格局一脉相通。这种衙署空间格局其实也是家国同构模式的反应。据清代陈康祺《郎潜纪闻初笔》记载，江苏布政使衙门大堂的匾额是出自宋权之手，题曰：报朝廷某事，荣父母某事；宽百姓几分，爱子孙几分。在现今江西浮梁县衙二堂上方的楹联则为清代吕用沧在奉化任知县时所撰，这样写道：“民心即在吾心，信不易乎，敬尔公，先慎尔独；国事常如家事，力所能勉，持其平，还酌其通。”这些楹联匾额都将国事与家事、国政与家政、国道与家道相联系和等同起来。再者，清代许多衙署不设属官，属于长官独立负责制。州县官每每以私人势力承担国家公共职能，依赖由其私人雇用的幕友、家丁等，呈现出公权力的私人化。凡斯诸点足证家国同构的特质几乎在在皆是。

扩大，古人称其所属之国为“父母国”，皇帝也以“子庶民”为治国大经之一。君臣如父子，整个社会的统治规则不过是家庭伦理道德的推广。于是家族国家化，国家家族化，推用齐家之道而治国。治国和齐家的规则是通用的，两者相互为用。“治国必先齐其家者，其家不可教而能教人者，无之。故君子不出家而成教于国。”① 如果每一个家族（庭）能够维持其内部秩序，并且执行国家所赋予的各项义务，那么国家就可以由此而得以巩固，社会秩序也可以由此而得以维持。孟子把伦理和政治紧密结合起来，强调“天下之本在国，国之本在家，家之本在身”②，明确地将家庭关系作为国家关系的基石，将家庭伦理作为社会伦理的基础。孟子“父子有亲”后紧跟“君臣有义”，正是这种家国同构关系的表现。儒家“三纲五伦”（君为臣纲、父为子纲、夫为妻纲）即是对这种“家”“国”同构社会形态的理论阐述，既界定了个人与家庭的关系，且规范了个人与国家的关系。这种伦理结构赋予作为“天之子”的皇帝以人世间的最高管治权力，而家庭组织及其制度、伦理则被政治化、神圣化。荀子曰：“臣之于君也，下之于上也，若子之事父，弟之事兄，若手臂之捍头目而覆胸腹也。”③ 夫臣之事君，犹子之事父。家国同构的结构性同一也导致了对于家庭成员和国家子民品质要求的同一，即“忠孝相通”“忠孝一体”。古人之所以言“求忠臣于孝子之门”，以孝求忠，乃是因为忠的内容与孝相似，是对权力的绝对顺从，所不同的仅在于顺从的对象一则为君主、一则为家长。“孝”是家庭内部亲子关系的伦理道德，主要指子女对父母的道德义务，强调子女对父母的绝对服从，“忠”作为君臣之间的伦理核心建立在孝的基础上，强调君主的绝对主导和臣民的绝对服从。在特定情况下，忠孝两难全在所或有，但占统治地位的意识形态均将以移孝作忠为抉择的指南。尽管统

① 李申译注：《四书集注全译》上，大学章句全译，巴蜀书社2002年版，第19页。

② 孟子：《离娄上》，鲁国尧、马智强译注：《孟子全译》，江苏古籍出版社1998年版，第115页。

③ 《荀子》卷十，议兵第十五，蒋南华等注译：《荀子全译》，贵州人民出版社1995年版，第293页。

治者每每标榜“爱民如子”，但《礼记·大学》中的“孝者所以事君也”① 却是更为强调的义务。夫孝始于事亲，中于事君，终于立身。事君不忠，非孝也。唐朝女皇武则天说：“君亲既立，忠孝形焉。奉国奉家，率由之道宁二；事君事父，资敬之途斯一。”② 在中国的民间至今仍然流传的所谓“化家为国”“保家卫国”“家不可一日无主，国不可一日无君”等说法，就反映了家国同构的政治—社会结构。被人们列为中国“第五大发明”的《红楼梦》所描述的家族兴衰折射出清王朝由盛转衰，称之为一部家国同构特征的表象史名著，良不为过。无怪乎有学者言曹雪芹是在以家喻国，用家文化来影射国文化，是书表里皆有喻也。

传统社会中家国同构的现象与现代社会则具有公司—国家同构的现象具有某种相似性。股东大会、董事会、监事会三个机关分别行使决策权、经营控制权、监督权的公司治理结构（corporate governance，又译为“法人治理结构”“公司治理”）与西方资本主义国家的三权分立政体结构的同构性就明显反映了这一点。在西方，分权理论与权力制衡的思想最早可以溯源于亚里士多德所提出的政体三要素（议事、行政、审判）的观点。不过，“三权分立”学说和原则的奠基人当推启蒙思想家洛克（John Locke，1632—1704）、孟德斯鸠等人。洛克在前人的基础上提出了立法权、行政权与外交权三权分立、制衡的主张，但其实质仍只是立法权与行政权的两权分立。孟德斯鸠在1748年出版的《论法的精神》（*De l'esprit des lois*，Genève，1748）一书中主张必须建立三权分立的政体，按照立法、行政、司法三权分立（la séparation des trois pouvoirs exécutif, législatif et judiciaire）的原则组成国家，构建“以权力制约权力”的控权机制。他指出：“一切有权力的人都爱滥用权力，这是万古不变的经验。防止权力滥用的办法，就是用权力约束权力。权力不

① 王夫之：《四书训义》卷一，四库未收书辑刊编纂委员会：《四库未收书辑刊》第2辑，第30册，北京出版社2000年版，第21页。

② 武则天：《臣轨序》，周绍良主编：《全唐文新编》第1部，第2册，吉林文史出版社2000年版，第1136页。

受约束必然产生腐败。”① 其后，美国的汉密尔顿（Alexander Hamilton，1755或者1757—1804）、潘恩（Thomas Paine，1736—1809）、杰斐逊（Thomas Jefferson，1743—1826）等人进一步发展与完善了这一理论，提出了层次分权（séparation verticale des pouvoirs de l'État）的模式。三权分立是国家机关的分权形式，是将立法、行政和司法三种国家权力分别由三个不同机关掌握、各自独立行使、相互制约的制度。通常的情形是，议会行使立法权，内阁或总统行使行政权，法院行使司法权。“如同一位著名的法学家所说的，公司法面临一个宪法问题：将某种宪法意义的形式加于公司经济之上的问题。”② 公司作为独立主体的商事组织，也存

1907年川汉铁路总公司发行的川汉铁路股票

---

① 孟德斯鸠：《论法的精神》，张雁深译，商务印书馆1993年版，第154页。英国历史学家阿克顿勋爵（Sir Ferdinand Richard Edward Dalberg-Acton，7th Baronet，1834—1902）在1887年致主教曼德尔·克雷顿（Bishop Mandell Creighton，1843—1901）的信中也说过这样一句名言：“权力导致腐败，绝对权力绝对导致腐败。”（Power tends to corrupt and absolute power corrupts absolutely.）威廉·皮特（William Pitt）则云：“不受限制的权力往往使拥有这种权力的人心灵腐败（Unlimited power is apt to corrupt the minds of those who possess it）。”参见Andrew J. Cannon，*Lessons from the Australian Constitution: An Introduction to the Australian Legal System*，Münster：Verlag für wissenschaftliche Literatur，2008，p. 10。

② 伯纳德·施瓦茨：《美国法律史》，王军等译，中国政法大学出版社1989年版，第296—297页。

在内部权力如何配置、如何分权问题。大陆法系公司法对因公司所有与经营分离而引起的利益冲突问题所采用的模式与英、美法系基本相同，公司机关的权力分配也基本采取了与近代民主三权分立体制相似的股东大会、董事会、监事会三权分立与制衡的权力构造机制。但是，大陆法系的有些国家在公司机关上采取双层制度，即董事会和监事会同时存在，监事会拥有对董事会监督的权力，而监事会的产生则仍由股东大会投票，董事的责任多数采用委任关系说。

公司—国家的同构性不仅反映在权力结构方面，而且法学界也有人将公司设立章程与国家的宪法相类比。在德国设立有限责任公司等，须签订公司合同（有人译为股东契约书）作为公司章程，确定公司名称、所在地、经营内容、原始资本额、各股东出资额及对公司代理人的规定等。所以，某些学者从二手资料陈陈相袭直接云：在德国，有基本章程（Gesellschaftsvertrag）与附属章程（Satzung）之别；在美国，有设立章程（Certificate of Incorporation；Articles of Incorporation）与附属章程（By-Laws）之别；在英国，亦有基本章程（Memorandum of Association）与通常章程（Articles of Association）之分。但事实上，我们仔细分析，就会发现各国法律之间还是存在一定差异的。在英美法系中，英国公司基本章程和美国公司设立章程主要是用以指导公司与外界关系的，被称为公司的外在宪章（External Constitution），是法定的必须向政府注册机构递交公司设立的必备文件，其内容是法定的，而英国公司通常章程或美国公司附属章程则用以规范公司内部事务，主要规定公司与股东的关系，被称为公司的内部宪章（Internal Constitution）。至于在德国法学界，“Gesellschaftsvertrag”与一般交易合同不同，其成立和变更等均须满足一定的最低要件，所以日本学者往往译为“定款”，意指自治章程一类，为“社会契约”（Sozialvertrag）的同义语。尽管国家与公司具有很多不言自明的差异，但两者均拥有一套法律文件记录着自己的基本行为方式：国家有宪法，而公司有章程。这里呈现了公司与国家之间的一种契合。自近代以来，社会契约论广为传播，国家被视为通过契约而结成的公民个人联合体；而公司亦被一些学者称为各种生产要素的所有者与客户之间的明示或默示的“系列契约”。唯此种契约的主要文件形式在前者为国家宪法，在后者为公司章程。其次，借用卢梭的概念，宪法与章程所体现的均是公意（the general will，la volonté générale）而非众意（the will of all，la volonté de tous）。章程可根据成员的一般意思而变更，而成员的个别意思表示不一定具有决定影响；对于已经成为公司成员者，无论其个人意思如何，章程均具有普遍的约束力，并不因制定章程或变更的社员退股或转让其股份所发生人员结构的变化而随之变化。这些情况皆与宪法对于本国公民的约束力甚为相似。宪法规定公民的基本权利和义务，且以此制约国家的权力，而章程亦通过赋予公司成员基本权利和义务而将国家的干预控制在公司法限度之内。① 在某种意义上，西方三权分立国家就是现在股份公司制度的放大版。西方民主代议制国家的政党如同政治市场中的"政治企业"，竭力地向政治委托人推荐其生产的产品，即候选人与竞选纲领。而委托人也可以通过候选人的政党身份，观测其政策取向的信息，从而降低政治市场中的交易成本。在现代企业制度下，股民既可以用手投票，依据其股权比重，通过公司股东代表大会、董事会，参与公司的重要决策，也用脚投票，卖掉其持有的公司股票，以弃而不顾的选择方式表达自己的不满。而在政治生活中，选民的选票就如同上市公司的股票一样，潮涨潮落，通过用手投票和用脚投票两种方式表达的是对于政府所提供的公共产品的满意度。公共选择理论（Public choice theory）这种以现代经济学分析民主立宪制政府各种问题的学科在詹姆斯·麦吉尔·布坎南（James McGill Buchanan）、肯尼斯·约瑟夫·阿罗（Kenneth Joseph Arrow）等人推动下已经蔚然成风，恰表明了现代社会公司—国家同构的特性。

美国历史学协会主席爱德华·波茨·切尼（Edward Potts Cheyney，1861—1947）曾经将历史上的威尼斯称为"没有领域的城市"和"商人共和国"，认为"其政府即是一个股份公司。其统领就是其总经理。它的参议院，就是它的董事会。其人口即是其股票所有人"②。黄仁宇

① 刘磺：《对公司章程性质的探讨》，资料来源：http://article. china-lawinfo. com 访问时间：2009年8月22日。

② Edward P. Cheyney, *The Dawn of a New Era, 1250 - 1453*, New York: Harper & Brothers, 1936, p. 11.

认为，这个比喻虽然不无过分之处，却可以让读者立即窥见其组织后面的真性格。在黄仁宇看来，这种性格也可以代表初期资本主义的精神。布罗代尔之所以说“资本主义之成功，在于其与国家互相印证，它（本身）即变成了国家”（Capitalism only triumphs when it becomes identified with the state when it is the state）[①]，是因为这中间有一个“全牛”（whole hog）的观念，也就是我们这里所谈论的公司与民族国家同构关系。这种同构关系对于西方早期资本主义制度的产生具有重要意义。因为在当时的威尼斯政府既成了一个公司性质的机构，则民法也可以商法作基础。如此互为表里的匹配使整个社会开始得以向资本主义的方向前进。[②]

从“公司”一词的语源学演变分析，我们就可以清晰地看出公司与民族国家形成的复杂关系。一些学者囿于见闻，认为中文“公司”是对应英文“company”或荷兰文“compagnie”的外来仿译词，从构词学角度而言，“公司”中“公”含有音译成分，意指共同；“司”指管理或机构。但据日本学者松浦章（まつうらあきら）等人的考证，在早期，英文“company”或荷兰文“compagnie”其实都音译作“公班衙”，而不是“公司”，译作“公司”已经是18世纪末年的事。然而“公司”这个名词或制度却早在17世纪时就已出现在中文文献，是中国本土的产物。[③] 目前所能见到的最早记载“公司”的历史文献是中央研究院历史语言研究所出版的《明清史料》。其中有两件与台湾明郑结束时有关的史料，提到了“公司货物”。[④] 中文“公司”一词的出现原本与海事贸易活动有关，后来却不限定在海事活动的范围内使用，系东南沿海地区常见的经济组合形式，被视为“合伙”或“共同事业”的同义语，以至于在现代马来文中“kongsi”作为商事法律主体的称谓至

---

① Fernand Braudel, *Afterthoughts on Material Civilization and Capitalism*, trans. Patricia M. Ranum, Baltimore: Johns Hopkins University Press, 1977, p. 69.

② 黄仁宇：《放宽历史的视界》，生活·读书·新知三联书店2001年版，第108页。

③ 参见松浦章：《清代“公司”小考》，《清史研究》1993年第2期。

④ 《明清史料》丁编第3册，第298—299页，“部题福督王国安疏残本”及已编第7册，第626—827页，“兵部残题本”。

今仍在使用，并非由外国输入的新名词。① “公司”一词语源学上的本土性和历史久远性使得其最终淘汰了“公班衙”这一闽南语译名，而相对于日语在法律中翻译过来的“会社”② 一词更是具有比较优势。在笔者看来，中国在明清时期的海上贸易商人纵横驰骋，虽然不一定能够与荷兰、英国等海上强国相颉颃，但的确也是不容忽视的力量，“公司”的概念和制度作为本土的产物在与西方殖民势力的接触中既敌体而立，又不可避免吸收对方的元素。当时在东南亚有不少来自华南的中国商人，他们在与荷兰人进行贸易的过程中，或许较早地接触到英文“company”或荷兰文“compagnie”的语汇和制度。③ 马礼逊（Robert Morrison，1728—1834）在其《华英词典》（*A Dictionary of the Chinese*

---

① 陈国栋：《东亚海域一千年：历史上的海洋中国与对外贸易》，山东画报出版社2006年版，第111—119页。

② 在一次关于近代公司法的学术讨论中，中国人民大学法学院丁相顺就提出一个困惑：为何日本公司法中使用的“会社”一词近代引进后慢慢又被弃之不用了？这是发人深省的问题。据笔者查证，“会社”（がいしゃ）是来自日语的原语借词，旧时指政治、宗教、学术等团体，曾一度被用来指公司。此词始见1879年王韬《扶桑游记》。参详王韬：《漫游随录·扶桑游记》，湖南人民出版社1982年版，第279页。黄遵宪在《日本国志》中即指出：“会社者即商人纠股集资以为买卖，俗所谓公司者也。”“既与西商争利，知私财绵薄，不如集资商会之力之大，由是商人合力联结会社。”（陈铮编：《黄遵宪全集》下，中华书局2005年版，第1157页。）是时，大批的日语借词和自有词并行现象并不鲜见，“会社”和“公司”的使用均不乏其例。汪荣宝、叶澜编撰的《新尔雅》是中国最早的一部新语词词典，1903年由上海明权社出版，其中这样写道：“凡数人公同结一营商业之团体，皆谓之商事会社。……谓之合名会社。……谓之合资会社。……谓之株式会社。……谓之株式合资会社。”（汪荣宝、叶澜：《新尔雅》，上海明权社1903年版，第33—34页。）然而，约略同时颁布的《公司律》第一条却如是云：“凡凑集资本共营贸易者名为公司，共分四种：一、合资公司，一、合资有限公司，一、股份公司，一、股份有限公司。”上述的两句话虽然意思和句式极为相同，但对于“会社”和“公司”的使用却是各执一词。不过，因为汉语中已有“公司”一词，很早就见诸光绪帝谕旨，所以尽管清末在大量日文书籍被翻译引进之时，在法学著作中不少人使用“会社”的概念，但“会社”和“公班衙”一词的命运类似，卒未能够在中国流行开来。

③ 此亦为来自荷兰的印度尼西亚语借词“Kompeni”。参见周一良主编：《中外文化交流史》，河南人民出版社1987年版，第204页。亦见周南京：《风雨同舟：东南亚与华人问题》，中国华侨出版社1995年版，第84页。

Language: Chinese and English arranged According to the Radicals）第 78 页“公司（kung sze）”条目之下的解释是：“company of merchant”，同页又解释“公班衙（kung pan ya）”为“The English company is called”，继之复解释“私客（sze kǐh）”为“A private merchant is called, in contradistinction from a person belonging to a company”。① 1833—1838 年《东西洋考每月统记传》于道光癸巳年（1833）十一月、道光甲午年（1834）三月有两处专文提到英吉利国“东地公司”。② 梁廷枏《海国四说》云：“初，英吉利益出资，合其国之富有力者，取所产货贩于他国，又转易他国所产货而归，许专其税三十年，谓之公司。”③ “溯会司之设，肇始荷兰。以明万历二十一年市印度获厚利，遂于南洋创为总局，曰公班衙。”④ 18 世纪和 19 世纪初期，由于荷兰东印度公司和英国东印度公司在东南亚一带影响巨大，广州一口通商时期也以这样的特许公司为执牛耳者，“公班衙”往往被作为这两家公司的专称是不难想象的。从构词学而言，“公班衙”一词是音译兼意译词。这是因为，在鸦片战争以前，无论是荷兰公班衙还是英吉利公班衙，均具有政府特许性质，分别对本国政府承包税收，在一定范围内承担政府职能。有鉴于此，正如黄时鉴所言，“公班衙”一词“汉字音译用字似亦有义”⑤，实为这种特许公司恰如其分的称谓。我们通常所谓“重商主义国家”一词的含义很值得推敲。民族主义与重商主义相结合、民族国家与公司相结合产生荷兰和英国东印度公司这样的特殊组织。诚然，这些特许公

---

① Robert Morrison, *A Dictionary of the Chinese Language: Chinese and English Arranged According to the Radicals*, printed at the Honorable East India Company's Press, by P. P. Thoms, 1822, p. 78.

② 爱汉者等编：《东西洋考每月统记传》，黄时鉴整理，中华书局 1997 年版，第 58、104 页。

③ 梁廷枏：《海国四说》，骆驿、刘骁点校，中华书局 1993 年版，第 69 页。

④ 梁廷枏：《海国四说》，骆驿、刘骁点校，中华书局 1993 年版，第 141 页。另外梁廷枏总纂的《粤海关志》对于英吉利“公班衙散局之说”有翔实的论述。参详《粤海关志》卷二十七，夷商二，道光刻本，页五至十九。

⑤ 爱汉者等编：《东西洋考每月统记传》，黄时鉴整理，中华书局 1997 年版，《导言》第 19 页。

司是重商主义的产物，但是，如果没有这些特许公司的空间拓展和资源汲取，西方近代民族国家建构道路恐怕将是另外一种版本。在这里值得我们思考的是，中国近代民族国家建构的渊源与明清易代、郑成功反清复明、华商海上贸易、清代秘密社会在海外的发展等等之间存在的千丝万缕复杂联系。海外华人最初接触西方公司制度伊始，荷兰和英国东印度公司的范本是否对于中国式海外殖民实践具有潜移默化的影响？贡特·巴特在《苦力：1850—1870 年美国华工史》中这样写道：

在中国，“公司”这个词仅仅指一个普通做买卖的团体。但是在东南亚，公司这个词的应用，在概念上同东印度公司这种强权统治的意义相近，通常音译为“公班衙”。这种尊贵的公司，控制着领土、法律和军事。贸易方面由公司专利，公司还发行钱币，并掌管外交。（这样的公司）给企图得到控制权的（美国）华商提供了鲜明的典范。

这种公司更像行会而不那么像资本主义的商业公司。它的财源完全来自契约移民的劳动、苦力贸易、鸦片烟税以及典当铺。在马来西亚，公司以武力统治领土，征收税贡。这种强大的公司，势力最盛时，俨然同大公国一样，直到 19 世纪 80 年代，兰芳公司还统治着西婆罗洲的坤甸。在马来亚，敌对的公司，为了争夺霹雳地区的矿权进行了十多年的战争。叶氏公司的领导人在他的雪兰峨领地征收锡矿税和鸦片烟税。除公司以外，或者作为这些公司一个部分的秘密会社紧紧地控制着出洋的移民。这些会社都是从中国的秘密会社传来的。19 世纪中期，公司和会控制着东南亚的（中国）侨民社会。这些公司和会虽然来源于中国的社会组织，但是有很多公司和会握有新的职能，超出了传统的目标。公开的压榨同在自助或慈善的掩饰下隐藏的剥削，两者之间，只有一线之差，以忠于地方和忠于家族为基础的，单纯的慈善会馆同秘密会社的区别有时仅仅取决于对招收会员的限制。往往这两种类型的会社，其活动都是同样保密的，虽然，甚至有些所谓的秘密会社也是公开活动的。公司和会馆这两个词的应用是有区别的：合法的慈善会多用会馆的名义，而公开的秘密会社则往往命名为公司。①

贡特·巴特在这里提到中国人早期公司观念问题，并以东南亚西加里曼丹历史最悠久、影响最大的兰芳公司为例展开论述。兰芳公司共有108年的历史，且遗有《兰芳公司历代年册》可供参考。其兴衰历史详细载诸荷兰汉学家高延（Jan Jakob Maria de Groot，1854—1921）的《婆罗洲华人公司制度》（*Het konigsiwezen van Borneo: Eene verhandeling over den grondslag en den aard der Chineesche politieke vereenigingen in de koloniën; met eene Chineesche geschiedenis van de kongsi Lanfong*，Wien：M. Nijhoff，1885）一书。兰芳公司的缔造者罗芳伯的生平事迹曾经被梁启超在《中国殖民八大伟人传·昆甸王罗大传》中予以表彰。其实，在罗芳伯抵达西加之前，即18世纪60年代左右，西加华人已成立了不少开采金矿的“公司”。如坤甸（Pontianak）地区有三星公司、老浦头公司、新浦头公司和山心公司，三发（Sambas）地区有老八分公司、九分头公司、十三分公司、结连公司、新八分公司、老十四分公司、十二分公司、大港公司、坑尾公司、新屋公司、满和公司、十五分公司、泰和公司和三条沟公司，在拉腊（Larah，属三发地区）一带还有元和公司、赞和公司、应和公司、惠和公司、升和公司、双和公司和下屋公司。到了18世纪70年代，这些公司开始纷纷走向联营的道路。乾隆四十二年（1777），罗芳伯正是在合并坤甸地区四个公司的基础上成立了兰芳公司，总厅设在曼多（Mandor，又叫东万律），后又战伐经年，兼并了明黄三星等公司的地盘，势力渐雄，成为以曼多为中心、管辖南北数十里的规模最大的采矿公司之一，当时下辖华侨人口两万。关于兰芳公司的性质，学术界存在较大争论。② 不仅有些西方学者曾把华人成立

---

① 贡特·巴特：《苦力：1850—1870年美国华工史》（Gunther Barth，*Bitter Strength: A History of the Chinses in the United States, 1850 - 1870*，Harvard University Press，Cambridge，Massachusetts，1964），转引自陈翰笙主编：《华工出国史料汇编》第7辑，《美国与加拿大华工》，中华书局1984年版，第105页。

② 参见温广益：《关于罗芳柏所建兰芳公司的性质问题》，《华侨华人历史论丛》1985年第1期。

的这种开采金矿组织说成是类似英荷东印度公司的东西，而且我国学术界也有不少学者把兰芳公司说成是中国人在海外建立的独立小王国，把罗芳伯说成是“坤甸王”，有的还把“兰芳大总制”的建立和1776年“美利坚合众国”的建立相提并论，称兰芳公司为兰芳共和国。例如，罗香林对罗芳伯的史实加以考证，并著有《西婆罗洲罗芳伯等所建立的共和国考》一书，指出：“西婆罗洲兰芳大总制之所以建立，盖缘华侨多人于乾嘉间聚处坤甸一带。从事金矿采掘，罗芳伯等为其魁杰，由事业之互助与保障，因而结为团体，建立首领与属员分工合作之制，称为兰芳公司；又因与土王（即当地苏丹。——引者注）订立条约统辖人民，据地防守，自为管制，由经济集团进而兼为政治组合，遂乃成为略具规模的共和国，而称兰芳大总制焉。”① 但另一种观点则认为这种“公司”行虽然使着某些类似国家机构的职能，但其既不是独立国或共和国，也没有采用民主国体，只是当时华人矿工共同劳动、共同分配劳动果实的一种“劳动组合”。例如，朱杰勤长期致力于中外关系史研究，他认为：把兰芳公司定性为独立的国家是不准确的，恰恰落入了西方殖民者企图挑拨离间东南亚当地人民与华人的友好关系的阴谋。兰芳公司虽然具有自己管理自己组织的措施，却仍向当地政府纳税，属于生产和自卫的组织。兰芳公司的大统制与现今的总统制度全不相干，且罗芳伯既然自称为“大唐客长”，主客关系彰彰甚明，断无反客为主、立国于他人领土之理。② 在笔者看来，无论公司还是国家，这两个概念都只能以其最大的外延和最本质的内容加以确定，是寻找最大公约数的问题。历史现象本身是极为复杂的，往往两种之间存在模糊的过渡地带。上述两种观点见仁见智，本身就说明了公司制度与民族国家建构之间具有复杂的关联。笔者尽管认为将罗芳伯的思想人为加以拔高是不可取的，但也不必鳃鳃过虑将兰芳公司定性为独立的国家会影响华人在东南亚的国际形象。印尼前总统瓦希德（Abdurrahman Wahid，1940—2009）在《罗芳伯传》序中就曾评价说：以历史贡献而论，罗芳伯亦不亚于

① 罗香林：《西婆罗洲罗芳伯等所建立的共和国考》，香港中国学社1961年版，第23页。

② 朱杰勤：《东南亚华侨史（外一种）》，中华书局2008年版，第284页。

华盛顿，堪称与华盛顿并列的世界伟人之一。[①] 而新加坡的开国总理李光耀则干脆将自己比作罗芳伯，客家人在海外成立的新兴经济国家新加坡被称为第二个兰芳公司。[②] 笔者基本上同意苏联东方学家诺达里·亚历山德罗维奇·西莫尼亚（Нодари Александрович Симония，Nodari Alexandrovich Simoniya）在《东南各国的中国居民》（*Overseas Chinese in Southeast Asia: A Russian Study*，Ithaca，N. Y.：Southeast Asia Program，Dept. of Far Eastern Studies，Cornell University，1961）一书中所持的观点，即"公司乃是一种外表上和欧洲人的东印度公司有些类似的垄断组织。公司通常是在某个国家中严格限定的地区内活动的。它们在这种地区内享有征税权，当它们的特权受到其他公司侵犯时，则常诉诸武力。其相同处也至此为止"[③]。但是，将兰芳公司这样的公司与荷兰与英国人建立的东印度公司绝对撇清关系也可能存在偏颇。黄嘉谟就讲到这样一个现象：英人在建立海峡殖民地的初期，采行较为宽大的政策，天地会党便获有抬头复起的机会。嘉庆四年（1799），英人占领槟榔屿的时间甫经十三年，天地会党在该地的组织活动即已日趋炽盛，甚至公然蔑视当地政府，模仿英国东印度公司的名号，改易其会党组织的名称为"公司"，企图摆脱英人的统治而独立。[④] 由此可见，兰芳公司等等固然是中国东南沿海民间固有经济组织形式，与中国底层社会的民主自治等密不可分，而且由于在泛海异乡之后的生存境遇自然产生边疆军事化的特征，这一切都可以解释兰芳公司为何能够事实上形成一种

① 吴能彬主编：《罗芳伯传》，印尼和平书局出版社 2003 年版，《瓦希德序言》。亦见丘峰、汪义生等编著：《客商人物》卷一，文汇出版社 2009 年版，第 12 页。

② 高宗熹编：《客家人——东方的犹太人》，台北武陵出版有限公司 1992 年版，第 90 页。

③ 引自 H. A. 西莫尼亚：《东南亚的中国居民》，《南洋问题资料详丛》1963 年第 1 期。亦见陈翰笙主编：《华工出国史料汇编》第 5 辑，《关于东南亚华工的私人著作》，中华书局 1984 年版，第 91—92 页。

④ 黄嘉谟：《英人与厦门小刀会事件》，《"中央研究院"近代史研究所集刊》1978 年第 7 期。亦见洪卜仁主编：《闽南小刀会起义史料选编》，鹭江出版社 1994 年版，第 297 页。

“草根共和国”的原因，但殖民与反殖民的斗争难分难解，在意识深层吸取作为竞争对手的英国和荷兰“公班衙”的商业运作模式不是没有可能。

在中国近代历史上，公司制度也同样与民族国家的建构息息相关。国人在近代大力提倡集股筹资设立公司，很重要的目的就在于以此为国家富强的工具。李鸿章说：“公司者，公集股本，合司其事，出入账目，公司查看，是以谓之公司。”① 总理衙门官员也说：“招商集股，西洋名为公司，原属众擎易举。”② 随着洋务股份制实践活动的展开，晚清思想界对股份制的集资功能不遗余力地大加宣扬，盛赞股份制聚财合力的优越性。陈炽、薛福成、郑观应等人，也都以不同的方式介绍宣传了股份制迅速汇集社会资金、扩大生产经营规模的功能。实业家张謇通过招商集股，创办股份制企业，加深了对股份制与实业关系的理解，主张奖励集股，采取股份制方式创业，以克服民穷国弱、资金短缺的困难。他说：“公司者，庄子所谓积卑而为高，合小而为大，合并而为公之道也。西人凡公司之业，虽邻敌战争不能夺。甚愿天下凡有大业者，皆以公司为之。”③ 中国早期资产阶级改良主义思想家宋育仁被誉为四川历史上“睁眼看世界”第一人。他明确将公司制度与国家富强的关系不惮其烦地予以反复申论，其中这样写道：“社会与公司相表里。联交结党者为社会，醵财谋利者为公司。一社会每兼有公司数家为联比，其家产剖为股份，亏则益本，贷则公摊，为无限公司。数人醵股，不关家产，程本亏尽而止，为有限公司。国中除工匠、佃农、负贩、小业、佣役、车夫、食于教者、食于官者，此外类有公司。股份如大营包小营，互相联结，故工商之业为举国身家所系。凡得与于议者，皆仰食其利。通商为

① 李鸿章：《议铁路驳恩相徐尚书原函》（光绪十四年十二月二十二日），《李鸿章全集》，时代文艺出版社1998年版，第3989页。

② 总署王大臣：《遵议漠河金厂开办事宜疏》，葛士浚：《皇朝经世文续编》，沈云龙主编：《近代中国史料丛刊》第七十五辑，741，台北文海出版社1972年版，第708页。

③ 张謇：《通海垦牧公司集股章程启》（1901年），张謇研究中心等编：《张謇全集》第3卷，江苏古籍出版社1994年版，第212页。

其国根本，故于争海口、占埠头不惜全力。商之所请，公家必行；商之所至，兵即随往。其一国即是一大公司、一大社会，推之则英国联邦诸岛、印度、澳大利亚、阿非利加、北亚美利加诸属地合为一大社会，德国日耳曼列邦合为一大社会，荷兰、瑞士列邦合为一大社会，美利坚联邦合为一大社会，罗马教皇与法国、奥国合为一大社会，又推之则泰西各国与南北亚美利加、澳大利亚合为一大社会也。美之开国，本为英之商会，后乃拒英自主为国。英之有印度，始亦由于商会。初时，英之印度商会得专制其地，通使出师。英主鉴于美事，急收其权，否亦化而为国矣。公司主利，社会主名。《周礼》九两系民，'八曰友，以贤得名；九曰薮，以富得民'，最为难解。今至西国，推求其所谓社会、公司，始悟系民之义，既裕才力，又通声气，本国之势自然完固。圣人用之，为富教所关；末世用之，为纵横所本。故战国游士，诸侯倚为轻重；汉初游侠，尚有遗风。所谓剧孟之来，隐若一敌国，譬如敌国之众入居腹心之地，则其本国自然受制矣。西国之君权日轻，民权日重，其原在此。而其据人地、灭人国、夺外邦之利，得力亦在此，西人行之得计，已视为轻车熟路。俄日群起而效尤，实彼本国之大利而邻国之大害。其于中国情形，则并通商诸国为一大公司，并同教诸国为一大社会。中国政教已弛而孤立无助，不可不亟为谋矣。"① 无独有偶，与此同时的一位关注清廷财政的国内人士也颇有感触，将国家财政比做一个大公司。在这个"大公司"里，最大之股东为君，最小之股东为民，而户部则公司之司籍者也。揆之现状，时势堪忧。中国出入各款，编民不可以见户部之册籍，固不能知；朝廷可以见户部之册籍，亦不能知；即部臣手治其册籍，而一加究诘，亦属纠缠不清。② 商人们认识到，"今日中国之政治现象，则与股份公司之性质最不兼容者也。而股份公司非在完全

---

① 宋育仁：《礼俗》，陈忠倚辑：《皇朝经世文三编》卷七十七，洋务九，外洋通论三，沈云龙主编：《近代中国史料丛刊》第七十六辑，751，台北文海出版社1972年版，第1139页。亦可参见郭嵩焘：《郭嵩焘等使西记六种》，王立诚编校，生活·读书·新知三联书店1998年版，第381—382页。

② 阙名：《论财政混淆》，杜翰藩编：《光绪财政通纂》卷五十一，蓉城文伦书局清末铅印本，页二十八。

法治国之下未由发达，故振兴实业之关键在于通过立宪确立法治，限制政权，保障民权来改良政治环境与政治组织”①。作为中国当时知识分子中的翘楚，对于近代宪制制度造诣甚深的梁启超在《新民说》中倡言：“国家如一公司，朝廷则公司之事务所，而握朝廷之权者，则事务所之总办。”② 又云：“群心智之事则赜矣，欧人知之而行之者三：国群曰议院，商群曰公司，士群曰学会。而议院公司，其识论业艺，罔不由学。故学会者，又二者之母也，学校振之于上，学会成之于下，欧洲之人，以心智雄于天下，自百年以来也。”③ 梁启超受到伯伦知理等人国家思想的影响④，认为国人最大的目标在“组织”“建设”一个“完全的国家”，而这种国家的结构在梁启超看来与公司这种组织具有某种类似性，即均体现了一种委托代理关系，这种国家公司论是主权在民思想的必然逻辑延伸，可以说是中国从专制主义时代走向宪政主义时代一种具有典型意义的观点。

梁启超的这种国家公司论与孙中山观点颇为相近。孙中山说：“现在有钱的那些人组织公司、开办工厂，一定要请一位有本领的人来做总办，去管理工厂。此总办是专门家，就是有能的人；股东就是有权的人。工厂内的事，只有总办能够讲话，股东不过监督总办而已。现在民国的人民便是股东；民国的总统便是总办。我们人民对于政府的态度，应该要把他们当做专门家看；如果有了这种态度，股东便能够利用总办整顿工厂，用很少的成本出很多的货物，可以令那个公司发大财。”⑤ 孙中山在此的意思言之甚明：国家就是一个股份制公司。每一个公民都是它的股东，而总统的角色就类同公司的总经理。在一个民权国家，政府是执行机关，国会则为表意机关，应该权归民众而能在政府。孙中山

---

① 转引自侯宜杰：《二十世纪初中国政治改革风潮：清末立宪运动史》，人民出版社1993年版，第109页。

② 梁启超：《新民说·论国家思想》，《饮冰室合集》，中华书局1989年版，专集之四第18页。

③ 梁启超：《变法通议·论学会》，《饮冰室合集》，中华书局1989年版，文集之一，第31页。

④ 参见本书第二卷关于梁启超新史学与伯伦知理国家学说之间关系的论述。

⑤ 孙中山：《三民主义》，岳麓书社2000年版，第142页。

说这番话肯定不是空洞的理论，而是其政治实践感性认识真实的流露。为了推翻清朝、组建新的民族国家的民选政府，孙中山等人在其革命生涯中就是以公司形式进行资源的动员和开展活动的。孙中山深知搞革命必须有钱，于1894年11月24日在美国檀香山成立“兴中会”时，规定每个入会会员必须交纳“底银”五元，“股银”十元。兴中会《章程》第八条声明：“兼为股友生财捷径”①，“十可报百，万可图亿。利莫大焉，机不可失也”②。孙中山向所有入股者许诺，一旦革命成功，加倍偿还股钱。孙中山自觉威望不够，为此发动了生平第一次的广州起义，其部署方案明显具有类似打广告宣传造势的成分。1911年5月，孙中山在美国芝加哥出席同盟会芝加哥分会集会时，郑重宣布成立“革命公司”，以革命军政府名义发行十元、一百元、一千元三种面额的金币债券，动员当地华侨购买该“公司”股票，筹款支持国内革命活动。孙中山当时许诺，股金本息，革命成功后加倍偿还。我们需要注意的是，黄兴等人于1904年2月15日在长沙成立“华兴会”时，对外就是以办矿名义称“华兴公司”，并发行股票，其“矿业”代表革命，入股就是入会，股票就是会员证。此举吸收了不少资金，“华兴”又将这些资金投于教育事业，开设“东文讲习所”和“作民译社”，同时拿出部分钱用于与“同仇会”“黄汉会”的沟通以及收买个别新军官兵。

在辛亥革命以后，孙中山为了筹措革命经费，1916年派曾以文言翻译《共产党宣言》的革命党人朱执信向北洋政府农商部呈交申请在上海创设证券物品交易所，经营证券、花纱、金银、杂粮、皮毛等。由于1914年12月29日颁布的《证券交易所法》并不涉及物品，职是之故，北洋政府农商部的经办人托称任何人均应以法为据，法无此物，则难批复。该呈文遂未得以批准。加之不久张勋复辟，政局波动，商业停滞，孙中山也没有再继续争取。是时，在政治上尚不得要领的蒋介石却对商道表现出异乎寻常的热情，在上海组织“协进社”，以此团体出面

---

① 石峻等编：《中国近代思想史参考资料简编》，生活·读书·新知三联书店1957年版，第793页。

② 石峻等编：《中国近代思想史参考资料简编》，生活·读书·新知三联书店1957年版，第794页。

着手办理交易所的具体组织谋划工作。后来经虞洽卿等人多方疏通，上海证券物品交易所（Chartered Stocked Produce Exchange）获得农商部正式颁发的营业执照，于1920年7月1日正式开业，远在广州的孙中山在交易所开业时特意寄来“倡盛实业，兴吾中华”的题词，从而便有了蒋介石等在商贾云集的上海滩那段做投机生意的历史。据陈果夫晚年撰文回忆：“在民国九年秋天，总理命令本党同志在上海筹设证券物品交易所。蒋先生（即蒋介石。——引者注）把这件事告知了我，并且要我研究这问题，我因此特地到日本人办的上海取引所去参观了两次……”[①] 由此不难看出，现代股份制的集资功能被孙中山等在资产阶级民主革命中所大力倚重，近代中国公司制度的发展与民族国家的建构具有密切的关联。

梁启超在《新民丛报》（半月刊）创刊初期以“中国之新民”的笔名，发表了其脍炙人口的长篇政论文《新民说》。这对青年毛泽东的思想产生过深刻影响。毛泽东在陕北窑洞内向美国记者爱德加·斯诺回忆说：在1910年下半年，“我正在读表兄送给我的两种书刊，讲的是康有为的维新运动。其中一本叫做《新民丛报》，是梁启超主编的。这些书刊我读了又读，直到可以背出来。我那时崇拜康有为和梁启超”[②]。梁启超号任公，毛早年也用过“子任”的笔名。我们从毛后来组织“新民学会”也可以看出梁启超“新民说”的明显影响。甚至在《毛泽东选集》里，梁启超式的句法在所多见。现在韶山纪念馆里保存了1915年2月24日毛泽东给表兄文咏昌归还所借《盛世危言》和《新民丛报》的还书便条，也保存了一本当年毛泽东读过的《新民丛报》（第4号）。其中刊载了梁启超《新民说》第六节“论国家思想”，即我们前面引述的“国家如一公司，朝廷则公司之事务所……”那段话。在梁启超那段文字的旁边，毛泽东又批注了一段文字，延伸发挥了梁启超的意思。李达早年与陈独秀、陈望道等人共同发起在上海建立共

---

① 转引自朱国明：《旧上海两大证券交易所经营权之争》，资料来源：http：//www.archives.sh.cn，访问时间：2009年12月5日。

② 转引自周溯源编著：《毛泽东评点古今人物》中，红旗出版社2002年版，第938页。

产主义早期组织，并代理书记，参加过《新青年》杂志的编辑工作，并于1921年7月作为上海共产主义早期组织的代表出席了中国共产党第一次全国代表大会，是中国共产党的创始人之一、中共党内早期的理论家和宣传鼓动家。他后来因在建党和发展党等问题上与陈独秀等意见不一致，脱离党组织，回湖南从事教育启蒙，但一直研究和宣传马克思主义不辍，被称誉为“带翅膀的”（以“飞”喻“非”）布尔什维克红色教授。1948年底，全国革命胜利在即，毛泽东托地下党转给这位故人一封信件，几乎是以某公司董事长的名义写道：“吾兄为我公司发起人之一，现本公司生意兴隆，望吾兄速来加入经营。”① 毛泽东将革命作为经营公司加以类比，这绝不是没有道理的，也可以说是梁启超那段文字的一个注解。

传统农业社会中的家国同构与现代工业社会中的公司—国家同构的理想类型虽然彼此对立，但在中国历史上，传统与现代的断裂固然是一个方面，其间曲径通幽的连续性也不容忽视。事实上，中国古代在基于宗法血缘关系的家族制度作为社会基本细胞单位的同时，很早就通过拟制、权变等手段发展出了诸多非宗法血缘关系的社会经济生活组织，作为一定程度上的补偿形式。现代社会学家将中国古代制度化的家庭体系比喻为一个稳定、牢靠的保险公司，但从另一方面来看，中国古代的家族恰恰是具有事实法人性质的。按照陈陈相袭的民法教科书，所谓法人是一种享有民事主体资格的组织，按照不同的标准可以分为公法人和私法人、社团法人和财团法人、公益法人和营利法人，等等。《中华人民共和国民法通则》第三十七条云：“法人应当具备下列条件：（一）依法成立；（二）有必要的财产或者经费；（三）有自己的名称、组织机构和场所；（四）能够独立承担民事责任。”② 这即是中国法学界通常所

① 转引自覃正爱：《构建从理论到实践的桥梁：马克思主义哲学方法论及其中国化进程》，研究出版社2008年版，第281页。

② 《中华人民共和国民法通则》（1986年4月12日第六届全国人民代表大会第四次会议通过，1986年4月12日中华人民共和国主席令第37号公布，1987年1月1日起施行），《借款合同文本及相关法律规定》，中国法制出版社2003年版，第64页。

说的法人的四个构成要件。准此而论，中国古代的宗族完全具备这些构成要件。在中国古代，宗族具有自己独立的财产，其中最为主要的就是族田（也叫祭产、祀田等），族田属于全族人共有而非某个成员的个人财产，相反尽管是族内成员，但史料中族人租赁族田耕种的现象比比皆是。据史载，明清时期的徽州约百分之六十以上的山地山林都属于族产。这种独立的财产是宗族可以能够独立承担民事责任的基础。例如，对于聚众械斗后顶凶卖命案，《江西清讼八条》就规定，“如系祠堂敛费，应照例酌留祀产，所有公项，悉数充公”①。关于清代族田的研究已有专书，自可参见。宗族有自己的规章制度，各种谱牒、宗约、族规、家训连篇累牍。当时就有把家法族规送请官府“呈验”批行的现象，类似现在法人成立时提交章程、备案注册行为。家族有自己的领导办事机构和人员，族长（族正）以及董事、主祭、执事乃至各房的负责人“房长”等一应俱全，所以毛泽东早在《湖南农民运动考察报告》中就指出，近代中国以祠堂族长为代表的族权是一种有系统的权力②。法人构成要件中的场所，其在宗族中的存在更是彰彰甚明，在迄今中国农村仍然存在的许多祠堂里当年不知曾经演历了多少宗族聚会议事的历史活动。在旧时中国各姓祠堂正门上方，往往有一块牌匾，上面写着“××堂”。这种堂号就是当时宗族作为法人组织的独立的名称。堂号不仅仅用在祠堂，而且多用在族谱、店铺、书斋及厅堂、礼簿等处，也被用于灯笼等生活器具上，俨然现代企业的识别系统。在笔者主编的《世界学者论中国传统法律文化（1644—1911）》中收录的魏丕信《在表格形式中的行政法规和刑法典》即对所谓“堂”的性质有所论列，其中论及万维翰《律例图说》就是万维翰家族所在吴江芸晖堂刊刻的，可见宗族堂号在商业运作中颇具现代企业名称权的意味。③ 清代台湾

---

① 佚名辑：《江西清讼章程附月报册式》，光绪三年刻本，页八。

② 参见毛泽东：《湖南农民运动考察报告》，《毛泽东选集》第 1 卷，人民出版社 1991 年版，第 31 页。

③ 魏丕信：《在表格形式中的行政法规和刑法典》，此文系笔者由法文译为中文。张世明、步德茂、娜鹤雅主编：《世界学者论中国传统法律文化（1644—1911）》，法律出版社 2010 年版，第 39—79 页。

《淡新档案》12402号记载，淡水分府命巨姓王陈等十一姓，百姓举出一人为族长，发给谕戳，使其约束子弟。这表明政府对于宗族的法律地位是认可乃至核准的。光绪朝《钦定大清会典事例》中规定：“凡子孙盗卖祖遗祀产至五十亩者，照投献捏卖祖坟山地例，发边远充军。不及前数及盗卖义田，应照盗卖官田律治罪。”[①] 这是乾隆二十二年制定律例，表明在当时的法律中存在官田、族田和私田的区分，而在当今德国经济法律文献中仍然是公营经济（Öffentliche Wirtschaft）、共同经济（Gemeinwirtschaft）、私人经济（Privatwirtschaft）构成鼎足而立之势。在程序法中，诸如水权纠纷中，往往都是涉讼的两个宗族以独立主体对簿公堂。据戴炎辉研究，尽管在律例内并无关于法人或团体的当事人能力之规定，但在台湾地区司法实践中，往往坊乡、街庄、番杜、郊、商铺、地方公益团体或公号等亦得为原告或被告。其具呈或具诉，大率作如次表示：德政祠即董事某某、某公号（业户）即管事某某、某商号即某等。[②] 在某些刑事法律关系中，法律视家庭为一个独立的责任主体。[③] 唐明清律均有处罚家长的明文，使其统率家人对国家尽其责任。这意味着使家长具公法的责任。[④] 在清代珠江三角洲地区，工筑沙田较之明代有很大的进步，基围设施趋于完善，基围多改用石基，围内还有小基间隔，有围馆、豆、勘等设施，所以需要投入巨大资金进行开发。合会作为流行于珠江三角洲的庶民金融组织，当时往往直接或间接地被宗族用来为开发沙田筹集资金。顺德龙氏“请会章程”即云：“查近年尝项多因凑会（指合会。——引者注）积蓄，渐次广置产业。”[⑤] 这样

① 光绪朝《钦定大清会典事例》卷七百五十五，刑部，户律田宅，台北新文丰出版公司1976年依据光绪二十五年原刻本影印版，第14754页。

② 《台湾省通志》卷三，政事志司法篇，台湾省文献委员会1972年版，第28页。

③ 朱勇：《论中国古代情与法的冲突》，《中国社会科学》1996年第1期。

④ 范忠信等编校：《中国文化与中国法系——陈顾远法律史论集》，中国政法大学出版社2006年版，第28页。

⑤ 民国顺德《龙氏族谱》卷一，请会章程，民国11年刊本。从龚汝富收藏的《九兴图会册》可以看出，该会册包括赏给条规、起会芳名、契据、首士名目等等，俨然如今的公司章程。捐钱起立图会的目的在于“联集以共事”，（续下注）

的组织跟现代的资合公司何其相似乃尔！事实上，在西方历史上，这种家庭与公司的复杂关联也有一定程度的表现。汉娜·阿伦特在《人的条件》一书中就指出：中世纪的“国家”是家庭的聚合体，它的成员并不把自己视为一个包容了整个国家的大家庭的一员。[①]在家庭的样本上建立所有的人际关系这一做法进入了中世纪城市中特殊的专业组织——行会，甚至进入了早期的商业公司——在那里，“最初的家庭联合体……看来可以用‘公司’（即在一起）一词来表达，也可以用诸如：‘吃同一块面包的人们’‘同舟共济的人’等短语来表达”[②]。

哥伦比亚大学东亚研究所主任曾小萍的论文就分析了中国早期家族公司的问题。[③]传统中国人具有强烈的家族主义（Familism）取向，所以早期公司大多是从家族中孕育而生。事实上，这在中西方都是一样的。费肯杰教授在其名著《经济法》中特别指出，代际年限在企业社会学和公司法中扮演着一个重要的角色。典型的创新者是独资企业或人合公司（无限责任公司、两合公司）、有限责任公司或者有限责任两合公

（续上注）从而改变过去“一遇编承差务往往挨户敛钱，殊费奔波”的状况。该图会采取合股形式置买田产，股份的拆合、会内田业租账的支管均有一整套严密的规章制度。参详龚汝富收藏的《九兴图会册》，“十都六图老册序”，光绪丙戌年重刊，页一、页二、页三。此外，在龚汝富收藏的《东洲宾兴堂册》（共计四册线装本，此为宾字第376号，庄朝建领）中，发起人张瀚在万载县为了建立东洲书院所递上的“道光六年十月二十五日呈”这样写道：“县宪陈批阅禀欣悉本县已捐廉倡首并给引劝捐，俟有成数，即择日兴建，仍将乐输数目姓名及支销存剩各数汇开呈明，以凭转详立案。”（卷一附案，页二。）这和当今股份公司发起设立程序不无大的差异，其甚至是由江西布政使核明立案的。《东洲宾兴堂册》同样详细记载了出资人的姓名住址和捐资数额、条规、契据等等文书。这种宾兴会的设立往往将资源集中使用，以谋求文化资本的增长。笔者在龚汝富收藏的会簿资料中看到，一个宗族内部甚至众会名目繁多，彼此之间参股，与现代公司之间的互相参股、控股极其相似。

① 汉娜·阿伦特：《人的条件》，竺乾威等译，上海人民出版社1999年版，第64页。

② 汉娜·阿伦特：《人的条件》，竺乾威等译，上海人民出版社1999年版，第27页。

③ 曾小萍：《中国早期公司》，张世明、步德茂、娜鹤雅主编：《世界学者论中国传统法律文化（1644—1911）》，法律出版社2010年版，第263—298页。

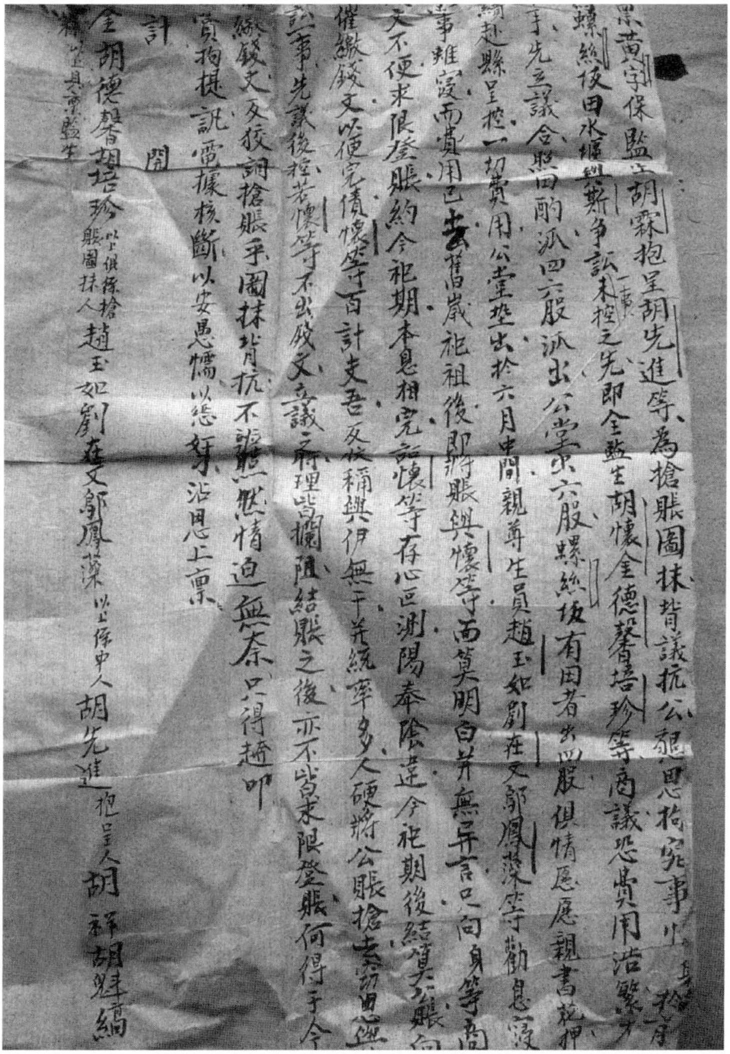

龚汝富收藏的诉状（张世明摄）

司，但在所有情况下均带有企业私人化的特征，企业决策绝不拱手让出。第二代则大多（至少试图）将企业的“创始者”的理念继续推进，在公司法上两合公司或者有限责任公司被优先考虑，使单一资金及无效的企业家族管理方式以适当方式加以分割。变动通常在第三和第四代发生：新产业将“转向”生产力利益，创始者家族的私人纽带被忽视而不仅仅是“持股者”（Anteilseigner）的企业，以至于主管职员、技术专家和其他感到对企业负有责任的员工要求具有发言权，其发展的结果通常是股份公司。费肯杰主张立法者应该根据企业的结构、融资可能性、其产品和生产取向、其在代际变迁中的位置，提供多种企业基本形态，以满足上面描述的“企业社会学类型”的目的和需求。① 家族企业模式较之现代公司治理结构固然存在许多局限性。许多人认为，和中国王朝鼎革的周期性循环一样，家族企业在生命周期上也有着“富不过三代”的延续规律，其命运很难逃脱所谓君子之泽三世而衰、五世而斩的千古魔咒，所以将家族企业视为化蛹为蝶必须克服的一道门槛。但是，尺短寸长，难言轩轾，不可一概而论。由于家族成员之间彼此间的信任及了解的程度远高于其他非家族企业的成员，家族企业成员之间可能负担较

---

① 沃尔夫冈·费肯杰：《经济法》第2卷，张世明译，中国民主法制出版社2010年版，第127页。中根千枝提出的“纵式”（tate）社会理论，与本尼迪克特（Ruth Benedict）的“耻感文化”（shame culture）理论、土居健郎的“娇宠”（amae）理论被并称为当代影响最大的“日本人理论”。其对“纵式”社会理论的阐述主要体现在《纵式社会的人际关系》《适应的条件》和《纵式社会的力学》这三部著作中。这三部著作有内在联系，是“纵式”社会理论的“三部曲”，堪称中根氏的代表作。汉布格尔（Ludwig Hamburger）和费肯杰于20世纪60年代晚期在图宾根共事时彼此切磋学问，采取类型学方法在社会学研究中使用“分裂社会”（die fragmentierte Gesellschaft）与“组织有序社会”（die organisierte Gesellschaft）两个概念作为分析工具，直到1977年他们才知道自己的研究与日本著名社会人类学家中根千枝的研究有很大的相似性。中根千枝和汉布格尔－费肯杰一个显著的区别源于“分裂的”、确切说“垂直的”对立面：中根千枝画的是三角形，各边具有同等社会的重要性，而汉布格尔和费肯杰不用具有同等社会重要性各边的三角形，而是区分市民间的水平联系和相对于组织的垂直代表。因而，汉布格尔和费肯杰企图描绘公司、社团，而中根千枝没有意识到社团。她的垂直社会的对应物是无差别的水平的平面。（详见张世明、刘亚丛、王济东主编：《经济法基础文献会要》，法律出版社2012年版，第33—108页。）迄至今日，日韩经济中最大的特色就是“家族企业”。韩国最大的企业集团三星集团完全就是由李氏家族所一手掌控，其他几大集团亦然。日本的经济组织表面上看起来不是以家族企业为支柱，但实际上也未出其窠臼。日本的绝大多数企业都隶属于三井、三菱、住友等六大财团，这其实是模拟家族血缘关系，以共同利益为纽带把企业紧密联合在一起的“家公司”。这种模式说明家族在东亚文明中的特殊重要性较之欧美国家尤甚。

低心理契约成本，这可以帮助家族企业降低监控成本，使企业的总代理成本相对于其他类型的企业低。在某种程度上，家族企业并不抵触公司治理，反而往往更加注重长远利益，无论是在版图扩张还是在研究开发方面，更加愿意追加投入来推动企业发展的车轮，再加上经营权与所有权的合一，有效避免了委托—代理问题。所以，目前国际上不乏延续几百年的世界知名企业，许多经久不衰的大型家族式企业往往都采用强有力的治理模式且基业长青。从本书前面的论述就可以看出，从家族血缘关系到单纯经济利益的市场关系，中国传统社会内部的自发形成了多种多样的制度安排。在中国古代，股份制在家族制度占据统治地位的社会系统内部是可以存在的。对于近代中国人呼吁引入西方公司制度和批评中国的父权、族权等消极层面因素，我们必须考虑到这种话语背后民族国家建构过程中的特殊场景。

费肯杰在20世纪90年代初就开始关注中国大陆社会主义市场经济体制的建立，从法律人类学角度将市场经济体制与中国传统文化联系起来进行了非常精辟的阐述。他认为，市场以及在市场上进行的竞争，作为核心的经济现象，并不独立于文化条件而千篇一律适用于世界各地。市场和竞争都是用来减少风险的。由于每一种文化对风险具有不同的、而且是特有的关系，因此每一种文化对市场和竞争也都具有一种不同的概念。在欧洲各国家和国家共同体内，市场和竞争派生于某种团体式的集体组织（eine korporiert vorgestellten Gemeinschaft）。按照其性质，这种组织的成员之间依据稳定的法律基础，存在着或能够存在忠诚义务关系，而由成员组成的共同体与为该共同体从事行为的机构之间也存在着这种忠诚义务关系。西方的合作社是这种团体式组织的具体体现，西方的市场概念和竞争概念的内涵即以此为基础。西方社会的基本结构是团体式的，用亚里士多德的话来说，其结构具有使一个整体大于其各部分之和的能力。从法律人类学角度来观察市场经济，关键要看是否可将权利和义务赋予个人，而不是以依附于家庭的、以家庭为中心的规范原则为基准。在中国，儒家传统在社会主义条件下仍然发生着影响。受到儒家思想影响的中国传统文化对人们之间的共同生活的理解与西方文化具有本质上的区别。儒家学说强调良好的秩序和善良的行为，它的社会伦理观倡导建立一种良好的秩序，而这些都是以一种以家庭为隐喻的、金字塔式的社会结构为基础的。中国与西方不同，市场（包括言论市场和忠诚关系市场）统治一切的原则在这里不适用，它不适用于团体成员之间的相互关系，包括在经济领域的相互关系。毋宁说，人们在家庭中给市场以一个有用的位置。人与人之间的非经济关系和经济关系，都归顺于金字塔式的等级制度。在此意义上，中国的市场经济可叫作“金字塔式的市场经济”（eine pyramidalen Marktwirtschaft）。这是一种在功能上受到限制的市场经济，它处在金字塔式的社会等级制度之中，并由中央来确立价值规范。① 费肯杰的上述分析仍然是其推参阐述方法的运用。从家—国同构类型到公司—国家同构类型实际上既是从传统到现代的社会变迁，也是与中西方不同文化结构相关联的范式转变。这也是现代化理论所潜含的以西方历史为范本之弊而遭到诟病的原委所在，同时表明社会、政治与经济各个子系统之间存在复杂的关联性，任何寄希望于单一突进式的改革都最终不免跛足。

---

① Wolfgang Fikentscher, *Die Freiheit und ihr Paradox, über Irrtümer unserer Zeit*, Frankfurt/M: Frankfurter Allgemeine Zeitung GmbH, 1997, S. 166 - 169.

第五章　经济空间拓展的利义之争：清末贻谷参案研究

清末呼和浩特发生了一件震惊朝野的大案要案——“贻谷案”（又被史称“贻谷弹劾案”“贻谷参案”“贻谷侵牟案”或者“贻案”）。经清政府钦命为督办蒙旗垦务大臣的贻谷被参褫职，逮下刑部狱，寻籍其家。消息传出，朝野上下哗然，归绥城顿时变得满城风雨。尤其是清廷大佬的立场不一，且立意各异，加上社会舆论持续关注，披露各种隐结，给此案增加了不少噱头。甚至到民国初年，“贻谷案”也是人们经常街谈巷议的谈资。在内蒙古近代历史上，贻谷是一个毁誉交集的所谓“好贪官”。终清一朝，有两位将军在呼和浩特地区享有盛名。其一为康熙年间的费扬古，其以抚远大将军留镇归化城，在任职七年期间建树颇多，被归化城商人奉为“活财神”，在现在旧城财神庙街立“费公生祠”以纪颂功德。另一位就是贻谷。贻谷于光绪二十七年（1901）出任“督办蒙旗垦务大臣”，后兼任“绥远城将军”，于光绪三十四年（1908）被参去职。他在呼和浩特地区任职也是七年，在发展水利、文化、教育诸方面有所举措，为呼和浩特新城满洲人办了一些实事，但也有不少人认为其贪墨无艺，“苛索巧取，辗转渔利，饱其私囊”，“狠心毒手，世无其伦”，是个“督上王八跳枯井”的贪官污吏，死有余辜。署名“老吏”的《贪官污吏传》一书即赫赫然载有贻谷的令名，对其丑诋万端。清朝灭亡后，贻谷被妖魔化的色彩有所淡化，其开发河套等地的功绩被后人所缅怀，[1] 有人又将其骨尸移至晋北安葬，建祠以祀。即便现在事情已经过去了近一个世纪，各种论著对贻谷其人仍然存在着

---

① 参见白鱼仙史：《食字居谈录》之“贻谷之于绥远”，《大中华》第2卷第1期（1916年）。

不同的看法，褒贬不一。关于贻谷的先行研究成果，主要集中于探讨其身为垦务大臣和绥远城将军两种角色时所作所为。有清一代，尽管诸如年羹尧案等钦狱大案的知名度很高，但遗留档案最多的清代刑案应该首推贻谷案。不仅在中国第一历史档案馆有贻谷案件的单独全宗，而且在内蒙古自治区档案馆，贻谷案以及垦务档案也是其镇馆之宝。由于本案与垦务密不可分，属于经济案件，所以档案资料极为浩繁。尽管不乏关于贻谷案或者与此相关的清末内蒙古垦务的论著，但真正下功夫解读原始档案和报刊的学术论著难得一见。[①] 虽然通过史料考证而厘清贻谷案的来龙去脉可以管窥清季官场的若干动态，了解其中种种隐情与关节，但笔者研究的重心却在于从经济法律的角度探讨贻谷参案的启迪意义。笔者设定的目标是：一则以原始档案、报刊等过去尚未发掘的材料矫正目前学术界建立在不扎实的资料基础上对于案件经过和结果的意识形态化历史叙事，一则以小概大，通过贻谷案揭示清末民初社会转型过程中蜩螗沸羹的景象，从经济法律的角度重新审视贻谷案件蕴含的学理意义。舞文弄墨是文人书吏的事功，而不是知识分子的社会担当，亦非当今社会科学研究的正途所在。历史研究不是玩弄文字游戏的把戏，而应致力于发掘可供经国济民重

贻谷像

① 贻谷案一直在笔者内心深处挥之不去，近十年来在与博士生的研讨课中多次表示希望有朝一日潜心深入探讨。在写作过程中，笔者赴内蒙古自治区档案馆、内蒙古大学图书馆查阅资料，到临河、五原等地实地考察，得到张晋海等同志的帮助，尤其在内蒙古自治区图书馆的地方文献尚不对外开放之际，在包文汉教授等人大力斡旋下得以入库翻查，铭感至深。

要参佐的宝贵资源。虽然斗转星移，贻谷案中的是非纠葛早已湮灭在历史的长河中，但该案件留下的“遗产”还需要我们用更多的时间去消化理解。

第一节　案情考索：权力场域的博弈

贻谷，字蔼人，乌雅氏，满洲吉林驻防镶黄旗人。光绪元年（1875）考中举人，以主事分兵部，晋员外郎。十八年（1892）成进士，选庶吉士，授编修，累迁内阁学士。虽然近代史距今相去不甚遥远，但其实许多问题的原貌都湮没无闻，难以考稽。有关贻谷在放垦以前的和获罪以后的活动史料几似阙如，当代学者的论著的记述彼此抵牾之处甚多。综合各种材料来看，贻谷显然是清末官场的一个异类，是一个颇具政治抱负的能员，其来自偏僻的吉林驻防八旗，在满人科举考试中脱颖而出，散馆时与蔡元培同为二甲庶吉士，堪称出身好，才干优长，而且在官场上善于寻求靠山。在戊戌变法期间，光绪皇帝曾下令将《校邠庐抗议》刷印一千部，发给部院卿寺堂司各官签注意见，或加以评论。从故宫博物院明清档案部发现的二百余部附有当时各级官员签注或评论的《校邠庐抗议》中，我们可以看到时任国子监司业贻谷在签注该书时就发出这样的评论：“外侮日迫，自强之念不可一日无。议之制洋器、采西学、善驭夷、重专对，为今第一要政，特非通达时务不足以资讲求。现在风气大开，之四者已为学堂所赅备，顾执事者力行如何耳！”① 贻谷的评注卑之无甚高论，自然可以莞尔了之。有学者论，康有为的《上清帝第五书》言辞过于激烈，交到其所供职的工部，长官淞淮恶其伉直，不为代奏。通过正常途径上书受挫，康有为只得另辟蹊径。礼部李端棻激厉忠愤，积极联络九卿上折，支持康有为上书，并由康有为代拟了奏折。但九卿中无一人愿意联名。据康有为后来在《康南

① 转引自李侃：《李侃史论选集》，中华书局2002年版，第273页。

海自编年谱》光绪二十三年（1897）中载，“为草之后，无联名者，李公交司业诒［贻］谷上之”①。任国子监司业之职的贻谷是李端棻的门人，与李端棻的关系很近。但在军机处的《随手档》《早事档》中，均无贻谷的上奏记录，显然，贻谷并没有上奏。相反，是时，“贻谷参李端棻、陈宝箴滥保匪类，皆未批发”②。张荫桓在其《戊戌日记》五月初六日（6 月 24 日）一则中写道：一早到军机处值班，礼亲王世铎给他看贻谷、王廷相、于荫霖、王运鹏、胡孚宸弹劾他的奏折。此处所言弹章似乎应指是年二月间贻谷弹劾张“跋扈，买船中饱”之折，③ 贻谷与维新派之间壁垒界限彰明较著。这也不足为怪，维新派废科举，对于时任国子监司业的贻谷在利益上存在冲突。戊戌政变之后，李端棻、张荫桓以奏滥保匪人被革职遣戍新疆，而贻谷毫发无损，足见其早已默察形势，权衡利害，逢迎希旨，与李端棻在政治上切割得干净利落，是荣禄的心腹寄膂。四月初，荣禄曾于光绪帝决意变法之时，就曾遍邀王公大臣联衔恳请训政，又命贻谷邀请詹事府、翰林院的侍讲、侍读等官员，李盛铎、杨崇伊邀请御史，全都联衔呼吁。在荣禄煞费苦心地亲自出马制造群臣敦请训政的活动中，贻谷表现出马前卒冲锋陷阵的角色。史载，戊戌政变之后，张之洞“径电直督荣禄，乞代奏，中有‘刘、杨善类，臣愿以百口之家保之’句。荣禄示幕僚贻谷，贻谓‘若由刑部三堂审讯，涉及当今，奈何?’遂置之”④。贻谷在八月十三日（9 月 28 日）奏“为乱党善假外势，法缓难惩，请饬迅速定罪，以伸国法而杜干预”一折，造成了清廷违背祖制对于戊戌六君子的不讯而刑。⑤ 陈

① 康有为：《康南海自编年谱》，楼宇烈整理，中华书局 1992 年版，第 34 页。

② 苏继祖：《清廷戊戌朝变记》，中国史学会主编：《中国近代史资料丛刊·戊戌变法》（一），上海人民出版社 1957 年版，第 346 页。

③ 翁同龢：《翁同龢日记》第 6 册，光绪二十三年丁酉七月初四日，陈义杰整理，中华书局 1998 年版，第 3021 页。

④ 杨啸谷：《刘光第传》，《刘光第集》编辑组：《刘光第集》，中华书局 1986 年版，第 444 页。

⑤ 《国子监司业贻谷折》（光绪二十四年八月十三日），国家档案局明清档案馆编：《戊戌变法档案史料》，中华书局 1958 年版，第 469 页。

夔龙《梦蕉亭杂记》所记对此言之甚明，可以相互佐证。慈禧太后原来派军机大臣、大学士，会同刑部严于审讯。十二日本已加派御前大臣会审，而次日预备参与会审的官员陈夔龙在接受御前大臣庆亲王奕劻指示后，“甫上午九点钟。爰往译署，先行片文咨照刑部，略述奉派会审缘由。讵余车甫至西交民巷口，部中番役来告，此案因今早某京堂封奏，请勿庸审讯。即由刚相传谕刑部，将六人一体绑赴市曹正法。缘外间讹言孔多，有谓各公使出而干涉，并谓一经审问，恐诸人有意牵连，至不能为尊者讳。是以办理如此之速”①。台湾著名作家高阳考证，陈夔龙所说“某京堂”指国子监祭酒贻谷。② 事实上，此处“某京堂”应指荣禄，当时贻谷尚无如此高的地位在早晨奏对之际影响慈禧太后，只有荣禄的地位使得曾作为其幕友陈夔龙在记述时不得不略加隐讳，而且贻谷当时准确说是国子监司业，尚未被扶正为祭酒。不过，如前所言，贻谷在这件事中加遗一矢，是荣禄背后出谋划策的参谋。在戊戌政变之后，保守势力占上风，已经晋升为内阁学士的贻谷“附和义和团”，相信义和团的“神术无边”，并在家中设坛，对义和团供奉的神灵焚香膜拜，与芬车、桂春等刑讯京中教民，“甚为残忍，多有无辜枉杀者”③，但在如鼎之沸的时期，义和团似乎对于这些昔日的达官贵人的谄媚并不买账，“内阁学士贻谷、副都御史曾广銮、太常寺卿陈邦瑞，皆仅以身免，其家人多死者，以告荣禄，荣禄不能制”④。八国联军进攻北京后，慈禧太后挟制光绪帝仓皇出走，贻谷步行追及宣化，流涕入对，随扈西安。这种忠心表白获得了报偿，贻谷被授兵部左侍郎。与贻谷几乎同时被新提拔的一批六部侍郎包括戴鸿慈、沈家本、陆润庠等，在慈禧太后眼里均是才能和忠诚赅备的人选。是时，兵部“管理臣部事

① 陈夔龙：《梦蕉亭杂记》卷一，北京古籍出版社 1985 年版，第 16—17 页。

② 高阳：《清末四公子》，华夏出版社 2008 年版，第 199 页。估计高阳的失考源自沿袭台湾学者黄彰健的论文。参见黄彰健：《戊戌变法史研究》，上海书店出版社 2007 年版，第 632—633 页。

③ 钱恂编：《金盖樵话》上编卷七，致之校点，辽宁教育出版社 2001 年版，第 212 页。

④ 李希圣：《庚子国变记》，中国史学会主编：《中国近代史资料丛刊·义和团》(一)，上海人民出版社 1957 年版，第 16—17 页。

务大学士荣禄、左侍郎贻谷、葛宝华，均在行在”①，贻谷在荣禄直接领导之下而渥荷栽培，荣禄是贻谷的后台绝非虚言妄语。

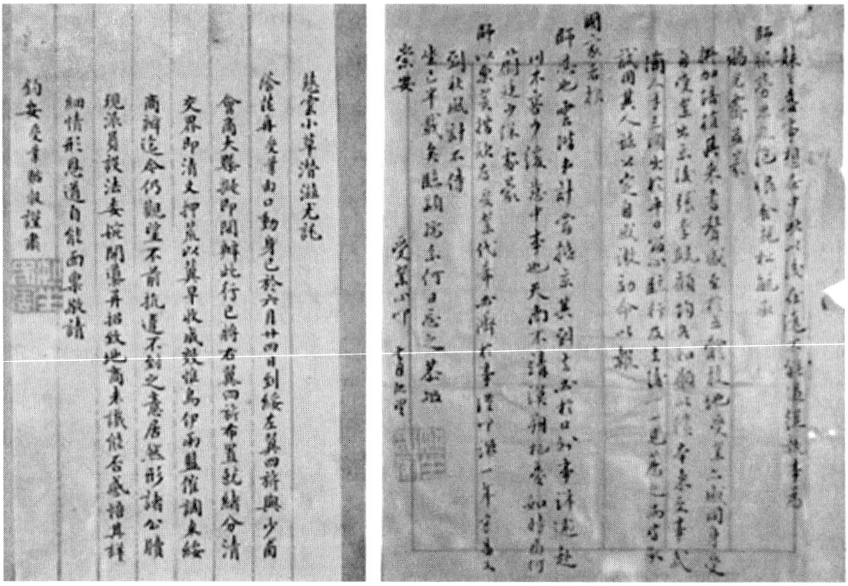

贻谷致荣禄手札

八国联军进北京，迫使清政府签订了《辛丑条约》。条约规定，按当时的全国人口四亿五千万人每人一两来赔偿银钱。于是，致使千疮百孔的清朝财政更加无法招架了。早在光绪二十三年（1897），国子监司业黄思永在驰驱边徼办理赈务后乃主张用“蒙地放垦”的办法来弥补财政亏空，云：“内蒙古伊克昭、乌兰布通二盟，牧地纵横数千里，土田沃衍。河套东西尤属膏腴。山西缠金牧地，如令民多私垦，不如官为经营，请饬筹办。”② 其后，山西巡抚胡聘之复议黄思永之奏，盛称兴

① 中国第一历史档案馆编：《光绪朝朱批奏折》第16辑内政，奏折编号107（光绪二十七年四月初七日），中华书局1995年版，第106页。

② 朱寿朋编：《光绪朝东华录》第4册，光绪二十三年四月，张静庐等点校，中华书局1958年版，第3956页。《清史稿·志九十五·食货一》卷一百二十记为光绪二十一年版，误。见于赵尔巽等撰：《清史稿》卷一百二十，食货志一，中华书局1976年版，第3521页。

屯之利，请开乌拉特三湖湾地方屯垦。既得谕旨，理藩院以蒙盟呈有碍游牧，格其议。光绪二十七年五月，岑春煊请开晋边蒙地屯垦。同年十一月，命贻谷督晋边垦务。这里需要注意的是，当时最初提出的“晋边垦务”而非“蒙古垦务”，“着派贻谷驰赴晋边，督办垦务，即将应办事宜，会同该将军、巡抚，随时筹议具奏。另片奏，察哈尔蒙地请饬一律招垦等语，并着会同奎顺妥筹办理”①。确切地说，蒙古垦务是由贻谷本身筹划创议的结果。岑春煊的建议之所以被采纳，显然与赴晋前以扈从有功而“慈眷”甚隆有关，更主要的是当时山西亢旱日久，灾歉频仍，致令库储如洗，民生困重，慈禧太后到达太原后不得不继续前往西安。在这个意义上，“晋边垦务”可以说仍然是借地养民习套的延伸。恰如时人所言，“查晋边西北乌兰察布、伊克昭二盟蒙古十三旗，地土旷衍，甲于朔陲”②。但“近数十年来，蒙部日贫，藩篱疏薄”③，资源的匮乏造成清帝国在空间上力量的衰竭。蒙古的贫穷使其屏障作用正逐渐削弱，呈现出蒙王不足倚、蒙兵不足恃的忧患。通过举办垦务以拓利源，以实边储，乃活血化瘀之良方，可以练军振武。安斋库治所引岑春煊《奏请开垦蒙地案折》就清楚地阐发了练兵、筹费与垦务之间的关系。④ 因此，清廷任命时为兵部侍郎的贻谷督办垦务也是经过一番考量的，绝非如后世学者所言纯系贻谷在两宫回銮拟派大员兴办西北屯垦之际丐荣禄请于孝钦的钻营结果。在历史研究中，有些事的确

① 《清德宗景皇帝实录》卷四百九十，光绪二十七年十一月戊子，中华书局1987年版，第483页。

② 岑春煊：《蒙古垦务奏稿公牍》之“筹议晋省兴利必以开垦蒙地为先折”，抄本，《边疆史地文献初编》编委会编：《边疆史地文献初编·北部边疆》第2辑第3册，中央编译出版社2011年版，第413页。

③ 张之洞：《遵旨筹议变法谨拟采用西法十一条折》（光绪二十七年六月初五日），赵德馨主编，吴剑杰、周秀鸾等点校：《张之洞全集》第4册奏议，武汉出版社2008年版，第31页。

④ 鉄山博「清末内蒙古における『移民実辺』政策—伊克昭盟杭錦旗を一例として」『地域総合研究』第19卷第2号。安斎庫治「清末に於ける綏遠の開墾」『満鉄調査月報』第18卷第12号（1938），第19卷第1号（1939），第19卷第1号（1939）。

需要向后考镜源流，方不至于凭空臆断。早在光绪二十四年（1898）十二月，时任侍讲学士的贻谷就陈奏请招商开采蒙古金矿，有害无利，慨然以赵充国自命，俨然以老于边谋自矜。清廷着军机大臣、大学士、六部、九卿会同妥议具奏，但牵于众议，未果而终。[①] 光绪二十七年十月，有兵部左侍郎头衔的贻谷复被任命为镶蓝旗蒙古副都统，所以简派为督办垦务大臣也是水到渠成之事。学术界的认识受到《清史稿》关于贻谷传记叙述的误导，将次年扈驾还京，“兵部公署已毁，假柏林寺为廨舍。贻谷昕夕莅事，如在行在时”[②] 作为其表现出众而获得督办垦务任命的原因，事实上在贻谷奉命督办垦务之时，慈禧太后尚未回銮北京。

不过，从贻谷的前后行事风格来看，他是颇有实干精神的能员，有干起活来不要命的劲头。在现实生活中，官员的选拔和提升虽然标榜着“唯贤是举”，但实际上到处是任人唯亲，不逢高枝引，未得凌空上。贻谷以单寒起家，一帆风顺地扶摇直上，当然也是“好风凭借力，送我上青云”的产物。否则，即便有经天纬地之才，如果没有荣禄等身居要冲的权势人物加以提携，也是不可能跻身通显的。不过，誉人不增其美，毁人不益其恶。贻谷的手腕的确和同寅相比高出一筹，在宦海泅泳中一直不甘于依流平进。兵部在流亡西安的清廷还驾北京后蹙居柏林寺，贻谷终日勤勉尽职，干练利落，锋芒毕露。这堪称一部励志传奇，是其得到上层赏识在仕途上一路飙升的原因之一。即便后来许多资料对贻谷颇多病诟之词，但也客观地反映了其在主政蒙古期间刻苦任事的种种表现。他的苦干实际是被其用作博取政治升迁的资本。自无非常之才，曷有非常之遇？时势造人。内蒙古放垦给了贻谷施展雄心的机会，贻谷“锐以筹边殖民为己任”，亲临其地相度，疏通河流沟渠，“凡垦放逾十万顷，东西二千余里。绝塞大漠，蔚成村落，众皆称之”。“暇辄就田间耕夫妇竖问疾苦，或策单骑驰营垒，召士卒申儆之，教之以习

① 《著为总理各国事务衙门暨矿务局核议贻谷奏连顺请招商开采蒙古金矿事谕旨》（光绪二十四年），中国第一历史档案馆藏谕旨，档号：03－9644－077。

② 赵尔巽等撰：《清史稿》卷四百五十三，列传二百四十，中华书局 1977 年版，第 41 册，第 12603 页。

勤崇俭，戒嗜好，勤勤如训子弟，不率者乃罚谴之。”① 当时十来岁的赵国鼎看到贻谷“每天从旧城太平街猪圈巷（后改为地亩局巷）的垦务大臣行辕，到新城将军衙门上班，带的卫队很少，刮风下雨从不间断。穿戴朴素，常穿着便服查看武备学堂和绥远中学堂，没有一点官架子”②。作为少不更事的孩子的印象虽然可能比较肤浅，但从一个侧面可以反映出人的多重复杂性。自古贪官多能吏。没有能力，就不可能在官场上游刃有余，也就没有遂其贪财好货之私的机会。

夫祸变之来，每相缘藉，是以风旋而上升，水激则弥悍。官员之间相互揭发引起的政治台风在官场博弈中司空见惯。文哲珲原是绥远旗员，后任绥远城协领，贻谷到任后，将其荐拔为镇守归化城等处地方副都统，“于垦政进行久参机要，悉其底蕴。官位既显，觉副都统去将军一阶耳，而贻谷目使颐令，无殊畴曩，文哲珲意不能平，遂交恶，驯致互劾，贻谷罪状乃上闻”③。原来，绥远城前任将军信恪于光绪二十六年（1900）为修理绥远军械，向清廷奏明由绥远列报。信恪卸任以后，不但军械无所有，账簿亦无从稽查，这一笔数千两银子的余款，竟无影无踪地不知去向。山西巡抚再三催促列报，贻谷追问该款的下落，文哲珲无以答对。贻谷向其施加压力，表示如交代不出银子去向，将上奏朝廷。文哲珲初则张皇殊甚，亲自写信给贻谷请求另设法融化，后来眼见贻谷步步紧逼，并不网开一面，遂索性一不做二不休，先发制人，反守为攻，于光绪三十三年（1907）秋具奏向清廷揭

① 赵尔巽等撰：《清史稿》卷四百五十三，列传二百四十，中华书局 1977 年版，第 41 册，第 12603、12604 页。《清史稿》贻谷传的作者叙述贻谷在内蒙古新政期间以时置枪炮器械、筑营垒、兴警察、立武备陆军学校及中小蒙学校数十所、创工艺局等政绩，以此处笔者所引之语称誉有加，实乃以隐晦的笔法叙述贻谷与文哲珲矛盾的起因。

② 赵国鼎口述、刘映元整理：《世远堂旧话》，内蒙古自治区文史研究馆编：《内蒙古文史资料选辑》第 5 辑，内蒙古文史研究馆 1996 年印行，第 116 页。

③ 徐凌霄、徐一士：《凌霄一士随笔》第 2 册，“贻谷侵牟案”，山西古籍出版社 1997 年版，第 586 页。参见《贻谷札派协领文哲珲、荣昌均充任垦务总局会办差使》，内蒙古档案馆主编：《清末内蒙古垦务档案汇编》，内蒙古人民出版社 1999 年版，第 105 页。

发贻谷的问题，列举了贻谷自办垦务以来种种败坏边局、欺蒙朝廷、苛索巧取、辗转渔利、侵吞垦款以及蒙民怨恨的事实，请求朝廷派大员查办，以期水落石出。有理没理，原告先起。贻谷之所以栽跟头，表面上的导火索是在官场上不容眼里掺沙子而被同僚所反噬，但背后反映的是权力博弈。这也是贻谷及其亲属之所以四处喊冤的原因所在。在一个官场黑暗的年代，官员的贪腐普遍化，攘权攫利只是五十步笑百步的程度问题，关键在于派系之间较量输赢。在两个同样贪腐的官员彼此争斗的情势下，地位低的官员虽说可能在资源上不够雄厚，但如果先发制人，则可能以小博大，即便同样失败被革褫，其相对损失也定然小于地位高的官员，从而赢得心理上的胜利。在这种囚徒博弈情形中，必死而生，幸生而死，有不奋然相抵抗者乎？贻谷的彻底根究已经威胁到文哲珲的政治生命，其被压缩能量的爆发力得以充分动员起来舍命相拼，为亦若是，不为亦若是，与其束手无为，俯首就缚，不如大胆放手一搏，绝地反戈一击，纵然鱼死网破，同归于尽，也死而无憾。贻谷本系在科场、官场和商场上的多面手，一路踏着鼓点飞黄腾达，但不料后院起火，由此一败涂地，从辉煌的巅峰顿然跌入人生的低谷。《诗》云：“惴惴小心，如临于谷。”此之谓也。作为官员自然有许多属于公领域的隐私。文哲珲知道许多内幕，在参案发生后又接连抛出许多重磅炸弹。例如，其揭发贻谷子侄在垦务奏销案件中冒领部费，贻谷事后嘱令斌仪、陈光远消弭漏洞，将收支委员、书手闭在衙署内二十余日连夜捏造档簿。① 所述极为翔实。

官僚时刻都在密切关注时局变化，等待时机扩充自己的势力版图。贻谷案发生后，官场上下引起了轩然大波。这引起了上层的派系之间的互动，也关乎贻谷之下的诸多僚属，更与蒙古各阶层的利益息息相关。因清廷决定在蒙地放垦的目的原为敛银，如今文哲珲的奏折里说大批银两尽入贻谷私囊，这当然是慈禧太后所不能容忍的，于是在光绪三十四年四月下令彻底查办。关于查办案件的人选，下述清人笔记所载情节流传广泛：

① 中国第一历史档案馆缩微胶片《贻谷案》第1卷，第000009拍。

疏入，孝钦甚怒，令军机拟旨派员查办；鹿氏自负骨鲠，慨慷请行。奕劻得贿赂，惧鹿氏不易动摇，请旨以绍英贰之；然绍英视传霖行辈资望，不如远甚，虽随行，惟拱手画诺而已。鹿传霖既承旨查办贻案，则物色随员，开缺山西巡抚张曾敭者，故与贻谷有宿怨者也，为南皮侄孙，以鹿为南皮姊夫，故曾敭尝往来鹿家。是日，鹿退朝，与曾敭言及查办事须物色随员，曾敭言大人故吏樊增祥者，现闲居都门，此非一绝好随员耶？鹿大喜曰："吾老悖，乃不忆及此，幸子语我。"乃专奏，调樊随行。鹿偕其副绍英至绥远，樊氏参谋帷幄，其一切查办状况，具见奏折。①

清人笔记属于记叙性史料，显然不如当时人的遗留性史料权威。这段记述可以与《鹿传霖日记》的记载相互比较，表明：鹿传霖虽以崛强著闻，但并非竟自请行。据《鹿传霖日记》记载，"当在值房商酌派人查办。某举景月汀，不合邸意，因谓某可否一行，答以如奉命，向不辞难。世相云：滋翁若往，可无须副手。乃入对请旨。邸奏有关款项，请派绍英副之。慈谕有鹿某向来办事认真之褒"②。《鹿传霖日记》所述慈禧太后对于自己的奖誉在《凌霄一士随笔》亦有类似的记述，其文曰：

西后命鹿传霖、绍英往查，语传霖：以知汝方正不阿，其认真从事，勿稍瞻徇。绍英虽同奉命，而资位弗逮（传霖时以协揆在军机，绍英官侍郎），故事专于传霖。奏调随员为革职陕西布政使樊增祥（尝与贻穀同为荣禄武卫军幕僚，然弗相善）暨吏部主事王宪章等。增祥、宪章均传霖所信任，覆奏之稿出增祥手笔，而句稽案情宪章之力亦不少。③

---

① 裘玉麐：《清代轶闻》卷五，上海书店出版社1989年版，第32页。

② 河北省博物馆整理：《鹿传霖日记》（三），《文物春秋》1993年第1期。

③ 徐凌霄、徐一士：《凌霄一士随笔》第2册，"贻谷侵牟案"，山西古籍出版社1997年版，第586—587页。

一般论著均依据清人笔记加以演绎，云奕劻是出名的贪污纳贿的皇室宗亲，凡到京阴谋的人无不走他的门子。他当时正得慈禧太后的宠任，炙手可热，得知鹿传霖要去查办贻谷，唯恐揭出干连自己的问题，遂推介绍英，与鹿一起前往，但绍英在实际上只应声而已。鹿传霖自请查办，是受了张曾敭的鼓动。张曾敭与贻谷向有宿怨，此时极力落井下石，乘贻之危，鼓动鹿去查办，并建议樊增祥去辅佐。但这些叙述每每不准确。

其一，绍英于光绪三十一年（1905）作为出洋考察宪政的五大臣之一突遇革命党人吴樾投掷炸弹受伤，愈后终生受累于残疾，当时任度支部左侍郎，是奕劻的亲信，在此之前绍英的长子世杰就已经与庆亲王奕劻之八女定婚，两家关系密切。贻谷此前对奕劻时有报效，颇得奕劻的支持，故而奕劻想替贻谷打点，请旨以绍英作为副使前往，也是一种掺沙子的权术。从《鹿传霖日记》来看，绍英持躬律己，宽恕待人，虽然行辈资望远不及官尊齿宿的鹿传霖，但并非只有拱手画诺的份儿。例如，鹿氏三月二十一日的日记这样记载："早起赴绍处谈。午后阅云门拟复奏稿，略商删改，尚不知绍阅如何。"① 此处云门指樊增祥。

其二，张曾敭是张之洞的侄孙，鹿滋轩又是张之洞的姊夫，由于这种沾亲带故的关系，两人过从甚密，张曾敭到鹿家走动，在鹿退值回家后推荐随从人员是可能的，但没有可能乘贻之危鼓动鹿"自请查办"。张曾敭担任山西巡抚，因为垦务与山西密切相关，贻谷的亲信僚属、该案中的关键人物姚学镜等都是过去从晋省抽调差遣的官员，在贻谷剿办口外马贼、处理达拉特旗赔教地案等政务过程中，张曾敭和贻谷曾经奉旨合作，在放垦业务上多有来往，但二人之间的私人交谊和恩怨无从得知。正是由于垦务与山西有关，鹿在受命后与前来拜访的张曾敭咨询，揣度情理，乃很正常的事情。或许鹿欲邀张随行而张另外举荐樊，亦未可知。但是，台湾著名文史作家高拜石云：贻谷参案发之时，"张小帆（曾敭）从山西巡抚开缺来京，方有抚浙之命，正待请训"②，故而推荐

① 河北省博物馆整理：《鹿传霖日记》（三），《文物春秋》1993年第1期。

② 高拜石：《古春风楼琐记》第10集，"杂谈诗人樊樊山"，台北新生报社1979年版，第320页。

樊增祥随行。这一点是不正确的。张当时由于将秋瑾杀害于绍兴轩亭口一案过于血腥，遭到社会上新闻媒体的广泛抨击，不得不作为清廷的替罪羊承担责任而去职。光绪三十三年九月，清廷将其重新调回山西再任巡抚，来京陛见，以避开风潮。张曾敭对前事表示不满，连上三本乞退，遂寓居京城，无所事事。张与鹿传霖的关系如清人笔记所载。光绪三十二年（1906），樊因与甘督升允不洽去职。张、樊二人在当时自然有俱为天涯沦落人的同病相怜之感，荐举樊也合乎情理。据《鹿传霖日记》载，在查案出京前，二月十一日“上赏路菜茶点，庆亦送路菜。申刻赴冰老处饮，同坐为小帆、云门，戌刻散归”①。在张之洞（张氏晚年自号抱冰，故称之为“冰老”）为其饯行宴会上，张、樊均作陪，而且《鹿传霖日记》中还有其他的相关记述，这可以肯定彼此之间的关系相当密切，绝非泛泛之交。

其三，樊氏是大笔杆子，不仅治狱精绝，以其《樊山判牍》著称于世，而且是庚子事变后清朝最高统治者的辛丑“罪己诏”等重要文献的捉刀者。鹿传霖当时年事已高，远赴关外，自然要带上这把宝刀。对于樊氏而言，鹿传霖一向极为关照，这次专折请调以樊随行，也是给赋闲在京的门生开复的一个机会。櫜笔依人也是樊过去的长技，在侘傺之余自然不会放过这一东山再起的机会。贻谷本身在答辩词中讲得很明白，樊与自己“夙有嫌怨，通国皆知”②。这种质疑被外间所演绎衍生，

① 河北省博物馆整理：《鹿传霖日记》（三），《文物春秋》1993 年第 1 期。

② 贻谷：《蒙垦续供》，沈云龙主编：《近代中国史料丛刊续编》第十一辑，104，台北文海出版社 1974 年版，第 238 页。贻谷在此处以“所结私怨关系名节及他人名节，不欲形诸笔墨”，仅从公事方面披露了樊前任陕藩时因私怨耿耿，对于陕边垦务主使边吏处处为难，以及樊氏所倚重的府谷令徐兆兰与丹丕尔案的关联。在贻谷看来，丹案本为原参所无，而樊氏未出京即怂恿电调陕卷，其辣手报复以倾宿怨是司马昭之心路人皆知。史家亦多言樊氏在当时陕西与蒙垦的交涉中借公事修宿怨，与贻谷往往于笔墨间互相挑剔。从档案中可以看到，在垦务开办过程中，贻谷的确与樊氏存在公务方面的矛盾。其中最主要的就是，据垦务局官员向贻谷报告，榆林道假赔教之名，经道台派房书绅衿充作委员，刊发公局钤记，将新牌子长三百数十里、宽十里之地盗卖殆尽，所入价银约计十数万两，由两局经收，有经交榆林衙门者，有充入书院者，其实乌旗所得者不过十之二三，多半扣还 （续下注）

形成了清人笔记的故事版本："或云增祥初与贻谷同在荣幕，一夕谈及旧事，极言官不可为。贻谷笑曰：'君既不愿做官，何不学孟襄阳夜归鹿门。'盖讥其谄事传霖也。增祥引为大恨，至是遂借手报复，陷其罪至死。增祥人虽狡险，究不可因此遂宽贻谷之罪。"①揆诸这一传言，其间仍存在一些疑点："鹿初本与故相荣禄有旧，庚子勤王至西安，荣相挽之入枢府。"②既然荣禄和鹿传霖关系极为密切，贻谷之言无疑会开罪其倾身结纳的后台荣禄。这一故事版本估计是来自王闿运于光绪二十八年（1902）九月二十四的日记载："闻樊增祥在行在私事滋轩，同人呼为'孟浩然'，取'夜归鹿门'谑之。"③ 这里所谓的"同人"可能是贻谷，但也是笔者一种猜测而已。贻谷依附荣禄，实因缘于祭酒盛伯熙，盛与荣禄交笃，以荣禄行辈高，常以二叔呼之，贻谷乃随盛伯熙称荣禄为二太爷。凡荣禄所赏拔之人，若樊增祥、陈夔龙等，无不极力交欢，终日奔走荣禄的住宅所在东厂胡同。《满洲名士贻谷失官记》载："戊戌故相荣禄成立五大军，贻谷甫开坊，与编修谭启瑞、内阁侍读学士陈夔龙、丁忧陕西渭南县知县樊增祥、高陵县知县倪度，同

（续上注）滥债。（中国第一历史档案馆缩微胶片《贻谷案》第 2 卷，第 000661 拍。）据《吴棣棻谨述乌审垦务事略》云：陕西"边吏据情禀报省垣，樊藩司批诋垦务，登诸秦报，于是长起蒙众刁风"。（中国第一历史档案馆缩微胶片《贻谷案》第 2 卷，第 000660 拍。）樊增祥出于地方本位主义，在这一纠纷的处理中也提出："蒙疆六旗开地千里，陕边毫无管束之权"，要求贻谷委任榆林道以总办垦务事宜。（中国第一历史档案馆缩微胶片《贻谷案》第 2 卷，第 000684 拍。）

① 胡思敬：《国闻备乘》卷四，贻谷参案，荣孟源、章伯锋主编：《近代稗海》第 1 辑，四川人民出版社 1985 年版，第 303—304 页。

② 《清朝史料》卷四，记樊樊山查办贻谷案，《清朝野史大观》第 2 册，上海书店 1981 年版，第 133 页。在此之前，鹿传霖任陕西巡抚时，荣禄任西安将军，两人"车骑过从，殆无虚日"，"意气相孚，天情相似"。参见樊增祥：《樊山集》卷二十三，"代荣将军赠鹿中丞叙"，光绪十九年渭南县署刻本，《清代诗文集汇编》第 762 册，上海古籍出版社 2010 年版，第 429 页。

③ 王森然：《近代名家评传・二集》，生活・读书・新知三联书店 1998 年版，第 13 页。

被奏调入幕。”[①] 按，光绪二十四年设武卫五军，[②] 荣禄以军机大臣，管理兵部事务，兼统武卫五军，拱卫京畿，以懿旨照准调遣陈夔龙、毓秀，谭启瑞、聂时寯、奭良等文员参与幕府，赞襄密勿。[③] 樊增祥自是居于荣幕者年余。当时满族官员能以文翰与汉员争一日短长者可谓凤毛麟角，鲜有能够卓荦自表异者，贻谷则因替荣禄出谋划策，通过黄永思倡议的昭信股票使编练武卫五军得以解决练兵经费，为荣禄所依寄见重。这也是贻谷等人日后在兵部任职以及贻谷就绾军符、出任绥远将军的因缘。是时，贻谷作为后起之秀在荣禄幕府中日渐与樊不相上下，以争宠信而积不相能。樊之陕藩解职，传闻与贻谷有关系，因此樊更恨贻谷。这也属于影响之谈，难以凭据坐实。不过，遇到樊的犀利如刀之笔，贻谷注定没有好果子吃。

肩负着查办“贻案”的钦命全权大臣鹿传霖和绍英，带着一帮随员由京出发，到绥远查办“贻案”。途中，鹿、绍又接到廷寄，系贻谷反击并奏参荣昌、文哲珲侵款一事。清廷遂令查办大臣并案调查。鹿传霖一行抵达绥远城后，选择了归化城大旅蒙商之一“天义德”商号作为行馆，随后针对参案，调取相关档案卷宗，传讯当事人员，并派随员前往办垦各地进行调查。从鹿氏日记可以看出，其对贻谷一方颇为反

---

① 石曾：《满洲名士贻谷失官记》，《越风》第 2 卷第 1 期（1937 年），第 48 页。亦见樊增祥撰：《樊山续集》之《自叙》，光绪二十八年西安臬署刻本，《清代诗文集汇编》第 762 册，上海古籍出版社 2010 年版，第 512 页。另外可参考《着为詹事府少詹事贻谷交荣禄差遣委用事谕旨》，中国第一历史档案馆藏谕旨，档号：03－5397－064。

② 荣禄：《荣文忠公集》卷二，行状，清刻本，《清代诗文集汇编》第 751 册，上海古籍出版社 2010 年版，第 77 页。

③ “北洋政务殷繁，办理中外交涉事件……拟就平时所□人员内酌量调用，冀收群策群力之效，查有翰林院编修谭启瑞、罗长裿，吏部郎中上行走、前山西河东道奭良，兵部员外郎陈夔龙，候选道杨文鼎、聂时寯等六员，熟悉洋务，讲求时事，才具操守均为可信。”见直隶总督荣禄：《奏请以翰林院编修谭启瑞等六员调直隶总督衙门差委事》（光绪二十四年六月初八日），中国第一历史档案馆藏录副奏折，档案号：03－5362－041。赵炳麟在《光绪大事汇鉴》中记载：“荣禄以枢相统武卫五军，外招士夫为幕客。”见赵炳麟：《赵柏岩集》上册，黄南津等点校，广西人民出版社 2001 年版，第 243 页。

感，不肯假借一词，在日记中称“贻某”，诸如“未刻贻送公司文卷，各件查多补造掩饰”之类话语在所多有，而对文哲珲则颇为客气，尊呼其以“副都统”，动辄云“副都统送到文一件”，而且文即寓于行馆，俨然与自己的随员一般，其中这样记载：“巳刻到绍处谈，随至文、魏、方三处周旋。”① 此处魏、方是指其随行查办案件的魏震、方铸，而文则指文哲珲。这样的爱憎分明态度难怪使贻谷愤愤然不平不服，后世挺贻之人称鹿、樊等公报私仇，贻谷“掉进了一场预谋已久的梯篓子（土话：套圈）之中”，这种说法未免过甚，但查办的确存在一定的偏颇。这可能与鹿、樊等的个人禀性有关。当时正值暮春，塞上余寒未消，鹿传霖因年老多病，遂将查办相关人证、物证之事大多委诸樊增祥等人。贻谷案此次查办前后历时不到一个月。樊增祥参与帷幄，极为卖力，最后将各项调查情况草拟奏折并经鹿、绍二人多次修改后五百里驰递京城。迄今档案中还可以看到此次参案奏折的草拟初稿以及修订的标注。

奏折所举贻谷在督办垦务中的罪行，远远超过文哲珲的检举。简言之，奏折认定贻谷在督办蒙旗垦务中有“二误四罪”。所谓“二误”是误认宗旨、误用小人。关于“误认宗旨”，奏折指出，“朝廷开放蒙地，乃恤蒙以实边，非攘地以求利也”。贻谷通过各种手段进行攘地求利，以致滋生民怨，这是他的问题根本所在。这一条比较虚，属于方针路线问题，有些上纲上线的味道。关于“误用小人”，这是方式方法的错误，与前一条思想认识错误相关，堪称贻谷违法犯罪的另一重要原因所在。由于贻谷“误认”了放垦的“宗旨”，所任用者不是贪婪无艺之人，就是庸鄙无能之辈，这些人在蒙地放垦中或朋比为奸，或假威图利，结果贻谷用小人反为小人所用，使朝廷的“恤蒙”变成向蒙民“攘地”了。由于以上的“二误”，就出现了以下的“四罪”：其罪一为“巧设公司”。奏疏说，贻谷仿照铁路矿务工艺厂之例，设立了东西两个垦务公司，垦局与公司名为两分，实则一体，公司以每亩三钱的荒价向垦务局领出上好田地，然后以每亩八钱价格转售给垦户，一转手即可

① 河北省博物馆整理：《鹿传霖日记》（三），《文物春秋》1993年第1期。

得巨万银两，这样一来，贻谷借公司名义将官款化公为私，侵吞国帑，地价几乎全为公司所赚，朝廷利莫能沾。其罪二是“匿款不报”。奏折指出垦务公司所取地价高出押荒数十倍皆无奏案可查。特别是后套地商王同春两次报地一万零五十二余顷，每年实可获利二万余两，从未上报。奏折还举出察哈尔垦地原已丈放，贻谷认为丈放过宽，又重新丈放一次，重收地价亦未上报。其罪三为“朦放台地”。贻谷不但将荒地熟地全放，而且将驿站兵台地也进行丈放，严重妨害站地兵民的生计。其罪四为“误杀台吉”。奏折指出，准格尔旗台吉丹丕尔本不该杀，贻谷竟下令杀掉，并杀其全家五口，以致造成“两盟心痛”的严重后果。奏折最后还提出了五条善后建议请求朝廷采纳。

按照该奏折，除了卖官受贿、克扣兵饷等罪状外，贻谷被认定侵吞所收地价二百多万两白银，数量之巨，令人咋舌。清朝最高统治者严谕斥责贻谷贪残相济，扰害蒙民，败坏垦局，实属辜恩负国，下令将贻谷及其垦务官员革职拿问，封存所有公司及店铺财款，以备抵偿，由山西巡抚派员押解来京，交法部勘讯，监追治罪，着信勤接充督办垦务大臣兼绥远城将军。鹿、樊等人均对贻谷颇为反感，而对于文哲珲的态度则明显友善。贻谷不能不感到自己受到不公正对待，故而大打悲情牌。据新城父老相传，贻谷临行前，走到将军衙署时，义愤填膺地高呼：“十山九山秃，黑水向西流。富贵无三代，清官不到头！”这句话至今还在当地满族父老中传诵，但估计不是贻谷自己所说，而是全国各地都有不同版本流传的民谚，系民众对其冤屈鸣不平的反映。他的亲友也四处散发“辩冤书”“冤启”，为其鸣冤叫屈。贻谷还向各省督抚寄送“辩白书”，以博取同情。① 在法部接受审讯过程中，针对承讯有无散布刻本二分之事，贻谷坦言：获罪逮问，一近都门，不无亲朋看视，每每询及垦事颠末，自己因病中不能详答，以排印草本代答，为省话也。所述即垦事大略与此次办过交代之款项数目，皆系事实，并无捏造虚言，亦并无他意。贻谷将此事解释得合情合理。事实上，真理愈辩愈明，

① 军机处电令各省督抚，贻谷此举殊为不合体制，应将贻谷所寄之辩白书上交呈送军机处。

排印刻本可以使得作为被告方面有机会发出自己的声音，而不至于形成舆论的一边倒，将被告陷于众口铄金的绝境。正是由于贻谷及其子侄的抗辩不懈，才为今人留下了贻谷的《绥远奏议》《垦务奏议》《蒙垦陈诉供状》和《蒙垦续供》等比较系统而完备的历史资料，便利后世学者对此的研究。这也反映了贻谷及其子侄不甘于被后世所诬枉的心态。

李伯元《南亭笔记》载：

> 贻谷子钟仑，为吏部曹掾，善为章奏，叙事尤简要名贵。方贻奉诏系狱时，即自请开缺，又求入监侍养。禀略谓：职遭际圣明，厚席先荫，年少学浅，罔知忧患，一旦遘变，手足无措。重念职父，生平谨慎，横被非辜，秋风圜室，孤灯夜寒，愁猿唳雁，百般肠断。职闻卫成侯之被执，宁俞为纳橐饘，缇萦以父获罪，上书愿为官婢。今职以老父在系，比宁俞而更亲；觍然七尺，较缇萦而已长。苟遂忘亲保躯，坐视急难，惭负古人，不可为子。伏见职父少官禁近，读书中秘，自莅绥远，前后七载，周巡边徼，亲加抚绥。蒙众梗命，则寝食皆废；章奏秉笔，则心血为枯。家无廉俸之积，身无侍妾之奉。臣心如水，而人不知；视民如伤，而世不谅。明珠苡薏，生祸不测。职父循省，不自知罪；朝右士夫咸称其冤。① 职满洲臣仆，遵奉法律，不敢以登闻讼冤之心，陈冒昧请代之表，屏气悚息，静候宸断。惟是诏狱森严，钤柝哀厉，冤气郁结，忧能伤人，非得亲子旦夕将护，残年扶病岂能自全？夫收孥连坐之律，诚圣朝所无；而天理人情之至，皆王法所许。况职不才，兼系独子，② 固未忍自处安乐，亦何心再玷冠裳？云云。禀上法部，部尚葛宝华笑谓僚佐曰："干曹瞒之蛊，陈思乃擅文章；以犁牛之恶，其子亦登郊祀。"盖深许之也。自此语宣布，而钟仑之禀，乃传诵

---

① 按，此处省去"樊增祥修复私仇，蒙蔽重臣，深文倾陷，虽未敢信，抑岂无因？"见贻谷：《蒙垦陈诉供状》，内蒙古自治区图书馆藏铅印本。

② 按，此处省去"心绪灰冷"。见贻谷：《蒙垦陈诉供状》，内蒙古自治区图书馆藏铅印本。

众口矣。①

贻谷之子钟仑以善草章奏著名，除一面分头活动为其父抗告脱罪外，并自拟呈请书，要求入狱侍亲，葛宝华曾经审理过著名的杨乃武与小白菜案，时任刑部尚书，深许钟仑之禀。其所言很明显不可能是出口成章的赞语，而是在览阅了钟仑这篇辞情恻怆的骈体禀诉之文后的判牍批语。钟仑之禀和葛宝华之判均为四六体，仍是唐宋以来沿袭千余年的旧式，在晚清历史上又留下了一段传奇故事，足见贻谷及其子侄的舆论宣传有声有色，可圈可点。贻谷之子钟仑、侄钟岳“一面联络势要，一面操纵舆论（自办一报于京，以为喉舌；复结纳京师同业，俾助之张目。即津沪报纸，亦不乏与有关系者）”②。贻谷子侄自办报纸之事在笔者所见到的真凭实据中尚未得见，不过即便贻谷锒铛入狱后，其仍然可以通过报纸以公开信等方式为自己辩护。③

早在道咸时期，恃才不遇而潦倒病死于京师的沈垚就感慨唯利为重、上下交征利的腐朽吏风，曰：“都下无一事不以利成者，亦无一人以真心相与者，如此风俗，实有书契来所未见。”④ 谙于政情者惟利之趋，无所不至。奔走趋承，一切都是为了利，都是以利为转移。即在贻谷被革职解京的同一年，已届老境的慈禧太后也不免贪恋财货，以至于陶湘为之感叹道，“以万乘而重万两，殊出意外”⑤。上不正，下参差。

① 李伯元：《南亭笔记》卷二，薛正兴校点，江苏古籍出版社2000年版，第20—21页。

② 徐凌霄、徐一士：《凌霄一士随笔》第2册，“贻谷侵牟案”，山西古籍出版社1997年版，第587页。一些报纸所言贻谷出资延聘鄂人某君为主笔所开办的报馆被载笔者故意藏头露尾，隐去其名，其机关报不知所指。

③ “传闻贻谷近日差人来京，大施运动手段，闻已费去十余万，曾宣言非翻案不可，惟某某报馆，受之最多，曾将其序浓圈密点以发表之，可知其用意之所在矣。”见于《贻谷运动奇闻》，《通学报》第6卷第2期（1908年）。

④ 沈垚：《落帆楼文集》卷十，“与吴半峰”，民国七年吴兴刘氏嘉业堂刻吴兴丛书本，《清代诗文集汇编》第598册，上海古籍出版社2010年版，第134页。

⑤ 《陶湘致盛宣怀函》（光绪三十年十一月），陈旭麓、顾廷龙、汪熙主编：《辛亥革命前后：盛宣怀档案资料选辑之一》，上海人民出版社1979年版，第19页。

在晚清官场，旁门八百，左道三千，政以贿成，钱能通神，办事必须用银子点灯笼，打亮来照道，如果无此妙券，则寸步难行。贿赂之门四通八达。小事小贿赂，无事先贿赂，有事更贿赂，似乎人人都要行贿，人人都有理由受贿。时荣禄已死，奕劻以辛丑和约成而大受“慈眷”，领袖军机，利用民间所谓“换手抓痒”的权钱交易方法富有多金，私蓄累累。奕劻交人以所奉钱财多寡为亲疏远近的标准，将利用权力换取钱财作为一种经营方式，卖官鬻爵，欲壑难盈，细大不捐，门庭如市，时人将庆王府戏称为“老庆记公司”①。《泰晤士报》《纽约时报》等媒体也曾说他家就是中国官场的“集市”（market），连门房都设了“收费站”（toll）。“老庆记公司”把官场变为市场，把手中的官职换成了白花花的银子。凡外省运动官缺，皆有价格等差，非贿不得，表面上说保举人材，实际上就是银子在那里说话而已。凡内外希图恩泽者，非夤缘奕劻之门不得入，并且非有援引之人亦未易掇身而进。“老庆记公司”拿官帽子换银子的业务一直生意兴隆，与此同时，其秽迹腥闻纪于各报者，亦彰彰在人耳目，成为时人谈论不鲜的话题，京师士大夫晤谈时每每交口鄙之，以至于奕劻临终之后被溥仪否决了最初内务府大臣拟谥号“哲”，而仅授谥号为“密”。御史时称“都老爷”，本是穷京官，只有手中的笔能够与银子发生关系。在混迹官场之人无不想趁机多捞一把的大背景下，一些走邪路的御史受到金钱力量的驱动，以权谋私，把奏文变成卖钱的商品，利用自己可以风闻言事、虽劾人无实迹亦不加罪的权利，只要有人给钱，立即捐弃廉耻，挺身参奏。这在晚清官场被称为“卖奏”，数千金、数百金、数十金不等，参折成为金钱的等价物，以至于沉沉谏院，昏暗无光。

贻谷及其子侄在案发后刊印刻本进行辩白，这只是其为自己开脱的手段的一个方面，另一个方面就是通过金钱手段进行幕后活动。刊印刻本本身既表明了在当时专制权威的下降、司法改革的推进和新闻媒体传播舆论空间的发育，也表明贻谷及其子侄的经济实力较为雄厚。西晋时

---

① 奕劻与当时的军机大臣那桐分居总、协理职位，二人结为一气，均聚敛之臣，恶名彰著，又被时人称为“庆那公司”。

人鲁褒《钱神论》云："钱之所在，危可使安，死可使活。钱之所去，贵可使贱，生可使杀。"① 贻谷自不待言，而其子钟仑为吏部考功司郎中，其侄钟岳为吏部文选司郎中，均是深谙官场运作款要的聪明人，略散金钱为扬汤止沸之计，化财消灾自然成为不二法门。"贻谷卒得保首领以殁者，其子侄借长袖善舞之势，多方运动之效也。贻谷侄钟岳（吏部文选司郎中）、子钟仑（考功司郎中）均设法营救，而钟岳尤以手腕灵活，声气广通，负较大之责任。"② 本来，"贻谷以绥远城将军兼督垦务，颇锐意经营，而侵牟亦巨，时以所获分润朝贵，奕劻等其奥援也"③。在押解来京途中，贻谷事实上故意在城外逗留，探听朝野消息，采取针对性措施来活动权贵。当时的《申报》声称，贻谷收买言官，运动大臣，所费不赀。"第一次某御史之奏闻已费八千金，第二次之奏竟费万金以外，闻某学士已受运动将缮折代为申诉。"适值鹿传霖参劾贻谷有意逗留而作罢，而贻谷之所费已至数万金矣。④ 检对官方材料，我们可以认定此处所指的御史应该包括秦望澜、常征等。在贻谷解京后，御史秦望澜为其陈情，提出查办重案不甚允协，请饬复行核议该案。光绪三十四年八月初五日内阁奉上谕："御史秦望澜奏查办重案不甚允协请饬复行核议一折。已革绥远城将军贻谷被参，案情重大，特派大员驰往查办，据奏复情节较重，当经谕令拿交法部审讯治罪，自应由法部彻底究办。乃该御史竟敢胪列多条，率为申辩，显系有意开脱，殊属冒昧，难胜风宪之任，原折掷还。秦望澜着回原衙门行走，以示薄惩。"⑤ 秦望澜原系民政部主事，时莅台未久也，遂被罢除

① 吴楚材、吴调侯选注：《古文观止》，黑龙江人民出版社 2008 年版，第 481 页。

② 徐凌霄、徐一士：《凌霄一士随笔》第 2 册，"贻谷侵牟案"，山西古籍出版社 1997 年版，第 587 页。

③ 徐凌霄、徐一士：《凌霄一士随笔》第 2 册，"贻谷侵牟案"，山西古籍出版社 1997 年版，第 586 页。

④ 《贻谷参案最近要闻》，《申报》光绪三十四年八月十二日（1908 年 9 月 7 日）第 4 版。

⑤ 中国第一历史档案馆编：《光绪宣统两朝上谕档》第 34 册，光绪三十四年八月初五日，广西师范大学出版社 1996 年版，第 176 页。

御史。[1] 秦望澜在奏折中将贻谷所刊送的《蒙垦账略》几全文叙入，[2] 是否果如媒体所言受贿枉法，暮夜苞苴，事属隐私，秘密之甚，无从得确。蛇行无声，奸计无影。我们不能断然否定一人传虚而百人传实情况存在，但“贻虽以张、鹿两汉相之迫压，独能再接再厉，终得脱身，金钱魔力能左右一切，可叹也”[3]。

复仇者往往需要挖掘两个坟墓。王宪章在鹿抚陕时为掌书记，有干才，亦为樊增祥所器重。如前所说，在查办贻案伊始，樊增祥即命王宪章乘快马昼夜兼程前往榆林查封所有垦务案卷，以防止贻谷涂改档案和簿籍。王宪章与贻谷不合，在贻案中的角色更令贻谷子侄衔恨不已。在新政盛行之时，王任文选司总核，掌握铨选大权，挖空心思卖官纳贿，以偿宿负。在鹿去世后，吏部鬻官案发，[4] 被吏部司务厅掌印钟仑抓到受贿实据，案证确凿，无可遁饰。钟仑在吏部素邀上台器重，尚书陆润

① 《贻谷参案最近要闻》，《申报》光绪三十四年八月十五日（1908年9月10日）第4版。

② 李振华辑：《近代中国国内外大事记》之光绪三十四年八月初五日，沈云龙主编：《近代中国史料丛刊续编》第六十七辑，661，台北文海出版社1974年版，第383页。说者谓贻氏一生贪狠，惟于师友风义尚能敦笃，故参案发生后，“若鄂之李氏、陇之秦氏及粤西赵氏，极一时名宿，俱为之挽救甚力，非必尽为金钱奔走也”。见天涯恨恨生：《贻案始末记》第三章翰林时代之贻谷，1911年印行，收入《边疆史地文献初编》编委会编：《边疆史地文献初编·北部边疆》第2辑第4册，中央编译出版社2011年版，第355页。秦望澜和李云庆均是贻谷的同年，前者曾与贻谷在兵部为同事，后者曾在贻谷督垦期间任总办，谓为得贿卖折，亦过言也。

③ 《清朝史料》卷四，“记樊樊山查办贻谷案”，《清朝野史大观》第2册，上海书店1981年版，第133页。

④ 《法部尚书廷杰民政部右侍郎林绍年奏查明吏部司员通同作弊按律定拟折》，《政治官报》宣统二年八月二十二日第1045号，折奏类，《清末官报汇编》第76册，全国图书馆文献缩微复制中心2006年版，第37985页。王宪章案又称“吏部鬻官案”或黄祖诒买官案是庆亲王买官鬻缺的缩影。光绪三十三年，陆润庠接替鹿传霖执掌吏部，住在贻宅的吏部侍郎陈邦瑞更是对贻谷子侄呵护有加，王宪章的失势与钟仑的得势似乎显示出风水轮流转的兆头。同样的道理，岑春煊与鹿传霖存在矛盾而出任晋抚、在晋省任职期间与贻谷放垦的配合，也是其民国年间为贻谷翻案积极出力的伏因。

庠尤倚任之。[①] 买官本是部办惯技，政治不纲，有识同慨。此案赃款不过三千金，乃竟成大狱，贿买难荫及改选班的黄祖诒、三义气兴金店掌柜黄德琨均被判处绞监候，秋后处决。[②] 揆之救大不救小之例，王宪章官小力薄，成为被拿来开刀的祭牲而问斩，乃从小处着手，易于得力，形成对樊氏的反攻。朝贵得赃鬻缺者何啻巨万，相与习以为常，所谓窃钩者诛，窃国者侯也。但是，随后李范氏呈控钟岳案，贻谷一方又被整得狼狈不堪。恰恰由于贻谷及其子侄的以钱开路走门子引人注目，所以产生了如下的记载：

> 李惺吾阁学为余言：贻谷以绥远将军侵吞垦务，褫职入狱，悬案久不决，乃百计运动行贿，以图推翻。法部尚书满人廷杰好货，有向充书办李永谐之妻，受佣于其宅，善词工媚，深得廷夫人欢。凡夤缘贿托之事，无一不经其手。钟岳者，贻谷之子也，谂知之，遂与之说合，先与金二千，约俟反［翻］案，以五万金为酬。未几，廷杰卒于官，左侍郎绍昌继之。绍固查办斯案大臣之一，深悉底蕴，抵任第一声，即判决贻谷为有罪，遂有戍边之谴。而李妇竟持支票赴大清银行取款，该行坚不肯付。李夫妇面钟岳要索，声色俱厉。钟岳为先发制人之计，系送之警厅。中途，男、女皆逸，知势非钟敌，径往地方审判厅控告，和盘托出，大有同归于尽之概。钟岳大惧，急诣廷杰之子求救，谓此案与尊甫有关，彼此均将有不测之祸。廷子惶恐。呼吁于妇翁那桐之前，那拒之；更使妇哭诉于乃父，不允不休。那不得已，就御史瑞贤密谋，授以机宜。瑞承旨上折奏参，指李夫妇为著名之痞棍；复罗致多人，均加罪名。而于钟岳谋反其又［父］贻谷一段秘密，一字不提。结果则李夫妇等俱获罪焉。[③]

---

① 法部尚书廷杰：《奏为更正奏结鬻官案内黄祖诒一案罪名请改绞监候事》（宣统二年十月十七日），中国第一历史档案馆藏录副奏片，档号：03－7581－047。

② 恽毓鼎：《恽毓鼎澄斋日记》第2册，宣统二年八月十八日，浙江古籍出版社2004年版，第500页。

③ 陈灨一：《睇向斋秘录》，“纪贻谷父子”，中华书局2007年版，第47—48页。

笔记的作者名头很大，其著述亦流传甚广。但这一记述存在一些经不起推敲的地方。首先，作者云“绍固查办斯案大臣之一”，将绍昌与绍英相混淆，其次，作者称“钟岳者，贻谷之子也”，将钟岳与钟仑相混淆。作者坦言自己得诸内阁学士李惺吾的讲述，不一定确切。较诸这一记载更为确实的是蒋芷侪《都门识小录》。蒋氏记载此事的时间比较近，明确提及是在当事人往来贻谷宅有年的老伶工郭祥林在头年冬天“拟于煤市街某公司废址建筑戏园”。除了记述的内容比较详细外，所叙的合同纠纷更为可信。作者最后直抒胸臆，言本案“词意纠纷，不可爬梳，终必有水落石出之一日也。贻谷生平长于殖财，家本素封，初则以财发官，继则以官发财，绥远一任，则以财致祸；在狱三年，则又以财脱祸。李、郭之案，是否出于串谋劫财，尚不可知，要之贻谷此次负赃出狱，抗旨逗遛［留］，其为得于贿赂之力无疑也。李、郭虽狡，其能以毫无意识之举动，施于目无国法之小人哉！”① 需要指出的是，前引《凌霄一士随笔》所述钟岳上下运动权要，为避人耳目而将总机关设于“大外郎营某伶家”的“某伶”、蒋芷侪《都门识小录》此处所说的老伶工郭祥林其实就是当时著名的果香菱。此人在当时清代诸多文集、日记中时常出现。按照京剧界熟悉内幕的人记载，蒋芷侪《都门识小录》所记载的准备建筑的戏园就是在义和团运动时被团民烧毁的著名的广德楼，后来重建，“清朝末年，绥远将军钟贻谷之子钟志谨为房东，名武生俞菊笙亦为股东之一。后钟氏被刑部拿问，其所持股份转售给果香菱”②。从官方材料来看，因为有人参奏革员贻谷侵吞巨款、匿存商号，清朝最高统治者谕军机大臣等，着步军统领衙门、顺天府，按照原奏各情节，调集存义公等四家新旧账簿，严切追缴，并传讯钟岳严行查究，以重公款。寻奏，查明革员贻谷存款，将祁县存义公号银六万两、

① 蒋芷侪：《都门识小录》，胡寄尘编：《清季野史》，岳麓书社1985年版，第89页。

② 中国李大钊研究会编注：《李大钊文集》第2册，人民出版社1999年版，第372页。

归化城大德通号银四千二百两，分饬按数严追。① 贻谷及其子侄上下打点固然人言籍籍，但其实并非像媒体宣传的那样肆无忌惮，而且也绝不可能像外界夸大其词的传言所称的那样数量惊人。其子侄均受到冲击，这见诸煌煌圣谕不能不执行的钦命。贻谷家通过各种方式转移财产是可能的。此外，笔者怀疑上述所有故事很可能均与原始法部档案中反映的在法部收发所充当书手的马耀隐匿公文向贻宅家人两次索要钱文一案具有渊源关系，似乎具有三人言市成虎的意味。笔者在法部档案中看到，马耀在本所老爷散署、科房伙计亦俱回家时，接到绥远垦务大臣咨文一件，料及绥远城咨文定与贻谷案有关系，遂将来文私折藏匿，拟乘便送与贻宅家人阅看，冀图得财使用，因其在法部衙门曾见有须人跟同一人来递呈子，知道两位来人系贻谷家人，后在街上遇见贻宅家人，遂透漏手头掌握公文，希望能够与之进行交易，但贻宅家人俱不理而去。马耀嗣后又接到绥远城大臣咨复一件，恐前情败露，再次将新收文件独自藏匿，经西蒙科屡次催问，始行呈出。② 当时法部官员就质疑：该犯既知贻宅家人，亦断无不知贻将军住宅之理，其为串通贻宅索贿舞弊情事显然，应即从此彻底根究。③ 然而，此案最终不知何故在惩治该犯后并未继续追查，可能事实正是所怀疑的情况，只不过被压了下去，点到为止而已。

此时的文哲珲已经不处于风潮的中心，而是贻谷成为各方关注的焦点。贻谷不仅舆论宣传方面相当成功，在金钱打点方面相当有效，而且其自我辩护相当细密。贻谷在陈诉状中对鹿、绍奏折所举的事实逐条批驳，说“按事者胸有成竹，不独不查案卷，亦复略过原参，案外罗致，闪烁其词，冀耸圣听”。他保证“果能查出丝毫赃据，则虽肆市朝，籍

---

① 山西巡抚宝棻：《奏为遵旨派员查明绥远城将军贻谷所立垦务公司资产等项并收存数目事》（光绪三十四年六月初十日），中国第一历史档案馆藏朱批奏折，档号：04－01－01－1086－050。东北三省总督徐世昌、署理吉林巡抚陈昭常：《奏为查明已革将军贻谷原籍田产商业公私各款分折清厘封存数目事》（宣统元年三月二十九日），中国第一历史档案馆藏朱批奏折，档号：04－01－01－1103－001。

② 中国第一历史档案馆缩微胶片《贻谷案》第1卷，第000861－000864拍。

③ 中国第一历史档案馆缩微胶片《贻谷案》第1卷，第000865－000866拍。

钟仑像

妻子，亦情真而罪当”。关于“巧设公司”之说，贻谷称，西路垦务公司的成立旨在为“蒙旗教案”赔款提供经费来源。至于东路公司，原意在于袪除“地商把持之恶习，与延抗押荒之积弊”，五年间，共计收地价银三十五万八千一百两，除各处开支经费外，获利十万左右，对国课不无裨益，因此否认巧设公司，化公为私。关于高价放垦一事，贻谷认为，此事并无不妥，“总以人肯认领始能售出，否则人将裹足，何能强迫。夫公司获利，亦公司之通例也”①。由于王同春所报土地需要渠水灌溉，因此，只开垦了七八百顷，所收押荒、地价和渠租自然没有查办大臣估算得那么高了。而且由于达拉特旗土地只租不报，且并未全部租出，实际租种土地有限。至于查办大臣指责东公司放出地数的数目过于简略，且与左右两翼各垦局所收押荒地数不太吻合一事。贻谷解释道：“据该公司册报汇算共地二万五千八百五十四顷有零，而说帖云放地一万四千六百余顷，是未将张（张家口）、独（独石口）、多（多伦诺尔）三厅所领放之一万一千余顷算入，故致数目悬绝如此。至地价统以六钱合算，亦非事实。盖该公司所收地价除缴押荒外，有每亩二三分者，有一二钱至五六钱者不同，非能一律统算也。”如果笼统以八钱计算所有已放垦和未放垦的土地必然产生偏颇。贻谷称，东公司所放土地为二万五千八百五十四顷，已收地价三十五万五千一百六十余两。关于渠租重于正课一节，贻谷认为渠租是针对后套用水的土地而征收的，“故民户于渠租不惜多出，而正课则不愿多纳，以渠水足，地利自足，租课自有所出”②，完全合乎情理。对于“误杀台

① 贻谷：《蒙垦续供》，沈云龙主编：《近代中国史料丛刊续编》第十一辑，104，台北文海出版社 1974 年版，第 56 页。

② 贻谷：《蒙垦续供》，沈云龙主编：《近代中国史料丛刊续编》第十一辑，104，台北文海出版社 1974 年版，第 94、99—100 页。

吉”一事，法部认为，丹丕尔到底有无主使抢局，应当以确切证据为断。丹丕尔生前供词并未承认其主使抢局之事，即便姚学镜前两次禀文也都称系们肯吉亚，而且比对府谷县审讯垦局房主陈饭铺供词，“初无丹丕尔率领之语，不知姚学镜另禀何以称取有陈饭铺甘结，总头目系丹丕尔，且称们肯吉亚皆丹丕尔所嗾使”。另外，丹丕尔住宅着火一事，到底是鹿传霖等所称的系兵队“纵火焚烧”，还是贻谷所奏的系丹丕尔家丁“携灯取火药，失慎延烧”①，法部希望贻谷作出解释。对此，贻谷强调丹丕尔把持黑界地，又称该旗报地蒙员仡什巴图曾指证丹丕尔主使们肯吉亚驱赶垦局委，另有三札圪图、协理衔克什克巴图等皆可证明。至于陈饭铺供词初无丹丕尔率领之词，却认定丹丕尔是总头目一事，贻谷辩解道：“抢局之蒙众本非丹丕尔所率领，贻谷亦第言其主使，并未言其率领，其主使原不系乎率领不率领也”②，坚称丹丕尔是准格尔旗抗垦的罪魁。由此可见，贻谷对所有罪状全部否认，一则认为是别人对他的“深文周内”，是“虚拟罗致”；再则说所行所事，都有上批案卷，合理合法云云。他的供状的确有需要稽考的成分，未必能说统治阶级内部毫无攻讦的可能，然而他在蒙垦中的罪状是无法推卸干净的。法部的讯本说得好；“查办大臣之语，竟委穷源，具有条理。虽其中不无揣拟推算之词，然历称不敢臆断，不能悬揣，自非凭空虚造。将军躬亲其事，必有确然可以自明者，能在此等大段处，平心和气，疏通而证明之，于情理事实上均说得去，本部即可据为申诉之资料，然使空词强辩，恐亦于实际无裨也。”③

按照清制，副都统是不可小觑的官职，因为驻防职官的级别高于直省抚臬，贻谷作为绥远将军从级别上来说高于总督，而其兼衔理藩

① 贻谷：《蒙垦续供》，沈云龙主编：《近代中国史料丛刊续编》第十一辑，104，台北文海出版社 1974 年版，第 214、216、215 页。

② 贻谷：《蒙垦续供》，沈云龙主编：《近代中国史料丛刊续编》第十一辑，104，台北文海出版社 1974 年版，第 223 页。

③ 贻谷：《蒙垦续供》，沈云龙主编：《近代中国史料丛刊续编》第十一辑，104，台北文海出版社 1974 年版，第 84 页。

院尚书，从级别上乃高于六部尚书，所以“贻案”在官本位社会中的影响之大不难理解。贻谷解京后，时人认为“自光绪癸未年拿问滇抚唐炯、桂抚徐延旭后，久无此重典矣”①。这一案件不仅牵涉贻谷本人，而且关系到跟随贻谷遭此霉运的一大批中下层官员的出处。按照清朝最高统治者下达的谕旨，“随同婪贿各员分别监追遣戍，历年办垦保案一并撤销”②。对于贻谷参案，一些人基于平日的友情对此表示慨念沉冤。例如，贻谷友人叶昌炽对鹿、绍二人查办贻谷案之坚决大感意外，有诗云：“忽非依样画葫芦，水至清时鱼则无。尺寸华离登禹甸，机宜文字出樊湖。”③ 叶昌炽在此指出樊增祥在此案中的重要作用，隐射樊增祥公报私仇。而一些受到贻谷参案牵连的僚属自然也会申诉。按之档案，留用垦务官员王德荣等人于光绪三十四年七月联名上书，声言：“款均由各厅详细交待清册，笔笔落实，处处可考。至于各旗办法不同，荒价随地质为等差。复奏概以每亩八钱核算，亦未加深察故耳。职等束身礼教，跰足遐荒，所以不辞劳怨，勉为其难者，岂有丝毫自利之见存，亦以前大臣公忠夙著，清节凛然，宏此远谟，边功可竟，故愿为之抒策力而奋功名，何期见忌同官，竟成大狱。明珠薏苡，千古同冤，矧其事更有甚于古昔，其人为众所服事者乎。余若公司，系奏明开设，而以为巧设；站地系奏请开放，而以为蒙放；丹丕尔抢局逐官，逆迹昭著，奏请正法，实为边局起见，曾经奉旨允准，

① 恽毓鼎：《恽毓鼎澄斋日记》第1册，光绪三十四年四月初二日，浙江古籍出版社2004年版，第379页。

② 恽毓鼎：《恽毓鼎澄斋日记》第1册，光绪三十四年四月初二日，浙江古籍出版社2004年版，第379页。亦可参见中国第一历史档案馆编：《光绪宣统两朝上谕档》第34册，光绪三十四年四月初二日，广西师范大学出版社1996年版，第79页。《贻谷所保人员分三等办法》，《现世史》之政书·吏部事类·铨政汇纪，1908年第1期，第10页；《吏部奏撤销贻谷保案分别办法并声明请旨折》，见于《现世史》之政书·吏部事类，1908年第6期，第5—7页。

③ 叶昌炽：《奇觚庼诗集》卷中，闻蔼人将军贻谷督办蒙古垦务以墨败感赋二首叠前韵，《续修四库全书》第1575册，集部·别集类，上海古籍出版社2002年版，第195页。在其日记中，叶氏慨叹“安详雅饬之士何至于此?”似亦有回护之意。见叶昌炽：《缘督庐日记》第9册戊申日记（1908年）四月十二日，江苏古籍出版社2002年版，第5840页。

乃以为误杀。不查夫源，不究其委，曾无一语见谅。”① 该联名信恳请信勤按款详查贻谷冤抑实情，力争公道。尤其值得一提的是，即便贻谷案审结后，山西候补知府陈时隽于宣统二年（1910）四月具呈大理院，情愿身代贻谷发往新疆效力赎罪。陈时隽表明自己在贻谷晋边办垦七年期间职署理边厅，兼充垦差，数易寒暑，自谓微劳不落在事诸员之后，而他人率皆屡得优奖，自己不过保列一次，且以异常劳绩而仅加虚衔，非受贻谷莫大之恩之人，只能以同官僚属论，但“伏查晋边垦务，难埒拔山，历任山西巡抚刚毅、张之洞、胡聘之等，百计经营，未有寸效。贻谷自奉先帝命前往督办，誓集乃事以报高厚之恩，累年竭虑殚精，艰苦卓绝，平沙无际，乃得黍油麦秀，有周原膴膴之观。且国帑未请发分厘，而岁入可数十万，蒙汉皆日臻富庶，而行省已具规模。其为罪为功与夫获咎由来，内外臣工岂鲜知者，卒无人肯将实在情形缕达天听，甚或挟平时睚眦之怨，进下井投石之谗，致令蹇蹇荩臣，不蒙带砺之褒，几罹烹醢之惨，而边局隐隐败坏，举世咸淡焉”，所以甘愿代替自己心目中“远迩共钦，异音同叹”的官员效力赎罪而免其以残年衰朽奔走遐荒。② 这份呈词颇为动人心弦，表明后来山西民众为贻谷建祠并非无因。青山只曾明今古，绿水何曾洗是非。大风吹倒梧桐树，自有旁人说短长。人并非恶则无往不恶，美则无一不美。贻谷的确对当地百姓做了一些好事，有一定的群众基础。不过，有些申诉有异口同声的辩解，反映出相互关联和串联的攻守同盟，也同时暴露出贻谷并非完全被冤枉。贬贻派认为其收买一些“文丐”进行宣传以为扬汤止沸之计，也不无一定道理。

与此同时，鹿传霖等也在制造舆论大肆指责。双方旗鼓相当，弄得满城风雨。朝中大佬对于贻谷案意见不一。鹿在枢府，主严办，从而激浊扬清，力矫时弊。特别是樊增祥作为查办奏折的主笔对贻谷的

---

① 赵全兵、朝克主编：《内蒙古中西部垦务志》，内蒙古大学出版社 2008 年版，第 361 页。

② 陈时隽：《陈时隽情愿代贻谷发往新疆效力折》，内蒙古自治区图书馆藏。

异动深感忧虑，通过鹿传霖向法部施压，催促法部抓紧办理此事。[①]翰林院侍读荣光曾与贻谷不睦，案发后荣光参劾贻谷子侄曾随同赴绥远，干预垦务，请法部并案审理，似有落井下石之嫌。[②]更有御史提供线索，称“贻谷赃款尚有寄存京城存义厚银号三十余万两，均系伊侄经手，近两年汇划来京者”，被交由顺天府步军统领衙门查办。[③]庆亲王奕劻因为与贻谷有姻亲关系，又受贻谷请托，意图转圜。[④]贻谷对查办大臣的指控一概否认，加上奕劻有意保全，使得鹿传霖相当沮丧，舆论传闻其因此萌生退意。[⑤]在这种情况下，法部左右为难，“袒贻则碍鹿中堂，办贻则又碍庆邸”[⑥]。部分言官亦对法部处理贻谷案的效率表示不满。据闻有御史欲就此事参劾法部不作为：“法部审讯贻谷一案经年累月，尚无端倪，传闻有某侍御颇不满意，以该案赃证确凿，乃竟不能迅速办结，其中显有情弊，拟即具折严参，以儆效尤而重法典。”[⑦]法部因此案社会瞩目而有意邀请一二名御史监督审

---

① 《贻谷到京后运动续志》，《申报》光绪三十四年七月二十七日（1908年8月23日）第4版。

② 《贻谷参案近闻》，《申报》光绪三十四年四月二十五日（1908年5月24日）第3版。荣光曾于二十九年被贻谷奏调赴绥，嗣以两相不和被咨送回京，挟嫌已久。

③ 《贻谷参案续闻》，《申报》光绪三十四年五月初六日（1908年6月4日）第4版。

④ 《贻谷案可望平反》，《大公报》光绪三十四年八月初五日（1908年8月31日）第3版，《大公报》（天津版），第8分册，人民出版社1982年版，第245页。

⑤ 《鹿相国有意乞休》，《大公报》光绪三十四年九月初二日（1908年9月26日）第4版，《大公报》（天津版），第8分册，人民出版社1982年版，第351页。

⑥ 《法部调停贻谷参案消息》，《申报》光绪三十四年八月初八日（1908年9月3日）第4版。时法部尚书戴鸿慈虽在请假期间，但此案事关重大，不可不请示办法，遂派该部书记亲赴戴宅禀知贻谷到部事宜，戴氏默然。

⑦ 《某侍御拟参法部之传闻》，《大公报》宣统元年九月十一日（1909年10月24日）第4版，《大公报》（天津版），第10分册，人民出版社1982年版，第530页。

讯过程，而鹿传霖也一再催促，要求法部限期办结，同时打算派人前往监审，杜绝法部的人为操作，从而将贻谷案办成铁案。[①] 贻谷参案在当时引起了社会各方的普遍关注，外界对此案审理信心不足。但是，报纸存在捕风捉影的弊端，而且往往夸大其词。有的报纸比较感情用事，主张将贻谷蒿首市廛以为天下后世之贪残者戒，抨击说贻谷以金钱奴隶狗官乃得幸免，或云“贻谷罪案曾经某大老代为转圜，法部已有减轻议拟之说，近闻枢老召见时，窥探监国意旨，以此案久悬未结，其中不无可疑，似不以轻减为然，且鹿相国以原查不虚，坚持甚力，故此案拟结之期殊难预定矣”[②]。宣统元年（1909）三月，《申报》对贻谷案审讯拖沓、迁延反复进行了尖锐的批评：“我国二千年来办案第一之秘诀曰延宕。延宕既久，则种种弊端以生，而神奸巨蠹之希图翻案者，得以肆其偷天换日之手段，捏口供、抽案卷、纳贿、动运、求情、请托，百般之弊窦以出。”该报指出，法部为执法机关，理应借由此案，秉公审断，而且正值举办新政、修订法律之时，“法部又为法律汇归之地，而其办事若是，将何以表率，而更何整顿刑律之足言乎？”并转述其他报纸所载消息，称法部尚书戴鸿慈因为碍于情面，托病请假，且一再续假，更暗示其受奕劻指使，延不销假。《申报》称“是以当时言贻谷运动者多涉及该部，记者曾论此案，谓法部即或受贻谷之运动，亦决不能专听贻谷一面之词，而置鹿中堂等覆奏于不顾……鹿中堂见贻谷运动如此，爰于去年八月间将贻谷广营纳贿及抽换案卷情形奏请饬法部严审，而法部仍置之不理”，只是在

---

① 《贻谷案果能勒限办结乎》，《大公报》宣统元年九月十六日（1909 年 10 月 29 日）第 5 版，《大公报》（天津版），第 10 分册，人民出版社 1982 年版，第 555 页。

② 《贻谷罪案之难定》，《大公报》宣统元年十月十五日（1909 年 11 月 27 日）第 5 版，《大公报》（天津版），第 10 分册，人民出版社 1982 年版，第 696 页。贻谷也迭请调当日经手人及办事卷宗以成信谳，抱怨案无了期。参见中国第一历史档案馆缩微胶片《贻谷案》第 3 卷，第 000122 拍。但本案牵涉内容如此庞杂、攻防如此激烈，法部不能不慎审要公，耗时甚久。

被谕旨严饬后，迫不得已才具折入奏。[①] 贻谷不惜重金收买朝中重臣为其说项，且有庆亲王奕劻背后撑腰。与此相对，作为查办贻谷案的主导鹿传霖即便不出于公心，也必须维护自身查办结论的正确性。这两种力量的角力令法部无所适从，不得不谨慎从事，执中用法。此外，两宫宾天，清廷迭遭大丧，这也是贻案遂有所搁置的原因。解铃系铃，非鹿氏放手不可。宣统二年七月二十二日，坚决主张严惩贻谷的鹿传霖去世，贻谷案角力格局被打破，为结案创造了条件。胡思敬如是言：贻谷案发后，“论者料其必诛。而贻谷出荣禄门，素通声气，京内要人多为之缓颊。其子侄布在朝列，代撰冤词，四出布散。法司遂为所动，欲轻减其罪，而传霖方在军机，乃借咨查款目为名，悬案至三年不结，监国亦勿问也。或嘱予具疏言之。予曰：‘贻谷案必俟鹿中堂出军机方可议结，言之何益。’已而传霖薨，廷杰为法部尚书，未及一月而贻谷定罪发边充军，果如予言。……贻谷遣戍时，监国尚欲全之，廷杰力持不可。未几，杰死，遂不予谥。”[②]

从现有的大量档案中可以看出，现存的中国第一历史档案馆的贻谷案档案和内蒙古自治区档案馆的垦务档案存在少量相同的内容，但两者由于形成的过程不同，所以内容大不相同，彼此各有千秋。内蒙古自治区档案馆的垦务档案包括绥远城将军衙门档案、东西路公司的档案、垦务局档案等，主要反映贻谷受命前去内蒙古办理垦务的情形、遇到的问题、困难和解决办法，其间所发生的一切，能令后人睹其概貌。而中国第一历史档案馆的贻谷案是在审理该案本身过程中形成的，其中除案中人员的亲草手迹所提供的证明、甘结以外，许多文件是当时垦务局、东西路公司、将军衙门的档案原件或抄件，还有法部档案的原件等。档案上所粘贴的小条子和眉批、摘录等足以说明该案审理甚为细致。另外，对全案的处理与年羹尧、和珅等案相比，是“冷”处理，而不是“热”

---

① 《论法部开脱贻谷参案》，《申报》宣统元年二月二十三日（1909 年 3 月 14 日）第 2—3 版。

② 胡思敬：《国闻备乘》卷四，荣孟源、章伯锋主编：《近代稗海》第 1 辑，四川人民出版社 1985 年版，第 303—304 页。

处理。案中主要当事人的多次亲供，均能一一被细致审阅。经查证，对原来认定为私分、贪污但确无根据，而本人提出来的申述又多方证明不属于贪污私分的款项，都未予定案而明确予以否定。原来说贻谷侵吞公款二百多万两，而宣统三年正月二十六日法部尚书绍昌等在上报朝廷的结案定拟折中，除案发后已经厘正归公之外，给贻谷最后定案只应追缴款四万一千九百三十两，应向姚学镜追缴一万两银。贻谷、姚学镜二人被判刑主要是因误杀台吉丕尔丹，依故入人死罪，增轻作重，以死罪律减一等，酌减为杖一百，流三千里，均系官犯，应照章免杖从重发往新疆效力赎罪。① 宣统三年（1911）二月二十四日，摄政王发出上谕，确定将贻谷发配新疆。贻谷案至此在法律意义上的审判成为定谳，但在道德层面的舆论审判尚众声喧哗。对于这样的判罚，社会舆论大张挞伐，御史陈善同更是于宣统三年二月十七日呈递《奏请将贻谷正法折》。② 进入民国以后，在财政部、农商部和内务部的推动下，后贻谷时代萎靡不振的察绥垦务开始重整旗鼓。因为肯定别人就是肯定自己，既然民国政府要踵其成规而续图发展，就不能不通过肯定清朝大臣贻谷作为先驱人物的遗迹合法性以肯定当下自身的行为合法。因为此时升科民地悉皆当日所放蒙荒，其功洵未可尽没，所以，贻谷的旧僚岑春煊在民国10年（1921）上书徐世昌后，北洋政府遂爽快地为贻谷督办蒙垦平反昭雪，并赐“耆英望重”匾额以示表彰。孔子曾苦口婆心地说道：“政者，正也。子帅以正，孰敢不正?”③ 私臣不忠，忠臣不私。功是功，过是过，功不可抵过，过不可将功。贻谷侵蚀巨款，本来实属罪有应得，其翻案的成功来自时间和财力的支撑。到鹿去世后，案件有了从轻

---

① 《大清现行刑律》和修订过的秋审条款，于宣统二年（1910）七月谕旨甫一颁行，即在九月份的秋审中得到应用。王宪章案是按照新章定罪量刑。参见《法部奏官犯黄启捷等均拟酌入缓决折》，《内阁官报》宣统三年八月二十五日，1911年第54号，第5—6页。法部对于贻案适用旧律而此前相关的王宪章案却引用新律，殊不可解。

② 陈善同：《陈侍御奏稿》卷三，“奏请将贻谷正法折”（宣统三年二月十七日），沈云龙主编：《近代中国史料丛刊》第二十八辑，274，台北文海出版社1974年版，第207—212页。

③ 杨伯峻译注：《论语译注》，中华书局2008年版，第129页。

发落的机会；到清朝社屋后，否定前朝自然是一种拨乱反正。

第二节　揭开公司的面纱①

庚子事变后，清朝最高统治者不得不进行变革以维持政权的存续，宣布实行新政，采纳张之洞等提出的变法修律的奏议，加之《辛丑条约》签订后协定关税谈判等启动，商律的制定成为变法修律的要务。在清廷紧锣密鼓着手编定《公司律》之际，贻谷奏请设立垦务公司。有些学者批评，垦务公司未向商部注册及登记，因公司之中多有违反商部设立公司章程之处。揆诸历史，在光绪二十八年八月贻谷奏请设立垦务公司之时，商部尚未成立。在直到 1904 年《大清公司律》颁布前，公司的设立均采用向地方衙门和中央朝廷申请呈报，经朝廷批准后得以合法设立、营业的办法，即学术界所谓的“请准制”。即便《公司律》颁行，垦务公司带有政治色彩，属于特殊公司，也应该采取具有一事一议性质的“请准制”。从设立程序上看，垦务公司的设立并不存在严重的瑕疵。

樊增祥在奏折中关于贻谷巧设公司之罪这样写道：“光绪二十八年贻谷奏设垦务公司，系仿铁路、矿务、工艺厂各公司之例。查路、矿、工厂皆平地为山，每一事动需数十百万，朝廷无此巨款，不得不假借公

---

① 英美法系中的“揭开公司面纱”（piercing the corporate veil）往往被类比为大陆法中“直索（Durchgriff）责任”或“透视”理论，是指为阻止公司独立人格和股东有限责任的滥用和保护公司债权人利益及社会公共利益，就具体法律关系中的特定事实，一时地否认公司与其背后的股东各自独立的人格及股东的有限责任。鉴于实行有限责任制度的公司法人人格被滥用，以致成其背后操纵股东为规避某种义务或侵害他人的“挡箭牌”，法院出于实现公平正义的目的，在具体案例中漠视或忽视公司的法人人格，使隐藏在法人独立人格“面纱”背后的股东直接负责清偿公司债务。“揭开法人面纱”制度可谓锻造了一柄能敲开公司外壳的大锤，在 1905 年“密尔沃基冷藏运输公司”一案的判决中被明确得以阐明。本文借用“揭开公司面纱”概念，旨在揭示垦务公司的内部结构和实质特征。

司。若垦务则蒙古献地于国家，国家放地于垦户，售田得价，价即帑金，计亩征租，租皆正课，有土此有财，不须本而自获利者也。”① 按照该折之意，贻谷设立垦务公司是纯粹是一个巧立名目敛钱的幌子，没有必要。但贻谷针锋相对加以反驳：“开办垦务时，开支繁巨，恐事机阻滞，或如晋省旧押荒局之迟延。既未请领款项，安能不筹集股本，以备应用，俾收挹注之资。惟放地迟速，难以预知，即公司赔赚，安能逆料，设使旷日持久，即以股本全数解付押荒，挪充经费亦将有尽时，本且难保，何利可云？……谓之幸不废时亏款则可，若谓必能悬款不动，坐收稳利，则未将当日情形代为细加详核也。”② 贻谷反复以“旧押荒局放地数年，仅放地三千余顷”的前车之鉴作为自己奏请开设垦务公司的理据。寻绎贻谷的意思，当初晋省旧押荒局的延迟，其原因除了晋省鞭长莫及以至于成效罔睹外，另一重要原因就是官府气息过重，应该引入商股，改造机制，使得放垦别开生面，以畅新机。这不能不说确有所见。如果说开放蒙地的思想渊源比较久远，那么体制上的渊源就是张之洞在光绪八年（1882）设立的丰镇押荒局。虽然押荒局的成效不彰，但可以说为贻谷的大规模垦放在制度层面进行了有益的探索。贻谷从光绪二十八年正月十八日正式赴晋边督办垦务，在二月十八抵达山西太原后，数月内一直进行调查咨询，狠下了一番功夫，从过去押荒局的经验教训中通过反思寻求有益的资源。这也是其后来能够打开局面的原因所在。不仅押荒局的经验教训，而且在贻谷公牍时时引以为戒的晋省商务局等其他方面的经验教训也为贻谷所借鉴。在贻谷的垦放活动中，不仅晋员的抽派调遣具有重要意义，而且“山西经验”也是重要的影响因子。放垦的成功不仅在于官方行政权力对于产权确立的单兵突进，而一个重要方面就是通过经济垄断将地商驱除出市场，地商的存在是官方对产权确立的行政垄断无法实现的干扰，设立垦务公司对于“去地商把持

① 贻谷：《蒙垦续供》，沈云龙主编：《近代中国史料丛刊续编》第十一辑，104，台北文海出版社 1974 年版，第 7 页。

② 贻谷：《蒙垦续供》，沈云龙主编：《近代中国史料丛刊续编》第十一辑，104，台北文海出版社 1974 年版，第 93 页。类似表述亦见于中国第一历史档案馆缩微胶片《贻谷案》第 2 卷，第 000052 拍。

之恶习”具有釜底抽薪的意图，以简驭繁，最终旨在推进土地国有化。光绪二十四年，察哈尔都统祥麟曾言：“欲蒙地无私垦，必严科罪，欲蒙员无私放，必严惩奸商。”[①] 这道破了贻谷之所以汲汲于设立公司取代地商的原因。换言之，双管齐下才能保障垦务局的丈放土地顺利推进，才能彼此呼应，相得益彰。而另一方面，垦务公司也必须具有一定的行政垄断性质，才能凭借资本和行政力量的叠加优势实现排挤地商的目的。樊增祥的奏折中认为垦务局和垦务公司叠屋架床，其实没有参破贻谷垦务相辅而行的方略精髓所在。东路垦务公司的章程明确无误地指出，“东路重在去地商把持之恶习，收垦局向已失之利权”，“西路重在为达旗将地赎回，以动各旗归诚报垦之念”。[②] 此外，贻谷在开办垦务之初，恰如自己后来所说，“经费无出，恤蒙无款，权宜之计，遂有援案奏设公司之举”。首先，因为朝廷对垦务局不拨专款，地方税收不予留成，一切开销，统由所收押荒经费内列支。过去押荒局勘察垦荒界线等所需经费，均由地商支应，所费不赀，以至于地商竟敢借端多方诈骗，将此项花销转嫁于民，而地局罔加干涉。这也是后来押荒局在诸多利益纠葛中举步维艰不得不中辍的原因。贻谷鉴于在当时各省办理路矿及工艺局厂事务多招集股本设立公司的潮流，欣然接受直隶试用知府曹润堂等人所提的建议，以垦务公司为获得解决自我生存与发展必要资源的关键枢纽。正是这样，贻谷从第一次赴察哈尔地区了解情况后便对此有所深刻洞悉，经过丰镇、宁远各处，督办旗厅各员认真清厘，并将该地霸地豪强惩办数人，视情节严重，分别罚款，将款归入公司，充作官本。其次，贻谷这里所谓的“恤蒙无款”，是指帮助伊克昭盟达拉特旗解决赔教款项问题，这也是促使垦务公司设立的现实动因。东路垦务公司主要是从地商手中收回已失之放垦权利，西路垦务公司要通过为达拉特旗赎回赔教案地，劝诱各蒙旗报垦旗地，以便实施新垦。

---

① 赵尔巽等撰：《清史稿》卷一百二十，食货志一，中华书局 1976 年版，第 3521 页。

② 贻谷：《蒙垦陈诉供状》，“谨将查办复奏被参各款分晰条对呈请查核”，内蒙古自治区图书馆藏铅印本。

一、垦务公司的设立

光绪二十八年五月初一，贻谷在归化城（今呼和浩特旧城）设立“督办蒙旗垦务总局”。贻谷走马上任后，根据前期调查咨询的结果，第一件事情就是立即将负责办理察哈尔右翼四旗官垦事宜的丰宁押荒局改为“督办丰宁垦务局”，筹布始基。次年十月，因为距离太远，势难兼顾，复在宁远厅成立宁远垦务局。此后丰镇垦务局专门负责正红、正黄两旗的垦务，宁远垦务局负责镶红、镶蓝两旗的垦务。与此同时，在张家口成立了张家口垦务总局和张（家口）、独（石口）、多（伦诺尔）三厅的分局，负责察哈尔左翼垦务。光绪二十八年八月九日贻谷派委总局会办姚学镜，在包头筹设办理乌、伊两盟垦务局①，于次年六月正式开办，亦称“西盟垦务局”“包头垦务局”，后由于乌盟抵制强烈，该垦务局的活动不得不限于伊盟范围。光绪三十一年设在归化城的垦务总局裁撤，乌伊两盟垦务局改称“西盟垦务总局”，同时在伊克昭盟准格尔、鄂托克、郡王旗分别设立垦务分局，乌审、札萨克二旗合设一垦务分局（亦称“乌札分局”），杭锦、达拉特二旗直辖于垦务总局。准格尔分局始则隶属于西局，自从们肯吉亚大闹垦务局事件发生后，准格尔分局归行辕统辖，扎萨克旗撤掉垦务分局后，另设的乌审垦务分局也归属行辕统辖。光绪三十二年，乌拉特前、中、后三公旗合设乌拉特垦务分局。直到光绪三十二年乌盟妥协放垦，乌兰察布盟垦务总局于次年六月一日才得以成立，李云庆为总办，下设办理四子王、达尔罕、茂明安三旗垦务事宜的乌盟垦务分局，同时将乌拉特垦务分局划归乌盟垦务总局管辖。

---

① 乌盟六旗指四子王旗、达尔罕旗（又称喀尔喀右翼旗）、茂明安旗及乌拉特前、中、后三旗，也称西、中、东三公旗，现分属乌兰察布盟（四子王旗、达尔罕茂明安联合旗）及巴彦淖尔盟（乌拉特前旗、乌拉特中旗及乌拉特后旗）；伊盟七旗为杭锦旗、达拉特旗、郡王旗、札萨克旗、准格尔旗、鄂托克旗、乌审旗。参阅韩昭庆：《荒漠、水系、三角洲：中国环境史的区域研究》，上海科学技术文献出版社2010年版，第39页。

二、股权结构的考察

欲了解公司的性质，必须从其股权结构入手。西路垦务公司设在包头镇，原议由山西省拨款六万两作为官股，由晋绅曹润堂认集商股银六万两，合计官商股本十二万两为额，名曰有限公司，而意在赎回达拉特旗赔教地亩，以为办垦入手之始。嗣遂以代认赔款之说，咨请山西省，于官商股本十二万两之外，再筹五万两，另款存储，俾应要需。光绪二十八年冬，山西巡抚赵尔巽由山西藩库陆续挪拨解银十一万两给贻谷，内有一万两系城平银，实收到晋款库平银十万零九千九百七十二两。贻谷从中划拨六万两存于存义公、大德通、合盛元三家票号，作为西路公司官股本。其余库平银四万九千九百七十二两仍存行辕。而行辕先有由晋省另拨太谷、平遥罚款库平银五万两，共计九万九千九百七十二两，名曰垦务经费。其后由此项存款内拨银五万两与东路公司作官股本。①

学术界对于材料的研读往往不甚下功夫，文抄公的转述每每导致历史本真失却。学术界在论述西路垦务公司成立时认定官商股本共计十七万余两，具体如下：（1）官股本库平银六万两，此由山西省于光绪二十八年拨解到垦，是年十一月拨解到公司。（2）晋商股本库平银三万八千三百两，此由晋商曹润堂于光绪二十九年（1903）招集，即批解于公司。（3）集杂股本库平银二万二千二百两，此由贻谷于光绪二十九年自集后陆续交予公司，其中多系局费等项公款及自入私股。（4）集杂股本库平银五万四千八百两，此贻谷及各垦员于光绪三十年（1904）间续添入，亦多局费等项公款及东垦所得来利益。而学术界在阐述贻谷筹建东路垦务公司时则一般都如是言：东路垦务公司于光绪二十九年八月成立，股本十二万两，其中官商合股各半，每股一百两，嗣又多集商股十股，总计一万二千一百两。在此令人难以索解和需要根究的是，东路公司的六万两商股是如何筹措的？按照贻谷及其亲信后来的供称，东路垦务开办后，由各厅局将地价源源缴交行辕，未便常由收支

---

① 信勤在两次专奏中称，国家拨给东路公司九万两银，提三万两存生息，六万两作官股，而私股不曾动用。实际上，贻谷将筹赎达地的这五万两拨付东路公司作为官股，复拨银三万两存之东路公司，名曰存备西路开渠之用。

处出名兑收，于是复于归化城行辕收支处设立东路总公司名目，并由行辕收支处拨交晋款库平银八万两，又就地旧罚款一万两，共款九万两，作为公司开办经费，然实未动用，但由收支处暂行发存商号而已，而所集商股亦并未动用。法部讯本明确指出，“观东路公司发收总簿，收到官商股本并未动用若干，亦未预交押荒，是以悬而不动之股本，而收安稳无穷之利益”①。殆以该商股并未动用，垦务调查局和法部对于东路所召集的商股也没有仔细追查，但从法律角度来说，并未动用是一回事，而该股是否真实募集则牵涉虚假出资问题。该股从各方面材料来看，表面上的确存在，属于贻谷等招募的私股，但是官股既然都是从西路公司挪移过来的公款，旋被贻谷提回转垫西路渠工，而商股如果是另行召集的六万两，那么加上西路公司的六万两，量值可谓惊人！从西路来看，贻谷是在光绪二十九年将各种局费等化公为私后陆续交予西路公司商股二万二千二百两，都甚为吃力，焉得复于东路轻而易举募得六万两。在当时公私扫地赤立的情况下，曹润田在京、晋等地募股颇为困难，因股本一时未克迅集，先向商号裕盛厚借银六万两，存备拨用。而且曹润堂招集商股的花费颇为浩繁，这是贻谷视为靡费并深致不满的原因之一。对此，贻谷曾有罗列：曹氏自二十八年二月禀请创设公司到当年十月已经花费一千两之多；自十月到二十九年三月，曹氏请人帮助集股，所花“车马津贴等费及在京刊刻股章刷印股票各项必须之款，约计当在三千内外”②。其实很明显的事实是，外界对此的兴趣和财力均属有限，真正的募集商股积铢累寸，其所需要的成本根本无法与将公款改头换面作为私股的文字游戏所需成本相比。无怪乎曹氏虽竭尽全力，仅募集股本共计本库平银三万八千三百两，实际上远远不如贻谷以及垦务人员等所招集之有名无实商股的互换巧作。在东路垦务开办时，西路毫无动静，东路的商股就是西路商股的乾坤大挪转，以乌有之数循环虚抵，拨兑过账，未见现银，一而二，二而一，垦局和公司在法律上处于财产混同状态。

---

① 贻谷：《蒙垦续供》，沈云龙主编：《近代中国史料丛刊续编》第十一辑，104，台北文海出版社1974年版，第72页。

② 《贻谷咨行晋抚转饬曹润堂如商股凑足六万毋庸再行推广由》，内蒙古档案馆主编：《清末内蒙古垦务档案汇编》，内蒙古人民出版社1999年版，第1035页。

应该承认，合法的商股确实存在，但数量不多，所以后来仅有少量真实存在的商股要求退还股本。[①] 这些商股依法主张权利的理由是，公司应设与否及办理合法与否，其责任全归办理公司之人担负，股东经营求利，遑知其他，并无不合之处，不能因为公司被撤销而丧失股本。[②]

西路垦务公司根据其时间先后分为前截、后截西路垦务公司。光绪二十九年，由贻谷自集股本二十二万二千两，曹润堂则已招有商股三万八千三百两，始将裕盛厚借项还清。后又由贻谷及垦务人员在光绪三十年续集股本五万四千八百两，共计商股本十一万五千三百两。这应该是东、西路垦务公司的贻谷所谓商股的全部总量。至光绪三十一年春间，将曹润堂所招晋省商股三万八千三百两撤退。是年夏秋之间，复将晋省官股六万两陆续筹还，所未还者，仅贻谷及各垦员两次所入之股本七万七千两。至光绪三十二年正月，西路垦务前截公司始改为后截公司。对于这次公司的重组原因，学术界沿袭查办大臣的说法，认为西路垦务公司成立之后，实因贻谷见该公司获利之厚，非当初之预料，[③] 于是冀期独拥其利，以各种理由，决心裁撤商股，自己积极入股。笔者认为，个中原因应该回到历史的场景去考察，从垦务开展的时间顺序和空间转移的视角予以解释，则许多问题都可以迎刃而解。因为此前是准备从西蒙入手，而后来恪于形势，及时调整策略，急东缓西，先易后难，在东路取得重大突破，垦利畅兴，积累了资金。而此时随着东路大规模放垦高潮结束，东路公司裁撤，垦务重心转向西路，资金和人员的转场必然要求贻谷顺应垦员的私人利益，对公司股权结构进行调整和重组。从查办大臣封存的原始档案可以了然知其底蕴：贻谷陆续发交公司的所谓商股，其实多系局费公款以及东垦朋分之利。东路垦务公司仅自光绪二十八年开办到光绪二十九年底两年间净余利银有十五万二千三百八十余两。除其他费用支出，官商各股实在应得利润库平银九万七千五百两之

---

① 内蒙古自治区档案馆藏《钦差垦务大臣全宗》，全宗号433，目录号1，案卷号458。

② 中国第一历史档案馆缩微胶片《贻谷案》第3卷，第001261拍。

③ 《贻谷具奏东路垦务公司员商报效余利花红银两一折由》，内蒙古档案馆主编：《清末内蒙古垦务档案汇编》，内蒙古人民出版社1999年版，第1028页。

多。光绪二十九至光绪三十年，又净余利银十四万两，私股获利更是达到了七万六千余两。信勤奏陈：贻谷及垦员前后两次实朋分过花红利益等项银十四万三千五百二十六两，贻谷由该公司私取公费五千五百五十六两，计共蚀分银十四万九千零八十二两。此项银已转入西路公司充作股本者六万零七百七十八两，其余八万八千三百零四两，已入私囊。通过这两次提分余利情况分析也可以看出，东路垦务公司的开办是在官款拨付下成立的，公司并无一商，东路公司商股已全部被贻谷与各垦员私人股份侵占，并无所谓其他的商股。在光绪二十九年十二月，东路公司进款已畅，过去挪用的晋省垫款及存项八万两一并提回。在光绪三十年十二月贻谷的奏折更提及，随着东路垦务将竣，事已无多，乃将公司与垦局归并一处，公司委员已经于当年九月移驻垦局，丰镇、宁远垦务两局的扫尾工作交付该处厅官接管，人员拨往西路垦务当差。① 在这种资源掠夺式开发高潮结束后，东路垦务公司虽然存在，但基本上已经完成了自己的历史使命。将军信勤调查垦款第一奏略云：西公司原议代垫达旗教款十四万两，即领达地二千顷，奏明有案。后又谓所拨之地，开渠须费，借口争添，遂于原领二千顷外，多得达地六百余顷。该公司仅垫银十三万余两，而渠费又出自公款，是该公司不费一钱，而坐得六百余顷之地。既多得地，豫计可以获利，遂将实曾垫款领地之晋股撤还，而将东公司私股余利掺入，冒充领地股本，是以晋股甫撤，旋将公司截算，俾各私股得群分余利，此项私股，率由东公司余利拨入，而东公司余利，原系朋分公款，且其中垦务大臣在垦人员之役为多。② 此外，档案中有这样的记载：光绪二十九年（1903）年底，东路垦务公司正总办曹受培以公司放地顺利，收回地价较多为由，奏请将官股银撤出五万两，只留一万两。③ 垦务调查大臣方面认为，从东路公司发总簿来看，收到官商股本并未动用若干，亦未预缴押荒，是以悬而不动之股本，而

① 贻谷：《垦务奏议》之“光绪三十年十二月十二日附片”，沈云龙主编：《近代中国史料丛刊续编》第十一辑，102，台北文海出版社 1974 年版，第 299 页。

② 中国第一历史档案馆缩微胶片《贻谷案》第 1 卷，第 000876 拍。

③ 内蒙古自治区档案馆藏《钦差垦务大臣全宗》，全宗号 433，目录号 1，案卷号 280。

收安稳无穷之利益，因此，曹受培等亦以国家应享之利不可为公司久攘，乃禀请于三十一年二月进行结算。① 综合各方面的材料，可以得出这样的结论：贻谷之所以能退还曹润堂的股本，是因为东路垦务公司光绪三十一年春停业，赚得了第一桶金的垦员自然囊橐充实，具有投资生利的冲动。贻谷等人将东垦之得利六万余两划拨到西路公司转作股本以期继续获利，“官公积项下多用以挹注西路公司，及由贻前大臣等取作伙开铺号之私”，这样做也就达到了“既分东利，又取西赢，展［辗］转滋生，获利无既”② 的局面，由此成为酿成朋分东垦之利以充私股的弊案，可谓垦务参案中的一大关键。

西路后截公司议集股本四十万两，分认垦、渠工两门。认垦股本计二十八万两，官股四万，商股二十四万；渠工股本计十二万两，官股九万，商股三万。共计官股十三万两，商股二十七万两。所有前截未还贻谷及各垦员之股本七万七千两，如数移充后截公司商股，复由贻谷招集商股十九万三千两以足商股二十七万两之数，占资金总数的 67.5%。所谓的商股实际上系由东公司余利拨入，而东公司余利则原系贻谷等人朋分公款。这一事实有草账可稽，并有贻谷亲笔批字可据，唯批内尚伪称各员为股东，且伪称分款为暂借，系事后饰词。此外，这些股银也有一部分是贻谷及其办垦人员东挪西借而来。据信勤调查，贻谷侵挪的公款包括：所收押荒银、绥远炮队之公款、绥远官钱局储粮处公款等。贻谷迅速将西路垦务公司截算，重新集股筹立后截西路垦务公司以便敛财肥私。从后截西路垦务公司的股本清查上看，其辗转凑集的股本分为七类：第一类属于“垦务大臣之股”，计四万七千三百两；第二类属于“著名垦员侵公益私之各股”，计七万八千八百两；第三类属于“垦员经手之各

① 中国第一历史档案馆缩微胶片《贻谷案》第 1 卷，第 000039 拍。

② 甘鹏云编述：《调查归绥垦务报告书》卷 5《西路公司始末》，中华民国五年八月晋北镇守使署石印本，国家图书馆古籍馆编：《国家图书馆藏清代民国调查报告丛刊》第 22 册，北京燕山出版社 2007 年版，第 355 页。内蒙古自治区档案馆藏《钦差垦务大臣全宗》，全宗号 433，目录号 1，案卷号 380。贻谷本人在法部对此的辩驳采取的是混淆时间的做法，不能成立。参见中国第一历史档案馆缩微胶片《贻谷案》第 3 卷，第 000070 拍。

股”，计二万六千九百两；第四类为“杂项股本”，计一万五千五百两；第五类为“官商各股”，计一万二千两；第六类属于“西垦局垦员及经手之股”，计二万六千五百两；第七类为“库款”。以上七类共计库平银二十二万二千余两，其十二万五千三百九十四两属公项款股，所余九万六千六百零五两暂作外借股款。① 从后截西路垦务公司股本分析上看，虽第五类是属于“官商各股”，其中商股仅承意堂、李永年、姚光甫、沛均堂四家，共计银六千五百两。其余竟全是贻谷与垦员之私股或经手之股份公司的股份。以曹氏为首的商股在利益追逐上似乎与贻谷等人存在分歧，很可能由此使得贻谷大为不怡，加之曹氏的集股活动本不惬贻谷的心意，所以贻谷干脆将曹润堂的股本加以璧还，其在正式的文件里冠冕堂皇之词难免显得过分客气，不欲将矛盾公开化而已。但玩弄手法将曹氏清除出局而自己随即成立后截公司，只能证明其采用的移花接木、李代桃僵之策。贻谷发现大利所在，就中道变更，营私植党，盘踞把持，巧为入己，捏造假档存查，这样的公司情弊显然，存在成立瑕疵。

贻谷声称：“西公司前后两次集股，共集四十万两，内计官本十三万，其余二十七万皆商本也。有股据可凭，账簿可查，以之赎地领地修渠，需款至巨，尚有借贷商号之款，若谓皆属公款，如此巨款，果由何处何项提拨？”② 贻谷一口咬定自己只有经手之股，没有入股之事。但是，经过查证，行辕收支处拨给东路公司九万两银，提三万两存生息，六万两作官股，而私股不曾动用。第一年官股尚能多分利息，第二年提五万两为西路公司股金，而私人空股坐分厚利。商股中有梧生、桐生等堂名，是贻谷的托名；利薄、仁让、有恒、诵芬等二十堂名，则是在垦人员“临分余利时始入”的挂名股东。③ 信勤奏称：西路后截公司股金四十万

① 中国第一历史档案馆缩微胶片《贻谷案》第1卷，第001796—001798拍。

② 贻谷：《蒙垦陈诉事略》，京华印书局石印本，《边疆史地文献初编》编委会编：《边疆史地文献初编·北部边疆》第2辑第4册，中央编译出版社2011年版，第270—271页。

③ 《信勤奏为调查垦款端绪纷繁谨先陈明查实大要情形仍请展查以竟全案折》，内蒙古档案馆主编：《清末内蒙古垦务档案汇编》，内蒙古人民出版社1999年版，第1159页。内蒙古自治区档案馆藏《钦差垦务大臣全宗》，全宗号433，目录号1，案卷号380。

两，全系公款。西路前后两截公司，都有贻谷私股和在垦人员股金。通计后截公司贻谷股金约三万两，在垦人员股金约十万两，商股不过一二万两而已。“非商而托名为商，谓非巧立，夫谁信之?”① 查朋分第一次利益系光绪三十年七月三十日。考之商号合盛元与官场往来账簿，贻谷名下即于是年九月初一日有拨西路前截公司作代锦、百寿、格意、志俞等堂股本三千六百两。在合盛元与公司往来账内有这样的记载，是年七月三十日，贻谷又取利益银一千五百两，而西路前截公司随即收贻霭人砚翰堂股本一千四百两、补足堂股本一百两，数目相符。西路前截公司所收梧桐生股本二百两，则为梧生、桐生两堂所得利益或年息凑成。据存义公执事者李三甲在步军统领衙门供明，至光绪三十一年取第二次利益，则有汇兑至祁县存义公老号银五万两，其存款堂名又即朋分利益的梧生、桐生、砚芬、有益。该公司总账内所谓商股子羽堂、文安堂、功绩堂，实则以原各局经费公款库平银二千四百两托名入股。其他垦员如曹受培托名福厚堂、兴仁堂、存善堂、东成堂、厚德堂、载福堂、五昌堂入股，景禔托名诵芬堂入股，林毓杜托名世昌堂入股。各员分利堂名或即其字，或在商号账内注明某翁、某总办大人字样，均经查有凭，断难饰遁。明明局费等项公款在前截公司尚存行辕各局处名目，迨至移入后截公司，则改作子羽、子荆、文安等堂，冒充商股俾便归入私囊。存义公有前截还股、后截收股的银折两扣，一出一进，改易股名均注明甚确。仅姚学镜、玉贵初尚明列名字，余仅开列堂名，初无股东姓名底册，及查办后始开清折一扣。但该折内所注存在诸多隐捏不实，例如，先之在商号账簿注明贻将军，并有贻谷以先之出名取银的字条可凭。又如，钟志谨、钟志俞、钟毓初均系贻谷子侄，其所列东西公司股名为志俞堂、子羽堂、子荆堂，而这是贻谷以卫队公款为公子作股本，谐“志谨”之音曰“子荆”，乃在该折内忽而注明喜福经手，忽而注明钟毓初经手。因为获利的预期已经明朗，自是以往，贻谷大用垦局人员改办后截公司，私立堂名，冒充商股，代择腴地，伪缴押荒，取用自便，公司被视同垦局的外府。

---

① 《法部奏交审要案查明款目分别定拟折》，《政治官报》宣统三年正月三十日第 1194 号，折奏类，《清末官报汇编》第 77 册，全国图书馆文献缩微复制中心 2006 年版，第 38657 页。

清承明律，《大清律例·户律·田宅·任所置买田宅》规定："凡有司官吏，不得于现任处所，置买田宅，违者，笞五十，解任，田宅入官。"① 据此，在官人员在服官省分置买产业乃大干法纪之事，例禁綦严。定例所以限制者，以为服官斯土，设若向民间置买产业，难保不无弊窦。尤其八旗人员置买产业于各省者须据实首报，勒令全数变卖回旗，不得隐匿，以防其倚势滋事，扰累闾阎。《大清律例》相关的条文还有雍正元年（1723）兵部会同九卿遵旨议准定例，在雍正三年（1725）续增入例："提督、总兵、副将等官，不许在现任地方置立产业。即丁忧、休致、事故、解退，亦不许入籍居住。或任内置有产业已经身故，不能回籍者，该督抚具奏，请旨定夺。至参将以下等官，任所置有产业，或本身休致、事故、解退，或已经身故，子孙留住任所欲入籍者，该地方官报明督抚，准其入籍。"② 唯其如此，各种参案查抄、查封③的久居外任的官员的任所资产主要是动产。虽然名禁而实不禁，倘若贻谷心存公义，鉴于时局孔艰而放胆破除成例，以为提倡，转移风气，推广招徕，这固然有其合理性，俯仰无怍，但其以堂名或更名巧诈入股领地，④ 自有深意在，其为世诟病，固其宜也。按照《东路蒙旗垦

---

① 吴坤修等编撰：《大清律例根原》卷二十八，郭成伟主编，上海辞书出版社2012年版，第1册，第441页。在清代严格的回避制度下，官员必须申报自己在任所置买田产的状况。同治十三年定例，捐纳候选京外各官及各项分发人员，各省五六品出结京官，旗员由本佐领出具图结。其报捐指省及劳绩保举留省分发验看人员，应于印结内声明并未在该省先行寄籍置买田产，本身及父子、胞兄弟、胞伯叔侄向未在该省开设典铺及各项经商贸易，方准验看分发，仍行文该省，查明有无隐匿等弊，专咨报部。其月选得缺并签掣分发及拣发人员，与留省指省者不同，如有在该省置买田产、流寓，并本身父子、胞兄弟、胞伯叔侄开设典铺及各项经商贸易情事，毋庸在部呈请回避，俟到省后一月内据实呈明，如逾一月始行呈明，照例议处，责成该督抚确切详查，取具该地方官印结报部，系候补之员，咨部以总督兼辖省分改发。

② 吴坤修等编撰：《大清律例根原》卷二十八，郭成伟主编，上海辞书出版社2012年版，第1册，第441页。

③ 查抄、查封在清代有一定区别，但在执行过程中，封、抄区别不明显。

④ 《贻谷札饬行辕文案处转饬在垦员司承领地亩现定章程一例一体知》，内蒙古档案馆主编：《清末内蒙古垦务档案汇编》，内蒙古人民出版社1999年版，第209页。据调查，垦务局官员在河套地区放垦过程中大多认领了相当一部（续下注）

务公司章程》第一条规定，“本公司之设，系经钦宪奏定官商合办，原为济官力之弗问，救积年之宿弊；裕筹国课，开拓利源，端在于此。除领官本一半外，仍须招集商本一半。其商名、堂名、铺名，详注底册，不得影射假借，并不准股商将股票辗转鬻卖，及有质借银钱各行银两等事。”① 在清末公司举办过程中，记名股份与不记名股票的区分不甚严格，本来也没有自由流通的证券市场，而兼之受到中国本土的财不外露的藏富文化的影响，故自同光以来，当时的民用企业的股票一般采用记名式，主要是为了便于管理股权和支付官利、余利等，购股者多不署真实姓名，股份的假名几成惯例。② 这恰恰为贻谷违法侵占和转移公款入股等开启了方便之门。

（续上注）分土地，择肥而噬，“利用政治关系，取得包揽的便宜，所以有些赤贫如洗的服务人员，一到河套，不久就可变为大地主了”。（贺扬灵：《察绥蒙民经济的解剖》，商务印书馆 1937 年版，第 127 页；《边疆史地文献初编》编委会编：《边疆史地文献初编 · 北部边疆》第 2 辑第 5 册，中央编译出版社 2011 年版，第 261 页。）《绥远通志稿》虽然为贻谷辩护之处甚多，但也承认：在套地精华所萃的八大渠流域，田畴交错，是著名的米粮川，“清末放地时，承领者率多官吏”。（绥远通志馆编纂：《绥远通志稿》卷三十八，垦务，内蒙古人民出版社 2007 年版，第 5 册，第 354 页。）这也可以从内蒙古自治区图书馆藏《水利西分局放垦后套蒙地押荒底簿》所载李富贵、王在林包租丰济渠永租地二百三十八顷等事实得到佐证。

① 内蒙古自治区图书馆藏《筹办东路蒙旗垦务公司章程》，页 2。

② 堂号本为标识某一姓氏或某一分支徽记，而堂名则是文人雅士的斋名（又称室名）或贾肆商铺的店号。但后来两者的界限不甚截然分明。故而堂名除作为本人的代称外，亦往往代表着本族集体的名字，较之族长私人的名字更具有权威性和长久性。堂名多见诸典卖房产契约，包含产权属族人共有的用意，可以彰显家族的声望和地位；而以堂名投资开办字号，则意味着族内后代均享有分红权益，而非仅限于族长的亲人。在 1904 年颁行的《公司律》以及 1914 年颁布的《公司条例》中，公司股票采用记名式抑或无记名式并无强行规定。直到民国年间，房地产推收过户或股票的确权登记等法律活动开始逐渐实行实名制，除法人得用其正式之团体名称外，凡个人均须用各人正式之姓名，不得用堂名、别号及符号等注名在案，过去所使用的化名、别名、堂名须更正为户籍姓名。然而，法律法规与传统的民商事习惯法存在距离，颇不符合中国人所遵奉的富不露白的行事风格，对于一些社会身份特殊的阶层和人士而言，尤觉不习惯和不愿意如此。故而，在当时的记名式股票中，化名或匿名登记的现象十分流行，以“某某堂”“某某号”“某某记”的名义记注，甚至同一投资人使用若干不同的堂记号，将股款化整为零。票号、钱庄等与达官贵人做生意，凡是交往深厚的上层势要私存款物均不具真名，使用别号或堂名，以保护个人隐私。可进一步参阅张世明：《必也正名乎：从经济法角度思考姓名使用》，《中华读书报》2014 年 5 月 14 日第 13 版。

三、股权收益的探赜

贻谷对于凡稍涉赃私无一承认，辩之不遗余力，以至于该案审理的法部司员等舌敝管秃，几于无术。贻谷因案款纠纷，姑饰词为搪抵。贻谷供称：东西全垦并两路公司统共收银二百七十二万七千六百余两。其中察哈尔左右两翼共旗地四万四千六百余顷，已收押荒地三万八千二百七十顷，共收押荒银一百一十五万三千一百余两，又收宁远、陶林批解浮收押荒各旗召庙减半押荒等项银四万一千一百八十余两。解度支部二十七万六千九百六十余两，解直、察银十四万四千四百三十余两，解晋、绥十万零七千五百七十余两，拨恤俄商银三千两，解大同马厂押荒银三千三百四十余两，垫准格尔旗赔教款一万三千四百九十余两，暂借西路公司四万两，借垫费安河赔教银三千八百三十余两，发左翼员司薪工并给蒙员津贴经费银十六万四千三百三十余两，发行辕并右翼各员薪工并给蒙员经费银三十万六千九百余两，垫给西盟垦局经费银四千八百六十余两，借给归化学堂二千两，发内蒙古中西部垦务志行辕公费三万六千四百余两，兴和、东胜两厅借公费三千三百余两，大同马厂开支等项二千一百八十余两，以上共发银一百一十一万二千六百余两，仍存银八万一千余两。西垦伊、乌盟和站地共放地三万零八百三十一顷，已收押荒及地租、渠租八十三万五千四百五十余两，发蒙古押荒、地租及发生息、各站台经费银三十万九千余两，发修渠工银二十二万七千五百三十余两，入认垦、修渠处官股本银十万六千两，发将军、都统公费、五原厅饷银一万六千八百两，发伊、乌盟垦务总分各局、站地局员司薪工、车马费等并蒙员津贴银十八万一千二百余两，以上共发银八十四万余两，计不敷五千余两。统计东西垦务局收款二百零二万九千七百六十七两，共发款一百九十五万三千二百七十七两，尚结余银七万六千四百九十一两。东西路垦务公司共收款六十九万七千九百余两，两公司共发银一百三十万六千四百七十两，实亏六十万八千五百余两。贻谷辩称：自己以垦务大臣身份在东路垦务总公司所取公费银原有奏案，核定东垦每月给办公费湘平银二百两，两年多来应领此数。①

① 《贻谷光绪三十四年八月初四日亲供》，内蒙古档案馆主编：《清末内蒙古垦务档案汇编》，内蒙古人民出版社1999年版，第1258页。

按照贻谷提供的材料，东路公司自光绪二十八年开办至三十三年九月裁撤，共领放地二万五千八百五十四顷，计收地价银三十五万八千一百六十两①。东路公司发归化、张家口、丰镇、宁远等处员司薪工、车马等费用四万四千五百九十九两；两次发官商各股应得利益银②二十九万一千八百两。其中两次提二成报效国家银六万两，提留各解报效费用

① 东盟归公司收价之地共一万六千一百六十七顷，公司共收地价银三十六万零八百六十五两。

② 梁启超指出："凡公司必有官利，此实我国公司特有之习惯，他国所未尝闻也。"（见《饮冰室文集》卷二十一《敬告国中之谈实业者》（宣统二年），梁启超：《饮冰室合集》第 3 册，中华书局 2003 年版，第 117 页。）晚清时期时人对股票和债券的区分并不十分严密，存在认识上的误区和操作上诸多不甚规范之处。与此相联系，官利制度是近代中国社会历史条件的产物，反映出时人对于入股股份制企业投资活动以及对凭借股权获取的固定股息性质的误解。从洋务运动时期迄至清末新政，各级政府官员为了鼓励招商集资创办股份制公司企业，每每采取支持企业兑现官利的保息措施。例如，光绪三十一年，张之洞发布文告，承诺对招商承办的原湖北官办各局厂的华商公司，"由官为保利五年，官利定为五厘；倘创办前五年，公司所获盈余，不足官利五厘者，由官拨款补助，必令足五厘之数，决不食言"（汪敬虞编：《中国近代工业史资料》第 2 辑上册，科学出版社 1957 年版，第 614 页）。《公司律》本来规定无企业赢利不得分派官利，但民间投资理念和商事习惯在实践中仍然往往被得以迁就，"官利"制度长期相沿不替。有的学者以早期股份企业在会计账目上将"官利"列入企业的财务费用开支项作为论据，认为"官利"对公司而言仅仅是一种营业成本，并非营业利润的分割。这一观点有欠谛当。依笔者之见，官利制度是具有晚清时代特色的企业分配制度。官利作为股份制企业股东收益的主要方式，本系对企业盈余的分润，虽然一些企业招商章程中对官利有明确规定，在某些时候可能无论公司盈亏均须如期支付，表面上似与企业盈余无关，但官利以固定利率按期支付只是形式问题。从长期角度来看，官利必须以企业赢利为基础，不可能完全脱离公司的经营状况，而且事实上，在企业创办或经营发生严重困难、没有盈余可言时，官利亦即无从谈起，并非完全不与企业盈亏无涉。股东凭借股票以官利的名义从企业获取的固定股息应被视为对企业利润成果的分割，如果把官利视为企业的利息支出，作为一种财务费用，那么股票也就不成其为股票，而是名副其实的债券而已。正因为官利系以固定利率计算，故而一些企业在招商集股时，在财务预算中先行扣除官利，然后再核算企业官利后盈余状况。早期股份制企业的这种将官利与借款利息支出、成本费用等并列公示的账务处理习惯并不能改变官利的本质特性，并不能据此得出官利与企业经营状况毫无关系的结论。在晚清时期，整体而言，股份制企业的股东并未能正确地理解公司经营成效与股东投资收益之间的关系，未能形成公司与股东利益休戚相关的投资理念，在一定程度上将自己视为企业的债主，往往依据官利水平的高低选择投资对象，斤斤计较于　（续下注）

银四千一百八十两，提各员司花红银四万六千四百七十七两，提官商公积金四万六千七百八十二两，官股应得利益银六万零九百八十两，商股应得利益银七万三千三百八十三两，余存银二万一千七百六十六两，公司裁撤时此银亦归公。公司裁撤时尚有民欠地价银近八万两，亦令地方各厅催收归公。①

对于西路公司的收入情况，贻谷供称：西路公司领地一万二千六百六十五顷，收地价银三十三万九千七百四十两，发前截公司修渠并偿费二十三万七千九百三十两，发前截公司利益银十四万两，发杭锦旗押荒银二十八万两，发乌拉特东西公旗押荒银二万四千九百余两，发兰锁渠工局银六万四千六百余两，垫发四成补地民欠地价及蒙旗借款等银三万五千三百余两，发乌盟分局借贷等银四万八千七百余两，垫发乌审旗赔教款一千九百余两，发商股本年息银四万二千一百余两，发后套各局收粮银四万八千余两，发公费、薪津、车马、犒赏等费四万七千余两，以上共发银九十七万余两，实亏银六十三万零三百余两。西路前截公司得净益银十四万两，是公司已领未放地所得短租、另租和转放四成正、补地多得地价银。其中，西路前截公司的获利分配情况为：发官股利益银四万二千一百八十两，提备留报效银一万四千两，提公积金二万二千四百两，提花红银二万八千两，拔商号生息银一万一千两，发给商股利益银只有三万二千两，所分利益，仍然公家占多数。②贻谷声称，河套土地依渠为命，有渠则称沃壤，无水则是石田。而兴修水利，垦局无此巨款，筹划借用公司股金，后截公司集股四十万两，内存官股十三万两，

（续上注）个人的股息收入，而对企业的实际营运和发展前景漠不关心，甚至不惜竭泽而渔、移本付息，使企业出现“煎饼卷手指”现象，股东自己吃自己。进入20世纪后，随着公司制度本身的发展、新式会计在公司中的普遍应用，股份企业不论盈亏与否一律派发“官利”的做法开始出现了某些变化，凡有投资必定应有稳获收益的“官利”似乎仍是一种不可更改的定例，但在公司财务中，“官利”或“股息”的科目已从原来企业盈余前的费用支出项下被移到盈余分派项下，这意味着“官利”正在逐步向“红利”转化。

① 《贻谷开呈东西全垦各局暨公司收发各款清单》，内蒙古档案馆主编：《清末内蒙古垦务档案汇编》，内蒙古人民出版社1999年版，第1267页。

② 《贻谷开呈东西全垦各局暨公司收发各款清单》，内蒙古档案馆主编：《清末内蒙古垦务档案汇编》，内蒙古人民出版社1999年版，第1268页。

其余全是商股；除用二十八万两领杭锦旗地四千顷外，其余均用在兴修水利上。将公家应得利益银等七万四千两，也用于水利，尚不足，又从商号借银二万七千两。兴修水利，用款浩大，故于光绪三十一年七月二十日奏请截留伊盟各旗归公押荒及渠租。陈明目前渠工已完成十之八九，可灌田万余顷，应征押荒、渠租约三四十万两，足可抵所用经费而有余。目前水利工程尚未完工，只有用款，没有收益，已用银五十四万余两，似成亏累，但各渠修成之后，收益无穷。

按照信勤查证的结果，西路前截公司决算本无余利可言，可是贻谷利用公司重组和分割的机会转移财产，把杭锦旗短租、罂粟另租等公款并股金合十四万两，作为余利分红，共朋分花红利益银五万九千六百三十两。“该公司共领放地二千六百四十五顷二十二亩，当时收过地价银一十三万八千六百四十五两，以收抵发，并无赢数，有何余利之可言。乃贻谷则又以公款拨修之渠，托名为公司垫修之渠，借口渠归公司修，利应归公司有，札取垦局累年缴存之杭地租及各地罂粟另租等五项公款十万两，并移后截股款四万两，共凑成十四万两，归之前截公司，号曰余利而朋分之。除冒作报效与官股利益之五万六千一百八十两，及列册移交之官公积等项二万四千二百两外，计此次贻谷等又朋分过红利商公银五万九千六百二十两。其转入后截之五万四千三百三两三钱八分，应即于后截股款内核扣归公，除核扣外，尚应追缴银五千三百十六两六钱二分，此续查西路前截公司侵蚀之实情也。”① 按照贻谷垦务案发生后所成立的垦务调查局的调查，这些余利花红最后是被贻谷等人瓜分。贻谷及垦员两次朋分花红利益等银十四万三千五百二十六两，贻谷又从该公司私取公费银五千五百五十六两。“无论公司非公司人员，皆由贻谷为之标分，有亲笔字条称分红，各垦员曰诸同事。”② 诸同事

---

① 甘鹏云编述：《调查归绥垦务报告书》卷五《西路公司始末》，中华民国五年八月晋北镇守使署石印本，国家图书馆古籍馆编：《国家图书馆藏清代民国调查报告丛刊》第22册，北京燕山出版社2007年版，第357页。内蒙古自治区档案馆藏《钦差垦务大臣全宗》，全宗号433，目录号1，案卷号456。

② 《法部奏交审要案查明款目分别定拟折》，《政治官报》宣统三年正月三十日第1194号，折奏类，《清末官报汇编》第77册，全国图书馆文献缩微复制中心2006年版，第38658页。

均卷入权力寻租的瓜分浪潮，相率为伪，无怪乎落马的官员厥后一掂一长串。

四、运作模式的解读

“公司而名曰垦务，依理论之，当必实行垦字之意（大抵垦务公司须具有资本以讲求种租牧畜），贩卖地皮为业。先有垫款因而令其包其领地转售，尚不失其地贩性质。查东路垦务公司并无垫款预缴押荒之，而察哈尔右翼之地仍皆厅局所属，公司所得地价又皆厅局所收也。公司之红利又归贻谷大臣与各局处人员朋分也。”① 贻谷既设立垦务局，又设立垦务公司，垦务局即垦务公司，垦务公司即垦务局，管的和做的一家亲，一个衙门两块招牌，亦官亦商，既官又商，既商又官，官商合一。此亦为贻谷等自云之语。以丰镇分公司为例，丰镇垦局人员兼充东公司员司，公司人员即垦局人员，一身二任，一条鞭式的政企合一形成了合法的最佳的官商勾结模式。公司并无向垦局缴纳分文押荒，但从收款中可以见到垦务局放地收价解交公司的情形，而垦务局所报的津贴、车马费等却又在公司地价项下支出。该公司的主要支出以六千七百七十七两的薪工补贴最多，占全部支出50%还多。次为车马费用，竟有二千七百二十八两。据该分公司月报声叙，此项车马费用支出无不是某人由垦局赴某处及某日回局支银若干，等等。垦局的人员车马费用的支出，竟算在了该分公司支出项下，其余局费亦系公司与垦局分认，作伪情状，已盎然可见。正是因为各员人等皆在垦局，而公司不过就是垦局成立的一名目而已，所以公司申详文内有自称卑局者，在事各员的种种破绽使此层关系昭然若揭。② 此外，公司之垦员多是兼以垦局之要职，除于垦局照章支领薪水外，又以公司兼差名义再支津贴银两。例如，行辕收支处总办曹受培兼任公司总办，既在收支处每月支领薪水银一百两，又在张家口公司支领薪水银一百两。贻谷在光绪二十九年闰五月二十八日札垦局公司云：以后垦局绳丈各员普兼公司收地差使，应给津

---

① 中国第一历史档案馆缩微胶片《贻谷案》第1卷，第001148拍。

② 中国第一历史档案馆缩微胶片《贻谷案》第1卷，第001048拍。

贴，着公司总办于每年之终酌量给予。① 到光绪三十年九月，东路垦务公司因事已无多，人亦裁减，遂与垦局归并一处，公司各委员移驻垦局，放地、收款等善后事宜均交由后者代为办理。② 这种法律上的人格混同均见诸贻谷奏折，毫不隐晦。又如，乌拉特中公旗报垦后，贻谷札委西盟总局委员府经、沈可象等前往勘验，该委员等既然奉垦务大臣之命，差竣后则不径禀贻谷，亦应禀明西盟总局转详，但出人意料的是，该委员却禀之于西路公司。验收地亩、勘分地则，乃西盟局之责而弃之，由公司承担，一若蒙旗报地乃报之于公司，于事于理，背谬已甚。其后公司丈放收价等事务仍责于垦局，即中旗的借款亦由西盟总局先代为垫付。公司和垦务局勾肩搭背，形成狼狈为奸的默契机制。

公司的职责主要包揽土地，转手出售，卖完即止，公司名为垦务，但不是生产性的经济实体。假如用股本垫缴押荒，犹可谓垦局借公司之力，但考之东公司的实际情况，不但未缴押荒，抑且并未领地，检查册内所列，凡张家口、独石口、多伦诺尔等处放地收价，均系垦局暨各厅放地后除收每亩押荒三钱归公外，将地价归于公司，并将地数移知公司，乃得据以造报，明明各厅局所放之地，而曰代公司转放，明明厅局所收之地价，而曰代公司征收，受领标的时随意以彼此名义，财务、人员和业务三方面的混同纠结在一起，使公司人格失去独立性，公司完全成为贻谷及其垦局亲信的工具。直到斌宜在法部开列呈清时尚云某厅某局代公司转放地若干，征收地价若干，盖已习非成是而言不避讳，以至于自贡纰漏。公司既未缴押荒，又系托名商股，代收代放由厅局分任其劳，余利花红则归公司独享受其利，具体交易行为并不单独进行，法律人格已经形骸化。垦务局及各厅放地之后，将所放地都归公司名下，除每亩征三钱押荒归公外，其余全归公司。根据清末查办大臣对贻谷案的调查：垦务局规定每放一亩地收押荒银三钱，而公司领地都是上等好

---

① 《督办蒙旗垦务总局移知垦局绳丈各员兼充公司差使者，所有津贴由公司照章发给》，内蒙古档案馆主编：《清末内蒙古垦务档案汇编》，内蒙古人民出版社 1999 年版，第 1040 页。

② 《奏为察哈尔左翼垦局与东路垦务公司归并事》（光绪三十年），中国第一历史档案馆藏附片，档号：04－01－22－0066－076。

地。张家口公司领地十万亩，规定地价每亩八钱，则“地价坐得八万，一反手间，即赚银五万矣”。更为重要的是，垦务公司在一转移间稳赚巨利是空手套白狼，做的是无本生意。“如果公司先缴押荒，然后领地转售，犹为将本求利。及阅东盟垦卷，皆收到地价再缴押荒，是真不费一钱而坐致巨万矣。”[①] 垦局与公司名为两分，贻谷对其中的区分也辩护甚力，[②] 但两者实则一体，贻谷借公司名义将官款化公为私，侵吞国帑。由于公司系官商合办，直隶垦务大臣行辕，垦局委员悉充公司委员，一人兼两处之差，所以实际上同垦务局本是一家子，因而往往并非先缴押荒然后领地转售，而是先收到所售垦地地价然后再缴押荒银，不交押荒即可领地而转售，真可谓利速而厚矣。这就是贻谷成立垦务公司的出发点遭到质疑的原因所在。

在杭锦旗，公司伪缴二十八万两押荒银，不论已交垦局还是未交垦局而仍归公司者，多属于公款，即间或有少数股本，亦均为贻谷及各垦员的私股。公司以少数的私股伪领杭锦旗四千顷地，杭锦旗报垦全地遂为公司所垄断，并借口杭地已为公司承领，其间租银应归公司，于是十余万的地租亦尽入公司。如果说杭锦地尚有虚假形式的押荒银，犹畏人之清议，而乌拉特三公旗地之尽入公司，则大有径行而前莫予敢指之势。乌拉特前旗于光绪三十二年先后报垦什拉葫芦素、红门图两地，为乌拉特地中最膏腴之区，由贻谷札饬每顷作银八十两尽数归之公司，谓由公司先缴押荒银五万两，而公司亦禀称尽数承领，号缴押荒银五万两，于是两地遂尽为公司所有，而地之多少、押荒究竟应缴若干均不计也。查两地于公司未丈放以前的详文且称三千顷之多，即其丈放完竣亦且有净地一千六百五十余顷之数，以每顷八十两核计，公司应缴押荒银十三万两，仅此两地的押荒而言，公司所缴已属不敷甚巨，但公司尚以为未足，更自行直接蒙旗，令添报河西噶鲁台地亩，并不禀报，勘收即自行分定等则出售，计共放地四百三十余顷，其应缴押荒银则一字未

---

① 甘鹏云编述：《调查归绥垦务报告书》卷五《西路公司始末》，中华民国五年八月晋北镇守使署石印本，国家图书馆古籍馆编：《国家图书馆藏清代民国调查报告丛刊》第22册，北京燕山出版社2007年版，第353页。

② 中国第一历史档案馆缩微胶片《贻谷案》第3卷，第000780拍。

提。不仅如此，贻谷等莫不曰公司预交银五万两，实际上公司账中并无总交五万两之数，公司第一次所交者仅一万四千九百九十四两，系杭旗冒得地价，其后陆续称由公司交银四万九千八百八十两，其中二万六千九百六十两即为乌拉特已征地价、加色，其余二万二千九百一十九两乃杭旗冒得地价。由此可见，公司人稍分其冒征之地价等项入之于乌拉特地，乌拉特地亦因之而折入于公司，巧于营谋，又可概见。“至站地、准格尔地之归公司，尤有不可解者。公司于站地并未缴纳押荒，仅于开办站局时借用经费一万二千两，其中仍半系官款，且旋即归清，是站地已与公司无涉，乃公司即以借费藉口，尽笼台站地而有之。若公司之于准格尔则既无借款，又并未缴押荒，乃悍然谓凡有上上地亩尽属公司”，俨然霸地，可考而知。西路后截公司所占冒之地大率亦由垦局丈放。其名为已缴押荒者，则售价悉入公司；其未致押荒者，即由各垦局于所收地价中代扣押荒，“而以其余尽奉公司。在公司盖安坐而享其成，又不仅无本取利而已”。[①] 例如，和东路公司的情形相同，乌拉特三旗报垦地全部由西路垦务公司承领，再由乌拉特垦务分局代其丈放。承领时地分四等付价，丈放时又以地质论价，多则区分为十等，少则区分为两等，每亩押荒银高者达一两五钱，低者为一钱。

贻谷在法部为公司牟利辩护时每每以私法的营利机构的合法权利作为挡箭牌，以此为天经地义的行动，云：“如谓公司不应收地价，查公司应得利益除酌加地价之外，并无别项，如原领原放，将必多所亏折，何以望其辅助官力之不足，且公司承领察哈尔左右翼地，每亩照章缴押荒银三钱，与户领地无异。是公司即领地之民户也，其转售于人，自应由公司酌量定价，总以人肯认领始能售出，否则人将裹足，何能强迫。夫公司获利，亦公司之通例也。”[②] 然而，公司章程明白无疑地写道：“本公司系奉钦宪奏准特设，所以重官权而济商力，与绅商禀请自办之

① 甘鹏云编述：《调查归绥垦务报告书》卷五《西路公司始末》，中华民国五年八月晋北镇守使署石印本，国家图书馆古籍馆编：《国家图书馆藏清代民国调查报告丛刊》第22册，北京燕山出版社2007年版，第356页。

② 贻谷：《蒙垦续供》，沈云龙主编：《近代中国史料丛刊续编》第十一辑，104，台北文海出版社1974年版，第56页。

公司不同，所有总办以次各员，悉奉钦宪檄委，自与各局处一律考成；往来文牍，应请顿发关防，以昭信守，其文应刊奏办东路蒙旗垦务公司之关防。”① 这种公司表面上是官商合办，但实际上滥用行政权力的准衙门，可谓垦局第二。公司才是其亲生子，无时不借助公款为挹注。贻谷为公司筹划利益，可谓无微不至，悉力以赴。该公司被赋予垄断权利：“凡在此界限之内，不准另设办垦公司，尤不准有奸商私立地局，似前包揽，以一事权，而符定案。”“本公司与官局相辅而行，凡官局所到之处，公司随之。日后承办地亩，渐次推广，须由公司分设派办处，以资周顾；惟应分设几处，后时再行酌议，另立专章。……如查有假冒公司，撞骗民财，及造谣煽惑者，应由本公司随时知照地方官，查封究治。”② 按照公司章程和贻谷放垦的办法，除公司之外的民户不可能直接从垦局承领土地，必须到公司领地。市场进入门槛太高，一般人上不去，不存在将竞争列为行动应考虑的因素的必要性，官卖商买，这是标准的买办资本、典型的行政垄断。两论相订，是非乃见。如果说公司为民户，那么地商则更可谓民户，又名户总。公司就是一个大地商，或者如时人所说是地商另一之名，差别仅仅在于规模不同而已。贻谷被宠以藩衔，集绥远将军、理藩院尚书、垦务大臣于一身，王同春等地商又焉得不甘拜下风，伏地听命？反观没有后台的地商以及由地商成立的地局被褫夺了领地牟利的权利，在贻谷的雷厉风行高压政策打击下不得不转入地下，而徒有其表的垦务公司将权威性资源与配置性资源均汇聚于一体，利用公权力谋取一小撮人的私利，形同剪径却无可厚非，岂不自相矛盾？贻谷在案件审理期间为公司牟利的辩护显得强词夺理，散发出“只许州官放火，不许百姓点灯”霸道气味，无形中否定了垦务公司博取利润的合法性。

贻谷最具说服力辩护的砝码是：“土地具在，人民具在，案卷账簿亦具在，讵能负之而趋也。”③ 这话倒是说非不当，但从法律上来说，

---

① 内蒙古自治区图书馆藏《筹办东路蒙旗垦务公司章程》，页3。

② 内蒙古自治区图书馆藏《筹办东路蒙旗垦务公司章程》，页4。

③ 贻谷：《蒙垦陈诉事略》，京华印书局石印本，《边疆史地文献初编》编委会编：《边疆史地文献初编·北部边疆》第2辑第4册，中央编译出版社2011年版，第275—276页。

清末的归化城

土地和灌渠作为不动产自然无法随意随身地携之而走，而其间的收益权等等却可以轻易被狸猫换太子。信勤剖辩曰："兹查后截渠费三十万五千零八十两，连同前截渠费二十三万七千九百三十一两零，共计五十四万三千零一十一两零，经臣逐款核明，均系公款。且渠工始终由垦局办理，与公司无涉。惟冒销盈余，则归公司而已。"① 按照信勤的调查，"所谓股本四十万者，除一款两用之六万六千两，及虚缴押荒仍作股银之五万八千两外，实止银二十七万六千两。此二十七万六千两，内有十二万二千五百八十一两即系应扣之东利及前截股利，又一万一千七百三十九两则系结算前截开办后截时之侵公股本，又四千五百两则名为私股而实系借用绥远炮队官钱局之公款，是皆侵公入私，决不得名为商股者也。又二万五千两则系绥远官钱局储粮处之公款，又一万四千两则系前截冒充报效之款，是又皆明明公款，尤不得混称商股者也。于是二十七万六千两之股本，又去其十七万七千八百二十一两矣。下余之九万八千

① 甘鹏云编述：《调查归绥垦务报告书》卷五《西路公司始末》，中华民国五年八月晋北镇守使署石印本，国家图书馆古籍馆编：《国家图书馆藏清代民国调查报告丛刊》第22册，北京燕山出版社2007年版，第357页。

一百七十八两，内有商股一万二千两，余皆垦员私股及其经手之股，而其中复经贻谷等扣去归蒙押荒二万两，又移作前截余利，已分银四千六百两，尚存未用银二万四千二百两，又应扣各垦员随后所分利息及林毓杜借项共银六千四百七十八两，公司所买存粮，又抵银四万余两，而九万余两之股尽矣，更有何款垫费修渠缴荒领地。”① 渠本无利可言，而渠费又多系公款，如前截公司渠费二十三万余两，内八万三千余两则晋款也，又五万五千两则收支处公款也，又四万三千余两则垦局所收公家地租等项也。卷查姚学镜移公司文内，有垦务大臣面谕令将凡有发修渠之官款悉数改作由公司所付之语。在河套地区，无渠不啻无地。贻谷大兴渠工之奏，无非黠者奸欺，为异日借口渠由公司修而攫取沿渠地租等公款为余利之计，渠多则放地多，地多则公司转售得利多。其实，开渠、修渠作为放垦之必要费用是必须的，而这笔费用实不应一一记入公司账目，应由西盟垦务局行辕收支处直接支付渠款并随后进行回收渠租。贻谷把公司拨垫之款于前截公司结算时，把款项以作虚数形式归还给行辕收支处，而行辕处即以虚数捏作发交后截公司渠利处账上，而后截公司渠利处仍将此款项作为交予前截公司顶买渠工，循环做账，而公款之亏垫如故。该公司乃得垫款修渠之名，借以侵吞沿渠地租等项公款。后经查明，公司的渠利处早先通过收取地商之旧渠，攘取渠利，为放垦取利做好必要条件。就西路后截公司论，其办法当时分为认垦、渠利两门，认垦则价地专售，售价得赢，故私股多而官股少；渠利则专任修渠，有赔无利，故官股多而私股少。后截西路公司渠利处成为贻谷等人为腾挪渠款之目的而设，并无真实开渠、修渠实际行动进行。公司欲地之多也，则垦局修渠以益之，恐经费之多也，则一切放地收价，垦局为代任之。在这种关联交易中，贻谷等人趋利避害，假公济私，如鱼得水，上下其手地滥用公司法人资格，调动资产，为垦务公司输送利益，而垦务公司利用权力牟取暴利，日进斗金，垦员则在局入股，当事人分

---

① 甘鹏云编述：《调查归绥垦务报告书》卷五《西路公司始末》，中华民国五年八月晋北镇守使署石印本，国家图书馆古籍馆编：《国家图书馆藏清代民国调查报告丛刊》第 22 册，北京燕山出版社 2007 年版，第 357—358 页。内蒙古自治区档案馆藏《钦差垦务大臣全宗》，全宗号 433，目录号 1，案卷号 465。

得一杯羹，肥水流进了私人腰包。

五、“巧设公司”的背后

贻谷躬膺边寄，已阅多年，全然罔顾大臣对簿公堂理宜引咎的礼制，哓哓置辩，不曾少挠，俨然实有负屈之处而大有不慊于中，以至于倔强若是，防守周匝，众口不移。恰如古语言，治史如断狱。我们只有深入到事件的肌理之中，才能发现事件背后湮没的故事，清晰展现案件的争论焦点。在中国引入公司法的同时，司法实践就面临了揭开公司面纱的问题。虽然贻谷参案从总体上是贪污案件，但揭开公司面纱是该案的关键和核心内容。在学习西方进行改革的过程中，公司制度也可能在冠冕堂皇的伪装下被利用来营私舞弊的工具。舞弊案件往往把局部的账面做得合理合法，似乎振振有词，其来既正，其去亦妥，而揭开其面纱，就必须彻底考镜源流，使其无所遁形。土地是财富之母。贻谷案可谓清末土地财政的典型案件。如贻谷的辩护者所言，“即所立垦务公司暨开设布匹、烟茶等铺店，不免为时流所诟病，然揆诸当日因地制宜之情势，亦正未可厚非”①。然而，我们应该看到，这里存在代理人成本的问题。王朝国家从本质上来说如黄宗羲《原君》所言是私天下，但却是以相对的公的面貌出现，历史硬是如此拧巴着前进。按照内部人控制理论，公司经理者掌握了公司的实际控制权后，其利益在公司的决策中就会得以充分的体现。人是怀有私心的，毫不利己的人是圣人。贻谷等自不能超凡脱俗，而随员也不能守着大饼挨饿。在公司法中，公司人格滥用行为就是指公司实际控制股东滥用公司人格规避法律而给他人造成损害的行为。否认公司人格的起因在于当事人为了实现自身利益最大化，只是将公司作为为自己牟利的工具或者“另一个自我”，而不是将公司作为独立的存在，获取不当利益，使得公司成为巧诈舞弊者的护身符，所以为了公平起见必须透视公司背后的组织结构。公司为少数人弄权发财大开方便之门，变着把戏成立的公司成为猖獗敛财的机器。因为

① 赵全兵、朝克主编：《内蒙古中西部垦务志》，内蒙古大学出版社2008年版，第363页。

垦局执事者若从垦局伎渔，既畏人言，亦无大宗进项，乃怂贻谷巧立公司名目，先借垫款为词，使地亩尽入公司，而后群食其利，明明盗窃国财，而人不得议其非。贻谷的确是能力非凡，能够将事情做得非常漂亮，善于包装自己，如同杜鹃滴血般口口声声荀利国家，矢死靡它，以公济公，毫无自私自利之见，跰足遐荒，智尽能索，万目共睹，案卷昭然，似乎大公无私，大义凛然，但处心积虑为小团体谋福利，为自己牟利的伪装安排极为隐蔽。

1904 年《公司律》颁布。当时的经济立法因为移植性太强而与中国本土资源未甚允协，尚难以顺利地植入中国社会的肌体。统按此律，虽然全部文本多达一百三十一条，但有限责任规范的引入堪称最为关键的内容。相关趋同性的反映的本质是挪用法律资源，其目的在于使自己处于有利的合法性地位。自筹办垦务之初，有限公司就被贻谷所高调标举，借势大做文章。这其中大有深意，说明其善于利用法律的伪装使自己的行为合法化。从法理言之，公司在联合资本的集合作用发挥得淋漓尽致的同时，其有限责任等制度设计将股东个人财产与公司财产严格区分开来的隔离作用亦至关重要。其初衷乃在于鼓励投资，降低投资者的风险；而这种制度很容易被别有用心的人利用，使公司成为其非法牟利的傀儡。樊增祥在奏折中所使用的“巧设公司”一语就是对于公司异化的准确揭示。在这种情况下，西方在近代发展出的“揭开公司面纱”制度就是对于公司法人人格的否定。这和民法中的表见代理制度具有类似性。从樊增祥等人开始，信勤和法部所从事的工作就是层层剥笋，逐步揭开贻谷所设公司借官权谋取私利的面纱，从而最终实现直索，以昭正义。而贻谷在案件审理过程中就是自始至终进行各种色彩的涂饰，以求通过层次迷雾掩盖自己的所作所为。查光绪二十九年十二月初五日奏定商律内载，凡现设立与嗣后设立之公司均可向商部注册，而注册试办章程系于三十年五月间咨行到垦，均在改办后截公司之前，何以前后截公司均不注册？盖注册须声明创办人，查察人姓名住址及抄呈章程。其筹划办法，实有不可以对人言者。至于官商查账、股东会议，在所刊章程规例第九条、第十二条，虽有其说，并无其事，明显自违章程，所以不能注册。其肩承的使命是带有公法性质的，其职能相当于目前的国家开发公司，所以官股的存在不足为怪，而政企不分的弊端亦由此而生发。当代世界各国学术界探讨公司治理问题乐此不疲，其实约略如同古代中国对于齐家术的研究。公司业务是发生权利、义务和责任的事实基础。人员混同往往是财产混同、业务混同产生的根本原因。东西两路垦务公司的发展就是贻谷等人私股急剧膨胀的发达史。所谓商股多系垦务大臣及各员掺入的私股，上下一心，群谋渔利，遂不恤举垦局所收押荒地租奉之公司。公司与行辕垦局界限不清，所有款项往来往往出此入彼，甚属牵混。如果公司为公司，垦局为垦局，公司利益垦员不得染指，垦局公款公司何能侵吞？没有一臂间距，则贪官前仆后继，累累相望。随着垦地的展开，贻谷的私人利益领地迅速扩张。殆东路公司以私股为商股，西路公司以领地为赎地，本公款而称为垫款，所入花红余利无非地价渠租，所取地价渠租无非民财国帑，这种大奸巨贪的高明所在不能不令人叹服。贻谷及其亲信隐名其后，成为玩弄空手道的操盘高手，据以为利薮，称其假公渔利，洵非苛论。鹿传霖的奏折将其中的利益链条揭露得非常清楚："臣等窃查两盟垦务，以公司为藏身之固，以渠工为报销之题，以官钱局为转运之枢，而总以国家土地贩卖得财，为群经商之本。"① 该公司既收官款而入私囊，又佯于应分红利中提出万余金为报放，以饰其贪而示其忠。贻谷做的是无本生意，没有根据公司经营状况投入与公司经营规模相适应的必要资金，空手套白狼，朝廷自然可以主张剩余追索权。贻谷的这种安排在外人自然难以一眼觑破，所以鹿传霖的奏折虽然出自樊增祥的如椽巨笔，词锋犀利，但这层发奸擿伏尚欠深刻，因为初期的短暂调查难以得其详情，而这些模糊的虚词又成为贻谷反击的抓手和鸣冤的借口。贻谷的答复和抗辩虽有避就，不为

① 天涯恨恨生：《贻案始末记》第九章鹿绍查办之实况，1911 年印行，《边疆史地文献初编》编委会编：《边疆史地文献初编·北部边疆》第 2 辑第 4 册，中央编译出版社 2011 年版，第 377 页。此条主要来自文哲珲检举贻谷自立晋秦玉等字号，所有修渠工人口食均由字号以日用货物昂抵工银，因工人率多不就，遂派绥远旗兵赴工，每名发给路费银一二两不等，获悉被参确信后，忽给银八两，嘱令驰往，并要渠兵出具前系照领此数银两甘结。中国第一历史档案馆缩微胶《贻谷案》第 1 卷，第 000009 拍。

无因。只有逐渐抽丝剥茧，其间的利益输送链条才能被彻底发覆。

第三节　资源配置与利益平衡：经济法律制度的核心

在边沁看来，利益是一种原始现象（Urphanomen），“利益就是这些词里面的一个，这些词已经是没有更高的属类（superior genus），也无法以一般的方式再加以定义”①。利益的基本含义是，人的需要的满足。因此，利益往往被看作是利益主体发出的主观上的“理由”“愿望”“需求”和所追求的“目标”。对此，周旺生在《法理学》一书中表示异议。其主要观点认为：“利益实际上就是一种资源，一种非常重要的生活资源。有了这种资源，人们就能获得好处，就能使自己的生活达致某种状况，就能在自己所参与的社会生活中，满足自己的一定的需要、愿望或要求，就能获取一定的幸福。而这种资源并不是人们想有就有、想有多少就有多少的。人们可以占有或拥有多少这样的资源，一是取决于人们想要占有或拥有这种资源的愿望在多大程度上符合客观规律的许可程度。”周旺生为了使关于利益的界说具有本体性的内容，提出这样的定义：“所谓利益，就是能够使社会主体的需要获得某种满足的生活资源，而这种资源满足的程度是以客观规律、社会环境和社会制度所认可的范围为限度的。”②

笔者在目前的研究中将“资源”一词用以指称社会资源，即在一定社会经济制度规定下，个人能够获得收入、财富或利益的机会、途径和实际状况。在笔者看来，资源具有对于利益主体而言的有益性，争夺利益往往就是争夺资源，而对资源明争暗斗的目的不外乎为了自身利益，资源与利益固然在某些论著中不加以区分，但从严格意义上讲两者不能混为一谈。社会生产在本质上与经济生产的原理是相通的。行为主

① Jeremy Bentham, *An Introduction to the Principles of Morals and Legislation.* New York : Hafner Press, 1970, p. 3

② 周旺生：《法理学》，北京大学出版社 2006 年版，第 85 页。

体通过花费一定的资源而投资于行为主体自身的活动，获得具有创造经济价值的知识、技术、技能、体能、智慧、声誉、名望和沟通网络、社会影响力等资源的增值。这种资源的成长性就是利益，这种资源增值就是利益的实现。“利益”一词本身具有动名词的性质，表示好处的增加，佛法“利益众生”即是之谓也。资源的开发和利用不是目的本身企向，而是为了某种利益的实现。利益是资源的积极效用，否则就是利益的反面，即弊端。资源是利益之本，是利益得以实现的依据。没有资源的利用，利益便成为无本之木，不可能得以实现，亦无从谈起。然而，资源的存在并不能自动实现利益。如果资源被不恰当配置或开发利用，则可能出现“资源诅咒”，丰富的资源反倒成为一种累赘，诱发资源依靠症，形成坐吃山空怠惰惯性。如果以战争来类比，丰啬多寡的资源禀赋即是后勤补给线的尾巴，而利益则是战场的优势，战场优势尚需指战员的主观能动性的发挥才能得以实现。布迪厄认为，在各场域中的活动者，凭借自己所掌握资本的多寡来追逐和保持自己的利益与地位。资源是行为的必要条件，却不是充分条件；利益是行为者盘活资源活动的结果。确切说，资源是利益产出的未加工的原料。不是资源产生利益，而是行为者对资源的合理利用产生利益。公共资源不能自动实现公共利益就是明证。

利益诉求趋于无限，但利益预期受制于资源供给，也取决于相对弊端而言的利益增加程度。资源的供给与利益的获取总有其极限。资源需要开发和配置，而利益无须开发，满足利益才是问题的关键。如果说资源配置属于生产和流通环节，那么利益分享属于分配环节。如果说资源是利益追求的客观基础，而利益追求和实现的矛盾是社会发展的原动力。爱尔维修（Claude Adrien Helvétius，1715—1771）强调指出：“利益支配着我们的一切判断。”“利益在世界上是一个强有力的巫师，它在一切生灵的眼前改变了一切事物的形式。”“如果说自然界是服从运动的规律的，那么精神界就是不折不扣地服从利益的规律的。”① 利益

① 北京大学哲学系外国哲学史教研室编译：《十八世纪法国哲学》，商务印书馆1963年版，第457、460页。

的指挥棒往往决定资源的投入方向。例如，在资源投入上，国家的战略资源往往首先被投诸核心利益的维护，对重要利益和一般利益的资源投入必须以确保核心利益为前提。各种倾巢而出的利益诉求不统一，不仅取决于资源分配，而且与行为主体的心理预期相关。行为主体通过综合运用组织中的各种资源来实现利益最大化，故而资源利益是最为直接的利益矛盾。在某些情况下，利益纠葛导致矛盾激化，可能使得资源配置优化成为镜花水月。人们在从事各种社会活动之前及在活动过程之中，总是要考虑这样三项利益的基本要素：所获利益的价值、利益的兑现率和利益的兑现时限。利益的价值是对其实用性数量和持久性等的全面衡量，是最具吸引力的要素；利益的兑现率是利益实现可能性大小的量度；利益的兑现时限是指从实施活动到活动的目的得以实现的时间间隔。

清廷虽然希望通过垦务增加收入，但标榜"固宜亟偿洋款，仍当深恤民艰"①，不可稍涉掊克，蒙旗原得者，不必与竞锥刀之微，将体恤蒙艰、稳定内蒙古及其周边地区的社会秩序作为放垦的根本目的。在清代，蒙古被清朝视为国家的长城。京辅晏然无烽燧之警者，盖以蒙古为之藩垣也。但近代以来，国势衰微，北疆边备不修，虚若无人，内弃地利，外启戎心，倘出非常，后果不堪设想，这令清朝最高统治者汲汲于移民实边，垦地筹饷，并蒙部之地，为民耕之地，竭蒙地之租，练蒙部之兵。由此可见，经济开发具有政治和社会意义。光绪二十七年头品顶戴兵部尚书衔山西巡抚岑春煊上奏时曾就对蒙地放垦提出了自己的意见，对此言之尤切，以为保证蒙古屯垦能够顺利进行的关键在于要分利于蒙部，并非专重收款，"不急在征收官租，而急在开浚地利，不必夺蒙部之产，而贵联蒙部之心，利在蒙，利在民，即利在国也"②。贻谷在筹划垦务时也提出："惟查此次朝旨饬办蒙盟屯垦系为开拓地利，体恤蒙藩，外以巩固边防，内以消除隐患，并非欲侵取蒙旗之地利，收回

---

① 《上谕（光绪二十六年十二月二十六日，冬季档）》，国家档案局明清档案馆编：《义和团档案史料》，中华书局1959年版，下册，第946页。

② 《岑春煊跪奏为垦开晋边蒙地屯垦以恤藩属而弭隐患折并朱批》（光绪二十七年十一月二十六日），内蒙古档案馆主编：《清末内蒙古垦务档案汇编》，内蒙古人民出版社1999年版，第2页。

地商之产。”① 放垦的目的在于维藩属而弭隐患，裕国家饷需，筹蒙旗生计，拯厥艰穷，地开利浚，共登丰乐，上裕国课，下安民业。这是一种蓝图，很具有当今社会法的理念。然而，1908年协办大学士鹿传霖与度支部左侍郎绍英查核贻谷“二误四罪”奏折的第一款指控就是认为贻谷的根本错误在于“误朝廷之宗旨”，没有将利益平衡把握妥当，使垦务迷失了方向，陷入苛敛的误区，以致国帑仅有毫末之益，而边民受丘山之累，引发社会动荡。具体言之，“朝廷开放蒙地乃恤蒙以实边，非攘地以图利也，即顾名思义乃垦荒非垦熟也，而贻谷视为谋利之道，于蒙古报地则多益求多；于地户征租则刻益加刻；取游牧之地而垦之，而蒙民怨矣；夺垦熟之地而卖之，而汉民怨矣”②。贻谷也是当初放垦的倡议者，起码来说参与了放垦政策的制定，但为何被指控违背朝廷放垦本意？恰如贻谷自己所说，“宗旨之误，厥有由来”③。贻谷固然有其责任，但不能全部咎责其人。清廷在政策动机上的致命缺陷应为最主要的根源。

从理论上说，政府本来应当是社会公平正义的践行者和维护者，但在实践中，往往受自身利益所驱动而并不能践行和维护公平正义，反而间接或直接卷入利益冲突。接连不断的丧权辱国，赔款割地，已经使得清廷国库奇绌，面临资金链已经趋于枯竭而支出刚性的尴尬局面，为了解决财政危机，别无他途，只好从土地上打主意。受“以地生财”大挣快钱的冲动驱使，加之当时蒙旗因为教案赔款产生地方债必须偿还，急无良策，清廷遂任命贻谷为督办蒙疆垦务大臣，揭开了蒙古地区历史上一场大规模的“土改”。值此时艰，朝廷练兵需款孔亟，竟如悬釜待爨，在内蒙古地区如火如荼的放垦就是为了聚敛帑银。可以说，中国土

① 《贻谷为办理蒙旗垦务之示谕》（光绪二十八年三月十九日），内蒙古自治区档案馆：《蒙旗垦务档案史料选编》（上），《历史档案》1985年第4期，第34页。

② 贻谷：《蒙垦续供》，沈云龙主编：《近代中国史料丛刊续编》第十一辑，104，台北文海出版社1974年版，第6页。

③ 绥远通志馆编纂：《绥远通志稿》卷三十八，垦务，“清光绪间贻谷主办蒙垦始末”，内蒙古人民出版社2007年版，第195页。

地财政的历史源远流长，自非始于今日。清朝这一政策的后效必然是在放垦过程中急功近利，甚至不择手段，恨不得直接从地里刨出一个大金娃。见效快的敛钱就是收取押荒银，以济要需。在黄时鉴等人的论文中提到，放垦蒙地政策推行后，开发了不少土地，但是内蒙古东西部的农业区早已在蒙地放垦前就已形成，因此，清廷顺水推舟，变禁垦为准垦，甚至变准垦为劝垦、放垦。一些地方蒙地放垦时有许多是“放熟”，而不是“放荒”。例如，河套地区放垦政策推行后未垦一地，仅取民间已经开垦的熟地勒收押荒金两。在内蒙古西部其他地方的放垦过程中，也绝大多数是“放熟”大于“放荒”。由于贻谷的放垦主要是清理整顿，而开发的色彩较少，所以历史学家评论称，当时总司其事者狃于收价，予奖之部章专以多收荒价为功，既不能于旧垦之外多辟新荒，且转夺旧垦之田归诸新户，种种盘剥，以致民蒙胥怨，实边美政竟不克行。推厥初衷，清朝放垦旨在广开财路，解决财政危机，收取巨额的押荒银和升科银以裕国帑，冀图“垦务则朝令一出，暮入千金”①，但望之太奢，从贻谷上交朝廷的款额看，答卷的成绩很不理想，六七年之间仅仅上交户部二十二万两，对于资金重度饥渴的清廷而言，无异于杯水车薪，失望之情不言而喻。也就是说，清廷最高统治者对贻谷的政绩表示失望，也是从经济利益上考虑的。更有甚者，收入如今却被中饱私囊，肥己蠹国，非但没有给朝廷带来经济上的实惠，也没有给朝廷带来政治上的加分，惹得怨声载道，尤其令朝廷大为恼火。从逻辑上说，贻谷的失误根源恰恰就因为放垦政策本身存在内在软肋。正是这样，中国传统思维强调立法先期防弊，与科斯定理中在交易成本不可能为零情况下必须审慎选择制度设计的思想是相契合的。

利益法学派代表人物黑克强调在利益衡量时应注意法律安定性或稳定性之利益（Stabilitätsinteressen）。这一观念也与边沁提醒的注意人民的合理预期，有异曲同工之妙。产权的确定和明晰即在为民众提供一种稳定利益或者说合理预期，被制度经济学视为第一要务。新制度经济学

---

① 转引自黄时鉴：《论清末清政府对内蒙古的“移民实边”政策》，中共内蒙古地区党史研究所编：《内蒙古近代史论丛》第1辑，内蒙古人民出版社1983年版，第110页。

极力证明：产权帮助一个人形成他与其他人进行交易时的合理预期，降低产生机会主义行为的可能性，减少交易不确定性的风险，积极致力于投资和扩大再生产，促进经济的发展和社会财富的积累。界定产权是促进效率、实现经济增长的首要因素。只要产权明晰，以私有制为基础的国家便能自动地使整个社会达到作为人类理想的帕累托最优状态。这种传统的观点笃定地认为：法律只能通过保护产权而促进经济增长。清晰界定并且保护产权的法律制度，先于经济增长且是经济取得成功的先决条件。一旦此种体制适得其所，就会成为一种固定的、政治上保持中立的制度安排，成为一种遗世独立、万代不易的经济增长之基石。新制度经济学甚至提出大力推行产权私有化的政策建议，诱发“产权拜物教”的普遍流行。但研究者通过实证研究发现这种法律被资源化的理论过于简单。事实上，“法律并不像有形的资本出资那样，一旦到位，就可以为资本主义活动提供坚实的基础。资本主义制度之所以充满活力，其关键正在于治理领域和经济领域的诸多‘创造性破坏’（creative destruction）行为。包括法律在内的治理结构的诸多形态，必须适合并顺应经济的诸多变化。与其将法律制度视为经济体的一项固有禀赋，［不如］将法律与市场的关系视为主体的行为及其策略性反应之间的高度循环往复的过程，更有价值。”① 有关法律与经济系统耦合关系的深层认识，不仅应该关注目前成为唯一研究焦点的正式法律的供给，而且要注意法律的需求，后者因事易时移而变动不居，随着经济活动参与群体的变化而多有差异。如果缺乏法律秩序，经济最终蹒跚不前。不可否认，新制度经济的理论不足已经遭到学术界的批判，但强调产权界定确实有一定道理。在放垦之前的实践中，土地产权基于力量的博弈和参与者认同于约定俗成惯例，彼此共喻共守，由此形成自发的社会秩序。然而，无论文明如何先进，人类在争夺资源和利益时通常都会变为动物，受制于趋利避害的本能。一旦利字当头，当事人就会基于自身的实践理性各执一词，随意背信弃义。交易只能在熙熙攘攘的逐利者摩肩击毂的关节碰撞

① 柯提斯·J. 米尔霍普、卡塔琳娜·皮斯托：《法律与资本主义：全球公司危机揭示的法律制度与经济发展的关系》，罗培新译，北京大学出版社2010年版，第6—7页。

中前进。动荡年代的边疆社会①私垦所形成的产权上的法律灰色地带，诱发了诸多社会矛盾。垦户既渴望产权划分能够带来稳定的预期，避免资源在无序的争用中耗散，从而积极致力于自己的土地经营。

清朝法律规定："禁止民人折算典当蒙古地亩"，"蒙古地亩不得典给种地民人，违者各照违制例治罪"，"种地民人不得重价转典民人旧典蒙古地亩，违者追出地价交旗充公，地归蒙古，民人递回原籍"。②据此，蒙汉不准交产，民间辗转典卖③虽有相当代价，然系私相授受，政府未尝承认，不得视为管业④，具有法律上的安全隐患。很多移民生活在法律不承认不保护的空间里。殆私垦久干例禁，故蒙人不曰开垦而曰开荒，以避私垦之名。各蒙旗各行其是的私垦，借永租为不卖之卖，

---

① 参见本书第五卷第六章。

② 《土默特志》卷七政典考·理藩院则例，光绪间刊本，《中国方志丛书》塞北地方绥远省第16号，台北成文出版社有限公司1968年印行，第120、121、122页。

③ 在嘉庆朝之前，典权在现实生活中似乎是一种几乎没有期限的权利。法律并未规定找赎的期限，以至于民间有"一典千年活""典在千年"之类的俗语，但这种情况在清朝《户部则例》对典权期限制度做了重大修改。《户部则例·田赋·置产投税》规定：活契典当年限不得超过十年，违者治罪。"民人典当田房，契载年分，统以十年为率，限满听赎，如原业力不能赎，听典主投税过割执业。倘于典契内多载年分，一经发觉，追交税银，照例治罪。"十年期满后，如果出典人不回赎出典的土地或房屋，典权人可以向官府投税，过割入户。依价取赎倘已经卖绝，契载确凿，复行告找告赎及执产动归原先尽亲邻之说，借端措勒，希图短价，并典限未满，而业主强赎者，俱照不应重律治罪。见同治四年校刊本《钦定户部则例》卷十，第3册，《清代各部院则例》，蝠池书院出版有限公司2004年版，第737页。

④ 在传统中国法律中，"为业"是指对土地一类具有长期经济效益的收益源进行有效利用，这一概念表示以代表土地利用等权能的"业"为权利客体，可以对其进行支配。着眼于收益之处，说明在当时人们的观念中实用是第一位的，不是将对物权利进行抽象，而首先考虑的是能看得见的实际支配。按照这种方式理解时，"为业"就是权利的内容，即"经营产业"。此外，"为业"也可以被理解为"经营成产业"。因此，效益很小的"开叶子"和基于相邻关系的权利不称为"业"，不能提供长期利用价值的土地上的权利也不能称为"业"。就开垦期间尚未赋予所有权的不稳定的权利而言，通常不使用"业"这一词语，而使用"耕种"或"承种"等词汇。"业"是一个不特别考虑取得途径是否符合官方法理的概念，官方所反对的不法之业也属于此范畴。森田成満『清代土地所有権研究』勁草出版サービスセンター、1984年、32頁。

就如同当今的招商引资，是当时经济发展的主要引擎。耕地农民与日俱增。此等农民与当地蒙民私相授受，开垦公地，引发蒙古社会内部产权从公有向私有化转移的变革。户口地（有些地方称为“箭丁地”“生计地”“差役地”）的法律制度推行即在于避免私自放垦引发的混乱和无序，降低不公平感。例如，乾隆八年（1743）土默特部奏闻清廷，谋欲杜绝私垦，乃将归化城土默特地亩，依村户之多少，分予蒙民私有，名曰“户口地”，另留村地一部，为合村公共牧场，并颁禁令。史料记载，在杭锦旗，“杭锦旗蒙民户口地，向以个人势力之大小为受地多少之标准，既不能计口授地，即不能称物平施，有力者坐享膏腴，无力者贫无立锥，立法不良，是亦专制流毒之一斑而已”①。清代蒙古社会可以视为一个自我创生的系统，其社会内部进行重构释放演化的动能，与此同时使得外部规则的含义也被重构。私垦造成蒙古社会内部的情境经历根本性的变化，从而创造比较制度优势。私垦毫无丈尺，以数十金之资而得若干顷之地，后又转卖于人，中饱其利，如此“辗转相仍，屡次加价，历年所得银数往往逾于地之所值”②。“蒙古之户口地向例不准出卖，其辗转典租，无论移转何人，必须向蒙古纳租，谓之‘地谱’。”③“人民租种蒙地，每年出钱若干，谓之地谱。设令蒙地主累世相传不知其地之所在，则只按年凭账吃租，并不问其地有无变迁及转移何人，故有云‘蒙古吃租，认租不认地’。按：蒙古吃租，除有约外，即河冲水占，致地不能耕种，亦所弗问，故往往有所种之地，因河流变迁，其继承人不知地在何处，而该蒙主仍凭账按年讨租者。”④ 更有甚者，经过

① 王文墀撰：《临河县志》卷中，纪略，《全境蒙旗界址户口生计保卫礼俗召庙纪略》，民国二十年铅印本，《中国方志丛书》塞北地方绥远省第 12 号，台北成文出版社有限公司 1968 年印行，第 192 页。

② 绥远垦务局编辑：《绥远垦务辑要》之《修正清理土默特旗地亩章程》（民国三年十二月二十九日呈准），中华印书局 1929 年版，国家图书馆藏缩微胶卷，第 42 页。

③ 南京国民政府司法行政部编：《民事习惯调查报告录》上册，胡旭晟、夏新华、李交发点校，中国政法大学出版社 1998 年版，第 416 页。

④ 南京国民政府司法行政部编：《民事习惯调查报告录》下册，胡旭晟、夏新华、李交发点校，中国政法大学出版社 1998 年版，第 750 页。

层层顶递，蒙主仅有租权而无撤佃权，任管佃户如何转顶，不得过问，并且因为佃顶太多，世产流传，半多迷失，连收租权亦风流云散，不知其地在何限与四至广狭，即欲自务躬耕，尚须辗转他租。本分者自奸诈之民得值本难，强忍甘难，遂不质于公，聚众私斗，争田攘地。蒙汉缠讼，起于地事居多。[①] 与蒙旗官府订立的契约虽然为了保存耐久而用铲去毛的皮革写成，被称为“牛皮文约”，但这种形式上坚固的牛皮文约在内容上却往往含糊不清。揆诸当时的许多契约，租地顷亩既无确数，租限远近亦无准期，租钱多少复无定价。这种契约如果付诸诉讼，产权证明效力便受到影响，甚至于被否定，从而存在改变产权关系的可能。所有权不清晰之下是野蛮的财产争夺与维权的乱象。蒙文档案由于生产的体制，也没有我们想象的这方面丰富的资料。加之，翻译者的转译过程中用语尽量的清代汉语化，使我们对此的认知存在隔膜，不过，蒙汉之间的土地纠纷案件在准格尔旗扎萨克档案里比比皆是。从鄂尔多斯扎萨克郡王旗台吉等非常不通顺且错字甚多的共同陈诉档案中可以看出，所谓“强梁汉民”与“善良我们”的“穷苦蒙众”之间为土地的争乱极为激烈。[②] 清代后期，蒙人因放地过多，隐虑将来游牧不便，频频倡为闭地之议。但经过长期历史发展，“汉民舍蒙古之山田，无可耕种，蒙古离汉民之租银，不能谋生”[③]，复杂的利益格局已经溢出了简单的经济行政法律手段的解决能力范围。

在私垦阶段，仅就土地所有权言之，察哈尔八旗在名义上并未获得土地所有权，旗地乃属于国家分配给旗人的份地，旗人仅具有土地占有权和使用权、收益权，但没有处分权，不能随意买卖转移。与此相反，位于绥远乌兰察布、伊克昭两盟十三旗却一直保持着自主性较强的半独立封建体制，其蒙旗的土地所有权也被清廷认可，蒙旗私自放垦和收租的少数土地也一向为朝廷所允许。农民一般只拥有佃权或永佃权。各地户所种田亩多出私租，或今岁领地而明岁被夺者有之，或前给价而下次

---

① 森田成満『清代土地所有権研究』勁草出版サービスセンター、1984 年、7－8 頁。

② 中国第一历史档案馆缩微胶片《贻谷案》第 2 卷，第 000678—000684 拍。

③ 中国第一历史档案馆缩微胶片《贻谷案》第 3 卷，第 000903 拍。

又找价者有之。在察哈尔，蒙员或收款指地于人，或私自放垦收租，一地数主，此租彼逐，一地数租，忽予忽夺。奸商知其有利可饵，乘机插手，往往未经旗总管同意，即行私与蒙员立契，承揽放垦，从中大获其利。佃户出价承买，受骗上当之事屡见不鲜，有得契而并未得地者，有契内地亩颇多而实际得地甚少者，有契系此地而混予彼地者。以乌兰察布盟的中公旗为例，光绪三十三年该旗呈报开垦干支汗卯独和葛鲁台两段地，据垦务委员禀称：此段地内“租种之汉民，年深月久，辗转相推，人固易而地形亦异，而现在之蒙古只知某家为其交租之人，不知何处系收租之地。即如此，该台吉指界，亦到处询诸土人，始得梗概。彼处谚云：蒙古知租不知地，诚非虚语”①。蒙员为了图谋私利而任意拓土溢边，造成历来私放私种含混指界，文约无凭，犬牙相错，套搭棼如，愈后则伪据愈工，愈久则纠葛愈结，夺佃争租，小则缠讼不休，大则动酿命案，强者得利，弱者受亏，禁令不及，民匪不分，人无著籍之安，田无永执之业，此皆由地系私租未领文照所致。地商每每豢养打手，购置军械，率众械斗，霸地争渠，时有所闻，杀机一起，舍稼穑事而相愤争，弱肉强食，毁家不惜，往往有焚毁房屋、杀人伤命的案件发生。②“王同春现象”就说明了边疆社会中没有官府明晰产权所引发的诸多矛盾。俗名“瞎进财”的王同春“眇一目”之原因尚待考证，但其因争水伤目的传说本身就昭示着明晰产权的必要。在丛林规则支配下，地商博弈的结果有时是，自家的事自家解决，各将所养的“把式匠”解散，以免两败俱伤和官方介入。

清初以来，由于绥远地区所实行的封建领主制体制、畜牧业经济对土地所有权要求的迫切程度不高，这一问题长期未能得到解决，从清初

① 内蒙古自治区档案馆藏《钦差垦务大臣全宗》，全宗号433，目录号1，案卷号272。

② 高赓恩纂：《光绪归绥道志》卷二十一，习俗物产，光绪三十四年修，据民国钞本影印，《中国地方志集成·内蒙古府县志辑》第9册，凤凰出版社2012年版，第2、9页。中国第一历史档案馆缩微胶片《贻谷案》第3卷，第000033拍。鉄山博「清代内蒙古の水利開発と地商経済」森田明編『中国水利史の研究：中国水利史研究会創立三十周年記念』国書刊行会、1995年、457—492頁。鉄山博「清代内蒙古の地商経済」『東洋史研究』第53第3号、1994年。

以来一直就存在的私垦泛滥在一定程度上与此密切相关。农业的发展需要对土地的所有权，从而对土地的“四至”以及由此决定的土地收益加以明确的界定。放垦的一项重要任务就是清理积案，在解决历史遗留问题中向前推进。这既说明了产权模糊在边疆社会的普遍性，也标志着政府介入在一定意义上是一种秩序的化身。垦户的确较之过去必须多付出一些成本，但产权的国家保护对于其利益的维护和发展的贡献也必须被计算入其利益的增加之中。资源竞争矛盾的加剧是法律规则产生和变化的根本原因。按照道格拉斯·诺思关于国家的契约理论，国家被视为一种交易机构，公民向国家交税，而国家则向公民提供安全和有效的所有权。清廷以政府权力介入，提供保护、公正等服务产品，可以为垦户的产权提供有力的背书，自然有其获得权力溢价的基础。清末放垦的过程不仅对土地的所有权进行了明确，而且对农牧业的分界线也进行了大致的确定。这些对于绥远地区农牧业的发展都不无裨益。应该说，土地所有权的这种改变对农业生产的发展是有利的，能够最大限度地调动投资者、经营者的最大潜能，实现人尽其能，地尽其利。按照清制，买卖田房所订之契约在缴税后，由所在官府在契约上盖红印，曰“红契”，具有完全转移所有权之效力，否则为“白契”。蒙古地区的台站地从私垦到官租，汉族农民已逐步取得了合法使用权。尽管在所有权上还规定属于官地性质，但这和乾隆年间汉族农民拿着土布、砖茶跟站丁拉关系方被允许春来秋回耕种一块土地的情况，已有很大程度的变化，甚至是根本的区别。

问题的关键不在于放垦与否，而在于拓边利益的分配，在于社会利益的冲突和矛盾。资源的配置关乎利益的协调。昔日虽然名为禁垦，但实则私开。“今蒙地南阡北陌，相望数百里之遥，何私垦则无妨，官办则有碍?”① 现在的关键问题在于，所谓代表“公利”是否具有剥夺“私利”的合法性？法律制度的设计主要是利益平衡。国家、农户、蒙旗、地商在利益上的矛盾错综复杂。在利益面前，各种人的心态大不相

① 《贻谷为开去阿尔宾巴雅尔伊盟盟长之任事折稿》（光绪二十九年十一月初六日），内蒙古自治区档案馆：《蒙旗垦务档案史料选编》（上），《历史档案》1985 年第 4 期。

同，而且在不同的情景中，每个人的心态也往往变幻不定。贻谷最初通报乌盟，“本大臣忝承恩命，必为蒙旗地户筹策万全”。乌盟回复道：“此实系代民兴垦，压制蒙古，消灭草场，一兴一灭，万难应允”，请免开垦。贻谷劝导乌盟六旗，“押荒一半归蒙，升科地租全归蒙旗”，乌盟则委婉地加以拒绝，“本乌盟牧放牲畜厂地自应遵守专例旧制定律，各札萨克职爵无敢欲贪押荒白金之人”，并援引法律来维护自身利益辩护，指出：“伏查凡若办理大小公事，有例遵例，无例遵旧成案办理，天下初以京城为根本，京城以六部为本，六部以律例为本。大青山阴赏赐本盟六札萨克旗世世牧养牲畜，查核钦定专条旧例，已经遵奉年久，作为定法情理，若遵循杭锦、达拉特两旗目前试办辙迹，万万难允，所关紊乱国家律例，又更改定制重大，理合声明，遵守定例。”贻谷发札文，“晓以朝廷体恤蒙艰，代筹永远之利”，乌盟盟长则以强硬的措辞回答：“本乌盟并无蒙艰者，亦未据各扎萨克旗下报有蒙众艰苦，恳请具奏体恤之，究由何处请朝廷体恤本乌盟蒙众艰苦，代筹永远之利，所称各节情形，究系何人所报，何人代筹？亟应彻底究出，下可求先欺割本盟各旗万万官兵男女黄黑各性命，上可求免欺蒙朝廷大奸。”显然，乌盟的反驳铿锵有力，掷地有声，言辞已经散发出呛人的火药味。贻谷重权在握，严催就议，不无恫吓地宣称：“若乌兰察布盟长倘仍前延抗，是该盟长不胜领袖之任”，“惟有据实奏参，革去盟长之任，另拣奏请简放”。面临贻谷的强大压力，乌盟盟长据法理绝不屈认，坦然回敬曰：“查外藩蒙古盟长各爵职，均由理藩院承办，仰蒙圣主朱笔圈出，钦定简放，并非大臣擅权拣放，若有过犯，仍由理藩院分别初次、二次，拟以不应轻重则例，拟罚牲畜，第三次、四次不应降调，仍罚牲畜，第五次因公诖误，照依革职例留任，现独不作非理，未犯法律，亦无因公诖误，盟长及札萨克等均预先防备奏参，备用事终，滥行诬赖地步，仍怀嫌疑，甚属非理，声叙呈报情形，必为该大臣怀嫌报复，捏故奏参。”可见，贻谷文劝函商、开导威吓等对乌盟盟长入情入理的“声叙”毫不奏效。如此公牍往来，乌盟六旗札萨克终于按捺不住心中的怒火，竟于光绪二十九年夏季呈请绥远将军，由理藩院转奏，“即将大臣贻先行撤回，请免在外住贪”①。贻谷与乌盟盟长数年之间的斗法激烈，而卒至光绪三十二年初乌盟土地仍延不遵办，尺寸未开，“婉商则借词以延之，严结则虚词以应之”②，“既非本心之所愿，谲计亦因之而生”③，表明利益协调之艰难，几乎节节顿挫。

姚锡光在《筹蒙刍议》中这样写道：“闻东西放荒办法，率从已垦之田措收押荒，实则放出真荒寥寥无几，是佃户先已纳价一次于蒙民，而又需缴价一次于官吏，则佃民吃亏甚大。其在蒙民，则未经收价之田收租必多，而一缴押荒，则租入须减，是蒙民折耗亦巨，此放荒一事，只可谓之熟地勒费，不可谓之荒地押荒，所以蒙汉闻之，几如谈虎色变。”④ 学界以此为据，认为这是对原垦户的一种严重勒索。“押荒”又名“地价”，亦称“荒地押金”，事实上是一押不复返的无名勒索。原来，在内蒙古从事农耕的汉族农民，为取得土地，必须向蒙古贵族或者汉族地商、地主等缴付一定的款项。“开放蒙荒”就是宣布不承认这种既成事实，使得已缴过款项的汉族农民遭到一次超强制性的经济掠夺。按照学术界的这种观点，贻谷办理绥、察垦务，总的原则是先将蒙地收归国有，实施对蒙旗土地的最高所有权，然后统一出放。仅就这一原则而言，似乎并无不妥，但在实际办理中，却不乏借国有之名与民争利，甚至攫夺垦民利益之实。人民利益在这些官员眼里根本不值一提。蒙地放垦前，蒙古王公贵族将土地私下租给流入当地的汉族农民耕种，收取一定数额的租金，垦熟后每年收取地租，不向清政府交纳田赋。垦丈所造成的所谓“蒙人失地”是失去了两种地，一种是原先不见五谷的牧场，一种是早已开辟的农田重新丈放。这对于蒙古牧民的经济收益而言，也未尝不是严重的损失，以至于既无可垦之田，又无可牧之场，既

① 内蒙古自治区档案馆藏《钦差垦务大臣全宗》，全宗号 433，目录号 1，案卷号 272。

② 中国第一历史档案馆缩微胶片《贻谷案》第 2 卷，第 000640 拍。

③ 中国第一历史档案馆缩微胶片《贻谷案》第 2 卷，第 000641 拍。

④ 姚锡光：《筹蒙刍议》卷上《查覆东部内蒙古情形说帖》（光绪三十一年乙巳八月上练兵处王大臣），光绪三十四年刊本，忒莫勒整理点校，内蒙古图书馆编：《内蒙古历史文献丛书》之四，远方出版社 2008 年版，第 24 页。

收其地，复分其租，年复一年，穷益加穷。清末蒙古族的贫困化问题固然是由多种原因造成的，但“蒙地垦荒”毫无疑问使之更形严重。不唯如此，清政府蒙地放垦政策实行后，无论熟地生荒，都要逐亩一次征收押荒银（即地价），熟地须交地价，荒地须纳荒价，对汉族农民早已垦熟耕种的农田，又强行重新丈放，再次收取押荒地价银，从而造成汉民垦户除已向蒙古地主缴纳地租银外，须再向官方荒务局缴纳押荒地价，进一步加重了佃农的租税负担。农民为了保住自己耕种的土地，不得不将房屋、农具、牲畜、粮食作抵交租，垦局竟将此美其名曰“抵租”。农民在领种的土地上倾洒自己全部的汗水，希望通过自己辛苦的付出能从土地上得到应有的回报。若风调雨顺，秋成完租后，几乎所剩无几。若遇上自然灾害等可变因素影响，温饱便大成问题。然而，即使这样，垦务局的原则却是，“价高者以与”，增租撤佃成为垦局的生财大道。[①] 来年这块土地的领种权未必归己，自家的辛苦与投入适成为他人做嫁，垦户积极性逐渐消失，不可能尽心尽力经营土地，土地质量逐渐下降。是时，后套地方，居民鲜少，负耒而来者大多极贫之人，聊借耕作为一岁之计，春耕时联群结队而来，秋获后车载肩负而去。其于地，不愿承领而愿承租，不愿为佃而愿为佣，今年耕于此，明年耕于彼。荒地初辟，土性最壮，今岁成熟，明岁复荒，平沙无垠，四无村落，富商大户，不肯冒险置产于此，寻常百姓亦裹足不前，流离困苦之民，终非土著。如此春去秋来，如同社燕又年易一处，并不固寻旧巢，不过以汉人之游耕易蒙人之游牧而已。大率用懒惰农创茬办法鲁莽而种之：地不满耕，即循往年苗根用犁一次随即循耕下种，俗谓之创茬。[②]

---

① 傅雨：《清末的“开放蒙荒”和内蒙古人民的反抗》，《山东师范大学学报（人文社会科学版）》1960年第1期。长泽靖典也持此种观点，并且在论文中有详细的阐述。長澤靖典「清末内蒙古における官辦墾務事業と西路墾務公司事件について（上）」『東洋史訪』第8号、2002年。

② 甘鹏云编述：《调查归绥垦务报告书》卷八，“严禁包户包揽”，中华民国五年八月晋北镇守使署石印本，国家图书馆古籍馆编：《国家图书馆藏清代民国调查报告丛刊》第22册，北京燕山出版社2007年版，第527页。甘鹏云：《潜庐续稿》卷七，筹垦刍言，甘氏家藏丛稿崇雅堂聚珍版印行，沈云龙主编：《近代中国史料丛刊》第九十七辑，964，台北文海出版社1974年版，第278页。

这也就造成了土地耕辍靡常的现象，土地大量荒芜。因为土地荒芜，垦局不得不大面积开渠养地，但这对于土地开发的改观甚微，而在修渠上耗资不菲。垦局的这种经营方式严重打击了农民的生产积极性，无法最大限度利用放垦的土地，不利于调动农民的生产积极性，不利于土地利用，不利于增加财政收入。

然而，对清末十年间内蒙古各地区开放蒙地的具体情况细加研索后，我们就会发现，姚氏所谓“率从已垦熟地措收押荒”的说法不甚准确，同时也未免过于笼统。首先，姚氏之说没有将私垦阶段民人的领荒手段和所缴押荒的数量与官局的放荒手段及押荒价格联系起来考察。在官局丈放蒙地之前就业已存在大量的私垦熟地，在放与民人之际多收有押荒银两。不过，这种押荒银在私垦阶段并不是按亩、按顷而是根据一定的押荒标准缴纳的。因为“蒙旗放地向无定价，有并不计及顷数总指一段者，有俟开种成熟再行找价者”①。在蒙地由官局主持丈放之前，内蒙古大部分地区就已存在着时间长短不一、面积大小不等的“私垦”。这些私垦成熟的土地，都是以前由蒙旗自行放垦的所谓“有租无赋”的土地（即民人通过缴纳押荒银领垦蒙旗的荒地，耕种成熟后按契约向蒙旗交纳地租，而蒙旗则不承担“国赋”），蒙地由官局主持丈放后，就意味着清廷通过与蒙旗劈分押荒和地租的形式，对蒙地实行最高所有权。因此，如何处理这种“有租无赋”的私垦熟地，便是各地垦局必须加以解决的一个问题。东路垦务公司在领地时，如果原来的地户没有部照，但有地商的草约，表明地户已交过地价，这类地亩公司便不再承领，地户也就不必再行缴纳地价，只交每亩三钱的押荒银，即原垦原种；如果是荒地，或者地户拿不出部照又没有与地商草约，即为私垦，则地归公司承领，地户仍需缴纳地价。唯其如此，东路垦务公司转放的土地数和垦务局放丈的土地数并不完全相等。其次，有一点基本可以肯定的是，垦户当时所交的押荒银数量微乎其微。虽然有些地商、揽头动辄以几万甚至十几万的巨款领垦蒙荒，但倘若以其领垦荒地的数量

① 贻谷：《垦务奏议》之“光绪二十八年三月二十九日具奏会筹勘办蒙旗垦务大概情形折”，沈云龙主编：《近代中国史料丛刊续编》第十一辑，102，台北文海出版社1974年版，第19页。

与所交之押荒银平均计算，则押荒的价格极为低廉。在土默特地区，道光年间，延寿寺喇嘛达瓦、莫伦泰等私招民人王福、王建玉等私开封禁牧地六百余顷，得受押地大钱一万余千文，又租给王守忠等数百顷，亦得大钱一千余千文。以每千文合银一两核之，六百余顷地得押地钱一万余两，平均每亩大致在一钱六上下。这说明，在蒙旗“私垦”阶段，垦户（包括地商、揽头）在领垦荒地时，向蒙旗所交之押荒银，其荒价比后来官局丈放时要低得多。虽然按照“无论已垦未垦，均饬遵照现办章程，即行交纳押荒”① 的规定，这些原垦地民户还要交价，但垦务局也同时明确肯定了这些人对原垦熟地的优先承领权：“垦熟未报各地，无论分直分晋，均准原户认种，听候分别清丈、押荒，永为世业。”② 由于曾经垦熟之地系由蒙旗旧放，该地户多已出钱给蒙旗，未便与新放之地一律收价，而是分别生熟，另定押荒，不至有畸轻畸重之虞。是故，原垦户按照垦务局现章交纳押荒之后，便可以继续耕种。这种“重征”实际上应被视为一种补交，而非所谓“勒掯”。对于疑虑纷乘的原佃各户，贻谷表示决不夺地驱民，必将宽恤民力，“由官放给之地，出过押荒，领有执照，便可永为己业，杜绝争端”，自己“向来办理垦地，无不体恤民艰”③。民户认为从前已经出价买地，自然不肯“目下再议押荒重洒大粮”④，但原放此地时本全系本旗不肖官员私放，并未给予有印执照，又岂得为凭？即或另立白纸放出之地，亦系长租，并非断卖与民，不过，垦局在实际操作中对于已出钱者，通常令少交押荒，以示区别而垂久远。⑤ 所以有学者认为，姚锡光所谓“率从已垦熟地措

① 贻谷：《垦务奏议》之“光绪二十八年五月初一日具奏驰抵归化暂缓会商西垦先行筹办右翼清垦事宜并会议牧厂情形折”，沈云龙主编：《近代中国史料丛刊续编》第十一辑，102，台北文海出版社1974年版，第35页。

② 《贻谷奏为会同勘定直晋界址情形一折》，内蒙古档案馆主编：《清末内蒙古垦务档案汇编》，内蒙古人民出版社1999年版，第1598—1599页。

③ 内蒙古自治区档案馆藏《钦差垦务大臣全宗》，全宗号433，目录号1，案卷号267。

④ 中国第一历史档案馆缩微胶片《贻谷案》第3卷，第000904拍。

⑤ 《贻谷札饬该局一面先尽放乌旗所报地亩一面就近照所呈派员清理妥为议办及时禀核》，内蒙古档案馆主编：《清末内蒙古垦务档案汇编》，内蒙古人民出版社1999年版，第592—593页。

收押荒”的说法，并不能全面反映蒙地开放过程各蒙旗处理熟地的确情真相，至于那种据此而认为是对原垦地民人严重勒索的观点也不无夸大其词之失。笔者在档案中发现的材料也印证了这一点。例如，垦务局官员吴棣棻就指出：新牌子地已经该旗私卖成熟，若再征收押荒，仍于蒙古不便，请将汉民出过乌旗私价照数作抵押荒。①

以准旗南部的黑界地为例，“这里的农户是准格尔旗招来的，历来只收十分低的租银，实际上是一种永租的形式。这低微的租银只不过是土地所有权的象征，准格尔旗实际上得不到多少好处。但由于这种租佃形式已经延续了近两个世纪，也很难改变这种局面。原来，这里的农民只有耕种的权力，没有买卖的自由”②。然而，年湮日久，由于朝廷禁令所不及，土地转相租典，迭经分割；始则蒙与民私立约据，继则民与民私立约据，一地数约，一约数主，而蒙户年久迷失，土地所有权被虚化和架空，也不被汉民所承认，导致蒙民既失其地，又失其租，虽经涉讼，官断无从。蒙地开放后，对土默特蒙古之户口地进行了清丈，具体做法是：对蒙古户口地已典给民人者，变典为租。这种地因从前典给民人耕种时，蒙民已得过地价，地已非蒙古所有，“应准实出地价之户，照旧管业”③（如租典约据属于“活租”者，限两个月内取赎）。但由于民户原出地价之多寡不一，因此须按照现定地之等则，补交地价。实际上，大多数蒙民无力赎回原户口地。这样，清丈之后，民人补交地价即成永业，蒙民只能收取地租，并永远不许夺地，从而蒙民成为名副其实的地主。对此，负责贻谷案调查的鹿传霖和绍英指责其为侵夺苛政，一举而蒙汉两伤，既剥夺了蒙古东西两翼的地权，也强加给民人沉重的剥削。事实上，早在土默特举办垦务之前，被贻谷任命为土默特查地处总办的张光鼐拟定章程之后，就立即吁恳辞职，清楚地指出：此项清查事体繁重，势必枝节横生，愈滋扰累，“事如不济，将责职道以庖人不治之

---

① 中国第一历史档案馆缩微胶片《贻谷案》第2卷，第000660拍。

② 梁冰：《伊克昭盟的土地开垦》，内蒙古大学出版社1991年版，第83页。

③ 《清查土默特地亩试办章程二十一条》第二条，宝玉：《清末绥远垦务》，《内蒙古史志资料选编》第1辑下册，内蒙古地方志编纂委员会总编室1980年编印，第188页。

咎，职道犹可担承；事即可成，如先坐职道以全旗失地之由，职道岂堪任受？”这种法律责任的风险后来在贻谷自己身上变为现实不足为怪。平心而论，土默特清丈是经年祈吁的历史遗留问题，若不及时经治，自是痛痒无关，直以化外视之。贻谷此举对土默特蒙古来说，虽然土地为汉民以永租的形式租种，但蒙民毕竟有租可收，较之清丈前私相租典造成“既失其地，又失其租”的境况，还是有利的。岁租所入，为蒙古恃为生计，既给民户以执照，亦必给蒙户以租据，使两有凭证。目前我们可以可见的当时租单，系白麻纸刊印，高二十六厘米、宽十六厘米。木板雕刻成长方形，上端抹角。红色印刷，因年久潮湿，字已漫漶不清。空白处留作墨笔填写，户各一份。其上文字为：“钦办清查土默特地亩分局，今查□□翼第（村名）地一块，东至□□，西至□□，南至□□，北至□□，经本局丈明为（下下地），除不堪耕种外合（二亩）由萨拉齐地户（王二存）承领，每亩应交银□□，共应交银□□。为此给与租单，俟该地户换领印照后，将赴本局□□，租单者□□右给□（美岱召）。光绪三十三年八月二十八日字第一号。”钤盖蒙汉文篆书阳文印：清查土默特地亩分局之钤记。① 这里租单实际上仿照内地的粮串式样，但在法律性质上是租赋合一，在中国税法历史上别具一格。按照贻谷的设想，既然蒙古有收租权就证明土地所有权仍在蒙民手里，从而可以实现民不失地、蒙不失租的目的，各利其利，收一地二养之公益。但事实上，这种妥协性的制度在法律上也不尽完善，因为此项地亩属于佃租性质，并非民户一己永业，民无恒产则必无恒心，所以对于每年应交租课任意拖欠，稽征太急，则退地搪塞，欠租一经积有成数，辄以弃地而逃为故常。事实上，即便地主是时尚且视地不甚顾惜，常有不种不佃而任其荒芜者，遑论佃户在土地中的沉没成本不大，一旦获不偿辛，入不敷出，出现民逋地荒的情况自在情理之中，从而耕辍靡常，地无培壅，日就荒芜。②

光绪三十三年二月，清查土默特地亩总局呈报试办章程二十二条。张光鼐最初拟定的章程为二十一条，因为持商各该参领后，所见有未合

① 苗润华、姚旭、姚桂轩：《美岱召旧存契约》，《内蒙古文物考古》2008年第1期。

② 中国第一历史档案馆缩微胶片《贻谷案》第1卷，第001491拍。

处，贻谷将草案下发，听取世官斯土的各旗参领的意见，以期在规定时间内集思广益加以修改完善，并在先行奏咨立案后刊发告示，公布实施，在程序上尚称严谨。各旗参领提出的三条意见分别是：其一，土默特阖旗蒙众所收户口地亩租资，拟令分赴各厅执照取租一节，有妨蒙古生计。如饬厅征收，则蒙众有跋涉之苦，民有扰累之害，应请毋庸交厅收取，仍令各蒙自行收取。其二，所拟凡蒙众自种之地，与民户一律加增地价一节，似于民人无所区别，恳请凡蒙古自种之地及蒙租蒙地勿庸加价，以示体恤而免苦累。其三，所拟土默特蒙众活约典出、钱到回赎之地一律加价一节，查蒙古典出地亩，嗣后如凑集钱项，能以遵例回赎者，准予回赎；如加价不容回赎，可谓蒙人失业，又与原奏不符，恳请凡系活约典出之地，仍令该蒙古备价回赎。《清查土默特地亩试办章程》（即“二十二条”）采纳了前两条意见，但没有吸收最后一条意见。仔细研读，该章程采取了对蒙旗出典地的回赎权利予以相当苛酷的限制方针，偏向于现行土地的权利保护倾向极为明显。对于出典地的回赎问题，该章程分别对不同情况的回赎规定了不同的处理办法：对于活约地，在约据上没有明确保留回赎权利的，或虽有明确保留回赎权，但以光绪三十三年二月为断，尚未届满约期者，规定一律听民人交纳加价，以确定其管业权。对永租地，则决定取消蒙旗的回赎权，以确定民人的管业权。对活租地，“约内无年限无永租字样……限两月内取赎，如逾期不赎，仍照民户缴价领照章程，一律办理，以免参差”。“所有租典约据无‘回赎’字样及虽有‘回赎’字样而期限未满者，均照缴价领照章程办理。”① 这可谓极其蛮横，所谓“得过价值”，不过是租价或典价而已，出租出典房地产焉有不收租典价之理？岂能竟然成为“地已非其所有”的依据？既然因得过租典价而“地已非其所有”，为何垦局清丈此种土地时仍向种地户收取地价、加价等费？足见得过的价值绝非绝卖的地价。况且，民间的典并非卖，典价也比卖价低得多，这种典一般均定有年限，到期可“钱到回赎”，地权仍属出典者，民间将之视同法

① 《清查土默特地亩试办章程二十一条》第二条，宝玉：《清末绥远垦务》，《内蒙古史志资料选编》第1辑下册，内蒙古地方志编纂委员会总编室1980年编印，第188页。

律。而“章程”却把活约地无论到期与否一律收归垦局，由垦局转卖。这就是所谓的“夺蒙古垦熟之地而官卖之”。按照该章程，土默特两翼蒙古的原拨户口地绝大部分被剥夺了地权，其中活约地有三万余顷。这便把蒙古人对于户口地的土地所有权限制在土地分配以后没有出典的自种地的范围之内了。在贻谷倒台后，垦务大臣瑞良拟定已经清丈土默特地亩分别准赎不准赎变通章程六条。其中第一条规定：凡蒙户租给民人之地，其原租约据并无永租字样而清丈时尚在赎地年限以内者，虽租户执有垦局丈地印照，当日系属朦领，以后无论何年月日，应准蒙户口一律取赎，惟该蒙户须将押荒银两及领照费如数全行交给，给还租户，以昭公允。显然，这是对《清查土默特地亩试办章程》偏颇的小幅度矫正，旨在疗治贻谷放垦所产生的后遗症。尽管贻谷在土默特的清理存在操之过急的倾向，但其惨淡经营，大体上是应该肯定的，其制定的章程为民国年间的《修正清理土默特地亩章程》基本上延续不替。

清末放垦内蒙古草原，既要使朝廷增添收入，又要给予蒙旗贵族相当的补偿，还要安抚蒙旗平民以减少阻力，因此，贻谷对于荒价银和地租钱的分配煞费苦心。在贻谷主持放垦前，首先考虑的一个问题就是与蒙旗的利益分配。如何处理这个问题将直接影响到贻谷以后工作的开展。贻谷准备根据山西抚部院奏案，在上任伊始的筹划报告中提出给予蒙旗优厚的押荒地租，按照土地的多少，给予蒙员、蒙兵适量地亩，从而使蒙旗民众的生活有保障，蒙旗练兵得以经费有出。贻谷一开始札饬乌、伊二盟命令所属各旗挑选通晓事体的蒙员到绥远行署听令，而这些蒙旗人员的薪水也由贻谷勘定发放。贻谷照顾蒙旗的办法如下：每亩除纳公租外，另征四厘私租交给原先收租的蒙旗王公，并于押荒之外，每亩另征办公费一钱，其中六分拨充垦务局经费，其余四分作为蒙旗人员协办垦务的办垦经费，发给蒙旗人员，同时对于各蒙旗的总管参领、兵丁，分别划留随缺地，且以佐领为单位，分别划定公共牧地。对于西盟各旗，贻谷也同意了蒙旗所提出的利益均沾的办法，即1905年所规定的：以二成押荒银充当改修渠道的费用，其余对分，蒙五官五。岁租也由蒙旗和国家对分。从后视的角度来看，这样的条件不能目为苛刻，对蒙旗还是予以一定照顾，但由于清廷在历史上一直对蒙古族采取笼络和优待的政策，并且承认其土地的领有权，而如今土地要被划出放垦，并且将一半的利益拱手送出，心里自然不舒服，对贻谷怨恨在心。郡王府将所得荒价银分作十成，规定五成归扎萨克乌泰，二成五归庙仓，其余二成五归全旗台吉和壮丁。光绪二十九年，郡王府分给每个台吉银三十二两，每个土著蒙古壮丁银十六两，只此一遭，以后再也没有分过。考虑到察哈尔蒙旗改编为八旗以后，依靠领取俸饷和从事畜牧为生，因收不敷支而将名义上属于国家所有的“官荒空闲地”私自放垦，抽取私租、租价或荒价以裕生活，一旦举以归公由垦务局丈放，若对各旗养赡不加以善后，必将令其坐困窘乡，难免不生觖望，有鉴于此，亦将押金及地租的部分交与察哈尔的蒙旗官兵，期得其平。

达旗赔教地丈放含有风示各旗继起报垦之意。而达旗放垦另一显著的特点就是永租地。在贻谷放垦之前，达拉特旗即存在永租地，由地商向蒙旗租种土地，订立永久租种契约，许退不许夺，这是与活租地、短租地相对应而言。蒙地放垦开始后，达旗等不肯让渡土地所有权，只允垦务局可以开渠招民垦种，永租不放，而土地所有权仍归达拉特蒙旗等。因此，这一带的收租方法还是一仍其故。其他旗将土地报与垦务局，垦务局招民人耕种，所得租银与蒙旗共分，土地所有权归属垦局；而按照《达旗永租草章》[1] 规定，达旗永租地所有权归蒙旗所有，招领民人由垦局进行，不收荒价，唯课岁租，所得租银，与蒙旗共分。垦局相对于蒙旗也是一种永久性租种的关系，蒙旗许诺听候任便陆续开渠，渠水能到何处，地即放至何处，不干涉地户向垦务局认领土地，但保留收租权。光绪三十一年达旗放地二千零六顷，三十二年放地二千零三十三顷，三十三年放地二千一百二十顷，三年共放永租地七千一百六十二顷，每年“所收租银提取二成作为渠工经费，其余分为十分，以七成归公，三成归旗”[2]。这种制度在内蒙古的大部分地区得以实行。“杭锦旗

① 《西盟垦务总局拟办达旗永租草章八条》，内蒙古档案馆主编：《清末内蒙古垦务档案汇编》，内蒙古人民出版社 1999 年版，第 439—442 页。

② 金天翮、冯际隆纂：《民国河套新编》卷十一《河套垦务调查记》，民国十年纂，据钞本影印，《中国地方志集成·内蒙古府县志辑》第 2 册，凤凰出版社 2012 年版，第 420、419 页。

放垦杭盖地的岁租全归蒙旗，而准格尔旗黑界地的岁租则是二八分成：垦务局以‘供蒙地建置用’为由，提取了百分之二十，准格尔旗方面只得到百分之八十。与此相关，在征收岁租主权问题上，与杭锦旗也有根本的差别。杭锦旗的岁租由蒙旗直接征收，而黑界地的岁租则由管辖黑界地的各厅分别征收。岁租征收权的转移意味着土地所有权的交易。这个问题，在土地放垦以后，由于颁发部照规定了土地究竟归何厅何县管辖而变得明确起来。"① 通过这一制度，蒙旗的利益被份额化，垦户的产权得以清晰化。所给蒙旗地价又称"蒙款"，"时有短少，岁租往往不能按时支发"，且垦局推诿扯皮，使得蒙旗往往徒劳往返，"对于放垦实不愿与公家经理，而乐与地商私租，盖以租价虽少，到时可以取值也"②。

王同春修建的水渠（张世明摄）

① 梁冰：《伊克昭盟的土地开垦》，内蒙古大学出版社1991年版，第81页。

② 金天翮、冯际隆纂：《民国河套新编》卷十五《河套渠垦计划书》，民国十年纂，据钞本影印，《中国地方志集成·内蒙古府县志辑》第2册，凤凰出版社2012年版，第694页。

为了开展垦务，贻谷下令取消地商及其户总名目，“其从前地商、户总有经手未报之地，无论已垦未垦，均饬遵照现办章程，即行交纳押荒，以凭分别升科。不准任意延抗，亦不准再有恃强越占及互相械斗情事”①。地商是专事包揽蒙地放垦的经纪商人或中间商，他们向蒙旗缴纳地租，占有大量土地，自行设立地局，转卖或转租给新来的农民。贻谷大张旗鼓取消地商，当然对放垦有利。但其并非仅只取消地商专利，而是一方面将民营私商利益收归官有，一方面将私商利益转分给亦官亦商的垦务局和垦务公司官员集体。贻谷攫取河套水渠是其掠夺民间几十年辛苦私垦经营成果的典型案例。民间有云：黄河百害，唯富一套。然而，大河如无爪牙之龙，无由飞腾致雨，必待开渠引水。地商自修水渠灌溉，沟浍纵横，是塞外丰产区的命脉所在。贻谷看到大利所在，饬令该处地户将大小枝干渠及房屋以“报效”名义交公，并一渠原价按三成发给赏银，不得过四成。贻谷亲信、西盟垦务局总办姚学镜便用手中的司法权力追根究办大地商王同春的旧案，威逼利诱王首先分两次报效中和、义和、永和、恒和四条渠，耕地五十余万亩②以及房屋百余间，以为首倡，但事后却只给赏银二万五千两作为补偿，据称尚不抵王同春几十年来所投入开渠成本的十分之一。贻谷之所以以王同春为突破口，自然也是经过精心考量的，把王同春搞定，其他人如水赴壑更待何言。众地商见地既归官放，知道渠亦难据为己有，不得已陆续将四十余处祖遗自挖各渠呈请全行报效，贻谷则饬局勘收，共赏银七万零六百八十四两。③ 河套地区地必附渠，渠所能浇，始得谓地。后套之灌溉渠道支别派分，本系地商和内地农民完全依靠自己力量开凿而成，父子相代，亲

① 贻谷：《垦务奏议》之“光绪二十八年五月初一日具奏驰抵归化暂缓会商西垦先行筹办右翼清垦事宜并会议牧厂情形折”，沈云龙主编：《近代中国史料丛刊续编》第十一辑，102，台北文海出版社 1974 年版，第 35 页。

② 贻谷辩称，“王同春报效之渠地即在达旗永租地内，只能谓之报渠，不能谓之报地。”参见《法部奏为交审要案节目繁重谨陈讯供情形一折》，内蒙古档案馆主编：《清末内蒙古垦务档案汇编》，内蒙古人民出版社 1999 年版，第 1130 页。

③ 周颂尧：《绥远河套治要》第 8 章垦殖・达拉旗报垦之始末，1924 年铅印本，第 26—29 页。《边疆史地文献初编》编委会编：《边疆史地文献初编・北部边疆》第 3 辑第 11 册，中央编译出版社 2011 年版，第 33—36 页。

友共营，各私所有，可谓身家性命所系，需款浩繁，如今皆属于政府，农民引水灌田，反而须向政府按地亩多寡缴纳水费。贻谷被判刑后，王同春被夺之财产及渠道因系王“甘心归垦”而自动“献纳”之故，从此永归垦务局公有。贻谷曾表示其将革除地商承包蒙地带来的弊端，然而，地商承租蒙旗土地转租给农民，收取租银二三十两，分给蒙旗五两，贻谷放垦后，垦局招民领种土地，得租银四五十两，分给蒙人依然是五两，对农民的剥削变本加厉。

智者派的代表人物斯拉斯马寇（Θρασύμαχος，Thrasymachus，约前459—前400）认为：“公正不外是强者的利益而已。”① 在他看来，统治阶级总是把他们的利益看作法律的准绳，“强者的利益在任何地方都是公正的”②。这种公正其实是最不公正的，剥夺了社会公众分享由这些资源产生的利益的权利。③ 当时各地商包租蒙旗外垦地连阡接垄。地商徒托空言，包揽荒段，俟转卖后再行缴价，借端渔利，这种炒地方式由来已久，和当今小户炒楼花和巨型地产商囤地以赚取差价收益的投机性手段是一样的。放垦事关民生，原垦民户补缴地价，领照管业，这具有保障普通民众利益的价值取向。地商包揽把持形成垄断，殊与原垦原领方针之本旨相抵触，将侵害其他民众备价请领的机会，致启土地抛荒闲置和地价飙升之弊。但地商把持被悬为厉禁，而专设垦务公司仍是垄断，并且是被赋予规模更大的垄断为王的地位。从理性的制度设计角度而言，民间私人公司是可以吸收引入领地开发的，而垦务公司恰恰应该作为一般的商业公司介入，将放垦的权力收归政府机构。纵然地商存在坐地起价等非法牟利的活动，但是桥归桥，路归路，整肃地商包揽与对地商的财产征用是不同的法律行为。所谓报效制度是传统中国法律一个

① Plato，*Republic*，trans. G. M. A. Grube，rev. by C. D. C. Reeve.，Indianapolis：Hackett，1992，p. 338.

② Plato，*Republic*，trans. G. M. A. Grube，rev. by C. D. C. Reeve.，Indianapolis：Hackett，1992，p. 339.

③ 周辅成编：《西方伦理学名著选辑》上卷，商务印书馆1964年版，第27—29页。

极具特色的概念①，用家国同构的思维将官民之间不平等的财产征用法律关系包装以竭尽忠义抒诚孝敬的人情味，似乎尊君亲上、急公捐输本理所当然，分所当为，何敢希图厚利而自取愆尤，但贻谷通过行政权力的压迫使地商作出不真实的意思表示，以低价补偿便把地商轻易打发了，地商经年累月积攒的财富转瞬之间就被打了水漂，如此官侵商利不啻随时随事抑勒诈索，暴露出诺斯所谓的掠夺性国家的本质。在这个意义上，所谓黑者，不在于政府具有法律上的合法外衣，而恒视其对于公道的实际依违。约翰·泰勒（John Taylor）写道："对私有财产的侵犯有两种方式：一是贫者掠夺富者，其特点是猛烈和粗暴的；二是富者掠夺贫者，其特点却是缓慢和合法的……无论是通过法律将多数人的财产逐渐转移给少数人，或是以暴动的方式将少数人的财产迅速瓜分到多数人手中，都同样是对私有财产的侵犯，也同样是与我们的宪法相违背的。"② 美国的历史进程就是由一系列这种侵夺私有财产的"违宪"模式发生时的教训所组成的。凭借政府掌握的权力资源，贻谷等人对于地商的私权加以强取豪夺。这种现象在近代中国以来屡见不鲜，且往往假借社会公共利益的旗号而缺乏实质的程序正义，但对于社会生产力的发展未必有益。既然可以在公益的旗号下轻而易举剥夺私权，那么业力轮回，不可侵犯的私人所有权的重构就会艰难曲折。虽然亚当·斯密的"自动公益说"已经被历史事实所证伪，地商为了个人利益可能造成罔顾全局，干渠属于基础建设设施，把渠统归官办存在合理性，有利于全面通筹，从长规划，发挥政府为经济资源开发平整场地的廓清功能，也符合中国治水社会的特色，但是，政府干预亦非灵丹妙药，政府作为经济主体参与资源开发应该向地商发还工本，贻谷的措施表现出过于浓厚的国家主义色彩，以至于地商的合法利益在国进民退的浪潮中被严重忽视了。此外，王同春之所以报效，推厥原委，固然因为陈四案而情有所怯，但其在政治上得享利益亦弗敢自讳。贻谷对于王的依靠和攀附俱详文哲珲参折等资料。王同春在贻谷倒台后也随之大倒其霉，其对贻谷的

---

① 或遇军需，各商报效之例，肇于雍正年间。

② C. 莱特·米尔斯：《白领：美国的中产阶级》，周晓虹译，南京大学出版社2006年版，第14页。

勒报自然情非所愿，但仅仅只有一些知识分子在文章中为王同春作不平鸣，而自己始终默然不言，没有站出来指责贻谷，亦足证在渠利以外得借官势之利的存在。然而，恰恰如同惊艳美丽的罂粟花却能结出充满毒素的果实，“恶法”侵蚀健康的经济肌体，败坏良善的道德风俗。

在现代法治社会，因公共利益的需要而限制个别利益时，必须依法对受损的个别利益加以补偿。美国宪法第五修正案就规定：未经正当法律程序不得剥夺任何人的生命自由和财产；私有财产非经公正补偿不得为了公用而被征收。所谓的“无正当补偿便不能剥夺”（no expropriation without just compensation）的原则对公共利益优先的限制，是与其他限制原则相辅相成的。“对受损个别利益的公正补偿不但可弥补损失本身，还可促使代表行政机关对公共利益限制个别利益行为本身进行斟酌，考虑限制是否有必要和正当。”① 贻谷奏称，地商屡年挖洗大小各渠，花费甚多，近因债累过重，以致家贫如洗，耕种维艰，如今呈报垦务局，归公办理，以偿其费，此事乃商情所愿，感戴无极，并且慕奉上急公之义，竭涓流壤土之忱，实为公德两便。但有人在恳请报效的格式化公文里就提到“屡年赔累债积，无处弥补”②，恳乞垂念商累。除去淤澄过甚废渠外，但垦局发放的渠费“查照历次成案，以四成核发给领”③。老郭旧渠的主人遗孀郭袁氏自领种后，光绪三十二年夏间被周海亮放水淹损夏田三十顷，坏地二十余顷，众花户均向其追要租银，地未归垦时，手中稍有积蓄，但累年开渠打坝，均系赔贴在内，迄今地俱归垦，赤子无措，④ 故而要求垦局加以补偿，以示体恤。贻谷颇得经济循环之精髓，就现在应收之款悉归渠工，回环挹注，务竟其功，如修铁轨，成一段开一段车，以所收车资，仍用于修路，如此源源更代。但渠

① 蔡乐渭：《土地征收中的公共利益问题研究》，首都师范大学出版社 2011 年版，第 138 页。

② 内蒙古自治区档案馆藏《钦差垦务大臣全宗》，全宗号 433，目录号 1，案卷号 280。

③ 内蒙古自治区档案馆藏《钦差垦务大臣全宗》，全宗号 433，目录号 1，案卷号 281。

④ 内蒙古自治区档案馆藏《钦差垦务大臣全宗》，全宗号 433，目录号 1，案卷号 281。

归官办以后，垦局就迅速发现五大股之地渠水全无，光阴咫尺，种户嗷嗷。经查系由于渠路正口未修，在三湾废口以下铲底七寸，含浑报竣，遂至水不能进地，渠甫修复同废弃。故垦户恳求垦务委员兴工或饬垦户自己以渠租挑挖。① 垦民势如散沙，倘若民修，其势愈散，其力愈微，其弊愈甚，渠不期塞而自塞，地不期荒而自荒，妩妩沃壤变为硗硗石田。另一方面，"官办耗费金钱无算，所开田亩未见加多，且所收荒价租资全数赔垫渠工，犹虞不给"②。何况时值国势衰微，官力不济，难以跛行继续。甘云鹏也认为，如果垦户对于渠工没有密切之关系，对于田亩没有极意之经营，则民无恒心，地无专属，不可达到田野尽辟、渠道流通的目的。③ 如果渠地盈利，蒙古上层尚可分润一二，但官营以后在很长时间内陷入亏损的泥淖，应纳租资蒂欠甚多，使蒙旗很难得杯羹，不若昔日从地商处得到的收益远也。

按照贻谷的说法，口外地方，从前私垦蒙荒，皆由于外来奸商设立地局，垄断侵渔，丛弊薮奸，蒙民交病。此次办理垦务，自当咸与维新，仰蒙奏明创设公司，处处与垦局相辅而行，收回遗利，上裨国计，下惠编氓，自是而后，本正源清，迅赴事机。④ 然举可耕之地零星租放，即无从前诸弊，而领地之人，或因无力退缴及蒂欠押荒银两者，亦难保其必无。迨至撤地另放，已多纷扰，不如未经放地之先，设法预筹，则宿弊不禁而自革。且公司既立，事有统宗，有以简驭繁之权，无

---

① 《垦务大臣札西盟局等派玉良调查杭旗四段修渠原估工程并周勘所有各渠工禀复筹办由》，内蒙古档案馆主编：《清末内蒙古垦务档案汇编》，内蒙古人民出版社1999年版，第1469页。

② 甘鹏云编述：《调查归绥垦务报告书》卷一《后套渠工》，中华民国五年八月晋北镇守使署石印本，国家图书馆古籍馆编：《国家图书馆藏清代民国调查报告丛刊》第22册，北京燕山出版社2007年版，第268页。

③ 甘鹏云编述：《调查归绥垦务报告书》卷一《达拉特旗垦务》，中华民国五年八月晋北镇守使署石印本，国家图书馆古籍馆编：《国家图书馆藏清代民国调查报告丛刊》第22册，北京燕山出版社2007年版，第276页。

④ 绥远城将军贻谷：《奏为东路垦务公司员商报效余利花红银两事》（光绪三十年八月初四日），中国第一历史档案馆藏朱批奏折，档号：04-01-22-0066-025。

户总地商之弊。由公司赎回放垦，诚为借径而入之计。① 贻谷固然可以振振有词以加快资金回笼、避免有稽招放等为设立公司的借口，然而，词出一面，又岂可执为定凭？以垦务公司代替地商，出现“官帽地商”，以政府垄断的公司资质，在所谓清查“黑地”的运动中形成一条官商利益输送的“黑金”链条，高举着国有化的旗帜，但时时产生瘠公而肥私的蒙隐之弊。贻谷札饬下属：垦务公司之设，原与垦局相辅而行，自应联络一气，以赴事机。收交地亩，尤宜相济为用。贻谷声称自己于简易之中酌无弊之法，惟有以垦务绳丈兼差公司交收，责在一人，则不敢不处处持平。② 在西路放垦过程中，垦局和公司不分畛域，凡勘收地界、修筑渠坝、招放地亩各事宜，皆由西盟垦局代为主持，西路公司代为经办，遂使卑局应行担任之事，不劳而理，坐享其成。③ 擘画经营，视同已事，功勤效速，其奏功尚未必如此之捷。本应归乌盟垦局征收押荒，办理不能归公司混收地价，乃开办之初，先由西盟总局兼理，继因该三旗所报之地多属腴沃，均令归之公司特设分局，为公司征收地价，或奉贻前大臣批饬著归公司承领，或由西盟局详请拨归公司，或竟由公司与蒙旗直接报地，甚至有勘收委员尚未绘图禀报，而公司先已放地收价者。④ 法律规则往往存在空缺结构（open texture），不可能巨细靡遗。丈地委员不得为放地委员，这样才能收支两条线，立法周详，避免指熟为荒、得财浮丈等弊端，保持国家公信力，民国年间也是如此总结教训，廓清弊薮，而贻谷本来应该瓜田不纳履，李下不整冠，早为引避，但恰恰将形式上分离的两大事项混而为一，标榜两者相辅而行，相

① 督办垦务贻谷：《奏为拟设立垦务公司并派员经办情形事》（光绪二十八年八月初十日），中国第一历史档案馆藏朱批奏折，档号：04－01－22－0066－138。

② 《督办蒙旗垦务总局移知垦局绳丈各员兼充公司差使者，所有津贴由公司照章发给》，内蒙古档案馆主编：《清末内蒙古垦务档案汇编》，内蒙古人民出版社1999年版，第1040页。

③ 内蒙古自治区档案馆藏《钦差垦务大臣全宗》，全宗号433，目录号1，案卷号267。

④ 内蒙古自治区档案馆藏《钦差垦务大臣全宗》，全宗号433，目录号1，案卷号398。

济为用，于简易中酌无弊之法，公私不分，不乏内部利益存在，用权力配置资源，为管理者带来了寻租及权钱交易的空间。“谁来看守看守人”（who watches the watchman）① 遂成为一个严峻的问题。

“公平必须以洁净之手获得。”（equity must come with clean hands.）② 所谓制度设租，也称制度寻租，就是制度制定主体为了自身利益最大化寻求制度设计过程中的差异性制度优势以获得差异性制度带来的收益。③ 公司既冒官款以作私股而冒领杭地，更以杭地冒得之地价而冒领乌拉特之地，辗转相生，坐操赢算，计利之巧，盖举世蔑以过之。利之所在，罔不争趋，管理者被被管理者所“俘获”。故而姚学镜谓，公司利益均赖宪台筹划。贻谷对于下属甚为呵护，借口穷荒落寞，招领非易，垦员涉历艰阻，助成垦事，札饬咨明绥远旗籍在垦司员均准承领杭锦旗报垦地亩。在供状中，贻谷仍辩称此举出于倡导风气，因为远田不富，垦员只身千里，大半不携眷属，谁肯于异地出财置产。④ 其实际的结果是“沿渠腴地均为贻谷亲朋及垦员等占领，人多不平”。“垦员辗转领卖，价均在于百两以外，五等则半属官样文章，借掩耳目而已。公司为间接取财之地……现在旧垦人员亦不讳言，特不肯明晰举发耳。”⑤ 贻谷本人对于蒙古上层人物时时玩弄权术，恫以严词，胁以参奏，不规远利，不愿开垦，伤蒙人之感情，启蒙人之轻视，由以生蒙人抗违之心，激生事变。⑥ 贻谷对于违纪垦员自称劾治无少贷，但事实

---

① Gunther Teubner，*Recht als autopoietisches System*，Frankfurt am Main：Suhrkamp，1989，S. 11.

② Gunther Teubner，Gegenseitige Vertragsuntreue：Rechtsprechung u. Dogmatik z. Ausschluss von Rechten nach eigenem Vertragsbruch，Tübingen：Mohr Siebeck，1975，S. 1.

③ 张换兆，郝寿义：《制度租、土地增值收益与政府行为》，《制度经济学研究》2008 年第 2 期，第 85 页。

④ 贻谷：《蒙垦陈诉供状》，内蒙古自治区图书馆藏铅印本。

⑤ 鉄山博「清末内蒙古における『移民実辺』政策一伊克昭盟杭錦旗を一例として」『地域総合研究』第 19 巻第 2 号、93—113 頁。

⑥ 内蒙古自治区档案馆藏《钦差垦务大臣全宗》，全宗号 433，目录号 1，案卷号 399。

上对于垦局人员的小集团利益极为关照。这种取向自然不能驭下严毅，接触民众的垦局人员对于蒙民的欺诈压迫不可否认，所以误用小人是有的。① 例如，档案中有这样的陈诉："上年腊月下旬，委员等派来官兵，于新济西亚地方迤北地段立堆无数，又焚烧牧地、田间窝棚及场院内堆放之马铃薯，并将旗地全部划为垦区。彼时我等多次苦诉背井离乡之苦，但该委员等非但不怜悯，反呵斥称：尔等如不交出地亩，来年二月派兵前来，砍掉尔等脑袋，然后再要地。"② 垦局委员贪得无厌，以致蒙人视局如坑堑。③ 自古以来就存在这样的现象：经济开发一大片后，官员倒下一大片。如果统治政权倾向于不顾被统治者的利益或者否认它们的正统性，那么它就是压制型的。正是因为病根在于朝廷，所以贻谷案的审理基本上不涉及这种路线问题，除了司法运作本身作为闭合系统有自身逻辑之外，一个原因也是忌惮政治路线问题的争议。

放垦可谓兹事体大，涉及各方利益调整问题，政治敏锐性很强，必须在多元的利益诉求中参酌得中，寻求平衡。贻谷的放垦也是对于各方利益进行了充分的统筹兼顾，可以从制定的各地放垦章程得到体现，但这种综合平衡必须在执法过程中分化为不同的法律方式，恰恰就是在具体执法过程中荒腔走板，行政执法几乎一统天下，加上具体执法者的手段生硬，利益的天平随之发生倾斜，许多执法者的行径为民众所诟病。正如贻谷等督办垦务的官吏所承认的那样："夫分其固有之田亩而酌以值，未有不抗者也；夺其已据之私利而尽诸公，未有不争者也。强者阻挠，弱者疑虑，宽之侮至，蹙之变生。"④ 虽然贻谷为笼络蒙旗王公，以升官加衔及贷款方式，引诱其乐意自动提供辖旗内之土地，但行之未久，即引起蒙人此起彼伏的抗垦风潮。由于黑界地的放垦，对蒙古王公来说，剥夺了他们获取地租的权利；对蒙古牧民来说，使他们失去了牧场；对汉族农民来说，加重了对他们的剥削。因此，黑界地从设局放地

---

① 孙媛贞：《贻谷督办内蒙垦务记》，《禹贡半月刊》1935年第4卷第3期。

② 《准格尔旗扎萨克衙门档案译编》（第3辑），内蒙古人民出版社2010年版，第844页。

③ 中国第一历史档案馆缩微胶片《贻谷案》第1卷，第000331拍。

④ 贻谷：《蒙垦陈诉供状》，内蒙古自治区图书馆藏铅印本。

一开始，就遭到蒙、汉农牧民的强烈反对，“正如野猿家鸡，彼此一穴，不能有生者也”①。笔者对于普通蒙民的声音在文字史料中难觅踪迹，即便上层蒙古王公的声音也较少。当然，言语和行为仅仅是形式上的差别，而述行本身并不可截然相分，以言行事，言在行中，以行言事，行胜于言，说话即行为，行为即说话。风起云涌的抗垦可以被理解为一种不满的最强音，是以行动直截了当表达自身的诉求。其中，我们可以肯定的是，一些蒙古上层因为利益所系，是最为坚决的反对者。他们的利益损失最大，放垦对于他们的既有权利冲击最为强烈。原来黑界地是该旗东协理台吉丹丕尔的收租领地，必然使其更加不满。垦务官员称，“黑界地早被丹丕尔盗放，民户交租于蒙旗，尽为丹丕尔侵蚀，专擅利益已多年。前此该贝子以旗地报垦，丹丕尔已多所阻挠，追报及此地，尤所深忌，愚弄贝子，箝束蒙民，百计败之，务求中止而后决［快］。及该贝子迫于大义，迫于赔款，卒以此地呈报，既发其复［覆］又夺其利。丹丕尔衔之次骨而阴谋秘计无可复施，遂以铤而走险出之”②。正是这样，准格尔旗的抗垦运动从黑界地迅速蔓延开来，并在丹丕尔的领导下开始进行武装抗垦斗争。现代学者受到中原中心史观潜移默化的影响，对于丹丕尔被杀的严重后果不够重视。诚然，清代蒙古地区的旗虽然无论就所辖人口还是辖区经济实力而言，均远不能与内地的省甚至州县相提并论，但在地位上，执政的札萨克王公台吉、塔布囊，作为贵族位尊于内地督抚，姑置不论，即便其手下辅佐的管旗章京（初译为都统，后译为旗长。有些旗不设管旗章京，另设职级与之相当的协理台吉）在品秩上亦与内地督抚大体相埒。丹丕尔即是准格尔旗的协理台吉，因此其被杀所产生的震撼力概可想见，洵以“三字狱成而两盟心

---

① 《乌盟盟长等呈报本盟六旗地方开垦屯田竟然停止，庶蒙古奴仆照常安居度日是为万愿》，内蒙古档案馆主编：《清末内蒙古垦务档案汇编》，内蒙古人民出版社 1999 年版，第 1087 页。

② 《贻谷为请严惩准噶尔旗聚众抗阻垦务事折稿》（光绪三十一年九月初八日），见于内蒙古自治区档案馆：《蒙旗垦务档案史料选编》下，《历史档案》1986 年第 1 期。

痛，益播垦局之恶声”①。化解放垦所引发的社会矛盾令贻谷等焦头烂额，最终依然酿出事端，自贻伊戚。对于官员而言，法律往往就是如同手套一般可以随便扔掉或穿戴灵便的实用器具；对于民众而言，博弈所依靠的资源也主要不是法而是势，民众也往往以不懂法来否定法律的约束力。贻谷集绥远将军、理藩院尚书、垦务大臣三大职衔于一身，在内蒙古地区可谓权倾一时，无所掣肘。在镇压丹丕尔之后，贻谷的确开始亢奋起来，挟战胜之余威悍然不顾蒙民的利益大刀阔斧推进放垦，一改此前不惮曲喻繁言的作风，恣睢自如已臻极矣，蒙旗上层人物如同仗马寒蝉一般敢怒而不敢言，这便昭示着放垦危机的显露。经历了一番刀兵，蒙古人自然不得不表面屈服，但并不心悦诚服。文哲珲本身与蒙古上层的关系甚深，遂抓住丹丕尔案件大做文章，直讦贻谷，将垦务黑幕俱为揭穿。中央政府又开始穿着长筒靴踩灭人们的愤怒之火，以回应社会愿望。指责贻谷未能宣布朝廷德意，虐蒙扰边，这自然有一定的证据，但贻谷的放垦大多有禀可凭，清朝中央政府也是全力支持的，悉依之行，肃亲王力挺贻谷就说明了这一点。贻谷本人虽然在法律程序上并没有太大的责任，但放垦将其直接暴露在官民利益冲突面前。清廷边局关系綦重，为了平息民怨，必须以其淫刑以逞的过失责任作为修复朝廷与蒙古地方的心理裂痕的补丁。

在贻谷的奏折中，“恤蒙旗”是出现频率极高的词汇。“恤蒙旗”者，究竟谓之何哉？根据笔者的考察，蒙旗和清朝中央政府一样，都存在财政吃紧的窘境，可谓罗锅爬坡——钱（前）紧，债台高筑。从文献和档案中可以看出，以部旗公债的形式出现的高利贷偿之不尽，使整部整旗陷于赤贫境地。例如，杭锦旗贝子欠有外债甚巨，无力偿还，因每年在于蒙民帐房，计户摊派，每帐房一顶，摊派三两至四五两不等，如内地之房捐、铺捐者也，蒙民无恒产，苦此苛政既深且久。② 贻谷并非厉蒙袒民，也企图为蒙旗谋求福利，其讲到一个案例：“札萨公旗有馆商宿于蒙家，胆敢肆淫，执商送于公，公恐商挟而索债，但鞭其蒙妇

① 中国第一历史档案馆缩微胶片《贻谷案》第 1 卷，第 000330 拍。

② 古屋素五郎：《前绥远垦务总局资料》（伊克昭盟、准格尔旗），蒙古联合自治政府地政总署 1940 年刊印，第 22 页。

而释商，厚加以礼貌，是以公而屈于贾也。”① 这一案例反映了经济力量引发的社会权势的升沉和社会矛盾的集聚，说明随着外来寄民资源控制力增强和蒙古族的相对贫困化，蒙旗惟贫斯弱，愈弱愈贫，恤蒙必富之，保其土地，不利其租赋，有得无失。在放垦之前，蒙民虽说贫穷，但可以自己放地，我的地盘我做主，而如今，蒙古人就无法自己做主了。这对于草场和蒙民生计大受影响。如果说寄民的大量涌入和土地权利的默夺潜移已经侵蚀了蒙古地区的传统利益格局，那么清末政府的放垦则意味着对清朝与蒙古藩部传统关系的重塑。在蒙古社会内部，王公贵族在当地的政治和经济利益最大，因而理所当然被首当其冲。开发资源必须与当地民众处理好关系，否则寸步难行。怀柔政策的主旋律仍未彻底改变，放垦必须与蒙古王公台吉相商而行，“必非得蒙心不可”②。即便如今跨国公司在经济不发达的投资国开采石油、黄金等矿产，都必须将当地少数民族官员搞定，给当地民众一些小恩小惠，即史料中所谓的垦务局官员“甘词厚币”的劝导，否则当地领袖人物就可能暗中鼓动民众闹事。蒙古王公也不是代表蒙古民族的整体利益，而是基于自己的利益，包括对于爵位的追求、对于其他蒙古的权势的超越等，依顺或者拒斥，“或始报而中悔，或其王公就范而蒙员阻挠”③。杭锦贝子之所以不同意放垦而组织伊盟各旗向理藩院呈请停办，除了在政治上维护蒙古封建自治、视放垦为夺藩封之分土作朝廷征粮之官地以外，主要在于捍卫经济上的利益。“该二盟地近大河，向称沃壤，名为禁垦，实则私开。”“汉民之私垦，蒙员之私开，历有年所，惟恐一归官办，不能各便身图。”④ 尤其是对蒙古贵族来说，“惟有本旗协理台吉、图们鄂勒哲依，管旗章京、那木林藏布等，已将黄河北边灌水好地私行招与商人三

① 贻谷：《遵旨筹议体恤蒙旗谨陈管见折》，贻谷：《绥远奏议》，沈云龙主编：《近代中国史料丛刊续编》第十一辑，103，台北文海出版社 1974 年版，第 373 页。

② 中国第一历史档案馆缩微胶片《贻谷案》第 2 卷，第 000312 拍。

③ 钟仑：《家君霭人公事略》，内蒙古自治区图书馆馆藏铅印本，第 5 页。

④ 鉄山博「清末内蒙古における『移民実辺』政策一伊克昭盟杭錦旗を一例として」『地域総合研究』第 19 巻第 2 号、93—113 頁。

十余名，书立约据，与各民种田，图利入己二十余年，今怕失去数千两利益”①。所以，“西盟本封建之蒙旗，土地为其所自有，私租私放视为固然。一旦令其指极归官，则碍牧失地之言纷然而起”。“蒙人所最虑者，失其租耳。”② 贻谷等人也认识到，土著蒙古陆续私招流民，给荒开垦，一旦举以归公，若不预为之计，唯有坐困穷乡而已，③ 致蒙古人大亏生计。当时垦务官员有识者就指出：“盖蒙人历来得银有限，失地极多，延及于今，沃壤尽为人有，几几无栖身之所、养命之源，不趁此宽为筹备，使之藉有生机，诚恐穷斯必滥，异日之铤而走险，其祸不止边氓受之，而边氓必先受之。故今日之优恤蒙人，正为边氓预谋久安之计也。塞外晓事父老亦多以此议为然。”④ 这种预言迅速变为现实。利益纠葛异常复杂的放垦最终还是掀起了轩然大波。丹丕尔案件就具有这样的性质。“该协理台吉丹丕尔于委员到地之始，即向蒙汉民户编播谣言煽惑，禁止不许其向局挂号认地……其敢于如此横决者，因黑界地早被盗放，民户交租于蒙旗尽为丹丕尔侵蚀，专权利益已多年。”⑤

显然易见，两利之道，需要将放垦收益劈蒙成数。但是，在放垦之后，地价虽多而分给蒙旗固仍照押荒之数，押荒以公司领地而蹙少，则给蒙之数亦因之以蹙少，蒙旗遭受的损失远远大于收益，加之报垦地亩收入押荒银多解充军饷，蒙旗应分押荒未能照章拨付，收益不确定，拖欠旷日，“诚信未孚”⑥。而西盟各旗借欠公家款项，久借未还者亦复甚

① 鉄山博「清末内蒙古における『移民実辺』政策—伊克昭盟杭錦旗を一例として」『地域総合研究』第19巻第2号、93—113頁。

② 《垦务大臣批林毓杜禀议复开放准旗牌界地事分别批示附禀》，内蒙古档案馆主编：《清末内蒙古垦务档案汇编》，内蒙古人民出版社1999年版，第538页。

③ 《贻谷、奎顺会筹察哈尔右翼四旗垦务办法情形折由》，内蒙古档案馆主编：《清末内蒙古垦务档案汇编》，内蒙古人民出版社1999年版，第1762页。

④ 《贻谷据会办丰宁垦务局前代州直隶州知州刘鸿逵禀明现办情形暨酌拟嗣后办法》，内蒙古档案馆主编：《清末内蒙古垦务档案汇编》，内蒙古人民出版社1999年版，第1689页。

⑤ 《准格尔旗扎萨克衙门档案译编》（第3辑），内蒙古人民出版社2010年版，第825页。

⑥ 绥远垦务局编辑：《绥远垦务辑要》之《绥垦将来进行之计划》，中华印书局1929年版，国家图书馆藏缩微胶卷，第8页。

巨，蒙旗既有借欠未还之事，故公家亦或不免有扣款未给之时，在公家以为贷款可以抵还，在蒙人以为公家损失信用。蒙旗之不愿报垦，其原因皆在于此。所以在贻谷倒台后，清理垦务的官员就提出，亟应划清年限，从速清结，应抵者抵之，应给者给之，以昭大信而服蒙心，隐消垦务前途之障碍。此外，在当时办理垦务过程中，给蒙租银也存在不照奏定三成之数，而照地商私租蒙地每年每顷交蒙人租银五两，如丰济黄、隆兴长、刚目等处，因其地曾经地商向蒙旗租种，后经地商随渠报出，该处租银遂均以每顷五两给付，但报销仍分给三成统计，口惠而实不至，欺上而瞒下。

如果说放垦动的是蒙民利益的“奶酪”，那么牧民的“奶酪”被侵蚀后最为明显的结果就是安置牧场狭窄和质量低下。贻谷在公文中高调宣扬自己在察哈尔放垦过程中如何利导磋商以期垦牧两无所妨的得力措施，云：“此次所办垦务，必期于蒙古生计有益，决不使蒙古进项有损”①，旨在为蒙旗筹策万全，使之济生有资，练兵有饷。镶黄旗牛群偪处于民地之中，时有纠葛，牧养不堪敷用，乃指界备迁。其私垦之地，有从民界渐次越垦者，有于其中分段插垦者，甚有将群地全行开垦而几无余地者，情形既各有不同，争执则随在皆是，或地系分行插垦，则使之群相归并，仍腾有蒙众牧放之场，至于地已全开，余荒无几，则据蒙员之陈请，不得已而为之移群并群，借资牧放，以清界限而立防闲。但是，这种静态的思维不可能阻止动态的变化，而且具体的实践往往与娓娓动听的官样文章大相径庭。例如，包局担心蒙众哓哓不休以偏枯为词力垦酌留牧地，在详文中就透露出对于普通牧民赖以生存的草场被挤压后安置的敷衍了事。其文曰：“以卑职等愚见所及，莫若将勘给过不堪耕种之地，量为拨给，以恤蒙艰。”垦务局划留的牧场为“东自姚家寨子起，西至黄托罗亥河止。计沿河牧厂一律划拨蒇事，通长约二百一十五里，狭处不过二里，宽处不过十里”。但是“所留牧地均系柳林沙梁石田碱滩，凡有可耕之

---

① 《贻谷示谕乌伊两盟押荒归蒙旗一半租银全归蒙旗由》，内蒙古档案馆主编：《清末内蒙古垦务档案汇编》，内蒙古人民出版社 1999 年版，第 27 页。

地俱已设法划留，所谓得其精华遗其斥卤也”。[1] 贻谷却“在部供称云划给蒙人牧场均系沿河腴地”[2]。政府是放垦的领导者和规划者，甚至是直接利益相关者。另一个是相对比较弱势的牧民集体，但同时他们也是放垦中的利益相关者。由于弱势，容易被剥夺，又由于事关生存，他们就会起而誓死捍卫自己的利益。光绪三十一年八月“初四日，与花户分禾业经装车，突有蒙古数十人前来阻挠，声称户口地应归本人收租，垦局不能与闻。……其余尚有蒙众百余人……气势汹汹，声称非要回户口地不可。如垦局收租，伊等即行抢”[3]。牧民在抗垦斗争中提出的要求非常简单：户口地不纳水租，马场赡马均能足数，坟营有地，蒙古衣食有出。通过“年老蒙古数人”经手和妥协拟定的“章程四条”明显反映了这一点，包括：牧场地内之水租分别蠲免；牧场地内之红柳柴，砍伐以时，并照旧酌收柴钱；旧有蒙古坟墓谕禁浇种；会查贼匪以免偷窃牲畜。

我们不能满足于“利益平衡”这样空洞的一般命题、较低成熟度的理论，而应该看到悖论不是必须被连根拔出的逻辑错误，而是具有更加复杂的结构。从原则上说，法律对于冲突是不可决定的。法律进化并不是社会冲突的法律化或社会利益的法律版。法律的不确定性像法律本身一样古老。系统的自治性的主要特征恰恰在于这种不确定性。即便引入新的制度，也无法消除这种不确定性。社会矛盾不仅并非法律所能化解，反而往往是法律的产品。法律“建构”了冲突的类型，回避了诸如日常冲突的深层结构、冲突动机以及关于谁先进行争执等非法律问题。职是之故，现代社会学并不将“纠纷”作为“贬义”的术语，而是将纠纷增加视为社会多元化、复杂化乃至演化的重要指标。秩序并非从外部施予，而是通过系统各组成部分的互动内在地产生。正如冯·佛

---

① 西北垦务调查局编：《西北垦务调查汇册》之《杭锦旗垦务记略》，宣统二年石印本，《中国方志丛书》塞北地方第 40 号，台北成文出版社有限公司 1968 年印行，第 88、89、90 页。

② 西北垦务调查局编：《西北垦务调查汇册》之《杭锦旗垦务记略》，宣统二年石印本，《中国方志丛书》塞北地方第 40 号，台北成文出版社有限公司 1968 年印行，第 85 页。

③ 鉄山博「清末内蒙古における『移民実辺』政策—伊克昭盟杭錦旗を一例として」『地域総合研究』第 19 巻第 2 号、93—113 頁。

斯特（Heinz von Foerster）所言，除了“从喧闹中而来的秩序”（Order from noise）以外，什么也没有。[①] 法律无法掐断再次发生纠纷的线索，导致作为冲突的“再诉讼”（relitigation）过程的必然结果是有效率的法律规范的建立。一个非效率的产权分配将继续产生再诉讼的动机，直至达到一种效率的状态。[②] 贻谷自督办垦务以来，将土默特地区的熟地重行丈放。“种地者交银即给凭照，蒙民户口地新典出者，因限期勒交荒价，蒙民拮据不能按时交出。耕地汉农一交荒价，地即成为汉人所有。由此造成蒙汉隔阂，涉讼者几四十年，毫无头绪。此种纠纷直至解放后进行土改始全部解决。”[③] 若汉民交不起押荒银，委员另招，那么，商户佃财旧户，往往又会死守不舍，不肯将赀财苦辛尽尽捐弃。[④] 这同样也会引发新老垦户之间的矛盾。

资源是基础，利益是目标。利益是依附于资源的，是资源的衍生物。相比较而言，资源与主体的距离更远。利益是蛋糕如何分配的问题，资源更与做大蛋糕相关联。分得一杯羹考虑的现成的羹，是较之资源开发和配置更为切身的标的。触动利益比触动灵魂还难。经济开发即便在技术上是可行的，但只要与利益主体的利益相违背，只能被否决。土地乃民用攸赖的养命之源。共享地利是难度极大的事情，涉及各方利益调整问题。官府的介入无疑会产生约束和不适应。光绪年间的大规模蒙垦，对于当地一直进行的契约式的权利演进过程是个覆巢式的打击。存在加价定权的制度需求的市场。从垦户而言，这是具有利益预期的法律保障，但对于由此产生的成本并不乐意心甘情愿埋单，所以民情观望，清理则府怨，谤腾衢路，必然指责搜括惨毒。事创而巨，情复而艰，毁誉朋兴，自在意中，欲人人各守己业，耕凿相安，波澜不惊，此

---

① Gunther Teubner, *Recht als autopoietisches System*, Frankfurt am Main: Suhrkamp, 1989, S. 90.

② Gunther Teubner, *Recht als autopoietisches System*, Frankfurt am Main: Suhrkamp, 1989, S. 72.

③ 金启孮：《清代蒙古史札记》卷一，“土默特旗土地关系”，内蒙古人民出版社 2000 年版，第 13 页。

④ 中国第一历史档案馆缩微胶片《贻谷案》第 3 卷，第 000904 拍。

必不能之事也。一些地户支吾延欠，催追急迫，造谣生谤，放垦时每每需要取具殷实铺户保状，方可放给，以杜滥领。① 在放垦过程，暴力冲突时有发生。光绪二十九年，斌仪向贻谷报告，在垦务官员勘分地界时，三成局旧用把什三四十人不服理谕，众情汹汹，袖出木棍等物即向队兵扭打，经过劝说，掷石如雨，外号十虎兄弟，聚众逞凶，恃其强横，随便开垦，不付地价，不交押荒。② 事后，垦务官员不断谴责这种垦户可恶已极，并往往夸大其词强调其他垦户亦必从而生心，思翻前案，造成垦务大局的冲击。这就无形中加剧官民之间的对立。贻谷固常自言革除地商之积弊，但地商在承租蒙地后转租与人，每顷收种户租银二三十两，而分给蒙人五两，垦局招民领种，收租银至四五十两，而分给蒙人亦仍五两，是谓有损于种户而无利于蒙人，丝毫显示不出办垦之胜于地商私种的优势。这是仅就蒙汉生计言之，而其影响所及，遂至农业困敝，择种靡常，培壅无资，地力以竭。③ 正是这样，“不垦蒙地则已，垦则蒙人必有怨者，不收押荒则已，收则民户必有怨者”④。

在“天下黄河唯富一套”的后套地区，沃土平衍，河流贯注，实边屯垦，斯为奥区。因此贻谷在西盟任用包户恰恰违背自己在东路的政策。所谓包户，非富商巨宦，即在垦人员。由于存在利益输送，在垦人员所包尤多。达旗永租地实不下四五千顷，而公家仅以二千顷包出，垦员包领之后，则往往派一家人为之经理，零租小户代为耕种。⑤ 公家欠

---

① 《前绥远垦务总局资料》（伊克昭盟、准格尔旗），蒙古联合自治政府地政总署 1940 年印行，第 13 页。

② 《贻谷据斌丞禀三成局伙聚众逞凶，拦阻划界，仰将首恶拿获重治，饬丰厅遵照由》，内蒙古档案馆主编：《清末内蒙古垦务档案汇编》，内蒙古人民出版社 1999 年版，第 1915 页。

③ 内蒙古自治区档案馆藏《钦差垦务大臣全宗》，全宗号 433，目录号 1，案卷号 398。

④ 《法部奏为交审要案节目繁重谨陈讯供情形一折》，内蒙古档案馆主编：《清末内蒙古垦务档案汇编》，内蒙古人民出版社 1999 年版，第 1138 页。

⑤ 甘鹏云编述：《调查归绥垦务报告书》卷八《严禁包户包揽》，中华民国五年八月晋北镇守使署石印本，国家图书馆古籍馆编：《国家图书馆藏清代民国调查报告丛刊》第 22 册，北京燕山出版社 2007 年版，第 526—527 页。

征之岁租，乃包户之欠，豁免岁租，而受实惠者亦为包户，小民应纳之地租仍须如数交纳。所以后来的放垦规定：本局委员司事及书役人等，均不得领地，以防以上地列中下等之弊；领地数目不得逾五十顷，以防地商垄断。倘有一户假托数名多领者，查出将地撤回另放，前交之银一半发还，一半作为罚款充公。放垦实边，国家原为小民计，此次放地只能有垦户花名，不得有地商等名目。各乡民尚茫茫然，而地已放完矣，是国家雨露小民，并未得沾，而富商反得而生利矣。① 向屯垦官员们送纳贿奉的，都是田连阡陌、财发万金的大老财。渠租收数以每年浇地多寡为断，而浇地多寡又视乎河水之大小，必其地为渠水所及，才发生费用，无定额，与升科地亩岁征常赋不同。水费摊派等都以丈青苗茬为根据。但延续习惯法的河套丈青制度为大户上下其手的舞弊提供的空间很大。每当夏季丈青时，丈青委员会的负责人和插竿步地的绳丈人员，都是由大户的账房先生充任。这样一来，大户种地十顷，也不过丈上二三顷，小户种上二顷，就得丈个八九十亩。此外，大户有实力给绳丈人员行贿，青苗以多报少，给记账员贿赂，偷改苗茬。

第四节　结语

政声人去后，民意闲谈中。李鸿章曾经说过，地皮须刮得净，亦是地方之福。皖北人呼土匪为地皮，李氏这里主要是说根除地痞流氓，绥靖治安。贻谷工于心计，在关外责令蒙旗报效地亩，又设公司，以极廉的地价购入土地，以好价卖出，因此颇有“刮地皮”的恶名。清朝所有的刮地皮，都不如贻谷攘地图利，只能拱手叹服。这是彻头彻尾的刮地皮。这场旋风似的刮地皮的运动，席卷内蒙古，掘地三尺，对于民众的经济掠夺是赤裸裸的。过去，边疆地区动荡不宁，马贼出没，但是，民众尚得自由发展，而放垦则搜刮一空，竭泽而渔。俗语“匪来如梳，

① 内蒙古自治区档案馆藏《钦差垦务大臣全宗》，全宗号 433，目录号 1，案卷号 395。

兵来如篦，官来如剃”，斯之谓也！这不啻掘墓自坟。国家的腐败也为这些贪官污吏提供了生存的土壤。贻谷侵蚀巨款下狱，本来实属罪有应得。贻谷的成功来自时间和财力的支撑。到鹿去世后，案件有了从轻发落的机会；降及清朝社屋邱墟，否定前朝自然是一种拨乱反正。垦务是一块肥肉，在一般人眼里，这是滋生贪官的沃土。财为庶政之母。清廷国库空虚，经费无源，不得不挖空心思罗掘搜剔，而且清廷并非不知道其间的利弊关系，只是形势比人强，只能放手一搏而已。他们用放垦内蒙古草原的办法来医治财政困难那个“眼前疮”，是剜掉了蒙旗的信任和支持这块“心头肉”。清朝用放垦内蒙古草原的办法去纾解财政危机，实在有如饮鸩止渴。放垦采取的是“凡绳丈所至，兵力随之”的办法。然而，无论是军事力量还是经济力量，均无法取得真正的合法性，民心才是坚不可破的万里长城。开放蒙地从根本上来说是历朝历代开边导致王朝覆灭的剧情模板的演绎。清廷对于放垦本来没有长线的思维，急于见利，期望能够遽偿所愿，增辟财源以保持其行政机体的正常运转。政策扭曲的基因就存在于政策本身。当事官员置身其中作为代理人，就会为自己或多或少谋取私利，从而产生代理人成本。清朝对蒙旗土地由原来禁垦、限垦的政策，进而转向全面放垦的新阶段，这种利益的格局改变其实是将蒙旗的一部分利益化为清朝中央政府。从本质上来说，官放蒙地就是由清政府自己来当地主。这是蒙古从同盟转变为藩部、再由藩部转变为内地的地位的逐步沉沦。蒙古地区是清朝的后院，一向不允许汉族官员插手其间，如今不得已仍然必须启用满人进行料理，贻谷从各方面来看都是比较理想的人选。不过，清朝的后院都进行开荒种地了，那么离王朝后院起火也就指日可待了。放垦是实现新的利益增量的可能渠道。在这一过程中，利益最大者本应为政府，而蒙古和汉民均遭到相对剥削，但朝廷并没有得到很大收益。贻谷被锒铛入狱，有以使然也。地方与中央的矛盾隐然可见。此外，研究者往往不言及贻谷对于满族人利益的照顾。[①] 例如，其创建官钱局时，即从垦务公司借

---

① 这方面的材料可以参考绥远城将军贻谷：《奏为绥远荒旱八旗兵丁固苦筹款赈抚事》（光绪三十二年四月十一日），中国第一历史档案馆藏录副奏折，档号：03－5609－012。

款 1 万两以资经始。这充分暴露了贻谷谋福利的对象范围是比较狭隘的。贻谷案中官员的褒贬见仁见智，这主要是由于利益的分歧和认知的偏颇使然。贻谷本身是想做一番大事的干员，也不乏功绩，但官场的地雷阵被引爆。贻谷感到自己真是天哉枉也。在污浊的官场上，或许贪污已经普遍化，贻谷的倒台只是各种矛盾的产物，而贪污仅仅被作为指责的把柄而已。从贻谷的奏牍来看，基本上都是垦务局的汇报，而公司只是开办时奏明而已，刻意隐讳其事。可是，公司如同垦务局的影子机构，而垦务局的垦员又是公司的影子股东，这样的机制必然魅影重重。贻谷尽管负隅顽抗，但在如山铁证面前也只能沉默以对。东西垦务公司的业务开展时间差为贻谷应付裕如留下了空间。通过公司，贻谷等人顺手牵羊攫取私人利益，形成了一个切切实实的稳定利益共同体。放垦成为贻谷利益集团的饕餮盛宴。贻谷则是这一利益共同体的代表。这个以权钱为纽带的核心圈子的存在也是其后来倒台有许多人为其鸣冤叫屈的原因。

贻谷言病，乃表明自己以积瘁之身毕力于垦务，而在宦海大波澜中落得一身不是。贻谷等在奏折中一味抱怨蒙古王公不规远利，不愿开垦，“继信夺地碍牧之浮言。又复中情回惑”①，而汉民情乐于观成，难于图始。苟属可耕之土，必无不毛之乡，非示以的利，众情仍不免碍阻。贻谷声称自己为了垦务心血为枯，年甫五十，而鬓发已白，② 把自己描绘为任劳任怨、苦心孤诣的清官，自称洁己奉公之念，内省不疚，敢质之天日。贻谷及其僚属认为自己的事业应该煊赫史册，③ 在史志中载记云：“放地千余里，纵横十万顷之外，决渠枝干数百，边屯大启，农氓蚁集，增租赋以巨万计，旷代所希，不可不记。”④ 不少论著也有

① 绥远通志馆编纂：《绥远通志稿》卷三十八，垦务，内蒙古人民出版社 2007 年版，第 190 页。

② 贻谷：《蒙垦陈诉供状》，内蒙古自治区图书馆藏铅印本。

③ 贻谷不仅锐意开拓，而且善于宣传自己，极为注重史志的树碑立传。其所任用的修志僚属方曦利用工作之便，搜集了大量资料。在正式卷宗均归随印信移交后任，方曦将自己的抄本携入京师，贻谷对簿时得不致理屈词穷者，正赖有此抄本之助。

④ 高赓恩等纂：《绥远志》卷首凡例，光绪三十四年刊本，中国省志汇编之十六《绥远全志附归绥县志》，台北华文书局股份有限公司 1969 年版，第 20 页。

一种观点认为，贻谷力征经营，理有端倪，各旗方当联翩报垦，渠工大兴，沃壤宏开，蒙汉兼利，而竟以参案归于停顿，功败垂成，时论惜之，时过境迁之后，数其遗迹，仍缅怀追忆而不能已焉，可质诸公论，可采诸稗史。史家追求一种正大议论。尽管民怨滔滔，但是，只要靠贻谷升官发财的人后来还有一定势力，他的官司肯定是打不清的，为其歌功颂德自然不会出人意料。

生活中处处存在着不同主体之间的价值冲突，然而矛盾和冲突也恰恰意味着有共同点。因为有统一性、有共同的层次和前提才会发生价值冲突。所以，在现实生活中，往往越是有冲突的各方之间，才越需要寻求统一或“寻找共同点”，需要通过确认共同点来缓和或化解冲突，以不致引向共同毁灭。“纳什均衡是非合作博弈理论的基本概念，是一个策略组合。在一个没有具有约束力协议中，各参与方达成一个利益共识，任何一方违背这个策略共识，都得不到更大的利益。换言之，这个策略共识使各参与方的利益都达到最大化，没有人愿意去打破这个均衡。要使得任何优先博弈都存在纳什均衡的前提条件是：允许参与人选择混合战略，在多次反复博弈中，博弈方的最终受益可以从平均收益中得以表现。”① 在经历千百年的隔离、分裂之后，大一统局面得以实现。从人类业已隔阂、分裂和对立了几千年的历史看来，清朝大一统无疑是具有划时代意义的新起点、新迹象。按照法律经济学家的观点，在一个资源有限的世界里，效益是一个公认的价值，所有法律活动事实上都发挥着分配稀缺资源的作用，都要以资源的有效配置和利用以及社会财富的增加为目的。法律实践要有利于社会资源的优化配置和社会财富的最大化，尽量减少社会成本，最有效地利用资源，最大限度地增加社会财富。腐败的司法却是火上浇油，利益再分配过程中出现的积怨，再加上诉诸司法而无从获得公正的救济所带来的绝望感，很容易把社会置于火山口上。司法过程中不可避免地会出现纷繁复杂的权利冲突和利益碰撞，均衡的形成必然是各种利益相互博弈的结果。

---

① 王新、方益权：《社会法视域下的“城中村”：利益博弈与矛盾冲突解决路径》，武汉大学出版社 2012 年版，第 99 页。

两盟各旗与察哈尔情事攸殊，乃清王朝定鼎以来屏藩攸寄，带砺之封，事关国家枢要，体现了清朝政府政治上一贯优遇少数民族王公贵族的传统政策。但是，朝廷其实不满足自己与藩部的既有利益格局。在如同残灯败庙一样的清王朝末期，统治集团内部官员鼓吹：蒙员受贿，授柄地商，地商包揽，假手地户，攘取官地，据为己有，即如察哈尔左右翼，已垦地亩甚多，其缴纳押荒报升科者，不过十之一二，必须详筹利弊，从速变计，开放蒙地。这其实代表了朝廷的利益诉求。朝廷力图通过自己的权力垄断提供产权保护获得土地收益。本来放荒断不可以收取押荒经费为宗旨。国家大利在土地垦辟以后，而不在目前垦放之时。其基本方针不是筹款主义，而是保护振兴蒙古民族的经济。利益协调何以可能？这可谓一场鹰—鸽博弈。处在“权力场”高能位置者与低能位置者进行交易，必然是前者胜，后者败。然而，局部的经济利益的获得往往得不偿失。放垦必须因其易不易其俗，而强开蒙地，以耕夺牧，加剧了矛盾的升级。朝廷政策的后效必然不顾河决鱼烂，致自革其命而不自知，败不旋踵。满蒙战略联盟的香火都断了，被一体破坏无遗。

传统史学的褒贬功能遭到诟病，所以近代以来史学积极以自然科学模式为蓝本企图实现从猿猴进化为人类，但主观性仍然无法摒弃，而法学作为价值相关的学科尤其必须直面利益的平衡，社会利益的把握难之又难，每个人都有自己的说辞，自执一见而以为确然无误。学术界往往习惯性地人云亦云，效率优先，兼顾公平。这样使得公平往往被效率原则所取代。无公平，则无真正的效率。如果仅仅利益平衡为旨归，那么只计利害而不论是非和法律经济学以效率代替公平如出一辙。国家过于强势，社会则出于惩羹吹齑的心理被视为救星。强调社会公共利益，但不可忽视个人利益的合法性。社会公共利益有时被利益集团拉大旗作虎皮，在深明大义、不忍自私等冠冕堂皇的口号之下，成为为虎作伥的帮凶。一方面，社会公益是有限度的，另一方面，民粹主义的危险必须予以足够的注意。经济资源的开发涉及利益格局的调整，众口纷呶，必须坚持定见，才能突破围城，但法律按照马克思主义的观点恰恰是统治阶级意志的产物，服从于统治阶级的利益，所以经济资源开发即便能够带来利益，也必然大部分为统治阶级所先占。既得利益集团运用一切手段维护现有利益格局，其他人即使感受到不公平的痛楚，在很多情况下也只能无奈地接受，因为没有足够的资源破解或者改变现实困境。在实然和应然之间摆渡的法律只能尽量消弭这种不均衡，使其趋于有限的公正，但也只能尽量接近，而无法彻底实现。其中，经济法律的首要目标在于建构不同利益主体能够理性对话的公共平台，从而确保在最小公分母意义上的公平正义的实现。

第六章　一种另类社会空间：中国西部开发中的移民社会

第一节　中国近代人口压力与人口迁移

在浩如烟海的中国历史书籍中有丰富的关于人口问题的记录，但这些史不绝书的历朝人户的数字的可信度一向为学术界所质疑。事实上，西方的统计学亦是相当晚近的事物，近代德国学者开创统计学殆与近代民族国家的形成息息相关。自清初至18世纪初的近百年时间里，清朝只存在人丁统计而无人口调查。在当时的编审制度下，按规定，每五年编审人丁户口一次，男子年届十六岁，增为人丁；超过六十岁，免为人丁。正如美籍华裔学者何炳棣所言，这种人丁数额并“不是人口总数，也不是户数，更不是纳税的成年男子总数，而只是个纳税单位”①。在雍正朝进行“摊丁入地”改革之后，清初的人丁编审制度已失去了原有的意义。由于人口急剧膨胀对社会造成的压力日趋明显，“乾隆帝感到需要掌握全国的实际人口数字和存贮的粮食数字以便确定国库收支，赈济灾荒，移民通财，调剂粮食。‘非独冢宰据之以制国用之通，凡授田兴锄，赒急平兴，以及岁有灾祲，移民通财，薄征散利，皆必于民数谷数，若烛照数计，而后可斟调剂焉’，‘朕朝夕披览，心知其数，则小民平日所以生养及水旱饥凶，可以通计熟筹，而预为之备’。乃于乾

① 何炳棣：《明初以降人口及其相关问题（1368—1953）》，葛剑雄译，生活·读书·新知三联书店2000年版，第41页。

隆五年（1740），命各省查报户口实数与谷数”[①]。在这里，出现了传统中国开始建立人口普查制度的端倪。霍布斯鲍姆就论及近代西方民族国家形成过程中在19世纪中叶以来人口普查作为例行行政工作的情形，[②]我们由此反观乾隆五年该“查报户口实数”谕旨，不难晓喻传统中国向近代中国转型的演变及其特殊性。当时御史苏霖渤的上疏抗颜反对，说明了传统中国行政能力的局限性。据史载，乾隆六年冬，“会计天下民数”后“大小男妇”达到一亿四千三百四十一万。但是，在当时的行政技术和组织条件下，虚开隐匿的现象自然在所难免，并且尤其重要的是，这种人口统计并未包括边疆少数民族地区。乾隆朝《清实录》岁末所载民数均言之历历地标明“各省通共大小男妇”若干，由是观之，东北、蒙古、青海、西藏及新疆各地的少数民族等均未被列入该统计范围之内。乾隆四十一年（1776），乾隆帝即明谕云南、贵州、两广、两湖苗瑶僮等，“其户口皆不必查办，陕西、四川之番夷及福建之生熟番境，并遵此旨，一体妥办”[③]。

尽管如此，自乾隆六年后，清朝有了比较翔实的人口数据。在乾隆二十七年（1762）清朝官方的中国人口数目首次突破两亿，到乾隆五十五年（1790）突破三亿。半个世纪里人口总数翻了一番，在中国人口史上是前所未见的。从世界范围而言，在18世纪，世界人口从六亿四千一百万增至九亿一千九百万，增幅为43.37%，而中国人口（据何炳棣估算的数字）从一亿五千万增至三亿一千三百万，增幅为108.67%，可见，中国人口增长与世界人口增长按布罗代尔的说法具有“共时性”的节律，然其增长率却是举世罕俦的。道光十四年（1834），清朝官方统计的人口数字首次突破四亿，这就是整个20世纪前半期中国广泛流传的“四万万同胞”一词的原始来源。按照人口学原理，人口基数大，人口发展的惯性力就越大。中国人口高速增长的情势直如风

---

① 戴逸：《乾隆帝及其时代》，中国人民大学出版社1992年版，第305页。

② Eric J. Hobsbawm, *Nation and Nationalism since 1780: Programme, Myth, Reality*, Cambridge: Cambridge University Press, 1990, p. 97.

③ 《清高宗纯皇帝实录》卷一千零十一，乾隆四十一年六月，台北华文书局股份有限公司1960—1970年版，第14900页。

驰电掣的列车呼啸疾驰，后来中国人所常言的国情之一“人口众多”即由此丕奠其基。面对人口的急剧增长，康熙帝就深以为忧，对身边近臣坦言：“今人民蕃庶，食众田寡，山巅尽行耕种，朕常以为忧也。”① 连自矜治国理政已臻“洒然”自如的睿智超人的古稀老皇帝亦不得不“蒿目怵心呼天佑”②。人口高速增长的特快列车既不能被引导冲破传统发展的樊篱而向近代化方向切进，又不能被控制而继续如脱缰野马一样狂奔，其结果势必出轨倾覆。

历经嘉道咸同光五朝的官僚学者汪士铎在 1855—1856 年所写的《乙丙日记》中悄悄而悲地哀叹：“山顶已殖黍稷，江中已有洲田，川中已辟老林，苗洞已开深箐，犹不足养，天地之力穷矣。种殖之法既精，糠核亦所各惜，蔬果尽以助食，草木几无孑遗，犹不足养，人事之权殚矣。”③ 由于回天乏术，地火在燃烧，岩浆在沸腾，一场大规模的社会地震指日可待，被西方人喻为“秋操”的循环不息的中国内战又迫在眉睫。咸丰元年（1851），洪秀全领导太平军于广西金田起义，“自此，持续达十余年之久的残酷的全国性内战全面爆发。这次战争被称为世界历史上规模最为空前的内战，不仅在于它持续时间之长，以及波及范围之广，更是由于它所造成的人口损失之巨可以说是世界历史上绝无仅有的，甚至是动用了原子弹、战场遍及全球的第二次世界大战也不能望其项背；在淮北与华北的广大地区与太平天国战争同时进行的还有捻军战争，它持续的时间比太平天国战争还要长；稍后，在陕西、甘肃又爆发了极为残酷的回民战争，这一系列战争持续时间长达二十余年，涉及的空间范围几乎包括了所有的中国人口稠密地区”④。据陈恭禄 20 世纪 30 年代估算，太平天国革命后，因兵燹及灾荒的肆虐，人口

① 中国第一历史档案馆整理：《康熙起居注》第三册，中华书局 1984 年版，第 2094 页。

② 《清高宗（乾隆）御制诗文全集》第七册，御制诗四集，卷九十三，民数谷数（乾隆四十八年），中国人民大学出版社 1993 年版，第 704 页。

③ 汪士铎：《乙丙日记》卷三，李德龙、俞冰主编：《历代日记丛抄》第 57 册，学苑出版社 2006 年版，第 170—171 页。

④ 葛剑春、侯杨方、张根福：《人口与中国的现代化》，学林出版社 1999 年版，第 96 页。

锐减，全国死亡人口占总人口数的三分之一，约一亿以上。①

1929年，沃伦·汤普森（Warren Simpson Thompson，1887—1973）主要根据欧美国家的人口发展的历史经验提出了著名的“人口转变理论”（The theory of demographic transition）。② 这一解释模型被美国人口学家F. W. 诺特斯坦（Frank Wallace Notestein，1902—1983）在1945年加以完善。③ 按照这一理论，传统农业社会向现代工业社会转型过程中，人口再生产类型的现代化一般要经历四个阶段：在第一阶段，传统社会的人口模式的特点表现为高死亡率（25‰以上）、高出生率（35‰以上）和低增长率；在第二阶段，即工业化的起步阶段，人口再生产模式表现为高出生率、低死亡率、高增长率（高、低、高）的特征；第三阶段是人口转变的关键阶段，相当于工业化后期，由于死亡率的下降（降至15‰左右）和经济、社会及思想观念等方面的重大变化，控制生育成为人们自觉的有意识的行为，因此出生率下降，人口平均年增长率降至5‰—10‰左右；第四阶段是人口转变的完成阶段，人口出生率与死亡率大致相当（出生率12‰—14‰，死亡率10‰），实现了人口增长的低位平衡。在1850至1950年期间，整个欧洲人口由二亿八千万多增至五亿七千万余，高出生率、低死亡率、高增长率的人口再生产类型代替了第一阶段的高出生率、高死亡率、低增长率的模式，而同时期的中国则仍停留于高出生率、高死亡率、低自然增长率的原始人口再生产类型中。④ 可以说，近代中国的人口再生产类型仍未举步开始近代化的过程，并没有走出中国历史上的人口周期性波动的人口压迫生产力的怪圈。

管子曰：“地大而不为，命曰土满；人众而不理，命曰人满。”⑤ 由

---

① 陈恭禄：《中国近代史》，上海商务印书馆1935年版，第217页。

② Warren Thompson，population，1929 *American Journal of Sociology* 34（6）：959－975.

③ Frank W. Notestein，Population：The Long View，in Theodore W. Schultz ed.，*Food for the World*，Chicago：University of Chicago Press，1945，pp. 36－57.

④ 行龙：《人口问题与近代社会》，人民出版社1990年版，第39页。

⑤ 《管子·霸言篇》，赵守正注译：《管子注译》上，广西人民出版社1982年版，第238页。

于近代中国东部城市规模的扩大和数量的增加，吸纳农村剩余劳动力的“蓄水池”功能无疑有所增强，“孔雀东南飞”的人口流动现象固然存在。正如光绪三十年（1904）十一月十一日《中外日报》上的一篇文章：“试与诸君游于京师、上海与夫各省城商埠之间，步其通衢而中国之人满焉，瞩其戏场而中国之人满焉，察其酒楼而中国之人满焉，观其女闾而中国之人满焉。此伙颐沈沈者不能不叹中国人之多也，然一旦有一事于此而需一人，其新事如轮船铁道开矿制械之类，其旧事如军政河工财政商务之类，无论所需之人或为要领，或为下走，如使其真能称职则戛戛乎其难。”① 光绪三十三年（1907）六月十一日《申报》刊登的《论中国治乱与人口之关系》一文更指出了当时人口近代化牢不可解的死结之所在，云：“吾国数千年来，虽朝代屡更，玉牒再易，至于生财之术则数千年如一日。”② 所以马克思远在千里之外而极为睿智地评论说：“在这个国家，缓慢地但不断增加的过剩人口，早已使它的社会条件成为这个民族的大多数人的沉重枷锁。”③ 中国人口众多的确在一定程度上如孙中山所言具有免罹彻底被殖民者征服的功效，但另一方面也确如马克思所言是中国近代化的沉重负担与枷锁，以致民国时期的人口学家陈长蘅殷忧“无数无教养的小孩的哭声”，比“帝国主义者军舰在我国的领海内河所发生的炮声，尤令人感觉不安”。④

1935 年，胡焕庸在《地理学报》第 2 卷第 2 期上发表《中国人口之分布》一文，根据 20、30 年代的县级人口统计数，绘出了中国人口分布图与中国人口密度图，提出了著名的瑷珲—腾冲线，即在国际学术界享誉甚高的“胡线”（Hu-Line）。他指出：“今试自黑龙江之瑷珲（今为黑河市），向西南作一直线，至云南之腾冲为止，分全国为东南与西北两部；则此东南部之面积，计四百万（平）方公里，约占全国

---

① 《论中国人口之多由于政教》，《中外日报》光绪三十年十一月十一日。

② 《论中国治乱与人口之关系》，《申报》光绪三十三年六月十一日。转载于《东方杂志》第四卷第七期（1907 年 9 月 2 日）。

③ 《马克思恩格斯全集》第 7 卷，中共中央马克思恩格斯列宁斯大林著作编译局编译，人民出版社 1972 年版，第 264 页。

④ 陈长蘅：《三民主义与人口政策》，商务印书馆 1930 年版，第 248 页。

总面积之百分之三十六；西北部之面积，计七百万（平）方公里，约占全国总面积之百分之六十四。惟人口之分布，则东南部计四万四千万（4.4亿），约占总人口之百分之九十六；西北部之人口，仅一千八百万，约占全国总人口之百分之四。其多、寡之悬殊，有如此者。”① 瑷珲—腾冲线非常清晰地表明了中国人口空间分布的不平衡性。从人口学角度来说，1837年爱尔兰学者哈利斯发明的人口密度的概念虽然将单位面积的人口数表现得十分清楚，但其不足之处亦毋庸讳言，并没有将土地的质量与土地生产情况考虑进去，因此学术界目前多将上述以面积计的人口密度称之为人口的数学密度（arithmetic density），将适合于农业用地的单位面积上的人口数称之为生理密度（physiological density，又称耕地人口密度），将一地区内总的农田数与农民数的比例称之为农业密度（agricultural density，又称农业人口密度）。生理密度反映人口对生产食物的土地的需要和人口与食物的生产的关系；农业密度则反映一个地区的农业生产效率。在农业现代化国家，由于采用机械生产，使用劳动力较少，则农业密度较低。在近代中国传统农业社会中，人口的地域分布具有凝滞性，与耕地面积、粮食产量的分布相一致，人口密度与经济密度二者基本上呈正相关，即人口密度较高的地区也是经济密度较高的地区，经济密度低的地区也是人口密度低的地区。这一点，清末陶保廉有清醒的认识。他说：“论者咸病新疆人少，余身履其境，只见人满之患，何则？大漠枯瘠，万祀不毛，人烟歇绝，固其所宜。偶遇勺泉可挹，寸壤可植，即有一家二家来凿来耕，虽四垂荒碛，岑寂寡邻，但无吏役相求，居之不以为苦，非人满之证乎？”② 他还说：“向读钱塘龚自珍《西域置行省议》云哈密可设四县……龚氏又侈言屯垦，不知塞外戈壁错杂可耕之地零星分散，风劲气寒，沙性渗漏，山雪夏融，乃有渠水，十里五里，潜入地中。或经流略长，而旁皆沙石，或土非硗瘠，而灌溉无资。……缠回生计，瓜果与牛羊参半，粟麦非所重，有余力则艺之。盖畜牧简易，不忧水旱，习俗相沿，断难概绳以中国之

① 胡焕庸：《中国人口之分布》，《地理学报》1935年第2卷第2期。
② 陶保廉：《辛卯侍行记》卷六，甘肃人民出版社2002年版，第389页。

法。"① 陶保廉的上述文字表明，中国西部地区虽然表面上地旷人稀，但由于自然环境的限制，并不能够承载过多的人口。

联合国《多种语言人口学辞典》（*Multilingual Demographic Dictionary*，English Section，Department of Economic and Social Affairs，Population Studies，No. 29，United Nations Publication，first edition，1958）对人口迁移的定义为："人口在两个地区之间的地理流动或者空间流动，这种流动通常会涉及永久性居住地由迁出地到迁入地的变化。这种迁移被称为永久性迁移，它不同于其他形式的、不涉及永久性居住地变化的人口移动。"（Migration is a form of geographical mobility or spatial mobility between one geographical unit and another，generally involving a change in residence from the place of origin or place of departure to the place of destination or place of arrival. Such migration is called permanent migration and should be distinguished from other forms of movement which do not involve a permanent change of residence.）② 人口迁移在英文中为"migration"，在语源学来看，来自拉丁文"migrare"，即"改变住所"之意，与"人口流动"（floating）的概念不同，以长期改变居住地的意图为构成要件。在国际上，对人口迁移研究最早的一篇论文，是1885年由英国地理学家拉文斯坦（Ernest George Ravenstein，1834—1913）发表的《人口迁移规律》（The Law of Migration）。③ 拉文斯坦通过对二十多个国家统计资料的潜心研究，最终提出了七条人口迁移的规律（Principles of migration），即：迁移者主体进行的是短距离迁移；迁移在全国范围内呈梯次逐级展开；迁移是人口被吸收的分散过程；每一个主要的迁移流都会产生一个补偿性的反迁移流；长距离迁移者优先选择迁入巨大的工商业中心；城市居民比农村居民迁移数量要少；女性人口迁移多于男性。拉文斯坦认为人口迁移以经济动机为主，指出了人口迁移的本质，从而为后

---

① 陶保廉：《辛卯侍行记》卷六，甘肃人民出版社2002年版，第381页。

② 资料来源：http：//en-i. demopaedia. org/wiki/Geographical_ mobility，访问时间：2005年12月3日。

③ E. G.. Ravenstein，The Law of Migration，*Journal of the Royal Statistical Society*（1885）48：167－235.

来人所熟知的人口迁移推力拉力理论（the push-pull theory）的发展奠定了基础。该理论最早由赫伯尔（Rudolph Herberle，1896—1991）于1938 年提出。[①] 根据这种理论，人口迁移行为发生的原因是迁出地与迁入地的推力（push factors，又译为排斥力）和拉力（pull factors，又译为吸引力）共同作用的结果。具体而言，原住地的失业、就业不足、耕地不足、缺乏基本的生活设施（如学校、医院）、社会经济及政治关系的紧张和自然灾害（如水涝、干旱）等构成了原住地的推力，这些因素促使人们向其他地区迁移；与此同时，迁移目的地更好的就业机会、更好的发展前程、更高的工资、更好的教育和卫生设施等构成了目的地的拉力，这些拉力吸引人们由其他地区迁入这一地区。在 20 世纪 60 年代，推—拉理论曾风靡一时，博格（Donald Joseph Bogue）[②]、兰辛（John B. Lansing）[③]、劳里（Ira S. Lowry）[④] 等人对此理论阐发扬榷不遗余力，使之成为至今在人口学界仍颇具影响力的理论。不过，由于推力和拉力均是比较模糊的概念，当具体到某一个人时，很难确定推力、拉力的强度，因而该理论只能起到对迁移现象作一般性表象解释的作用。1966 年，埃弗里特·李（Everett. S. Lee）在《人口学》（*Demography*）上发表《迁移理论》（A Theory of Migration），将迁移研究推向了更加复杂和细密的阶段。他将影响迁移的因素分为四类：一是与迁出地有关的因素；二是与迁入地有关的因素；三是障碍因素；四是单个移民的个人因素。前两类因素被埃弗里特·李归结为两种性质：一是对迁移者产生吸引力，无论在迁入地还是迁出地都存在，它们都被迁移者评

---

① R. Herberle, The Causes of Rural-urban Migration: A Survey of German Theories, *American Journal of Sociology*, No. 43 (1938) 13.

② 参见 Donald J. Bogue and Margaret Marman Hagood, *Subregional Migration in the United States, 1935 – 1940*, Vol. II: Differential Migration in the Corn and Cotton Belts, Miami, Ohio: Scripps Foundation Studies in Population Distribution, No. 6, 1953。

③ 参见 John B. Lansing and Eva Mueller, *The Geographic Mobility of Labor*, Ann Arbor, Michigan: Institute for Social Research, The University of Michigan, 1967。

④ 参见 I. Lowry, *Migration and Metropolitan Growth: Two Analytical Models*, San Francisco: Chandler Publishing Company, 1966。

估为积极的因素；二是对迁移者产生排斥力，它们被评估为消极的因素。在埃弗里特·李看来，对迁出、迁入地诸因素和中间阻碍因素的评价受到很强的个人因素影响。①

目前国际学术界关于人口迁移理论仍不断推陈出新，骎骎日进。不过，我国史学界目前关于近代中国人口迁移的研究一般仍多采用推—拉理论的分析框架。中国有句谚语叫作“人往高处走，水往低处流”，这句谚语便形象而深刻地反映了“人口迁移的压力流动”法则。在近代，从总体上看，中国东部地区由于人烟稠密，生计维艰，形成人口高压区，西部许多地区便成为“狭乡流向宽乡”的理想选择标的。中国人口再生产对生产力造成的压力以及中国社会经济生产力空间扩张的内在动力，导致了近代西部地区大规模移民人口的涌入。美国边疆学派的代表人物特纳（Frederick J. Turner）将广阔的美国西部视为防止了如同其他工业化国家都有的激进哲学的出现的“安全阀”（a social safety valve）。特纳“安全阀”理论后来被弗雷德·香农（Fred A. Shannon）等人批判得体无完肤而寿终正寝实属势所难免。中国近代西部开发由于整个国家近代化的情景与美国大殊相异。设一浅譬，中国近代西部地区与其说是中国近代化过程中纾解人口压力的“安全制动阀”，毋宁说是波涛汹涌的人口洪峰通过时的“泄洪区”。因为尽管从自然地理角度而言，中国地势西高东低，但从人口地理学角度而言，中国近代的人口高压区自东徂西逐渐减弱，而近代化进程的迟滞所形成的生产力低下的“堤坝”使人口蓄水池容量有限，这样便会逐渐向西浸漫溢灌，形成如流赴壑般的逐食糊口移民潮流，使条件一般但开发余地较大的部分西部地区成为相对优裕的人口迁移注挹空间。总之，“决定人口迁移的重要因素是自然条件和可资利用的资源的丰啬，但还有其他社会因素，如战争、赋税、政府的政策、强制迁徙以及风俗习惯、宗教信仰等等。在中国古代，人口迁移已形成自北而南的模式。北方的游牧民族和中原的农耕民族长期对峙和冲突，

① Everett S. Lee, A Theory of Migration, *Demography*, Vol. 3, No. 1 (1966), pp. 47 – 57.

北方民族勇武善战，组织良好，每当他们势力强盛时，一次又一次发动战争，进入中原地区，迫使中原人民向长江以南和珠江流域大规模迁徙”①。“中国近代人口迁徙的主要原因，不是由于北方游牧民族南下所引起的长期战争的驱赶，而是由于中原、长江、珠江流域人口急剧增长，谋生维艰，出现了大规模、持续性的自发人口迁移。”② 近代中国中心地区（中原和东南）人口迁出大体有以下几个流向：第一种流向是从黄河中下游山东、山西、河南、河北、陕西迁往东北和内蒙古，第二种流向是从中原迁向新疆，第三种流向是从长江中下游迁入四川，第四种流向是迁往西南云贵山区，第五种流向是福建、广东人流向台湾甚至海外。③ 在过去，学术界多谓中国国民性中有着安土重迁的传统，往往引证“父母在，不远游”一语，俨然“君子居必择乡，游必择土”的行为范式。笔者在《清代中国边疆开发与美国西部开发对比刍议》就曾经这样写道：“在清代，我国的社会基层结构是一种以自然经济为基础、家族血缘为本位、儒家思想为伦理规范的封建宗法专制社会结构。在这种以自然经济为基础的社会基层结构中，土地是农民实现自身价值和保障自身生活安定的基础，因此农民对自己生于此、长于此、老于此的土地具有依恋情感，不愿舍弃桑梓旧地而远走他乡。……交通的不发达固化了农民的安土重迁的观念；反过来，安土重迁的观念又成为清代我国农民的一种众趋人格，成为边疆移民的一种后曳力。”④ 但是，笔者最近几年来逐渐认识到中国人安土重迁的传统绝对不仅仅是儒家伦理濡染熏习的结果。古语谓“家有常业，虽饥不饿；国有常法，虽危不亡”，而“人离乡贱”生存常识对于每个移民决计向外寻求生存空间的尝试无疑是重要的影响因素，若其人稍有谋生之策，断不肯为，在大多数情况下都是由于在原籍不克自存而不得不背井离乡。庄稼人种的地是搬不动的，“长在

① 戴逸：《近代中国人口的增长和迁徙》，《清史研究》1996年第1期。

② 戴逸：《近代中国人口的增长和迁徙》，《清史研究》1996年第1期。

③ 戴逸：《近代中国人口的增长和迁徙》，《清史研究》1996年第1期。

④ 张世明：《清代中国边疆开发与美国西部开发对比刍议》，《中国边疆史地研究》1991年第2期。

土里的庄稼行动不得，侍候庄稼的老农也因之像是半身插入了土里，土气是因为不流动而发生的”①，“我们可以相信，以农为生的人，世代定居是常态，迁移是变态”②。

第二节　法社会学视野中移民社会的特殊性

目前国内外学术界对人口迁移的原因等研究成果十分丰富，但学术界鲜有对移民社会的论述。“移民社会”的概念，据笔者见闻所及，最初源自20世纪70年代台湾学者围绕清代台湾社会发展模式究竟属于“土著化”抑或“内地化”的争论。众所周知，中国在清代有两大边疆地区实现经济发展的全面启动而成为与内地经济发展水平毫不逊色的后起之秀，一为东北地区，一为台湾宝岛，这两者均是移民“闯关东”“赴台湾”的直接后果。1975年，台湾历史学家李国祁发表《清代台湾社会的转型》一文，指出清代台湾移民社会（或称移民社会）的特征表现为：“在人口的问题上，人口增加迅速、男女比例悬殊、家庭成员众多，造成了婚姻困难、养子之风盛行的社会现象。在社会的组合关系上，我国传统社会的家族制度尚未普遍建立，地缘的成分远重于血缘，再加上移入分子的良莠不齐，流浪汉充斥各地，于是结盟之风流行，械斗与叛乱时起，社会的秩序因而紊乱。在社会的权力结构上，因渡海移垦是冒险的行为，故其领导人物大多是豪强之士。更由于开垦的制度影响，使财富的分配不均衡，豪强之士身为大垦户，每多拥有赀财，财富与任侠精神、驭众能力的结合，使其成为社会的权力阶层。于是整个社会呈现出豪强称雄、文治落后的情形，与中国本部各省，恰成为两种迥不相同的状况，故被认为其俗桀骜难治。”③ 李国祁认为，“台湾移垦社

① 费孝通：《费孝通学术论著自选集》，北京师范学院出版社1992年版，第351页。

② 费孝通：《乡土中国生育制度》，北京大学出版社1998年版，第7页。

③ 李国祁：《清代台湾社会的转型》，《中华学报》1978年第5卷第3期。

会的转型，主要是一种内地化运动，即台湾的社会变迁在取向上以中国本部各省的社会形态为目标，转变成与中国本部各省完全相同的社会”①，具体表现为：宗族制度开始建立，社会的结合关系由地缘性渐为血缘性所取代；由以移垦原籍地缘为中心的械斗转变为以宗族为主的血缘械斗；传统文教制度建立；社会领导阶层由豪强之士转为士绅阶级。此外，李国祁不仅认为内地化的结果造成了台湾成为中华文化的文治社会，而且内地化和现代化的进程是合而为一的，指出：台湾“社会变迁的历程是由移垦社会转变为我国本部的传统社会，内地化遂成为其社会现代化主要的重心”②。

与“内地化”的理论相对立，以李亦园、陈其南及王崧兴等为代表的人类学者主张“土著化”的观点。他们认为，整个清代台湾汉人社会是来台汉人由移民社会走向“土著化”变为土著社会的过程。移民社会“是中国大陆传统社会的连续和延伸”，在移民社会阶段，缘于大陆的祖籍意识扮演着最重要的角色，不同祖籍群之间的分类械斗事件便是其明证；而在后期进入土著社会后，土著社会的特征表现在移民本身对于台湾本土的认同感，逐渐抛弃祖籍观念，不再一味地以大陆祖籍为指涉标准，而以现居的聚落组织为其主要之生活单位。③

黄富三评论这两派观点说：“李国祁教授所谈的内地化根本是以‘地’当作对象，就是台湾这个地方原本不是中国文化区，现在逐渐趋向于与中国大陆一样，这与社会基本的建立有关。而民族学者谈的是，汉人本身在移民到台湾之后，过去认同的是祖籍，而现在则认同台湾是我的故乡，他们谈的是汉人逐渐与土地认同。所以，我觉得双方一开始所谈的问题就不是同一个 point。如此不论如何争论都不会有什么结

① 李国祁：《清代台湾社会的转型》，《中华学报》1978年第5卷第3期。

② 李国祁：《中国现代化的区域研究》（闽浙台地区，1860—1916），台北“中央研究院”近代史研究所1985年版，第621页。

③ 陈其南：《土著化与内地化：论清代台湾汉人社会的发展模式》，中国海洋发展史论文集编辑委员会主编：《中国海洋发展史论文集》，台北“中央研究院”三民主义研究所1984年版，第335—366页。

果。”[1] 其实，“内地化”与“土著化”的争论颇似美国历史学界亚当斯（Herbert Adams）欧洲“生源论”（germ theory）与其弟子特纳“边疆假说”（the Frontier Hypothesis）之间的争论，两者的歧异在于出发点不同而见仁见智，都忽略了“内地化”和“土著化”的同时所具有的“反内地化”和“反土著化”倾向，因此厦门大学陈孔立在《清代台湾移民社会研究》中提出“双向型”理论。正如陈孔立和张光直两位先生都一致认为的那样，“这个问题的进一步探索应该采取比较研究的途径”[2]。在“土著化”与“内地化”争论中，社会人类学者认为历史学者没有理论架构，道不同而不相为谋。法国年鉴学派的新生代史学家保罗·韦纳提出“概念化史学”的口号，认为在缺少概念的情况下会使史学沦为印象主义。我们认为，在目前的情况下，史学的概念化具有一定的进步意义。美国社会学家默顿（R. K. Merton）的“中层理论”可以成为我们从事史学经验研究一种比较切合实际的选择。由于“移民社会”绝非台湾一隅的殊相，因此我们希望通过对近代中国西部开发过程中史料的爬梳，对迥异于定居社会的这种另类的社会空间结构及其现象予以阐释。[3]

一、移民社会男女性别比例失衡

在人口学中，一般将单身移民称之为“经济移民”，而将全家移民称为“人口学移民”。古今中外，移民现象经常呈现一种“踩路效应”，即：一般来说，年富力强、争强好胜的青壮年男性往往具有冒险精神，他们具有较强的移民冲动，而这些人移民到新迁入空间立稳脚跟、踩出了一条移民之路后，就会对后面的人心理中产生诱发因素。青壮男性移民之初多系独身一人，且出于进可攻、退可守的求稳心理，即便有家眷

---

① 黄富三：《在学术工程上建立台湾史》，《中国论坛》1986 年第 254 期。

② 张光直：《〈台湾的传统中国社会〉序》，张光直：《考古人类学随笔》，台北联经出版事业公司 1995 年版，第 29 页。陈孔立的观点见氏著《清代台湾移民社会研究》，九州出版社 2003 年版，第 77 页。

③ “社会空间”（英文为 social space，法文为 l'espace social ）作为专门用语，首先是由法国社会学家涂尔干（Émile Durkheim，1858—1917）在 19 世纪末期提出的。之后，他的学生阿尔博瓦斯（Maurice Halbwachs，1877—1945）等人，亦在著述中使用这一术语，使之逐渐广为流传。

也不携而同行，大都在单身移民成功之后才考虑举家迁移。只有随着年龄增长和人生格局定型，单身移民才由萍飘无踪趋于安家落户，希望享受家庭天伦之乐。此外，中国移民起初不挈家眷还有一个往往不为现代学者所注意的原因，即当时大多数妇女都是三寸金莲，不便于远涉。在近代，《遐迩贯珍·近日杂报》在论及中、西移民的差异时就曾指出："惟西邦人出行者，与中土人登程，向不相同。西邦人俱挈眷而行，中土人多孑身遗家言迈……推原其故，因中国妇女，例不能任便外出，随意聘游。在别国则不然，即闺人处子，虽荐绅豪富之家，皆得游行自如，亦从无虞相欺外侮之事。……若有少妻幼子，辄弃置他适，仅托诸不关痛痒之人，为之照拂，听其欣戚欢愁，一何居心之忍乎！纵使年中或有寄资，而天涯路渺，尺书沈浮，能否安函抵家，固难悬揣，或遇旅身抱恙，歇工乏资，则寄项更无从措办。凡此皆能致妻孥困苦，眷口饥寒。"① 因此，移民社会初期男女性别比例失衡乃系情理中事。再者，清政府长期实行封禁政策，只允许男子单身赴台、赴蒙，严禁携带家眷，对移民社会男女性别比例失衡影响至深。②

正是这样，台湾移民社会初期存在大量"春时往耕，秋成回籍，只身来去"的"候鸟式人口"，与清代边墙内的陕西等地农民出边到蒙古地区春出秋归的"雁行客"情形如出一辙。《诸罗县志》就这样记载说，该地区"男多于女，有村庄数百人而无一眷口者。盖内地各津渡妇女之禁既严，娶一妇动费百金，故庄客佃丁，稍有赢余，复其邦族矣。或无家可归，乃于此置室，大半皆再醮、遣妾、出婢也。台无愆期不出之婢"③。道光年间成书的陈盛韶《问俗录》亦有台湾"民多鳏旷"的

① 《遐迩贯珍》，一千八百五十四年正月朔旦第一号，香港中环英华书院印刷，第6—7页。

② 事实上，直到清朝灭亡以后，清廷的禁止通婚令作为国家正式法律已被取消，但作为民间习惯法仍具有生命力。丁道衡在民国年间考察时还发现，"在那里居住的商人，还得遵守一条禁令，就是不得随带家眷及容留女人，违者重罚不贷"。参详丁道衡：《最近游绥的见闻》，《西北研究》1932年第6期。

③ 周钟瑄修：《诸罗县志》卷十二，杂记志，康熙五十六年刻本，《中国地方志集成》，台湾府县志辑，1，上海书店出版社1999年版，第505页。相关研究或可参见陈孔立编：《台湾研究十年》，台北博远出版有限公司1991年版，第363—364页。

记载。台湾在颇长的历史时期内养子养女现象十分普遍，“螟蛉子”的风俗遗迹至今依稀可见，有所谓“嫡全，庶半，螟蛉又半”之说，殆与台湾移民社会早期男女性别比例失衡造成婚配困难而出现补偿性亲缘制度有关。我国东北地区作为一个典型的移民社会也存在着某些由于男女性别比例失衡而与定居常态社会不同的社会习俗，著名作家周立波《暴风骤雨》中就描写到“拉帮套”的婚姻形态。在清代，“走西口”“闯关东”的移民不绝于途，已经在当代中国农民的内心深处留下了不可磨灭的烙印而表现为一种历史文化景观。目前，有关“西口”的确切地尚存在争论。在晋西北地区，外流的逃荒人主要集中在忻州和雁北两个地区。忻州人多由河曲县的黄河渡口过黄河，经陕西省府谷县古城乡入内蒙古，然后汇聚包头补充食物，最后逃生于后套一带；而雁北人则多从右玉县的杀虎口（即古代“杀胡口”）直接出关入蒙，逃往大青山以北的所谓“后山”一带。如果说走西口是流传甚广的河曲二人台《走西口》剧中升华的一种雅称，那么真正的“西口”应是陕西省府谷县古城乡关帝庙的城门洞口。① 民歌《走西口》有不同的版本，② 但不同的版本唱出的都是一曲主旋律哀婉而幽怨的悲歌，而且都是妹妹（即未婚妻或媳妇）送哥哥（即情郎或丈夫）。我们从史料中发现，不带家眷不单纯是政府曾经屡申禁令或经济条件不许可所致，在一定情况下甚至是移民者的自我限制。称雄塞北的旅蒙商大盛魁商号③对号伙（职工）们制定的号规规定：上自老掌柜，下至号伙，一律不准带家眷；学徒入号后必须在号内学满十年，才许第一次回家探亲四个月；第二次由七年缩短为六年，第三次缩短为三年，以后每三年回家探亲一次。按照联合国当今对移民的定义，大盛魁的号伙无论如何不可被视为流动人

① 马小林、张敏民：《西口大逃荒》，中国广播电视出版社 1990 年版，第 9—10 页。因为张家口、杀虎口地理位置东西并列，故清人将张家口称为东口，将杀虎口称为西口。据《乌里雅苏台志略·道里》记载：“南至绥远城（即归化城），俗曰西口。……东南至张家口，俗曰东口。”

② 马步升的《走西口》一书收集了五种版本，参见该书第 4—8 页（南方日报出版社 2000 年版）。

③ 参见本书第三卷第四章。

口，但一个从十七岁入号到六十岁退休的伙号，四十三年中仅能回家十一次，在家仅仅能住四十四个月。无怪乎便发生了这样一件令人触目惊心的悲剧：大盛魁总掌柜王廷相在任掌柜时，其妻由于王久客不归，难免有意外之参商，暌离积久，竟产一私生子；王母乃暗将溺死婴儿腌在罐内，待王廷相回家后便拿出这一证据，让王处理。在移民社会中，由于男女性别比例失调，妓女暗娼便由此广有市场。

西清《黑龙江外记》记载："边俗不甚别男女，出则同川而浴，居则短垣可逾。一二守礼者，往往为荡子所指目，百计剔嬲，务即败行乃已。倡妓之辈，其始流人贱户，迫于冻馁为之。近闻士人亦渐不自惜，狂夫引邪入室，公然与母、妻杂坐。……迩年齐齐哈尔忽有女曲，呼窟窿班，皆关内人，从伯都讷等城来，或投宦宅，或匿僧寮，劝觞伴宿，人争昵之。得军令始驱境外，然因是破家倾生者比比矣。"① 中国谚语云：远嫖近赌，不会吃苦。这显然涉及一个有关空间社会学的问题。齐奥尔格·西美尔在《空间的社会学》（Georg Simmel，Soziologie des Raumes，in：Gustav Schmoller（Hg.）：*Jahrbuch für Gesetzgebung, Verwaltung und Volkswirtschaft im Deutschen Reich*，27. Jg.，1. Bd.，1903，S. 27－71）中这样写道："如果人们相遇后几个小时内就要永远分开，那么，人们之间实际上是相互匿名的，也就不会有什么责任感。因此，旅行中的相识经常会诱使我们变得特别的自信，也就是特别容易大胆地自我表达，而在正式的长期关系里，由于率直的自我表达会带来不利于自己的后果，因而人们学会了自我克制。以此角度，人们把军队中的情色机会归因于军人没有其他定居阶层的特点，对一个女人而言，和一个战士之间的关系具有刹那梦幻的色彩，不仅没有承诺的约束，而且由于时间短暂造成的强度使得这种关系充满吸引力。"② 在地旷人稀的边疆地区，边疆社会流动性较强，男女萍水相逢，传统礼法观念约束薄弱，所以人的本我的层面便凸显出来。后套地区自清末以来是一个典型的移民

① 西清：《黑龙江外记》，黑龙江人民出版社 1984 年版，第 69 页。

② 齐奥尔格·西美尔：《时尚的哲学》，费勇等译，文化艺术出版社 2001 年版，第 42—43 页。齐奥尔格·西美尔《空间的社会学》的德文原版电子文本见于 http://socio.ch/sim/verschiedenes/1903/raum.htm，访问时间：2011 年 7 月 23 日。

社会标本。1936年高塞发表的《后套之恋》一文中这样写道："'冬暖夏凉的羊皮袄'，'嫖客跳墙狗不咬'，'蛤蟆打墙墙不倒'，这是后套的三件宝物和宝事，除此三宝外，后套之内还有'三套'，一是'黄套'，二是'红套'，三是'黑套'。'黑套'是指鸦片，现已绝迹。'红套'是指女人，土地则为'黄套'，走到那里的人，说不定会陷到哪一个'套'中，难以拔出腿来。"对于后套地区男女关系紊乱的原因，高塞这样解释说："到那里垦荒的男女，多半是逃难而去的，难民与难民之间，容易接近而建立情感，并且在最初，是男多女少，在风沙冰雪中的男子，是需要着女人温暖的。因为气候较冷的关系，直到现在树木还很少，这样，在修盖房子上，便发生了很大的困难，很多人家，只有一间房，父母儿女兄妹媳妇都睡在一个大炕上。抗战以前，那里也经常有军队驻扎，军队与老百姓住在一起，军人又是一群远离家乡的光棍汉，同时，蒙古同胞自由恋爱的情调，对这一点也不能说没有影响。"① 高塞的解释尽管是一种多因论，但仍将移民社会的特殊性作为主要原因，而苦辛《怀念着的后套》则更将移民社会的动荡性、教化薄弱性联系起来予以解释，指出："又因为土匪如蝗，进家不敢问，为所欲为，淫污自然成了平常事。住户零散，家中女人不常看到人，过客投宿、歇脚，小贩商人穿户售货，都是造成风尚紊乱的原因。同时，因为住家零散，无所谓教育，也无所谓舆论，在人的脑子里，并不将男女关系看得那么严重。"② 事实上，不仅自发性移民社会中男女比例造成特殊的社会风土人情，即使政府组织的移民社会中也是一个突出问题。在前近代社

① 高塞：《后套之恋》，《西北之声》1936年第2期。后套不产棉，故布甚缺，人们冬夏多着老羊皮袄，冬日毛向里，夏日毛朝外，光硬的板皮，似有凉意，所以有"冬暖夏凉的羊皮袄"之谓。蛤蟆是一种草，多刺而有韧性。此文中所言"军队与老百姓住在一起"云云，可以从阎锡山进行的百川堡军垦中得到证明。据载，"后套的娼妓，虽然在屯垦未来之前就有，但在屯垦进套以后，更加严重，屯垦队的纪律松弛，使官兵行为浪荡，相传'当兵进门狗不咬，闺女接待娘不恼'的流言，以证明屯垦队有伤地方风化的事实"。（刘培荣：《百川堡屯垦的始末》，中国人民政治协商会议巴彦淖尔盟委员会文史资料研究委员会选编：《巴彦淖尔文史资料》第5辑，1985年内部发行。）

② 辛苦：《怀念着的后套》，《西北之声》1947年第4期。

会，结婚在世界上都是一般不为国家介入的私人自治领域，中国古代法律亦是如此。但是，我们在清代新疆屯垦的移民社会中就看到这样的景象："遣户男多而女少，争委禽者多雀角鼠牙之讼国，同知立官媒二人司其事，非官媒所指配，不得私相嫁娶也"，且"城中小巷谓之墙子，夜设逻卒以禁淫奔，谓之查墙子；诸屯则日暮后驱逐外来男子，谓之搜墙子"。①

河套无冠帝王之公主"二老财"（左二妇女）

在陕西和内蒙古交界地带，流传这样的谚语："河曲保德州，十年九不收，男的出口外，女的卖风流。"② 这虽然是嘲笑污辱河曲府谷人，然亦非空穴来风。内蒙古地方剧"二人台"中就有一个蒙汉青年男女

① 纪昀：《乌鲁木齐杂记》，王锡祺辑：《小方壶斋舆地丛钞》第二帙，杭州古籍书店1985年版，页一二二。

② 参见陈秉荣：《话说走西口》，《山西文史资料》编辑部编：《山西文史资料全编》第7卷，第73—84辑，1998年内部发行，第1198页。据陈秉荣介绍，我们通常在文献中见到的民谣所谓"河曲保德州，十年九不收，男人跑口外，女人挖苦菜"系经过改变。亦可参见陈学昭《五寨一瞥》一文的记述。陈学昭：《漫走解放区》，上海出版公司1950年版，第21页。

相爱的《阿拉奔花》（又名《风搅雪》）的剧目，以及王同春的女儿、王英的姐姐王友卿（即“二老财”）和达拉特旗王爱召的喇嘛私奔的唱词。据《绥远省河套调查记》等书，由于河套地区是一个移民的新社会，传统伦理道德的约束力相对要小，因而男女之防较为松弛，对贞操观念、礼义廉耻的意识淡薄，“生客宿家时，与家人同坑（炕），虽年青女子，亦与之谈笑同玩而不嫌”①，以致“野合随处有之，甚而不熟面者，恋爱亦可速成”②。周颂尧曾就河套地区的情况写道：“人口男多女少，娶妇成家，实属不易。因娶一妇，所索聘金，谓之财礼，需数甚巨。……女则在家毫无教育，又不事女红，不过从事于牧养，多不知廉耻为何物，以致苟合者居多。一般劳动家，只图一时之欢，所以一女而共数男，父母贪图微利，亦置之不问，风俗恶劣，良由于此。”③ 由于移民社会中男女比例失衡，娶妻聘金奇重，后套地区有“不重头婚重二婚，孤鸾身价值黄金”④ 之说，揽长打短的贫者恒多旷夫，许多找不到老婆的孑身赤汉百无聊赖，寂寞难耐，只得如爬山歌里唱的那样“白布衫衫对门门，娶不下老婆串门门”⑤，到处鬼混，民间称之为“刮野鬼”。与东北地区移民社会中的“拉帮套”婚俗相映成趣的是，在内蒙古地区移民社会中，走西口者或由于感情的空虚，“或由于生活无法维持（妻子），乃有‘为朋友’‘搭伙计’情况的产生”⑥。

---

① 韩梅圃：《绥远省河套调查记》，绥远华北印书局 1934 年铅印本，第 17 页。《临河县志》的记述也可以佐证这一点：“男女阶级不分明，蒙俗流传习惯成。灭烛留髡同下幕，联床风雨到鸡鸣。”王文墀：《临河县志》卷下，杂记，风俗门，1931 年铅印本，页十一。

② 韩梅圃：《绥远省河套调查记》，绥远华北印书局 1934 年铅印本，第 15 页。

③ 周颂尧：《绥远河套治要》，1924 年铅印本，第 77 页。作者在这里所言或许存在言过其实之处，但毕竟也反映了一定的现实情况。

④ 王文墀：《临河县志》卷下，杂记，风俗门，1931 年铅印本，页十。亦可参见王文墀：《绥远省临河县志》，《中国方志丛书》，塞北地方，台北成文出版社股份有限公司 1968 年印行，第 250 页。

⑤ 韩燕如编选：《爬山的歌选》，人民文学出版社 1953 年版，第 82 页。

⑥ 中央音乐学院中国音乐研究所编：《河曲民间歌曲》（调查研究专辑），音乐出版社 1956 年版，第 169 页。

民国时期的包头镇

此外，一些走西口的男子带着婆姨到了口外，女性往往难以找到活计，男子迫于无奈，便索性将自己的老婆租给“留人店”，等到秋里回“口里”时再去领回来。包头昔日著名的定襄里和平康里两条巷子就是从这种“留人小店”发展起来的。民国初年，日本上海东亚书院的调查人员对当时包头地区移民社会的这种特征尽收眼底而笔之于书，云：“这沙漠中的包头镇，主要是外来人的驿站，聚集着各国旅人，当地土人极少。果真是一个勾魂之街，淫荡之巷。因这枯燥无味的沙漠之都，几乎没有任何可以供人享受的文化，这些得不到任何有益而高尚的享受的外来人，便理所当然地坠入这淫乱之河。此地的风俗也变得猥琐，成了一个名副其实的烟花柳巷。浪荡女人们以旅店为各自的据点，活跃于街头小巷。一旦进入这被大自然遗忘的不毛之地，就自然而然默认了这样的生存方式，可谓‘入乡随俗’吧。我们投宿的旅社也有五六个漂亮女人筑巢于此，因其夜间工作的关系，每天均半夜三更归店，中午时分起床。一到黄昏，便涂脂抹粉打扮得如妖精般离店而去。在附近有一个戏园子，很受人欢迎。”① 当时边外有谚语云：“蛮子穷在球上，鞑子穷在头上。”② 意即汉族移民好嫖成性，而蒙古人拜佛布施往往将多年积蓄耗尽。卢沟桥事变前夕，孙明经加入暑期西北考察团前往绥远，对包头妓业的遍地开花有细致的描述，他写道：“至于一般人家对于性的关系也看得极随便。一个陌生男子随便撞到人家，便和那家的女儿们勾搭

---

① 沪友会编：《上海东亚同文书院大旅行记录》，杨华等译，商务印书馆2000年版，第371页。这和东北三省近代以来的移民社会中各地娼寮既繁且盛的情形颇为相似。在清代，东北茫茫林海，遍地金沟，俗有“三千里江山，金子镶边”之说。边境地区独有的资源优势形成了众多“金帮”。抛家舍业出外淘金的金夫远适他乡，住的是地窨子和马架房，往往一年或几年才能回家与亲人团聚一次，狎妓嫖娼之事遂不事遮掩，完全公开化。金沟附近亦每多明妓暗娼。在每年过年期间，便有一些女人来到大房子，名义上是帮金夫们浆洗衣裳，实际是借故来“出台子”（亦称“放条子”），就是到金夫中来拉客。按照惯例，一年当中只有这几天妓女可以住在金夫们中间。住时是轮流睡，统一由把头付钱。对于找什么样的女人全靠“抽签”，又称为“摸红”。参见曹保明：《乌拉手记：东北民俗田野考察》，学苑出版社2000年版，第264页。事实上，这种边疆流动人口的特殊性也表现于出洋谋生的华人中间。中国素重老安少怀之训，而良家妇女，缘多裹足深闺，不惯风波，甚难携家远涉重洋。故而，“中国人从来不携带家眷出洋。据报告，出洋去到东印度公司属下海峡殖民地的中国人，每年多达五千人。但是这些人全是单身男子，本世纪内只有一个中国妇女到过那里”。由于移民群体内部男女性别比严重失衡，这些人想要在异国他乡成家立业，几乎不可能，特别是在白种人为主的美洲和大洋洲，因此出洋华人经常回国省亲，与妻子团聚、生育子嗣就是必然的选择。在海外的绝大多数中国人，只是侨居者，即侨民。这种无法落地生根的单性移民特征将他们与作为永久定居者而进入加利福尼亚的其他移民区别开来，使得“他们一开始同美国人发生的冲突，同以后所有新来的中国人同美国人的冲突如出一辙”，“影响了美国对中国人的接纳”。同时，男女性别比例严重失衡，也引发了嫖娼、赌博、酗酒等许多社会问题。据悉，“因唐人运载娼妓甚众，赌博匪徒成群，扰乱埠中，时常争闹”等，加利福尼亚政府不得不通过立法来约束，《旧金山禁止赌钱新例》就是在这种情况下颁布的。此类社会问题更是为英国限制华人移民澳大利亚提供了口实。“闻新金山近日有唐人到埠，携有淫画，沿街求售。英人一见，大不喜欢，以为唐人带此等物到来，将来坏人心术，正自不鲜，故欲禁止唐人，嗣后不准到埠。”参详贡特·巴特：《苦力：1850—1870年美国华工史》（Gunther Barth, *Bitter Strength: A History of the Chinses in the United States, 1850－1870*, Cambridge, Massachusetts: Harvard University Press, 1964），转引自陈翰笙主编：《华工出国史料汇编》第7辑，《美国与加拿大华工》，中华书局1984年版，第75页。另详《遐迩贯珍》，一千八百五十五年八月初一日第八号，香港英华书院印刷，第17页。

② 范长江：《塞上行》，新华出版社1980年版，第87页。

起来；要是人家里只有女子而无男子，有人来串门，便是极不体面的事。后来和朋友们讨论这种淫风的由来，认为包头的本地人很少，最初大多是由别省因生意或作冒险事业，或经营不甚靠得住的生意而来此，来的人既多游戏人生的意思，淫风也就易于滋长。”他说，妓女之害，包头固毋庸论，“绥东的集宁（平地泉），一个小小县城，居民不满2万人，登记的妓女便有1000人，以户口半数为女子计，妓女则占十分之一。再告诉你一件可怕的事罢：考察团到包头，县长为招待团员起见，特为团员预备面盆若干，盆背面注有碧玉、翠红、春梅、桃花等字样，大家研究的结果，才知道都是从妓院里借来的，也许照他们的看法，招待上宾，非借重青楼不可”①。

二、移民社会无序动荡性

在一切移民社会中，无序动荡必都是不可避免的普遍现象。美国西部开发过程中，无数淘金者蜂拥而至，帐篷在矿区连营成寨，白天挖到金子的人尽管怀藏深匿，但有可能一夜之后便人头落地，金子不翼而飞。至今在美国西部片中，我们仍然可以看到当时盗马贼肆意横行、联邦警察面对西部乡镇私法泛滥无可奈何的情景。在清代中叶以后，云南地区由于移民大批涌入，公权力薄弱，移民社会秩序混乱、无政府状态的特点彰显无遗。民间为自求解决纠纷，动辄聚众械斗。云南迤西一带，更“向有烧香结盟恶习，往往恃众横行，不但欺压平民，即有命盗等案，亦每拒捕殴差，以致民气日悍”②。汉族移民于每岁立秋之日，就地临境逼近各村民，择一适中之地，按家一丁，丛兵其处，屠牲具膳，共订条规，号曰牛丛。《滇志》卷七《兵食志》载：“乡兵，所谓牛丛也。”③

---

①　孙明经主编：《1937年：战云边上的猎影》，山东画报出版社2003年版，第133—134页。

②　盛毓华：《永昌汉回互斗案节略》，方国瑜主编：《云南史料丛刊》第9卷，云南大学出版社2001年版，第15页。

③　或可参阅桂馥：《札朴》，中华书局1959年版，第370—371页。师范纂修：《滇系》七之五，王德毅等编：《丛书集成续编》237—238，台北新文丰出版公司1989年版，第467页。

乡民习惯私设牛丛、火竿，以御盗贼，拿到贼犯，时常任意凌虐致死，并不报官。在遇有久惯盗窃，一经擒获，甚至挨家逗柴，当众焚化，名曰“柴棚”。这和美国西部大片里私刑泛滥的情形殊无他异。《阅微草堂笔记》则记载了下面这样一个故事：

> 乌鲁木齐农家多就水灌田，就田起屋，故不能比闾而居。往往有自筑数椽，四无邻舍，如杜工部诗所谓“一家村”者。且人无徭役，地无丈量，纳三十亩之税，即可坐耕数百亩之产。故深岩穷谷，此类尤多。有吉木萨军士入山行猎，望见一家，门户坚闭，而院中似有十余马，鞍留悉具。度必玛哈沁所据，噪而围之。玛哈沁见势众，弃锅帐突围去。众惮其死斗，亦遂不追。入门，见骸骨狼藉，寂无一人，惟隐隐有泣声。寻视，见幼童约十三四，裸体悬窗棂上。解缚问之，曰：“玛哈沁四日前来，父兄与斗不胜，即一家并被缚。率一日牵二人至山溪洗濯，曳归，共脔割炙食，男妇七八人并尽矣。今日临行，洗濯我毕，将就食，中一人摇手止之。虽不解额鲁特语，观其指画，似欲支解为数段，各携于马上为粮。幸兵至，弃去，今得更生。”泣絮絮不止。悯其孤苦，引归营中，姑使执杂役。童子因言其家尚有物埋窖中。营弁使导往发掘，则银币衣物甚多。细询童子，乃知其父兄并劫盗。其行劫必于驿路近山处，瞭见一二车孤行，前后十里无援者，突起杀其人，即以车载尸入深山；至车不能通，则合手以巨斧碎之，与尸及襆被并投于绝涧，惟以马驮货去。再至马不能通，则又投羁绁于绝涧，纵马任其所往，共负之由鸟道归，计去行劫处数百里矣。归而窖藏一两年，乃使人伪为商贩，绕道至辟展诸处卖于市，故多年无觉者。而不虞玛哈沁之灭其门也。童子以幼免连坐，后亦牧马坠崖死，遂无遗种。①

《阅微草堂笔记》多讲述一些鬼怪狐仙的故事，令许多历史研究者往往不敢引述该书。但鲁迅等人早就指出纪昀的这种写法实有其微言大

① 纪昀：《阅微草堂笔记》，远方出版社 2004 年版，第 167—168 页。

义，托鬼神之言行以抒己见，借神异报应以行劝惩，不是单纯的小说家言。尤其是纪昀谪戍新疆时正值清朝平定准部大兴屯田实边的历史时期，书中许多有关内地迥异的塞外风土人情的描述是难得的第一手资料，诸如书中关于军屯法的条文、昌吉遣犯起事的颠末等等，可补官书记载之不足。而且前揭故事乃纪昀在军幕所亲自经理的案件，不可以无稽之谈视之。这一故事简直比美国西部大片更加惊心动魄，恰恰反映了当时西域边疆移民社会的动荡性。

清朝统治者向来以台湾“三年一小反，五年一大反”而懊头烦心不已，有清一代台湾的分类械斗更是史不绝书，① 这都是移民社会秩序动荡性的表现。不难想象，只身无属的罗汉脚之类迁徙到一种新扩展空间后，稍有外力推动，便可能铤而走险，弗待踌躇。姚莹即一针见血地指出：“台湾大患有三：一曰盗贼，二曰械斗，三曰谋逆，三者其事不同，而为乱之人则皆无业之游民也。”② 清代后期，东北地区马贼、土匪盛行，也反映了以流动性、不稳定性为特征的移民社会土著化过程尚未完全终结。美国学者欧文·拉铁摩尔指出：东北地处边疆，那些在新地区擅自占有土地又与当地官员或居民不合的人，那些因图谋侵占地方利益而被赶走的人，常常成为逃犯，流而为匪。满蒙地区自发的拓荒史是与土匪活动史紧密交织在一起的。③ 赵中孚在《近代东三省胡匪问题之探讨》中谓：“东三省胡匪之患，为移垦社会之特殊现象。农业边疆在开发过程中，均不免于类似困扰，如美国之开发中西部、俄国之殖民西伯利亚、英国之经营澳大利亚，其过程及经验大体相若。近代东三省移民开发为边疆社会发展史之典型事例，胡匪问题不宜以一般性社会动乱现象处理。清末东三省固有所谓教匪、会匪、金匪乃至忠义军之乱，

---

① 据张菼《清代初期治台政策的检讨》（《台湾文献》第21卷第1期，1970年）统计，从康熙统一台湾到甲午战争，清治台湾共一百九十三年，共发生大小民变一百三十二次之多，其中反清事件七十五起，民间械斗四十起，汉番冲突与清廷镇压高山族人民起事共十七起。

② 姚莹：《中复堂选集》，台湾文献丛刊，83，台湾银行1960年版，第40页。

③ Owen Lattimore, *Manchuria: Cradle of Conflict*, New York: Macmillan, 1932, p. 67.

然均为关内社会动乱余波或特殊之国际政治因素造成，其矛盾并非根植于东三省移垦社会内部。故东三省胡匪问题，似应从移垦地区之社会变迁角度评估。易言之，移民开发地区，必然发生客观政治与社会经济条件之矛盾，间接导致社会生活政治秩序之紊乱。此一过渡或久或暂，端视开发方式与政治控制之配合而定。”① 何炳棣经过缜密研究后曾得出这样一条结论，即就数量和时间而言，清开国后二百年间四川对中国人口的增长，比 20 世纪的东北所起的作用更大。郭沫若在其早期作品《我的童年》中论及自己故乡著名的“湖广填四川”这一段历史时这样写道：四川人在明末清初的时候遇到一次很大的屠杀，相传为张献忠剿杀四川。四川人爱说：“张献忠剿四川，杀得鸡犬不留。”这虽然不免有些夸大，但在当时，地主杀起义农民，农民杀反动地主，满人杀汉人，汉人杀满人，互相厮杀的数量一定不小。在那样广大的地面，因而空出了许多吃饭的地方来。② 在四川以外，尤其是以人满为患的东南，便有一个规模相当大的移民运动向西发展。现在的四川人，在清朝以前的土著是很少的，多半是些外省去的，四川盆地作为巨大的人口注挹空间在有清一代吸纳了大量的外来移民，“湖广填四川”在中国历史上成为波澜壮阔的雄伟画卷，既留下了四川人之所以喜欢双臂反背在背上走路、称上厕所为“解手”乃由于想当年被官兵捆绑押送入蜀所致的口述故事，也留下了“大姨嫁陕二姨苏，大嫂江西二嫂湖。戚友初逢问原籍，现无十世老成都”③ 之类竹枝词，更留下了一个令清朝统治者挥之不散的幽灵——秘密社会。移民社会与秘密社会之间本身就可以说在很高程度上是曲径通幽的。如果说天地会、青帮、洪帮等秘密社会与运河沿线的漕运水手等流动人口有关，那么四川的“啯噜子”“袍哥”也是四川移民社会的产物。在鱼龙混杂、泥沙俱下的移民大潮中，在动荡不靖的移民社会环境中，秘密社会具有潜滋暗长的肥沃土壤。正是这样，

---

① 赵中孚：《近代东三省胡匪问题之探讨》，《中国近代现代史论集》第二编，教乱与民变，台北商务印书馆 1985 年版，第 658 页。

② 参见郭沫若：《少年时代：郭沫若自传》第 1 卷，新文艺出版社 1954 年版，第 9 页。

③ 林孔翼辑：《成都竹枝词》，四川人民出版社 1986 年版，第 39 页。

早在乾隆八年（1743）官方就发现，在四川“有湖广、江西、陕西、广东……等省外来无业之人，学习拳棒，并能符水架刑，勾引本省不肖奸棍，三五成群，身佩凶刀，肆行乡镇，号曰‘啯噜子’”①。嘉庆元年（1796），川、楚、陕白莲教大起义的爆发如同晴天霹雳震惊全国，四川之所以成为白莲教大起义活动主要区域与清代“湖广填四川”之间具有乍隐乍现可以覆按的联系，而南巴老林作为白莲教大起义根据地、策源地也是由于此处系移民聚集渊薮之所在。严如熤记述当时移民到南巴老林的情形说：这些移民扶老携幼，千百成群，途中为躲避官府阻拦，“不由大路，不下客寓，夜在沿途之祠庙、岩屋或密林中住宿，取石支锅，拾柴做饭”。到老林后，“遇有乡贯，便寄住写地开垦。伐木支椽，上覆茅草，仅蔽风雨。借杂粮数石作种，数年有收，典当山地，方渐次筑土屋数板，否则仍徙他处，故统谓之棚民”②。细揆其情，棚民者，乃没有数板土屋而迁徙靡定、搭棚暂居的流动人口，他们的迁徙既往往遭罹官府禁阻，他们开垦的土地又不能取得合法地位成为官府承认的“恒产”，不仅为饥寒交迫、多蹇命运的无形之鞭所驱使而辗转漂泊，而且为官府不时的靖绥清查整顿所撵逐驱赶，土著化的道路可谓艰难竭蹶。

平心而论，清朝统治者之所以长期以来将“封禁政策”奉行不替，就是由于担心流动人口的增加会造成社会动荡。有学者认为，清廷对蒙古地区时而采取封禁，时而又不得不允许内地农民到口外谋生，并无任何“政策”可言。笔者对这种观点持不同意见。清廷这种摇摆不定的举措反映了其对待移民与稳定两大问题上的反复权衡。清廷的政策是从其统治利益为根本立场的。当内地发生灾荒等情况时，“农民定、天下安”乃中国历朝历代的治世恒言，清廷不得不敞开口子、放宽禁令，让内地饔飧不继、食衣不周的农民流入蒙地觅食求生，是为“借地养民”，或曰“一地养二民”；另一方面，蒙古是清朝贵族统治的重要同

---

① 《清高宗纯皇帝实录》卷二百零三，乾隆八年十月，台北华文书局股份有限公司 1960—1970 年版，第 2994 页。

② 严如熤：《三省边防备览》卷十一，策略，道光二年刻本，页十九、二十。

盟军，内地农民入蒙势必侵占牧地，对游牧民族的生存空间造成诸多影响，且容易肇衅启争，引发民族冲突，所以清廷三令五申设例禁止内地农民赴蒙耕垦。大量的汉族人民来到蒙古地区之后，“依蒙旗、习蒙语、行蒙俗、垦蒙荒、为蒙奴、入蒙籍、娶蒙妇、为蒙僧者，等等不齐，否则不容其自撑门户。凡此类者，率迫饥寒，苟全性命，余何所恤”①，“汉族之不入蒙籍者，动辄得咎。樵采不许越界，牧羊不许出圈，犯则掳其人物，扣其牲畜，无一事不仰承蒙族之鼻息，历年祭火祭山出猪出羊，无一事不尊奉蒙族之指示。其黠骜者时复出而相扰，纠合三五，持刀骑马，闯入汉族人家，坐索酒食钱财，箠辱妇男，抢掠牲畜，尽而后已，俗曰‘马达子’”②。李守信是民国年间内蒙古一带翻手为云、覆手为雨的人物。据李氏云，在康、雍、乾时期，最初移居蒙古牧区的汉人都依附于蒙古人，时有蒙古地痞流氓随便闯入汉民家中索要酒食，所以其祖先从山东单身跑到土默特右旗给蒙古人种地，被主人招为养老女婿而成了“随蒙古”。③

---

①　沈鸣诗等：《朝阳县志》卷二十六，种族，1920 年刻本，国家图书馆古籍部藏，页七。

②　沈鸣诗等：《朝阳县志》卷二十六，种族，1920 年刻本，国家图书馆古籍部藏，页八。在社会学中，择偶交换理论努力把择偶解释为一个资源的相互交换过程。“资源交换论”在择偶领域的观点主要是，人们为某一特定的异性所吸引，是由其所能提供的资源决定的，假如某人的某一资源不足，可以更多地提供另一资源作为补偿。例如，容颜姣好可以被用来交换诸如社会经济地位、爱和关心以及自我牺牲等其他资源，黑人男子可以其社会地位与白人女子的种族优势交换。参见徐安琪、叶文振：《中国婚姻报告》，中国社会科学出版社 2002 年版，第 4 页。

③　李守信：《我出生前后的热河南部蒙旗社会》，中国人民政治协商会议内蒙古自治区委员会文史资料研究委员会编：《内蒙古文史资料》第 10 辑，内蒙古人民出版社 1983 年版，第 123—124 页。按，李守信对于“真蒙古”与“随蒙古”起源的一些叙述其实也是借材他书，见于沈鸣诗等所纂《朝阳县志》卷二十六。明清之际的著名文学家屈大均所著《翁山文外》中有两篇作于康熙七年（1668）的《自代北入京记》，里边以亲眼所见对汉族蒙古化现象加以描述说：“……沿河行，或渡或否。往往见西夷毡帐，高低不一，所谓穹庐，连属如冈如阜者。男妇皆蒙古语；有卖干湿酪者、羊马者、牦皮者，卧两骆驼中者，坐奚车者，不鞍而骑者，三两而行。被戒衣，或红或黄，持小铁轮，念《金刚秽迹咒》者。其首顶一柳筐，以盛马粪及石炭者，则皆中华女子。皆盘头跣足，垢面，反被毛袄。人与（续下注）

金启孮这样写道："清盛时朝廷优遇蒙古，蒙古倚势欺凌民人。迨清末造，公放私垦，民人移入日多，每生土地纠纷。曩阅同治以降档案，记蒙民纠纷已主客易势，每有争斗则'蒙多死者，汉有伤者'，蒙人至有骑马沿途求乞者。流离失所，为状极惨。回顾清廷禁民人入蒙，

（续上注）牛羊相枕藉，腥膻之气，百余里不绝。"（欧初、王贵忱主编：《屈大均全集》3，人民文学出版社 1996 年版，第 23 页。鲁迅：《读书忌》，《鲁迅选集》第 4 卷，中国青年出版社 1959 年版，第 46—47 页。）由于种种原因，笔者在 1991 年写作《清代边疆开发不平衡性：一个从人口经济学角度的考察》（此文后来发表于《清史研究》1998 年第 2 期）时，就曾经对蒙古和东北地区移民社会土客关系加以比较，虽然收集到非常有意思的材料，但未曾在文章中加以表达出来。这种随旗人的现象在东北更为突出，因为旗人在清代社会大背景下身份炙手可热，徐宗亮《黑龙江述略·丛录》卷六载，"满汉之习，江省颇重。市上争论，辄称：'何物民恩，敢与大八旗相忤！'汉军遇满洲，亦自下之"，即其生动的写照。在王沪宁于 1991 年出版的《当代中国村落家族文化——对中国社会现代化的一项探索》一书附录中，收入的案例 14 关于辽宁红亮村土客民代际变迁的描述很能说明问题。红亮村由关屯、莽屯、崔沟、王沟、肖沟五个自然屯、沟组成，姓那、姓关的满族人为原住民，在清代前期圈占的大片土地不可能亲耕垄上，便雇佣许多逃荒落户于此的山东人，那、关两姓在此地有权、有势又有地，但这些又为以后那、关两姓在各方面的衰落埋下了契机。清朝灭亡以后，姓那、姓关满族人的特殊地位已经丧失，汉姓势力开始抬头，在受雇的山东人中，就有人运用自己的手腕乘机占了大量姓那、姓关人家的土地，一跃而变为当地最大的地主，并当上了当时的会长、保长，当然他们也只是小姓人家，如姓巴、姓尹。到了新中国成立前夕，共产党派工作组来此地发展党员，动员穷苦人自己翻身斗地主，当家做主人，这批在清末民初崛起的汉族小姓人家又开始大倒其霉。该调查报告作者宋殿亮发现，这里既有"汉满化"的事例，也有"满汉化"的事例。在五十岁以上的满族人意识中，对山东来的汉人仍或多或少抱有偏见。他们把山东人叫作"南蛮"或"hǎn nán 人"（由于用汉字的同音字无法表达，调查者不得不用拼音代替），满族人认为"hǎn nán 人"奸诈，鬼心眼多，又不要脸。许多满族老人说这里原先有很多宝贝都被"hǎn nán 人"骗去了。新中国成立后，红亮村主要是罗姓的共产党人做村长、大队长。凡是有肥缺的好事，比如以前当兵有进城可能、有上工农兵大学的名额，大都为掌权的罗姓人家所有，或者被分给了其沾亲带故的人。尽管此案例的地域是在辽宁，但我们从中足可窥知中国移民社会中土、客民之间在土地、权势和文化等资源掌控方面的陵谷变迁与兴衰陵替。参见王沪宁：《当代中国村落家族文化——对中国社会现代化的一项探索》，上海人民出版社 1991 年版，第 551—567 页。

及禁蒙人入关，平心而论，似亦无可非议。清廷自康熙时有一治国妙法，即‘多一事不如少一事’。且满人生活习惯，实介于蒙、汉之间，康、乾诸帝对双方利弊，知之甚悉，故欲维持现状以免滋生事端。近治北方史者，至有称清所施行者为隔离政策。盖以后人论前人易，以当代人治当代事难，深感历史之不易学也。”① 金启孮的上述论断应该说对当今史学界普遍流行的观点有发人深省的功效。

蒙古地区的边疆风格在康熙帝下面这段谕旨中有形象的反映："边外无城郭墙垣，故不肖之人易于偷盗。闻比年以来此风日炽，马牛牲畜多被攘窃。边外蒙古俱赖畜牧为业，其家有牲畜可以资生之人，恐被偷盗，各将牲畜圈絷，不行放牧，必致瘦毙。如此，则虽可以资生之人，亦必致穷蹙，而贫富同归于困苦矣。尔等宜不时晓谕所属之人，严加禁止，使盗贼永息，各安生业。"② 在这段指示地方官员弭息盗窃的谕旨中，法律的违反、资源的配置、生存空间的盈缩呈现出密切的因果关系链条。降及清末民初，由于移民势不可遏地大量涌入蒙地，马贼的盗窃、马匪的杀人越货便如同野草般在草原上疯狂猛长。据史料记载，是时，绥远半牧半农区出现一种盗匪，串通屠户，盗卖牲畜，因系黑路货，故名曰"黑牲"。盗者牵牛或马至屠户，屠家必问："缰子长短?" 暗指盗、抢路程远近，一般以五里之内谓短，五里以外谓长，买卖双方彼此心照不宣。得到答复后，屠户若表示愿意买则斟烧酒端馒头招待卖主，并不先交割款项，而是趁卖主吃喝的这段时间将牲畜剥头去皮，使追来的失主无法认领，其用意即在于：在付款之前，如果失主追踪而来从皮毛上认出了自家的牲畜，则由盗者负责，屠户可以规避风险。从这一交易习惯法中可以看出，当时绥远一带偷窃牲畜的现象几近于半公开的程度，并且为对抗失主物上请求权而形成了非法交易的物权转移责任制度，较之美国西部片中的盗

---

① 金启孮：《清代蒙古史札记》卷六，内蒙古人民出版社 2000 年版，第 106—107 页。

② 《清圣祖仁皇帝实录》卷一百五十，康熙三十年五月，台北华文书局股份有限公司 1960—1970 年版，第 2044 页。

马贼更是戛戛独造。①

正是这样，清末蒙古地区有所谓“十大野鬼”闹口外的故事被人们耳口相传地流传至今。这所谓“十大野鬼”是指赵贵根、张占魁（外号小状元）、赵有禄、赵喜禄、郑作霖、张永善（外号大双喜）、马有才、赵永（外号班主）、武万义、毛周祥。尽管他们后来在同盟会会员弓富魁引导下在辛亥革命中立下汗马功劳，但这十个人过去都是在走西口的人流中来到蒙地，却不像其他老实本分的农民面朝黄土背朝天苦扒苦挣而是平时无事生非、无法无天的流氓无产者。他们虽然当时亦偶尔行侠仗义，惩恶扬善，但在天高地阔的口外更多的是出入庙会赌场或歌楼妓馆，掷五喝六，掀天揭地般胡作非为。值得一提的是，清末民初蒙古地区的马匪与内地土匪的游戏规则都大相径庭，既不扎寨据守，又不划分“盘子”（地盘），烈马长风，亡命天涯，呼啸驰骋于茫茫大草原上，铁骑踏破贺兰山阙，疾突而来，绝尘而去，具有不可捉摸的流动性。为了对付蒙古地区如狼似虎的马匪，大盛魁商号采取类似于第二次世界大战期间美国为对付德国潜艇暗袭而集中运输、集中护航的办法，分头隐秘出城，尽量缩小目标，以防止行前被马匪派在城中的卧底侦知，在途中进入不安全地带后便开始汇聚组编为大队人马浩浩荡荡向前进发，人众枪多，声势雄壮，令小股马匪望而却步，大股马匪亦不敢轻举妄动。由于大盛魁分支机构遍布内外蒙古地区，形成收购、销售、交通运输的网络，跑蒙古买卖的商人都唯大盛魁马首是瞻，寻求庇护。相沿日久，遂形成一种约定俗成的章法：凡跑蒙古买卖的商人一到张家口，便到大盛魁柜上交纳银两领取大盛魁颁发的“路引”、租赁大盛魁在陆军部、内务部备案并在绥远都统署领有枪照的枪支，由大盛魁负责安排结队起程的日程，出城后在大道上会齐插上大盛魁的“镖旗”，由

① 王涤瑕在《榆科见闻记》一文中对于康区藏民“占有权”观念的分析便非常到位地抓住了边疆社会的特征，指出：“西康关外人民一般都忽略物的所有权，似乎物之所以为你的，并不是你有物的所有权，而是你有威力可能保管它。假如你的威力不足或消失，你的物未尝不可为我的物。所以康人都喜欢出高价买好枪，因为有枪便可以增加保管物品的威力。”参见王涤瑕：《榆科见闻记》，《康导月刊》1938年第4卷第1期。

大盛魁的“杆子手”（神枪手）负责押运，这样在北京诸镖局北道镖路止于张家口后无法贸然深入的蒙古腹地便由大盛魁承担了镖局的作用。① 边疆社会和移民社会是两个不同的概念。蒙古地区上述富有传奇色彩的社会不稳定现象固然具有“边疆性”，但从根本上是由于移民社会草莽习气甚重所致。

商号的出现使镖局逐渐退出了历史舞台

按照吉登斯的观点，现代民族国家与传统国家的行政监控能力与其各社会中的配置性资源与权威性资源的生产紧密相关，传统社会基本上以共同在场关系为主的社会整合（social integration）为特征，现代社会则基本上以跨越时空的不在场关系为主的系统整合（system integration）为特征。传统社会的时空构型（configurations across time-space）总会受到限制，而现代社会的时空分延使民族国家的行政控制能力与传统国家不可同日而语，甚至能左右个人日常活动的最私密部分，故吉登斯称之为现代民族国家的权力集装器（power containers）。相反，传统国家的行政范围没有延伸到地方社会的实践中，甚至也没有延伸到在空间上远

① 方彪：《镖行述史》，现代出版社 1995 年版，第 111—112 页。

离国家权力中心的某些城市,① 所以传统国家按照吉登斯的说法有边陲（frontiers）而无国界（borders）。由于传统国家行政控制能力有限，直到 19 世纪初，即使在英国长途旅行也还意味着冒强盗和响马光顾的风险。霍内斯·沃波尔（Horace Walpole，1717—1797）1752 年在伦敦游历后记述这个移民大量涌入的城市“即便在中午，也不得不匆匆走开，仿佛是去打仗一样”②。与此同时的悉尼·韦布（Sidney Webb，1859—1947）的描述亦可以印证吉登斯的观点，他这样写道：“对这种场面充满了绝望，譬如违法暴力，粗俗淫荡，而在没有警察的街道上，动辄被扒窃和抢劫的机会数不胜数。”③ 从吉登斯的阐述可以看到，我国史学界传统观点将边疆地区官府力量较内地薄弱作为边疆移民社会动荡性的原因，这不可谓错，但没有更深刻地洞见传统国家监控能力有限性的根本制约。正是由于传统国家所凭的权威性资源与配置性资源捉襟见肘，而移民社会内部由于争夺生存资源的械斗连绵不断，所以在移民唯利是图的过程中唯力是崇的草莽武野气息十分浓郁。有诗言：“骏马嘶风盒子枪，地商子弟气高扬。昨朝篷户今华屋，血汗十年梦一场。”④ 这生动地反映了移民社会秩序的动荡无序性。

三、移民社会组织形态变异性

按照社会学的观点，组织活动以适应环境为目标，稳定的环境允许组织进行常规化、标准化的活动，变动不居的动态环境则要求组织及时地作出适当的反应，一切组织都是实现一定目的的社会系统，必须对社会提供功能效果。清代计划性移民（例如新疆地区的屯垦移民）的组织形态一般具有规范性，而自发型移民的组织形态则往往呈现出边疆移

① Anthony Giddens, *The Nation-State and Violence: Volume Two of a Contemporary Critique of Historical Materialism*, Cambridge, UK: Polity Press, 1985, p. 182.

② Quoted in T. A. Critchley, *A History of Police in England and Wales*, London: Constable, 1978, p. 22.

③ Sidney Webb and Beatrice Webb, *English Local Government*, London: Macmillan, 1922, Vol. 4. p. 408.

④ 王文墀：《临河县志》卷下，杂记，风俗门，1931 年铅印本，页十。

民社会所特有的异常性。由于官府势力渗透的有限性及推进的滞后性，自发型移民来到生产力不发达的边缘地区后，面对群龙无首、混乱不堪的社会环境，其头脑深处的皇权和专制主义思想更加浓烈，迫切要求顶天立地、叱咤风云的领袖人物使他们的生产秩序化、生活安定化，这样便使移民中基于感召性权威而建立的不同于常态的组织结构应运而生。在清代边疆开发史上，有两个不能不提到的著名移民人物，一个是东北的“韩边外”（韩宗宪），另一个为内蒙古的王同春。韩宗宪因赌博离家出走，流落到夹皮沟金厂挖金，后逐渐崭露头角，最后使桦甸、安图、靖宇（当时的濛江）、抚松一带俨然成了韩家的“独立王国”。当时，远近商民亦“小韩国”称之。韩宗宪豢养私兵，号称有“乡勇三千”，设立一整套统治机构，该机构的中枢机关称为“会房”，史称“居斯土者，且只知有韩氏，而不知有国家、有政府”①。

与韩边外独立王国的非正式组织填补官府在当地势力真空的情形两两相较，王同春在河套地区的开发及其组织堪称异曲同工，王同春是直隶顺德（今河北邢台）人，同治十三年（1874）来到后套做工，后来自己租种蒙地，逐渐自创牛犋，并以隆兴长（今五原县城南）为大本营，开发土地。他识水脉，懂工程设计，能用土法测量，起初以技术作为入股资格与他人合伙开渠，后因发生矛盾自立门户，由于善于总结经验，开渠引水多获成功。光绪七年（1881）开永和渠，光绪十二年（1886）又开同和渠（后改名为义和渠）。开渠之后，“地随人走，人随地走”，耕地扩大，王同春招募的移民日益增加。清末后套共有八大干区，每区周围数百里，他独自一人就开辟五个区，拥有良田一万余顷，牛犋七十个，几乎占据了整个后套地区。由于河套地区干旱缺雨，“无水地同石田”②。在同光两朝尤其是光绪年间，河套地商投资开渠垦殖

① 胡联恩修，陈钱梅纂：《桦甸县志》卷五，1932年铅印本，页三。或可参见李澍田等编：《韩边外》，长白丛书初集，吉林文史出版社1987年版，第33页。相关研究可以参见张世明：《清代边疆开发不平衡性：一个从人口经济学角度的考察》，《清史研究》1998年第2期。

② 参见内蒙古档案局、内蒙古档案馆编：《内蒙古垦务研究》第1辑，内蒙古人民出版社1990年版，第91页。

偏僻的隆兴长镇上居然有香港的商号

进入“黄金时代”，但这种热火朝天的兴修水渠和土地开发实际上处于严重无政府状态，以邻为壑的情况稀松平常，争水占地的械斗司空见惯。顾颉刚这样描写道：“王同春势力最充裕，他有来复枪、前膛枪，手下养着的逃兵和把式匠（即拳教师）又最多”①，“三教九流，他都容得下。直鲁豫三省的贫民，去的更不少。本来茫茫的荒野，给他一干，居然村落相望，每天下锄的和担土的有数万人了。他用了兵法部勒他们，个个人要替他做事，不许随便离开。农闲之时，又要施行军事训

① 顾颉刚：《王同春开发河套记》，平绥铁路管理局1935年版，第7页。或可参阅李文治编：《中国近代农业史资料》第1辑，1840—1911，中国科学院经济研究所中国近代经济史参考资料丛刊第三种，生活·读书·新知三联书店1957年版，第814页。

练，以防敌人的侵袭”①。“凡是和他有利益上的冲突的，或是犯了他的禁令的，捉了来就要惩罚。他的刑罚有三种。第一种叫做‘住顶棚房子’，是冬天渠冰，凿开一洞，把人投入。第二种叫做‘下饺子’，把土袋装了这人，扔下黄河。第三种叫做‘吃麻花’，是把牛筋晒干，像一条麻花似的，把人打死。”② 第四种叫做“喂蚊子”，即到了夏天夜晚，把捉来的“犯人”捆住手脚，扔到荒野，让蚊子咬。顾颉刚感叹说：“汉高祖还要约法三章，他则只有死刑一章。……总算起来，在他的手里结果的人可不少咧！”③ 在河套民间广为流传一首民谣称：“……瞎进财就是王同春，他在后套称英雄，养活的打手无其数，公中土地数不清，有人进套把地种，老财主名下献殷勤，只要你听他的话，要啥给啥不放空，谁要不听他的话，叫你一命见阎君。补隆淖以东他为王，蒙古人说起他来也头痛。”④

中国法学长期以来存在过分集矢于研究国家制定法的贵族化倾向。近年来，在法律多元主义（legal pluralism）的指引下，学术界对游离于国家制定法或成文法之外的、植根于乡土社会的民间法的关注度急剧升温。正如社会学连带法学理论的代表人物狄骥所说：“法律不是由国家创造的，其存在不依赖于国家，法律的观念也完全独立于国家，法治将自身加于国家之上，就如同其对个人所做的那样。”⑤ 尽管许多学者都不认为传统中国存在所谓的“市民社会”，甚至反对以“国家—社会”二元架构的模式分析中国社会及其法律，但这并不意味着中国传统的国家中就因此没有了社会的空间，因为“中国传统的国家，其职能与能力均甚有限，除了少数例外的情形，国家既无意也无力去规划和控制整个社会生活。因此，普通民众在多数情况下实际上是在国家的直接控制和

---

① 顾颉刚：《王同春开发河套记》，平绥铁路管理局 1935 年版，第 9 页。

② 顾颉刚：《王同春开发河套记》，《禹贡半月刊》第 2 卷第 12 期。

③ 顾颉刚：《王同春开发河套记》，平绥铁路管理局 1935 年版，第 10 页。

④ 中国人民政治协商会议巴彦淖尔盟委员会文史资料研究委员会编：《巴彦淖尔文史资料选辑》第 5 辑，1985 年内部发行，第 50 页。

⑤ Léon Duguit, *Traité de Droit constitutionnel*, 2e édition, tome I: La règle de droit, Le problème de l'Etat, paris: E. de Boccard, 1921, p. 33.

管理之外，并且在很高程度上按照自己的意愿和传统的方式生活。……在这个‘民’的世界里，有各式各样的社会组织。它们有自己的习惯、规范甚至规条，能够有效地处理其内部事务，有时参与甚至主导地方公共事务”①。尤其在农业社会与游牧社会交界地带，清政府往往在移民聚集达到一定规模后才逐步将原属蒙旗札萨克所属地域改设府厅州县，其内地州县化过程与人口聚集之间存在滞后的“时差”，所以处于清政府统治边缘地带的河套移民社会由于草昧初辟，被许多学者视为无政府状态、无规则地带，无法无天的社会越轨行为充斥四野八荒，而国家权力的跟进迟缓落后，无法提供移民所需要的社会权利救济，导致诸如王同春之类的草泽英雄识时务而为俊杰，依靠其在河套地区形成的“能人权威”叱咤风云，俨然自外于清政府统治体制“独立王国”。顾颉刚在叙述光绪二十七年王同春捐输赈济灾民的事迹之后这样写道：“河套中人更只知有他，不知有国家；彼此说话，提到他时，不忍称他的名字，只说‘王善人’。”② 顾颉刚创办《禹贡》半月刊和在内蒙古地区收集民谣等与其当时的民族国家的思想状态相吻合，故而他在上述文字中着意言及河套中人“不知有国家”而翕然服帖于王同春的社会现象。

除“国家—社会”二元架构之外在诠释“民间法”的研究中，中国法学界通常引为奥援的思想资源还有哈耶克的“自发秩序”理论和波斯纳等人的法律经济学理论。人们将民间社会作为自生、自主、自律秩序空间，认为民间社会是以自己的内部调整机制来矫正方向、调节动力、协调关系，其规则系统的形成也是一个自发的过程。另一方面，人们按照法律经济学的思维范式将民间社会制度安排的变迁动力机制归结为对社会运行成本的降低和预期利益的推进，认为“乡土社会经济的进步，必然帮助乡土人民理性开发”，“乡土人民理性的开发，必然唤起其对一种更为合理的生活方式和生活秩序的渴求”。③ 但是，无论哈耶

---

① 梁治平：《“民间”、“民间社会”和Civil society》，资料来源：http://www.law-thinker.com，访问时间：2004年7月1日。

② 顾颉刚：《王同春开发河套记》，《禹贡半月刊》第2卷第12期。

③ 朱峰：《后现代主义：审视中国乡土环境中的法治建设》，《民间法》第2卷，山东人民出版社2003年版，第105—121页。

克的“自发秩序”理论还是波斯纳等人的法律经济学理论，本身都存在偏颇。德国法学家贡塔·托依布纳（Gunther Teubner）在《法律：一个自创生系统》（*Recht als autopoietisches System*，Frankfurt am Main：Suhrkamp，1989）中指出：“在哈耶克的理论中，这导向对传统习惯法和类似的‘自生自发地’形成的秩序的荒唐的过高估计并将政治性法律作为‘构成派艺术’（constructivist）加以贬低其价值。在波斯纳定理的情形中，它导致系统地关于注意法律系统选择经济投入的能力。如果我们欲求找到走出死胡同的通道，我们必须采用经济与法律共同进货的模式。”① 事实上，自生自发秩序的形成在某种情形下可能需要较高的生成成本，不一定总是经济的。河套地区移民社会中“王同春模式”的民间社会秩序并非田园牧歌式恬淡悠扬，相反，这种自生自发秩序诞生于混乱且以浓重的血腥为代价。此外，“王同春模式”的民间社会秩序之所以以其“公中”为核心而不可能如同美国早期移民社会中具有“公社”性质的民主秩序，亦非单纯的法律经济学所能解释。

中国法学界似乎往往将民间法作为国家法的对立物、作为国家法空间拓展的障碍物，认为：民间法的存在并发挥其功能，导致国家法在乡土社会的举步维艰，随着国家政权在乡村的建立，民间习惯的空间便会逐渐缩小。这种说法从本质上而言是“国家—社会”二元架构理论的衍生版本，漠视了国家与社会在中国浑然一体化的历史事实。诚如吉尔兹所言，“法律就是地方性知识；地方在此处不只是指空间、时间、阶级和各种问题，而且也指特色（accent），即把对所发生的事件的本地认识与对可能发生的事件的本地想象联系在一起”②。在移民如蚁屯聚、阡陌沟洫纵横的河套地区，移民社会内部由于清朝官府权力跟进滞缓成为王化鲜及的飞地，所以出现王同春之类势大力雄的“土皇帝”式地方精英，呈现出与内地土著社会相迥异的地方特色。人类学家胡先缙也声称：“移民一般来说不符合他们家园的行为模式”，因为他们一般具

① Gunther Teubner, *Law as an Autopoietc System*, translated by Anne Bankowska and Ruth Adler, Oxford: Blackwell Publishers, 1993, p. 57.

② 吉尔兹：《地方性知识：事实与法律的比较透视》，邓正来译，梁治平主编：《法律的文化解释》，生活·读书·新知三联书店 1994 年版，第 74—171 页。

有“不服权威而好冒险的精神”。[1] 但国家法与民间法并不是此消彼长的反比例关系。美国学者唐纳德·J. 布莱克（Donald J. Black）在《法律的运作行为》中将法作为可以进行数学性处理的一项变量，提出了许多类似数学定理的命题。不过，我们寻绎这些定理式的命题，发现他所谓的“未开发地区最后亦最少出现法律”[2]，“与其他社会或社区相比，一个社会和社区的财富愈多，它的法律亦愈多”[3]，法律“随着集体行动能力的形成而来临，并随之而去”[4] 云云，均不能孤立地抽出来解读，而必须如朱熹所言“参伍错综”地全面审视。当王同春在移民社会内部形成自身的民间法律体系的同时，国家法的控驭力度亦在逐渐相应增强，两者不是相生相克的关系，而是相生相引的关系。在中国历史上，离开政治国家界定的权威是可以存在的，但离开政治国家干预的民间权威却是难以想象的。尽管王同春在无法无天的移民社会的混乱状态有“河套王”之称，但他根本不具有抗衡官府的实力。光绪十八年（1892），王同春因争水设计派人剜了陈锦秀（又名陈四）的双眼，后来正是出于规避官府法律追究，不得不请人居间调停“私了”，议定王同春每年给陈锦秀补偿五十石小麦、好马五匹，直到陈死为止。王同春在议定文约上画押并在其后按时履约，陈锦秀亦以此常到王家“磨楞子”，要粮要牲口，这表明清朝国家法律的尚方宝剑仍高悬在顶，王同春这样的地方精英并不能真正一手遮天。到王、陈之间矛盾更加尖锐时，王同春于光绪二十九年（1903）精心策划杀陈之际，特意由拳师护送骑着“神骡子”先去包头，造成不在现场的证据，也是为了避免清朝官府法律的追究。从这个意义上而言，清朝官府的法律在河套地区的移民社会称得上“法网恢恢，疏而不漏”。当王同春的财富与权势积

---

① 转引自孙隆基：《历史学家的经线》，广西师范大学出版社2004年版，第120页。

② Donald J. Black, *The Behavior of Law*, New York: Academic Press, 1976, p. 15.

③ Donald J. Black, *The Behavior of Law*, New York: Academic Press, 1976, p. 20.

④ Donald J. Black, *The Behavior of Law*, New York: Academic Press, 1976, p. 87.

聚引人注目的时候，清朝官府的法律锁链亦悄然尾随。所以王同春虽然在河套地区声名赫赫，可是一生之中多遭缧绁刑讼之厄，曾五次入狱，坐牢达十一年之久，放垦官员将王同春视为刀俎鱼肉，王同春亦视因秉公判案将其无罪开释而遭免职的原萨拉齐厅抚民同知文钧为再生父母，奉养终身。

四、移民社会土客矛盾凸现

中国古代户籍制度的系统、深入研究迄今尚无问津，不过我们发现清代尽管如许多学者所说在实行摊丁入亩后农民与土地的人身依附关系从法律上有很大程度的削弱，但法律制度作为一个体系因牵涉学额等问题使“土籍”与“客籍”的界限往往仍然判然横亘其间。江西《万载县都图甲户册》云：“万邑籍分土、客，其来最久，雍正间里甲册底户名，本诸明代，最为详备。厥后历有顶改，乾隆十一年及三十六年编审印册又历历可据，其土、客之分则恪遵嘉庆十六年部议，通查礼房考结。自乾隆二十五年起至嘉庆八年止，分别三单五童，参以各区采访，注明土、客，以杜争竞。”① 谢宏维博士学位论文《化干戈为玉帛——清代及民国时期江西万载县的移民、土著与国家》认为，万载移民入籍的道路充满了艰难曲折，其中“顶替入籍”和“附图入籍”属于移民的合法行为，而“外县入籍”与“冒籍”则属于“非法”手段。移民的入籍过程是一个土著与移民博弈的过程，这个过程可以表示为：移民合法入籍→土著抵制→移民“非法”入籍→土著进一步抵制→移民入籍。② 在一个地区的开发过程中，由于土地资源的稀缺性，户籍作为以正统性身份控制土地的潜在资源，成为土著与移民明争暗斗的标的所在。据史料记载，嘉庆年间，陕西汉中府一带把元明和清初的土著称为“老民”，乾隆以后移民的称为“新民”。该府所属西乡、凤县、略阳等

---

① 《万载县都图甲户册》，单行本，江西省图书馆藏。转引自谢宏维：《化干戈为玉帛——清代及民国时期江西万载县的移民、土著与国家》，中国人民大学博士学位论文，2004 年，第 42 页。

② 谢宏维：《化干戈为玉帛——清代及民国时期江西万载县的移民、土著与国家》，中国人民大学博士学位论文，2004 年，第 11 页。

州县和留坝、定远两厅，“老民十只二三，余均新民矣”①。在清代，四川南溪“大约土著之民多依山耕田，新籍之民多临河种地。种地者栽烟植蕉，力较逸于田而利或倍之”②。据费孝通在20世纪30年代调查，云南昆明附近的禄村一带肥沃的盆地对移民迁入具有极强的吸引力，移民多被称为新户，“所谓新户，究竟新到什么程度，并没有一定”，这些新户在户口册上不写“本籍”而写“寄籍”或注明原籍地名，他们多没有田地而以出卖劳力为生。③ 费孝通还这样写道：“在大藤瑶山中，后入的族团不能获得土地权，是牢不可破的习惯法。就是在没有法律规定的地方，外来移民要得到住在地的土地权也时常有种种事实上的困难。”④ 其实，这种土、客籍的分殊在边疆少数民族地区亦十分普遍，清代以来西藏地区封建农奴制下差巴与堆穷的差别往往即是土客身份关系的表现。

移民社会中土客矛盾的根本原因肇端于对社会资源的争夺。清初在湖广填四川的潮流中，移民入川占地后往往与土著因田土肥瘠、边界伸缩、塘堰放水等问题发生纠纷，致成讼案。道光《蓬溪县志》载，康熙年间，“楚民入川籍者，名讨垦，结党控争，指荒占熟，遂宁、中江、安岳、蓬溪四县被害尤甚”。政府当局为安插新民，每户纳银四两后即听其占垦。“土著士民忿其鬻夺己产，因日与楚民仇讦。”⑤ 贵州苗疆在改土归流后，大批汉族移民涌入，苗民胼手胝足开发出来的土地，逐步为汉族地主、高利贷者所兼并，因此乾隆五十九年（1794）贵州苗

① 严如熤修，郑炳然纂：《汉南续修郡志》卷二十一，风俗·山内风土，嘉庆十九年刻本，页六。

② 胡之富修，韩国琳纂：《南溪县志》卷三，疆域志，嘉庆十八年刻本，页十六。亦见福伦修，胡元翔、唐毓彤纂：《南溪县志》卷三，风俗，同治十三年刻本，页二。

③ 费孝通：《费孝通文集》第2卷，群言出版社1999年版，第281页。

④ 费孝通：《费孝通文集》第2卷，群言出版社1999年版，第282页。

⑤ 吴章祁等修，顾士英等纂：道光《蓬溪县志》卷八，田赋，道光二十五年刻本，页二。卫周安在《清代中期的流刑：1758—1820年间的新疆发遣》中亦对此问题有敏锐的洞察。参见 Joanna Waley-Cohen，*Exile in Mid-Qing China: Banishment to Xinjiang, 1758–1820*，New Haven：Yale University Press，1991，p. 17。

民起义时便提出了“焚杀客民，夺回田地”的口号。太平天国起义的肇端亦与移民社会的土客矛盾密不可分。客家人被广西土著称为“来人”，萧一山在《清代通史》中引述《光绪浔州府志》揭示了所谓土、来械斗之案与金田起义发难之间的关联，菊池秀明（きくちひであき）更是对此进行了细致的案例分析。①

和东晋时称中原南迁的土族为“老伧”一样，抗战时期，四川人称西迁的人口为“下江人”，湖南称之为“底脚人”。一般认为，“下江人”一词是抗战时期出现的。但我们发现20世纪20年代中期舒心诚即云：“今日在途中看到许多事情，都是‘下江人’所不易见到——也许不易想象得到的”②，又云在成都重庆沿线的小客栈中居然也有“下江人”所通用的洋瓷脸盆等。从语用学的角度来看，“下江人”的范围所指往往因人而异，有的将长江下游的各省籍人士统称为“下江人”，有的则仅将“下江人”定义为江浙人。吴济生《新都见闻录》中，“下江人”“江浙人”“外省人”“秦淮人”等概念含混不分，似乎都可以视之为“下江人”。“下江人”的称谓传到贵州，而“贵州人是山民，不大有江河的概念，连‘不辨方向’都说成‘打不着山势’。实际‘下江人’就是‘异乡人’，就是‘流亡者’，包括浓烈的沦落、苍凉、同仇敌忾的内涵”③。“下江人”从语言、生活习俗、服饰等方面都与“本地人”存在明显差异，而“本地人”与“下江人”之间在国家共同体认同意识下彰彰甚明的地域意识更难免产生一些细小的矛盾。余道南在《三校西迁日记》中这样写道：云南“由于长时期闭关锁国的结果，某些人对新事物一时还不易接受，甚至产生反感。例如沪战发生后，部分上海居民首先经过香港、越南迁来昆明，昆明市上出现了时髦的上海人。以后各地人士越来越多，对于这些外省人的生活方式、服饰装束，

① 萧一山：《清代通史》第3册，华东师范大学出版社2005年版，第35—36页。菊池秀明：《太平天国前夜的广西社会变动——以台湾“故宫博物院”所藏档案史料为中心》，张世明、步德茂、娜鹤雅主编：《世界学者论中国传统法律文化》，法律出版社2010年版，第327—371页。

② 舒新城：《蜀游心影》，开明书店1929年版，第96页。

③ 戴明贤：《下江人》，上篇，《文史天地》2003年第5期。

本地人觉得不很顺眼。更突出的是这些人购买力较高，见便宜东西就买，致使当地物价飞涨，生活费用成倍提高，这就很自然地导致本地居民的不满。他们错误地把外省人通统称为上海人，曾有人在僻静街上书写‘上海佬滚回去’‘不准上海人来昆明’等标语。这种封建性的排外思想对于团结抗战显然是很不利的。不过持这种态度的人并不多，当地开明人士如原清华大学教授、现任云南大学校长的熊庆来先生以及富滇新银行总经理缪云台先生等，都曾在省内上上下下做过许多工作，因此得以平安无事”①。

在边疆地区，移民社会的土客矛盾更具有边疆性，移民社会与边疆社会的特征交织重叠于一体。在美国西部开发中，殖民者所谓“除了死的印第安人，没有好的印第安人”（The only good Indian is a dead Indian）② 叫嚣声中对印第安人的血腥杀戮固然司空见惯，但未开化的印第安人对早期闯入美国西部的形单影只的移民的袭击亦时有所闻，所以移民不得不成群结队，荷枪实弹，以军队组织方式向西推进。在中国历史上，汉族与少数民族交界地带的许多冲突即肇端于边疆社会俶扰不靖的这种特性。明代，蒙古部落时常突入长城以内抄掳抢夺。汉文文献中载，“虏逢汉男子，老与壮者辄杀之，少者与妇女皆携去为奴婢”③，许多汉人“被分卖各帐，男子牧放挑水打柴，妇人揉皮挤奶，备极辛苦，常遭不道臊酋狠毒劄打”④。蒙古文献中则称：“神采奕奕的阿勒坦汗率三万户出征/包围汉地苏布尔噶图城直抵卜隆吉尔河时/酩酊大醉之汉人自行前来投诚/使其鱼贯而走妇幼乘车而行。解归时俘虏之先头抵达乌兰

① 余道南：《三校西迁日记》，张寄谦编：《中国教育史上的一次创举——西南联合大学湘黔滇旅行团纪实》，北京大学出版社1999年版，第419页。

② Dee Brown, Hampton Sides, *Bury my Heart at Wounded Knee: The Illustrated Edition: An Indian History of the American West*, New York, London: Sterling Publishing Company, Inc., 2009, p. 194.

③ 岷峨山人：《译语》，内蒙古地方志编纂委员会总编室编印：《内蒙古史志资料选编》第3辑，第103页。

④ 王崇占：《核功实更赏格以开归民向化疏》，陈子龙辑：《皇明经世文编》卷三百一十六，《续修四库全书》编纂委员会编：《续修四库全书》1659，集部·总集类，上海古籍出版社2002年版，第605页。

木伦/而其后尾尚未离开长城。”① 入清以后，清朝如康熙帝所言，“昔秦兴土石之功，修筑长城，我朝施恩于喀尔喀，使之防备朔方，较长城更为坚固”②，蒙古部落南下的抄掳活动方不复得见。在边疆地区，旅蒙商为了人货安全，防盗防匪，不管是牛车队还是骆驼队，均需结帮而行。《清稗类钞》这样写道：“晋中行商，运货往来关外诸地，虑有盗，往往结为车帮，此即泰西之商队也。每帮多者百余辆，其车略似大古鲁车（达呼利之车名），轮差小，一车约可载重五百斤，驾一牛，一御者可御十余车。日入而驾，夜半而止，白昼放牛，必求有水之地而露宿焉，以此无定程，日率以行三四十里为常。每帮车必挈犬数头，行则系诸车中。止宿，则列车为两行，成椭圆形，以为营卫。御者聚帐棚中，镖师数人更番巡逻。人寝，则犬代之，谓之卫犬。其商铺所畜之尤猛，能以鼻嗅，得宵人踪迹，遂以破获。”③ 据史载，旅蒙商的牛车队辄联数百辆为一行，昼则放牛，夜始行路，一人可御十车，铎声琅琅，远闻数十里。这种行止方式完全是军队出征列营结阵的架势，估计与当初旅蒙商最早起源于随军商贩有关，但更为关键的原因在于边疆社会的动荡性导致的明显军事化倾向。谢天沙在《康藏行》中就揭示得非常明白，言：“在内地，商人通常是文弱者，但在康藏却不然，商帮是一个武器充足的战斗体，每一次草地远途贸易，是真真名副其实的长征。”④ 直到 20 世纪 70 年代中期以前，甘肃高台一带的农民每届秋季带着“锅盔”（一种干粮）、驾着驴车以军队整齐的队列到祁连山中打柴以备过冬取暖，归来时车辚辚鱼贯而行的情景犹如军队凯旋。之所以在当地农民身上保留有许多诸如此类的军队气息，显然与这一带在明清历史上处于民族交界地域的边疆社会特性有关。在清代台湾史上，居住于山地的土著民族以射猎为生，许多部落有猎首的习俗，经常“出草”杀人，所以清代文献中所谓的“番害”“番乱”或“番变”在在皆是，对拓垦

① 珠蒙嘎译注：《阿勒坦汗传》，内蒙古人民出版社 1990 年版，第 54 页。

② 《清圣祖仁皇帝实录》卷一百五十一，康熙三十年五月，台北华文书局股份有限公司 1960—1970 年版，第 2044 页。

③ 徐珂编：《清稗类钞》第 5 册，中华书局 1984 年版，第 2309—2310 页。

④ 谢天沙：《康藏行》，上海工艺出版社 1951 年版，第 53 页。

的移民构成极大的威胁。雍正年间，几乎年年发生土著杀害汉族移民的“番变”。迄今在新竹丘陵山地区域，尚存在许多大公墓、义冢或万善祠，收埋、祭祀无主的“孤魂”，其中有一部分就是当年拓垦过程中死于“番害”的单身隘丁和垦佃。因之，当时汉人移民拓垦山地，往往要由官方或民间雇请隘丁，设隘把守，以防土著居民的袭击。事实上，明清之际“夜不收”现象的研究亦说明了边疆社会军事化的普遍性。① 在清入关前，满族将单纯以掳掠财物人口为目的行动称之为“出猎”“出略”“往略”等，以与获取军事情报为目的的“捉生”相区别，颇似清代台湾山地民族的“出草”现象。有清一代，在作为拱卫川、陕的河陇地区，汉族民众日常生活中多广泛崇祀开疆戍边的名宦武将，祈求对自己生活与生产的庇佑，表明边疆社会的特殊性已深入地浸透于普遍民众信仰世界。直到今天，在青海省黄南藏族自治州同仁县，农区藏民族中的上房或者主房仍然被称作“莫康”（dmag khang），汉译为兵房或者聚兵之屋。据推测，“莫康”一名的由来可能与该地区藏族先民是吐蕃王朝守边的驻防军队有关。但从“莫康”的一般格局可以看出，其显然与当时社会不安宁具有一定关系。无论这种名称还是格局上的表现，均可谓解析边疆社会特征的活化石。由此可见，边疆社会存在许多内地社会所不曾具有并且往往为学术界所忽视的文化现象。在这个意义上，笔者所使用的“边疆社会”的术语并不是简单地以地理范围为依据，而更主要的是企图从文化人类学角度揭示拉铁摩尔所谓的“边疆风格”（the frontier style）② 现象，与通

① 参见本书第五卷第六章关于高台水案研究的论述。

② 曹聚仁引述拉铁摩尔的观点说：“所谓‘边疆’，是两个不相等形式的文化，互相接触，因而产生相互的影响，造成了许多行为及反动：形成了特殊的势力，并从其中发展出新的观点来。”“每一边疆社会，两个文化的接触，必然有其力求自身发展，超越另一种文化的企图，乃是一种很自然的现象。”（曹聚仁：《曹聚仁杂文集》，生活·读书·新知三联书店1994年版，第530页。）拉铁摩尔等人类似的这种观点在拉策尔的著作中也有精辟的阐发。拉策尔在其名著《政治地理学》（*Friedrich Ratzel, politische Geographie oder die Geographie der Staaten, des Verkehrs und des Krieges*, München, 1897）中指出，在政治运作中，一些“边疆问题”（Grenzfrage）经常被忽视。“国家的特征在这里减弱了，它确立了边疆民族和（续下注）

常所谓的“边疆地区的社会”这一术语在内涵上大相径庭，可以作为透视边疆移民社会中“边疆化”诸多现象的概念工具。[①]本书第三卷第九章在论述大小金川之役专门谈及夹坝问题。这其实就是典型的边疆社会现象。在卫藏人看来，安多和康区是荒凉边地，是文明教化的边缘。而汉族人则将这两个地区视为通向遥远西藏边陲的前哨。例如，汉族老百姓无人不知1935年红军长征过程中抢渡的泸定桥，藏族老百姓则称该桥为“嘉玉甲桑”（rgya yul lcags zam），意为“通向汉地的铁桥”[②]。

（续上注）缝民族，就夹像南曼兰人（Södermannländer），它作为一个‘由边疆地带以及海洋上的众多部落共同组成的民族’（盖谢尔）特征，本身既非哥特式的（野蛮的）亦非瑞典式的。中越边界被作为一种满是销赃、走私和抢劫的地带而加划分。从细节上看，世界上的边疆地区是相似的。教皇国（Kirchenstaat）与那不勒斯的边界大多土匪横行。”参详 Friedrich Ratzel，*Politische Geographie oder die Geographie der Staaten, des Verkehres und des Krieges*，3. Auflage，München und Berlin：Druck und Verlag von R. Oldenbourg，1923，S. 606。边疆之所以成其为边疆，恰恰就在其具有独特的魅力。这种特征、这种魅力、这种风情，正如拉策尔所言是往往被学者们所疏于敏锐捕捉的。也正是由于这种特征，边疆学的构筑才显得理直气壮。

① 国民政府蒙藏委员会调查室《伊克昭盟右翼四旗调查报告书》中指出：“（鄂尔多斯）右翼四旗蒙人，自种地者寥寥无几，要以雇汉人耕种佃与汉人耕种为最普遍，此种佃农或雇农，因无土地权，不作久居之想，春来秋去，又因伊克昭盟土地含有沙性，须行轮种，汉佃今年在此，又不知明年移在何处，加之各旗对汉人抽收建造房屋税，而房屋建好后，每年又须纳地皮租，因之蒙地汉民，不愿建屋久住，演成一种游农性质之特别景象。”“住在蒙地的汉人，虽然不是逐水草而居，以从事牲畜生涯，可是他们的流动性也很厉害，今年在蒙地居住，下年就会搬入粮地（即已报垦之土地），移动的时候，往往用一辆‘汉板车’，将女人、孩子，和简单的用物，一并载上迁到安定的、肥沃的土地去耕种。”（见于中国人民政治协商会议内蒙古伊克昭盟委员会文史资料研究委员会编：《伊克昭文史资料》第5辑，1990年内部发行）这即是汉族移民到边疆地区后的“边疆化”实例，绝非是“内地化”或“土著化”概念所能赅备的历史事实。另外，笔者在本书进行统稿时发现，岩井茂樹（いわいしげき）的研究取向与笔者类似。参见岩井茂樹「十六・十七世紀の中国辺境社会」『明末清初の社会と文化』小野和子編、京都大学人文科学研究所、1996年、625—659頁。

② 有关“泸定”命名的渊源，史书中通常的说法是，康熙四十五年（1706）建成今日铁索桥后，清圣祖查阅图志，误以为大渡河即泸水，故赐名“泸定桥”，取泸水平定之意。不过，在康区藏民中广为流传的说法是“泸定”乃藏语“blo bde”之音译。据说，当藏民“托脚哇”（khur tsa ba，即脚夫）从内地 （续下注）

其实，这种出于汉族儒家文化圈与藏族藏传佛教文化圈交接、瓯脱地带，恰恰是我们所说的边疆社会区域的典型。如前所言，无论在乾隆年间还是清代末叶，数次瞻对事件对于清朝统治者而言均是军机要务。古代康区有一首流传甚广的强盗歌（昌鲁，khram glu）。歌中有这样一段歌词："我是强盗从不拜见头人/高高蓝天才是我的主宰/我是强盗从不敬献香火/太阳月亮才是我的神佛。"① 清人关于此地夹坝的记载俯拾皆是，言其地民情劫掠成风，杀人越货，轩然夸邻里，毫不惭讳，腼为当然。曾以"湘西王"自居的陈渠珍的所著《艽野尘梦》一书堪称人奇、事奇、文奇，既奇且实，实而复娓娓动人，被任乃强誉为康藏诸游记之最。他所记述的达赖往朝活佛一行二百余人行至波密（spo bo）为野番所阻而要求如数留下"买路钱"的故事虽然真实性有待考证，但恰恰说明了波密地区作为在民族国家领土治理未完成前清帝国中央政府和西藏地方政府都鞭长莫及的内部统治瓯脱区域边民顶天立地、狂放不羁的特质。② 这种被当时统治者视为"生番"的边民的行为虽然是一种在宗教力量的约束下礼赠习惯权益的主张，但其实与"此路是我开，此树是我栽。若要从此过，留下买路钱"的剪径行为殊无他异。

长期以来，果洛藏民有"天果洛地果洛"之谚语，盖言天有多大果洛即有多大。在这片天高皇帝远的草原上，由于生活条件的限制，地广而险远，民犷而好斗，夹坝已经成为果洛的习惯法中的组成部分。强悍者经常从事抢掠，损人利己，以致牧民们白天轮流防守，夜间由狗警戒，稍一疏忽，则麻烦不断发生，与美国当年西部淘金潮为争夺资源发生的诸多惊心动魄的帐篷命案如出一辙。据调查，其中有年劫（lo

---

（续上注）经过数日长途跋涉，翻越二郎山（ar lam ri bo），至娅口之时，家乡映入眼帘，由于雅安地区强盗甚为猖獗，一路紧张，回到故乡时，平安之感油然而生，情不自禁脱口叹曰"blo bde"。"blo bde"者，即安心、放心、心情舒畅之谓也。久而久之，这一地区便称为"blo bde"。参见扎西邓珠：《泸定藏语地名初探》，《西藏研究》（汉文版）1990年第3期。无论官方的命名还是当地藏民的传说，均反映了边疆社会这种特殊性。

① 格勒、海帆：《康巴——拉萨人眼中的荒凉边地》，李玉祥摄影，生活·读书·新知三联书店2005年版，第70页。

② 陈渠珍：《艽野尘梦》，西藏人民出版社2009年版，第89—90页。

jag）、季劫（dbyar jag）、月劫（zlo jag）之分。大规模的抢劫，必须纠合大队人马，向别的部落行动。事前遴选剽悍人物做头目，全体立誓服从。劫得财物后，选送官人一份头份，给带领抢劫的头目分给马匹，其余分做两部分，给提供武器、马匹、粮秣的人，分配大的股份；给参加抢劫的人及公共摊派出帐篷、灶具的也分配股份。如果捉来了人，当作奴隶。① 在果洛，任何诉讼，若调解无效时，都必须给主持断事的土官白银一秤，马匹、枪支各十，作为表示遗憾的道歉赔礼费。枪支和马匹在这种社会中居然成了习惯法中诉讼费用的支付度量单位，诚亦奇特绝伦哉！

有藏人血统的民国政府赴藏女使者刘曼卿在《康藏轺征》一书中对于云南中甸（rgyal thang）的夹坝情形这样描写道："县属东哇绒八村者，乃一产盗之乡也。其居民什九为盗，秋收既罢，清闲无事，啸集成群，荷枪乘马，四路抢劫。中甸县城则为其唯一顾主。每一惠临，鸡犬惊骇，明火入室，负箧担囊而驰。"② 而追究东哇村沦为"产盗之乡"的缘故，也颇发人深省。盖因东哇村与川康的乡城、得荣相邻，早年乡、得两地的强盗频频光顾东哇，村民不堪其苦。因地处边徼不能乞怜政府庇佑，又没钱自购枪械自卫防御，于是转以其人之道还治其人之身，彼劫其牛，则此攘其羊；彼抢其村，则此毁其舍，久而久之，竟能青出于蓝，为其邻所叹服，更进而以其所长，施展于中甸县境以内。于是则中甸人民淳朴和平空气，遂被其摧毁无余。出于自卫之本能，中甸遂亦家家购置枪械，编为马队，而以本地千把总及喇嘛寺中之喇嘛统率之、不数年间遂成劲旅，计有枪七八百枝，从此东哇遂不敢公然未犯。中甸原本是宛同世外桃源的香格里拉，但是由于县属东哇绒八村受到邻近康巴的夹坝影响，在资源紧缺无力购枪自卫的情况下效尤踵起，以牙还牙，使丛林法则充斥于社会，并且青出胜蓝，后来居上，遂专抢县

---

① 俄后保：《果洛若干史实的片断回忆》，吴均译，中国人民政治协商会议青海省委员会文史资料研究委员会编：《青海文史资料》第 9 辑，1982 年内部发行，第 92 页。

② 刘曼卿：《康藏轺征》，《亚洲民族考古丛刊》第 5 辑，台北南天书局有限公司 1987 年版，第 155 页。

城，横暴市间，以同样代价获得更多的钱财。但这种夹坝行为的蔓延又造成了县城购枪自卫，谨密守望，其实加大了社会成本，推动了中甸这一美丽边城的社会军事化。① 有意思的是，据刘曼卿介绍，中甸的安宁有赖于城北的著名归化寺的保护。众所周知，藏传佛教一些寺院存在僧兵，青海、康区尤甚。雍正年间青海罗卜藏丹津之乱期间郭隆寺等寺院僧人群起相应估计就与此不无关系。佛教本以和平仁爱著称，但中甸归化寺内有枪八九百枝，编有喇嘛马队，由寺中足智多谋之喇嘛统率之，纪律森严，实力雄厚。不唯全县的安全保障胥维是赖，即中甸县府亦以投其腋下得存在。刘曼卿在《康藏轺征》中还揭示了当时由于汉族移民增加，中甸地区的移民性与边疆性两方面特质重叠，地方武装的千、把总势力增强。“地方有事则开政教联席会议，民刑事件，先取得喇嘛寺及千把总营官同意，交由县府执行之。此为极有礼貌之解决，否则由各该拥有武力者任意处理，不过口头对政府备案而已。”② 这一案例生动再现了地方资源的争夺——权力的转移——社会空间的建构之间的演变路径。

---

① 按照江应梁在民国时期的实地考察报告，凉山彝族所最崇拜的是两种人，一曰“苏于牙美”，一曰“吉慕吉阶”。前者相当于汉族所说的富绅，是羊皮袋里的白银埋得最深的藏镪之人；后者相当于汉族所说的英雄，是奴隶多、枪械多的强力之徒。凉山彝族在各部落间地位之高低及受人尊敬与否，全视拥有武力之强弱为断，故而，武器在每一个家庭中被视为重要家产。枪械自民初枪械始输入凉山后，迅速被一些精明的彝族人所认识而争相求取。其求取之道：一为购买。彝家多积存白银，但绝不动用，唯有买枪，则不惜重金为市。自民初以后，沿边浪人贩运枪弹至凉山售给彝族人，乃是从未衰断的一宗边地贸易。二为抢劫。彝族人抢劫汉人，最喜劫其枪械。沿边居住汉人，因自卫不能不各备枪支，而有枪支之家，便成为是彝族劫掠的目标。三是以鸦片向汉人交换。抗战后，浪人偷以枪械向凉山换取鸦片的事，极盛一时，且有凭借某种力量而集团运换者，以至于“在十年中，凉山夷人拥有的枪械，不仅数量突增，而质也大不同前，老式九子枪已小为夷人所喜，短筒马枪和新式手枪，黑骨头家如果没有，便视为莫大羞辱”。从江应梁的考察报告就可以看出，如果汉族方面加强武备，反而可能会更加成为彝族人抢劫的目标，以至于产生水涨船高效应（with-rising effect），加速边疆社会中的军事化。江应梁：《江应梁民族研究文集》，民族出版社1992年版，第156—157页。

② 刘曼卿：《康藏轺征》，《亚洲民族考古丛刊》第5辑，台北南天书局有限公司1987年版，第157页。

林耀华1947年出版的《凉山彝家》是在我国民族学发展史上具有里程碑意义的经典之作。林耀华在此书中对移民社会兼具边疆社会特征的土客关系进行了深入的研究、分析。按照林耀华的介绍，他所考察的西宁居于雷波、屏西、马边三县交界处，系小凉山的中心，又为彝汉杂居的中枢，“如欲开发小凉山，发展西宁则为先决的条件。西宁又与马边、雷波两县城成一直线关系，而自居中央。西面离直线不远即为大凉山，将来如要开发纯粹彝区，也不能不利用西宁的位置，而为向西发展的根据”①。在清代，西宁最盛时曾住过二千户人家，但1920年彝人反叛，全市焚劫一空。后因各垦社成立，在旧时屋基之上建立村落，但皆系毛竹屋宇。1943年7月初旬村上一处失火，竟于两小时之内，全村焚毁一空。林耀华到达西宁时，见新建茅屋又已成列，有住户百余家，人口六七百人，“男多女少，因来此边区多系具有冒险性的壮年男子”②。“西宁河由村右绕转村南，再蜿蜒往东流行。村后一带平原皆种稻米。四围高山，山顶亦可种植包谷、桐子及茶树等，惟离村稍远即入彝区。抗建社之外，尚有中心垦社、县营垦社在此成立办事处，社员及垦民都是负枪携械以资自卫。县府另设屯垦保卫队，日夜警备，深恐边民生事，彝汉冲突。”③ 当时，许多旅客垦民多有被掳为奴者，称为娃子。据悉，“娃子为罗罗财产之一部，可用为交易货物，有公开的价格。此类娃子多为新从汉地掳掠而入的汉娃。罗罗掳掠捆杀汉人，在边区为普遍现象。雷、马、屏、峨四县边境皆屡有所闻，尤以雷波境内为最盛。作者所经之区，西宁南部，屏雷交界之蛮溪口，黄螂箐口之间五子坡，以及雷波城郊附近，都是彝人出没的主要地带。彝人结队，无论日夜，见少数汉人行路，即从草丛中击杀出来，枪毙一二人以示威，然后掳去其他行客并财货。雷波近郊多系夜间前来袭击，破户而入之后，即掳去全家男女，并劫夺财物或放火烧屋。城内军民闻声亦莫敢响应。汉民因入彝

---

① 林耀华：《从书斋到田野》，中央民族大学出版社2000年版，第408页。

② 林耀华：《凉山夷家》，云南人民出版社2003年版，第5页。

③ 林耀华：《凉山夷家》，《社会学丛刊乙集》第5种，商务印书馆1947年版，第7页。

地贸易如贩卖鸦片，请黑彝为保头，亦有中途彝人叛变，掳去保民为娃，谓之反保。边区垦民，因垦殖关系移向荒地开殖，亦请黑彝为保头，有时彝人反叛，则大规模地掳去汉娃，数目多者恒至数百人，贩入彝地转卖各方”①。林耀华这样写道：“凉山汉娃甚多，无论黑白彝家至少皆有一二人。汉娃入山之后，甚难脱离虎口，因四周都是彝家，纵使可从一村一族逃至他村他族，因语言及形迹关系，一被觉察，又必沦为他家他村的娃子。因是被掳去的汉娃百人中无有一二逃回者，作者所经凉山之区，遇见汉娃不下100余人，皆衣服褴褛，到处操作。有新入山的汉娃，不堪痛苦，见考察团人员，则泪流满面，泣不成声，亦有暗中送信央求脱离虎口之法。”② 林耀华一行在三河以达村附近的山上或田野，遇到许多汉娃，这些汉娃神貌服装都已彝化，不可分辨，见到林耀华等后即开口接谈，表示亲密态度，有时凑巧旁无彝人，即托求林耀华想法将他们赎出，有的则望军队进攻凉山。正是这样，汉彝交界地带的汉族移垦民居每屋一角多自筑碉堡以资自卫，边区坝上每逢赶场之期保安队队兵必到坡上放哨。林耀华总结说：“西宁为边区社会，其特点略举如下：（1）人口虽未经彻查，约在500人之上，且日有增加，流动性亦极大。性比例更非常态，大约20男中只有1个女人，男子又多为壮年，年幼年老者甚少。（2）民性强悍，无论商人、平民、垦民皆背有枪支，以备自卫。（3）社会秩序的维持，操之于各武力团体如保卫队、垦社、秘密会社等。这些团体，气息相通，彼此皆以兄弟相称。（4）边区环境如是，人与人的关系，多是自由结合，自由行动。（5）对于经济开发，特别努力。沿沟有水田稻米，四围山脚多种苞谷。沿途尚有煤矿铜矿未曾开采。西宁山上森林重重，如果道路交通发达时，都可以栽砍利用。因有以上几个原因，西宁社会成为具有特性的边区。遍访西宁附近地带存留前清乾隆嘉庆时代的石牌石坊，可见当时是个繁华场所，清末是地没

① 林耀华：《凉山彝家的巨变》，商务印书馆1995年版，第68页。
② 林耀华：《凉山彝家的巨变》，商务印书馆1995年版，第78页。

落，1911 年以来则更甚。新近西宁重兴，赖各垦社开殖之力为多。”①

杨成志《云南民族调查报告》记载了和林耀华在考察中遇见的类似现象。其文曰：

> 抵岸后，行二十余里驻宿于凉山山脚六城坝县佐衙门，即晚闻江风怒号，流声澎湃及“蛮子（?）”下山抢劫汉民的枪声，感慨顿生，终夜不寝！翌日因水土不服，劳困过度，病魔遂把我征服下去。何来消息非常灵通，当夕阳正下，月亮初起的时候，有四十余个携刀带枪的“蛮子（?）”竟来围攻衙门，意图掳我及抢财物。这间所谓县佐衙门也者，统共只有五间小房间及一个天井，除一个兼书记和收发的县佐外，又有四个鸦片瘾非常重将死而未死的差人做守卫。当他们来攻时，胡县佐和我督率着卫兵坚谨地开枪抵御，约经一时之久，卒幸得附近汉人团兵援救而击退！经过了这次危急，我发冷和疴痢的病更厉害了！一星期的病床痛苦，白天所见的只有汉民来诉被“蛮子（?）”掳杀的呈禀（因他们误会我系云南政府派来调查征服凉山的委员），晚上所听闻的，只有闷裂心脾的山风声和江流声相奏和，狗吠声和枪声互响应。令我的灵魂如入地狱，令我的肉体如坐针毡，自悔何苦到此“凶山恶水”的惨境！②

林耀华和杨成志在各自考察报告中所描述的边疆社会的如此情形在

① 林耀华：《凉山彝家的巨变》，商务印书馆 1995 年版，第 11—15 页。事实上，雷波地区此种情形由来已久。笔者在《清宣宗成皇帝实录》中即发现道光九年六月有上谕云：“四川省生番，屡有滋扰抢掠之案，兹复借端纠众拒杀汉民，肆行捆掠。现虽将掠去民人追回过半，尚有被掠人口十余名未经追回，且滋事夷匪亦未拿获究办”，因此指示川督琦善等严饬地方文武上紧缉捕，以肃法纪而靖边圉。参详《清宣宗成皇帝实录》卷一百五十七，道光九年六月，台北华文书局股份有限公司 1960—1970 年版，第 2834 页。

② 杨成志：《云南民族调查报告》，国立中山大学历史语言学研究所 1930 年版，第 12 页。亦可参见杨成志：《杨成志人类学民族学文集》，民族出版社 2003 年版，第 9 页。

贵州苗汉交界地带也存在，当地民谚有“麦子黄，‘苗子狂’”之谓。

清朝统治者为了避免这种边疆社会不同族群之间的冲突，从法律制度上加以设计阻隔程序，形成一系列为近现代学者所诟病的民族隔阂的施政举措，然这种法律制度上的设计在当时并非没有其道理。由此言之，我们也可以认为，法律制度只是人类行动的结果，而并不是人类设计的结果。乾隆十二年（1747），当时湖广总督塞楞额奏议中提出不准汉民与苗瑶民买卖田产，言：“臣请嗣后苗疆田地，只许本处土苗互相买卖”，并建议这一法律对“其余湖南之镇筸、永绥、城步等各府州县所属苗疆，均请照此一例办理”。① 此后该法律成为通行于许多民族地区关于调整各民族与汉民田产买卖中的法规。清嘉庆年间，在湖南永州府下永明县一位姓顾的县令要求瑶民交纳田契税，为此当时湖南巡抚却下令按“旧例”办，即“嗣后瑶买瑶产，无论年月远近，优免投税。如瑶买民业，照例投税，以安瑶民，而示区别，须至照者遵”②。道光十一年（1831），在云南永昌府腾越厅同知周澍的一个案件处理中，盏西地方土司与汉民产生田产纠纷，时周澍奏称“查汉民典买土司田亩本属违例，原应照例断还”，又谓“迨经卑职晓经汉夷典买承种土司田亩本应照例治罪”云。③ 这种“汉夷典卖”长期被悬为厉禁。

五、移民社会文教落后

移民社会阶段往往以迅速开发、积累物质财富为要图，而对精神文化财富的开发、积累则未遑顾及，所以移民社会一般需要假以时日向土著社会转型之后才文风蔚起。美国学术界对美国边疆开发过程中人们对书本知识的态度的研究比较细密，诸如达格（Harold Holmes Dugger）的密苏里大学 1951 年博士学位论文《边疆密苏里州的读书兴趣与书店

① 中国第一历史档案馆编：《清代档案史料丛编》第 14 辑，中华书局 1990 年版，第 176—177 页。

② 黄钰辑：《瑶族石刻录》，云南民族出版社 1993 年版，第 46 页。

③ 楚雄彝族文化研究所编：《清代武定彝族那氏土司档案史料校编》，王梅堂、黄建明、陆裕民校注，中央民族学院出版社 1993 年版，第 28—29 页。

业》（*Reading Interests and the Book Trade in Frontier Missouri*, Columbia: University of Missouri Ph. D. dissertation, 1951）等，对这领域的问题做了卓有成效的开拓性研究。库尔替（Merle Curti, 1897—1997）任美国历史协会主席的演讲报告《知识分子和其他的人》（Intellectuals and Other People, *The American Historical Review*, Vol. 60, No. 2. Feb., 1955）中的阐述更是精彩动人。他说：

> 我国在较老地区中对学识漠不关心或怀疑，而在西部则变本加厉了。边区大部分的人认为，只要有一点必需的学识，如一点“地理”，初步的读、写、算，少量的测量术，就已经够了。在早期开发的地区中，人们嘲笑专门学识和文化的例证，可以说是不胜枚举。美国边境的全部民间传统都轻视学识和教学而称赞像芬克（Miko Fink）、布恩（Daniel Boone）和邦延（Paul Bunyan）这样的拓荒英雄。认为书本知识不过是毫不足取地摆摆样子而已，对于建设国家的这个主要任务根本没有意义的这种主张，是不难理解的。知识分子代表的是专精和沉思；边境代表的却是多才多艺和行动。边疆上的这些特点也是商业的特点，商业也同样鼓励实际行动，鼓励迅速而干脆的决定。对于学者的反复实验和社会评论家的理论研究，商人和企业家都是很不耐烦的。在这一点上，美国商人继承了伊丽莎白时代的中产阶级以实用为知识的试金石的这种热情。不过，商业在美国所发生的影响甚至比在英国还要深刻些。因为除了为数不多的人士之外，美国人一般都认为商业是光荣的。美国没有根深蒂固的地主绅士轻视商业。蓬蓬勃勃的美国商界倾心于几乎毫无止境的功利主义，他们认为传统的学识并没有什么可以恭维的地方。我国商业文明中的开国元勋就是自我锻炼出来的人，就是实际行动的人，而不是受过训练的知识分子。①

---

① 库尔替：《知识分子和其他的人》，《美国历史协会主席演说集（1949—1960）》，何新等译，商务印书馆1963年版，第116—117页。

库尔替所说的上述现象在许多移民社会中均普遍存在。

从本质上说，我国许多边疆地区的移民社会都是与常态的土著社会儒家传统精英文化相离散的“偏态”版本。之所以出现诸多动荡不安的社会越轨行为，就与缺乏儒家传统文化意识形态的软性约束和控制，而在草昧初开的移民社会阶段，儒学教育既乏迫切的必要性亦无饶裕的财力撑柱。李国祁在论述台湾社会“与中国本部各省，恰成两种迥不相同的状况……表现出移垦社会的特征”之一，就是存在“豪强称雄，文治落后”的状况。① 据刘映元《内蒙的地方剧——“二人台”》云，从辛亥革命前夕，到 1951 年镇压反革命的四十年当中，河套地区一直是绥远的“匪窟”和“贼窝”。这一地带还有一个特点，就是既不服“王法”也没有“文风”；归化等七厅到光绪十一年（1885）才在归化设了一个总的儒学教谕，开始考试秀才；黄河以西在 1950 年新中国成立初期，仍未普设小学，还有河曲府谷的冬烘老学究设立的少数私塾，供着孔夫子的牌位，给汉族地主和蒙古族仕官牧主的子弟讲授《百家姓》《三字经》与《四书》。所以这一地带虽有恶霸，但无士绅，更没有过道学先生出来正风易俗，干涉社会上的一切事物。所以“二人台”能够在这里以河曲府谷的“跑圈子秧歌”的身段步伐作为基础，将河西准格尔旗和达拉特旗的蒙古音乐加以运用，并且移植吸收了河东其他剧种歌曲的内容声调，经过就地取材，任性编派创作，便形成一个独立自在的剧种。随着风俗和语言共性的媒介，便在大漠以南、山西韩侯岭和陕西九里山以南，和腾格里沙漠以东，河北居庸关以西这个广阔空间中流传起来，并且为工农群众和小市民喜闻乐见。②

虽然自清初以来绥远地区的汉族移民日聚日多，但恪于清政府的行政规章的限制，在法律上，该地之民本系侨居，如欲考试，无论远近均须各归本籍。直到光绪年间，绥远地区移民社会的教育问题方被正式纳入清政府的议事日程。光绪三年，早年曾在归化城读书的山西籍山东道

---

① 李国祁：《清代台湾社会的转型》，《中华学报》1978 年第 5 卷第 3 期。

② 刘映元：《内蒙的地方剧——“二人台”》，中国人民政治协商会议全国委员会文史资料委员会编：《文史资料存稿选编》第 23 册，文化，中国文史出版社 2002 年版，第 651 页。

监察御史王赓荣上奏建议比照乾隆四十一年添设热河各厅学校之例，于绥远各厅设立学校。王折递上后奉旨发交吏、礼二部会议具复，然二部拖沓延搁，最后不了了之。光绪十年，山西巡抚张之洞具折指出："各厅寄居人民多有远至百余年及数十年者，现已生齿日繁，其中不乏俊秀之士……改设抚民厅后，自应设学额"①，建议在口外七厅设立厅学。吏、礼二部终对此议覆同意，遂于光绪十一年设归化城厅学，兼管萨、丰、宁、托、和、清六厅学务，设总学教谕一人主管其事，清王朝对绥远地区的政府教化由此得逐步推展。从绥远地区的事例可以看出，尽管清政府每每标榜"教化所兴，无应弗漏"，但作为"化外之民"的移民社会的政府教化明显姗姗来迟，文教不昌的现象是移民社会向土著社会过渡时期的特征之一。据韩梅圃《绥远省河套调查记》载，1933 年五原县城所建"妓馆三十五院毗连，院各十间，粗称完善"，而关系"社会命脉之学校，则艰于经济"，迄 1934 年尚未建成，故不禁油然兴叹："重乐轻学，可深慨也。"② 不过需要指出的是，清代蒙古地区移民社会文教不昌尚有其特殊原因，殆清廷一直以权力保护蒙古地区固有文化传统不受汉化为立足点之故也。

① 绥远通志馆编纂：《绥远通志稿》第 6 册，卷四十一，教育，内蒙古人民出版社 2007 年版，第 5 页。

② 韩梅圃：《绥远省河套调查记》，绥远华北印书局 1934 年版，第 9 页。

第七章　生存空间：近代西部开发对生态环境变迁的影响及教训

第一节　天殇：在经济开发中滥觞的生态环境思想

自从“人猿相揖别”以后，圆颅方趾的人类这一所谓“万物之灵长”便与自然环境产生了错综复杂的关系。国外汉学家邓海伦（Helen Dunstan）以研究18世纪中国官方政策著称，他认为：“在传统后期，具有儒家教养的行政官僚之词汇中，并没有与现代环境（environment）相对应的字眼。”① 事实上，现代西方的“环境”概念的出现也是相当晚近的。在当代学术文献中，环境、地理环境、自然环境、自然界、生态环境、生态空间等术语往往互相混用。环境原指动物和植物的适生地域范围，后来专指人类栖息地的文化体系和自然环境的结合，有时和“地理环境”（geographical environment）一词同义。“地理环境”这个概念是最早由法国地理学家埃利泽·勒克吕（Élisée Reclus，1830—1905）于1876年提出②。在哲学中，地理环境“通常指环绕人类社会的自然界，因此亦称自然环境；但在地理学中，则往往是自然环境和人文环境

---

① Helen Dunstan, Official Thinking on Environmental Issues and the State's Environmental Roles in Eighteenth-Century China, in *Sediments of Time: Environment and Society in Chinese History*, ed. Mark Elvin and Liu Ts'ui-jung, New York: Cambridge University Press, 1998, pp. 585–614.

② 参见A. A. 格里哥里耶夫等：《自然地理学的对象和内容》，中山大学地质地理系编译，商务印书馆1962年版，第7页。

的总称。自然环境（natural environment）系指环绕人类社会的环境的自然因素。人文环境（human environment）系指环绕人类社会的环境的人文因素。自然界则是一个哲学名词，指统一的客观物质世界；是在意识之外，不依赖于意识而存在的客观实在。人和人的意识是自然界发展的最高产物。人类社会是统一的自然界的一个特殊部分。狭义的自然界则指自然科学所研究的无机界和有机界”①。福柯在《词与物》（Michel Foucault，*Les mots et les Chose: Une archéologie des sciences humaines*，coll. “Bibliothèque des sciences humaines”，Paris：Gallimard，1966）一书中的阐述使我们知晓“人”的概念在西方的“知识型”（l'épistémè）中出现是“一个近期发明”。按照福柯的理论，在抛弃了表征空间之后出现的西方现代知识型中，“万物的准则”不再是上帝，也不再是自然，而是“人”，人成为知识的中心，产生了现代“人”的观念，现代的知识会聚回归到“人”这一起源点上，以人本身作为提供知识（经济规律、生理机能与语言结构在其中运作）的空间，以人为中心构成一个封闭系统。近代一切学问都以张扬“人类”的价值为宗旨，使人类中心主义（l'anthropocentrisme）盛行一时，一切以人为中心，一切以人为尺度，一切从人的利益出发。所以，在近代地理学中，学者们都汲汲于以人类为地理环境的主体。哈特向在《地理学性质的透视》（Richard Hartshorne，*Perspective on The Nature of Geography*，Chicago：Rand McNally &. Company，1959）中这样写道：“根据娄拉瑙②，法国的地理工作者得到了同样的结论：‘长时期以来，我们已抛弃了在我们的学科中完全没有意义的‘自然环境’这个神话。”（Il y a longtemps que nous avons répudié le mythe du “milieu naturel”; absolument privé de sens dans notre discipline.）娄拉瑙同样反对将环境分为自然的、生物的和人文的分类法。但此处的论点，似乎根据定义上的区别。乔利③并不说一个自然环境（a physical milieu）或一个生物环境（a biological milieu），而是在每

① 刘盛佳：《地理学思想史》，华中师范大学出版社 1990 年版，第 228—299 页。

② 指法国地理学家莫里斯·勒拉努（Maurice Le Lannou，1906—1992）。

③ 指法国地理学家安德烈·肖莱（André Cholley，1886—1968）。

个情况都用了环境的复数‘milieux’。再则，他用这个术语，并不按我们‘环境’的意义，而指的‘地区’或‘地区类型’。在这个意义上，乔利谈的一个气候‘milieu’，一个土壤‘milieu’，一个地貌‘milieu’，等等，但这些加起来，并不形成一个‘自然milieu’，而是许多‘自然milieux’。其中每一个，只代表一个地区的某一特定方面，而不牵涉到整体。正如娄拉瑙所强调的，现实上作为一个实际整体，只有一个环境（milieu），他称之为‘地理环境’（geographic milieu），这是地区所有相互关联现象的整体。”① 哈特向《地理学性质的透视》一书旨在破除消弭人文地理与自然地理二元分立的畛域界线，其对“环境”界定的本质在于毫不讳言和毫不含糊地以人为原点构建空间三维坐标体系。我国学者曹诗图在《地理环境概念辨析》一文中认为，从内涵上讲，地理环境除包括属于自然存在的自然环境之外，还应包括部分人化自然和人工环境；从外延上看，地理环境作为人类周围的自然界也不是无限的自然，它只能是自然界的一个有限部分，即地球表层。基于此，曹诗图将地理环境界定为：“环绕并影响人类社会、地球表层空间范围内的自然界，以及在自然资源基础上改造形成的人化自然，及与自然资源有着内在联系、具有地域分布规律的部分人工环境。”② 曹诗图的界定认为地理环境是相对人或人类社会这个主体而言的，并将地理环境的外延和内涵进一步明确化。

其实，按照库恩（Thomas Kuhn）的“范式”（paradigm）理论，曹诗图的明确化工作恰恰是“人类主义”范式下常规科学（normal science）的深度开采、精细雕琢。在人类中心主义的支配下，大自然没有内在价值和权利，大自然的价值只是人的情感投射的产物，人类是生物圈的中心，是唯一的伦理主体和道德代理人（moral agency）。时至今日，学术界对环境概念的认识已开始从以人类为中心朝着以整个生物圈（biosphere）和地球整体为中心的方向转变，强调“非人类中心的环境

---

① 哈特向：《地理学性质的透视》，黎樵译，商务印书馆1983年版，第72页。

② 曹诗图：《地理环境概念辨析》，《地理学与国土研究》1999年第15卷第2期。

准则”。因此，1993 年日本通过的《环境基本法》（『環境基本法』；平成 5 年法律第 91 号）中多次使用了“地球环境”的概念，同年德国起草的《环境法典》（*Das Umweltgesetzbuch*，UGB）草案对“环境”所下的定义也有转变以人类为本位的趋向。学术界对“环境”定义的这种库恩所谓的“格式塔转换”（gestalt switches）是与生态学（ecology）的兴起和蓬勃发展密切相关的。因为，生态学上所谓的“环境”，是以整个生物界为中心、为主体，围绕生物界并构成生物生存的必要条件的外部空间和无生命物质，如大气、水、土壤、阳光及其他无生命物质，都是生物的生存环境，亦称之为“生境”。

生态学对“环境”界定的突破性进展实乃由于其源自生物学的身家背景，这较近代早期地理学无疑具有突破人类中心主义的得天独厚优越条件。“生态”一词的西方为“Eco-”，源于希腊文“οἶκος”，意为“人和住所”。1859 年德国生物学家希赖尔（Isidore Geoffroy Saint-Hilaire，1805—1861）首创“Ethologie”一词，借以表示“生物与环境的关系”，但未为当时生物学界认可。1866 年，德国动物学家恩斯特·黑克尔（Ernst Haeckel，1834—1919）在《有机体的普遍形态学》（*Generelle Morphologie der Organismen*，Berlin，1866）中再次提出 Ökologie，并将之定义为“研究生物和环境的关系的科学”（die gesammte Wissenschaft von den Beziehungen des Organismus zur umgebenden Aussenwelt）①，由此“生态学”一词遂为生物学界所逐渐接受，故中国学术界多以讹传讹将“生态学”一词的发明权归功于黑克尔而使希赖尔湮没无闻。②1935 年，英国生物学家阿瑟·坦斯利（Arthur George Tansley，1871—1955）又提出了“生态系统”（ecosystem）概念，认为“有机体不能与

---

① Ernst Haeckel, *Generelle Morphologie der Organismen: Allgemeine Grundzüge der organischen Formen-Wissenschaft, mechanisch begründet durch die von Charles Darwin reformirte Descendenz-Theorie*, Bd. 2, Berlin: G. Reimer, 1866, S. 286.

② 例如，曹明德《生态法原理》（人民出版社 2002 年版）第 166 页就是以黑克尔为“生态学”一词的发明人。按曹氏转引自王树义《俄罗斯生态法》（武汉大学出版社 2001 年版）。而王树义又引自俄国学者奥·斯·科尔巴索夫《生态术语漫谈》（《国家与法》1999 年 10 月），未能详审其源。

它们的环境分开，而须与其形成一个自然生态系统”①。“生态系统”思想的产生，不仅推动了生态学本身的飞跃发展，而且使生态学的影响超越本学科的界线空前扩展，摆脱了生态学作为生物学基础分支学科的狭小领域空间，形成一系列以生态学为基础的社会、经济、文化、伦理诸领域的边缘交叉学科，使人类中心主义的环境观完成了向生态中心主义的环境观的范式转换。至于学术界目前使用的“生存空间”一词，其出处无从考证，不过，近代政治地理学宗师拉策尔的压轴之作《政治地理学》对这一术语为公众所接受显然厥功甚伟。拉氏提出的“生存空间”（Lebensraum）这一重要生物地理学概念，系指活的有机物在其范围内发展的区域。在拉氏的理论中，空间包含着与实际居住面积相对立的总面积观念以及人口密度在国家发展上的意义。生存空间不仅是某一国民现在生存的某一空间，并且是将来活动要从它延长、扩大的空间。易言之，所谓生存空间在拉氏理论中特指一个国家为了适宜供养日益增长的人口所需要的土地。正如福柯所言，“写作不是将主体钳入语言，而是创造出不断使写作主体消失的空间”（It is primarily concerned with creating an opening where the writing subject endlessly disappears）②。拉策尔作为“生存空间”理论话语实践的倡导者本身为后来的异己因素打开了闸门、创造了空间，它仅仅作为一种参照系被后来的话语实践各行其是地改造得面目全非。另一方面，语言学事件是在非线性的、本质上不连续的时间层面中发生的，因此，语言学的时间和历史到处充满着空白、巨大的断裂。③

自拉策尔生活时代以来，“在 20 世纪，随着地球的空间距离缩小到一个似乎带有束缚性的水平上，地球空间的有限性甚至可以用来提供一个新的刺激，促使人们把探索的触角日益广远地向上向外伸张，从而更

① 程福祜：《国外生态经济学术观点评介》，《生态经济》1986 年第 1 期。

② Lawrence D. Kritzman, Brian J. Reilly, Malcolm DeBevoise, *The Columbia History of Twentieth-Century French Thought*, New York: Columbia University Press, 2007, p. 161.

③ 萨义德：《东方学》，王宇根译，生活·读书·新知三联书店 1999 年版，第 184 页。

进一步地扩大统治的范围"①。在世界逐渐变小的全球化过程中，人类更雄心万丈地以地球为通向未来太空的发射台，故指责环境保护主义运动为反发展运动的代表人、美国学者迈克尔·G. 泽伊（Michael G. Zey）在《擒获未来》（*Seizing the Future: The Dawn of the Macroindustrial Era*, Transaction Publishers, 1998）中亦声言，大工业时代在空间方面发生的革命性变化就是人类从自己的星球中解放出来向着外层空间渗透。② 在嫦娥奔月飞天梦想成真的"当惊世界殊"的年代，20 世纪 50 年代美国学者在研究宇宙飞船人工环境时提出了"环境科学"（environmental science）的概念，而 1961 年第一艘载人宇宙飞船遨游太空和随后的阿波罗号登月更使人们开始发现太阳系只有地球是青绿色、有生命的星球，从而导致人类传统伦理观发生转变，经济学家肯尼思·E. 博尔丁（Kenneth Ewart Boulding，1910—1993）因此认为过去的经济是"牧童经济"（the cowboy economy），而未来的经济则应当成为"宇宙人经济"（the spaceman economy），认为地球是一个并不具备所谓"无限储藏场所"——提取或污染——的宇宙船，人类在具有对物质形态的连续再生产能力的循环生态系统中应找到自己合理的位置。③ 由此可见，随着空间概念的扩展，当今学术界所谓的"生存空间"已与拉策尔以国家有机体为主体的"生存空间"判然不同，是生态环境的近义词。

从历史上看，环保意识的萌蘖与世界各国边疆开发，尤其是近代以来的各国边疆开发息息相关。④ 在西方，公元前 8 至 6 世纪，由于希腊

---

① 华勒斯坦等：《开放社会科学：重建社会科学报告书》，刘锋译，生活·读书·新知三联书店 1997 年版，第 28 页。

② 迈克尔·G. 泽伊：《擒获未来——21 世纪的科技与人类生活》，王剑南等译，生活·读书·新知三联书店 1997 年版，第 4—6 页。

③ K. E. Boulding, The Economics of the Coming Spaceship Earth, in H. Jarrett ed., *Environmental Quality in a Growing Economy*, Baltimore: Johns Hopkins University Press, 1966, pp. 3 – 14.

④ 美国学者唐纳德·沃斯特（Donald Worster）在《自然的经济体系——生态思想史》（*Nature's Economy: A history of Ecological Ideas*）中即有题为"边疆生态学"（Ecolopy on the Frontier）的专门篇章。

本土土壤瘠薄、资源贫乏等原因而发生了大规模的殖民运动，其范围涉及黑海沿岸并扩展到西部地中海。马克思曾经指出：“在古代国家，在希腊和罗马，采取周期性地建立殖民形式的强迫移民是社会制度的一个固定环节。这两个国家的整个制度都是建立在人口的一定限度上的，超过这个限度，古代文明就有毁灭的危险。……由于生产力不够发展，公民权要由一种不可违反的一定的数量对比关系来决定。那时，唯一的出路就是强迫移民。”① 由于希腊本身过度农业开发，公元前4世纪，著名学者柏拉图就观察到“现在留下的与过去相比则像个病人的骨架，肥沃而松软的土壤全被消耗掉，留下的土地是不毛之地的框架”②。降及近代，随着科学技术的发展，生产力正如马克思所言被魔法般从地下被呼唤而势不可遏汩汩涌泉而出，过去匍匐屈膝于大自然淫威的人类挟持科学技术的法力傲世挺立，勘天役物。昔日茂密蓊郁的森林在丁丁伐木声中仆地倒毙，而“征服自然”的理性意识合理性却油然而生并根深蒂固，“以人持天”“与天争胜”“胜天为治”“人定胜天”之类自信日益攫获人的心灵空间。恩格斯在《自然辩证法》中以当时所掌握的资料这样精辟地指出：“我们不要过分陶醉于我们对自然的胜利。对于每一次这样的胜利，自然界都报复了我们。每一次胜利，在第一步都确实取得了我们预期的结果，但是在第二步和第三步却有了完全不同的、出乎预料的影响，常常把第一个结果又取消了。美索不达米亚、希腊、小亚细亚以及其他各地的居民，为了想得到耕地，把森林都砍完了，但是他们梦想不到，这些地方今天竟因此成为荒芜不毛之地，因为他们使这些地方失去了森林，也失去了积聚和贮存水分的中心。阿尔卑斯的意大利人，在山南坡砍光了在北坡被十分细心地保护的松林，他们没有预料到，这样一来，他们把他们区域里的高山畜牧业的基础给摧毁了；他们更没有预料到，他们这样做，竟使山泉在一年中的大部分时间内枯竭了，而在雨季又使

① 《马克思恩格斯全集》第8卷，中共中央马克思恩格斯列宁斯大林著作编译局编译，人民出版社1965年版，第618—619页。

② 转引自王恩涌编著：《文化地理学导论（人·地·文化）》，高等教育出版社1989年版，第27—28页。

更加凶猛的洪水倾泻到平原上。”① 列宁亦有一句名言，即“资本主义如果不经常扩大其统治范围，如果不开发新的地方并把非资本主义的古老国家卷入世界经济漩涡之中，它就不可能存在与发展”②。一个持续扩张的市场对产品的需求把资产阶级赶到了地球表面的每个角落。因为，近代大工业按其本性来说是力求超出一切空间界限的，近代交通运输技术改进导致速度提高和运输时间节约，而用节约出的时间又可以进一步扩大资本所能达到的空间范围，马克思称此为“用时间去更多地消灭空间”③。近代资本主义市场经济的经济空间并吞八荒，包举四野，然而人类的生存空间却日益恶化。

在美洲新大陆，殖民主义者视之为欧洲文明拓展的新边疆。唯其如此，沃尔特·普雷斯科特·韦勃《伟大的边疆》（Walter Prescott Webb, *The Great Frontier*, Boston: Houghton Mifflin, 1952）等将美国的边疆经验普适化、国际化，认为美洲边疆扩张的历史是欧洲文明向非欧洲地区扩张的历史，近代西方文明是开发世界边疆的直接结果。世代生息繁衍在北美大陆的印第安人把土地看作是他们的母亲，是他们生活的依赖；欧洲殖民者在西进运动中将印第安人驱入贫瘠不毛的保留地而鹊巢鸠占地成为新大陆的主人，他们却将土地看成财产和可以获得利润的资本，不遗余力地榨取地力，从不施肥，亦不精细管理，以求节省投资，待地力耗尽便弃之若敝屣，转向攫取新的土地。所以，在19世纪初期，许多外国的旅行者都对这种暴殄天物的行为触目惊心。在美国西部开发过程中，森林被损坏的情况昭然可见。是时，美国铁路建设发展极快，到1900年，美国铁路线长达二十万英里，超过了欧洲的总长度，几乎等于当时世界铁路长度的一半。据估计，从19世纪70年代后期到19世纪末，仅美国铁路一项就消耗了

① 《马克思恩格斯全集》第20卷，中共中央马克思恩格斯列宁斯大林著作编译局编译，人民出版社1971年版，第519页。

② 《列宁全集》第3卷，中共中央马克思恩格斯列宁斯大林著作编译局编译，人民出版社1984年版，第547页。

③ 《马克思恩格斯全集》第46卷下册，中共中央马克思恩格斯列宁斯大林著作编译局编译，人民出版社1980年版，第33页。

木材产量的20%—25%。据记载，当时粗暴砍伐造成的浪费异常惊人，既无人关心砍光森林后的植被恢复，又将从主干砍下的枝条丢弃在地上，无人问津，而烧树木的火车头亦无防火装备，因此经常发生林火，使大批树木付之一炬，特别在长期干旱以后的大风日子里更是祝融之祸层出叠见。1871年10月8日，在芝加哥发生大火灾的同一天，在密执安湖边皮托斯基附近发生了一场林火，天干物燥，风助火势，整个森林几乎要爆炸起来，持续多日的大火从半岛的下端连片地一直扫向休伦湖岸。正是这样，到19世纪末，美国已失去了五分之一的森林。森林的消失导致了许多野生动物的匿迹消失，而人为的捕杀更使许多野生动物遭罹灭顶之灾。例如，著名的北美野牛在哥伦布光顾这个大陆时约有六千万头，在19世纪初尚有一千三百万头，成群结队地游荡在草原上。当铁路穿越大草原时，汽笛长鸣，似乎为这些野牛末日来临敲响了丧钟。与当代中国西部开发过程中修青藏铁路穿越可可西里无人区时特意为藏羚羊迁徙留设安全通道的做法不同，当时美国铁路部门以庞大的野牛往往阻碍火车运行为由，专门雇人枪杀野牛，一个外号为“野牛比尔”（Buffalo Bill）的枪手在十八个月中枪杀了四千头野牛，成为大草原上遐迩闻名的英雄。后来，野牛皮被发现可以制革，猎杀活动在利欲熏心的驱使下日益猖獗，到1903年，这种野牛仅存三十四头，美国西部牛仔们连野牛的影子也不复得见，“英雄无用武之地”，只好面对驯驯温顺的家牛胆气豪壮地威风一番。

正如中国蒙学读物《增广贤文》所言，种瓜得瓜，种豆得豆；善有善报，恶有恶报；不是不报，日子未到。就在20世纪30年代美国经济大萧条期间，一阵从中部大平原刮来的狂风在1934年春天吹到了美国东部，暴风尘土铺天盖地，压住了庄稼，吹走了篱笆，混进了老百姓做面包的面团里，落到了美国白宫的房顶上，甚至停泊在海中的轮船亦灰头土脸，因此，美国民歌运动之父、著名歌手伍迪·格里思（Woody Guthrie，1912—1967）悲哀地唱道：“它像黑幕降落在我们的城市，我们像就要受到审判，我们的末日就在眼前。”（It fell across our city like a curtain of black rolled down，We thought it was our judgement, we thought it was our doom.)① 是年，不仅尘暴肃杀袭人，而且旱魃肆虐。到1935年，号称“世界的面包篮”（the breadbasket of the world）的美国由于庄稼严重歉收，不得不从国外进口粮食。在一片风声鹤唳之中，更具悲剧气氛的是伴随着飞扬的尘土而来的俄克拉荷马人携妇将雏的大逃亡。② 这表明天道循环，报应不爽，大自然以其特有方式向人类的过度开发敲响了警钟。在美国西部移民先锋汲汲于征服自然的经济大开发活动的同时，一些环境保护的先知先觉们作为孤独的呐喊者站在历史地平线上敏锐地洞察到其中潜伏的危机与隐患。乔治·珀金斯·马什（George Perkins Marsh，1801—1882）是第一个批驳美国资源无限丰富的神话的人。他这样描写道：

> 巨大的森林已经从山坡和山脊上消失；树下腐叶和枯枝堆积形成的植物质土壤，在树林边缘形成的锯齿形高山带草原土壤以及高地四周已被冲刷无遗；由于为古运河供水的水槽和水库已遭破坏，或是因为出水的泉眼干涸，曾因灌溉而致肥沃的草地被废弃而荒芜；历史上和歌谣里有名的河流变成了涓涓细流，装点和保护小水道堤岸的柳树业已踪迹难觅，小溪不再终年有水，因为流入老河道的涓细水流在进入低地之前不是由于夏天的干旱而蒸发得精光就是被干裂的土地吸收殆尽；小河的河床变成了宽宽的卵石和砾石滩，因而不必涉水而过，冬季里则是急流咆哮；通航江河的入口受阻于沙滩，昔日商务繁忙的河口港湾被河流挟带的泥沙淤积变浅；港湾底部上升，致使流入它的河流的水流速度变慢，把千里浅海和肥沃的低地变成了不能耕种的瘴气重重的沼泽。③

---

① 资料来源：http://www.woodyguthrie.org/Lyrics/Dust_Storm_Disaster.htm，访问时间：2005年12月2日。

② 侯文蕙：《征服的挽歌：美国环境意识的变迁》，东方出版社1995年版，第103页。

③ George Perkins Marsh, *Man and Nature: Or, Physical Geography as Modified by Human Action*, edited by D. Lowenthal, Cambridge: Belknap Press, 1965, p. 9.

马什通过大量的资料和数据阐述了人类活动对自然地理环境造成的负面影响，并且预言：人类若不改变自己把地球只当作一种消费品的信念，便会招致自己的毁灭。20世纪初，有美国“国家公园之父”美誉的自然保护主义者约翰·缪尔（John Muir，1838—1914）不仅影响了整整一代美国人，而且其思想作为一种传统泽被后世。缪尔呼吁人类重视其他生物在宇宙中的地位，认为人类像需要面包一样需要自然美，主张把美国最好的原始山林作为人类精神的“圣殿”加以保存，由此组织成立了塞尔拉俱乐部（the Sierra Club），为建立和保护约塞米特国家公园（Yosemite National Park）展开了长期的斗争。与缪尔一样，曾任美国国家林业局局长达十二年之久的吉福德·平肖（Gifford Pinchot，1865—1946）也主张保护自然，但其保护的目的与缪尔存在严重分歧，他的目的在于开发，具有明显的功利主义色彩。平肖曾主持制定了制裁过度砍伐、森林防火、森林再植和防止河流污染等诸多管理条例。他提出的“保持”（conservation）的概念是美国首次为环境的立法和政策所采纳的思想之一。在本质上，“保持”的概念与“保存主义”（preservationist）或“野生者运动”（wilderness movement）在价值取向上大相异趣。因为“聪明地利用和科学地管理”是吉福德·平肖思想和行动的纲领。在他看来，资源如果不利用就是一种“浪费”。吉福德·平肖的主张招致劲矢，被缪尔指责为“企图把一切都要变成美元”①。所以，在20世纪初，美国环境主义分裂为两大阵营，即自然野生生物保存论者（Preservationists）和天然资源保全论者（Conservationists）。前者认为自然野生生物仅可供参观和教育利用，后者主张对大陆的天然资源采取合理的、某种持续可能的方法加以开发；② 前者多来自民间以缪尔为代表，后者多来自官方，以吉福德·平肖为代表。正是由于这两种不同自然保护思想的相互交锋，推动美国环境主义思想得以不断健全发展，到20世纪30年代，随着经济大萧条踪影接踵而来的大平原上的尘暴，

① 侯文蕙：《征服的挽歌：美国环境意识的变迁》，东方出版社1995年版，第95页。

② 小原秀雄监修『環境思想の系譜（1）：環境思想の出現』東海大学出版会、1995年、113頁。

更加使人们重新反省人和自然的关系。亨利·考尔斯（Henry Chandler Cowles，1869—1939）和弗雷德里克·克莱门茨（Frederic Edward Clements，1874—1945）使生态学在美国生根发芽，被誉为现代美国“环境伦理学之父”的奥尔多·利奥波德（Aldo Leopold，1886—1948）在其被誉为“现代环境主义运动的一部新圣经”的《沙乡年鉴》（*A Sand County Almanac*，Oxford：Oxford University Press，1949）更提出了“大地伦理”（the land ethic）的思想，[①] 促使美国自然保护主义政策的指导思想逐渐趋向生态学。美国政府的环境保护措施和立法相继出台，1906年制定《古迹法》（*An Act for the Preservation of American Antiquities*，16 USC 431 -433；The Antiquities Act of 1906）；1903年联邦避难署创设了第一个野生动物避难所，1916年国会通过《国家公园服务体制法》（*The National Park Service Organic Act*，16 USC123 - 124；The Organic Act），1918年又通过《迁移候鸟协定法》（*The Migratory Bird Treaty Act of 1918*，16 USC 703 - 712；MBTA）。正是这样，爱德华·希格比（Edward Counselman Higbee）认为，如果美国立国之初的宅地实行的是西班牙—墨西哥式的土地赠授系统，而不是1862年的《宅地法》（*The Homestead Act*），那么后来在大平原上旱灾的结果就不会是如此近乎毁灭性的。所以，到1934年后，《泰勒放牧法》（*The Taylor Grazing Act*，43 USC 315）在国有土地中保留了另外八千万英亩土地借鉴墨西哥的方式租给牧场主以建立一种放牧而非种植的经济体系，从而全部撤销了宅地占有权法律。[②] 故此，美国的环境保护运动兴起虽属亡羊补牢但为时未晚。

事实上，欧洲大陆的许多学者亦当时注意到北美大陆等地殖民开发对大自然生态环境所造成的破坏。游历过美洲等地的政治地理学一代宗师拉策尔就使用过“Raubbau”这个德文词（意即“掠夺经济”）来论述那种破坏土地基础的杀鸡取卵式利用方法。法国人文地理学家让·白

---

① 中国学者侯文蕙将其译为《沙乡的沉思》，于1992年由经济科学出版社出版。

② Donald Worster，*Nature's Economy：A History of Ecological Ideas*，Cambridge：Cambridge University Press，1977，pp. 228 -230.

吕纳（Jean Brunhes，1869—1930）反对地理环境决定论，认为“天定足以胜人，人定亦足以胜天”，自然是固定的，人文是无定的，两者间的关系随时代而有变化，指出：“地理与历史之关系，所以有许多谬误之见解者，并不在于史地关系错综变化，欲以地理观念立加分析，未必能洞中肯綮，乃世之学者，视之过易，致有欲速而不达之弊，故吾以为误解之处，实由于世人视史地关系时间性太长、空间性太强之故，至有所谓放诸四海而皆准、垂诸百世而不惑者，不知天行固足以统治人事，人事亦足以统治天行。”① 正是由于让·白吕纳具有强烈的历史意识，

---

① 汪劲：《环境法律的理念与价值追求》（法律出版社2000年版）第154页云：“1904年，德国人弗里德里希提出了‘Raubwritschaft’的概念，它可以译为‘经济掠夺’‘强盗经济’，或简译为‘蹂躏’。他指出：‘我可以把我们时代的Raubwritschaft看做是使土地、野生植物和动物的耗尽，一旦欧洲西北部的文化取代了殖民时代和原始人的文化，野生动植物很快就会消失掉。这种取代将带来对地球资源的精深使用，目的在于越来越牢固地在地球建立起人的统治。’”按，汪劲这段文字系源于安德鲁·古迪（Andrew Goudie）的《人类影响——在环境变化中人的作用》（*The Human Impact: Man's Role in Environmental Change*，Cambridge：The MIT Press，1982）郑锡荣等所译的中文本。安德鲁·古迪是世界著名的环境学专家，著述颇丰。笔者检审其英文版原文，发现该段文字源自惠特克（Joe Russell Whitaker，1900—2000）于1940年发表在《美国地理学全年报》上的题为《自然资源的破坏与保护之世界审视》（J. R. Whitaker，World View of Destruction and Conservation of Natural Resources，*Annals of the Association of American Geographers*，Vol. 30，No. 3，Sep.，1940，pp. 143 - 162）的论文。由于惠特克的论文当时（2004年）在国内无法找到，笔者曾怀疑此处所谓的弗里德里希即系弗里德里希·拉策尔，幸偶从罗伯特·迪金森（Robert Eric Dickinson）的《近代地理学创建人》（*The Makers of Modern Geography*，New York：Praeger，1969）第75页中得悉，最初提出“掠夺经济”概念的确非拉策尔，而是恩斯特·弗里德里希（Ernst Friedrich），此人恰曾担任过弗里德里希·拉策尔的助教，故拉氏的“Raubbau”与弗里德里希的“Raubwritschaft”之间具有互相借鉴和启发的关系。E. 弗里德里希是1904年在《彼得曼通报》（*Petermanns Geographische Mitteilungen*，PGM）上首先使用“Raubwritschaft”一词，认为这种经济要经过三个阶段：对土地进行长期的、强烈的开发，使土地贫瘠化，意识到有保持土地肥沃的必要。E. 弗里德里希声称，这种掠夺经济是殖民行动的一个阶段，将会在欧洲人的领导下采取合理的措施。目前，笔者已经有条件检索阅读到惠特克的论文，完全证实了笔者当时的考证。此外恩斯特·弗里德里希亦可知其确切出处，参见Ernst Friedrich，Wesen und geographische Verbreitung der“Raubwirtschaft”，*Peternanns Mitteilungen*，Vol. 50，1904。

所以他赓继拉策尔“掠夺经济”的理论话语，进一步深刻地认识到近代掠夺式开发“总带来不是一个而是一系列灾难，因为在自然界里，事物是相互联系的”（Devastation always brings about，not a catastrophe，but a series of catastrophes，for in nature things are dependent one upon the other）①。他指出：激剧的特种破坏行为，特别盛行于文明民族间，原始人民的破坏力，反而遥见弱小；在美国等地，“矿山采掘常为一种破坏的开拓，但掠夺的采掘（即 Raubbau）仅包含滥取的采掘，只知埋头于目前利益而为无智贪婪的扩大采掘。南部西班的银山滥掘，即其一例，滥掘的结果，必致余留极少。例如鸟粪在数十年间已采掘净尽，智利硝石亦有同样的现象。最近又开始石炭的浪掘了，纵令有莫大的蕴藏，恐怕未几亦有枯竭之日到来。石炭的掠夺，为北纬 36 度至 56 度间的地带，此种掠夺经济（Raubwirtschaft）现象，偏偏限于这个文化地带，实是使我们不胜诧异的”②。

就目前国内外学术界来说，近代工业化对生态环境的影响彰明较著，如前所述，对这一问题的研究由来已久，且长篇短制的研究成果令人目不暇接。然而，这种理论的思维范式存在一种严重的缺陷，即仍然以人的近代化经济开发活动为中心，以人为主体，将生态环境视之为一种外在的变量、被动的客体。如果我们能够换一种理论考察视角，不妨以一种逆向思维的方式进行设问：生态环境对近代化有何影响？坦白地说，对这一层面的考察研究堪称一片荒芜的待开发的学术空间。造成这种状况的原因在于，正如阿尔·戈尔《濒临失衡的地球——生态与人类精神》（Al Gore，*Earth in the Balance: Ecology and the Human Spirit*，New York：Houghton Mifflin，1992）所说，传统的“经济学虽然赋予我们崭新的力量，它却扭曲了我们和世界的关系。由于我们变得完全依赖我们经济制度所具有的能力，我们的思维亦与之相

---

① 转引自 Andrew Goudie，*The Human Impact on The Natural Environment: Past, Present, and Future*，Oxford：Wiley-Blackwell，2006，p. 5。

② Jean Brunhes，*Human Geography: An Attempt at a Positive Classification, Principles and Examples*，translated by Isaiah Bowman；Richard Elwood Dodge；Irville C Le Compte，Chicago：Rand，McNally & Co.，1920，p. 333.

适应，并开始认为这种经济理论能够就我们希望它解释的一切问题提供全面的分析。然而，就如同人类的眼睛只能看到光谱的一小部分一样，我们的经济学无法看到，更无法衡量我们世界主要部分的全部价值。”① 长期以来，西方主流经济学以具有现代性的市场模式为基础，以其经济成本—收益为独门利器在社会科学诸领域极尽扩张版图之能事，被称之为“经济学帝国主义”，但对生态环境问题一直不暇投界一瞥，尽管 20 世纪 50 年代以后，生态环境问题日益凸现，“生态经济学”亦由此应运而生，但从根本上正如世界银行的经济学家赫尔曼·戴利（Herman Daly）所说，“宏观经济学和环境之间至今没有建立起联系”②。所以，迄今难以得见从生态环境角度研究经济近代化的论著良非无因。

事实上，生态环境对近代化历程的影响是相当复杂的关系，任何简单化加以概括的斩钉截铁的论断都难逃令人质疑的宿命。正如特纳所说：“概括在空间上是扩展的，但是怎样能及时地推进屑小的事件呢？概括因为超时间的，不能向前移进。因此苦恼的史学家被迫去适应情节，就必须以某种方式回到个别人、具体事件以及英雄人物这条红线。在使用这两种方式时，慈悲的史学家就得尽力阻止它们在他的书内互相厮杀，但这是极为紧张严峻的。”③ 王国斌在《转变的中国——历史变迁与欧洲经验的局限》（R. Bin Wong，*China Transformed: Historical Change and the Limits of European Experience*，Ithaca：Cornell University Press，1997）中认为，欧洲近代化成功的一个关键在于“欧洲人发现了新大陆，从而获得了一笔被 E. L. 琼斯（Eric Lionel Jones）称为‘史无前例的生态横财’（an unprecedented ecological windfall）。欧洲人通过扩张所创造的资源基础，肯定优于中国人通过开垦边疆地区土地所创造的资源基础。中国新垦耕地，质量通常低于已有耕地。尤为糟糕的是，

---

① 阿尔·戈尔：《濒临失衡的地球——生态与人类精神》，陈嘉映等译，中央编译出版社 1997 年版，第 156 页。

② 赵绘宇：《生态系统管理法律研究》，上海交通大学出版社 2006 年版，第 42 页。

③ 杨生茂编：《美国历史学家特纳及其学派》，商务印书馆 1983 年版，第 153 页。

在许多地方，资源损耗、地力下降的问题日形严重”[①]。在王国斌看来，由于欧洲人在美洲获得了如琼斯所谓的“鬼田”（ghost acreage）[②] 的生态横财，这种优越的生态环境奠定了欧洲近代化成功的基础。但是另一方面，我们从法国学者保尔·芒图的研究中可以看到，实际上，英国几百年前就知道用煤，正是由于开垦和牧场扩大造成英国森林资源的毁灭使当时以木炭为燃料的冶金工业陷入危机，才使得原已发明出来的煤炭冶炼技术得以推广，对煤取代木炭而成为工业发展新能源产生压力和推力。[③] 由此可见，生态环境的变迁可能由于其他因素介入而振荡氤氲呈现不同的发展趋向，在某些情况，也可能如马克思所言，“过于丰饶的自然，‘使人离不开自然的手，像儿童离不开引绳一样’”[④]，对近代化的历程并不见得有利。

中国的普通民众和精英学者均往往以“船坚炮利”为中国近代自鸦片战争以来屡屡损师败绩的原因，笔者在本书第三卷力图矫正这一常识性认知的障蔽时，就指出当时木材供应对清朝军队造船厂衰落的决定性因素，其实即已在生态环境恶化与中国近代化历程二者之间进行往返穿梭的环视。英国学者克莱夫·庞廷（Clive Ponting）的《绿色世界史——环境与伟大文明的衰落》（*A Green History of the World: The Environment and the Collapse of Great Civilizations*, Harmondsworth: Penguin, 1991）中译本亦分析了森林资源匮乏后在19世纪60年代木船被铁甲船取代之前桅杆危机对近代海权力量的影响。[⑤]

---

① R. Bin Wong, *China Transformed: Historical Change and the Limits of European Experience*, Ithaca: Cornell University Press, 1997, p. 49.

② Eric Lionel Jones, *The European Miracle: Environments, Economies, and Geopolitics in the History of Europe and Asia*, Cambridge: Cambridge University Press, 2003, p. 70.

③ 保尔·芒图：《十八世纪产业革命——英国近代大工业初期的概况》，杨人楩译，商务印书馆1983年版，第216—233页。

④ 《马克思恩格斯全集》第23卷，中共中央马克思恩格斯列宁斯大林著作编译局编译，人民出版社1972年版，第555页。

⑤ 克莱夫·庞廷：《绿色世界史——环境与伟大文明的衰落》，王毅等译，上海人民出版社2002年版，第305—306页。

从本质上来说，欧洲近代工业时代是建立在殖民地扩张的基础之上，换言之，它是调动了全球的生态资源而钟毓所集的结果，是在通过资金和技术等方面优势形成的实质不公平的贸易体制基础上吸摄、榨取全球生态资源而将山水槁涸无灵气的劣恶生存空间留给第三世界国家的产物。西方经济学家过去有一句经典名言：蒸汽机的发明为产业革命提供了火车头，“把现代和过去截然划开，并将创造出一个未来世界”①。这主要是从技术角度而言西方近代化的历程。马克思虽然对技术变革等生产力发展格外强调，但他作为一个法学出身的世界级思想家更为睿智地指出：股份制对近代经济产生的影响更甚于蒸汽机，“假如必须等待积累去使某些单个资本增长到能够修建铁路的程度，那么恐怕直到今天世界上还没有铁路。但是，集中通过股份公司转瞬之间就把这件事完成了”②。这主要是从资金和法律制度而言西方近代化的历程。而美国哲人爱默生（Ralph Waldo Emerson，1803—1882）的朋友亨利·大卫·梭罗（Henry David Thoreau，1817—1862）曾经说过，美国铁路的每一根枕木下面，都横卧着一个爱尔兰劳动者的尸首。③ 这主要阐明了西方近代化过程中对廉价劳动力的敲骨吸髓的压榨。但是，我们要说的是，西方近代化道路的“枕木”也铭刻着对第三世界国家生态资源掠夺的徽记。逝水川移，斯不泯灭！

---

① 维·彼·沃尔金：《埃蒂耶纳·卡贝》，中国人民大学编译室译，沃尔金等：《论空想社会主义》中卷，郭一民等译，商务印书馆1980年版，第383页。

② 《马克思恩格斯全集》第23卷，中共中央马克思恩格斯列宁斯大林著作编译局编译，人民出版社1972年版，第688页。

③ 参见夏衍：《包身工》，解放军文艺出版社2000年版，第12页。夏衍《包身工》所间接引用的这段话见大卫·梭罗的名著《瓦尔登湖》（*Walden; or, Life in the Woods*），原文为：And if railroads are not built, how shall we get to heaven in season? But if we stay at home and mind our business, who will want railroads? We do not ride on the railroad; it rides upon us. Did you ever think what those sleepers are that underlie the railroad? Each one is a man, an Irishman, or a Yankee man. The rails are laid on them, and they are covered with sand, and the cars run smoothly over them. They are sound sleepers, I assure you.

第二节　多变量思维取向：农业经济开发、生态环境变迁与现代化

在20世纪80年代以来，国内外学术界在进行中西文化比较的过程中注意到这样一个基本事实：中国与西欧在前工业时代的农业耕作制度是两种不同的类型。持这种观点的学者认为，在西欧封建时代，农业耕作方式是由田草结合、农牧结合，而中国则是单一的粮食种植业，或者说，中西农业文化最大的差异就在于中国的农业文化实际上是一种单一的种植业文化，这种单一粮食种植业强化了自然经济结构，强化了亚细亚生产方式，而西欧的农牧混合经济则容易使资本主义脱胎而出。① 尽管对上述论点尚存在不同的意见，但中国古代历史上长期存在的农耕和游牧两大经济文化类型的分离状态的确从生态环境角度而言对中国颠踬蹉跎的近代化历程不无关系。黄仁宇以“大历史”（Marcohistory）史观在国际史学界自成一家之言，主张在长时期远视界的眼光之下拼合前因后果，使许多遽然骤看来不合理的事物的内在逻辑规律得以彰显。黄仁宇在《放宽历史的视界》一书中轻描淡写地一语言及明人有所谓“烧荒”之举，使农耕和游牧民族均损失惨重，令人黯然神伤。② 黄仁宇以

---

① 参照马克垚：《中西封建社会比较研究》，学林出版社1997年版，第28页。

② 黄仁宇：《放宽历史的视界》，生活·读书·新知三联书店2001年版，第146页。另外，黄仁宇在《万历十五年》中也论及1591年郑雒按照申时行“清野”的指示，使“很多草地也以‘烧荒’的方式加以破坏”，云云。（见该书第115页。）在清代，亦有将刀耕火种的现象称之为“烧荒”者。从许多地方志资料反映的情况可以看出，在一些山地开发过程中，田不加粪，每岁烧荒肥土，故而秋冬之时，荒草迷天，顺风扬焰，火光熊熊。曾任中华人民共和国林业部部长的著名科学家梁希曾经这样写道：“烧山垦地者三年后地力衰微，必须他迁，名曰烧荒。”参见梁希：《梁希文集》，《梁希文集》编辑组编，中国林业出版社1983年版，第529页。《小方壶舆地丛钞》第一帙《吉林勘界记》亦云：“乡民有烧荒之例，（续下注）

研究明史著称，其寥寥片言只语所提及的明代“烧荒”这一现象不为普通一班人所知，即便历史专业研究人员亦莫究其详，然而古语云：读书得间。这种细枝末节的小问题若在学如积薪的过程被我们时刻关注而加以考据，则会饶有趣味地发现其间的历史大节目。揆诸史籍，早在秦汉之际，我国西北地区由于气候因素影响，游牧民族向中原发动进攻，所依恃的重要战略物资即是“水草”和“刍禾”。如西部的羌人对汉朝边境大举入侵，“驰骋东西，奔首尾，摇动数州之境”①，汉政府乃采取针锋相对的军事行动，“亶夺其畜产，虏其妻子”②，或“燔聚落刍牧田中”③，使其“亡其美地荐草”④，“失地远客，分散饥冻”⑤，以求对以畜产为命的羌人予以致命打击。司马光《资治通鉴》卷一百九十四亦有这样的记载，唐太宗贞观九年闰四月，“任城王道宗败吐谷浑于库山。吐谷浑可汗伏允悉烧野草，轻兵走入碛”，以造成唐军“马无草，疲瘦，未可深入”之势。⑥此殆为后来明清时期“烧荒”现象之嚆矢。

众所周知，朱元璋领导起义军推翻元朝在中原地区的统治之后，元

（续上注）野火所焚，延及牌木，难免毁损，改用石碑，较易坚固。”（王锡祺辑：《小方壶斋舆地丛钞》，杭州古籍书店1985年版，页三六八。）这种现象在中国古代又称“畲山为田”，唐宋时期中国西南地区就有一场声势浩大的“畲田运动”。宋代以后，“畲田”一词用得少了，而“刀耕火种”一词在文献中逐渐流行起来，并一直沿用至今。在国际上，学术界将此现象称之为“斯威顿耕作文化”（Swidden farming culture）。在大多数情况下，这种“刀耕火种”往往实行“隔火道”制度，有一定的控制，与明清时期在军事战争中为断绝对方补给的“烧荒”在目的、方式上大相径庭，这里所谓“烧荒”不包括斯威顿耕作方式。另外，嘉庆年间，秦岭地区“厢匠”起义，依托老林为根据地，清兵用火烧之法加以肃清围剿，未包括在内。

① 范晔：《后汉书》卷八十七，西羌传，中华书局1965年版，第2900页。

② 班固：《汉书》卷六十九，列传第三十九，赵充国传，中华书局1962年版，第2977页。

③ 班固：《汉书》卷六十九，列传第三十九，赵充国传，中华书局1962年版，第2983页。

④ 司马光：《资治通鉴》卷二十六，中华书局1956年版，第852页。

⑤ 叶澐：《纲鉴会编》卷十五，四库未收书辑刊编纂委员会编：《四库未收书辑刊》第2辑，第17册，北京出版社2000年版，第316页。

⑥ 司马光：《资治通鉴》卷一百九十四，中华书局1997年版，第6110页。

顺帝北遁，携残部退至塞外和林一带，史称北元。后来蒙古人虽内讧严重，四分五裂，然不时南下对明朝构成威胁。明初军队数次北伐，但补给困难，只能靠近少数的几条河流行军。在北伐无法毁灭性聚歼蒙古有生力量之后，明朝遂不得不依托“九边”、修筑长城以自固。明朝军队在加强长城防务的同时，还在沿长城一线循例“每于冬初命将率兵出塞烧草，名烧荒，盖防虏南向且耀兵也”①，通过破坏游牧业的生产基础以减轻秋防压力，导致“烈焰夜照阴山红”②，荒火延及森林，所烧毁的森林难以计数。当时，明军实行分片负责的责任制，在每年出塞烧荒后都须将拨过官军姓名并烧过地方里数造册奏缴，以凭查明。《明史》里有这样一段记载：兵部尚书马文升曾奏请朝廷将明长城北边的森林烧毁，“临边三百里，务将鞑贼出入去处野草焚烧尽绝，马不得南牧也”③。所以，在俺答汗为改善与明朝关系呈递的表文中就这样写道：由于明军不时纵火焚烧牧场，“杀虏家口，赶夺马匹，边外野草尽烧，冬春人畜难过”，可谓“华夷交困，两败俱伤”。④ 程道生撰《九边图考》中有这样的记载：明初“筑东胜等城，屯兵戍守，正统间失东胜城，退守黄河，套中膏腴之地，令民屯种，以省边粮，厥后易守河之役为巡河，易巡河之役为哨探。然打火烧荒而兵势不绝，故势家犹得耕牧，而各自为守，后此役渐废……”⑤ 降及清代，顾炎武仍蹈袭明朝的传统思维而不能自拔，他在《日知录》中认为烧荒有益于边防，视之

① 《明实录·宣宗实录》卷五十八，宣德四年九月，台北“中央研究院”历史语言研究所 1962 年版，第 1377 页。

② 方逢时：《大隐楼集》卷三，“烧荒行”，四库未收书辑刊编纂委员会编：《四库未收书辑刊》第 5 辑，第 19 册，北京出版社 2000 年版，第 688 页。

③ 张秉毅：《与天地共生：鄂尔多斯生态现象》，内蒙古人民出版社 2000 年版，第 64 页。

④ 俺答：《北狄顺义王俺答等臣贡表文》，明刊本，页一至二，《玄览堂丛书》第 1 函第 1 册，江苏广陵古籍刻印社 1986 年据民国 30 年郑振铎上海影印本影印版。亦可参见包头市地方史志编修办公室、包头市档案馆编辑：《包头史料荟要》第 14 辑，1985 年内部发行，第 106 页。

⑤ 程道生：《九边图考》，“榆林考”，武进庄氏玉青馆 1919 年石印本，页四十二、四十三。

为御敌边外的釜底抽薪之计，指出："守边将士每至秋月草枯，出塞纵火，谓之烧荒。……《英宗实录》：'正统七年十一月，锦衣卫指挥佥事王瑛言：御虏莫善于烧荒。……乞敕边将，遇秋深，率兵约日，同出数百里外，纵火焚烧，使胡马无水草可恃。如此则在我虽有一时之劳，而一举坐卧可安矣。'翰林院编修徐理亦请……此本朝烧荒旧制，诚守边之良法也。"① 顾炎武虽然被学术界常誉为清初三大启蒙思想家之一，但他作为明朝遗老在对待"烧荒"问题上所倡导的观点和所秉持的立场却大有可訾议之处。无独有偶，《秦边纪略》的作者梁份作为明清鼎革之际的过渡人物也和顾炎武一样不谋而合地主张采取烧荒之计。在历史上，林丹汗被皇太极打败后病死于大草滩，故"大草滩"对现代稍有历史常识的人而言均不陌生。据《秦边纪略》中《近疆西夷传·怀阿尔赖传》中云："大草滩者，横截甘、凉二州，草丰茂，南北百里，东西三百里，中有焉支山，林木禽兽繁盛。"② 顺治末年到康熙初年，蒙古人大批停驂驻足于斯，毡帐几立塞无间，甘肃提督张勇等防犯驱逐不暇，梁份乃谓："大草滩之草，每岁秋，顺风纵火焚之。或令兵民豫先芟刈，地既无草，夷来何为？"③

既然明代"烧荒"现象几乎无岁无之，那么在清朝恐怕亦难免相沿其故。满语称"烧荒地"为"jekse"，由于入关前满人生产技术落后，故火耕现象在早期颇为普遍。《御制清文鉴》卷四"薮泽荒烧"（detu dambi）条中有简单的记述："积水荒野之草地一并焚之，叫'薮泽荒烧'，倘将此烧过之地种稗，则大获。"④ 另一方面，当时弱小的满族部落尽焚山野亦寓防范强邻朝鲜兵马入侵之意图。《李朝实录》中

① 顾炎武著，黄汝成集释：《日知录集释》卷二十九，"烧荒"，栾保群、吕宗力校点，花山文艺出版社1990年版，第1293页。

② 梁份：《秦边纪略》卷六，"近疆西夷传·怀阿尔赖传"，王德毅等编：《丛书集成续编》244，史地类：防务、西域地理、世界地理、亚洲地理，台北新文丰出版公司1989年版，第185页。这段史料亦见诸钟赓起原著，张志纯等校注：《甘州府志校注》，甘肃文化出版社2008年版，第869页。

③ 梁份：《秦边纪略》卷二，《凉州卫》注，页二，收入宋联奎辑：《关中丛书》第7集，陕西通志馆民国间铅印本。

④ 康熙朝《御制清文鉴》卷四，康熙四十七年内府刻本，页三十六。

云："野人（女真人）火江北之地，草树尽焚"，"彼人尽焚山野"；①又云："见今阴崖深谷冰雪始消，江水方涨……胡地火烧，马草俱尽，用兵势（按似应为实）难……"② 由此可见，弱小的游牧、游猎民族为策自身防卫之计亦在当时大量"烧荒"。在康熙年间，对于清兵主动出击征讨噶尔丹，清廷最高统治集团内部存在争论。康熙帝指出："朕亲历行间，塞外情形，知之甚悉。自古以来，所谓难以用兵者是也。其地不毛，间或无水。至瀚海等沙碛地方，运粮尤苦，而雨水之际，樵爨为难，区画不周，岂可妄动？"③ 然而康熙帝又深知："夫烈焰弗戢，必将燎原，积寇一日不除，则疆圉一日不靖"④，便不顾百官群臣的反对盈庭而迅奋乾断，毅然发兵。此事乃在康熙三十四年（1695），是为康熙朝第二次征讨噶尔丹之役。到康熙五十五年，阅历世事沧桑的康熙帝在桑榆晚景的暮年在论及军事后勤供给时曾批评某些负责官员说："运送粮饷、安设台站、牧养马匹等项，俱系领兵将军职任。今米粮不能运至，皆由水草不足之故。朕昔亲统大兵中路出征时，沿途必留有水草之处，以牧运米牲口，尔等所亲知者。身为领兵将军，此等事不能深晓，领兵直前，沿途水草如火烧赤地，后队兵马及运米人役牲畜有不至困乏者乎？"⑤ 这段文字在本书第三卷中曾征引论述清朝军队的后勤保障问题，然而，其中所谓"沿途水草如火烧赤地"云云莫非是时军事行动中出现了"烧荒"现象，这令人疑窦丛生。尽管我们怀疑躬历戎行的康熙帝不

---

① 末松保和编：《李朝实录》第17册，《成宗实录》卷一百九十，十七年四月丁丑，学习院东洋文化研究所昭和32年（1957）版，第408页。

② 末松保和编：《李朝实录》第13册，《世祖实录》卷二十，六年四月甲寅，学习院东洋文化研究所昭和32年（1957）版，第339页。

③ 《东华录》康熙五九卷，康熙三十六年二月，王先谦：《清东华录全编》第4册，乾隆四六至一一〇卷，学苑出版社2000年版，第83页。

④ 温达等撰：《圣祖仁皇帝亲征平定朔漠方略》卷首，"御制亲征平定朔漠方略序"，纪昀、永瑢等编纂：《景印文渊阁四库全书》第三百五十四册，史部，一一三，纪事本末类，台北商务印书馆股份有限公司2008年版，第354—426页。亦见《清圣祖仁皇帝实录》卷二百三十三，康熙四十七年五月，台北华文书局股份有限公司1960—1970年版，第3120页。

⑤ 《清圣祖圣训》卷四十八，训将士，康熙五十五年二月，《大清十朝圣训》，台北文海出版社1965年版，第521页。

太可能泛泛而言虚无所指，但文献难征，无法凭空臆断。又，雍正年间，罗藏丹津发动叛乱。当代史家多征引年羹尧的这样一段奏折称：“每处有贼二三千人，以势驱逐附近番子，攻城放火，烧毁民间积聚草谷，抢掠财物，其未受蹂躏者，西宁城外十余里。”① 时年羹尧坐困西宁城内，黑晚登高见西宁城外远处尽悉火光一片。这亦尤足令人怀疑是叛乱之兵民纵火“烧荒”之举，惜年氏未尝明言，难为定谳。

不过，我们后来在史料中不经意发现上述推测和假设是完全正确的。《小方壶斋舆地丛钞》收入了殷化行的《西征纪略》。殷氏系当时参加征讨噶尔丹的清军西路军重要将领，他在书中这样记载：“西路领兵者满汉将军二，副都统四，而以孙思克为长。孙公议以绿旗兵深入，及中途屯驻者，合九千人，合派河西提镇各标，宁夏当发骑卒千五百名，期二月初会甘州，饲马以行，先所指镇彝至昆都伦之地，去冬荒草被烧，三月中草尚未青，师期宜待四月。”② 这里所谓的镇彝即本书所论述的高台阎岳如水案所发生的地方③，当时镇彝峡是清军出塞征战的关口。从殷化行的记载中可以看出，清军当时每年是延续明制进行烧荒的，所以造成自身出师时经过烧荒的草原尚无青草可供马食。而殷化行的《西征纪略》在后面更是栩栩如生记述了准噶尔方面所采取的烧荒战术，云：“时胡舍利（地名）间山岭气寒，草犹未茁，其宿草为贼烧断，延袤数百里，一望皆灰。烬灰飞著，人面尽黧黑。大将军所部皆禁旅，因马乏水草疲毙，粮米遗弃者甚多，苦独力乏食，道中偃仆者相继。于是陕兵议捐粮助给之，余所部捐者加倍。”④ 殷氏在此所描述的清军在被噶尔丹军队“烧荒”后的地域行进的状况，即康熙帝曾所谓“火烧赤地”者是也。两者的言说若合符契，构成完整的证据链条。另

---

① 年羹尧：《附奏西宁近日交战情形片》，年羹尧：《年羹尧满汉奏折译编》，季永海等翻译点校，天津古籍出版社1995年版，第349页。

② 魏源：《圣武记》，附录：提督殷化行西征纪略，中华书局1984年版，第128—129页。

③ 参见本书第五卷第六章。

④ 殷化行：《西征纪略》，王锡祺辑：《小方壶斋舆地丛钞》第二帙，杭州古籍书店1985年版，页三十二。

外，民国《甘肃通志稿》中亦云，康熙五十四年（1715）八月壬辰，清军为防御噶斯口，“会仪銮使董大成将噶斯口迤内放火烧荒，领兵回赴肃州”①。此条材料亦见于《清圣祖仁皇帝实录》卷二百六十五，云：“銮仪卫銮仪使董大成疏报：臣于六月二十二日领兵从肃州出嘉峪关，自嘉峪关至噶斯口，三千余里行至常马尔河。因山水暴发，所有运米牲口及兵丁所乘马匹多致伤损倒毙。今于八月十二日抵噶斯口。得旨：自边上至噶斯口一千七百里，曾经阿南达奏过。今董大成何以又称有三千余里？噶斯口路径甚窄，策妄阿喇布坦断不由彼行走。今正寒冷之时，著董大成将噶斯口迤内放火烧荒，领兵回赴肃州。”② 由此可见，清朝前期“烧荒”之风依然甚炽。

事实上，康熙朝第一次亲征噶尔丹时，噶尔丹在乌兰布通之战中受到了沉重打击，据《圣武记》卷三记载：“噶尔丹不俟报即拔营，由克什克腾之什拉穆楞河载木横渡，越大碛山宵遁，所过皆烧荒，以绝追骑。……且尽失负驼，无辎重，狂奔绝漠而北，沿途饥踣死亡，得还科布多者仅数千人。”③ 在康熙朝第二次亲征时，噶尔丹已被清朝军威所慑，所以不战而退，再次重演烧荒断路的故技。雍正十年（1732），噶尔丹策零遣小策凌敦多布率兵潜袭塔米尔河额附策凌牧地，策凌闻讯后反旆驰救，对准噶尔军发起突袭，准军弃其军资，落荒而逃。八月五日，小策凌敦多布败军逃至额尔德尼昭（汉名光显寺），额附策凌追军捷足先登，同仇敌忾，利用有利地形对准军半渡而击，取得著名的光显寺之战重大胜利，杀敌万余，小策凌敦多布乘夜突围，向推河方向逃

① 刘郁芬修，杨思等纂：民国《甘肃通志稿》，纪事五·清一，《中国西北文献丛书》第一辑，西北稀见方志文献，第二十九卷，29，兰州古籍书店 1990 年版，第 263 页。

② 《清圣祖仁皇帝实录》卷二百六十五，康熙五十四年乙未八月，台北华文书局股份有限公司 1960—1970 年版，第 3530 页。

③ 魏源：《圣武记》卷三，韩锡铎、孙文良点校，中华书局 1984 年版，第 117 页。按，前揭引文中“载木横渡”应根据《清实录》所记“自什拉穆楞河载水，横度大碛山，连夜遁走于刚阿恼尔”予以订正。可以参校《清圣祖仁皇帝实录》卷一百四十八，康熙二十九年八月，台北华文书局股份有限公司 1960—1970 年版，第 1996 页。

窜。是时，清大学士、绥远将军马尔赛拥精兵万人驻于拜达里克城，锡保、策凌等檄马尔赛加以邀击，然马尔赛畏缩懦弱，按兵不举，致使准军得间逸去。《清世宗宪皇帝实录》中这样记载，雍正十年九月“马尔赛接阅顺承亲王（指锡保。——引者注）等札后奏称，贼若来推河，必缘衣克敖拉而遁，今已将衣克敖拉左近之草焚烧”①。同年十月，雍正帝在陆续收到前方报告后，颁谕内阁历数马尔赛纵敌失机之罪，云：“……及至佐领札木素告称，我向扎克拜达里克来时，见沿途贼人陆续经过等语。马尔赛正传集会议间，而李杕又向马尔赛坚执守城之说，诺尔浑等又再四告称，如后面尚有贼人，此番经过之时，决无烧荒之理，视此烧荒情形，即系后面确无余贼之明证。我等急当追剿，断不可失此机会。马尔赛方领兵起程……此钦拜、博尔屯、诺尔浑回奏之大概也。”② 从上述前方传回的报告可以看出，在雍正年间清军与准军的交战过程中，双方均采取“烧荒”的方式切断对方行军之路。康熙帝在亲征噶尔丹之后曾经总结作战经验和教训，指出：“臣统大兵深入，贼望风遁逃、全师凯旋者，诚大庆幸。至蒙古之性情、地方之水草、兵法之宜守、宜战、宜招徕、宜遣使、宜焚燎及断其道路、防御堵截、难易机宜，目所洞悉、身所经历，咸已知之，自兹以后，亦甚易易矣。”③ 这里所谓的“焚燎”就是当年“烧荒”战术的别称。如果明了清初“烧荒”之习，则许多密布的历史疑云都可以拨开乌云见青天，一朝廓清，豁然开朗。例如，在清朝历史上，自顺治年间起，清廷即沿鄂尔多斯南边的长城北侧划了一条南北宽五十华里、东西延伸二千多华里的长条禁地，严令蒙人不得往南，汉人不可逾北，这就是人们通常所说的“黑界地”。然而，“黑界地”之名其来何自，却无人深究。我们认为，这“黑界地”就是清承明制所致。明军被命令每年在长城以北焚烧五

---

① 《清世宗宪皇帝实录》卷一百二十三，雍正十年九月乙酉，台北华文书局股份有限公司1960—1970年版，第1922—1923页。

② 《清世宗宪皇帝实录》卷一百二十四，雍正十年冬十月，台北华文书局股份有限公司1960—1970年版，第1839页。

③ 《清圣祖仁皇帝实录》卷一百七十三，康熙三十五年五月，台北华文书局股份有限公司1960—1970年版，第2334页。

十至一百里宽的荒地（至少在战略要地）以使蒙古骑兵马匹难得粮秣，清廷实际上将这年复一年“烧荒”所形成的黑色地带制度化而已。

在国际学术界，1988 年在布达佩斯召开的第七届国际科联环境问题委员会（Scientific Committee on Problems of the Environment，SCOPE）大会上提出了“生态过渡带”（ECOTONE）的概念。牛元文将生态过渡带定义为：在生态系统中，处于两种或两种以上的物质体系、能量体系、结构体系、功能体系之间的“界面”以及围绕该界面向外延伸的“过渡性”空间域。① 近年来，生态过渡被学术界逐渐拓展为适用于多种空间尺度的概念，理解为相邻生态系统之间、相邻景观或区域之间的交错带或交错区。蔡博峰等人指出，中国北方农牧交错带的范围北起大兴安岭西麓的呼伦贝尔，经内蒙古东南、冀北、晋北直至鄂尔多斯、陕北，包括北方五省区五十二个县（市），该区在历史上长期以来是农业和畜牧业的过渡区域，降水分布呈现自东北向西南延伸，东南向西北更替的规律，空间递变率大。在这种生态过渡带上，从空间方向上而言要素高梯度变化的界面性明显，从时间序列上而言，非均衡作用导致界面变化的波动性剧烈，对环境扰动不仅反应迅速，而且有正反馈的放大作用，空间转移能力极强。② 在中国北方农牧交错的生态过渡带，反复易手的拉锯战使兵燹绵连不绝，对当地生态环境造成严重破坏，对当地社会历史变化及其近代化的历程无疑产生一定影响。③

---

① 牛文元：《生态脆弱带 ECOTONE 的基础判定》，《生态学报》1988 年第 4 期。

② 蔡博峰等：《我国北方农牧交错带人地系统脆弱性刍议》，《环境保护》2002 年第 11 期。

③ 在世界上某些地区，烧荒（anthropogenic fire）的确是激活草场和防止森林再生的方法。以烧荒主要工具，牧民有意照料土地，使之保持适合他们的牧群的牧场形式。这样的景观的一个例子是地中海地区的灌木地带灌木，这是经常性的烧荒和牲畜啃啮的条件下茁壮成长的热生植物为主。可以参详 Stephen J. Pyne，*Vestal Fire: An Environmental History, Told Through Fire, of Europe and Europe's Encounter with the World*，Seattle and London：University of Washington Press，1997。亦可参见 P. 蓬特：《游牧社会》，《民族译丛》1979 年第 2 期。但无可置疑的是，随着时间的推移，定期烧荒和牲畜啃啮相结合的环境压力已经改变了在世界上许 （续下注）

关凤峻在《我国西部大开发中的资源观问题》一文中有一张各种资源在不同经济发展阶段贡献的示意图，如下所示：

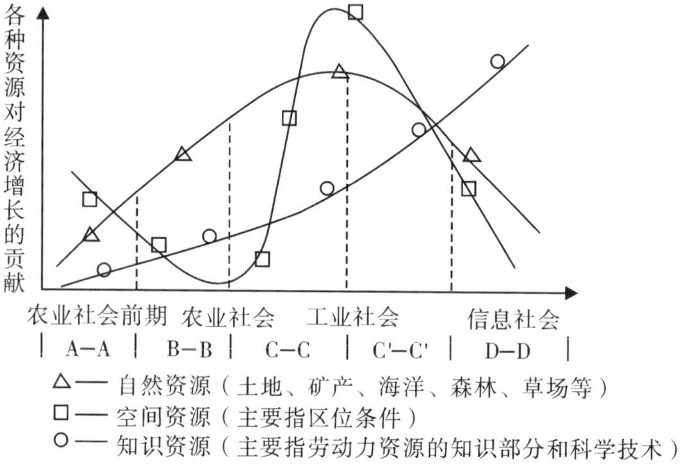

各种资源在不同经济发展阶段贡献示意图

关凤峻解释说，在图 1A－A 段，即农业社会前期，最为重要的是空间资源的选择，其次是自然资源的利用，知识资源的作用是微乎其微的；在图 1B－B 段，即农业社会，自然资源的利用是决定经济增长的最主要因素，空间资源的优势地位逐渐下降，以至于降到最低点，知识资源的作用却在不断上升，但其贡献还远在自然资源之下；在图 1C－C 段，即工业农业前半周期，空间资源再度显现优势，自然资源、空间资源的贡献都上升到历史的最高点，但空间资源的贡献又高于自然资源，知识资源的贡献呈加速上升；在图 C′－C′段，即工业社会后半期，自然资源的贡献从最高点开始下滑，但乃呈现较高水平，空间资源也开始再

（续上注）多地方的景观，而且在蒙古草原地区，这样的烧荒肯定是不适应的。这种情况在清代东北地区仍然存在。杨同桂辑《沈故》卷二“烧荒”条载：“今奉天东北边一带，秋深风烈，平原草枯，忽尔红光照夜，询之则烧荒也。土人云：野草之烧不尽，明岁之苗不旺。”参详杨同桂辑：《沈故》（与阙名《盛京通鉴》合订），沈云龙主编：《近代中国史料丛刊》第六辑，57—58，台北文海出版社 1967 年版，第 377 页。

度下降，知识资源则一再上升；在图 1D－D 段，即信息社会，这是知识经济时代，自然资源、空间资源此时源降至次要地位，唯有知识资源主宰经济增长。[①] 的确，毛泽东在《中国革命和中国共产党》一文中那段感情充沛的名言为我们耳熟能详："我们中国是世界上最大的国家之一，它的领土和整个欧洲的面积差不多相等。在这个广大的领土之上，有广大的肥沃田地，给我们以衣食之源；有纵横全国的大小山脉，给我们生长了广大的森林，贮藏了丰富的矿产；有很多的江河湖泽，给我们以舟楫和灌溉之利；有很长的海岸线，给我们以交通海外各民族的方便。从很早的古代起，我们中华民族的祖先就劳动、生息、繁殖在这块广大的土地之上。"[②] 然而，热血澎湃的爱国激情并不能代替冷静理性的科学分析和深沉的忧患意识。自然环境乃包括空间资源、水土资源、矿物资源、生物资源等各类资源在内的自然生态系统。从空间资源来看，中国虽然作为主权空间范围的领土面积广大，国人亦常以"地大物博"自矜，然而，这广袤的国土对于有数亿人口为主体的生产力发展要求而言的生存空间相对而言是比较局促的。从自然资源角度而言，中国长期以来是传统农业社会，而在农业社会中，人类生活和生产中使用的资源主要是气候资源（光、温、水、热）、土地资源和生物资源。由于中国人口数量世无俦匹，所以早在宋代，中国南方地区就出现了"田尽而地、地尽而山"[③] 的开发空间格局，创造了梯田、圩田、涂田、架田等土地利用和开拓形式，所谓"种田种到山顶""插秧插到湖心"的口号虽系现代中国在十年浩劫中出现的晕头谵言，但这种现象却古已有之。降及明清时期，通过连作、间作、套作来发展多熟种植，提高复种指数，更成为解决人多地少矛盾的重要途径。道光年间，李彦章《江南

---

① 关凤峻：《我国西部大开发中的资源观问题》，《地理学与国土研究》2001 年第 17 卷第 1 期。

② 《毛泽东选集》第 2 卷，人民出版社 1991 年版，第 621 页。

③ 王祯：《农书》卷十一，农器图谱一，田制门，纪昀、永瑢等编纂：《景印文渊阁四库全书》第七三〇册，子部，三六，农家类，台北商务印书馆股份有限公司 2008 年版，第 730—419 页。亦见《授时通考》，中华书局 1956 年版，第 267 页；吴邦庆：《泽农要录》，吴邦庆辑：《畿辅河道水利丛书》，许道龄校，农业出版社 1964 年版，第 469 页。

催耕课稻编》就这样记载："以余所知，闽南、广东、广西及江西、安徽，岁种再熟田居其大半，近闻两湖、四川在亦渐艺此。"① 然而，这种长期以来令世人叹为观止的精耕细作农业的"精当"之优长恰恰从另一侧面反观存在着严重的"失当"症候。

四川丘陵地区的梯田，其中一方形院子及四周房屋尤为引人注目

从学术史来看，亚当·斯密的学说和马克思的经典理论尽管存在明显的分歧，但两者都认为商品化会导致小农经济的质的变化。斯密认为，自由的市场竞争和个人致富的追求会导致劳动分工、资本积累、社会变革，乃至随乎其后的资本主义发展；而马克思也执持类似的观点，认为商品经济的兴起会发展到资本的时代。正是这样，在美国汉学界，以新古典自由主义经济学为理论范式的学者将伴随清代市场扩展而来的变迁视为"近代早期"的发展，"把中国并入一个通用的现代化模式，而把清史作为中国的'近代早期'史"②。而中国大陆学者在改革开放以前，虽与美国汉学界处于两个相对隔绝的文化空间内，但殊途同归地使关于"资本主义萌芽"的讨论异常活跃。当时中国受意识形态支配的主流学术理论将"小商品生产每时每刻都产生资本主义"奉为金科玉律而任意滥用，认为"资本主义萌芽"在中国的发生差不多与近代早期的英国和欧洲同时，如果没有西方帝国主义的入侵打断这一进程，中国也会走向资本主义的发展道路。中国学术界在"上穷碧落下

① 转引自孙颔等主编：《中国农业自然资源与区域发展》，江苏科学技术出版社1994年版，第13页。

② 黄宗智：《长江三角洲小农家庭与乡村发展》，中华书局2000年版，第4页。

黄泉，动手动脚找东西”的客观实证精神支撑下翻箱倒箧搜罗材料，阐述明清商业的繁荣发展，论证国内统一市场的形成，研究雇佣关系的大规模普遍盛行……然而，一个无法回避的严酷事实即是中国的“资本主义萌芽”终究萌而不芽，并没有发育成长出资本主义的参天大树。这一死结长期以来不能为“资本主义萌芽”的理论话语所圆通晓畅地解释，众声喧哗的资本主义萌芽理论研究在长达几十年的争论后近乎“山穷水尽疑无路”的窘境。有鉴于此，黄宗智对经典的理论范式大胆提出挑战，在研究方法上企图从经验材料中水到渠成地细绎出理论模式，另寻他途，以一种“究天人之际”的气魄，从人口与资源之间的紧张关系出发考察小农经济商品化动力的过程，从人与生态环境互动关系的角度探讨中国近代市场变迁的机制，借助于美国人类学家吉尔兹对印尼稻作农业的考察过程中提出的“involution”这一分析概念，提出了“过密化”（又称为“内卷化”）理论。黄宗智将农村经济变迁解析为三种类型：一为单纯的密集化，即产出或产值以与劳动投入相同的速率扩展；一为过密化，即总产出在以单位工作日边际报酬递减为代价的条件下扩展；一为发展，即产出扩展快于劳动投入，带来单位工作日边际报酬的增加。也就是说，劳动生产率在密集化状况下保持不变，在过密化状况下边际递减，在发展状况下扩展。①按照黄宗智的分析，小农经济过密化的程度往往取决于人口与可得资源间的平衡关系。相对于资源的人口密集的压力会造成过剩劳动力数量的增加以及高度的生存压力，导致极端过密化的发生。黄宗智在其著作中断然否定了“商品化必然会导致近代化”的理论范式，认为明清至民国的长江三角洲地区的华北地区小农涉足商品化的行为模式有三种，其中“谋利推动的商品化”类似于斯密和马克思概念中的“与资本主义、或近代早期的经济发展相关联的商品化”，其“在合理化、资本化和劳动生产率的提高方面显然最具潜力”②；而“剥削

① 黄宗智：《长江三角洲小农家庭与乡村发展》，中华书局2000年版，第11页。

② 黄宗智：《长江三角洲小农家庭与乡村发展》，中华书局2000年版，第116页。

推动的商品化”和“生存推动的商品化”两种行为模式“是谋求活命的理性行为，而非追求最大利润的理性行为”①，是处于生存边缘的小农为糊口而进行的市场生产，虽然也造就了五个世纪蓬勃的商品化盛况，也可以成为市场与城镇发展的基石，但这种商品化是过密型的，是小农经济遭遇生存威胁时调节资源、分散风险的策略手段，是小农受剥削和为活命的艰难挣扎，是一种糊口应急经济，对资本积累和经济发展并不起什么作用，与推动近代资本主义发展的质变性的商品化似同实异，可称之为没有发展的商品化。② 从本质上说，黄宗智的“过密化”理论使所谓的“资本主义萌芽”成为以西方经验镜鉴的反射映照下出现的镜中之花、水中之月。尽管黄氏“过密化”理论在学术界备受争议和指责，但从生态系统角度阐述中国近代化问题的入思路径却具有毋庸置疑的重要学术贡献。然而，正如夏明方博士在《生态变迁与“斯密型动力”、过密化理论》一文中所说，黄宗智“将研究的范围限定在华北和长江三角洲这两个地区，并时常加以比较（这种做法原本无可厚非），但却更多地把它们看成是各自孤立的‘内部相互关联的有机整体’，而相对忽视了这两个地区之间的相互联系，更不用说它们与其他区域例如两湖、西南及东北等地的相互关联了。其实，明清以来中国人口的增长过程，并不仅仅表现为传统经济区的向心集聚态势，还呈现出从腹地到边疆，从平原到山地，从已开发地区到未开发地区的人口扩散态势。这种扩散态势一方面程度不同地缓解了江南、华北等地的人口压力，迟滞了这些地区的过密化进程。另一方面亦类似于欧洲中世纪的‘边疆运动’，因各地自然资源各有不同而在全国范围内造成不同的人地比例和资源组合，导致区域

---

① 黄宗智：《长江三角洲小农家庭与乡村发展》，中华书局2000年版，第108页。

② 章学诚在《章氏遗书》中就指出：“国家生齿浩繁，田畴日辟，农桑本业，人余于地。其不能耕种者，不得不逐末谋生，所谓农末相资，古今一也。”（《章氏遗书》章二十四，《湖北通志检存稿》，食货考，吴兴刘氏嘉业堂民国11年刻本，页三十八）经典理论框架固然可以金针度人，以为导引，但如果给个棒槌就当“针”（真）了，那么“资本主义萌芽”问题讨论连篇累牍的学术产出令人殊甚浩叹。

间分工的扩大和贸易的发展”①。

按照文化生态学的原理，一个民族文化在其族内演化过程中，受到民族生存境（自然生境和社会生境）所引导，有一种定向适应律，即总是竭力使自己在延续中摄能效率日益提高，在既定的社会惯性力量的推动下沿着既往的熟悉套路滑行而不能改弦易辙最后形成所谓“路径依赖”，在使摄能水平不断增加趋于极大值的同时延宕时机，造成文化跃迁变化“机会成本”（opportunity cost）的增大，这样，一种高度专化的文化往往丧失了向更高形态文化进化的优势，而一些潜势民族文化则蓄势而发，没有历史积淀下来的沉重包袱。中国古代素有闻名世界的悠久的

① 夏明方：《生态变迁与“斯密型动力”、过密化理论——多元视野下的旧中国农村商品化问题》，《中国社会历史评论》2000 年第 2 期。不过，我们不能将“边疆运动”视为纾解“过密化”或者说“内卷化”的灵丹妙药。事实上，美国历史学家特纳就细腻地描述了美国西进运动中边疆社会的“原始退化现象”。据杨廷硕、罗康隆所著《西南与中原》一书云：“在滇西地区，由于面对强大的傣族领主势力，而汉族传统经济最急需的稻田，几乎都控制在傣族手中，因而传统的集约稻田经营无法在这里的汉族移民中实行。于是进入这些地区的汉族移民往往是在傣族领主和景颇族山官控制的夹缝间求得生存，通过头人、景颇族山官和傣族领主换取或租种傣族和景颇族弃置的荒坡进行旱地耕作，谋取生存。由于传统耕作的影响，也重视水稻种植，而客观的环境却导致他们不得不用经营稻作的习惯方式种植旱地作物，如用犁全面翻犁坡地，反复地中耕除草，种植旱谷麦类、玉米等农作物。这种特化了的新耕作样式，往往造成水土的流失。其劳力的投入和产出比不仅远远落后于中原汉族地区，甚至落后于傣族农业地区。出于生活所迫，这里的汉族移民不得不冒险分散潜入西盟、澜沧等地偷开银矿，以维持生计，在身份上不惜投靠少数民族头人。”（杨廷硕、罗康隆：《西南与中原》，云南教育出版社 1992 年版，第 172 页。）清代陕西棚民今年在此、明年适彼的垦荒现象在前面已经言及。这种情况在内蒙古河套地区更为明显。清代前往垦殖的晋陕贫民春去冬归，人称之为“雁行”“跑青”。这些到蒙地的内地农民在开荒种植时，往往不设工事，不施肥料，唯利用表土有机质和养分是务，等到三五年后养分消失，去而之他，继续垦种新地，生产技术亦每每出现原始退化现象。新中国成立前拉萨的菜农大多为来自内地的藏化的汉族，在技术上亦较诸内地时出现“原始退化现象”。“菜农们大多是冬天播下种子，盖上土和一些树叶，春天到了，浇一次水，不久就会长出嫩苗来，有菠菜、韭菜、小萝卜等。收割方法也不太相同，如菠菜，他们并不连根带叶一起拨出，而是割掉叶子留着根部继续生长。”（参见李涛、刘钊：《说说拉萨旧日的菜园子》，《中国西藏》1993 年秋季号。）

农耕文化历史。有学者说中华文明是一种早熟的文明，言其从蒙昧走向开化的发育成长之领先独步。有学者又称中华文明是一种烂熟的文化，言其农耕文明之发达出众和持续隆盛。无论如何，从时间而言，这种农耕文化历史的漫长实际上意味着对生态资源极尽其能事的消耗过甚。天道循环，昔日古代的辉煌与发达在能量守恒定律的支配下适造成近代化发展必须直面的残山剩水的萧条败落生境。黄土高原的秃岭荒山、千沟万壑，是怀着绿色逝去的悲哀走向近代的历程；黄河的滚滚浊浪，也是挟着沉重的泥沙九曲蜿蜒地咆哮着冲出古代的岁月。黄土高原有广义和狭义两种说法。狭义的黄土高原，一般是指秦岭及关中平原以北，长城以南，洮河及乌鞘岭以东，太行山以西的面积约四十万平方公里的地区；广义的黄土高原，实指黄河中游及黄河支流流域，将关中平原、鄂尔多斯高原和阴山山脉以南地区均包括在内。早在 19 世纪 70 年代，德国著名地理学家李希霍芬对黄土高原的一些地区进行考察后在其名著《中国》（Ferdinand von Richthofen，*China, Ergebnisse eigener Reisen und darauf begründeter Studien*，5 Bände mit Atlas，Berlin：Reimer，1877－1912）一书中认为，黄土高原的原始天然植被应为草原。① 20 世纪早期，俄国地质学家奥勃鲁切夫（Владимир Афанасьевич Обручев，1863—1956）撰写一系列论著研究黄土高原的成因，主张风成说，长期以来在学术界影响甚广。我国著名历史地理学家史念海自 20 世纪 50 年代以来，呕心沥血研究黄土高原的生态变迁，以丰富的历史文献和绵密细腻的历史考证，批驳黄土高原历史无林论。他在学术论文中以清丽隽永的文字写道："现在登上黄土高原，极目瞭望，无论远近，皆呈一片黄色，因为遍地都是黄土，这是不足为奇的。其实在历史时期的早期，这里应该是一片绿色，黄色的土壤并不是那么显著的。当时原始森林遍布于山峦丘阜和低地平川，其间还夹杂着若干草原。植被是这样的完整，使黄土高原上有了一层严密的覆盖，所以到处显出绿色。那时这里的黄土虽已经受人注意，而被称为黄壤，但只是作为区别土壤的名称，不能因此说黄色是当

---

① 相关研究可以参考 Jürgen Osterhammel，Forschungsreise und Kolonialprogramm. Ferdinand von Richthofen und die ErschlieBung Chinas im 19. Jahrhundert，*Archiv für Kulturgeschichte*（AfK）69，1987，S. 150－195。

时黄土高原的特点。”①

据距今六七千年前的半坡遗址所发现的生活在森林中的大量斑鹿遗骨证明，在原始社会时期，西安地区和秦岭北坡曾生长过茂密的森林，直到西周初年仍是这种状况，因其规模和树种的不同，而有平林②、中林③和棫林④、桃林⑤等名称。中条山南的黄河岸边有檀木，所以《诗经·魏风·伐檀》云：“坎坎伐檀兮，置之河之干兮，河水清且涟漪。”⑥ 据考证，当时黄土高原生长的树木有乔木和灌木，其中乔木主要为栎属树种和桑树，灌木主要有榛、酸枣、荆条、枸杞等，尤其桑树十分普遍，以至于迄今当地仍有许多以桑为名的村庄。《汉书·地理志》载，黄土高原西部由于森林繁多，林木易得，故“民以板为室屋”⑦。这令人联想起如今北欧国家那种森林小屋的景况！《水经注·渭水》更清楚地指出“其乡居悉以板盖屋，《诗》所谓西戎板屋也”⑧，与当今黄土高原窑洞这种“以土为屋”的情形可谓天壤之别。历史时期关中平原气候远较现在湿润，雨量远较现在充沛，喜温畏寒的亚热带竹类植物在汉晋以前于此在所多有，呈现给人们以一派北亚热带或中亚

---

① 史念海：《黄土高原历史地理研究》，黄河水利出版社 2001 年版，第 295—296 页。

② 《诗·大雅·生民之计·生民》，余冠英注译：《诗经选》，人民文学出版社 1982 年版，第 259 页。

③ 《诗·小雅·节南山之什·正月》，余冠英注译：《诗经选》，人民文学出版社 1982 年版，第 215 页。史念海云，平林和中林都是指平地的森林，应是一般的泛称。

④ 旧说棫林在华县。唐兰考证认为在今陕西扶风、宝鸡一带。此一问题可以参考的文献主要有：裘锡圭：《论𢦚簋的两个地名：棫林和胡》，《考古与文物丛刊》1983 年第 2 期；尚志儒：《郑、棫林之故地及其源流探讨》，陕西历史博物馆编：《周文化论集》，三秦出版社 1993 年版。

⑤ 司马迁：《史记》卷四，周本纪，中华书局 1959 年版，第 129 页。

⑥ 《诗经·魏风·伐檀》，余冠英注译：《诗经选》，人民文学出版社 1982 年版，第 110 页。

⑦ 班固：《汉书》卷二十八下，志第八，地理志，中华书局 1962 年版，第 1644 页。

⑧ 郦道元：《水经注》，谭属春、陈爱平点校，岳麓书社 1995 年版，第 264 页。

热带的自然风光。《汉书·地理志》云：“鄠（户县）杜（西安）竹林，南山檀柘，号称‘陆海，为九州膏腴’。”① 中国人都熟知的成语“罄竹难书”源出《旧唐书·李密传》：“罄南山之竹，书罪未穷”② 一语，所谓“南山”者，乃终南山也。即便在唐代，幽篁竹园仍是关中地区亮丽的风景线，王维“独坐幽篁里，弹琴复长啸”③ 的千古绝唱至今令人心驰神往。成书时代约为公元前3世纪的我国最古的地理著作《禹贡》将当时中国划分为九个地理区域，即九州，并对每一个州的土壤肥力评定等级，共分三级九等，其中只有雍州（秦岭以北的渭河谷地及陕甘黄土高原）的黄土为第一等（“厥土惟上上”），而长江下游的扬州（淮河以南，包括长江三角洲及太湖流域）则主要长着茂密的杂草和高大的乔木林，遍地是沮洳湿地（“厥草惟夭，厥木惟乔，厥土惟涂泥”），故被评为最坏的第九等（“厥田惟下下”），与当今南北土壤肥力的状况截然相反，这既有南方未经开垦或开垦不久而涂泥、青泥土壤熟化影响少的因素，也应有历史时期北方肥力下降的因素。④ 正是这样，在中国历史上最先擅“天府”之美誉者并非当今的四川成都平原，而是关中平原。据《战国策·秦策》载，公元前338年苏秦游说秦惠王时曾云：秦国“田肥美，民殷富，战车万乘，奋击百万，沃野千里，蓄积饶多，地势形便，此谓天府，天下之雄国也”⑤。秦朝末年，娄敬和张良亦称关中为“天府”。直到隋朝，李密仍有“关中四塞，天府之国”⑥ 云云。与此相比较，四川最早被称为天府乃其事在公元前251年

---

① 班固：《汉书》卷二十八下，志第八，地理志，中华书局1962年版，第1642页。

② 刘昫等撰：《旧唐书》卷五十三，列传第三，李密，中华书局1975年版，第2215页。

③ 引自陶今雁注：《唐诗三百首详注》，江西人民出版社1980年版，第332页。

④ 参见蓝勇：《历史时期西南经济开发与生态变迁》，云南教育出版社1992年版，第3—7页。

⑤ 刘向集录：《战国策》上册，卷三，上海古籍出版社1985年版，第78页。

⑥ 刘昫等撰：《旧唐书》卷五十三，列传第三，李密，中华书局1975年版，第2208页。

秦昭襄王死后，而此后诸葛亮在208年的《隆中对》中称“益州险塞，沃野千里，天府之土，高祖因之以成帝业”①，则更属后话。

中国古代风水理论认为：“吉地不可无水”，“地理之道，山水而已”。远在西汉中叶，司马相如《上林赋》中就这样写道：“荡荡兮八川分流，相背而异态”②，讴歌长安地区碧水清流之浩浩荡荡，故人们素有“八水绕长安”之说。所谓八水者，乃指泾、渭、灞、浐、沣、滈、潏、潦（即现在的涝水）八条河流，其中渭水乃主流，其余七水皆渭水的支流。泾渭二水在城北，灞、浐二水在城东，沣、涝二水在城西，滈、潏二水在城南，却亦绕城西向北流去。当时这些河流的水流量都非常丰沛，大多数都可以行船。学术界常征引《汉书·沟洫志》中的一句话：“泾水一石，其泥数斗。”③ 我国著名地理学家任美锷辩证地说：“《汉书·沟洫志》的话是引当时的一首民谣，并没有正确定量意义，仅是讲当时泾水中含有泥沙，并非真有‘数斗’。由于汉武帝时移民开垦黄土高原，当时含沙量开始增高，但并不是其下游含沙量已接近现在。还有人认为，黄土易受侵蚀，而说从地质时代以来黄河含沙量就很高。然而，应知道，在天然植被被破坏以前，黄土是极好的土壤，并不易受侵蚀。”④ 在中国古代典籍中，究竟泾渭孰清孰浊，历来众说纷纭。史念海经过考证认为，“泾渭清浊的历史变迁，与当地植被的存毁与水土流失的缓急有着密切的关系。各个历史时期的具体情况不同，两河清浊也就有了显著的差异，不能一概论”。在春秋战国时期，是泾清渭浊；在战国后期至魏晋时期，变成泾浊渭清；在南北朝时期，又为泾清渭浊；在隋唐时期，复为泾浊渭清；唐代以后，多系泾清渭浊。⑤ 从

① 陈寿：《三国志》卷三十五，蜀书五，传第五，诸葛亮传，中华书局1959年版，第912—913页。

② 司马相如：《上林赋》，林尹编：《两汉三国文汇》，台北中华丛书编审委员会1960年版，第240页。

③ 班固：《汉书》卷二十九，志第九，沟洫志，中华书局1962年版，第1685页。

④ 任美锷：《黄河与人生》，谢觉民主编：《人文地理笔谈》，科学出版社1999年版，第59页。

⑤ 史念海：《河山集》二集，生活·读书·新知三联书店1981年版，第199—213页。

史籍可见，黄河之浑浊黄色并非自始如是，它古称“河”或“河水”，至东汉班固所撰的《汉书·高惠皇后文功臣表第四》中云：“使黄河如带，泰山若厉”①，方见有“黄河”一名出现，然据清人王念孙考证，西汉以前，无谓河为黄河者，此“黄”字系后人所加，“欲以黄河对泰山耳”②。故唐以前记述河流的著作，如北魏郦道元《水经注》仍将黄河称为“河水”。应该说，水德善德，而人类亦须厚德载物。历史上以“善淤、善决、善徙”著称的黄河是孕育中华文明的母亲河③，近代以来，外国人称之为“中国的忧患”（Chinese Sorrow），之所以出现这种状况，就是大自然以生态危机的方式向人类亮出了黄牌警告。往梦依稀咒逝川。《诗经》“伐木咚咚，鸟鸟嘤嘤。出自幽谷，迁于乔木”④所反映的开辟草莱的文明曙光晨曦初露的景象已经一去不复返。骊山脚下如走马的王朝兴衰嬗迭反复演历，杜牧笔下“蜀山兀，阿房出”⑤之类以令人触目惊心的生态破坏为代价的绝代绮丽繁华对橡栎柱栋之材的吞噬，白居易笔下“满面尘灰烟火色，两鬓苍苍十指黑”⑥的卖炭翁伐薪烧炭南山中之类经年累月的斧斤不时成为不断呈现的历史画面。然而，当黄土高原郁郁葱葱的绿色植被被褫剥荡然后，这片物华天宝的土地上繁荣昌盛的文明华衮亦便随之黯然失神、飘然蚀落。⑦

---

① 班固：《汉书》卷十六，表第四，高惠皇后文功臣表，中华书局1962年版，第527页。

② 王念孙：《读书杂志》，汉书第二·高惠高后文功臣表·黄河，中国书店1985年版，第109页。

③ 秦始皇即曾改称黄河为“德水”，又称秦为“水德之始”。参见司马迁：《史记》卷六，秦始皇本纪，中华书局1959年版，第237页。

④ 《诗经·小雅·伐木》，余冠英注译：《诗经选》，人民文学出版社1982年版，第175页。

⑤ 杜牧：《樊川文集》卷一，“阿房宫赋”，冯集梧注，上海古籍出版社1978年版，第1页。

⑥ 《白居易集》，喻岳衡点校，岳麓书社1992年版，第58页。

⑦ 世界上文明发达比较早的地区都存在资源耗竭的问题。古埃及、波斯以及中国的黄河中游地区即是其例。北京作为首都，经历数百年的人类不断索取资源，也发生了沧桑巨变。过去海淀是有众多湖泊的，而如今却唯余此空名。当年抚远大将军年羹尧倚功造过，由功臣变成罪臣，而使雍正帝最后动了杀机的一 （续下注）

《诗经·大雅·公刘》曾说过“度其原隰”①。所谓原是高平的地方，隰是下湿的地方，但关中的人们后来就不使用隰的称谓，因为气候干燥、土地板结，自然状况发生了巨大变化。史念海说：“原是一种特殊的地形，在黄土高原相当普遍。凡高起而上面平坦的地方都可以称为原。关中平原是总称，其间原是很多的。由陇山之东直到华山之下黄河之滨，连绵不绝。原有大有小，并不皆同。最大的当数到早周之时周人聚居的周原。原来的周原，相当于今凤翔等4个县的大部分，还有宝鸡等3个县的小部分。原是容易受到侵蚀和切割的。周原在汉魏之间已被切割分为积石原。迄今周原只剩下岐山、扶风两县之间一小块地方，已经是很小的原了。可是汉唐长安城附近原的分割就不至于这样的迅速。现在西安市位于龙首原上。龙首原东有铜人原，铜人原西南有白鹿原，龙首原南有少陵原、凤栖原、乐游原、神禾原，少陵原之西有毕原、高阳原、细柳原、马邬原等。这当然是长期演化而成的。早在汉代就不是如此。汉时长安城南只有一个白鹿原，由灞水之西直到汉长安城之西。”②只是到了唐代，长安附近的原的数目才有较大的增加。史念海在1938年首次赴榆林之前未曾见过陕北人以梁峁并称的“峁”字，后经

（续上注）个机缘，就是年氏在京的住宅进了老虎。北京师范大学所在的北太平庄和中国人民大学西门的六郎庄之所以得名，就是因为至晚清时，这些地方上有狼出没，而慈禧太后属羊，往来于颐和园和紫禁城，以为不吉，故传旨改“六狼庄”为今名“六郎庄”。而如今，且不说北京，偌大的中国也很少见到狼、虎的踪影。笔者上中学时，语文课本有一篇古文，名字叫《冯婉贞》，其中讲到咸丰庚申年间，英、法联军自海入侵，京畿骚然，“距圆明园十里，有村曰谢庄，环村居者皆猎户”，在冯婉贞等伏击英法联军的地方，森林“荫翳蔽天”。而如今，北京的西山肯定今非昔比。20世纪80年代初，在笔者刚到北京读大学时，每到冬季，政府就有两件大事：一是冬储大白菜，一是市民取暖的蜂窝煤。这说明，冬天取暖用煤被列入政府工作的重要日程。试想几百年来，北京从上到下建筑房屋、取暖不知道要消耗多少木材，而我们从邓拓的研究可以得知，北京门头沟的煤矿的开采乃肇始于明代。代复一代的砍伐，焉得不日渐林木稀疏？

① 《诗经·大雅·公刘》，余冠英注译：《诗经选》，人民文学出版社1982年版，第267页。

② 史念海：《黄土高原历史地位研究》，黄河水利出版社2001年版，第332页。

过调查得知这是由于原被侵蚀后出现宽窄互异的沟，将原分割成许多呈长条并不甚宽的地形，此为梁，梁上再经侵蚀有了沟，又被分割成若干段落，每个段落四周为沟所环绕，仅剩下一个高土堆孑然矗立，是为峁。黄土高原这种不断被侵蚀切割后支离破碎的地貌特征正是植被遭到破坏后水土无法涵蓄而流失的结果。

1961 年 2 月 9 日，著名地理学家、气象学家竺可桢在《人民日报》上发表《向沙漠进军》一文，此文后被选入中学语文课本，影响极为广泛，其中写道："陕西榆林在三百年前明末清初的时候是没有多少风沙的。因为榆林地区雨量尚属丰沛，是一个天然草原区。到清朝乾隆时代（即 18 世纪末），山西和陕西北部农民受清皇朝和当地地主的两重压迫，不胜困苦，大量移民到榆林以北关外开垦。因为地旷人稀，农民种庄稼不打井开渠灌溉，不施肥料，几年以后生产减少就把地抛荒，另辟新地。原有树木也作燃料烧掉。如此滥垦滥伐，原来的草地露出泥土，风吹日晒，沙尘便到处飞扬。到新中国成立以前榆林地区关外三十公里多变为沙漠。风沙侵入长城以内，掩盖榆林城垣，逼使榆林三次迁移。陕西和伊克昭盟的毛乌素八百多万亩沙荒大都是这样造成的。"① 竺可桢的这篇文章使素来喧腾众口的"榆林三迁"的传说更加播布遍传。其实，历史上并无在风沙威逼城池南移的"榆林三迁"，而系源自《榆林府志》所记 1472、1492 和 1515 年三次扩建的"榆林三拓"的误传。不过，具体的历史事件的失实并不能否定通体的历史趋势的真实。从史料上昭然可见的是，在明代，榆林沿边地带沙漠化就非常严重，大风经常把沙卷到城边，"扬尘四塞"的情况屡见不鲜，不仅沙子会把城外的壕沟填平，而且沙子堆得几乎与城墙竞高，直接影响城堡的安全，因此扒沙的工作当时成为经常性的差役。民国年间，俗语云："榆林城外一片沙。"当地群众认为此地乃"就地起沙"，即原先不是沙漠的地方，由于不合理开垦，破坏了原有植被后因而沙漠化了。在 1926 年，有人亦详备言之，云：榆林城外"现有树木仅少数之杨柳而已，已侵入该地之

① 竺可桢：《向沙漠进军》，《人民日报》1961 年 2 月 9 日。亦见竺可桢：《竺可桢文集》，科学出版社 1979 年版，第 408 页。

沙漠环抱长城城壁，且有越长城而入内地三十英里者”，当地官员不得不特设运沙处以搬运“堆积城外之沙”。① 从考古发掘资料可以看出，毛乌素沙漠地区的古代遗址，以汉代遗址深入沙漠内部最远，唐代遗址次之，明代遗址已退缩到沙漠东南边缘地区，呈现出西北、东南向的时代顺序性，这正是沙漠逐步扩大的有力证据。此外，杭锦旗西北库布齐沙漠中间有被风吹去的部分，常有大树根露出，而且还露出了原来的土壤。据当地老人说，这些树根乃系清代砍伐木材留下来的，可见这里的沙漠的形成已在更晚的清代。

在清代，陕南秦巴老林烈山而耕的开垦如火如荼。严如熤《三省边防备览》记述说，结茅栖止的棚民在“山中开荒之法，大树巅缚长绳，下缒巨石，就根斧锯并施，树既放倒，本干听其霉坏，砍旁干作薪，叶枝晒干，纵火焚之成灰，故其地肥美，不需加粪，往往种一收百。间有就树干中挖一大孔，置火其中，树油内注，火燃不息，久之烟出树顶，而大树成灰矣”②。就这样，昔日“古木丛篁，茂密蒙蔽，狐狸所居，豺狼所嗥”③ 的森然蔚秀的秦巴深岩老林在斧锯频施的斫伐和烈焰炙天的燃烧中，数里如荡，一望成灰，逐渐成童山濯濯，群兽远迹，石骨崚嶒，生意殆尽，以致“老林开辟，至夏秋涨发，各山沟辄拥沙堆石，磊积于江中”④，造成严重的水土流失后遗症。早在唐代中叶，关中近山已无巨木，有人声称在同州（今陕西大荔）山谷发现八十尺大树数千株，唐德宗就深感难以置信地说：“开元、天宝间求美材于近畿犹不可得，今安得有之?”⑤ 宣统二年，耿兆栋所译日本某君之《伊犁旅行记》

① 蔡源明：《我国北方各省将化为沙漠之倾向与实证》，《东方杂志》第23卷第15期（1926年8月10日）。

② 严如熤：《三省边防备览》卷十一，策略，《续修四库全书》编纂委员会编：《续修四库全书》732，史部·地理类，上海古籍出版社2002年版，第296页。

③ 严如熤：《三省边防备览》卷六，险要，《续修四库全书》编纂委员会编：《续修四库全书》732，史部·地理类，上海古籍出版社2002年版，第237页。

④ 严如熤：《三省边防备览》卷五，水道，《续修四库全书》编纂委员会编：《续修四库全书》732，史部·地理类，上海古籍出版社2002年版，第219页。

⑤ 司马光：《资治通鉴》卷二百三十五，唐纪五十一，中华书局1956年版，第7563页。

一文申论说，“秦豫二省之乏森林，其铁证不少概见。庚子之变，两宫西巡，谋建行宫于西安，秦豫二省木材不足以供一时之用，远丐之兰州数千里外，是其证一；两省居民，富者石楹瓦舍，贫者陶户穴居，绝不见一伐木制构之精舍。行近兰州，穴居之民始寡，亦足见甘省居民之逼近森林，而秦豫两省林木之寡已”①。由于甘肃较陕西开发较晚，所以在近代森林保存量较陕西可能略显丰裕，因此耿氏慨然而叹：中原号称“开化最早，迄今犹有穴居之民，是虽存太古遗风，亦足见人民生计之窘已”②。

事实上，黄土高原生态环境的恶化仅是中华文明几千年悠久历史负面效应的典型，西部其他地区的例证亦俯拾皆是。诸如，三峡地区在历史上是我国灵长类动物著名的分布地区，历代墨客骚人对三峡猿声的咏叹记述一直史不绝书，郦道元《水经注》记其事曰：“（三峡）常有高猿长啸，屡引凄异，空谷传响，哀转久绝，故渔者歌曰：巴东三峡巫峡长，猿鸣三声泪沾裳”③，李白“两岸猿声啼不住，轻舟已过万重山”④激情豪迈的千古绝句更是脍炙人口，但到清代同治年间则“自入峡至出峡不闻猿声”⑤，民国年间杨庶堪《三峡歌》便只得以“所幸绝猿声，闻猿应肠断”⑥聊以解嘲。

近年来，中国学术界，尤其史学界对法国年鉴学派的理论甚为推崇，但多未能得其三昧。首先，法国年鉴学派的所谓“理论”之有无

---

① 耿兆栋译：《伊犁旅行记》，《地学杂志》宣统二年八月第一年第七号，杂俎。

② 耿兆栋译：《伊犁旅行记》，《地学杂志》宣统二年八月第一年第七号，杂俎。

③ 郦道元：《水经注》，谭属春、陈爱平点校，岳麓书社1995年版，第499页。

④ 李白：《早发白帝城》，程千帆、周汝昌等撰写：《唐诗鉴赏辞典》，上海辞书出版社1983年版，第336页。

⑤ 洪良品：《巴船纪程》，王锡祺辑：《小方壶斋舆地丛钞》第七帙，杭州古籍书店1985年版，页一百十一。目前学术界对这段史料的征引标注错误甚多。

⑥ 转引自蓝勇：《深谷回音——三峡经济开发的历史反思》，西南师范大学出版社1994年版，第167页。

在我们看来即值得反复推求，因为布罗代尔的两部重要著作——《菲利普二世时代的地中海和地中海世界》（*La Méditerranée et le monde méditerranéen à l'époque de Philippe II*，Paris：Armand Colin，1949）、《15至18世纪的物质文明、经济和资本主义》［*Civilisation matérielle, économie et capitalisme*（*XVe – XVⅢe siècles*），3 volumes：Paris，Armand Colin，1979］，都不是讲“理论”的，且布罗代尔本人即表示对所谓理论不感兴趣，西方对年鉴学派造诣精深的学者也早已指出布罗代尔等人不擅长于理论分析。其次，笔者认为布罗代尔的长段理论来源于地理学，尤其受法国人文地理学的“维达尔传统”（la tradition vidalienne）影响，时至今时时空尺度的选择仍是地理学研究的先行预设操作程序，而布罗代尔等人另一重要理论、即“总体史学”（global history）尽管有打破学科壁垒的跨学科的含义，但它并不如国内学者所理解的那样是对政治、经济、军事诸方面无所不包的历史，而是与长时段理论紧密相关的另一层面，也是着眼于时间角度而言，是一种古今互视的历史观，其实国内外学者都不甚注意年鉴学派创始人之一布洛赫提出的著名公式“通过过去来理解现在，通过现在来理解过去”就在其论述“总体史学”那一小段文字之后，就是其对“总体史学”精义的准解诠释，只是一般人寻章摘句而没有回向原典，以致一叶障目，郢书燕说。从某种意义上，年鉴学派的思想颇类似于我国史学家司马迁“究天人之际，通古今之变”的史学纲领。地理环境的变迁往往需要漫长的历史时段，所以布罗代尔在有关地中海等著作中用长时段这种地理时间为尺度进行历历如绘、详细入微以至于几近烦冗不堪的白描式叙述。不过，设若我们仅仅将目光的投射停留于此而作如是观，那么不免仍属一种短视的浅见。在人类历史上，现代社会与传统社会的时空尺度可以说是截然相反的历史类型。如果说现代社会以空间尺度扩大、时间尺度缩短为特质，即呈现对时间分辨率的能力越来越高和对空间测度范围逐步扩展的趋势，那么传统社会则可谓以长时段、小空间为其本色。故而与年鉴学派第一代代表人物有密切关系的法国人文地理学家卡米耶·瓦洛（Camille Vallaux）曾主张表现空间最好的地理方法是一种“等时地图”（carte d'isochrones）。在传统农业社会中，由于人对土地具有一定黏着性，活动空间半径狭小，社会变迁速率缓慢，因此我们必须以长时段眼光如司马迁那样将天、地、生、人统合地纳入历史考察视域，以人事明天道，以天道说人事，究天人之际而通古今之变。从长时段来看，越是人类文明起源较早且连续居住的地区，生态资源的衰竭现象就越严重，而随着生态资源衰竭现象的日益凸现，繁华消歇便不期而至。中国西部地区经过漫长的农耕文明历史，许多地区的确未免菁华已竭，血虚津枯，呈露其衰落的形象，“山川枯槁无灵气”①，生态环境呈现不再逆转的退化，生存空间趋萎缩，以至于一方水土养不活一方人的生态性贫困比比皆是。不宁唯是，由于人化的自然与自然的人化息息相关，生态性贫困对人的精神、心理所造成的摧折尤不容泄泄视之，因为这直接影响西部近代化的发展历程。中国西部近代化之所以按中医说法表现出“脉象散乱”的症候，的确如普里高津的耗散结构理论所言是整个系统空间内部“熵”的能量的衰竭性不平衡所引发的病灶。

第三节 从游牧社会内部发现历史：对现代游牧社会农业化现象的反思

在中国历史上，草原游牧民族往往迅速建立庞大的国家，如同狂风暴雨，势不可遏，但又迅速由盛转衰，仿佛昙花一现似的归于沉寂。所谓“胡无百年之运”固属无稽，但游牧民族骤兴骤亡现象确是不容否认的客观存在。何以通释？当年黄炎培到延安见到毛泽东时，在被史称为“窑洞对”的著名恳谈中就谈及中国历史兴衰的循环怪圈，但事实上，中国历史上农耕社会建立的中原王朝动辄上百年，甚至几百年，较之草原游牧民族“其兴也悖焉”，“其亡也忽焉”②，这种政治制度经过千百年来的风风雨雨的洗礼打磨可以说是相当精密而富有韧性的了。游牧社会和

① 佚名：《鼓儿词》，太平天国历史博物馆编：《太平天国史料丛编简辑》第6册，中华书局1963年版，第439页。

② 《左传·庄公十一年》。上海人民出版社编：《春秋左传集解》，第1册，上海人民出版社1977年版，第155页。

农耕社会不仅在政治制度方面具有明显差别，而且在土地所有权观念等法律制度方面也大相径庭，在经济上的异质性更是不为人们所体认。① 笔者曾在拙著《中国经济法历史渊源原论》中指出，居处工业、农业文明社会中的学者往往对蒙古地区游牧经济的特性缺乏亲身切眼的感性认知。马尔萨斯人口理论中很重要的范畴即是人口增长的几何乘数效应。与农耕产量以算数级数增长方式不同，人口、畜群的繁殖特点和规律中惯性力量往往很大。笔者在此援引曾经被许多人任意大泼脏水的马尔萨斯人口理论，并且将人口增长与畜群的繁殖放在一起论列，这虽然不太符合儒雅之士的口味，但其说也未必不通。从生命科学的角度来看，这一特性的确是解释农耕社会与游牧社会诸多难解之谜的关键所在。李绅的抒情诗《古风》所谓“春种一粒粟，秋收万颗子”②，其实是诗化的语言，与现实的农业生产有一定距离。而在农村侍弄过庄稼的人都知

---

① 国外学者关于游牧社会的相关研究成果可以参见：K. Gronbech, The Steppe Region in World History, *Acta Orientalia* 23 (1959): 43 - 56; 24 (1959): 15 - 28; 25 (1960): 1 - 14. L. Krader, The Ecology of Nomadic Pastoralism, *International Social Science Journal* 11 (1959): 499 - 510. A. M. Khazanov, Characteristic Features of Nomadic Communities in the Eurasian Steppes, in Wolfgang Weissleder, ed., *The Nomadic Alternative: Modes and Models of Interaction in the African- Asian Deserts and Steppes*, The Hague: Mouton, 1978, pp. 119 - 126. C. Humphrey, The Uses of Genealogy: A Historical Study of the Nomadic and Sedentarized Buryat, in *Pastoral Production and Society/Production Pastorale Et Société*, Équipe écologie et anthropologie des sociétés pastorales, Cambridge: Cambridge University Press, 1979, pp. 349 - 360. S. I. Vajnshtejn, The Problem of Origin and Formation of the Economic-Cultural Type of Pastoral Nomads in the Moderate Belt of Eurasia, in Wolfgang Weissleder, ed., *The Nomadic Alternative: Modes and Models of Interaction in the African- Asian Deserts and Steppes*, The Hague: Mouton, pp. 127 - 133. Nicola Di Cosmo, State Formation and Periodization in Inner Asian History, *Journal of World History* 10/1 (1999): 1 - 40. Sechin Jagchid, The Historical Interaction Between the Nomadic People in Mongolia and the Sedentary Chinese, in Gary Seaman and Daniel Marks, eds., *Rulers from the Steppe: State Formation on the Eurasian Periphery*, Los Angeles: Ethnographics/ University of Southern California, 1991, pp. 63 - 91. Nobuo Yamada, The Formation of the Hsiung-nu Nomadic State, *Acta Orientalia Academiae Scientiarum Hungaricae* 36/1 - 3 (1982): 575 - 582。

② 中国社会科学院文学研究所古代文学室唐诗选注小组选注：《唐诗选注》，北京出版社 1982 年版，第 494 页。

道，农业生产的增长是比较缓慢的，用马尔萨斯的话来讲是一种“算数级数增长”，今年播种三十斤种子，收获七百斤粮食，明年播种三十斤种子，可能收获八百斤粮食，但不可能一千斤、一千五百斤这样增长，“大跃进”放高产卫星那样的神话不足凭信。但是，人口和动物的繁殖却不同，用马尔萨斯的话来讲是一种“几何级数增长”，一生二，二生四，四生八，八生六十四……所以清代人口在康熙年间过亿后，在乾隆年间迅速增长到两亿多，到道光年间更是有了“四万万同胞”的概念，到批判马尔萨斯、搞“大跃进”的时候已经成了“六亿神州尽尧舜”①的格局。所以，我们可以从这种习焉不察的常识想象一下，在游牧社会里，如果赶上年景一直顺利，水草丰美，六畜呈几何级数繁衍，此时游牧民的人口由于生活资料的富足也往往表现为同步的几何级数增长。如同过去农村里一家人丁兴旺，尽皆孔武有力的精壮男丁，那么此门户必定迅速富甲一方，家声丕振。最初“除影子外无伴当，尾子外无鞭子”② 的一代天骄成吉思汗的崛起就是这样的简单逻辑，兄弟众多而骁勇，几十位妻子所生的儿子又多为人中龙象之辈，“黄金家族”加上成吉思汗的结义拜盟兄弟、伴当等等，组成核心力量，一个影响十个、十个影响百个，就能够在无边无际的草原陡然掀起滚滚浪潮，越来越多的草原民众都被风暴所裹挟而加入这股洪流之中，呼朋引伴，如同滚雪球一般越滚越大，所以雄健的蒙古铁蹄迅疾如雷，横踏欧亚，摧枯拉朽，不啻长风扫箨，令世界为之发抖。但是，这种游牧社会的经济和政治都极不稳定，其大起大落的关键原因也在于这种生命繁衍的特殊机制。

农耕社会的生产周期是以一年为单位的，春播、夏耘、秋收、冬藏，而游牧社会的生产周期其实不见得如此。俗语云，草活一秋，人活一世，十年树木，百年树人。这说的是人和植物的生命时间是不同的。与此相同，牲畜往往需要几年才能长大，生产周期比种庄稼要长。而且，农业经济虽然在靠天吃饭的情况下极为脆弱，但是一年的自然灾害通常仅仅影响一年的庄稼，第二年就有可能恢复过来，如民谚所谓“一

① 中共中央文献研究室编：《毛泽东诗词集》，中央文献出版社 1996 年版，第 105 页。

② 佚名：《元朝秘史》，鲍思陶点校，齐鲁书社 2005 年版，第 34 页。

灾跨三季”，往往今年旱潦有灾，明年却是收成丰登的大好年景，甚至自我恢复机制所需时间根本用不到一年。例如，在发生洪涝灾害时，一方面洪峰破堤漫埝，冲村淹地，竟有“隔夜不找地界”之说，但另一方面，洪水过后，又因泥挟沙淤不粪而肥，地肥土润，其收必倍，秋粮夏补，谚云“一麦抵三秋”“一麦保全年”。在清代，陈宏谋、孙嘉淦和方观承等人曾说到永定河之洪水泛滥善肥禾稼，所淤处变瘠为沃，肥饶倍长，伤秋稼尚获夏麦，秋禾所失，夏禾倍偿，一年之内即可失之东隅而收之桑榆。河北省固安和霸州因浑河（桑干河）的泛滥而淤瘠为肥，丰收逾恒，故百姓既忧水之淹，亦甚德水之淤，俗称之为“金铺地”。据张謇言，江苏运河一带的下河之地，本有以水为肥料之经验谈，其中的兴化县，地势最低，受灾亦最酷，“然千百年来，遇灾何止数十百次，而居民安忍其毒而不去者，甲年灾，乙年必大熟，得犹足以偿其失故也”①。然而，游牧社会却是另一番景象。在蒙古人称为白灾（即雪灾）、黑灾（即冬季无雪而畜群在严寒中干渴的情况）降临之后，古老的游牧生产方式的灾害承受能力如果一旦被突破，经济就会发生崩溃，几年甚至几十年都缓不过劲来。② 这种下滑趋势也是呈几何级数的，往往跌入谷底，一蹶不振。在这种生命繁衍机制的作用下，活动于中国北方的游牧民族的“马上行国”往往呈现出来如排山倒海、去似杳无踪影的神异特点。清代准噶尔汗国的兴衰荣枯也可以印证这一机制。

从年复一年的生产过程而言，农民种植的粮食可以储存较长时间。隋代的广通仓贮藏的粮食在考古发掘出来以后还历历可见当初的胜景，朱元璋也可以在这种机制下接受深挖洞广积粮的建议以抗衡北元的威胁。但是，在游牧社会中，若至冬季，霏雪凝冰，牲畜肉骨瘦露，免死为幸，以视夏期之丰肥，不啻天渊，且多有迫饥寒而倒毙相藉，游牧民族每逢冬天不得不宰杀牲畜过冬。受到技术条件的制约，

---

① 张謇：《政闻录》卷十五，张怡祖编：《张季子（謇）九录》，沈云龙主编：《近代中国史料丛刊续辑》第九十七辑，961—962，台北文海出版社 1983 年版，第 867 页。

② 张承志：《牧人笔记》，湖南文艺出版社 1999 年版，第 7 页。

畜产品的储存难度较大，不可能像粮食那样长期保存，牧民难以实现长期的持续的财富积累，不会像农耕社会中出现累世积谷而富的情况。受自然规律支配，鲜有盖藏的游牧民族在灾害时期都要移牧躲灾，使移动以及随时作有关移动的抉择成为游牧社会人群适存于资源匮乏且变量多的边缘环境的利器。一般而言，水、草资源愈不稳定、愈匮乏，其迁徙行程愈远、迁徙范围愈大，行踪愈不确定。在清代，牧民在自己的冬、夏营地之间的移动不被算作是走“敖特尔”，只有在夏营地的草场不足、而冬营地的草又需要保护起来过冬时，远距离游牧才叫走“敖特尔”。大灾之年走“敖特尔”，可以使牲畜少受损失。游牧民的财富不在土地，而在于可以行动的牲畜，诸如马、牛、羊、骆驼、驯鹿等主要牲畜皆有很好的移动力，这对于配合游牧经济中的“移动”及节省人力至为重要。

游牧社会所面临的自然资源分布格局影响到其以移动规避经济风险的行为模式，这种游牧经济与其权威性资源的配置具有密切关系。迁徙使得牧民群体适应资源条件的允许程度或根据需要而分裂和重组，并伴随产生社会关系的变化。对游牧社会人群来说，迁徙不只是为了使牲畜在各种季节皆能得到适宜的环境资源，更是人们逃避各种自然与人为“风险”（包括权力掌控与阶级剥削）以及利用更广大外在资源的手段。这种迁徙很可能影响游牧人群的族群认同、社会结构、领袖威权以及其社会道德与价值观。① 在游牧社会中，牧民与牲畜相依为命，并形成特有的生命意识。由于资源匮乏且不具确定性，由于人们的财产少且大多长了能移动的脚，马背上的牧民不像农民那样把自己的人生和庄稼一道扎根在土地之中，出于生存的需要经常有跨越种种边界的行动，亦多半有能力进行如此的跨界。牧民在许多情况下可谓对于政治权威可以真正实现“用脚投票”（vote with feet）之人。20 世纪上半

---

① 可以参见 P. Burnham, Spatial mobility and Political Centralization in Pastoral Societies, in *Pastoral Production and Society/Production Pastorale Et Société*, Équipe écologie et anthropologie des sociétés pastorales, Cambridge: Cambridge University Press, 1979, pp. 349 – 360。该文认为在游牧社会中固有的流动性会影响社会组织，探讨了外部因素对诸如集中、分层和平均主义等各种问题的影响。

叶国民政府时期的一份康区视察报告称，是时，地方政府对于以游牧为生的四川西北炉霍罗科马居民是否缴纳牲税，任其自便，“不敢强迫也，否则迁家驱牛，逃往野番”①。这份材料当然不可以片面加以扩充解释，但说明此地牧民存在可以利用其迁徙能力脱离政治威权的回旋空间。在空间上的经常移动，也影响他们在社会结群上的“移动”。由于需要因应环境变化，一起迁移的人群时大时小，因此各层次的社会认同与人群亲缘关系也经常“移动”。此种“移动”表现在大小、聚散无常的部落形态上，表现在相当有限或多变的领袖威权上，也表现在人群之共祖血缘记忆的变易上。例如，一个部落为了逃避兵灾拔脚而走，移牧他方，往往与收容他们的部落联合，并在部落历史记忆中找到彼此共同的祖先，重构其记忆中的血缘谱系。② 游牧民所有的这些生存策略体现了环境资源的有效适应和利用。

工业社会可以凭借技术与商业力量，可以向地球的任何区域扩展，把它们的文化扩展到世界的各个地区。与工业化社会一样，游牧社会的空间运动性也相当大。游牧民族在马背上四处游动，具有前工业社会时代无可匹敌的机动能力，逐水草而栖息，在运动空间广阔这方面对当时的农业社会构成优势地位。正是这样，农业社会由其不能自由运动的空间扩展性质所决定，大多有历史眼界的局限性。但是，利与弊相互并存。在历史上，汉族读书人每每以名山大业相期许，刊诸梨枣计在寿永，藏之名山而垂诸久远。而定居生活使得官府和私人有条件在数代人的时间内对于文化典籍进行搜罗保存，以至于精椠秘笈，庋藏宏富，缥缃满架，插架森森。以晚清四大私人藏书楼为例，江苏常熟瞿氏铁琴铜剑楼储书充栋，有一万三千种之多，是瞿氏五世赓续努力的结晶；山东聊城杨氏海源阁达四千种，二十二万卷，系杨氏四代人百余年潜心搜罗之荟萃；浙江钱塘丁氏八千卷楼据称聚书逾

① 刘衡如等：《视察道炉片德白瞻雅江七县报告书》，《新西康》第 1 卷第 2—3 期；引自赵心愚、秦和平主编：《康区藏族社会调查资料辑要》，四川民族出版社 2004 年版，第 47 页。

② 参见王明珂：《游牧者的抉择：面对汉帝国的北亚游牧部族》，广西师范大学出版社 2008 年版，第 20、26 页。

四十万卷；浙江归安陆氏皕宋楼以宋刻闻名，号称达二百余种。如同农民被称为麦田的守望者，这些藏书家嗜藏不怠，实为当之无愧文明的守望者。诚然，农业社会由于兵燹战乱等原因，也会出现文化典籍的荡然无存的情况，但在总体上，生活的定居特性对于书写文字的知识积累是较为有利的。从类型学而言，恰恰由于其移动性，游牧社会的文献资料容易散佚，不利于传承。如同我们现代人生活不稳定，居无恒所，经常搬家，则势必在每次搬家时会不经意间使许多书刊资料之类不知所终，游牧社会经常性的移动也是同样的道理。游牧民族在离开一个地方之前，将一些不容易携带的经典保存于某些山洞内，准备以后再回来寻找，但是，有时往往游牧他方后就一去不复返，或者经过很长时间重回故地，连自己也找不到当初埋藏这些文献的地方。所以，在许多地方目前经常有这种"伏藏"发现的情况。为何雷纳特地图（Renat Maps）能够在遥远的瑞典乌普萨拉大学得以完整保存，而在当今的准噶尔人后裔中却难觅当年的遗物？这绝非偶然，殆频迁无财使然也。西谚云：滚石无苔（A rolling stone gathers no moss）。如前所言，游牧社会的畜产财富不易储存、累积，且再多的畜产也可能在自然灾变中归零，不可能像农业社会中粮食可以陈陈相因地不断交替保存以至于恒有积储并逐渐扩大之，而文化上的文献典籍的保存又如是易于中断，这两方面的结合对于游牧社会的发展构成严重的制约。借用英国皇家科学院院士、牛津大学教授理查德·道金斯（Clinton Richard Dawkins）《自私的基因》（*The Selfish Gene*，New York City：

云卷如舒、绿草如毡的蒙古草原

Oxford University Press，1976）一书的概念，游牧社会的文化“记因”① 的复制、繁殖和变异会受到其移动性的严重制约。

近代生态环境的变迁对游牧社会的影响是目前学术界研究的空白。众所周知，有清一代，札萨克盟旗制度在蒙古、新疆、青海、西藏等许多地区实行，盟旗制度的一项重要内容即是分土划界，指地放牧。日本学者田山茂在《清代蒙古社会制度》一书中云：“旗界的划分一般似乎认为始于清代，其实是沿袭旧有的习惯，氏族、爱马克、鄂托克等早就有以森林、山川、沼泽等互为边界的情况。”② 田山茂的论断有一定道理，划定旗界洵系由习惯法上升为国家法的法律成长过程，但我们需要指出的是，这种法律制度的变迁其实与生态环境的变迁密切相关。按照萨维尼的说法，法律并非立法者武断意志的产物，而是“由内部的默默

---

① 理查德·道金斯因1976年出版《自私的基因》声名鹊起，该书引人注目之处在于提出了“记因”（meme，米姆、迷因）这一核心概念。道金斯所谓的“meme”其实就是一种文化基因。为了读上去与“gene”一词相似，他去掉希腊字根“mimeme”（原为模仿之意）的词头 mi，将其变为 meme，使人很容易联想到跟英文的“记忆”（memory）一词有关，或是联想到法文的“同样”或“自己”（meme）一词。该词目前已经被牛津英语字典收录，开始逐渐进入心理学、社会学、文化学、哲学等领域，但中文译名非常多，诸如敏因、密因、米姆等，迄今尚无统一的译法。笔者倾向于采取“记因”这一译名，以反映其和记忆有关、与基因相呼应的特点。道金斯认为，演化的驱动力既包括基因也包括记因。“记因”类似作为遗传因子的基因，作为文化的繁衍因子，也经由复制（模仿）、变异与选择的过程，可能被升华、合并或以其他方式修改，形成新的记因。道金斯的记因学说并非凿空之论，有人认为这个术语可能源自德国生物学家理查德·塞蒙（Richard Wolfgang Semon，1859—1918）1904年出版的《记忆基质作为有机现象变迁中的记忆原理》（*Die Mneme als erhaltendes Prinzip: Im Wechsel des organischen Geschehens*，Leipzig：Engelmann，1904；英文译本为：*The Mneme, Translated by Louis Simon*，London：George Allen & Unwin，1921），但这个术语被人们广为接受的确是应该归功于道金斯，故而他被媒体称为“达尔文的罗威纳犬”（Darwin's Rottweiler），以与宣传达尔文的进化思想的英国生物学家赫胥黎“达尔文的斗犬”（Darwin's Bulldog）之称相映照。道金斯的这一学说旨在揭示达尔文的原则如何可能扩展解释思想和文化现象的传播，从而提供了一种与以基因为基础的生物进化的理论相似的文化进化假说框架。

② 田山茂：《清代蒙古社会制度》，潘世宪译，商务印书馆1987年版，第167页。

内蒙古鄂尔多斯草原（张世明摄）

起作用的力量形成的"①。著名的《卫拉特法典》制定的背景就是由于人牲大量增加后原有的牧场不敷分配而导致矛盾重重、使蒙古贵族不得不会聚一齐共同立法以谋发展。唯其如此，《卫拉特法典》就有大量关于牧场界线划分、属民归附等方面内容，表明在清朝统辖蒙古诸部以前蒙古社会内部便已存在划地而牧法制化的强劲趋向。天聪初年，清朝设置内蒙诸旗时，经画所谓钦定地界，明确各旗范围，可以说在一定意义上是顺应了这种趋势而进一步加以经制化。清朝对于越界游牧违法行为的处罚规定最初比较笼统，并未明确规定越界的目的、规模及其构成要件，后来逐渐律条细密，处罚綦重。如顺治年间规定，外藩蒙古越界游牧，王罚马十匹，札萨克贝勒贝子公七匹，台吉五匹，庶人罚牛一头，而后来的罚则为，王罚马一百匹，札萨克贝勒贝子公七十匹，台吉五十匹，庶人犯者，本身及家产皆罚，以赏给见证人。康熙十九年（1680），更定札萨克贝勒贝子公台吉因本旗地方无草，欲移往相近旗

① Friedrich Carl von Savigny, *On the Vocation of Our Age for Legislation and Jurisprudence*, translated by Abraham Hayward. London: Littlewood & Co. Old Bailey, 1831, p. 30.

分游牧，必于该年七月报部，由理藩院派员踏勘后属实，方准移旗游牧。道光十九年（1839）又定，各旗封禁牧厂，各于界址处定立封堆，造具印册存案，该札萨克每岁亲查一次，加结报院。

对于旗界划定，学术界毁誉不一。有学者认为这使蒙地得以安定、蒙民遂乐其生，更有甚者以当今制度经济学的产权理论为依据企图论证划定旗界对保护草场的产权明晰效应，而执持反对意见的学者则认为划定旗界使旗地成为旗民的生活圈，蒙古各旗民分别被固定在这种小天地内，固化了草原民族的生态封闭性，游牧范围狭小往往引起牧场退化。我们权衡利弊，应该说划定旗界从整体上是值得肯定的。就其本质而言，划定旗界是清王朝政府权力渗透到牧区后对牧民生存空间的“栅格化”，而任何制度按照科斯定理都是有成本的。日本南满铁路株式会社在民国年间对蒙古草原地区的调查资料表明，每年“在内蒙地区，似乎草原条件愈好，移动次数愈多。察哈尔地区游牧民的移动次数为5—6回，锡林郭勒盟则达15—16回，而呼伦贝尔的东新巴尔虎旗平均达60—70回”①。清朝划定旗界的制度与日趋退化的草原生态环境趋势和状况相适应并对此趋势的加深具有缓冲功能。至于有学者所谓“固化了草原民族的生态封闭性”以及限制信息传播和文化系统的开放性、不利蒙古社会发展的说法也值得商榷。因为划定旗界本身便加深了牧业对农业的依赖性，而这恰恰是这些学者所谓“农牧生态互补”的契机。正是这样，陆亭林在1935年对青海牧区的调查报告中这样写道：“蒙藏游牧民族，除佛教徒住有固定之寺院外，均系依帐幕以为生，逐水草而居，但其各旗族于清初受有封土，定明界址，永久驻牧，嗣后虽有变更，亦须经政府划定疆界，不得侵越，故各旗族只能在本区以内游牧，而于邻近旗族之牧地，不能逾越，是由游牧而进于驻牧矣，故本文中称帐幕经济而不称游牧者，稍示区别也。”②

---

① 转引自王建革：《游牧圈与游牧社会——以满铁资料为主的研究》，《中国经济史研究》2000年第3期。

② 陆亭林：《青海省帐幕经济与农村经济之研究》，萧铮主编：《民国二十年代中国大陆土地问题资料丛书》第41辑，台北成文出版社1977年版，第20612—20613页。

不过，法律手段并不能成为解决游牧社会生态环境问题的灵丹妙药，游牧社会在生态环境的压力下以命相拼冲破法律的网罟往往层出不穷。史载，甘肃永昌、山丹、镇番等县与阿拉善蒙古交界，界上山巅立有土墩，“墩各有碣，界限画然”，但历年既久，蒙古人间有越界游牧者，汉民亦有请蒙古代为牧放牲畜者，蒙民怕当地政府发现越界而牧的干犯禁条行为，干脆将各墩石碣移弃毁坏。农牧经济之间为争夺生存空间的斗争于此可见一斑。又如，雍正年间，清廷开始在青海地区编制盟旗，抚藏抑蒙，规定以黄河为界，青海蒙古牧地在河北（即黄河绕过积石山，自玛曲折向西北，在龙羊峡一带折向东，经贵德、循化至兰州以北，青海湖、湟水以南地区），共二十五旗，藏族牧地在河南，另有蒙古四旗加上察罕诺们汗旗亦在河南，并播旗定界，不许逾越，形成蒙藏界黄河而居的总体空间分布格局。雍正时期，河南藏族“每族不过百余户，或数十户，地广人稀，游牧尚可相容”，而到乾嘉之际，则“丁口日繁”①，人众地狭的矛盾日益突出，且“河北地土肥饶，河南则水草不能皆好。自来番族皆谓偏袒蒙古，尽与善地，常有垂涎河北之心”②。由于生态环境破坏严重、草场退化，河南藏族部落开始了清朝历史上著名的长达近百年的大规模北移活动。藏民怀着一种不到黄河北岸不死心的誓死决心，前仆后继，逐而复返，不屈不挠，道光二年（1822），那彦成“查办番案”，绞尽脑汁，使藏民北移汹涌浪潮暂时一度风平浪静，但这种行政法律手段最终无力回天。道光十二年（1832），黄河南贵德厅外思昂拉千户（今青海尖扎昂拉）所属古弄、杨弄等部落因草原狭窄，不敷放牧，生活窘迫，又聚众渡河北移，再次掀起了大规模北移的热潮，到咸丰九年（1859），清廷最后无可奈何地被迫承认既定事实，将河南八族野番招安青海一带驻牧，划分地界，形成近代史上藏族

① 那彦成：《那彦成青海奏议》，宋挺生校注，青海人民出版社1997年版，第159页。或可参阅张穆：《蒙古游牧记》卷十二，《亚洲民族考古丛刊》第6辑，南天书局有限公司1987年版，第253页。

② 那彦成：《平番奏议》卷二，“清厘河南番族编查户口明定章程并河北番贼情形疏”，道光五年刊本，页十。亦见赵万卿纂：《贵德县志》卷四，艺文，奏牍，张羽新主编：《中国西藏及甘青川滇藏区方志汇编》第36册，学苑出版社2003年版，第231页。

八大部落在碧波万顷的青海湖的海北、海西、海南一带驻牧的著名的“环海八族”①。

其次，生态环境的恶化造成畜牧业的农业化趋势日益明显。一般的学者均认为中原农耕文化向草原地区延伸，导致草场面积缩小，造成生态环境的恶化和破坏。我们认为这种思维逻辑存在片面性，是一种受中原中心观支配的外因论。我们应该从空间意义上扭转一下设问游牧社会历史的方式，从游牧社会本身自体出发发现其间自然—社会史的变迁内在逻辑。游牧地区的农业化趋势中的所谓“主动”与“被动”不过是一种“理论上不幸的两极划分”（an unfortunate theoretical polarization），而实际上是混沌不清的，所谓“内生”与“外发”的作用也是彼此交互纠葛难分。在某种意义上可以说，生态环境的恶化是解开畜牧业农业化趋势之述的管钥之一。过去学术界一般深为怍然欣慰地把游牧社会中出现农业视为经济发展的标志，如同研究中国传统小农经济的学者往往把商品化视为资本主义萌芽一般。其实，这种观点都无可讳言具有线性进化论的偏弊。正如黄宗智提出过密化理论使人们得见小农经济凋敝的内囊一样，讵不知游牧社会中出现的农业化未必不乏令人愀然而悲的色彩。潘致平在《中亚浩罕国与清代新疆》中无意言及的一段文字引起

① 可以参考芈一之主编：《青海蒙古族历史简编》，青海人民出版社1993年版，第205—206页。文献资料中记述的“环海八族”因时代变化而不同。咸丰初年为刚察（刚咱，rkang tsha）、汪什代克（bong stag）、千布录（千卜录，vkhyam ru）、拉安（ru ngan）、拉秀（rag zul）、都秀（都受，bdud shul）、完秀（完受，ban shul）、曲加羊冲（曲恰洋冲，旗加，khyi khra g · yang drung）、公哇他尔代（公洼他尔代，gong ba lha sde）；民国初年有刚察、汪什代克、千布录、都秀、阿粗乎（a tshog，阿错和，阿曲呼，阿粗孚拉得）、热拉（ri nag，日南苟勒）、达如玉（mdav bzhi）、阿里克（a rig）；参见《海北藏族自治州概况》编写组：《海北藏族自治州概况》，青海人民出版社1984年版，第16页。另一不同的记述见于青海省编纂委员会编：《青海历史纪要》，青海人民出版社1980年版，第275页；崔永红等主编：《青海通史》，青海人民出版社1999年版，第760页。切本加口述：《兴海阿曲乎部落千户相松本发家史》，载于中国人民政治协商会议青海省委员会文史资料研究委员会编：《青海文史资料》第3辑，1964年内部发行，第109页。《新青海》第2卷第10期（1934年10月）的《环海八族之名称及现状》云，“环海八族”包括刚察、都秀、千布勒、公哇塔尔代、汪什代克、阿曲乎、热安（ru ngan）、阿尔克。

笔者的关注。虽然他在书中的这段文字所叙并不涉及我们当下论述的中国西部地区，却颇足发人深省。他在书中这样写道：浩罕汗国经济发展很快，“由于费尔干纳独特的地理环境，在这地区很长时间里人口密度并不大。16 世纪乌兹别克人成批来到费尔干纳，作为整体来讲，继续长期过着游牧生活，居住在城里的只是统治各地的伯克、军事头目。由于人口急剧增长，盆地中部的草原越来越少，于是拼命开发山区牧场，其结果又导致大片森林毁灭。一些游牧民由于草场饲料短缺、畜群锐减，迫不得已转向农耕。随着中亚各地频繁的战争，不断有大量难民涌入费尔干纳，这又加速了牧改农的过程”①。这种农业化的现象恰是由于人地关系紧张造成的后果。另外，陈淮为我们描述了天祝藏族自治县的一个当代牧改农案例：

> 天祝藏族自治县的乌鞘岭乃河西走廊东大门，藏语叫“哈香日”，意思是“和尚岭”。……发源于乌鞘岭西南方向金龙岭的金强河，在乌鞘岭下向东流去。……临河据关隘的村庄，应该叫“岸门”，村里的老人也说从前是这个名，历来改叫成“安门”了。……五十五岁的杨宝元是安门村的村民，他和妻子共生了六个儿女，家里有近 20 亩水地。杨宝元说，安门村属半农半牧区，每户人家除了有一些在河滩上的庄稼地以外，都有一群羊，多则百头，少则五六十头，有些人家也喂养几头牦牛。由于天旱草稀，每家的羊仅靠放牧不能养活，所以大家都用承包土地的 60%—70% 来种牧草——主要是燕麦。据计算，一亩地产的燕麦大约可补充七只羊的食用草。②

上述案例清晰地表明游牧社会农业化的现象肇因于生存空间的恶化。生态学中有一个著名的“林德曼效率”（Lindeman's efficiency）定

---

① 潘致平：《中亚浩罕国与清代新疆》，中国社会科学出版社 1991 年版，第 71 页。

② 陈淮：《河西走廊——古道桑田与祁连牧歌》，浙江摄影出版社 2001 年版，第 24 页。

律，系由美国生态学家林德曼（Raymond Laurel Lindeman，1915—1942）1942年提出。该定律认为，在一定的自然空间范围内，处于高一级营养级上的生物量和能量生产力，总是要远低于下一营养级的生物量及能量生产力（例如食草动物低于植物、食肉动物又低于食草动物），形成所谓“生态金字塔”。由于人类作为生态系统食物链中的一员，其食物生产与消费同样受上述规律的支配，所以，同一块土地，如以农耕种植为主，就可以较诸畜牧业养活更多的人口；反之，如果以畜牧业为主并须维持必需的热量摄取水平的情况下，则生于斯土的人口数量无疑需要大加损减。① 所以，康熙年间，高士奇随驾到达蒙古族聚居区时记载云：“大约塞外山川，远者数十里，近者十余里，互相绵亘。两山断处，谓之一沟，每沟所住蒙古，不过三两家，恐碍放牧也。”② 人类学家怀特（Leslie Alvin White，1900—1975）提出用能量学的单位分析人类文化发展历程，其理论为我们揭示了文化发展与能量获取—消费的关系。按照学术界的主流观点，在狩猎—采集文化、斯威顿耕作文化、畜牧文化、农业文化和工业文化五种历史类型中，农业文化民族的控驭能量水平要高于畜牧文化社会，而相对于农业文化社会而言，畜牧文化社会对自然的适应大于对自然的改造，主要是依天地自然之力养天地自然之物，故有学者称之为“迁徙—适应”行为，③ 其能量转换效率低于农业文化社会。诚然，按照道格拉斯·诺思的说法，制度变迁的动力之一就是外部性的内部化。清代以来，内地农业文化在人口压力的推动之下，必然会以在空间上不断地复制旧有的农田生态系统予以应付，从生态环境退化、土地生产力下降的地区向生态环境良好、自然生产力较高的地区移动。但我们应该看到，清代以来蒙古地区自

① 参见吕鹏军：《蒙古高原游牧经济与农牧分界线移动研究》，中国人民大学博士学位论文，2003年，第59页。

② 高士奇：《松亭行纪》，纪昀、永瑢等编纂：《景印文渊阁四库全书》第四百六十册，史部，二一八，传记类，台北商务印书馆股份有限公司2008年版，第460—1145页。

③ 乌云巴图：《蒙古族游牧文化的生态特征》，《内蒙古社会科学》1999年第6期。

身具有一种内在的农业化驱力。如果说内地的近代化主要以工业化为趋势，那么农业化可以说是蒙古地区近代化的主要内涵和方向，而近代蒙古地区的历史发展轨迹亦证明了这一点。蒙古牧业的农业化趋向之所以在近代日趋彰显，一是由于受价值规律的支配和经济利益的驱动，农业单位面积的产出量远胜于畜牧业，一是由于受生态环境恶化的影响。

如前所言，与农耕产量以算数级数增长方式不同，人口、畜群的繁殖特点和规律中惯性力量往往很大。学术界众口一词认为畜牧业经济存在脆弱性。这就是由于旱、涝、雹、黑（即冬季无雪而畜群在严寒中干渴的情况）、白（即雪灾）、风、冻、虫、病、鼠害十灾俱全的生态空间系统中，一旦灾害降临，畜牧业不仅元气大伤，牲畜受动物繁殖规律支配呈加速度递减，而且从时间上不类农业经济一季一存的周期短暂，往往经年数岁的休养生息犹不能得以喘息。但当年景调顺的时候，牲畜孳育蕃盛，又呈加速度的几何级数急剧飙升，且牧民又以牲畜数量多寡为最大荣誉所系，因此畜群规模又扩张过猛，造成局部地区过牧化，为下一轮的灾厄埋下种子。正是这样，清廷在蒙古地区实行公仓制度，从社会系统的全局观念进行法律调整，以图曲突徙薪而维持经济稳定性，故《清代边政通考》有这样的记载："每年秋收后，各佐领下壮丁每丁输粮一斗存仓，以为歉收赈济之用。"① 为了弥补牧业经济的脆弱性，蒙古地区牧民很早就开始将农业作为维持生计的副业，恰如汉族农民所谓"搂草打兔子"附带而为的家庭工业一样，以解决部分食粮和畜料困难。康熙三十年（1691），康熙帝巡行塞外漠南蒙古地区时发现："农作非蒙古本业，今承平日久，所至多依山为田，即播种则四出放牧射猎，秋获乃归。"② 18世纪以后，由于蒙古封建领主对阿拉特牧民的残酷压榨，由于生态环境的恶化，丧失牲畜的破产蒙古游牧民亦

---

① 陈炳光：《清代边政通考》，优恤·赈济，台北南天书局有限公司1981年版，第288页。

② 和珅、梁国治等：《钦定热河志》卷七十五，藩卫一，荒田，纪昀、永瑢等编纂：《景印文渊阁四库全书》第四百九十六册，史部，二五四，地理类，台北商务印书馆股份有限公司2008年版，第496—213页。

日益增多，他们在丧失了维系生存条件的牲畜之后，被迫放弃了传统的游牧业生产，改牧为农，逐渐转向“有事南亩”的农业生产方面。更何况，农业经济由于控能水平高于牧业经济，且在以牧业为主的社会里因为物以稀为贵的缘故，所以在经济价值和实用价值方面都较诸畜牧业具有优越性。乾隆十五年（1750），乾隆帝巡行喜峰口、古北口外热河地区，赋诗云：“蒙古佃贫民，种田得租多，即渐罢游牧，相将艺黍禾。”①

有的学者尤其是蒙古族学者往往以一种诉苦式的笔调和情愫描绘汉族农民进入蒙地后使水草丰茂的牧场被辟为农田、畜群不得不向土地硗薄的沙丘碱滩地带转移的场景，极力渲染蒙古牧民失去土地后所谓“柔肠寸断”的英雄末路的悲凉与忧伤。然而，如果我们从法律的时间效力的角度而言，当时清廷三令五申禁止蒙旗放地私招，“不许多垦一垄，多容一人”②，但一直禁而难止，固然由于汉族民众冲破重重关卡赴蒙求生，可是何尝又不是蒙旗为利益所驱使违例招垦的结果。因此，傥论法律责任，应当各打五十大板，共荷其咎，否则，如此大规模的汉族人口涌入蒙地不能得到合理的解释。1806 年，嘉庆帝查出今昌图一带有流寓民人数万时，就曾指出：“民人出口后，该王公等若不行招致，给与地亩耕种，伊等无业可图，必不能久留边外；是流民出口之多，总由该王公等招垦所致。”③ 是时，蒙古王公和蒙民将地租和押荒银两简

① 弘历：《山田诗》，和珅、梁国治等：《钦定热河志》卷五十二，纪昀、永瑢等编纂：《景印文渊阁四库全书》第四百九十六册，史部，二五四，地理类，台北商务印书馆股份有限公司 2008 年版，第 496—438 页。据笔者所见，目前学者引述此诗的注释均不准确。

② 《清仁宗睿皇帝实录》卷二百三十五，嘉庆十五年冬十月，台北华文书局股份有限公司 1960—1970 年版，第 3466 页。

③ 《清仁宗睿皇帝实录》卷一百六十四，嘉庆十一年七月，台北华文书局股份有限公司 1960—1970 年版，第 2373 页。乾隆十四年（1749），清廷“覆准喀喇沁、土默特、敖汉、翁牛特等旗，除现存民人外，嗣后毋许再行容留民人多垦地亩，及将地亩典给民人。其如何委官巡查等事，由院间年一次简选才能司官二人，自次年为始，将喀喇沁、土默特等旗分为两路，驰驿前往，会同该同知通判，并驻扎办理蒙古民人事务之官巡查。该扎萨克蒙古等若再图利，容留民人开垦地亩，及将地亩典予民人者，照隐匿逃人例，罚俸一年；管旗章京、副章京罚三（续下注）

直视为天上掉下来的“浮财”，对清廷禁令置若罔闻，他们中一部分自己并不耕种，而是通过土地的出租成为地主而以寄生化方式进入农业社会，“专以地租为生计，有的雇佣汉人，代替耕种”①，故有所谓“近年蒙古生计久不在牧而在租”②的官方报告，民谚称其为“蒙利汉租，汉利蒙地”③，另一部分则自己耕种，清朝官员的奏折中这样写道：“查蒙古由来专以游牧养牲为业，继而务农，务农者虽不善耕作，犹恃荒地宽阔，可以广种薄收，养牲者得以游牲畜，放牛羊，尤赖荒场度日。”④《绥远通志稿》有这样的记载：“土默特设治最久，旗民之务农者，已与汉民无异，其谋生能力迥非他旗牧民所可比拟。”⑤这说明在生态环境

（续上注）九；佐领、骁骑校皆革职，罚三九；领催等鞭一百。其容留居住开垦地亩典地之人，亦鞭一百，罚三九，所罚牲畜，赏给本旗效力之人，并将所垦所典之地撤出，给予本旗无地之穷苦蒙古”。（光绪朝《钦定大清会典事例》卷九百七十九，耕牧，耕种地亩，台北新文丰出版公司 1976 年依据光绪二十五年原刻本影印版，第 16885—16886 页。）当时对察哈尔总管旗“不实稽查之该管官”交部议处也作了具体规定。嘉庆十一年（1806），复颁行《禁止出边开垦地亩令》，规定：蒙古自札萨克王公以下，有违例招垦者，按其私招汉民之多寡，分别处以罚俸、或“革职留任”。对严重违禁者，处以“永远革职，不准开复”；对台吉、塔布囊以下的贵族官吏，有违例私招汉民开垦者，按其情节轻得，处以鞭、枷号等刑罚，再犯者即发往南方瘴疫地方驿站等处，充当苦役。道光十九年（1839），清廷又颁行《私募开垦地亩已未得受押荒银钱及称名揽头分别治罪专条》，规定：凡王公等将封禁牧厂，私令民人开垦者，照私募开垦地例，分别曾否得受押荒银钱，各加一等治罪。私招别旗蒙古，及别旗蒙古越界将公中牧场开垦租佃者，系台吉革职，三年无过，方准开复；管旗章京等，径行革职，平人鞭一百。其应募者同罪，失察之札萨克及协理台吉，照私募开垦之例，减半科罪。侥知情不举，照本例治罪。揆诸史料，殆当时蒙旗王公及民众希图得租开种，规避私募汉人的禁条，故针对这些案例大量出现，清廷不得不根据日益复杂的情况完善法规的漏洞。

① 贺扬灵：《察绥蒙民经济的解剖》，商务印书馆 1935 年版，第 17—38 页。

② 贻谷：《垦务奏议》，沈云龙主编：《近代中国史料丛刊续编》第十一辑，102，台北文海出版社 1974 年版，第 30 页。

③ 廖兆骏：《绥远志略》，正中书局 1937 年版，第 16 页。亦见内蒙古地方志编委会总编室：《内蒙古旧志整理》第 1 辑，1985 年内部发行，第 296 页。

④ 中国第一历史档案馆朱批奏折：《德英奏为邻界杜尔伯特蒙古招民开垦贻患无穷折》，同治十年二月初八日。

⑤ 绥远通志馆编纂：《绥远通志稿》第 7 册，民族志·蒙族，内蒙古人民出版社 2007 年版，第 137 页。

恶化的情况下畜牧业农业化是缓解人地矛盾张力和追求效用最大化的理性的、经济的制度选择，当然这种法律事实分析并不能取代规范分析，并不能否认其喧宾夺主后对游牧经济生存空间的挤压。

蒙古地区畜牧业农业化的趋势受到生态环境变迁的影响，还可以从与西藏地区的比较中得到佐证。过去笔者曾对清代西藏社会经济的产业结构进行历史复原工作，对西藏农业与牧业的结合之紧密赞赏有加。①然而随着研究的深入，笔者发现西藏农牧关系之紧密实际上具有许多迫不得已的成分，因为西藏生态环境比较恶劣，如若不然，则整个经济体系的内部循环可以说难以为继，正如藏民族很早就在生态环境恶劣的状态下将大量耗费木材的火葬习俗改为天葬一样，在实践中藏民族较早地在一江两河流域大规模开始农耕活动，而在“天似穹庐，笼盖四野，天苍苍，野茫茫，风吹草低见牛羊”②的蒙古大草原，生态环境相对西藏来说比较优越，③由于天然之特惠独厚，在空旷的大草原上鞭叱牛羊的牧人对于在固定的一小块土地上整天低头弯腰摆弄庄稼的“汗滴禾下土”的生活自然不甚习惯，所以蒙古族畜牧业的农业化趋势出现较晚。

侯向阳指出：“对于历史上的农业发展过程，人们注意了农业开发对环境的影响以及环境对农业发展的影响等方面，并形成了历史上‘人类开发—掠夺性破坏环境资源—越垦越穷越穷越垦—恶性循环简单化’的惯性思维，但是对于农业发展过程中在时间和空间上蕴涵的许多有价值的生态学信息，却熟视无睹，从未进行深入研究。”④恩格斯也曾经说过：“如果地球是某种逐渐生成的东西，那么它现在的地

① 参见张世明：《清代西藏开发研究》，北京燕山出版社 1996 年版，第 63—91 页。

② 郭茂倩编：《乐府诗集》卷八十六，《中国古典文学基本丛书》，中华书局 1979 年版，第 1212 页。

③ 清代松筠在《西招纪行诗》中的一则诗注可以说明这一点：“边地固应示以威仪，然西藏之乌拉，非同北塞，盖有马之家最少，其俗每遇大小差，则有马之家出马，无马之家按户摊银若干，以为雇价……”参见吴丰培辑：《川藏游踪汇编》，四川民族出版社 1985 年版，第 114 页。

④ 侯向阳：《区域农业发展的历史生态研究》，中国农业出版社 2000 年版，第 15 页。

质的、地理的、气候的状况，它的植物和动物，也一定是某种逐渐生成的东西，它一定不仅有在空间中互相邻近的历史，而且还有在时间上前后相继的历史，如果立即沿着这个方向坚决地继续研究下去，那么自然科学现在就会进步得多。"① 乾隆帝在1743年的一道上谕经常被学术界所引用，其文曰："本年天津、河间等处较旱，闻得两府所属失业流民，闻知口外雨水调匀，均各前往就食，出喜峰口、古北口、山海关者颇多，各关口官弁等，若仍照向例拦阻，不准出口，伊等既在原籍失业离家，边口又不准放出，恐贫苦小民，愈致狼狈。著行文密谕边口官弁等，如有贫民出口者，门上不必拦阻，即时放出。但不可将遵奉谕旨，不禁伊等出口情节，令众知之，最宜缜密。倘有声言令众得知，恐贫民成群结队投往口外者，愈致众多矣。"② 的确，内地较旱而口外雨水调匀的情况不乏其例，然以内地旱灾等自然灾害作为推动农民流向口外的原因，尚未臻炯眼拔识的境界。因为更多的时候干旱成灾往往是大范围，一旦雨神长期不司其职，则不仅旱魃见而禾黍枯，影响沿边农民的耕作，而且"焦火流金，野绝青草"③，毗邻的草原地区也常会发生旱灾。在这种情况下，牧民除了通过逐水草游牧而避过局部范围的干旱外，另一种情景就是通过农业以弥补损失。

再者，在历史上，我们可以发现这样的鲜明对照：西藏地区主要以牦牛、藏绵羊为主，而不像蒙古地区那样饶产马匹。也许我们对此熟视无睹，殊不知其间蕴涵着的生态学信息殊堪认真解读。畜牧业经济现代化的一个重要指标是畜群结构。从广义上讲，畜群结构指的是牲畜群内不同畜种比例和同种牲畜的年龄分布和牝牡比例。畜种比例主要由生态条件所决，西藏地区的马匹之所以少于蒙古地区，原因即在于生态条件不如蒙古地区优越。在国际上，较早对畜群结构进行系统分析的是人类学家古德龙·达尔（Gudrun Dahl）和安德斯·约尔特·阿法·奥马斯

---

① 恩格斯：《自然辩证法》，人民出版社1971年版，第12页。

② 《清高宗纯皇帝实录》卷一百九十五，乾隆八年六月，台北华文书局股份有限公司1960—1970年版，第2873页。

③ 参见韩建国等编著：《农牧交错带农牧业可持续发展技术》，化学工业出版社2004年版，第28页。

（Anders Hjort af Ornäs），他们合著的《畜牧：草场牲畜增长与家庭经济》（*Having Herds: Pastoral Herd Growth and Household Economy*，Stockholm：University of Stockholm，1976）一书利用大量数据对中东地区家畜生态因子的诸方面——雨量、灾害、畜群规模、畜群结构、繁殖率、产量、游牧民的食物需求等做了动态的分析，认为：游牧条件下的高牝比重和低产量并不单纯是技术落后的产物，更是生态与社会交互作用的产物。最近，人类生态学家对灾害与畜群规模和结构方面的研究亦得到空前拓展。按照人类生态学家威廉·施密特（Wilhelm Schmidt）的研究，游牧业的原发业畜群结构中马的比重明显高于次生游牧业。古老的游牧业极其重视养马，因为“马的使用不仅使游牧成为可能，而且引发了游牧社会生产力的一系列变革和进步”①。此外，马在战争中的作用比其他牲畜更大。在清代前期，由于统一全国的战争尚在进行，依靠“骑射”而马上得天下的清朝统治者又以蒙古王公为同盟军，故是时口外马背民族蒙古族牧养的马匹弥漫原野。但是，马在和平时期除作为牧民坐骑外，难作他用，属于使用价值不大的奢侈品。因此，乾隆中叶以后由于不再征调大批的军马，于是出现了“内地牧群，马亦足用”“官马亦多，现在需用处少”② 的状况，且军马占地毁草，不利于畜牧业经济发展，官马群数逐步减少，以至于“咸丰以后，迨无马政可言”③。清代后期，蒙古地区马的比例之所以呈下降趋势，

① 包玉山：《蒙古族古代游牧生产及其组织运行》，《中国经济史研究》2000年第2期。

② 俱见《清高宗纯皇帝实录》卷六百四十五，乾隆二十六年九月，台北华文书局股份有限公司1960—1970年版，第9454页。

③ 马匹在中国传统社会中可以说是重要的军事战略武器，故人数与汉族相比寡不敌众的满族统治者严禁汉族百姓养马，其重点在于加强官营马政以储蓄军事优势。顺治五年（1648），清廷下令，除现任文武官兵丁之外，其余人等不许养马。顺治十五年，又规定：民间乘马，永行停止。违者，责四十板，马入官。康熙初年，亦多次禁令民间养马，一旦发现私养马匹，除马主按律重处外，失察之该管官罚俸一年。尽管康熙二十九年（1690）一度解除禁令，允许民人养马，毋庸察禁，但至雍正时，又不许民间牧养骟马。由此可见，汉族农耕地区马匹稀少不仅是旷土弃地畸零狭逼的缘故，与清政府民间养马禁限法导致发展空间极小不无关系。

除了政治、军事因素外，更重要的是生态、经济因素。据王建革根据满铁资料对民国年间蒙古地区的研究，“游牧民每天的放牧也有一个圈子，即放牧圈。距水源或蒙古包的距离亦可称为放牧半径。夏营地的放牧以水源为中心，距水源的距离，即放牧半径，马、牛和羊的半径分别为 20—30 公里、10—15 公里和 5—8 公里；冬季的放牧以蒙古包为中心，距蒙古包的距离是放牧半径，马、牛和羊的半径分别为 30 公里、20 公里和 10 公里。而骆驼一般只在居住点附近放牧。总之，行动速度快的牲畜比行动速度慢的牲畜需要有较大的放牧半径，冬季地无水源点的限制，放牧半径比夏季要大。到现在，由于驻牧性的加强，夏营地的放牧半径比民国时期缩短了。在内蒙古东部地区，马的放牧半径只有 3—3. 5 公里，牛为 2 公里，羊为 1. 5—2 公里”①。不仅如此，马还是一种需要优质牧草的动物。可是近代以来蒙古地区草原退化的趋势有增无减，从表现形式来看，呈现出牧草高度降低、覆盖度变小、优良牧草减少、牲畜不适口的杂草增多、土地裸露面积和沙化面积扩大等现象；从空间分布来看，内蒙古西部比东部严重，南部比北部严重，半农半牧区比牧区严重，夏秋营地比冬春营地严重。一般说来，草甸草原，牧草覆盖度大，生长高，产草多且稳定，适宜放养大畜（牛、马）及绵羊；干旱草原区，以旱生禾本科植物为主，覆盖度略差，产草适中，适宜细毛羊和马匹的放牧；荒漠草原植被单调，覆盖度较差，亩产鲜草百斤左右，适宜饲养小畜和骆驼；荒漠区植被以旱生灌木为主，覆盖度差，鲜草产量低，适宜饲养骆驼和山羊。② 正是这样，内蒙古草原东部地区雨量丰富，水草丰美，牛马的比重较大；在西部则因干旱和土地荒漠化严重，故山羊和骆驼比重相对较高。据南满铁路调查报告反映，东部巴尔虎旗的富者多畜群，又多雇人放牧，可以实现远距离放牧；而贫者的小畜群却没有很大的放

---

① 王建革：《游牧圈与游牧社会——以满铁资料为主的研究》，《中国经济史研究》2000 年第 3 期。

② 暴庆五：《谈草原畜牧业基本特征》，内蒙古自治区蒙古族经济史研究组编：《蒙古族经济发展史研究》第 2 集，1988 年内部发行，第 195—206 页。

牧半径。[①] 这表明游牧生存空间的萎缩对蒙古上层的影响要小于蒙古下层。由于农业经济的不断渗透，内蒙古各地的畜牧业畜群结构都受到不同程度的影响。一个最为明显的现象即是农业地区对役畜的需求促进了邻近农业地区牛的数量的增长。嘉庆二十年（1815），喀喇沁三旗及土默特贝子旗“民人租典蒙古地亩，每旗自八九千顷至一万二千余顷不等”[②]，以至于热河都统提出应从喀喇沁、土默特等蒙古原来租给民人地中撤出十分之五，交由蒙民自行耕种，并因耕牛已呈缺乏之状，要求禁止山沟村庄宰牛。[③] 这条史料清楚地揭示了畜牧业彻底衰落后耕牛缺乏的情势。民国时期，在察哈尔，汉族移民经营农业，自然需要役畜，有钱农民购买役畜的择选偏好序位是，一般先买驴，经济稍充裕时买母牛，再买阉牛，很富时才买牝马和骡马。骡马固然用广劲大、快捷，但价格也十分昂贵不菲，而牛的性价比最为适合于一般人家，因此对畜群结构中牛的比例增加具有强劲的支撑力。任美锷在1942年甘肃西南角、白龙江流域的迭部（民国时期文献亦作“叠部”）时就发现，由于这里牧场面积小，牧民以牛为主要畜种，畜牧方式也不再是以往的撂牧，一般在大峪沟什坝等地的草场建屋长年住牧，而牧地又是向当地的居地租借，每年以酥油若干斤作为租金。在上迭部，每家畜养牛在五十头以上，下迭部以农业为主，牧业为副。[④] 我们从这个例子也可以看出畜牧业生存空间萎缩后畜种结构的变异。当“风吹草低见牛羊”的生境转换为“老鼠跑过见脊梁”的荒漠时，“万马齐喑究可哀”便不足为怪了。

---

① 南满洲铁道株式会社铁道总局：《呼伦贝尔畜产事情》，昭和12年12月，满铁铁道总局，第83页。

② 《和宁奏为口外民人租典蒙古地亩分别酌定章程俾安本业而息讼端折》，嘉庆二十年五月二十日。转引自内蒙古档案局、内蒙古档案馆：《内蒙古垦务研究》第1辑，内蒙古人民出版社1990年版，第312页。

③ 王玉海：《发展与变革：清代内蒙古东部由牧向农的转型》，内蒙古大学出版社2000年版，第21—22页。

④ 任美锷：《叠部概况》，《思想与时代》1942年第6期。

第四节　水主沉浮：清代黑河水案

一、清代高台作为边疆社会的空间特性

洪武五年（1372），明朝右副将军冯胜率军平定河西，置高台站，隶属甘肃卫。① 这里作为与蒙古毗邻的明朝国防前线属于九边军镇体制的组成部分，倚塞而建，与北元势力相邻相望，有警首当其冲。明初以来作为一种制度推行的卫所在绝大多数情况下是一种特殊的军事单位，它不仅与古今中外一切军事组织一样承担军事任务，而且具有一种突出的特征，即管辖一块属行政系统的土地，是朝廷版图内的一种地理单

① 高台县的命名大致有三种说法。第一种说法认为高台地势稍高，故以名之。清代著名地理历史学家顾祖禹持是说。参见顾祖禹：《读史方舆纪要》，中华书局1957年版，第740页。这种说法大抵系根据“高台”之名而做出的臆测，与实际情况不符。高台县的地势呈马鞍形，接近南北两山处海拔在二三千米，中部黑流域平原地区地势平坦，平均海拔只有一千多米，谈不上地势高。第二种说法是高台县当地的民间传说：传说唐朝圣僧玄奘西去天竺（今印度）取经返回途中，在渡过羊达子河（今定平村山水河）时，经卷跌落水中泡湿，到台子寺垒土台晾干经卷后，继续东行，高台以此而得名。此种说法有台子寺旧戏楼上的对联为证：“台虽不高，县名因斯而立；寺本甚大，圣经赖此得存。”其实，这也不无牵强之处，因为“高台”之名始于明代，在唐代则阙然无载。再者，玄奘经包落入水中被打湿后，揆之常理，也只能从水中捞出就近找一块平坦干净之地晒经，不可能舍近求远辗转拿到台子寺来晒经。戏楼上的对联只说高台县名因此有一“高台”而得名，并未言此“高台”系玄奘的晒经台。第三种说法认为此地有一“古台基”，即“高台”，相传为晋酒泉公李暠所筑，后人因台建寺，高台之名即由此起。此种说法较前两种说法证据确凿，采信者较多。顺治十四年（1657）由分巡西宁道按察司副使杨春茂编纂的《甘镇志》、乾隆二年（1737）肃州分巡道黄文炜编纂的《重修肃州新志》、1921年高台县知事徐家瑞编纂的《新纂高台县志》和1947年高台县县长冯周人主编的《高台县要览》、1993年由高台县志编纂委员会编纂的《高台县志》。五部方志对高台县命名的说法大同小异，均从是论。参见朱瑜章：《高台县名及河西“台”文化源流考》，《甘肃广播电视大学学报》2009年第2期。

位。正是由于卫所具有这样一个特点，再加上卫所军家缴纳的子粒比州县从民户征得的税粮要重得多，所以，在明清鼎革之后，明代的卫所制度在清代延续了八十多年，清代沿袭前朝格局作为过渡以保持社会稳定。明中期以来卫所内部的“民化”过程，到清初卫军改为屯丁已接近于完成，卫所同州县的差异也就越来越小。① 学术界对于“改土归流”一直非常关注，但对于雍正年间基本完成的并卫所入州县、改卫所为府州县这一触及全国大部分地区管理体制的改革却鲜予置意。事实上，这是清代历史上政治体制演变的一大要穴。

雍正年间，平定青海厄鲁特罗卜藏丹津的叛乱，对于西北的实际统治权力的空间扩展在当时无论如何评价都实不为过。雍正二年(1724)，川陕总督年羹尧奏言：“甘肃之河西各厅，自古皆为郡县，至明代始改为卫所。今生齿繁遮，不减内地，宜改卫所为州县。请改宁夏卫为宁夏府，其所属左卫（按明朝制度，宁夏左卫与宁夏卫为平行单位，同属陕西都司）改为宁夏县，右卫改为宁朔县，中卫改为中卫县，平罗所改为平罗县，灵寿所改为灵州……西宁厅请改为西宁府，所属西宁卫改为西宁县，碾伯所改为碾伯县。……西宁之北川应设一卫，为大通卫，俱西宁府管辖。凉州厅请改为凉州府，所属凉州卫改为武威县，镇番卫改为镇番县，永昌卫改为永昌县，古浪所改为古浪县，庄浪所改为平番县，庄浪同知经理茶务，应仍其旧，俱隶凉州府管辖。甘州厅请改为甘州府，所属左、右两卫改为张掖一县，山丹卫改山丹县，高台所改为高台县，以肃之镇彝所并入，俱隶甘州府管辖。……所有卫所之守备、千总及旧有大使三员，悉行裁去。”这一建议在同年十月经朝廷核准示。② 在这次大规模的卫所改设州县的政区规划改革中，高台县的建立是我们这里所研究的区域从军事化的“边方”向“文官民治”体系转变的转捩点。

---

① 罗远道：《清雍正初年卫所制度的大变革》，《中国历史博物馆馆刊》1996年第1期。

② 《清世宗宪皇帝实录》卷二十五，雍正二年冬十月，台北华文书局股份有限公司1960—1970年版，第386页。

在中国文学史上，人们熟知的“凉州词”“八声甘州”① “阳关三叠”，这是一种边关异域风情的产物。长期以来形成五里一燧、十里一墩，三十里一堡、一百里一城的军事防御体系提醒着人们这一地区的边关性质，反映出这里长期战屯一体的特点。据光绪朝《钦定大清会典事例》，清朝在此地布防的情形大体如下：肃州镇总兵官一人，驻扎肃州，统辖本标中左右三营，兼辖金塔、安西两协。金塔协副将一人，驻扎肃州金塔寺，兼辖镇彝、清水、高台三营，中军都司一人，千总两人，把总五人，外委六人，额外外委四人，兵二百三十二名。镇彝营游击一人，驻扎高台县镇彝堡，千总一人，把总四人，外委三人，额外外委五人，兵一百七十五名。高台营都司一人，驻扎高台县，兼辖抚彝、红崖两营，千总一人，外委三人，额外外委三人，兵一百零二名。抚彝营守备一人，驻扎高台县平川堡，外委一人，兵四十名。红崖堡守备一人，驻扎高台县红崖堡，外委一人，额外外委一人，兵六十八名。② 在乾隆中叶平准以后，甘肃地方官员一度以遐陬悉入版图为由，要求际此拓疆万余里、中外大一统之时，允许民众越过边墙垦耕以裕生计，但清朝对于这种建言一向持谨慎态度。因为，在高台北面县界之外就是阿拉善的额济纳土尔扈特蒙古③，土尔扈特部落从伏尔加河不远万里回归中华民

① 八声甘州，唐教坊大曲有《甘州》，杂曲有《甘州子》，是唐边塞曲，因以边塞地甘州为名。《八声甘州》是从大曲《甘州》截取一段改制的。因全词前后片共八韵，故名八声，慢词。以柳永词为正体。“对潇潇暮雨洒江天，一番洗清秋。渐霜风凄紧，关河冷落，残照当楼。是处红衰翠减，苒苒物华休。唯有长江水，无语东流。不忍登高临远，望故乡渺邈，归思难收。叹年来踪迹，何事苦淹留？想佳人妆楼颙望，误几回、天际识归舟？争知我，倚栏杆处，正恁凝愁。”

② 参详《清会典事例》卷五百九十四，兵部，绿旗营制，中华书局1991年据光绪二十五年石印本影印版，第7册，第680—681页。

③ 关于“额济纳”一词的来源，其说有二：第一种说法认为系由亦集乃音转变而来，蒙语额济纳与亦集乃音极类似，亦集乃或系由居延海转音而来也。另说认为因旧土尔扈特旗人昔在俄境额济勒河游牧，额济勒河即“伏尔加”（Volga River）的音译，至土尔扈特人由俄境迁回新疆，更移住居延海后，遂将勒转变为“纳”，以此得名。第二种说法是不能成立的。首先，张掖市博物馆所藏《黑河建桥敕碑》碑阳为汉文，碑阴为藏文，其中黑河的藏文译音为“额济纳”，足见“额济纳”之名早已有，并非来自蒙语，而是来自党项语或藏语。此外，早在土尔扈 （续下注）

族大家庭之后，其中一部分就被安置定居于此。黑河尾闾的东西居延海总面积曾达七百二十平方公里。在新中国成立前，东居延海还是“色碧绿鲜明，水中富鱼族，大者及斤；鸟类亦多，千百成群，飞鸣戏水，堪称奇观；湖滨密生芦苇，粗如笔杆，高者及丈，能没驼上之人”①。由此可见，当时土尔扈特蒙古被安置在这片水草丰美之地是经过精心考虑的。清朝最高统治者不可能牺牲在这里对自己忠心耿耿的阿拉善蒙古利益，因为这简直是地地道道的自毁长城之举。在清末，凉州永昌县北与阿拉善蒙古交界，界上山巅立有土墩，墩各有碣，界限画然。但历年既久，蒙古人间有越界游牧者，汉民也有请蒙古代为牧放牲畜者。为此，清朝统治者重申禁令，不许双方越界耕牧。林则徐《荷戈纪程》载，明代与蒙古划界，边墙以外六十里，“仍为汉民游牧之所，六十里外，乃蒙古牧地，今犹循此例”②。

除了县境北面毗邻阿拉善蒙古外，高台县境南面是裕固族。《清朝续文献通考》卷三百二十载，甘州府在省治西北一千零三十六里，东至古城洼，接凉州府永昌县界，西至黎园营城祁连山青沟口，接哼罗口黄番界，南至南古营雪山外八宝山野马川，东南至大马营、大草滩，西南至甘峻山大盘口，均接青海番族界，北至合梨山寺儿口，东北至人宗口，西北越边墙，皆接额济纳蒙古界，又一路至小鲁堡，接肃州高台县

（续上注）特部落被安置在此地之前，清朝官方文献中已有这样的记载：“闻噶尔丹将从嘉峪关外，过哈密之南昆都伦及额济内河，往投达赖喇嘛。应遣干员往探。若果噶尔丹于此取道，此机断不可失，应即行剿灭。”徐松《西域水道记》卷三如是言：“额济纳即《元史》之亦集乃。蒙古语，额济纳，幽隐也。”参见《清圣祖仁皇帝实录》卷一百六十七，康熙三十四年五月，台北华文书局股份有限公司1960—1970年版，第2248页。董正钧：《居延海（额济纳旗）》，中华书局1952年版，第14页。周清澍：《元蒙史札》，内蒙古大学出版社2001年版，第162页。艾梅霞：《茶叶之路》，范蓓蕾等译，中信出版社2007年版，第168页。

① 引自董正钧：《居延海（额济纳旗）》，中华书局1952年版，第23页。或可参见杨国宪、侯传河、韩献红：《黑河额济纳绿洲生态与水》，黄河水利出版社2006年版，第94页。

② 林则徐全集编辑委员会编：《林则徐全集》第9册，日记卷，海峡文艺出版社2002年版，第478页。

界自府治至。[①]《清史稿》卷一百三十四载，高台县唐乌忒黑番一族，每壮丁一，纳马一匹入营。西喇古儿黄番二族，隶红崖营。[②] 这说明，高台县境内本身就居住着一部分裕固族人。在20世纪70年代初，在高台新坝还经常可以看到骑马的裕固族人来来往往，当地儿童尾随于后使劲嚷嚷"西番""西番"。出于不同族群边缘的边疆社会动荡性在清代高台县境也不时可以看到。《清史稿》卷二百五十五载，"康熙十三年，提督王辅臣以平凉叛应吴三桂。……高台黄番复入边为寇，攻围暖泉、顺德诸堡。思克率师赴甘州，黄番亦远遁，乃复渡河而东，与勇会师"[③]。在这条史料中所提及的孙思克当时与张勇、赵良栋、王进宝合称为"河西四汉将"，在甘州当时动荡的边塞军旅生涯戢兵安民，后世多感戴其恩德。在康、雍、乾时期，汉番之间尚属敉宁，但在道光以后，局势有所变化，番案成为甘省当局颇为棘手的事情。道光二十五年（1845），清朝最高统治者获悉红崖高台营县地方尚据报有贼番抢掠牲畜、伤掳民人之案，责令署肃州镇总兵恒安、西宁镇总兵站柱督令官兵，赶往前后夹剿。[④] 道光二十七年（1847），陕甘总督布彦泰参奏请将玩误之汛官惩处一折称，甘肃兼理红崖堡守备署高台营都司詹兆虎，于番贼在化林川等处附近抢掠窜扰，并不立时追击，辄敢顿兵不进，避匿回堡。贼至不能夹攻，贼逸又不追捕，以致兵丁伤亡，复敢虚词捏饰，实属畏葸巧诈，贻误边防。[⑤] 詹兆虎被革职，发往新疆效力赎罪。在官兵难以得力的情况下，借助边疆社会民间自卫力量便被提上官方的议事日程。《皇朝经世文续编》卷七十九《请招募猎户防堵番贼疏》

① 刘锦藻：《清朝续文献通考》卷三百二十，舆地考十六，浙江古籍出版社2000年版，第10605页。

② 赵尔巽等撰：《清史稿》卷一百三十四，志一百零九，中华书局1977年版，第3967页。

③ 赵尔巽等撰：《清史稿》卷二百五十五，列传四十二，中华书局1977年版，第9782页。

④ 《清宣宗成皇帝实录》卷四百二十一，道光二十五年九月，台北华文书局股份有限公司1960—1970年版，第7437页。

⑤ 《清宣宗成皇帝实录》卷四百四十六，道光二十七年八月，台北华文书局股份有限公司1960—1970年版，第7770页。

称："窃臣前因甘肃沿边一带，连年番贼滋扰，恃其枪马便捷，善于伺伏，官兵追捕，往往失利，惟猎户一项较为得力，经臣移行提镇，谆饬各属，多雇猎户教练兵丁，勤习鸟枪，一有番贼窥伺，即探明要隘设伏攻击，曾将办理情形于上年三月内附片奏明在案。……山南即招西宁、大通、河州三处户民，责成大通县军功蓝翎从九品文生孔廷俎总管；山北即招张掖、山丹、东乐、抚彝、高台五处户民，责成山丹县文生李凌霄总管，均择其素习射猎兼务农业者，分为两翼，按名给予腰牌，注明姓名年貌籍贯，其外来游民及无家室者，概不准滥收，仍遴选家道殷实老成服众之猎户作为练总，每人管辖猎户一百名，每一练总名下分设小头人十名，各分管猎户十名，官为制给旗号枪炮刀矛器械，由该总管及练总人等督率团练，傥有弊窦，惟该总管是问。"① 这里的民众大多是明代卫所军人的后裔，当然在卫所制度下有不少充军发配罪谪之人，但随着时间的流逝，在卫所军事化管理下，彼此之间的界限逐渐泯然不存，对生活的社区产生共同体意识。在清后期地方政府支持下，原本具有军人气息的民众保家卫土的潜在优势又被激活。

天顺八年（1464），巡抚甘肃右佥都御史吴琛奏："甘肃地方极临边境，南接番夷，北邻胡虏，卫所城池夹于中道，处处俱系要害，自先至今，各有防边定规。每卫所离城百里相间设立烟墩，拨军守瞭，时遣夜不收远出墩外哨探，各有信地，又于紧要路径伏军架炮，遇贼近塞，举烽放炮，连接传报镇守总兵等官，相机战守。"② 明代卫所的这些防边定规对于后世产生了极为深远的影响。直到 20 世纪 70 年代初，这一地区的边疆社会特性遗迹仍然非常明显，当地民众无论在公社的生产过程中和每年冬季进祁连山打柴时，均表现出整齐划一、纪律严明的军队作风。吴琛这本奏章中所提到的"夜不收"，相当于现在的执行特种任务的侦察兵，以边民或乔装为边民的军人之警敏者跋涉险阻，冒犯霜

---

① 易棠：《请招募猎户防堵番贼疏》，葛士浚：《皇朝经世文续编》卷七十九，兵政十八，蛮防，沈云龙主编：《近代中国史料丛刊》第七十五辑，741，台北文海出版社 1972 年版，第 2013—2014 页。

② 《明实录·宪宗实录》卷十二，天顺八年十二月，台北"中央研究院"历史语言研究所 1962 年版，第 253 页。

露，昼伏夜行，出境侦谍哨探，或者在敌境相机进行劫营奇袭，故有"远哨夜不收"之说。这是一种刀口舔血的蹈危履险活动，风险极大，一旦被发觉，每多遭杀戮，所以明代史料中对死于王事的夜不收进行优恤的记载比比皆是。但另一方面，有些夜不收往往出入敌境，与敌方交易日久，遂结为腹心，在敌方大举入侵时充当向导，成为双重间谍，反映出边疆社会的错综复杂关系。近代高台县境北面尚有"夜不收湖"的地名，当地边疆社会的风土人情自可概见。① 在高台县境，明代墩台错出相望、戒备綦严的空间格局在清中叶以后随着时间的流逝逐渐淡出历史舞台，守瞭不设，边禁不严，各墩半成坵墟，但以堡、墩等军事防御设施为骨架的定居历史遗绪仍依稀可见。刘文海叙述途经骆驼城的见闻时言："西北系异族侵略之境，乡民每筑城堡自卫；赖土性粘而坚硬，不易倾陷，故又多挖隧道，备城急时逃避。"② 民国《新纂高台县志》称颂当地的民风曰：夜有警报，一呼四邻皆应，犹有守望相助之意。③

二、资源状况

中国学术界大批特批魏特夫的治水社会理论，其实对于这种理论产生背后的感性体现认识不够。如果生活在德国，魏特夫的治水社会理论的渊源就不难理解。一个在海洋性气候生活的人来到中国的土地上，立刻会感受到这里水利的重要性，所以魏特夫的眼中的中国是具有德国人气息的。雨量的丰沛其实与法律制度、思想文化等息息相关。

清朝统治者入关后对于兵农合一的认识与前代有所不同。本来，满族八旗也是全民皆兵的族兵制，这一点在第三卷中已经言之甚明④，但入关后八旗便实际上转为世兵制，这是以作为国家专门保卫力量的形象出现的，旗人不农不商，所司即在执戈从戎。清朝统治者也以此作为

---

① 康熙年间，朱一贵在台厦道衙门充当兵营的一名哨探，也被称为"夜不收"。

② 刘文海：《西行见闻记》，南京书店1933年版，第54页。

③ 徐家瑞纂修：民国《新纂高台县志》，《中国地方志集成》，47，凤凰出版社、上海书店、巴蜀书社2007年版，第68页。

④ 参见本书第三卷关于清代军制的论述。

宣传满族旗人有益于汉族之理据。而且，军队且耕且战，虽然屯田之利大有裨于边储，有充裕军食之效，但也必须为此付出制度成本，所以，时人主张，夫时势有今昔之不同，自宜因时变通料理。寓兵于农虽属古制，而今非其时，况边外武备宜专，亦非兵可兼农之地，应仍兵安于伍，民力于农，庶几两无妨碍。清代在各地的屯田策略显然有惩戒明代卫所制负面效应的意图在内。不过，在清初与准噶尔反反复复的交手过程中，作为经略西域跳板的河西是前线基地，成为西陲用兵的军需总汇，其地位遂陡显重要。雍正帝曾经说过，为了准备平准之役，很早就开始设立军机处，与怡亲王允祥、大学士张廷玉、岳钟琪等极少数人密商，决定兵马粮饷屯守进取的方略，以至于很多年外界均了无所闻。① 尽管甘省民鲜盖藏，但河西走廊地当孔道，民众输财献力，一切受雇挽运，罔不踊跃急公趋事，为支援平准之役做出了重要贡献。康熙、雍正、乾隆等朝皇帝一再下谕盛赞河西各府州边民，并叠沛恩膏，蠲免钱粮。

清朝初年，河西屯田的范围甚广。安西有安西卫屯田，肃州有九家窑屯田、三清湾屯田、柔远堡屯田、毛目城屯田、双树墩屯田，甘州有平川堡屯田，凉州有柳林湖屯田、昌宁湖屯田。其中在现今高台境内有：（1）三清湾屯田。在高台县城东南十五里处。雍正十一年（1733）垦辟。由原任南宁知府慕国琠负责，通判廖英专司水利。慕国琠《开垦屯田记》记述其“自备口粮，不敢支领养廉，劳苦自甘，竭蹶从事”②。有地一百六十二点三二顷。灌渠从张掖县鸭子渠引水，全长九十里。渠分五个字号，每号灌地二千至四千亩。开垦当年下糜、粟种一千四百四十五石，收获后除去种子，官民各分得一千四百八十四石，次年下种小麦、青稞、豆子、糜、粟共一千七百一十石，除去种子，官民各分得三千二百一十四石。雍正十三年（1735），又种麦、稞、糜粟共九百七十三石，除去种子，官民各分得二千四百六十二石。（2）柔远堡屯田。

---

① 故宫博物院辑：《掌故丛编》第4辑，“鄂尔泰奏折”，雍正五年十一月十一日折朱批。

② 慕国琠：《开垦屯田记》，钟赓起原著，张志纯等校注：《甘州府志校注》卷十四，甘肃文化出版社2008年版，第576页。

在高台县城西南十里处，于雍正十一年开垦。先后经理人员有驿丞李洪绶、州同荆有庆、县丞王敷等。乾隆时由高台县主簿管理。有地五十一点八顷。灌渠长七十九里，内分四号，每号灌地一千数百亩。雍正十三年，下种小麦、青稞、糜三百七十六石，收获后除去种子，官民各分得五百七十八石。（3）毛目城屯田。在镇夷口外一百六十里处，系历代屯垦战守之地。雍正十一年重新开垦，有地一百八十点二五顷。灌渠有大常丰渠一条，长十七里。内分三十个字号，每号灌地五百至七百亩。主管官员先后为缘事革职的原任山东布政使孙兰芬、原任江苏布政使赵向奎。乾隆时由高台县丞管理。雍正十二年，下种小麦、青稞、糜、粟共一千四百零三石，收获后除去种子，官民各分得三千七百五十七石。次年及乾隆元年，下种夏粮、秋粮种子共一千六百七十一石，收获量比前更大。（4）双树墩屯田。在镇夷口外八十里处。雍正十一年开置屯田时，此地旧渠土埂，古迹犹存。有地十五点六二顷。灌渠取黑河水，长十六里，内分三个字号，每号灌地五百二十多亩。当时经理人有县丞倪长庚等，后由州判李如琎接管，乾隆时由高台县丞管理。开垦当年，下种糜、粟八十三余石，收获后除去种子，官民各分得五百九十二石。次年种麦、稞、糜、粟一百八十八石，收获后除去种子，官民各分得三百五十一石。（5）九坝屯田。在高台县西北二十里处古城外。雍正十一年开垦，有地十二点一六顷，灌渠长九里，当年下种糜、粟八十石，收获后除去种子，官民各分得九十五石。次年种麦、糜、粟一百零九石，收获后除去种子，官民各分得九十石。后因土地碱、沙太重，不宜耕作，奉文停种。当初的奉旨开垦和后来的奉文停种说明军事准备的性质，目的在于军需无转运之苦，以省繁费。雍正十一年覆准的甘肃高台县属之柔远堡、镇夷堡、口外双树墩等地方开垦经费筹措方案更是其中隐含的军事意图的确凿证据，当时垦治所需开渠夫价口粮，是于军需银内动支。屯户所借种子，即于本年扣还；牛具等银，分作五年匀扣。①各垦区在秋成之后官民平分、从公收贮表明政府预借牛、农具、种子和

① 参详光绪朝《钦定大清会典事例》卷一百六十六，户部，田赋，开垦一，台北新文丰出版公司1976年依据光绪二十五年原刻本影印版，第7273页。

口粮诸项，实际上是有自己的算盘的。持筹而计的目的就是在于平准。

有学者曾谓，人类垦殖屯戍的每一个计划，都取得了战术上的胜利，但在战略上是无可补救的败笔。这是说，人类的开发往往对于自然环境造成破坏，必须注意天人和谐的问题。风水中有一个经常出现的字眼叫“堂局”。其实，堂局的大小反映了古人环境容量的原始概念。环境容量决定了一个地区经济发展的可能性空间。河西走廊虽然地多旷土荒畴，但其土地资源的人口承载量其实非常有限。乾隆平准之后，国家版图空前廓式，人口锐增，既食指之繁，庶视昔有加，亟须开发地利始堪赡足，甘肃当局上下也积极力图有所作为，但是继续扩大垦区就已经颇形勉为其难之象。乾隆八年（1743）十月二十七日，安西提督永常为报奉旨查勘安西等处可开垦地亩事奏折就指出：“查安西地方雨泽甚少，俱借党河、疏勒河及各山泉之水灌溉，凡水所能及之处，率皆村墟相望，阡陌相连，可耕之地已无荒芜，丰盈气象无殊内地。此外虽可开之地尚多，询之户民，咸称均系水不能到之处，且言昔亦曾经试种，终未得水，是以旋开旋弃等语。臣细闻情形，兼访舆论，似难开垦。容臣再为查访，探源测流，设有可引之水便于可开之地，当另行据情奏请。”① 在这里，关键因素在于水资源的约束瓶颈。水是一切生态系统的生命液，有水就有一切，失水失去一切。敦煌唐人写卷 S. 5894《渠规残卷》开宗明义言：“本地，水是人血脉。”② 康熙二年（1663），多年服官甘州的袁州佐在《重修中龙土庙合祀碑记》中云：“屯田之兴，莫重于水利。”③《甘州府志》的编纂者在编完“水利”一节后，不由深情地感叹：“水哉，水哉！有本者如是！”④ 在干旱地区，水资源堪称最为宝贵的自然资源之一，是维系绿洲文明的命脉。漠境绿洲的发育形

---

① 《乾隆八年十月二十七日安西提督永常为报奉旨查勘安西等处可开垦地亩事奏折》，中国第一历史档案馆：《乾隆朝甘肃屯垦史料》，《历史档案》2003 年第 3 期。

② 转引自李正宇：《敦煌史地新论》，台北新文丰出版公司 1996 年版，第 102 页。

③ 钟赓起原著，张志纯等校注：《甘州府志校注》，甘肃文化出版社 2008 年版，第 559 页。

④ 钟赓起原著，张志纯等校注：《甘州府志校注》，甘肃文化出版社 2008 年版，第 193 页。

成及其土地资源的开发利用，主要受水资源的作用和制约。

张掖令（后为布政使）王廷赞在《重建黑河龙王庙碑记》中说："无黑河，则无张掖！"① 此语对水重要性的认识，真是说得入木三分。作为我国第二大内陆河的黑河发源于青海，流到张掖城北与山丹流来的山丹河（古弱水）汇合，然后西流，全长八百余公里，占张掖地表水的大部分，是哺育张掖黎民百姓之母亲河。《清史稿》卷七十八载：弱水源出山丹西南，自与张掖河合，其下通名为张掖河。又讨来河发源肃州西南番界中，有三派，最西曰讨来河，其西又有哈土巴尔呼河，北流百余里，与讨来河合，又东北百余里，南有巴哈、额济纳二河，合流而北，与讨来河会为一，又东北流入边，绕州南至州东北，合西来之水，又东北出边，过金塔寺，折北转东，与张掖河合，又北入居延海。昆都仑河自甘肃肃州北流，经旗境，分二道，汇为泽，俱曰居延海。② 正是依靠黑河得天独厚的自然资源，张掖民众沿黑河两岸构筑渠坝，开辟田

---

① 钟赓起原著，张志纯等校注：《甘州府志校注》，甘肃文化出版社2008年版，第560页。

② 赵尔巽等撰：《清史稿》卷七十八，志五十三，中华书局1977年版，第2446页。姚莹《康辅纪行》有"甘肃黑水非《禹贡》黑水"条，其文曰：张氏以大金沙江为黑水，固与黄氏同误，而援《辨疑录》以甘肃二州之黑水为《禹贡》之黑水，又牵合大金沙江而一之，谓即大金沙江之源，尤误。按今《一统舆图》，甘州西有黑水河，北流七十余里，入山丹河。又北数里有沙河，自西南之祁连山二百余里来会。北过高台县，有摆通河来会，北出长城六十余里，名额济纳河，又北流七十余里，有滔赖河，自肃州之南，亦出祁连山，北流四百余里来会；稍东北流四十余里，名坤都伦河，又分为二支河，入居延海。是此河之干流，本山丹河也，黑水乃一小支，河长仅数十里耳。即山丹河自祁连山至居延海，亦不过数百里，何足当雍州分界之识域乎？况山丹河及黑水皆北流入居延海，与《禹贡》"至三危入南海"之文显异，得非古今水逆变迁之故乎？莹按《公羊疏》引郑康成注《禹贡》"华阳黑水惟梁州"曰：梁州界自华山之南，至于黑水又在华山之南。若以云南徼外之喀喇乌苏当之，其说亦合。总之，《禹贡》明言"华阳黑水惟梁州"，又云"黑水西河惟雍州"，两州一南一西，相去数千里，皆以黑水纪其疆域，则水之大可知。导川之黑水，明言"至于三危，入于南海"，则三危去南海当近，而叙三危既宅于雍州之域，则三危又不得在梁州，此古注所以云"三危在鸟鼠之南"也。然则黑水亘雍、梁二州，当时导黑水由三危西去，使入南海，其时水道必有可入之理，古今数千年，水道变更多矣，不得以后世水道疑之也。诸说纷纷，存之备考可耳。参见姚莹：《康辅纪行》，黄山书社1990年版，第103—104页。

畴，在莽莽黄沙中形成了阡陌纵横、绿野成片、色彩斑斓、蔚为壮观的绿色长廊，宛如系在巴丹吉林大沙漠腰围上的彩带。据《甘州府志·水利》记载，张掖县有渠四十七条，最多的一条渠道灌田五百四十点五顷，最少的一条也灌田五点四七顷；民乐县有二十三条灌田，最多的一条灌田一百七十点五顷，最少的一条灌田三顷；山丹有二十三条，最多的一条灌田四百顷，最少的一条灌田七顷；抚夷厅有三十五条，最多的一条灌田一百零九点四顷，最少的一条灌田八点六顷：高台有四十四条，最多的一条灌田一百八十九点四顷，最少的一条灌零点九七顷。

康熙五十六年（1717），分巡甘山道副使庄廷伟在他的《治甘州记》中十分庆幸地说："甘州不干，缘天山。"[①] 清末倭仁在流放新疆途中记述云：祁连，一名天山，又名雪山，今俗通谓之"南山"。在河西四郡之南，起武威，历张掖，过酒泉，逾敦煌，走西域，延袤数千里。西羌种落，多居于此。此为南祁连，亦即《西域传》中所谓的"南山"；北祁连为巴里坤之盐池山，西南至吐鲁番，又称"北山"。[②] 祁连山脉，雄峙河西走廊之南、青藏高原北缘，为古生代地槽型褶皱山系。其东起乌鞘岭，西至敦煌西南的当金山口与阿尔金山相接，山势西高东低，大部分海拔在三千至三千五百米以上，主峰大雪山海拔五千五百六十四米，相对高度一般在一千米以上。山体自然生态垂直带谱发育良好。纵贯河西走廊的石羊河、黑河、疏勒河三大河系均源于祁连山区。

嘉庆初年，甘肃提督苏宁阿驻守甘州，率人入甘州南部的八宝山（祁连山支脉）考察森林状况，但见松柏古木，粗达数围，均在百年之上，树冠上积雪皑皑，寒气袭人，树冠下珠滴玉溅，细水轻泻。"山上之树木积雪，水势之大小，于甘州年稔之丰歉攸关。"[③] 为此，苏宁阿

---

① 钟赓起原著，张志纯等校注：《甘州府志校注》，甘肃文化出版社2008年版，第862页。

② 倭仁：《莎车行记》，方希孟：《西征续录》（合订本），李正宇、王志鹏点校，甘肃人民出版社2002年版，第75页。

③ 钟赓起原著，张志纯等校注：《甘州府志校注》，甘肃文化出版社2008年版，第126页。

撰写了《八宝山来脉说》《八宝山松林积雪说》等文，在讲述八宝山的山脉来历后，他虽将其重要性归结到“西凉甘肃四郡之镇山”“为四郡风水攸关”的迷信上去，但其所说“黑河流出此雪山，开渠五十二道，灌溉甘州水田，为甘郡黎庶生计”“甘府之丰歉，总视黑河雪水之大小”① 云云，都是十分准确而深刻的。此文之可贵在于，其正确地说明了雪水灌溉两个方面的重要性：一是水量的保证，二是水源的稳定。如果森林资源遭到破坏，人民生计将为之不保。《甘州府志》所载苏宁阿嘉庆七年（1802）《八宝山松林积雪说》言辞剀切地指出：

> 甘州人民之生计，全依黑河之水。于春夏之交，其松林之积雪初溶，灌入五十二渠灌田。于夏秋之交，二次之雪溶入黑河，灌入五十二渠，始保其收获。若无八宝山一带之松树，冬雪至春未一涌而溶化，黑河涨溢，五十二渠不能承受，则有冲决之水灾。至夏秋二次溶化之雪水微弱，黑河水小而低，不能入渠灌田，则有报旱之虞。甘州居民之生计，全仗松树多而积雪。若被砍伐，不能积雪，大为民患，自当永远保护。②

由于河西农田水利依赖于祁连山雪水，冬季大雪为山上林木所阻，蕴成冰仓雪库；春天积雪消融，长流不息，浇灌田亩。若乱采滥伐，冬天储雪量小，春天融流急下，河渠冲毁，必有水灾；夏天积雪融完，河渠干涸，必有旱灾。祁连山水源涵养林面积的减少，必将反过来威胁灌溉本身，对于清代河西地区农业的稳定发展构成严重威胁。早在乾隆五年（1740），甘州地方当局即有八宝山封禁之举。后至嘉庆六、七两年，于祁连山入山要口处悬挂铁牌，禁止入山翦伐，以蕴其源。上书：“偷伐松林，有障水源，摧毁民生，既绝民命。特立此牌，以告乡民：

---

① 俱见钟赓起原著，张志纯等校注：《甘州府志校注》，甘肃文化出版社2008年版，第125页。

② 《甘州府志》卷四，《中国地方志集成》，44，凤凰出版社、上海书店、巴蜀书社2007年版，第226页。

有伐木者，与命案同”①，采取严厉的手段制止毁林。甘州地方当局又将其“永远封禁”，并勒碑于州境，纂入府志，以垂永久。

在清朝政治统治比较稳固的时期，随着生聚渐繁，争夺资源的斗争在河西地区日渐尖锐，但祁连山的封禁在河西地区似乎在执行上还是比较有章法的。1923 年刊《东乐县志》卷一载：光绪二十七年（1901）山丹县属南滩十庄民，与东乐县（今民乐县）属六大坝户民，为争夺祁连山支脉双寿寺山地水源林木，上诉至县、府各级衙门互控不休，后“由府饬县会同秉公讯断，旋经张掖县堂审。查双寿距西水关有十五里之谱，既不可碍东乐民人水源，亦不可断山丹民人烟火，除西水关以内林木甚繁，自应严禁入山，以顾水源。自西水关以外，以五里留为护山之地，不准采薪；尚有十里至双寿寺，即准采薪，以资烟火。此十五里山场，作为三分，以二分地顾烟火，以一分地护水源，打立界碑，永远遵行，并令采薪人民入山时只准带镰刀，不准用铁斧。如有砍伐松柏一株者，查获罚钱二十串文，充公使用，并照案出示晓谕，以使周知。该两造土民当堂悦服，各具遵结附卷完案”②。但事情并未就此完全了结，“嗣又控，经山丹县断，令两县分界，仍照大河为准，所有老林树两县均不准砍伐，以护水源。尹家庄、展家庄用镰砍伐烧柴，只在老君庙以下，老君庙以上无论何县何地，均应保护林木，不准砍伐。如有犯者，从重处罚，各具有遵结完案。尔士民等自应遵此断案，公立界碑，以息讼端而垂久远”③。

1921 年修《新纂高台县志》卷二《舆地志・物产》载：“高台地接祁连，药材极多；明清以降，次第发明者，以数十百计，远若新、陕，近则甘、凉、肃，皆取给焉。比年以来如羌活、大黄、苁蓉、黄

---

① 参见李并成：《历史上祁连山区森林的破坏与变迁考》，《中国历史地理论丛》2000 年第 1 期；亦可参见杨晓敏、金炜：《张掖经济史略》，甘肃人民出版社 2009 年版，第 91 页。

② 徐傅钧修，张著常纂：《东乐县志》卷一，民国 12 年兢业石印馆刻本，页二十九、三十。

③ 徐傅钧修，张著常纂：《东乐县志》卷一，民国 12 年兢业石印馆刻本，页三十。

柏、甘草等驼运出境者，动辄数百担。洵天然利源，土产之大宗也。”①新中国成立前，河西各地生活能源严重匮乏，三料（木料、肥料、燃料）奇缺，保留着修盖房屋少用石料、多用木料的习惯，乱砍滥伐林木的现象长期存在，对原始生态林破坏极大，并且群众每每以红柳、白刺、梭梭和其他小灌木作燃料，铲草皮、挖草根当柴烧。临泽、高台、张掖等沿黑河两岸的水稻还挖取荒漠上的黄蒿作绿肥。这样，长期进行掠夺性生产，先砍森林，后砍灌木，再铲草皮，自然环境遭到严重破坏，大量林木被砍伐，或当柴烧，或盖房屋。祁连山区原有森林二千万亩，到新中国成立前只剩下二百万亩。祁连东麓原有“黑松林山”，到了清乾隆时“昔多松，今无，田半”②。至嘉庆十年（1805）祁韵士所见，这里“绝少草木，令人闷绝”③，其破坏程度又进一筹。德国人福克《西行琐录》言其于光绪六年（1880）亲眼所见，人们“每于八九月进（祁连）山打猎，获禽无算”④。但是，陶保廉于光绪十七年（1891）就已经指出：“甘州少雨，恃祁连积雪以润田畴”，而今日山中林木“遣兵刊伐，摧残太甚，无以荫雪。稍暖遽消，入夏乏雨，又虑旱暵”⑤。刘文海在1933年出版的《西行见闻记》对于这样一个事实表示痛心疾首，云：“祁连山多鹿，近年以来，汉回出入其中，猎麝为生，因方法不良，不定得麝，几使鹿类绝迹，殊堪浩叹。”⑥在长年大量攫取挖采药材的影响下，高台县有些地段因采挖过甚，以致所剩无多，严

① 此条记载几乎与程先甲《游陇丛记》所言相差无几。程先甲《游陇丛记》云：“甘肃药草以高台县所产为最多，其地接祁连山，具品目约百数十种，新、陕及甘、凉、肃皆取给焉；如羌活、大黄、苁蓉、黄檗、甘草等，输运出境，动辄数百石。”参见程先甲：《游陇丛记》（与顾颉刚《西北考察日记》合订本），达浚、张科点校，甘肃人民出版社2002年版，第58页。

② 张玿美修，赵璘、郭建文纂：《古浪县志》卷四，地理志，乾隆年间刻本，页九。

③ 祁韵士：《万里行程记》，李广洁整理，山西人民出版社1992年版，第18页。

④ 福克：《西行琐录》，王锡祺：《小方壶舆地丛钞》第六帙，杭州古籍书店1985年版，第302页。

⑤ 陶保廉：《辛卯侍行记》卷四，养树山房光绪二十三年刻本，页四十五。

⑥ 刘文海：《西行见闻记》，南京书店1933年版，第54页。

重影响到药材的繁育更新。祁连山在新中国成立前受到军队破坏的情况还可以从1942年《创修临泽县志》得到清晰的佐证，该书指出：临泽县境林场面积较大者以杨岗河柏木林场、照能、玉树、大小黑沟等处为最。其狭小林场遍地皆是，均系天然林。前清时为保护水源严禁砍伐，并有甘肃提督署铸有铁牌，悬为厉禁，迨后政令废弛，无人保护。近年以来森林操于驻军，滥事采伐，影响水利甚巨。所以，该书积极呼吁："禁止砍伐森林，查林场内众多细流，均注入黑河、响山、摆浪、西大等河，张（掖）、高（台）、临（泽）、鼎（新）等县农田均借祁连山雪水泉流灌溉，如不保护森林，滥事采伐，则影响各县水利匪浅。今后对于旧有林场，应特予保护，以俟区政府纳入正规，奖励番、汉民众，提倡植树。"① 在无法无天的年代，地方上无权无势的文人的呼声根本不可能喝退提刀带枪的武人恣意兢取，为所欲为。因为人为的砍伐山林，河西走廊南北各山多成为濯濯童山，以致减少了高山积雪和冰川形成，从而影响了祁连山的冰雪融水。我们从史料中可以看到，武威山区"往昔林木茂密，厚残冬雪，滋山泉，故常逢夏水盛。今则林损雪微，泉减水弱，而浇灌渐难，岁唯一获，且多间年歇种者"②。破坏的后果对于涵养水源乃至绿洲农业造成的严重影响可谓触目惊心！

当然，我们不能将所有这一地区的生态环境的恶化完全归诸生产、生活的破坏性因素。如前所说，这里是一种典型的边疆社会。不同族群之间的战争往往是许多古代文明突然中断的原因，由此形成不同文化覆盖物沉淀的层累和叠加。在河西走廊古绿洲上残存的古城遗址有骆驼城、新墩子城、许三湾城、明海子城等。在今天高台县西北的骆驼城乃是北十六国时期凉段业建都处，而如今颓城荒刹，遗迹犹存，四望沙滩一片，风物全非，吊古者不胜海田之感。有学者以此为例说明生态环境的恶化，复从临泽的地名、汉张掖郡古城的废弃等加以强化论证。在这

① 高季良总纂：《中华民国创修临泽县志》卷三，民族志，张志纯等校点，甘肃文化出版社2001年版，第130页。

② 许容监修：《甘肃通志稿》，民族九·风俗·武威县，《中国西北文献丛书》第一辑，西北稀见方志文献，第二十七卷，兰州古籍书店1990年版，第611页。

一地区的许多荒滩上，随处散见遗落的灰陶片、红陶片、粗缸瓷片、碎砖块、石磨残块等物，地段阡陌、渠堤的遗迹仍清晰可辨。自然科学工作者在卫星影像和航空照片上可以明显看出摆浪河下游干涸的古河道。但这不能在归因分析上简单地往自己的主观预设上靠拢，认为这是由于祁连山雪线上移、冰川退缩而引发的植被逐步退化。黄文弼《蒙新考察日记》就已经发现这些现象的蛛丝马迹，其分析就比较允当，例如他写道："滩上有田界遗迹及古沟渠，是古时此地已开垦种地，及入蒙古时期，遂荒芜成为牧场耳。"①

三、高台县水案的文献疏证与辨伪

食为民天，有食斯在民；水为谷母，治田先治水。高台县水利之最大者全赖黑河，其次则有祁连山下之摆浪河、水关河、石关河，只能供南山五堡之灌溉。黑河南岸有渠十五条，它们是三清、柔远、丰稔、站家、纳凌、定宁、新开、乐善、永丰、黑新开、黑泉、黑小坝、镇江、双丰、胭脂。黑河北岸有渠四条，它们是五坝、六坝、七坝、八坝。黑河罗城以下有渠八条，它们是罗城北、罗城南、河西、常丰、万丰、罗城、侯庄、天城，黑河在高台县境内共有渠二十七条。大河有渠一条名暖泉。摆浪河即摆通河，当地人称为山水河，以祁连山雪水为源，夏盈冬涸，引水灌田之渠有十二条，它们是河西上坝、河西下坝、黑元山、黑四坝、新坝、从仁上坝、从仁下坝、许三湾

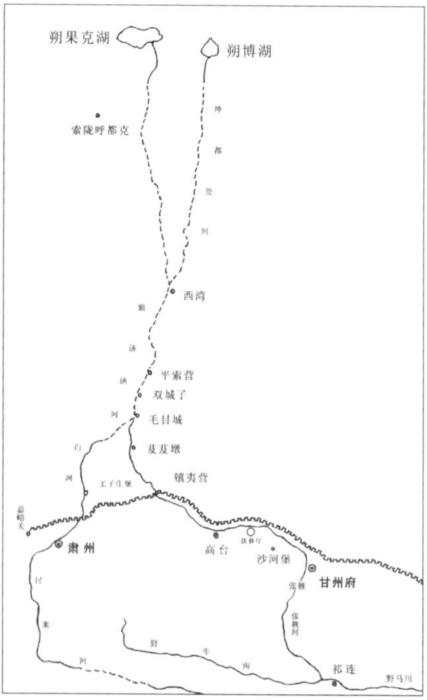

黑河流域图（吴刚绘）

① 黄文弼：《蒙新考察日记》，文物出版社1990年版，第103页。

（以上为西岸各渠）、暖泉新沟、顺德中坝、暖泉旧沟、顺德下坝（以上为东岸各渠）。水关河西岸有高红正、高红黄二渠；东岸有二坝、古城、六洋、毛家四渠，共六渠。石灰关河有高红西、高红上、高红二、高红三，共四渠。红沙河有红沙河渠一条。上述部分水利设施在《皇朝经世文续编》卷一百一十八各省水利概论中也有记述。1949 年 7 月，位于县城西北三十五公里的马尾湖水库竣工建成，属洼地水库。该水库于 1947 年由甘肃省河西工程总队勘测设计，由受益的高台、金塔（属酒泉）两县合建，设计库容八百二十一万立方米，有效库容七百万立方米，高台、金塔按 6:4 分水，灌溉农田三万三千亩。从现有文献资料来看，高台县黑河流域在清代发生的著名水案有阎如岳案和丰稔渠口案，尤其前一案件迄今仍被人们不断演绎。

（一）阎如岳案

高台县遗留下的文献资料并不丰富，以致民国时期高台县志纂修者每每浩叹文献不足征。乾隆初年成书的《甘肃通志》在卷十六《水利·直隶肃州·黑河分渠》项下如是记载黑河均水制度：

> 高台水利赖黑河灌溉，而黑河之源起于甘州城南之下，遇暑水发，平时常涸。惟有甘州甘泉庙水流至北门外，并湖水、泉水合流以至高台。但甘州渠口百十余道，广种稻田，以致上流邀截，争水诉讼。近年，每至五六月，上流闭口七日，以济高台禾苗，永为定例。

此处关于本案的叙述几乎阙焉不载，仅仅言及过去“上流邀截，争水诉讼”的现象与“今年黑河均水定例”的概况，但乾隆初年成书的《甘肃通志》自然与雍正时本案的发生相去不远，考虑到纂修过程所需要的时间，这里所言“近年”云云自然不难理解。本案与年羹尧有关，在乾隆初年成书的《甘肃通志》理所当然对于政治敏感问题避之唯恐不及，何况该通志囊括甘省的广袤空间，所以不得不简略地一笔带过，使我们无法于此得见本案的概况。

镌于光绪六年（1880）的阎汶《重修镇夷龙王庙碑》① 碑文记载：

吾堡地居河北下尾，黑河源自张掖来，西北由峡门折入流沙，临河两岸利赖之。每岁二月，弱水冰消。至立夏时，田苗始灌头水。头水毕，上游之水被张、抚（即抚夷厅，今为临泽县）、高各渠拦河阻坝，河水立时涸竭。直待五六月大雨时行，山水涨发，始能见水。水不畅旺，上河竭泽，此地禾苗，大半土枯而苗槁矣。溯自康熙五十有八年，吾堡生员如岳阎公，恻然不忍，不避艰险，悉将此情控诉陕甘年都部堂，渥蒙奏准定案：以芒种前十日，委安肃道宪，亲赴张、抚、高各渠，封闭渠口十日，俾河水下流，浇灌镇夷五堡及毛目二屯田苗。十日内不遵定章，擅犯水规渠分，每一时罚制钱二百串文，各县不得干预，历办俱有成案。近年芒种以前，安肃道宪转委毛目分县，率领夫丁，驻高均水，威权一如道宪状。

另外，民国年间的《新纂高台县志》卷五《人物·善行》有如下记载：

阎如岳，廪生，镇夷堡人。甘州、高台居镇夷黑河上游，水利不均，每起交涉。历年四五月间需水时，甘州、高台之民拦河阻坝，镇夷、毛双各堡，涓滴不通，禾苗亢旱。如岳率里老居民申诉制府绰公，求定水规，辄收押，乃甘州、高台民众力强，贿嘱看役肆凌虐，倍偿艰苦。如岳百折不回。自康熙五十四年年迄雍正二年，经大学士年羹尧确查奏明，定以芒种前十日，由安肃道派毛目水利县丞巡河，封闭甘、肃、高台渠口，镇夷、毛双各堡得受水十日，永以为例。里民置祠，于芒种前十日祝如岳及年羹尧，至今不替。②

① 徐家瑞纂修：民国《新纂高台县志》，《中国地方志集成》，47，凤凰出版社、上海书店、巴蜀书社2007年版，第313—314页。据笔者实地考察，正义峡龙王庙即在即将进入峡口拐弯处的黑河北岸长有梧桐树处，目前已经毁圮，荡然无存。当地村民言，过去是有一块碑的，但不知现在到哪里去了。

② 徐家瑞纂修：民国《新纂高台县志》，《中国地方志集成》，47，凤凰出版社、上海书店、巴蜀书社2007年版，第202页。

民国年间的《鼎新县志》政事志附录有“镇夷阎如岳控定镇夷五堡并毛双二屯芒种分水案牌”：

其照命太子太保兵部尚书兼督察院右都御史总督陕甘等处地方兼理粮饷并兼管甘肃巡抚事监理茶马年，为檄饬疏通水利救济民命永定水案章程遵守无违事。据兼管水利安肃兵备道张详称据镇夷所管印守御千总万覈臣呈据镇夷五堡士民阎如岳等呈控，甘高小水利不均，上游获利，下游受害，极致田苗干旱，百姓流离失所，嗷嗷待毙等情，查核定夺。缘因甘高镇夷田苗同资黑河灌溉，自康熙五十年间，水利不均，每值四五月需水之时，甘高渠水汪洋，镇夷涓滴不见，镇夷五堡士民往往与高争水，几至打伤人命，是以控诉署理部堂绰，批令高镇二所暂闭高台渠口，分流接济镇夷五堡田苗。但镇夷五堡地方正居黑河下流，未能均沾实惠，眼见百姓逃散，国赋失陷。复因康熙五十四年，军兴旁午，署部堂驻跸肃州，镇夷五堡士民阎如岳等，遮道哭诉，备呈受苦情由。随蒙批令甘、肃二道查明详报，又批自甘、肃二道视之，未免各为地方，自本部堂视之，均为朝廷之赤子，必须秉公议妥，方可经久无弊，所以委令临洮府王亲诣河干，细查水源，详云：黑河沙，水行最慢。镇夷距高经一百余里，若令高台之水灌溉镇夷田苗。七八日方到镇夷，必得十四五天方可灌足，莫若将甘州右卫并高台一带渠口尽行封闭，水势大而流行速，则三四天可到镇夷，五六天可以灌遍，统令每年五月初三日为率，至初十日为止，封闭甘、高渠口七天，永为遵守。甘、高庶民俱输服甘结。若镇夷不遵，惟镇夷之官是问，若高民不遵，惟高台之官是问。所以康熙五十八年水案始定，而镇夷五堡士民稍有生路。孰知定案之后，高台又有乱法之民，阳奉阴违，或闭四五日不等，仍复不遵。至六十一年，适逢督宪年羹尧赴肃，镇夷五堡士民阎如岳等报辕苦呈受苦苦情，呈以奏请两所并归一县，看作一儿一女，永息争端者，原为水利之故。自裁所并县之后，甘应遵法封闭渠口者固多，亦有刁民乱法，先开渠口者仍复不少，镇夷

> 五堡仍复受害。至雍正四年，都宪年复经肃州，镇夷五堡阎如岳等携拽家属，百事哭诉苦情，请收地方册籍，不愿为镇夷五堡地方民户，复蒙都宪年惠爱边氓，将高台县萧降级离职，饬委临洮府兼管水利事务马亲诣高台，剀切确会，同甘肃府道州县妥议一章程，详情定案。于芒种前十日封闭甘、高上游渠口，灌溉镇夷五堡受害田苗，寅时闭渠，卯时开口，勿相乱规，庶水利均通，上下不致有苦乐不均之状。而黑河下流亦属朝廷之子民，岂有镇夷五堡得水灌田，永享丰字之乐，而毛双二屯干旱无水，长受饥馁之苦乎？都宪轸念民难田僻，将镇夷五堡芒种前十日分水内分拨毛双二屯，后三日浇灌受害田苗，以益滋长。镇夷五堡渠口依照甘、高之例封闭，不得乱规。庶毛双屯民亦得均沾水利之惠等情前来，据此合行檄饬。为此，仰安肃道遵照，即转饬镇夷五堡并毛双屯民谨遵本都宪部堂定立章程，于芒种前十日浇灌田苗，俟十日限满，甘、高各渠卯时开口，永为铁案，世世遵守。尔谨遵宜于芒种以前派拨夫丁亲诣甘高封闭渠口，浇灌镇夷五堡并毛双二屯田苗。令夫严密看守，以诡整端，凛遵无违，等因。蒙此合行檄饬，为此仰镇夷五堡士民阎如岳等遵照督宪年拟定章程，即于芒种前十日浇灌田苗，派拨夫丁看守渠坝，勿得乱规。倘有不遵，禀明究治不贷。①

上述前两篇文献均见于民国《鼎新县志》，但该县志根据源于马端临《文献通考》以来形成的文与献并存的体例，在两处均涉及我们这里探讨的阎如岳案，足见该案在高台县历史上的地位。这两篇文献在《新纂高台县志》中其实具有互文性，而从史源学角度而言，镌于光绪六年（1880）的《重修镇夷龙王庙碑》碑文（简称“文本A”）应该处于该志中人物传“阎如岳”（简称“文本B”）的上游地位，而后者仅是前者之“流”。按照文本B的记述，高台民众力强，不愿放弃自身利益，利用所掌握资源贿嘱看役肆凌虐对手。镇夷堡在雍正二年以后就纳

① 张应麒修：（民国）《鼎新县志》，《中国西北文献丛书》第一辑，西北稀见方志文献，48，兰州古籍书店1990年版，第692—693页。

入高台县境，民国高台县志纂修自然可以以比较超脱的眼光重新审视这一水案，然而，这样的记述在民国的高台县志中却直言不讳，使人不免诧异。在检对民国《鼎新县志》的“乡贤传”①，我们发现这段文字记述基本上是抄自于民国《新纂高台县志》，只是改易数字，并将民国《新纂高台县志》中阎如岳的小传增加了最后一句“鼎新之均水始，此实阎如岳之功耳”。这最后一语是纳入民国《鼎新县志》有必要增加的，但此增加也恰恰说明“此地无银三百两”，可谓当时县志编纂者偷工减料直接使用其他方志材料的佐证。这估计是在编纂者学养和精力不济情形下常见的做法。当然，在《鼎新县志》中，阎如岳的传记是被放在“乡贤传”第一篇，而在《新纂高台县志》的该传的地位则没有这样显著，说明该水案在两地的历史重要性分量各自不同。

上述前两篇文献提及的镇夷峡在今日的高台县罗城乡天城村。当地人称石峡，因地处黑河中下游交界处，且分上、中、下三段故今又称其为“黑河小三峡”。这里恰好处在甘肃张掖地区、酒泉地区和内蒙古额济纳旗交界之地，其地理位置险如一副锁钥，故有“天城锁钥”之称，历史上向为兵家所看重。古代取名“镇夷”者，自然是凭借此处之险要地势，含有镇制所谓“外夷”的意思。新中国成立后，由于这种称谓不利于民族团结，“镇夷峡”遂被改为“正义峡”。明朝洪武二十九年（1396），在这里设立哨马营驻兵把守，次年设立了军政合一的县级机构——镇夷守御千户所。是为历史上高台境内的第一个县级政权机构。明代骁将白刚定河西时战功显赫，朝廷封其为世袭五千户，掌镇夷所印，自此世居天城。雍正三年（1725），大将军年羹尧平定青海罗布藏丹增叛乱后，将镇夷、高台两个卫所合并为高台县，镇夷千户所结束它了历史使命，但直到乾隆初年，仍驻守马步战守兵四百二十七名，城内衙门、兵库、粮仓、学堂、庙宇一应俱全。当时，镇夷、高台两个卫所之所以合并也是缘于本案，是本案导致的结果之一。这一点，我们在后文将详细解释。在这里需要指出的，即使后来由于罗城镇夷峡人在高

---

① 张应麒修：（民国）《鼎新县志》，《中国西北文献丛书》第一辑，西北稀见方志文献，48，兰州古籍书店 1990 年版，第 707 页。

台县境内的地位已经下降，但此地居民的血性仍昭然可见。《新纂高台县志》言“镇夷风土淳厚，气习刚勇，好骑射，习礼让”①。经年累月的边尘之警所熏陶出来的刚毅与坚韧性格是这一水案发生的不容忽视的背景因素。镇夷人居塞上以捍边戍，在清廷与准噶尔处于军事交锋之际，该地区边民控告的水案自然容易得到当局的关注。

甘肃省高台县正义峡口黑河冰冻情景（张世明摄）

上文《重修镇夷龙王庙碑》在这一水案文献传承链条中占据至关重要的地位。李智君博士在《复旦大学学报》上发表的论文对于河陇地区民间信仰空间的边塞特性进行过卓有成效的分析。除了河西地区对于边疆对边塞立功杀敌将士的崇祀表现出的边塞区域特性之外，对龙王的信仰和“龙王”之称昉于宋代，大抵出于道家者流。虽然龙王庙密布河陇，但对龙王的祈祷内容各地却并不相同。黄土高原地区，塬、梁、峁纵横分布，地形破碎，很难有大面积的灌溉条件，基本上靠天吃饭，所以陇上民众大多以“祷雨”为主要目的。河陇地区降水从东向

① 徐家瑞纂修：民国《新纂高台县志》，《中国地方志集成》，47，凤凰出版社、上海书店、巴蜀书社2007年版，第65页。

西逐渐减少，宁夏平原和河西走廊虽然多年平均降水量比黄土高原地区更少，但因灌溉便利，人们对降水的需求遂被对地表水的需求取而代之，故对龙神祈祷的目的也随之产生差异，祈祷灌溉系统稳定成为祈祷的主要目的，民间多信仰“河渠龙王”“雪山龙王”。本地降水对农业生产的重要性远远小于灌溉，有时降雨过多反而引起盐碱上升和地面板结等反作用，所以当地民众有“不怕旱、只怕涝”之说。所谓“不怕旱”，就是因为当地农业生产主要依靠高山冰雪融水。对于河西走廊冰雪融水灌溉区域来说，越是晴天，融水越多，自然灌溉水源越丰富，以至于当地人称此现象为“日光代雨”。故塞上对水龙王的“祷雨”祭祀并不发达，而是以祈祷灌溉渠道的水量稳定为主要目的，河西水龙王的祠祀，主要是对雪山和河神龙王的崇祀。虽然也有“灵湫灵应”的记载，但为数很少。与常规祈祷龙王普降甘霖不同，河西的河流大多是冰雪融水补给，需要天气晴朗才会水源丰富而无旱魃之虞。但在河西，这两者却并行不悖，当地老百姓并不介意，只管祈祷则可。[①] 甘肃布政使王廷赞《重建黑河龙王庙碑记》云：“粤惟张掖，孤悬天末，星缀西陲，风高土燥，雨泽稀微，所以恃灌溉畎亩活亿兆者，惟黑河一水。水源发自西南山峡，迤东至于府城之西北，又东北会于山丹河，又西过高台，又西北逾镇彝峡出塞，潜入地伏行千余里，东北入亦集乃海。其水利之在境内者，蜿蜒三四百里，支分七十余渠。说者谓‘无黑河则无张掖’。黑河之水，盖造物特开之以生兹一方者。沿河上流枕谷小坪旧建神祠，俗名上龙王庙，有祈必应，无感不灵，郡之士民，凛若影响。乾隆丁丑，予钦奉简命来宰斯邑，维时军兴旁午，诸务倥偬。乃自春徂夏，雨泽既微，而河流复弱，万姓嗷嗷，实堪怆恻。爰偕提府两宪，躬诣神祠，虔行祷祝，不旋踵而河流涌发，甘露滂沛，盖神之灵爽，实如式凭云。”[②] 关于龙王庙祈祷的时间，清人谢历在《黑河夏涨》序中说：“甘州里社，每三四月中，择日祀龙神，不逾三日，黑水辄涨泛，千畴

① 李智君：《清代河陇民间信仰的地域格局与边塞特征》，《复旦学报（社会科学版）》2006 年第 4 期。

② 钟赓起原著，张志纯等校注：《甘州府志校注》卷十四，甘肃文化出版社 2008 年版，第 560—561 页。

万顷，咸得种植，陈子昂所云‘不假天雨，岁收四十万斛’者也。”① 清朝初年，梁份在《秦边纪略》中就记述，黑河“河南惟甘州产稻谷，肃州惟镇夷而东产稻谷，由于水足土膏。水足者，引黑河水以灌溉也”②。这表明，镇夷堡在清初的产业结构对于水利灌溉的依赖度极大。

在黑河流经地区的方志每每多见修建龙王庙的碑文。③ 上述《重修镇夷龙王庙碑》和王廷赞《重建黑河龙王庙碑记》均是其中的典型。事实上，黑河流域的龙王庙就是该流域各渠水利管理机构。在黑河流域，凡独立引水或并口引水的渠系，便是一个独立的引水系统。除春灌期间各渠龙官或掌管共同验口，看宽度、高度是否符合水规外，没有其他横向联系，也没有一个统一的管理机构。④ 每个渠系的管理处都叫龙王庙，龙首渠叫上龙王庙，大官渠叫下龙王庙……每个渠的主管一把手，俗称“龙官”，自称“水利老农”。其下分两个系统，一是工程系统，其职称依次为大掌管、二掌管、三掌管；二是灌溉系统，其职称依次是渠主、号主、差家。大掌管和渠主只有一个，二掌管、三掌管、号主、差家每职多人。每个渠系的水利工程由本渠系自己进行。引水工程、防洪工程、输水工程，由全渠系进行，各工、号的灌溉工程，由各工、号自己进行（工相当于支渠，号相当于斗渠）。一般而言，龙王庙分为两个院子，右边是官房院，正殿供龙王爷，东西厦房是龙官和各职能人员住的地方。左院是用黄土夯实的土围子，当地人称“夫庄子”，即河夫住的地方。各工、号的河夫有自己固定的住房。河夫简称夫。夫分四种，即正夫、急夫、长坝夫和“锅底子夫”。（1）正夫即进行正常

① 钟赓起原著，张志纯等校注：《甘州府志校注》卷十四，甘肃文化出版社2008年版，第738页。

② 梁份：《秦边纪略》，王德毅等编：《丛书集成续编》244，史地类：防务、西域地理、世界地理、亚洲地理，台北新文丰出版公司1989年版，第151页。

③ 例如，在王廷赞《重建黑河龙王庙碑记》之前，《甘州府志》中还有巡道袁州佐《重修龙王庙合祀碑记》；《山丹县志》中有生员王钦《建五坝龙王庙记》、生员赵明《建大马营河龙王庙记》等等。

④ 现今作为黑河水调配总枢纽的黑河总口在过去就被称为“龙王庙”，据说当时有八个庙门，管理八条干渠，轮到配水时，各渠“号主”便会坐守“庙门”相争引水，常因分水不公引发矛盾。

春修的河夫，人数是固定时；（2）急夫是进行抢修工程的河夫，人数是事先约定的；（3）长坝夫即常年住在龙王庙里，维持引水的河夫。所做工日，顶抵本工号应负担的工或料；（4）“锅底子夫”即因发生水利纠纷而进行械斗时全渠系总动员的应征河夫。之所以叫“锅底子夫”，是因为接到这种传呼时，各家各户均要把锅翻过来。锅底子朝上，乃是表示准备破釜沉舟。黑河流域的边塞特性和水利命脉的重要性使此地的河夫组织系统极为严密，所以一旦发生水案，往往形成破釜沉舟、背水一战的争水和护水械斗，即所谓其起“锅底子夫”。这也是黑河水案边疆社会特征的一种折射。学术界往往关注于清代东南沿海的福建、广东和台湾地区的分类械斗，① 但西北地区的水案械斗则不被重视。在黑河流域，动用河夫被称为“起夫”，起“锅底子夫”时，全渠系所有能械斗的男子，倾巢出动，各持器械，奔跑呼叫。到了现场，不问青红皂白，一切听从掌管、渠主的指挥，令行禁止，大打出手，俨然边塞地区内部的军事战争。在黑河流域的龙王庙中，当地民众通过龙王庙的信仰崇拜形成共同体，天人合一传统得到彰显，而作为民间自治机构，官府的支持赋予各渠龙王庙某种程度的权威。前述张掖布政使王廷赞《重建黑河龙王庙碑记》即是对于这种民间信仰支持的官方声明。《清德宗景皇帝实录》卷二百三十三载：清朝最高统治者曾经“以神灵显应，颁甘肃张掖县龙王庙匾额，曰仁敷觻得；平凉县龙王庙匾额，曰鹑阴普护，并敕封曰灵济；礼县龙王庙匾额，曰泽覃漾水；高台县城隍庙匾额曰合黎昭佑；永昌县城隍庙匾额，曰福佑骞城”②。正是官民之间的相互利用，所以中国的民间自治机构往往带有某种专制的色彩，与西方的地方自治中表现出的民主特色多少略有差异，呈现出自上而下贯通的专制同构性，而边塞地区的军事化又固化了这一特征。地方精英在当地说一不二，一起“锅底子夫”，根本

---

① 事实上，沿海一带也有“十案械斗八案水利”的说法，表明水资源争夺在械斗中的比例甚高，是极易引发冲突的因素。

② 《清德宗景皇帝实录》卷二百三十三，光绪十二年冬十月，台北华文书局股份有限公司1960—1970年版，第2160页。

不容单独的个人选择。不论春修或抢修，均由大掌管、二掌管、三掌管负责。大掌管全面负责，轻易不上工地。二掌管、三掌管负责现场的施工。河夫日出而作，日落而息。做活时不停地干，稍一直腰，二掌管、三掌管手里拿的“草绳油棒子”便会劈头盖脸地打来。河夫犯了错误，如斗殴、旷工、迟到（没按时报到），或因失误而造成工程或进水损失，便被绑在大殿前的柱子上拷打。

从“文献”“文物”两个复合词的结构来看，“文献”系联合词组，“文”与“献”是并列关系，并无轩轾之分，义为“典籍与贤才”，而“文物”则系偏正词组，其中“物”为中心词，“文”属于修饰成分，主要是言“物”。所谓文“物”者，文化之遗物也。文物与文献两者固然有联系，因为文献是文物的一个组成部分，但两者的构词方式与意义均不相同。德国史学家伯恩海姆（E. Bernheim）1894年出版的《史学方法教科书》把史料分为两组：（1）“残存物”；（2）“流传”。伯恩海姆的史料分类方法其实奠定遗留性史料和记叙性史料二分法的基础。所谓“遗留性史料”，是指那些原属过去历史事件的一部分而遗留至今的、从其最初形成就不以讲授历史为目的，而是出于别的目的或原因形成的、给人们无意中提供可靠的历史信息和知识的史料，其作为史料是由史学家当作史料使用的，而不是由其（制）作者作为史料创作（造）的；所谓“记叙性史料”，是指专门以给世人讲授历史为目的，由一个或若干个有明确目的的作者（编者）创作的文献，是客观历史的间接反映，其中贯穿着作者的目的、立场、观点、感情等众多的主、客观因素。简言之，前者为“历史的遗留”，是“无意插柳”，后者为“历史的记述”，是“有心栽花”。《重修镇夷龙王庙碑》碑文是记叙性史料。碑刻是文物，但有时不是遗留性史料。所以正义峡的碑刻有错讹不足为怪，这具有向后世宣示权利和史实的意味。这种公开展示性中就不免羼杂书写者的主观意志。《重修镇夷龙王庙碑》碑文提及“由安肃道派毛目水利县丞巡河，封闭甘、肃、高台渠口”，其实这是一种误解，因为雍正初期制定均水制度时尚无安肃道，管辖肃州的是整饬肃州道，乾隆十年

（1745），根据甘肃巡抚黄廷桂等建议，以甘肃甘山道归并肃州道，①裁汰之甘山道地方事务，归肃州道管辖裁，肃州道加整饬甘肃等处衔，因而改肃州道为甘肃道。《清高宗纯皇帝实录》卷四百八十六载，乾隆二十年，“以甘肃安肃道公泰为四川按察使”②。乾隆三十七年（1772）议准，甘肃安西道移扎巴里坤，改为屯田粮务兵备道，照旧兼辖哈密辟展。其原辖之安西府改归肃州道管辖，该道更名安肃兵备道。甘州府改归凉庄道管辖，该道更名为甘凉兵备道。由此可以推断，均水制度在雍正初年是由肃州道来具体执行的，乾隆十年改为甘肃道后由甘肃道执行，乾隆三十七年改为安肃道后由安肃道执行。同治年间，清政府又将高台县丞改为高台县毛目分县，高台县毛目分县成立后，安肃道道台便不再亲自巡河闭水，而是委托毛目分县代表安肃道巡河闭水。由是观之，《重修镇夷龙王庙碑》碑文声称雍正初年由“安肃道宪”巡河闭口的说法，大约是处在民国时期对这段历史进行追述而未考虑政区变化所造成的误会。民国元年（1912），高台毛目分县成立毛目县，民国17年（1928）又改为鼎新县，这样鼎新自然继承了每年巡河闭水的职权。

关于汉语中“文献”的意义，我们今天所能看到的最早解释，是东汉末年经学大师郑玄的《论语注》。郑书后世不传，在三国魏人何晏所撰《论语集解》中征引郑注云：“献，犹贤也。我不以礼成之者，以此二国之君文章、贤才不足故也。”③ 由此可见，郑玄以“文章”释“文”，以“贤才”释“献”。易言之，“献”本为口传史料，与作为文字史料的“文”相对举。无论中国还是西方，口述历史都是最早出现的表述历史的方式。十口相传为“古”的说法就说明了这一层含义，

---

① 赵尔巽等撰：《清史稿》卷十，本纪十，高宗本纪一，中华书局1977年版，第385页。

② 《清高宗纯皇帝实录》卷四百八十六，乾隆二十年四月，台北华文书局股份有限公司1960—1970年版，第7057页。

③ 何晏、皇侃等注：《论语》上，《四部要籍注疏丛刊》，中华书局1998年版，第175页。或可参见中国科学院考古研究所资料室：《唐景龙四年写本〈论语郑氏注〉校勘记》，新疆社会科学院考古研究所编：《新疆考古三十年》，新疆人民出版社1983年版，第362页。

文字资料的重要性只是后代才逐步形成的。民国年间的《新纂高台县志》所谓“里民置祠，于芒种前十日祝如岳及年羹尧，至今不替”一语，这应是民国年间的追溯。地方信仰与官方意识形态存在对立和差异的情况也不是不可能的，加之像在镇夷堡这样的边塞之地，天高皇帝远，在龙王庙中祭祀乡贤阎如岳和有功于当地的疆吏倒也符合河陇地区民间信仰的习惯，但在年羹尧案（即“年狱”）之后，当地能否公开祭祀这样的人物，并不是没有疑问的。这样做无疑与雍正帝叫板，一旦闻之于上，便牵涉镇夷峡龙王庙能否得以保存的问题。纵或地方官此时睁一只眼闭一只眼，恐怕也难辞其咎，被上宪叱责如盲如瞽便是昭然无疑的了。从前面的对勘可知，民国《鼎新县志》阎如岳传抄自《新纂高台县志》中阎如岳传，而鼎新县肇建于 1928 年，其文献资料基本上是白手起家，此前并无绳绳相继的单独方志，主要依据于肃州志等其他志书和当地碑碣、新增的民国年间档案。阎如岳传不见于此前的各种方志，而作为《新纂高台县志》增量信息的来源只能有两个：一为遗留的碑碣，而此类碑碣数量无疑寥寥无几，一为当地民众的耳口相传。所谓“里民置祠，于芒种前十日祝如岳及年羹尧，至今不替”一语显然来自后者。最具有可能性的是，镇夷堡居民自雍正以后开始世代传说阎如岳和年羹尧的恩德，纵谓祭祀年羹尧也只能是秘密进行的，其意既昧，而官府稽之亦无实据，且并祀年羹尧也是为了彰显阎如岳呈控获胜的传奇色彩，直到民国年间才公开化而纳入史志，完成了由“献”至“文”的转变。我们可以由此看到“献”与“文”之间的转化变幻复杂关系，领会到福柯知识考古学所揭示的文本背后的权力斗争。

按照清代文书制度，凡官方规定的正式文种在署前衔时，基本上都是全衔，即官称职衔除标明作者当时的正职外，尚有兼职、加级、纪录、随带军功、所带处分等。民国年间的《鼎新县志》政事志附录有“镇夷阎如岳控定镇夷五堡并毛双二屯芒种分水案牌”（简称“文本C”）中“太子太保兵部尚书兼督察院右都御史总督陕甘等处地方兼理粮饷并兼管甘肃巡抚事监理茶马年”即是遵循这一原则。这里“雍正四年”的时间及年羹尧“驻甘巡抚”的头衔显然是误传。[①] 据《清代职官年表》载，年氏于康熙五十七年（1718）由四川巡抚迁升四川总督，康熙六十年（1721）兼川陕总督，雍正元年（1723）授抚远大将军，于雍正三年（1723）改任杭州将军。[②] 在雍正四年（1726）的川陕总督为岳钟琪。康熙五十三年，户部右侍郎绰奇被任命为甘肃巡抚，此应即文本 C 中所谓“署理部堂绰”，但实际上绰奇并非文本 C 中所谓署理甘肃巡抚。文本 C 前面的陈述显然乃不谙故事者之妄传。康熙五十四年，策妄阿喇布坦侵扰哈密，清廷发兵进讨，令甘肃巡抚绰奇随大部队料理后勤补给，且后来奉皇帝之命踏勘垦种地方及设立卫所等事，与文本 C 中所谓“复因康熙五十四年，军兴旁午，署部堂驻跸肃州，镇夷五堡士民阎如岳等，遮道哭诉，备呈受苦情由”若合符契，在考据学上构成内线与外线的互证。甘肃巡抚在雍正元年至雍正二年十月十九日为绰奇，接任者为原陕西布政使胡期恒，系年羹尧所荐。胡于雍正三年三月二十五日被革职，也是因为依附年羹尧而贾祸，后又由陕西巡抚石文焯改任，直至雍正五年九月。不过，关于雍正四年年羹尧经过肃州，阎如岳率士民等向年羹尧告状之事纯属虚构。雍正三年初，年羹尧就开始遭到参劾。雍正帝当时组织大小官员揭发批斗年氏，形成盈朝共诛共讨的强大声势。年羹尧如坐针毡，可以说是泥菩萨过河自身难保，甚至哀鸣求生，但仍无法得免一死，最后被定谳以欺罔、僭越、狂悖、专擅、贪黩、侵蚀、忌刻、残忍之罪共计九十二款，于雍正三年十二月赐令自

---

① 雍正二年五月十一日“川陕总督年羹尧奏陈西海善后事宜十三条管见折”的署衔为“抚远大将军太保公川陕总督年羹尧”，参见中国第一历史档案馆编：《雍正朝汉文朱批奏折汇编》第 3 册，江苏古籍出版社 1989 年版，第 27 页。如果说奏折在当时尚属非正式文件，所书官衔仅是简称，仍尚难称确据，那么，我们还可以以题本中的署衔进行检核。雍正元年九月二十日年羹尧题本的署衔为“太保世袭三等公兵部尚书兼都察院右都御史总督四川陕西等处地方军务兼理粮饷加六级纪录三次臣年羹尧”。中国第一历史档案馆编：《雍正朝内阁六科史书·吏科》第 6 册，广西师范大学出版社 2002 年版，第 116 页。另外，前引民国年间《新纂高台县志》卷五阎如岳传所谓“经大学士年羹尧确查奏明”云云，亦误。

② 钱实甫编：《清代职官年表》第 2 册，中华书局 1980 年版，第 1384—1387 页。

裁。如碑文中所言“至雍正四年，都宪年复经肃州……”这样的事情绝对不可能出现。有学者认为，康熙六十一年，年羹尧赴肃州，阎如岳等告状之事也无事实根据，因为据《清史稿》年羹尧传，康熙六十年，年羹尧被命兼四川陕西总督（此前年羹尧任四川巡抚）。雍正元年(1723)“十月，羹尧率师自甘州至西宁，改延信平逆将军，解抚远大将军印授羹尧”①。由此得出的结论是，康熙六十一年，年羹尧不可能到肃州。据高台罗城乡现今七八十岁的老人说，当时阎如岳率士民是到兰州告状而不是肃州。但是这种观点颇为失考。年氏在奏折中明确说“旧臣前由凉州、甘州而至肃州，继抵西宁，复赴宁夏”② 这是年羹尧自己在向雍正帝的奏折中说得很清楚的，白纸黑字，属于遗留性史料而不是记叙性史料，应该毋庸置疑。在策妄阿拉布坦扰藏期间，康熙帝命皇十四子胤禵为抚远大将军，驻节甘州。多年后《甘州府志》还沾沾自喜地这样记述当时盛况：“侍卫护从遍满城市，或云时王公凡七人。”③ 据此而论，设若年羹尧果真亲临肃州，肃州府志焉得阙然无记？这的确是个谜。不过我们可以发现在雍正帝即位之初，强令胤禵驰驿回京，曾这样部署前线军务：“公延信著驰驿速赴甘州，管理大将军印务，并行文总督年羹尧，于西路军务粮饷及地方诸事，俱同延信管理。年羹尧或驻肃州，或至甘州办理军务，或至西安办理总督事务，令其酌量奏闻。”④ 当时年羹尧在甘州、肃州期间负有监视胤禵等的使命。这从后来年在平定罗布藏丹津叛乱后指责驻扎甘州方面的将帅虚糜国帑等事实可以得到证明。由于年当时有这样的特殊使命，年在此期间的行动自然不太显山露水，但鉴于准噶尔军队在当时所谓的“肃边”出没，清廷寄以心膂，故而年氏驻足肃州是可能的，且在当时比年更为显赫的王公

① 赵尔巽等撰：《清史稿》卷二百九十五，列传八十二，中华书局1977年版，第10358—10359页。

② 台北“故宫博物院”故宫文献编辑委员会编辑：《年羹尧奏折专辑》上，台北“故宫博物院”1971年版，第29页。

③ 《甘州府志》卷三，国朝辑略，《中国地方志集成》，44，凤凰出版社、上海书店、巴蜀书社2007年版，第196页。

④ 《清世宗宪皇帝实录》卷一，康熙六十一年十一月，台北华文书局股份有限公司1960—1970年版，第5页。

贵族的行踪尚且较为简略，年羹尧的行踪不明也不足为怪。否定论者或谓，即便是雍正元年，年羹尧带兵自甘州赴西宁，是时青海军情紧急，年羹尧也不可能有时间听阎如岳等告状，以年羹尧川陕总督的身份，阎如岳轻易也见不到。这是有一定道理的。但是，从年羹尧的奏折中可以看出，他对于高台和镇夷两所之间的水案是非常清楚的，说明该水案必定经过了年氏之手，其在奏折中特意提到这一点，不能不引起我们的注意。这一碑文记述整体上如此冗赘，似乎阎如岳每控必准，年羹尧三番五次垂顾此案，毫无檄羽交驰的军务繁剧气象，似乎过于无巧不成书，想必讴歌乡贤而欲委曲成其美而已。可见，此牌既然表明是在雍正四年所立，则不应该如此错误百出，从诸多外证证明材料可以断定文本 C 存在后来伪造的成分，其中记述的内容水分太大，目的在于说明黑河均水制度的合理性和严肃性。

有学者转引自张掖地区水利志编纂委员会 1993 年编纂的《张掖地区水利志》，声称《甘州府志》记载："陕甘总督年羹尧赴甘肃等州巡视，道经镇夷五堡，市民遮道具诉水利失平。年将高台县萧降级离任，饬临洮府马亲诣高台，会同甘肃府道州县妥议章程，定于每年芒种前十日寅时起，至芒种之日卯时止，高台上游镇江渠以上十八渠一律封闭，所均之水前七天浇镇夷五堡地亩，后三天浇毛、双二屯地亩。"① 黑河均水制度的产生经过及内容，文献记载非常缺乏，一些人想当然地以为记载于《甘州府志》，以讹传讹，其实《甘州府志》未曾记载一个字。按，《新纂高台县志》载，箫劼于雍正三年任，钏自昭于雍正五年任②。如此，箫劼在雍正五年才交盘离任。既然高台县是在年羹尧建议合并镇夷所而设置的，则箫劼是在设县后第一任知县，矛盾已经解决，不存在两地偏袒问题，不可能被年羹尧免职。年在雍正三年与雍正帝的恩仇中变，也是自身难保，根本不可能有碑中所述之事。如果是年羹尧炙手可热之时，地方官如此抗命不遵，按照年氏的脾气，箫劼恐怕也不是被免

① 转引自沈满洪：《水权交易制度研究：中国的案例分析》，浙江大学出版社 2006 年版，第 33 页。

② 徐家瑞纂修：民国《新纂高台县志》卷四，《中国地方志集成》，47，凤凰出版社、上海书店、巴蜀书社 2007 年版，第 134—135 页。

职所能了事的。如前所述，民国年间的《鼎新县志》既然几乎全盘照抄《新纂高台县志》中阎如岳传，但却将《新纂高台县志》附录的较为简略的光绪六年《重修镇夷龙王庙碑》无视，而附录以更为详细的“镇夷阎如岳控定镇夷五堡并毛双二屯芒种分水案牌”。该志在这时本应该一如阎如岳传那样照搬照抄了事，但一反故态地舍简从繁，其故安在？这中间的玄机就在于，《鼎新县志》编纂者采取了层层加码的办法对于阎如岳案进行了重构，“镇夷阎如岳控定镇夷五堡并毛双二屯芒种分水案牌”附会众说的综合体，将气球吹得更大了。后现代主义思潮代表人物德勒兹（Gilles Deleuze）试图通过创建一种以差异在时空中无限延伸为基础的“延异”逻辑，来为一种“横向性”（l’horizontalité）思维方式提供哲学思想基础。他认为，重复也总是具有差异的重复，而非同一物的再现。《新纂高台县志》与《鼎新县志》在记述上的差异就反映了如同顾颉刚所说的层累地构成的历史。

黑河滩（张世明摄）

尽管“镇夷阎如岳控定镇夷五堡并毛双二屯芒种分水案牌”的作伪已无可疑，但不可简单地对这种作伪进行批评了事，而应将其视作前近代社会一种特定的“文化安排”，成为彰显该地水权的一种最佳方式。从文化人类学角度来看，勒石树碑是中国传统的记录重大事件的古老方法。水利碑刻作为取得水权或者解决水权纠纷的事实记录，竖立于纠纷发生或其他公共活动场所，[①] 以庄严、神圣的形式提醒人们遵守这些规定，可以形成唤起民众历史记忆的场域，以共同维系现行水权分配格局，并赋予其“合法性”地位，从而使水权得到“非正式”界定和保障。同时，一旦发生纠纷，在民间纠纷解决机制中，可起到其他证据所无法替代的作用；甚至在官方解决机制中，碑刻也具有无法替代的作用，可弥补书面证据的不足。此外，地方志书通过对民间水册、规章的确认，起到了完成民间管理官方化的过程，从而最大地优化民间管理的职能，降低因权威不够可能产生的执行不力等负面影响。如果民间水册被修入官书，该水册就获得了官方认可的法律效力。假如以后发生了水权纠纷，任何一方只要拿出县志有关该渠水册的记载，就等于拿到了胜诉判决书一样。以县志记载为依据而打赢水权官司在历史上不乏其例。[②] 民国年间的《鼎新县志》的作伪本身就意余言外，乃是通过这种手段构建他们与水资源所有权的关系，阎如岳案不过是鼎新县水权习惯合法性重构过程的组成部分。阎如岳的故事在民众记忆中模糊留存，成为当地人捍卫水权的精神动力。既定水权分配格局往往通过神灵信仰与祭祀、“树碑立传”、编纂及夸大“乡贤”故事以及民众口耳相传等特定方式表达出来，也是唤起民众历史记忆的场域。规则是战利品。组织内的政治斗争部分是关于特殊的实质性利益，但它们也通常是关于立场的斗争。规则成为异议及其裁决的记分卡。即使一个规则从来没有被执行，它也可以成为胜利的宣言。规则的这种战利品特征可以成为促成规则和行动相分离的趋势的因素。作为经验教训的记忆，规则是知识的

---

① 一般来说，如果碑刻记载的是解决水权纠纷判决，则竖立于水权纠纷发生地；如果是取得水权的凭据，则竖立于水源地或其他重要公共场所。当然，有时为了保持水利碑刻的完整性、神圣性，这种碑刻被置于庙宇、寺院等公共神圣场所也颇为常见。还有一些水利灌区，将这种碑刻埋置于水利渠道之下，从不示人，仅仅在发生纠纷时才邀约众人共同将其挖掘出来，作为证据。

② 参见田东奎：《中国近代水权纠纷解决机制研究》，中国政法大学博士学位论文，2006 年。

储藏所。它们以一种易获得的形式从前期经验中保留了参考信息。[①] 阎如岳案通过碑刻和方志纂修的不断建构，成为黑河下游地区要求分享水利资源的意思表达，旨在证明当下均水规则的合法性。规则部分是问题和压力的解决方法。组织通过采用解决问题的规则以适应外部环境，并且对关键赞助者和参与者所施的压力做出反应。随着压力和问题的改变，规则也产生变化。然而，在问题消失和压力减退以后，解决办法（规则）可能继续保留下来。因此，在任何特定时间所发现的规则集合并不仅仅反映当时的问题和压力。它是组织不断地解决问题和应付压力所留下来的累积剩余物。组织能否生存就依赖于这一剩余物适合当前环境问题和随后时期内压力的程度。问题和压力的零星性以及不确定的本质使得这组规则作为历史痕迹的集合比作为与当前环境的精确匹配更容易理解。[②] 由于阎如岳案引发的均水规则作为历史遗迹被代代相传，即便作伪的水利碑刻和地方志书其实也是当地权力象征资本的积累。中国有句俗话："戏不够，神仙凑。"所谓"里民置祠，于芒种前十日祝如岳及年羹尧"，就是通过对乡贤、边臣的神化为现实权利提供合法性论据而已。[③]

① 詹姆斯·马奇、马丁·舒尔茨等：《规则的动态演变》，童根兴译，世纪出版集团2005年版，第15页。

② 詹姆斯·马奇、马丁·舒尔茨等：《规则的动态演变》，童根兴译，世纪出版集团2005年版，第159页。

③ 2011年1月23日，笔者乘车前往高台正义峡实地考察。从张掖市出发，沿301国道西行，抵达高台县城，复由高台县城经宣化、罗城，一路基本上沿黑河南岸边走边看，尤其进入宣化境内以后，可以明显看到公路两旁的引水支渠与各种水利设施，可以体会到黑河水利灌溉对于此地的重要性。我们请当地的老人口述历史。这位老人有三儿一女，已经六十多岁了。老人说，先有镇夷城，后有高台城。过去这里有三百六十座庙，老爷庙、马神庙、娘娘庙、土地庙、火神庙，可惜都在"文化大革命"期间被毁坏了。如果这些东西还在，那么肯定比敦煌那边的旅游还好！老人似乎仍然在缅怀昔日的辉煌。现在的正义峡的古城遗迹尚了了可辩，尤其从城的东北角看去，前面是一道边墙，镇夷城四周的城壕虽然已经干枯，但规模仍存。据老人说，该城三里三，过去是个老营盘，有仓库、油坊。城墙四角均有角楼。这一点据笔者从现存遗迹的考察也可以得到证实。我们在老人的带领下沿镇夷峡谷深处走，时届隆冬，黑河已经结冰，但主水道仍然河水湍急，涛声　（续下注）

阎如岳案的直接后果就是诱发了涉案地区的行政管理空间的重组。这是帝国空间结构治理的组成部分，因事而起，与阎如岳案具有一定关联。年羹尧当时深得雍正帝倚信，雍正帝令其趁此兵威大振之时，对于如何安辑边陲，一一详悉筹划，作千百年不易之规，当行则行、当缓则缓，为乂安长久之策。雍正二年（1724）十月十三日，川陕总督年羹尧上奏指出，肃州之镇彝所与高台地方接壤，“俱赖黑河之水灌溉田亩”，然而两所各为其民，每因为用水而互相争讼。[①]因此，他提议改高台所为高台县，将镇彝所并入高台县，改隶甘州府管辖。同月二十八日，吏部尚书朱轼议复了年羹尧的奏折，指出以上的改置可使“吏治澄

（续上注）在山谷间回荡。老人说，冬天水多，夏天水少，河岸边的地只能种些棉花，其他的作物旱不住。起初，笔者不明白，因为按照常理，一般的河流都是春夏为汛期，冬季为枯水期，但黑河为何相反。在笔者的追问下，老人解释说，因为夏天上游农业用水多，开闸灌溉，所以到下游就没水了。这恰恰印证了本书所阐述的争水纠纷的原因。笔者问是否知道过去的争水案件，老人说听说过，当年阎如岳带着棺材五次到北京告御状，最后将芒种后十日分水天成改为芒种前十日分水，使得天成一带得以灌溉。笔者自然知道所谓到北京告御状不可信，但对于老人所说的带棺材告状的细节很感兴趣，追问各种缘由。老人的解释是，如果被判为诬告，就会被杀头，所以带上棺材。我对此表示怀疑。在我们一行到甘肃省黑河正义峡水文站时，将近年关的值班的水文站张同志见到我们来，非常高兴。因为这里地势偏僻，四周荒无人烟，过去没有电，宿舍的液晶电视也是最近一两年水利部下发的水文站工作人员的“伙伴”，能有人过来聊天都是一种极大的享受。老人坐下后又给大家讲起年幼时见到的天成坝口每年分水时的情况：“那个时候，只有水过了天成镇夷峡峡口，放炮的人将一门小炮填满火药，用泥土封好，从后面点燃捻子，轰的一声，响三炮，这才算开始分水啦！”据水文站的张同志介绍，目前的分水制对于高台很有好处，地下水位都上升了，而且可以在宽松的情况下使用头水和尾水。

① 中国第一历史档案馆编：《雍正朝汉文朱批奏折汇编》第3册，“雍正二年十月十三日川陕总督年羹尧奏请河西各厅改置郡县折”，江苏古籍出版社1989年版，第794页。亦见台北“故宫博物院”故宫文献编辑委员会编辑：《年羹尧奏折专辑》上，台北“故宫博物院”1971年版，第30页。此折堪称年羹尧为雍正朝底定西陲的收官之作。

清，民生各得其所”①。随后，清政府在嘉峪关以东改设府县，甘州厅改为甘州府，甘州左右二卫改为张掖县，山丹卫改为山丹县，镇夷所并入高台县。张掖、高台、山丹均隶属于甘州府。然而，这一改置并不能达到预期的效果，仍然存在诸多问题。雍正七年（1729）四月十八日，川陕总督岳钟琪上奏指出，肃州“地处极边，路当重要”，是边陲重地，只设厅，通判一员“难以兼顾”。而且肃州乃是“口内口外必经之要区，其地土硗瘠，民户畸零”，虽然与高台县接壤，但仍有呼应不周、公务不易通行之弊。而且，岳钟琪也提到，肃州与高台县两地人民因黑水之用水而互相争讼之事，“肃之丰乐河，高台县之黑水河，水脉融贯，用水之时，两地人民每致争讼。地方官又各私其民，偏徇不结”②。正因为水利事业在河西社会经济中起着头等重要的作用，所以此项事务一般均由当地长官直接负责，在地方官治所较远管理不便的地方，则设专职人员负责。由于高台县的下河清、马营堡、上盐池三堡地方，系用肃州丰乐河之水，应该将这几处地方划归肃州管辖为妥，但肃州土地辽阔，假如又增加三堡地方，就会在管理上带来鞭长莫及的问题。若将高台县划隶肃州，又无通判专辖属员之例。因此岳钟琪建议朝廷“照沿边安设郡县之例”，“将肃州通判裁汰”，“改为肃州直隶知州，而以高台县改为直隶肃州管辖”。这样，官制连属，凡往来接办之公务，既可协力共勷，即县属下河清三堡人民，亦在州属兼管之内，自不致偏徇之弊。③ 岳钟琪在上述奏议中，提到肃州威虏堡等处离州百数十里，地方官稽查颇遥，建议设肃州州同一员，分驻威虏堡，“既可化诲弹压，兼

---

① 中国第一历史档案馆编：《雍正朝内阁六科史书·吏科》第15册，“雍正二年十月二十八日吏部尚书朱轼题议甘肃所属河西各厅请改郡县以清吏治以利民生本”，广西师范大学出版社2002年版，第553页。

② 《重修肃州新志》，肃州·文，岳钟琪《建设肃州议》，雍正七年三月内上，《中国地方志集成》，48，凤凰出版社、上海书店、巴蜀书社2007年版，第639页。

③ 《重修肃州新志》，肃州·文，岳钟琪《建设肃州议》，雍正七年三月内上，《中国地方志集成》，48，凤凰出版社、上海书店、巴蜀书社2007年版，第639页。

令专司水利”①，朝廷允准照办。这样一来，高台县归属肃州，肃州直隶甘肃行省布政司。肃州之下除了高台县以外，设州同一员，分驻王子庄，州判一员，分驻九家窑。可见，为了解决河西走廊地区用水矛盾、永靖边陲，清政府在行政管理空间的划分方面可谓殚精竭虑。行政隶属不同在地方水利秩序的形成过程中往往是一个不容忽视的因素。在某种程度上，阎如岳案的发生就是由于行政区划在空间上的条块分割而导致；条块分割是产生地方官府偏袒各自地区百姓的关键原因，地方官只有从本地利益出发才能觉得无愧于父母官的身份。因此解决黑河上下游用水矛盾的方法，除了采取均水制从时间上加以克服之外，从行政空间的重组方面着手不失为有效的切入点。布莱克提出，法律与关系距离呈曲线形关联。“在关系密切的人们中间，法律是不活跃的；法律随人们之间的距离的增大而增多，而当增大到人们的生活世界完全相互隔绝的状态时，法律又开始减少。”② 在高台与镇夷两地属于不同的行政区域时，由于两地民众同饮一河之水，上下游之间在水资源分配方面自然不免时起龃龉，而在两地通过行政区划的调整，其实拉近了两地距离，有力改善了资源配置的均质化。

（二）丰稔渠口案

我们从研读民国时期高台县志可知，高台的黑河南岸三清、柔远、丰稔、站家四渠渠口均在抚彝境内，历年发生交涉甚多。三清渠渠口在抚彝境内，历年发生交涉甚多费款甚巨，每年秋夏间灌溉不足，内分仁义智信成南岔上下七号子渠四道水规按十一昼夜轮，每逢芒种前十日毛目县闭水例不关口，原隶属于三清湾屯田，乾隆八年改科归民。纳凌渠渠口自怀恩墩起，距城一十里，尾止宣化堡，止距城二十一里，通长三十里，始于明天顺年间开设，清嘉庆年间渠水淤塞，浇灌不足，又开一口水势渐大，足资灌溉，分岔四，有上中下三号，按出夫多寡使水，定

① 《重修肃州新志》，肃州・文，岳钟琪《建设肃州议》，雍正七年三月内上，《中国地方志集成》，48，凤凰出版社、上海书店、巴蜀书社2007年版，第639页。

② Donald Black, *The Behavior of Law*, New York: Academic Press, 1976, p. 41.

期十日一轮。黑河西流，由抚彝而高台，高台县之丰稔渠口在抚彝之小鲁渠界内，明万历间修成，渠口广三丈，底宽二丈，两岸各高七尺，厚三丈，渠成水到，两无争竞。清末至民国初年期间，由于屡遇大水冲塌渠堤，“小鲁渠有泛滥之患，丰稔渠致旱干之忧。每当春夏引水灌田，动辄兴讼，已非一次”。原因是渠堤不固，以致两受其害。光绪三年，经抚彝厅、高台县断令“丰稔渠派夫修筑渠堤，以三丈为度，小鲁渠不得阻滞……渠堤筑成后，并令堤岸两旁栽杨树三百株，以固堤根。小鲁渠谊属地主，应随时防（获）[护] 不得伤损，以尽同井相助之义。此后……渠沿设有不固，即由丰稔渠民人备夫修补，小鲁渠民不得阻滞勒措，两造遵依，均无异言，各具切结投呈（抚彝）厅（高台）县两处存案”①。此次分水文件不仅在抚彝厅和高台县两处备案，而且还以记事的形式刊刻于碑记。

四、规则的演变

我国近代的水利立法始于 20 世纪 30 年代。1931 年全国内政会议上通过了编订水利法规、确定水权、发展水利的提案。1942 年 7 月，我国近代第一部水利法公布。为了配合水利法的实施，1943 年 3 月制定了《水利法施行细则》，细则共九章六十二条，主要是水利法各条款的具体解释，其中水利区及水利机关部分五条，水权部分二十四条，水利事业部分十一条，水之蓄泄、水道防护部分十七条，罚则两条。② 1943 年 7 月，国民政府行政院公布《水权登记规则》。《规则》规定了水权登记书的统一格式，多项效益的水利工程的受益顺序，审批办法及申请水权费用等具体办法，同时成立“行政院水利委员会水权登记审核委员会”，开始水权登记。但是，在被魏特夫称之为“治水社会”的古代中国，水利资源的重要性不言而喻。从法律发生学角度而言，法律自身的出现，是随着社会人口的日益稠密、人类活动空间的相对缩小，从而使

---

① 俱见徐家瑞纂修：民国《新纂高台县志》卷八，艺文志，“知县吴会同抚彝分府修渠碑志”，《中国地方志集成》，47，凤凰出版社、上海书店、巴蜀书社 2007 年版，第 318 页。

② 《水利法实施细则》，《水利特刊》1943 年第 5 卷第 1 期。

逃避难以进行而演化发展起来的。[1] 为了合理、有效地分配和管理灌溉用水，中国古代传统社会从官方到民间形成的各式各样极为丰富的水法、水规。就河西走廊地区而言，为了确保绿洲中下游各地均得以适时普遍灌溉，避免或减少中下游地区配水用水方面的矛盾，自西魏起，这里存在较为完备的分水、配水原则和有关制度，各种调节用水权益的法规被严格遵守执行。现存敦煌文书中《沙州敦煌县灌田用水分配细则》由西魏刺史邓彦所立，迄至唐代仍系敦煌当地一直遵行的配水法规。该细则分干、支、子各级渠道，详列行水次序，并称其为“古老相传，用为法制”。这种细则长期相沿不替，在敦煌地区与政府的其他法令具有同等法律效力。降及清代，由于“人—水矛盾”（人们对水的需求大而水资源的供给有限）日益严重，“人—人矛盾”（为了争夺有限的水资源人与人之间产生尖锐矛盾）随之愈演愈烈，河西走廊地区水案层出不穷，聚讼盈庭。例如，在石羊河流域发生的康熙四十九年（1710）的乌牛坝案、康熙六十一年（1722）的洪水河案和前述在黑河流域发生阎如岳案，都是清代河西走廊地区比较著名的水案。尤其是水势微弱之年，水贵胜金，每因多争一勺，竟至讼起百端，不是你抢，便是我夺，大家都在摩拳擦掌，针锋相对，为争水斗殴辄至千百成群，妇孺不避，轻者锅破碗响，重者头破血流，甚至往往致伤人命，其激烈的程度即令官府严判也无法根本遏止。水利所在，争讼罔休，哄斗不已，废命耗财，形同世仇，以致水利变成水祸，抢水无异抢肉。乾隆《古浪县志》说：“河西讼案之大者，莫过于水利。一起争端，连年不解，或截坝填河，或聚众毒打。”[2] 这可以说是河西走廊地区水案频仍的真实写照。起“锅底子夫”的争水械斗不仅仅是边疆民众的个性独特的问题，而是由于事关生死存亡的资源，在水至为良田、水涸为弃壤的灌溉农业生境之中，即便再驯良懦弱，也会以死相搏。

---

① 唐·布莱克：《社会学视野中的司法》，郭星华等译，法律出版社 2002 年版，第 83 页。

② 乾隆《古浪县志》，水利碑文说，《五凉考治六德集全志》卷四，乾隆十四年刻本，页十八。亦可参见傅占礼主编：《古浪史话》，甘肃文化出版社 2007 年版，第 43 页。

从理论上言，规则经常是处理冲突之努力的一部分。规则的创建经常用来处理矛盾，缩减任意性以及为行政官员提供保护，尤其是在危机和不确定性发生的时候。规则经常用以中断冲突。它们宣告了敌意的终结（可能是暂时的）。① 在通常情况下，规则的引入是为了解决问题，并且遇到新问题需要有新规则。② 黑河均水制产生的背景是，由于水事矛盾突出，百姓投诉不断，如不加有效处置，可能危及社会的稳定。毋庸置疑，阎如岳上下鏖控引起了清朝地方当局上层对于解决黑河下游用水矛盾的关注，该案件在清代黑河流域均水制的形成规则史上具有重要意义。黑河流域均水制的内容主要是，于每年芒种前十日寅时起，至芒种之日卯时止，高台上游镇江渠以上十八渠一律封闭，所均之水前七天浇镇夷五堡地亩，后三天浇毛、双二屯地亩。有学者言，黑河均水制实施的方式是军事力量的强制命令。均水期间建立了监督机制，即由鼎新（今甘肃省金塔县）知事兼巡河道，严格执行。当时规定，下游县官到上游督察，官升一级，县官挂州官衔，有权临阵处置均水情况；派出由下游各县组成的水使一百八十一名，坐守各渠口，对玩忽职守或私偷卖水者，严肃处理。水规大似军规。官员不从罢官，百姓抗拒杀头。这样的叙述不符合乾嘉考据学者强调的无一字无来历的治史原则，主要是依据一些未加以辨析的陈陈相袭的转引资料进行的敷陈，也缺乏时间维度的考量，估计是对于民国时期军阀统治下黑河均水制的历史回忆。但以兵力临境分水情形的历史记忆在另一个侧面也反映了边疆社会文治落后大环境下浓郁的边塞军事色彩。“组织与环境之间的关系被源于不同历史情境的规则剩余物结构化了。规则所收录的知识反映了源于问题解决历史中的知识。不仅由于规则倾向于解决问题，而且由于问题挖掘者的注意力因其他考虑和其他目标而转移，引发创生规则的问题比规则本身更容易变化。规则作为问题历史的轨迹，作为未来潜在问题的警告，以及作为发生作用的实际安排的记录，而得以存续。因而，如果没有历史

① 詹姆斯·马奇、马丁·舒尔茨等：《规则的动态演变》，童根兴译，世纪出版集团2005年版，第47页。

② 詹姆斯·马奇、马丁·舒尔茨等：《规则的动态演变》，童根兴译，世纪出版集团2005年版，第13页。

依赖的视角，我们可能会缺少产生所观察到的组织变迁过程的描述。尤其值得一提的是，存在这样一种趋势，即对当前行动和压力有一种不适当的信任。我们所观察到的规则产生和变化的模式，以及因此而产生的任一时点的规则集，不仅反映了当代的情境，并且也反映了那些已经在规则体系中积累起影响的情境史。"①

在黑河流域的均水制的规则形成史上，官方介入成为制度确立的关键要素。定为成规往往是争讼的结果。例如，由于高台县之丰稔渠口在抚彝之小鲁渠界内，由于用水发生纠纷，在光绪三年，经过抚彝厅和高台县处理，分水文件不仅在厅、县两处备案，而且以记事的形式刊刻于碑记。是时，河西走廊地区的县府每每把分水方案及管理制度等文件刻石，立于县署，称为"水例"或"渠坝水利碑文"，以便于农户遵行和政府管理。以镇番县为例，康熙四十一年（1702），镇番卫守备童振立大倒坝碑；雍正五年（1727），镇番县知县杜振宜立小倒坝碑，俱在县署。在古浪县，"渠坝水利碑文"规定：各渠坝都有各自的使水花户册一式二本，钤印一本，存县一本，另一本则由管水乡老收执，稍有不均，据簿查对。有清一代，黑河流域的均水制实际上都是在上级政府主导下的区域水权的初始分配，包括水政衙门在内的各级地方政府确定水资源的分配政策，对用水过程进行技术指导和对水权纠纷做出裁决。另一方面，由渠长、斗长和水夫等组成的乡村组织系统进行灌溉用水的自我管理。渠长是全渠事务的组织者和召集人，通过斗长和水夫等管理水权。与此不同，清代关中各灌区水权的分配与再分配一般都是在渠长的主持下进行的，在这里的"庶规制定"的制度建立方式占据主导地位。之所以如此，影响的相关因子有两个：一是关中地区的水资源相对于河西走廊地区更为宽裕一些，不像河西走廊地区呈现出白刃战的严酷性；一是关中地区的水利事业历史悠久，诸多分水制度在官府的介入下很早就得以建立，形成历久相沿不废的例规，也就是说官府制定的水规已经长期内化于人心，成为行动的无意识前提，或者已经被纳入牢固确立和

---

① 詹姆斯·马奇、马丁·舒尔茨等：《规则的动态演变》，童根兴译，世纪出版集团2005年版，第190页。

广泛实践的惯例和程序中。规则一旦产生，就倾向受一种不同的动力所驱，并随着时间推移而变得稳定，因而形成一种相对不变的历史剩余物。① 循此而论，关中地区的“庶规制定”是比较成熟的水利社会的产物，长期以来足资率循的规则可以较少利用官府介入和引导，而河西走廊地区的官定水规是出于开发进行时状态的边疆社会特色的体现。官方介入在规则导入过程中发挥着关键的基础设施建设的功能。中国历代王朝国家虽然建立在治水社会基础上，但这种传统国家无法进行“数目字管理”，对于民间用水制度的建立一般采取不作为的态度，但是田赋制度决定了国家必须提供一定的公共服务产品作为统治合法性的成本，而且为了王朝国家自身的经济利益也必须保障臣民对于水资源利用的最低限度。所以，有些学者认为古代田赋制度引发了国家介入水制度的建立，称之为“伴随的制度化”或者“次生的制度”。自康熙末年至雍正年间，清政府积极经营河西走廊地区，大力开展屯田事业，以此服务于平准之战略意图。在当时，为了开凿和疏浚灌渠，私田出夫，口粮概由自己解决，而国家屯地上的夫役工食及渠坝修缮，则由当地政府设法解决，有的是计日给值，如雍正时的《屯田条例》规定开渠等民工，每人每天给工价银六分，面一斤八两，米四合一勺五抄，不愿要米面而愿意要钱的，按当地时价折合给银，一般是从屯垦地上划出一定数额的地亩，用其收入来充抵这项费用。经营河西走廊战略基地的国家意图的贯彻，必然要求妥善解决黑河流域上下游之间的用水纠纷，这是当时官府介入的均水制得以确立的重要原因。

河西走廊地区分水的原则有三种：按修渠人夫分水、照粮分时（计粮均水）、计亩均水。在高台县，纳凌渠上中下各子渠“按出夫多寡使水，定期十日一轮”，新开渠上中下各子渠“按人夫多寡使水”，乐善渠三子渠“按人夫多寡，照章使水”，“旧有殷介、汗章子渠二道，出夫二十一名，灌田一千二百四十六亩”②。这都是按修渠人夫多寡使水

① 詹姆斯·马奇、马丁·舒尔茨等：《规则的动态演变》，童根兴译，世纪出版集团2005年版，第162页。

② 徐家瑞纂修：民国《新纂高台县志》卷一，舆地·水利，《中国地方志集成》，47，凤凰出版社、上海书店、巴蜀书社2007年版，第44页。

的例证。每一利户的水权以付出相应工役为前提。计亩均水是在水资源相对较为宽裕条件下，能够较为充分满足各类农田的灌溉的平均分水方案，多实行于河西走廊中部黑河中游，如山丹、张掖、抚彝、高台等县。与此相对应，计粮均水（照粮分时、照粮摊算）则是在水资源不足条件下，优先满足交纳国家正额税粮农田灌溉的分配水资源的方法，多实行于河西走廊东部黑河、石羊河下游，即武威、古浪、镇番、永昌等县。武威县有黄羊渠、杂木渠、大七渠、金塔渠、怀安渠、永昌渠等六渠，六渠坝分水原则是，“凡浇灌昼夜多寡不同，或地土肥瘠，或粮草轻重，道里远近定制”①。这是说武威县六渠坝之间，根据各渠坝承担的税粮和马草，来分配灌溉用水。据乾隆《五凉全志·古浪县志》载，古浪当时“勒宪示碑文，按地载粮，按粮均水，依成规以立铁案”②，说明古浪县的分水还是“按地载粮，按粮均水”。而且当地志书提供按照额征水粮石数确定使水的具体时限，例如：“头坝……额征水粮三百五十石零，草随粮数，额水四百余时”；四坝，“额粮五百五十八石，草随粮数，额水六百八十一时”；上下五坝，“额粮四百四十石三斗三升，草随粮数，额水六百五十二个时”③。道光《镇番县志》云：“镇邑地介沙漠，全资水利。播种之多寡，恒视灌溉之广狭以为衡，而灌溉之广狭，必按粮数之轻重以分水，此吾邑所以论水不论地也。”④这虽是对镇番县计粮均水的解释，但此论可推及实行计粮均水的其他各县。史载，在镇番县，照粮分水，遵县红牌，额定昼夜时刻，自下而上，轮流浇灌。若是谁前一年欠了公粮，当年就要扣谁的香。这是官府支持水利灌溉机构，不干涉其内部事务，致使水利系统成为独立王国的重要原因。习惯、惯例和通行做法如果在相当一部分地区已经确定、被

① 张玿美修，曾钧等纂：乾隆《五凉全志·武威县志》，地理志·水利，《中国方志丛书》，华北地方，台北成文出版社有限公司1976年版，第46页。

② 张玿美修，曾钧等纂：乾隆《五凉全志·古浪县志》，地理志·水利，《中国方志丛书》，华北地方，台北成文出版社有限公司1976年版，第479页。

③ 张玿美修，曾钧等纂：乾隆《五凉全志·古浪县志》，地理志·水利，《中国方志丛书》，华北地方，台北成文出版社有限公司1976年版，第476页。

④ 许协：《镇番县志》卷四，水利考·按语，道光五年刻本，页十八。

人们所公认被视为具有法律约束力时，就理所当然可被称为习惯法。计粮均水在河西走廊东部干旱地区便具有习惯法的性质。乾隆五十七年，镇番、永昌知县在处理水利争端时指出：“仍照旧规，各按节气浇灌，无庸置议。……各坝仍照旧规，按时分浇。……按粮均水，乃不易成规。当即调取各坝承粮实征红册查核……按照实征粮数，核定分水昼夜时刻。”① 地方政府在处理争水矛盾时都强调了计粮均水的习惯做法。计粮均水的水规有时也被变通。乾隆五十四年大路坝争控水时减少，先经武威、永昌县勘断，不服，五十六年控争，五十七年再经镇番、永昌县勘断，并饬谕各坝水老，公同酌议，从其他渠坝划出水时，断给大路、大二坝，“于按粮均水之中，量风沙轻重，水途远近，通融调剂，以杜争端”②。此案经各坝士民各愿具结，并诸勒石，详经道宪批饬告结。由于实行计粮均水，河渠的浇灌能力以粮石为单位，所以文献中往往以粮石表述河渠的灌溉能力，如安西直隶州引苏赖河（疏勒河）水成屯田渠、余丁渠、回民渠三总渠，其灌溉能力为：“余丁渠……引水溉田一千三百石；回民北渠……灌溉回民三堡地，共地三千五百石，咸利焉；回民南渠……溉新垦地二千三百石。”③ 计亩均水和计粮均水两种水权分配原则与河西走廊地区水资源丰枯程度有着相关关系。在水资源紧缺的状况下，国家的田赋的保障被放在首要地位，只是在水资源相对宽裕的情况下，才实行计亩均水，均沾水利。这表明，配置性资源与权威性资源之间存在关联性和耦合性。资源的充裕度与规则的差异相关联，但其中发挥决定性作用的是政府田赋利益的考量。这既证明了前述国家介入水秩序建立的动因，也可以从中得见规则背后官民共谋的利益所在。按地定水不仅是当时土地交易的习惯，更是国家法律规定。就全国范围而言，国家田赋与水权在当时被紧密地挂钩、捆绑在一起。一般而言，水田赋税要高出旱田 20%—29%，其中的多出部分实际上就是水权费用。国家为了保证这部分额外赋税而不负担多余行政成本，最简

---

① 许协：《镇番县志》卷四，水利考·碑例，道光五年刻本，页十至十一。

② 许协：《镇番县志》卷四，水利考·碑例，道光五年刻本，页十一至十二。

③ 允升、安维峻：《甘肃新通志》卷十，舆地志·水利·安西直隶州，宣统元年刻本。

单的做法就是让水权和地权结合在一起，采取“水随地行”的原则，以水随地，以粮随水。在实际生活中，佃户承租土地，如果是水田，则毫无疑问也同时取得附属于土地的水权。人们习惯将此例规称为“过水”①。无论水田、旱田，为农业生产提供必要的水利资源是官府和百姓在一种不言而喻的关系契约中共同的利益交集。由此可见，在规则的形成中，对问题和解决方式的注意具有传染性，一个问题的解决方式往往会导致其他领域内对问题的搜寻。问题由于在其他地方引人注目因而在此处也备受关注。解决方式由于在其他地方得到采纳因而在此处也获得接纳。②

清代以来，在河西走廊地区素有“金张掖”“银武威”“铜高台”之谓，殆言其地水资源丰富、农业发达也。据《甘州府志》记载：甘州城（今张掖）原是“连片苇溪”③ 的水乡城市，城内多水湖，约占全城面积的三分之一，湖中皆是芦苇，一年四季景色不同。明朝郭绅的《观刈稻》写道：边方浑似江南景，每至秋深一望黄。穗老连畴多秀色，稻繁隔陇有余香。始勤东作同千耦，终获四成满万箱。怪得田家频鼓腹，年丰又遇世平康。④ 由于黑河水得天独厚之利，包括高台在内整个张掖地区许多地方都普遍种植优良水稻，堪称西北大地上的江南。乾隆年间，陕甘总督杨应琚奏报，高台县毛目等处，劝垦水田五千二百亩有奇。⑤ 如果没有丰富的水资源，这样大规模种植水稻是不可能的。清代著名学者祁韵士官至大学士，在谪戍新疆过程中所著《万里行程记》记载：“诸路出抚彝。晓日初升，渠流四达，洒道尽湿，清爽可喜。顷见稻畦，弥望秧纤秀茁，不类边城。款段徐行，水田润泽，林树苍茫，

① 参见田东奎：《中国近代水权纠纷解决机制研究》，中国政法大学博士学位论文，2006 年，第 30 页。

② 詹姆斯·马奇、马丁·舒尔茨等：《规则的动态演变》，童根兴译，世纪出版集团 2005 年版，第 49 页。

③ 中国人民政治协商会议张掖市委员会文史资料委员会编：《张掖文史资料》第 4 辑，《张掖文史资料》编辑室 1994 年版，第 131 页。

④ 《重修肃州新志》，甘肃省酒泉县博物馆 1984 年版，第 378 页。

⑤ 《清高宗纯皇帝实录》卷六百四十七，乾隆二十六年十月，台北华文书局股份有限公司 1960—1970 年版，第 9479—9480 页。

瓜蓏之属亦皆肥盛。河西风景无逾此邑，酿酒亦佳。”① 他在高台所辖黑泉驿西北陟红寺沙冈，回望一带平原，半属膏壤丰草，牧畜繁滋。② 林则徐的《荷戈纪程》以及李约瑟和鲍大可的游记都记述过此地区土人情，对此地的富饶予以高度称赞。民国年间李德贻《北草地旅行记》云：高台县“城厢比户鳞接，县属各境，黍油麦秀，前后三百余里，平阳膏腴，沃壤相接，直至兰州，无有出其右者；水亦佳胜，灌溉殊便，故俗有‘水高台’之称”③。在清代和民国年间，如果一个旅行者沿河西走廊迤逦西行，就会发现“祁连山绵亘道左，山顶积雪，经晨曦照耀，棱角峥嵘如水晶，通体明朗，殊为奇观”④，高台等地“河流错综，更有水利之便。各地村落密布，树木连云，大有江南景色”⑤。《黄奋生日记》有“一路桃花盛开，足解岑寂。枣树亦多，柳条丝丝，麦秀芊芊，极似故乡风景”⑥ 的描述。出生于四川内江的范长江在《中国西北角》中则这样写道：“将近高台，由泉水做成的大小渠道，穿错田亩间，泉水经冬不冰，所以不管雪在地上积得如何厚，渠中的泉水仍清澈见底地不断流行。要不是天气的寒冷，和地上堆着的白雪，我们简直辨不清这里是不是江南的乡村。”⑦ 在高台县志中，虽然诸如屏画黎山、河环玉带、湖映月牙等所谓景点的罗列不免落入志书的俗套，但的确也是此地塞山江南风光的真实写照。

① 祁韵士：《万里行程记》，李广洁整理，山西人民出版社 1992 年版，第 21 页。

② 祁韵士：《万里行程记》，李广洁整理，山西人民出版社 1992 年版，第 21 页。

③ 李德贻：《北草地旅行记》，顾颉刚：《西北考察日记》，达浚、张科点校，甘肃人民出版社 2002 年版，第 36 页。

④ 李烛尘：《西北历程》，杨晓斌点校，甘肃人民出版社 2003 年版，第 96 页。

⑤ 李烛尘：《西北历程》，杨晓斌点校，甘肃人民出版社 2003 年版，第 96 页。

⑥ 黄奋生：《黄奋生日记》，附录于兰登・华尔纳：《在中国漫长的古道上》，姜洪源、魏宏举译，西域探险考察大系，新疆人民出版社 2001 年版，第 241 页。

⑦ 范长江：《范长江新闻文集》上，新华出版社 2001 年版，第 213 页。

规则和环境条件共同演变，即使在受到环境影响时，规则也影响环境。[1] 高台县由于自然条件的优势，灌渠密如蛛网，土地沃衍，村圩相望，阡陌相连，在寒苦的西北边塞每每呈现出一派明丽的江南风光，但这种表面现象背后其实存在着为用水展开的激烈斗争。不过，正是由于高台县境水资源的相对充裕，所以除了前述著名的水案之外，相对于河西走廊其他地方的水案迭出、蔓讼连年的情况，本身是算内部矛盾不太严重的地区，所以此地的水规明显比古浪、民勤等缺水地区的水规粗疏。总体而言，河西走廊地区的势态是：水愈缺而讼愈多，利愈溥而法愈密。地居高台之东的山丹县地近沙漠，清代中叶该县的灌溉面积达到十三万六千亩。其水源有泉有湖，但主要还是依赖高山融雪水。为了更好地管理有限的水资源，当地民众因粮均水，因水均时，浇水定时，绘为图式，注明额粮原数，其具体做法见载于道光《山丹县志》卷五《五坝水利志》。《山丹县志》中的水规明显较诸高台县的水规细密，原因就在于这里的水资源相对于高台而言更为紧缺。又如，相比高台而言，武威地区的水规记载也要更为详细一些。原因就在于，武威气候干旱，土地多沙。人称"十地九沙，非灌不殖"[2]，农田灌溉在当地的农业生产中具有非常重要的意义，必须依靠比较完善的灌溉制度才可以较为有效地扼制争水截霸的现象，提高灌溉率。所以，乾隆以后这一地区的水资源分配问题备受重视。当地各坝渠渠口有丈尺，闸压有分寸，轮浇有次第，期限有时刻（称为牌期）。《民勤纵横谈》载："至于水利方面，先天既感不足，历代以来累有争执，政府基于此种经验，曾有单行水利规程之制定，诸凡一切水利之管理与分配等办法，均有明文记载，精密策划，期收机会均等之效。"[3] 这便道出了水规、水则疏密分布差异的缘由。规则在被创建、改变或废除时，记录了组织面对内部或外部压力时所作出的反应。分水制度越详细，越说明在水源不足时农民平均

① 詹姆斯·马奇、马丁·舒尔茨等：《规则的动态演变》，童根兴译，世纪出版集团2005年版，第16页。

② 许协：《镇番县志》卷四，水利考，道光五年刻本，页三。

③ 转引自李并成：《河西走廊历史时期沙漠化研究》，科学出版社2003年版，第230页。

用水的意愿特别强烈。在许多情况下，规则产生速度会随着规则密度而提高。也就是说，规则创造了产生需要新规则的问题，而且规则数目呈现指数式增长。① 但另一种可能的后果是，规则细致化是自我调节的过程。尤其值得一提的是，潜在的新规则面临与问题相关的现有规则的竞争。随着某个特定区域内规则数目的上升，新问题可能遭遇大量现存规则。新规则产生的机会就被减少。通过这样一种竞争机制，规则生产率将由于群体内规则数目而下降。所以我们也发现密度负依赖的现象。② 正是这样，规则并非指数式成长。规则并不产生规则，是问题给规则提供了机会。规则和它们的经历缩减了这些机会。③

与分水制度的细密性相适应，河西走廊的分水技术方法也随着水资源的丰枯程度呈现出差异性。分水要以时间确立使水的日期或定额，以时间的安排解决空间上相邻关系的矛盾。传统记时方法是干支记时，把一昼夜的时间分为十二个时辰，以子丑寅卯等十二地支表示，每个时辰分八刻。民间记时方法之一是点香为度，以一炷或几炷香燃烧的时间长度来记时。由于水源珍贵，分水不仅计算到时辰，而且计算到刻（文献中记为“个”）、分。分水的技术方法之一是确立水期、水额。水期，是使水的期间。水额，是使水的定额，又叫额水。武威、高台、永昌等县，通行水期方法。武威县的灌溉水按六渠、六十坝（子渠）、二万零二百七十六庄（家）逐级分配。在农村，水分到各庄后，还要按田畦分配。黄羊渠东边六坝水期从四十日至二十日不等，西边五坝水期从三十九昼夜至十五日不等。各坝分水后，再按庄分水。高台县引摆浪河各渠都有水期。镇番县引石羊大河各渠坝，浇灌各有牌期。牌期是根据河水、季节、农作物生长等情况对一年中各时期灌溉水的分配方案，将规定的使水日期、水量用红字刻于木牌上，立于渠坝之上，各渠、支渠即

① 詹姆斯·马奇、马丁·舒尔茨等：《规则的动态演变》，童根兴译，世纪出版集团2005年版，第61页。

② 詹姆斯·马奇、马丁·舒尔茨等：《规则的动态演变》，童根兴译，世纪出版集团2005年版，第61页。

③ 詹姆斯·马奇、马丁·舒尔茨等：《规则的动态演变》，童根兴译，世纪出版集团2005年版，第164页。

坝，农户遵照执行，不得违背。例如，据乾隆十四年（1749）《五凉全志》记载，“古浪诸水田，其坝口有丈尺，立红牌刻限，次第浇灌……使水之家，但立水簿，开载额粮，暨用水时刻”①。乾隆五十七年镇番、永昌二县会订《水利章程》，规定全年渠水分为“春水”“小红牌水”“大红牌水”“第四牌水”“秋水”和“冬水”六牌，其中大红牌夏水又分为大红牌、夏水。春水“自清明次一日子时起，至立夏前四日卯时止，共水二十六昼夜”。小红牌夏水“自立夏前四日辰时起，至小满第八日卯时止，共水二十七昼夜”。大红牌、夏水二牌“自小满第八日辰时起，至立秋前四日丑时止，每牌三十五昼夜五时”，共七十昼夜十时。第四牌“自立秋第四日寅时起，至白露前一日午时止，共水二十六昼夜五时”。秋水“自白露前一日未时起，至寒露九日丑时止，三十九昼夜三时”。冬水“自寒露后九日巳时起，至立冬后五日亥时止，二十六昼夜七时”；“立冬后六日子时起，至小雪日亥时止，六坝湖应分冬水十昼夜”：冬水共三十六昼夜七时。总计一年各牌期水二百二十六昼夜。牌期已定，再分配各渠用水定额。在历史文献中，有两种表述水额的方法。一种是以牌期为纲，以各渠坝为目，把一牌之水分给各渠坝。例如，乾隆五十七年的新定水利章程中，第四牌水的分配方案如下：“首四坝应分水三昼夜十时，润河水二昼夜四时四刻，籍田水二时，共水六昼夜四时四刻。次四坝应分水三昼夜三时，润河水十时，共水四［三］昼夜一［十一］时。小二坝应分水四昼夜十一时。更名坝应分水一昼夜六时，润河水一时六刻，共水一昼夜七时六刻。大二坝应分水四昼夜七时，润河水一昼夜八时，共水六昼夜三时。宋寺沟应分水五时六刻，润河水一时，共水六时六刻。河东新沟应分水二时。大路坝应分水一昼夜三时二刻，前加润河水九时四刻，今又拨小二坝润河水一时二刻，红沙梁拨出秋水三时，共水二［一］昼夜五［三］时［十刻］。”② 另一是以各渠坝

① 张玿美修，曾钧等纂：乾隆《五凉全志》卷四，古浪县志·地理志·水利，“古浪水利图说”，乾隆十四年刻本，页十七。

② 允升、安维峻：《甘肃新通志》卷十《舆地志·水利》引乾隆五十七年《镇番永昌会定水利章程》。

为纲，牌期为目，把各牌期水分配给各渠坝。例如，道光五年（1825），镇番县首四坝、次四坝、小二坝各坝的水额如下："（首）四坝额：小红牌五昼夜五刻，大红牌每牌八昼夜，秋水四昼夜四时四刻，冬水六昼夜一时。润河、籍田水时在内。次四坝额：小红牌四昼夜四时，大红牌每牌五昼夜六时五刻，秋水四昼夜一时，冬水三昼夜八时，润河在内。小二坝额：小红牌六昼夜七时，大红牌每牌七昼夜一时六刻，秋水四昼夜十一时，冬水五昼夜一时。"① 武威、高台的水期，镇番县、古浪县的水额（或额水），都是以时间确定水量，都是关于分水的不同的技术方法，但前者的复杂程度远逊于后者。

布莱克认为，现代法学区分了法律的两个维度，即法律的实体维度和程序维度。实体维度包括法律的内容和目标，程序维度具体规定法律规则如何被制定和实施。② 布莱克强调法律的第三个维度，即社会学的维度。布莱克的"案件社会学"是截然不同于那种把法律描述为条文的逻辑运用决定着案件处理结果的法学模式。按照布莱克的论述，法律是与社会相关的，法律的知识是由社会决定的。当不同的纠纷解决者面对案件不同的社会特征时，案件处理结果的不同便毫不令人惊异。"差别待遇无所不在，这是法律的自然行为的一个方面，就像鸟儿飞翔、鱼儿游泳一样自然。"③ 所有诉讼中最易胜诉的是组织起诉个人，最易失败的是个人起诉组织。群体比个人更爱打官司。组织是法律领域里的"主要肇事者"④。清代的水案一般都具有群体性。在张掖，甘州十景中有"黑水春融"⑤，每年此时都有祝黑河春融的庆典。"农人刲羊祀龙神，则水应期涨，碧波鲜澄，分流诸堰，而妇

---

① 许协：《镇番县志》卷四，水利考·水额，道光五年刻本，页四至五。

② 唐·布莱克：《社会学视野中的司法》，郭星华等译，法律出版社2002年版，第105页。

③ 唐·布莱克：《社会学视野中的司法》，郭星华等译，法律出版社2002年版，第18页。

④ 唐·布莱克：《社会学视野中的司法》，郭星华等译，法律出版社2002年版，第43—44页。

⑤ 《甘州府志》卷四，地理，名胜，"黑水春融"，《中国地方志集成》，44，凤凰出版社、上海书店、巴蜀书社2007年版，第233页。

子主伯，穲穲遍野。”① 春日载阳，东风解冻，百卉昭苏，垂柳拂岸，芳草萋萋。在黑河灌渠春天放水那天，全灌区许多男女老少都要给龙王爷烧香叩头，献上喜馍馍和“提糖点心”。在滔滔河水进入输水渠后，群众欢声雷动，沿渠雀跃而下，热闹非凡。一年的农事活动便从此开始了。各地的龙王庙的春祈秋赛均是形成和维系地方共同体的认同感的民俗机制，为水资源共享奠定心理基础。力单势薄的个体也只有依靠地方共同体才能在水资源的残酷争夺分羹一杯。这就是布莱克在《社会学视野中的司法》（Donald Black，*Sociological Justice*，New York：Oxford University Press，1989）中所引述的谚语“要么是一座大山，要么背靠一座大山”（be a mountain or attach yourself to one）② 表述的道理。然而，这种共同体内部的各色人等并不是均质的、平等的，泯灭人与人之间的社会地位的差异，是和建议物体“往上掉”一样的不可思议。这样的想法不符合科学，愿望虽然美好却只是海市蜃楼。③ 在河西走廊，灌渠的疏浚维修按粮出夫，绅衿士庶均平，不得优免，如有违犯，可以禀县拿究。这的确在一定程度上体现出共同体成员的平等性。例如，古浪县水利碑文明确规定建立使水花户册，载明地亩粮额，“各坝修浚渠道，绅衿士庶，俱按粮派夫。如有管水乡老派夫不均，致有偏枯受累之家”，就要“禀县拿究”。④ 其他各县，也有类似规定。这些规定从制度本身来看，尽管比较严密和易于遵守，然而，正如布莱克所说，法律最为声名狼藉的一点在于：它赋予富贵者比贫贱者大得多的权利。有些人甚至认为这是法律的基本功能。⑤ 由于规则是一般性的，而情景则具有特殊

---

① 《甘州府志》卷四，地理，名胜，“黑水春融”，《中国地方志集成》，44，凤凰出版社、上海书店、巴蜀书社 2007 年版，第 233 页。

② 唐·布莱克：《社会学视野中的司法》，郭星华等译，法律出版社 2002 年版，第 50 页。

③ 唐·布莱克：《社会学视野中的司法》，郭星华等译，法律出版社 2002 年版，第 55 页。

④ 张玿美修，曾钧等纂：乾隆《五凉全志》卷四，古浪县志·地理志·水利，“古浪水利图说”，乾隆十四年刻本，页十八。

⑤ 唐·布莱克：《社会学视野中的司法》，郭星华等译，法律出版社 2002 年版，第 96 页。

性，任何特殊情景都拥有大量不同的解释，并可能激活大量与不同规则相关的不同身份，所以相关规则可能被忽视，尤其当规则集相当庞大的时候。任何不同情景都可能激活具有含义差别很大的几种规则。现代人类决策研究中的一个重要部分是，个体逐步接受及再次使用特定身份的过程以及情景以这种方式而非另一种方式被建构的过程。这种研究揭示了在特定情景中从规则集合转向行动的过程的巨大模糊性。[①] 实证研究表明，行动很少只由规则规定，地方共同体中的权势人物具有上下其手的广阔活动空间。例如，在河套地区，渠道每年春季要进行岁修工程或新兴工程。春季挖渠时，农民自带工具和口粮前往渠上劳动，每天在渠头、渠巡的鞭策之下工作十三小时，打坝、扎口工程都是在冰冷彻骨的水中工作。但是，在渠工完成后放水浇青时，大户往往抢先浇灌（干渠经理和各支渠委员都是大户担任），只有他们不浇了，才能给小户下放轮浇。有些狡猾的大户，除了浇青苗以外，还大量地泡伏水地，因为生地泡伏水，可以为来年生产打下坚实基础。而小户的青苗快干死了，这些大户也置之不理。渠巡们在大户的豢养下，看大户的眼色行事。有些小户为了浇青苗，和大户争吵几句，结果得罪了大户，不但青苗保不住，大户指派一两个狗腿子扒个水口，一夜连房子也冲走了。几十年来就形成“穷人挖渠富人浇，富人兴家穷人逃”[②] 的现象。地方共同体中这样的富人吃肉、穷人啃骨头的现象在许多地方都是普遍存在的。在争水械斗中，地方精英对于普通民众具有挟制性。争水械斗由地方精英的挑唆导致的情形绝非罕见。早在成化十三年（1477），巡按御史许进就说过：“河西十五卫，东起庄浪，西抵肃州，绵亘几二千里，所资水利多夺于势豪。”[③] 长期以来，黑河流域水资源配置尽管不尽合理，但在

---

① 詹姆斯·马奇、马丁·舒尔茨等：《规则的动态演变》，童根兴译，世纪出版集团2005年版，第22页。

② 王福田：《抗日时期后套“新县制”的实施》，巴彦淖尔盟行政公署地方志编修办公室编辑：《巴彦淖尔史料》第4辑，巴彦淖尔盟行政公署地方志编修办公室1984年版，第85页。

③ 张廷玉等撰：《明史》卷八十八，志第六十四，河渠六，中华书局1974年版，第2159页。

资源相对充足的条件下，能够保障国计民生、维持一个相对和谐的区域社会秩序，这正是得益于非正式的民间运作逻辑。及至民国年间，河西走廊地区也开始出现类似杜赞奇（Prasenjit Duara）所揭示的国家权力在华北农村的“内卷化”现象。官府极力向民间组织进行渗透，以加强财政资源的汲取，但汲取效率却大幅度下降，民间组织在官府化过程中呈现出劣绅化的趋势。刘文海在1933年出版的《西行见闻记》记述其在高台县的经历时这样写道：“又据一有经验者谈，甘肃西部每岁雨量极少，恃山中溶雪灌田，人民为水所发生之争执，层见叠出，因此相沿设有‘农官’‘耆老’‘乡约’等地方小吏，专司其事；此辈近年来，皆由贿赂得充任，为县长之爪牙，作威作福，勒收地亩捐，剥削本乡百姓，许为第一等病民之劣绅，洵不为诬。”①

规则定义了组织的身份以及边界，并且使之与其他组织的联系得以稳定。在官府的支持下，黑河流域每个渠系的引水工程、防洪工程、输水工程由本渠系自己进行，各工、号的灌溉工程由各工、号自己进行。各渠、工、号作为地方共同体对其渠民的规制极为严苛。工程分春修（也叫岁修）、急修两种。春修每年春季进行一次，是全年规模最大、最隆重的工程。农历二月初二（民间说这一天是龙抬头的日子）开工，春分完工并通水。逢闰月年份，提前开工，叫早工，正式开工期仍以二月初二日计算。二月初一，河夫从家里启程，当晚赶到龙王庙。龙官亦于二月初一从家里启程，当天到达龙王庙。先期到达的职能人员率河夫迎接龙官。是时，炮铳齐鸣，气氛庄严而热烈。第二天，龙官到大殿拜龙王，焚香上供，与此同时，河夫开始做工，一年一度的春修工程便开始了。春修的工程项目，包括进水闸、拦河坝前和输水渠的清淤，引水工程和输水渠的整修。急修即抢修工程，是当引水工程被洪水冲毁，或输水渠发生决口时，进行抢修的工程。当需要进行急修时，龙王庙的信差手持“鸡毛传书”，骑马沿渠奔驰呼号，河夫便以最快的速度奔赴抢修地点，投入抢修。待工程修复后，各自返回。各渠系均按渠或号集中轮灌，由渠主、号主、差家分级负责。在灌溉管理中，对违反水规的处

① 刘文海：《西行见闻记》，南京书店1933年版，第22页。

罚是很严酷的，绝不容情。哪个工号欠了河夫，欠了柴草，就要闭哪个工号的口子；哪个人犯了水规，就要在颈脖上套上草绳顺渠拉，拉的距离长短，视其错误的严重程度而定。在下游浇水时，上游有谁偷了水，下游工号的号主、差家，带人骑马到上游，会同偷水工号的渠主或号主，骑马踏毁偷浇的庄稼。按照布莱克的观点，下行的法律严于上行的法律（Downward law is greater than upward law）。[①] 正因为有如此严厉的重罚，全渠系的灌溉管理才得以顺利进行。

五、结语

特定时空中的法律是达致特定时空中某个目标的一种工具。正如古人所说，“上善若水，水善利万物而不争”[②]。水作为公共资源在人们的生产生活中利济众生，但这种公共资源的特性又往往成为引发争端的源泉。规则为适当性行为施加了认知和规范限制。均水制虽然不能完全解决黑河流域的用水问题，但是在既定的约束条件下，不失为一种最优选择。该流域内分水制度的建立和完善，保证了均平水利，使水利之泽普惠一方百姓。恰如当地民众所言：“回忆均水未定时，正值用水，而上流遏闭，十岁九荒，居民凋敝，苦难笔罄。今则水有定规，万家资济，胥赖存活。”[③] 当问题得以阐述，规则就会被创建，并且问题空间得以收缩[④]。由于环境的压力、新规则机构的创建或者旧问题由于旧规则的废止而重新出现，这些原因使得新的、未曾出现的问题变得引人注目，新规则得以创建的机会就会增加，问题空间扩大了。新问题需要解决，而新规则的创建就用以处理它们。当新规则被创建时，问题空间就收缩

---

① 唐·布莱克：《社会学视野中的司法》，郭星华等译，法律出版社2002年版，第8页。

② 语出《老子》第八章，引自王弼著、楼宇烈校释：《王弼集校释》，中华书局1980年版，第20页。

③ 徐家瑞纂修：民国《新纂高台县志》卷八，艺文志，“重修镇夷五堡龙王庙碑”，《中国地方志集成》，47，凤凰出版社、上海书店、巴蜀书社2007年版，第314页。

④ 詹姆斯·马奇、马丁·舒尔茨等：《规则的动态演变》，童根兴译，世纪出版集团2005年版，第52页。

了，直到被新的压力再次扩大。规则是处理组织已经遭遇到的问题的良方。随着组织学会如何处理它们的问题时，它们就在标准化处理程序中加入规则，并且有效地从潜在问题的列表中删去一些条目。只要潜在问题的供应固定，每一个规则都会缩小随后规则可得到的问题空间，从而延缓了规则产生，直到某些事件发生，它补充了问题的供应。考虑到这一点，规则的衍生更像一个减速的过程，而非一个再生产的加速过程。① 黑河均水制实行以后，水事纠纷骤减。所以，这一制度被长期坚持下来，并且得到进一步的完善。正是这样，张其昀在1935年发表的《甘肃省河西区之渠工》一文中这样写道："各县多有渠正渠长，由农民公举，县府委任，蓄泄之方，皆有定制。如渠口有大小，闸压有分寸，轮浇有次第，期限有时刻，公平分水，藉免偏枯兼并之弊。……历代相传，法良意美。"②

---

① 詹姆斯·马奇、马丁·舒尔茨等：《规则的动态演变》，童根兴译，世纪出版集团2005年版，第187页。

② 张其昀：《甘肃省河西区之渠工》，《方志月刊》1935年第8卷第9、10期合刊。

后　　记

在现代西方学术中，“经济人”或“理性人”假设认为，每一个人都是追求个人利益最大化的自主性个体。由于中国目前依靠所谓“学术”作为资源、资本的人口众多，学术规范不甚健全，在资源稀缺和欲望无限的紧张关系下，高校的现行体制造成普遍的“官大学问长”的怪现象。事实上，刘师培就曾经指出：“盖舍禄言学，其业斯精，以学殉时，于道乃绌，惑者不察，妄援仕学互训，鄦书之粹言，官师联职，周庭之成法，是则学古为入官之阶梯，变通乃趣时之捷径。道衰学敝，恒必由之间尝。”① 学术资源争夺惨烈使罪恶与丑陋往往从人身上每一个欲望的毛孔涌出。一些“不学有术”者往往在这种体制下以智御人，无论制定规章还是在细微的行政举措中，每每将好事占尽、将坏事做绝。在这种学术体制下，疲于奔命的现实境遇很难产生超越物欲的追求和直抵人类根本问题的深度思考，从而使生命内在的意蕴和创造性欲求无法得到自由展开和表达。由于长期浸润于历史研究，笔者出于一种历史直觉认为中国目前学术界已经处于靠所谓“学术”混饭吃的从业者为争夺学术资源矛盾最为突出的历史时期。这也许是今后对于目前的学术进行回顾和反省不能不特别关注的现象。“世事洞明皆学问，人情练达即文章。”社会这本人生大书要研究透彻是需要过人天分的。就笔者个人性格而言，不善于和那些八面玲珑、心计多端的聪明人打交道，所以尽可能藏拙，坐冷板凳，在孤独的学术研究中寻找一片属于自己的空间。贝尔福（Arthur James Balfour，1st Earl of Balfour，1848—1930）指

① 刘师培：《〈国粹学报〉三周年祝辞》，刘师培：《刘申叔遗书》下，江苏古籍出版社 1997 年版，第 1791 页。

出："与其做史无前例的聪明事，不如做习以为常的蠢事更为稳妥。"① 在20世纪90年代初，当时有所谓"红道"（从政）、"黄道"（经商）、"黑道"（高校任教）之说，高校教师被视为最没有出息的选择。笔者的硕士导师马汝珩教授就勉励笔者说，人能读书，即为有福。笔者每每想，世上还有许多人想读书却没有机会，我们目前能过吃饱饭、有时间读书的生活，也应该算是一种幸福了。既然自己也酷爱读书，就竭尽所能，吃点苦也是应该的。亚里士多德也曾经指出，"理性的沉思生活"乃"人的最完满的幸福"。这样一种生活"既有较高的严肃的价值"，"又不以本身之外的任何目的为目标，并且具有它自己本身所特有的愉快（这种愉快增强了活动），而且自足性、悠闲自适、持久不倦（在对于人是可能的限度内）和其他被赋予最幸福的人的一切属性"。② 笔者不喜欢那种终日饭局、一边山珍海味、一边又靠减肥茶之类降血压的生活，宁可粗茶淡饭，过一种有规律的宁静淡泊的书斋生活。在中国人民大学工作的几十年，别人认可你读书用功，不妨称你为"读书种子"，别人拿你开涮，就把你视为书呆子。"读书种子"是唯有明代方孝孺才配得上的称号，我辈何敢奢望？笔者坦承自甘于这种堕落为书呆子的生活，因为依据自己的性情别无他途可循。著名哲学家尼采有一句警世格言——成为你自己！即此之谓也。穷则精于诗，闷则嗜于书，大凡是古今不易之通则。我宁愿远离那些鸡鸣狗盗的事情，在读书中寻找一份神闲气定的宁静与安详、一种"有条不紊的生活品行"（methodical conduct of life）③。记得有位学术大师曾经说过，一个人如果委身学术，不为外缘所扰，以康强其身而几十年如一日尽瘁于著述，其所成就宁可限量惜哉。有鉴于此，笔者长期泡在图书馆苦

① Georges Ripert, *Les forces créatrices du droit*, Paris: Librairie générale de droit et de jurisprudence, 2e édition, 1955, p. 10.

② 亚里士多德：《尼各马可伦理学》第10卷，第7章。北京大学哲学系外国哲学史教研室编译：《古希腊罗马哲学》，生活·读书·新知三联书店1957年版，第327页。

③ Max Weber, *General Economic History*, translated by Frank Hyneman Knight, Mineola, NY: Courier Dover Publications, 2003, p. 346.

读，本书的产生就是笔者十七年来读书与思考的一个结果。在完成书稿之际，笔者仍觉得意犹未尽，希望能够借此将有些长期积蓄在心中的想法表达出来。

原典与原点

读书的态度和方法人各而异。过去人们常说“开卷有益”，但笔者一直强调这种泛泛而论的箴言不足为训。君不见开电梯的女工终日拿本杂志津津有味地阅读，但长期并无长进。因为读的是消遣读物，这种读书只是遮遮眼皮，消磨时间而已。再举一例，社会上许多心智未定的青少年因为看了黄色书刊最终走上犯罪道路，又焉得谓“开卷有益”？所以有一则意大利谚语：“一本坏书，比十个强盗更坏。”（Non c'è nessun ladro come un libro cattivo.）坏书被西方哲人称为是可以毒杀精神的、带有知识性的毒药。但另一方面，笔者并不赞同读书无用论的反智主义。世界著名法学家庞德就说过：“除了上帝造人，创造不可无中生有。创造行为汲取材料，并赋予其新的形式，使其可用于那些未成形材料需要被修正的地方。”① 天下绝没有不食桑叶而吐丝的蚕，不采花而酿蜜的蜂，亦必没有不读书而能治学的人，而腹笥过俭是不可能做出上乘学问的。所以古人云：胸无块垒心常泰，腹有诗书气自雄。不过，笔者也反对陶渊明好读书不求甚解的方式，钱穆就强调读书与查资料是两回事②，东翻西阅的查资料并不是真正意义上的读书。读书的主要目的在于涵养元气，查资料只是研究某一课题临时性资料检索和阅读。大多数人在求学的道路上最大的毛病就在于好读书不求甚解，以致每每对于原著的理解总有一种挥之不去的朦胧感，似懂非懂，模模糊糊，写文章往

① Roscoe Pound, *Interpretions of Legal History*, New York: Macmillan, 1923, p. 127.

② 钱穆：《中国史学名著》，生活·读书·新知三联书店 2000 年版，第 155 页。

往给人一种特别轻飘飘的味道。这种现象固然和人的年龄、阅历等有关,[①] 但主要原因还是在于精熟程度不够，贪多务广，涉猎卤莽，才看过了便谓已通，耻于资问，而终身受此黯暗以自欺。庄子早就主张“心彻为知”[②] 之说。在中国，古人往往将“知彻为德”奉为治学圭臬，强调读书精熟，必由精一着手。黄山谷《与李几仲帖》中说：“大率学者，喜博而常病不精；泛滥百书，不若精于一也。有余力，然后及诸书，则涉猎诸篇亦得其精。盖以我观书，则处处得益：以书博我，则释卷而茫然。”[③] 朱熹对于黄山谷《与李几仲帖》的观点极为欣赏，指出：“书须熟读，所谓只是一般然，读十遍时与读一遍时终别，读百遍时与读十遍时又自不同也。”[④] 朱熹认为读书须量力所至，约有课程而谨守之，字求其训，句索其旨，未得乎前，则不敢求其后，未通乎此，则不敢志乎彼；如是循序渐进焉，则意定而明理，而无疏易凌躐之患矣。[⑤] 程端礼在论分读、合读时则讲道：凡玩索一字一句一章，分看合看，要析之极其精，合之无不贯。去了本子，信口分说得出，合说得出，于身心上体认得出，方为烂熟。[⑥] 因为只有这样参伍错综地读书，才可能八面受敌，沛然应之而莫御焉。[⑦] 易言之，为学之道，莫先于穷理，必在于读书。读书之法，莫贵于循序而致精，而致精之本，则又在于居敬而

---

① 张潮《幽梦影》云：“少年读书，如隙中窥月；中年读书，如庭中望月；老年读书，如台上玩月，皆以阅历之浅深，为所得之浅深耳。”张潮：《幽梦影》，罗刚、张铁弓译注，中央文献出版社 2001 年版，第 3 页。

② 张耿光：《庄子全译》，贵州人民出版社 1991 年版，第 495 页。

③ 朱熹：《朱子全书》，朱杰人、严佐之、刘永翔主编，第 14 册，上海古籍出版社、安徽教育出版社 2002 年版，第 322 页。

④ 转引自杜松柏：《国学治学方法》，台北洙泗出版社 1983 年版，第 20 页。

⑤ 朱熹：《晦庵先生朱文公文集》卷第七十四，“读书之要”，《四部备要》，子部，第五十八册，《朱子大全》（二），中华书局 1989 年版，第 1321 页。

⑥ 程端礼：《程氏家塾读书分年日程》，姜汉椿校注，黄山书社 1992 年版，第 31 页。

⑦ 虞集：《〈杜诗纂例〉序》，人民教育出版社编辑：《古代散文选》下，人民教育出版社 1980 年版，第 40 页。亦可参见方大镇：《田居乙记》，四库全书存目丛书编纂委员会编：《四库全书存目丛书》，子，134，杂家类，齐鲁书社 1995 年版，第 137 页。

持志。[①] 在西方，培根的名言就是：有的书浅尝即可，有的书可以狼吞虎咽，少数书籍则需咀嚼消化。换言之，有些书只需阅读一部分，另一些读时可不求甚解，但少数则需通读，且需勤勉而专心（Some books are to be tasted, others to be swallowed, and some few to be chewed and digested. that is, some books are to be read only in parts, others to be read, but not curiously, and some few to be read wholly, and with diligence and attention）。[②]在英国剧作家威廉·康格里夫（William Congreve, 1670—1729）的名著《为爱而爱》（*Love for Love*）第一幕中，主人公的瓦伦廷（Valentine）对贴身男仆说过一句经典台词："琢磨你的食欲；学会靠知识果腹；设宴款待你盼的心灵，并克制你的肉欲；读，用你的眼睛摄入营养；闭上嘴巴，反刍理解。"（Refine your appetite, learn to live upon instruction, feast you mind and mortify your flesh, read, and take your nourishment in at your eyes, shut up your mouth and chew the cud of understanding.）[③] 富兰克林（Benjamin Franklin）则云："要多读书，但不要读太多的书。"（Read much, but not too many books.）多年来，笔者与笔者的学生共同研读了不少学术经典著作，也翻译了一些世界名著名篇。这种"从太阳那里取火"的学术积累使笔者获益匪浅。

阅读经典文献涉及时间问题。对于时间问题的探索，文献繁芜杂乱，人异言殊。例如，对于英国著名象征主义人类学家利奇（Edmund Ronald Leach, 1910—1989）来说，时间最奇特的事是我们可以经验它，却无法用感官来感觉它。对于莫里斯·布洛克（Marc Léopold Benjamin Bloch）而言，人类的时间有两种基本而不同性质的普遍性类别，而不

---

① 朱熹：《晦庵先生朱文公文集》卷第十四，"甲寅行宫便殿奏札二"，《四部备要》，子部，第五七册，《朱子大全》（一），中华书局1989年版，第204页。

② Francis Bacon, The Essays Or Counsels, Civil And Moral, Of Francis Ld. Verulam Viscount St. Albans，资料来源：http://www.gutenberg.org/files/575/575-h/575-h.htm，访问时间：2009年12月2日。另外，王佐良的译文可以参考，参见王家新、汪剑钊主编：《灵魂的边界：外国思想者随笔经典》，云南人民出版社1996年版，第36页。

③ 参见 Alberto Manguel, *The History of Reading*, London: Flamingo, 1997, p. 172。

是像利奇那样认为两个分类而有两个相矛盾的性态。[①] 笔者在此特别关注于涂尔干所说的社会时间（social time）概念，时间与社会活动是彼此相互界定的，具有规律其生活起居的重要意义。实际上，文本的出现是历史性的重大变革。说话转瞬即逝，而文本则将说话者的语言凝固化、定格化，大大扩展了人们的活动范围。所以在这个意义上，时间就是权力。中国传统王朝的公文制度与政治统治息息相关，左史记言、右史记事这种制度就表明文本对于政治统治、合法性等至关重要。按照马歇尔·麦克卢汉（Herbert Marshall McLuhan，1911—1980）的观点，现代社会由于印刷加速，造成生活节奏以指数级加快，时间观点发生前所未有的变化，时尚的流行往往如同轻风一般迅速吹过就与印刷技术的改进不无关联。[②] 现代主义也是因为掌握了“时间霸权”，就把过去的历史视为黑暗和无价值的。任何书写的正文，“都是可以阅读的，纵使它产生的片刻已失去而不可挽回，纵使我不知道它所谓的作者在写下它的那一刻的心中用意，也就是说，随正文去作它最基本的漂流”[③]。文本改变了人们沟通方式。对于文本，读者可以用任何方式来阅读，读一

---

① 参见 Edmund Leach，Two Essays Concerning the Symbolic Representation of Time，in E. Leach，*Rethinking Anthropology*，London：Athone，1961，pp. 124 - 136；Maurice Bloch，The Past and the Present in the Present，*Man*，New Series，Vol. 12，No. 2（Aug.，1977），pp. 278 - 292。

② 按照民族学者菲利普·德科拉（Philippe Descola）在《蒙昧之矛》（*Les Lances du crépuscule*，Paris：Plon，1994）的论述，缺乏书写的社会对时间有一种线性感，而在所谓的文字社会中，人们的时间感则呈现累积的现象。吉登斯依次考察了人类历史上对知识和信息储存能力的变化及其对于权力控制的影响。按照吉登斯的描述，在“口头文化”中，人类的记忆几乎是信息储存的唯一宝库，信息的保存依赖于叙事者的口头传承，依赖于成员的“共同在场”。文字和其他记号的出现，对信息或知识的存留和控制方式影响深远，极大地扩展了权力的时空伸延能力；印刷、书籍、磁带、电脑等储存方式的出现，则赋予人类信息储存更大的能力，使人类权力得以跨越广袤的时空而产生更为广泛、持久的影响。知识和信息资源储存方式的每一次跃进，都使权力的时空伸延能力获得极大的扩展。这种扩展不仅深刻影响和改变了人与自然的关系，而且也深刻改变了人类社会关系和生存方式，从而形成了不同类型的社会形态。

③ 参见 Alberto Manguel，*The History of Reading*，London：Flamingo，1997，p. 183。

个小时或一年，中断或延迟，没有语音上的逐渐变化，而且图案中叙事时间必然与读者的阅读时间一致。① 文字不再需要占用发出声音的时间。它们可以存在于内心的空间，汹涌而出或欲言又止，完整解读或有所保留，而读者可以用其思想从容地检视他们，从中汲取新观念，也可以从记忆或从其他摊在一旁准备同时细读的书来做比较。读者有时间来反复细嚼那些金言玉语，其声音在内心所获得的回响与出声朗读时一样丰富。② 在传统的观念中，中国古人常言“世间好语书说尽，天下名山僧占多”③，西方名言则云：“伟大思想古今有，载入书中成不朽。”（In books are embalmed the greatest thoughts of all ages.）古典的文本和它公认的作者都被认为是绝对不会出错的，文本的权威被视为属于自明之理，读者的任务只是个外在的观察者。但是，现代阅读理论和实践表明，经典的产生不仅取决于作者和文本，更取决于读者的主体性活动。阅读不是一种像感光纸捕获光线那样捕获文本的自动过程，而是一种在令人眼花缭乱的迷宫中的探险，但又是具有个人色彩的重新建构过程。人们所阅读的文本，除了字面上的意思与文学的意思之外，也取得其自身经验的投射和自己影子的投射，甚至喜欢相信所凝视的文本中有自己的倒影。人们从文字中寻找某种在他们所处的时空中会对他们私语的东西，对文本作者权威的尊重老早就已经销声匿迹。在这个意义上，后现代主义者认为，每篇著作都必须是未完成的，文本一旦产生，就脱离作者主体，理解本身表明自己是一个独立的事件；福柯一针见血地指出，我写书，不是使我永恒，而是让我死亡。伊格尔斯认为，不仅文本是非指示性的，并且它们也不具有毫不含混的意义。每一种文本都可以采用无数的方式加以阅读。“作者的意图已不复至关重要了，不仅因为它是多层次的和矛盾的，亦因为文本是独立于作者之外而存在的。”（The author’s intention no longer matters, not only because it is multilayered and

---

① 参见 Alberto Manguel, *The History of Reading*, London: Flamingo, 1997, p. 105。

② Alberto Manguel, *The History of Reading*, London: Flamingo, 1997, p. 50.

③ 徐梓、王雪梅编：《蒙学辑要》，山西教育出版社1992年版，第79页。

contradictory, be also because the text exists, independently of the author.)① 作者的死亡便意味读者的诞生。② 易言之，人们读作品唯一的原因就是它们尚未形成，这是一个读者有发挥想象的空间。阅读是累积式的，以几何式的进展来增加：每种新阅读都是建立在先前所读的基础之上。文本以及尔后不同世代读者的批评，意味着无限的阅读是可能的，彼此相加下去。正是读者代复一代的积极的阅读积累和诠释。文本必须有读者的阅读参入方可实现其身，故就意义的传达、流通和更新而言，读者的在场将和作者的写作行为一样是不可或缺的。唯其如此，经典才成其为经典，其文本的意义方得以无限延伸，否则只能供覆瓿之用。在这种意义上，后现代主义者所谓作者之死恰恰读者之生的关键所在，这使得读者能够与文本具有更加自由的交往空间。

从客观上言，读者的阅读具有独立的价值；从主观上言，读者也应该具有自觉的"存疑主义"(agnosticism)。"读书时不可存心诘难读者，不可尽信书上所言，亦不可只为寻章摘句，而应推敲细思。"(Read not to contradict and confute; nor to believe and take for granted; nor to find talk and discourse; but to weigh and consider.)③ 凡为学大端，不外虚心卓识，匪为龋龁前人。识不卓则为俗学所囿，心不虚则为客气所乘。去骄去浮，始有进境。如果过于自以为是，则蔑弃先贤，无法谦虚地从阅读文本中获得营养；但如果没有怀疑精神，则尽信书不如无书。这就提出一个态度问题：站着读还是跪着读？古人云：由可疑处怀疑，疑决而心得出。由无疑处致疑，疑破而智悟生。《朱子语类》中也指出："若用工粗卤，不务精思，只道无可疑虑；非无可疑，理会未到，不知有疑尔。"④ 在阅

① Georg G. Iggers, *Historiography in the Twentieth Century: From Scientific Objectivity to the Postmodern Challenge*, Middletown, Connecticut: Wesleyan University Press, 2005, p. 9.

② 王晴佳、古伟瀛：《后现代与历史学——中西比较》，山东大学出版社 2003 年版，第 82 页。

③ 资料来源：http://www.authorama.com/essays-of-francis-bacon-50.html，访问时间：2008 年 7 月 8 日。

④ 黎靖德编：《朱子语类》卷第十，王星贤点校，中华书局 1986 年版，第 169 页。

读过程中，我们因为不愿意轻信，方有真信，因为要求“真信”，方不愿意轻信。借着怀疑，我们得以发出问题；借着发出问题，我们得以学习真理。尽管我们崇拜经典，但我们绝不可放弃自身怀疑的本能，否则将沦为地地道道的书籍“象牙塔”（the ivory tower）囚徒。西方阅读理论就强调，在我们的“思维生涯”（the life of the mind）中，“我们阅读是为了要能提出问题”（We reads in order to ask questions）。① 中国清代乾嘉考据学的兴起就是依托于怀疑精神的发达，西方考据学被称为所谓“文本批判”（textual criticism），同样建立在怀疑主义之上。钱穆在讲到史料运用时批评有些人尽爱在私家小巷里转悠，就曾以报纸为例。这是目前一些研究颇为自矜的材料，但是对于报纸资料的使用必须慎思明辨。报纸固然是当时社会风貌的真实写照，但这些报道说话者背后的动机等都不能不加以考察，尤其报纸出于追求新闻效果，唯新奇是趋，以致平淡无奇的社会常态经常被弃之不顾。② 在报纸史料使用者和报纸本身追新心理的双重作用下，社会“常”与“变”的真实结构往往颠倒。迷信报纸史料难免造成拾得芝麻丢了西瓜的错误。正是这样，后现代主义往往质问：谁在说话？这其实就是一种对常识加以解构的怀疑主义表现。路易·阿尔都塞（Louis Pierre Althusser，1918—1990）主张采取“症候阅读法”（La méthode de lecture symptomale）③ 去解读文本，即不是看文本说出了什么，而是揭示什么及在被说出来。阅读过程就在于由怀疑而破疑，产生问题和回答问题的过程是循环交替的互动过程，知识在质和量上的增长由此得以达致。

由此可见，我们必须带着问题去向经典作家请教和对话。与传统的由博返约的观点不同，笔者坚信约一则博的治学路径。众所周知，在德国大学里面学习的话，一个人文或者社会学科的研究生不可能只学习一

---

① 参见 Alberto Manguel，*The History of Reading*，London：Flamingo，1997，p. 89。

② 钱穆：《中国史学名著》，生活·读书·新知三联书店2000年版，第197页。

③ 路易·阿尔都塞借用弗洛伊德的提法在1965年出版的《读〈资本论〉》（L. Althusser，Étienne Balibar，Roger Establet，Pierre Macherey，Jacques Rancière，*Lire le Capital*，Paris：Maspero，1965）加以阐发。

个专业，通常情况下都是攻读一个主专业和两个辅修专业，所以德国社会科学和人文学科的学者研究的领域都非常广泛，近代以来西方综合性的学者大都是出自德国，即此之故。做学问的确是需要气势恢宏的博大，如司马迁的“通古今之变”、刘知几的“通识”、郑樵的“会通”等，其精神实质都是一致的。但是，赫拉克利特（Ἡράκλειτος ὁ Ἐφέσιος，Heraclitus of Ephesus，约前535—前475）提醒我们，“博学”并不教人具有“智思”，不然它就已教会了赫西俄德、毕达哥拉斯、克塞诺芬尼和赫卡泰俄（Polymathie noon echein ou didaskei. Hesiodon gar an edidaxe kai Pythagoran autis te Xenophanea te kai Hekataion）。[①] 赫拉克利特在这里的意思非常明确：学与思是两个概念。但是，独到的思想结晶较诸追求广博的知识更为困难，没有明确的问题意识很可能造成入宝山而空回。所以，我们要做博的工夫，只能择一两件专门之业为自己性情最近者去做，从极狭的范围内生出极博来，否则一事无成。为学成于务，不务则不成。主一无适，泛滥无归，终身无得；牢牢地把定一条线去走，得门而入，事半功倍，方不致误用聪明，否则，写出的文章只能是《庄子·寓言》“卮言”[②] 而已。正是这样，笔者主张在阅读经典的同时必须常想一两个原点问题，以立一论为目标。

老子云：“万物得一以生，侯王得一以为天下贞。”[③] 孔子主张“一以贯之”[④]，这就是要求有“一以贯之”的线索，才不至“博而寡要”，否则满屋散钱，穿不起来，虽多无用。荀子也说：“好书者众矣，而仓颉独传者，壹也；好稼者众矣，而后稷独传者，壹也。”[⑤] 按照荀子的

① 资料来源：http：//athenaze. ycool. com/post. 607689. html，访问时间：2009年7月16日。

② 所谓“卮言”，殆源于“卮器满即倾，空则仰，随物而变，非执一宗故者也。施之于言，而随从人变，已无常主者也”。

③ 语出《老子·三十九章》，引自冯达甫译注：《老子译注》，上海古籍出版社1991年版，第92页。

④ 语出《论语卷八·卫灵公第十五》，引自杨伯峻译注：《论语译注》，中华书局2008年版，第161页。

⑤ 语出《荀子·解蔽第二十一》，引自安小兰译注：《荀子》，中华书局2007年版，第228页。

观点，“约一则博”，应该“以浅持博”。文学理论家刘勰则明确指出：“博见为馈贫之粮，贯一为拯乱之药。博而能一，亦有助乎心力矣。”①陆象山进一步阐述说，败叶满山也须有一收束，“学苟知本，则《六经》皆我注脚”②。又云：“六经注我，我注六经。”③ 朱熹在论述治学方法时认为，心诸支离无个主宰处，与义理自不相亲。虽然朱熹赞同博洽多闻，但他将“约有博中来”视为是平日讲贯的结果，并将以一贯之作为道学、俗学之别，认为大道之要，至论之极，终将“会归一理”，铢积寸累做将去，“虽是说博，然求来求去，终归一理”④。为学大要，只在求放心，此心泛滥无所收拾，将什么做管辖处？其他用功总闲漫。须先就自心上立得定，则心中有主有定，清明在躬，思想无误，不乱不杂，自然光明四达，照用有余，自不虑其茫无津涯。所以他又补充说：“以敬为主，则内外肃然，不忘不助，而心自存。”⑤ 朱子之通洽，绝非泛滥无归，而是学有宗主，此宗主便是他心目中的“理”。梁启超晚年自己反省一生治学经验时即云：务广而荒，每一学，稍涉其樊，便加论列，而无所刻入，由于太无成见之故，往往徇物而夺斯守，以移时而抛故，故入焉而不深。从人文社会科学来看，许多领域都具有相通性，如同庄子所说“万物毕同毕异”⑥，同归一揆。天得一以清，地得一以宁，神得一以灵，谷得一以盈。如果我们集中于某一原点性问题专力研究，沉潜体味，细入微芒，指约而易操，事少而功多，以十年数十年的精力达到“思之思之，鬼神通之”的境界，纵或愚者千虑，必有一得。《中庸》第二十章云：“诚者，天之道也；诚之者，人之道也。诚者，不勉而中，不思而得，从容中道，圣人也。诚之者，择善而

① 刘勰：《文心雕龙》，杨国斌英译，周振甫今译，外语教学与研究出版社 2003 年版，第 382 页。

② 《陆九渊集》，钟哲点校，中华书局 1980 年版，第 395 页。

③ 《陆九渊集》，钟哲点校，中华书局 1980 年版，第 399 页。

④ 黎靖德编：《朱子语类》，王星贤点校，中华书局 1986 年版，第 963 页。

⑤ 朱熹：《晦庵先生朱文公文集》卷三十一，“答张敬夫”，《四部备要》，子部，第五七册，《朱子大全》（一），中华书局 1989 年版，第 479 页。

⑥ 语出《庄子·天下篇》，引自张耿光：《庄子全译》，贵州人民出版社 1991 年版，第 619 页。

固执之者也。博学之，审问之，慎思之，明辨之，笃行之。”① 怀特在《形式的内容：叙事话语与历史再现》（Hayden V. White, *The Content of the Form: Narrative Discourse and Historical Representation*, The Johns Hopkins University Press, 1990）中指出：如果一个人打算要“走进历史”，他最好在头脑中有一个地址，而不能像一个浪荡子那样在过去的街头四处游荡。历史的游逛的确是轻松愉快的，然而，我们今天所生活的历史并不是观光者的游览地。如果一个人打算要“走进历史”，他最好对（走进）何种历史有一个清晰的概念，而且，对其是否容易接受自己带入其中的价值也要有一个很好的想法（If one is going to “go to history”, one had better have an address in mind rather than go wandering around the streets of the past like a flaneur. Historical flaneurisme in undeniable enjoyable, but the history we are living today is no place for tourists. If you are going to “go to history”, you had better have a clear idea of which history. and you had beteer have a pretty good notion as to whether it is hospitable to the values you carry into it）。② 的确，志不立，如无舵之舟，无衔之马，漂荡奔逸，终亦何所底乎？狙朝三暮四，两心交战，故瘠也。西方两堆干草中的驴子来回游走最终饥饿而死的典故也说明了同样的道理。夫兼营旁骛，上智犹苦其难，用志不纷，中材亦堪自勉。所以，学贵定识，不必随时俯仰；专家在主观上是得意的事，在客观上是不得已的事。事实上，约一则博，关键在于倾困竭禀，不因人缘便游走。夫一技之成，便足以安心立命，成为世用。中国人常说，一招鲜，吃遍天。西方人则认为，“有一技之长者处处皆可涉足”（He who has a good trade through all waters many wade）。择焉不精，变动不居，势必出现西方谚语“滚石无苔”（A rolling stone gathers no moss）的结局。

西方学术界有许多硕学耆宿往往五十如日初升，六十风华正茂，七十日上中天，到八十岁仍然桑榆未晚。笔者的老师、世界著名法学大师

---

① 王文锦译注：《大学中庸译注》，中华书局 2008 年版，第 29 页。

② Hayden V. White, *The Content of the Form: Narrative Discourse and Historical Representation*, Baltimore: The Johns Hopkins University Press, 1990, p. 164.

费肯杰教授就是这样的人中龙象。[①] 但中国学者一般的治学模式则一般是三十岁之前主要写论文，属于积累阶段，四十至五十岁期间主要写专著，须将自己的人生代表作拿出来，六十岁以后精力不济，但阅历丰富，就不写专著，而是以随笔为主。笔者觉得自己既然选择了职业学术人的生涯，就应该在自己四十岁期间拿出人生的代表作。而时间如白驹过隙，光阴似箭，稍纵即逝，所以笔者不敢怠慢，十多年为了这部五卷本著作的问世几乎不曾荒废过一天时间，夙夕不遑，数载勤劬，寂寞自守，别无旁骛，可以说是在拿自己的性命做赌注在干这件事情。人总要干一两件事情的，而我等既然将学术视为性命，那么为此做出的各种牺牲都是无怨无悔的。造命者，天；立命者，我。正如中国有一句古话所说的："有所为而为，有所不为而不为。"[②] 许多事情看似平常最奇崛，成如容易却艰辛。这五卷本专著的完成真可谓"十年辛苦不寻常"，是对个人毅力的严峻考验。天不轻以利予人，尤不轻以名予人。中国人口基数如此庞大，藏龙卧虎，挟道自重、提刀带枪的人很多。像我这般资质鲁愚之人，只有加倍努力，以愚公移山的精神发奋自强，才能站得住脚。"立志者，为学之心也；为学者，立志之事也。"[③] 人生能有几个十年，拿十七年的工夫打持久战，这也是笔者人生的一次重大投资。在最近几年，笔者非常着急，因为本书迟迟难以杀青。许多关注本书的师长、朋友和学生每每询问笔者何时出版，这种关切就如同鞭策一样令笔者加速努力，但由于做学问就是一种工夫活，就像农民种庄稼一样，人糊弄地，地就糊弄人，一分耕耘一分收获。否则，功亏一篑，得不偿失。一旦欠火候，文章的用力之深浅，专业的学问人一眼即可勘破，这是不敢草草拿出来的原因所在。所以，尽管每每以蒇事无期而内心焦急万分，却又必须步步为营缓慢推进，这是极其折磨人的事情。

---

① 费肯杰：《经济法》第2卷，译者后记，张世明译，中国民主法制出版社2009年版。

② 张志伟、欧阳谦主编：《西方哲学智慧》，中国人民大学出版社2000年版，第63页。

③ 《新式标点王阳明全集》卷之八，文录五，杂著，中华图书馆1924年版，第8页。

以实践为取向的学术研究也不是就事论事的近视浅见，必须符合学术自身的规律，从大本大源进行四两拨千斤的基点式研究。哈耶克（Friedrich August von Hayek，1899—1992）在描述政治哲学家的定位时这样指出："政治哲学家的任务只能是影响公众舆论，而不是组织人民采取行动。只有当政治哲学家不去关注那些在当下政治上可行的事务，而只关注如何一以贯之地捍卫'恒久不变的一般性原则'的时候，他们才能够有效地完成他们的使命。"① 由此可见，马克思所说的那种改造世界的解释存在一个关键问题，即切入点和切入方式。这种解释绝非是简单的策论。前面提及的强调法学实践性的霍尔姆斯法官在一篇著名论文中就表示了问题的另一面相，即仅仅成为大公司的律师并拥有五万美元的薪水，并不能赢得幸福伟大到足以赢得赞誉的有识之士，除了成功以外尚需其他食粮。法律较为边际的方面和较为一般的方面，恰是人们应当普遍关注的。正是通过这些方面，一个法律人不仅会成为职业中的大师，而且还能把他的论题同大千世界联系起来，得到空间和时间上的共鸣、洞见到它那深不可测的变化过程、领悟到普世性的规律。② 如果一个人只是个法律工匠，只知道审判程序之规程和精通实在法的专门规则，那么他便绝对不能成为第一流的法律工作者，甚至如同路易斯·布兰代斯（Louis Dembitz Brandeis，1856—1941）法官所言极容易成为"一个社会公敌"（a public enemy）③。原点问题研究不能什么流行就迎合什么，必须给社会一些它所需要的东西（what the society needs），而不是社会所想要的东西（what the society wants）。实用主义代表人物杜威就坦言"一件事若过于注重实用，就反为不切实用"④。

高层社会科学工作者有一个"话语方式"和功能特定的问题。笔

---

① 弗里德利希·冯·哈耶克：《自由秩序原理》下，邓正来译，生活·读书·新知三联书店 1997 年版，第 206 页。

② Oliver Wendell Holmes, The Path of the Law, in Oliver W. Holmes, *Collected Legal Papers*, New York: Harcourt, Brace and Co., 1920, p. 202.

③ Arthur L. Goodhart, *Five Jewish Lawyers of the Common Law*, London: Oxford University Press, 1949, p. 31.

④ 蒋梦麟：《西潮》，台北世界书局 1970 年版，第 93 页。亦见蒋梦麟：《蒋梦麟教育论著选》，曲士培主编，人民教育出版社 1995 年版，第 346 页。

者不反对经世致用，而更注重如何经世致用的可行方略，力图以高精尖的学术研究为楔入点，保持与现实的相对距离，从理论的根本之处解决问题①。哲学领域内诸如《实践是检验真理的唯一标准》一文以哲学家的话语方式解决当时中国现实问题并保持自身学术性立场，经济学领域内科斯《企业的性质》[Ronald Coase, The Nature of the Firm, 1937 *Economica* 4 (16): 386 -405] 一文以四两拨千斤的手笔用经济学的话语方式，改变长期以来将企业视为投入产出的自然存在的形式而忽略其运营成本的仿佛无摩擦力真空状态的企业观念，均堪称以自己专业身份说话改变世界的典范之作。这些就是笔者所说的基点式研究的成功案例。那种仅仅局限于实务的研究是一种浅层次的研究。如果说学术研究不应该是小乘教，而是宽博的大乘教，那么，这种学问的博大不仅仅是指涉及范围的宽广，而且包括能够产生深远的学术传递效应。大的东西放不到小的空间里，所以学问要做多大，那研究者的眼光就必须要有多远。研究者过于功利化，实际上对自己而言是枷锁，对事业而言是牢笼。

理解与移情

英文中的“empathy”（移情）来源于德文“Einfühlung”，德文“Einfühlung”的意思是“把情感渗进里面去”。德国美学家罗伯特·费舍尔（Robert Vischer，1847—1933）在 1873 年最初采用这个词，哲学家兼美学家立普斯（Theodore Lipps，1851—1914）在《空间美学》（*Raumästhetik und geometrisch-optische Täuschungen*，Leipzig：JA Barth，1897）一书中对“移情说”举古希腊建筑中的“多利克”石柱为例，对移情作用做了全面、系统的阐述，因而学术界多把“移情说”和他

① 参见张世明：《中国经济法历史渊源原论》，中国民主法制出版社 2002 年版，第 1 页。

的名字联系在一起。有人把美学中的移情说比作生物学中的进化论，把立普斯比作达尔文，仿佛这个学说是近代德国美学界的一个重大的新发现。这种估价当然是夸大的。但立普斯的思想对诸如胡塞尔（Edmund Husserl，1859—1938）、狄尔泰（Wilhelm Dilthey，1833—1911）、马克斯·韦伯和埃迪·施泰因（Edith Stein，1891—1942）的哲学思想多有启发。在1909年，爱德华·铁钦纳（Edward Bradford Titchener，1867—1927）将Einfühlung翻译为empathy。[①] 20世纪30年代，移情首次作为一个学术理念被引介到中国，之后被运用到美学、哲学、社会学、心理学等诸多领域。虽然移情的意义具体到各个领域会稍有不同，不同的理论家在使用这一概念时的指向也略有差异，但大体而言，移情概念的核心意义并没有太大改变。它是指一个人把自己感入到或是投射到他者那里，以经验他者的意识或主体性。这是一种把握他人意识内容的心理过程，不仅涉及感情，而且对所有的意识的内容。立普斯将移情定义为“感情进入”“异我知识”（das Wissen von fremden Ichen）的过程，认为：移情作用不是一种身体的感觉，而是把自己的情感“外射”到事物上去，使感情变成事物的属性，达到物我同一的境界。换言之，把我们人的感觉、情感、意志等移置到外在于我们的事物里去，使原本没有生命的东西仿佛有了感觉、思想、情感、意志和活动，产生物我同一的境界。立普斯的移情说试图从心理学的角度研究审美经验及其中的主客体关系，在一定程度上超越了主观主义与客观主义、表现论和形式论这种二元对立的局限，把美学研究向着精确化、科学化方向推进了一大步。

西方移情说偏重人的感情外射，使物成为人化的自然，即以我观物，故物皆着我之色彩。中国古代的移情虽说也是移情入景，但并不止于人情外射于物，其不但是移情于物，物我交融，而且也包括移情于人，即对象作用于主体的感化作用。一种是移情于物，自然“登山则情满于山，观海则意溢于海”[②]；另一种是情与物同，心物交感，情景交

---

① 可以参阅Edward Bradford Titchener，*Lectures on the Experimental Psychology of Thought Processes*，New York：Macmillan，1909。

② 刘勰：《文心雕龙》，戚良德注说，河南大学出版社2008年版，第225页。

融，意境自然天成。庄周梦为蝴蝶，即“栩栩然蝴蝶也，自喻适志与，不知周也”①。此时之庄周即化为蝴蝶，是主客合一的极致、人物两忘的境界。因主客合一，不知有我，即不知有物，而遂与物相忘。在庄子的世界里面，无论是“人化的自然”，还是“物化的我”，其共同的特点在于主体与客体的对立关系的消失和融合。被庄子称为“物化”或“物忘”的境界是由丧我、忘我而必然呈现出来的。这种“物化”就是“移情作用”，但它比西方移情学说更为全面、激进。王夫之也认为，情景虽名为二，而实不可离，情与景自能互相感应，妙合无垠；夫景以情合，情以景生，初不相离，唯意所适。②

对立普斯的移情说研究精深的朱光潜指出，科学家的超脱是彻底的，须超脱到“不切身的”的地步；而艺术家一面要超脱，一面又必须和事物保持“切身”的关系。之所以如此，关键在于科学是不带情感的纯重客观的活动，而艺术却是不能脱离情感的最重主观的活动。③从空间角度而言，我们通常也说，距离产生美，但是如果说自然科学客观性要求研究者与被研究客体保持的距离是最大值，那么美学上的这种“距离”应该为最小值，在这种场合下的我和物几相叠合为妙，而社会科学的研究者与研究客体之间的“距离值”便可谓介乎自然科学与艺术两者之间，要求社会科学研究者与研究对象若即若离。王国维在《人间词话》中写道：“诗人对宇宙人生，须入乎其内，又须出乎其外。入乎其内，故能写之。出乎其外，故能观之。入乎其内，故有生气，出乎其外，故有高致。”④ 这虽然所言针对诗歌创作，但对于历史研究也同样具有借鉴意义。我们固然对于失去的历史要尽量利用自己的想象力产生回到历史场景之中的感觉，把自己放进历史长河之中去遨游，找到合

① 语出《庄子·齐物论》，引自张耿光：《庄子全译》，贵州人民出版社1991年版，第45页。

② 王夫之：《姜斋诗话》，“夕堂永日绪论内编”，人民文学出版社1961年版，第160页。

③ 朱光潜：《文艺心理学》第2章，《朱光潜全集》第1卷，安徽教育出版社1987年版，第220页。

④ 王国维：《校注人间词话》卷上，徐调孚校注，中华书局1957年版，第39页。

适的感觉，达到精神上的默应，但同时也要能够出得来，站在整个人类进步和文化发展的高度，对研究对象作立体化的、全方位的和历史的考察，以便做出恰如其分的时空定位分析。所有的文化移情既要设身处地地换位思考（put yourself into someone else's shoes），又与研究客体要近而不混，通而不同。法国哲学家保罗·利科尔（Paul Ricoeur）认为，对于文本有两种解读方式：一种是高度语境化（hypercontextaulisation）的解读，另一种是去语境化（decontextaulisation）的解读。[①] 前者力图从作者所处的具体社会语境中理解文本，尽可能将文本还原成作者的言说，从而领会作者的本意；后者则倾向于从解读者自身的问题关怀出发，从文本中发现可以运用于其他社会语境的思想资源。无论六经注我还是我注六经，皆存在一个度的问题。正道是“杀君马者道旁儿”。一切历史都是思想史，但在“思想”大于“史”的时候，“非历史主义”的倾向也会不期而至。按照迦达默尔（Hans Georg Gadamer）的提示：我们很有可能陷入对历史文本的富有想象力的认识而不能自拔。而解决这个问题的唯一道路，只能是重新回到历史。回到历史现场固然需要借力于想象，但这恰恰具有抑制主观感觉放荡的含义在内。感悟历史绝不是让自己的感觉天马行空。事实上，这种后现代主义思潮鼓荡下的直觉主义已经伫立悬崖边，国外已经有学者告诫应该悬崖勒马了。海登·怀特虽然在《元史学：19 世纪欧洲的历史想象》（Hayden White, *Metahistory: The Historical Imagination in Nineteenth-Century Europe*）中使用了“史学即文学”的口号，但他只是从史学和文学的叙述结构而言，并不是将两者真正混为一谈，所以在书中多处对此予以解释，唯恐引起误解。

韦伯的观点对于我们的认识具有重要的启迪意义。韦伯是德国社会学三大创始人最年轻的一个（另外两个是滕尼斯和齐美尔）。他认为，社会科学关心的是心理与精神的现象，而关于这些现象的移情理解无疑是与一般精确的自然科学的方案能够或力图解决的问题明显不同。社会

---

① 伊尼斯：《帝国与传播》，何道宽译，中国人民大学出版社 2003 年版，第Ⅲ页。

学的科学性、客观性并不一定要与实证紧密相连。① 韦伯对心理学与社会学加以区别，塑造了社会学研究和社会学理论的模型，将社会学界定为一门致力于解释性地理解社会行动并通过理解对社会行动的过程和影响做出因果性说明的科学（Wissenschaft，welche soziales Handeln deutend verstehen und dadurch in seinem Ablauf und seinen Wirkungen ursächlich erklären will）。在他看来，研究人际互动不应该只依赖于客观的定量方法，也必须包括“解悟心声”（Verstehen），即对于他人心灵的“同情理解”。社会科学的重心在于同情地、移情地“解悟”行动者的心理状态，亦即将社会现象的主观基础“说得让人明白”。韦伯将自己的社会学理论称之为“理解的社会学”（德语为 die verstehenden Soziologie，英语为 interpretative sociology），其名著《经济与社会》（*Wirtschaft und Gesellschaft*）的副标题就是《理解的社会学大纲》（*Grundriβ der verstehenden Soziologie*），认为移情作用虽然重要，但“理解的社会学”尚不至于沦为直觉主义（Intuitionismus）。按照马克斯·韦伯的界定，理解不仅表现为在理智和逻辑上是“合理明晰”的，还可表现为在情感体验和艺术感受上是“移情明晰”的。用韦伯自己的话来说，“理解具有两方面的意义，首先它是对诸如此类的给定活动包括言词的表达的主观意义所做的直接观察理解；也可以是另外的一种样子，即解释性的理解，这是对动机的理性理解，它存在于置该活动于可理解的和更加内在的意义之中……行动在理性上是明显的，这主要是指在我们对各种行动因素在其有意向的意义中获得其完全清晰和理智的把握的情况下才是如此，我们只有通过同情的参与，并能适当地把握住行动在其中发生的情感环境时，才能获得移情或欣赏的精确性”②。如同所有科学主张那样，所有的解释致力于“明晰”。明晰的理解具有理性（然后逻辑的或数学的）和移情地设身处地（情感）两种方法，亦即直接观察理解（das aktuelle Verstehen）和解释性的理解（das erklärendes

① 马克斯·韦伯：《社会科学方法论》，杨富斌译，华夏出版社1999年版，第44页。

② 马克斯·韦伯：《社会科学方法论》，杨富斌译，华夏出版社1999年版，第37—41页。

Verstehen）。理性显然是在行为领域首先对其意义关联（Sinnzusammenhang）完全透明和理性的理解，而移情显然是对于行为全面体会其所经历的感情关联（Gefühlszusammenhang）。理性的理解是直接、最清楚理智意义的把握，主观意义的理解乃是社会学知识的根本特质。人的行动可能会按照经验被引导的一些“目的”和“价值”，尽管也往往不完全理解，但在某些情况下从理智上把握；但另一方面，其越是与我们自己的价值迥然不同，越是使我们移情想象理解更加困难。因为移情作用是一回事，理解又是另一回事。假如研究者所面对的行动与研究者本身之生活经验相距甚为悬殊，同情了解之可能性几近于零，那么就唯有将这种行动视为已知材料了。① 在此种情况下，研究者也不必自作聪明，妄自了解。韦伯崇尚工具理性，其与神秘的直觉主义的划清界限也在情理之中，也是可以理解的。韦伯的理解社会学对于社会科学中人文色彩的分寸拿捏比较适度，其秉持“中道”（middle course）的大家气象由此得见一斑。

不同的文化都有其殊胜之处。逻格斯与道代表了两种不同文化的思维模式。道是非常玄奥的，我们固然应该格外致力。不过，在求道的过程中，西方绵密分析的思维方法具有借鉴的价值。现代西方学术界所从事的研究工作的目的都在于使逻辑的冰冷变得温润，阐发人文主义遗产之幽光。我们对于佛教的理解至多是禅宗等汉传佛教的一些零星知识，了解是极为有限的。佛教存在诸多流派，其理蕴奥义是难以穷尽的，我们不能说佛教博大精深的思想就是禅宗等被我们所熟知的东西，只是在佛教中的因明学在传统中国文化中没有落地开花。据笔者研究藏传佛教所获得的浅见，在佛教中对于通过逻辑的推阐追求证见是极为重要的手段，原本不尽悉属当头棒喝之类法门。藏传佛教之所以在佛学讲习修行方面往往睥睨汉传佛教，其中一个原因就在于此。当然，佛教也是非常重视直觉的洞识的，藏传佛教也不例外，不过总是将因明和参禅都结合起来作为方便法门，不是偏于我执。顿悟的发生往往都是由于“旧用提

① Max Weber, *Wirtschaft und Gesellschaft: Grundriβ der verstehenden Soziologie*, hrsg. von Johannes Winckelmann, 5. rev. Aufl., Tübingen: Mohr, 1980, S. 727–757.

撕”的结果。五代末年曾经出现狂禅现象，有些禅僧把禅修当作“一切无着”“放旷任缘”的事，想由“无作无修”而达到“自然会通”，但终于觉悟无缘。走火入魔总是为道日损，这样的教训应该汲取。“境界”一词来自佛学，它包括外在世界的“境”和人对外在世界的感受的“识”，是一种主客观世界融合而贯穿以感悟思维的结果。宋代著名禅师延寿在《宗镜录》卷三十六云：“有云先因渐修功成，而豁然顿悟。如伐木，片片渐斫，一时顿倒。亦如远诣皇城，步步渐行，一日顿到。有云先因顿修，而后渐悟。如人学射，顿者，箭箭直注意在的；渐者，久始渐亲渐中。此说运心顿修，不言功行顿毕。有云渐修渐悟，如登九层之台，足履渐高，所见渐远。已上皆证悟也。有云先须顿悟，方可渐修。此约解悟，若约断障说者，如日顿出，霜露渐消。”① 按照佛教的修行理论，了悟的形式系乎根性利钝和境遇顺逆而定，正所谓机有千差、法有万别，可随机而设方便法门，尽可不拘于一途。但从境界而言，理解与证悟、理悟和事悟的差别应该分辨清楚。由理解真理而得知者，被称为解悟，又称开悟；由实践而体得真理者，被称为证悟，又称悟入。解悟者，宿世渐熏而今生顿见之。在这一层次，道理明白了，虽明白，做不到；证悟者，因悟而修，以修承悟也。这是一种亲证的境界，要求按悟到的去做，并不断总结改进，成为“习惯”，使之成为真正自己的东西。解悟只是证悟的基础，在智识上的理解并不等于证悟。有人理解后自以为证悟了一样，不再取舍修行，这是一种浅尝辄止的工夫。证悟是一个实践的过程，是一个漫长的修行过程，是一个体验的过程。在许多情况下，理上的悟并不等于事上的悟。佛教这种重视续修的思想以及西方近代的经验主义其实和中国古人强调知行合一的理念极为契合。纸上得来终觉浅，绝知此事要躬行。如果我们对于一种方法做到真正受用，就必须真实行持。徐梵澄所著《陆王学述：一系精神哲学》曾引述这样一段话：“从知解而得者，谓之‘解悟’，未离言诠。从静中而得者，谓之‘证悟’，犹有待于境。从人事练习而得者，忘言忘

---

① 释延寿：《宗镜录》卷三十六，《续修四库全书》编纂委员会编：《续修四库全书》1284，子部·宗教类，上海古籍出版社1994—2002年版，第146页。

境，触处逢源，愈摇荡，愈凝寂，始为‘彻悟’。”① 由是观之，证悟可以视为一种习得。孔子云“四十不惑”，这是解悟，但按照孔子说法，六十行为不逾规矩，这种得心应手的境界才是证悟。我们在解悟之后，应该不断疏浚源泉，使之汩汩奔涌。盖学如积薪，只有不断添加薪柴，才可能是火烧得越来越旺，不会逐渐归于澌灭。这是因为，“人性中皆有悟，必工夫不断，悟头始出。如石中皆有火，必敲击不已，火光始现。然得火不难，得火之后，须承之以艾，继之以油，然后火可不灭，故悟亦必继之以躬行力学”②。王夫之下面这段话堪称至理名言：“学以求知之，求知之者，因将以力行之也。能力行焉，而后见闻讲习之非虚，乃学之实也。”③

杜塞尔多夫大学的卢茨·格尔德泽策（Lutz Geldsetzer）教授将诠释学分为独断型诠释学（die dogmatische Hermeneutik）和探究型诠释学（die zetetische Hermeneutik）④。独断型诠释学类似于中国古代依经立义的解释方法，而探究型诠释学则代表一种认为作品的意义只是构成物（Gebilde）的所谓历史主义的诠释学态度。按照这种态度，作品的意义并不是作者的意图，而是作品所说的事情本身（Sachenselbst），即它的真理内容，而这种真理内容随着不同时代和不同人的理解而不断进行改变。易言之，作品的真正意义并不存在于作品本身之中，而是存在于它

① 徐梵澄：《陆王学述：一系精神哲学》，上海远东出版社 1994 年版，第 64 页。

② 刘壎：《隐居通议》卷一，论悟二。转引自钱锺书：《谈艺录》（补订本），中华书局 1984 年版，第 98—99 页。

③ 王夫之：《四书训义》卷五，王夫之：《船山全书》第 7 册，船山全书编辑委员会编校，岳麓书社 1990 年版，第 257 页。

④ Lutz Geldsetzer, Über zetetischen und dogmatischen Umgang mit Philosophiegeschichte, Beitrag zur Internationalen Konferenz, The Philosophy of the History of Philosophy “des Instituts für Philosophie und Religionsstudien der Süddänischen Universität Odense, Dänemark, 28 – 29 November 2002. Internet veröffentlichung des Philosophischen Instituts der HHU Düsseldorf 2003. Auch in: Hamid Reza Yousefi, Klaus Fischer, Rudolf Lüthe und Peter Gerdsen (Hrsg.), *Wege zur Wissenschaft. Eine interkulturelle Perspektive: Grundlagen, Differenzen, Interdisziplinäre Dimensionen*, Nordhausen: Verlag Traugott Bautz, 2008, S. 309 – 335.

的不断再现和解释中。[①] 这种诠释学和中国传统的强调主体证悟的取向非常近似。迦达默尔的诠释学就被卢茨·格尔德泽策视为这种探究型诠释学的典范。迦达默尔不仅将理解视为一种创造性行为，而且在注重行知合一的理解上，与中国式证悟具有惊人的相似性。从词源上，西方传统诠释学至少包含理解、解释（含翻译）和应用三个要素，把这三个要素均称之为技巧，即理解的技巧（subtilitas intelligendi ）、解释的技巧（subtilitas explicandi ）和应用的技巧（subtilitas applicandi）。迦达默尔认为，理解、解释和应用三者互不分离，所有的理解都是解释（Alles Verstehen ist Auslegung），应用（Applikation）乃是理解本身的一个要素，没有前后之别，既不是先有理解而后有解释，也不是理解在前而应用在后。在迦达默尔那里，我们可以看到，迦达默尔的诠释学之所以能够臻于炉火纯青的佳境，原本也靠的是不温不火的态度，如果感觉之火失去操控，也未尝不无火灾之虞。

感悟不仅是探寻体系、消化理论、解释经典和理解隐喻背后的文化密码的一种非常独到的思维方式，而且也是对文本进行细读的出奇制胜的思维方式和精神状态。我们在与文本相对时，应该通过主体证悟的解读方法去积极体验作者的意思和作品的趣味，在阅读中设身处地进行内模仿，进行双向的情感和意义的交流，把死文字读成活文字，参与文本的再创造，形成精神的默契。这可能是我们中国人发挥自己思维优势创建自身理论体系的重要途径之一，但西方的分析性思维的长处可以弥补东方的感悟性的短处，思维习惯本乃是一种文化习得，绝不是无可更易的。陆世仪《思辨录辑要》卷三云：“凡体验有得处，皆是悟。只是古人不唤作悟，唤作物格知至。古人把此个境界看作平常。”[②] 我们按照藏密那种步步为营的方法修证或许更为妥适。我们并非意欲拔除理解中的全部主体特征，并不是唯客观是求，让读者心如枯井面对文本漠然处之，而是希望警惕阐释过度，需要注意迦达默尔对诠

① 洪汉鼎主编：《理解与解释：诠释学经典文献》，东方出版社 2001 年版，第 19 页。

② 陆世仪：《思辨录辑要》卷三。转引自钱锺书：《谈艺录》（补订本），中华书局 1984 年版，第 98 页。

释学所做的形象比喻，即“能在各方利益之间进行中介”。我们知道的越多，我们不知道的也越多。随着理解的加深，我们的视野所及的地平线也逐渐往后退去。海德格尔将老子之“道”（Tao）阐释为“der alles bewegende Weg”（为一切开道之道路）。知解造诣绝非一蹴即至也，乃博采而有所通、力索而有所入也。用海德格尔的话来说，我们都在途中。

鸣谢与说明

笔者出生于四川省内江市。但由于父亲大学毕业后分配到甘肃工作，笔者在六岁时便随母亲离川赴陇。内江在天府之国的腹地，以种植甘蔗和生产糖、蜜饯及其他糖制食品驰名远近，素有“甜城”的誉称。如果你到位于陡峭山坡上的内江三元塔上登高远眺，就会看到：沱江像一条浅蓝色的玉带，从西向东铺开，在内江县城的腰上绕了半圈，顺着三元塔下的山脚，又由东向南伸展到三十里外的椑木镇。在那青山一片的远处，玉带又突然西折，依然回到三元塔的山下，只不过是在山的另一面罢了。这样，你站在三元塔上从南面的石窗向下看，是碧蓝的沱江，而站在北面的石窗往下俯视，也同样是碧蓝的沱江。虽然山两面的江水相距不到一里，但它却为此拐去转来整整走了七八十里地。《内江县志》载：“一水周遭，环抱九十余里，县当其中。”① 唐代诗人李白曾赋诗赞叹：“青山横北廓，白水绕东城。”② 深秋季节，沿沱江两岸的甘

① 曾庆昌纂修原本，易元明、朱寿明重修：《民国内江县志》卷一，山川，“中江考”，民国34年石印本，页八。

② 李白的这首五言律诗《送友人》中的“友人”指的是内江人范崇凯（字金卿，唐代状元）。据明人周复浚《全蜀艺文志》，此诗全名为《送友人内江范崇凯》。明人曹学铨《蜀中广记》载：“《资县志》载此首，连‘见说蚕丛路’一首，俱题作《送范金卿还资州作》。”曹学铨：《蜀中广记》卷一百零一，“诗话记第一”，纪昀、永瑢等编纂：《景印文渊阁四库全书》第五百九十二册，史部，三五〇，地理类，台北商务印书馆股份有限公司2008年版，第633页。

蔗林一片连着一片，望不到边。甘蔗在风中哗哗响着，散发出淡淡的甜香……

在笔者小时的记忆中，四川内江的农民当时烧点煤，都是很宝贵的。内江县本地不产煤，需要从很远的威远①、重庆一带用船运来，再由各家各户从几十里地外的河边去挑。笔者的母亲当时一个人在家，挑一次煤就是一天时间。四川农民当时很多人家做饭烧的是芭茅。一丛一丛的，很高大，长在房前屋后、路边。这是很典型的亚热带自然景观。笔者的爷爷有一个习惯，从外面给人家做木匠活回来，就是爱种芭茅，房前屋后一片绿莹莹的，所以家一般都不缺柴火烧。20 世纪 70 年代，“左”倾思潮弥漫全国。四川当时实行集体生产制度。大队、小队，一应俱全。奇怪的是，当时四川内江的农民尽管实现了社队集体化，但每家每户都有自留山。这在其他地方比较罕见，说明在产权制度的变革中根据生态资源的状况，会形成局部的法律规则。这其实与当时整个社会大气候相背离的。山上的树木、竹林、芭茅之类，除了农民自己日常使用外，这些成材的树木和竹子还可以用来修房建屋、拿到自由市场上出售，有的还自家制成箩筐、竹席之类卖些零用钱。这在当时对于农民是一笔很大的收入，就像四川农民养猪②一样可以补贴家用。但是，如果这种自留山也公有化，农民估计不会像笔者的爷爷那样精心照料自己的山林。尽管是“文化大革命”期间，但小偷小摸的情况还是时有发生

---

① 威远县是内江地区的煤炭基地，早在春秋时就开始用“黑石”作燃料，东晋时，獠人曾在县正北十八公里处的刘家洞挖煤。明代时县人在蒙子桥开凿了煤槽。降及清代，威远县境内已有煤槽数十口。民国年间，威远的煤槽发展臻于高峰期，有三百多口，但当时县境内的所有煤槽都是原始掠夺式开采，手工挖煤，屁股拖煤，巷道均为柳条巷，不仅生产条件恶劣，产量低，资源浪费大，而且经常发生灾害事故。1940 年，为了支援抗战，解决自贡盐场急需，在时任经济部部长兼资源委员会主任委员翁文灏主持下，黄荆沟开办威远煤矿，孙越崎任总经理，推行现代采煤技术和先进的管理方式，给威远采煤业带来了划时代的变化。参见罗先成：《孙越崎与威远煤矿的创办》，中国人民政治协商会议四川省内江市委员会文史和学习委员会编纂：《内江文史资料选辑》第 14 辑，1997 年版，第 71—77 页。

② 内江农民养猪风气极盛。在我上小学时，有一门课程叫作“农业常识”，课本上专门有全国闻名的“内江猪”的介绍。

的，经常夜里有人偷盗别家自留山上成材的竹木，所以有时得小心提防。笔者的舅舅家当时的自留山离家比较远，在屋子的对面山坡上，翠竹成林，绿树成荫，长势特别喜人，所以经常成为小偷光顾的地方。有些树木眼看长得差不多了，就要赶紧砍了，否则就自家种树，别人不费吹灰之力就一夜攫之而无踪。① 笔者到高台以后就发现，农民当时烧柴火主要是驴粪。由于高台二中所在的新坝公社离祁连山较近，农民冬天到山里打柴，可以看出当年戍边军队的战斗队形。当时，农民还进山去拉黄羊粪，一架子车一架子车的，拉回来种地。可以想象，这样成车的黄羊粪在一个地方堆积成矿藏一样，那该有多少黄羊，需要经过多少时间的积累呀！这种情况在人口急剧增加的今天，连黄羊都早已杳然无踪，更遑论拉黄羊粪种地了。笔者的父亲那时每年带领学生进祁连山打柴，和行军打仗一样，要开战前动员大会，强调纪律，等等。到时候，几十辆架子车装满柴火卸载，场面极为壮观。打来的柴火，由学生放在教室屋顶，过几个月，柴火就干了，冬天天冷时，要生火，一星期爬到屋顶取下一些。打柴火管得比较松，伐树则需要革委会之类批准。高台二中修大礼堂，笔者的父亲带领学生进入祁连山腹地，按照规定，只准砍伐已经枯死的树木。那时的树木很大，直径足足有一米以上。树砍完后，用苏式嘎斯汽车拉回来，拉了将近一个月，每几天就有一批车回来，树木堆成小山一样。小时候的这些情景长期横亘在脑际，使笔者后来一直思考人的生存境遇、生存资源与法律规则、行为方式、社会变迁之间的关联。

---

① 尽管谁造谁有政策最早见于“1956—1967 全国农业发展纲要”第 18 条，但随之而来的 1958 年“大跃进”后实行“公社化”，受“左”的思想影响，刮共产风，林业上不承认山林所有权，造成乱砍滥伐，损失非常严重。“自留山”这个概念是 1961 年中共中央“关于确定林权、保护山林和发展林业的若干政策规定”作为对“大跃进”期间的极“左”路线的一种矫正而提出的。该文件第一条第五项规定：有柴山荒坡的地方，可根据历史习惯和群众要求，划给社员一定数量的“自留山”，归社员家庭长期经营使用。1962 年制定的《农村人民公社工作条例修正草案》（亦即人民公社六十条）也作了类似规定。是故，当时全国各地划了许多自留山。不过，“文化大革命”开始以后，自留山又成为“走资本主义道路”的刘、邓路线的把柄，基本上被取消了，仅在一些地区继续存在。

这本书是献给生我育我的父亲的。笔者一直将父亲的人品和文采作为自己的楷模。父亲的正直是在周围人中间有口皆碑的，也正是父亲的这种性格影响笔者，使笔者养成长期以来抱定凭本事吃饭的态度而不肯阿谀逢迎权势的毛病，自己想改也改不了。几十年时间过去了，笔者还记得小时候因误将安眠药当作小儿安乃近吃下去后中毒昏迷一天多被父亲背着从医院回家的情形，记得因小学四年级跳级升初中时父亲用自行车驮着笔者去县城参加统考路上的情形……许多难忘的事情都定格为一幅幅记忆的照片深藏于心。在我们读书时，父亲一心扑在工作上，教书育人，兢兢业业，关心的是学生的成绩，根本没有管过我们的学习。在笔者的记忆中，父亲只有一次教过我，就是在 1978 年笔者准备跳级考初中时，父亲有一天很高兴，读了王安石的《伤仲永》，给笔者读了一遍，然后给笔者这样一个十岁的小孩讲解了一番其中的大意。笔者甚至对父亲这样的做法内心产生过怨怼之情。但是，父亲在我们弟兄心目中永远是一座巍峨的高山、一棵大树，值得儿子们无限敬畏。尽管父亲不曾在具体的学业知识上教过我们，但父亲那种令儿子们高山景仰的气质本身就激励我们努力上进。在我们的心目中，父亲的才华是那样横溢，那样让我们望尘莫及。父亲在“大跃进”期间读高中时，就以办《钢花》油印报而小有名气；在读大学期间，父亲组织载入西北师范大学校史的颇为有名的“百花园诗社”，主编《百花园诗选》①，有个人诗集《欢笑与泪珠》印行。晚年，父亲经过半个世纪的人生历练和古汉语文学积淀，偏好于古典诗词，结集印行了《心之歌》和《心之歌续集》，在创作上形成了笔者所理解的类似于白居易的诗词风格。前两年，笔者从父亲的

① 参见《百花园诗选（1962—1963）》，甘肃师范大学学生会 1963 年编印，第 1—6 页。此后《甘肃日报》的文艺副刊“百花”即与此在名称和创刊人员上存在渊源关系。对于这段文学史，可以参见赵逵夫主编：《灿烂星河》，敦煌文艺出版社 2002 年版，序言。其中写道：“六十年代前期学校有一个百花诗会，办有一个《百花园》的大型墙报，贴在学生饭厅的砖墙上。它培育出了不少有成就的诗人和诗歌评论家。吴辰旭、郭歌、李迎才、曾礼等都是上面的活跃作者。”但估计未加深考，难免有不准确之处。另外可以参考彭金山：《〈我们〉的故事——从百花诗社到青年诗歌学会》，刘基、丁虎生主编：《西北师大逸事》上册，辽宁人民出版社 2001 年版，第 90—94 页。

藏书中无意带回北京一本1957年上海古典文学出版社出版的《元白诗选》，其中有密密麻麻的笺注，还有一张1958年初购买此书的发票，笔者当时非常感慨，对爱人和小孩说：我在高中毕业时白居易的诗歌也没有读过几篇，对于元稹的底细更是茫然无知，而我父亲当时一个十几岁的刚上高一的学生就对元、白二人的作品玩味如此之深，无怪乎父亲的新诗、古诗后来有那样高深的成就。"文化大革命"中父亲被打为"资产阶级反动文人"关进牛棚半年，时远在千里之外的兰州城就曾传言高台正在批父亲、老乡骑着毛驴看父亲写的诗呢！仔细思考，我们弟兄三人最后都能考上大学，其实都是与父亲的言传身教密不可分，其实是一种不教而教、耳濡目染的结果。1983年笔者以全省文科第二名的高考成绩进入中国人民大学，父亲曾作旧体诗《示长子世明二首》云："赴京求学远离家，男儿志在天之涯。汝须潜心苦读书，家中诸事有爸妈。""人生之路路漫漫，若遇险阻莫生怨。明知前路有险阻，驱马驰骋先着鞭。"父亲退休前一直顾工作而不顾家，晚年却病痛缠身，一生际遇可谓坎坷。父亲多年来生活上多赖母亲服侍，2009年母亲也做了手术，父亲尤其忧心忡忡，故吟咏曰："沉疴痼疾久不愈，死马姑作活马医。衣食住行和就医，大事小事靠老妻。日复一日忙不停，疲惫不堪无怨语。见妻劳累已成疾，我卧病榻徒叹息。"家事如此，夫复何言！父母年迈体衰，而笔者长期漂泊于外不能承欢膝下、尽孝床前，内心愧疚和隐痛非言语所能道。父亲在病中写的《呻吟语五十首》中这样写道："人曾赞我是大树，可惜大树被虫蛀。青枝绿叶早已凋，躯干被蛀渐渐枯。""十年患病生死间，生生死死两茫然。残烛飘摇风雨中，朝不保夕泪阑干。"在十多年的糖尿病折磨下，父亲不仅生理上，而且心理上都承受着巨大的痛苦。与此同时，父亲清闲了许多，想的问题也很多，对于子女乃至第三代的关爱却表现得更为强烈、明显。直到笔者自己有了小孩，父亲每次在电话里提醒要注意交通安全之类生活琐事，至老对儿孙牵肠挂肚。在2008年，父亲不顾病痛折磨从中文表述的角度帮助笔者校改了我在德国翻译的两卷本《经济法》。在校改完这部现在呈现给读者五卷本的第二卷后，由于年老和糖尿病的缘故，视力极差的父亲实在无法将这项工作继续下去。在获悉目前呈现给读者的这部书稿完成时，父亲非常高兴，吟诗一首：“一书五卷非寻常，十七春秋时漫长。起早睡晚撰书稿，废寝忘食改文章。力求字句如珠玑，欲达章节似玉璋。书成得失任评说，虚怀若谷心坦荡。”直到父亲脑出血前，笔者即将返京，父亲关切地询问今年能否出版，并嘱咐笔者在书中有些问题如何表述。笔者深知父亲特别希望自己在有生之年能够看到这部作品，本想今年能将这部自己的人生代表作的出版作为向父亲的献礼，但没有料到事情竟是如此突然！和比笔者晚几小时从上海赶回的弟弟在重症监护病房守候到晚上回到家中，发现父亲的书桌上摆的是笔者在 2009 年主编出版的《世界学者论中国传统法律文化》一书，说明在笔者返京期间那几天父亲一直在看这本书！笔者明白，父亲时刻都在关注着我们的一点一滴的进步。西北的芨芨草很多，性韧，农民以之编席、做扫帚，其用亦广。父亲曾有诗言：“荒郊野地芨芨草，风沙相袭不折腰。绿色千丛喜迎春，芨芨位卑亦妖娆。”笔者脑子很笨，没有父亲那样的天分，所以这本书写得并不轻松，也算敝帚自珍，姑且以之作为对两位老人家养育之恩的一点点回报吧！作为长子的笔者只有努力工作，以报答他老人家的殷殷期望。

在生活的压力和生存的尊严之间，如何把持得住自己是非常严峻的问题。我们指导博士生做论文都很清楚，在国外，写篇博士学位论文旷日持久自不待言，而即便在中国，一篇十二万字的博士学位论文没有八九个月也是根本写不出来的。按照这种平均劳动时间，这部三百多万字的书稿所需要的时间自可想见。笔者自开始走上研究之路后即受马汝珩老师等人“分则为文，合则为书”之教影响，从一篇篇文章开始着手进行专题研究，积学以渐而力图使最终成果显得厚重。书中有些章节在刊物已经发表过，如《嘉道咸时期边疆史地学的繁荣与经世致用思潮的繁兴》发表于 1992 年《中国边疆史研究》第 2 期，《清代宗藩关系的历史法学多维分析》发表于《清史研究》2004 年第 1 期，后被译为英文转载于 *China History Frontier* 2006 年第 1 期。不过，所有发表的文章都经过修改，或当初发表时曾有大幅度删削而非全文。这是需要坦白交代的。此书写作历时十七年之久，每每写一篇论文达半年以上已属平常稀松之事，《知识型：民族国家的空间框架与近代史学和法学底层语法规则》一文写作竟达两年之久，光从法文本啃福柯《词与物》即用了半年时间。十七年的光阴可以使一名刚进入职场的科员擢升之司局级高官，可以使打工者成为腰缠万贯的老板。委质于学术研究原本是属于可以自我掌控之事，非似经商、走仕途有天意存乎其间。如果无法飞英声、腾茂实，只能怪自己功不能竟，没有达到水滴石穿的化境。笔者在过去撰写此书十七年内所付出的艰辛劳动不是此时此刻三言两语所能表述的。笔记本的键盘被敲坏、鼠标垫两年换一个、每天长时间手握鼠标造成腕关节的刺骨疼痛……这一切往事都宛然如昨。每当笔者看到书中的一些段落，都能够记得哪些段落是在某某年大年三十日陪父母看完春节联欢晚会后继续伏案完成的。母亲说："你每天点灯熬夜，有什么用处，还不如你弟弟给别人打官司来钱快。"笔者只好苦笑了之，冥行己意，一直过着米拉日巴（mi la ras pa）式的苦行僧生活。笔者不知道全中国有多少人像我这样生活和工作。这种漫长的学术远征是智力与毅力的考验，堪称人生豪赌。笔者在中央财经大学法学院做学术演讲报告后，与吴韬副院长聊起这部五卷本著作，笔者说是在拿自己的性命做一次拼搏。吴韬先生当时还没有理解笔者这番话的意思。事实上，笔者并没有夸大其词。动心忍性希前哲。不是在沉默中死亡，就是在沉默中爆发。在20世纪50年代末，作为两弹工程组织者之一的张爱萍上将曾有一句著名的话："再穷的叫花子，也要有根打狗棍。"在当今，中国学术即将迎来一个"日出江花红似火，春来江水绿如蓝"的新纪元。我们是一个世代的产物，中国学术的崛起需要一些人的亮剑血战，需要锻造一些力道千钧的重装备。在法学等领域，我们需要大量引进西方的先进理论尚有可说，但假如我们连中国问题的研究都总是跟在西方汉学家后面亦步亦趋，不几为天下后世笑乎？君不见铁匠炽炭于炉，扬锥持凿，以治赤铁，虽暑弗辍，其孜孜以求者，不正是干将莫邪一般削铁如泥的利器乎？古人所谓"磨砺当如百炼之余，急就者非邃养；施为宜似千钧之弩，轻发者无宏力"①，就是这个道理。

在这五卷本中，笔者对于资料的积累自己感觉还是说得过去的，且

① 李伟编注：《菜根谭全编》，岳麓书社2006年版，第45页。

不说投掷大笔资金所复印的几百部外文原版书籍，仅自己在 1995—2005 年期间用笔摘录的外文资料装订成册的也有厚厚十几本。笔者当年在写博士学位论文《经济法学理论演变研究》时复印的外文资料摞起来就达一米以上，而这部五卷本所动用的资料就的确难以计数了。以第二卷而言，且不论前述笔者为啃《词与物》这样的法文版原著花费的时间、从事学术研究以来就浸淫于边疆民族领域，且不论审校米华健《嘉峪关外：1759—1864 年新疆的经济、民族和清帝国》（James A. Millward, *Beyond the Pass: Economy, Ethnicity, and Empire in Qing Central Asia, 1759 - 1864*, Stanford, CA: Stanford University Press, 1998，贾建飞译，国家清史编纂委员会编译组 2006 年版）等著作，这一卷起码有六十三万字的《西方边疆理论经典文献》（已经完稿并签订出版合同按计划于 2010 年 8 月出版，但由于目前集中精力打磨本书，故暂时延期）外文译著作为资料铺垫；以第三卷而言，笔者也有《名将韬略》（华夏出版社 1992 年版）等六十万字的古文翻译为白话文的资料积累；以第四卷而言，且不论曾细读康熙、乾隆两朝实录而完成清代法律史资料长编的编纂（内部资料，二十五万字），也有《世界学者论中国传统法律文化（1644—1911）》（法律出版社 2009 年版，四十二万字）、《过失杀人、市场与道德经济：十八世纪中国的财产权暴力纠纷》（社会科学文献出版社 2008 年版，二十八万字）、费肯杰《推参阐述和法律的推参阐述性定义》（未刊稿）的外文译著作为资料铺垫，此外该卷涉及诸如叶凤美教授所译赫德《这些从秦国来——中国问题论集》（天津古籍出版社 2005 年版）等资料也系笔者亲自审校；以第五卷而言，笔者可以仅举一例为证：该卷涉及有关清代“烧荒”部分的论述，这一问题是笔者从 1994 年开始关注的，此前顾炎武在《日知录》提及过，语焉不详。和顾炎武《日知录》的方法一样，笔者也是像农民捡粪一样点滴积累，这样经过八年的资料收集，写成了一篇五千字左右的读史札记。尽管这是一个通常人们都不注意的小问题，但其实关涉游牧于农耕文明冲突、军事史、生态环境等等，笔者不惜气力进行这种考证，其投入与产出实在无法成比例，但起码如杂志主编所说“为读史札记打了个样”，即便无法追慕顾炎武这样的大家的风范，但在这一小问题上起码较之《日知录》中这一札记深刻了许多。在这篇札记发表后又过去了七八年，笔者依然关注着这一问题，所以在收入本书时仍然像顾炎武那样终生删削修订自己的作品那样，对于自己此前的拙作加以增订，补充了这些年发现的若干条新资料。除了翻译、动手动脚找资料等工作外，笔者坚持在后记前面所说的方法，十几年来有计划地每年精读八九部经典名著。即便有中译本，我也通常会找来原著进行研读，将此视为一种必做的功课。笔者自知自己愚钝，不能像别人那样一目十行，研读这些经典著作的次数没有低于八遍以下的，不少著作甚至达到三十几遍。这种掰开揉碎、细嚼慢咽的反刍使笔者对于一些学术思潮、理论的认知较为深切，不至于眼前总呈现一种月朦胧、鸟朦胧的感觉。笔者深知古人所说的“读万卷书，行万里路”的重要性，尽管在田野调查方面做得很不够，过于蛰居书斋，但虚心接受一些前辈的批评，对于一些关键问题在力所能及的情况下进行了实地考察。例如，关于高台发生的阎如岳案，虽然经过多年关注积累了不少文献资料，但写完这一部分后很久，笔者都感觉纸上得来终觉浅，总想亲自前去实地考察一番，所以在 2011 年 1 月 23 日与张掖农行负责法律事务的张世端律师一道在气温零下 23°的隆冬前往荒无人烟高台正义峡黑河河谷进行踏勘，访问当地老人和水文工作站工作人员，获得了对于阎如岳案生动的感性认识。又如，笔者在河南商丘师范学院讲学和商议经济法与法人类学研究所工作期间，在该校法学院院长王济东教授、李永禄副教授等四人陪同下从豫西驱车近千里到豫南，专程考察河南内乡县衙。虽然书中仅仅使用了实地考察所拍摄的两张照片，但所耗费的人力和物力之巨大是不难想象的。

笔者在前言中已经交代过了：第三卷是在与我国史学界泰斗戴逸教授合著《18 世纪的中国与世界 · 军事卷》基础上扩充、增补、改写而完成的，笔者在《18 世纪的中国与世界 · 军事卷》中撰写了十六万字，现在的第三卷为五十一万字。第五卷是在与戴逸教授共同主编的《中国西部开发与近代化》导论篇基础上扩充、增补、改写而完成的，笔者所撰写的《中国西部开发与近代化 · 导论篇》原本为近十七万字，现在的第五卷为六十余万字。《18 世纪的中国与世界》被国际十八世纪研究会主席约翰 · 施洛巴赫（Jochen Schlobach）誉为“具有里程碑意义的事情”。我国著名史学家龚书铎、张岂之等都对该书予以高度评价。该书获中国人民大学科研成果优秀奖、2002 年北京市社科研究成果二等奖、吴玉章基金科研成果一等奖。《中国西部开发与近代化》也曾获北京市第十届哲学社会科学优秀成果二等奖（2008 年）、全国高等学校科学研究优秀成果奖（人文社会科学）二等奖（2009 年）。过去的基础为现在的第三卷、第五卷的深化提供了良好的铺垫。

众所周知，小而精是可以比较容易办得到的，而且这是我们平常的基本要求，但体大思精自难多耳，确实是一个难度极大的挑战。画虎不成反类犬的危险实在令人不寒而栗。一般而言，但讲阔大者，最易混入散漫一途。鞋大易跌，言多必失。如果自己学术上不检点，那么再大的工程也是制造学术垃圾，所有的努力均会付诸东流，虽大亦奚足贵？藏族谚语云：“如果白云没有高度，风暴会成为它的死敌。”（sprin dkar povi mtho tshad ma zin na，rlung bser bu zer bavi dgra zhig yod.）汉族谚语则云：“登山耐险路，踏雪耐危桥。”现在许多学术人可以自己做不出，但将别人贬得一钱不值的功夫还是有的。所以，此事对笔者而言，只能成功，不能失败。笔者必须对得起自己这么多年的不懈努力。历史经验告诉我们，掘井九仞，犹为弃井；山亏一篑，遂无成功。惟危惟微，间不容发。设若半上落下，半沉半浮，济得甚事！沈毅不足，气浮不敛，追求近功速效，洵乃兵家大忌。在笔者看来，如果不能把作品打磨精细，还不如不采取大题大作的路线。笔者是从农村走出的穷孩子，在一所“文化大革命”后恢复高考连续几年“推光头”（当地土话，无人考上大学的意思）的边远县城中学读书，能够在高考时名列全省文科第二名，自然在性格上具有不太一般的韧性。在报考中国人民大学法学院竞争激烈的经济法专业博士研究生时，在选择做一个涉及德、日、英数种文献而无人问津的领域的博士学位论文时，在从德语原版翻译世界法学大师费肯杰教授两卷本《经济法》时，许多人都认为笔者做不到，但后来的事实是笔者都做到了，这跟年幼时养成的这种韧性具有很大关系。对于艰难的学术长途跋涉，笔者相信自己的意志和耐力。愚公移山，期以三世，苏卿抱节，十有九年。正如朱熹所言，阳气发处，金石可透。精神一到，何事不成！笔者常常大清早送完小孩上学，就背着电脑包到在国家图书馆一待就是一整天。在中国人民大学图书馆，笔者在统稿期间为了核对原文，至少将历史类和法律类的图书又一遍翻了个底朝天。这可以从注释的密密麻麻文字中看出个中艰辛。在最初修改的四遍之前，笔者原本将引述清代历朝实录的注释只标明卷次和年月，所以将大量原本已经标注了页码的注释这方面信息为了统一起见予以删除。这本是一种可以说得过去的取巧之法，但后来经过激烈的思想斗争，笔者还是不想为士论所薄而嗤其简陋，自誓励节于始，保节于终，决定重新返工，发书检勘，将所有引述实录资料的页码全部加以著录，并一页一页地第三次核对实录原文，以对自己负责，亦方便读者。这样翻来覆去的体例的一点微小改变所造成的即是以月计的工作量增加，虽然明显“不经济”，却自己心理更为踏实一些。很多人劝笔者让学生帮助核对资料，但笔者坚持自己亲力亲为，独力任之。如果学生一时疏忽，将来出现错误，自己可能都晏然不知，一些后患未必不阶于此也。偷懒一时，却更贻伊戚，易招尤悔，如是值孰甚焉！只有把一些东西做得扎扎实实，颠扑不破，自己才可以安枕而卧。笔者可以负责任地说，每一条引述的材料，均达到数遍的核实方敢落笔，不敢稍涉大意。这表现在注释上，许多注释均是一条材料用了几种不同的史源作为铆钉将此紧紧予以固定结实。

统稿校对工作就是痛改前非的过程。许多简单的文字订正并不是关键所在，关键在于文章中涉及的信息点必须逐一加以根究。比如，本书第五卷中讲到民国年间来华的两位农业专家，① 一个对于中国的小麦品种的改进做出了重大贡献，即中文文献中常见的所谓“洛夫”（H. H. Love）；一个对于中国的棉花品种的改进做出了重大贡献，即中文文献中常见的所谓“顾克”（O. F. Cook）。但是所有的讲到这段历史的书籍、论文均互相传抄，甚至出现错误。改进棉花品种的顾克在中文文献有两种标注形式，一为 D. T. Cook，一为 O. F. Cook，而且这两种说法旗鼓相当，孰是孰非，难以遽断。即便这两位专家来华供职单位的大事记、专门研究这一问题的数篇博士学位论文屡屡言及此二人，但在绘

① 参详本书第五卷第三章第三节。

制的相关一览表中，其他人均有生卒年份，而这两个关键人物的资料却付诸阙如。按道理，洛夫比较好查找，因为此人系康奈尔大学教授，在美国历史上比较有名，是国际上著名的育种学家，中国现代农业史上许多学术权威留美期间均出自此人门下。笔者翻阅了康奈尔大学教授几个相关系、所的教职人员资料和有关该学科的专业杂志，发现了其组织美国全国相关学术活动的诸多资料，但其英文全名和生卒年份阒然无载。笔者在国家图书馆、中国人民大学图书馆数度苦苦寻觅，尝试几次均遭失败。在广东人民出版社副社长卢家明先生来京看望笔者、了解最后的工作如何收束的时候，笔者告知此二人的英文全名和生卒年份没有检索到，深表遗憾。家明先生表示可以询问有关农业史专家，笔者答以所有的专门研究者的文献均已穷尽，找一个素非研究此问题的农学专家更不济事，并向其展示了笔者所检索的外文资料来源。关于此两人资料的查询就这样在笔者心中恒蓄一疑而无法释怀。在大约第八遍修改书稿时，笔者吸取了前几次的教训，从外文相关的基础资料入手，扩大外围资料的搜寻。因为此前有这样的经历，比如书中第二卷所引述过的一句莱布尼茨的名言，“运用决定一切”（Der Gebrauch ist der Meister）①，这句话的德文原文在笔者摘抄笔记中记录下了并运用到了文章中，但这十几年前的笔记当时并没有注明出处，所以笔者就一直在德文相关资料来源中搜寻，但几个月都没有结果，后来在法文文献中突然找到了线索而最终迎刃而解。所以，笔者就开始利用英文中获得的线索在法文文献中寻找此二人的线索，果然非常幸运，在凌晨两点的时候，从法文的相关文献中找到了洛夫的资料，后再接再厉，拿下了顾克的相关资料。王国维先生言治学有三个境界：“昨夜西风凋碧树，独上高楼，望尽天涯路”；“衣带渐宽终不悔，为伊消得人憔悴”；“众里寻他千百度，蓦然回首，那人却在灯火阑珊处”。其说允矣！这种心境只有经历过学术炼狱的人才能体会得到！从前述絮叨可以看出，这样的过程跟警察破案没有区别，所以胡适说朱熹的考据学方法和与其担任福建同安县主簿、知漳州处理案件的人生经历具有关联性，并认为考据学中的“校勘”两字原

① 参详本书第二卷第三章。

本是法律名词，这是非常有道理的。[①] 这样的研究成果表现在书中只有几个字，但背后的含辛茹苦却可由此略窥梗概。这样的情况在书中往往而有，尚复不少，因为笔者在全书中均是遵循了自己所立下的科条。笔者不敢说自己这部书稿的质量如何，但希望不至于现在人所说的“历史不容细看”，但愿起码其中提供了不少其他论著中一般所看不到的资料，为相关问题研究提供了一些线索。笔者并不枉存奢望别人读完后伸巨擘而拍案称赏，但也不愿被人在背后戳脊梁骨。

这部著作是在与众多朋友、学生的反复讨论中形成的。笔者迄今仍记得，在2005年夏天在参加一个关于藏文档案整理项目的鉴定会时，与中国社会科学院刘为先生一见面就讨论当时已经完成的本书第二卷有关问题。像这样的朋友之间的讨论，这十几年来不知有多少次。在数年的教学过程中，笔者与牛咄咄、白平则、王旭、冯永明、刘亚丛、袁剑诸同学切磋互砺，受益匪浅。笔者曾经将打印稿数次送给有关人士数十人帮助自己批改。许多朋友、学生情义相挺，放弃节假日休息时间，对于书稿中的各种讹误雠而正之。事以问明，理以答晰。为了修改书稿，笔者与许多学生通过开会、书面笔谈等形式进行研商和答辩，胥不外乎力图稽参众智、质疑求是而已。有时，为了一个字，有的学生与笔者书信来往，进行讨论，令我感怀难忘。例如，戊戌变法六君子之一的刘光第的名字本是一个极为简单的问题，但网络上、各种学术著作中写法不一，有的写作“刘光第”，有的写作“刘光弟”，甚至于使用后者的远远多过前者的上百倍，这可以以百度搜索引擎的检索结果为证。如果使用微软中文输入法，自动出现的是“刘光弟”而不是“刘光第”，表明人们已经习非为是，不禁令人废然长叹。在中华书局1986年出版的“中国近代人物文集丛书”之一《刘光第集》封面上就是题作“《刘光弟集》,《刘光弟集》编辑组”的，从微机上查询权威的国家图书馆馆藏此书目录，也是使用的“刘光弟”。但是翻开书，人们看到的均是使用的“刘光第”，在“版权信息页”写的也是“《刘光第集》,《刘光第集》编辑组”。笔者和李明同学在课间休息时谈及他校对本书第四卷的

① 笔者在本书也极力强调这一点。参详本书第二卷第三章、第四卷第七章。

一些问题时言及此事。李明同学和笔者课后均再去检对资料，第二天晚上，李明就给笔者写了一封很有学术味道的来信，提出了几个有力证据证明应为“刘光第”：其一，在中华书局出版的该文集影印的“升军机章京谢恩折”中有“上谕刘光第著赏给四品卿衔在军机章京上行走”；其二，在影印的书信稿中，落款均为“光第”，可见，刘光第当时本人就是使用的是“第”而非“弟”，这是不成其为一个问题的；其三，书中均用的是刘光第，在书末所附是梁启超及《清史稿》“刘光第传”、康有为的挽联，均使用的是刘光第。基于此，李明在信中写道：“还是应以中华书局本的‘版权信息页’所载信息为准，这样更符合历史的实际。至于在书的封面上，用毛笔字体写的‘刘光弟集’四个字，为何会致误？它是使用了名人的题签而迁就之，还是仅仅是由于编辑工作的疏忽？如果是使用了名人题签或集字，但是书中却没有做任何说明。另，如果是名人题签，那么，这个题签的人为什么用的是‘弟’字，是别有深意？刘光第，字裴村，从‘光耀门第’来讲取名，应是可通。”特别是张本照、李明、王旭、马俊恩等人，对于本书的校改提出了许多宝贵意见，诸所纠诘，多能深中肯綮，有些尖锐的批评往往令笔者不胜惭悚。王旭、张本照、李明等人用纸条所写的大量批注以及就书稿问题进行讨论的来信，笔者均一一保存，敬慎珍惜，视为极其重要的学术资料，其不仅对于书稿的斠补裨益良多，而且提及的许多问题恰恰是今后可兹开拓的学术区宇，至为可珍。

为了研究晚清有关司法场域问题的图片，笔者除了不惜花钱请照相馆利用专业设备进行辨识，甚至在辽宁大学法学院看到高科技的刑侦物证技术设备后企图冒昧请求帮助。后来，笔者与美国著名收藏家顾丹尼（Dennis George Crow）联系，希望能够得到比较清晰的图像资料，但是被告知原照片因为已经出售，无法辨识，前前后后耗费的时间将近两个月。在一个偶然的机会，笔者发现了书中所收录一张图片的明信片，上面有密密麻麻的外文，由于书写是极为潦草的花体，对于笔者而言要辨识起来非常困难，所以只好请笔者曾经指导过的高级进修生、远在美国的斯坦福大学的博士生普凯玲（Kathleen Poling）识读。在断定为法文后，普凯玲又专门请自己在斯坦福大学的法语老师校对自己的识读文本。笔者后来仍然不放心，又请笔者的学生、在巴黎第十大学法律系任教的梅凌寒副教授复核一遍。这些文字资料虽然由于经过考虑，与笔者论述的问题上下不太容易衔接，故未予采纳，但这些帮助确实难以忘怀的。

2002 年，卢家明先生当时作为广东教育出版社编辑室主任前往北京组稿，得知本人正在撰写一部多卷本个人专著。自此，本书编辑卢家明先生开始追踪此书的进展，经常与本人沟通、探讨，目前已经历时近十年。家明兄虽然工作单位、职位在这些年都有变化，但出于编辑事业的追求，一直鼓励本人能够用一生中学术精力最旺盛的顶峰时期专心致志干好一件事情。他从编辑角度出发也希望能够编出一部传世之作。由于本书卷帙庞大，笔者对于其出版极为郑重，长虑却顾，不敢苟托；而作为出版社在学术出版市场低迷情况下，对于如此高要求的学术巨著的出版所需投入亦倍宜慎以图之。目前，在许多高校和科研单位，无论国家课题结项还是应付上级检查，将已经发表的论文进行排列组合编成各种论文集，将古人不存在知识产权问题的文献资料照排复制为资料，即可将大量的项目费纳入私囊，名利双收。学术研究看上去蒸蒸日上，到处莺歌燕舞，如荼如锦，但对于学术实质性发展而言，最终蒸沙千载而成饭无期，乃是无待耆龟的。经过反复讨论，广东人民出版社认为，“一个国家、一个民族必须有自己拿得出来跟国外对话的过硬的东西，必须为自己的子孙后代留下我们无愧于这个时代的伟大作品。这是我们学术人和出版人共同的责任。这不是靠翻译国外作品、再版古人的经典就能够解决的事情”，遂于 2009 年决定不惜财力与精力出版此书，为真正繁荣中国学术、推动中国学术的实质性发展做出自己应有的贡献，并为此调集精兵强将对于此书出版进行了一系列筹划。在 2011 年春节期间，稿子基本最终定型，笔者回家探望父母，将书稿随身携带反复摩挲、修改。家明兄也随身携带该书的打印稿回老家过年。家明兄的这个春节就在看稿中度过的。

在往日里，笔者每每觉得在后记中的致谢不无庸俗的嫌疑。但是，这样一部著作完成的背后的确凝聚着许多人的心血。许多人的各种各样的帮助对于此书的完成具有重要作用。中国社科院边疆中心的马大正、厉声、李国强等先生参加了第二卷提纲的讨论。中国人民大学清史所黄兴涛教授几年来非常关注本书的进展，给笔者极大的支持。金峰、达力扎布、李贵连等同志对笔者的讨教不厌其烦，倾囊相告。特别令人感动的是，董建中副教授对于清代历史资料极为谙熟，且在《清史研究》编辑部担任编辑，心思极为缜密。在稿件定稿之后，笔者将五卷厚厚的打印稿背到其家中，而建中在此后竟然用了半年时间仔细对书稿校对了一遍，提供了其在读书过程中积累的一些资料，对于书中的一些疏漏和讹误改正不少。在书稿交出版社后，笔者赴江西财经大学法学院讲学，该校首席教授龚汝富学长将自己多年收集的大量法律方面的刻本、抄本和稿本慷慨地向我全面开放，对于本书在编辑过程中最后的补充和完善发挥了重要作用。上海社会科学院吴刚先生虽然与笔者未曾谋面，但我们通过文字之交彼此互相探讨。他热心地为本书绘制了清代黑河水案的历史地图，其专业的水准和敬业的精神令我敬佩不已。对此书写作过程中帮助过我的其他诸位同仁，本人深表谢忱。

尽管本书已经付梓印行，但此时此刻，抚躬循省，乾惕尤深，有一种如见大宾、如承大祭的敬畏之心。这样的大制作原本是只有志毅而力勤、心果而才敏者所能胜任的，笔者只是勉效驽骀，积日累劳，差完此稿而已。限于学殖，窘于见知，局于识度，笔者自知这样的大部头著作不可能毫不罣漏，所言不免理有未当、言有乖宜者。对本书存在的这样或那样的缺点和问题，咎均在己，欢迎方家不吝赐教，俾匡不逮，则有厚幸焉。竭愚献芹，更有期于先进；抛砖引玉，是所望于大雅。

2010年9月初稿于北京
2011年2月修订于张掖
2011年7月补记于北京

增订本跋

本书于2012年出版，不知不觉，数载倏忽而过。2017年岁暮，广东人民出版社柏峰、陈其伟、张贤明一行赴京，嘱修订，商议再版事宜。中国人做学问热衷于好新骛奇，这样每个人都急急火火往前奔，缺乏从从容容的淡定，出版社即便对于一部再版的著作也宁愿改头换面包装为伪新书，以增加行销的业绩，读者对于学术著作也采取类似打新股的态度，似乎新书即定然后来居上。事实上，一部著作能够接二连三再版，这对作者而言不啻莫大的荣幸，因为这其实给予作者能够改正自己错误的千金难买的机会。许多著作只能成为一次性跳跃，可以说无缘改过自新。在这里，笔者必须首先感谢读者对拙著的厚爱，肯为此不吝斥资购置，使得此书有机会得以修订再版。

在该书出版后，武树臣教授对一些问题的讨论给笔者很大启发。此次除了纠正讹误、改写局部论述外，有针对性补充增写了相关章节。由于自己的错误自己往往缺乏敏感性，笔者在修订过程中遂请求龙俊、杨同宇、李康、李梦阳、雷乾坤、韩东升、陈雨菲诸博士和硕士研究生分别交叉校改两遍，自己检核校改一遍，文字校对历时半年而蒇事。在2021年付梓之前，天津大学张凯峰副教授、内蒙古大学王旭副教授、杭州师范大学陈兆肆副教授、中央民族大学袁剑副教授、山西师范大学冯永明副教授等基于与我的师生之谊，再次对校样进行了修正。对于参与校改的诸位青年才俊的辛苦付出，笔者的感激之情非语言所能表达。就笔者个人理解而言，虽然目前集体的学术作品往往如章炳麟所言集众所成而最为阘茸，但笔者深深感受到，此书作为笔者个人色彩浓厚的独立完成作品，实际上也同样是一种实质上的“集体作品”。中国人民大学诸多前贤的教导、帮助及其营造的宽松环境，中国人民大学以外学术界诸多相识甚至素未谋面的学术前辈的大力支持，都是凝聚在其中的。

学者著书撰文，固然应该追求创新，但不可为了语不惊人死不休而故意立论偏激，冀以走偏锋而邀一时之誉。不可否认，知识分子的使命即在于独立思考，以异见之士特立独行，不为俗论所束缚。但矜情躁气，不能自克，不顾人类经过长期摸索形成的普遍共识而一味唱反调，徒炫目耸闻，为有识者所鄙薄，不足为训。这种以反潮流自居的姿态在学术范式尚未确立时期容易哗众取宠，但一旦学科发展比较成熟时，就难以博得喝彩。真正有力度的思考必然先后一揆，绝非出尔反尔，自相矛盾。中庸至道，古拙内敛，务期归于协中之轨。真佛仅言平常话，但在平常中蕴含不平常的深邃识见。这应该是一种纯熟圆通的化境。

古人谳狱每每坦言不能保证刑罚悉中，所谓罔愆但求不失好生之本心而已。与此相类似，无错不成书，这是学者无可奈何的天定命运。做学问也不能保证字字珠玑的不刊之论，但求尽心竭力不武健妄断而已。此前本书的后记业已表达了这层含义，无须赘言。对于书中未尽妥当之处，敬希方家海涵指正。

张世明

2021年6月20日初稿于中国人民大学法学院明法楼706室

2021年12月9日修改于中国人民大学图书馆